# DIREITO PROCESSUAL e tecnologia

## Os impactos da virada tecnológica no âmbito mundial

TRANSFORMAÇÃO
DIREITO DIGITAL
NOVAS TECNOLOGIAS

## UM NOVO SELO PARA NOVOS TEMPOS

A tecnologia está presente no dia a dia de todos e suas repercussões no exercício das profissões ficam cada vez mais evidentes. No campo do Direito esta percepção, que já vinha ganhando espaço cada vez maior, foi ampliada pela terrível Pandemia da Covid-19 e pela imediata necessidade de que todos se adaptassem com rapidez ao ambiente digital para continuidade de suas atuações. Mesmo que se trate de um cenário permeado de incertezas, as normas aqui e no exterior vêm tentando acompanhar as transformações provocadas por essa virada tecnológica, regulamentando temas relevantes como, por exemplo, o acesso à internet, a ética da inteligência artificial, a justiça 4.0, a proteção de dados e o *stalking*.

A Editora Juspodivm, sempre atenta às necessidades de seus leitores e ciente da dificuldade de sistematização de temas ligados à inovação, vem nos últimos anos estimulando autores a abordarem questões como Inteligência Artificial, *Blockchain*, *Cyberbulling*, Criptomoedas, Proteção de Dados, Teletrabalho, entre outros, desenvolvendo, assim, um respeitável catálogo dedicado ao Direito Digital, discutindo questões jurídicas envolvendo a era digital.

Para atuar com excelência e ampliar sua participação na área com publicações relevantes, a Juspodivm criou o **Conselho de Direito Digital, Transformação e Novas Tecnologias**, composto por grandes autores envolvidos direta e indiretamente nas discussões relacionadas a essa transformação digital. O conselho tem o papel de amparar a editora em decisões de publicação na área. Compete a ele avaliar autores e temas, bem como propor novos conteúdos.

# DIREITO PROCESSUAL e tecnologia

## Os impactos da virada tecnológica no âmbito mundial

Organização

*DIERLE NUNES*

*ISADORA WERNECK*

*PAULO HENRIQUE DOS SANTOS LUCON*

2ª edição
Revista, atualizada
e ampliada

2024

EDITORA JusPODIVM
www.editorajuspodivm.com.br

EDITORA *Jus*PODIVM
www.editorajuspodivm.com.br

Rua Canuto Saraiva, 131 – Mooca – CEP: 03113-010 – São Paulo – São Paulo
Tel: (11) 3582.5757
• Contato: https://www.editorajuspodivm.com.br/central-de-relacionamento



**Diagramação:** Lupe Comunicação e Design *(lupecomunicacao@gmail.com)*

**Capa:** Ana Caquetti

N972d Nunes, Dierle
Direito Processual e Tecnologia: Os Impactos da Virada Tecnológica no Âmbito Mundial / Dierle Nunes, Paulo Henrique dos Santos Lucon e Isadora Werneck – 2.ed., rev., atual. e ampl. – São Paulo: Editora JusPodivm, 2024.
880 p.

Bibliografia.
ISBN: 978-85-442-4924-6

1. Direito Digital. 2. LGPD. 3. Novas Tecnologias. I. Nunes, Dierle. II. Lucon, Paulo Henrique dos Santos. III. Werneck, Isadora. IV. Título.

CDD 344.81095

BIBLIOTECÁRIA RESPONSÁVEL

Ana Carolina Ribeiro Mois – CRB7 – RJ 007348/0

# APRESENTAÇÃO

O ano de 2020 foi um divisor de águas em relação ao interesse pelo estudo e pela pesquisa das interfaces entre o Direito e a Tecnologia. Como se sabe, a história muda por revoluções, guerras e pandemias, e foi justamente o último desses eventos, a devastadora pandemia da Covid-19, que promoveu as mais recentes e abruptas mudanças em diversos âmbitos da sociedade. Entre elas, encontra-se a potencialização de uma revolução digital silenciosa que ocorria desde a década de 1990 no campo do sistema processual, e que foi acelerada com a forçada adoção das tecnologias digitais em inúmeros campos da atuação jurídica.

Apesar de já usarmos no Brasil plataformas digitais de processos em autos eletrônicos, *legal techs* para auxiliar na gestão de rotinas de trabalho, entre outros muitos empregos das tecnologias de informação e comunicação (TICs), foi a pandemia, com a imposição de um trabalho exclusivamente remoto, que mostrou a necessidade de levarmos ainda mais a sério a virada tecnológica no direito processual.

As tecnologias digitais passaram a ser percebidas como verdadeiros atores sociais nos novos hábitos e experimentos, descortinando variadas potencialidades e promovendo alterações repentinas na compreensão dos institutos; o que ultrapassou um emprego meramente instrumental dessas funcionalidades. Ao mesmo tempo, esse cenário trouxe à tona os enormes riscos que este admirável mundo novo pode causar em face das carências de conhecimento técnico e especializado dos profissionais do Direito, e da falta de um diálogo aberto e honesto com outras áreas de conhecimento.

Consequentemente, para nós, que vínhamos estudando o fenômeno há mais tempo, as transformações soam cada vez mais impactantes e desafiadoras. E, com o intuito de auxiliar outros interessados no tema, desenvolvemos este grandioso projeto de juntar numa obra boa parcela dos maiores especialistas brasileiros e estrangeiros de modo a ofertar o atual estado de conhecimento dos temas no mundo.

Embora, de modo recorrente, nos ressentimos de estar pesquisando e escrevendo sobre temas já problematizados há décadas em outros sistemas jurídicos, neste assunto isso não acontece. As próximas páginas nos revelam que a percepção do emprego da tecnologia no processo, nas suas três etapas de concretização – digitalização, automação e transformação –, com criação de novos *designs* de dimensionamento de conflitos, é um dos grandes temas de pesquisa mundial na área do processo e o Brasil, no estágio em que se encontra, tem condições de se colocar na vanguarda do pensamento e das pesquisas.

Com efeito, a partir das reflexões que acompanharão os(as) leitores(as) deste livro, fica o nosso convite para que todas e todos possam aprender com estes(as) grandes professores(as) e pesquisadores(as) do tema, e contribuir para o avanço do diálogo e das mudanças que se seguirão.

# SUMÁRIO

## PARTE I – PANORAMA NACIONAL

**CAPÍTULO 3 – DIREITO PROBATÓRIO, *BLOCKCHAIN*, JURIMETRIA E CONTRATOS INTELIGENTES**



**CAPÍTULO 4 – RECURSOS, PRECEDENTES E TECNOLOGIA**

# PARTE II – PANORAMA INTERNACIONAL

## CAPÍTULO 5 – TOMADA DE DECISÃO E TECNOLOGIA



## CAPÍTULO 6 – DIREITO PROBATÓRIO, *BLOCKCHAIN* E CONTRATOS INTELIGENTES



## CAPÍTULO 7 – CORTES *ON-LINE* E RESOLUÇÃO *ON-LINE* DE CONFLITOS

# PARTE I

# PANORAMA NACIONAL

# CAPÍTULO 1

# ACESSO À JUSTIÇA E INTELIGÊNCIA ARTIFICIAL

# 1

# Acesso à justiça e virada tecnológica no sistema de justiça brasileiro: gestão tecnológica de disputas e o alinhamento de expectativas para uma transformação com foco no cidadão – novos designs, arquitetura de escolhas e tratamento adequado de disputas[1]

***Dierle Nunes***[2]

***Camilla Paolinelli***[3]

**Escaneie o código QR para acessar a versão traduzida deste artigo.**

**Scan the QR Code for the English version of this paper.**



---

1 Este texto é resultado do grupo de pesquisa "Processualismo Constitucional democrático e reformas processuais", vinculado à Pontifícia Universidade Católica de Minas Gerais e Universidade Federal de Minas Gerais e cadastrado no Diretório Nacional de Grupos de Pesquisa do CNPQ (http://dgp.cnpq.br/dgp/espelhogrupo/3844899706730420). O grupo é membro fundador da "ProcNet – Rede Internacional de Pesquisa sobre Justiça Civil e Processo contemporâneo" (http://laprocon.ufes.br/grupos-de-pesquisa-integrantes-da-rede).

2 Doutor em Direito pela Pontifícia Universidade Católica de Minas Gerais/ Universitá degli Studi di Roma *"La Sapienza"*. Mestre em Direito Processual pela PUC Minas. Professor permanente do PPGD da PUC Minas e colaborador na UFMG. Secretário Adjunto do Instituto Brasileiro de Direito Processual. Membro honorário da Associação Iberoamericana de Direito e Inteligência Artificial. Membro da *Internacional Association Procedural Law*, do *Instituto Iberoamericano de derecho procesal* e do *Instituto Panamericano de Derecho Procesal*. Diretor Executivo do Instituto de Direito Processual – IDPro. Membro da Comissão de juristas que assessorou no Código de Processo Civil de 2015 na Câmara dos Deputados. Diretor do Instituto Direito e Inteligência Artificial – IDEA. Advogado: dierle@cron.adv.br.

3 Doutoranda e mestre em Direito Processual pela PUC Minas. Coordenadora do curso de direito da PUC Minas – Serro, professora de cursos de graduação e especialização da mesma instituição. Coidealizadora do projeto #leiamulheresnodireito. Advogada. Membro da ACADEPRO e da Comissão de Processo da OAB/MG. E-mail: camillamattos@hotmail.com.

**Para palestras sobre o tema, utilize o QR-Code acima**

**Sumário:** 1. Considerações iniciais: alinhando expectativas – a virada tecnológica em busca do e-acesso à justiça democrático. 2. Investigando o cenário brasileiro: o avanço da implementação das etapas da virada tecnológica no sistema de justiça nacional – digitalização e automação a caminho da transformação. 3. Os rumos da transformação: como os dados minerados no sistema de justiça brasileiro podem auxiliar na construção de novos *designs* de gestão de disputas. 4. Encontrando a arquitetura de escolhas ideal para o sistema brasileiro: cidadania digital, assimetria informacional e autorrepresentação – é possível construir um modelo de ODR em tribunais *on-line* compatível com a Constituição de 1988? 5. Considerações finais: um convite para novos designers e as direções para novas formas de gestão adequada de conflitos no sistema de justiça civil nacional. Referências bibliográficas.

## 1. CONSIDERAÇÕES INICIAIS: ALINHANDO EXPECTATIVAS – A VIRADA TECNOLÓGICA EM BUSCA DO E-ACESSO À JUSTIÇA DEMOCRÁTICO

O sistema jurídico brasileiro sofreu, ao longo das últimas décadas, uma série de rupturas paradigmáticas que induziram a modificações nos fundamentos, propósitos e na própria racionalidade de atuação de profissionais do direito e de suas instituições[4].

Boa parte dessas mudanças foram estimuladas por diretrizes de governança instituídas pelo Banco Mundial, inspiradas pelo Consenso de Washington, que compeliram o Brasil a adotar, desde a década de 1990, um conjunto de medidas político-institucionais. Foram promovidas reformas na estrutura estatal e no sistema público de justiça, com a finalidade de promover "maior desenvolvimento" para atrair financiamentos internacionais para o país.

4 NUNES, Dierle. Virada Tecnológica no Direito Processual e etapas do emprego da tecnologia no direito processual: seria possível adaptar o procedimento pela tecnologia?, p.17. *In* NUNES, Dierle; *et al* (orgs). **Inteligência Artificial e Direito Processual:** os impactos da virada tecnológica no direito processual. 2ª ed. Salvador: Juspodivm, 2021.

Neste contexto, o foco no direcionamento e na sistematização de estratégias processuais amigáveis ao mercado acabou por impulsionar uma supervalorização da vertente de eficiência decisória, fortemente influenciada pela rapidez e pela performance como metavalores predominantes: formas de oferecer a previsibilidade e a segurança necessárias para a implementação de uma política "desenvolvimentista" no país.

Com este propósito, o discurso reformista do *rule of law*[5] consolidou uma série de modificações legislativas que culminaram não apenas na inclusão do microssistema de criação e aplicação de padrões decisórios "vinculantes" no texto do Código de Processo Civil brasileiro de 2015 (CPC/15), como na tonificação das técnicas de autocomposição e da ideologia da harmonia[6]. Passamos a fomentar a criação de "portas" alternativas ao sistema de justiça estatal (arbitragem, mediação, conciliação e aumento do número procedimentos administrativos), a incrementar o uso de medidas coercitivas atípicas na execução, a estimular a adoção de medidas desjudicializadoras, especialmente por meio dos cartórios (inventários, divórcios, usucapiões etc.) e a reforçar a consensualidade e a convencionalidade como promessas para "desafogar" o judiciário[7].

A partir da progressiva implementação do processo judicial eletrônico (PJe), iniciada em 2006[8], e, mais recentemente, com o processo de inserção de tecnologia no Judiciário coordenado nacionalmente pelo Conselho Nacional de Justiça (CNJ), estamos assistindo ao desenvolvimento de diversas ferramentas tecnológicas para servir de apoio a servidores e a magistrados. Evoluímos para a introdução (ainda incipiente) de sistemas de *Online Dispute Resolution* (ODR) acoplados ao sistema público de justiça e tem-se cogitando, até mesmo, a criação de algoritmos de Inteligência Artificial com finalidade decisória[9] que podem servir de apoio na tomada de decisões judiciais.



5 OLIVEIRA, Fabiana Luci de; CUNHA, Luciana Cross. Os indicadores sobre o Judiciário Brasileiro: limitações, desafios e uso da tecnologia. **Revista de Direito GV**, v.16, n.1, 2020, versão *on-line*. Disponível em: <https://doi.org/10.1590/2317-6172201948>. Acesso em: 26 nov. 2020.

6 Cf. NADER, Laura. **Harmonia coerciva:** A economia política dos modelos jurídicos. 2011. Disponível em: <https://acervo.racismoambiental.net.br/2011/05/09/harmonia-coerciva-a-economia-politica-dos-modelos-juridicos/>. Acesso em: 08 dez.2020.

7 Para uma análise panorâmica dos modelos reformistas: Cf. NUNES, Dierle. **Processo jurisdicional democrático.** Curitiba: Juruá, 2008; NUNES, Dierle; TEIXEIRA, Ludmila. **Acesso à justiça democrático.** Brasília: Gazeta, 2013.

8 Disponível em: <Lei nº 11.419 (planalto.gov.br)>. Acesso em: 14 mar. 2021.

9 NUNES, Dierle; MARQUES, Ana Luiza. Decisão judicial e inteligência artificial: é possível a automação da fundamentação? *In* NUNES, Dierle; *et al* (orgs). **Inteligência Artificial e Direito Processual:** os impactos da virada tecnológica no direito processual. 2ª ed. Salva-

Estamos avançando, a passos largos, na automação de funções, como as repetitivas, e caminhamos para a adoção de novas formas de dimensionamento de conflitos mediante emprego de tecnologia. Estratégias também têm sido traçadas para a consolidação de métodos de que possam delegar a tarefa de resolução de conflitos para fora do sistema público de justiça (fortalecimento de ODRs extrajudiciais).

Nesse sentido, vale destacar que os esforços para construção de "alternativas" ao Judiciário nacional não são novos. Especialmente no final da década de 1970, com o delineamento das denominadas "ondas renovatórias", a partir do movimento Florença de acesso à justiça, vários países incorporam orientações no sentido de tornar a solução dos conflitos menos morosa, menos dispendiosa, mais simples e acessível. Em 1976, Frank Sander em discurso na *The Pound Conference* pontuou que os tribunais "eram lentos, custavam muito, e, às vezes, eram inacessíveis aos litigantes que mais precisavam"[10].

Sander descrevia, já àquela época, a necessidade de os tribunais adotarem uma abordagem multiportas que fosse apta a fornecer várias vias para a resolução de disputas, incluindo arbitragem, mediação e negociação[11]. Desde então, em todo o mundo (e não é diferente por aqui), perduram os dilemas em torno de como as ADRs (*Alternative Dispute Resolution*) podem viabilizar ou corrigir realidades nas quais se verificam acentuados desequilíbrios de poder e marginalização[12].

Na cena atual do sistema de justiça nacional, os dados que indicam para a presença de mais de 81,4 milhões de processos[13] em curso são citados, com frequência, como argumentos que demonstram a incapacidade

---

dor: Juspodivm, 2021. PAOLINELLI, Camilla M.; VIANA, Antônio Aurélio. Acesso à justiça sem justiça. **CONJUR – Revista Consultor Jurídico,** 5 de novembro de 2020. Disponível em: <ConJur – Viana e Paolinelli: O acesso à Justiça sem justiça>. Acesso 28 nov.2020. Nesse sentido: Cf. ROSA, Alexandre Moraes, BOEING, Daniel. *Ensinando o robô a julgar*. Florianópolis: EMais, 2020. GRECO, Luis. **Poder de julgar sem responsabilidade de julgador: impossibilidade jurídica do juiz robô.** São Paulo: Marcial Pons, 2020.

10 CARREL, Alyson. Reimagining Settlement with Multi-Party Computation. **Journal of Technology and Intellectual Property,** may 19, 2020. Disponível em: <Reimagining Settlement with Multi-Party Computation – Journal of Technology and Intellectual Property (northwestern.edu)>. Acesso em: 26 nov.2020.

11 SANDER, Frank E. A. Varieties of dispute processing. *In* **Pound Conference: perspectives on justice in the future**. Minnesota: West Publishing Co., 1979.

12 WING, Leah. Ethical Principles for Online Dispute Resolution. **International Journal on Online Dispute Resolution**, 2016. p. 18.

13 CONSELHO NACIONAL DE JUSTIÇA. **Justiça em Números 2023**. Brasília: CNJ, 2023, p. 92. Disponível em: https://www.cnj.jus.br/wp-content/uploads/2023/08/justica-em-numeros-2023.pdf. Acesso em: 26 nov. 2023.

de gestão eficiente de conflitos por parte do judiciário, sedenta por encontrar soluções que possam "corrigir" os gargalos. Tais números são, recorrentemente, citados como sinônimos da "crise" e da explosão de litígios, encorajando o discurso de que o sistema carece de remédios urgentes.

Concomitante a isso, diretrizes de governança internacional do Banco Mundial[14] continuam a exigir que o país forneça um ambiente jurisdicional seguro, saudável e estável para investimentos, o que significa reduzir o número de demandas, diminuir os custos, encaminhar procedimentos mais céleres e simplificados.

Significa dizer, neste contexto, que o país lida, de um lado, com uma enorme pressão do capital para adotar tônicas reformistas que, por vezes, não se preocupam em dar tratamento adequado aos conflitos, forjando ferramentas que acabam por privilegiar "aqueles que tudo têm"; e, de outro, com tentativas de ofertar políticas para a implementação de espaços de diálogo e promoção da cidadania.

Um exemplo ilustrativo deste antagonismo pode ser extraído da falta de análise adequada e profunda dos dados empíricos a respeito da política de "acordos" gestados pelo sistema de justiça civil por aqui. Tal fato induz a um desconhecimento quase que absoluto quanto às verdadeiras causas dos conflitos, impossibilitando sua gestão do ponto de vista macro e microestratégico.

Essa nota também está presente nos casos já judicializados e sem resolução amigável. Nestes, o judiciário brasileiro não tem se valido dos dados que coleta, por meio de seus sistemas eletrônicos, para identificar gargalos e tratar melhor as demandas. É inegável, contudo, que o tratamento destes dados é viável em inúmeras hipóteses e pode viabilizar desenhos de novas abordagens preventivas voltadas a dimensionar os conflitos, sem ter de barrar seu ingresso na perspectiva tradicional.

No tocante à agenda da "autocomposição", cumpre lembrar que, desde a resolução 125 do CNJ, publicada em 2010, há uma tentativa por parte do Conselho Nacional de Justiça (CNJ), de instituir política pública

14 BANCO MUNDIAL. **Brazil Making Justice Count Measuring and Improving Judicial Performance in Brazil.** *Report*, n. 32789-BR. Washington D.C.: Poverty Reduction and Economic Management Unit – Latin America and the Caribbean Region. 30 dez. 2004. Disponível em: <http://documents.worldbank.org/curated/en/625351468017065986/pdf/327890REPLACEM10AS0PREVIOUS0RECORD1.pdf>. Acesso em: 24 jan. 2021; BANCO CENTRAL DO BRASIL. **Notas técnicas do Banco Central do Brasil**, n. 35, maio/2003. Disponível em: <http://www.bcb.gov.br/pec/notastecnicas/port/default.asp>, p.16. Acesso em: 24 jan. 2021.

de tratamento adequado dos problemas jurídicos e dos conflitos de interesses. A ideia foi de organizar, em âmbito nacional, não somente os serviços prestados nos processos judiciais, como também os que possam sê-lo mediante outros mecanismos de solução de conflitos, em especial dos consensuais, como a mediação e a conciliação[15].

A mencionada política acabou por promover a implantação de CEJUSCs (Centros de justiça, conciliação e cidadania) em todo o país e direcionou alterações normativas no CPC/15 que tornaram obrigatória a realização de audiências preliminares de conciliação nos procedimentos comuns, incentivando os tribunais locais a criarem bancos de mediadores e conciliadores para oferta de decisões autocompositivas para os conflitos.

Segundo dados do Justiça em Números 2023, no fim de 2022, havia na Justiça Estadual 1.437 CEJUSCs em funcionamento. No Estado de Minas Gerais, naquele ano, haviam 299 CEJUSCs instalados nas Comarcas. Ocorre que os referidos centros laboram com taxas ainda reduzidas de acordos (incluindo a fase pré-processual) que giram em torno 14,1%. Apesar disso, convém registrar que nos últimos anos (2019 a 2022), o número de CEJUSCs em Minas subiu de 166 para 299 centros, com o significativo incremento do percentual de acordos realizados na fase de conhecimento no 1º grau que subiu para 17% no TJMG[16]. Mas a nível nacional, o índice ainda é relativamente baixo, em torno de 12,3%[17], em visível contraste com os números que são comumente divulgados por plataformas extrajudiciais que também laboram com a soluções não adjudicatórias para conflitos[18].

---

15 CONSELHO NACIONAL DE JUSTIÇA. **Resolução 125 de 29 de novembro de 2010**. Disponível em: <https://atos.cnj.jus.br/atos/detalhar/156>. Acesso: 29 jan. 2021.

16 CONSELHO NACIONAL DE JUSTIÇA. *Justiça em números 2023*. Brasília: CNJ, 2023, p.192-196. Disponível em: <https://www.cnj.jus.br/wp-content/uploads/2023/08/justica-em-numeros-2023.pdf >. Acesso em: 27 nov. 2023.

17 *Ibidem*, p. 192.

18 "O sistema eBay permitiu uma experiência massiva, totalmente voluntária e sem precedentes na resolução de disputas humanas. Dessa forma, o grande volume de disputas não era um bug, mas um recurso. PayPal e eBay lidaram com mais de 60 milhões de disputas em 2012, mais do que todos os casos civis em tribunais estaduais e federais juntos. E, ao contrário das disposições judiciais, todos os resultados dessas disputas estavam disponíveis para estudo e ajuste do processo. Usando os dados para rastrear a satisfação do cliente e o comportamento futuro, Rule e sua equipe do eBay foram capazes de ajustar o sistema continuamente para maximizar as liquidações, minimizar o envolvimento humano do lado da empresa e aumentar a satisfação e o envolvimento do cliente." (Tradução livre. BARTON, Benjamin H.; BIBAS, Stephanos. **Rebooting Justice:** More Technology, Fewer Lawyers, and the Future of Law. New York: Encounter Books, 2017, cap.8).

Pelo que se percebe a partir da análise das justificativas das normativas do CNJ e da própria exposição de motivos do CPC/15[19], apesar das preocupações brasileiras, teoricamente, terem girado em torno de uma perspectiva de métodos adequados, o que, a princípio, iria ao encontro de uma perspectiva redistributiva ao acesso; a política de "acordos a qualquer custo", na prática, talvez tenha sido cooptada por diretrizes retóricas de eficiência neoliberal e, aparentemente, não surtiu o efeito desejado[20].

Nessa via, Marc Galanter alerta que a tomada de decisão no processo de adjudicação parece ter sido engolida por "processos de negociação". Isso porque as negociações de rotina, ainda que presididas por juízes, não refletem, por vezes, padrões legais, mas as posições estratégicas de *repeat players*[21]. As pressões institucionais são focalizadas em medidas de desempenho dos juízes e em seu controle sobre o número de casos. Magistrados passaram a ser tratados como "gerentes do caso", pauta que é endossada pelo discurso de que é necessário imprimir celeridade para reduzir custos e tempo. A definição de "metas", no sentido empregado recorrentemente no país[22], retira o foco da decisão adequada



---

19 Cf. resolução 125, CNJ. Disponível em:<https://atos.cnj.jus.br/atos/detalhar/156>. Acesso em 15 mar. 2021. E exposição de motivos do CPC/15, disponível em: <https://www2.senado.leg.br/bdsf/bitstream/handle/id/512422/001041135.pdf>. Acesso em 15 mar. 2021.

20 De acordo com Galanter: "O Judiciário adotou os Meios Alternativos de Solução de Conflitos vinculados (ou "anexados", como dizem) aos foros judiciais como forma de reduzir o crescente número de processos e redirecionar casos que entendem não serem merecedores da sua atenção. Adicionalmente, o Judiciário tem sido amplamente favorável às iniciativas das partes privadas de enclausurar causas a fóruns alternativos de resolução de controvérsias, alguns independentes, outros não. Uma firme dieta anabólica de apoio governamental e empresarial tornou os Meios Alternativos de Solução de Conflitos não apenas amplamente maior que seus irmãos, mas cada vez mais distante deles. Como o feroz debate sobre a legitimidade e os efeitos da arbitragem mandatória e as preocupações acerca das mediações impostas pelos tribunais demonstraram, os Meios Alternativos não desfrutam mais da presunção de que facilitam o Acesso à Justiça. Ao invés, tornaram-se objeto de suspeita e, em alguns casos, rivais diretos de programas de Acesso à Justiça". (GALANTER, Marc. "Acesso à justiça em um mundo de capacidade social em expansão". Tradução: João Eberhardt Francisco, Maria Cecília de Araújo Asperti e Susana Henriques da Costa. **Revista Brasileira de Sociologia do Direito**. Porto Alegre: ABraSD, v. 2, n. 1, p. 37-49, jan./jun., 2015.)

21 GALANTER, Marc. The Vanishing Trial: an examination of trials and related matters in federal and state courts. **Journal of Empirical Legal Studies**, volume I, issue 3, 459-570, november 2004, p.527.

22 Diferentemente ao nosso uso da palavra meta, como explicam Amsler *et al*: "ao projetar ou redesenhar um sistema, é importante determinar e articular as metas e valores do sistema desde o início do processo de design." (p. 25) sendo que "as metas frequentemente identificadas para DSDs incluem o seguinte: A) Prevenção de conflitos, gestão de conflitos, resolução de disputas; B) eficiência, economia de recursos; C) Relacionamentos; D) Segurança; E)

para o conflito (embasada na participação ativa das partes interessadas), direcionando-o à discricionariedade gerencial dos magistrados (juízes decidem como gerenciar seus casos com base em argumentos de custo e tempo, com menor controle das partes[23]).

De outro lado, também se acresceram a essas iniciativas, outras idealizadas pelo CPC/15 que seriam, como dissemos, em tese, aptas para "desafogar" o sistema: técnicas de padronização decisória, julgamento por amostragem, medidas desjudicializadoras e reforço das técnicas de negociação sobre as regras do procedimento. Tais mecanismos tendem a favorecer os interesses dos grandes litigantes que gozam de vantagens estratégicas[24] – "acesso à informação, poder de barganha, advocacia especializada, acesso facilitado às cortes – podendo definir no julgamento de um caso individual o entendimento a ser aplicado em uma vasta gama de casos individuais[25]".

Nessa linha, a agenda legislativa brasileira parece ter privilegiado aqueles que têm fácil acesso às Cortes superiores, deixando de lado escolhas redistributivas para que possam fornecer acesso "aos que nada têm", como afirmam Gabbay, Silva, Asperti e Costa[26].

Mais recentemente, estamos assistindo ao crescimento do movimento de implantação de tecnologia no sistema de justiça brasileiro. Este movimento vem ganhando força desde resolução 185/2013, responsável pela regulamentação do PJE, e, especialmente, a partir das diretrizes da Portaria nº 25/2019 que instituiu o Laboratório de Inovação do Processo Judicial em meio eletrônico – Inova PJE e o Centro de Inteligência Artificial aplicada ao PJE[27].

---

Operação de sistema; F) Reconhecimento público; G)Resultados substantivos; H) Reputação; I)Compliance; J)Satisfação; K) Melhoria organizacional." (AMSLER *et al*, *op. cit.*, p. 26-28).

23 GALANTER, *ibidem*, **The Vanishing...**, p.519-520.

24 GALANTER, Marc. Why the haves come out ahead? Speculations on the limits of legal change. **Law and Society Review**, v. 9, n. 1, p. 95-160, 1974. Disponível em: https://doi.org/10.2307/3053023.

25 GABBAY, Daniela Monteiro; SILVA, Paulo Eduardo Alves da; ASPERTI, Maria Cecília de Araúho; COSTA, Susana Henriques da. **Why the 'Haves' Come Out Ahead in Brazil? Revisiting Speculations Concerning Repeat Players and One-Shooters in the Brazilian Litigation Setting** (January 15, 2016). FGV Direito SP Research Paper Series, n. 141. Disponível em: https://doi.org/10.2139/ssrn.2716242, p.17.

26 GABBAY, SILVA, ASPERTI e COSTA, *op. cit.*

27 Informação extraída do sítio: <https://www.cnj.jus.br/judiciario-ganha-agilidade-com-uso-de-inteligencia-artificial/>. Acesso em: 18 dez. 2020. Todas as propostas também foram acompanhadas de uma reformulação do PJE com a versão 2.1, que permite agregar novas tecnologias e soluções à plataforma. O Inova PJE trabalha com o sistema Sinapse, algoritmo

As iniciativas do CNJ e resoluções em direção à implementação de tecnologia no sistema de justiça nacional se aceleraram tremendamente no ano de 2020, pós pandemia da COVID-19 e início da gestão Fux no Conselho Nacional de Justiça. E continuam evoluindo em progressão geométrica.



desenvolvido pelo Tribunal de Justiça de Rondônia para classificar tipos de movimentação de processo judicial. A partir da assinatura do termo de cooperação n°042/2018 com o CNJ, o TJRO assumiu o compromisso de realizar o desenvolvimento conjunto do Sinapses, bem como o desenvolvimento e uso colaborativo dos modelos de IA servidos pelo Tribunal ao Sistema PJe. Hoje, como destacado e também esclarecido pela na resolução 332, o Sinapses é uma solução computacional mantida pelo CNJ com o objetivo de hospedar, treinar, auditar e distribuir modelos de IA em colaboração com os tribunais do país.

As resoluções 331[28], 332[29], 334[30], 335[31], 345[32], 354[33], 358[34] e 372[35],

28 Cria a Base Nacional de Dados do Poder Judiciário – DataJud que é responsável pelo armazenamento centralizado dos dados e metadados processuais relativos a todos os processos físicos ou eletrônicos, públicos ou sigilosos dos os tribunais indicados nos incisos II a VII do art. 92 da Constituição Federal Brasileira. Para mais sobre o DataJud, ver: <https://www.cnj.jus.br/pesquisas-judiciarias/datajud/>. A ideia do CNJ é de que, através da mineração de processos e de uma atuação colaborativa com os tribunais, possa-se promover a estruturação de dados, o compartilhamento / unificação dos modelos de IA adotados e desenvolvidos pelos diferentes Estados / regiões, através do projeto SINAPSES, possibilitando a adoção de soluções padronizadas para os Tribunais. Tudo isso em atenção à racionalização e aos ganhos de produtividade que modem advir com a utilização de modelos uniformes. Acesso: 28 jan.2021.

29 Instituiu diretrizes éticas e de governança para assegurar transparência, previsibilidade e possibilidade de auditabilidade dos modelos de IA utilizados no judiciário brasileiro. Disponível em: <https://atos.cnj.jus.br/atos/detalhar/3429>. Acesso 15 mar. 2021.

30 Institui o Comitê Consultivo de Dados Abertos e Proteção de Dados no âmbito do Poder Judiciário, para, por meio de estudos técnicos e apresentação de propostas, auxiliar o Conselho Nacional de Justiça no desenvolvimento e na implementação de política de dados abertos compatível com a proteção de dados pessoais no âmbito do Poder Judiciário. Isso porque, é a crescente utilização da Internet e o emprego de modelos computacionais estruturados para o acesso e o processamento de dados disponibilizados pelos órgãos do Poder Judiciário, há inegáveis os benefícios do acesso ao conteúdo de pronunciamentos judiciais, em formato legível por máquina, para a difusão do conhecimento do Direito e contribuição à segurança jurídica, bem como a necessidade de se proteger dados pessoais. Disponível em: <https://atos.cnj.jus.br/atos/detalhar/3489>. Acesso em 29 jan. 2021.

31 Institui política pública para a governança e a gestão de processo judicial eletrônico. Integra os tribunais do país com a criação da Plataforma Digital do Poder Judiciário Brasileiro – PDPJ-Br. Mantém o sistema PJe como sistema de Processo Eletrônico prioritário do Conselho Nacional de Justiça, considerando a necessidade de se convergir esforços para a adoção de soluções desenvolvidas e compartilhadas pelos próprios tribunais brasileiros, sem a dependência de fornecedores privados, atentando-se para requisitos de segurança e de interoperabilidade e racionalização dos gastos com elaboração e aquisição de softwares e permitindo o emprego desses valores financeiros e de pessoal em atividades mais dirigidas à finalidade do judiciário. Disponível em: <https://atos.cnj.jus.br/atos/detalhar/3496>. Acesso em: 29 jan. 2021.

32 Dispõe sobre o "Juízo 100% Digital" e dá outras providências. Disponível em: <https://atos.cnj.jus.br/atos/detalhar/3512>. Acesso em: 29 jan. 2021.

33 Dispõe sobre o cumprimento digital de ato processual e de ordem judicial, regulamentando a realização de audiências e sessões por videoconferência e telepresenciais e a comunicação de atos processuais por meio eletrônico nas unidades jurisdicionais de primeira e segunda instâncias da Justiça dos Estados, Federal, Trabalhista, Militar e Eleitoral, bem como nos Tribunais Superiores, à exceção do Supremo Tribunal Federal. Disponível em: <https://atos.cnj.jus.br/atos/detalhar/3579>. Acesso em: 29 jan. 2021.

34 Por meio da mencionada resolução, o Judiciário brasileiro começará a projetar sistemas informatizados de ODRs para a resolução de conflitos, voltados à tentativa de conciliação e mediação (SIREC), no formato de Tribunais online. Disponível em: <https://atos.cnj.jus.br/atos/detalhar/3604>. Acesso em: 29 jan. 2021.

35 Regulamenta a criação de plataforma de videoconferência denominada "Balcão Virtual", determinando que os tribunais brasileiros, com exceção do Supremo Tribunal Federal, deverão disponibilizar, em seu sítio eletrônico, ferramenta de videoconferência que permita imediato contato com o setor de atendimento de cada unidade judiciária, popularmente

além da portaria 271[36], todas publicadas no ano de 2020 pelo CNJ procuram promover o acesso à chamada justiça digital, "com incremento da governança, da transparência e eficiência do Poder Judiciário, além de efetiva aproximação com o cidadão e redução de despesas[37]".

Dentre os objetivos da política de *virada tecnológica* do sistema de justiça brasileiro para promoção do e-acesso à justiça, o CNJ destaca:

> a criação do juízo 100% digital; ampliação da audiência telepresencial; projeto cumprimento eletrônico de ordem judicial (extinção da carta precatória); implementação do domicílio digital (intimação PF e PJ); sistema nacional de penhora online (cartórios RGI); incentivo à política de mediação digital extrajudicial e extraprocessual (*on-line dispute resolution*); interposição de recursos especiais e extraordinários em plataforma digital única, instalada em nuvem, integrada aos sistemas judiciários locais, com coleta e gestão eficiente de dados e metadados (MJE); implementação do portal único do advogado (aplicativo de consulta processual para desktop e smartphone no âmbito do STF e do Poder Judiciário); Projeto otimização dos sistemas de TIC; Projeto Nova Plataforma Digital do Poder Judiciário – PDPJ; Projeto Equipe de Trabalho Remota; projeto sobre uso de videoconferências e de aplicativos de mensagens instantâneas e projeto centro de inteligência do Poder Judiciário[38].

Por meio destes objetivos, percebe-se que o CNJ vem desempenhando a missão que lhe atribui o art. 196, CPC/15, direcionando significativos esforços para implementação de tecnologia e inovação no sistema de justiça nacional[39]. A ideia é promover uma gestão mais organizada



denominado como balcão, durante o horário de atendimento ao público. Disponível em: <original15412620210219602fdc26a38d2.pdf (cnj.jus.br)>. Acesso em: 14 mar. 2021.

36 Regulamenta o uso de Inteligência Artificial no âmbito do Poder Judiciário, com a finalidade de evitar litígios e de melhor definir a incidência de cautelas complementares às usualmente empregadas em projetos de tecnologia da informação e também com o objetivo de uniformizar o processo de criação, armazenamento e disponibilização de modelos de inteligência artificial no âmbito do Poder Judiciário. Disponível em: <https://atos.cnj.jus.br/atos/detalhar/3613>. Acesso em: 28 jan. 2021.

37 CONSELHO NACIONAL DE JUSTIÇA. **5 Eixos da Justiça**, 2020. Disponível em: <5 Eixos da Justiça – Portal CNJ>. Acesso em: 19 jan. 2021.

38 CONSELHO NACIONAL DE JUSTIÇA. **5 Eixos...**, *ibidem*.

39 No discurso de abertura do ano judiciário de 2021, proferido pelo Ministro Luiz Fux no último dia 01 de fevereiro, o ministro destacou: "No presente ano de 2021, o cidadão brasileiro terá um Poder Judiciário completamente reformulado. O programa Juízo 100% Digital, que assegura ao cidadão brasileiro o direito de escolher a tramitação integralmente

e integrada dos judiciários locais, acompanhada de uma incontestável promessa de redução de custos e tempo como agenda prioritária.

Contudo, a pauta do movimento de incorporação de tecnologia no sistema de justiça brasileiro não pode ser lida apenas por esta face. E isso porque é possível utilizar a tecnologia com objetivo democratizante, para melhoria da gestão dos conflitos, com objetivo de redistribuir o acesso à justiça.

Explicamos: a coleta massiva de dados promovida pela introdução de tecnologia nos procedimentos jurisdicionais brasileiros traz ferramentas valiosas na identificação das raízes de demandas específicas. A extração de dados sobre casos anteriores e, em seguida, execução dos dados por meio de modelos algorítmicos para detectar padrões[40], fornece ferramentas primorosas para melhoria do sistema de justiça e releva um possível caminho para a busca de um **e-acesso à justiça** capaz de promover redistribuição, além de justiça corretiva. A transformação de dados em conhecimento pode auxiliar numa virada tecnológica democrática da justiça, de modo a permitir a customização de soluções que não se limitem a automatizar velhas práticas e institutos.

De acordo com Katsh[41], as formas mais comuns de resolução de disputas envolvem participantes trabalhando com informações, comunicando-as, armazenando-as, organizando-as, avaliando como criá-las e defini-las, quando, onde e para quem essas informações são direcionadas. Na célebre frase de Clive Humby, "dados são o novo petróleo. É valioso, mas se não for refinado, não pode realmente ser usado (...) então os dados devem ser decompostos, analisados para que tenham valor[42]".

---

virtual do seu processo judicial, já é adotado em mais de 900 varas no país. Igualmente, o Supremo Tribunal Federal caminha a passos largos para se tornar a primeira Corte Constitucional 100% Digital do globo, com perfeito alinhamento entre inteligência humana e artificial para oferecimento on-line da integralidade dos seus serviços jurisdicionais. Além disso, inauguramos plataformas digitais para dinamizar as ações de conciliação e de mediação, por meio das ODRS (On-line Dispute Resolution). No Supremo Tribunal Federal, o Centro de Conciliação honrosamente receberá em 2021 Ministros do Supremo Tribunal Federal aposentados, que muito contribuirão com a Corte e com a sociedade nesse novo modo de fazer justiça." (FUX, Luiz. **Discurso de abertura do ano judiciário de 2021**. Disponível em:<Supremo Tribunal Federal (stf.jus.br)>. Acesso em 02 fev. 2020).

40 OSBEK, Mark K. Using Data Analytics Tools to Supplement Traditional Research and Analysis in Forecasting Case Outcomes. **Legal Writing Journal.** 20 (2015): 33-6.

41 KATSH, Ethan. Bringing Online Dispute Resolution to Virtual Worlds: Creating Processes Through Code, 49 **N.Y.L. SCH. L. REV.** (2004-2005), p.273.

42 Disponível em: <Tech giants may be huge, but nothing matches big data | Internet | The Guardian>. Acesso em: 15 mar. 2021.

E, se os processos de resolução de disputas consistem em sequências de informações de atividades tradicionais engajadas pelos disputantes (negociação) ou administradas por terceiro (mediação, arbitragem ou mesmo a atividade jurisdicional), novas tecnologias permitem novas interações entre as partes e novas oportunidades de trabalhar com informação.

É por isso que a atividade de resolução de conflitos em ambiente virtual, com seu enorme banco de dados, fornece uma imensa oportunidade para prevenção, gestão adequada e resolução dos conflitos[43]. Nesse sentido, Katsh destaca:

> O que diferencia um modelo de resolução de disputas de outro é, basicamente, como a informação é gerenciada e regulamentada. Um processo, por exemplo, pode fazer do corpo de informações representado por regras, o ponto focal da tomada de decisão, enquanto em outros processos, as partes podem decidir que outros tipos de informações são mais importantes que as regras. Geralmente, mediadores, árbitros e juízes, todos têm processamento de informações, mas usam métodos diferentes por razões diferentes e com objetivos diversos. O interesse e a necessidade da resolução e da prevenção de disputas em mundos virtuais crescem paralelamente ao aumento no uso dos meios de resolução de disputas online ("ODR"), uma nova abordagem para resolução de disputas que emprega recursos baseados na Internet. ODR reconhece e tenta se construir sobre a centralidade da comunicação e sobre o processamento de informações para resolução de disputas. Usa as redes de computadores para permitir que as partes se comuniquem em novas formas, à distância, e utiliza a poderosa capacidade de processamento de informações para gerenciar o fluxo e o uso de informações que estão no centro de resolução de disputas[44]. (tradução livre)



---

43 Nesse respeito, Galanter observa a respeito do direito: "usually works not by exercise of force but by information transfer, by communication of what's expected, what forbidden, what allowable, what are the consequences of acting in certain ways. That is, law entails information about what the rules are, how they are applied, with what costs, consequences, etc. For example, when we speak of deterrence, we are talking about the effect of information about what the law is and how it is administered. Similarly, when we describe 'bargaining in the shadow of the law,' we refer to regulation accomplished by the flow of information rather than directly by authoritative decision. Again, 'legal socialization' is accomplished by the transmission of information. In a vast number of instances the application of law is, so to speak, self administered – people regulate their conduct (and judge the conduct of others) on the basis of their knowledge about legal standards, possibilities and constraints." (GALANTER, Marc. The Legal Malaise: Or, Justice Observed, 19, **Law and Society Review**, p. 537-545, 1985).

44 KATSH, *op. cit.*, p.274.

É justamente neste ponto que as iniciativas do CNJ – que estimulam a resolução de demandas em espaço virtual, seja por meio da construção da plataforma única do judiciário ou mesmo pela introdução de sistemas de ODR voltados à autocomposição (SIRECs) – podem revelar uma escolha política que, possibilitará, num futuro próximo, capacitar o estado brasileiro a promover ***e-acesso à justiça*** com resultados redistributivos e/ou corretivos, em muitos âmbitos.

Trata-se de perseguir um uso ético e virtuoso para a tecnologia, direcionada para concretização de direitos fundamentais e não apenas compreendida como lógica (neoliberal) de redução de acervo. Neste caminho, valendo-se do alinhamento entre as técnicas de *design de sistema de gestão de disputas* (DSD) e dos sistemas de *online dispute resolution* (ODR), como já tivemos a oportunidade de alertar[45], acreditamos que o sistema brasileiro de justiça civil pode encontrar um caminho capaz de amplificar o acesso à justiça, dentro de uma ótica de gestão adequada de disputas.

Devemos consolidar, por exemplo, ODRs que se preocupem a melhorar a obtenção dos direitos dos cidadãos, pois como adverte Spaulding:[46]

> Uma vez que entendemos os aspectos neoliberais do *status quo* e o abandono gradual dos liberais da meta de fornecer advogados aos pobres, há razão para questionar por que os advogados estão sendo culpados, e razão para duvidar que o ODR servirá ao povo que seus defensores dizem se preocupar.[...] IA, mineração de dados, análise preditiva e o uso generalizado de dispositivos de computação móvel são provavelmente ferramentas excelentes para reduzir o custo de tarefas burocráticas e logísticas em grande escala. Eles podem se provar genuinamente transformadores. Restam, entretanto, questões sobre como a arquitetura desses sistemas de informação se ajusta às ideias básicas sobre a estrutura do devido processo legal e do Estado de Direito em uma sociedade liberal democrática pluralista. Em última análise, essas são questões sobre a que ODR totalmente automatizado aumentará o acesso, que tipo de justiça e que tipo de sujeito legal é produzido por essa abordagem para

45 NUNES, Dierle; MALONE, Hugo. O uso da tecnologia na prevenção efetiva dos conflitos: possibilidade de interação entre online dispute resolution, dispute system design e sistema público de Justiça. *In* NUNES, Dierle; LUCON, Paulo Henrique dos Santos; WOLKART, Erik Navarro. **Inteligência Artificial e Direito Processual**: os impactos da virada tecnológica no direito processual. 2ª ed. Salvador: Editora Juspodivm, 2021.

46 SPAULDING, Norman. **Online Dispute Resolution and the End of Adversarial Justice?** Stanford Law School. p.4.(draft outline 12.29.20)

> a administração da justiça. Quanto mais perguntas fizermos, mais espero que fique claro que, por mais intrincada que seja a logística de transporte de aluguel ou os requisitos de atendimento ao cliente de uma grande empresa de leilões online (ebay), eles não são os mesmos implicados na administração de justiça. Em aspectos importantes, as diferenças são diferenças de tipo, não de grau.

Com base nessas premissas, pretendemos, no presente artigo, examinar o cenário de virada tecnológica no sistema de justiça brasileiro, apontando números que atestam o atual estágio de implementação de etapas de emprego de tecnologia, a caminho da construção da chamada Justiça Digital.

Num primeiro momento, revelaremos os dados que indicam o número de processos virtualizados, as iniciativas dos mais diversos tribunais, – coordenadas atualmente por meio da plataforma Sinapses do CNJ –, no desenvolvimento de modelos algorítmicos para automatização de atos / etapas processo, além da experiência de designs tecnológicos arquitetados para dar adequado tratamento a determinados tipos de litígio.

Na sequência, apontaremos como a coleta massiva de dados no sistema de justiça brasileiro, proporcionada pelo avançar das fases de consolidação da Justiça Digital, pode viabilizar uma verdadeira transformação no sistema, permitindo que a terceira fase da virada ganhe robustez. Investigaremos como a construção de novos designs tecnológicos, focados na experiência do cidadão e na capacidade de promoção de sua autodeterminação, pode ressignificar a política de prevenção e gestão adequada de conflitos no sistema de justiça nacional.

Neste caminho, destacaremos como características peculiares do sistema nacional apontam para a necessidade de compreensão específica do cenário de litigiosidade local, de modo a indicar a indispensabilidade de cogitarmos estratégias de transformação adaptáveis ao Brasil e que possam se conformar às diretrizes constitucionais brasileiras.

Por fim, conclamaremos estudiosos, acadêmicos, advogados, magistrados e demais profissionais da área jurídica a envidarem esforços que possam encaminhar a virada tecnológica no direito processual brasileiro para a persecução de objetivos focados na democratização do acesso à justiça, no questionamento do *status quo* e na promoção da cidadania. Trata-se de um alerta no sentido de que é necessário trazer novas agendas à lume: priorizar os direitos fundamentais, a autodeterminação do cidadão e a correção de desigualdades. E não apenas orientar medidas de justiça a partir de diretrizes econômicas. É o que se verá.

## 2. INVESTIGANDO O CENÁRIO BRASILEIRO: O AVANÇO DA IMPLEMENTAÇÃO DAS ETAPAS DA VIRADA TECNOLÓGICA NO SISTEMA DE JUSTIÇA NACIONAL - DIGITALIZAÇÃO E AUTOMAÇÃO A CAMINHO DA TRANSFORMAÇÃO

Como afirmamos, desde o início dos anos 2000, o Brasil tem vivenciado alterações estruturais na dinâmica de tramitação dos procedimentos em seu sistema público de justiça. Tais transformações começaram com a implantação do processo judicial eletrônico (PJe), foram se acentuando nos últimos anos e ganharam força total a partir do cenário de "virtualização" forçada provocado pela pandemia da covid-19. Falamos em uma verdadeira virada tecnológica no campo do direito e do direito processual que induz uma transformação não apenas de caráter instrumental, mas que altera a racionalidade do sistema de justiça, dos seus institutos, da atuação de seus agentes e atores. Há de se revisitar os institutos, desde a propedêutica, e as formas como tratamos os conflitos.

Na via de consolidação desta virada, costuma-se dividi-la em três etapas: 1) a virtualização (digitalização) dos procedimentos; 2) a automatização de tarefas; 3) a transformação dos modos de ação e trabalho.[47]

No tocante à primeira etapa em direção à formação de um cenário de Justiça Digital, o Brasil já se encontra em fase bastante avançada.

Segundo dados oficiais do Conselho Nacional de Justiça, a política de transformação digital do Judiciário revela avanços devido ao conjunto de iniciativas voltadas ao atendimento virtual e à melhoria dos sistemas processuais eletrônicos, tais como o juízo 100% virtual, os Núcleos de Justiça 4.0 e o balcão virtual que foram ampliados no ano de 2022 e promoveram um avanço da digitalização expressivo de casos novos que atingiu quase 100% e a tramitação eletrônica é uma realidade em 85,8% das ações em trâmite, sendo que apenas quatro tribunais do país possuem 20% ou mais de autos físicos pendentes de solução definitiva[48].

---

47 NUNES. **Virada Tecnológica** ..., *op. cit.*

48 CONSELHO NACIONAL DE JUSTIÇA. **Justiça em números 2023**. Brasília: CNJ, 2023, p. 301. Disponível em: <https://www.cnj.jus.br/wp-content/uploads/2023/08/justica-em-numeros-2023.pdf>. Acesso em: 27 nov. 2023.

É notória a curva de crescimento do percentual de casos novos eletrônicos, tendo em vista que em 2022, apenas 1,6% do total de processos ingressaram fisicamente. Foram mais de 31 milhões de casos novos eletrônicos[49].

Destacam-se os segmentos da Justiça Federal, da Eleitoral e da Trabalhista, por apresentarem 100% de índice de virtualização de processos novos, enquanto a Justiça Militar Estadual é o segmento com menor índice de virtualização do Poder Judiciário (78,6%) e na Justiça Estadual, o percentual de virtualização chega a 97,8% dos processos novos, destoando deste indicador apenas o TJES que apresenta 79% de virtualização.

Nesse sentido, apesar de os números das séries anteriores do CNJ – Justiça em Números – terem apontado para uma aparente desigualdade na distribuição geográfica do número de processos em formato eletrônico, especialmente em tribunais de grande porte, como é o caso do TJMG, essa dificuldade de digitalização do acervo físico pendente de julgamento parece ter desaparecido nos últimos anos, já na Justiça Estadual a virtualização chega a 85,8% de todo o acervo.

No tocante à segunda etapa da virada – a automação –, as iniciativas brasileiras também são promissoras.

Apesar de inúmeras iniciativas independentes por parte dos tribunais estaduais no tocante à criação de modelos algorítmicos para a automatização de atos processuais, especialmente os repetitivos, há cerca de um ano e meio, o CNJ assumiu, definitivamente, a missão de coordenar as iniciativas para implementação de tecnologia no sistema de justiça nacional, por meio do Sinapses e da criação do laboratório inova PJE.

De acordo com o CNJ, Sinapses é uma plataforma para desenvolvimento e disponibilidade em larga escala de modelos de IA. Por meio dela, o processo de entrega dos modelos é acelerado em uma escala superior ao sistema tradicional. O objetivo é prover uma série de modelos para utilização no PJe, possibilitando utilização pelas diversas versões e que cada tribunal possa construir seus próprios modelos, compartilhá-los e utilizar modelos de outros tribunais. A plataforma opera "em nuvem"[50].

49 *Ibidem*, p. 177.

50 SINAPSES: **plataforma de inteligência artificial conquista prêmio na Expojud**. Disponível em: <Sinapses: plataforma de inteligência artificial conquista prêmio na Expojud – Portal CNJ>. Acesso em: 13 mar. 2021.

A Sinapses é um ambiente colaborativo para o desenvolvimento de novas funcionalidades que atendam às cortes brasileiras; uma espécie de *hub* de inovação que visa à gestão coordenada de modelos de IA e permite que o sistema cliente (que irá consumir a inteligência) opere de forma independente do processo de construção dos modelos de inteligência artificial, consumindo micro serviços, também conhecidos como API's. Assim, a Sinapses possibilita liberdade para as equipes de DataScience e também de Desenvolvedores, trabalhando em uma abordagem fracamente acoplada[51].

A "fábrica para modelos de IA", como a Sinapses vem sendo denominada pelo CNJ, tem sido compreendida como um possível componente de uma estratégia de governança de IA[52].

O Inova PJE, por sua vez, Laboratório de Inovação do Processo Judicial em meio Eletrônico que atua junto do Sinapses, está projetado para ser um acelerador para a IA no PJe. Ele cuida da estruturação da base nacional de dados jurídicos para treinar as ferramentas e possui um Centro de Inteligência Artificial, com expertise técnica e intelectual em IA, orienta ferramentas a desenvolver e possui comunidades para compartilhamento de informação. Com isso, pretende criar uma comunidade entre os especialistas em tecnologia de cada tribunal na qual seja possível compartilhar ideias e algoritmos[53].

Na fase de automatização, percebemos que a maioria das ferramentas implantadas ou em desenvolvimento no Judiciário brasileiro se voltam a combater o expressivo volume de demandas judiciais. Foca-se no aumento de produtividade, na automação de tarefas repetitivas, na diminuição do tempo de tramitação processual e na redução dos custos processuais. Também há classificadores e modelos algorítmicos voltados a servir de apoio na produção de decisões judiciais, fazendo recomendações ou elaborando minutas de decisões[54].

---

51 CONSELHO NACIONAL DE JUSTIÇA. **Inova PJE.** Disponível em: <Estrutura Tecnológica – Portal CNJ>. Acesso em: 13 mar. 2021.

52 BREHM, Katie *et al* (autores); D'ALMEIDA, André Corrêa (orientador). **O futuro da IA no sistema judiciário brasileiro**: mapeamento, integração e governança de IA. Tradução: Matheus Drummond e Matheus de Souza Depieri. Instituto de Tecnologia e Sociedade do Rio de Janeiro (ITS-Rio): Rio de Janeiro, 2020, p.12.

53 BREHM *et al*, *Ibidem*, p.12.

54 BREHM *et al*, *op. cit.*, p.13.

Em junho de 2020, pesquisa conduzida pela Fundação Getulio Vargas, relevou a presença de 72 projetos de IA no Judiciário brasileiro[55]. Citam-se alguns dos modelos, cujas funcionalidades foram extraídas da referida pesquisa:

| Instituição | Ferramenta | Função |
|---|---|---|
| **Supremo Tribunal Federal (STF)** | **Victor** | "Objetiva simplificar o reconhecimento de padrões em textos jurídicos (normalmente em um documento em PDF) apresentados perante o Supremo Tribunal Federal (STF). Essa ferramenta foi criada em parceria com time da Universidade de Brasília (UnB). É capaz de executar a identificação dos recursos que se enquadram em um dos 27 temas mais recorrentes de repercussão geral e a respectiva devolução aos tribunais de origem[56]". Está habilitada para proceder à identificação e à separação das cinco principais peças dos autos: acórdão recorrido, o juízo de admissibilidade do recurso extraordinário, petição do recurso extraordinário, sentença e agravo no recurso. O projeto pretende trabalhar com a funcionalidade de agrupamento por similaridade em sua próxima versão[57]. |
| **Superior Tribunal de Justiça (STJ)** | **Sócrates** | "Produz um exame automatizado de cada recurso encaminhado ao STJ e decisões prévias do processo, recomenda fontes normativas e precedentes jurídicos, e fornece uma recomendação de ação (a decisão final sempre será realizada pelo Ministro do STJ). |

55 BRAGANÇA, Fernanda *et al* (autores); SALOMÃO, Luís Felipe; LEME, Elton; LOSS, Juliana (coords.). **Inteligência artificial: tecnologia aplicada à gestão de conflitos no âmbito do poder judiciário.** FGV Conhecimento: São Paulo, 2020.

56 BREHM *et al, ibidem*, p.13.

57 BRAGANÇA *et al, ibidem.*, p.27.

| | | |
|---|---|---|
| **Superior Tribunal de Justiça (STJ)** | **Sócrates** | Realiza o monitoramento, o agrupamento de processos e a identificação de precedentes"[58]. "Pode identificar grupos de processos similares em um universo de 100 mil processos, realizando a comparação de todos entre si em menos de 15 minutos. É destinado aos gabinetes dos Ministros[59]." |
| **Superior Tribunal de Justiça (STJ)** | **Athos** | "Atua na rotina de identificação de acórdãos similares aos que já constam na base de dados de jurisprudência, a fim de que sejam agrupados, evitando-se, assim, a poluição da base. No Núcleo de Gerenciamento de Precedentes (NUGEP), a ferramenta de IA atua na identificação de processos que têm a mesma controvérsia jurídica, com vistas à fixação de teses vinculantes. O sistema também atua na identificação de matéria de notória relevância; entendimentos convergentes e/ou divergentes entre órgãos do STJ; possíveis distinções ou superações de precedentes qualificados[60]." |
| **Superior Tribunal de Justiça (STJ)** | **E-Juris** | "Realiza a extração das referências legislativas e jurisprudência citadas no acórdão do STJ para auxílio da tarefa de cadastro das que efetivamente embasaram os votos dos Ministros na composição do acórdão e de descarte das que foram meramente citadas; apontamento dos acórdãos publicados principais e sucessivos de mesmos temas jurídicos. É destinado à Secretaria de Jurisprudência[61]." |

58 BREHM *et al*, *op. cit.*, p.13.

59 BRAGANÇA *et al*, *op. cit.*, p.28.

60 BRAGANÇA *et al*, *ibidem*, p.29.

61 BRAGANÇA *et al*, *ibidem*, p.29.

| | | |
|---|---|---|
| **Superior Tribunal de Justiça (STJ)** | **TUA (tabela unificada de assuntos** | "Identificação do assunto do processo pelo sistema, de forma automática, para fins de distribuição às seções do STJ conforme o ramo do direito em que atuam: Direito Público (Primeira), Direito Privado (Segunda) e Direito Penal (Terceira)[62]." |
| **Tribunal Superior do Trabalho (TST)** | **Bem-te-vi** | "Facilita a gestão de processos (classe processual, entrada nos gabinetes, avaliação das datas de interposição dos recursos) nos gabinetes dos Ministros[63]." |
| **Tribunal Regional Federal da 1ª Região (TRF-1)** | **SIB (Sistema de Inteligência de Busca)** | "Propõe soluções automatizadas para agilizar a busca por conteúdos, de forma dinâmica, facilitando a identificação de repetitividade de processo dentro da Justiça Federal no âmbito da 1ª Região, tendo em vista:<br>• a atual identificação de repetitividade ser de forma manual;<br>• a atuação reativa do Tribunal sobre similaridade;<br>• a classificação incorreta dos assuntos nos processos;<br>• a alocação de recursos humanos para a identificação de processos repetitivos;<br>• a falta de planejamento para ações de sobrestamento de processos;<br>• a falta de padronização dos termos processuais;<br>• a falta de padronização nos acervos dos gabinetes;<br>• a dificuldade em gerir precedentes dentro da Justiça Federal;<br>• a falta de controle na identificação de distorções na distribuição de processos;[64]" |

62 BRAGANÇA *et al*, *ibidem*, p.29.

63 BRAGANÇA *et al*, op. cit., p.30.

64 BRAGANÇA *et al*, *ibidem.*, p.44.

| | | |
|---|---|---|
| **Tribunal de Justiça de Pernambuco (TJPE)** | **ELIS** | "Capaz de analisar e triar os processos de executivos fiscais, que totalizam mais de 50% de todas as ações que estão em trâmite no estado nordestino. Ao longo do desenvolvimento do sistema, identificou-se um gargalo na triagem inicial (análise de competência, divergência de dados cadastrais, prescrição, dentre outros), que era desenvolvida de forma manual, antes do despacho inicial no processo. Diante desse quadro, o sistema focou essa etapa, a fim de criar um projeto de automação apoiado por IA para agilizar o processamento, bem como um dashboard para acompanhamento da evolução do processamento.[65]" |
| **Tribunal de Justiça de Rondônia (TJRO)** | **SINAPSE** | "Automatizar tarefas repetitivas, inicialmente no Módulo Gabinete, por meio de ferramentas como predição do tipo de movimento processual, gerador de texto/autocomplete, identificação de seções em um acórdão e outras funcionalidades que agilizam o trabalho dos assessores e magistrados. Nos Juizados Especiais, será aplicada em casos repetitivos que representem um grande volume processual[66]." |
| **Tribunal de Justiça de Roraima (TJRR)** | **SCRIBA** | Agilizar o processo de tramitação processual, especificamente na fase de instrução da audiência. O Scriba está em fase de estabilização da versão lançada em 17/09/2019. Especificamente sobre o módulo de transcrição, estão previstas ações para: melhorar o processo de captura, investindo-se em hardware de melhor qualidade; implementar filtros de |

65 BRAGANÇA *et al*, *ibidem.*, p.59.

66 BRAGANÇA *et al*, *op. cit.*, p.67.

| | | |
|---|---|---|
| **Tribunal de Justiça de Roraima (TJRR)** | **SCRIBA** | software para melhorar a qualidade do áudio capturado; melhorar a interface de edição dos textos transcritos; e incluir novas funcionalidades. O Scriba reúne diversas funcionalidades de apoio ao processo de realização de audiências judiciais, dentre as quais destaca-se a ferramenta de transcrição de audiência com apoio de inteligência artificial. O módulo de transcrição do Scriba é compatível com qualquer API SaaS Cloud de transcrição. Atualmente a ferramenta está configurada para utilizar o Google Cloud Speech-to-Text para processamento de streaming do áudio gravado nas audiências judiciais usando a tecnologia de *machine learning* do Google. |
| **Tribunal de Justiça de Roraima (TJRR)** | **MANDAMUS** | "Eficiência no cumprimento dos mandados. O sistema usa a IA em três etapas:<br>• análise da decisão<br>• confecção do mandado<br>• distribuição dos mandados que classifica por urgência, natureza, complexidade e geolocalização dos endereços.<br>A geolocalização permite o acompanhamento do cumprimento do mandado até a sua distribuição. O aplicativo disponível para os oficiais de justiça permite o envio do mandado por e-mail ou WhatsApp. A contrafé é eletrônica, dispensando que o oficial de justiça leve qualquer documento. Após o cumprimento do mandado, há o registro de várias informações sobre o ato de cumprimento que passará a fazer parte de um banco de dados. A assinatura da certidão pelo oficial também é realizada pelo aplicativo.[67]" |

67 BRAGANÇA *et al, op. cit.*, p.66.

| | | |
|---|---|---|
| **Tribunal de Justiça de São Paulo (TJSP)** | **JUDI** | "A Judi é um chatbot que conta com aprendizado de máquina. Judi foi concebida para escalar o alcance do atendimento a qualquer cidadão com acesso à Internet, permitindo a este esclarecer dúvidas gerais sobre o funcionamento dos juizados e, principalmente, validar se oferecem o meio adequado para a solução do problema que o motiva a buscar o Poder Judiciário. O atendimento prestado pela Judi pretende não apenas informar ao cidadão sobre a lógica dos juizados, mas também orientá-lo sobre os requisitos (condições e documentos preliminares) para que ingresse com a sua reclamação[68]." |
| **Tribunal de Justiça do Acre (TJAC)** | **LEIA (*Legal Intelligent Advisor Precedentes*) –** software também usado pelos Tribunal de Justiça de Alagoas (TJAL), Tribunal de Justiça do Amazonas (TJAM), Tribunal de Justiça do Ceará (TJCE), Tribunal de Justiça do Mato Grosso do Sul (TJMS) e Tribunal de Justiça de São Paulo (TJSP) | "Identificar os processos vinculados aos temas de precedentes, para que magistrados e servidores validem ou não a sugestão de sobrestamento. Evitar a prolação de decisões diferentes para casos similares, vinculados a temas precedentes, bem como o dispêndio exasperado de tempo utilizado para a análise de processos. Sugerir, de forma automatizada, baseada na convergência entre o conteúdo da petição inicial de um processo e uma matriz de entendimento de um tema de precedente, a vinculação de processos a temas de precedentes.[69]" |
| **Tribunal Regional do Trabalho da 1ª Região (TRT1)** | **Inteligência artificial e eficiência do Judiciário** | "uso de análise preditiva em conciliações, sentenças e acórdãos no Tribunal Regional do Trabalho da 1ª Região. O objetivo da pesquisa é utilizar aprendizagem profunda (um subtipo |

68 BRAGANÇA *et al*, *ibidem*, p. 70.

69 BRAGANÇA, Fernanda *et al* (autores); SALOMÃO, Luís Felipe; LEME, Elton; LOSS, Juliana (coords.). **Inteligência artificial: tecnologia aplicada à gestão de conflitos no âmbito do poder judiciário.** FGV Conhecimento: São Paulo, 2020, p.27-59.

| | | |
|---|---|---|
| **Tribunal Regional do Trabalho da 1ª Região (TRT1)** | **Inteligência artificial e eficiência do Judiciário** | avançado de inteligência artificial) na criação de modelos computacionais capazes de efetuar três tipos de análise preditiva:<br>a) probabilidade de sucesso em audiência de conciliação;<br>b) probabilidade de reversão ou modificação das sentenças proferidas pelas varas do trabalho;<br>c) probabilidade de reversão ou modificação dos acórdãos proferidos pelas turmas do TRT/RJ. O modelo preditivo será implementado por meio de uma *application programming interface* (API), que poderá ser facilmente incorporada ao sistema PJe ou a qualquer outro de interesse do Tribunal.[70]" |

***Fonte**: tabela confeccionada a partir das informações coletadas a partir dos relatórios da FGV[74] e do ITS-Rio[75].

Já o Painel de Projetos com inteligência artificial no Poder Judiciário[71], criado e mantido pelo CNJ desde 22 de dezembro de 2020, apresenta dados atualizados de 111 projetos sendo desenvolvidos e aplicados em 88 órgãos judiciários do país. São 5 do CNJ e de outros Conselhos Superiores, 11 da Justiça Eleitoral, 65 dos Tribunais Estaduais, 14 da Justiça Federal, 7 de Tribunais Superiores e 9 da Justiça do Trabalho. O painel também "apresenta os enquadramentos das diversas iniciativas em relação ao cumprimento das diretrizes sobre ética, transparência e governança na produção e no uso de inteligência artificial, estabelecido pelo CNJ em agosto de 2020, por meio da Resolução 332/2020, CNJ"[72].

70 BREHM, Katie *et al* (autores); D'ALMEIDA, André Corrêa (orientador). **O futuro da IA no sistema judiciário brasileiro**: mapeamento, integração e governança de IA. Tradução: Matheus Drummond e Matheus de Souza Depieri. Instituto de Tecnologia e Sociedade do Rio de Janeiro (ITS-Rio): Rio de Janeiro, 2020, p.13.

71 Para ter acesso aos dados do painel, acesse: https://paineisanalytics.cnj.jus.br/single/?appid=9e4f18ac-e253-4893-8ca1-b81d8af59ff6&sheet=b8267e5a-1f1f-41a7-90ff-d7a2f4ed34ea&lang=pt-BR&theme=IA_PJ&opt=ctxmenu%2Ccurrsel&select=language%2CBR. Acesso em: 20 ago. 2023.

72 CONSELHO NACIONAL DE JUSTIÇA. **Painel dá transparência a projetos de inteligência artificial no Judiciário.** Disponível em: https://www.cnj.jus.br/painel-da-transparencia-a-projetos-de-inteligencia-artificial-no-judiciario/. Acesso em: 14 mar. 2021.

Conforme também indica referido painel, os principais fatores que justificam o emprego de ferramentas de inteligência artificial no Judiciário brasileiro são: a inovação, o acúmulo de trabalho, a limitação da capacidade humana, a melhora na qualidade dos resultados e a redução de custos. As ferramentas desenvolvidas trabalham com métodos diferentes de aprendizado de máquina, sendo os mais comuns: redes neurais (59), agrupamento (21), árvores de decisão (20), seguidos de métodos de agrupamento (19) e aprendizado múltiplo (18), redução de dimensionalidade – PCA (18), métodos de amostragem (14), métodos de vetores de suporte (13) e regressão logística (5)[73].

As principais funções exercidas pelas ferramentas estão indicadas no gráfico abaixo:

**Figura 1 – Recursos das Ferramentas de IA**

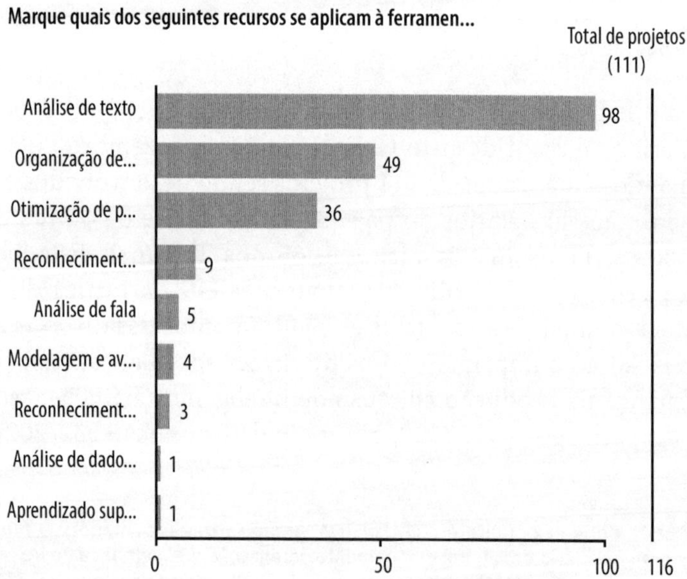


**Fonte:** CNJ, 2023.

73 Disponível em: https://paineisanalytics.cnj.jus.br/single/?appid=9e4f18ac-e253-4893-8ca1-b81d8af59ff6&sheet=b8267e5a-1f1f-41a7-90ff-d7a2f4ed34ea&lang=pt-BR&theme=IA_PJ&opt=ctxmenu%2Ccurrsel&select=language%2CBR. Acesso em: 20 ago. 2023.

Os motivos que orientam o uso de ferramentas de IA no Judiciário estão sintetizados no gráfico abaixo, também extraído do painel:

**Figura 2– Motivos que justificam o emprego de IA**

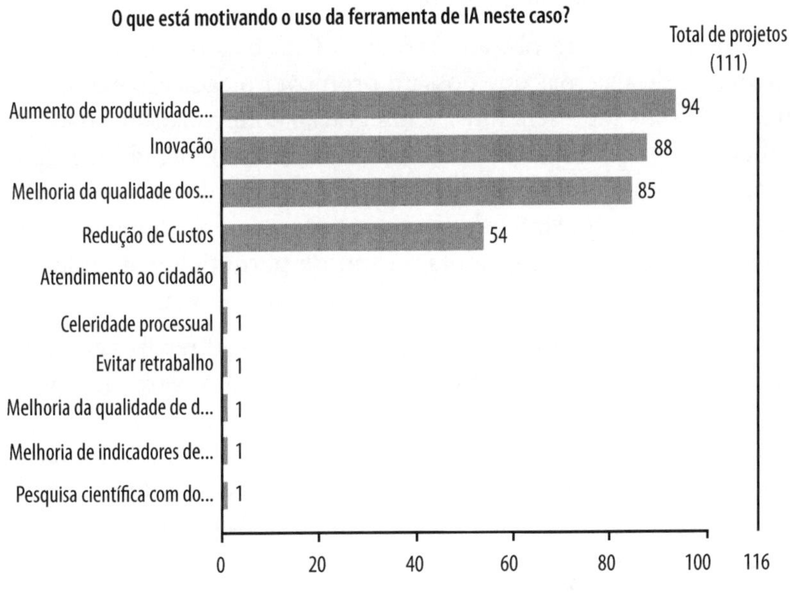


**Fonte:** CNJ, 2023.

Como se vê, a fase de automatização também se encontra em etapa já bastante avançada. Nesse sentido, o CNJ tem cuidado de estruturar um espaço colaborativo entre os diversos tribunais brasileiros, impulsionando o desenvolvimento de sistemas de inteligência artificial para gerir melhor a alocação de recursos, promover economia de tempo e deslocamento de mão de obra, aumentar a produtividade com qualidade e maximizar a noção de eficiência.

No tocante à terceira e última etapa de implementação de tecnologia para alcance da Justiça Digital, o Brasil tem importantes exemplos de adaptação procedimental mediante tecnologia. O incentivo de utilização de ODR (*online dispute resolution*) para condução de conciliações e mediações em ambiente virtual com a criação de plataformas específicas para a gestão de determinados tipos de conflitos também se faz presente.

No tocante às ODRs para promoção de formas consensuais de resolução de conflitos no judiciário, a Resolução 358 do CNJ, publicada no

02 de dezembro de 2020 cuida de guiar os tribunais a criarem os SIRECs (Sistemas Informatizados para Resolução de Conflitos) para a realização de conciliações e mediações, no formato de *Tribunais on-line*. A ideia é caminhar para além da primitiva ferramenta (mas com aparentes bons resultados) do consumidor.gov.br.

A mencionada resolução orienta os tribunais brasileiros ao desenvolvimento de sistemas que possam promover o cadastro eletrônico das partes e de seus representantes, a integração com o cadastro nacional de mediadores e conciliadores do CNJ (Conciliajud), o cadastro de casos extrajudiciais, a geração de atas e termos de acordo de modo automatizado, além do acoplamento modularizado com o sistema de processo eletrônico que o Tribunal adotar, a fim de permitir a comunicação do SIREC criado com o sistema de julgamento do tribunal[74].

A resolução 358 do CNJ, no entanto, não traz diretrizes éticas orientadoras da construção dos SIRECs. Nesse sentido, acreditamos que a criação de um conjunto de princípios poderia servir como um mecanismo que direciona a atenção para as preocupações sobre o acesso à justiça, de modo a corrigir "desequilíbrios de poder, cultura, diferenças estruturais, marginalização e inclusão na tomada de decisão que ocorre durante o projeto e implementação de sistemas ODR"[75].

Quanto a este aspecto, Wing pontua a necessidade de respeito aos princípios da *participação informada*, acessibilidade, responsabilidade, competência, confidencialidade, *empoderamento, igualdade, justiça, honestidade, imparcialidade*, transparência, *inovação, integração, obrigação legal, neutralidade* e *proteção contra danos e segurança*[76], examinados mais à frente.

Nesse sentido, entendemos ser necessário que os modelos de SIRECs a serem desenvolvidos pelos tribunais respeitem o código deontológico do direito, os direitos inerentes ao devido processo tecnológico e o compromisso com um e-acesso à justiça democrático. É preciso que os designs tecnológicos propostos pelos Tribunais, compreendam todas as peculiaridades das novas arquiteturas de escolha: o modo de se

74 CONSELHO NACIONAL DE JUSTIÇA. **Resolução 358 de 02 de dezembro de 2020**. Disponível em: <https://atos.cnj.jus.br/atos/detalhar/3604>. Acesso: 14 mar. 2021.

75 BRAGANÇA *et al*, *op. cit.*, p.30.

76 WING, *ibidem*, p.24-26.

prototipar ambientes deve se atentar para uma principiologia própria e típica, consciente dos riscos gerados por essa nova forma de dimensionamento de conflitos, como se verá a seguir.

Avaliando a implantação dos SIRECs no Judiciário Brasileiro, uma pesquisa publicada em agosto de 2023 pela FGV, em parceria com a ENFAM, concluiu que a maioria dos tribunais (25 de 34 tribunais que responderam um questionário do CNJ) afirmou possuir, no ano de 2023, alguma funcionalidade digital para tratamento consensual de conflitos. Contudo, a mesma pesquisa pontua que os sistemas digitais implementados pelos tribunais não atendem à integralidade dos requisitos mínimos elencados pelo CNJ para a caracterização da iniciativa como SIREC[77].

Apesar disso, ainda de acordo com a pesquisa, a maioria dos sistemas é versátil e foi projetada para trabalhar tanto com conciliação quanto com mediação, operando tanto no âmbito judicial quanto extrajudicial, sendo seu principal foco o Direito do Consumidor, seguido do Direito das Famílias[78].

No Estado de Minas Gerais, por exemplo, a pesquisa destaca que o TJMG possui o "Centro Judiciário de Solução de Conflitos e Cidadania (CEJUSC) Virtual do Tribunal de Justiça de Minas Gerais (TJMG) que atua em todo o estado, oferecendo conciliação e mediação totalmente virtuais por meio de plataformas de videoconferência e atendimento à distância. O objetivo é facilitar o acesso à justiça virtualmente, sem a necessidade de comparecimento presencial das partes e advogados, além de impulsionar a política de autocomposição[79]." E, ainda, a pesquisa noticia que o TRF6, recém-implantado em Minas, possui "um formulário web que permite que o interessado informe que deseja conciliar. Os dados são encaminhados ao Núcleo Central de Conciliação, que verifica a possibilidade de apresentação de proposta. O resultado da análise é enviado por e-mail ou correspondência, informando se há possibilidade de apresentação de proposta ou se a proposta será apresentada nos autos."[80]

77 SALOMÃO, Luís Felipe. CAMPBELL, Mauro (coords.). **Online Dispute Resolution: um estudo à luz da resolução n°358 do CNJ**. São Paulo: FGV, 2023, p.67.

78 *Ibidem*, p. 70.

79 *Ibidem*, p. 72.

80 *Ibidem*, p. 74.

Ambos os tribunais, no entanto, afirmaram haver limitações nos resultados esperados com a implantação dos sistemas digitais para a promoção de resoluções consensuais de conflito, seja em virtude da qualidade da internet das partes, dos próprios conciliadores e mediadores e da resistência dos litigantes a recorrerem aos CEJUSCs, no caso do TJMG. Ou, porque, no caso do TRF6, não é possível a realização de proposta de aceite e não há uso de inteligência artificial nos modelos implantados, sempre se dependendo da iniciativa de uma das partes[81].

O estudo da FGV/ENFAM concluiu que a maior parte dos tribunais brasileiros ainda não implementou os SIRECs conforme estabelecido na Resolução 358 do CNJ, mas muitos tribunais cuidaram de estruturar modelos tecnológicos que contemplam parte dos requisitos estabelecidos pela Resolução 358. Todavia, sem grandes preocupações éticas. As principais dificuldades de implantação, ainda de acordo com a pesquisa, se dão, sobretudo, devido à falta de investimentos em infraestrutura e recursos humanos com pessoal capacitado para implementação das tecnologias. Dessa forma, ainda não é possível avaliar a existência de ganhos significativos em termos de eficiência e acessibilidade do sistema de justiça nos projetos implantados até então[82].

Por fim, no que se refere à criação de plataformas tecnológicas específicas, voltadas à resolução de determinados tipos de litígios, vale destacar o *leading case* nacional da Recuperação Judicial da Operadora Oi – talvez o mais bem sucedido exemplo nesta modalidade.

Verificando as dificuldades sentidas diante da existência de milhares de credores da empresa em todo país, naquele caso, o Tribunal de Justiça do Estado do Rio de Janeiro (TJRJ), em parceria com a Fundação Getulio Vargas (FGV), optou pela construção de uma plataforma de ODR (*online dispute resolution*) com participação de todos os *stakeholders*. Tal plataforma passou a viabilizar a habilitação de créditos a serem pagos pela Oi em todo país, proporcionou a realização de mediações com os maiores credores da empresa e teve resultados de excelência em termos de custo, celeridade e satisfação dos usuários[83].

81 *Ibidem*, p. 84.

82 *Ibidem*, p. 89.

83 A respeito do caso OI, Cesar Cury, desembargador do TJRJ e um dos idealizadores do projeto, informa que: "A plataforma registrou, nas quatro primeiras semanas de operações,

O caso Oi revela uma arquitetura amparada em tecnologia e focada nos gargalos revelados, – identificados por meio da mineração de dados e processos, como veremos –, customizada a partir do caso em concreto e que pode ser utilizada em casos similares nos quais problemas semelhantes podem ocorrer.

Outro caso digno de nota foi a criação da plataforma *on-line* para adesão por titulares de cadernetas de poupança prejudicados pelas transições de planos econômicos brasileiros, ao acordo coletivo firmado entre o Instituto Brasileiro de Defesa do Consumidor (IDEC), a Frente Brasileiros pelos Poupadores (FEBRAPO) e a Federação Brasileiro de Bancos (FEBRABAN) com mediação da Advocacia Geral da União (AGU). A solução tecnológica se deu para viabilizar a gestão de litígios relacionados aos expurgos inflacionários de poupança, referentes aos planos econômicos implementados entre 1987 a 1991. A respeito da mencionada plataforma, Rodrigo Fux disserta:

> Ao longo de quase 30 (trinta) anos, muitos brasileiros buscaram a duras penas a devida reparação por perdas de rendimentos de caderneta de poupança em razão dos planos econômicos implementados entre 1987 e 1991. Em dezembro de 2017, o Instituto Brasileiro de Defesa do Consumidor (IDEC), a Frente Brasileiros pelos Poupadores (FEBRAPO) e a Federação Brasileiro de Bancos (FEBRABAN) com mediação da Advocacia Geral da União (AGU) firmaram Acordo Coletivo submetido à homologação do Supremo Tribunal Federal (STF) que estabelecia o ressarcimento, segundo os critérios de cálculo ali fixados, a todos os poupadores com pretensões submetidas ao Judiciário (em andamento ou sobrestada pela

cerca de 600.000 (seiscentos mil) acessos e quase 4.000.000 (quatro milhões) de visualizações, gerando mais de 1000 (hum mil) horas de streaming nas sessões on-line e cerca de 500 Gb de documentos e vídeos armazenados. Ao todo, mais de 1.500 (hum mil e quinhentas) sessões de facilitação on-line foram realizadas, por vídeo, chat e áudio no período. O suporte ao sistema on-line envolveu o acompanhamento de vinte profissionais da equipe de tecnologia e 1.187 (hum mil, cento e oitenta e sete) usuários em Backoffice da Oi. Ao final da primeira etapa do projeto, em dezembro de 2017, mais de 35.000 (trinta e cinco mil) acordos haviam sido validados e homologados com o pagamento imediato de valor superior a R$100.000.000,00 (cem milhões de reais a credores, no Brasil e em Portugal. Atualmente, este número supera os 46.000 (quarenta e seis mil) acordos homologados." (CURY, César. Um modelo transdisciplinar de solução de conflitos: direito e tecnologia no processo de recuperação judicial no *leading case* OI S/A, p. 149-170. *In* NUNES, Dierle; LUCON, Paulo Henrique dos Santos; WOLKART, Erik Navarro. **Inteligência Artificial e Direito Processual**: os impactos da virada tecnológica no direito processual. 2ª ed. Salvador: Editora Juspodivm, 2021, p.168).

> Repercussão geral da matéria de planos econômicos. Na sequência, lançaram na internet o portal informativo dos planos econômicos, que promovia a divulgação informacional e disponibilizava plataforma online para adesão do poupador ao acordo coletivo. A adesão via plataforma de internet, mediante preenchimento de dados cadastrais e anexação de documentos, apresenta como virtude a aptidão para conferir agilidade e dinamismo superiores ao formato tradicional de habilitação formalizada em autos processuais. O acordo nacional entre poupadores e bancos sobre planos econômicos, que valeu-se de plataforma tecnológica como ferramenta para otimizar o tratamento eficaz de um litigio que chegou a gerar o maior estoque de ações do sistema judiciário brasileiro, foi contemplado com o Prêmio Innovare 2018 (categoria advocacia)[84].

Mais um exemplo digno de nota é de adaptação procedimental por via da tecnologia promovida pela "acoplagem do uso da plataforma consumidor.gov.br na fase inicial nos processos eletrônicos do TJDFT e TRF1"[85]. Referida integração foi possibilitada por meio do Acordo de Cooperação Técnica n. 16/2019, celebrado pelo Conselho Nacional de Justiça (CNJ) e pela Secretaria Nacional do Consumidor (SENACON), vinculada ao Ministério da Justiça e Segurança Pública, que estabeleceu a integração da plataforma consumidor.gov.br ao sistema Processo Judicial Eletrônico – PJe: "No momento do ajuizamento da ação, é oferecida a possibilidade de utilização da plataforma consumidor.gov.br, sem prejuízo do processo judicial. Após a resposta da empresa, o consumidor informa se a controvérsia foi solucionada. Havendo acordo, ele será submetido à homologação judicial. Em caso de insucesso na autocomposição, o processo judicial prosseguirá regularmente[86]." Tal prática foi, até mesmo, validada como descrita e chancelada como experiência existosa na promoção de formas consensuais de resolução de conflitos pelo FPPC-2023[87].

---

84 FUX, Rodrigo. As inovações tecnológicas como (mais uma) onda renovatória de acesso à justiça, p. 228-230. *In* FUX, Luiz; CABRAL, Trícia Navarro Xavier (coords). **Tecnologia e justiça Multiportas** [recurso eletrônico]. Indaiatuba, SP: Editora Foco, 2021 (ePUB).

85 NUNES, Dierle. **Virada tecnológica no Direito Processual:** fusão de conhecimentos para geração de uma nova justiça centrada no ser humano. RePro n°344, Revista de Processo, São Paulo: Editora RT.

86 *Ibidem.*

87 FPPC-2023. **Rol de enunciados e repertório de boas práticas processuais do Fórum Permanente de Processualistas**. Brasília, 2023.

Todos os exemplos acima citados ilustram como o uso de dados pode contribuir para a modelagem de plataformas que visam o atendimento personalizado e que levam em conta as necessidades reais dos usuários atendidos.

Nesse sentido, acreditamos que os novos designs tecnológicos para a criação de plataformas específicas para a solução de determinados tipos de litígios no sistema público de justiça brasileiro têm um enorme potencial de contribuição. Além do tratamento individualizado e orientado para atender às peculiaridades específicas dos litígios, a adaptação pode corrigir problemas ligados à territorialidade, competência, agilidade, promovendo maior celeridade, economia na solução dos casos e produzindo decisões mais adequadas às pretensões discutidas, a partir do maior engajamento e participação dos envolvidos.

Ademais, há também uma promissora perspectiva para facilitação do acesso à justiça democrático, com incremento do diálogo voltado à satisfação do cidadão, conforme se verá. Devemos nos atentar, contudo, às peculiaridades do sistema brasileiro, conforme veremos nos tópicos a seguir.

## 3. OS RUMOS DA TRANSFORMAÇÃO: COMO OS DADOS MINERADOS NO SISTEMA DE JUSTIÇA BRASILEIRO PODEM AUXILIAR NA CONSTRUÇÃO DE NOVOS DESIGNS DE GESTÃO DE DISPUTAS

O termo gestão de litígios pode ser entendido como um conjunto de técnicas e ideias destinadas a reduzir os efeitos negativos de uma situação conflituosa e a melhorar os resultados positivos para todas as partes envolvidas. Por meio da gestão, pretende-se a identificação do perfil de litigância, de suas raízes e da complexidade do problema, visando o direcionamento de estratégias voltadas a construir canais para preveni-lo, a guiar o conflito para uma técnica de resolução mais adequada (negociação, conciliação, mediação, arbitragem, jurisdição[88]) ou mesmo para permitir pensar na construção de novos designs para sua gestão[89].



88 GALVÃO, Jéssica. Acesso à Justiça e recompreensão da gestão do sistema de justiça após pandemia, p.15-24. *In* TARTUCE, Fernanda; DIAS, Luciano Souto (coords.). **Coronavírus: direitos dos cidadãos e acesso à justiça**. Indaiatuba: Editora Foco, 2020.

89 Cf. NUNES, Dierle. PAOLINELLI, Camilla. Novos Designs tecnológicos no sistema de resolução de conflitos: ODR, e-acesso à justiça e seus paradoxos no Brasil. **Revista de Processo**,

Uma boa prática de gestão de conflitos é aquela capaz de identificar suas causas, de modo a agir preventivamente e de maneira dialogada, num processo de escuta dos envolvidos (*stakeholders*)[90] com atuação comparticipativa,[91] equânime e eficiente. As técnicas e ideias utilizadas dependem do tipo de conflito que precisa ser gerenciado.

Na esteira da gestão de conflitos, pode ser enquadrado o chamado *Dispute System Design* (DSD) ou *Design* de Sistema de gestão de conflitos.[92]

De acordo com Amsler, Martinez e Smith, o *Dispute System Design* pode ser entendido como a combinação da arte (design) e da ciência da gestão aplicadas no intuito de projetar meios para prevenir, gerir e resolver fluxos de disputas de conflito[93]. O DSD é destinado a uma enorme variedade de conflitos e disputas, buscando fornecer ferramentas e técnicas para o desenho de estruturas e processos mais justos e efetivos.

De acordo com as autoras, o cenário de nascimento do DSD remonta ao contexto de fortalecimento das ADR, a partir dos anos 1970 e aos reflexos da proposta de tribunais multiportas, idealizada por Frank Sander que, aos poucos, foi se institucionalizando nos sistemas judiciais[94] e também fora dele. O DSD se concentra em identificar as opções ideais para prevenir, gerenciar ou resolver um tipo específico de disputa e ajuda na estruturação de processos mais participativos e dialogais. Trata-se de um catalisador de inovação voltado à resolução de problemas concretos com desenhos especialmente arquitetados para situações conflituosas pontuais.

---

v. 314, março de 2021.

90 Como pontuam Amsler *et al*: "Os *stakeholders* e os participantes podem oferecer contribuições significativas para o DSD porque suas percepções de um processo e suas preferências resultantes podem evoluir. Donna Shestowsky e Jeanne Brett pesquisaram as preferências dos disputantes por diferentes aspectos dos procedimentos em tribunais antes e depois de experimentá-los. Elas sugerem que as preferências de procedimento antes de experimentar um processo podem ser moldadas por informações e experiências insuficientes. Os disputantes preferiam processos de adjudicação antes de os experimentarem, mas, processos facilitados e mediados uma vez que tinham mais experiência". (AMSLER *et al*, *op. cit.*, p. 75).

91 NUNES. **Processo**..., *op. cit.*

92 Cf. uma abordagem inaugural em: URY, William L.; BRETT, Jeanne M.; GOLDBERG, Stephen B. **Getting disputes resolved: designing systems to cut the cost of conflict.** 1ª Ed. São Francisco: Jossey-Bass Publishers, 1988.

93 AMSLER, Lisa Blomgren; MARTINEZ, Janet K.; SMITH, Stephanie E. **Dispute system design:** preventing, managing and resolving conflict. Stanford: Stanford University press, 2020, p.7.

94 AMSLER *et al*, *ibidem*, p.9.

Tal abordagem se encaixa na nossa matriz de processualismo constitucional democrático, como proposta macroestrutural e multidimensional de análise e dimensionamento do sistema processual.[95]

Constantino e Merchant alertam que os *designers* de sistemas de gestão de conflitos trabalham com uma avaliação criteriosa quanto à forma como os sistemas e organizações lidam com o conflito, avaliando os processos de entrada, suas causas, visando descobrir as dissonâncias, disfunções ou insatisfações. Para tanto, devem contar com o feedback dos usuários e dos envolvidos, das partes interessadas na resolução do problema e de outros métodos participativos[96]. Afinal, o processo de customização de *designs* parte de uma colaboração aberta e capacitadora[97] para que sejam identificados os caminhos de intervenção, o que envolve "autoconhecimento sobre preconceitos, pontos cegos, vulnerabilidade a influências" na tentativa de orientar as mudanças de forma eficaz[98].

Assim, o processo de construção de desenhos específicos para a resolução de problemas jurídicos pontuais se apresenta como método sofisticado, capaz de estruturar sistemas de resolução de disputas customizados, atendendo aos mais variados e complexos cenários econômicos, jurídicos e organizacionais. Desse modo, promete contribuir de maneira significativa para que alcancem bons resultados na gestão de conflitos, dentro e fora do sistema público de justiça.

Amsler, Martinez e Smith afirmam que o processo de construção de um DSD envolve a avaliação do fluxo do conflito, o processo de análise e a identificação de *stakeholders*, a definição dos recursos disponíveis e dos interesses, bem como o reconhecimento da natureza das disputas e a verificação do modo como elas são manejadas. Também é feita a avaliação da "boa vontade" dos *stakeholders*, analisando-se de que forma

95 NUNES, Dierle; BAHIA, Alexandre; PEDRON, Flávio. **Teoria Geral do processo**. Salvador: Juspodivm, 2020.

96 CONSTANTINO, Cathy A. MERCHANT, Cristina Sickels. **Designing Conflict Managemenet Systems**: a guide to creating productive and health organizations. New York: Jossey-Bass, 1995, p.25-26.

97 Nesse sentido, as autoras alertam: "(...) *the changing of a system, including a conflict management system, is like an orchestral performance, with all of the instruments playing in concert, rhythm, and harmony with each other.*" (CONSTANTINO; MERCHANT, *ibidem*, p.30).

98 CONSTANTINO; MERCHANT, *ibidem*, p.26.

eles podem contribuir para melhorar os sistemas de gestão de conflitos. A partir disso, segundo as autoras, recomenda-se a aplicação do DSD.

As autoras indicam uma estrutura analítica para obtenção de informações e definição dos propósitos do DSD. Tal metodologia pode ser utilizada por organizações ou pelo próprio poder público para estruturar modelos para gestão adequada dos conflitos levados até ele. Para tanto, é necessário estabelecer:

> 1.Metas: a. O que os tomadores de decisão procuram realizar? b. que tipo de conflitos o sistema procura resolver? 2. *Stakeholders*: a. Quem são as partes interessadas? b. qual o seu poder relativo? c. Quais são os seus interesses e como são representados no sistema? 3. Contexto e cultura: a. Como o contexto do DSD afeta sua viabilidade e sucesso? b. Quais os aspectos da cultura (organizacional, social, nacional, econômicos e outros) afetam o sistema? C. Quais são as normas para comunicação e gestão dos conflitos? 4. Processos e estrutura? a. Quais processos são usados para prevenir, gerenciar e resolver disputas? b. Se houver mais de um processo, os processos estão vinculados ou integrados? c. Quais são os incentivos ou desincentivos para usar o sistema? D. Qual é a interação dos sistemas de disputa com o sistema legal / formal? 5. Recursos: a. Quais recursos financeiros sustentam o sistema? b. Quais recursos humanos dão suporte ao sistema? 6. Sucesso, responsabilidade e aprendizado: a. Quão transparente é o sistema? b. O sistema inclui monitoramento, aprendizagem e avaliação de componentes? c. O sistema está funcionando bem?[99] (tradução livre)

As mencionadas autoras fornecem um verdadeiro guia para orientar projetos de sistemas de gestão de conflitos, concluindo que a definição das metas geralmente tem por finalidade: prevenção de conflitos, gestão de conflitos, resolução de disputas, eficiência, economia de recursos, reestruturação dos relacionamentos, segurança, aderência ao sistema, reconhecimento público, resultados substantivos (justos), reputação, conformidade, satisfação e melhoria organizacional[100] e aduzem:

> Na medida do possível, dentro do contexto, o sistema deve ser responsivo, com foco em interesses, deve começar com opções de custo mais baixo e visar abordar o conflito de maneira ampla.

99 AMSLER *et al*, *op. cit.*, p.24-25.

100 AMSLER *et al*, *ibidem*, p. 26-28.

> "Responsivo" aqui significa sensível às necessidades e interesses humanos básicos. Baixo custo (no "custo" se incluem elementos financeiros, temporais e emocionais) (...). Um sistema abrangente que está disponível para todos, aberto para o mais amplo escopo de cobertura e que pode ser gerenciado com os recursos disponíveis. O mais amplo o escopo indica que as partes interessadas estão mais propensas a se envolver no sistema quando uma disputa está surgindo – na fase de queixa ou conflito – e, portanto, permitirão que funcione como um sistema preventivo e que também resolva conflitos. *Designers* podem equilibrar este escopo com restrições de recursos e eficiência (...)[101] (tradução livre)

Significa que o foco do trabalho de design deve ser direcionado para se ter ciência de onde o conflito se origina, de modo tratá-lo antes de que ele ecloda, preveni-lo e geri-lo, antes de resolvê-lo. Este processo deve envolver o máximo engajamento dos *stakeholders* na moldagem do DSD, para que haja adesão. A participação dos atingidos e atingidas é essencial na estruturação da DSD. A dimensão de comparticipação dos envolvidos[102] é fundamental para que as pessoas possam confiar nos sistemas projetados e optem efetivamente por usá-los. Os atingidos não devem ter apenas voz no *design*, mas opções de escolha, a depender do contexto e da cultura. Nesse caminho, os conceitos de justiça e equidade são vitais para a compreensão do campo do DSD, porque o poder de projetar sistemas de disputa não é igualmente distribuído. E esse poder desigual pode dar origem a abusos éticos, se o controle do DSD é dado exclusivamente a um dos envolvidos ou a um terceiro neutro, sem que haja escuta dos interessados[103].

Como se viu, nos últimos anos, o sistema público de justiça brasileiro investiu bastante em tecnologia para aumentar sua eficiência e produtividade. Também passou a adotar outros métodos de resolução de disputas como a conciliação e mediação, no intuito de mudar o contexto de "caos", apontado por aqueles que descrevem o fenômeno do "judiciário em crise" ou de explosão de litígios.

Notamos, contudo, que a utilização dos métodos negociais acoplados aos foros judiciais acabou não produzindo os resultados desejados. Assim, para alcançar resultados relevantes, acreditamos ser essencial a

101 AMSLER *et al*, *ibidem*, p.36.

102 NUNES. **Processo**..., *op. cit.*

103 AMSLER *et al*, *op.cit.*, p. 20.

implementação de mudanças estruturais, com o desenvolvimento de um sistema apropriado e customizado de resolução das disputas, mediante uma abordagem multidimensional e macroestrutural. Abordagens pontuais desprovidas de dados tratados (conhecimento) não serão capazes de gerar os impactos almejados.

A adoção dos DSDs torna viável o desenho de sistemas que compatibilizam a mobilização de vias autocompositivas e heterocompositivas. O sistema de resolução pode se recorrer a abordagens baseadas em direitos, a exemplo da arbitragem ou a decisão judicial, ou voltar seu foco para os interesses. E, muito embora um *designer* esteja à frente do projeto, deve-se destacar que o DSD é uma experiência essencialmente participativa e, no campo tecnológico, viabilizada por equipes multidisciplinares[104].

Desse modo, de acordo com Dias "o *designer* faz uso de sua expertise para traçar o sistema a partir daquilo que os interessados apontam como contexto, fatos relevantes e interesses. A atuação conjunta mostra-se essencial para o alcance de adesão e adimplemento do sistema personalizado de solução de conflitos[105]."

Em resumo, percebemos o DSD como ferramenta útil para a condução e implementação da política interna de tratamento adequado dos conflitos no sistema público de justiça brasileiro, em direção à genuína transformação. Isso porque se trata de uma metodologia que viabiliza verdadeira etiologia dos conflitos, na medida em que possibilita não só identificar gargalos para corrigi-los, como é capaz de criar ambientes comparticipativos, condutores da materialização de direitos e da satisfação de interesses das pessoas. O DSD resgata o espaço de escuta de todos os envolvidos (contraditório), demonstrando seus ganhos em termos de performance e resultados, dimensões que são imprescindíveis para um acesso à justiça no sentido substancial,[106] democrático[107] e redistributivo. E a tecnologia pode ser poderoso coadjuvante neste percurso, mas por que?

---

104 ARMOUR, Jonh; PAHNHAM, Richard; SAKO, Mari. Augmented Lawyering. **European Corporate Governance Institute**. Law Working Paper 558/2020.

105 DIAS, Eduardo Machado. **Dispute System Design e gestão de conflitos em empresas,** 26 jul.2017. Disponível em: <Dispute System Design e a gestão de conflitos em empresas – Câmara CBMAC (camaracbmac.com.br)>. Acesso em: 29 jan. 2021.

106 ECONOMIDES, Kim. Lendo as ondas do "movimento de acesso à justiça": Epistemologia versus metodologia. *In* PANDOLFI, Dulce *et alii* (orgs.). **Cidadania, justiça e violência**. Rio de Janeiro: Fundação Getulio Vargas, 1999, p.61-76.

107 NUNES, Dierle; TEIXEIRA, Ludmila. **Acesso à justiça democrático**. Brasília: GZ editora, 2013.

Como a mineração de dados e processos no sistema de justiça nacional pode contribuir para a construção de novos designs, encaminhando os rumos da transformação em direção à Justiça Digital?

Já se afirmou que, com a consolidação do processo judicial eletrônico e digitalização dos procedimentos, uma enorme quantidade de dados passou a ser recebida e gerenciada pelo sistema público de justiça brasileiro. Ocorre que ainda existe um tímido aproveitamento do potencial gerado por essa circunstância, muito embora existam grandes oportunidades por detrás do quadro.

Uma das iniciativas que merece ser destacada é a empreendida pela Resolução CNJ n. 331/2020 como fonte primária de dados do Sistema de Estatística do Poder Judiciário – SIESPJ e criação da Base Nacional de Dados do Poder Judiciário – DataJud. Esta última é responsável pelo armazenamento centralizado dos dados e metadados processuais relativos a todos os processos físicos ou eletrônicos, públicos ou sigilosos dos os tribunais indicados nos incisos II a VII do art. 92 da Constituição Federal[108] do país. A partir da mencionada base, os dados poderão ser minerados, ofertando importantes subsídios para a virada democrática do direito processual.

Segundo Rubinstein, Lee e Schwartz, a mineração de dados se refere a uma série de técnicas usadas para extrair informações e ligações, a partir de vastos depósitos digitais[109]. Significa um processo de extração não trivial de informações implícitas, previamente desconhecidas e potencialmente úteis (como regras de conhecimento, restrições, regularidades) em bancos de dados. O conhecimento descoberto pode ser aplicado ao gerenciamento de informações, consulta, processamento, tomada de decisão, controle de processo e muitas outras aplicações[110].

Com Malone, já destacamos que algoritmos mineradores podem realizar diferentes tarefas[111], promovendo a descrição de padrões e tendências reveladas nos dados, classificação de registros, estimativa de



108 Disponível em: <https://www.cnj.jus.br/sistemas/datajud/>. Acesso: 16 mar.2021.

109 RUBINSTEIN, Ira S. LEE, Ronald D. SCHWARTZ, Paul M. **Data Mining and Internet Profiling**: emerging regulatory and technogical approaches. The University of Chicago Law Review [75:261], p.261-284, p. 262.

110 MING-SYAN, Chen. HAN, Jiawei. YU, Philip S. **Data Mining**: an Overview from Database Perspective. Disponível em:<https://www.researchgate.net/publication/3296625.> Acesso em: 29 jan. 2021.

111 Nesse sentido, Cf. também: MING-SYAN; HAN; YU, *op. cit*, p.9-10.

valores de determinadas variáveis a partir da análise de valores das demais, análise preditiva, realizar agrupamento (*clustering*) ou associações (identificar atributos relacionados)[112].

Além da mineração de dados, no tocante ao sistema público de justiça, Gusmão propõe a utilização de uma outra abordagem complementar, qual seja: a técnica de mineração de processos (*process mining*)[113]. A metodologia de mineração de processos é particularmente útil no sistema público de justiça, porque:

> Quando um processo é executado, principalmente quando tem suporte de uma ferramenta de BPMS (*Business Process Management System*), ele pode gerar dados que muitas vezes são armazenados em logs. Esses logs são um histórico de execuções de processos, que indicam quando um processo iniciou, quais atividades foram executadas, quando elas aconteceram, entre outras informações. E pode ser interessante analisar esses dados para extrair conhecimento sobre os processos (...). O objetivo da Mineração de Processos é utilizar logs de eventos para extrair informações relacionadas aos processos. Em geral, através da mineração de processos são aplicadas técnicas de mineração de dados sobre os logs de eventos para atingir objetivos específicos.[114]

Intenciona-se, por meio da mineração de processos, descobrir, monitorar, analisar e otimizar processos reais a partir da extração de acontecimentos disponíveis nos sistemas de registros de dados. Esta mineração procura tornar compatíveis as informações de eventos com os modelos de processos para: verificar a conformidade; detectar desvios; prever e evitar atrasos; redesenhar processos[115].

Ao descreverem as técnicas empregadas por algoritmos de mineração de processos, Sakr, Maamar, Awad, Benatallah e Van der Aalst afirmam que os objetivos da aplicação da mineração podem ser o de

---

112 NUNES; MALONE, *op.cit.*, p. 137.

113 GUSMÃO, Bráulio. Mineração de processos e gestão de casos no judiciário, p. 589-594. *In* NUNES, Dierle; LUCON, Paulo Henrique dos Santos; WOLKART, Erik Navarro. **Inteligência Artificial e Direito Processual**: os impactos da virada tecnológica no direito processual. 2ª ed. Salvador: Editora Juspodivm, 2021, p.590.

114 PROCESS MINING: **Conceitos Básicos sobre as Principais Técnicas de Mineração de Processos**. Disponível em: <Mineração de Processos: Principais Técnicas de Process Mining – dheka>. Acesso em: 29 jan.2021.

115 **O que é a *process mining* e quais os seus tipos?** Disponível em: <O que é o Process Mining e quais as vantagens de utilizá-lo? (cronapp.io)>. Acesso em: 20 jan.2021.

correlação de eventos, de descoberta do modelo de processo, de verificação de conformidade e monitoramento, de melhoria ou aprimoramento do processo ou de monitoramento preditivo[116].

Em geral, as técnicas de mineração analisam os dados para conseguir identificar problemas ou possíveis recomendações (preventivas ou corretivas), de modo a melhorar as execuções dos processos ou para reformulá-los a partir de necessidades detectadas caso a caso (*Business Process Reengineering – BPR).*

Gusmão informa que o principal software usado pelo Judiciário brasileiro para gerir o PJE possui em seu núcleo uma ferramenta de gerenciamento de processos de negócios ou BPM (*Business Process Management*), de forma que, quando cada procedimento tramita, "o sistema armazena cada passo executado, com geração de eventos ou *logs* que identificam tudo aquilo que foi feito ou produzido[117]".

O método de *process mining* é representado na figura abaixo:

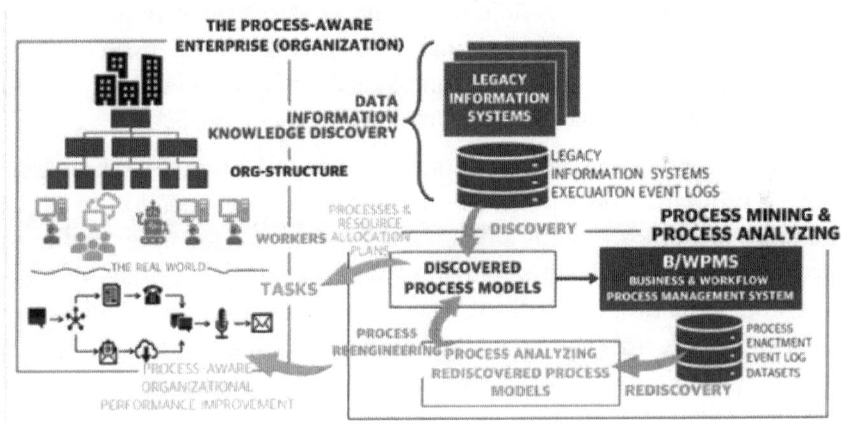


**Fonte:** *Data and Process Engineering Research Lab*[118]. Disponível em: <http://www.mppi.com/2076-3417/10/4/1493>.

116 SAKR, Sherif. MAAMAR, Zakaria. AWAD, Ahmed. BENATALLAH, Boualem. VAN DER AALST, Wil M. P. Business Process Analytics and Big Data Systems: A Roadmap to Bridge the Gap. **IEEE Acess**, volume 6. 2018, p.5-6. Disponível em: <Business Process Analytics and Big Data Systems: A Roadmap to Bridge the Gap – IEEE Journals & Magazine>. Acesso: 28 jan. 2020.

117 GUSMÃO, *op. cit.*, p.592.

118 KIM, Kwanghoon Pio. **Functional Integration with Process Mining and Process Analyzing for Structural and Behavioral Properness Validation of Processes Discovered from Event Log Datasets**. Disponível: https://doi.org/10.3390/app10041493. Acesso: 29 jan. 2021.

A mineração de processos indica, através dos *logs*, o caminho real de cada procedimento que tramita pelo PJE e "sua submissão a um algoritmo de mineração pode fornecer insumos para uma verdadeira revolução na maneira como lidamos com a gestão processual[119]". Ao evidenciarem o "processo real", os *logs* permitem a descoberta de aspectos ocultos, fases procedimentais morosas, atos processuais desnecessários, gargalos, favorecendo oportunidade de automação de atos, simplificação de etapas e revelando uma ferramenta revolucionária para a gestão processual dos casos e reformas embasadas em conhecimento.

Com o auxílio de algoritmos classificadores que utilizam *machine learning* com processamento de linguagem natural[120], é possível conjugar a informações reveladas através dos *logs* identificando o conteúdo das demandas a fim de agrupá-las, para, por meio de *description,* descrever padrões e tendências ocultos nos dados e assim compreender: 1) como determinadas demandas são decididas; 2) de onde se originam ou quais são as suas causas fundamentais; 3) se podem ser resolvidas por meio de acordos ou se exigem soluções adjudicatórias; 4) se possuem procedimento predominantemente escrito ou se mais atos orais são indispensáveis para a participação dos interessados; 5) pontos de dificuldades comuns e fatores que se repetem de forma exitosa, numa infinidade de casos.

Em outras palavras, com a massiva coleta de dados no Judiciário brasileiro, a mineração possibilitará a compreensão das violações a direitos / interesses nos casos levados ao sistema de justiça nacional, revelando as informações necessárias para o delineamento de *designs* voltados ao tratamento adequado dos conflitos. Daí porque a técnica contribui para a categorização de uma tipologia de conflitos voltada a dar um tratamento específico para cada espécie de demanda e litigiosidade, de acordo com suas especificidades comuns.

---

119 GUSMÃO, *op. cit.*, p.592.

120 "O Processamento de Linguagem Natural (PLN) é a subárea da Inteligência Artificial (IA) que estuda a capacidade e as limitações de uma máquina em entender a linguagem dos seres humanos. O objetivo do PLN é fornecer aos computadores a capacidade de entender e compor textos. "Entender" um texto significa reconhecer o contexto, fazer análise sintática, semântica, léxica e morfológica, criar resumos, extrair informação, interpretar os sentidos, analisar sentimentos e até aprender conceitos com os textos processados." (RODRIGUES, Jéssica. **O que é o Processamento de Linguagem Natural?** Como interpretar mensagens codificadas em linguagem natural e decifrá-las para a linguagem de máquina? Bots Brasil, 14 jul. 2017. Disponível em:<O que é o Processamento de Linguagem Natural? | by Jéssica Rodrigues | Bots Brasil | Medium>. Acesso em: 28 jan. 2021.)

A adaptação procedimental ficará por conta do *design* escolhido para tratamento daquela modalidade de conflito, orientando escolhas políticas que podem conduzir a estratégias de solução focadas em negociação, conciliação, mediação ou julgamento. O caso da Recuperação Judicial da Operadora Oi, já citado, revela uma hipótese de exitosa adaptação procedimental no cenário brasileiro via DSD. Mas é possível cogitar outros exemplos.

Vislumbramos a possibilidade de aproveitamento das informações extraídas a partir da mineração de processos para a customização de designs específicos (preferencialmente em plataformas modulares de ODR) para: 1) as ações coletivas que versam sobre direitos individuais homogêneos e que, frequentemente, indicam para a presença de intensa dificuldade na fase de liquidação de danos, possuindo sensíveis obstáculos no tocante à publicidade e participação dos interessados; 2) os mais diversos processos de recuperação judicial com grande número de credores individuais espalhados em locais diferentes do país; 3) as ações civis públicas relacionadas a grandes desastres ambientais (a exemplo dos casos de rompimentos de barragens de rejeitos de mineração nas cidades brasileiras de Mariana e Brumadinho, em Minas Gerais)[121]; 4) demandas

121 Em interessante artigo propositivo a respeito do tema, Isabela Ferrari traz sugestões para a implantação de ferramentas de *online dispute resolution* para lidar com grandes tragédias, como a que acometeu a cidade de Brumadinho/MG. Percorrendo interessante caminho metodológico, em certa medida baseado na estrutura analítica dos DSDs, a autora aponta a necessidade de análise apurada do ambiente do conflito, sob as óticas do emocional coletivo e pragmática, a fim de se avaliar detidamente toda a experiência sentida pelos envolvidos, objetivando a adoção de providências concretas para que a tragédia não se repita, para prestar assistência psicológica às vítimas, para compreender seu processo de luto e traçar estratégias de justiça restaurativa (providências que se situariam na fase de avaliação do conflito, conforme pontuam *Amsler et alii*, em obra aqui citada). Tudo isso, não só com a intenção de entender as peculiaridades do caso, como também pretendendo favorecer o processo de engajamento futuro dos interessados na plataforma. Num segundo momento, Ferrari afirma ser necessário definir as prioridades do sistema de resolução (apontando metas, segundo *Amsler et alii*) para, então, pensar em um desenho de plataforma que possa contemplar estrutura modular, inspirada no MODRIA, que possui as etapas de diagnóstico, negociação, facilitação e julgamento / adjudicação. Tal modelo seria desenvolvido a partir dos dados captados nas etapas anteriores e, ainda de acordo com a autora, deveria ser de adesão voluntária ou se apresentar como uma etapa cogente, mas preparatória à atuação do Judiciário (a exemplo de como funciona o *consumidor.gov*). Ferrari pontua também a importância de se levar em consideração, para adesão à plataforma, os elementos emocionais que envolvem grandes tragédias e, por isso, seria crucial o envolvimento dos múltiplos *stakeholders* presentes no conflito, desde os momentos iniciais, para que sejam ouvidos e integrados ao sistema (importância da participação colaborativa dos envolvidos, de acordo com *Amsler et alii*). A autora sustenta, por fim, que, para o desenvolvimento do sistema, não

seria aconselhável a assunção dos custos pelo Judiciário, já que estes que seriam altos e o desenvolvimento provavelmente moroso, considerando a urgência do caso. A autora teme ainda a ausência de *expertise in house*, considerando o ineditismo da situação enfrentada. Sugere, então, a aquisição de uma solução *tailormade* a partir de um sistema modular existente, de efetividade comprovada, que seja custeada pela empresa envolvida no evento. De acordo com Ferrari, além de "melhorar" a imagem da empresa, isso evitaria gastos públicos e apontaria para um diálogo em torno do objetivo de minorar os danos produzidos pelo desastre. (FERRARI, Isabela. *Dispute Resolution* para Grandes Tragédias – uma alternativa para promover acesso à justiça tempestivo para as vítimas de Brumadinho, p.437-458. *In* FUX, Luiz; ÁVILA, Henrique; CABRAL, Trícia Navaro Xavier (coords.). **Tecnologia e Justiça Multiportas: teoria e prática.** Indaiatuba/SP: Editora Foco, 2021.) Apesar das sugestões metodológicas oferecidas pela autora serem relevantes e imprescindíveis do ponto de vista pragmático, uma questão merece detida análise em sua proposta. É que, ao sugerir, a aquisição de uma solução de ODR desenvolvida no âmbito privado e financiada, aparentemente, pela empresa responsável pelo evento danoso, Ferrari não se debruça sobre o problema da arquitetura de escolha adotada no *design* das plataformas privadas, tampouco reflete a respeito do desequilíbrio estratégico que este tipo de solução poderia gerar. Explica-se: As plataformas privadas de ODR, ao serem desenhadas, geralmente, levam em conta interesses e objetivos diversos das plataformas públicas. Naquelas, os conflitos são percebidos como ativos, capazes de promover maior engajamento dos usuários que serão encorajados a fazer escolhas com base em objetivos específicos (comumente, atendendo aos interesses do site, por exemplo, gastando mais dinheiro, aumentando a exposição e as taxas de cliques de anúncios, ou assinando um serviço, de acordo com Ayelet Sela). Assim, o grau de transparência de plataformas privadas no tocante ao tratamento de dados, coleta de informações iniciais, dimensionamento das indenizações deve ser substancialmente elevado, quando utilizada para fins de "justiça pública". Isso, para que fique evidente a arquitetura de escolha utilizada no *design*, de modo que fique claro que a plataforma não foi construída para atender unilateralmente aos interesses da empresa, beneficiando sua posição em detrimento de outros *stakeholders*. Dessa forma, é importante considerar que, ainda que financiada ou desenvolvida pelo setor privado, se para uso público, sobretudo se for direcionada a tratamento de conflitos com inegáveis relevância e impacto sociais, a plataforma de ODR deve ter incentivos diversos daquelas estritamente para uso privado, capacitando os litigantes para fazerem escolhas informadas e deliberadas que melhor atendam aos seus interesses, promovendo sua autodeterminação, com preservação da imparcialidade e do equilíbrio necessário para que não haja vantagens estratégicas para a parte que financiou seu desenvolvimento e/ou aquisição. Nesse sentido, já tivemos a oportunidade de sustentar que "a constituição de plataformas tecnológicas adequadas para o sistema público de justiça deve seguir *designs* diversos daqueles criados pela iniciativa privada para fins comerciais. (...) o usuário (cidadão) tem de conseguir acessar e ser apresentado a um design que lhe permita saber, com transparência, os riscos e consequências de suas escolhas. É imperativo, nestes termos, adotar as pautas do devido processo tecnológico, com novos teores que blindem os cidadãos e os sujeitos técnicos dos desafios que a tecnologia traz consigo. (...) O design de plataformas públicas deve ser pensado para preservar o devido processo tecnológico e para promover participação paritária e equilibrada entre os interessados, a fim se evitar distopias de litigâncias que tendam a aprofundar o fosso de desigualdades." (NUNES, Dierle. PAOLINELLI, Camilla. Novos Designs tecnológicos no sistema de resolução de conflitos: ODR, e-acesso à justiça e seus paradoxos no Brasil. **Revista de Processo**, Março de 2021(No prelo). Também nesse sentido: Cf. SELA, Ayelet. E-Nudging Justice: The Role of Digital Choice Architecture in Online Courts. **Journal of Dispute Resolution.** Jul. 2019. Disponível em: <https://www.researchgate.net/publication/335125573_eNudging_Justice_The_Role_of_Digital_Choice_Architecture_in_Online_Courts>. Acesso em: 28 de set. 2020.

repetitivas de alta intensidade relacionadas a assuntos de grande interesse social (como aquelas voltadas à concessão de auxílio emergencial durante a pandemia da COVID-19) ou que discutem outros benefícios assistenciais e/ou previdenciários; 5) lides familiares focadas em interesses.

Enfim, o campo para projetos específicos de *designs* de gestão e solução de conflitos para litígios complexos (ou mesmo simples, mas repetitivos) é amplo e tem na tecnologia uma enorme parceira em potencial. A trilogia metodológica *PROCESS / DATA MINING* – DSD – ODR se bem conduzida, pode redefinir os rumos de uma nova política de gestão de conflitos no sistema público de justiça nacional, a caminho da consolidação da etapa de transformação para uma Justiça Digital. Isso ocorrerá, especialmente se os *designers* não se limitarem à mera abordagem de persecução de uma eficiência retórica (reduzida a discursos desprovidos de base empírica e normativa) e dentro do marco do processualismo constitucional democrático.

## 4. ENCONTRANDO A ARQUITETURA DE ESCOLHAS IDEAL PARA O SISTEMA BRASILEIRO: CIDADANIA DIGITAL, ASSIMETRIA INFORMACIONAL E AUTORREPRESENTAÇÃO – É POSSÍVEL CONSTRUIR UM MODELO DE ODR EM TRIBUNAIS *ON-LINE* COMPATÍVEL COM A CONSTITUIÇÃO DE 1988?

Ao menos vinte e cinco anos se passaram desde que a expressão Resolução *On-line* de Disputas (ODR) foi cunhada como um termo abrangente que descreve uma ampla gama de procedimentos *on-line* e ferramentas tecnológicas que litigantes usam para resolver disputas. De seu nascimento para gestão de conflitos no âmbito do comércio eletrônico, até a resolução de conflitos complexos, a temática vem suscitando debates em todo o mundo, que justificam a necessidade de problematização[122] a partir do contexto brasileiro.

Apesar de não existir consenso em torno de um conceito único para as *Online Dispute Resolution* (ODR), no geral, é possível dizer que

122 KATSCH, Ethan, RIFKIN, J. Online Dispute Resolution: Resolving Conflicts in Cyberspace. USA: **Wiley Publishing**, 2001. Para uma abordagem aprofundada conferir: SELA, Ayelet. The effect of online technologies on dispute resolution system design: antecedents, current trends and future directions. **Lewis & Clark Law Review 633 (2017), Bar Ilan University Faculty of Law Research Paper** No. 18-03.

consistem na "aplicação da tecnologia da informação e comunicação para prevenir, gerenciar e resolver conflitos"[123]. Como já afirmamos Malone, a ideia central da ODR consiste na possibilidade de utilizar uma variedade de tecnologias de informação e comunicação que variam do simples serviço de bate-papo ou videoconferência, à utilização de inteligência artificial para obtenção de propostas de solução por modelos algorítmicos. Não se trata de um *software* específico, mas do uso intencional da tecnologia para facilitar a resolução de problemas[124].

Como pontuam Amsler *et al*:

> A resolução de disputas online consiste no uso da tecnologia da informação e comunicação para resolver disputas. Ela abrange uma ampla gama de ferramentas e mecanismos que diferem dos processos offline em eficiência e tipo, e inclui arquivamento eletrônico e gerenciamento de fluxo de casos, negociação automatizada e assistida, ADR online e processos judiciais, e tomada de decisão assistida usando algoritmos. A tecnologia jurídica abrange avanços nas plataformas de provedores, chatbots legais, inteligência artificial aplicada à regulamentação legal e análises preditivas. A resolução de disputas online tem muitos exemplos de inovação[125].(tradução livre)

Embora carreguem possibilidades abrangentes, com frequência, as ODR são, erroneamente, associadas, de modo restritivo, à resolução "alternativa" de disputas, compreendendo o uso das tecnologias da informação e da comunicação para auxiliar a resolução de conflitos em ambiente virtual.

Neste aspecto, ODR são especialmente desenvolvidas para criar ambientes favoráveis à realização de acordos, pela viabilização do diálogo direto ou intermediado. Dentro dos ambientes projetados, trabalha-se

123 KATSH, Ethan; RULE, Colin. What We Know and Need to Know About Online Dispute Resolution. **South Carolina Law Review**, vol. 67, p. 329-344, 2016. Disponível em: <https://www.americanbar.org/content/dam/aba/images/office_president/katsh_rule_whitepaper.pdf.>. Acesso: 28 nov. 2020; SMITH, Stephanie E.; AMSLER, Lisa Blomgren; MARTINEZ, Janet. **Dispute System Design**: Preventing, Managing, and Resolving Conflict. Stanford: Stanford University Press, 2020.

124 NUNES, Dierle; MALONE, Hugo. Tribunais Online avançam durante a pandemia da Covid-19. **CONJUR – Revista Consultor Jurídico** 11 de maio de 2020. Disponível em: <ConJur – Nunes e Passos: Os tribunais online na pandemia>. Acesso: 28 nov. 2020.

125 AMSLER *et al*, *op cit*., p. 59.

com elementos que são ponto comum às formas de ODR: i) Formas síncronas ou assíncronas de comunicação; ii) Desterritorialização; iii) Tecnologia como 4ª parte[126]; iv) Redução de custos e tempo; v) Prevenção de disputas.

As primeiras experiências com ODR acompanharam o desenvolvimento da Internet, em especial, com o crescimento do comércio eletrônico e com iniciativas de fomento à "ADR para a Internet", já nos anos 1990. Vem daí a imbricação, hoje, em certa medida, limitada, entre o surgimento das ferramentas de ODR e o incremento das técnicas de ADR como ferramentas de desjudicialização de conflitos (e-ADR). Por conseguinte, sistemas de ODR carregam também consigo a promessa de viabilizar técnicas de negociação neutra, mediação, conciliação e arbitragem, até sem intervenção humana, como estratégias capazes de oferecer solução eficiente e "desafogar" o Judiciário: mais uma porta apta a promover justiça.

Barton e Bibas relatam experiências de ODR muito bem sucedidas no setor privado[127], destacando o exemplo clássico da plataforma de resolução *on-line* de disputas criada pelo *e-bay* e *paypal* conduzida por Colin Rule[128]. Referida plataforma serviu de protótipo para o MODRIA *(Modular Online Dispute Resolution Implementation Assistance),* atualmente comercializado pela *Tyler Tecnologies* (no Brasil, Cames Brasil[129]) e projetado para se adaptar a atender aos mais diversos tipos de conflito: desde pequenas questões de consumo, passando por divórcios, cobranças cíveis, demandas trabalhistas, execuções fiscais, até mediações empresariais – dentro da ideia de etiologia dos conflitos e de um design pensado para melhor atender às suas peculiaridades.

Tomando por base o exemplo do MODRIA, é possível pontuar uma das grandes diferenças entre as abordagens das ADR e das ODR. É que, enquanto as primeiras se fundam na confidencialidade de informações passadas na persecução da resolução do conflito, os sistemas de ODR são estruturados em conformidade com interesses vocacionados à ampla



126 KATSH; RULE, *op. cit.*

127 BARTON, Benjamin H.; BIBAS, Stephanos. **Rebooting Justice**: More Technology, Fewer Lawyers, and the Future of Law. New York: Encounter Books, 2017, cap. 8.

128 RULE, Colin. **Online Dispute Resolution for Business**: B2B, E-commerce, Consumer, Employment, Insurance, and Other Commercial Conflicts. San Francisco: Jossey-Bass, 2002, p. 44.

129 Para mais: Cf.: <Portuguese-Brochure-Modria-.pdf (camesbrasil.com.br)>. Acesso: 28 nov. 2020.

captação de dados. As ODR usam e promovem o tratamento de dados de negociações e julgamentos anteriores, mediante tecnologia.

MODRIA e os resultados exitosos produzidos pela introdução de tecnologia na formatação de módulos que, por meio do diagnóstico do conflito, estimulem autocomposição e laborem na frente de prevenção dos conflitos, inspiraram modelos de ODR que podem ser acoplados ao sistema público de justiça ao redor do mundo.

A proposição é de que seja possível, por meio da tecnologia, criar um modelo de corte automatizada: acessível, transparente, econômico e célere. Para tanto, Richard Susskind, talvez o maior entusiasta do modelo de tribunais *on-line* em todo o mundo, parte da indagação, inspirada no recorrente pensamento da tecnologia em nuvem (*XAAS – everything as a service*): o tribunal é um lugar para onde o jurisdicionado tem de ir ou um serviço que lhe é prestado?[130]

O problema levantado por Susskind carrega consigo a reflexão sobre o papel dos sistemas públicos de justiça nos mais diversos países e a respeito de como as inovações tecnológicas podem ser apropriadas pelas estruturas tradicionais para melhorar a qualidade do acesso à justiça, diminuir custos e acelerar os procedimentos. China, Reino Unido, Singapura, Japão, Finlândia, Índia, Dinamarca, Canadá e Estados Unidos são exemplos de países que, de forma bem-sucedida, vêm incorporando tecnologia ao processo para facilitar o acesso ao sistema público de justiça, sendo o CRT (Tribunal de Resoluções Civis) de *British* Columbia, no Canadá, talvez a experiência mais bem-sucedida de corte *on-line*[131].

A ideia de tribunais *on-line* parte da noção de que é possível promover a transformação do sistema de justiça com a criação de tribunais modulares,[132] que funcionariam, em meios digitais, como um serviço de

130 SUSSKIND, Richard. **Online Courts and the Future of Justice**. Oxford: Oxford University Press, 2019, cap.2.

131 Cf. NUNES. **Virada**... *op. cit.*

132 Como Sela informa: [...]muitos tribunais online usam um modelo em camadas que combina vários tipos de processos e tecnologias de ODR. A abundância de tecnologias e designs de processo ODR pode ser dividida em três categorias: Os processos ODR transpostos simplesmente movem a interação de um local físico (como uma sala de tribunal) para um espaço online (como uma mensagem de texto ou interface de vídeo). Os processos de ODR reestruturados facilitam o processo de resolução de disputas ao simplificar, estruturar e agilizar a coleta, a troca e o gerenciamento de informações (por exemplo, por meio de formulários da web ou questionários estruturados). Por fim, os processos ODR

três vias para resolução de litígios: i) avaliação *on-line* (guias *on-line*); ii) facilitação *on-line* (contenção de disputas) e iii) juízes trabalhando *on-line* para a resolução de disputas (julgamento *on-line*).

Na camada ou nível um, denominada por Susskind[133] de guias *on-line* e que no CRT carrega o nome de *Solution Explorer*, concentra-se a fase de fornecimento de informações, diagnóstico, análise de problemas e autoajuda: uma espécie de fase de autoilustração do usuário que serve para orientar, mas também para evitar disputas. Nesta fase, o emprego de *visual law*[134] é essencial para viabilizar a melhor experiência do usuário, em especial para cidadãos autorrepresentados. Também nessa camada, há uma espécie de guia de informações legais personalizado que se constrói com base nas respostas que o usuário fornece para perguntas interativas. Podem ser indicados modelos para que as reinvindicações sejam encaminhadas, caso o usuário não "desista" ou até sugeridos caminhos alternativos.

No segundo nível, está a facilitação *on-line*, dividida em duas etapas: i) negociação automatizada por meio de algoritmos (*módulo de negociação facilitada por tecnologia*) e; ii) intervenção humana. Na primeira etapa, o processo de aproximação e negociação entre as partes fica por conta de um software que utiliza linguagem pré-estruturada, descreve o problema e sugere possíveis soluções.

Como explica Fernanda Bragança:

> A negociação automatizada e assistida são as duas modalidades de negociação mais utilizadas na ODR. A primeira se desenvolve



---

automatizados dependem de processos algorítmicos que melhoram o desempenho dos contestantes e de terceiros ou automatizam o trabalho de terceiros. SELA, **E-Nudging...**, *op. cit.*, p. 134.

133 SUSSKIND, *op. cit.*

134 *Design thinking* é o uso da abordagem do *design* em áreas que tipicamente não se aproveitam de seus recursos. O *design* envolve a criação de planos, projetos, para a solução de algum problema. O *legal design* (*design* jurídico) é a utilização de técnicas de *design* no Direito, para solucionar problemas no âmbito jurídico. Já o *visual law* (direito visual ou direito hipermodal) é uma técnica do *legal design* que, por meio de uma conexão da linguagem escrita com a linguagem visual ou audiovisual, implementam uma funcionalidade para uma maior efetividade do acesso à informação que se pretende transmitir. (Cf: NUNES, Dierle; RODRIGUES, Larissa Holanda Andrade. O Contraditório e sua implementação pelo *design*: *design thinking*, *legal design* e *visual law* como abordagens de implementação efetiva da influência. *In* NUNES, Dierle; LUCON, Paulo Henrique dos Santos; WOLKART, Erik Navarro (org.). **Inteligência Artificial e Direito Processual:** Os Impactos da Virada Tecnológica no Direito Processual. Salvador: Editora Juspodivm, 2020. p. 227-259).

> por meio de lances cegos que funciona da seguinte maneira: as partes decidem em conjunto a parcela ou percentual do montante a que estão dispostos a fechar o negócio. Os participantes fazem suas propostas sem conhecerem as ofertas do oponente. Na fase seguinte, o *software* calcula o valor médio das quantias oferecidas que estejam dentro da margem estabelecida. Na hipótese de nenhum lance estar inserido dentro do percentual ajustado, o programa convida os indivíduos a prosseguirem em uma nova rodada de lances cegos. O trâmite é simples e eficiente, mas é limitado a casos em que não se discute sobre a responsabilidade e a única questão a tratar seja o numerário a ser pago. A negociação automatizada é empregada, sobretudo, em reclamações pecuniárias em que cada uma das partes faz uma oferta e se compromete com determinado montante. As propostas são dirigidas a um computador e não a outro participante. Em princípio, as ofertas não são reveladas às partes, constituindo uma espécie de lances cegos. O computador compara as propostas e, caso sejam próximas, calcula a média entre elas. Na hipótese de serem bem distintas, os participantes seguem para uma próxima rodada de lances, até o máximo de três. Um dos *sites* mais conhecidos de negociação automatizada é o *Cybersettle*, especializado na solução de reclamações de seguro. A negociação assistida é a forma que costuma ser mais utilizada porque envolve um processo mais sofisticado que consegue lidar com outros aspectos e questões que vão além do pagamento estrito. As partes se comunicam preferencialmente através de *email* e aplicativos de troca de mensagens. A negociação ocorre com a ajuda de um computador. As plataformas em que este tipo é oferecido disponibilizam recursos para comunicação via *web*, orientações, formulários-padrão e afins para facilitar a interação entre os sujeitos. Alguns autores afirmam que nesses casos, o computador faz as vezes de um terceiro. Uma plataforma bastante popular que utiliza este método é o *eBay*.[135]

Se não for possível a solução, encaminha-se para facilitação *on-line* por terceiros humanos de forma síncrona ou assíncrona. Essa etapa envolve várias opções: negociação neutra, conciliação, mediação, desde uma aproximação das partes para viabilizar a realização de acordos, até ajuda às partes para se preparem para uma possível audiência[136].

---

135 BRAGANÇA, Fernanda. **Justiça digital: um caminho para a desjudicilização e para a consolidação da online dispute resolution**. Niterói: UFF, 2021. p.325-326 (tese de doutoramento).

136 RABINOVICH-EINY, Orna; KATSH, Ethan. **Digital Justice**: technology and the internet of disputes. Oxford: Oxford University Press, 2017.

Por fim, se, ainda assim, o litígio não for resolvido, passa-se à etapa três de adjudicação (julgamento), que pode contar com meios síncronos ou assíncronos de comunicação e até ter o apoio de algoritmos na estruturação e fundamentação da decisão.

A proposta dos tribunais *on-line* reproduzida em alguns países como Canadá, Inglaterra e Estados Unidos, focaliza em pontos problemáticos que são cruciais para aqueles sistemas, a saber: i) o custo de acesso aos tribunais: não só porque é caro demandar, como pelo fato de os serviços de assistência jurídica também terem alto custo e serem limitados a apenas uma parcela da população; ii) necessidade de presença física das partes perante os tribunais; iii) recorrência do *pro se litigation* (ou exercício de autorrepresentação – *self-represented litigants – SRLs*), como consequência do valor cobrado pelos profissionais para atuarem perante os tribunais; iv) dificuldade excessiva dos litigantes autorrepresentados exercerem autodefesa, diante do desconhecimento do procedimento (como a *discovery*, por exemplo) e das legislações aplicáveis ao caso.

Propõem-se, então, juízes sem salas físicas no tribunal, justiça sem advogados para facilitar o acesso à justiça, a eliminação dos entraves financeiros mediante a ruptura com o sistema tradicional de judiciário e a simplificação dos procedimentos por meio de uma transformação digital. Intenciona-se a criação de novas formas de trabalho, pretensamente distintas dos tribunais físicos, porque não apenas automatizariam aquilo que já ocorre nos tribunais tradicionais.

Assim, aos poucos, ODRs são inseridas como parte integrante do sistema público de justiça, para promover transformação no dimensionamento dos conflitos: a tecnologia passa a executar tarefas e fornecer serviços que não seriam possíveis no formato físico, oferecer informações legais às partes, em linguagem acessível, estruturar negociações, sugerir soluções e até mesmo auxiliar no cumprimento das decisões. Além da importante ferramenta de diagnose para a prevenção de disputa e estruturação de novos designs de resolução. Em síntese: sustenta-se a tese de adequação procedimental por tecnologia[137], que defendemos acima.

Nesse cenário, os tribunais modulares prometem corrigir entraves e amplificar o acesso daqueles que estão alijados do sistema: em



137 NUNES. **Virada...**, *op.cit.*

razão dos altos custos, da ausência de advogado, do desconhecimento do direito. Ter-se-ia, dentro da concepção de sistema multiportas, a introdução da tecnologia como uma nova via a propiciar uma resolução mais célere, menos onerosa e mais acessível ao cidadão. Essa é a face positiva da proposta.

Contudo, aqui, desejamos problematizar os argumentos colocados com foco voltado à realidade brasileira. Para tanto, partimos da premissa de que o acesso à justiça, no Brasil, deve ser compreendido como direito social. Assim, de um ponto de vista metodológico, o direito ao acesso deve se pautar em escolhas políticas que possam promover redistribuição e que sejam capazes de democratizar, viabilizando participação igualitária e não fomentando mais exclusão.

Desse modo, a depender do design do procedimento, acreditamos que a arquitetura de escolhas pode auxiliar ou prejudicar o acesso à justiça no sistema nacional. Como pontua Leah Wing "cada vez mais, os governos estão exigindo o uso de processos de ODR nos quais os mais vulneráveis e marginalizados podem ter essas posições reforçadas ou alteradas positivamente pela forma como um sistema de ODR é estruturado e implementado"[138]. Vejamos.

## ASSIMETRIA INFORMACIONAL

Antes de prosseguir, é preciso recordar os potenciais impactos da assimetria informacional, no campo do processo, entre os litigantes e o Judiciário, bem como sua relação com a tecnologia, especialmente no Brasil.

Como já destacamos em outra sede[139], desde a década de 1970, Galanter[140] pontua as diferenças e vantagens da atuação processual dos litigantes habituais (*repeat players*) em relação aos litigantes eventuais (*one shooters*). No entanto, o avanço e o impacto da virada tecnológica no

138 WING, *op. cit.* p. 17.

139 NUNES, Dierle; MEDEIROS, Natália. Inteligência Artificial – litigantes habituais e eventuais. **Conjur – Revista Consultor Jurídico**, 20 nov. 2018. Disponível em: <https://www.conjur.com.br/2018-nov-20/opiniao-tecnologia-direito-litigantes-habituais-eventuais>. Acesso em: 04 out. 2020.

140 GALANTER, Marc. Why the "haves" come out ahead: speculations on the limits of legal change. Volume 9:1 **Law and Society Review**, 1974.

direito, para além de lançar a necessidade de se criar uma nova propedêutica para o direito processual, induz preocupações mais sofisticadas.

Em face da percepção de que o aumento no poder da computação é exponencial e não linear, constata-se que a capacidade que os computadores possuem de realizar tarefas jurídicas complicadas tende a se sofisticar a cada ano. Isso, por sua vez, amplia as vantagens de profissionais que investem no campo da tecnologia jurídica[141].

Nesse sentido, destacamos, por exemplo, o emprego de *Analytics* para previsão de resultados de casos. A nominada análise preditiva, por meio da referida ferramenta, pode promover o reforço das vantagens dos litigantes habituais.

Explicamos: ordinariamente, advogados aconselham clientes a tomar atitudes baseadas em suas intuições e limitados à sua experiência direta ou indireta do direito em casos anteriores. Contudo, hoje é tecnicamente possível promover essa análise jurídica através da estruturação de informações com base em modelos algorítmicos que trabalham com padrões de fatos, julgados e precedentes, prevendo o resultado de um processo, numa infinidade de decisores e órgãos jurisdicionais. Uma das potencialidades da inteligência artificial é lidar com *big data,* em bancos de dados desestruturados e deles extrair subsídios decisórios. A vantagem da análise preditiva é que ela fornece um mecanismo para acessar uma vasta quantidade de informações, de modo a sistematizá-las para extrair um resultado provável do caso em discussão.

Como informam McGiniss e Pearce "o poder computacional permite que dados substanciais sejam coletados e organizados" de modo a se extrair padrões, para que, de um adequado aprendizado de máquina (*machine learning*), possa-se analisar regularidades identificadas a partir dos padrões extraídos[142]. Ao conhecer quais são as tendências de julgamento de um magistrado, o advogado pode, entre inúmeras possibilidades, promover análise de risco da propositura (ou não) de uma demanda, de obtenção de um valor financeiro de acordo, – que terá por base o potencial *quantum* de condenação reduzido em percentual que mitigue

141 MCGINNIS, John; PEARCE, Russel. The great disruption: how machine intelligence will transform the role of lawyers in the delivery of legal services. **Fordham Law Review**, 2014. v. 82, p. 3046.

142 MCGINISS; PEARCE, *op. cit.*

os danos de seu constituinte –, além da antecipação do resultado (ou não) de um recurso. Estes tipos de informação podem ser utilizados, por exemplo, na programação da etapa de negociação facilitada pela tecnologia em uma ODR.

Engstrom e Gelbalch[143] pontuam que um sistema de processo democrático seria aquele no qual "juízes e litigantes possuem acesso igualitário ao completo "kit" de ferramentas oferecidos pela tecnologia jurídica (*legal techs*). Neste cenário, existiriam poucas preocupações distributivas, pois "todas as partes possuem o mesmo grau de transparência no conjunto de provas, nas probabilidades de resultados do caso em diferentes comarcas, e até mesmo nas (latentes) predisposições do próprio juiz designado, considerando casos passados"[144].

Todavia, em quase todos os sistemas de justiça do mundo, inclusive no brasileiro, o mote principal é o de se perseguir eficiência quantitativa (por vezes retórica) para ofertar a "saída" do maior número possível de processos. Labora-se com uma premissa de neoliberalismo processual[145] e não com o intuito de se promover o conhecimento conteudístico, por exemplo, de como cada juiz, desembargador, Ministro ou órgão colegiado vem decidindo (art. 926, CPC/15). Nessa via, não duvidamos que a análise pormenorizada do *corpus* decisório e das variações deliberativas poderá ser usada pelos litigantes melhor aparelhados para induzir comportamentos decisórios. E é neste ponto em que reside nossa principal preocupação.

Na realidade, os usos da tecnologia podem ser muito sofisticados. E acreditamos que isto pode fragilizar a jurisdição em relação à advocacia avançada - que mescla alto conhecimento jurídico e emprego aprimorado de *legal techs*.

143 ENGSTROM, David Freeman; GELBACH, Jonah B. Legal Tech, Civil Procedure, and the Future of Adversarialism. **University of Pennsylvania Law Review.** (March 9, 2020).

144 MCGINISS; PEARCE, *op.cit.*, p. 60.

145 NUNES, Dierle; BAHIA, Alexandre; PEDRON, Flávio. **Teoria Geral do processo.** Salvador: Juspodivm, 2020, p. 105.

Os professores de Standford e Berkeley[146] traçam os seguintes panoramas:

## TABELA 2. TECNOLOGIA LEGAL E ASSIMETRIAS DE INFORMAÇÃO: QUATRO FUTUROS

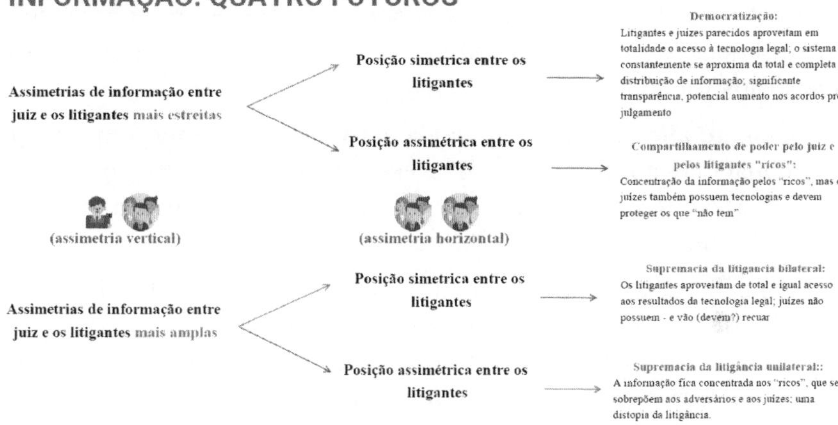


Nosso grande receio é de que o sistema caminhe para o que Engstrom e Gelbalch[147] nominam de distopia da litigância:

> um sistema caracterizado por amplas assimetrias em ambas as direções (litigante-litigante, juiz-litigante). Um relativamente pequeno grupo de litigantes – provavelmente bem abastado – exerceria algo como um controle unilateral sobre as vantagens informacionais da tecnologia jurídica e poderia assim se empenhar em uma litigância de rent-seeking, utilizando-se de seu privilegiado comando dos resultado de casos para escolher o juízo mais vantajoso, dificultar o processo de obtenção da prova mais danosa à parte representada, e construir argumentos capazes de ganhar a causa, por refletirem as preferências latentes de certos juízes. Quem possuísse o acesso à tecnologia jurídica sistematicamente venceria de quem não possuísse, quer seja em julgamentos, quer seja em negociação de acordos. (tradução livre)

Estas advertências se tornam ainda especialmente indispensáveis considerando as disposições da resolução 358, CNJ para a criação dos

146 ENGSTROM; GELBACH, *op. cit.*, p. 60.
147 ENGSTROM; GELBACH, *op. cit*, p. 61.

SIRECs pelos tribunais brasileiro, sem que haja o estabelecimento de diretrizes éticas sólidas, como já dito. É necessário que os novos designs de plataformas em ODR estejam em conformidade com o devido processo tecnológico e com o protagonismo do cidadão.

E é por isso que perguntamos: será mesmo que os argumentos sustentados pela doutrina estrangeira podem ser aplicados ao sistema público de justiça do Brasil?

Susskind afirma que a tecnologia permitiria apresentar um serviço de tribunal mais abrangente e confiável, promovendo um acesso à justiça "mais rico", sobretudo porque incorporaria as etapas de auxílio jurídico-legal e de "facilitação" para os seus usuários[148].

Também nessa linha, afirmam Rabinovich-Einy e Katsh que o aprendizado com dados, que constantemente alimentam os sistemas de ODR, ajudaria a aperfeiçoar a fase de diagnóstico, auxiliando na prevenção de demandas. Os picos em demandas específicas permitiram a identificação de lacunas regulatórias ou a necessidade de se aperfeiçoar a aplicação do direito em determinado aspecto, contribuindo para uma melhoria do sistema jurídico[149].

Este segundo ponto, talvez seja o grande trunfo das ODRs. Isso porque, não duvidamos, o mapeamento das causas de conflitos e a construção de novos *designs* para a solução de disputas seria, em muito, facilitado a partir da mineração e estruturação de dados por meio de ODRs integradas ao sistema público de justiça, como já sustentamos.

Lado outro, o argumento de que ODR modulares forneceriam um modelo com necessária "extensão" do acesso à justiça merece ser analisado, detidamente, à luz das particularidades do sistema de justiça brasileiro.

E isso porque as propostas de uma arquitetura de ODR que possa ser integrada ao sistema público de justiça foram pensadas para atender um perfil de litigante que, necessariamente, possui conhecimento e acesso às tecnologias.

No entanto, não podemos desprezar o fato de que o analfabetismo digital,[150] no Brasil, constitui uma enorme barreira para acesso eletrônico

148 SUSSKIND, *op. cit.*

149 RABINOVICH-EINY; KATSH, *op. cit.*

150 Entendido como a incapacidade de utilizar as TICs.

à justiça (e-acesso à justiça). Isso significa que os problemas, por aqui, são mais complexos e delicados que aqueles visualizados no horizonte de onde as propostas iniciais de tribunais *on-line* foram concebidas.

Também não podemos invisibilizar o argumento de que a ampliação de acesso sustentada pelo discurso dos tribunais *on-line* leva em conta, como dito, seu aspecto predominantemente quantitativo, sem levar a sério os dilemas que os litigantes autorrepresentados teriam neste modelo.

Nessa esteira, Sela adverte que a experiência dos tribunais *on-line* revela o fato de que foram pensados para atender, sobretudo, litigantes *pro se:*

> [...]os tribunais online são projetados para serem usados por litigantes ocasionais que têm conhecimento jurídico limitado, recursos escassos e nenhuma familiaridade com os tribunais. Para ajudar os litigantes autorrepresentados a navegar e concluir os processos sem o conselho ou orientação de um advogado, os tribunais online contam com procedimentos agilizados e simplificados que são fornecidos por meio da interface digital do tribunal. Eles aproveitam as ferramentas de TI, o design da interface do usuário (IU) e as técnicas de experiência do usuário (UX) para oferecer aos autorrepresentados um sistema bastante intuitivo que os controla durante todo o processo, capacitando-os a tomar decisões procedimentais e substantivas e a tomar decisões legais (tradução livre).[151]

E, no tocante a este aspecto, salientamos que:

i) na grande maioria dos países em que Tribunais *on-line* já foram implementados ou estão em vias de implementação, suas ODRs permitem autorrepresentação, com o detalhe de que há debates importantes sobre a arquitetura digital de escolha na plataforma (UX e UI), para que os cidadãos que estão em *pro se litigation* tenham participação informada e não se valham de *nudges* (incentivos) manipuladores, decorrentes do uso de tecnologia de persuasão;

ii) Os modelos traçados para atender o sistema público de resolução de disputas, não podem partir dos mesmos pressupostos das ODRs do setor privado. E isso porque tais sistemas se preocupam, precipuamente, com redução de custos e promoção de engajamento nas plataformas para vender mais. Nesse sentido, é importante se atentar que a utilização

151 SELA, **E-Nudging**... *op. cit.*, p. 128.

de ODR para o sistema público de justiça deve possuir design que empodere ambas as partes, o que significa que o criador da ODR deve ser a quarta parte e não alguém que esteja diretamente envolvido no litígio (com interesse, privilégio econômico e informacional);

iii) ODRs em tribunais *on-line* devem possuir design que se atente para princípios que busquem a preservação do devido processo tecnológico: imparcialidade, autonomia e autodeterminação dos litigantes. A *arquitetura de escolha* dentro da plataforma deve promover participação paritária, informada e equilibrada entre os litigantes;

iv) por fim, e talvez seja o ponto mais sensível para a cena do sistema de justiça nacional, a obrigatoriedade de uso de plataformas digitais deve levar em consideração o analfabetismo digital de boa parcela dos cidadãos brasileiros, bem como as diferenças geracionais e disparidades regionais, sob pena de gerar mais exclusão.

Pontue-se, aqui, que o conceito de arquitetura de escolha é central para este debate. Como afirma Sela[152]:

> O conceito de arquitetura de escolha tem como premissa a ideia de que uma escolha pode ser apresentada de várias maneiras e a forma específica que é usada, influencia a escolha do decisor. Thaler e Sunstein popularizaram a ideia de que os arquitetos de escolha (designers de ambientes de escolha) podem orientar as pessoas a escolher uma opção particular moldando o contexto no qual a decisão é tomada, tornando a arquitetura de escolha um instrumento útil de projeto e regulamentação de políticas. Arquitetos de escolha baseiam-se em pesquisas em psicologia cognitiva e economia comportamental sobre comportamentos sistemáticos de tomada de decisão humana (incluindo preconceitos, heurísticas e raciocínio) para conceber estratégias para orientar (incentivar) as pessoas a fazerem certas escolhas. Ao mesmo tempo, uma vez que mesmo pequenas variações no contexto podem impactar significativamente a tomada de decisão, os ambientes de escolha nunca são neutros e tendem a moldar as escolhas das pessoas, mesmo que não tenham sido deliberadamente planejados para atingir um efeito específico. Exemplos de recursos de arquitetura de escolha incluem alterar o número ou a ordem das opções apresentadas, o enquadramento das opções (por exemplo, em termos de ganho ou perda) e a seleção de uma opção padrão. Recentemente, os

152 SELA, **E-Nudging**..., *op. cit.*, p. 129.

> pesquisadores começaram a explorar os atributos exclusivos das interfaces digitais como ambientes de escolha. Combinando pesquisa em psicologia, interação humano-computador e sistemas de informação, eles observam como os elementos de UX / UI de interfaces digitais influenciam as escolhas e informações do usuário. Eles também consideram de forma mais ampla como as pessoas se comportam em ambientes online, muitas vezes encontrando diferenças em comparação com seu comportamento em configurações offline. Por exemplo, as escolhas do usuário podem ser influenciadas pela alteração do design dos botões de opção e das fontes ou pelo ajuste do colorido da interface e da organização do conteúdo na tela. Um atributo importante dos ambientes de escolha digital é que eles operam no ponto de tomada de decisão e, portanto, estão bem posicionados para influenciar os usuários. A arquitetura de escolha digital é uma estrutura analítica particularmente relevante para tribunais online (e, nesse caso, qualquer sistema ODR), como interfaces que organizam o contexto no qual litigantes autorrepresentados tomam decisões relacionadas a litígios. Tais decisões são do tipo que Thaler & Sunstein consideram mais propensas a cutucadas: "decisões que são difíceis e raras, para as quais eles [os escolhedores] não recebem feedback imediato e quando têm problemas para traduzir aspectos da situação em termos que podem ser facilmente compreendidos." Dada a importância institucional dos tribunais, os efeitos amplamente documentados da arquitetura de escolha, a centralidade da tomada de decisões legais por litigantes autorrepresentados leigos para a operação de tribunais online e a sensibilidade elevada de tomadores de decisão não especializados a cutucadas. É essencial que melhoremos nossa compreensão dos tribunais online como ambientes de escolha digital. (Tradução livre)



O uso que a tecnologia vem fazendo do conhecimento da psicologia comportamental e dos vieses cognitivos[153] impacta diretamente as arquiteturas de escolha em ambientes digitais.

Por mais que essa discussão possa parecer estranha ao direito, muito embora seja um debate recorrente no âmbito de plataformas de comércio eletrônico e nas redes sociais, trata-se de ponto de reflexão crucial. Em especial, a partir dos impactos gigantescos provocados pela virada tecnológica no direito processual frente à pandemia da Covid-19 e da

153 Para uma análise mais completa: Cf. NUNES, Dierle; LUD, Natanael; PEDRON, Flávio. **Desconfiando da imparcialidade dos sujeitos processuais um estudo sobre os vieses cognitivos, a mitigação de seus efeitos e o debiasing.** Salvador: Juspodivm, 2020.

adoção de inúmeras resoluções recentes do CNJ que vêm moldando novos designs para a justiça digital nacional, como já expusemos.

Cada um dos pontos acima descritos suscita minuciosa reflexão e investigação, sob pena de que as políticas condutoras dos ***novos designs tecnológicos*** no sistema de justiça nacional reflitam agendas não comprometidas com o papel de democratização e redistribuição do acesso. É necessário pensar-se numa arquitetura de escolha que assegure a plenitude de direitos aos cidadãos.

No que se refere à questão da autorrepresentação nos tribunais *on-line*, devemos refletir sobre a viabilidade normativa de sua ampliação, pela vertente tecnológica das ODRs integradas ao sistema público de justiça. Isso porque não existe permissivo legal para tanto. A defesa técnica patrocinada por advogado é garantia fundamental constitucionalizada (art. 133, CRFB/88) no Brasil. Trata-se de cláusula inerente ao devido processo que não pode ser esvaziada ou minimizada. Assim, questionamos: até que ponto o Judiciário brasileiro poderia assumir o papel da advocacia, sem mitigar seu dever de imparcialidade ou afastar a completude da ampla defesa?

Os deveres de imparcialidade e de equidistância que orientam a estrutura processual-constitucional brasileira, e amparam a ideia de separação de funções, poderiam ser comprometidos pelo aumento das hipóteses de autorepresentação, uma vez o poder judiciário estaria a prestar a assistência jurídica que hoje cabe aos advogados. Tal fato poderia conduzir, a longo prazo, ao enfraquecimento do papel constitucionalmente atribuído ao advogado, em um país com mais 1,2 milhão de advogados, segundo dados da OAB Nacional, atualizados até dezembro/2020[154].

Além disso, no Brasil, os custos e o acesso ao profissional que fornece serviços de advogado são relativamente baixos e fáceis, diferentemente do que ocorre em países como Inglaterra, Canadá, Estados Unidos – utilizados como modelo para a arquitetura de tribunais *on-line*.

Ainda neste aspecto, salientamos que, diversamente dos países citados, o Brasil possui defensorias públicas organizadas no âmbito da União e dos Estados, núcleos de assistência judiciária de universidades,

154 Informação com atualizações diárias, disponível em: <OAB | Ordem dos Advogados do Brasil | Conselho Federal>. Acesso em 02 dez. 2020.

faculdades e centros universitários e os estados brasileiros ainda fornecem advocacia dativa para os litigantes hipossuficientes. Trata-se de um direito fundamental e social garantido constitucionalmente aos litigantes hipossuficientes que, mormente todas as dificuldades, vem sendo fornecido à população carente, colmatando lacunas relacionadas à defesa técnica e viabilizando a garantia do devido processo.

Desse modo, o problema da autorrepresentação, no Brasil, fica praticamente restrito às situações em que já é permitido (e enfrenta problemas graves): no âmbito dos juizados especiais[155] e da justiça do trabalho.

Soma-se a isso o fato de que boa parte da população brasileira ainda se apresenta vulnerável no tocante ao acesso à tecnologia e somente uma educação digital qualificada poderia, em tese, atenuar os descompassos. Mesmo assim, sem garantia de êxito, diante dos riscos de captologia (computação persuasiva) e do emprego de *nudges (ou sludges) digitais*.

Não se pode negligenciar que o acesso à tecnologia no país ainda é extremamente difícil, caro e restrito para uma parcela considerável de nossa população.

Apesar de a PNAD Contínua, publicada em 2022, apontar que quase 80% dos brasileiros possuíam acesso à internet, o celular ainda era o principal dispositivo de acesso à internet em casa, sendo utilizado em 99,5% dos domicílios com acesso à grande rede. A despeito de também haver avanços em relação aos índices de pessoas idosas que acessam a internet, 42,5% das pessoas que possuem 60 anos ou mais nunca acessaram a rede. Vale destacar, ainda, que de acordo com a pesquisa, pessoas tanto residentes das áreas urbanas quanto rurais usam a internet, prioritariamente, para a realização de chamadas de voz ou vídeos (95,7%), envio de mensagens de texto, voz ou imagens (94,9%) e acesso às redes sociais. Além disso, apenas 12,8% dos domicílios rurais possuem acesso a computadores. Em 2021, 28,7 milhões de pessoas não tinham sequer

155 Sobretudo no caso dos juizados, deve-se destacar que o modelo de procedimento foi pensado para atender à oralidade, à informalidade e à simplicidade em sua forma mais explícita. Todavia, a cultura do conflito aqui, bem longe da política da pacificação, para além das origens histórica e cultural que carregamos, a ausência de informação qualificada, bem como a litigância repetitiva acabam por municiar litigantes habituais de privilégio informacional e defesa técnica, o que torna o advogado imprescindível mesmo no sistema dos juizados, como tentativa de contornar o desequilíbrio para litigantes ocasionais. Será que a implementação de tecnologia corrigiria esses obstáculos materiais e culturais?

telefone móvel celular para uso pessoal, o que representa 15,6% da população de 10 ou mais anos de idade. Deste número, 28,1% alegaram que o aparelho telefônico era caro[156]. Já em pesquisa publicada em abril de 2023, o Centro Regional de Estudos e Desenvolvimento da Sociedade da Informação (Cetic.br) revelou que há ainda cerca de 36 milhões de indivíduos não usuários de internet[157].

Assim, acreditamos que a questão de resolver o problema do acesso à justiça pela tecnologia deve ser refletida sob as lentes do déficit de acessibilidade tecnológica de boa parcela da população brasileira. Não é possível pensarmos em aumento da autorrepresentação ou na eliminação do papel atribuído constitucionalmente à advocacia, se não temos uma população minimamente informada dos seus direitos e com adequadas condições de acesso à tecnologia.

O analfabetismo digital de parte da população brasileira deve estimular discussões em torno de como dimensionar designs e arquiteturas de informação e escolhas nas plataformas, capazes de assegurar o direito fundamental de receber informação adequada e à defesa técnica.

O aumento puro e simples da autorrepresentação, pela adoção de modelos de ODR fundidos ao processo judicial tradicional, pode gerar ainda mais precarização dos resultados esperados na aplicação dos direitos. Especialmente no Brasil, onde a experiência da autorrepresentação já revela resultados discutíveis e carentes de estudos empíricos amplos que possam avaliar sua qualidade. Não podemos esquecer, ainda, que o país corre o risco de adotar, no sistema público de justiça, experiências de ODRs construídas precipuamente pelo setor privado, que trabalha com expectativas voltadas à elevação de vendas e promoção de engajamento. No contexto de justiça pública, as finalidades devem ser outras.

Igualmente, devemos nos atentar para a preocupação em torno do fato de que, em ambiente virtual, dificilmente as escolhas são neutras. Neste contexto, ganha destaque o *nudging digital* pelo qual se usam

---

156 IBGE. Pesquisa Nacional por Amostra de Domicílios Contínua – **Acesso à internet e à televisão e posse de telefone móvel celular para uso pessoal 2021 / IBGE**. Rio de Janeiro: IBGE, 2022. Disponível em: IBGE | Biblioteca | Detalhes | Acesso à internet e à televisão e posse de telefone móvel celular para uso pessoal 2021 / IBGE, Coordenação de Pesquisas por Amostra de Domicílios. Acesso em: 25 jul. 2023.

157 **PESQUISA TIC DOMICÍLIOS 2022**. CETIC.BR. Disponível em: TIC Domicílios 2022 (cetic.br). Acesso em 25 jul. 2023.

"elementos de design de interface do usuário para guiar o comportamento das pessoas em ambientes de escolha digital [...] modificando o que é apresentado (o conteúdo de uma escolha) ou como é apresentado (a visualização de uma escolha na interface digital)"[158].

Ainda em relação a este ponto, indagamos: como será feito o "transporte" das plataformas para o sistema público de justiça?

As ODR "extrajudiciais", na forma de e-ADR, em sua maioria, serão uma etapa obrigatória para aferição de interesse de agir, como aliás já vem ocorrendo em alguns julgados[159] de tribunais de justiça nacionais? Se sim, a exigência poderá limitar o acesso à justiça e violará o art. 5º, XXXV da CRFB/1988, bem como o art. 3º do CPC/15. Aqui, cumpre destacar que é muito mais simples e menos custoso (em todos os aspectos) acoplar a ODR ao procedimento judicial (vide a ODR consumidor.gov acoplada ao procedimento comum, como etapa inicial, nos processos em trâmite no TJDFT e TRF1 – adaptação procedimental por tecnologia) que exigir prévio acesso à plataforma antes de judicializar.

De todo modo, mesmo integradas ao sistema, é imprescindível que examinemos, conforme dito, que o sistema de ODR tenha um desenvolvedor desinteressado (ou equipe multidisciplinar desinteressada). A utilização de ODRs criadas pelo setor privado, ainda que integradas ao sistema público de justiça, pode acentuar disparidades materiais entre os litigantes, tendo em vista que a plataforma pode ser e é criada, por vezes, por um deles que detém todas as informações sobre o sistema.

Com poder econômico e informacional, além da habitualidade das demandas (pois participará de todas), o litigante habitual alimentará o sistema com dados (quase que diários) que o favorecerão, desequilibrando os resultados, quase sempre. Ainda que a plataforma de ODR utilizada, seja desenvolvida pelo judiciário como "parte integrante" do sistema, a depender do sistema utilizado, alimentado pelos dados gerados em decorrência do grande número de demandas, os resultados apresentados na resolução dos litígios também poderão ser tendenciosos



---

158 SELA, **E-Nudging**..., *op. cit.* p. 141-142.

159 Nesse sentido: Cf. WERNECK, Isadora. Online Dispute Resolution (ODR) e a desnecessidade de formulação de reclamação prévia dos consumidores junto às plataformas virtuais para configuração do interesse de agir, p.105-133. In: NUNES, Dierle; LUCON, Paulo Henrique dos Santos; WOLKART, Erik Navarro. **Inteligência Artificial e Direito Processual:** os impactos da virada tecnológica no direito processual. Salvador: Editora Juspodivm, 2020.

e direcionados a beneficiar litigantes habituais (em face das potencialidades dos vieses do modelo algorítmico)[160].

Neste aspecto, talvez o grande desafio seja o de criar uma propedêutica processual amparada em direitos fundamentais que permita rigoroso controle dos resultados enviesados[161]. A arquitetura de escolha da plataforma pode induzir comportamentos e é necessário que observemos, de perto, quais tipos de comportamentos são estes. A crença na autonomia da vontade foi jogada por terra pela captologia (tecnologia que manipula)[162]. Por isso, a importância de se fortalecer mecanismos que permitam participação informada e controle nos resultados.

Em razão de todos estes motivos, devemos levar a sério o alerta de que as ODRs em tribunais *on-line* devem possuir design diferente das ODRs privadas. O design de plataformas públicas deve ser pensado para preservar o devido processo tecnológico e para promover participação paritária e equilibrada entre os litigantes, a fim se evitar distopias de litigâncias que tendem a aprofundar o fosso de desigualdades.

Como bem sintetiza Sela[163]:

> [...] estrutura analítica e os resultados empíricos sobre a arquitetura de escolha digital devem informar o design de tribunais online, tendo em mente que os objetivos da arquitetura de escolha em tribunais online são substancialmente diferentes dos objetivos comuns de arquitetura de escolha digital em contextos comerciais. Caso contrário, os mesmos atributos que alimentam a promessa dos tribunais online de melhorar o acesso à justiça podem acabar por prejudicá-la. Os tribunais online são substancialmente difer-

160 NUNES, Dierle; MARQUES, Ana Luiza Pinto Coelho. Inteligência artificial e direito processual: vieses algorítmicos e os riscos de atribuição de função decisória às máquinas. **Revista de Processo**, v.285, nov./2018. Cf. BURRELL, Jenna. **How the machine 'thinks'**: Understanding opacity in machine learning algorithms. Big Data & Society. 06 de jan. de 2016; PAOLINELLI, Camilla Mattos; ANTÔNIO, Nacle Safar Aziz. Dilemas Processuais do século XXI: entre os cérebros eletrônicos e a implementação de garantias processuais-fundamentais – sobre como assegurar decisões legítimas, p.287-328. In: NUNES, Dierle; LUCON, Paulo Henrique dos Santos; WOLKART, Erik Navarro. **Inteligência Artificial e Direito Processual:** os impactos da virada tecnológica no direito processual. Salvador: Editora Juspodivm, 2020.

161 NUNES. **Virada...**, *op. cit.*

162 FOGG, BJ. **Persuasive Computers:** Perspectives and Research Directions. CHI 98, 1998. p. 18-23.

163 SELA, **E-Nudging**..., *op. cit*, p.136.

entes de outros ambientes de escolha digital. Enquanto em contextos comerciais, os arquitetos de escolha digital normalmente aspiram a cutucar os usuários de uma maneira particular (como gastar mais tempo ou dinheiro em um site), o objetivo dos designers de tribunais online deve ser diferente: ajudar os litigantes a se informar e deliberar decisões que promovam sua autodeterminação e atendam a seus próprios interesses.

Não há dúvidas dos benefícios que a transformação do sistema de justiça com a introdução de ODR pode trazer. Contudo, a completa disrupção com a substituição das formas físicas tradicionais de resolução de disputas por novos designs será mesmo desejável para todos os perfis de litigiosidades e litigantes, considerando todas as peculiaridades do sistema brasileiro?

Com dificuldades de acesso à internet e a partir do fortalecimento da autorrepresentação, a população mais pobre e pouco alfabetizada pode ter o acesso ao sistema de justiça dificultado ou até impedido. Isso sem mencionarmos a dificuldade de compreensão do sistema por usuários leigos, com baixo grau de escolarização.

Não podemos pensar numa transformação tecnológica adequada para o sistema de justiça brasileiro se não levarmos em consideração a realidade do país, seu perfil de litigantes e de litigiosidades, sobretudo considerando o fato de que o conhecimento técnico é pressuposto para o exercício de poder. E aqui, o conhecimento é restrito a muito poucos. A autonomia privada nos ambientes digitais perpassa pela qualidade de conhecimento que os atores possuem, seja na realidade física ou na virtual. E não há garantias quanto à ausência de comportamentos enviesados ou, até mesmo, manipulados.

O abismo social e o analfabetismo digital são problemas sociais graves no Brasil e estes devem ser levados em conta pelas iniciativas (em especial que partem do CNJ) de implementação de tecnologia no sistema de justiça nacional, sob pena de se acentuar mais as chagas da exclusão e estratificação sociais.

Acrescentamos ainda o fato de que, mesmo que se forneça educação digital para brasileiros e brasileiros excluídos do sistema, deve-se questionar a crença na completa autonomia privada nos ambientes digitais, como já dito. E isso porque, em virtude dos avanços da tecnologia persuasiva, coloca-se em discussão profunda a ideia de que escolarização permitiria a ausência de enviesamento ou de manipulação por algoritmos. Citamos como exemplos as diversas pesquisas que denunciam as manipulações no comportamento de eleitores, decorrentes de desinformação espalhada pela internet durante as eleições de 2018[164].

Nesse sentido, alertamos: o enviesamento cognitivo[165] e o uso de meios tecnológicos para manipulações colocam em xeque a crença na racionalidade e na autonomia que gira em torno da convencionalidade. A "escolha livre de vontades" se torna um assunto bem mais complexo com emprego de engenharia de consentimento e da tecnologia. Os debates mudam em ambientes digitais. Por isso, a "percepção do conhecimento" não é mais a mesma nestes ambientes, a depender da interface de usuário.

São problemas graves que merecem ser enfrentados com uma verdadeira ressignificação das garantias processuais, que permita corrigir os possíveis desvios, bem como enxergar as causas (não apenas as consequências) dos obstáculos a serem superados no sistema de justiça nacional.

Todos os fatores analisados – pontos peculiares da realidade do acesso à justiça no Brasil – devem ser percebidos, refletidos e problematizados quando são traçadas agendas de implementação de tecnologia no sistema de justiça por aqui.

Caso contrário, a tecnologia, apesar de todas as potencialidades, corre um enorme risco de paradoxo: ao mesmo tempo que permite a correção de problemas graves pode (sempre a depender do modo como implementada) acentuar mais a exclusão ou reforçar um ideal de acesso à justiça não comprometido com seu papel redistributivo e democrático.

Enquanto as diretrizes neoliberais de eficiência (retórica) e de produtividade predominarem nos pleitos de reforma processual para a implementação de tecnologia, invisibilizando fatores da realidade empírica

---

164 Nesse sentido: Cf. **Use of social media to manipulate public opinion now a global problem**, says new report, 29 set.2019. Disponível em: <https://www.oii.ox.ac.uk/news/releases/use-of-social-media-to-manipulate-public-opinion-now-a-global-problem-says-new-report/>. Acesso 02 dez.2020.; EMPOLI, Giuliano da. **Os Engenheiros do Caos**: como as fake news, as teorias da conspiração e os algoritmos estão sendo usados para disseminar ódio, medo e influenciar as eleições. Trad. Arnaldo Bloch. São Paulo: Vestígio, 2019; PINTO, Daniela Jacon Ayres; MORAES, Isabela. As mídias digitais como ferramentas de manipulação de processos eleitorais democráticos: uma análise do caso Brexit. **Revista de Estudios Sociales**, n.74, 21 out.2020, p.71-82.

165 Cf. NUNES, Dierle; LUD, Natanael; PEDRON, Flávio, *op. cit.*

brasileira, o direito fundamental de acesso à justiça não poderá ser implementado em sua tônica redistributiva e equalizadora das disparidades que atormentam judiciário nacional. O devido processo não se implementará enquanto fator de correção de assimetrias e superação de desigualdades.

Pensando nas orientações apresentadas pela resolução 358, do CNJ a respeito das ODRs integradas ao judiciário nacional, talvez uma alternativa viável ao enfrentamento dos desafios aqui apontados, seja a incorporação de diretrizes principiológicas ao sistema, que possam refletir um compromisso ético-normativo com a redistribuição do acesso[166].

*Participação informada,*[167] acessibilidade,[168] responsabilidade,[169] competência,[170] confidencialidade,[171] *empoderamento,*[172] *igualda-*

166 A exemplo do que fez a Resolução 332 que tratou da implementação de modelos de IA no Judiciário brasileiro.

167 "WING, *op. cit.*, p. 24 –26.
"No desenvolvimento e implementação de sistemas e processos de ODR, esforço ativo é feito para garantir (1) divulgação explícita aos participantes de todas as informações sobre os riscos e benefícios do processo, (2) a competência dos participantes para avaliar as informações sobre a participação no processo, (3) compreensão por parte dos participantes das informações; (4) sempre que possível, a aceitação voluntária pelos participantes dos riscos de participar; e sempre que o consentimento voluntário não for possível devido à natureza obrigatória da participação, este é tornado transparente." WING, *ibidem*, p. 24-26.

168 "A concepção e implementação de processos eficientes e eficazes proporcionam a sua utilização, não apenas para a mais ampla gama e número de pessoas, mas também levando em consideração a realidade das diferenças culturais dentro e entre as jurisdições, bem como o acesso diferenciado a recursos e experiências de marginalização que pode dificultar o acesso aos processos de resolução de disputas e justiça, sejam formais ou informais. Os sistemas e processos de ODR facilitam e não limitam efetivamente o direito de representação das partes em processos de resolução de disputas." WING, *ibidem*, p.24-26.

169 "O desenvolvimento e implementação de sistemas, processos e práticas de ODR são responsáveis perante as instituições, quadros jurídicos e comunidades que servem." WING, *ibidem*, p. 24-26.

170 "Os sistemas, processos e profissionais de ODR serão competentes ou fornecerão acesso a competências tecnológicas ou humanas relevantes necessárias para a implementação eficaz do processo de resolução de disputas que eles se comprometem a auxiliar. Isso inclui, mas não está limitado à resolução de disputas relevantes, conhecimento jurídico e técnico; línguas e cultura." WING, *ibidem.*, p.24-26.

171 "O desenvolvimento e implementação de sistemas, processos e praticantes de ODR mantêm a confidencialidade de acordo com todas as obrigações legais e de uma forma que seja consistente, em particular, com os princípios da Obrigação Legal, Participação Informada, Segurança e Transparência." WING, *ibidem*, p.24-26.

172 "Os sistemas e processos de ODR são concebidos e implementados de forma a permitir o crescimento e mudanças positivas para os indivíduos, relacionamentos, sistemas e sociedade, aumentando assim o acesso à justiça e a melhoria das escolhas e oportunidades eficazes de tomada de decisão." WING, *ibidem*, p. 24.26.

*de*[173], *justiça,*[174] *honestidade,*[175] *imparcialidade,*[176] transparência,[177] *inovação,*[178] *integração,*[179] *obrigação legal,*[180] *neutralidade,*[181] *proteção contra danos*[182], *segurança*[183] incorporadas na construção dos sistemas,

173 " Os processos de ODR são concebidos e implementados de forma a tratar todos os participantes com respeito e dignidade humana; que o projeto e os processos do sistema permitem que vozes silenciadas ou marginalizadas sejam ouvidas e busque ativamente garantir que os privilégios e desvantagens não sejam reproduzidos na experiência de participação; que nenhum participante é colocado em um risco maior do que outros; e, portanto, que os processos de ODR são projetados para responder efetivamente à realidade de que alguns contextos podem colocar alguns em mais risco do que outros." WING, *ibidem*, p. 24.26.

174 "Os processos de ODR são projetados e implementados para facilitar e manter o devido incluindo aqueles baseados em algoritmos. Eles respondem e refletem as comunidades e partes interessadas que atendem". WING, *ibidem*, p.24-26.

175 "Os processos de ODR são projetados e implementados com a intenção de que os dados sejam coletados, gerenciados e apresentados de forma a garantir que não sejam deturpados ou apresentados fora do contexto." WING, *op.cit.*, p. 24.26.

176 "Os processos de ODR são projetados e implementados, e os profissionais atuam com o compromisso de reduzir o preconceito na entrega do processo. Isso inclui a contabilização de condições tecnológicas e outras que poderiam estruturar padrões de privilégio em processo e resultado para participantes recorrentes, com atenção especial aos princípios de Acessibilidade, Justiça e Transparência." WING, *ibidem*, p. 24-26.

177 "Todos os esforços razoáveis são feitos para tornar transparentes os verdadeiros objetivos, riscos e obrigações legais, incluindo, mas não se limitando a: a forma e a jurisdição legal dos processos de resolução de disputas; as identidades, afiliações, obrigações e conflitos de interesse das partes, entidades e sistemas; e as políticas e sistemas de segurança de dados, confidencialidade e privacidade envolvidos." WING, *ibidem*, p. 24-26.

178 "A resolução de disputas online continua a inovar para melhorar a prestação de serviços e benefícios de resolução de disputas de forma mais justa, eficaz e eficiente de forma a aumentar a paz, a confiança e o acesso à justiça." WING, *ibidem*, p. 24-26.

179 "Os processos de ODR são integrados com eficácia tanto internamente em um sistema quanto externamente com outros sistemas, redes e entidades. A tecnologia atende ao processo de resolução de disputas da maneira mais perfeita possível. A aplicação da tecnologia e da resolução de disputas é projetada e implementada no contexto de suas ligações com outros sistemas e redes existentes e do conhecimento de que novos surgirão. Isso é implementado com especial atenção à integração com entidades públicas para aumentar a inclusão e o acesso à justiça." WING, *ibidem*, p. 24-26.

180 "A concepção e implementação de sistemas e processos de ODR respeitam as leis das jurisdições relevantes e garantem que as leis relevantes são conhecidas e seguidas no contexto dos princípios de Acessibilidade, Participação Informada e Transparência." WING, *ibidem*, p. 24-26.

181 "Os sistemas e profissionais de ODR funcionam com independência das partes em disputa e quaisquer conflitos de interesse são tornados transparentes." WING, *ibidem*, p. 24-26.

182 "A concepção e implementação de ODR procuram prevenir e minimizar os danos e riscos para as pessoas envolvidas nos processos de resolução de disputas, com particular atenção para os mais marginalizados e com menos acesso à justiça." WING, *ibidem*, p. 24-26.

183 "Todos os esforços razoáveis são feitos para garantir que os dados e a comunicação entre as partes e outras entidades vinculadas aos processos de ODR sejam protegidos

podem evitar deturpações e servir para a estruturação de uma resistente base de governança.

Como pontua Spaulding:[184]

> O design genuinamente centrado no ser humano pode melhorar os sistemas de ODR (insistindo que eles sejam opt-in não obrigatórios, impondo requisitos estritos de aviso e consentimento, protegendo a privacidade das informações do usuário enquanto promove transparência nas regras de ODR e design do sistema, desenvolvendo heurísticas mais precisas para separar casos simples de complexos, elevando valores procedimentais além da conformidade e eficiência etc.)

Estes novos conteúdos poderão ser agregados à renovada propedêutica para o direito processual que guardará conformidade com a virada tecnológica[185] e forjará novos âmbitos de controle do poder por meio do *devido processo tecnológico.*



em toda a extensão da lei, tornando transparentes quaisquer limitações conhecidas." WING, *ibidem*, p. 24-26. Neste aspecto, a Resolução 358 do CNJ pontua: "Art. 1° Os tribunais deverão, no prazo de até 18 (dezoito) meses a contar da entrada em vigor desta Resolução, disponibilizar sistema informatizado para a resolução de conflitos por meio da conciliação e mediação (SIREC). § 1° Os tribunais deverão dar preferência ao desenvolvimento colaborativo de sistema, nos termos preconizados pela PDPJ instituída pela Resolução CNJ n° 335/2020; § 2° Compete ao CNJ fiscalizar e acompanhar nacionalmente a implantação dos sistemas informatizados para a resolução de conflitos por meio da conciliação e mediação nos tribunais, os sistemas remanescerão passíveis de fiscalização, a qualquer momento, pelo Conselho. § 3° O código fonte do sistema e suas bases de dados estarão sujeitos a eventual auditoria pelo respectivo tribunal, pelo CNJ e por demais órgãos de controle externo, a fim de verificar a sua imparcialidade, independência e transparência. § 4° O armazenamento e hospedagem do sistema ficará a cargo do tribunal, a quem pertencerá todos os dados e metadados gerados ou derivados do sistema informatizado para a resolução de conflitos por meio da conciliação e mediação – SIREC, seja ele desenvolvido ou contratado. § 5° As soluções adotadas pelos tribunais devem observar obrigatoriamente os requisitos de segurança da informação e de proteção de dados pessoais estabelecidos na legislação específica, em particular, na Lei n° 13.709/2018, bem como o disposto na Resolução CNJ n° 335/2020. § 6° Fica vedada a transferência ou armazenamento de dados pelas empresas desenvolvedoras das plataformas de soluções consensuais, ainda que para fins estatísticos, acadêmicos, meramente informativos, dentre outros." BRASIL. Conselho Nacional de Justiça. **Resolução 358 de 03 de dezembro 2020.** Disponível em: <https://atos.cnj.jus.br/atos/detalhar/3604>. Acesso em: 08 dez. 2020.

184 SPAULDING, Norman. **Online Dispute Resolution and the End of Adversarial Justice?** Stanford Law School. p. 17.

185 NUNES. **Virada**... *op. cit.*

Empregar tecnologia pode auxiliar muitíssimo o sistema de justiça brasileiro. Contudo, é indispensável que estejamos conscientes dos riscos deste emprego e que caminhemos em direção a um cenário de construção de um modelo de Justiça Digital que esteja focado no cidadão e na garantia dos seus direitos.

## 5. CONSIDERAÇÕES FINAIS: UM CONVITE PARA NOVOS DESIGNERS E AS DIREÇÕES PARA NOVAS FORMAS DE GESTÃO ADEQUADA DE CONFLITOS NO SISTEMA DE JUSTIÇA CIVIL NACIONAL

As consequências da transformação tecnológica e a criação de tribunais *on-line*, considerando as peculiaridades do sistema de justiça brasileiro – que, frisa-se, já detém boa parte das características ideais para a implantação de tecnologia: processo predominantemente escrito, julgamentos assíncronos, litígios repetitivos em grande escala e digitalização maciça dos autos dos processos –, podem ser limitadas, se não forem incluídas na agenda da virada tecnológica preocupações relacionadas à redistribuição de e-acesso.

Com base nessa premissa, objetivamos, com o presente ensaio, identificar desafios para os novos designs tecnológicos de dimensionamento de disputas no sistema de justiça nacional, sugerindo alternativas para que sua estruturação seja promovida de modo democrático.

Explicamos que o avanço das ODRs no campo dos novos tribunais *on-line* reforça a necessidade de adoção de uma principiologia própria, agregada ao devido processo tecnológico. Isso para que os designs e as arquiteturas de escolha não infrinjam a autonomia e a autodeterminação dos litigantes e possam promover diálogo paritário, informado e equilibrado entre aqueles que participam do procedimento.

Demonstramos que a instituição de projetos de mineração de dados e mineração de processos é capaz de auxiliar na identificação dos tipos de litígio, seus gatilhos e gargalos, permitindo a constatação empírica dos problemas ocorridos nos processos reais e facilitando a construção de *designs* especialmente customizados para atender determinadas espécies de demandas.

Questionamos os possíveis problemas em torno do reforço da tendência de fortalecimento da autorrepresentação nos sistemas ODRs, no

Brasil. Isso, não apenas em virtude da dificuldade que boa parcela dos litigantes brasileiros enfrenta para ter acesso ao ambiente web, como pelo fato de que, no Brasil, a ampliação das hipóteses de *jus postulandi* poderia representar violações à garantia constitucional da ampla defesa e ao dever de imparcialidade do judiciário.

Pontuamos, além disso, que o analfabetismo digital, as desigualdades regionais, econômicas e geracionais no tocante ao acesso à internet são fatores marcantes no cenário nacional que podem, e muito, comprometer a promessa de amplificação do acesso ofertada pelos tribunais *on-line*.

Por tudo isso, concluímos que a incorporação à agenda prioritária dos novos designs tecnológicos do dimensionamento de conflitos de diretrizes éticas que envolvam preocupações com o desequilíbrio de poder, com o fornecimento de informações e com a correção de condições econômico-materiais, pode evitar que se abra caminho à cooptação do sistema de justiça brasileiro por pautas do neoliberalismo processual.

A virada tecnológica no direito processual convida a nova classe de processualistas a desenvolverem a habilidade de se tornarem verdadeiros designers dos tribunais *on-line*. Acenamos àqueles e àquelas que serão, direta ou indiretamente, responsáveis pelos procedimentos sediados nas plataformas que, a depender de seu desenvolvimento e arquitetura de escolha, podem ter um de dois resultados: i) o de promover respeito e realização de direitos ou; ii) o de consolidar ambientes hábeis à manipulação de comportamento mediante tecnologias persuasivas. Desejamos que a primeira possa ser a única opção traçada como meta de design para um sistema que se pretende democrático.

Durante a investigação, percebemos tecnologia como quarta parte[186] do processo de definição de novos *designs*, novos métodos de gestão e novas escolhas em termos de acesso à justiça. Por meio da coleta de dados, acreditamos que será possível não só pensar em estratégias de gestão inovadoras, como reorientar as escolhas políticas realizadas pelo Estado brasileiro em termos de acesso à justiça, visando a retomada do seu papel redistributivo e transformador.



186 KATSH, Ethan; RIFKIN, Janet. **Online Dispute Resolution, Resolving Conflicts in Cyberspace**. Jossey-Bass, A Wiley Company, San Francisco, 2001, p. 93.

Insistimos: a virada tecnológica do direito processual não se reduz ao emprego instrumental da tecnologia, nem somente à automação dos meios existentes. Ela pode forjar novas abordagens customizadas e melhor preparadas para ofertar soluções adequadas, efetivas e mais justas.

## REFERÊNCIAS BIBLIOGRÁFICAS


AMSLER, Lisa Blomgren; MARTINEZ, Janet K.; SMITH, Stephanie E. **Dispute system design:** preventing, managing and resolving conflict. Stanford: Stanford University press, 2020.

ANDRADE, Érico. Gestão flexível, colaborativa e proporcional: cenários para a implementação de novas tendências no CPC/15. **Revista da Faculdade de Direito da UFMG**, n.76, jan/jun.2020, p.199.

ARMOUR, John; PARNHAM, Richard; SAKO, Mari. Augmented Lawyering. **European Corporate Governance Institute**. Law Working Paper 558/2020.

ASPERTI, Maria Cecília; COSTA, Susana Henriques da; GABBAY, Daniela Monteiro. Acesso à justiça no Brasil: reflexões sobre escolhas políticas e a necessidade de construção de uma nova agenda de pesquisa. **Revista Brasileira de Sociologia do Direito**, v. 6, n. 3, 2019.

BANCO MUNDIAL. **Brazil Making Justice Count Measuring and Improving Judicial Performance in Brazil**. *Report*, n. 32789-BR. Washington D.C.: Poverty Reduction and Economic Management Unit – Latin America and the Caribbean Region. 30 dez. 2004. Disponível em: <http://documents.worldbank.org/curated/en/625351468017065986/pdf/327890REPLACEM10AS0PREVIOUS0RECORD1.pdf>. Acesso em: 24 jan. 2021.

BANCO CENTRAL DO BRASIL. **Notas técnicas do Banco Central do Brasil**, n. 35, maio/2003. Disponível em: http://www.bcb.gov.br/pec/notastecnicas/port/default.asp, p.16.

BARTON, Benjamin H.; BIBAS, Stephanos. **Rebooting Justice:** More Technology, Fewer Lawyers, and the Future of Law. New York: Encounter Books, 2017.

BRAGANÇA, Fernanda. **Justiça digital: um caminho para a desjudicilização e para a consolidação da online dispute resolution**. Niterói: UFF, 2021. p.325-326 (tese de doutoramento).

BRAGANÇA, Fernanda *et al* (autores); SALOMÃO, Luís Felipe; LEME, Elton; LOSS, Juliana (coords.). **Inteligência artificial: tecnologia aplicada à gestão de conflitos no âmbito do poder judiciário.** FGV Conhecimento: São Paulo, 2020.

BREHM, Katie *et al* (autores); D'ALMEIDA, André Corrêa (orientador). **O futuro da IA no sistema judiciário brasileiro**: mapeamento, integração e governança de IA. Tradução: Matheus Drummond e Matheus de Souza Depieri. Instituto de Tecnologia e Sociedade do Rio de Janeiro (ITS-Rio): Rio de Janeiro, 2020.

BURRELL, Jenna. **How the machine 'thinks'**: Understanding opacity in machine learning algorithms. Big Data & Society. 06 de jan. de 2016.

CONSELHO NACIONAL DE JUSTIÇA. **Resolução 125 de 29 de novembro de 2010**. Disponível em: <https://atos.cnj.jus.br/atos/detalhar/156>. Acesso: 29 jan. 2021.

CONSELHO NACIONAL DE JUSTIÇA. **Inova PJE.** Disponível em: <Estrutura Tecnológica – Portal CNJ>. Acesso em: 13 mar. 2021.

CONSELHO NACIONAL DE JUSTIÇA. **Justiça em Números 2023:** ano-base 2022. Brasília: CNJ, 2023. Disponível em: <https://www.cnj.jus.br/wp-content/uploads/2023/08/justica-em-numeros-2023.pdf>. Acesso em 01 dez.2020.

CONSELHO NACIONAL DE JUSTIÇA. **Painel dá transparência a projetos de inteligência artificial no Judiciário.** Disponível em: <Painel dá transparência a projetos de inteligência artificial no Judiciário – Portal CNJ>. Acesso em 14 mar. 2021.

CONSELHO NACIONAL DE JUSTIÇA. **Resolução 358 de 03 de dezembro 2020.** Disponível em: <https://atos.cnj.jus.br/atos/detalhar/3604>. Acesso em: 08 dez. 2020.

CONSELHO NACIONAL DE JUSTIÇA. **5 Eixos da Justiça**, 2020. Disponível em: <5 Eixos da Justiça – Portal CNJ>. Acesso em: 19 jan. 2021.

CONSTANTINO, Cathy A. MERCHANT, Cristina Sickels. **Designing Conflict Managemenet Systems**: a guide to creating productive and health organizations. New York: Jossey-Bass, 1995.

DIAS, Eduardo Machado. **Dispute System Design e gestão de conflitos em empresas,** 26 jul.2017. Disponível em: <Dispute System Design e a gestão de conflitos em empresas – Câmara CBMAC (camaracbmac.com.br)>. Acesso em: 29 jan. 2021.

ECONOMIDES, Kim. Lendo as ondas do "movimento de acesso à justiça": Epistemologia versus metodologia. *In* PANDOLFI, Dulce *et alii* (orgs.). **Cidadania, justiça e violência**. Rio de Janeiro: Fundação Getulio Vargas, 1999.

ENGSTROM, David Freeman; GELBACH, Jonah B. Legal Tech, Civil Procedure, and the Future of Adversarialism. **University of Pennsylvania Law Review**. (March 9, 2020).

FERRARI, Isabela. *Dispute Resolution* para Grandes Tragédias – uma alternativa para promover acesso à justiça tempestivo para as vítimas de Brumadinho, p.437-458. *In* FUX, Luiz; ÁVILA, Henrique; CABRAL, Trícia Navarro Xavier (coords.). **Tecnologia e Justiça Multiportas: teoria e prática.** Indaiatuba/SP: Editora Foco, 2021.

FERRAZ, Lelie Shérida; GABBAY, Daniela Monteiro; ECONOMIDES, Kim; ALMEIDA, Frederico; ASPERTI, Maria Cecília de Araújo; CHASIN, Ana Carolina; COSTA, Susana Henriques da; CUNHA, Luciana Grass; LAURIS, Élida; TAKAHASHI, Bruno. Mesa de debates: Repensando o acesso à justiça: velhos problemas, novos desafios. **Revista de Estudos Empíricos em Direito**, vol.4, n.3, jun.2017, p.174-212.

FOGG, BJ. **Persuasive Computers:** Perspectives and Research Directions. CHI 98, 1998. p. 18-23.

FUX, Luiz. Juízo 100% e a vocação da moderna atividade jurisdicional, p. 24-39. *In* FUX, Luiz; ÁVILA, Henrique; CABRAL, Trícia Navarro Xavier (coords.). **Tecnologia e Justiça Multiportas: teoria e prática.** Indaiatuba/SP: Editora Foco, 2021.

FUX, Luiz. **Discurso de abertura do ano judiciário de 2021**. Disponível em:<Supremo Tribunal Federal (stf.jus.br)>. Acesso em 02 fev. 2020.

FUX, Rodrigo. As inovações tecnológicas como (mais uma) onda renovatória de acesso à justiça, p. 228-230. *In* FUX, Luiz; CABRAL, Trícia Navarro Xavier (coords). **Tecnologia e justiça Multiportas** [recurso eletrônico]. Indaiatuba, SP: Editora Foco, 2021 (ePUB).

GABBAY, Daniela Monteiro; SILVA, Paulo Eduardo Alves da; ASPERTI, Maria Cecília de Araúho; COSTA, Susana Henriques da. Why the 'Haves' Come Out Ahead in Brazil? Revisiting Speculations Concerning Repeat Players and One-Shooters in the Brazilian Litigation Setting (January 15, 2016). **FGV Direito SP Research Paper Series**, n. 141. Disponível em: https://doi.org/10.2139/ssrn.2716242.

GALANTER, M. (2010). Access to Justice in a world of expanding social capability. **Fordham Urban Law Review** Journal (37 Fordham Urb. L. R., p. 115-128.

GALANTER, Marc. "Acesso à justiça em um mundo de capacidade social em expansão". Tradução: João Eberhardt Francisco, Maria Cecília de Araújo Asperti e Susana Henriques da Costa. **Revista Brasileira de Sociologia do Direito.** Porto Alegre: ABraSD, v. 2, n. 1, p. 37-49, jan./jun., 2015.

GALANTER, Marc. **Por que 'quem tem' sai na frente:** especulações sobre os limites da transformação no direito. Trad. Ana Carolina Chasin. São Paulo: 2014.

GALANTER, Marc. Reading the landscape of Disputes: what we know and don know (and think we know) about tour allegedly contentious and litígios Society. **UCLA Law Review**, october 1983, 31 UCLA L. Rev.4.

GALANTER, Marc. The Legal Malaise: Or, Justice Observed, 19, **Law and Society Review**, p. 537-545, 1985.

GALANTER, Marc. The Vanishing Trial: an examination of trials and related matters in federal and state courts. **Journal of Empirical Legal Studies**, volume I, issue 3, 459-570, november 2004.

GALANTER, Marc. Why the haves come out ahead? Speculations on the limits of legal change. **Law and Society Review**, v. 9, n. 1, p. 95-160, 1974. Disponível em: <https://doi.org/10.2307/3053023>. Acesso em: 19 jan. 2021.

GALVÃO, Jéssica. Acesso à Justiça e recompreensão da gestão do sistema de justiça após pandemia, p.15-24. In TARTUCE, Fernanda; DIAS, Luciano Souto (coords.). **Coronavírus: direitos dos cidadãos e acesso à justiça**. Indaiatuba: Editora Foco, 2020.

GUSMÃO, Bráulio. Mineração de processos e gestão de casos no judiciário, p. 589-594. *In* NUNES, Dierle; LUCON, Paulo Henrique dos Santos; WOLKART, Erik Navarro. **Inteligência Artificial e Direito Processual**: os impactos da virada tecnológica no direito processual. 2ª ed. Salvador: Editora Juspodivm, 2021, p.590.

IBGE – INSTITUTO BRASILEIRO DE GEOGRAFIA E ESTATÍSTICA. **PESQUISA NACIONAL POR AMOSTRA DE DOMICÍLIOS CONTÍNUA – PNAD CONTÍNUA 2018**. Disponível em: <Análise dos resultados TIC 2018 (ibge.gov.br)>. Acesso em 30 nov. 2020.

KATSH, Ethan; RIFKIN, Janet. **Online Dispute Resolution, Resolving Conflicts in Cyberspace.** Jossey-Bass, A Wiley Company, San Francisco, 2001.

KATSH, Ethan. Bringing Online Dispute Resolution to Virtual Worlds: Creating Processes Through Code, 49 **N.Y.L. SCH. L. REV.** (2004-2005), p.273.

KIM, Kwanghoon Pio. **Functional Integration with Process Mining and Process Analyzing for Structural and Behavioral Properness Validation of Processes Discovered from Event Log Datasets**. Disponível: https://doi.org/10.3390/app10041493. Acesso: 29 jan. 2021.

MATTEI, Ugo. **Access to Justice.** A Renewed Global Issue? vol 11.3 ELECTRONIC JOURNAL OF COMPARATIVE LAW (December 2007). Disponível em: <http://www.ejcl.org/113/article113-14.pdf>. Acesso 20 jan. 2021.

MCGINNIS, John; PEARCE, Russel. The great disruption: how machine intelligence will transform the role of lawyers in the delivery of legal services. **Fordham Law Review**, 2014. v. 82.

MING-SYAN, Chen. HAN, Jiawei. YU, Philip S. **Data Mining**: an Overview from Database Perspective. Disponível em:<https://www.researchgate.net/publication/3296625.> Acesso em: 29 jan. 2021.

NUNES, Dierle; BAHIA, Alexandre; PEDRON, Flávio. **Teoria geral do processo**. Salvador: Juspodivm, 2020.

NUNES, Dierle; TEIXEIRA, Ludmila. **Acesso à justiça democrático**. Brasília: GZ editora, 2013.

NUNES, Dierle; LUD, Natanael; PEDRON, Flávio. **Desconfiando da imparcialidade dos sujeitos processuais um estudo sobre os vieses cognitivos, a mitigação de seus efeitos e o debiasing.** Salvador: Juspodivm, 2020.

NUNES, Dierle; MALONE, Hugo. O uso da tecnologia na prevenção efetiva dos conflitos: possibilidade de interação entre online dispute resolution, dispute system design e sistema público de Justiça. In: NUNES, Dierle; LUCON, Paulo Henrique dos Santos; WOLKART, Erik Navarro. **Inteligência Artificial e Direito Processual**: os impactos da virada tecnológica no direito processual. 2ª ed. Salvador: Editora Juspodivm, 2021.

NUNES, Dierle; MALONE, Hugo. Tribunais Online avançam durante a pandemia da Covid-19. **CONJUR – Revista Consultor Jurídico** 11 de maio de 2020. Disponível em: <ConJur – Nunes e Passos: Os tribunais online na pandemia>. Acesso: 28 nov. 2020.

NUNES, Dierle; MEDEIROS, Natália. Inteligência Artificial – litigantes habituais e eventuais. **Conjur – Revista Consultor Jurídico**, 20 nov. 2018. Disponível em: <https://www.conjur.com.br/2018-nov-20/opiniao-tecnologia-direito-litigantes-habituais-eventuais>. Acesso em: 04 out. 2020.

NUNES, Dierle. **Processo jurisdicional democrático**. Curitiba: Juruá, 2008.

NUNES, Dierle. Virada Tecnológica no Direito Processual e etapas do emprego da tecnologia no direito processual: seria possível adaptar o procedimento pela tecnologia? *In* NUNES, Dierle; *et al* (orgs). **Inteligência Artificial e Direito Processual:** os impactos da virada tecnológica no direito processual. 2ª ed. Salvador: Juspodivm, 2021.

NUNES, Dierle. PAOLINELLI, Camilla. Novos Designs tecnológicos no sistema de resolução de conflitos: ODR, e-acesso à justiça e seus paradoxos no Brasil. **Revista de Processo**, v. 314, abril de 2021 (No prelo).

NUNES, Dierle; PAOLINELLI, Camilla. Acesso à Justiça e Tecnologia: minerando escolhas políticas e customizando novos desenhos para a gestão e solução de disputas no sistema brasileiro de Justiça Civil. *In* **Estudos em homenagem ao Professor Marc Galanter.** YARSHELL, Flávio Luiz; COSTA, Susana Henriques da; FRANCO, Marcelo Veiga (coords.), 2021, no prelo.

NUNES, Dierle; BAHIA, Alexandre; PEDRON, Flávio. **Teoria Geral do processo**. Salvador: Juspodivm, 2020.

OSBEK, Mark K. Using Data Analytics Tools to Supplement Traditional Research and Analysis in Forecasting Case Outcomes. **Legal Writing Journal.** 20 (2015): 33-6.

PAOLINELLI, Camilla Mattos; ANTÔNIO, Nacle Safar Aziz. Dilemas Processuais do século XXI: entre os cérebros eletrônicos e a implementação de garantias processuais-fundamentais – sobre como assegurar decisões legítimas, p.287-328. *In* NUNES, Dierle; LUCON, Paulo Henrique dos Santos; WOLKART, Erik Navarro. **Inteligência Artificial e Direito Processual:** os impactos da virada tecnológica no direito processual. Salvador: Editora Juspodivm, 2020.

PAOLINELLI, Camilla Mattos; CASPAR, Rafael Chiari. Reflexões sobre Direito, tecnologia e a utilização de ferramentas *Online Dispute Resolution* em demandas trabalhistas. *In* ALVES, Isabella Fonseca (coord.). **Inteligência Artificial e Processo**. Belo Horizonte: D'Plácido, 2019.

PROCESS MINING: **Conceitos Básicos sobre as Principais Técnicas de Mineração de Processos**. Disponível em: <Mineração de Processos: Principais Técnicas de Process Mining – dheka>. Acesso em: 29 jan.2021.

RABINOVICH-EINY, Orna; KATSH, Ethan. **Digital Justice**: technology and the internet of disputes. Oxford: Oxford University Press, 2017.

RODRIGUES, Jéssica. **O que é o Processamento de Linguagem Natural?** Como interpretar mensagens codificadas em linguagem natural e decifrá-las para a linguagem de máquina? Bots Brasil, 14 jul. 2017. Disponível em: <O que é o Processamento de Linguagem Natural? | by Jéssica Rodrigues | Bots Brasil | Medium>. Acesso em: 28 jan. 2021.

RUBINSTEIN, Ira S. LEE, Ronald D. SCHWARTZ, Paul M. **Data Mining and Internet Profiling**: emerging regulatory and technogical approaches. The University of Chicago Law Review [75:261], p.261-284, p. 262.

RULE, Colin. **Online Dispute Resolution for Business**: B2B, E-commerce, Consumer, Employment, Insurance, and Other Commercial Conflicts. San Francisco: Jossey-Bass.

SALOMÃO, Luís Felipe. CAMPBELL, Mauro (coords.). **Online Dispute Resolution: um estudo à luz da resolução n°358 do CNJ**. São Paulo: FGV, 2023.

SAKR, Sherif. MAAMAR, Zakaria. AWAD, Ahmed. BENATALLAH, Boualem. VAN DER AALST, Wil M. P. Business Process Analytics and Big Data Systems: A Roadmap to Bridge the Gap. **IEEE Acess**, volume 6. 2018, p.5-6. Disponível em: <Business Process Analytics and Big Data Systems: A Roadmap to Bridge the Gap – IEEE Journals & Magazine>. Acesso: 28 jan. 2020.

SANDER, Frank E. A. Varieties of dispute processing. *In* **Pound Conference: perspectives on justice in the future**. Minnesota: West Publishing Co., 1979.

SINAPSES: **plataforma de inteligência artificial conquista prêmio na Expojud**. Disponível em: <Sinapses: plataforma de inteligência artificial conquista prêmio na Expojud – Portal CNJ>. Acesso em: 13 mar. 2021.

SELA, Ayelet. E-Nudging Justice: The Role of Digital Choice Architecture in Online Courts. **Journal of Dispute Resolution.** Jul. 2019. Disponível em: <https://www.researchgate.net/publication/335125573_eNudging_Justice_The_Role_of_Digital_Choice_Architecture_in_Online_Courts>. Acesso em: 28 de set. 2020.

SELA, Ayelet. The effect of online technologies on dispute resolution system design: antecedents, current trends and future directions. **Lewis & Clark Law Review 633 (2017), Bar Ilan University Faculty of Law Research Paper** No. 18-03.

SPAULDING, Norman. **Online Dispute Resolution and the End of Adversarial Justice?** Stanford Law School. (draft outline 12.29.20).

TRIBUNAL DE JUSTIÇA DO ESTADO DE MINAS GERAIS. **Portaria Conjunta 1025/PR/2020 de 14 de julho de 2020.** Disponível em: <pc10252020.pdf (tjmg.jus.br)>. Acesso em 13 de mar. 2021.

TRIBUNAL DE JUSTIÇA DO ESTADO DE MINAS GERAIS. **TJMG virtualiza mais de 310 mil processos físicos.** Disponível em: <TJMG virtualiza mais de 310 mil processos físicos | Novo Portal TJMG>. Acesso em 13 de mar. 2021.

URY, William L.; BRETT, Jeanne M.; GOLDBERG, Stephen B. **Getting disputes resolved: designing systems to cut the cost of conflict.** 1ª Ed. São Francisco: Jossey-Bass Publishers, 1988.

WERNECK, Isadora. Online Dispute Resolution (ODR) e a desnecessidade de formulação de reclamação prévia dos consumidores junto às plataformas virtuais para configuração do interesse de agir, p.105-133. *In* NUNES, Dierle; LUCON, Paulo Henrique dos Santos; WOLKART, Erik Navarro. **Inteligência Artificial e Direito Processual:** os impactos da virada tecnológica no direito processual. Salvador: Editora Juspodivm, 2020.

WING, Leah. Ethical Principles for Online Dispute Resolution. **International Journal on Online Dispute Resolution**, 2016.

# 2

## Integração dos meios de resolução de conflitos *on-line* (ODR) aos sistemas de justiça

***Ricardo Villas Bôas Cueva***[1]

**Sumário:** 1. Introdução. 2. Meios alternativos ou adequados de resolução de disputas (ADRs). 3. Meios de resolução de disputas on-line (ODRs). 4. Diretrizes éticas para o desenvolvimento da inteligência artificial (IA). 5. Considerações finais.



### 1. INTRODUÇÃO

A integração dos meios adequados ou alternativos de solução de controvérsias (ADRs) ao sistema de justiça remonta à Resolução nº 125/2010, do Conselho Nacional de Justiça, da qual emergiu uma política judiciária de estímulo a essas técnicas. A Lei da Mediação (Lei nº 13.140/2015) e o Código de Processo Civil de 2015 deram concretude a essa política, especialmente, neste último, o artigo 165, que determina a criação, pelos tribunais, de centros judiciários de solução consensual de conflitos (CEJUSCs), e o artigo 334, que cuida da audiência de conciliação e mediação.

Agora se trata de também integrar ao sistema de justiça os meios de resolução de conflitos *on-line* (ODRs). A crise sem precedentes causada pela pandemia do vírus COVID-19 demonstrou, em poucos meses, que a atividade jurisdicional pode ser exercida sem sobressaltos com a utilização da tecnologia já disponível. Os resultados positivos obtidos nesse curto período com a utilização de plataformas de videoconferência e de julgamentos virtuais superaram todas as expectativas. Tornou-se lugar-comum dizer que o "novo normal" deverá levar em conta essas

1 Ministro do Superior Tribunal de Justiça. É mestre e doutor em Direito. Foi advogado, Procurador do Estado de São Paulo, Procurador da Fazenda Nacional e Conselheiro do Conselho Administrativo de Defesa Econômica.

novas formas. A crise, portanto, pode ser vista como rara oportunidade de transformação de antigas práticas judiciárias que vinham resistindo a mudanças.

É bem verdade que o Judiciário, no Brasil ao menos, tem feito maciços investimentos em tecnologia, especialmente para a digitalização dos processos e para a de automação de rotinas e de procedimentos de trabalho, com o que já se constata um significativo aumento de produtividade. Mas isso não tem sido suficiente para enfrentar a crescente judicialização dos conflitos de todo tipo e, ao mesmo tempo, reduzir os obstáculos ao acesso à justiça.

Talvez a integração de ODRs ao Judiciário preste-se a atingir esses dois objetivos, de modo a ampliar o acesso a soluções justas e céleres. É o que se pretende discutir neste breve artigo.

## 2. MEIOS ALTERNATIVOS OU ADEQUADOS DE RESOLUÇÃO DE DISPUTAS (ADRS)

Os métodos alternativos ou adequados de solução de conflitos (também conhecidos pelo acrônimo inglês ADR, de *alternative dispute resolution*) não dependem de intervenção judicial, mas de mecanismos extrajudiciais caracterizados por maior celeridade, informalidade, economia e flexibilidade. Não excluem o Poder Judiciário, mas precisam de sua cooperação para a efetividade de seus institutos.

Na arbitragem, um mecanismo de heterocomposição que se assemelha à adjudicação estatal, o terceiro neutro decide pelas partes. Na conciliação e na mediação, meios autocompositivos por excelência, os envolvidos têm o controle do resultado e dos termos do processo: o terceiro neutro não tem o poder para proferir uma decisão vinculativa, mas pode auxiliar a construir uma solução. Na conciliação, o foco está no acordo; o conciliador atua de forma mais ativa a direcionar as partes e o procedimento, a fazer recomendações e sugestões, inclusive redigir propostas. Já na mediação, cabe ao mediador facilitar a comunicação e o entendimento quanto à pretensão dos litigantes, visando uma composição, mas com papel menos proativo, limitando-se a aproximá-los.

Embora a conciliação e a mediação nem sempre apresentem contornos muito definidos, no NCPC há uma distinção: o conciliador atua preferencialmente nos casos em que não houver vínculo anterior entre as partes, enquanto o mediador funciona de preferência em situações em que exista vínculo anterior (§§ 2º e 3º do art. 165).

A eficácia dos ADRs é controvertida. Sustenta-se, e não apenas no Brasil, que não realizaram plenamente as promessas que sustentaram sua difusão ao longo das últimas quatro décadas. Uma das maiores dificuldades é o fato de que o terceiro neutro, o mediador, deve estar no mesmo ambiente físico que as partes, com todo tempo e custo envolvidos, à semelhança do Judiciário, num processo sincrônico. Talvez os ADRs não sejam suficientemente diferentes dos tribunais para atingir os resultados que se esperavam.[2]

## 3. MEIOS DE RESOLUÇÃO DE DISPUTAS *ON-LINE* (ODRS)

A utilização de plataformas virtuais para facilitar a comunicação e a solução de disputas talvez seja a definição mais ampla de ODR. Especificamente, é um procedimento no qual se usa a internet para que as partes resolvam seus conflitos através de ADRs. É possível entender, ainda, que, na ODR, a tecnologia adiciona nova dimensão ao procedimento de resolução de disputas.[3]

Mas seria o uso desses mecanismos em uma nova plataforma tecnológica simplesmente mais uma modalidade de ADR? A questão é polêmica, mas há quem afirme cuidar-se de novo meio de resolução de conflitos, no qual a plataforma, ou a tecnologia utilizada, funcionaria como uma espécie de "quarta parte".

Seja como for, as plataformas eletrônicas permitem a apresentação do conflito perante um meio novo, sem os vícios ou preconceitos preexistentes. Não se trata de uma sala de audiências, mas de ambiente virtual onde as partes devem prestar alguma reverência a um terceiro neutro. Abre-se a possibilidade de uma avaliação rápida, objetiva e sem o temor de um prejulgamento apressado.

Além disso, os custos são significativamente menores. Basta uma conexão à internet, por meios próprios, ou com o auxílio de instrumentos

2 Susskind, Richard. Online Courts and the future of Justice. Oxford University Press, 2019, p. 60 (livro eletrônico).

3 Loebl, Zbynek. Designing Online Courts: the future of justice is open to all. Holanda: Kluwer Law International, 2019 (livro eletrônico).

proporcionados pelo Estado ou por empresas, para estabelecer diálogo elucidativo quanto à viabilidade da disputa.

Importante também assinalar que o tempo de resposta é muito menor. Da aproximação entre as partes surgem normalmente oportunidades para a prevenção e a contenção do conflito, até mesmo um desincentivo à sua escalada, dependendo do estágio do desentendimento. Por fim, a avaliação das perspectivas concretas de sucesso pode reduzir dramaticamente o viés de otimismo que normalmente caracteriza os postulantes.[4]

As plataformas de ODR permitem superar barreiras de acesso à justiça, como os custos de ajuizamento de ações judiciais e a distância e o deslocamento normalmente exigidos para a postulação presencial de um direito. Situações de conflito familiar, sobretudo quando houver dificuldade de aproximação física das partes, a exemplo de quadros de violência doméstica, são particularmente adequadas para sua utilização. O caráter impessoal do tratamento do conflito em ambiente virtual pode igualmente contribuir para a mitigação de vieses cognitivos nem sempre conscientes, como raça, gênero, orientação sexual, classe social, entre outros.

Dentre suas vantagens está a maior eficiência, que permite ao Judiciário alocar seus escassos recursos humanos e materiais para a solução de controvérsias mais complexas e/ou socialmente relevantes, notadamente quando se agregam ao uso do ambiente virtual técnicas de inteligência artificial que ensejam, por meio da mineração de dados (*big data*) e do aprendizado pelas máquinas (*deep learning*), o emprego de modelos de justiça preditiva, que prometem prevenir, conter e evitar a escalada dos conflitos.[5]

Já se discute também o uso de ODR para os chamados contratos inteligentes, que, codificados no *blockchain*, tenderão a reduzir dramaticamente os custos de transação, especialmente em operações internacionais, ao permitir sua execução automática. Entretanto, as próprias

---

4 Susskind, Richard. Online Courts and the future of Justice. Oxford University Press, 2019, p. 62 (livro eletrônico).

5 Cabral, Antonio do Passo. Processo e tecnologia: novas tendências, *in* Direito, Processo e Tecnologia (livro eletrônico), coordenado por Erik Navarro Wolkart, Francisco de Mesquita Laux, Giovani dos Santos Ravagnani e Paulo Henrique dos Santos Lucon. São Paulo: RT, 2020.

estatísticas indicam que os erros na codificação de contratos são maiores do que se pode tolerar e levarão a conflitos, os quais devem ser solucionados de modo rápido e eficiente. Daí a importância de que sejam resolvidos mediante o uso de ODR.[6]

Idealmente, os sistemas de ODR devem ser desenhados para conflitos nos quais as questões em jogo sejam relativamente claras, tanto o usuário quanto o administrador possam se beneficiar da eficiência derivada do uso da ODR, e desde que haja transparência e avaliações neutras periódicas. Ao revés, deve-se evitar o uso dessas ferramentas nos seguintes casos: quando (i) as questões jurídicas forem vagas e indefinidas, (ii) a afirmação de um precedente for importante, (iii) uma das partes não reconhecer o direito da outra, (iv) o processo venha a ser usado para postergar a solução do litígio e impedir a concretização do direito da outra parte e (v) ausentes a transparência e a auditabilidade do processo.[7]

Nos Estados Unidos, já há alguns anos acumulam-se evidências empíricas de que a tecnologia de resolução de disputas *on-line* contribui decisivamente para a redução dos custos de transação incorridos pelas partes (transporte, horas de trabalho, cuidado com os filhos, despesas com assistência jurídica etc.), bem como para um encurtamento da duração dos procedimentos, tudo em proveito de um acesso à Justiça mais amplo e efetivo.[8]

Embora os tribunais americanos já usassem ferramentas tecnológicas para realizar audiências à distância e modernizar práticas antigas, facilitando e ampliando o acesso à justiça, os resultados não eram alentadores, até meados de março de 2020, quando a pandemia impôs a súbita adoção de novas tecnologias. Em consequência, o índice de comparecimento a audiências subiu dramaticamente. As plataformas permitem gravar e transcrever as audiências. A adesão entusiástica das partes e dos magistrados deve-se também às novas possibilidades abertas pelas plataformas de ODR, que aumentam a oferta de métodos de resolução de disputas,

6 Schmitz, Amy, and Colin Rule. Online Dispute Resolution for Smart Contracts. Journal of Dispute Resolution, vol. 2019, n° 2, 2019, pp. 103-126. HeinOnline.

7 Martinez, Janet K. Designing Online Dispute Resolution. Journal of Dispute Resolution, vol. 2020, n° 1, Winter 2020, pp. 135-150. HeinOnline.

8 J.J. Prescott, "Improving Access to Justice in State Courts with Platform Technology", 70 *Vanderbilt Law Review* 1993 (2017), https://scholarship.law.vanderbilt.edu/vlr/vol70/iss6/15, consultado em 14/8/2020.

melhorando o fluxo e o caráter da informação, reduzindo a litigiosidade e minimizando as limitações financeiras e de tempo normalmente incorridas pelas partes. A comunicação torna-se mais estruturada e objetiva, o que facilita a resolução da disputa. Não somente os índices de comparecimento aumentaram, como também o número de decisões informadas.[9]

No Estado de Michigan decidiu-se por um experimento social amplo e inovador, aproveitando a rede de centros comunitários de mediação pré-existente. Em todo o país, há cerca de 450 desses centros; em Michigan, 18, normalmente nas comarcas (*counties*) de caráter mais metropolitano. Partiu-se, então, após consulta a outros fornecedores, de um pequeno sistema desenvolvido para negociar *on-line* multas de trânsito, pela empresa *Court Innovations*, para uma plataforma ampliada.

Os centros comunitários existem desde 1990, inicialmente para resolver pequenas causas e disputas de vizinhos e de inquilinato e hoje mediam quase todas as questões civis, em regime de jurisdição limitada, mas que processam cerca de 20 mil casos por ano. Ao longo de 18 meses, o tribunal desenvolveu com esse fornecedor uma plataforma chamada *MI-Resolve*.

Na primeira fase, o programa abrangia metade do estado. Recentemente, passou a cobrir todo o estado. O sistema é administrado pelos centros locais, com supervisão do tribunal, sem acréscimo de custo, mas com cobertura 24 horas por dia. O sistema é gratuito e funciona de modo semelhante aos da *Amazon* e do *eBay*, bastando o cadastro das partes, que têm sete dias para negociar livremente. Após esse período, um mediador é designado imediatamente. A função básica é a troca de e-mails, meio de comunicação assíncrono, com a possibilidade de envio de fotos e documentos digitalizados, sendo também possível fazer mediação por videoconferência e celebrar acordos já na forma preconizada pelos tribunais locais.[10]

O serviço é gratuito e permite aos usuários trafegar entre métodos de resolução de conflitos tradicionais, com audiências presenciais, e os

9 Joint Technology Committee (JTC), established by the Conference of State Court Administrators (COSCA), the National Association for Court Management (NACM) and the National Center for State Courts (NCSC), "Judicial Perspectives on ODR and Other Virtual Court Processes," versão 1.0, aprovada em 18/5/2020, disponível em https://ssrn.com/abstract=3638459, consultado em 13/8/2020.

10 https://getmatterhorn.com/michigans-mi-resolve-odr-an-outside-the-box-strategy-transcript/, consultado em 14/8/2020.

métodos *on-line*. A plataforma tem se mostrado capaz de atender às necessidades de grande parte dos jurisdicionados, que não mais precisam deslocar-se. Outra vantagem está na maior espontaneidade dos depoentes em frente às câmeras, que podem estar em seus celulares, em seus computadores ou em qualquer outro aparelho conectado à internet.

No Brasil, segundo a Associação Brasileira de *Lawtechs* & *Legaltechs* (AB2L), há vinte *lawtechs* voltadas à resolução de conflitos *on-line*.[11] Há vários exemplos de plataformas bem-sucedidas: Sem Processo, Reclame Aqui, Vamos Conciliar, JusPro, eConciliar, eConciliador. Talvez o exemplo mais bem-sucedido entre nós de ODR endógeno, ou seja, de método ou sistema desenvolvido na própria empresa para seu uso, seja o "*caso do Mercado Livre, que já alcançou 98,9% de desjudicialização por meio de técnicas de promoção das melhores experiências para seus consumidores e usuários.*[12]"

No setor público, a plataforma consumidor.gov, lançada em 2014, pela Secretaria Nacional do Consumidor (Senacon) do Ministério da Justiça, apresenta índice médio de resolução de 80% das reclamações apresentadas, em prazo aproximado de 6,5 dias, tendo processado mais de 2,4 milhões de reclamações. Tem uma base de 1,8 milhão de usuários cadastrados e mais de 600 empresas credenciadas. Em 2019, foram processadas 780.179 reclamações; 555.168 usuários cadastraram-se e 131 empresas foram credenciadas. O maior número de reclamações ocorre contra o setor de telecomunicações (quase 37%), seguido do setor bancário (aproximadamente 24%).[13] Recentemente, a plataforma passou a contar com ferramenta que permite conexão ao PJ-e.

Um estudo recente sugere que o impacto da plataforma tem sido positivo, melhorando a proteção do consumidor mediante respostas rápidas, que previnem o ajuizamento de demandas judiciais e implicam, desse modo, redução de custos. Dentre suas recomendações, figuram a

11 www.ab2l.org.br, consultado em 10/8/2020.

12 Becker, Daniel e Feigelson, Bruno. Acesso à justiça para além de Cappelletti e Garth: a resolução de disputas na era digital e o papel dos métodos online de resolução de conflitos (ODR) na mitigação da crise de justiça no Brasil, *in* Direito, Processo e Tecnologia (livro eletrônico), coordenado por Erik Navarro Wolkart, Francisco de Mesquita Laux, Giovani dos Santos Ravagnani e Paulo Henrique dos Santos Lucon. São Paulo: RT, 2020.

13 Consumidor em números, 2019, Relatório da Secretaria Nacional do Consumidor do Ministério da Justiça e Segurança Pública.

divulgação mais ampla nas regiões Norte e Nordeste, um esforço adicional para diversificar os setores abrangidos, já que telecomunicações e bancos correspondem a quase 70% das reclamações, além de foco mais específico em parcerias com entidades locais, a fim de aumentar o alcance do programa.[14]

A principal aplicação das ODRs no Brasil tem sido nas relações de consumo, mas também os litígios com a Fazenda e o INSS poderão ser resolvidos em plataforma digital a ser brevemente lançada pelo Conselho Nacional de Justiça, como anunciado pelo Conselheiro Henrique Ávila.[15]

Os litígios relacionados à saúde pública e suplementar aumentaram exponencialmente, o que tem levado à procura de soluções mais eficientes. A Procuradoria-Geral do Estado do Rio de Janeiro, em parceria com as Defensorias Públicas do Estado e da União e as secretarias estadual e municipal da saúde, criou a Câmara de Resolução de Litígios de Saúde (CRLS), que já preveniu mais de 15 mil ações judiciais.[16] Um projeto instigante, no Tribunal de Justiça do Rio de Janeiro, sob a coordenação do Desembargador Cesar Cury, tem por objeto a criação de um centro especializado de solução de litígios de saúde suplementar, com a utilização maciça de meios eletrônicos nas várias fases em que se desdobra. Tal como anunciado no Congresso Internacional sobre Inovação e Mediação, realizado em março de 2018 pela Escola da Magistratura do Estado do Rio de Janeiro, na primeira fase, com apoio de instrumentos de inteligência artificial, as questões serão apresentadas em plataforma eletrônica que permitirá negociação direta com o próprio sistema, negociação direta com representante da empresa ou mediação *on-line*. Qualquer solução consensual derivada do sistema será levada à homologação judicial *on-line*. Caso não alcançado acordo, passar-se-á a uma segunda fase, com atendimento presencial e tentativas de mediação. Se nenhum desses esforços apresentar resultado positivo, terá lugar a judicialização.

---

14 Militão, Silveira, Léon e Oliveira. Demandas do Consumidor, Resolução de Conflitos *on-line* e Inovação na Administração Pública: Um Estudo de Caso da Plataforma Consumidor.gov no Brasil no Período de 2014-2019, *in* Teoria e Prática em Administração. 2020, pp. 1-11.

15 Valor Econômico, seção Legislação & Tributos. Empresas poderão realizar mediações *on-line* com o INSS, p. E1, publicado em 10/8/2020.

16 https://pge.rj.gov.br/mais-consenso/camara-de-resolucao-de-litigios-de-saude-crls, consultado em 10/8/2020.

A experiência de mediação *on-line* na recuperação judicial da OI S.A. – antes mesmo da Recomendação CNJ nº 58/19 – teve resultados muito significativos. Já no final da primeira fase, mais de 35 mil acordos haviam sido homologados, com o imediato pagamento de montante superior a R$ 10 milhões a credores no Brasil e em Portugal. Hoje, já foram homologados mais de 46 mil acordos.[17]

Algumas lições importantes já podem ser extraídas das experiências estudadas. O modo como os tribunais escolhem, financiam e desenvolvem a plataforma eletrônica é muito relevante para o sucesso da iniciativa.

As opções pré-definidas e pré-configuradas proporcionadas pelos algoritmos podem limitar alguns dos vieses associados às decisões humanas e contribuir para que se obtenham resultados mais justos. A análise de quantidades enormes de dados pode prever conflitos e indicar zonas de litigiosidade que mereçam maior atenção. Contudo, os algoritmos podem também conter vieses ocultos e tornar mais opaca a atividade de resolução de conflitos. Essa falta de transparência é vista como cavalo de Tróia, com potencial de prejudicar o desenvolvimento das plataformas *on-line*.[18]

Os mediadores observam com frequência uma assimetria informacional entre os disputantes e se defrontam com o dilema de intervir ou não para que a decisão seja informada. Esse dilema pode se tornar mais agudo no contexto da ODR. Como as plataformas de resolução de conflitos *on-line* normalmente disponibilizam informação sobre os direitos das partes, torna-se muitas vezes difícil distinguir informação de orientação jurídica, garantindo, ao mesmo tempo, paridade de armas e observância de princípios éticos que devem guiar cada uma das modalidades de resolução de disputas.[19]

Princípios de segurança, transparência e confidencialidade deverão aplicar-se às ODRs. Algumas conclusões preliminares indicam que as

---

17 Cury, Cesar. Um modelo transdisciplinar de solução de conflitos: direito e tecnologia no processo de recuperação judicial no *leading case* Oi S/A, *in* Nunes, Dierle; Lucon, Paulo: Wolkart, Erik (coords.), Inteligência artificial e Direito Processual. Salvador: Editora Jus podium, 2020, pp. 83-104.

18 RABINOVICH-EINY, Orna e KATSH, Ethan, "The new coord. courts", American University Law Review, vol. 67, pp. 165-215, 2017.

19 QUEK ANDERSON, Dorcas. "Old ethics in new wineskins? Examining the ethical difficulties in court online dispute resolution" (2019). Research Collection School Of Law, disponível em https://ink.library.smu.edu.sg/sol_research/2920, consultado em 13/8/2020.

plataformas funcionarão melhor quando: a) as questões forem claras; b) tanto o usuário final como o administrador do sistema colherem se beneficiarem do ganho de eficiência; c) o design do sistema atender às necessidades daqueles que irão trabalhar com ele, inclusive os decisores; d) as intervenções ocorrerem preferencialmente "a montante", isto é, com instrumentos para prevenir conflitos; e) forem oferecidas várias opções de ODR, inclusive meios auto e heterocompositivos; f) houver investimento para treinamento adequado dos neutros, dos administradores e dos operadores do sistema, além de campanhas de educação dos usuários; g) o processo e o resultado forem transparentes e h) forem efetuadas avaliações independentes periódicas.[20]

## 4. DIRETRIZES ÉTICAS PARA O DESENVOLVIMENTO DA INTELIGÊNCIA ARTIFICIAL (IA)

A implantação muito acelerada das plataformas de resolução de conflitos certamente exigirá algumas transformações também no que diz respeito aos padrões aplicáveis a essa nova atividade. A literatura especializada aponta alguns dilemas éticos a serem debatidos para que se garanta a independência, a imparcialidade e a justeza das novas técnicas. A supervisão dos algoritmos utilizados, por exemplo, será uma necessidade.

É fundamental que o uso da inteligência artificial seja acompanhado da observância de princípios éticos, tais como aqueles definidos na Conferência de Asilomar: (1) transparência judiciária, ou seja, qualquer envolvimento de um sistema autônomo na tomada de decisões judiciais deve fornecer uma explicação satisfatória e auditável por uma autoridade humana competente. (2) valores humanos, significando que os sistemas de IA devem ser projetados e operados de forma a serem compatíveis com ideais de dignidade humana, direitos, liberdades e diversidade cultural; (3) privacidade pessoal, visto que as pessoas devem ter o direito de acessar, gerenciar e controlar os dados que geram, dado o poder dos sistemas de IA para analisar e usar esses dados; e, por último, (4) liberdade e privacidade, entendendo-se que a aplicação de dados pessoais não deve restringir injustificadamente a liberdade real ou percebida das pessoas.

20 MARTINEZ, Janet K., "Designing online dispute resolution", Journal od Dispute Resolution, Winter 2020, 135.

Relevantes também são as "Diretrizes para uma Inteligência Artificial Confiável", publicadas em abril de 2019 pela União Europeia, que podem ser assim resumidas: a) intervenção e supervisão humana: os sistemas de IA devem favorecer sociedades equitativas, apoiando a ação humana e os direitos fundamentais, e não diminuir, limitar ou desorientar a autonomia humana; b) robustez e segurança: os algoritmos devem ser seguros, confiáveis e robustos o suficiente para enfrentar os erros e inconsistências durante todo o ciclo de vida dos sistemas de IA; c) privacidade e governança de dados: os cidadãos devem ter controle total sobre seus próprios dados, que não devem ser usados para prejudicá-los ou discriminá-los; d) transparência: os usuários devem sempre saber quando um sistema de IA está sendo utilizado; e) diversidade, não discriminação e equidade; f) bem-estar social e ambiental e g) prestação de contas, de modo a permitir a responsabilização pelo uso de sistemas de IA.

A Resolução CNJ nº 332, de 21/8/2020, de modo pioneiro, dispõe sobre a "*ética, a transparência e a governança na produção e no uso da Inteligência Artificial no Judiciário*". Já em seus *considerand*a, a resolução se vincula aos direitos fundamentais e a critérios éticos de transparência, previsibilidade, auditabilidade, imparcialidade e de garantia de justiça substancial. Invoca a Carta Europeia de Ética sobre o uso de IA em sistemas judiciários e professa respeito a princípios de igualdade, não discriminação, pluralidade e solidariedade.

Enuncia também regras de prestação de contas e de responsabilização, embora estabeleça, de forma genérica, sem indicação de competências ou de procedimentos, que "*o modelo de Inteligência Artificial deverá ser homologado de forma a identificar se preconceitos ou generalizações influenciaram seu desenvolvimento, acarretando tendências discriminatórias no seu funcionamento*" (art. 7º, § 1º). A proposta de resolução não foi objeto de consulta pública e é provável que, ao menos nesse ponto, seja emendada. Desde logo é possível antever dois riscos principais: permissividade, já que o procedimento de homologação não foi concebido e não se tem prestado a identificar preconceitos ou generalizações, ou, sem sentido oposto, limitação infundada ao desenvolvimento de IA no Judiciário. Apesar de tantos méritos, reconhecidos até no exterior, parece ter havido açodamento na aprovação de proposta que, além de não ter sido submetida a consulta pública, parece confundir conceitos elementares, como a homologação efetuada rotineiramente como procedimento de TI, de um lado, e a verificação de conformidade a preceitos jurídicos.

De todo modo, no que interessa, os sistemas de inteligência artificial devem permitir a revisão da proposta de decisão e dos dados usados para sua elaboração (art. 17, II). Os usuários externos devem ser informados quanto à utilização de IA, destacando-se que a proposta de solução não é vinculante e deve submeter-se à análise da autoridade competente. Os algoritmos utilizados pra tais finalidades devem ser passíveis de explicação clara de todos os passos que conduzem aos resultados e estão sujeitos a supervisão de magistrado (arts. 18 e 19).

## 5. CONSIDERAÇÕES FINAIS

É bem provável o que os meios de resolução de conflitos *on-line*, que até o início da pandemia eram praticamente confinados às plataformas de comércio eletrônico, passem também a se integrar à atividade jurisdicional corriqueira, como porta de entrada no sistema de justiça.

Já há experiências muito significativas nos Estados Unidos nessa área. No estado de Michigan, por exemplo, já se relata uma renovada expectativa de sucesso das ODRs com a criação deu um sistema denominado MI-Resolve, que consiste, basicamente, na interligação dos centros de mediação já existentes no estado com a nova plataforma eletrônica, de modo que é possível hoje iniciar mediação sem a prévia existência de um processo judicial ou mesmo no curso da ação.

Transpondo essas experiências para a realidade brasileira, não é difícil imaginar a integração dos centros judiciários de solução de conflitos espalhados pelo país em o único sistema interligado pela internet, com apoio de algoritmos e de ferramentas de inteligência artificial, sem abandonar a mediação presencial.

É também imperioso que se considere no futuro próximo a possibilidade de exigir a universalização de boa conexão com a internet, como infraestrutura essencial para o exercício da cidadania, assim como água, desculpe escuto esgoto eletricidade.

A flexibilização do procedimento, por outro lado, é fundamental para que os sistemas de justiça não apenas tenham várias portas de entrada, ou seja, permitam a resolução efetiva de conflitos por qualquer meio, mas que também sejam dotados de várias trilhas, a ensejar mudanças nos procedimentos judiciais, de acordo com as necessidades de cada tipo de conflito.

# 3

## A transformação digital dos tribunais e o impacto no acesso à justiça

***Fernanda Mattar Furtado Suriani***[1]

**Escaneie o código QR para acessar a versão traduzida deste artigo.**

**Scan the QR Code for the English version of this paper.**



### 1. CONSIDERAÇÕES INICIAIS

No Brasil, a origem do processo judicial eletrônico pode ser atribuída à Lei n. 7.232/84, que instituiu a Política Nacional de Informática. Diversos diplomas legais foram editados ao longo do tempo a fim de adequar o procedimento às tecnologias que foram surgindo com capacidade de promover maior celeridade e racionalidade na tramitação processual e na comunicação entre os sujeitos processuais. Consequentemente, após trinta e seis anos, quando os fóruns tiveram que ser fechados por causa da pandemia do COVID-19, 73% do acervo dos tribunais brasileiros já era eletrônico. Digno de nota que 90% dos novos casos que ingressaram

---

1 Procuradora Federal, Mestre em Direito pela Universidade de Edimburgo e Doutoranda em Direito pela USP. Pesquisadora. Instrutora da Escola da AGU.

na justiça em 2019, portanto antes da pandemia, o fizeram em formato eletrônico, o que demonstra os notáveis avanços no uso da tecnologia no Sistema Jurídico do país.[2]

Os tribunais em todo o mundo têm sido desafiados a adaptar seus procedimentos, atividades cotidianas, e a forma de se comunicar, a uma nova realidade, amparada por tecnologias de informação e comunicação. E isso foi agravado pela pandemia global, transformando seu uso de uma discussão já importante em um assunto crítico e urgente. No entanto, melhorar as práticas de trabalho antigas com a tecnologia é apenas um aprimoramento limitado. Conforme destacado por Susskind, ela pode desempenhar um papel mais relevante, a tecnologia "pode deslocar e revolucionar as práticas de trabalho convencionais - fazendo coisas novas, ao invés de coisas velhas de novas maneiras"[3]

Ao menos desde 2002 existem projetos de tribunais virtuais[4] inspirados no sucesso das plataformas de Resolução de Disputas *On-line*, (*Online Dispute Resolution* - ODR), cujas primeiras experiências vieram de empresas de comércio eletrônico.[5] Os tribunais virtuais mais recentes foram projetados para operar utilizando as características únicas da tecnologia para implementar uma real transformação no acesso à justiça. Denominados por Rabinovich-Einy e Katsh de "new new courts",

2 Relatório CNJ Justiça em Números 2020, pp. 113-115.

3 Tradução livre, no original: "it can displace and revolutionize conventional working habits – doing new things, rather than old things in new ways." Susskind, Richard. *Online Courts and the Future of Justice*, OUP Oxford. Kindle Edition, 2019, p. 34.

4 Por exemplo, o sistema *Money Claim Online* lançado em 2002 no Reino Unido, como um serviço suplementar ao tribunal, que permite aos credores de quantia certa cobrar seus devedores por meio do preenchimento de uma reclamação eletrônica, sem necessidade da assistência de um advogado ou procedimentos complexos e formais. Esse sistema tem resolvido cerca de sessenta mil casos ao ano. SUSSKIND, Richard. *Tomorrow's lawyers: an introduction to your future*, 2ed. Oxford: Oxford University Press, 2017, p. 117.

5 Segundo Colin Rule, "Online Dispute Resolution (ODR) is the application of information and communications technology to the prevention, management, and resolution of disputes." Em tradução livre: é a aplicação das tecnologias da informação e comunicação na prevenção, gerenciamento e resolução de disputas. Em relação ao desenvolvimento das ODRs, Cortés o descreve em quatro fases: *i)* amadora, no início da década de 90, quando surgiram as listas de e-mail e os primeiros conflitos, com resoluções caseiras e pontuais; *ii)* experimental, entre 1995 e 1998, com as primeiras iniciativas de sistematização em projetos desenvolvidos por universidades; *iii)* empreendedora, a partir de 1998, com desenvolvimento de sistemas de resolução de disputas por empresas de comércio eletrônico; e *iv)* institucional, a partir de 2002, quando os governos e as instituições públicas passaram a adotar programas de ODR. RULE, Colin. *What we know and need to know about Online Dispute Resolution*, 67 South Carolina Law Review, 329, 2016. CORTÉS, Pablo. *Online Dispute Resolution for consumers in the European Union*, New York: Routledge, 2011, p. 55.

eles desenvolvem novos processos, que contam com novas ferramentas, envolvem novos atores e cumprem novos objetivos, e têm o potencial de aumentar a eficiência e a justiça dos procedimentos de resolução de disputas além de possibilitar a prevenção sistêmica de conflitos, e com isso mitigar o surgimento de novas injustiças.[6]

Este artigo tem como objetivo analisar criticamente o uso da tecnologia nos tribunais brasileiros e se ele está realizando uma mera automação de velhas práticas ou uma verdadeira transformação com potencial de ampliar o acesso à justiça, como pretendem as "new new courts"[7]. Trata-se de avaliar de que forma se pode conduzir a chamada "virada tecnológica processual" proposta por Nunes[8], para alcançar objetivos de ampliação de acesso à justiça. Para tanto, primeiro, será apresentado um panorama do acesso à justiça no Brasil e uma avaliação das barreiras que a tecnologia pode ajudar a superar. Em seguida, será trazido o exemplo do caso de sucesso paradigmático do tribunal virtual do Canadá, *Civil Resolution Tribunal*. Por fim, será feita uma comparação dessa experiência com a transformação digital da justiça brasileira, atual e em perspectiva, e os desafios que devem ser enfrentados para o aprimoramento do acesso à justiça.

## 2. ACESSO À JUSTIÇA NA ERA DIGITAL

O acesso à justiça é uma questão complexa e existem várias abordagens para estudá-la. A ideia principal considerada neste artigo é que o acesso à justiça está relacionado à capacidade das pessoas de reivindicar seus direitos e obter uma solução para os problemas de justiça que os afetam. Também se considera a abordagem normativa do acesso à justiça como um direito social garantido constitucionalmente (art. 5º, XXXV, CF) e, neste sentido, a justiça do processo e do resultado, bem como a forma com que o desenho das instituições influencia o acesso à justiça, também devem ser considerados.

6 RABINOVICH-EINY, Orna e KATSH, Ethan. *The new new courts*, 67 American University Law Review, 165, October 2017.

7 As "new new courts" também são denominadas ao longo do texto de tribunais virtuais ou tribunais *on-line*.

8 NUNES, Dierle. *Virada tecnológica no direito processual (da automação à transformação): seria possível adaptar o procedimento pela tecnologia?*, In NUNES, Dierle; LUCON, Paulo Henrique dos Santos, WOLKART, Erik Navarro (org.), "Inteligência artificial e direito processual: os impactos da virada tecnológica no direito processual", Editora Juspodivm, 2020.

O primeiro passo para descobrir como o uso da tecnologia no Poder Judiciário pode melhorar o acesso à justiça é entender as barreiras que as pessoas comuns enfrentam para resolver seus problemas jurídicos. Parte-se do pressuposto de que a demanda judicial representa apenas parte dos problemas jurídicos que ocorrem na sociedade.

Conforme proposto por Felstiner, Abel e Sarat,[9] o surgimento e transformação das disputas na sociedade é um processo complexo, pois as pessoas enfrentam várias barreiras (sociais, econômicas, psicológicas, culturais e assim por diante) para perceber uma experiência como prejudicial. A percepção de uma injustiça (nomear) é o primeiro passo para, potencialmente, transformá-la em uma queixa (imputação) e, finalmente, em uma disputa (reivindicação). Assim, o litígio formal é uma pequena fração dos eventos antecedentes na trajetória de transformação de conflitos em disputas, e é importante notar que esses eventos influenciam a quantidade e o conteúdo dos casos que são direcionados às instituições formais e informais de resolução de disputas. Após a reclamação, o processo de transformação das disputas ainda passa por mais uma etapa, quando as disputas levadas ao Poder Judiciário são finalmente formatadas em termos jurídicos e se transformam em litígio ou demanda judicial.

No Brasil, embora o volume de processos em tramitação seja impressionante (81,4 milhões)[10], eles representam metaforicamente o topo da pirâmide de disputas[11], pois há um grande número de "ausentes" do sistema de justiça devido às dificuldades que os cidadãos enfrentam para nomear, imputar e reivindicar as suas experiências de injustiça. Portanto, é importante analisar quem está ficando fora do sistema, quem está sobrecarregando o sistema e como a tecnologia pode contribuir para uma melhor distribuição da justiça.

---

9 FELSTINER, William L.F.; ABEL, Richard L.; SARAT, Austin. *The emergence and transformation of disputes: naming, blaming, claiming*, Law & Society Review, Vol. 15, No. 3/4, Special Issue on Dispute Processing and Civil Litigation (1980 – 1981), pp. 631-654.

10 Relatório CNJ *Justiça em Números 2023*, p. 96. Disponível em <https://www.cnj.jus.br/wp-content/uploads/2023/09/justica-em-numeros-2023-010923.pdf>. Acesso em 10/13/2023.

11 GALANTER, Marc. *Acesso à justiça em um mundo de capacidade social em expansão*. Tradução: João Eberhardt Francisco, Maria Cecília de Araújo Asperti e Susana Henriques da Costa. Revista Brasileira de Sociologia do Direito, Porto Alegre, ABraSD, v. 2, n. 1, p. 37-49, jan./jun., 2015.

De acordo com o relatório "*Global Insights on Access to Justice – 2019*"[12], que compara dados de mais de 100 países, o Brasil é um país com alto nível de conflituosidade (69% percebem que estiveram em situação de conflito), porém com relativo baixo nível de acesso à justiça, pois menos de 50% das pessoas sabem como obter ajuda para entender ou resolver seus problemas, um número ainda menor tem acesso a algum tipo de auxílio (13%), e apenas 1% direciona seu problema a uma instituição formal (tribunal, órgão governamental ou polícia). Comparando com Portugal, por exemplo, constata-se que, embora Portugal tenha um maior nível de conflituosidade (81%), as pessoas sabem como resolver os seus conflitos (acima de 65%), e efetivamente têm maior acesso a alguma via de resolução de seus problemas (43%).

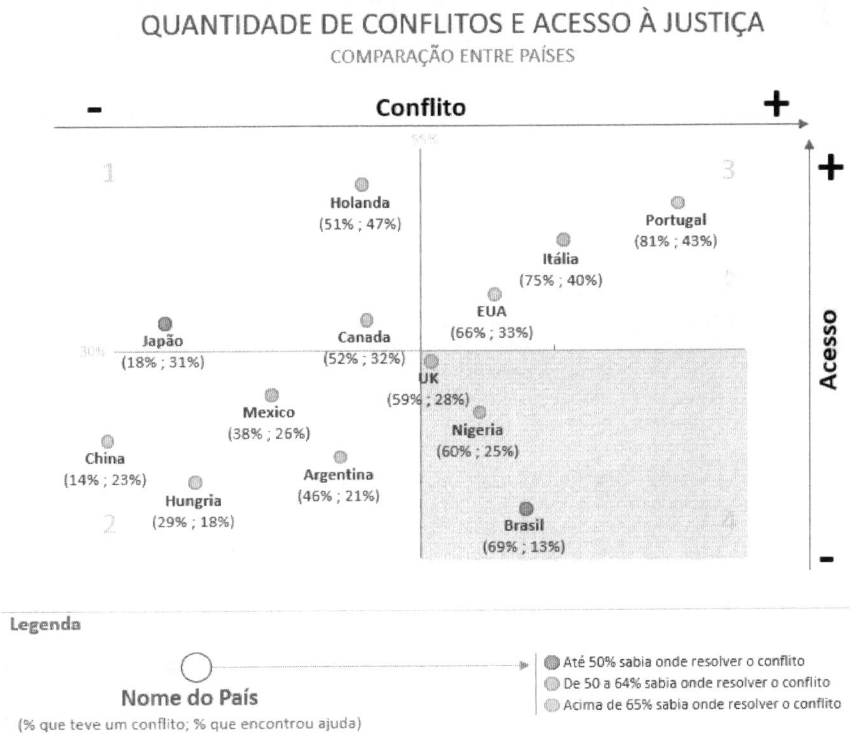


**Fonte:** elaborado pela autora com base nos dados do Relatório "*Global Insights on Access to Justice* – 2019."

12 Este relatório faz parte de um "esforço para coletar dados comparáveis sobre necessidades legais e acesso à justiça civil em escala global, representando as vozes de mais de 100.000

No Brasil, há poucas pesquisas empíricas que permitem entender a transformação dos conflitos em disputas. Aquelas disponíveis mostram que as barreiras de acesso às instituições formais de solução de problemas jurídicos estão relacionadas: *i*) à falta de informação da sociedade em geral sobre seus próprios direitos;[13] *ii*) ao fato de que a assimetria de renda amplia as diferenças nos graus de escolaridade, de moradia, saúde e bem estar que, juntamente às limitações das redes de proteção social, levam às desigualdades cumulativas[14] no acesso à justiça; *iii*) à percepção de que a justiça é lenta, cara e difícil de usar.[15]

Ao observar a taxonomia das partes nos processos judiciais, depara-se com o fato de que aqueles que superam as barreiras relatadas e realizam a transformação do conflito em demanda judicial estão relacionados, em sua grande maioria, ao litígio de massa. Esse tipo de litígio advém das relações de massa que ocorrem na sociedade, e costumam ter questões fáticas e jurídicas semelhantes e são caracterizadas por possuírem partes em desigualdade de poder, o que significa que há um jogador

---

pessoas em 101 países. (...) Apresenta dados sobre como as pessoas comuns em todo o mundo lidam com seus problemas jurídicos diários, destacando os problemas jurídicos mais comuns, a avaliação dos entrevistados sobre sua capacidade jurídica e as fontes de ajuda. O estudo também destaca informações sobre a situação dos problemas das pessoas, o processo de resolução e o impacto dos problemas de justiça em suas vidas." O *World Justice Project* é uma organização independente e multidisciplinar que trabalha para promover o estado de direito em todo o mundo. O Relatório está disponível em https://worldjusticeproject.org/our-work/research-and-data/global-insights-access-justice-2019, acessado em 06/03/2021.

13 A pesquisa sobre Percepção de Justiça no Brasil FGV – ICJ-Brasil 2017 aponta que 92% dos entrevistados declararam não saber ou saber muito pouco sobre direitos.

14 Segundo Sadek: "A desigualdade de renda combinada com graves deficiências nos resultados de políticas públicas visando à garantia de direitos sociais gera uma estrutura social baseada em desigualdades cumulativas. Isto é, um sistema de exclusões alimentado por limitações na rede de proteção social e pela precariedade dos serviços públicos. Assim, as assimetrias de renda se reproduzem e impulsionam as diferenças nos graus de escolaridade, no acesso e qualidade de moradia e na saúde, enfim, em padrões de bem-estar social." SADEK, Maria Tereza. *Acesso à justiça: um direito e seus obstáculos*. Revista USP, n. 101, p. 55-66, 30 maio 2014, p. 59.

15 De acordo com a pesquisa FGV – ICJ-Brasil 2017, as principais barreiras de acesso ao Poder judiciário estão relacionadas à percepção de que a justiça é lenta (81%), cara (81%) e complexa (73%). A pesquisa do PNAD denominada "Características da vitimização e do acesso à justiça no Brasil – 2009", indica que quando as pessoas têm um problema grave, tendem a recorrer aos tribunais (70,2%), e explicam que optam por não recorrer às instituições formais quando podem resolvê-lo informalmente (mediação) e porque entendem que a justiça é muito lenta.

habitual contra um participante eventual, conforme a tipologia sugerida por Galanter.[16]

Os principais litigantes dos tribunais brasileiros, responsáveis por mais de 30% dos casos, são empresas do setor financeiro e de telecomunicações (questões de consumidor) e o Governo (execução fiscal e questões previdenciárias).[17] Assim, há muito acesso para poucos, porém as reformas mais recentes de acesso à justiça no Brasil têm incorporado o discurso de excesso de acesso e equacionado o problema do grande volume de processos por meio da adoção de filtros processuais, mecanismos de julgamento por amostragem e soluções padronizadas e fomento à solução consensual. Há um distanciamento da ideia de justiça redistributiva, que pode ser resgatada por meio da leitura ampliada de acesso à justiça com o emprego da tecnologia, nos tribunais virtuais.

É importante notar que, nas relações de massa, uma cláusula contratual ou defeito do produto, ou uma regra tributária ou previdenciária irregular, afetam um enorme número de pessoas. Poucos casos chegam ao topo da pirâmide de disputas, mas a coleta de dados e a análise dos padrões existentes nesses casos por meio de ferramentas tecnológicas podem demonstrar causas ocultas que originam essas disputas que, se corretamente gerenciadas, podem prevenir novas lesões e, consequentemente, novas disputas, e desta forma mesmo os "ausentes" do sistema judicial, aqueles que nem haviam sido capazes de nomear o conflito, podem se beneficiar.

Desse modo, o esforço em aumentar a eficiência dos tribunais a partir do uso da tecnologia é importante, mas não é suficiente. É necessário reduzir as situações de injustiça, com uma abordagem que vá além da eficiência (de custo, tempo, complexidade) e que tenha o objetivo de prevenção de conflitos, através da criação de mecanismos que contribuam para mitigar as desigualdades existentes entre o jogador habitual e o participante eventual. Susskind propõe que o acesso à justiça não se concentre apenas na resolução de disputas, mas também no que ele denomina de *contenção de disputas, evitação de disputas e promoção da saúde legal,*

16 GALANTER, Marc. Why the "haves" come out ahead: speculations on the limits of legal change. Volume 9:1 Law and Society Review, 1974, Republished, In: Law and Society. Dartmouth, Aldershot: Cotterrell, 1994.

17 Relatório sobre os 100 maiors litigantes no Brasil produzido pelo CNJ em 2012, disponível em: http://www.cnj.jus.br/images/pesquisas-judiciarias/Publicacoes/100_maiores_litigantes.pdf, acessado em 27/02/2021.

que são elementos para a prevenção de disputas. Nesse contexto, a tecnologia desempenha um papel fundamental.[18]

Contenção de disputas significa evitar que as divergências escalem excessivamente, tornando o problema de difícil solução. A ideia é fomentar uma postura mais colaborativa entre os litigantes, advogados e as partes, encorajando sua solução em termos mais pragmáticos e informais, e, principalmente, proporcional ao problema e no melhor interesse das partes. A evitação de disputas está relacionada ao gerenciamento de risco jurídico, ou seja, em tomar precauções que impeçam o surgimento de um problema jurídico. Essa prevenção do conflito, pode se dar de duas formas: por meio do esclarecimento ao cidadão e pela garantia da aplicação da lei. Quando os cidadãos passam a ter uma compreensão mais ampla da lei e maior acesso a recursos legais ocorre um empoderamento que pode retirar as vantagens dos litigantes que usam o sistema a seu favor, contando com a inacessibilidade da outra parte, que são desincentivados a tomar medidas legais precisamente porque a lei e os tribunais são muito caros, complexos ou proibitivos. A promoção da saúde legal vai além da advocacia preventiva para evitar disputas, ela pretende garantir que as pessoas estejam cientes e possam tirar proveito dos muitos benefícios, melhorias e vantagens que a lei pode conferir, mesmo que nenhum problema tenha surgido.[19]

A evitação de disputas e a promoção da saúde legal estão intimamente relacionadas às barreiras de acesso à justiça encontradas em pesquisas brasileiras que apontam que as pessoas têm dificuldade em reconhecer seus direitos e não sabem como obter orientação que as ajude a melhor entender ou resolver seus problemas. Olhando para a taxonomia do litígio formal no Brasil, que tem uma grande porcentagem de casos que envolvem litigantes habituais e eventuais, reduzir as assimetrias na contenção de disputas também é importante para se alcançar a justiça procedimental e de resultados. A tecnologia pode ajudar a promover essa nova mentalidade de prevenção e resolução de conflitos na perspectiva do acesso à justiça.

Os tribunais podem usar a tecnologia para simplesmente reproduzir procedimentos já existentes de forma digital, por exemplo, com a possibilidade de protocolo *on-line*, a gestão informatizada de processos e a

---

18 SUSSKIND, Richard. Op. Cit. (*Tomorrow's lawyers*), pp. 68-95, e SUSSKIND, Richard. Op. Cit. (*Online Courts and the Future of Justice*), pp. 66-70.

19 SUSSKIND, Richard. Op. Cit. (*Tomorrow's lawyers*), pp. 68-95.

utilização de tecnologias *on-line* para melhorar a comunicação entre os sujeitos processuais. Nessa primeira etapa da justiça digital, a tecnologia ainda é um mero instrumento. Projetos mais recentes de tribunais *on-line*, no entanto, incorporam as lições aprendidas com experiências de sucesso das plataformas de Resolução de Disputas *On-line* (ODR)[20] originadas no comércio eletrônico e utilizam a tecnologia como uma "quarta parte"[21], que auxilia ou até mesmo substitui o terceiro neutro, transforma a maneira como os sistemas judiciais operam e melhoram tanto o acesso quanto a justiça.

Nos tribunais *on-line*, a "quarta parte" está assumindo um papel central nas atividades que costumavam ser realizadas por humanos e, o mais importante, há um planejamento cuidadoso do *design* de sistemas de gestão de disputas (*Dispute System Design* – DSD) para aproveitar estrategicamente as ferramentas tecnológicas e a intervenção humana.[22]

20 A ODR surgiu da necessidade de se gerar confiança no ambiente virtual para aprimorar o comércio eletrônico. As ODRs foram desenvolvidas para preencher uma lacuna de acesso à justiça nas relações comerciais que ocorriam na internet entre pessoas geograficamente separadas. Tendo em vista os custos excessivos e a complexidade que implicaria o acesso aos tribunais para a solução de pequenos litígios entre partes situadas em diferentes países, significa que simplesmente não teriam outra alternativa para resolver os seus conflitos. O Centro de Resolução de Disputas do eBay é o caso paradigmático de sucesso de ODR, e resolve mais de 60 milhões de disputas por ano. RULE, Colin. *What we know and need to know about Online Dispute Resolution*, 67 South Carolina Law Review, 329, 2016.

21 O conceito de "quarta parte" em ODR foi criado por Katsh e Rifkin em 2001 quando a indústria de ODR começou a crescer rapidamente: "A "quarta parte" não substitui a terceira, exceto em alguns casos bem definidos, como os sistemas de lances às cegas (*blind bidding*). Mas pode de alguma forma deslocar o terceiro neutro, no sentido de que novas habilidades, conhecimentos e estratégias podem ser necessárias. Pode não ter a mesma influência do terceiro neutro, mas ser um aliado, colaborador e parceiro dele. A "quarta parte" pode assumir responsabilidades por várias comunicações com as partes, e a maneira pela qual as terceiras e quartas partes interagem entre si afetará etapas do procedimento de resolução de disputas." (tradução livre) No original: "The "forth party" does not, except in a few well-defined instances such as blind bidding, *replace* the third party. But it can be considered to displace the third party in the sense that new skills, knowledge, and strategies may be needed by the third party. It may not be coequal in influence to the third party neutral, but it can be an ally, collaborator, and partner. It can assume responsibilities for various communications with the parties, and the manner in which the third and fourth parties interact with each other will affect many parts of the dispute resolution process". KATSH, Ethan e RIFKIN, Janet. *Online Dispute Resolution: resolving conflicts in cyberspace*, San Francisco: Jossey-bass, 2001, p. 94.

22 QUEK ANDERSON, Dorcas. The convergence of ADR and ODR within the courts: The impact on access to justice. (2019). Civil Justice Quarterly. 38, (1), 126-143. Research Collection School Of Law, p. 9.

A aposta é que "os tribunais deixarão de ser instituições que dependem da presença física e geográfica, das tomadas de decisão humana, da resolução de casos individuais como um canal para fazer cumprir e desenvolver a lei; para instituições que dependem cada vez mais da comunicação digital, empregam algoritmos e previnem o surgimento de disputas como um meio de fazer cumprir as normas existentes e estabelecer a necessidade de uma nova lei"[23] (tradução livre), como afirmam Rabinovich-Einy e Katsh.

Os autores apontam três mudanças tecnológicas que podem ajudar os tribunais a aprimorar o acesso à justiça: (1) novas eficiências; (2) maior conveniência e capacidade operacional dos tribunais; e (3) novas possibilidades de justiça por meio de (i) consistência, (ii) redução de assimetrias por meio de opções pré-fixadas, (iii) escolha de idioma, (iv) coleta de dados e subsequente aprendizagem proativa, e (v) *design* processual aprimorado.[24] As duas primeiras mudanças estão relacionadas à redução de custo e complexidade e à celeridade processual, e a terceira está mais ligada à prevenção de disputas e à promoção da saúde legal.

A primeira mudança significa que ao deslocar os procedimentos judiciais do ambiente físico para o virtual contribui-se para a superação das barreiras de tempo e espaço, para a diminuição do custo e para a facilitação do acesso aos tribunais. Assim, a primeira mudança, permite que os cidadãos tenham acesso à justiça a qualquer hora em qualquer lugar, eliminando barreiras físicas (tribunais distantes, edifícios inacessíveis para deficientes físicos, etc.) e reduzindo os custos diretos e indiretos de participação (*e.g.* financeiro, de tempo e emocionais).[25]

A segunda mudança significa que a cada dia os tribunais confiarão mais na tomada de decisão baseada em dados do que na intervenção humana. Os tribunais informatizados reduzem custos e aumentam a capacidade de tratamento das demandas. Além disso, os programadores e os *web designers* podem remodelar os procedimentos, que passam a ser focados na "experiência do usuário-cidadão", e não no usuário-advogado

---

23 No original: "courts will shift from institutions that rely on physical presence and geography; employ human decision-making; and resolve individual cases as a channel for enforcing and developing the law, to ones that increasingly rely on digital communication, employ algorithms, and prevent disputes from arising as a means of enforcing existing norms and establishing the need for new law." Rabinovich-Einy, Orna e Katsh, Ethan. Op Cit., p. 9.

24 Rabinovich-Einy, Orna e Katsh, Ethan. *Op. Cit.*, p. 16.

25 *Ibidem*, p. 16.

ou usuário-juiz, assim, a complexidade dos procedimentos é substituída por um sistema com um *design* fácil de navegar. Desta forma, a segunda mudança contribui para superar as barreiras de acesso relacionadas à capacidade das partes de usar o sistema legal formal.[26]

Por fim, a terceira mudança, disruptiva, está relacionada a uma nova valoração dos dados produzidos durante o processo de resolução de disputas. Os tribunais podem coletar e processar não apenas dados relativos às decisões judiciais, número e tipo de casos. Com o *big data* será possível entender padrões e tendências sobre os litigantes, elementos que geram sucesso e fracasso nas soluções consensuais, a causa raiz dos conflitos, falhas procedimentais e outras informações relevantes que não eram passíveis de identificação antes, sem o uso da tecnologia. Será possível orientar os litigantes eventuais ao longo do procedimento com informações fornecidas em linguagem simples que antes estavam disponíveis apenas para os litigantes habituais que possuem recursos e acesso a especialistas. Além disso, esse novo conhecimento gerado pela tecnologia permitirá um melhor entendimento sobre os conflitos e possíveis ações que possam ser tomadas para prevenir disputas. O uso de algoritmos pode limitar a discrição humana, aumentar a consistência e reduzir vieses.[27]

Desta forma, a tecnologia e o *big data* podem ser utilizados para aperfeiçoar o desempenho dos tribunais no sentido de "melhor resolver as demandas e fazer cumprir as regras existentes, desenvolver a lei e potencialmente prevenir o surgimento de disputas."[28] *Se bem projetados*, os algoritmos podem aprimorar tanto a "justiça" quanto o "acesso", atenuando a necessidade de escolha entre eficiência e justiça típicas das ADR. Assim, a terceira mudança pode melhorar a consistência judicial e produzir resultados justos. No entanto, existem riscos, porque os algoritmos podem ser tendenciosos e opacos, o que significa que esses novos tribunais devem ser constantemente monitorados e os valores éticos devem orientar a construção de seu *design*.[29]

Essas três mudanças apontadas por Rabinovich-Einy e Katsh ajudarão os tribunais *on-line* a cumprir o objetivo de melhorar a distribuição

26 *Ibidem*, p. 17.
27 *Id Ibidem*.
28 *Id Ibidem*.
29 *Ibidem*, p. 18.

do acesso à justiça, caso incorporem os fundamentos dos sistemas ODR, que, em regra, possuem procedimentos escalonados e modulares, customizados às especificidades do tipo de disputa que se pretende resolver. O sistema pode ser projetado inteiramente dentro do tribunal, como a experiência do Tribunal de Resolução Civil (*Civil Resolution Tribunal* – CRT) da Colúmbia Britânica, Canadá, ou como um anexo ao tribunal, como a experiência brasileira de incorporação do Consumidor.gov na plataforma eletrônica do Tribunal de Justiça do Distrito Federal e Territórios (TJDFT). Na próxima seção, será estudado como foi realizada a incorporação dos sistemas de ODR no CRT, e seu impacto na melhoria do acesso à justiça e da integridade do sistema de justiça. Em seguida, será analisada a transformação digital dos tribunais brasileiros, e será investigado como as iniciativas de tribunais virtuais em projeto piloto, ou ainda em construção, podem contribuir para ampliar o acesso à justiça considerando as barreiras relatadas no início desta sessão, levando em conta os "ausentes" do sistema de justiça e a taxonomia das partes no contencioso cível dos tribunais brasileiros.

## 3. REDIMENSIONAMENTO PROCESSUAL DOS TRIBUNAIS VIRTUAIS

A metáfora da justiça multiportas proposta por Sander[30] baseia-se na ideia de que, para cada tipo de conflito, haverá um mecanismo processual mais adequado à sua resolução, que não será necessariamente a decisão proferida por um juiz, e os mecanismos alternativos ainda têm a vantagem de serem mais baratos, mais simples e mais rápidos. Assim, a entrada no fórum pode ser imaginada como uma grande recepção, onde um funcionário ou o próprio juiz dirige o conflito à porta mais adequada, como a negociação, a mediação ou a arbitragem. O surgimento do movimento dos Mecanismos Alternativos de Resolução de Controvérsia (*Alternative Dispute Resolution* – ADR) e a incorporação dos serviços de mediação nos tribunais pressupõem que a justiça pode ser alcançada quando os interesses e necessidades individuais são atendidos, ainda que se afastem de padrões normativos ou de decisões baseadas em direitos.[31]

30 SANDER, Frank. *Varieties of Dispute Processing*, In: WHEELER, Russell and LEVIN, Leo (org.) The Pound Conference: perspectives on justice in the future, Saint Paul: West Publishing Co., 1979.

31 QUEK ANDERSON, Op. Cit., p. 13.
Available at: https://ink.library.smu.edu.sg/sol_research/2842.

Algumas das críticas dirigidas aos mecanismos de ADR são que, embora promovam vias mais simples e rápidas para resolver conflitos, a abordagem baseada em interesses e o princípio da confidencialidade que os regem, acabam por afastar do Poder Judiciário a análise de questões que podem ser de interesse público e contribuir para promover e desenvolver o Estado de Direito.[32] Ademais, a disparidade de poder entre as partes mina a autodeterminação, que é essencial para se chegar a resultados justos em mecanismos de solução consensual,[33] uma vez que os litigantes habituais também possuem vantagens estratégicas nas ADRs.[34] Ademais, o direcionamento obrigatório de determinadas disputas para as ADRs como forma de suprir o acesso à justiça, servem mais ao propósito de desafogar o Judiciário, sem necessariamente fornecer uma solução adequada ao conflito, construindo o que se passou a chamar de "justiça de segunda classe", e apenas aqueles que podem arcar com os investimentos necessários para uma demanda judicial bem-sucedida, teria acesso à solução adjudicada.[35]

Os tribunais virtuais, redimensionam a ideia de justiça multiportas, e incorporam a percepção de que vários mecanismos podem ser usados para resolver disputas, porém, não seletivamente (uma porta para cada tipo de conflito), mas oferecidos de forma escalonada e customizada, o que é possível com o uso de algoritmos e dados, tal como desenvolvido nas plataformas privadas de ODR.[36] Ademais, a noção de acesso à justiça dos tribunais *on-line* inclui a preocupação em conter e prevenir disputas além da resolução com justiça. A arquitetura do sistema é construída de modo a educar as pessoas sobre seus direitos e deveres e, com isso, empoderar os cidadãos, afastar as demandas frívolas e reduzir a assimetria informacional entre partes desiguais. O objetivo é garantir o equilíbrio entre eficiência e justiça, que nem sempre era alcançado nas ADRs, e assim promover o *acesso* e a *justiça*.

A nova abordagem processual dos tribunais virtuais é que uma determinada disputa não está mais correlacionada a um determinado meio de solução, e o procedimento é organizado de modo que as disputas passem

32 FISS, Owen. *Against Settlement*. 93 Yale L.J. 1073, 1984.

33 FISS, Owen. *Against Settlement*. 93 Yale L.J. 1073, 1984.

34 MENKEL-MEADOW, Carrie. *Do the haves come out ahead in alternative justice systems? Repeat players in ADR*, 15 Ohio St. J. Disp. Res. 1999.

35 GALANTER, Marc. 2015. *Op cit.*, p. 37-49.

36 QUEK ANDERSON, Op. Cit., p. 140.

por diferentes procedimentos em fases. A sequência é deliberadamente colocada de forma a enfatizar a evitação da disputa, caminhando para sua contenção por meio de mecanismos consensuais e, por fim, sua solução. A utilização da mediação obrigatória somente após a judicialização do conflito, como ocorre na maioria dos tribunais hoje, ou seja, a mediação como complemento ao processo judicial, não permeia e transforma a mentalidade contraditória ou contenciosa do processo judicial. Assim, a incorporação dos sistemas de ODR no Judiciário parece trazer uma mudança substancial na forma de conduzir o cidadão no processo de resolução de conflitos. A transformação da justiça em um sistema de ODR traz uma mudança sistêmica substancial, pois traz os mecanismos ADR/ODR da periferia para o núcleo do sistema processual, com a filosofia subjacente a esses mecanismos de prevenção de disputas e de solução consensual precoce evitando a escalada do conflito.[37]

Como afirma Salles,[38] o objeto primário da investigação do processualista deixa de ser as regras do processo e passa a ser a análise de um campo específico da realidade jurídica e social para que se consiga determinar a melhor resposta processual possível. Abre-se ao processualista uma gama de oportunidades para o desenho de mecanismos de solução de disputas voltados para as necessidades do usuário do sistema de justiça, o que tem ocorrido principalmente na estruturação dos tribunais virtuais, que devem ser adequados ao contexto e às características dos conflitos e das partes envolvidas nos casos sob sua competência.

O *Civil Resolution Tribunal* – CRT, da Colúmbia Britânica, é um aclamado caso de sucesso. Ele foi o primeiro tribunal virtual do Canadá e nasceu como um projeto piloto de expansão da experiência anterior de uso de ODR realizado pela instituição de proteção do consumidor *Consumer Protection BC*, com a realização de negociação *on-line* entre consumidores e fornecedores, e pelo tribunal administrativo *Property Assessment Appeal Board*, para resolução de questões de propriedade residencial, ambos baseados no sistema Modria[39] de resolução de dispu-

37 *Ibidem*.

38 SALLES, Carlos Alberto. *Arbitragem em Contratos Administrativos*, Rio de Janeiro: Forense, 2011, p. 27.

39 Com a expertise adquirida no Centro de Resolução de disputas do eBay, Colin Rule se desligou da empresa em 2011 para fundar a Modria e expandir a solução de conflitos *on-line* para além do comércio eletrônico, por meio da customização do procedimento e das

tas.[40] Em 2012 foi editado o *Civil Resolution Tribunal Act* (CRTA), que instituiu o CRT com competência para resolver pequenas causas e questões condominiais. Essa competência passou a ser exclusiva[41] a partir de 2015, quando houve também ampliação de seu escopo. Atualmente o CRT possui competência exclusiva para resolver pequenas causas cíveis de até cinco mil dólares canadenses, questões condominiais independentemente do valor, danos decorrentes de acidentes de carro, incluindo seguro e danos pessoais de até cinquenta mil dólares canadenses e disputas relacionadas a sociedades e associações cooperativas.

O que motivou a criação do CRT foi a vontade de se estabelecer uma maneira inovadora de distribuição de justiça que tivesse o cidadão em primeiro lugar. Uma grande barreira de acesso à justiça no Canadá é o custo da justiça[42], o que leva a um grande número de processos iniciados por litigantes desacompanhados de advogado (*pro se litigation*), e uma alta taxa de abandono do processo ao longo do caminho. Assim, o empoderamento dos cidadãos para que se tornem participantes engajados do sistema de justiça foi o norte do projeto.

É importante ressaltar que houve um intenso trabalho de planejamento, desenvolvimento e testes antes do lançamento do CRT, e ocorre um constante monitoramento por meio de feedbacks dos usuários e de todos os atores envolvidos, que são cuidadosamente analisados e incorporados a fim de aprimorar o sistema. A plataforma pode ser acessada por meio de dispositivos móveis e os procedimentos foram formatados para incorporar apenas as regras processuais realmente relevantes e quando necessárias para o caso, evitando sobrecarregar as partes com regras inaplicáveis ao seu problema.[43]



---

ferramentas para diversos tipos de controvérsias. Trata-se de um procedimento modular e escalonado que pode ser adaptado para cada tipo de problema que pretende resolver.

40 THOMPSON, Darin. The Online Justice Experience in British Columbia, publicado em SCL Tech Law for Everyone, disponível em https://www.scl.org/articles/3784-the-online-justice-experience-in-britishcolumbia, acessado em 18/03/2021.

41 Para que a tecnologia não se tornasse uma barreira de acesso, o CRT possui exceções para o procedimento 100% *on-line*, e aqueles que quiserem podem ingressar com a ação em papel e faz atendimentos telefônicos, inclusive na fase de facilitação pelo *case manager*.

42 O custo de um processo cível que tenha até dois dias de audiência no tribunal, custa em média CN$ 18.805. Disponível em https://www.canadianlawyermag.com/surveys-reports/legal-fees/fees-rising-before-downturn-2020-legal-fees-survey/329033, acessado em 19/03/21.

43 SALTER, Shannon. *Online Dispute Resolution and justice system integration: British Columbia's Civil Resolution Tribunal*, (2017) 34 Windsor Y B Access Just 112-129, p. 122.

O procedimento do CRT é dividido em quatro etapas, e na página inicial do CRT já existe uma explicação prévia de todas elas para que as pessoas consigam entender o procedimento como um todo.

A primeira etapa é de diagnóstico, e pode ser acessada gratuitamente por qualquer pessoa. Nela é utilizada uma ferramenta denominada de *Solution Explorer* que é estruturada com perguntas e respostas que auxilia os cidadãos a entenderem melhor o seu problema, e os diversos caminhos que podem ser tomados para sua solução. São fornecidos, por exemplo, dicas de negociação e *templates* de cartas para que a pessoa possa organizar as informações e notificar a outra parte do problema antes mesmo de iniciar qualquer reclamação formal contra ela; são informadas possibilidades de solução contratuais, como sistemas de *cash back* oferecidos por empresas de cartão de crédito; são fornecidas informações sobre as decisões anteriores do CRT sobre o mesmo assunto, dentre outros.

A segunda etapa é de negociação direta entre as partes. A pessoa preenche um formulário com as informações necessárias, sendo aproveitadas todas aquelas já inseridas anteriormente no *Solution Explorer*.[44] A conversa entre as partes é feita por meio de ferramentas automatizadas de negociação, que modulam a linguagem com o uso de *templates* e menus de opções, e destacam possíveis soluções.[45]

Caso não se chegue a uma solução negociada, inicia-se a terceira etapa, que conta com a intervenção humana de um facilitador, que é denominado de *case manager*. Sua função é auxiliar as partes a encontrarem uma solução por elas mesmas, mas também pode realizar uma avaliação neutra não vinculante, bem como pode fornecer opinião sobre como o caso provavelmente seria resolvido caso fosse direcionado à fase adjudicatória do CRT ou à corte, recomendando uma solução, que pode ou não ser aceita pelas partes.[46]

Por fim, caso não se alcance uma solução consensual, o caso é direcionado para a fase final decisória. Nesta última etapa um membro do CRT proferirá uma decisão após analisar os argumentos das partes e as

44 SALTER, *Ibidem*, p. 122.

45 Rabinovich-Einy, Orna e Katsh, Ethan. *Op Cit.*, p. 11.

46 Parte 4, da Divisão 2.27 a 2.30 do CIVIL RESOLUTION TRIBUNAL ACT/2012, disponível em https://www.bclaws.ca/civix/document/id/complete/statreg/12025_01#section25, acessado em 08/09/2020.

provas apresentadas. Essa decisão pode ser oral ou escrita, deve ser motivada e tem força de título executivo judicial.[47]

De acordo com os Relatórios Anuais do CRT[48], o número de usuários do sistema aumenta a cada ano, já tendo completado mais de 223 mil acessos e mais de 33 mil reclamações formais desde a sua implementação.

Quanto ao resultado dos processos, observa-se que o número de reclamações resolvidas por meios consensuais é consistentemente maior do que o número das que necessitam de uma decisão final impositiva. Essa diferença está ampliando com o passar do tempo. Como se vê no gráfico abaixo, observa-se que o crescimento da solução consensual é quase cinco vezes maior do que o da solução adjudicada, crescendo 14 pontos percentuais no período, enquanto a adjudicada cresceu apenas 3 pontos.[49]

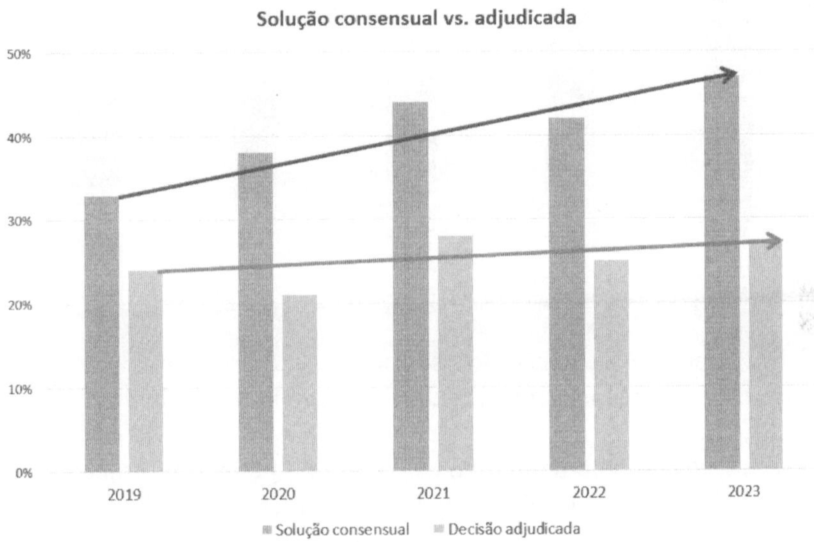


**Fonte:** Elaborado pela autora com base nos relatórios anuais do CRT.

47 Parte 5, da Divisão 2 do CIVIL RESOLUTION TRIBUNAL ACT/2012, disponível em https://www.bclaws.ca/civix/document/id/complete/statreg/12025_01#section25, acessado em 08/09/2020.

48 Disponível em https://civilresolutionbc.ca/about-the-crt/reports-and-publications/, acessado em 30/10/2023.

49 O tribunal classifica os resultados das disputas da seguinte forma: a) solução consensual, b) solução final adjudicada, c) CRT se recusa a aceitar por incompetência, d) decisão à revelia, e) CRT se recusa a julgar por falta de conformidade com as normas do CRT.

Chama a atenção o alto número de decisões à revelia (*default decisions*), que ocorrem quando o reclamado não preenche o formulário de resposta à notificação inicial. O Tribunal tem eivado esforços a fim de reduzir esse número e, como se vê no gráfico abaixo, os esforços despendidos estão sendo efetivos. Esse é um indicador importante da justiça procedimental, pois o contraditório é fundamental para um processo justo. Entender os motivos do alto índice de revelia é uma das preocupações do tribunal.

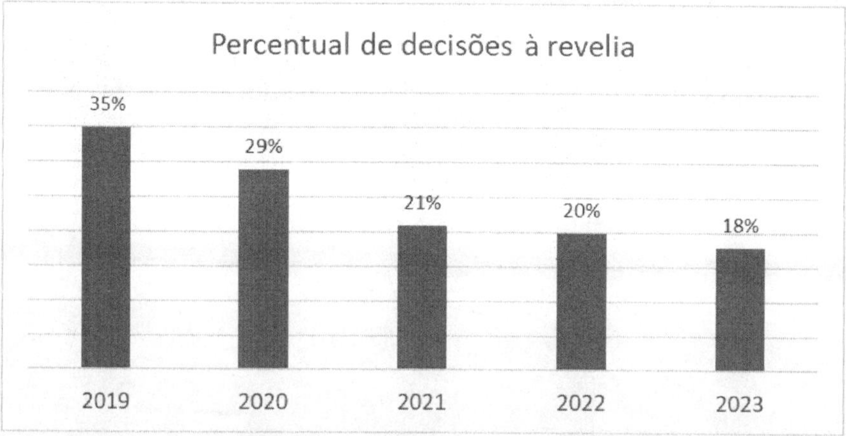


**Fonte:** elaborado pela autora com base nos relatórios anuais do CRT.

Em relação à satisfação do usuário, as pesquisas mostram que, em média, o CRT tem consistentemente alcançado bons resultados, ao redor de 80%, como se vê no gráfico abaixo. O relatório de 2023 aponta que 78% dos usuários recomendam o uso do CRT. Quanto à educação jurídica e complexidade procedimental, 84% entendem que a plataforma fornece informações que preparam as partes para a solução do problema, cerca de 82% afirmam que o processo e os serviços do CRT possuem boa usabilidade. Quanto à percepção de justiça procedimental, 91% sentem que foram tratados profissionalmente pelos servidores e 84% entendem que foram tratados com justiça ao longo do procedimento. Quanto ao tempo do procedimento, 67% dos usuários afirmaram que seu caso foi resolvido em tempo hábil. Este é um índice que tem sido acompanhado de perto pelo tribunal como oportunidade de melhoria.

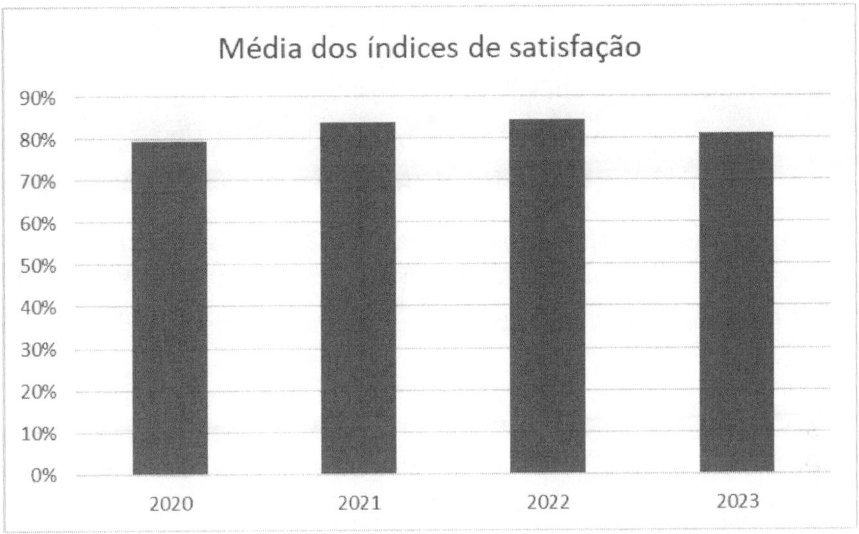


**Fonte:** elaborado pela autora com base nos relatórios anuais do CRT.

Por fim, é importante relatar que diversas medidas foram tomadas para que o acesso ao tribunal fosse o mais amplo possível. Em termos de custo financeiro, a primeira etapa do procedimento é gratuita, e para continuar no processo com isenção de taxas, basta preencher um formulário simples, e muitas vezes não é nem necessário juntar documentos para ter a isenção aprovada. Ademais, as taxas são escalonadas de acordo com o uso dos serviços, assim, quem chega a um acordo na fase de negociação, não paga os custos da mediação. Para o réu que preencha sua defesa *on-line*, tampouco é cobrada a taxa. Ademais, como o sistema é *on-line* e focado na autorrepresentação jurídica, não há custos de locomoção e nem de honorários advocatícios.

No Relatório de 2023, consta uma pesquisa demográfica dos usuários do tribunal. Constatou-se que o perfil dos usuários é mais urbano, com alta escolaridade e que possuem o inglês como primeiro idioma. A fim de tornar o sistema mais inclusivo, medidas estão sendo tomadas para que as informações estejam disponíveis em outros idiomas, em formato *mobile* e que atendam os interesses dos povos indígenas, por meio do chamado Plano de Reconciliação.

Assim, os dados apontam para o sucesso do modelo de tribunal virtual adotado pelo CRT, na superação da barreira de acesso à justiça a que se propôs, pois utiliza tecnologia centrada no ser humano e fornece um procedimento de resolução de disputas acessível, rápido, econômico, informal e flexível, com grande empoderamento do cidadão, como originalmente concebido em seu ato de constituição (CRTA).

## 4. TRIBUNAIS VIRTUAIS NO BRASIL

O uso da tecnologia pelos tribunais brasileiros não é nenhuma novidade, porém a maior parte da informatização do processo vem sendo baseado na reprodução *on-line* do que já era realizado, de forma *off-line*, no processo tradicional.

O Conselho Nacional da Justiça, CNJ, tem emitido uma série de resoluções e portarias voltadas à governança dos dados e do uso da tecnologia nos tribunais. Duas resoluções são especialmente relevantes para o tema deste artigo, a Resolução CNJ nº 345/20 que institui o Juízo 100% digital e a Resolução nº 358/20 que instituiu o SIREC – Sistema Informatizado para a Resolução de Conflitos por meio da Conciliação e Mediação.

Interessante notar que o primeiro motivo ("considerando") apontado pelo CNJ para autorizar o "Juízo 100% digital" foi a atribuição que o Poder Judiciário tem de implementar mecanismos que concretizem o princípio constitucional de amplo acesso à Justiça (art. 5º, XXXV, da Constituição Federal). Junto deste primeiro motivo, estão as considerações de que a tramitação de processos em meio eletrônico promove o aumento da celeridade e da eficiência da prestação jurisdicional e que existe a necessidade de racionalização da utilização de recursos orçamentários pelos órgãos do Poder Judiciário.[50] Assim, o conceito de aces-

50 Motivos da edição da Resolução CNJ nº 345/20: "CONSIDERANDO que cabe ao Poder Judiciário implementar mecanismos que concretizem o princípio constitucional de amplo acesso à Justiça (art. 5º, XXXV, da Constituição Federal); CONSIDERANDO as diretrizes da Lei nº 11.419/2006, que dispõe sobre a informatização do processo judicial e dá outras providências; CONSIDERANDO que o art. 18 da Lei nº 11.419/2006 autoriza os órgãos do Poder Judiciário a regulamentarem a informatização do processo judicial; CONSIDERANDO que a tramitação de processos em meio eletrônico promove o aumento da celeridade e da eficiência da prestação jurisdicional; CONSIDERANDO a necessidade de racionalização da utilização de recursos orçamentários pelos órgãos do Poder Judiciário; CONSIDERANDO que o Conselho Nacional de Justiça detém atribuição para regulamentar a prática de atos processuais por meio eletrônico, nos termos do art. 196 do Código de Processo Civil; CONSIDERANDO as diretrizes contidas na Resolução CNJ nº 185/2013, que instituiu o Processo Judicial Eletrônico (PJe) como sistema informatizado de processo judicial no Poder Judiciário; CONSIDERANDO as atribuições do Conselho Nacional de Justiça, previstas no art. 103-B, § 4º, da Constituição Federal, especialmente no que concerne ao contro-

so à justiça trazido na Resolução incorpora elementos de eficiência e celeridade como valor central, o que é bastante positivo, porém insuficiente para ampliar o acesso à Justiça e resgatar o cidadão como centro do processo, com enfoque em seus interesses e no desenvolvimento de um engajamento mais ativo, como proposto pelo CRT e que contribui para a promoção do "processualismo constitucional democrático", defendido por Nunes, Bahia e Pedron.[51]

Como a escolha pelo juízo 100% digital é facultativa, tanto ao demandante quanto ao demandado, parece que haverá um filtro natural que direcionará apenas os processos que já não necessitam de atos presenciais, ou que seja possível sua substituição pelo equivalente digital, como a realização de audiências por videoconferência, para esse juízo. Desta forma, ainda que seja um normativo que fomente o uso da tecnologia no processo, não traz elementos que possam fundamentar a transformação digital do acesso à justiça.

A Resolução nº 358/20, diversamente, traz dispositivos que apontam para a possibilidade de criação de tribunais virtuais que incorporem as lições aprendidas nos sistemas de ODR, as "new new courts." A Resolução regulamenta a criação de soluções tecnológicas para a resolução de conflitos pelo Poder Judiciário por meio da conciliação e mediação. Ela sugere o acréscimo da etapa procedimental da negociação entre as partes, e tem como ponto central a valorização dos dados, estabelecendo regramento acerca da coleta, armazenamento, segurança e tratamento dos dados, além da possibilidade de acoplamento de serviços modulares e geração de relatórios que poderão ser utilizados de forma estratégica.

A Fundação Getúlio Vargas realizou uma pesquisa em 2023 a fim de aferir os avanços dos tribunais na implementação da Resolução CNJ



le da atuação administrativa e financeira e à coordenação do planejamento estratégico do Poder Judiciário, inclusive na área de tecnologia da informação; CONSIDERANDO as mudanças introduzidas nas relações e nos processos de trabalho em virtude do fenômeno da transformação digital; CONSIDERANDO a decisão plenária tomada no julgamento do Ato Normativo nº 0007913-62.2020.2.00.0000, na 319ª Sessão Ordinária, realizada em 6 de outubro de 2020." Disponível em https://atos.cnj.jus.br/atos/detalhar/3512, acessado em 18/03/21.

51 NUNES, Dierle; BAHIA, Alexandre; PEDRON, Flávio. Teoria Geral do processo. Salvador: Juspodivm, 2020. p. 122-126.

nº 358/20.[52] A resolução determina a implantação do SIREC pelos tribunais brasileiros em 18 meses a contar de sua publicação, com exclusão dos trabalhistas, eleitorais e militares. Responderam à pesquisa 16 de 27 Tribunais de Justiça, 11 de 24 Tribunais Regionais do Trabalho e 6 de 6 Tribunais Regionais Federais.

De acordo com os resultados, apenas um tribunal informa que possui o SIREC, 17 que possuem outro sistema ou ferramentas que atendem parcialmente os requisitos da Resolução e 17 afirmam que não possuem. Apenas dois tribunais utilizam modelos de inteligência artificial para aferir probabilidade de acordo e organizar a pauta, e os demais tribunais utilizam plataformas próprias ou já existentes (WhatsApp, Zoom, etc.) para que as sessões de mediação ou conciliação possam ser realizadas remotamente, e em alguns casos ocorre a automação do agendamento das sessões. Apenas seis tribunais fazem coleta detalhada de dados e nenhum deles mencionou a possibilidade de negociação direta entre as partes.

Portanto, observa-se que, apesar de haver avanços, ainda é baixa a implementação do SIREC e que, em geral, o foco ainda está na reprodução digital do que se fazia presencialmente e na melhoria da eficiência na gestão dos processos. Dentre as dificuldades apontadas destacam-se a insuficiência de investimento e a infraestrutura tecnológica, bem como resistência de usuários internos e externo.

Desde 2010 com a Resolução CNJ nº 125/10 existe uma tentativa de fomento aos meios consensuais de resolução de conflito com o discurso de adequação de meios. Na prática, no entanto, falta aderência à consensualidade. Apesar do número de Centros Judiciários de Solução Consensual de Conflitos – CEJUSCs – ter quase quadruplicado desde 2015, o índice de conciliação se mantém estável, ao redor de 12%, com uma pequena queda nos últimos dois anos, o que demonstra baixa adesão a esses mecanismos de solução de conflito, ao menos quando desenvolvido dentro da estrutura do Poder Judiciário.

52 Fundação Getúlio Vargas. *Online Dispute Resolution*: um estudo à luz da Resolução n. 358 do CNJ, Agosto/2023.

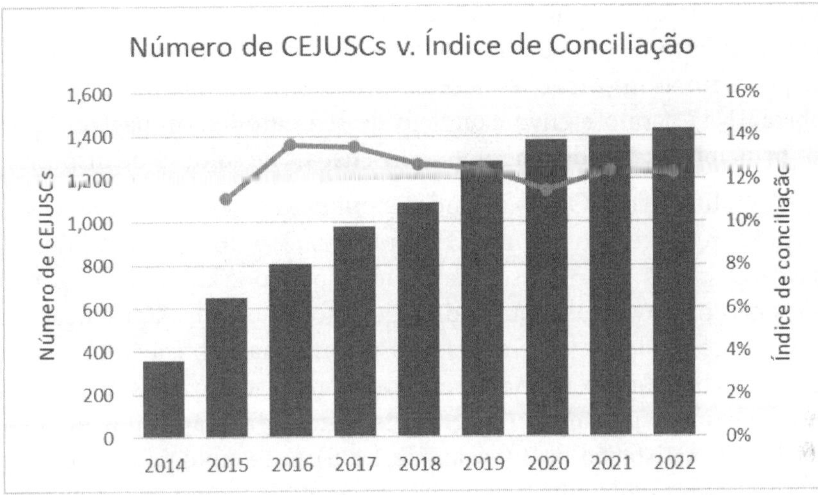


**Fonte:** elaborado pela autora com base nos relatórios do CNJ Justiça em Números.

Pesquisas[53] apontam pistas dos motivos pelos quais os resultados da política de conciliação na justiça brasileira não são bons. Existe um déficit de justiça procedimental e de resultado no atual arranjo normativo processual que pautam as agendas de conciliação na justiça, em especial relativo à participação efetiva entre partes desiguais. Como afirmam Nunes e Paolinelli, na prática acaba ocorrendo a cooptação da política de acordos nos tribunais por diretrizes retóricas de eficiência neoliberal, e o estabelecimento de "metas" retira o foco da decisão adequada ao conflito e o direciona à discricionariedade gerencial do tribunal com base em argumentos de custo e tempo a despeito da redução de controle das partes.[54] A solução consensual judicial envolvendo conflitos de massa são comumente tratados em "mutirões" e pautas concentradas, o

53 ASPERTI, Maria Cecília de Araujo. Meios consensuais de resolução de disputas repetitivas: a conciliação, a mediação e os grandes litigantes do Judiciário. Dissertação de Mestrado apresentada na Faculdade de Direito da Universidade de São Paulo, 2014, pp. 138-166; OSTIA, Paulo Henrique Raiol. Conciliação e acesso à justiça: um estudo qualitativo dos Centros Judiciários de Solução de Conflitos e Cidadania, Tese de Doutorado apresentada na Faculdade de Direito da Universidade de São Paulo, 2018, p. 215 e CNJ Justiça Pesquisa, Mediação e conciliação avaliadas empiricamente: jurimetria para proposição de ações eficientes, 2019, p. 145.

54 NUNES, Dierle e PAOLINELLI, Camilla. Acesso à justiça e tecnologia: minerando escolhas políticas e customizando novos desenhos para a gestão e solução de disputas no sistema brasileiro de justiça civil, Estudos em homenagem ao Professor Marc Galanter. YARSHELL, Flávio Luiz; COSTA, Susana Henriques da; FRANCO, Marcelo Veiga (Coord.). 2021, no prelo.

que beneficia os litigantes habituais que exercem grande influência no gerenciamento desses conflitos e que os litigantes eventuais nem sempre possuem as informações necessárias do procedimento e nas normas substantivas para o efetivo exercício de sua autodeterminação[55], que é um princípio basilar dos métodos consensuais de solução de disputas.

A realidade das ODRs privadas e públicas é bem diferente. O caso de maior repercussão de uma ODR privada, é o do Centro de Resolução de Disputas da empresa eBay, que resolve por ano mais de 60 milhões de controvérsias, com índice de resolução sem intervenção humana de cerca de 90%.[56] No Brasil, a plataforma pública Consumidor.gov.br também apresenta bons resultados, resolvendo mais de 1 milhão de reclamações por ano, com grau de solubilidade ao redor de 80%[57] e índice de satisfação de 3 (escala de 1 a 5). A tecnologia empregada é simples, porém eficiente e capaz de gerar dados abertos que influenciam a reputação das empresas e, com isso, seu comportamento. Pode ser, portanto, considerada tecnologia persuasiva.[58]

Claro que a empresa privada, ao fornecer esse tipo de serviço ao seu cliente, tem como objetivo desenvolver um diferencial competitivo e fomentar o engajamento em seu negócio, e as ferramentas tecnológicas utilizadas serão naturalmente direcionadas a alcançar esse propósito. A ampliação do acesso à justiça, portanto, acaba sendo uma consequência necessária.[59]

---

55 Sobre autonomia das partes nas mediações anexas aos tribunais, ver: WELSH, Nancy. The thinning vision of self-determination in court-connected mediation: the inevitable price of institutionalization? Review, Cambridge, US, v. 6, p. 1-96, 2001. p. 4-27 Harvard Negotiation Law; e MNOOKIN, Robert H.; KORNHAUSER, Lewis. Bargaining in the shadow of the law: the case of divorce. The Yale Law Journal, New Haven, v. 88, n. 5, p. 950-997, Apr. 1979. p. 968.

56 SCHMITZ, Amy e RULE, Coin. *The New Handshake: Online Dispute Resolution and the Future of Consumer Protection*, American Bar Association. Kindle Edition, 2017. Localização 800-847.

57 Quanto ao grau de solubilidade, oficialmente, ele gira em torno de 80%, entretanto, existe uma nota metodológica que considera as reclamações não respondidas, que são cerca de 40%, como resolvidas. Assim, as reclamações respondidas como resolvidas são cerca de 40% e as respondidas como não resolvidas são cerca de 20%. Ainda que se considere apenas as respondidas, pode-se dizer que a plataforma tem alcançado resultados bastante satisfatórios.

58 Dados do Consumidor em Números 2020, disponível em https://www.gov.br/mj/pt-br/assuntos/noticias/secretaria-nacional-do-consumidor-apresenta-dados-consolidados-de-reclamacoes-de-consumo-em-2020/Consumidoremnumeros2020.pptx, acessado em 19/03/21.

59 AMSLER, Lisa; MARTINEZ, Janet; SMITH, Stephanie. *Dispute System Design*. Stanford University Press. Kindle Edition, 2020.

Já o Consumidor.gov.br é um serviço oferecido pela Secretaria Nacional do Consumidor (SENACON) fundamentado nos princípios da transparência e controle social, que pretende incentivar a competitividade no mercado para melhoria na qualidade de prestação de serviços, produtos e atendimento ao consumidor, bem como gerar dados para o aprimoramento de políticas públicas de defesa do consumidor. Portanto, seu escopo é público e há uma real preocupação em oferecer mais um caminho de acesso à justiça, seja pela resolução dos conflitos seja pela prevenção baseada em dados que mostram a origem dos conflitos, e assim a SENACON pode utilizar seu poder de polícia para coibir abusos que causam lesões em massa, no exercício de suas funções de proteção ao consumidor.[60]

Finalmente, o CRT, como visto anteriormente, é um tribunal com desenho de sistema de ODR que possui o objetivo explícito de ampliar o acesso à justiça por meio da superação das barreiras de custo e de falta de conhecimento jurídico das partes auto representadas, também alcançou resultados bastante satisfatórios.

Dessa mesma forma, o SIREC pode trazer esse sucesso das ODRs para dentro do Poder Judiciário, caso o desenho do sistema seja aderente à ideia de acesso à justiça digital trazida na primeira sessão deste



60 As notícias do uso dos dados coletados pela SENACON para eliminar a origem dos conflitos são um bom indício de que se está caminhando na direção da ampliação do acesso pela prevenção, ex.: "A Secretaria Nacional do Consumidor do Ministério da Justiça e Segurança Pública (Senacon/MJSP), notificou as companhias aéreas brasileiras Gol, Latam, Azul e Passaredo para que no prazo de dez dias, prestem esclarecimentos sobre a observância dos deveres relativos à proteção do consumidor. De acordo com a Secretaria Nacional do Consumidor, a medida decorre do significativo aumento no número de reclamações em relação ao mesmo período do ano passado.
De acordo com dados aferidos pelo Sistema Nacional de Informações de Defesa do Consumidor, em 2019 foram registradas 6.631 reclamações contra 10.250, em 2020. A plataforma Consumidor.gov.br verificou aumento de cerca de 40% no índice de reclamações relacionadas ao setor aéreo em comparação ao mesmo período do ano passado. "A situação havia melhorado muito com a assinatura do termo de ajuste de conduta envolvendo as empresas área brasileiras, mas aumentaram as queixas sobre o descumprimento do acordo, com novos cancelamentos e dificuldades dos consumidores para acessar os canais de atendimento (SACs)", afirma a Secretária Nacional do Consumidor, Juliana Domingues." https://www.gov.br/mj/pt-br/assuntos/noticias/secretaria-nacional-do-consumidor-notifica-quatro-empresas-do-setor-aereo-diante-aumento-de-reclamacoes#:~:text=aumento%20de%20reclama%C3%A7%C3%B5es-,Secretaria%20Nacional%20do%20Consumidor%20notifica%20quatro%20empresas,a%C3%A9reo%20diante%20aumento%20de%20reclama%C3%A7%C3%B5es&text=De%20acordo%20com%20dados%20aferidos,reclama%C3%A7%C3%B5es%20contra%2010.250%2C%20em%202020.

artigo, indo além da mera busca pela eficiência e focando na contenção de disputas, evitação de disputas e promoção da saúde legal. Nos "considerandos"[61] da Resolução CNJ nº 358/20 mais uma vez é possível observar a relação necessária que se faz entre o uso da tecnologia no processo como forma de gerar celeridade e com isso efetivar o acesso à justiça. Fica, portanto, o alerta da necessidade de se realizar a mudança de mentalidade para que a tecnologia não seja instrumento apenas da eficiência, e que as soluções tecnológicas sejam trazidas para transformar o modo de ser do processo a fim de transpor as barreiras de acesso constatadas no Brasil e alcançar melhor redistribuição da justiça.

Digno de nota que há diversas iniciativas sendo desenvolvidas pelos Tribunais brasileiros que utilizam sistemas computacionais com poder de processamento do *big data* jurídico que é produzido diariamente. Um levantamento da Fundação Getulio Vargas – FGV[62], identificou ao menos 64 projetos em andamento nos tribunais com uso de inteligência artificial. Grande parte desses projetos visam a otimização de tarefas repetitivas, mas alguns já são voltadas ao entendimento dos gargalos processuais a fim de eliminar ou automatizar esses nós, o que pode ser um caminho de customização de procedimentos como ocorre nas ODRs.

---

61 Motivos para a edição da Resolução CNJ nº 358/20: "CONSIDERANDO as disposições do art. 6º, X, da Resolução CNJ nº 125/2010; CONSIDERANDO as diretrizes contidas nos arts. 165 a 175 da Lei nº 13.105/2015 (CPC) e da Lei nº 13.140/2015, que dispõe sobre mediação e conciliação de conflitos e autoriza a sua resolução; CONSIDERANDO os benefícios advindos da substituição da tramitação de autos em meio físico pelo meio eletrônico, como instrumento de celeridade e qualidade da prestação jurisdicional; CONSIDERANDO que a resolução de conflitos por meio da conciliação e mediação permite alternativa mais célere ao processo judicial, com a mesma segurança jurídica, sendo medida de efetividade do acesso à justiça; CONSIDERANDO as vantagens advindas da adoção de instrumentos tecnológicos que permitam a adequação do funcionamento do Poder Judiciário para efetividade da resolução de conflitos; CONSIDERANDO as disposições da Lei nº 13.709/2018, relativamente à proteção de dados pessoais e transferência de dados; CONSIDERANDO a instituição da Plataforma Digital do Poder Judiciário Brasileiro (PDPJ), nos termos preconizados pela Resolução CNJ nº 335/2020; CONSIDERANDO os Objetivos de Desenvolvimento Sustentável (ODS) da Agenda 2030, das Nações Unidas, e a sua incorporação à Estratégia Nacional do Judiciário, por meio da Resolução CNJ nº 325/2020; CONSIDERANDO a decisão plenária tomada no julgamento do Ato Normativo nº 0008554-50.2020.2.00.0000, na 322ª Sessão Ordinária, realizada em 24 de novembro de 2020." Disponível em https://atos.cnj.jus.br/atos/detalhar/3604, acessado em 18/03/21.

62 Pesquisa denominada "Inteligência Artificial: tecnologia aplicada à gestão dos conflitos do âmbito do Poder Judiciário Brasileiro", publicada em 2020. Disponível em https://ciapj.fgv.br/sites/ciapj.fgv.br/files/estudos_e_pesquisas_ia_1afase.pdf, acessado em 27/01/2021.

Um exemplo é o projeto Hórus do TJDFT e o projeto ELIS do TJPE, que utilizam inteligência artificial para automatizar atos processuais das execuções fiscais, como a triagem e classificação dos processos, saneamento de inconsistências nas bases de dados de processos físicos digitalizados, busca de bens de devedores que podem ser penhorados e contas em bancos que possam ser bloqueadas.

Também já existem projetos voltados à otimização de atendimento aos advogados e ao público por meio de *chatbots*.[63] Por exemplo, o Projeto Atendente Virtual do TRF2, que pode ser usado no *Whatsapp* e automatiza tarefas repetitivas, como dúvidas frequentes na forma de diálogo pré-definido entre o *bot* e o usuário; o Projeto Queixa Cidadã do TJ/BA, que realiza a identificação do requerente na abertura da queixa, presta informações sobre documentação necessária e padroniza a queixa; o Projeto LIA do TRT12, que é a atendente virtual do tribunal que presta informações sobre consulta processual em linguagem coloquial para fácil entendimento do público; e o projeto JUDI no TJ/SP, que fornece informações jurídicas sobre o direito material, a competência e o procedimento dos juizados especiais, bem como de outros meios de solução de conflitos.

Estes projetos parecem estar mais voltados à construção dos sistemas de ODR na justiça, pois tem foco no cidadão a fim de promover a saúde legal, bem como começam a fornecer informações necessárias para reduzir a assimetria informacional, ainda que de modo incipiente e decentralizado.

Com o uso de assistentes automatizados aos cidadãos, ocorre a redução de custo e o aumento da capacidade dos tribunais de tratamento das demandas. Além disso, esses *bots* utilizam linguagem simples e informam os cidadãos acerca de seus direitos e procedimentos, ajudando a mitigar as barreiras relacionadas à dificuldade em se entender e usar o sistema legal formal.

A introdução de ferramentas semelhantes ao *Solution Explorer* do CRT parece ser o próximo passo necessário para se alcançar uma maior justiça nas tentativas de solução consensual do novo modelo de tribunal virtual que se pretende construir no Brasil.

63 *Chatbots* são programas computacionais que conversam e interagem com as pessoas de uma forma natural, parecida com a humana, podem ter sotaque, usar expressões coloquiais regionais, tom e timbre de voz adequado ao público alvo, etc.

Deve-se mencionar, ainda, que o SIREC também pode ser desenhado por meio do acoplamento de serviço de ODR anexo ao processo judicial, como já está acontecendo com a integração da plataforma Consumidor.gov.br ao processo judicial eletrônico do TJDFT e TRF1. Com esta integração, o usuário que ingressa com uma ação judicial pode optar por tentar resolver a questão por meio da negociação direta com o fornecedor na plataforma, sem prejuízo à sua ação judicial[64] e, com isso, tem o benefício de poder resolver sua questão de forma mais simples e célere, em uma plataforma que traz algumas informações relevantes sobre as empresas, os conflitos, e que tem bom índice de satisfação do usuário.

Apesar do grande avanço na digitalização da justiça nacional, aqui cabe um outro alerta: em um país extremamente desigual, onde uma parcela relevante da população ainda não tem acesso à internet,[65] para que a tecnologia seja fator de superação de barreiras de acesso ao invés de se configurar um filtro, é essencial trazer alternativas aos excluídos digitais. A integração do consumidor.gov.br, portanto, deve ser mantida como opcional, assim como o Juízo 100% digital.

Por fim, deve-se estabelecer métricas e critérios de sucesso claros, bem como um monitoramento constante dos sistemas de justiça digital e dos parâmetros empíricos de aferição do acesso à justiça, para que seja possível averiguar o sucesso ou não dos novos desenhos procedimentais que serão traçados. A participação de todos os atores envolvidos no sistema de justiça é fundamental.[66] A coleta de dados dos que acessam, porque acessam, como se desenvolvem, qual o grau de participação e influência no resultado, a experiência do usuário, dentre outros, podem levar tanto ao aprimoramento do sistema, quanto a uma maior

64 Ainda não são públicos os dados acerca do resultado desta integração. Notícia disponível em https://www.tjdft.jus.br/institucional/imprensa/noticias/2020/novembro/integracao-de-sistemas-facilita-conciliacao-em-questoes-de-consumo-no-tjdft, acessado em 19/03/21.

65 De acordo com o IBGE, na Pesquisa Nacional por Amostra de Domicílios Contínua (PNAD Contínua) realizada em 2017, 69,9% da população brasileira acima de 10 anos de idade tem acesso à internet.

66 A ausência desse envolvimento de todos os atores desde o início do projeto, foi um dos fatores que levou à descontinuidade do projeto desenvolvido pelo Sistema de Tribunais Unificados do Estado de Nova York (*New York State Unified Court System*). Para detalhes sobre o projeto ver: LARSON, David Allen. Designing and Implementing a State Court ODR System: From Disappointment to celebration. Journal of Dispute Resolution, Vol. 2019, Iss. 2 [2019], Art. 7.

compreensão dos ausentes, e servir de baliza para uma crescente prevenção de conflitos.

## 5. CONSIDERAÇÕES FINAIS

Os progressos na digitalização da Justiça brasileira nos últimos anos são inegáveis e vêm trazendo benefícios tanto para o desafogamento da Justiça quanto para a ampliação do acesso pelo usuário. Porém, o balanço entre (1) a busca pela eficiência e (2) as novas possibilidades de justiça, dois benefícios diretos do uso da tecnologia, precisam ser melhor equalizados.

A implementação da tecnologia para melhoria da eficiência dos tribunais é relativamente menos complexa e vem sendo desenvolvida de forma descentralizada em cada tribunal, trazendo benefícios claros e mensuráveis a curto prazo. Por outro lado, a tecnologia que vai além da eficiência, e que também busca a ampliação do acesso por meio da promoção da saúde legal, do gerenciamento, contenção, resolução e evitação do conflito, exige uma coordenação central e amplo planejamento, relativamente mais complexos, envolvendo diversos atores do sistema de justiça, com olhar atento às barreiras de acesso à justiça a serem superadas e a preocupação com os "ausentes". O uso da tecnologia para ampliação do acesso à justiça promove uma verdadeira transformação do modo de ser do processo, com o redimensionamento do conflito e do valor atribuído aos dados e ao poder de processamento dos sistemas computacionais. Além disso, os resultados de melhoria de acesso à justiça por meio da evitação de conflitos, muitas vezes, não são de fácil aferição e, com isso, a mensuração de sucesso não é tão direta, mas, mesmo assim, precisa ser construída.

Portanto, deve-se celebrar os progressos recentes de melhoria da eficiência nos tribunais por meio da tecnologia, que é necessária e urgente no curto prazo, mas que não pode ser o único objetivo a longo prazo. As novas eficiências, a maior conveniência e capacidade operacional dos tribunais promovem as duas primeiras mudanças de acesso à justiça, mas a terceira é extremamente relevante e deve ser perseguida, que é a construção de novas possibilidades de justiça, em especial por meio da redução de assimetrias, redimensionamento processual e coleta de dados para evitação de conflitos. Uma justiça com ilhas de eficiências, isoladas em seus tribunais, não é capaz de promover uma melhoria ampla e redistributiva de acesso à justiça aos seus cidadãos.

## REFERÊNCIAS BIBLIOGRÁFICAS

AMSLER, Lisa; MARTINEZ, Janet; SMITH, Stephanie. *Dispute System Design*. Stanford University Press. Kindle Edition, 2020.

ASPERTI, Maria Cecília de Araujo. *Meios consensuais de resolução de disputas repetitivas: a conciliação, a mediação e os grandes litigantes do Judiciário*. Dissertação de Mestrado apresentada na Faculdade de Direito da Universidade de São Paulo, 2014.

CIVIL RESOLUTION TRIBUNAL ACT/2012, disponível em https://www.bclaws.ca/civix/document/id/complete/statreg/12025_01#section25, acessado em 08/09/2020.

CONSELHO NACIONAL DE JUSTIÇA. *Resolução 345 de 09 de outubro de 2020*. Disponível em: https://atos.cnj.jus.br/atos/detalhar/3512, acessado em 18/03/21.

CONSELHO NACIONAL DE JUSTIÇA. *Resolução 358 de 02 de dezembro de 2020*. Disponível em: https://atos.cnj.jus.br/atos/detalhar/3604, acessado em 18/03/21.

CONSELHO NACIONAL DE JUSTIÇA. *Justiça em Números 2020: ano-base 2019*. Brasília: CNJ, 2020. Disponível em: https://www.cnj.jus.br/wp-content/uploads/2020/08/WEB-V3-Justiça-em-Números-2020-atualizado-em-25-08-2020.pdf, acessado em 18/03/21.

CORTÉS, Pablo. *Online Dispute Resolution for consumers in the European Union*, New York: Routledge, 2011.

FELSTINER, William L.F.; ABEL, Richard L.; SARAT, Austin. *The emergence and transformation of disputes: naming, blaming, claiming*, Law & Society Review, Vol. 15, No. 3/4, Special Issue on Dispute Processing and Civil Litigation (1980 – 1981), pp. 631-654.

FISS, Owen. *Against Settlement*. 93 Yale Law Journal, 1073, 1984.

FUNDAÇÃO GETULIO VARGAS. *Relatório ICJBrasil – 1° semestre / 2017*. Disponível em https://direitosp.fgv.br/en/publicacoes/icj-brasil, acessado em 20/03/21.

__________. *Inteligência Artificial: tecnologia aplicada à gestão dos conflitos do âmbito do Poder Judiciário Brasileiro*, 2020. Disponível em https://ciapj.fgv.br/sites/ciapj.fgv.br/files/estudos_e_pesquisas_ia_1afase.pdf, acessado em 27/01/2021.

GALANTER, Marc. *Acesso à justiça em um mundo de capacidade social em expansão*. Tradução: João Eberhardt Francisco, Maria Cecília de Araújo Asperti e Susana Henriques da Costa. Revista Brasileira de Sociologia do Direito, Porto Alegre, ABraSD, v. 2, n. 1, p. 37-49, jan./jun., 2015.

__________. *Why the "haves" come out ahead: speculations on the limits of legal change*. Volume 9:1 Law and Society Review, 1974, Republicado, In: Law and Society. Dartmouth, Aldershot: Cotterrell, 1994.

Instituto Brasileiro de Geografia e Estatística (IBGE). *Pesquisa Nacional por Amostra de Domicílios Contínua (PNAD Contínua) – 2017*. Disponível em https://www.ibge.gov.br/estatisticas/sociais/trabalho/17270-pnad-continua.html?=&t=o-que-e, acessado em 18/03/21.

KATSH, Ethan e RIFKIN, Janet. *Online Dispute Resolution: resolving conflicts in cyberspace*, San Francisco: Jossey-bass, 2001.

LARSON, David Allen. *Designing and Implementing a State Court ODR System: From Disappointment to celebration. Journal of Dispute Resolution*, Vol. 2019, Iss. 2, Art. 7, pp. 77-102 2019.

MENKEL-MEADOW, Carrie. *Do the haves come out ahead in alternative justice systems? Repeat players in ADR*, 15 Ohio St. J. Disp. Res. 1999.

MNOOKIN, Robert H.; KORNHAUSER, Lewis. *Bargaining in the shadow of the law: the case of divorce*. The Yale Law Journal, New Haven, v. 88, n. 5, p. 950-997, Apr. 1979.

NUNES, Dierle. *Virada tecnológica no direito processual (da automação à transformação): seria possível adaptar o procedimento pela tecnologia?*, In NUNES, Dierle; LUCON, Paulo Henrique dos Santos, WOLKART, Erik Navarro (org.), "Inteligência artificial e direito processual: os impactos da virada tecnológica no direito processual", Editora Juspodivm Juspodivm, 2020.

___________ e PAOLINELLI, Camilla. *Acesso à justiça e tecnologia: minerando escolhas políticas e customizando novos desenhos para a gestão e solução de disputas no sistema brasileiro de justiça civil, Estudos em homenagem ao Professor Marc Galanter*. YARSHELL, Flávio Luiz; COSTA, Susana Henriques da; FRANCO, Marcelo Veiga (Coord.). 2021, no prelo.

___________; BAHIA, Alexandre; PEDRON, Flávio. *Teoria Geral do processo*. Salvador: Juspodivm, 2020.

OSTIA, Paulo Henrique Raiol. *Conciliação e acesso à justiça: um estudo qualitativo dos Centros Judiciários de Solução de Conflitos e Cidadania*, Tese de Doutorado apresentada na Faculdade de Direito da Universidade de São Paulo, 2018.

QUEK ANDERSON, Dorcas. *The convergence of ADR and ODR within the courts: The impact on access to justice*. Civil Justice Quarterly. 38, (1), 126-143, Research Collection School Of Law, 2019.

RABINOVICH-EINY, Orna e KATSH, Ethan. *The new new courts*, 67 American University Law Review, 165, October 2017.

RULE, Colin. *What we know and need to know about Online Dispute Resolution*, 67 South Carolina Law Review, 329, 2016.

SADEK, Maria Tereza. *Acesso à justiça: um direito e seus obstáculos*. Revista USP, n. 101, p. 55-66, 30 maio 2014.

SALLES, Carlos Alberto. *Arbitragem em Contratos Administrativos*, Rio de Janeiro: Forense, 2011.

SALTER, Shannon. *Online Dispute Resolution and justice system integration: British Columbia's Civil Resolution Tribunal*, 34 Windsor Y B Access Just, pp. 112-129, 2017.

SANDER, Frank. *Varieties of Dispute Processing*, In: WHEELER, Russell and LEVIN, Leo (org.) *The Pound Conference: perspectives on justice in the future*, Saint Paul: West Publishing Co., 1979.

SCHMITZ, Amy e RULE, Coin. *The New Handshake: Online Dispute Resolution and the Future of Consumer Protection*, American Bar Association. Kindle Edition, 2017.

SECRETARIA NACIONAL DO CONSUMIDOR. *Consumidor em Números 2020*, disponível em https://www.gov.br/mj/pt-br/assuntos/noticias/secretaria-nacional--do-consumidor-apresenta-dados-consolidados-de-reclamacoes-de-consumo--em-2020/Consumidoremnumeros2020.pptx, acessado em 19/03/21.

SUSSKIND, Richard. *Online Courts and the Future of Justice*. OUP Oxford. Kindle Edition, 2019.

___________. *Tomorrow's lawyers: an introduction to your future*, 2ed. Oxford: Oxford University Press, 2017.

THOMPSON, Darin. *The Online Justice Experience in British Columbia*, publicado em SCL Tech Law for Everyone, disponível em https://www.scl.org/articles/3784-the--online-justice-experience-in-britishcolumbia, acessado em 18/03/2021.

WELSH, Nancy. *The thinning vision of self-determination in court-connected mediation: the inevitable price of institutionalization?* Review, Cambridge, US, v. 6, p. 1-96, Harvard Negotiation Law, 2001.

World Justice Project, *Global Insights on Access to Justice* – 2019, disponível em https://worldjusticeproject.org/our-work/research-and-data/global-insights-access-justice-2019, acesso em 06/03/2021.

4

# *Legal design* e acesso à justiça: criação de sistemas processuais eletrônicos acessíveis e ferramentas intuitivas no ambiente jurídico digital

***Cristiane Rodrigues Iwakura***[1]

**Escaneie o código QR para acessar a versão traduzida deste artigo.**

**Scan the QR Code for the English version of this paper.**

**Sumário:** 1. Introdução. 2. Noções introdutórias sobre *legal design* e sua relação com o Direito Processual. 3. *Front-end e back-end* do sistema jurídico processual. 4. Funcionamento do *legal design* a partir do trinômio processo, mentalidade e meio. 5. *Legal design* e a importância de se manter o foco no usuário. 6. Acesso à Justiça e Tecnologia: Desafios e soluções à luz do *legal design*. 7. Contribuições do design para a criação de sistemas e ferramentas intuitivas no ambiente jurídico digital. 8. Conclusão. 9. Referências.



1 Doutora e Mestre em Direito Processual pela Universidade do Estado do Rio de Janeiro. Procuradora Federal atualmente em exercício como Adjunta da Direção da Escola da Advocacia-Geral da União, lotada na Comissão de Valores Mobiliários. Professora em diversos cursos de Pós-Graduação na área de Direito Processual, Regulação e Novas tecnologias. Coordenadora de Disciplinas nos Programas de Mestrado Profissional e de Pós-Graduação em Advocacia Pública da Escola da Advocacia-Geral da União. Membro da ABDPRO, do IDASAN e do IDARJ.

## 1. INTRODUÇÃO

Este trabalho é resultado de um estudo interdisciplinar, no qual se pretendeu estabelecer um liame entre o acesso à justiça e o *legal design*, visto que, este último, demanda a criação, a partir da introdução das novas tecnologias, de sistemas e ferramentas para o desenvolvimento de atividades jurídicas no meio digital, tendo-se como principal foco o usuário.

A relevância do tema abordado neste trabalho conecta-se com a necessidade premente de elaboração de sistemas processuais intuitivos no âmbito do Poder Judiciário, tendo vista a intensificação do uso do meio eletrônico nas mais diversas fases processuais, inclusive durante a fase probatória, especialmente após as medidas de distanciamento, que tiveram início com a pandemia de Covid-19.

Na primeira parte deste trabalho são apresentadas as noções introdutórias sobre o conceito de *legal design* e sua conexão com o direito processual.

Por oportuno, busca-se estabelecer uma correspondência entre as etapas de desenvolvimento do *legal design* e as fases do processo judicial eletrônico, para que assim sejam identificados os normativos correspondentes, fixando-se bases doutrinárias aptas a servirem como sustentação para o estudo do design aplicado ao direito processual, desvendando-o como um importante instrumento para o aperfeiçoamento dos sistemas judiciais eletrônicos, em consonância com as garantias processuais constitucionalmente tuteladas.

Em seguida, na segunda parte, discute-se a extrema relevância da participação ativa dos usuários na concepção de um sistema informatizado e também nas etapas seguintes de desenvolvimento e aprimoramento, pois será a partir de suas observações que serão extraídos dados e informações relevantes para o desenho de interfaces, fluxos e ferramentas, em todas as suas fases de utilização.

No terceiro ponto, passa-se à análise dos possíveis impactos das novas tecnologias sobre o direito de acesso à justiça, e, na última parte, discorre-se sobre a importância do design para a construção de um sistema informatizado intuitivo, que, por um lado, permita ao usuário ter uma experiência análoga à de um processo em sua forma física, com as devidas adaptações, e, por outro, seja capaz de promover a incorporação de vantagens decorrentes das inovações digitais.

Destarte, tem-se que a finalidade deste trabalho é ressaltar a relevância do diálogo interdisciplinar para o desenvolvimento de sistemas informatizados e ferramentas tecnológicas, com destaque para o estudo das diversas ciências sociais aplicadas, ora representadas neste trabalho pelo encontro entre o legal design e o direito processual, tendo-se como principal escopo a criação de condições efetivas para que os usuários exerçam, de forma plena, o seu direito de acesso à justiça, na forma digital.

## 2. NOÇÕES INTRODUTÓRIAS SOBRE *LEGAL DESIGN* E SUA RELAÇÃO COM O DIREITO PROCESSUAL

A incorporação do *legal design* no modo de pensar o Direito no Brasil é um processo bastante recente, tendo se intensificado nos últimos dez anos, amplamente fortalecido com o advento da pandemia Covid-19, no início de 2020.

Vale relembrar que a informatização judicial no Brasil ocorreu a partir de três etapas importantes.

Na primeira etapa, por volta dos anos oitenta, constatou-se um movimento legislativo focado na concessão de incentivos de ordem fiscal e administrativa para a inserção da tecnologia nas atividades econômicas do país.

A partir dos anos noventa, passa-se a uma segunda etapa, na qual foram editados sucessivos atos normativos regulamentando, gradualmente, o uso dos meios tecnológicos nas atividades do Poder Judiciário[2].

2 Dentre os atos normativos em questão, destacam-se os seguintes: Lei n° 9.800/99 (Lei do Fac-símile); Medida Provisória 2.200-2/2001 (ICP-Brasil); Decreto n° 5.450/2005 (Lei do Pregão Eletrônico); Lei n° 11.419/2006 (Lei do Processo Eletrônico); Lei n° 13.105/2015 (Código de Processo Civil – especificamente na parte que regula os atos processuais eletrônicos); Resolução do CNJ n° 12/2006 (Grupo de Interoperabilidade), Resolução do CNJ n° 41/2007 (Criação do domínio "jus.com.br"); Resolução do CNJ n° 46/2007 (Padronização I), Resolução do CNJ n° 65/2008 (Padronização II), Resolução do CNJ n° 70/2009 (Metas do processo eletrônico judicial); Termo de Cooperação Técnica STF, CNJ, STJ, CJF, TST, CSJT, AGU e PGR n° 58/2009 (Modelo Nacional de Interoperabilidade); Resoluções do CNJ n° 90, 91, 100 e 121/2009 (Nivelamento de TI); Resolução do CNJ n° 181/2013 – PJ-e; Resolução Conjunta n° 03/2013 (Manual Nacional de Interoperabilidade do Poder Judiciário e do MP); Resolução do CNJ n° 330/2020 (Videoconferências durante a pandemia Covid-19);

Neste contexto, a informatização judicial foi consolidada como uma relevante meta a ser alcançada pelos órgãos e autoridades competentes, marcada pela Emenda Constitucional nº 45/2004, que, além de prever a duração razoável do processo como garantia constitucional, criou o Conselho Nacional de Justiça, órgão responsável pela implementação dos sistemas eletrônicos judiciais em todo o território nacional[3].

Chega-se, então, à terceira etapa evolutiva na informatização, cujo cenário representa a necessidade de se aperfeiçoarem os sistemas e ferramentas já implementados, corrigindo-se as falhas e dificuldades apresentadas em sua utilização.

Essa última fase teve um grande impulso a partir da situação de isolamento decorrente da pandemia COVID-19, que praticamente fez com que todos, indistintamente, tivessem que recorrer aos meios digitais para que pudessem acessar serviços públicos essenciais, dentre os quais se destaca o acesso ao Poder Judiciário.

Diante desta nova realidade, a dificuldade de acesso à justiça, por questões de ordem cultural, técnica ou econômica, voltou a ser um tema amplamente debatido pela doutrina, e um objeto de preocupação por parte do Poder Público, cuja causa pode ser extraída a partir do paradoxo da tecnologia.

Resumidamente, o paradoxo da tecnologia define-se a partir da constatação de que os mecanismos tecnológicos são criados para trazer soluções e uma efetiva melhoria na qualidade de vida de todos os indivíduos, mas, quando implementados de maneira inadequada, podem gerar o efeito reverso, dando origem a novos problemas, com grande impacto sobre questões em torno das desigualdades existentes.

---

Resolução do CNJ nº 335/2020 (PDPJ-Br); Resolução do CNJ nº 345/2020 (Juízo 100% Digital) e Resolução do CNJ nº 372/2021 (Criação da Plataforma de videoconferência "Balcão Virtual").

3 Em razão das reclamações acerca da morosidade (lentidão) da Justiça, o Judiciário Brasileiro passou por uma reforma, estabelecida pela Emenda Constitucional nº 45 (EC/45), que é uma das tentativas na busca de dar respostas mais céleres aos jurisdicionados, com expectativa de que suas alterações possam gerar transformações para impor uma efetividade quantitativa e qualitativa junto ao Sistema Judiciário Nacional. SILVA, Q.C.S.; SPENGLER, F.M. In: Anais do 2o Congresso Internacional de Direito e Contemporaneidade: mídias e direitos da sociedade em rede. 04, 05 e 06 jun. 2013 – Santa Maria / RS UFSM – Universidade Federal de Santa Maria. Disponível em: http://www.ufsm.br/congressodireito/anais. Acesso em 12 jan. 2021.

O *legal design* representa uma técnica voltada para a criação de sistemas, ferramentas, fluxos de trabalho e formas de pensar em soluções, tendo-se como principal foco, o ser humano.

Margaret Hagan, uma das maiores autoridades em *legal design*, traz em sua obra "Law by Design", uma série de informações e ensinamentos que se revelam bastante úteis para a criação e o aperfeiçoamento de tecnologias voltadas para a realização de atividades jurídicas, em suas diversas acepções[4].

Pode-se assim afirmar que o *legal design*, em termos de acessibilidade e eficiência jurisdicional, seria um dos maiores remédios para a minimização ou até a eliminação das dificuldades advindas do uso da tecnologia no ambiente jurídico, mormente no estágio atual do movimento de informatização, que ainda se situa em fase de transição, e de experimentação.

## 3. *FRONT-END* E *BACK-END* DO SISTEMA JURÍDICO PROCESSUAL

Por oportuno, vale esclarecer o significado de algumas definições e conceitos que serão relevantes para a melhor compreensão sobre o funcionamento do *legal design*, que pode ser traduzido como "desenho jurídico", o que exige um estudo interdisciplinar combinando duas ideias básicas, a seguir expostas.

A primeira delas está no desenho de interfaces e de ferramentas de fácil acesso e navegação, identificada por Margaret Hagan como *front-end*, ou seja, a parte dianteira do sistema jurídico, que, em termos de Direito Processual, poderia ser definida como as portas de entrada (*input*) que viabilizam o acesso à justiça.

Neste ponto, dispõe o art. 2º do Código de Processo Civil – CPC, que o processo começa por iniciativa da parte e se desenvolve por impulso oficial, salvo as exceções previstas em lei. Isto deixa claro que o jurisdicionado é, de fato, o principal sujeito a ser considerado no desenho do *front-end* do sistema processual.

4 HAGAN, Margaret. Law by Design. Disponível em: https://www.lawbydesign.co/legal-design/. Acesso em: 28 fev. 2021.

Pode-se afirmar que existe mais de uma porta de entrada (*input*) para que o jurisdicionado acesse a justiça brasileira, pois ainda não temos um processo eletrônico contínuo e plenamente interoperável, ou seja, que permita uma tramitação em um só sistema, mediante a integração de informações advindas de cada órgão do Poder Judiciário acionado.

Veja-se que a interposição de um simples recurso, na maioria dos casos, exige que o jurisdicionado ingresse em uma outra plataforma do Tribunal *a quo*, dando assim, uma espécie de "novo impulso processual", muitas vezes, realizado necessariamente em uma plataforma informatizada diversa.

Em que pesem os esforços do Conselho Nacional de Justiça - CNJ para conferir uniformidade aos sistemas utilizados pelos Tribunais, o que se pode verificar a partir da instituição do Sistema de Processo Judicial Eletrônico - PJe (Resolução CNJ nº 185/2013), seguida da criação da Plataforma Digital do Poder Judiciário Brasileiro - PDPJ-Br (Resolução nº 335/2020), fato é que, no atual cenário, ainda não se consolidou o desenho de uma interface una e indivisível, ou seja, que permita ao jurisdicionado uma navegação contínua, em todas as fases processuais, com todos os andamentos, peças e atos registrados em um único instrumento digital, independente de qual justiça ou instância se originem, e, o mais importante: sem a necessidade de migração de uma plataforma para outra - que, na maior parte dos casos, ainda exige um cadastramento próprio para o acesso em cada uma delas.

Desta forma, extrai-se à toda evidência, que a utilização das técnicas de *legal design* para a modelagem de uma interface com foco no usuário, é uma medida totalmente voltada para a preservação das garantias previstas no art. 194 do CPC.

O art. 194 enuncia que "os sistemas de automação respeitarão o acesso e a participação das partes e de seus procuradores", observadas as garantias da "acessibilidade e interoperabilidade dos sistemas, serviços, dados e informações" administradas pelo Poder Judiciário no seu regular exercício.

No art. 196, observa-se que ao CNJ compete a missão de se "velar pela compatibilidade dos sistemas, disciplinando a incorporação progressiva de novos avanços tecnológicos e editando, para esse fim, os atos que forem necessários".

Portanto, a utilização das técnicas do *legal design* para o *front-end* do sistema processual, que, inclusive, pode se expandir para os processos mencionados pelo art. 15 do CPC, tem por fundamento legal a preservação das garantias previstas no art. 194, tendo-se como responsável pela sua implementação o CNJ, nos moldes do art. 196 do CPC.

A segunda ideia parte da utilização dos mecanismos de acessibilidade para a criação de sistemas e regras mais intuitivos, que de acordo com Margaret Hagan integram o chamado *back-end*, que, por sua vez, corresponde a tudo aquilo que venha a ocorrer após o *front-end*.

Em termos processuais pode-se dizer que o *back-end* compreende o conjunto de atos praticados após o impulso oficial (*input*), até a obtenção do resultado almejado, com o exaurimento da prestação jurisdicional (*output*).

Ao longo de todo o *back-end* deve-se tutelar pela observância do devido processo legal. A partir desta premissa, constata-se que o desenho dos sistemas eletrônicos processuais e das ferramentas tecnológicas em toda a tramitação processual deverá se pautar no usuário, em face das garantias processuais envolvidas.

Assim, como exemplo, partindo-se de uma análise sobre a garantia do contraditório participativo, o desenho de um sistema processual que dificulte ou impossibilite a parte de se manifestar perante o juízo, por todos os meios de prova legalmente permitidos – documental, testemunhal ou pericial – deve ser imediatamente revisto.

Veja-se que, em algumas situações, a parte encontra dificuldades para anexar documentos que exijam um espaço para armazenamento digital superior àquele permitido pelo sistema informatizado. Neste caso, o programador do sistema deverá, imediatamente, estabelecer formas alternativas para o encaminhamento dos documentos na via digital, ou aumentar a capacidade de armazenamento.

Do contrário, estar-se-ia permitindo a adoção de um sistema processual informatizado desconectado das reais necessidades dos usuários, com grave comprometimento de garantias, como na hipótese apresentada, que especificamente representaria um exemplo de violação ao contraditório.

Vale lembrar que os usuários não são apenas as partes da relação processual, podem ser pessoas da sociedade que necessitem fazer alguma consulta no sistema, em busca de informações úteis e precedentes, considerando o princípio da publicidade, a transparência, e a necessidade de se conferir maior uniformização jurisprudencial e estabilidade sobre a pacificação dos conflitos.

E por usuário, entenda-se também o próprio magistrado, que pelas dificuldades técnicas encontradas pelas partes, poderá deixar de ter conhecimento sobre provas e informações úteis para a formação do seu convencimento, em busca da verdade real.

Neste ponto, Leonardo Greco afirma, com precisão, que "ninguém pode ser atingido por uma decisão judicial na sua esfera de interesses sem ter tido ampla possibilidade de influir eficazmente na sua formação"[5].

Assim, demonstra-se completamente inconcebível que as novas tecnologias sejam implementadas como fatores limitadores de garantias processuais.

Diante de qualquer dificuldade operacional relatada pelas partes, o magistrado deverá adotar imediatamente medidas que busquem a resolução do problema de acesso ou de manuseio no ambiente informatizado, para que então sejam preservadas as garantias processuais integrantes do devido processo legal, em cumprimento aos artigos 139 e 194, do CPC de 2015.

Caso a limitação do sistema ou da ferramenta seja irremediável, do ponto de vista técnico, os gestores responsáveis deverão encontrar, imediatamente, alguma solução alternativa para o problema, que poderá envolver desde: a) a flexibilização ou a integral devolução de prazos para a prática de atos processuais, uma vez comprovada a justa causa, na forma dos arts. 197, parágrafo único e 223, *caput* e § 1º, do CPC; b) a suspensão do processo, na forma do art. 313, inciso VI, do CPC; ou c) a prática do ato pelo modo tradicional, sem a utilização dos meios eletrônicos (art. 198, parágrafo único, do CPC, e arts. 8º e 9º, § 2º, da Lei nº 11.419/2006 ou Lei de Informatização do Processo Judicial - LIPJ).

Vale salientar que estas soluções devem consideradas em todos os processos informatizados, incluindo-se aqui, aqueles em curso perante o "Juízo 100% Digital", regulamentado pela Resolução CNJ nº 345/2020,

5 GRECO, Leonardo. Garantias fundamentais do processo: o processo justo. In: Novos Estudos Jurídicos – Ano VII – Nº 14 – p. 9-68, abril / 2002, p. 23.

que, embora mencione expressamente no art. 1º, parágrafo único, que a prática de todos os atos processuais se dará exclusivamente no meio eletrônico e de maneira remota, por intermédio da rede mundial de computadores, sem ressalvas, subordina-se às regras supracitadas do CPC e da LIPJ.

Pode-se assim, afirmar, com base no primado da instrumentalidade do processo, que o uso de recursos tecnológicos no processamento de demandas jamais poderá servir como pretexto para que se mitigue ou se viole uma determinada garantia processual.

Ademais, a observância do devido processo legal é pressuposto basilar para a obtenção de uma prestação jurisdicional minimamente satisfatória.

Neste ponto, erige-se a concepção de um processo civil de resultados, que, segundo Cândido Rangel Dinamarco, reside na capacidade que o sistema processual teria para "propiciar ao sujeito que tiver razão uma situação melhor do que aquela em que se encontrava antes do processo". Com base na doutrina de Chiovenda, extrai-se igualmente a necessidade de o resultado final contemplar ao vencedor "tudo aquilo e precisamente aquilo que ele tem o direito de receber", razão pela qual Dinamarco relaciona esta visão de processo com a garantia constitucional da efetividade[6].

Desta forma, o *legal design* pode trazer contribuições ao processo, sob a ótica dos resultados, por intermédio da criação de fluxos de trabalho e a melhoria na prestação de serviços, com o uso de novas ferramentas, tendo-se como foco, sempre, o destinatário da jurisdição.

Para que se esclareça a diferença entre o *front-end* e o *back-end* no *legal design*, em termos processuais, tem-se que no primeiro, o profissional de design deve se encarregar de desenvolver sistemas plenamente acessíveis por plataformas e interfaces interoperáveis e de simples manuseio, enquanto no segundo, sua missão será a de criar ferramentas intuitivas que incrementem e facilitem o atingimento do melhor resultado possível, ou seja, que permitam a observância do devido processo legal em toda a tramitação processual digital, rumo à satisfação efetiva das pretensões deduzidas pelos sujeitos do processo.

6 DINAMARCO, Cândido R. Instituições de direito processual civil: volume I, 8ª ed., rev. e atual. segundo o Novo Código de Processo Civil. São Paulo: Malheiros, 2016, p. 198-199.

## 4. FUNCIONAMENTO DO *LEGAL DESIGN* A PARTIR DO TRINÔMIO PROCESSO, MENTALIDADE E MEIO

Em acréscimo, importante também se faz a compreensão do funcionamento do *legal design* a partir do tripé "processo, mentalidade e meio".

A palavra "processo" neste caso, não se refere ao instrumento pelo qual será corporificado todo o trâmite processual. Aqui se inserem todos os passos que devem ser seguidos, sob a perspectiva do *legal design*, desde a identificação do problema, até a formulação de uma solução ideal para solucioná-lo.

Margaret Hagan afirma que o processo do *legal design* pode assumir variadas formas, com etapas ajustáveis às necessidades encontradas. As etapas traduzidas para o mundo jurídico-processual são as seguintes: 1ª) Descoberta e compreensão: entendimento do problema e das situações iniciais das partes processuais; 2ª) Síntese: momento em que se reúnem as informações e percepções colhidas em torno da controvérsia – etapa de valoração das provas e fixação dos pontos controvertidos); 3ª) Construção: geração de possíveis soluções para aquela questão jurídica; 4ª) Teste: fase que se amolda perfeitamente à ideia de um *sandbox* processual[7]; 5ª) Dimensionamento, evolução e implementação: a partir da etapa anterior, chega-se a um modelo ideal de prestação jurisdicional que possa ser replicado em causas semelhantes, o que demanda um maior controle inicial sobre a qualidade dos resultados a partir do projeto piloto, até que se cerque de razoável segurança sobre ele, consolidando-o.

As etapas do *legal design* aplicadas ao processo de resultados muitas vezes são vivenciadas de maneira intuitiva, porém de maneira desordenada.

---

7 Em trabalho específico sobre este tema, trabalhamos com o conceito de Sandbox Processual a partir do microssistema de gestão processual presente em diversas normas do CPC de 2015, de onde se extrai o permissivo legal para que as partes estabeleçam, de comum acordo, convenções processuais para que se defina uma modelagem procedimental mais adequada às peculiaridades do caso em discussão, em um ambiente controlado pelo magistrado, que, a depender dos resultados obtidos, poderá servir como um modelo para o processamento de demandas semelhantes, com base na experiência e observação de casos reiterados. IWAKURA, Cristiane Rodrigues e BRANDIS, Juliano Oliveira. Sandbox e microssistema de gestão processual no CPC de 2015. In: 4 anos de vigência do Código de Processo de 2015 / Lucelia de Sena Alves... [et al] (orgs). –1. ed. – Belo Horizonte, São Paulo: D'Plácido, 2020, p. 55-57.

O termo mentalidade, a seu turno, traz em sua essência os objetivos, as prioridades, e as formas de entendimento sobre uma determinada questão pendente de análise.

Em relação ao meio, estão inseridos os mecanismos e as ferramentas que se apresentem necessários para que se chegue ao resultado final, como por exemplo, o desenvolvimento de um sistema de triagem que permita a identificação de causas menos complexas, repetitivas e que sejam passíveis de alguma solução predeterminada e consubstanciada em precedente vinculante, à exemplo dos arts. 496, inciso IV, do CPC (remessa necessária), 927, inciso II, do CPC (decisões judiciais com bases em enunciados de súmula vinculante), oportunidades em que a automação se demonstra apta para que se garanta maior celeridade e efetividade na prestação jurisdicional.

## 5. *LEGAL DESIGN* E A IMPORTÂNCIA DE SE MANTER O FOCO NO USUÁRIO

A busca pela empatia é uma das principais metas do *legal design*, que, seguindo a lógica de operacionalização extraída do *design thinking*, deve se fazer presente em todas as etapas de sua evolução, quando aplicável a um caso concreto, para que se consiga extrair o melhor resultado em termos quantitativos e qualitativos.

O grau de satisfação do usuário é colocado no centro do desenho jurídico, e tal proposição se relaciona diretamente com as seguintes normas fundamentais do processo civil: a) as partes têm o direito de obter em prazo razoável a solução integral do mérito, incluída a atividade satisfativa (art. 4º, CPC); dever de cooperação entre os sujeitos do processo para que se obtenha, em tempo razoável, decisão de mérito justa e efetiva (art. 6º, CPC), e a norma que dispõe que o juiz atenderá aos fins sociais e às exigências do bem comum, promovendo e resguardando a dignidade da pessoa humana, e observando a proporcionalidade, a razoabilidade, a legalidade, a publicidade e a eficiência (art. 8º, CPC).

Como visto anteriormente, o conceito de usuário pode compreender toda a sociedade, e não apenas aquele que esteja investido na condição de parte no processo.

Neste sentido, Bernardo Gonçalves Fernandes e Flávio Quinaud Pedron destacam que a decisão judicial não se destina apenas para as partes, voltando-se para o resto da comunidade, que pode assumir uma participação importante através da crítica pública da decisão[8].

Vale salientar, para fins didáticos, que existem diversas modalidades do *legal design* que não se confundem. Estas modalidades vão desde o desenho do sistema até outras espécies igualmente essenciais para a prestação otimizada dos serviços jurídicos, estando neste rol o desenho organizacional, ligado a questões relacionadas à liderança, gestão de equipes, concessões de incentivos e recompensas e a cultura da organização; o desenho de serviços, consistente na jornada do usuário desde o início até a entrega de um produto ou de uma prestação final; o desenho de produtos, que envolve o desenvolvimento de ferramentas e utilitários; e o desenho informacional, no qual está inserido o *visual law*, que tem por objetivo facilitar a comunicação e a compreensão de ideias mais complexas, por meio de recursos audiovisuais e linguagem simples.

A partir da concepção do *legal design*, exsurge a necessidade de um profissional elementar para que se faça um adequado liame entre a tecnologia e o Direito.

Os especialistas em programação possuem conhecimento técnico para criar um sistema, desenvolvê-lo e aprimorá-lo. Contudo, não terão condições para compreender as necessidades do usuário final sem um prévio conhecimento jurídico. Da mesma forma, um profissional do direito, via de regra, não terá expertise para programar, mas seria indicado para informar quais seriam as ferramentas tecnológicas mais adequadas para a realização das atividades jurídicas.

Uma frase emblemática de Margaret Hagan externa muito bem a necessidade de um profissional com conhecimentos e pensamentos interdisciplinares no Legal Design: "da mesma forma que você pode pensar como um advogado, você pode pensar como um designer". Em sequência, Hagan faz uma alusão ao design como um "novo par de óculos"[9].

---

8 FERNANDES, Bernardo Gonçalves; PEDRON, Flávio Quinaud. O Poder Judiciário e(m) crise. Reflexões de Teoria da Constituição e Teoria Geral do Processo sobre o Acesso à Justiça e as Recentes Reformas do Poder Judiciário à luz de: Ronald Dworkin, Klaus Günther e Jürgen Habermas. Rio de Janeiro: Ed. Lumen Juris, 2007, p. 288.

9 Just like you can 'think like a lawyer', you can 'think like a designer'. HAGAN, Margaret. Law by Design. Disponível em: https://www.lawbydesign.co/legal-design/. Acesso em: 28 fev. 2021.

Considerando que a atividade jurídica é o fim, e o design insere-se neste contexto como uma área do conhecimento que deverá ser utilizada, e que o usuário final será um profissional do direito, demonstra-se mais adequado investir na capacitação de juristas voltada para o estudo mais aprofundado destas novas técnicas e ferramentas tecnológicas, para que possam atuar como intermediários habilitados para que se dê seguimento ao processo de construção de sistemas e ferramentas no ambiente jurídico.

Alexandre Zavaglia frisa a premente necessidade de se formarem profissionais do direito para esse ambiente em transformação, tanto para compreender os reflexos da tecnologia no direito material e os novos problemas sociais, como também para que as ferramentas tecnológicas sejam utilizadas com rapidez e eficiência, trazendo melhorias em termos de qualidade e de resultados para os serviços jurídicos prestados[10].

E como se verá no item a seguir, o foco das novas tecnologias deve estar sempre no usuário final, tendo-se como preocupação primordial a preservação da universalidade dos serviços prestados, na forma preconizada pelo art. 5º, inciso XXXV, da Constituição.

1. DCU – Design Centrado no Usuário: a importância do UX e UI Design para o desenvolvimento tecnológico dos sistemas processuais eletrônicos

Em meio à inserção do *legal design* como matéria afeta às necessidades tecnológicas, com especial destaque na esfera processual, exsurgem outras áreas do conhecimento que trazem novos métodos capazes de solucionar alguns dos problemas observados na prática a partir da implementação dos processos judiciais eletrônicos.

O *legal design* apresenta-se como uma solução eficaz para que se minimizem as barreiras culturais e psicológicas decorrentes da introdução das novas tecnologias, colocando-se não mais o problema como o centro das atenções, e sim, o usuário final.

Este movimento de se erigir o cidadão como o principal elemento na definição de políticas públicas e qualquer outro processo de tomada

10 ZAVAGLIA, Alexandre. A transformação digital na área do Direito. Disponível em: https://www.conjur.com.br/2020-mai-12/alexandre-coelho-transformacao-digital-direito. Acesso em: 12 jan. 2021.

de decisões vem se perpetuando na realidade do Poder Público em geral. Trata-se de uma consequência do postulado da impessoalidade e da eficiência na prestação dos serviços pela Administração Pública.

O abandono da ideia de produtividade relacionada a estatísticas numéricas desprovidas de um grau mínimo de funcionalidade, traz consigo a necessidade de se buscar a verdadeira raiz do problema, que, por sua vez, poderá ser desvendada pelo destinatário final do serviço.

Um bom exemplo deste movimento de se colocar o cidadão em evidência nos serviços públicos está na Lei nº 13.460/2017, conhecida como a Lei do Usuário, na qual estão previstas normas dispondo a respeito da participação, proteção e defesa dos direitos do usuário dos serviços da administração pública.

Vale frisar que por administração pública, entende-se qualquer órgão ou entidade integrante da administração pública de qualquer dos Poderes dos entes federativos, a Advocacia Pública e a Defensoria Pública (art. 2º, inciso III, da Lei do Usuário).

Algumas diretrizes previstas na Lei do Usuário relacionam-se diretamente com os objetivos do *legal design*, dentre as quais se destacam a acessibilidade no atendimento (art. 5º, inciso I), a aplicação de soluções tecnológicas que visem a simplificação dos processos e procedimentos de atendimento ao usuário, propiciando melhores condições para o compartilhamento de informações (art. 5º, inciso XIII), e a utilização de linguagem simples e compreensível, evitando o uso de siglas, jargões e estrangeirismos (art. 5º, inciso XIV).

Considerando estas diretrizes, evidencia-se com clareza a necessidade de se colocar o cidadão no centro das atividades de gestão e de gerenciamento com o uso das novas tecnologias pelo Poder Público. Justamente neste contexto se originam as técnicas advindas do UX e UI Design como essenciais para que este objetivo seja alcançado.

A expressão "UX Design" significa *User Experience Design*, traduzida como "desenho a partir da experiência do usuário", enquanto que "UI Design" significa *User Interface Design*, traduzido como "desenho de interface de usuário".

Note que o UX Design traz consigo a preocupação de construir algo a partir da experiência do usuário, ao passo que o UI Design, representa a técnica para o desenvolvimento de produtos tecnológicos com foco na experiência do usuário, levando-se em conta a sua capacidade de interação com quem estiver prestando o serviço.

O conceito de UX Design é muito mais amplo, estando assim relacionado com o desenho de qualquer coisa, com especial dedicação às necessidades do usuário final em termos de funcionalidade, apresentação, atratividade e comodidade.

O UI Design relaciona-se especificamente com a interface de sistemas, ou seja, com a necessária ligação física ou lógica entre dois sistemas ou partes de um sistema que não poderiam ser conectados diretamente[11]. O profissional de UI Designer é conhecido como designer de interface e se responsabiliza pela criação e desenvolvimento de elementos gráficos que possam guiar o usuário em uma verdadeira jornada. Um bom desenho de interface auxilia no alcance de bons resultados, mas não pode ser considerado de maneira isolada e autossuficiente.

A jornada do usuário é considerada outra importante ferramenta, pois será a partir dela que serão extraídos dados e informações relevantes para o desenho de um processo, em todas as suas fases.

Travis Lowdermilk estabelece como pressuposto a necessidade de se incluir os usuários no processo de criação de um produto, para que ele seja amado. E para que um desenvolvedor de sistemas alcance os usuários, terá que investir tempo junto a eles, coletando respostas e observando comportamentos, a partir dos quais serão extraídos esclarecimentos valiosos. O foco na usabilidade traz consigo economia de tempo e, ao mesmo tempo, resultados mais eficazes[12].

Ao discorrer sobre o conceito de Design Centrado no Usuário – DCU, Lowdermilk enfatiza que sua definição não se confunde com usabilidade, pois esta se refere ao relacionamento humano com um produto, enquanto o DCU representa uma metodologia de design de software, que ajuda na criação de produtos que atendam às necessidades dos usuários[13].



---

11 INTERFACE. In: Dicionário da Oxford Language – Google. Disponível em: https://www.google.com/search. Acesso em: 27 fev. 2021.

12 LOWDERMILK, Travis. Design centrado no usuário. Um guia para o desenvolvimento de aplicativos amigáveis. São Paulo: Novatec Editora Ltda., 2013, p.16.

13 Idem, p. 19.

O uso correto da metodologia do DCU traz como resultado imediato o engajamento dos usuários, pois sua prática baseia-se em dados para a tomada de decisões, e não em caprichos ou preferências pessoais de quem está desenvolvendo aquele sistema, garantindo uma grande estabilidade ao projeto[14].

Observa-se, por parte dos órgãos públicos, uma certa ansiedade no lançamento de iniciativas inovadoras que, com o passar do tempo, revelam algumas falhas que poderiam ser evitadas, se houvesse o emprego das metodologias de desenho centradas no usuário. A pressa na apresentação de soluções geralmente foca o problema em si, desconsiderando o fator humano.

Contratar o desenvolvimento de um sistema avançado de processamento de dados, por exemplo, pode não ser uma boa solução, se não houver o devido cuidado de se pensar em um fluxo de trabalho com pessoas capacitadas, equipamentos compatíveis, e, principalmente, acessibilidade pelo usuário final.

Existe uma série de princípios de design plenamente aplicáveis ao desenvolvimento dos sistemas processuais no ambiente jurídico.

O primeiro é o princípio da Gestalt, ou princípio da *proximidade*, que indica a necessidade de se organizarem as ferramentas, os menus de acesso, enfim, tudo que estiver presente naquele sistema, de maneira organizada, mantendo-se uma relação entre todos os seus elementos por semelhança. Esta forma de organização servirá como um gatilho para que o usuário possa acessar as ferramentas de forma intuitiva, utilizando o raciocínio lógico, mesmo não tendo grande experiência com sistemas operacionais eletrônicos.

Nas palavras de Travis Lowdermilk, "um layout organizado faz com que seja mais fácil aprender a usar seu aplicativo e exige menos do usuário para que ele possa encontrar os itens"[15].

O segundo princípio seria o da *visibilidade*. Por *visibilidade*, entenda-se a capacidade do usuário encontrar algo, a partir de alguma sinalização sensorial que possa torná-lo naturalmente perceptível. Veja que a

14 Idem, p. 21.

15 LOWDERMILK, Travis. Design centrado no usuário. Um guia para o desenvolvimento de aplicativos amigáveis. São Paulo: Novatec Editora Ltda., 2013, p. 89.

visibilidade não deve estar adstrita estímulos visuais, podendo ser deduzida a partir de qualquer outro estímulo sensorial, preocupação de extrema relevância para que se garanta o amplo acesso à justiça, alcançando, inclusive, os usuários portadores de alguma necessidade especial, nos termos do art. 53 a 83 da Lei nº 13.146/2016[16].

Este princípio se conecta a outro, denominado como *revelação progressiva*, dos quais se extraem os menus que se abrem em cascata, revelando informações secundárias a partir das informações primárias que forem acessadas[17].

O terceiro princípio é o da *hierarquia*, segundo o qual deverão se destacar os elementos que devem ser utilizados em primeiro lugar, ou apresentem alguma informação de maior relevância, para que o usuário seja conduzido em sua jornada de maneira ordenada, do início, até o fim desejado.

O quarto princípio é o dos *modelos mentais*, que se embasa em metáforas capazes de representar, para o usuário, qual seria o conteúdo ou a função existente sob a forma de determinado elemento. Um bom exemplo disso é um botão com um desenho de nuvem, que seria capaz de indicar a função de armazenamento de dados em rede, perante usuários com razoável experiência computacional.

O quinto é o princípio da *consistência*, que é muito importante para a estabilidade dos sistemas e sua aceitação pelos usuários. Sua intenção é tornar os sistemas protegidos contra modificações em seu desenho que não se demonstrem realmente necessárias, fazendo com que usuários até então habituados com suas funcionalidades, encontrem dificuldades de

16 Aqui, destacam-se as seguintes normas da Lei nº 13.146/2015: Art. 53. A acessibilidade é direito que garante à pessoa com deficiência ou com mobilidade reduzida viver de forma independente e exercer seus direitos de cidadania e de participação social; Art. 74. É garantido à pessoa com deficiência acesso a produtos, recursos, estratégias, práticas, processos, métodos e serviços de tecnologia assistiva que maximizem sua autonomia, mobilidade pessoal e qualidade de vida; Art. 77. O poder público deve fomentar o desenvolvimento científico, a pesquisa e a inovação e a capacitação tecnológicas, voltados à melhoria da qualidade de vida e ao trabalho da pessoa com deficiência e sua inclusão social; e, por fim, Art. 79. O poder público deve assegurar o acesso da pessoa com deficiência à justiça, em igualdade de oportunidades com as demais pessoas, garantindo, sempre que requeridos, adaptações e recursos de tecnologia assistiva.

17 NORMAN, Donald. O design do dia a dia. Tradução de Ana Deiró. Rio de Janeiro: Editora Rocco (Anfiteatro), 2002, p. 146-154.

acesso com estas mudanças. Revela-se de extrema importância garantir que algo funcione conforme o esperado.

Ao lado destes cinco princípios existem outros, também destinados à orientação dos profissionais responsáveis pelo desenvolvimento dos sistemas e aplicativos: o da disponibilidade, que por meio de *affordances* e restrições induzem o usuário a fazer ou deixar de fazer algo[18]; o da confirmação, que exige uma verificação prévia do usuário para que ele não execute erroneamente uma ação indesejada; a Lei de Hick, que busca conferir maior simplicidade a partir do tempo de resposta do usuário para o uso das ferramentas disponíveis, e, por fim, a Lei de Fitt, que busca encurtar o tempo necessário para que um usuário mova o seu cursor de um local para o seu alvo[19].

Donald Norman, em sua obra "Emotional Design - Why We Love (or Hate) Everyday Things" traz à tona a importância sobre o estudo comportamental do ser humano para que se possa compreender como algo será recepcionado pelos seus destinatários.

Assim, o mencionado estudo parte do axioma segundo o qual objetos mais atraentes funcionam melhor que aqueles sem qualquer apelo emocional.

Para explicar este fenômeno, Norman categoriza o design em três grupos: 1) design visceral, que se relaciona com o aspecto da aparência do objeto; 2) design comportamental, que se traduz na comodidade ou eficácia que aquele objeto pode oferecer; e 3) design reflexivo, que se correlaciona com a autoimagem e a satisfação pessoal, e o modo pelo qual estes aspectos imprimem alguma memória relevante na mente do usuário. Em todos estes grupos estão inseridos, de alguma forma, atrativos para que o usuário crie alguma ligação com o objeto que o torne indispensável e naturalmente utilizável em suas atividades cotidianas[20].

---

18 Segundo Donald Norman, o termo *affordances*, traduzido literalmente como "recursos", são elementos a partir dos quais se transmitem mensagens positivas a respeito dos possíveis usos, ações e funções de um determinado objeto. Em contraposição, as restrições trazem uma mensagem proibitiva, ou seja, o modo pelo qual não se permite interagir com aquele objeto, sinalizando desta forma qual seria a maneira correta de proceder. NORMAN, Donald. O design do dia a dia. Tradução de Ana Deiró. Rio de Janeiro: Editora Rocco (Anfiteatro), 2002, p. 130-132.

19 Idem, p. 88-103.

20 Idem, p. 39-47.

É exatamente isto que se espera de uma plataforma ou aplicativo no qual sejam oferecidos serviços públicos essenciais aos cidadãos, de maneira integrada e uniforme, em todo o território nacional: sistemas e ferramentas de fácil acesso e manuseio, com visual agradável e interfaces intuitivas, uso de linguagem simples e opções para recursos audiovisuais que facilitem a compreensão de todos, consideradas as especiais necessidades de cada um, e que se demonstrem capazes para o oferecimento dos serviços de maneira mais eficiente, célere e precisa.

## 6. ACESSO À JUSTIÇA E TECNOLOGIA: DESAFIOS E SOLUÇÕES À LUZ DO *LEGAL DESIGN*

Ao falar do desenvolvimento de modelos algorítmicos e ferramentas informatizadas que integram a chamada "virada tecnológica" aplicável ao Direito, Dierle Nunes menciona a necessidade de se observar a análise de impacto social, assim como outros elementos essenciais para a sua concepção como a equidade (*fairness*), a segurança cibernética[21] e o *accountability*[22].

Com relação especificamente à análise de impacto social, situa-se a preocupação de se assegurar aos usuários o uso da tecnologia da melhor forma possível, considerando-se as eventuais repercussões dela advindas.

Portanto, diante de impactos e efeitos indesejáveis, deverá o gestor processual imediatamente pensar em soluções alternativas, neutralizadoras ou compensadoras, para que as garantias constitucionalmente asseguradas sejam devidamente preservadas.

Em termos geográficos, veja-se que a expansão do acesso à justiça, intensificada pelo movimento de interiorização da justiça federal a partir

21 Klaus Schwab destaca que em razão da incorporação das novas tecnologias, "as empresas precisarão investir pesadamente em sistemas cibernéticos e de segurança de dados para evitar a interrupção direta, causada por criminosos, ativistas ou falhas não intencionais da infraestrutura digital. SCHWAB, Klaus. A Quarta Revolução Industrial / Klaus Schwab; tradução Daniel Moreira Miranda. São Paulo: Edipro, 2019.P. 69.

22 NUNES, Dierle. Virada tecnológica no Direito Processual e etapas do emprego da tecnologia no Direito Processual: seria possível adaptar o procedimento pela tecnologia? In: Inteligência artificial e direito processual: Os Impactos da Virada Tecnológica no Direito Processual / coordenadores Dierle Nunes, Paulo Henrique dos Santos Lucon, Erik Navarro Wolkart – Salvador: Editora Juspodivm, 2021.

da promulgação da Constituição de 1988[23], poderia, em tese, ser obstada pela ulterior adoção de mecanismos informatizados, especificamente em relação aos jurisdicionados que não possuam os meios e as condições mínimas para acessar a prestação jurisdicional na via digital.

Por esta razão, se instalaram em diversas comarcas da justiça federal, salas com equipamentos de informática disponíveis ao público em geral, e a designação de servidores para prestar assistência aos jurisdicionados nos processos judiciais eletrônicos.

Com a pandemia e a suspensão das atividades presenciais, os gestores tiveram que pensar em uma nova solução, dando origem ao *balcão virtual*[24], que reproduz em seu funcionamento alguns elementos e práticas extraídos da experiência do comércio integralmente digital, abrangendo desde o atendimento direto ao usuário – sanando-se dúvidas sobre o seu funcionamento de maneira síncrona ou assíncrona –, até o recebimento da prestação final pretendida.

Evidencia-se mais uma vez que a tecnologia deve ser constantemente pensada para que se intensifique o acesso à justiça, evitando-se, deste modo, qualquer efeito em sentido contrário.

Em termos de barreiras econômicas, pensou-se anteriormente à Constituição de 1988 em minimizá-las por meio da criação da Defensoria Pública, pela gratuidade de justiça e outros mecanismos de facilitação do acesso ao Poder Judiciário, em benefício de pessoas carentes de recursos financeiros[25].

---

23 Vide Lei n° 7.727/89, que logo após a Constituição de 1988 prever o acesso à justiça como garantia constitucional, deu cumprimento ao mandamento constitucional que estabelecia o prazo de 6 meses para a instalação dos Tribunais Regionais Federais; destaque-se também a Lei n° 12.011/2009 que dispôs sobre a criação de 230 varas federais, destinadas, precipuamente, à interiorização da justiça federal de primeiro grau e à implantação dos Juizados Federais em todo o território nacional.

24 Vide Resolução CNJ n° 372/2021. Destaca-se aqui, o art. 3°, que deixa clara a intensão de se reproduzir o atendimento presencial na via digital: "O Balcão Virtual deverá funcionar durante todo o horário de atendimento ao público, de forma similar à do balcão de atendimento presencial" e o § 1°, do art. 2°, que permite que o gestor, diante da deficiência de infraestrutura tecnológica naquela localidade, ofereça o atendimento virtual de maneira assíncrona, devendo dar uma resposta ao solicitante em prazo razoável.

25 A primeira Defensoria Pública teve origem no estado do Rio de Janeiro, em 5 de maio de 1897. O art. 113, da Constituição Federal de 1934 já dispunha sobre o direito de acesso gratuito à justiça. Por fim, a Lei 1.060/50, parcialmente revogada pelo CPC de 2015, contemplou as regras do CPC de 1939 que dispunha em capítulo próprio as regras da Justiça Gratuita, passando a ser o documento que consolidou todas as regras de assistência judiciária aos necessitados.

Por este motivo, não faria o menor sentido se pensar em uma justiça 100% digital, sem que houvesse alguma forma compensatória, capaz de incluir nas novas rotinas de prestação jurisdicional, o devido acesso por parte das pessoas economicamente hipossuficientes, mediante a imposição do uso de equipamentos caros e inacessíveis como condição única ou inexorável para o seu acesso.

Em contrapartida, segundo dados do Instituto Brasileiro de Geografia e Estatísticas - IBGE, não seria tão expressiva a fatia da população que estaria distante desta realidade tecnológica, pois constata-se que mais de 90% dos domicílios no Brasil apresentam equipamentos de acesso à internet[26]. Isto não afasta a necessidade de se minimizarem os efeitos potencialmente danosos em razão de qualquer dificuldade de acesso digital, que possa provocar a exclusão de classes ou grupos de uma efetiva prestação jurisdicional, mas já é um sinal de que o acesso à justiça não estaria sendo ameaçado pela simples introdução de equipamentos eletrônicos em suas novas rotinas de processamento.

Um estudo realizado pela The Law Society[27] retratou que os maiores desafios a serem enfrentados no Direito com a adoção das novas tecnologias em seu funcionamento, representam dificuldades em torno do acesso à justiça que envolvem barreiras culturais e regulatórias, quais sejam: confusão generalizada decorrente da dificuldade de se compreender a diferença entre tecnologia e inovação, além da falta de compreensão sobre cada um destes significados; variação, fragmentação e insuficiência no armazenamento de dados; falta de segurança e de confiança nos sistemas adotados; desigualdade de recursos e preocupações sobre a regulação[28] e a fiscalização dos dados e sobre a operação desses sistemas informatizados.



26 INSTITUTO BRASILEIRO DE GEOGRAFIA E ESTATÍSTICA – IBGE. Uso de internet, televisão e celular no brasil. Disponível em: https://educa.ibge.gov.br/jovens/materias-especiais/20787--uso-de-internet-televisao-e-celular-no-brasil.html. Acesso em 04 jan. 2021.

27 A The Law Society é um organismo profissional independente para advogados na Inglaterra e no País de Gales, administrado por e para os seus membros. Representam, apoiam e promovem advogados no Reino Unido e internacionalmente, tendo por objetivo a consolidação de uma sociedade justa, a defesa do Estado de Direito e do acesso à justiça para todos. THE LAW SOCIETY. Technology, Access to Justice and the Rule of Law. Is technology the key to unlocking access to justice innovation? Disponível em: https://tlsprdsitecore.azureedge.net/-/media/files/topics/research/technology-access-to-justice-rule-of-law-report.pdf?rev=7e0b66965a484682828cf0636ec55980&hash=FE6B57256242EB420046FFF0505A02FA. Acesso em 25 jan. 2021.

28 Por causa do ritmo acelerado das mudanças desencadeadas pela quarta revolução industrial, os reguladores estão sendo desafiados a um grau sem precedentes. Atualmente,

Segundo o mesmo estudo, estas seriam as possíveis soluções: 1) reconhecer que a tecnologia não é uma solução mágica para a acessibilidade, sendo imprescindível um prévio planejamento de inovação centrado no potencial usuário, que leve em consideração a visão da instituição no processo de planejamento, recursos e capacidades e esteja apoiado por uma adequada infraestrutura, como, por exemplo, a partir do provimento de conectividade de fibra para todas as comunidades carentes; 2) incentivos governamentais para realização de investimentos a longo prazo no desenvolvimento e aprimoramento das novas tecnologias, por meio de coordenação e colaboração entre setores públicos e privados; 3) implementação de melhores processos, produtos e modelos de gestão; 4) capacitação jurídica por meio de programas educacionais, de informação e de aconselhamento jurídico, com o auxílio de instituições de ensino e afins; 5) melhoria nos métodos de comunicação do usuário com os órgãos públicos e privados; 6) arquitetura do processo; 7) inovações em design organizacional, com ênfase em fornecedores de ferramentas de nuvem, análise e produtividade[29] e 8) rede de atualização de hardware, para que as organizações possam aumentar a negociação coletiva ao obter o hardware, com a formação de um *marketplace* digital[30], à exemplo do que se idealizou na Plataforma Digital do Poder Judiciário – PDPJ-Br[31].

Observe-se que a partir deste rol de possíveis soluções, pelo menos cinco delas estão ligadas ao *legal design*: planejamento centrado no usuário (1), implementação de melhores processos, produtos e modelos de

as autoridades políticas, legislativas e reguladoras são muitas vezes ultrapassadas pelos acontecimentos, incapazes de lidar com a velocidade da mudança tecnológica e a importância de suas implicações. SCHWAB, Klaus. A Quarta Revolução Industrial / Klaus Schwab; tradução Daniel Moreira Miranda. São Paulo: Edipro, 2019, p. 79.

29 A respeito do design organizacional, Klaus Schwab salienta que "em um mundo onde o talento é a forma dominante de vantagem estratégica, a natureza da estrutura organizacional deverá ser repensada. Hierarquias flexíveis, novas formas de medir e recompensar o desempenho, novas estratégias para atrair e reter os talentos competentes – esses fatores se tornarão a chave do sucesso organizacional". Para Shwab, as organizações mais bem sucedidas passarão cada vez mais de estruturas hierárquicas para "modelos mais colaborativos e em rede" e as empresas deverão assim se organizar "em torno de equipes distribuídas, trabalhadores remotos e coletivos dinâmicos, com troca contínua de dados e conhecimentos sobre as coisas ou tarefas em andamento". Idem, p. 70.

30 IWAKURA, Cristiane Rodrigues. Plataforma Digital do Poder Judiciário Brasileiro – PDPJ-Br: em busca da interoperabilidade. Disponível em: https://emporiododireito.com.br/leitura/plataforma-digital-do-poder-judiciario-brasileiro-pdpj-br-em-busca-da-interoperabilidade. Acesso em 10 out. 2020.

31 Resolução CNJ n° 335/2020.

gestão (2), melhoria nos métodos de comunicação (3), arquitetura do processo (4) e, por fim, inovações em design organizacional (5).

Em todas elas são encontradas valiosas contribuições do *design* para a construção de um ambiente jurídico digital mais eficiente e desburocratizado, portanto, mais propício para que se alcance um melhor resultado em termos de prestação jurisdicional, na medida em que o usuário é colocado como o centro de todo o processo decisório.

## 7. CONTRIBUIÇÕES DO DESIGN PARA A CRIAÇÃO DE SISTEMAS E FERRAMENTAS INTUITIVAS NO AMBIENTE JURÍDICO DIGITAL

Partindo das possíveis soluções apontadas no item anterior, trata-se neste tópico da importância do design para o aprimoramento do sistema de gestão de conflitos, referenciado como *Dispute System Design* – DSD.

Segundo Dierle Nunes e Camilla Paolinelli, o DSD se destina a uma grande "variedade de conflitos e disputas, buscando fornecer ferramentas e técnicas para o desenho de estruturas e processos mais justos e efetivos", tendo como missão identificar os mecanismos ideais para a prevenção, gerenciamento ou resolução de disputas, auxiliar na "estruturação de processos mais participativos e dialogais" e promover uma ressignificação da "visão de acesso à justiça" ao oferecer soluções "centradas nos interesses dos usuários"[32].

Ao mencionar o usuário como elemento central para o desenho de sistemas e ferramentas, estabelece-se uma imediata associação com as premissas traçadas por Donald A. Norman em sua obra "o design do dia a dia".

Ao iniciar a leitura do trabalho de Norman, generaliza-se uma falsa impressão de que sua abordagem se limita ao uso de objetos do cotidiano

32 NUNES, Dierle; PAOLINELLI, Camilla. Acesso à justiça e tecnologia: minerando escolhas políticas e customizando novos desenhos para a gestão e solução de disputas no sistema brasileiro de justiça civil. In: YARSHELL, Flávio Luiz; *et al* (orgs). Estudos em homenagem ao Professor Marc Galanter, 2021, no prelo. Disponível em: https://www.academia.edu/45169399/ACESSO_%C3%80_JUSTI%C3%87A_E_TECNOLOGIA_MINERANDO_ESCOLHAS_POL%C3%8DTICAS_E_CUSTOMIZANDO_NOVOS_DESENHOS_PARA_A_GEST%C3%83O_E_SOLU%C3%87%C3%83O_DE_DISPUTAS_NO_SISTEMA_BRASILEIRO_DE_JUSTI%C3%87A_CIVIL. Acesso em 10 mar. 2021.

que possuiriam, por alguma razão, um design que dificultaria o seu manuseio e a sua compreensão por pessoas sem experiência[33].

A análise dos objetos do cotidiano proposta por Norman vai muito além do design de produtos. O estudo, apresentado em uma linguagem bastante simples - que denota uma das vertentes do *legal design* - demonstra de maneira leve e divertida, a partir de interessantes analogias, como esta dificuldade na utilização de simples objetos pode se traduzir em situações diversas.

O autor inicia sua abordagem fazendo alusão às "Portas de Norman". A porta é uma figura bastante interessante. Sua concepção pode traduzir a entrada, o início de todo o pensamento que se desenrola sobre as inúmeras dificuldades que uma pessoa pode encontrar para utilizar objetos ou desenvolver uma tarefa no seu cotidiano.

A porta também representa um conector, podendo interligar espaços delimitados com diferentes características, que, por sua vez, representam diferentes áreas do conhecimento.

Outro significado que pode se extrair da porta, relaciona-se com o seu conteúdo, que pode estar trancado, protegido, desconhecido ou completamente exposto.

Em que pesem tantas simbologias presentes sobre a porta, Norman a utiliza como um exemplo de design inadequado. Lança-se o desafio ao leitor de pensar em portas pelas quais encontrou alguma dificuldade em sua utilização. A porta que "se empurra ou se deve puxar" é um clássico exemplo de design não intuitivo; só quem a conhece sabe quando empurrar ou puxar de maneira automática, e mesmo assim, pode errar uma vez ou outra.

Tudo o que não é intuitivo ou não funciona como se espera apresenta algum problema no projeto de seu design.

Design é uma palavra que se conecta imediatamente ao "desenho" de algo, tanto em sua forma física, como também no que concerne ao aspecto funcional. Não se deve pensar apenas no padrão estético. A facilidade e a comodidade no uso é que serão os fatores determinantes para

33 NORMAN, Donald. O design do dia a dia. Tradução de Ana Deiró. Rio de Janeiro: Editora Rocco (Anfiteatro), 2002.

a aceitação de um produto, para a adoção de uma ferramenta, ou para a incorporação de um sistema nas rotinas diárias de um indivíduo.

Outro ponto importante refere-se à compreensão de que o usuário deve estar no ponto central do desenvolvimento de qualquer projeto, e não o oposto. Esta é a primeira premissa de Norman, já tão comentada ao longo deste trabalho.

Portanto, quando se desenvolve um projeto, esteja relacionado a um produto, a um serviço, a um fluxo de trabalho, a obras intelectuais e artísticas, enfim, a qualquer ideia que venha a ser concebida de maneira corporificada ou não, deve-se manter um "olhar" focado no usuário.

Quando se pensa primeiro no produto final, sem se atentar para as necessidades e anseios daquele que poderá consumi-lo, as chances de sucesso diminuem, pois não há nada que garanta, objetivamente, a sua aceitação.

Norman então passa a desenvolver uma segunda premissa basilar para um "design" bem-sucedido, que, por sua vez, é representada pela psicologia dos objetos.

A psicologia não se restringe ao estudo dos estados e processos mentais do ser humano. Este ramo da ciência trata do comportamento do ser humano e as suas interações com o ambiente que o cerca. É exatamente neste ponto que Norman situa a importância da psicologia dos objetos para a concepção de um design inteligente e eficaz.

O modo pelo qual um ser humano enxerga um objeto e nele intuitivamente extrai alguma função ou utilidade, faz parte da psicologia do objeto. Como bem destacado por Norman, "a mente humana é feita sob medida e com extraordinária perfeição para entender o mundo"[34]. Logo, quando uma pessoa não consegue compreender naturalmente como um objeto pode ser utilizado e para que ele serve, faltou o uso da psicologia na concepção do seu design.

Os objetos com design inapropriados geram uma série de frustrações no cotidiano que acabam gerando impactos indesejados na execução de atividades relevantes impedindo, em muitos casos, uma evolução qualitativa em diversos segmentos da sociedade.

34 NORMAN, Donald. O design do dia a dia. Tradução de Ana Deiró. Rio de Janeiro: Editora Rocco (Anfiteatro), 2002.

E isto se conecta diretamente com as barreiras culturais e psicológicas que podemos verificar no acesso à justiça digital[35].

Norman traz diversos exemplos interessantes que traduzem como a dificuldade no uso de objetos do cotidiano podem trazer consequências danosas ao longo de uma simples dinâmica social.

Um destes exemplos consiste na árdua tarefa de se colocar uma chamada em espera ao telefone e redirecioná-la para outro ramal. Da mesma forma, se questiona a existência de múltiplas funções em um eletrodoméstico sem utilidade, ou de difícil percepção. A partir da psicologia do objeto trabalha-se com uma série de princípios elementares do design dentre os quais são destacam-se a visibilidade, o *affordance*, a causalidade, os modelos conceituais, o mapeamento e o *feedback*.

Os *affordances*, já mencionados neste trabalho, seriam estímulos positivos para que se use algo da maneira correta – como por exemplo, inserir um botão escrito "clique aqui para acessar o conteúdo integral" – que se contrapõem às restrições, que funcionam para incentivar alguém a deixar de fazer algo errado – tendo-se como ilustração clara disto, a inabilitação de um campo a ser preenchido em um formulário até que outro, logicamente antecedente, seja previamente preenchido.

Segundo Norman, o uso equilibrado e atento dos *affordances* e das restrições permitem ao usuário determinar prontamente a sequência de ações a executar, mesmo numa situação nova.

Pensando-se na marcha processual, pode-se extrair uma grande importância do design para que o usuário consiga navegar intuitivamente em um sistema informatizado, e visualize um processo seguindo a mesma lógica de um processo de papel. Assim, um processo eletrônico que possa ser "folheado" da direita para a esquerda, se apresenta muito mais acessível e agradável em sua leitura, do que um processo que seja visualizado em partes, separadamente, em anexos "zipados"[36], que estejam em locais muitas vezes invisíveis para um usuário inexperiente, ou com

35 Os aborrecimentos constantes com eventuais deficiências da informatização judiciária trazem à tona uma série de barreiras culturais e psicológicas que dificultam a aceitação dessa nova rotina de trabalho por vários dos agentes e usuários que deveriam ser beneficiados pelo processo eletrônico. IWAKURA, Cristiane Rodrigues. Princípio da Interoperabilidade: Acesso à Justiça e Processo Eletrônico. Belo Horizonte: Editora Dialética, 2020, p. 142.

36 "Zipado" é uma expressão comum para fazer referência aos arquivos que permanecem compactados para não ocupar um maior espaço de armazenamento no meio digital, e

peças não organizadas dentro dos padrões habituais, e que, portanto, não sejam captáveis pelo cérebro, de maneira intuitiva.

Justamente por esta razão, os aplicativos de leitura, como o *Kindle* e outros tantos utilizados para a veiculação dos livros digitais, tentam reproduzir ao máximo a experiência que o leitor tem ao folhear um livro, acrescentando-lhes funções que o tornam mais atrativo, como por exemplo, a possibilidade de grifar, destacar, traduzir e copiar passagens dos textos em forma de citações pré-formatadas.

O cérebro humano funciona com diversas ideias pré-concebidas, frutos de experiências passadas e reiteradas pelo usuário. Quantas vezes um objeto pode ser encontrado intuitivamente pelo hábito de se guardá-lo em determinado lugar? Para ilustrar bem este processo, Norman diz que se alguém quiser pregar uma peça de mau gosto em seus amigos, basta arrumar as suas mesas de trabalho.

Isto explica de maneira muito simples a dificuldade que o ser humano enfrenta diante de qualquer mudança. Por isso se fala que os sistemas devem ser estáveis, ao máximo, e somente comportarem mudanças, se estas forem realmente úteis ou inevitáveis. E, diante da necessidade de se mudar algo, os responsáveis devem fazer um planejamento bastante preciso para que se faça a transição de um sistema para o outro, pois do contrário, eles terão que enfrentar uma verdadeira "enxurrada" de reclamações e indagações por parte dos usuários. Isto quando o usuário não abandona o sistema, tendo opção de fazê-lo.

O estudo do design é importante para a concepção inicial de um sistema eletrônico judicial e se torna indispensável mesmo após a sua implementação, uma vez que se encarrega de todo o aperfeiçoamento, tendo-se por base uma observação sobre o comportamento dos usuários – aqui considerados como todos os jurisdicionados, operadores do direito, e a sociedade em geral – tornando visível o que era invisível antes, ou criando ferramentas capazes de incrementar a eficiência ou a rapidez das atividades desempenhadas ao longo da tramitação processual.

A isto se denomina conhecimento procedural, que segundo Donald Norman, é algo "difícil ou quase impossível de ser escrito e complicado

---

que, por isso, não são visualizáveis em seu teor, de imediato, devendo ser antes descompactados por um aplicativo específico.

de ensinar. É mais bem ensinado por meio de demonstração e mais bem aprendido por meio da prática.

## 8. CONCLUSÃO

Por todo o exposto, pode-se verificar a importância do conhecimento interdisciplinar para o desenvolvimento de sistemas e ferramentas tecnológicas atreladas aos ambientes jurídicos na era digital.

O *legal design* exsurge como uma nova área do conhecimento que merece ser explorada pelos operadores do direito da atualidade, sejam eles magistrados, promotores, defensores públicos, advogados públicos ou privados.

Buscou-se demonstrar ao longo deste trabalho que os melhores desenhos de sistemas informatizados e as ferramentas mais adequadas para o processamento de demandas nos meios eletrônicos podem ser obtidos a partir de um processo dialético, no qual gestores, programadores e todos os demais sujeitos envolvidos nas etapas de criação, implantação e aprimoramento tecnológico, travam um constante diálogo com os potenciais usuários, levando sempre em consideração os seus relatos, sejam eles externados como experiências positivas ou graves dificuldades, para que se promova uma correção de falhas e o constante aperfeiçoamento, rumo à consolidação das garantias fundamentais com maior eficiência e a obtenção de melhores resultados para a sociedade como um todo.

Como bem salientado por Klaus Schwab, "compartilhar é a ideia-chave", e sendo a tecnologia uma das possíveis razões pelas quais se passou a pensar em uma sociedade centrada no indivíduo, demonstra-se necessário reequilibrar esta equação a partir do desenvolvimento coletivo de um sentimento de propósito comum[37].

## 9. REFERÊNCIAS

DINAMARCO, Cândido R. Instituições de direito processual civil: volume I, 8ª ed., rev. e atual. segundo o Novo Código de Processo Civil. São Paulo: Malheiros, 2016.

37 SCHWAB, Klaus. A Quarta Revolução Industrial / Klaus Schwab; tradução Daniel Moreira Miranda. São Paulo: Edipro, 2019, p. 119.

FERNANDES, Bernardo Gonçalves; PEDRON, Flávio Quinaud. O Poder Judiciário e(m) crise. Reflexões de Teoria da Constituição e Teoria Geral do Processo sobre o Acesso à Justiça e as Recentes Reformas do Poder Judiciário à luz de: Ronald Dworkin, Klaus Günther e Jürgen Habermas. Rio de Janeiro: Ed. Lumen Juris, 2007.

GRECO, Leonardo. Garantias fundamentais do processo: o processo justo. In: Novos Estudos Jurídicos – Ano VII – N° 14 – p. 9-68, abril / 2002.

HAGAN, Margaret. Law by Design. Disponível em: https://www.lawbydesign.co/legal-design/. Acesso em: 28 fev. 2021.

IWAKURA, Cristiane Rodrigues. Princípio da Interoperabilidade: Acesso à Justiça e Processo Eletrônico. Belo Horizonte: Editora Dialética, 2020.

______; BRANDIS, Juliano Oliveira. Sandbox e microssistema de gestão processual no CPC de 2015. In: 4 anos de vigência do Código de Processo de 2015 / Lucelia de Sena Alves... [et al] (orgs). –1. ed. – Belo Horizonte, São Paulo: D'Plácido, 2020.

______. Plataforma Digital do Poder Judiciário Brasileiro – PDPJ-Br: em busca da interoperabilidade. Disponível em: https://emporiododireito.com.br/leitura/plataforma-digital-do-poder-judiciario-brasileiro-pdpj-br-em-busca-da-interoperabilidade. Acesso em 10 out. 2020.

LOWDERMILK, Travis. Design centrado no usuário. Um guia para o desenvolvimento de aplicativos amigáveis. São Paulo: Novatec Editora Ltda., 2013.

NORMAN, Donald A. Emotional design: why we love (or hate) everyday things. New York: Basic Books, 2004.

______. O design do dia a dia. Tradução de Ana Deiró. Rio de Janeiro: Editora Rocco (Anfiteatro), 2002.

NUNES, Dierle. Virada Tecnológica no Direito Processual e etapas do emprego da tecnologia no direito processual: seria possível adaptar o procedimento pela tecnologia? In NUNES, Dierle; *et al* (orgs). Inteligência Artificial e Direito Processual: os impactos da virada tecnológica no direito processual. 2ª ed. Salvador: Juspodivm, 2021.

______; PAOLINELLI, Camila. Acesso à justiça e tecnologia: minerando escolhas políticas e customizando novos desenhos para a gestão e solução de disputas no sistema brasileiro de justiça civil. In: YARSHELL, Flávio Luiz; *et al* (orgs). Estudos em homenagem ao Professor Marc Galanter, 2021, no prelo. Disponível em: https://www.academia.edu/45169399/ACESSO_%C3%80_JUSTI%C3%87A_E_TECNOLOGIA_MINERANDO_ESCOLHAS_POL%C3%8DTICAS_E_CUSTOMIZANDO_NOVOS_DESENHOS_PARA_A_GEST%C3%83O_E_SOLU%C3%87%C3%83O_DE_DISPUTAS_NO_SISTEMA_BRASILEIRO_DE_JUSTI%C3%87A_CIVIL. Acesso em 10 mar. 2021.

SILVA, Q.C.S.; SPENGLER, F.M. In: Anais do 2o Congresso Internacional de Direito e Contemporaneidade: mídias e direitos da sociedade em rede. 04, 05 e 06 jun. 2013 – Santa Maria / RS UFSM – Universidade Federal de Santa Maria. Disponível em: http://www.ufsm.br/congressodireito/anais. Acesso em 12 jan. 2021.

SCHWAB, Klaus. A Quarta Revolução Industrial / Klaus Schwab; tradução Daniel Moreira Miranda. São Paulo: Edipro, 2019.

THE LAW SOCIETY. Technology, Access to Justice and the Rule of Law. Is technology the key to unlocking access to justice innovation? Disponível em: https://tlsprdsitecore.azureedge.net/-/media/files/topics/research/technology-access--to-justice-rule-of-law-report.pdf?rev=7e0b66965a484682828cf0636ec55980&hash=FE6B57256242EB420046FFF0505A02FA. Acesso em 25 jan. 2021.

ZAVAGLIA, Alexandre. A transformação digital na área do Direito. Disponível em: https://www.conjur.com.br/2020-mai-12/alexandre-coelho-transformacao-digital--direito. Acesso em: 12 jan. 2021.

# 5

# O avanço da *Online Dispute Resolution* e dos tribunais *on-line* em decorrência da pandemia da Covid-19: é correto afirmar que tribunais são mero serviço?[1]

**Dierle Nunes**[2]

**Hugo Malone**[3]

**Escaneie o código QR para acessar a versão traduzida deste artigo.**

**Scan the QR Code for the English version of this paper.**



---

1 Este texto é resultado do grupo de pesquisa "Processualismo Constitucional democrático e reformas processuais", vinculado à Pontifícia Universidade Católica de Minas Gerais e à Universidade Federal de Minas Gerais e cadastrado no Diretório Nacional de Grupos de Pesquisa do CNPQ http://dgp.cnpq.br/dgp/espelhogrupo/3844899706730420. O grupo é membro fundador da "ProcNet – Rede Internacional de Pesquisa sobre Justiça Civil e Processo contemporâneo" (http://laprocon.ufes.br/grupos-de-pesquisa-integrantes-da-rede).

2 Doutor em Direito pela Pontifícia Universidade Católica de Minas Gerais/ Universitá degli Studi di Roma "La Sapienza". Mestre em Direito Processual pela PUC Minas. Professor permanente do PPGD da PUC Minas e colaborador na UFMG. Secretário Adjunto do Instituto Brasileiro de Direito Processual. Membro honorário da Associação Iberoamericana de Direito e Inteligência Artificial. Membro da Internacional Association Procedural Law, do Instituto Iberoamericano de derecho procesal e do Instituto Panamericano de Derecho Procesal. Diretor Executivo do Instituto de Direito Processual – IDPro. Membro da Comissão de juristas que assessorou no Código de Processo Civil de 2015 na Câmara dos Deputados. Diretor do Instituto Direito e Inteligência Artificial – IDEA. Advogado. dierle@cron.adv.br.

3 Doutorando e Mestre em Direito Processual pela PUC Minas. Especialista em Direito Público. Professor de Direito Processual na Faculdade Anhaguera. Pesquisador do grupo de pesquisa "Processualismo Constitucional democrático e reformas processuais". Assessor Judiciário no Tribunal de Justiça de Minas Gerais. hugomalone@yahoo.com.br.

**Sumário:** 1. Reflexões iniciais. 2. O Avanço da *Online Dispute Resolution* e dos Tribunais *On-line* em Razão da Pandemia Provocada pelo Novo Coronavírus. 3. Os Tribunais Podem Ser Vistos Como um Serviço? 4. Problemas na Realização de Audiências em Tribunais *On-line*. 5. Diretrizes a Serem Observadas na Implementação de Plataformas *On-line* de Resolução de Conflitos. 6. Considerações Finais. Referências.

## 1. REFLEXÕES INICIAIS

Os futuros processualistas poderão ver o ano de 2020 como um ponto da História no qual a virada tecnológica no Direito encontrou o terreno fértil para se expandir e fortalecer o movimento de mudança da forma com que os tribunais exercem a função jurisdicional. Não é novidade que a tecnologia tem a capacidade de mudar as sociedades ao interagir com o ser humano, gerando novos comportamentos e novas soluções para problemas antigos, mas também traz problemas e conflitos diferentes. Basta pensar no aumento do fluxo de informações propiciado pelas redes sociais e, por outro lado, nos impactos negativos decorrentes de sua utilização, como o incremento da polarização política e a divulgação em massa de *fake news*.[4]

No campo do Direito, mais especificamente no Direito Processual, a aplicação de novas tecnologias vem gerando debates em relação, *v.g.*, à forma como se dará a legitimação de uma decisão judicial em espaços altamente digitalizados. Se há poucos anos os tribunais ainda se preocupavam com a transmissão de documentos por fax,[5] atualmente

4 Sobre o tema, ver: *Robôs, redes sociais e política no Brasil [recurso eletrônico]: estudo sobre interferências ilegítimas no debate público na web, riscos à democracia e processo eleitoral de 2018.* Coordenação Marco Aurélio Ruediger. Rio de Janeiro: FGV, DAPP, 2017. NUNES, Dierle. *A tecnologia no controle das massas em processos decisórios.* Disponível em: https://www.conjur.com.br/2019-fev-12/dierle-nunes-tecnologia-controle-massas-processos-decisorios. NUNES, Dierle; MARQUES, Ana Luiza. *Juristas e tecnologias: uma interação urgente para o bem da democracia.* Disponível em: https://www.conjur.com.br/2019-dez-05/opiniao-juristas-tecnologias-uniao-urgente-democracia.

5 Veja, por exemplo, a Portaria Conjunta n. 699/PR/2017, do TJMG que, ao dispor sobre o funcionamento do serviço de protocolo e sobre a utilização de sistema de transmissão de dados para a prática de atos processuais na 2ª Instância, previa a utilização de fax em seu artigo 3º.

já se iniciaram os esforços para criar algoritmos narrativos capazes de construir uma decisão judicial, bem como proposições no sentido de permitir a adaptação procedimental mediante automação de atos e fatos processuais, não apenas como uma mudança do meio físico para o meio virtual, mas como a criação de novas etapas procedimentais com a utilização das tecnologias.[6]

Todas estas mudanças estão inseridas no fenômeno denominado virada tecnológica no Direito que, desde a década de 1990, vem promovendo uma simbiose na qual a tecnologia e os institutos jurídicos se retroalimentam e que promove o afastamento da percepção meramente instrumental da primeira, na medida que a revolução gráfica que vivenciamos altera o direito processual desde a propedêutica até a moldagem de novos *designs* de sistemas de disputas.[7] Não se trata de simples automação de tarefas repetitivas que eram realizadas por advogados, juízes e servidores dos órgãos judiciários, mas sim de verdadeira transformação dos institutos processuais, que podem ser reformulados com vistas a proporcionar formas mais adequadas de solucionar os conflitos existentes.

Nesse cenário, ganham destaque os Tribunais *On-line* – que preferimos denominar de Tribunais Híbridos –[8] proposta que parte da premissa de que os tribunais se mantiveram fundamentalmente instituições dos séculos XIX e XX, apesar de estarem no século XXI. Em razão do atraso, os Tribunais *On-line* seriam, para alguns mais ufanistas, a solução para o problema da ineficiência dos sistemas judiciais, pois poderiam modernizar e simplificar o acesso do cidadão, gerando melhoria no sistema e consequente redução do acervo processual.[9]

6 NUNES, Dierle. *Virada Tecnológica no Direito Processual (da automação à transformação): seria possível adaptar o procedimento pela tecnologia?* In: NUNES, Dierle; *et al* (orgs). Inteligência Artificial e Direito Processual: os impactos da virada tecnológica no direito processual. Salvador: Juspodivm, 2020.

7 NUNES, Dierle. Ob. Cit.

8 Em razão da realização de atos processuais tanto de modo on-line quanto off-line, passamos a utilizar a denominação Tribunais Híbridos para se referir aos órgãos judiciários no âmbito da Virada Tecnológica no Direito Processual. No entanto, considerando que o presente artigo trata do conceito apresentado por Richard Susskind na obra *Online Courts and the Future of Justice* (Oxford: Oxford University Press, 2019), optou-se por manter o termo Tribunais On-line.

9 SUSSKIND, Richard. *Online Courts and the Future of Justice.* Oxford: Oxford University Press, 2019.

O termo "Tribunais *On-line*" se refere a qualquer tipo de serviço público de gerenciamento e resolução de conflitos fornecido pelo Estado e pode admitir duas concepções: uma específica, referente à solução de casos por juízes humanos, mas não em tribunais físicos; e outra mais ampla, que diz respeito a toda iniciativa de um Tribunal para produzir mais do que decisões judiciais, como conciliações *on--line*, serviços de autoajuda, oferecimento de orientação jurídica para *pro se litigation* por meio das tecnologias cotidianas como aplicativos e *smartphones* etc.[10]

Pontue-se que para os adeptos da proposta, os modelos de tribunais *on-line* quase sempre partem da necessidade de se cumprir etapas de digitalização dos processos, automação de parcela das atividades processuais e adoção escalonada de guias *on-line* para autorrepresentação mesclada com técnicas de *on-line dispute resolution*, com ou sem ingerência humana,[11] implementando uma nova estrutura da fase cognitiva com uma diferenciação procedimental pela tecnologia.[12]

Além destas etapas, sempre se discute os limites e as possibilidades de adoção de algoritmos de apoio na atividade decisória.[13] As etapas de digitalização já vinham há muito sendo adotadas no Brasil, o que foi acelarado pela pandemia, partir de novas propostas de automação, tendência de ampliação do emprego de *ODR* e de Inteligência artificial. Perceba-se, ainda, que vem ganhando destaque a realização de protocolos institucionais entre o Judiciário e entidades privadas e de ensino superior para criação de *claim resolution facilities* (entidades de infraestrutura específicas)[14] para dimensionamento de litígios en-

10 SUSSKIND, Richard. Ob. Cit.

11 SUSSKIND, Richard. Ob. Cit.

12 NUNES, Dierle. *Virada tecnológica no direito processual e etapas do emprego da tecnologia no direito processual: seria possível adaptar o procedimento pela tecnologia?* In: NUNES, Dierle; LUCON, Paulo Henrique dos Santos; WOLKART, Erik Navarro (Coord.). Inteligência artificial e Direito Processual: os impactos da virada tecnológica no direito processual. Salvador: Juspodivm, 2021.

13 NUNES, Dierle; LUCON, Paulo Henrique dos Santos; WOLKART, Erik Navarro (Coord.). *Inteligência artificial e Direito Processual: os impactos da virada tecnológica no direito processual.* Salvador: Juspodivm, 2020.

14 Cf. sobre as *Claim resolution facilities*: CABRAL, Antonio do Passo; ZANETI, Hermes. *Entidades de infraestrutura específica para a resolução de conflitos coletivos: as claims resolution facilities e sua aplicabilidade no Brasil.* Revista de Processo | vol. 287/2019 | p. 445 – 483 | Jan / 2019.

volvendo recuperações judiciais[15], entre outras possibilidades, onde se promove um procedimento negociado (art. 190, CPC) com o emprego disruptivo de tecnologias.[16]

A noção mais ampliada dos Tribunais *On-line* está ligada a outra forma de solução dos conflitos: a Resolução *On-line* de Disputas (*Online Dispute Resolution* – ODR),[17] que pode ser compreendida como o uso das tecnologias da informação e da comunicação para auxiliar a resolução de conflitos em ambiente virtual. Este conceito foi introduzido pela primeira vez em meados dos anos 90, depois que a Internet foi aberta para atividades comerciais,[18] fazendo com que a década fosse o marco no crescimento do acesso à internet, com o aumento das interações no ambiente virtual e, consequentemente, dos conflitos.[19]

15 Cf. https://www.credor.oi.com.br/.

16 Cf. o emprego de convenções processuais no *leading case* emblemático da recuperação da OI S/A: O processo de recuperação judicial de uma das maiores concessionárias de serviço de telecomunicações do país, com mais de sessenta e cinco mil credores de classes diversas, exigiu o desenho de um sistema de solução de controvérsias e o recurso a diferentes disciplinas, por meio de atos concertados e de cooperação entre os agentes processuais, a fim tornar viável o curso regular do procedimento. A adaptação do processo e a introdução de um ecossistema digital (*online dispute resolution*), baseado em Inteligência Artificial e *Machine Learning*, sob a gestão delegada a entidade instituída especificamente para essa finalidade, permitiram a solução antecipada a milhares de credores e o consequente prosseguimento do processo em atendimento às garantias constitucionais reproduzidas nas normas fundamentais do Código de Processo Civil. CURY, César. *Um modelo transdisciplinar de solução de conflitos: direito e tecnologia no processo de recuperação judicial do leading case OI S/A*. In: NUNES, Dierle; LUCON, Paulo Henrique dos Santos; WOLKART, Erik Navarro (Coord.). Inteligência artificial e Direito Processual: os impactos da virada tecnológica no direito processual. Salvador: Juspodivm, 2020.

17 É importante anotar que Richard Susskind trata os Tribunais *On-line* de maneira distinta da *Online Dispute Resolution*, se referindo ao primeiro instituto como uma iniciativa pública, enquanto o segundo estaria no âmbito de atuação dos particulares. No entanto, não se pode coadunar com esta separação, uma vez que tanto os Tribunais *On-line* quanto às plataformas de *ODR* se referem à utilização de tecnologia para transformar os meios tradicionais de solução de conflitos. Então, pode-se afirmar que os Tribunais *On-line* também são uma das formas de resolver os conflitos de forma *on-line* e, portanto, podem ser enquadrados como ODRs, razão pela qual este texto versa sobre ambos os fenômenos.

18 O primeiro provedor de serviços de Internet surgiu em 1992, ano no qual a *National Science Foundation*, que gerenciava a Internet na época, deixou de proibir seu uso para fins comerciais. Nesse sentido, vide: KATSH, Ethan. ODR: A look at history. In: WAHAB, Mohamed S. Abdel; KATSH, Ethan; RAINEY, Daniel. *Online Dispute Resolution: Theory and Practice – A Treatise on Technology and Dispute Resolution*. Netherlands: Eleven International Publishing, 2012.

19 KATSH, Ethan; RABINOVICH-EINY, Orna. *Technology and dispute systems design: lessons from the "sharing economy"*. Dispute Resolution Magazine, v. 21.2, 2015.

A ideia central da ODR é a possibilidade de utilizar uma variedade de tecnologias de informação e comunicação que variam do simples serviço de bate-papo ou videoconferência à utilização de inteligência artificial para negociação assistida. Ou seja, não se trata de um *software* específico, mas do uso intencional da tecnologia para facilitar a resolução de conflitos. Assim, qualquer ferramenta tecnológica que, de um modo ou de outro, possa influenciar na solução de conflitos, fazendo isso de forma *on-line*, será uma ferramenta de *Online Dispute Resolution.*[20]

O campo para utilização da *ODR* é amplo nos Tribunais, pois a utilização das ferramentas tecnológicas pode ser implementada em qualquer fase do procedimento de solução de conflitos, como para fornecer informações em linguagem acessível às partes, estruturar negociações, sugerir soluções e até mesmo auxiliar no cumprimento das decisões.[21] Logo, a ODR não se trata apenas de automação das atividades, mas de profunda transformação no dimensionamento dos conflitos, consistente na utilização das tecnologias para executar tarefas e fornecer serviços que não seriam possíveis, ou mesmo concebíveis, no passado,[22] não se resumindo à mera reprodução *on-line* das técnicas de ADR.

No mundo, diversos são os tipos de conflitos já submetidos às plataformas de ODR, como causas de menor complexidade e valor, em Franklin, Ohio;[23] conflitos relacionados a infrações de trânsito, em Michigan;[24] litígios decorrentes de contratos de locação, em British Columbia;[25] reclamações sobre cobranças indevidas de tributos, em Ohio;[26] e até conflitos familiares de menor complexidade, como já ocorre em Michigan, por meio das plataformas MiChildSupport e MyLawBC.[27]

20 JOINT TECHNOLOGY COMMITTEE. *ODR for Courts*. Version 2.0. Updated and Adopted 29 nov. 2017.

21 JOINT TECHNOLOGY COMMITTEE. Ob. Cit.

22 SUSSKIND, Richard. Ob. Cit.

23 Cf. https://smallclaims.fcmcclerk.com/home/general-information.

24 Cf. https://courtinnovations.com/MID60.

25 Cf. https://civilresolutionbc.ca.

26 Cf. https://ohio-bta.modria.com.

27 Cf. https://www.mylawbc.com.

## 2. O AVANÇO DA *ONLINE DISPUTE RESOLUTION* E DOS TRIBUNAIS *ON-LINE* EM RAZÃO DA PANDEMIA PROVOCADA PELO NOVO CORONAVÍRUS

Se essa transformação já era uma tendência mundial, a pandemia causada pelo novo Coronavírus a acelerou, forçando os tribunais a adotarem medidas para manutenção da atividade jurisdicional mesmo com as limitações de presença física impostas pelas quarentenas decretadas em diversos países. São exemplos destas iniciativas a utilização, em audiências, do *software* Cisco Webex pelos Tribunais Brasileiros[28] e americanos do Colorado, New Hampshire, Oregon, Pennsylvania, Utah *e* Virginia, além do *software* Skype, pelos Tribunais de Nova Iorque *e* Oregon, do *software* Microsoft Teams pelos Tribunais de Oregon *e* Wyoming e do *software* Zoom pelos Tribunais de Michigan, New Jersey e Texas.[29]

Na China, os Tribunais começaram a fazer pleno uso da tecnologia da informação no trabalho contencioso desde o surto da *COVID-19* analisando, no período de 3 de fevereiro a 20 de março, quase 550.000 casos *on-line* em todo o país, nos quais foram realizados mais de 440.000 pagamentos *on-line*, mais de 110.000 sessões judiciais *on-line* e mais de 200.000 mediações *on-line*.[30] A importância das medidas *on-line* para o acesso à jurisdição é sentida quando se percebe que o Civil Resolution Tribunal, da British Columbia, não sofreu maiores impactos com a pandemia, mantendo-se em plena atividade, pois funciona remotamente desde a sua criação, anos antes da pandemia.[31]

No Brasil, o estado emergencial de saúde provocado pela pandemia da *COVID-19* levou o Conselho Nacional de Justiça a implementar uma "Plataforma Emergencial de Videoconferência para Atos Processuais", propiciando a criação de salas virtuais pelos juízes para realização de sessões de julgamento, audiências, reuniões, interação com advogados públicos e privados, membros do Ministério Público e

28 Cf. https://www.cnj.jus.br/plataforma-videoconferencia-nacional/.

29 Cf. https://remotecourts.org.

30 Cf. http://english.court.gov.cn/2020-03/31/content_37534820.htm.

31 Cf. https://civilresolutionbc.ca Cf. NUNES, Dierle. **Virada Tecnológica**. *cit.*

defensores públicos e, se necessário, a realização de sustentação oral de modo virtual e ao vivo.[32]

No Supremo Tribunal Federal, a Emenda Regimental nº. 53/2020 e a Resolução nº. 669/2020 autorizaram que qualquer processo, inclusive os de maior relevo, tais como as ações que viabilizam o controle concentrado de constitucionalidade e recursos extraordinários com repercussão geral reconhecida, fossem julgados no plenário virtual.[33] Contra a medida, um grupo composto por mais de 100 advogados encaminhou uma carta ao Presidente da Suprema Corte, argumentando que haveria violação à publicidade e restrição à participação dos advogados.[34] Uma reflexão necessária, pois audiências, em especial de instrução, e sustentações por videoconferência perdem a *tatibilidade* do contato corporal, "pela pluridimensionalidade e multiplicidade de camadas da percepção humana", uma vez que, como adverte Byung-Chul Han sobre os impactos da tecnologia nas relações humanas, "a comunicação digital é uma comunicação pobre de olhar".[35]

Já no Superior Tribunal de Justiça, a Resolução STJ/GP nº. 9, de 17 de abril de 2020, permitiu que as sessões presenciais de julgamento da Corte Especial, das Seções e das Turmas, ordinárias ou extraordinárias, fossem realizadas por videoconferência,[36] ressalvando o direito de qualquer parte ou Ministério Público destacar o processo para ser julgado em sessão sem videoconferência.[37] As videoconferências podiam ser acompanhadas ao vivo pelo canal do STJ no Youtube.[38]

No âmbito da produção legislativa brasileira, chama atenção a alteração na Lei nº. 9.099/95 (Lei dos Juizados Especiais Cíveis e Criminais)

32 Cf. https://www.cnj.jus.br/plataforma-emergencial-viabiliza-atos-processuais-por-videoconferencia/.

33 BRASIL. Supremo Tribunal Federal. *Resolução 669/2020, de 19 de março de 2020.* Diário do Judiciário Eletrônico, Brasília, 20 mar. 2020.

34 Cf. https://migalhas.com.br/quentes/324840/grupo-de-mais-de-100-advogados-se-manifesta-contra-plenario-virtual-do-stf.

35 HAN, Byung-Chul. *No enxame: perspectivas do digital.* Petrópolis: Vozes, 2019, p. 47.

36 Posteriormente, este prazo foi prorrogado para até 15 de junho de 2020, conforme a Instrução Normativa STJ/GP 8, disponível em: https://bdjur.stj.jus.br/jspui/bitstream/2011/142585/IN_8_2020_PRE.pdf.

37 BRASIL. Superior Tribunal de Justiça. *Resolução STJ/GP n. 9, de 17 de abril de 2020.* Diário da Justiça Eletrônico do STJ, Brasília, 20 abr. 2020.

38 O canal do Superior Tribunal de Justiça no *Youtube* pode ser acessado em: https://www.youtube.com/stjnoticias.

promovida pela Lei nº. 13.994/20, publicada em 27 de abril de 2020. A referida lei teve o objetivo de possibilitar a conciliação não presencial no âmbito dos Juizados Especiais Cíveis, acrescentando ao artigo 22 da Lei nº. 9.099/95 o § 2º, segundo o qual "é cabível a conciliação não presencial conduzida pelo Juizado mediante o emprego dos recursos tecnológicos disponíveis de transmissão de sons e imagens em tempo real, devendo o resultado da tentativa de conciliação ser reduzido a escrito com os anexos pertinentes".[39]

Ao que parece, a Lei nº. 13.994/20 também criou uma espécie de "revelia" pela recusa em participar da tentativa de conciliação não presencial, o que deve ser lido com todas as cautelas possíveis, em razão das dificuldades de acesso aos meios digitais e da dificuldade que alguns podem ter com o manejo das ferramentas eletrônicas.[40] Apesar de todos os avanços tecnológicos experimentados nas últimas décadas, ainda é preciso lembrar que não é possível afirmar a existência de uma cidadania digital no Brasil. A partir do momento em que vários aspectos importantes da vida são realizados no meio digital - com a pandemia, os direitos à educação e, até mesmo, à saúde são realizados *on-line* - é preciso garantir os meios necessários para a plena realização da cidadania digital, o que exige alfabetizar os cidadãos para o mundo digital, ou garantir-lhes o exercício de seus direitos sem qualquer restrição no mundo físico caso seja necessário. Assim, deve se garantir aos indivíduos a completa realização de seus direitos no ambiente digital, sobretudo no avançado estágio do processo de aumento da influência das novas tecnologias na sociedade.[41]

Retornando à alteração promovida pela Lei nº. 13.994/20, poderia se objetar que as iniciativas relacionadas não promovem verdadeira transformação na forma de resolver os conflitos, não podendo ser enquadradas como iniciativas de *Online Dispute Resolution*. No entanto, como

39 BRASIL. *Lei 13.994, de 24 de abril de 2020.* Altera a Lei nº 9.099, de 26 de setembro de 1995, para possibilitar a conciliação não presencial no âmbito dos Juizados Especiais Cíveis. Diário Oficial da União, Brasília, 27 abr. 2020.

40 A Lei n. 13.994/20 também alterou a redação do artigo 23 da Lei dos Juizados Especiais, passando a prever que "se o demandado não comparecer ou recusar-se a participar da tentativa de conciliação não presencial, o Juiz togado proferirá sentença".

41 MARQUES, Francisco Paulo Jamil Almeida. *Cidadania Digital: a internet como ferramenta social.* Trabalho apresentado no NP10 – Núcleo de Pesquisa Economia Política e Políticas Públicas de Comunicação. XXV Congresso Anual em Ciência da Comunicação, Salvador/BA. 4 e 5 set. 2002.

visto, tanto o termo *ODR* quanto o termo Tribunais *On-line* admitem significação ampla, na medida em que se referem ao uso de qualquer ferramenta tecnológica que, de um modo ou de outro, possa influenciar na solução de conflitos de forma *on-line,*[42] como conciliações *on-line*, serviços de autoajuda e oferecimento de orientação jurídica para *pro se litigation* por meio das tecnologias cotidianas.[43]

Importante destacar que embora ainda não exista lei específica no Brasil sobre a implantação de plataformas de ODR e Tribunais *On-line*, o Conselho Nacional de Justiça editou diversas resoluções sobre a utilização de tecnologias nos tribunais no ano de 2020, como a Resolução nº. 332, sobre a ética, a transparência e a governança na produção e no uso de Inteligência Artificial no Poder Judiciário; a Resolução nº. 335, que criou a Plataforma Digital do Poder Judiciário Brasileiro (PDPJ-Br), com o objetivo de integrar e consolidar todos os sistemas eletrônicos do Judiciário brasileiro em um ambiente unificado; a Resolução nº. 345, que cria Juízo 100% Digital; a Resolução nº. 349, que criou o Centro de Inteligência do Poder Judiciário (CIPJ) e a rede de Centros de Inteligência do Poder Judiciário; e, por fim, a Resolução nº. 358 do CNJ, de 2/12/2020, regulamenta a criação de soluções tecnológicas para a resolução de conflitos pelo Poder Judiciário por meio da conciliação e mediação.

Como se vê, a crise ressaltou a importância das ferramentas tecnológicas para continuidade da atividade jurisdicional em períodos de distanciamento físico e acelerou o movimento de digitalização do judiciário,[44] mostrando que a tecnologia pode contribuir para o aumento da produtividade dos Tribunais.[45] No entanto, não se pode confundir o aumento de números com a melhoria da aplicação do direito, o que evidencia a preocupação sobre discursos que atrelam a eficiência (retórica)

---

42 JOINT TECHNOLOGY COMMITTEE. Ob. Cit.

43 SUSSKIND, Richard. Ob. Cit.

44 Ao tratar das mudanças procedimentais nos Tribunais da Inglaterra e do País de Gales, em razão da pandemia, o relatório *The Civil Justice and Covid-19* destacou ser "provável que o que foi feito agora constitua a base das lições a serem aprendidas para as mudanças mais permanentes que surgirão das feitas agora em resposta à crise e moldará o programa de digitalização em andamento e de longa data. [...] O que é certo, no entanto, é que a atual pandemia terá um efeito profundo e sem dúvida duradouro na evolução futura do sistema de justiça civil inglês e galês". Ver: KRANS, Bart. *et. al. The Civil Justice and Covid-19. Septentrio Reports 5. Arctic University of Norway*. Tradução nossa.

45 Cf. https://www.cnj.jus.br/judiciario-mineiro-realiza-quase-1-milhao-de-atos-processuais/

à simples melhora quantitativa dos Tribunais, olvidando-se que é a melhoria qualitativa que garante a legitimidade das decisões judiciais.

Por isso, os Tribunais precisarão encontrar respostas para uma equação nada simples: garantir o acesso à justiça em ambientes *on-line (e-acesso)*, mantendo e buscando a verdadeira eficiência e observando o modelo democrático de processo inaugurado, no Brasil, pela Constituição de 1988.[46] Não se pode esquecer a advertência de Neil Postman de que para cada vantagem que uma nova tecnologia oferece, sempre há uma desvantagem correspondente e, em cada situação, a desvantagem pode exceder em importância a vantagem; ou a vantagem pode valer o custo.[47]

Deve ser considerando que, uma vez que os tribunais *on-line* funcionem bem, seu uso poderá ser (e muito provavelmente será) estendido para atingir litígios que envolvam valores muito mais altos e casos mais complexos.[48] Provavelmente, a *ODR* será a maneira como a maioria dos problemas cotidianos serão resolvidos, com abordagens algorítmicas cada vez mais presentes. O ritmo dessa mudança será determinado, em grande medida, pela rapidez com que as lições aprendidas dos projetos de *ODR* até o momento forem consolidadas, bem como a partir da realização de novas pesquisas para entender a eficiência e a ética da *Online Dispute Resolution.*

Faz-se necessário, assim, um olhar sério e metodológico sobre as implicações da tecnologia no campo do Direito Processual e sobre suas premissas, como se fará no tópico seguinte, sobretudo quando os impactos podem atingir direitos fundamentais, como a propriedade, a liberdade, a segurança e o acesso à justiça.



## 3. OS TRIBUNAIS PODEM SER VISTOS COMO UM SERVIÇO?

À medida que o emprego das tecnologias avança, os argumentos em prol da utilização de Tribunais *On-line* em substituição aos tribunais tradicionais se ampliam. Atualmente, vem ganhando força o argumento

46 Para uma análise panorâmica: NUNES, Dierle. *Processo Jurisdicional Democrático*. Curitiba: Juruá, 2008. NUNES, Dierle. BAHIA, Alexandre. Processo, *Jurisdição e processualismo democrático na américa latina: alguns apontamentos*. *RBPE*, BH, n. 101, p. 61-96. jul./dez. 2010.

47 POSTMAN, Neil. *Five Things We Need to Know About Technological Change*, 1998.

48 SUSSKIND, Richard. Ob. Cit.

de que os Tribunais seriam um serviço e não um local, de modo que as partes não precisariam se reunir em um ambiente físico quando fossem resolver seus conflitos.[49]

Bastaria, portanto, que o "serviço" fosse realizado e suas etapas reduzidas, independente do meio utilizado. Veja-se que nos modelos com melhores resultados, como o do *Civil Resolution Tribunal* Canadense, quase sempre se adota o mesmo *iter modular* de níveis, sendo que o

> primeiro auxilia usuários a explorar possíveis soluções para o seu litígio. O segundo seria uma plataforma de negociação on-line. Já no terceiro, um gerente de caso tentaria mediar on-line ou pelo telefone, e se falhasse, em quarto lugar, um juiz se envolveria no litígio – on-line, por telefone, ou videoconferência – e prolataria uma decisão vinculativa.[50]

Ocorre que a premissa do tribunal ser um simples serviço, apesar de sedutora e de estar sendo repetida no Brasil sem reflexão, não é correta. Em primeiro lugar, é preciso perceber que seu artífice, Richard Susskind, não explica as bases de sua proposta na obra em que a apresenta dentro

49 SUSSKIND, Richard. Ob. Cit.

50 NUNES, Dierle. *Virada Tecnológica no Direito Processual (da automação à transformação).* 2020. p. 32. No projeto idealizado por Susskind para ser implementado no sistema inglês, as etapas, inspiradas no MODRIA e no CRT, seriam as seguintes: "Sugerimos que o tribunal deveria ser um serviço com três níveis de resolução de litígios de pequeno valor. A primeira via proveria o que chamamos de "avaliação on-line". Ela ajudaria usuários com problemas a categorizar e classificar suas queixas, a entender seus direitos e deveres e os guiaria nas soluções disponíveis para os seus casos. [...] essa via ajudaria na prevenção de disputas. O segundo nível seria o que chamamos de "facilitação on-line". Nele, facilitadores trariam rapidez, sensibilidade e conclusão às disputas, sem o envolvimento de juízes. Comunicando-se através da internet, esses facilitadores revisariam papéis e declarações e ajudariam as partes, mediando e negociando. Caso necessário, eles também poderiam utilizar locais para a realização de videoconferência. O papel-chave do facilitador seria de evitar que as disputas piorem, fazendo uma espécie de triagem: direcionando casos para os juízes on-line ou para juízes comuns (humanos), quando for apropriado. Com isso, e com o espírito de histórico da ODR, haveria uma espécie de ferramenta de negociação automatizada. Essa via forneceria uma espécie de "contenção de disputas". O terceiro nível envolveria juízes, trabalhando on-line ao invés de estarem nos tribunais. Estes juízes seriam membros do Judiciário e decidiriam casos ou parte dos casos que não se adequam à resolução on-line consensual. Para isso, os juízes se basearam nos papéis enviados eletronicamente. Esta etapa faria parte de um processo estruturado de petições on-line, que requer que usuários enviem suas evidências e argumentos pela internet. Novamente, isso teria suporte por telefone e, no futuro, por videoconferência. Em qualquer estágio, juízes on-line poderiam decidir transferir os casos para audiências tradicionais, presenciais. Essa terceira via proporcionaria a chamada "resolução de disputas". SUSSKIND, Richard. Ob. Cit. p. 100 (Tradução livre).

da ótica da tecnologia do XAAS (*everything as a service*). Ao deixar de investigar as premissas de sua afirmação, Susskind negligencia institutos fundamentais ao estudo do Direito Processual, como a jurisdição e o processo, em sua conformação constitucional democrática.

Mesmo que os fundamentos não sejam tão claros, pode-se ter uma noção do raciocínio de Susskind.

Na obra *Tomorrow Lawyers: an introduction to your future*, Susskind afirma que "em um tribunal virtual, um ou mais juízes participam de algum tipo de sala de audência, distribuindo justiça da maneira tradicional. A ruptura com a tradição é que alguns participantes aparecem virtualmente através de algum link de vídeo, em vez de pessoalmente. Mas estão agora a ser dados passos para além da audiência virtual e para o mundo dos tribunais online e da resolução de litígios online (ODR). Neste admirável mundo novo, nenhum tribunal tradicional está envolvido. Em vez disso, o processo de resolução de um litígio, especialmente a formulação da solução, é inteiramente ou em grande parte conduzido através da Internet. Um tribunal torna-se um serviço e não um lugar.[51]

Posteriormente, na introdução do livro *Online Courts and the Future of Justice*, o autor afirma que "pode ser mais preciso falar de 'serviços judiciais on-line' ou 'processos judiciais on-line', mas o termo 'tribunais on-line' de alguma forma ficou como marca".[52] Ou seja, os termos serviços judiciais, processos judiciais e tribunais são tratados como sinônimos na obra e a opção de utilizar o termo "tribunais" se deu simplesmente em razão de sua maior difusão. Trata-se de impropriedade técnica, uma vez que não se pode confundir, no atual estágio da Ciência Processual, os termos "serviços judiciais" e "processo".

Em outro trecho da obra, o autor afirma que o termo Tribunais *On-line* é utilizado em dois sentidos: um específico e outro mais geral, mas "ambos se referem a algum tipo de serviço público de gerenciamento e resolução de disputas fornecido pelo Estado".[53] Como se vê, a resolução

51 SUSSKIND, Richard. *Tomorrow Lawyers: an introduction to your future*. 2 ed. Oxford: Oxford University Press, 2017, p. 111.

52 SUSSKIND, Richard. Ob. Cit. p. 5. No original: *It might be more accurate to speak of "online court services" or "online court processes", but the term "online courts" has somehow stuck as a brand* (Tradução livre).

53 SUSSKIND, Richard. Ob. Cit. p. 6. No original: *Both refer to some kind of public, state-provided dispute management and resolution service* (Tradução livre).

de conflitos pelo Estado é tratada por Susskind como um serviço. Logo, ao tratar de Tribunais *On-line*, Susskind está se referindo, na verdade, à jurisdição, em sua conceituação clássica dada por Chiovenda, para o qual a jurisdição seria a atuação da vontade concreta da lei em relação às partes, no sentido de que o juiz apenas revelaria a intenção legislativa e a aplicaria ao caso concreto.[54]

Dessa maneira, ao se referir a Tribunais, Susskind está se referindo a uma percepção ultrapassada da própria jurisdição e, assim, esta – a jurisdição – seria um serviço público prestado com o objetivo de resolver os conflitos que lhe são submetidos. O argumento não é novo, mas não é recepcionado pela ciência processual moderna, que enquadra a jurisdição como uma das três funções do Estado. Ao lado das funções executiva e legislativa, a jurisdição lida com uma pluralidade de tipos de litígios e exerce funções de garantia de direitos fundamentais, por vezes com cunho contramajoritário.[55]

Pontue-se, assim, que tal nomenclatura (tribunais *on-line* ou justiça digital) oferta um claro reducionismo de análise do sistema processual, que, como defendemos há muito, deve ser empreendido dentro de uma abordagem multidimensional e macroestrutural que nominamos de processualismo constitucional democrático.[56]

Nessa perspectiva, não é possível reduzir a jurisdição a um mero serviço/local e o processo a seu instrumento. O processo é uma garantia de controle de poderes que oferta condição de participação na implementação de direitos e limite na atividade dos afetados pelas decisões, e a atividade jurisdicional é um *locus* democrático de garantia de correção e legitimidade que, numa comunidade de princípios, aprimora a democracia.

Ademais, todas as vezes que se pensa na utilização de tecnologia para implementação de tribunais *on-line* expandidos, como defende Susskind, não podemos negligenciar a necessidade de se verificar se as vias *on-line* ponta a ponta seriam adequadas para todos os litígios, em face

---

54 CHIOVENDA, Giuseppe. *Instituições de direito processual civil*. Vol. II. São Paulo: Saraiva, 1969. p. 37.

55 NUNES, Dierle; BAHIA, Alexandre; PEDRON, Flávio. *Teoria Geral do Processo*. Salvador: Editora Juspodivm, 2020.

56 NUNES, Dierle. *Processo jurisdicional democrático*. Cit.

das especificidades de cada caso e de seus afetados. Isso porque apesar do autor defender o início de implementação para litígios menos complexos – como se faz de modo recorrente –, há uma defesa de expansão para um uso generalizado.

A defesa da jurisdição como serviço representa assim uma simplificação inadequada da atividade jurisdicional e negligencia o desenvolvimento do seu papel desde o segundo pós-guerra. Logo, ainda que aqueles que defendam a jurisdição como serviço tenham o louvável objetivo de buscar o aumento do acesso à justiça, podem incorrer no risco de vulnerar direitos fundamentais, ao negligenciar o papel do processo na garantia destes direitos.

Assim, o termo tribunais, significando jurisdição, não pode ser utilizado como sinônimo de serviço público e nem como qualquer local, em seu aspecto geográfico, mas, sim, como lócus de garantia de direitos fundamentais. É por essa razão que nem todos os atos de um procedimento poderão ser realizados exclusivamente de forma *on-line* e, ainda que isso seja possível em muitos casos, devem ser garantidos todos os direitos decorrentes do devido processo constitucional, até em âmbito tecnológico, para controlar os poderes algorítmicos mediante a busca de *fairness, transparency e accountability.*

Não se pode negar que a defesa pelos Tribunais *On-line* tem entre seus objetivos o legítimo intuito de resolver os problemas do acesso à justiça. Contudo, não há comprovação de que a mera viabilização de acesso *on-line* seja a solução para os atuais problemas do sistema processual, em especial num país como o Brasil, no qual ainda há uma desigualdade social incomensurável e uma inacessibilidade de acesso à tecnologia. Veja, por exemplo, que Susskind já havia proposto que o acesso à justiça seria incrementado quando as leis passassem a ser disponibilizadas na internet.[57] No Brasil, embora todas as leis possam ser acessadas pelo Portal da Legislação, integralmente disponibilizado na internet,[58] não parece que a iniciativa gerou qualquer melhoria no sistema de justiça brasileiro, seja em aspectos qualitativos ou quantitativos.

57 SUSSKIND, Richard. Ob. Cit. p. 107.

58 Cf. http://www4.planalto.gov.br/legislacao/.

## 4. PROBLEMAS NA REALIZAÇÃO DE AUDIÊNCIAS EM TRIBUNAIS *ON-LINE*

Para esclarecer melhor o argumento de que o exercício *on-line* da jurisdição não oferece, por si só, garantias de melhoria do sistema processual, deve-se ter em mente que cada ato processual possui peculiaridades que devem ser examinadas antes de propor sua virtualização de forma irrestrita.

De fato, alguns atos podem e devem ser realizados por meio de ferramentas tecnológicas. Cresce, por exemplo, o movimento de redução brutal no uso das cartas precatórias em face da possibilidade de prática destes atos pela via digital.

Igualmente, já se sugeriu a criação de plataformas algorítmicas visando à agilização do procedimento executivo, como, *v. g.*, o desenvolvimento de programa para oferta de memória de cálculo padrão e uma plataforma unificada de leilões judiciais.[59] Igualmente, vem se estruturando projetos como ELIS, no Tribunal de Justiça de Pernambuco, para automatizar as atividades identificadas como gargalos nas ações de Execução Fiscal que tramitam no PJe. No projeto, a Inteligência Artificial é utilizada na triagem inicial dos processos, classificando-os quanto aos seguintes aspectos: inconsistências existentes entre os dados dos documentos contidos na petição inicial, na Certidão da Dívida Ativa e no sistema PJe, competência diversa e prescrição.[60]

Outros atos processuais, no entanto, só admitirão a prática *on-line* se forem projetadas formas de garantir a efetivação do devido processo constitucional em meios digitais. Dentre os diversos problemas relacionados à realização de atos processuais *on-line*, é possível citar aqueles relacionados à realização de audiências por meios não presenciais, como instruções realizadas por videoconferência, colheitas de depoimentos por áudio e sustentações orais gravadas e envidas aos magistrados. Por isso, torna-se imperativa a realização de Protocolos Institucionais envolvendo a OAB e, ao menos, os tribunais nos quais se fixem, com base

59 NUNES, Dierle; ANDRADE, Tatiana Costa de. *Execução e Tecnologia: novas perspectivas*. In: NUNES, Dierle; *et al* (orgs). Inteligência Artificial e Direito Processual: os impactos da virada tecnológica no direito processual. Salvador: Juspodivm, 2020.

60 Cf. https://www.cnj.jus.br/cnj-usara-automacao-e-inteligencia-artificial-para-destravar-execucao-fiscal/.

na boa-fé objetiva e na cooperação (comparticipação), premissas para realização adequada das videoaudiências, trazendo, inclusive, um papel preventivo de futuras discussões de cerceamento de defesa e nulidades.[61] Os Protocolos Institucionais, decorrentes da autorização normativa para pactuação de convenções processuais no art. 190 do CPC, são acordos firmados entre os tribunais e os órgãos profissionais de classe que, por serem celebrados em nome de uma categoria ou grupo, vinculam todos os seus membros.[62]

Outrossim, é preciso dimensionar de que forma a realização de sustentações orais assíncronas, por vídeos gravados pelos advogados e enviados aos julgadores, poderá prejudicar a máxima efetividade do princípio do contraditório como direito de influência das partes na construção do provimento judicial. Embora se afirme que a sustentação por vídeo seria capaz de propiciar maior poder de influência, em razão de ser possível projetar os sistemas para que bloqueiem a edição do voto até que os magistrados assistam todo o vídeo, não nos parece ser a melhor solução.

Apesar da ausência de demonstração empírica, pela ausência de dados de comparação (ao menos momentaneamente), há uma aparência de perda da pluridimensionalidade do corpo e do poder de persuasão por meio de sustentações síncronas e presenciais em relação àquelas realizadas por videoconferência. Mas como parece ser um movimento que veio para ficar, em especial nos tribunais superiores, os advogados precisam se adaptar à hiperoralidade (oralidade por *hiperlink*) mediante a prototipação de novos modos de apresentação das informações, como, *v. g.*, mediante a apresentação de projeções de infográficos para manter a influência na formação das decisões.

É válido também o registro de que a realização de audiências por meios não presenciais pode gerar prejuízos à ampla defesa, na medida



61 Analisado a celebração de Protocolos Institucionais para utilização de mecanismos de inteligência artificial nos processos judiciais: FARIA, Guilherme Henrique Lage; PEDRON, Flávio. Inteligência artificial, diretrizes éticas de utilização e negociação processual: Um diálogo essencial para o direito brasileiro. In: NUNES, Dierle *et al* (Coord.). Inteligência Artificial e Direito Processual. 2020. Especificamente sobre a celebração de Protocolos Institucionais versando sobre os aspectos a serem observados em audiências no ambiente *online*, cf. NUNES, Dierle; FARIA, Guilherme Henrique Lage; PEDRON, Flávio. *Hiperoralidade em tempos de Covid-19*. Disponível em: https://www.conjur.com.br/2020-jun-16/nunes-faria-pedron-hiperoralidade-tempos-covid-19.

62 CABRAL, Antônio do Passo. Convenções Processuais. 2016. p. 84.

em que dificulta o contato do advogado com as testemunhas inquiridas e o contato das partes com o magistrado que irá julgá-las. Mais uma vez, a advertência de Byung-Chul Han de que "a mídia digital nos afasta cada vez mais do outro"[63] induz à reflexão dos limites da comunicação por videoconferência. Partindo-se da premissa de que a parte verbal da comunicação é pequena se comparada às formas não verbais, como gesticulação, expressões de rosto ou linguagem corporal[64], parece claro que a inquirição de testemunhas por videoconferência será, em muitos casos, insuficiente para que os advogados consigam explorar ao máximo as oitivas e produzir as provas necessárias para obter sucesso em uma demanda.

É necessário perceber que o Código de Processo Civil de 2015 pretendeu aproximar o contato entre o advogado e a testemunha inquirida durante a audiência de instrução ao prever, no artigo 459, que a inquirição se dê de forma direta, sem a intermediação do juiz. Logo, a utilização de ferramentas de videoconferência pode promover um distanciamento indevido, impedindo o advogado de explorar toda a comunicação não verbal da testemunha durante o depoimento.

Outro problema decorrente da realização de audiências por videoconferência reside na diminuição do controle das partes e do judiciário na produção da prova, permitindo a atuação estratégica dos advogados. É perfeitamente possível que, diante de uma informação desfavorável que esteja sendo prestada por uma testemunha, o próprio advogado que a arrolou encerre a conexão, sob o fundamento de eventual falha técnica. O cenário é pior ainda quando se cogita que o advogado poderia não retornar ao ambiente *on-line* da audiência e aguardar nova designação para se preparar melhor.

Infelizmente, também não se pode negligenciar a maior possibilidade de instrução de testemunhas ouvidas em espaços diferentes do julgador e do advogado da parte adversa. A possibilidade de que a instrução se dê sem o controle do judiciário induziria uma forma de realização da prova testemunhal que dependeria muito mais da responsabilização dos advogados, como ocorre no sistema processual americano. No entanto, além de não haver essa tradição no sistema jurídico brasileiro, não existe

63 HAN, Byung-Chul. Ob. Cit. p. 48.
64 HAN, Byung-Chul. Ob. Cit. p. 44.

legislação que trate sobre o tema, ficando a regulamentação muito mais a cargo dos Tribunais de Justiça.

Essa nova realidade reclama a criação – como já afirmamos[65] e agora insistimos – de, ao menos, um Protocolo Interinstitucional (art. 190, CPC) prevendo quais aspectos devem ser observados pelas partes e juiz para realização de audiências por videoconferência, sobretudo estabelecendo formas de controle embasadas na boa-fé objetiva. Para garantir a participação de todos os afetados e considerando a necessidade de uma resposta rápida, pois os atos processuais *on-line* já se avolumam, o protocolo deveria ser preferencialmente produzido em conjunto pelo Conselho Nacional de Justiça e pela Ordem dos Advogados do Brasil, representando a aplicação da cooperação no plano estratégico e gerencial. Só assim será possível visualizar uma aplicação minimamente democrática das audiências por sistemas de videoconferência, evitando zonas de não-direito durante a pandemia.

65 Ao defender a necessidade de Protocolos Institucionais para regular a realização de atos processuais em meios digitais, com Flávio Pedron e Guilherme Lage propusemos que "entre as diretrizes básicas (sem prejuízo de outras a serem adotadas), acreditamos ser essencial estabelecer que: 1) As audiências somente podem ocorrer mediante concordância das partes, antecipando atos processuais possíveis de serem realizados caso não haja audiência; 2) Em caso de problemas de conexão, o ato deve ser suspenso; 3) O Judiciário deverá disponibilizar locais para partes e testemunhas participarem das audiências (respeitando as medidas de segurança); 4) Em havendo depoimento de ambas as partes, uma delas (que não pertença ao grupo de risco) deverá comparecer em juízo para prestar depoimento, de modo a assegurar que a primeira não ouça o depoimento da outra; 5) O rol de testemunhas deve estar acompanhado de documento oficial com foto; 6) As testemunhas que não pertencerem ao grupo de risco comparecerão em juízo para serem inquiridas em salas separadas; 7) As partes e testemunhas que estão no grupo de risco serão ouvidas em suas residências, diligenciando para que não haja influência ou interferência de terceiros, podendo o juiz solicitar a exibição do ambiente para verificação; 8) Antes do depoimento, a testemunha exibirá o documento oficial com foto; 9) Os depoimentos deverão ser gravados, bem como toda a audiência de instrução e julgamento; 10) As sustentações orais por hiperoralidade, síncronas ou assíncronas, devem ser vistas pelos julgadores obrigatoriamente, programando o sistema informático para que só se permita o lançamento dos votos após a oitiva integral das exposições; 11) Disponibilização de mecanismos e horários para que as partes possam despachar em tempo real por videoconferência tutelas provisórias e memoriais com magistrados de qualquer grau; e 12) Havendo disposição diversa em negócio processual, este deve prevalecer. Cf. NUNES, Dierle; FARIA, Guilherme Henrique Lage; PEDRON, Flávio. *Hiperoralidade em tempos de Covid-19*. Disponível em: <https://www.conjur.com.br/2020-jun-16/nunes-faria-pedron-hiperoralidade-tempos-covid-19>. Acesso em 15 mar. 2021.

## 5. DIRETRIZES A SEREM OBSERVADAS NA IMPLEMENTAÇÃO DE PLATAFORMAS *ON-LINE* DE RESOLUÇÃO DE CONFLITOS

Como visto no tópico 3 deste texto, o tratamento legal das tecnologias de resolução de conflitos vem sendo feito primordialmente pelo Conselho Nacional de Justiça e pelos próprios Tribunais de Justiça. Enquanto não se promulga legislação específica para este novo fenômeno, antecedida de efetiva participação de todos os afetados, ganham relevo diretrizes que sejam capazes de fornecer uma referência para as discussões, o desenvolvimento, o uso e a integração de plataformas de solução *on-line* dos conflitos em consonância com o processo constitucional democrático e seus corolários, ou seja, em atenção ao devido processo constitucional.[66]

Embora sejam várias as diretrizes que vêm sendo trabalhadas na doutrina nacional e internacional,[67] o objetivo desta pequena reflexão não é esgotá-las, mas apenas indicar aquelas que seriam essenciais neste período de adaptação forçada pela pandemia, destacando-se as diretrizes da acessibilidade, da confidencialidade, da igualdade, da imparcialidade, da participação informada e da transparência.

Segundo a **diretriz da acessibilidade**, o projeto e a implementação de plataformas de *ODR* devem proporcionar seu uso não apenas para o maior número de pessoas, mas levar em consideração a realidade das diferenças culturais e sociais existentes, bem como possibilitar o acesso diferenciado a recursos e experiências de acordo com as particularidades dos envolvidos. Ou seja, os sistemas e processos de *ODR* devem efetivamente facilitar e não limitar a participação das partes nos mecanismos de solução de conflitos.

A defesa da acessibilidade não é meramente retórica, pois os dados do IBGE referentes ao ano de 2018 indicam que 79,1% dos domicílios brasileiros têm acesso à internet, número que, apesar de elevado,

66 NUNES, Dierle; BAHIA, Alexandre; PEDRON, Flávio. Ob. Cit.

67 O *National Center for Technology & Dispute Resolution*, fundado em 1998 pelos professores de Direito da Universidade de *Massachusetts*, Ethan Katsh e Janet Rifkin sistematizou os princípios éticos que deveriam ser observados para garantir maior qualidade, efetividade e objetivo dos processos de solução de disputas com a utilização de ferramentas tecnológicas. Disponível em: http://odr.info/ethics-and-odr/#_ftn1.

demonstra que um em cada cinco domicílios ainda não estão conectados. Outro fator importante que deve ser levado em consideração diz respeito à influência da renda no acesso à internet, pois se constatou que, no país, o rendimento real médio *per capita* dos domicílios em que havia utilização da Internet (R$ 1.769,00) foi muito maior que o dos que não utilizavam esta rede (R$940,00).[68]

O acesso também foi menor para pessoas maiores de 60 anos (menos de 40% utiliza a internet) e para pessoas sem instrução (menos de 15% utiliza a internet), conforme dados da Pesquisa Nacional de Amostras por Domicílio Contínua - PNAD, do Instituto Brasileiro de Geografia e Estatística (2018).[69] Como se percebe, estes dados demonstram que a simples defesa da implantação de Tribunais *On-line* é insuficiente para garantia do acesso à justiça, pois há problemas estruturais que impedem o pleno acesso do cidadão.

Outra diretriz que deve ser observada pelos tribunais em suas iniciativas para prestar a jurisdição *on-line* é **a confidencialidade**, significando que o desenvolvimento e a implementação dos sistemas de *ODR*, incluindo os profissionais envolvidos, devem manter a confidencialidade de acordo com todas as obrigações legais. A confidencialidade assume especial relevância nos campos da conciliação e da mediação, cujas práticas de forma não presencial já foram autorizadas, no Brasil, pela Lei n°. 13.994/20, conforme exposto nas linhas acima.

No Brasil, a confidencialidade é um dos princípios que informam a conciliação e a mediação, conforme artigo 166 do Código de Processo Civil e estende-se a todas as informações produzidas no curso do procedimento, cujo teor não poderá ser utilizado para fim diverso daquele previsto por expressa deliberação das partes, nos termos do § 1º do citado artigo. Dessa maneira, os sistemas de *ODR* deverão ser projetados de forma a evitar que informações apresentadas pelas partes para fins de alcançar a autocomposição sejam compartilhadas em eventual fase posterior de julgamento.

68 INSTITUTO BRASILEIRO DE GEOGRAFIA E ESTATÍSTICA. *Pesquisa Nacional de Amostras por Domicílio Contínua – PNAD*. 2018. Disponível em: ftp://ftp.ibge.gov.br/Trabalho_e_Rendimento/Pesquisa_Nacional_por_Amostra_de_Domicilios_continua/Anual/Acesso_Internet_Televisao_e_Posse_Telefone_Movel_2018/Analise_dos_resultados_TIC_2018.pdf.

69 INSTITUTO BRASILEIRO DE GEOGRAFIA E ESTATÍSTICA. Ob. Cit.

A necessidade de se garantir a confidencialidade das informações produzidas pelas partes para tentativa de autocomposição chama atenção para outra diretriz que deve ser observada pelos desenvolvedores de plataformas de *ODR*: a **diretriz da segurança**. Segundo esta diretriz, devem ser empreendidos todos os esforços para garantir que os dados e a comunicação entre as partes e outras entidades vinculadas às plataformas de *ODR* estejam seguros de violações e vazamentos. Chama a atenção, neste aspecto, o fato de que os tribunais têm se utilizado de *softwares* comerciais para a realização de audiências e videoconferências, não se sabendo como se dará a responsabilização em caso de eventuais vazamentos de dados.[70] O advento do *big data* e sua cooptação para obtenção de lucros recomenda a adoção de todas as cautelas possíveis para proteção contra o uso indevido de dados pessoais, evitando-se que a utilização de ferramentas tecnológicas sirva para o fortalecimento do onipresente estado de vigilância.[71]

E aqui se faz imperativa uma reflexão: as *ODRs* se tornam cada vez mais eficientes quão maior forem os dados de negociações anteriores que auxiliem no reforço das melhores abordagens para otimizar o desempenho. Sem o uso dos dados das negociações seria inviável o treinamento dos algoritmos em qualquer daqueles níveis apontados no item 3 supra. Porém, por mais que se anonimize os dados das negociações anteriores, seu uso acabará sendo continuamente exigido, colocando em pauta o trato e o respeito ético ao emprego dos dados.

De igual importância, deve ser observada a **diretriz da igualdade**, que representa o dever que as plataformas de *ODR* possuem de ser projetadas e implementadas sem preconceitos ou benefícios a favor ou contra indivíduos ou grupos, incluindo aqueles baseados em algoritmos. Para que estas plataformas tratem todos os participantes de forma igualitária, seus projetos devem permitir que vozes silenciadas ou marginalizadas sejam ouvidas, e garantir que privilégios e desvantagens

70 Na Itália, o Ministério da Justiça emitiu recomendação técnica para que os programas usados para audiências virtuais sejam o *Skype for Business* e o *Teams*, tendo em mente que ambos os programas devem empregar infraestruturas e áreas de *data centers* restritas ao Ministério da Justiça. Nesse sentido, ver: KRANS, Bart. *et. al. The Civil Justice and Covid-19*. Septentrio Reports 5. Arctic University of Norway. p. 33.

71 Sobre o atual capitalismo de vigilância, ver: ZUBOFF, Shoshana. *Big Other: surveillance capitalism and the prospects of an information civilazation*. Journal of Information Technology, v. 30, 2015, p. 75-89.

não sejam replicados (ou até mesmo amplificados) no ambiente virtual. Na Itália, as alterações procedimentais decorrentes da pandemia da COVID-19 tiveram o cuidado de autorizar a realização de audiências virtuais somente quando estiver garantida a igualdade de armas entre as partes.[72]

Caminha junto com a igualdade a **diretriz da imparcialidade**, segundo a qual os processos de *ODR* devem ser projetados e implementados com o compromisso de reduzir vieses algorítmicos na formação das soluções dos conflitos. Isso inclui considerar as condições que poderiam estruturar padrões de privilégios em processos e resultados melhores para os litigantes habituais. Quando as plataformas de *ODR* utilizadas são de propriedade ou controladas por uma das partes envolvidas, não é difícil verificar a possibilidade de violações à imparcialidade. Em primeiro lugar, há um nítido conflito de interesses, pois a plataforma é construída pela própria parte que será a ela submetida, possibilitando que o sistema seja construído com o objetivo de lhe gerar benefícios competitivos.[73]

Ainda que o desenvolvedor da plataforma esteja imbuído de intenções sinceras de alcançar resultados positivos para a outra parte, é preciso lembrar que a racionalidade humana é um mito que vem sendo desmascarado pelo menos desde a década de 70, com os estudos sobre psicologia comportamental de Amos Tversky e Daniel Kahneman.[74] Assim, não há razões para acreditar que o desenvolvedor da plataforma ODR conseguirá se livrar de seus vieses, os quais podem levá-lo, ainda que inconscientemente, a criar mecanismos que lhe gerem posições de vantagem[75] ou que gerem soluções subótimas para a parte adver-

72 KRANS, Bart. *et. al. The Civil Justice and Covid-19.* Septentrio Reports 5. Arctic University of Norway.

73 Colin Rule demonstra, empiricamente, como a utilização destes sistemas de solução de conflitos pode trazer benefícios mensuráveis para as empresas. Ver. RULE, Colin. *Quantifying the Economic Benefits of Effective Redress: Large E-Commerce Data Sets and the Cost-Benefit Case for Investing In Dispute Resolution.* 34 *U. Ark. Little Rock L. Rev.* 767. 2012.

74 KAHNEMAN, Daniel. *Rápido e devagar: duas formas de pensar.* Rio de Janeiro: Objetiva, 2012.

75 Embora trate-se de tema que será aprofundado pelos autores em outros textos, registre-se que a tomada de decisões em ambientes digitais gera o risco de se utilizar a arquitetura das plataformas digitais para enviesar as partes, que poderão ser influenciadas de acordo com a disposição de informações na tela de seu computador ou *smartpho-*

sa.[76] Não se pode olvidar que hoje boa parcela das plataformas de ODR são desenvolvidas e implementadas pelos próprios interessados se valendo de seu privilégio econômico e informacional para ampliar suas vantagens.[77]

Veja, por exemplo, a possibilidade de criação de plataformas de mediação incubadas nos próprios escritórios de advocacia que representam o fornecedor de produtos ou serviços e a inserção de cláusula compromissória de mediação nos contratos de adesão. Isso quer dizer que se o consumidor tiver algum problema com o produto ou serviço adquirido, a solução do conflito será mediada pelo próprio escritório que representa os interesses do causador do dano. Apesar de a Lei nº. 13.140/15[78] não vedar expressamente a inserção deste tipo de cláusula compromissória em contratos de adesão, há uma evidente quebra do dever de imparcialidade das plataformas de solução *on-line* de conflitos.

Interessante notar, ainda, que a Ordem dos Advogados do Brasil, por meio da Coordenação Nacional de Fiscalização da Atividade Profissional da Advocacia do Conselho Federal, já vem enfrentando a atuação predatória de *startups* que oferecem serviços jurídicos, sob o pretexto de que tais serviços seriam ilegais, buscando evitar concorrência desleal e prejuízos à advocacia.[79]

Para garantir a transparência e evitar que as iniciativas de solução *on-line* dos conflitos sejam utilizadas como nicho de mercado, violando a neutralidade, é imprescindível que, além da observância estrita das

---

ne. Cf. SELA, Ayelet. *e-Nudging Justice: The Role of Digital Choice Architecture in Online Courts*. J. Disp. Resol. 2019. p. 136. Disponível em: <https://scholarship.law.missouri.edu/jdr/vol2019/iss2/9136>. Acesso em: 24 nov. 2020.

76 Para uma melhor compreensão dos vieses cognitivos, ver: NUNES, Dierle; LUD, Natanael; PEDRON, Flávio. *Desconfiando da (im)parcialidade dos sujeitos processuais: um estudo sobre os vieses cognitivos, a mitigação de seus efeitos e o debiasing*. Salvador: Juspodivm, 2018.

77 Cf. NUNES, Dierle *et al. Teoria Geral do Processo*. Salvador: Juspodivm, 2020. p. 118-122.

78 BRASIL. *Lei. 11.340, de 26 de junho de 2016*. Dispõe sobre a mediação entre particulares como meio de solução de controvérsias e sobre a autocomposição de conflitos no âmbito da administração pública; altera a Lei nº 9.469, de 10 de julho de 1997, e o Decreto nº 70.235, de 6 de março de 1972; e revoga o § 2º do art. 6º da Lei nº 9.469, de 10 de julho de 1997. Diário Oficial da União, Brasília, 29 jun. 2015.

79 No exercício desta fiscalização, a coordenação, até o dia 14 de maio de 2020, já havia enviado mais de 90 notificações para startups envolvidas com esse tipo de atividade em diversos setores da economia. Cf. https://www.oab.org.br/noticia/58145/oab-age-para-enfrentar-atuacao-predatoria-de-startups-que-oferecem-servicos-juridicos-de-maneira-ilegal.

normas contidas na Lei nº. 13.140/15, seja criado um selo de reconhecimento a ser conferido pela Ordem dos Advogados do Brasil às plataformas que funcionarem segundo o devido processo constitucional.

Todos estes possíveis problemas decorrentes da utilização irrefletida das plataformas de *ODR* realçam a importância de se garantir a total transparência e a participação informada dos usuários quanto aos riscos envolvidos. As **diretrizes da transparência e da participação informada** têm grande importância nas plataformas *on-line* de solução de disputas, uma vez que a utilização de ferramentas tecnológicas pode encobrir interesses das partes mediante omissão de sua real identidade, pode dificultar a atuação daqueles que têm mais dificuldade de compreender o funcionamento dos mecanismos tecnológicos e pode criar um risco de vazamento e utilização indevida de dados.[80]

Diante destes perigos, devem ser envidados todos os esforços possíveis para tornar transparentes os verdadeiros propósitos e riscos existentes, incluindo, entre outros: a forma dos processos de resolução de disputas; as identidades, afiliações, obrigações e conflitos de interesse das partes, entidades e sistemas; e as políticas e sistemas de segurança de dados, confidencialidade e privacidade envolvidos.[81] Mais do que evitar os riscos, a participação dos usuários deve ser precedida de informações plenas, cabendo aos tribunais garantir que as partes saibam como o procedimento *on-line* funcionará antes de começar, quem gerencia o processo, quem terá acesso aos dados e, sendo o caso, disponibilizar para análise os algoritmos que impactam as decisões.[82]

Portanto, para que as plataformas de ODR e os Tribunais *On-line* sejam efetivamente transparentes, devem se preocupar em garantir a divulgação explícita aos participantes de todas as informações sobre riscos e benefícios do procedimento, providenciando, sempre que possível, a aceitação voluntária pelos usuários dos riscos advindo de sua participação.

80 QUEK ANDERSON, Dorcas. *Ethical concerns in court-connected online dispute resolution.* International Journal of Online Dispute Resolution. 5, (1-2), 20-38. Research Collection School Of Law, 2019.

81 JOINT TECHNOLOGY COMMITTEE. *ODR for Courts.* Version 2.0. Updated and Adopted 29 nov. 2017.

82 Alguns sistemas judiciais de *ODR* fornecem consultas públicas sobre as decisões tomadas anteriormente. Cf. http://www.housing.gov.bc.ca/rtb/search.html.

## 6. CONSIDERAÇÕES FINAIS

As análises jurídicas sobre a tendência mundial de transformação tecnológica do Direito, que foi forçadamente acelerada em razão da pandemia causada pelo novo Coronavírus, não devem adotar uma postura ufanista que acredita pura e simplesmente na utilização de ferramentas tecnológicas para corrigir as distorções do sistema jurídico, como os entraves ao acesso à justiça e a falta de legitimidade de decisões judiciais. Estas análises, porém, devem evitar discursos vazios de repúdio ao uso da tecnologia para implementar melhorias qualitativas ao sistema, evitando-se o que Richard Susskind chama de rejeicionismo irracional, que seria a negação visceral e dogmática de uma tecnologia com a qual um crítico não tem experiência pessoal ou direta.

A virada tecnológica do Direito é um fenômeno irrefreável, que pode gerar ótimos resultados, mas também pode servir apenas para gerar eficiências quantitativas ao sistema processual brasileiro, imerso, desde a década de 1990, num contexto neoliberal. Assim, para possibilitar que as tecnologias implementadas neste período de adaptação forçada pela pandemia provocada pelo novo Coronavírus gerem melhoras na qualidade e legitimidade das decisões judiciais, os responsáveis pelo desenvolvimento de plataformas de ODR e de Tribunais *On-line* devem observar as diretrizes da acessibilidade, da confidencialidade, da igualdade, da imparcialidade, da transparência e da participação informada como novos teores do devido processo constitucional pós virada tecnológica.

No que diz respeito aos diversos problemas práticos relacionados à realização de atos processuais *on-line*, como audiências de instrução realizadas por videoconferência, colheitas de depoimentos por áudio e sustentações orais assíncronas, gravadas e envidas aos magistrados, é preciso dimensionar de que forma a realização destes atos poderá prejudicar a máxima efetividade dos princípios da ampla defesa e do contraditório como poder de influência das partes na construção dos provimentos.

Para evitar zonas de não-direito nos procedimentos realizados de forma *on-line,* é necessária a criação urgente de um Protocolo Institucional prevendo quais aspectos técnicos devem ser observados e estabelecendo formas de controle dos atos das partes e advogados. Este protocolo, cuja possibilidade de criação advém do art. 190 do CPC, evidentemente, deve ser criado em comparticipação, no plano estratégico e gerencial, preferencialmente pelo Conselho Nacional de Justiça e pela Ordem dos Advogados do Brasil, o que garantiria a participação de todos os afetados.

Por sua vez, as plataformas de solução *on-line* dos conflitos devem atuar de forma transparente e neutra, não sendo normativamente adequada sua utilização como nicho de mercado. Logo, é imprescindível que, além da observância estrita das normas contidas na Lei nº. 13.140/15, seja criado um selo de reconhecimento a ser conferido pela Ordem dos Advogados do Brasil às plataformas que funcionarem segundo o devido processo constitucional.

Todos estes problemas reforçam a hipótese de que não se pode anuir com uma suposta redução do debate da possibilidade dos tribunais *on-line*: se as cortes seriam serviços ou locais, como faz Richard Susskind, pois esta simplificação despreza o papel do processo como garantia e dos tribunais como instituições de implementação do devido processo constitucional. Ser *on-line* não permite descumprimento do ordenamento, tampouco a redução da atividade jurisdicional a um mero serviço.



## REFERÊNCIAS

BRASIL. Supremo Tribunal Federal. Resolução 669/2020, de 19 de março de 2020. *Diário do Judiciário Eletrônico*, Brasília, 20 mar. 2020a. Disponível em: http://www.stf.jus.br/arquivo/cms/noticiaNoticiaStf/anexo/Resolucao669.pdf.

BRASIL. Superior Tribunal de Justiça. Resolução STJ/GP n. 9, de 17 de abril de 2020. *Diário da Justiça Eletrônico do STJ*, Brasília, 20 abr. 2020b. Disponível em: https://bdjur.stj.jus.br/jspui/bitstream/2011/141989/Res_9_2020_PRE.pdf.

BRASIL. Lei 13.994, de 24 de abril de 2020. Altera a Lei nº 9.099, de 26 de setembro de 1995, para possibilitar a conciliação não presencial no âmbito dos Juizados Especiais Cíveis. *Diário Oficial da União*, Brasília, 27 abr. 2020c. Disponível em: http://www.planalto.gov.br/ccivil_03/_ato2019-2022/2020/lei/l13994.htm.

BRASIL. Lei. 11.340, de 26 de junho de 2016. Dispõe sobre a mediação entre particulares como meio de solução de controvérsias e sobre a autocomposição de conflitos no âmbito da administração pública; altera a Lei nº 9.469, de 10 de julho de 1997, e o Decreto nº 70.235, de 6 de março de 1972; e revoga o § 2º do art. 6º da Lei nº 9.469, de 10 de julho de 1997. *Diário Oficial da União*, Brasília, 29 jun. 2015. Disponível em: <http://www.planalto.gov.br/ccivil_03/_Ato2015-2018/2015/Lei/L13140.htm>.

CABRAL, Antônio do Passo. *Convenções Processuais*. Salvador: Juspodivm, 2016.

CABRAL, Antonio do Passo; ZANETI, Hermes. Entidades de infraestrutura específica para a resolução de conflitos coletivos: as claims resolution facilities e sua aplicabilidade no Brasil. *Revista de Processo* | vol. 287/2019 | p. 445 – 483 | Jan / 2019.

CHIOVENDA, Giuseppe. *Instituições de direito processual civil*. Vol. II. São Paulo: Saraiva, 1969.

CURY, César. *Um modelo transdisciplinar de solução de conflitos: direito e tecnologia no processo de recuperação judicial do leading case OI S/A*. In: NUNES, Dierle; LUCON, Paulo Henrique dos Santos; WOLKART, Erik Navarro (Coord.). Inteligência artificial e Direito Processual: os impactos da virada tecnológica no direito processual. Salvador: Juspodivm, 2020.

FARIA, Guilherme Henrique Lage; PEDRON, Flávio. *Inteligência artificial, diretrizes éticas de utilização e negociação processual: Um diálogo essencial para o direito brasileiro*. In: NUNES, Dierle; et. al. (orgs). Inteligência Artificial e Direito Processual: os impactos da virada tecnológica no direito processual. Salvador: Juspodivm, 2020.

HAN, Byung-Chul. *No enxame: perspectivas do digital*. Petrópolis: Vozes, 2019.

INSTITUTO BRASILEIRO DE GEOGRAFIA E ESTATÍSTICA. *Pesquisa Nacional de Amostras por Domicílio Contínua – PNAD*. 2018. Disponível em: ftp://ftp.ibge.gov.br/Trabalho_e_Rendimento/Pesquisa_Nacional_por_Amostra_de_Domicilios_continua/Anual/Acesso_Internet_Televisao_e_Posse_Telefone_Movel_2018/Analise_dos_resultados_TIC_2018.pdf.

JOINT TECHNOLOGY COMMITTEE. *ODR for Courts. Version 2.0*. Updated and Adopted 29 nov. 2017. Disponível em: https://www.ncsc.org/~/media/Files/PDF/About%20Us/Committees/JTC/JTC%20Resource%20Bulletins/2017-12-18%20ODR%20for%20courts%20v2%20final.ashx.

KAHNEMAN, Daniel. *Rápido e devagar: duas formas de pensar*. Rio de Janeiro: Objetiva, 2012.

KATSH, Ethan; RABINOVICH-EINY, Orna. Technology and dispute systems design: lessons from the "sharing economy". *Dispute Resolution Magazine*, v. 21.2, 2015.

KATSH, Ethan. ODR: A look at history. In: WAHAB, Mohamed S. Abdel; KATSH, Ethan; RAINEY, Daniel. *Online Dispute Resolution: Theory and Practice – A Treatise on Technology and Dispute Resolution*. Netherlands: Eleven International Publishing, 2012.

KRANS, Bart. et. al. *The Civil Justice and Covid-19*. Septentrio Reports 5. Arctic University of Norway, 2020.

MARQUES, Francisco Paulo Jamil Almeida. *Cidadania Digital: a internet como ferramenta social*. Trabalho apresentado no NP10 – Núcleo de Pesquisa Economia

Política e Políticas Públicas de Comunicação. XXV Congresso Anual em Ciência da Comunicação, Salvador/BA. 4 e 5 set. 2002.

MINAS GERAIS. Tribunal de Justiça de Minas Gerais. Portaria Conjunta n. 699/PR/2017, de 8 de novembro de 2017. *Diário do Judiciário Eletrônico*, Belo Horizonte, 10 nov. 2017. Disponível em: <http://www8.tjmg.jus.br/institucional/at/pdf/pc06992017.pdf?TSPD_101_R0=086b196e5eab20009571b0eac0001e7e5fc3d26e8fda1223bcfc095be20e723511debf0954287a4008fd8b4726143000ace21e5ec5c59bb5237ab87b12ba4e58a5ead3fc7cb6253bce41eb4c8abd317ebe7713277eb878a66dcccd953843149b>. Acesso em: 15 dez. 2020.

NUNES, Dierle. *Processo Jurisdicional Democrático*. Curitiba: Juruá, 2008.

NUNES, Dierle. BAHIA, Alexandre. *Processo, Jurisdição e processualismo democrático na américa latina: alguns apontamentos*. RBPE, BH, n. 101, p. 61-96. jul./dez. 2010.

NUNES, Dierle; LUD, Natanael; PEDRON, Flávio. *Desconfiando da (im)parcialidade dos sujeitos processuais: um estudo sobre os vieses cognitivos, a mitigação de seus efeitos e o debiasing*. Salvador: Juspodivm, 2018.

NUNES, Dierle; ANDRADE, Tatiana Costa de. *Execução e Tecnologia: novas perspectivas*. In: NUNES, Dierle; et. al. (orgs). Inteligência Artificial e Direito Processual: os impactos da virada tecnológica no direito processual. Salvador: Juspodivm, 2020.

NUNES, Dierle; BAHIA, Alexandre; PEDRON, Flávio. *Teoria Geral do Processo*. Salvador: Editora Juspodivm, 2020.

NUNES, Dierle; FARIA, Guilherme Henrique Lage; PEDRON, Flávio. *Hiperoralidade em tempos de Covid-19*. Disponível em: <https://www.conjur.com.br/2020-jun-16/nunes-faria-pedron-hiperoralidade-tempos-covid-19>. Acesso em 15 mar. 2021.

NUNES, Dierle. *Virada Tecnológica no Direito Processual (da automação à transformação): seria possível adaptar o procedimento pela tecnologia?* In: NUNES, Dierle; *et al* (orgs). Inteligência Artificial e Direito Processual: os impactos da virada tecnológica no direito processual. Salvador: Juspodivm, 2020.

POSTMAN, Neil. *Five Things We Need to Know About Technological Change*. Palestra proferida em 28 mar. 98. Denver, Colorado. Disponível em: <https://web.cs.ucdavis.edu/~rogaway/classes/188/materials/postman.pdf>. Acesso em: 22 mai. 2020.

QUEK ANDERSON, Dorcas. Ethical concerns in court-connected online dispute resolution. *International Journal of Online Dispute Resolution*. 5, (1-2), 20-38. Research Collection School Of Law, 2019.

RUEDINGER, Marco Aurélio. *Robôs, redes sociais e política no Brasil [recurso eletrônico]: estudo sobre interferências ilegítimas no debate público na web, riscos à democracia e processo eleitoral de 2018*. Rio de Janeiro: FGV, DAPP, 2017.

RULE, Colin. Quantifying the Economic Benefits of Effective Redress: Large E-Commerce Data Sets and the Cost-Benefit Case for Investing In Dispute Resolution. 34. *U. Ark. Little Rock L. Rev.* 767, 2012.

SUSSKIND, Richard. Tomorrow Lawyers: an introduction to your future. 2 ed. Oxford: Oxford University Press, 2017.

SUSSKIND, Richard. *Online Courts and the Future of Justice.* Oxford: Oxford University Press, 2019.

ZUBOFF, Shoshana. Big Other: surveillance capitalism and the prospects of an information civilazation. *Journal of Information Technology.* v. 30, 2015, p. 75-89.

# CAPÍTULO 2

# TOMADA DE DECISÃO E TECNOLOGIA

# 1

# Suprema Corte digital? *Facebook Oversight Board* e as novas fronteiras da moderação do discurso público no ambiente virtual

**Isadora Werneck**[1]

**Ana Luiza Marques**[2]





## INTRODUÇÃO

O ano de 2020 marcou o décimo aniversário da "Primavera Árabe", movimento no qual cidadãos do Oriente Médio e do norte da África, com a ajuda da internet e das mídias sociais, reuniram-se para protestar contra a opressão de governos autoritários. Diante da censura praticada pelos autocratas no poder,[3] as redes sociais se tornaram o principal canal

1 Mestranda em Direito e Tecnologia pela *Queen Mary, University of London*, com bolsa de estudos concedida pelo Governo Britânico (*Chevening Scholarship*). Graduada em Direito pela Universidade Federal de Minas Gerais, com período como pesquisadora convidada na Universidade de Hamburgo, Alemanha (2018). E-mail: isadoratwerneck@gmail.com.br.

2 Mestranda em Direito pela Universidade Federal de Minas Gerais. Membro do grupo de pesquisa PROC: Processualismo Constitucional Democrático e Reformas Processuais. Pesquisadora bolsista do projeto de pesquisa Governança de conteúdo, constitucionalismo digital e diálogos jurisdicionais, DigitalConst – UFMG Content Governance Research. Advogada. Email: ana@cron.adv.br.

3 Durante muitos anos, os meios de comunicação no Mundo Árabe estiveram sob controle estatal. Dessa forma, as plataformas de redes sociais eram a alternativa disponível

de comunicação. Os pontos de contato ocorreram em múltiplos planos: troca de mensagens, espaço para mobilização, visibilidade mundial do movimento, denúncia de abusos praticados pela polícia, etc. As manifestações reais que se seguiram provocaram a queda de governantes (como os ex-presidentes Zine Al-Abidine Ben Ali, da Tunísia, e Hosni Mubarak, do Egito), guerras civis e outras mudanças geopolíticas, o que reforçou a ideia de que as plataformas utilizadas (majoritariamente o Facebook, o Twitter e, em menor escala, o YouTube) seriam capazes de desempenhar um papel positivo na persecução de mudanças sociais.[4]

Ocorre que, com o tempo, tais plataformas, controladas por grandes empresas de tecnologia, as *Big Techs*,[5] e pautadas em discursos fundados na liberdade de expressão e no empoderamento dos usuários, conseguiram construir verdadeiros monopólios digitais de capital e informação. Paralelamente, desenharam um modelo cunhado na desregulação, na privatização e na valorização da liberdade individual,[6] aliado a um intenso *lobby* junto aos governos.[7] Além disso, imersas em um oceano de dados e auxiliadas por algoritmos, criaram perfis personalizados de seus usuários dotados de imenso valor para quem

para a reprodução das manifestações que os veículos de comunicação mais tradicionais, monitorados e controlados pelo governo, não eram capazes de transmitir. O conteúdo postado e compartilhado entre as nações árabes e o resto do mundo incluía vídeos, áudios e imagens de pessoas de inúmeras classes, capturadas por telefones celulares e câmeras digitais. Em: PUDDEPHATT, Andrew. As revoluções árabes e a comunicação digital. Tradução de Paula Zimbres. *Política Externa*, São Paulo, v. 20, n. 1, p. 20, jun/ago. 2011.

4 Veja-se, por exemplo: AL-JENAIBI, Badreya. The Nature of Arab Public Discourse: Social Media and the Arab Spring. *Journal of Applied Journalism & Media Studies*, [s. l.], v. 3, n. 1, ed. 2, p. 241-260, 2015. Disponível em: https://www.researchgate.net/publication/264938731_The_nature_of_Arab_public_discourse_Social_media_and_the_'Arab_Spring'. Acesso em: 10 mar. 2021.

5 As *Big Techs* compreendem as gigantes companhias que dominam a era digital: *Google (Alphabet)*, *Facebook*, *Amazon*, *Twitter* e *Apple*, para ficar em alguns exemplos.

6 Sobre os pressupostos neoliberais que permitiram o monopólio alcançado pelas *Big Techs* ver: BROWN, Wendy. *In the ruins of neoliberalism:* the rise of antidemocratic politics in the West. New York: Columbia University Press, 2019 e MIROWSKI, Philip. This is Water, or Is It the Neoliberal Thought Collective? *Institute for New Economic Thinking*, 25.05.2016. Disponível em: <https://www.ineteconomics.org/perspectives/blog/this-is-water-or-is-it-neoliberalism>. Acesso em: 10 mar. 2021.

7 De acordo com análise do *The Washington Post*, apenas sete gigantes da tecnologia, dentre elas Google, Amazon e Facebook, investiram mais de meio bilhão de dólares em *lobby* na última década. ROMM, Tony. Tech giants led by Amazon, Facebook and Google spent nearly half a billion on lobbying over the past decade, new data shows. *The Washington Post*, 22.01.2020. Disponível em: <https://www.washingtonpost.com/technology/2020/01/22/amazon-facebook-google-lobbying-2019/>. Acesso em: 10 mar. 2021.

desejasse monetizar, controlar, prever e até discriminar[8] o comportamento de indivíduos ou grupos[9].

Esse acúmulo de poder, somado a anos de atuação apartada do Estado, majoritariamente em um regime de autorregulação[10] privada,[11] trouxe à tona efeitos nefastos dessas plataformas, que vão desde ondas de desinformação até a erosão de democracias.[12] Dessa forma, se por um lado surgiram como um instrumento de transformação social, a exemplo da Primavera Árabe, por outro, também abriram fronteiras para riscos advindos da sua própria atuação, que se revelou uma ameaça. Em pouco tempo, a prometida liberdade foi, assim, substituída por uma complexa e aprisionadora sociedade de segredos (*black box society*)[13].

---

8 Sobre o tema, *c.f.*: SARTOR, GiovanniSARTOR, Giovanni. Human RightsHuman andRights Informationand TechnologiesInformation Technologies. *In*: BROWNSWORD, Roger; SCOTFORD, EloiseSCOTFORD,; YEUNGEloise; KarenYEUNG, (Karen (Eds.). *The OxfordThe HandbookOxford ofHandbook Lawof, RegulationLaw, andRegulation and Technology*. Oxford: Oxford University Press, 2017. p. 423; e423; MENDESe MENDES, Laura Schertel; MATTIUZZO, Marcela. Discriminação Algorítmica: conceito, fundamento legal e tipologia. *Revista Direito Público*, v. 16, n. 90, p. 39–64, 2019.

9 PASQUALE, Frank. A esfera pública automatizada. *Revista Líbero*, São Paulo, Ano 20, n. 39, p. 18, 2017.

10 "[...] por autorregulação deve-se entender a existência de regras comportamentais desenvolvidas com alguma participação doparticipação própriodo destinatáriopróprio oudestinatário exclusivamenteou desenvolvidasexclusivamente pordesenvolvidas elepor ele". ARANHA, MárcioARANHA, IorioMárcio Iorio. As formas de autorregulação. *JOTA*, Brasília, 26 de outubro de 2019. Disponível em: <https://www.jota.info/opiniao-e-analise/artigos/as-formas-de-autorregulacao-26102019>. Acesso em: 10 mar. 2021.

11 Diante da inicial ausência de decisão política de intervenção por instrumentos de "*hard law*", essas plataformas foram desenhando esquemas de 'de 'autorregulação' por meio da criação de recomendações, princípios gerais e diretrizes éticas (representando o conjunto de '*soft law*') para o seu desenvolvimento. (POLIDO, Fabrício P. B. Inteligência artificial entre estratégias nacionais e a corrida regulatória global: rotas analíticas para uma releitura internacionalista e comparada – DOI: 10.12818/P.0304-2340.2020v76p229. *Revista da Faculdade de Direito da UFMG*, [S.l.], n. 76, p. 229-256, jan. 2020. ISSN 1984-1841. Disponível em: <https://www.direito.ufmg.br/revista/index.php/revista/article/view/2067>. Acesso em: 15 mar. 2020).

12 Não se pode olvidar que o fenômeno de deterioração da democracia é complexo, e abrange uma série de fatores institucionais e não institucionais. No entanto, por mais que as tecnologias não sejam o único fator a ser considerado na análise desta onda de decréscimo da democracia, não se pode ignorar o papel que têm desempenhado, ao menos como ferramenta que respalda e auxilia a atuação de líderes autoritários. Sobre as relações entre as plataformas de mídias sociais e a erosão democrática ver: VAIDHYANATHAN, Siva. *Antisocial Media:* How Facebook Disconnects Us And Undermines Democracy. 1ª ed. Oxford University Press, 2018; MOROZOV, Evgeny. *Big Tech*: a ascensão dos dados e a morte da política. São Paulo: Ubu Editora, 2018; BARTLETT, Jamie. The People Vs Tech: How the internet is killing democracy (and how we save it). New York: Dutton, 2018; e TUFEKCI, Zeynep. The road from Tahrir to Trump. *MIT Technology review*, vol. 121. n. 05, set/out 2018.

13 Sobre o tema, *c.f.*: Pasquale, Frank. *The black box society*: The secret algorithms behind money and information. Cambridge, MA: Harvard University Press, 2016.

Nesse contexto, por exemplo, surgiu uma intensa onda de notícias falsas (*fake news*) que deu causa a diversos episódios – como o "*Pizzagate*"[14], que ocorreu durante a eleição presidencial nos Estados Unidos em 2016. O mesmo se deu em outras campanhas, sobretudo envolvendo líderes com tendências autoritárias como Jair Bolsonaro[15], Rodrigo Duterte[16], o próprio Donald Trump[17], e até mesmo no *Brexit*[18], sendo o uso disruptivo da internet e a proliferação de notícias falsas com o intuito de desestabilizar

14 O incidente envolveu a então candidata Hillary Clinton e o coordenador de sua campanha, John Podesta, que foram injustamente acusados de comandarem uma rede de pedofilia e tráfico de menores dentro de uma pizzaria em Washington D.C, a *Comet Ping Pong*. Tudo começou a partir de e-mails vazados pelo site *WikiLeaks*, nos quais usuários interpretaram a expressão "cheese pizza" como um sinônimo de "child pornography" e rapidamente deram início ao Pizzagate: um boato que afirmava que a Comet Ping Pong servia de fachada para uma rede de tráfico e abuso sexual de crianças comandada por Clinton. Para entender mais: CANOSSA, Carolina. Pizzagate: o escândalo de fake news que abalou a campanha de Hillary. *Superinteressante*, 2018. Disponível em: https://super.abril.com.br/mundoestranho/pizzagate-o-escandalo-de-fake-news-que-abalou-a-campanha-de-hillary/. Acesso em 14 mar. 2021.

15 Conforme apurado pela Folha de São Paulo, entre as principais *fake news* veiculadas durante a campanha presidencial, estão a suposta implementação do "kit gay" por Fernando Haddad, assim como um suposto esquema de fraude nas urnas eletrônicas. Além disso, segundo dados da IDEA Big Data, 98,21% dos eleitores de Jair Bolsonaro foram expostos a no mínimo uma das notícias falsas, de modo que 89,77% destes acreditaram que as informações apresentadas eram verdadeiras. (FOLHA S. PAULO. 90% dos eleitores de Bolsonaro acreditaram em fake news, diz estudo. Folha S. Paulo, nov. 2018. Disponível em <https://www1.folha.uol.com.br/poder/2018/11/90-dos-eleitores-de-bolsonaro-acreditaram-em-fake-news-diz-estudo.shtml>. Acesso em: 10 mar. 2021.).

16 Tal como outros populistas de extrema-direita, Duterte utiliza o termo "fake news" para deslegitimar conteúdo jornalístico que o critique, ou critique seu governo. Em 2016, afirmou que: "Só porque você é jornalista, não está isento de ser assassinado." (Ver: LEWIS, Simon. Duterte Says Journalists in the Philippines Are 'Not Exempted From Assassination'. *Time*, [S. l.], p. n.p., 1 jun. 2016. Disponível em: https://time.com/4353279/duterte-philippines-journalists-assassination/. Acesso em: 12 mar. 2021.) Não fosse o bastante, durante a campanha, rejeitado por parcela da mídia tradicional, Duterte "construiu uma forte estrutura online com a capacidade de criar e distribuir propaganda com uma eficácia nunca vista nas Filipinas, utilizando uma combinação de blogueiros profissionais, seguidores dedicados e "trolls.". (Em: LERO, Cecilia. Eleições nas Filipinas: Entre as similaridades de Duterte e Bolsonaro, uma lição para o Brasil. *Fórum*, [S. l.], p. n.p., 8 maio 2019. Disponível em: https://revistaforum.com.br/debates/eleicoes-nas-filipinas-entre-as-similaridades--de-duterte-e-bolsonaro-uma-licao-para-o-brasil/. Acesso em: 12 mar. 2021.)

17 Alcott e Gentzkow, ao examinarem o contexto das eleições dos Estados Unidos, identificaram pelo menos 115 notícias falsas pró-Donald Trump compartilhadas mais de 30 milhões de vezes no Facebook e 41 peças favoráveis à sua concorrente, Hilary Clinton, compartilhadas 7,6 milhões de vezes. Ver: ALCOTT, Hunt; GENTZKOW, Matthew. Social media and fake news in the 2016 Election. *Journal of Economic Perspectives*, [s.l], v. 31, n. 2, p. 211-236, 2017.

18 Sobre a proliferação de notícias falsas e a saída do Reino Unido da União EuropéiaEuropeia, ver: PETERS, Michael A. Education in a post-truth world. In: *Post-Truth, Fake News*. Springer, Singapore, v. 49, n. 6, p. 563-566, 2017.

instituições, atacar adversários e obter vantagens eleitorais[19], um ingrediente comum a todas elas.[20]

Relatórios especializados[21] também indicaram que governos e organizações privadas se utilizaram do ambiente das plataformas digitais (sobretudo o do Facebook[22]) como instrumentos de vigilância e monitoramento, com o objetivo de desacreditar opositores políticos, incitar movimentos e abafar opiniões divergentes. Dos 65 países avaliados em um dos relatórios, 40 apresentaram programas avançados de vigilância de mídias sociais; e em 38 deles, líderes políticos financiaram grupos buscando moldar a opinião pública *on-line*[23].

Outro campo que despertou a atenção foi o do discurso de ódio e conteúdo violento e extremista. Em 2018, o Facebook observou os efeitos desastrosos do seu comportamento permissivo na plataforma, quando esta foi aproveitada pelo exército de Myanmar para a promoção de atos de violência comunitária e linchamento coletivo contra a minoria muçulmana *Rohingya.*[24-25] Mais recentemente, o mundo assistiu atônito

19 SOUZA NETO, Cláudio Pereira de. *Democracia em crise no Brasil:* valores constitucionais, antagonismo político e dinâmica institucional. São Paulo: Editora Contracorrente, 2020, p. 13.

20 Nesse sentido: PAPPALARDO, Massimiliano. Fake news: a new political ingredient?. 2018. Tesi di Laurea (Claudia Padovani), Pádua, 2018. Disponível em: http://tesi.cab.unipd.it/61813/1/Massimiliano_Pappalardo_2018.pdf. Acesso em: 11 mar. 2021.

21 BRADSHAW, Samantha; HOWARD, Philip N. The Global Disinformation Order: 2019 Global Inventory of Organised Social Media Manipulation. Working Paper 2019.2. Oxford, UK: *Project on Computational Propaganda*, 2019. Disponível em: https://comprop.oii.ox.ac.uk/wp-content/uploads/sites/93/2019/09/CyberTroop-Report19.pdf. Acesso em: 11 mar. 2021 e FREEDOM HOUSEFREEDOM HOUSE. *Freedom on the Net 2019* – The crisis of social media, 2019. <https://www.freedomonthenet.org/report/freedom-on-the-net/2019/the-crisis-of-social-media>. Acesso em: 11 mar. 2021.

22 Ver: HANBURY, Mary. Facebook is the most popular social network for governments spreading fake news and propaganda. *Insider*, [S. l.], p. n.p., 21 set. 2019. Disponível em: https://www.businessinsider.com/facebook-disinformation-campaigns-new-oxford-study-2019-9?r=US&IR=T. Acesso em: 11 mar. 2021.

23 FREEDOM HOUSEFREEDOM HOUSE. *Freedom on the Net 2019* – The crisis of social media, 2019. <https://www.freedomonthenet.org/report/freedom-on-the-net/2019/the-crisis-of-social-media>. Acesso em: 11 mar. 2021.

24 MOZUR, Paul. A Genocide Incited on Facebook, With Posts From Myanmar's Military. *The New York Times*, 2018. Disponível em: <https://www.nytimes.com/2018/10/15/technology/myanmar-facebook-genocide.html>. Acesso em: 12 mar. de 2021.

25 Os ataques ocorreram, em parte, porque o Facebook não adotou medidas para impedir a disseminação do conteúdo de ódio, conforme registrado em um relatório encomendado pela própria companhia. C.f.: BSR, 2018. *Human Rights Impact Assessment: Facebook in*

à invasão e depredação do Capitólio por apoiadores do presidente Donald Trump, que incentivou o ato pelo Twitter[26].

O que se vê, portanto, é que as mídias sociais, monopolizadas por grandes empresas da área de tecnologia da informação, de mero canal de comunicação, passaram a ser agentes controladores do discurso público, interferindo diretamente no fluxo de informações do ambiente digital. Enquanto moderadoras de conteúdo[27], têm o poder de definir, por exemplo, qual notícia ficará disponível, a quem ela será entregue, o que é discurso de ódio (e o que não é), se ele merece ou não permanecer no ar, etc., atuando em uma dimensão que antes era restrita aos estados, muitos dos quais prestam contas a seus cidadãos. Tais plataformas, por outro lado, não possuem deveres nessa mesma medida, o que despertou discussões sobre as fronteiras dessa moderação de conteúdo feita por elas, a fim de se buscar um panorama normativo adequado à nova realidade e capaz de assegurar uma harmonização dos poderes no ambiente digital[28].

Dentro dessa lógica, a política de moderação adotada pelo Facebook,[29] especialmente, foi alvo de severas críticas por razões que vão desde o seu

---

*Myanmar*. Disponível em: <https://about.fb.com/wp-content/uploads/2018/11/bsr-facebook-myanmar-hria_final.pdf>. Acesso em: 12 mar. de 2021.

26 Horas depois da primeira publicação, a rede adotou uma postura inédita e chegou a suspender o perfil do então presidente, sob o argumento de que ele estava utilizando a plataforma para incitar atos de violência. O movimento foi seguido por outras plataformas, como o Facebook, Twitter e Instagram, que adotaram a mesma medida. *C.f.*: https://www.dw.com/pt-br/twitter-bane-conta-de-donald-trump-permanentemente/a-56177474. Acesso em: 12 de março de 2021.

27 A palavra "conteúdo" deve ser interpretada de modo amplo, englobando textos, programas, gráficos, tabelas, fotos, sons, músicas, vídeos, recursos interativos e outros materiais que os usuários possam ver, produzir, acessar ou contribuir.

28 CELESTE, Edoardo. Digital constitutionalism: a new systematic theorisation. *International Review of Law, Computers and Technology*, v. 33, n. 1, 2019, p. 88.

29 Embora seja o enfoque deste artigo, vale registrar que o Facebook não é a única plataforma com políticas de moderação questionáveis. O jornal The Guardian noticiou, em 2019, que comunidades LGBT e mulheres negras experimentaram, comparativamente, redução no alcance de suas publicações sem qualquer notificação pelo Instagram, ou motivo razoável. O aplicativo TikTok, em 2020, também sofreu críticas após denúncias de que havia treinado e instruído os seus próprios moderadores a reduzirem o alcance dos conteúdos com usuários considerados "pouco atraentes" e que gravassem vídeos em locais "esteticamente prejudicados". Ver, respectivamente: JOSEPH, Chanté. Instagram's murky 'shadow bans' just serve to censor marginalised communities. *The Guardian, Londres, 8 nov. 2019*. Disponível em: https://www.theguardian.com/commentisfree/2019/nov/08/instagram-shadow-bans-marginalised-communities-queer-plus-sized-bodies-sexually-suggestive. Acesso em: 13 mar. 2021 e BIDDLE, Sam; RIBEIRO, Paulo Victor; DIAS, Tatiana.

protagonismo como *locus* de desinformação,[30] até à sua constante recusa em moderar conteúdos de cunho político, mesmo aqueles contendo mensagens violentas.[31]. Alegou-se, em diferentes ocasiões, falta de transparência,[32] prática de "censura colateral",[33] arbitrariedade[34] e permissividade em relação a discursos de ódio de figuras importantes, etc.

Em resposta, e em meio a uma crescente pressão pública, em novembro de 2018, Mark Zuckerberg anunciou um elemento externo e novo ao tradicional sistema de moderação de conteúdo da plataforma: a criação de um Comitê de Supervisão independente do *Facebook – Facebook Oversight Board* (daqui em diante, FOB),[35] um órgão externo, decisório e consultivo que ele próprio apresentou como a Suprema Corte do Facebook. Segundo anunciado, o órgão possuiria jurisdição para decidir sobre os conteúdos postados e compartilhados por usuários, além de emitir declarações consultivas sobre a política de Padrão de Comunidade. Esta foi a resposta ambiciosa (e vista como necessária) para fornecer

TikTok escondeu 'feios' e favelas para atrair novos usuários e censurou posts políticos. *The Intercept Brasil*. 16 mar. 2020. Disponível em: https://theintercept.com/2020/03/16/tiktok-censurou-rostos-feios-e-favelas-para-atrair-novos-usuarios/https://theintercept.com/2020/03/16/tiktok-censurou-rostos-feios-e-favelas-para-atrair-novos-usuarios/. Acesso em: 13 mar. 2021.

30 O Facebook foi fortemente criticado pelo papel desempenhado na eleição presidencial dos EUA em 2016, por ter permitido a propagação de inúmeras notícias falsas "disfarçadas de notícias" [...]. Ver: FIGUEIRA, Á. FIGUEIRA, Álvaro; OLIVEIRA, Luciana. The current state of fake news: challenges and opportunities. *Procedia Computer Science*, [s. l.], v. 121, p. 817–825, 2017.

31 FRENKEL, Sheera. Facebook employees stage virtual walkout to protest Trump posts. The New York Times, [S. l.], p. n.p., 1 jun. 2020. Disponível em: https://www.nytimes.com/2020/06/01/technology/facebook-employee-protest-trump.html. Acesso em: 11 mar. 2021.

32 C.f.: MATIAS, Nathan J. Uncovering Algorithms: Looking Inside the Facebook News Feed. *MITCTR. FOR CIVIC MEDIA*, [s. l.], p. n.p., 2014. Disponível em: https://perma.cc/9GUD-87YT. Acesso em: 16 mar. 2021 e JØRGENSEN, Rikke Frank; ZULETA, Lumi. Private Governance of Freedom of Expression on Social Media Platforms. *Nordicom Review*, 2020, pp. 51-67.

33 A censura colateral pode ser definida como o silenciamento de agentes privados por outros agentes privados. A propósito: CITRON, Danielle Keats. Extremist Speech, Compelled Conformity, and Censorship Creep. *Notre Dame Law Review*: 2018. Disponível em: <https://scholarship.law.nd.edu/cgi/viewcontent.cgi?article=4772&context=ndlr>. Acesso em: 11 mar. 2021.

34 C.f.: BALKIN, Jack M. Free Speech is a Triangle. *Columbia Law Review*, v. 118, 2019.

35 ZUCKERBERG, Mark. *A blueprint for content governance and enforcement*. Nov. 15, 2018. Disponível em: <https://www.facebook.com/notes/mark-zuckerberg/a-blueprint-for-content-governance-and-enforcement/10156443129621634/>. Acesso em: 3 mar. 2021.

a "transparência e [a] justiça adicionais" ao Facebook[36] na sua atuação como tomador de decisões sensíveis e de interesse público, ou seja, como moderador de discurso.

A medida, certamente inovadora no contexto da governança da internet, provocou inúmeros questionamentos. Com base em quais padrões o FOB deve agir para construir e manter sua independência e legitimidade? Existem limites para as suas ações relativas à moderação do conteúdo *on-line*? De que forma usuários e terceiros poderão participar do processo decisório de moderação? Qual será o arcabouço normativo que este "tribunal" se baseará? Pretendendo contribuir com tal debate, e buscando analisar criticamente essas e outras questões, este artigo tem como objetivo examinar o FOB e as suas implicações para a moderação do discurso nas plataformas digitais[37].

Para tanto, primeiro analisaremos o *design* das plataformas de mídia social e como esse aspecto contribui para a moderação de conteúdo. Em segundo lugar, discutiremos como a moderação de conteúdo sempre foi aplicada pelo *Facebook*, e quais são as mudanças advindas da criação do novo Comitê. Com isso, analisaremos os desafios específicos da sua implementação e, finalmente, identificaremos alguns dos próximos passos que o Facebook e o FOB devem dar para moderar o conteúdo em conformidade com o direito fundamental de liberdade de expressão.

## 1. A ARQUITETURA DAS PLATAFORMAS DE MÍDIA SOCIAL

Antes de tratarmos das peculiaridades do sistema de moderação de conteúdo do Facebook, é preciso que examinemos, primeiro, a arquitetura das redes sociais. Essa introdução é necessária pois, como todas as atividades dessas plataformas – incluindo a moderação de conteúdo – são programadas para maximizar as receitas da plataforma, é impossível

36 DARMÉ, Zoe Mentel; *et al.* Global Feedback & Input on the Facebook Oversight Board for Content Decisions. *Facebook*. Jun. 27, 2019. Disponível em: <https://fbnewsroomus.files.wordpress.com/2019/06/oversight-board-consultation-report-1.pdf>. Acesso em: 3 mar. 2021, p. 7.

37 "As plataformas digitais são sistemas tecnológicos que funcionam como mediadores ativos de interações, comunicações e transações entre indivíduos e organizações operando sobre uma base tecnológica digital conectada, especialmente no âmbito da Internet, provendo serviços calcados nessas conexões, fortemente lastreados na coleta e processamento de dados e marcados por efeitos de rede". VALENTE, Jonas. *Tecnologia, informação e poder*: das plataformas online aos monopólios digitais. Tese (Doutorado em Sociologia). Universidade de Brasília, Brasília, 2019, p. 170.

dissociar a moderação dos objetivos econômicos dessas grandes empresas. Nesse sentido, considerando que as estratégias de controle do discurso público das plataformas sempre vão depender dos modelos de negócio em jogo,[38] tais dimensões devem ser analisadas em conjunto.

O primeiro passo, portanto, é compreender a receita dessas plataformas. De onde ela vem? O Facebook e outras mídias sociais se apresentam como plataformas gratuitas – os usuários não pagam nada para se inscreverem e utilizarem os serviços disponibilizados. Ocorre que a máxima do *marketing*: "se é de graça, você é o produto", se aplica com perfeição ao seu modelo de negócio. Ao propagarem essa falsa sensação de gratuidade, tais plataformas, na verdade, se fundam nos dados produzidos por seus usuários, o *big data*[39], para lucrar[40]. Em última instância, baseiam-se na acumulação, tratamento e comercialização desses dados para extraírem padrões, realizarem previsões e, ainda, modificarem ou induzirem o comportamento dos indivíduos, incrementando as vendas dos anunciantes e, consequentemente, aumentando o próprio lucro.[41]

38 BALKIN, Jack M. The First Amendment in the Second Gilded Age. *Buffalo Law Review*, v. 66, n. 5, 2018, p. 988.

39 O termo *big data* foi inicialmente cunhado para tratar do crescimento exponencial dos dados produzidos em uma sociedade digital, em um volume inicialmente inacessível aos processadores e sistemas tradicionais. Hoje, contudo, já existem ferramentas capazes de realizar o armazenamento, análise e tratamento destas informações. Assim, o *big data* pode ser melhor definido como a possibilidade de se extrair padrões e/ou realizar predições, a partir de uma grande quantidade de dados, para modificar mercados, organizações e a própria relação entre os cidadãos e o poder político. MAYER-SCHÖNBERGER, Viktor; CUKIER, Kenneth. *Big Data*. 2. ed. Boston/Nova York, 2014, p. 10 (*eBook*).

40 O modelo de negócios da plataforma se encontra expresso nos Termos de Serviço (disponível em: <https://www.facebook.com/legal/terms> em que consta: "Não cobramos pelo uso do Facebook ou de outros produtos e serviços cobertos por estes Termos. Em vez disso, empresas e organizações nos pagam para lhe mostrar anúncios de seus produtos e serviços. Quando você usa nossos Produtos, concorda que podemos mostrar anúncios que consideramos relevantes para você e seus interesses. Usamos seus dados pessoais para ajudar a determinar quais anúncios mostrar."

41 Isso é o que Shoshana Zuboff denomina de "capitalismo de vigilância", definido como "1. Uma nova ordem econômica que reivindica a experiência humana como um material bruto para práticas comerciais ocultas e extração, predição e vendas; 2. Uma lógica econômica parasitária, em que a produção de bens e serviços é subordinada à nova arquitetura global de modificação de comportamentos; 3. Uma mutação do capitalismo marcada pela concentração de riqueza, conhecimento e poder sem precedentes na história da humanidade; 4. A estrutura fundacional de uma economia de vigilância; 5. Um perigo significante para a natureza humana no século XXI, assim como o capitalismo industrial foi para a natureza, nos séculos XIX e XX; 6. A origem de um novo poder instrumental que afirma a sua dominância sobre a sociedade e apresenta alarmantes desafios para a democracia de mercado; 7. Um movimento que visa impor uma nova ordem coletiva baseada na certeza

Nessa linha, quanto mais dados a plataforma conseguir captar, mais atraente ela será, sobretudo para os seus anunciantes, pois, mais eficiente será o alcance da publicidade veiculada. Isso se reflete no próprio design e no uso das interfaces de programação de aplicações (APIs),[42] que priorizam o engajamento do usuário em detrimento do conteúdo das informações a ele exibidas. Ou seja, se são mensagens extremistas, de ódio ou que contenham desinformação, mas que fazem com que os usuários permaneçam mais tempo nas redes, é esse tipo de conteúdo que será selecionado pelo algoritmo, não tendo grande relevo os efeitos para a saúde dos usuários ou para a democracia.[43]

Esta estrutura, inicialmente concebida para lidar com interesses comerciais e aumentar a eficiência do marketing realizado, pode, facilmente, ser utilizada para atingir também objetivos políticos.[44] Por exemplo, pesquisa recente da *New York University* demonstra que páginas de partidos políticos que regularmente propagaram conteúdo de desinformação, receberam mais acessos, e geraram mais engajamento, nas eleições presidenciais dos EUA de 2020 e na invasão do Capitólio[45].

---

total; 8. Uma expropriação de direitos humanos críticos que pode ser melhor compreendida como um 'golpe que vem de cima': a derrubada da soberania popular (ZUBOFF, 2019a, p. 8) (tradução livre)". ZUBOFF, Shoshana. *Age of Surveillance Capitalism:* The Fight for a Human Future at the New Frontier of Power. New York: Public Affairs, 2019.

42 API é um acrônimo em inglês que significa interface de programação de aplicações. Como ressaltado pelo pesquisador Jonathan Albright, as primeiras versões do API do Facebook (Facebook Graph API's v1.0) permitiam que os aplicativos conectados à plataforma solicitassem um enorme volume de dados dos usuários e dos amigos dos usuários com um único *prompt*, sem muita dificuldade. Uma vez autorizado com esse único *prompt*, o aplicativo poderia permanecer coletando e processando os dados das pessoas – e de toda a sua rede de amigos – por anos. Além disso, também poderiam solicitar acesso às mensagens privadas dos usuários no Messenger. Ver: ALBRIGHT, Jonathan. *The Graph API*: Key Points in the Facebook and Cambridge Analytica Debacle. Town Center, [S. l.], n.p., 20 mar. 2018. Disponível em: https://medium.com/tow-center/the-graph-api-key-points-in-the-facebook-and-cambridge-analytica-debacle-b69fe692d747. Acesso em: 15 mar. 2021.

43 Apesar de ciente relação entre mensagens melancólicas e o suicídio dos usuários, o Facebook optou por não alterar o seu algoritmo e evitar a exibição desse tipo de conteúdo, pois impactaria negativamente em seu engajamento. HAO, Karen. How Facebook got addicted to spreading misinformation. *MIT Technology Review*, 11 de março de 2021. Disponível em: <https://www.technologyreview.com/2021/03/11/1020600/facebook-responsible-ai-misinformation/amp/?utm_medium=tr_social&utm_campaign=site_visitor.unpaid.engagement&utm_source=Twitter&__twitter_impression=true>. Acesso em: 12 mar. 2021.

44 EMPOLI, Giuliano da. *Os engenheiros do caos*. trad. Arnaldo Bloch. 1ª ed. São Paulo, Vestígio, 2020, p. 155.

45 EDELSON, Laura; GOLDSTEIN, Ian *et. al.*. Far-right news sources on Facebook more engaging: Unlike other news across the political spectrum, no "misinformation penalty" for

Assim, a própria arquitetura dessas plataformas é pautada em uma "indiferença" em relação ao conteúdo das mensagens expostas.[46-47] Dentro do jogo de forças, para o seu modelo de negócio, importa o que é rentável e contribui para o crescimento da empresa: em síntese, o volume, a variedade e a extensão dos dados gerados.[48]

Considerando que moderação do conteúdo emerge desse cenário, não por acaso ela se revelou insuficiente em diversas ocasiões. Como o modelo de negócios de plataformas como o Facebook liga-se a um sistema de vigilância pervasiva[49] que depende do fluxo de dados gerado pelos

---

far-right pages. *Cybersecurity for Democracy*, [s. l.], 3 mar. 2021. Disponível em: https://medium.com/cybersecurity-for-democracy/far-right-news-sources-on-facebook-more-engaging-e04a01efae90. Acesso em: 12 mar. 2021.

46 Aqui, vale uma ressalva feita em relação aos atores das mensagens. Como se sabe, essa indiferença, é, também, fruto de uma escolha. Recentes episódios comprovam que o Facebook atua de modo seletivo a depender de quem transmite e propaga a mensagem – como é o caso, por exemplo, de figuras políticas importantes. Há exemplos envolvendo o presidente Bolsonaro e também o ex-presidente Donald Trump. A propósito: ARCHEGAS, João Victor. Admirável 2020 Novo: banimento de Trump de redes sociais e moderação de conteúdo: Os primeiros dias de 2021 demonstraram que ainda é preciso lidar com diversos desafios apresentados em 2020. *Jota*, [S. l.], n.p., 13 jan. 2021. Disponível em: https://www.jota.info/opiniao-e-analise/artigos/admiravel-2020-novo-banimento-de-trump-de-redes-sociais-e-moderacao-de-conteudo-13012021. Acesso em: 19 mar. 2021.

47 Um dos efeitos da indiferença radical é a exposição dos usuários a conteúdos que "normalmente seriam vistos como repugnantes: mentiras, desinformação sistemática, fraude, violência, discurso de ódio e mais" e que costumam ser filtrados no trabalho jornalístico. A propósito: ZUBOFF, Shoshana. *Age of Surveillance Capitalism:* The Fight for a Human Future at the New Frontier of Power. New York: Public Affairs, 2019. Em sentido semelhante, Giuliano da Empoli fala da forma como a indiferença das redes sociais pode afetar negativamente o jogo democrático, por se pautar exclusivamente no engajamento. EMPOLI, Giuliano da. *Os engenheiros do caos*. trad. Arnaldo Bloch. 1ª ed. São Paulo, Vestígio, 2020, p. 20-21.

48 Karen Hao mostra, por exemplo, que o Facebook tinha ciência de que seu modelo de negócio favorece o extremismo e a polarização ao menos desde 2016 e que iniciativas para resolução da questão que ensejam uma redução do engajamento dos usuários, como a alteração de seu algoritmo de exibição do *feed* de notícias, são, desde o início rechaçadas e não recebem incentivos, por mais que se mostrem efetivas para a resolução do problema de disseminação de conteúdos inaceitáveis. HAO, Karen. How Facebook got addicted to spreading misinformation. MIT Technology Review, 11 de março de 2021. Disponível em: <https://www.technologyreview.com/2021/03/11/1020600/facebook-responsible-ai-misinformation/amp/?utm_medium=tr_social&utm_campaign=site_visitor.unpaid.engagement&utm_source=Twitter&__twitter_impression=true>. Acesso em 12 de março de 2021.

49 *C.f.*: AMNESTY INTERNATIONAL. *Surveillance giants*: how the business model of Google and Facebook threatens Human Rights. London: Amnesty International Ltd / Peter Berenson House, 2019 e TUFEKCI, Zeynep. Facebook's Surveillance Machine. *The New York Times*. New York. Disponível em: <https://www.nytimes.com/2018/03/19/opinion/facebook-cambridge-analytica.html>. Acesso em: 16 mar. 2021.

exércitos digitais das mais variadas ideologias[50], elas não querem, ou não desejam, "para não deixar de ganhar (tanto) dinheiro – correr o risco de perder seus militantes mais fiéis"[51] e, com isso, falham em moderar o discurso de forma adequada.

E o problema não termina aí. Como consequência, as mídias sociais mantêm um alto grau de obscuridade em relação às suas decisões de moderação de conteúdo, o que possibilita uma atuação mais arbitrária e, em última instância, facilita o acesso e a distribuição de conteúdo impróprio ou abusivo capaz de gerar engajamento. Assim, salvo em casos de grande repercussão negativa e intensa repercussão pública e que ameacem a sua reputação, essas grandes empresas preferem não se posicionar, resguardando-se sob o mantra da (falsa) neutralidade de conteúdo.

Evidentemente, este aspecto deve ser considerado ao se pensar em uma solução efetiva para a disseminação de notícias falsas, desinformação e discurso de ódio *on-line*. Afinal, tais plataformas, por serem empresas privadas, não encaram a moderação "apenas como um imperativo de manutenção da democracia, mas também como um risco aos seus negócios".[52]

Por esses motivos, ganham relevo propostas que descentralizem das empresas o poder de exclusão de conteúdo. Nesse sentido, a criação do Comitê de Supervisão parece ser oportuna do ponto de vista da legitimidade do modelo, já que não seria mais o Facebook, plataforma motivada por interesses econômicos, detentora da última palavra quanto aos conflitos de liberdade de expressão em jogo entre seus usuários.

---

50 SALGADO, Eneida Desiree; ARCHEGAS, João Victor. Constitucionalismo digital: Empresas que dependem dos dados de seus usuários, da venda de anúncios e de propaganda eleitoral não podem correr o risco de perder seus militantes mais fiéis. *Plural*, Curitiba, n.p., 31 out. 2020. Disponível em: https://www.plural.jor.br/artigos/constitucionalismo-digital/. Acesso em: 12 mar. 2021.

51 SALGADO, Eneida Desiree; ARCHEGAS, João Victor. Constitucionalismo digital: Empresas que dependem dos dados de seus usuários, da venda de anúncios e de propaganda eleitoral não podem correr o risco de perder seus militantes mais fiéis. *Plural*, Curitiba, n.p., 31 out. 2020. Disponível em: https://www.plural.jor.br/artigos/constitucionalismo-digital/. Acesso em: 12 mar. 2021.

52 ARCHEGAS, João Victor. Admirável 2020 Novo: banimento de Trump de redes sociais e moderação de conteúdo. Os primeiros dias de 2021 demonstraram que ainda é preciso lidar com diversos desafios apresentados em 2020, *Jota*, n.p., 13 jan. 2021. Disponível em: https://www.jota.info/opiniao-e-analise/artigos/admiravel-2020-novo-banimento-de-trump-de-redes-sociais-e-moderacao-de-conteudo-13012021. Acesso em: 12 mar. 2021.

Consequentemente, este é um momento crucial para a moderação do conteúdo e os arranjos feitos podem construir fundamentos importantes para o futuro, como se passará a ver.

## 2. A MODERAÇÃO DE CONTEÚDO NO *FACEBOOK* E A CRIAÇÃO DO COMITÊ DE SUPERVISÃO (FOB)

Neste tópico, iremos discutir, inicialmente, o que se entende por moderação de conteúdo; como o Facebook atua nesse sentido e, em seguida, de que forma esse processo está relacionado ao direito à liberdade de expressão.

De forma geral, a moderação de conteúdo, ecossistema crucial para o funcionamento das redes sociais, inclui os mecanismos de governança próprios das plataformas que estruturam as formas de participação dos usuários, facilitando a cooperação e prevenindo abusos.[53] Mais especificamente, por meio dessa atividade, as plataformas atuam como "curadoras" do conteúdo gerado pelo usuário, podendo promover ou ocultar postagens; remover ou banir usuários[54] e identificar conteúdos como "explícito" ou "violento", por meio de ferramentas de triagem e revisão[55] *ex-ante* ou *ex-post*[56]. Na atualidade, diante da magnitude do fluxo informacional no ambiente digital, isso representa uma verdadeira transferência do exercício de controle sobre as liberdades públicas da esfera pública para a esfera privada, vez que esses atores privados se transformam em juízes[57] que decidem o que será e não será visto, qual informação será valorizada e o que será mostrado.

Mais do que um simples exercício de controle, a moderação de conteúdo busca garantir um ambiente minimamente seguro e, consequentemente,

53 GRIMMELMANN, James. The virtues of moderation. *Yale Journal of Law & Technology*, v. 17, p. 47., 2015. Disponível em: <https://digitalcommons.law.yale.edu/cgi/viewcontent.cgi?article=1110&context=yjolt>. Acesso: em 19 mar. 2021.

54 *Ibid*, p. 45.

55 ROBERTS, Sarah T. Digital Refuse: Canadian Garbage, Commercial Content Moderation and the Global Circulation of Social Media's Waste. *Wi: Journal of Mobile Media*, [s. l.], v. 10, ed. 1, p. 4, 2016. Disponível em: https://ir.lib.uwo.ca/commpub/14/. Acesso em: 20 mar. 2021.

56 KLONICK, Kate. The New Governors: The People, Rules, and Processes Governing Online Speech. *Harvard Law Review*, v. 131, p. 1598-1670, 2018.

57 HEINS, Marjorie. The Brave New World of Social Media Censorship. *Harvard Law Review Forum*, v. 127, 2014, p. 325.

manter o público da plataforma disposto a acessar e compartilhar conteúdo[58]. Portanto, também integra o modelo de negócio das plataformas, já que um ambiente sem qualquer tipo de regra não seria atrativo para os anunciantes – e para isso podem contar com a moderação de conteúdo.

Mas, afinal, como o Facebook modera, na prática, o seu conteúdo?

Tradicionalmente, para encontrar e remover conteúdo impróprio, o sistema de moderação do Facebook adota uma combinação de *tecnologia*, por meio de ferramentas de Inteligência Artificial (IA);[59] e *revisão humana*, na forma de moderadores treinados.[60] Quando um conteúdo é postado, ou mesmo antes disso, caso represente uma possível das regras da plataforma (expressas no documento "Padrões da Comunidade"), ele poderá ser detectado e removido, seja pelas ferramentas de IA da plataforma[61], seja pela intervenção humana.[62] Paralelamente, os usuários também podem denunciar conteúdos violadores por meio de ferramentas de denúncia (*flags*) localizadas junto ao próprio conteúdo.

Além disso, desde 2018 o Facebook permite que usuários recorram das decisões de moderação de conteúdo em determinados casos[63], caso acreditem que elas tenham sido equivocadas.[64]

58 BALKIN, Jack M. Free Speech is a Triangle. *Columbia Law Review*, v. 118, 2018, p. 2023.

59 Esta tecnologia ajuda a denunciar conteúdos para revisão de forma proativa e, em alguns casos, efetua ações automáticas. C.f.: https://pt-pt.facebook.com/business/help/373506759931554?id=1769156093197771. Acesso em: 20 mar. de 2021.

60 Segundo o Facebook, são mais de 35.000 moderadores trabalhando 24 horas por dia em mais de 50 idiomas. C.f.: https://pt-pt.facebook.com/business/help/373506759931554?id=1769156093197771. Acesso em: 20 mar. de 2021.

61 Esses sistemas são treinados continuamente para oferecerem uma detecção mais ampla e precisa por meio da sua própria aprendizagem e com base na extensa base de dados que os alimentam.

62 A utilização de mão de obra humana decorre, muitas vezes, da contratação de empresas terceirizadas. Diversas são as implicações dessa escolha, sendo uma delas as péssimas condições de trabalho dos moderadores, que chegaram a enviar uma carta conjunta ao Facebook em 2020. O documento, na íntegra, foi publicado pelo escritório *Foxglove*, do Reino Unido. *C.f.*: https://www.uol.com.br/tilt/noticias/redacao/2020/11/21/moderadores-de-conteudo-do-facebook-enviam-carta-aberta-a-zuckerberg.htm?cmpid=copiaecola. Ainda sobre o tema, para uma análise mais aprofundada, *c.f.*: ROBERTS, Sarah T. *Behind the Screen*: Content Moderation in the Shadows of Social Media. New Haven and London: Yale University Press, 2019.

63 Como primeiro passo, foi lançado o recurso de apelação apenas para publicações removidas por nudez, atividade sexual, discurso de ódio ou violência explícita.

64 O processo funciona assim: se a foto, vídeo ou publicação do usuário foi removida por violar os Padrões da Comunidade do Facebook, ele é automaticamente notificado e tem a opção de solicitar uma revisão adicional. De acordo com o Facebook, o processo, sempre

Independentemente de o conteúdo ter sido denunciado por um usuário ou ser detectado de forma automática, a decisão acerca da sua manutenção na plataforma terá como fundamento as regras do próprio Facebook, que nada mais são que contratos assinados eletronicamente (por meio do conhecido campo "li e aceito") pelos usuários ao criarem um perfil, que estabelecem os contornos da relação entabulada entre a empresa e o indivíduo. Cada plataforma possui regras diferentes; o *Facebook*, por exemplo, proíbe conteúdos relacionados a incitação da violência, discursos de ódio, grupos envolvidos em atividades terroristas, tráfico humano, exibição de nudez, negociação de produtos não controlados, dentre outros,[65] sendo que cada conduta enseja a aplicação de penalidades específicas.[66]

Os resultados desse processo são continuamente divulgados. Por exemplo, no último relatório (de janeiro a setembro de 2020), o Facebook agiu em 54,1 milhões de peças de conteúdo contendo discurso de ódio.[67] Em relação às violações do terrorismo, o Facebook bloqueou aproximadamente 99% do conteúdo encontrado antes mesmo de ser reportado pelos usuários.[68]

---

conduzido por uma pessoa, ocorre em até 24 horas. Após o prazo, caso tenha sido cometido um erro, o Facebook envia uma notificação ao usuário e o conteúdo é restaurado. C.f.: https://about.fb.com/br/news/2018/04/facebook-publica-diretrizes-internas-e-amplia-processos-de-apelacao/. Acesso em 10 mar. 2021.

65 Os comportamentos vedados na plataforma estão descritos nos Padrões da Comunidade, disponível em: <https://www.facebook.com/communitystandards/>. Acesso em: 16 mar. de 2021.

66 No que tange, por exemplo, à violência ou a sua incitação, os conteúdos podem ser removidos, as contas desativadas e pode haver, ainda, o acionamento de autoridades locais. Por outro lado, quanto às notícias falsas, estas não são, via de regra, removidas do Facebook, mas têm sua distribuição reduzida e, em alguns casos, pode ser adicionado uma "etiqueta" ou aviso de conteúdo. C.f.: https://pt-br.facebook.com/communitystandards/credible_violence. Acesso em 16 mar. de 2021 e C.f.e C.f.: https://pt-br.facebook.com/communitystandards/false_news. Acesso em: 16 mar. de 2021.

67 FACEBOOK. *Hate Speech*: Community Standards Enforcement Report. 2020 <https://transparency.facebook.com/community-standards-enforcement#hate-speech>. Acesso em 16 mar. de 2021.

68 FACEBOOK. *Dangerous Organizations*: Terrorism and Organized Hate. 2020. <https://transparency.facebook.com/community-standards-enforcement#dangerous-organizations>. Acesso em: 13 mar. 2021. Diferentemente do que ocorre em conteúdos relacionados ao terrorismo, a moderação da desinformação na plataforma não utiliza filtros de *upload*. Ver: BONTCHEVA, Kalina & POSETTI, Julie (eds.). *Balancing act*: countering digital disinformation while respecting freedom of expression. Broadband Commission research report on 'Freedom of Expression and addressing disinformation on the internet'. Geneva / Paris: International Telecommunication Union (ITU) / United Nations Educational, Scientific and Cultural Organization (UNESCO), September 2020, p. 173.

De modo geral, embora todo esse esquema (moderação pela tecnologia, pela intervenção humana e com auxílio das denúncias dos usuários) tenha proporcionado alguns resultados positivos, à medida que os problemas cresceram em escopo e impacto, ele acabou se revelando insuficiente para lidar com a demanda.[69] No fim das contas, há mais de 2,7 bilhões de usuários no Facebook, o que torna a moderação de conteúdo extremamente trabalhosa.[70]

Além do volume do conteúdo postado, há desafios ainda maiores, com peculiaridades que escapam a uma simples comparação entre o conteúdo em questão e as regras da plataforma. Por exemplo, cabe ao Facebook dar a última palavra, em casos difíceis, sobre a veracidade de uma notícia? Pode a plataforma definir o que é discurso de ódio? Determinado conteúdo, considerando o contexto em que foi postado, é mesmo impróprio, ou apenas retrata a cultura (mais ou menos conservadora) de determinado grupo? Perguntas como essas são apenas ilustrações dos complexos dilemas enfrentados, que envolvem, por sua vez, questões como: a adequada compreensão do contexto dos conteúdos postados;[71] as ferramentas de inteligência artificial que apresentam diversos erros;[72]

---

69 A detecção automatizada de violações, por exemplo, "é bastante sofisticada e bem sucedida para vários tipos de conteúdo visual (como pornografia infantil), mas menos para conteúdo escrito que coloca "desafios linguísticos nuances (como assédio e discurso de ódio)". KADRI, Thomas; KLONICK, Kate. Facebook v. Sullivan: Public Figures and Newsworthiness in Online Speech (2019). *Southern California Law Review*, 93, <https://ssrn.com/abstract=3332530>. Acesso em 20 de dezembro de 2020.

70 STATISTA. Most popular social networks worldwide as of ranked by number of active users. Statista, 2020. Disponível em: <https://www.statista.com/statistics/272014/global-social--networks-ranked-by-number-of-users/>. Acesso em 10 mar. 2021.

71 Dados da pesquisa sugerem que o Facebook teve problemas ao considerar o contexto. Veja, por exemplo: CARLSON, Caitlin and Rousselle, Hayley, *Report and Repeat:* Investigating Facebook's Hate Speech Removal Process, 2018. Disponível em: <https://ssrn.com/abstract=3232325> ou <http://dx.doi.org/10.2139/ssrn.3232325>. Acesso em: 12 mar. 2020. Além disso, foram levantadas preocupações quanto às condições inadequadas do trabalho dos moderadores humanos à luz do material severo com o qual eles têm de lidar. *C.f.*: Roberts, Sarah T. *Behind the Screen:* Content Moderation in the Shadows of Social Media. 1ª ed. Yale University Press, 2019.

72 É difícil a identificação de conteúdo extremista, por exemplo, mesmo por moderadores treinados para tanto, devido à complexidade de se desenredar fatores como o contexto cultural e até mesmo o humor de cada cultura, país ou grupo social. Raciocínio semelhante se aplica aos algoritmos, que hoje, em seu estágio de desenvolvimento, não são capazes de detectar com precisão ironia ou análise crítica. Para mais detalhes, conferir: COUNCIL OF EUROPE, Committee of Experts on Internet Intermediaries. *Study on the Human Rights DimensionsRights ofDimensions Automatedof DataAutomated Processing-Data TechniquesProcessing andTechniques Possibleand RegulatoryPossible Implications-*

a imprecisão dos Padrões da Comunidade; a falta de transparência do processo decisório,[73] etc. A situação é agravada pela recusa da plataforma em adotar estratégias que influenciem negativamente no engajamento dos usuários.[74]

Nessa linha, como era de se esperar, diversos foram os equívocos observados, o que reduziu a confiança na plataforma[75], já consideravelmente abalada[76]. Pode-se citar como exemplos a exclusão da foto "*The Terror of War*",[77] a campanha *#WeTheNipple*,[78] e a alegação de censura de

---

*Regulatory Implications*. Brussels: Council ofCouncil Europeof, 2017Europe, 2017, p. 21. Disponível em: <https://rm.coe.int/algorithms-and-human-rights-en-rev/16807956b5 accessed 20 December 2020>. Acesso em: 20 mar. 2021.

73 Uma investigação da *ProPublica* revelou que as regras do Facebook são opacas em relação aos usuários e aplicadas de maneira inconsistente. Além disso, reportou-se que os moderadores estão submetidos a constante pressão e estresse pela quantidade de conteúdo e pelo trauma advindo da análise de postagens com conteúdo perturbador. LAUB, Zachary. Hate Speech on Social Media: Global Comparisons. *Council on Foreign Relations*, Estados Unidos, n.p., 12 abr. 2019. Disponível em: https://www.cfr.org/backgrounder/hate-speech-social-media-global-comparisons. Acesso em: 20 mar. 2021.

74 A título exemplificativo, em 2018, foram propostas mudanças sensíveis na plataforma, por uma força de trabalho coordenado por Chris Cox, como a alteração dos algoritmos de recomendação para que eles passassem a sugerir grupos e conteúdos mais diversos aos usuários. Contudo, a partir do reconhecimento de que essas ideias seriam "anti-crescimento" a força de trabalho foi desfeita e grande parte das propostas não avançou. HAO, Karen. How Facebook got addicted to spreading misinformation. *MIT Technology Review*, 11 de março de 2021. Disponível em: <https://www.technologyreview.com/2021/03/11/1020600/facebook-responsible-ai-misinformation/amp/?utm_medium=tr_social&utm_campaign=site_visitor.unpaid.engagement&utm_source=Twitter&__twitter_impression=true>. Acesso em: 12 mar. 2021.

75 Por exemplo, o relatório "*American Views 2020: Trust, Media and Democracy*" aponta que a maioria dos americanos não confia em empresas de mídia social para efetuar a moderação do conteúdo. Ver: KNIGHT FOUND. & GALLUP, INC. *American Views 2020:* Trust, Media and Democracy: A Deepening Divide. v. 5, ed. 9, 2020. Disponível em: <https://knightfoundation.org/wpcontent/uploads/2020/08/American-Views-2020-Trust-Media-and-Democracy.pdf>. Acesso em: 12 mar. 2021.

76 A confiança no Facebook foi sendo abalada nos últimos anos pelos episódios descritos na Introdução e diversos outros, como os escândalos de vazamento e uso inadequado de dados. Neste sentido, *c.f.*: https://cambridgeanalytica.org. Acesso em: 12 mar. 2021.

77 A propósito, ver: YALOYAN, Marina. Aftenposten versus Facebook: uma polêmica esclarecedora. *UNESCO*, [S. l.], p. n.p., 1 dez. 2017. Disponível em: https://pt.unesco.org/courier/julho-setembro-2017/aftenposten-versus-facebook-uma-polemica-esclarecedora. Acesso em: 18 mar. 2021.

78 Sobre, ver: ROSA, Natalie. Censura de artes com nudez reúne protestantes em frente ao Facebook e Instagram. Canal Tech, [S. l.], p. n.p., 4 jun. 2019. Disponível em: https://canaltech.com.br/redes-sociais/censura-de-artes-com-nudez-reune-protestantes-em-frente-ao-facebook-e-instagram-140881/. Acesso em: 18 mar. 2021. E também: <https://ncac.org/we-the-nipple>. Acesso em: 18 mar. 2021.

jornalistas em regiões como o Saara Ocidental e a Crimeia.[79] Some-se a isso as denúncias relativas à influência deletéria do Facebook em democracias ou processos eleitorais mencionados na Introdução.

Em resposta a essas ocorrências, ganharam maior relevância discussões sobre mudanças na moderação de conteúdo na plataforma. Alguns argumentaram que esta traçava indevidamente a linha dos limites da liberdade de expressão[80], bem como censurava e silenciava pontos de vista específicos.[81] Outros alegaram que a política de moderação da empresa ilustra uma "lógica de opacidade" e não entrega mecanismos de prestação de contas e transparência.[82] A isso somaram-se iniciativas legislativas impondo uma responsabilidade mais rigorosa às plataformas no exercício da moderação de conteúdo, especialmente na Europa,[83] com alertas sobre possíveis sanções diante da passividade frente ao extremismo *on-line*.[84]

Considerando essas questões e levando em conta a pressão pública, Zuckerberg divulgou que o tradicional sistema de moderação (que até então funcionava internamente, em uma combinação de IA e moderadores humanos, como já tratado), ganharia um reforço: o novo *Facebook Oversight Board.* A principal justificativa foi o reconhecimento de que,

---

79 ANGWIN, Julia; GRASSEGGER Hannes. Facebook's secret censorship rules protect white men from hate speech but not black children. *ProPublica*, 2017. Disponível em: <https://www.propublica.org/article/facebook-hate-speech-censorship-internal-documentsalgorithms>. Acesso em: 18 mar. 2021.

80 O direito à liberdade de expressão, de acordo com o artigo 19(2) do Pacto Internacional sobre Direitos Civis e Políticos, inclui a liberdade de "procurar, receber e difundir informações e idéias [*sic*] de qualquer natureza, independentemente de considerações de fronteiras, verbalmente ou por escrito, em forma impressa ou artística, ou por qualquer outro meio de sua escolha". Disponível em: <http://www.planalto.gov.br/ccivil_03/decreto/1990-1994/d0592.htm>. Acesso em 10 mar. de 2021.

81 ROMM, Tony. Republicans Accused Facebook, Google and Twitter of Bias. Democrats Called the Hearing 'Dumb.', *Wash. Post*, 2018 <https://bityli.com/lFBc5>. Acesso em 10 mar. de 2021.

82 ROBERTS, Sarah T. Digital Detritus: 'Error' and the Logic of Opacity in Social Media Content Moderation, *FIRST MONDAY*, 2018. Disponível em: <https://journals.uic.edu/ojs/index.php/fm/article/view/8283/6649>. Acesso em 10 mar. de 2021.

83 Por exemplo, a Lei alemã *Netzwerkdurchsetzungsgesetz* (*NetzDG*) impõe multas de até 50 milhões de euros às plataformas que não excluem certos tipos de conteúdo. Há também outra proposta de regulação envolvendo a prevenção de disseminação de conteúdo terrorista no ambiente virtual de iniciativa da União Europeia.

84 Ver: PLAUGIC, Lizzie. France Wants to Make Google and Facebook Accountable for Hate Speech. *The Verge, 2015*. Disponível em: <https://www.theverge.com/2015/1/27/7921463/google-facebookaccountable-for-hate-speech-france>. Acesso em 10 mar. de 2021.

diante de tantos problemas, o Facebook não poderia mais decidir tantas questões importantes individualmente.[85]

## 3. ENTENDENDO O COMITÊ DE SUPERVISÃO

Neste tópico, discutiremos o FOB e a forma e o contexto em foi estruturado.

Em meio ao delicado esse cenário narrado, que impactou significativamente o Facebook e a sua reputação, Zuckerberg anunciou a criação do Comitê de Supervisão em 2018 e iniciou suas atividades em outubro de 2020, com um orçamento inicial de mais de 130 milhões de dólares[86].

Conforme descrito em seu Estatuto[87], o FOB é um órgão global, independente do Facebook e investido de poderes para revisar as decisões sobre moderação de conteúdo em casos complexos no Facebook e também no Instagram, a partir de apelações dos usuários insatisfeitos com as decisões tomadas pelos moderadores internos; ou mediante a provocação da própria plataforma. A sua atuação direciona-se à promoção dos valores atrelados à "liberdade de expressão por meio da tomada de decisões independentes e baseadas em princípios com relação ao conteúdo no Facebook e no Instagram"[88], bem como pela "emissão de recomendações sobre a política de conteúdo do Facebook".[89]

Em termos gerais, o FOB atua como um órgão revisor externo. Seria, portanto, como uma segunda (e última) instância, sendo a primeira representada pelo sistema de "apelação" interno já citado. Com a sua criação, objetiva-se, em certa medida, limitar o poder da plataforma no tocante ao controle dos conteúdos postados pelos usuários do Facebook e do Instagram.



85 ZUCKERBERG, Mark. Facebook's Commitment to the Oversight Board. FACEBOOK. Disponível em: <https://about.fb.com/wp-content/uploads/2019/09/letter-from-mark-zuckerberg-on-oversight-board-charter.pdf>.Acesso em 10 mar. de 2021.

86 Para cobrir os custos dos próximos seis anos, o Facebook assumiu um compromisso inicial de mais de 130 milhões de dólares, que servirão para pagar custos operacionais, como espaço de escritório, equipe e despesas de viagem.

87 C.f.: Oversight Board Charter. Acesso em 10 mar. de 2021.

88 Ver: <https://oversightboard.com/>. Acesso em: 18 mar. 2021.

89 Ver: <https://oversightboard.com/>. Acesso em: 18 mar. 2021.

## 3.1. Composição

Atualmente, o FOB é composto por 19 especialistas (originalmente eram 20). Contudo, quando estiver completo, a previsão é que o Comitê tenha aproximadamente 40 membros de origens distintas. Os membros incluem advogados, ex-magistrados, acadêmicos, jornalistas, políticos e defensores dos direitos digitais, todos independentes do Facebook. Os critérios de seleção foram (*i*) a diversidade, importando para tanto a origem cultural e profissional; e (*ii*) a qualidade dos membros, destacando-se a sua familiaridade com o conteúdo e a governança digital; (*iii*) a proficiência em questões de moderação de conteúdo *on-line;* e (*iv*) o histórico de trabalho colaborativo, vez que as decisões do órgão são colegiadas e referendadas pelo plenário. Os membros servirão por um mandato fixo de três anos, limitado a três mandatos e, durante o período, não poderão ser afastados.

## 3.2. Competência

O órgão é competente[90] para: (*i*) selecionar e julgar, em caráter vinculante, uma seleção limitada de casos envolvendo debates representativos sobre a moderação de conteúdo no Facebook e no Instagram, de acordo com a sua dificuldade, importância e relevância global; e, também, desta sorte de forma não vinculante, (*ii*) emitir recomendações sobre as políticas de conteúdo da plataforma, em caráter consultivo.

Como mencionado, os casos podem ser enviados ao Comitê pelos usuários da plataforma a partir do processo de apelação (quando usuários recorrem da decisão de remoção do conteúdo), ou mediante provocação do Facebook. Isso significa que apenas os casos que o Facebook efetivamente removeu uma postagem serão aptos a serem julgados pelo FOB. Ou seja, conteúdos que o Facebook optou por manter "no ar", não poderão ser objeto de análise, salvo se o próprio Facebook solicitar a sua revisão, como fez no caso da suspensão permanente do ex-Presidente Trump.

Essa limitação, entendemos, não é positiva. Como sabido, o processo de apelação que ocorre na moderação interna de conteúdo não abrange todas as matérias tratadas nos Padrões da Comunidade.

---

90 Ver: <https://www.oversightboard.com/meet-the-board/>. Acesso em: 18 mar. 2021.

Intencionalmente, o Facebook restringiu a possibilidade de recurso a determinados conteúdos[91]. Os usuários não podem apelar, por exemplo, de casos envolvendo publicidade eleitoral, algoritmos da empresa[92], etc. Nada obstante, vários dos debates mais polêmicos envolvem, justamente, conteúdos que viralizaram e permaneceram ativos[93]. Se mantida a regra, essas discussões dificilmente chegarão ao FOB. Disso se conclui que tal escolha, de antemão, reduz significativamente o limite de atuação do FOB, excluindo, ou, ao menos reduzindo a possibilidade, de enfrentamento de certas questões urgentes e importantes, o que pode enfraquecer o real poder de influência do FOB.

### 3.3. Jurisdicionados

Pode-se dizer que os jurisdicionados são o próprio Facebook – estando abrangido também o Instagram – e os seus usuários, não sendo possível, por exemplo, que as apelações sejam realizadas por pessoas que não possuam contas ativas nas plataformas. Ademais, como tratado, as apelações somente são possíveis após exaurida a instância interna do Facebook (isto é, a mencionada esfera interna de moderação de conteúdo), sendo exigida uma análise da plataforma sobre o conteúdo objeto da decisão para o "cabimento do recurso".

### 3.4. Poderes principais

Para o desempenho de suas funções, o órgão possui os poderes de: (*i*) solicitar ao Facebook o fornecimento das informações necessárias para deliberações; (*ii*) interpretar os Padrões da Comunidade do Facebook

91 Ver nota de rodapé número 59.

92 DOUEK, Evelyn. How Much Power Did Facebook Give Its Oversight Board. *Lawfare*, [s. l.], 25 set. 2019. Disponível em: https://www.lawfareblog.com/how-much-power-did-facebook-give-its-oversight-board. Acesso em: 18 mar. 2021.

93 *Nesse sentido: "But a number of the most controversial content moderation decisions made by Facebook in recent years have been decisions to leave content up, not take it down: Think of the Nancy Pelosi cheapfake video in which footage of the speaker of the House was edited misleadingly so that she appeared intoxicated, or hate speech in Myanmar, or the years that Facebook hosted content from Infowars chief Alex Jones before finally deciding to follow Apple's lead and remove Jones's material."*. DOUEK, Evelyn. Facebook's Oversight Board Bylaws: For Once, Moving Slowly. *Lawfare*, [s. l.], 28 jan. 2020. Disponível em: https://www.lawfareblog.com/facebooks-oversight-board-bylaws-once-moving-slowly. Acesso em: 11 mar. 2021.

e outras políticas de conteúdo relevantes, em observância aos valores que sustentam a política de conteúdo do Facebook (resumidamente, são eles: voz, autenticidade, proteção, privacidade e dignidade); (*iii*) instruir o Facebook a permitir ou remover um conteúdo; (*iv*) redigir explicações sobre as decisões do Comitê; e (*v*) fornecer orientações consultivas sobre políticas de conteúdo do Facebook.[94]

Além disso, o FOB tem, como princípio para o exercício desses poderes, a sua independência, essencial para o desempenho de suas funções de forma imparcial. Trata-se, assim, de uma entidade separada do Facebook, administrada por uma LLC (*Limited Liability Company*) e financiada por um *trust* independente (artigo 4 do Estatuto).

## 4. FOB: LEGITIMIDADE, TRANSPARÊNCIA E FUNDAMENTAÇÃO DECISÓRIA

### 4.1. Considerações preliminares

Com base no exposto, pode-se observar que o FOB não irá (e nem poderá) substituir o papel dos tribunais nacionais e internacionais. Isso não significa, contudo, que para alcançar o seu propósito e realmente assegurar a liberdade de expressão, ele não deva observar valores e objetivos comuns a essas instituições. Afinal, em última instância, ao atuar preenchendo "funções constitucionais centrais"[95], dever-se-á ter em conta valores democráticos.

Nesse sentido, embora longe de esgotarmos todos os aspectos importantes para esse fim, examinaremos três tópicos relevantes que devem ser endereçados pelo FOB: a sua legitimidade, a necessária transparência e o dever de fundamentação das decisões prolatadas. O enfrentamento dessas questões já fazia parte do debate envolvendo o tradicional modelo de moderação, o que significa que, para superar o *status quo*, e ultrapassar

94 Artigo 1.4 do Estatuto. Disponível em: <https://oversightboard.com/governance/>. Acesso em 19 mar. 2021.

95 TEUBNER, GuntherTEUBNER, Gunther. Autoconstitucionalização deAutoconstitucionalização de corporações transnacionais? Sobre a conexãoa conexão entre osentre códigosos decódigos condutade corporativosconduta (corporativos (Corporate CodesCorporate ofCodes Conductof) privadosConduct) eprivados estataise estatais. *In*: SCHWARTZ, GermanoSCHWARTZ, Germano. *Juridicização das esferas sociais e fragmentação do direito na sociedade contemporânea*. Porto Alegre: Livraria do Advogado, 2012, p. 111.

os problemas antigos, o Comitê deve não apenas adotar um olhar diferente sobre eles, mas agir de forma diversa.

## 4.2. Legitimidade

Não é novidade que o Facebook construiu ao longo dos anos um sistema normativo à margem dos ordenamentos jurídicos nacionais dos países em que atuava, gerando e aplicando suas próprias regras de modo independente e "ad hoc" – nem sempre de forma compatível com os ordenamentos dos respectivos países em que atua.[96]

Nesse contexto, a primeira e a mais óbvia das preocupações é o alcance da legitimidade – afinal, trata-se de um órgão privado exercendo poder sobre o discurso público, cujo funcionamento depende não da Constituição, mas de uma dinâmica autoproclamada de poder "derivado da tecnologia".[97]

Alcançar esse objetivo nunca foi fácil, especialmente ao se ter em vista que as decisões anteriores sobre a moderação de conteúdo no Facebook eram marcadas por sua opacidade, inconsistência e parca fundamentação. Nesse sentido, uma das questões mais delicadas (e criticadas) foi justamente o fechamento do seu conjunto normativo para influências externas. Mesmo regulando o discurso público, as regras da plataforma não passavam por um escrutínio público, como acontece com as leis que emanam do Estado. Além disso, eram sempre autoexecutáveis e inflexíveis, funcionando de forma distinta de outras formas de regulação. Isso contribuiu para uma diminuição do respeito pelas decisões tomadas e afetou também a sua legitimidade, como não poderia deixar de ser.[98]

De fato, o modelo tradicional do Facebook não se revela adequado para, individualmente, regular toda a complexidade inerente às questões ligadas à moderação de conteúdo na plataforma, principalmente porque

96 *Ibid*, p. 123.

97 LEMOS, Ronaldo. *Direito, tecnologia e cultura*. Rio de Janeiro: FGV, 2005, p. 123.

98 DOUEK, Evelyn. Verified Accountability: Self-Regulation of Content Moderation as an Answer to the Special Problems of Speech Regulation. *Aegis Paper Series*, [s. l.], n. 1903, ed. 14, p. n.p., 2019. Disponível em: https://www.lawfareblog.com/verified-accountability-self-regulation-content-moderation-answer-special-problems-speech-0. Acesso em: 19 mar. 2021.

se trata de uma empresa que age visando prioritariamente os seus interesses – e não os interesses sociais.[99] No mínimo, diante do volume e da complexidade das questões colocadas, seria necessário contar com formas sólidas e externas de controle, capazes de descentralizar as estruturas de controle do debate público *on-line.*[100]

Sob essa perspectiva, a iniciativa de se adotar uma estratégia supostamente independente para a moderação de conteúdo parece uma ideia promissora, capaz de superar, ao menos em parte – e em tese –, os problemas da "automoderação" da plataforma. Busca-se, com isso, afastar as diversas acusações, especialmente a de que o Facebook é, a um só tempo, redator, intérprete e juiz das próprias regras[101].

Embora louvável o esforço, é importante destacar que a simples constituição de um órgão externo e independente, por si só, não é suficiente para garantir legitimidade ao processo. Consoante pontuado em relatório da Unesco, "conquanto atores privados tenham direito a decidir sobre as políticas de moderação de seus serviços (dentro dos limites legais), o direito dos indivíduos ao devido processo se mantém".[102]

Nesse sentido, importante retomar a teoria do direito e do processo e as reflexões sobre a jurisdição, que trazem lições valiosas. Partindo da noção de cooriginariedade e equiprimordialidade entre a autonomia pública e privada dos cidadãos, pode-se dizer que a legitimidade das decisões, em um Estado de Direito, exige que os que serão por elas afetados se reconheçam também como seus autores.[103] Assim – e de forma sintética –, no âmbito da tomada de decisões, a legitimidade de um juízo

99 LEMOS, Ronaldo. *Direito, tecnologia e cultura.* Rio de Janeiro: FGV, 2005, p. 127.

100 *Ibid*, p. 126.

101 BLOCH-WEHBA, Hannah. Global Platform Governance: Private Power in the Shadow of the State. *SMU Law Review*, n.February, p.27–72. 2019. p.27. ("*Platforms are engaged in both rulemaking and adjudication: they developthey anddevelop promulgateand regulationspromulgate, statementsregulations, ofstatements policyof policy, and guidance that govern free expression and privacy online, and adju-dicate disputesdicate concerningdisputes concerning those fundamental rights.*").

102 BONTCHEVA, Kalina & POSETTI, Julie (eds.). *Balancing act*: countering digital disinformation while respecting freedom of expression. Broadband Commission research report on 'Freedom of Expression and addressing disinformation on the internet'. Geneva / Paris: International Telecommunication Union (ITU) / United Nations Educational, Scientific and Cultural Organization (UNESCO), September 2020, p. 150.

103 HABERMAS, Jürgen. *Facticidad y validez*: sobre el derecho y el Estado democrático de derecho en términos de teoría del discurso. Trad. Manuel Jimenez Redondo. 4ª ed. Madrid: Trotta, 2005.

depende do preenchimento de suas condições de validade, o que, por sua vez, somente se concretiza por meio do devido processo e, especialmente, do contraditório, no sentido de influência exercida de forma isonômica pelas partes, na construção da interpretação correta das normas controvertidas, em observância às especificidades do caso analisado.

O processo, por conseguinte, não se desvincula dos direitos de participação e de fundamentação e é compreendido como uma garantia capaz de assegurar a aceitabilidade racional do provimento jurisdicional, a partir da ideia de comparticipação e cooperação.[104] Igualmente, a partir da compreensão do Direito como prática social interpretativa,[105] a jurisdição deixa de possuir um significado meramente formal e passa a ser entendida como como *locus* democrático de reflexão sobre o significado do Direito e de garantia de correção e legitimidade das decisões estatais.

Este é o plano de fundo que deve pautar também a análise da validade e legitimidade da jurisdição não estatal, como nas técnicas alternativas de resolução de conflitos (*alternative dispute resolutions - ADRs)* e de resolução *on-line* de conflitos (*online dispute resolutions - ODRs),* seja por meio da autocomposição ou heterocomposição.[106] Uma técnica que, por exemplo, privilegie os argumentos de uma das partes em detrimento da outra ou lhe confira mais poderes e influência no provimento final, certamente não atenderá aos pressupostos para a legitimidade da tomada de decisão traçados ao longo de décadas.

Se uma das fontes de legitimidade é o reconhecimento coletivo daqueles afetados pelas decisões, estruturar o Comitê de forma a torná-lo *acessível*, *transparente*, e *permeável* aos argumentos dos afetados, seja



104 NUNES, Dierle; BAHIA, Alexandre; PEDRON, Flávio. *Teoria Geral do Processo: com comentários da virada tecnológica do direito processual*. Salvador: Juspodivm. 2020, p. 123.

105 Segundo Marcelo Andrade Cattoni de Oliveira, o direito é uma prática social interpretativa em "em "um processo capaz de corrigir a si mesmo e que se dá ao longo de uma história institucional, reconstruída de forma reflexiva à luz dos princípios jurídicos de moralidade política, que dão sentido a essa história". CATTONI DE OLIVEIRA, Marcelo Andrade. Dworkin: de que maneira o Direito se assemelha à literatura?. Rev. Fac. Direito UFMG, Belo Horizonte, n. 54, p. 91-118, jan./jun. 2009, p. 95. Esta é a concepção adotada por autores como Ronald Dworkin e Jürgen Habermas, apesar das distinções teóricas entre ambos. A propósito ver: DWORKIN, Ronald. *Uma Questão de Princípio*. Trad. Luís Carlos Borges. 2. ed. São Paulo: Martins Fontes, 2001; HABERMAS, Jürgen. *Facticidad y validez:* sobre el derecho y el Estado democrático de derecho en términos de teoría del discurso. Trad. Manuel Jimenez Redondo. 4ª ed. Madrid: Trotta, 2005.

106 NUNES, Dierle; BAHIA, Alexandre; PEDRON, Flávio. *Teoria Geral do Processo: com comentários da virada tecnológica do direito processual*. Salvador: Juspodivm. 2020, p. 115.

por meio de direitos de participação efetiva, seja pela asseguração dos direitos e deveres de fundamentação de suas decisões, aumentará a sua legitimidade.[107]

### *4.2.1. Acesso*

Em termos de acesso,[108] deve-se buscar a constituição de uma estrutura procedimental e institucional capaz de permitir um acesso qualitativo ao FOB.[109] Assim, o Facebook deve, por exemplo, continuar divulgando a existência do Comitê, bem como a sua competência e composição, para aumentar a conscientização sobre a possibilidade de se recorrer ao FOB. Além disso, o processo de apelação e as regras de julgamento devem ser claras, compreensíveis e de fácil acesso, tendo o Facebook o dever de educar os seus usuários acerca dessa nova possibilidade.

Igualmente, ainda sob a perspectiva do acesso, estratégias devem ser pensadas para lidar com a assimetria informacional entre o usuário recorrente e a plataforma, de modo a se buscar uma maior paridade entre as partes envolvidas, o que perpassa por melhores mecanismos de comunicação e de divulgação das informações. Ainda, sendo o Facebook uma plataforma global, disponível em quase todo o mundo, é imprescindível que todas as etapas sejam disponibilizadas nos mais diversos idiomas. O

107 REED, Chris. Why Judges Need Jurisprudence in Cyberspace. *Legal Studies*, v. 38, ed. 263, 2018, p. 150.

108 Os critérios dos Princípios Orientadores sobre Empresas e Direitos Humanos (POs) na Organização das Nações Unidas (ONU), ao tratar do acesso à mecanismos de reparação, dispõe a necessidade de que os Estados adotem "as medidas apropriadas para assegurar a eficácia dos mecanismos judiciais nacionais ao tratarem de violações a direitos humanos relacionadas às atividades empresariais, especialmente considerando formas de reduzir os obstáculos jurídicos, práticos e de outras naturezas que possam levar a uma negação do acesso aos mecanismos de reparação". Além disso, os Estados devem disponibilizar formas de facilitar o acesso a mecanismos não-estatais de denúncia. Por sua vez, a eficácia dos mecanismos extrajudiciais de denúncia depende, dentre outros critérios, de sua (i) legitimidade; (ii) acessibilidade; (iii) previsibilidade; (iv) transparência; e (v) equitatividade. A cartilha com os POs encontra-se disponível em: <https://www.gov.br/mdh/pt-br/assuntos/noticias/2019/outubro/Cartilha_versoimpresso.pdf>. Acesso em: 14 mar. 2021.

109 Importante lembrar que a acessibilidade possui também um sentido substantivo de postular "a garantia de uma estrutura procedimental/institucional que permita o acesso à argumentação, à imparcialidade, à fundamentação, à certeza de que as decisões tomadas em favor ou prejuízo do jurisdicionado só se legitimarão se forem tomadas discursivamente, e não segundo critérios pessoais, corporativos, obscuros". NUNES, Dierle; TEIXEIRA, Ludmila. *Acesso à justiça democrático*. 1ª ed. Brasília, DF: Gazeta Jurídica, 2013, p. 60-67.

acesso à informação potencializa o poder de escolha dos usuários e contribui para o desenvolvimento das relações travadas na plataforma.

Por fim, outro ponto que merece ser analisado pelo FOB é a abertura da possibilidade de recurso por usuários que não embora não possuam conta no Instagram ou no Facebook, sejam atingidos diretamente por algum conteúdo postado. Algum canal deve ser aberto a esses indivíduos ou grupos, já que, como sabido, a existência de uma conta ativa não é uma condição para a ocorrência de danos, que podem se dar independentemente de serem os sujeitos usuários das plataformas. Quando falamos de grupos vulneráveis, como, por exemplo, no caso da violência dos militares em Myanmar, é comum que não possuam conta nas plataformas, mas sofram as consequências de discursos de ódio nela veiculados.

### *4.2.2. Base normativa*

Noutro norte, um ponto importante para o alcance da legitimidade é se os Padrões da Comunidade do Facebook, enquanto instrumento normativo, são suficientes para solucionar os casos submetidos ao FOB. A resposta, no nosso entendimento, é negativa. Conforme apontado por estudiosos do tema, observar e fazer cumprir valores legais e constitucionais é um fator essencial para o aumento da legitimidade do Comitê, não bastando a mera observância das regras da plataforma.[110] Tendo em vista que o FOB exerce verdadeira função adjudicatória de direitos (antecedendo, muitas vezes, o próprio Estado)[111], para que as respostas sejam consistentes, ele deve considerar imperativos constitucionais e também normas de direitos humanos,[112] como as previstas na Convenção Euro-

110 SAMPLES, John. Who Should Moderate Content at Facebook? *Cato Institute*, December 18, 2018. Disponível em: <https://www.cato.org/blog/who-shouldmoderate-content-facebook>. Acesso em: 14 mar. 2021.

111 MENDES, Gilmar Ferreira; OLIVEIRA FERNANDES, Victor. Constitucionalismo digital e jurisdição constitucional: uma agenda de pesquisa para o caso brasileiro. *Revista Brasileira de Direito*, Passo Fundo, v. 16, n. 1, p. 29, out. 2020. ISSN 2238-0604. Disponível em: https://seer.imed.edu.br/index.php/revistadedireito/article/view/4103. Acesso em: 20 mar. 2021. doi: https://doi.org/10.18256/2238-0604.2020.v16i1.4103.

112 Nesse sentido, conferir a recomendação feita pelo Conselho da Europa, a principal organização de direitos humanos do continente europeu. CE – Conselho da Europa. *Guia dos Direitos Humanos para os Utilizadores de Internet*. 2014. Disponível em: https://rm.coe.int/CoERMPublicCommonSearchServices/DisplayDCTMContent?documentId=09000016806a0532. Acesso em: 20 mar. 2021. A recomendação parece ter sido seguida pelo FOB, já que no artigo 2o do seu Estatuto dispõe que na "[...] análise das decisões, o comitê ficará

peia de Direitos Humanos, por exemplo[113]. Afinal, em se tratando de processo decisório que envolve a limitação da livre manifestação, esses "ganchos" interpretativos são mais do que adequados para o tratamento das questões sob julgamento.

Deste modo, entende-se que para além de suas próprias regras, é preciso que o FOB analise e julgue seus casos a partir dessa perspectiva normativa mais ampla. Não se trata de um reconhecimento de *status* de ente público ao Facebook, mas de uma consequência da aplicação da teoria de eficácia horizontal dos valores democráticos e dos direitos fundamentais às relações entre particulares e o Facebook.[114] Nesse sentido, as próprias regras do Facebook contêm verdadeiras escolhas de matriz constitucional quanto ao tratamento conferido às situações dispostas[115] – inclusive usando a mesma terminologia.

A despeito disso, tal aplicação deve ser cuidadosa, especialmente tendo em conta os conflitos que podem surgir devido à natureza global das disputas a serem analisadas pelo órgão, bem como às especificidades culturais e sociais de localidades distintas. Nas decisões já divulgadas, o FOB priorizou a aplicação das regras dos Padrões da Comunidade, mas, separadamente, quando aplicável, também fez referências secundárias a diferentes leis internacionais de direitos humanos. Embora, em todas as decisões o FOB tenha alcançado a mesma conclusão com base no conjunto de normas (regras próprias e leis internacionais) utilizado, não se exclui a possibilidade futura de choque entre esses dispositivos, o que representará uma interessante pergunta sobre qual fonte prevalecerá no final, em caso de conflito, na hierarquia do FOB.

### *4.2.3. Publicidade*

Em outra esfera, tem-se também que se resguardar a publicidade. Esta, inserida no âmbito dos direitos fundamentais, trata-se de

especialmente atento ao impacto da remoção do conteúdo à luz das normas de direitos humanos que protegem a liberdade de expressão".

113 A referência explícita aos direitos humanos em seu estatuto parece indicar que o FOB atuará visando a proteção e aplicação dos direitos humanos.

114 A propósito, conferir: TEUBNER, Gunther. Horizontal Effects of Constitutional Rights in the Internet: A Legal Case on the Digital Constitution. *Italian Law Journal*, v. 3, n. 2, p. 195, 2017.

115 CELESTE, EdoardoCELESTE, Edoardo. Terms of service and bills of rights: new mechanisms of constitutionalisation in the social media environment? *International Review of Law, Computers and Technology*, v.33, n.2, p.122–138. 2018.

verdadeiro pressuposto do direito de defesa e instrumento de controle da atividade dos órgãos jurisdicionais. Tendo-se presente a dimensão de significado jurídico-político do conceito, a mesma lógica deve ser aplicada ao FOB. Nesse sentido, reconhece-se a necessidade de publicização ampla das decisões e dos processos julgados pelo Comitê, como forma de assegurar a *accountability* de seu processo decisório e a construção de um espaço público de debate, seja no momento de formação das decisões, seja posteriormente, vez que os processos de interpretação das normas – especialmente de direitos fundamentais, como a liberdade de expressão – é um projeto sempre inacabado e que não pode ser detido, de maneira exclusiva, por um único intérprete.[116]

Ademais, no contexto da moderação de conteúdo em casos difíceis, selecionados justamente em razão de sua significância e relevância global, é crucial que o processo de tomada de decisão se abra também a comentários públicos, como já vem sendo feito pelo Facebook.[117] Trata-se de uma abordagem semelhante à adotada pelo Judiciário ou Legislativo,[118] diante de uma nova regulamentação, e que igualmente desempenha um papel significativo, pois o público pode apresentar argumentos relevantes e novas informações, contribuindo para a legitimidade da decisão final.

116 Sobre a interpretação dos direitos fundamentais como um projeto inacabado, ver: CATTONI DE OLIVEIRA, Marcelo Andrade. Democracia sem espera e processo de constitucionalização: uma crítica aos discursos oficiais sobre a chamada 'transição política brasileira'. In: M. Cattoni (org.), *Constitucionalismo e História do Direito*. Belo Horizonte, Pergamum, 2011, p. 191-205. Por isso, Habërle fala de uma "sociedade aberta de intérpretes da Constituição", que também se aplica à leitura dos direitos fundamentais no âmbito internacional ou global. Ver: HÄBERLE, Peter. *La sociedad abierta de los intérpretes constitucionales*. Contextos es una publicación del Seminario de Derecho Público de la Defensoría del Pueblo de la Ciudad Autónoma de Buenos Aires, Número 05, Abril 2013, 1° Edición.

117 O Facebook permite que o público envie, em um tempo limitado, comentários públicos antes da fase de decisão dos casos.

118 No âmbito do Judiciário brasileiro, merecem destaque a atuação de terceiros por meio de audiências públicas ou de *amici curiae*, amplamente utilizadas na análise de casos complexos, apesar de muitas vezes não serem efetivamente consideradas pelos julgadores e cumprirem um papel de aparência de participação. Ver: MORAES, Anderson Júnio Leal. *Audiências públicas como instrumento de legitimação da jurisdição constitucional*. Belo Horizonte: UFMG, 2011 (dissertação de mestrado). VESTENA, Carolina Alves. *Participação ou formalismo?* O impacto das audiências públicas no supremo tribunal federal brasileiro. Rio de Janeiro: FGV, 2010 (dissertação de mestrado). SOMBRA, Thiago Luís Santos. Supremo Tribunal Federal representativo? O impacto das audiências públicas na deliberação. *Revista de Direito GV*, São Paulo, v.13, n.1, p. 236-273, Jan.-abr./2017.

#### 4.2.4. Controle externo

Outro aspecto importante é a existência de algum tipo de controle ou fiscalização por parte de terceiros, independentes do Facebook, com a realização de testes, revisão e auditorias do órgão de supervisão, antes, durante e depois da tomada de decisão.[119] Trata-se de medida igualmente capaz de contribuir para a *accountability* do Comitê, assim como para sua independência em relação à plataforma, mas que ainda não se fez presente de forma efetiva.

Por fim, a criação do FOB não pode servir como óbice ao acesso à jurisdição estatal por parte dos afetados, mormente em se tratando de regulação atinente ao exercício de um direito fundamental: a liberdade de expressão. Não se ignora que a criação do FOB pode representar um verdadeiro avanço para a moderação de conteúdo *on-line*. Contudo, ainda se trata de um ente privado que não pode interpretar e traçar, monopolisticamente, o conceito e os limites desse direito fundamental. Isso significa que a existência do FOB não pode retirar, do cidadão, a escolha pela jurisdição pública estatal para composição do conflito. Em igual sentido, deve ser possível a revisão das decisões do órgão em instâncias públicas. Neste caso, ao menos no âmbito da jurisdição brasileira, a forma de impugnação das decisões pode trazer soluções interessantes.

### 4.3. Transparência significativa

Consoante já discutido, o Facebook, por mais que possibilite a expressão individual dos usuários, é um espaço comercial privado, estruturado de acordo com seus interesses econômicos.[120] Não é demais lembrar que a sua principal fonte de receita é a publicidade, cujo sucesso está diretamente ligado ao nível de engajamento dos usuários – ainda que tal engajamento se baseie na veiculação de conteúdos ilícitos ou impróprios.[121] Não por

---

119 A necessidade de alguma forma de controle externo do processo de supervisão é apontada por: FIGUEIRAS, Fernando; ALMEIDA, Virgílio. *Governance for the digital world*: neither more state nor more market. Palgrave Macmillan, 2021, p. 94.

120 Por isso, os usuários possuem pouquíssima influência em sua arquitetura ou governança. A propósito: WEST, Sarah Myers. Censored, suspended, shadowbanned: User interpretations of content moderation on social media platforms. *New Media & Society*, v. 20, n. 11, p. 4366-4383, 2018. Disponível em: www.wired.com/2015/10/brief-history-of-the-demise-of-the-comments-timeline/. Acesso em: 13 mar. 2021.

121 Ver.: GILLESPIE, Tarleton. *Custodians of the Internet*: Platforms, content moderation, and the hidden decisions that shape social media [edição eletrônica]. New Haven, CT: Yale University Press, 2018.

acaso, quanto menos se sabe sobre uma decisão de bloqueio ou exclusão de usuário, menor o espaço de questionamento sobre outras condutas e maior a liberdade para aplicação aleatória de medidas autorregulatórias. Isso explica, por exemplo, a manutenção de conteúdos extremistas ou de notícias falsas que ensejem um elevado engajamento.[122]

Exemplos representando essa realidade não faltam. Pesquisas recentes mostram que o Facebook veta conteúdo político pago de forma opaca, pouco transparente e sem apresentar justificativas claras para as campanhas ou para o público.[123] Pode-se citar também a atuação mais rigorosa em países do Norte Global - como o banimento das contas de Donald Trump do Facebook e *Instagram* –, ao passo em que situações semelhantes no Sul Global são ignoradas ou preteridas.[124]

Sob essa ótica, foram levantadas preocupações acerca da transparência do processo decisório do FOB, já que a moderação do Facebook ao longo dos últimos anos sofreu diversos ataques pela sua opacidade. Não é demais lembrar que, sem transparência, é impossível que agentes externos verifiquem se plataforma está aplicando suas regras de maneira consistente, sendo, portanto, um elemento essencial, que se localiza no centro do constitucionalismo democrático[125].

Tradicionalmente, as informações sobre o que os usuários, em tese, podem e não podem fazer no Facebook, são acessíveis a qualquer um que



---

122 A fronteira entre o que é e o que não é considerado aceitável, no contexto do Facebook, sempre foi obscura, consoante já abordado. Dentre as diversas razões, destaca-se a possibilidade dele se beneficiar dessa obscuridade para fazer escolhas de moderação baseadas em critérios econômicos. Não é demais lembrar que a principal fonte de receita do Facebook é a publicidade, cujo sucesso está diretamente ligado ao nível de engajamento dos usuários na plataforma – ainda que tal engajamento se baseie na veiculação de conteúdos ilícitos ou impróprios. Sobre a relação entre a moderação de conteúdo e motivação das plataformas na condução dessa atividade, *c.f.*: GILLESPIE, Tarleton. *Custodians of the Internet*: Platforms, content moderation, and the hidden decisions that shape social media [edição eletrônica]. New Haven, CT: Yale University Press, 2018.

123 KREISS, Daniel; MCGREGOR, Shannon C. The "Arbiters of What Our Voters See": Facebook and Google's Struggle with Policy, Process, and Enforcement around Political Advertising. *Political Communication*, v. 34, ed. 4, 2019, p. 499.

124 BONTCHEVA, Kalina & POSETTI, Julie (eds.). *Balancing act:* countering digital disinformation while respecting freedom of expression. Broadband Commission research report on 'Freedom of Expression and addressing disinformation on the internet'. Geneva / Paris: International Telecommunication Union (ITU) / United Nations Educational, Scientific and Cultural Organization (UNESCO), 2020, p. 141.

125 VERMEULE, AdrianVERMEULE, Adrian. *Mechanisms ofMechanisms Democracyof Democracy*: institutional designinstitutional writdesign smallwrit small. Oxford UniversityOxford PressUniversity Press, 2007, p. 4.

queira ler e conhecer – basta acessar os Padrões da Comunidade do Facebook. Contudo, isso não garante a transparência em toda a sua extensão, já que não assegura que o público poderá verificar a moderação na prática, ou seja, a realidade do processo decisório – aqui, falha o Facebook.

Atualmente, o Facebook apenas fornece, unilateralmente, relatórios[126] indicando quantos conteúdos foram detectados e removidos, o número de recursos em relação a essas decisões, etc. Isto é, disponibiliza informações quantitativas que ilustram genericamente as métricas em relação à remoção do conteúdo tido como violador. Não há, portanto, uma disposição, ainda que representativa, dos motivos específicos que levaram à retirada daquele conteúdo da plataforma, tampouco esclarecimentos detalhados das informações prestadas aos usuários atingidos. Do nosso ponto de vista, a transparência não importa apenas tornar públicas informações, mas oferecer ao público as condições para exercer o seu interesse em ser informado[127] e, de alguma forma, induzir a *accountability*.

Neste ponto, a transparência do Facebook "faz mais para legitimar a ação política"[128] que para atingir os seus verdadeiros objetivos, não sendo em vão as diversas acusações de uma política de "opacidade da transparência"[129]. Esse panorama apenas gera uma sensação de preocupação social e política, completamente desacompanhada de efetivos instrumentos de mudança, o que não pode ser tolerado pelo FOB.

Nesse contexto, portanto, importa que o FOB, para além das regras de moderação de conteúdo, torne igualmente acessíveis os aspectos práticos das disposições, mais especificamente, as peculiaridades envolvendo os contextos e as decisões dos conteúdos removidos. Em particular, o

---

126 Veja-se um exemplo: <https://transparency.facebook.com/community-standards-enforcement#hate-speech>. Acesso em 16 mar. de 2021.

127 ARRY, Andrew. Transparency as a political device. In: AKRICH, Madelaine *et al.* (Orgs.). *Débordements*: mélange offerts à Michel Callon. Paris: Press de Mines, 2010. p. 34. Disponível em: <http://books.openedition.org/pressesmines/721>. Acesso em: 16 mar. de 2021.

128 JILL, Koyama; BRIAN, Kania. When transparency obscures: the political spectacle of accountability. *Journal for Critical Education Policy Studies*, v. 12, n. 1, p. 143, 2014.

129 FENSTER, Mark. The opacity of transparency. *Iowa Law Review*, Iowa, v. 91, p. 885-949, 2006. Disponível em: <http://scholarship.law.ufl.edu/cgi/viewcontent.cgi?article=1059&context=facultypub/>. Acesso em: 13 mar. 2021 e FOX, JonathanFOX, Jonathan. The uncertain relationship between transparency and accountability. *Development in practice*, v. 17, n. 4-5, p. 663-671, 2007. p. 250-252.

FOB deve fornecer acesso aos casos de moderação e as decisões tomadas, os julgadores, entre outros, para permitir que as partes, bem como atores externos, identifiquem problemas, ofereçam posições críticas e até proponham soluções.[130] A transparência deve ser rigorosamente observada em todas as fases do processo, desde a escolha dos casos, até a decisão final do Comitê, a fim de, inclusive, viabilizar a fiscalização e engajamento da sociedade civil nos processos[131], como recomendado pela ONU, em outro contexto envolvendo plataformas digitais.[132]

Isso deve incluir também, sempre que possível, questões relativas à programação da plataforma, que é tão importante quanto à moderação de conteúdo em si, pois são os algoritmos que determinam qual discurso prolifera no Facebook; com que rapidez se espalha; quem tem acesso, etc.[133] Para tanto, o Comitê pode se valer dos "Princípios de Santa Clara sobre Transparência e Accountability"[134], que, no contexto da moderação de conteúdo, estabelecem níveis mínimos de transparência e prestação de contas.

Aqui, vale uma ressalva em relação à primeira leva de casos divulgada pelo FOB. Nela, foi possível verificar que os juízes designados não

130 SUZOR, Nicolas P; *et al.* What Do We Mean When We Talk About Transparency? Toward Meaningful Transparency in Content Moderation, (2019). *International Journal of Communication.* Disponível em: <https://ijoc.org/index.php/ijoc/article/view/9736>. Acesso em 19 mar. 2021, p. 1537-1538.

131 Mesmo em se considerando possíveis implicações envolvendo a privacidade desses dados, certo é que podem ser preservadas as identidades dos envolvidos, mas mantidas as informações essenciais para compreensão dos conflitos em debate, ainda que de forma ilustrativa.

132 ONU – Organização das Nações Unidas. *Report of the Special Rapporteur on the promotion and protection of the right to freedom of opinion and expression.* Symbol A/HRC/38/35. 6 abr. 2018. Disponível em: https://ap.ohchr.org/documents/dpage_e.aspx?si=A/HRC/38/35. Acesso em: 16 mar. 2021.

133 Nesse sentido, vale lembrar que, embora as declarações de Trump nos dias que antecederam a invasão do Capitólio tenham, de fato, incitado a violência, um dos motivos pelos quais foram tão implacáveis, foi porque, meses antes, inúmeros usuários da plataforma receberam quantidades espantosas de desinformação sobre a eleição no próprio Facebook. Tal conjectura, fomentada pelas chamadas "câmaras de eco" formadas pelos algoritmos do Facebook, faz parte da arquitetura da plataforma e não pode ser isolada do debate. KNIGHT FIRST AMENDMENT INSTITUTE. *Case 2021-001-FB-FBR* – Comments, 2021, p. 6. Disponível em: <https://knightcolumbia.org/documents/39b35525d0>. Acesso em: 16 mar. 2021. Discutir moderação de conteúdo, portanto, como já dito, implica enfrentar – e conhecer – o design das plataformas.

134 EFF *et al.* Santa Clara *Principles on transparency and accountability in content moderation.* Disponível em: https://santaclaraprinciples.org/ Acesso em: 19 mar. 2021.

foram divulgados, não tendo sido as decisões assinadas. Na mesma linha, o número de divergências também não foi informado. No caso do Azerbaijão, por exemplo, observou-se apenas que uma "minoria" havia considerado a remoção imprópria. No entanto, não se sabe quem discordou, ou quantos o fizeram.

Como a Corte Europeia de Direitos Humanos já teve a oportunidade de se manifestar, a realização pública de audiências constitui um princípio consagrado no direito a um julgamento justo[135]. Essa transparência garante uma camada maior de proteção e é também um dos meios pelos quais a confiança no FOB pode ser construída e mantida.

Nesse contexto, a transparência não está sendo garantida por completo, não sendo possível exercer uma forma efetiva de controle. Por exemplo, o Estatuto do FOB indica que "os membros não devem ter conflitos de interesse reais ou aparentes que possam comprometer a tomada de decisão e o julgamento"[136]. Sem saber quem julgou determinado caso, como verificar a existência ou não de conflito de interesse? Nesse sentido, entendemos como essencial que o FOB altere esse mecanismo e informe, no futuro, a composição dos órgãos decisores.

Por outro lado, um ponto positivo em relação à transparência são os relatórios encomendados pelo Facebook às organizações *Business for Social Responsibility (BSR)*[137] e *Governance and Global Affairs*, que são excelentes movimentos nessa direção.[138] No caso da BSR, o Facebook solicitou a realização de uma análise dos direitos humanos no Comitê, tendo recebido, em resposta, um relatório com inúmeras recomendações, que vão desde tornar o Comitê acessível a grupos vulneráveis, até a sugestão de treinamento aos membros sobre questões sensíveis.

Por fim, é importante registrar que a transparência por si só não resulta necessariamente em uma maior *accountability*. Seria ingênuo pensar que essa garantia, por si só, resolveria todos os impasses aqui narrados. Contudo, um agir transparente não deixa de ser um passo importante.

---

135 Ver, por exemplo: Eur. Court HR, *Case of Diennet v. France*, julgamento de 26 de Setembro-setembro de 1995, Series A, No. 325-A.

136 Ver "Membros – 2. Composição do comitê e qualificações dos membros". Disponível em: https://oversightboard.com/governance/, Acesso em: 21 mar. 2021.

137 Ver: <https://cutt.ly/TjpskdE>. Acesso em: 19 mar. 2021.

138 Ver: <https://about.fb.com/news/2019/06/global-feedback-on-oversight-board/>. Acesso em: 19 mar. 2021.

E, para que funcione de forma efetiva, mais do que aumentar e facilitar o acesso à informação, o FOB deve entregá-la de uma forma que permita sua compreensão, discussão e impugnação,[139] sob pena de se tornar uma espécie de teatro implantado apenas para afastar os pedidos de maior responsabilização.[140] Com isso, o FOB poderá ultrapassar a recorrente prática de se fazer um "juízo oculto" de aplicação das regras constantes dos Padrões da Comunidade, pelo qual, sob a aparência de um juízo "neutro", o Facebook recorre a números de remoção de conteúdo para afirmar que está agindo no melhor interesse de seus usuários.

## 4.4. Decisões fundamentadas

Como observou Renée DiResta, "reduzir a oferta de desinformação não elimina a demanda",[141] razão pela qual o processo de moderação de conteúdo é tão importante quanto o seu fim – a remoção do conteúdo em si. Até o momento, a tomada de decisão opaca e, por vezes, até mesmo oculta, no âmbito da moderação não permite discussões produtivas e profundas sobre os direitos e responsabilidades do usuário no Facebook.

Nesse contexto, a introdução do FOB pode alterar a forma pela qual a tomada de decisão no ambiente de moderação de conteúdo vem sendo conduzida. Dentro dessa ótica, importante lembrar que o dever de fundamentação é uma garantia contra o arbítrio na tomada de decisão, verdadeira condição para imparcialidade do julgador e para o controle da conformidade das decisões às normas, além de ser necessário para viabilização da impugnação das decisões tanto pelas partes envolvidas no litígio quanto pela sociedade.[142] Em outras palavras, uma decisão não



---

139 SUZOR, Nicolas P. *et al*. What do We mean when We talk about transparency? Toward meaningful transparency in commercial content moderation. *International Journal of Communication*, vol 13, 2019, p. 1529. Disponível em: <https://ijoc.org/index.php/ijoc/article/view/9736>. Acesso em: 19 mar. 2021.

140 DOUEK, Evelyn. Verified Accountability: Self-Regulation of Content Moderation as an Answer to the Special Problems of Speech Regulation. *Aegis Paper Series*, [s. l.], n. 1903, ed. 14, p. n.p., 2019. Disponível em: https://www.lawfareblog.com/verified-accountability-self-regulation-content-moderation-answer-special-problems-speech-0. Acesso em: 19 mar. 2021.

141 DIRESTA, Renée. Right-Wing Social Media Finalizes Its Divorce From Reality. *The Atlantic*, 3 nov. 2020. Disponível em: <https://www.theatlantic.com/ideas/archive/2020/11/right-wing-social-media-finalizes-its-divorce-reality/617177/>. Acesso em 20 mar. 2021.

142 STRECK, Lenio Luiz; RAATZ, Igor. O dever de fundamentação das decisões judiciais sob o olhar da Crítica Hermenêutica do Direito. Revista Opinião Jurídica, Fortaleza, ano 15, n. 20, p.160-179, jan./jun. 2017. Disponível em: <https://periodicos.unichristus.edu.br/opiniaojuridica/article/view/1400>. Acesso em 20 mar. 2021.

fundamentada não pode ser considerada válida ou legítima, especialmente em um Comitê que pretende regular casos difíceis, significativos e de relevância global sobre a liberdade de expressão.

Ademais, por se tratar de uma decorrência do princípio do devido processo legal e do contraditório – que, em última instância, conferem legitimidade às decisões –, o dever de fundamentação exige não só que sejam expostos os argumentos que pautam a conclusão adotada, de forma lógica, coerente e em observância às normas discutidas, mas também que sejam de fato levados em consideração os argumentos das partes.

Dentro dessa lógica, é essencial que o FOB forneça decisões claras e devidamente, levando em consideração os argumentos das partes interessadas e dos grupos que enviaram comentários públicos. Aqui, a adequada estruturação do contraditório como garantia de influência é imprescindível.

Além disso, os usuários atingidos pelas decisões (incluindo a moderação automática e a humana), bem como todos os outros que utilizam a plataforma, devem ter ao seu alcance os meios para saber quando uma decisão foi tomada; qual o seu teor; os fundamentos utilizados para sustentá-la, etc. Para além de conferir maior transparência ao processo, a medida também serve para evitar que a moderação e exclusão privada de conteúdo seja utilizada para silenciar uma expressão legítima.[143]

O fato de o FOB, em tese, não estar vinculado aos objetivos de maximização dos lucros do Facebook, contribui positivamente para esse ponto. Afinal, presume-se que não serão tomadas decisões com base em escolhas de mercado, como se observou com frequência na política de moderação de conteúdo do Facebook.

## 4.5. Casos aceitos e já julgados

O primeiro período para apresentação de casos foi aberto em outubro de 2020 e, inicialmente, o Comitê selecionou seis dos mais de 20 mil casos notificados.[144] Dois eram referentes a discurso de ódio; um de desinformações sobre a COVID-19; um de incitação à violência; um

143 Citron. Nota *supra* 8, p. 1062.

144 Ver: <https://about.fb.com/news/2020/12/oversight-board-selects-first-cases-to-review/ https://about.fb.com/news/2020/12/oversight-board-selects-first-cases-to-review/>. Acesso em 20 mar. 2021.

envolvendo um comentário de um indivíduo considerado "perigoso"; e uma postagem feita por um usuário brasileiro acerca da conscientização sobre o câncer de mama, com imagens de mamilos femininos. Todos foram excluídos pela moderação do Facebook e, após tomadas as decisões no âmbito da plataforma, os usuários decidiram recorrer ao Comitê.

Além disso, em janeiro de 2021, o Facebook propôs e o Comitê aceitou o caso sobre a suspensão indefinida da conta do ex-presidente dos Estados Unidos, Donald Trump, no Facebook e no Instagram.[145] Em março de 2021, foram anunciados dois novos casos selecionados dentre as 220 mil apelações já recebidas pelo Comitê. Os novos recursos são referentes a remoção de um comentário classificado como *bullying* e assédio em uma discussão entre usuários na plataforma; e a exclusão de um *meme* classificado como tentativa explícita de zombar das vítimas do Genocídio Armênio na Turquia, posteriormente classificado também como discurso de ódio.[146]

Já foram anunciadas decisões do Comitê em cinco dos casos aceitos para análise. Nelas, o FOB anulou quatro decisões do Facebook e manteve uma.[147] Dentre as principais razões para a anulação das decisões de remoção de conteúdo, estava a falta de clareza ou a vagueza das regras sobre conteúdo do Facebook. Por isso, o Comitê emitiu nove recomendações políticas para a plataforma, voltadas justamente para uma maior clareza das regras da plataforma e uma maior transparência do processo de moderação de conteúdo.[148]



145 Ver: <https://oversightboard.com/news/236821561313092-oversight-board-accepts-case-on-former-us-president-trump-s-indefinite-suspension-from-facebook-and-instagram/https://oversightboard.com/news/236821561313092-oversight-board-accepts-case-on-former-us-president-trump-s-indefinite-suspension-from-facebook-and-instagram/>. Acesso em 20 mar. 2021.

146 Ver: <https://oversightboard.com/news/288225579415246-announcing-the-board-s-next-cases-and-changes-to-our-bylaws/https://oversightboard.com/news/288225579415246-announcing-the-board-s-next-cases-and-changes-to-our-bylaws/>. Acesso em 20 mar. 2021.

147 Ver: <https://oversightboard.com/news/165523235084273-announcing-the-oversight-board-s-first-case-decisions/https://oversightboard.com/news/165523235084273-announcing-the-oversight-board-s-first-case-decisions/>. Acesso em 20 mar. 2021.

148 No caso 2020-007-FB-FBR, por exemplo, o Comitê emitiu uma recomendação para que o Facebook "forneça aos usuários informações adicionais sobre o escopo e a aplicação dos Padrões da Comunidade. Os critérios de aplicação devem ser públicos e estar alinhados com os Padrões Internos de Implementação do Facebook. Especificamente, os critérios do Facebook devem abordar a intenção, a identidade do usuário e do público, e o contexto".

Embora, pela quantidade de dados disponíveis, ainda não se possa fazer uma análise profunda sobre a atuação do órgão e os seus efeitos na moderação de conteúdo e na própria estrutura das políticas internas do Facebook, a reversão das decisões tomadas pela plataforma em 80% dos casos analisados e a ênfase na necessidade de elaboração de regras mais claras e de utilização de um processo decisório mais transparente são elementos a serem considerados e que podem indicar uma mudança positiva na regulação da liberdade de expressão *on-line.*

### *4.5.1. Perspectivas futuras – caso Trump*

Traçando um exemplo futuro, pensemos na decisão de banir o ex-presidente Trump do Facebook e do Instagram. Tal controvérsia, ainda pendente de decisão final, oferece ao Comitê a possibilidade de explorar uma questão, lamentavelmente, cada vez mais comum: discurso violento por figuras públicas.

Como sabido, outros líderes ao redor do globo já adotaram condutas semelhantes à de Trump e, portanto, uma decisão consistente, observando critérios de transparência, poderá servir de norte para evitar eventos como a invasão do Capitólio e afastar algumas críticas já publicadas[149]. Assim, enfrentar, fundamentalmente, perguntas como "O que torna o caso de Trump especial? Quais linhas foram cruzadas pelo ex-presidente dos EUA que não foram cruzadas por outros presidentes e

---

Disponível em: <https://oversightboard.com/decision/FB-R9K87402/>. Acesso em 20 mar. 2021. Por sua vez, no caso sobre desinformação sobre COVID-19, recomendou-se que "I. O Facebook deve esclarecer seus Padrões da Comunidade no que diz respeito à desinformação sobre saúde, especialmente no que se refere à COVID-19. II. O Facebook deve adotar medidas de monitoramento menos invasivas das políticas relacionadas à desinformação sobre saúde. III. O Facebook deve aumentar a transparência da sua moderação de conteúdo de desinformação sobre saúde.". Disponível em: <https://oversightboard.com/decision/FB-XWJQBU9A/>. Acesso em 20 mar. de 2021.

149 Não foi a primeira vez que Trump se comportou como tal. O ex-Presidente dos EUA, por exemplo, ameaçou disparar contra as pessoas envolvidas nos protestos de Minneapolis contra a morte de George Floyd, em 2020. Na época, enquanto o Twitter deletou rapidamente as postagens de Trump, por incitarem a violência, o Facebook não agiu com o mesmo rigor, o que resultou em uma campanha pública de boicote à plataforma (*#StopHateforProfit*). Considerando esse contexto, críticos levantaram hipóteses sobre a conveniência política da medida extrema adotada pelo Facebook, já que, nesse segundo e último episódio, Trump estava prestes a deixar a presidência. Garantir ampla transparência nesse processo decisório de revisão, pelo FOB, seria, portanto, uma forma de justificar a imposição da medida e atestar a sua integridade.

primeiros-ministros no Sul Global?"[150], é algo de extrema relevância, e que não pode deixar de ser enfrentado pelo FOB.

Para além disso, o FOB também tem em suas mãos a possibilidade de corrigir alguns erros do passado. No caso Trump, a suspensão indefinida foi divulgada por Zuckerberg por meio de uma atualização de *status* no Facebook. Pela importância do tema, desejável seria que os usuários pudessem acessar um documento contendo regras específicas de moderação de conteúdo de lideranças políticas em linguagem acessível, com exemplos e especificações, incluindo análises anteriores, ainda que em momento posterior à atualização de suspensão, que, pela urgência, teve que ser feita rapidamente.

Tal tarefa, vale dizer, pode ser transferida ao FOB, que poderá fazê-lo em forma de uma recomendação consultiva, modalidade que se encontra dentro do seu escopo de competência. É, pois, uma oportunidade de instigar o Facebook a adotar postura mais transparente em relação ao tema, que já foi alvo de tantos problemas no passado. As recorrentes acusações de manipulação de resultados eleitorais; permissividade em relação ao discurso de figuras públicas por questões políticas, dentre várias outras críticas, podem ser minimizadas por um processo mais transparente quanto à moderação do conteúdo de figuras públicas, como é o caso do ex-Presidente. Ausente explicações detalhadas, e medidas mais direcionadas, sobrará espaço para conjecturas e novos boicotes[151].



## CONSIDERAÇÕES FINAIS

Em geral, a questão da moderação de conteúdo é sensível a todas as plataformas de mídia social. A influência que elas possuem sobre a liberdade de expressão, o direito à privacidade e outros direitos fundamentais é notável. Como visto, o Facebook forneceu uma solução inovadora para a moderação de conteúdo, com a criação de um Comitê de Supervisão independente do Facebook – *Facebook Oversight Board*, que certamente

150 ITS, Rio. *Comentário Público do ITS Rio*: Caso 2021-001-FB-FBR do Oversight Board. Rio de Janeiro: ITS Brasil, 2021. Disponível em: https://itsrio.org/pt/publicacoes/comentario-publico-ao-oversight-board-caso-trump/. Acesso em: 21 mar. 2021.

151 *C.f.*: https://www.stophateforprofit.org/https://www.stophateforprofit.org/. Acesso em: 19 mar. 2021.

servirá de exemplo para outras plataformas, na busca de melhor equilibrar o poder que os atores privados detêm sobre o discurso público *on-line*, por meio de órgãos externos de controle.

No entanto, por mais que traga uma série de soluções interessantes para uma melhor abordagem da questão, o FOB não é uma *panaceia* para o problema da moderação de conteúdo – assim como as plataformas de mídia social não são uma solução para democracia, apesar de terem sido vistas dessa forma durante a Primavera Árabe, por exemplo. Problemas complexos raramente têm soluções simples ou únicas. O Comitê pode significar uma mudança positiva na moderação do conteúdo, mas isso não afasta a necessidade de que o tema seja abordado em outras frentes, desvinculadas do Facebook. Assim, mantém-se a importância e a urgência de se pensar em alterações legislativas, na preparação da jurisdição estatal para o enfrentamento desse tipo de controvérsia, e em iniciativas da própria sociedade civil e de órgãos internacionais.[152]

Ademais, respondendo à pergunta do título, embora a estrutura do FOB se espelhe naquela de uma Suprema Corte, faltam-lhe características essenciais, como a legitimidade institucional, uma constituição a ser seguida e uma dinâmica sólida de separação de poderes, não podendo ser assim considerada. Nada obstante, isso não significa que o FOB não deva obedecer a parâmetros legais. Para atingir os objetivos a que se propõe, o desenho institucional do Comitê precisa ser cuidadosamente construído em observância a diversos e exigentes fatores que visem a sua legitimidade. Nesse sentido, como visto, observar mecanismos fundamentais para garantir maior acessibilidade, participação, transparência, prestação de contas e decisões bem fundamentadas são essenciais para uma atuação que se pretenda legítima, mesmo no âmbito de um órgão privado, mormente porque suas decisões afetarão diretamente o direito fundamental à liberdade de expressão.

Ao final, à medida que o volume e o impacto e dos casos cresce, surgem também novas disputas envolvendo liberdade de expressão, diferentes problemas, bem como novas soluções para moderação de conteúdo,

152 "A governança do mundo digital demanda um design que transcenda a dicotomia entre estado e mercado". FIGUEIRAS, Fernando; ALMEIDA, Virgílio. *Governance for the digital world*: neither more state nor more market. Palgrave Macmillan, 2021, p. 106.

em frentes distintas. Não é possível dizer se o FOB será capaz de lidar, a longo prazo, com a questão da moderação de conteúdo de forma efetiva. Sua atuação pode tanto ser benéfica e representar um verdadeiro avanço, quanto servir para legitimação da atuação do *Facebook*, sem que sejam feitas alterações substanciais no modelo de negócios da empresa ou em suas regras internas, conferindo ares de legalidade para decisões altamente questionáveis.

Não se pode prever o futuro, tampouco é possível negar que a criação do órgão representa uma iniciativa ambiciosa e que contém, ao menos o potencial, de aprimorar o modelo de autorregulação que, até então, vinha prevalecendo no âmbito das plataformas de mídia social.

## REFERÊNCIAS

AL-JENAIBI, B. The Nature of Arab Public Discourse: Social Media and the Arab Spring. *Journal of Applied Journalism & Media Studies* 3, 2015. DOI: https://doi.org/10.1386/ajms.3.2.241_1. Acesso em 20 de dezembro de 2020.

ALBRIGHT, Jonathan. The Graph API: Key Points in the Facebook and Cambridge Analytica Debacle. *Town Center*, [S. l.], n.p., 20 mar. 2018. Disponível em: https://medium.com/tow-center/the-graph-api-key-points-in-the-facebook-and-cambridge-analytica-debacle-b69fe692d747. Acesso em: 15 mar. 2021.

ALCOTT, Hunt; GENTZKOW, Matthew. Social media and fake news in the 2016 Election. *Journal of Economic Perspectives*, [s.l], v. 31, n. 2, 2017.

ANGWIN, Julia; GRASSEGGER Hannes. Facebook's secret censorship rules protect white men from hate speech but not black children', *ProPublica*, 2017. Disponível em: <https://www.propublica.org/article/facebook-hate-speech-censorship-internal-documentsalgorithms>. Acesso em 19 mar. 2021.

ARANHA, Márcio Iorio. As formas de autorregulação. JOTA, Brasília, 26 de outubro de 2019. Disponível em: <https://www.jota.info/opiniao-e-analise/artigos/as-formas-de-autorregulacao-26102019>. Acesso em 19 mar. 2021.

ARRY, Andrew. Transparency as a political device. In: AKRICH, Madelaine *et al.* (Orgs.). *Débordements*: mélange offerts à Michel Callon. Paris: Press de Mines, 2010. Disponível em: <http://books.openedition.org/pressesmines/721>. Acesso em: 16 mar. de 2021.

ASHER, Saira. Facebook: como a rede social se tornou peça central na crise política de Mianmar. BBC News, 5 de fev. 2021. Disponível em: <https://www.bbc.com/portuguese/internacional-55944504>. Acesso em: 13.03.2021.

BALKIN, Jack M. Free Speech is a Triangle. *Columbia Law Review*, v. 118, 2019.

BALKIN, Jack M. The First Amendment in the Second Gilded Age. *Buffalo Law Review*, v. 66, n. 5, 2018.

BARTLETT, Jamie. The People Vs Tech: How the internet is killing democracy (and how we save it). New York: Dutton, 2018.

BELL, Emily. Facebook's Oversight Board plays it safe. *Columbia Journalism Review*, 3 dez. de 2020. Disponível em: <https://www.cjr.org/tow_center/facebook-oversight-board.php>. Acesso em 3 de janeiro de 2021.

BONTCHEVA, Kalina & POSETTI, Julie (eds.). *Balancing act:* countering digital disinformation while respecting freedom of expression. Broadband Commission research report on 'Freedom of Expression and addressing disinformation on the internet'. Geneva / Paris: International Telecommunication Union (ITU) / United Nations Educational, Scientific and Cultural Organization (UNESCO), September 2020.

BRADSHAW, Samantha; HOWARD, Philip N. The Global Disinformation Order: 2019 Global Inventory of Organised Social Media Manipulation. Working Paper 2019.2. Oxford, UK: *Project on Computational Propaganda*, 2019. Disponível em: https://comprop.oii.ox.ac.uk/wp-content/uploads/sites/93/2019/09/CyberTroop-Report19.pdf. Acesso em: 11 mar. 2021 e FREEDOM HOUSE. *Freedom on the Net 2019* – The crisis of social media, 2019. <https://www.freedomonthenet.org/report/freedom-on-the-net/2019/the-crisis-of-social-media>. Acesso em: 11 mar. 2021.

BROWN, Wendy. *In the ruins of neoliberalism:* the rise of antidemocratic politics in the West. New York: Columbia University Press, 2019.

BSR, 2018. *Human Rights Impact Assessment: Facebook in Myanmar.* Disponível em: <https://about.fb.com/wp-content/uploads/2018/11/bsr-facebook-myanmar--hria_final.pdf>. Acesso em: 13.03.2021.

CADWALLADR, Carole. British courts may unlock secrets of how Trump campaign profiled US voters. *The Guardian*, 01.10.2017a. Disponível em: <https://www.theguardian.com/technology/2017/oct/01/cambridge-analytica-big-data-facebook-trump-voters>. Data de acesso: 27.07.2019.

CADWALLADR, Carole. The great British Brexit robbery: how our democracy was hijacked. *The Guardian*, 07.05.2017. Disponível em: <https://www.theguardian.com/technology/2017/may/07/the-great-british-brexit-robbery-hijacked-democracy>. Data de acesso: 17.04.2019.

CANOSSA, Carolina. Pizzagate: o escândalo de fake news que abalou a campanha de Hillary. Superinteressante, 2018. Disponível em: https://super.abril.com.br/mundoestranho/pizzagate-o-escandalo-de-fake-news-que-abalou-a-campanha--de-hillary/. Acesso em 04 mar. 2021.

CARLSON, Caitlin and Rousselle, Hayley, *Report and Repeat: Investigating Facebook's Hate Speech Removal Process* (April 1, 2018). Disponível em: <https://

ssrn.com/abstract=3232325> ou <http://dx.doi.org/10.2139/ssrn.3232325>. Acesso em: 16 mar. 2021.

CATTONI DE OLIVEIRA, Marcelo Andrade. Democracia sem espera e processo de constitucionalização: uma crítica aos discursos oficiais sobre a chamada 'transição política brasileira'. In: M. Cattoni (org.), *Constitucionalismo e História do Direito*. Belo Horizonte, Pergamum, 2011.

CATTONI DE OLIVEIRA, Marcelo Andrade. Dworkin: de que maneira o Direito se assemelha à literatura?. Rev. Fac. Direito UFMG, Belo Horizonte, n. 54, p. 91-118, jan./jun. 2009.

CELESTE, CELESTE, Edoardo. Terms of service and bills of rights: new mechanisms of constitutionalisation in the social media environment? *International Review of Law, Computers and Technology*, v.33, n.2, p.122–138. 2018.

CELESTE, Edoardo. Digital constitutionalism: a new systematic theorisation. *International Review of Law, Computers and Technology*, v. 33, n. 1, 2019.

CITRON, Danielle Keats. Extremist Speech, Compelled Conformity, and Censorship Creep. *Notre Dame Law Review*: 2018. Disponível em: <https://scholarship.law.nd.edu/cgi/viewcontent.cgi?article=4772&context=ndlr>. Acesso em 2 de janeiro de 2021.

COUNCIL OF EUROPE, Committee of Experts on Internet Intermediaries. Study on the Human Rights Dimensions of Automated Data Processing Techniques and Possible Regulatory Implications. Brussels: Council of Europe, 2017. Disponível em: <https://rm.coe.int/algorithms-and-human-rights-en-rev/16807956b5 accessed 20 December 2020>. Acesso em: 20 mar. 2021.

DARMÉ, Zoe Mentel; *et al*. Global Feedback & Input on the Facebook Oversight Board for Content Decisions. *Facebook*, (June 27, 2019). Disponível em: <https://fbnewsroomus.files.wordpress.com/2019/06/oversight-board-consultation-report-1.pdf>. Acesso em 10 de dezembro de 2020, p. 7.

DIRESTA, Renée. Right-Wing Social Media Finalizes Its Divorce From Reality. *The Atlantic*, 3 nov. 2020. Disponível em: <https://www.theatlantic.com/ideas/archive/2020/11/right-wing-social-media-finalizes-its-divorce-reality/617177/>. Acesso em 3 de janeiro de 2021.

DOUEK, Evelyn. Facebook's Oversight Board Bylaws: For Once, Moving Slowly. *Lawfare Institute*, [s. l.], 28 jan. 2020. Disponível em: https://www.lawfareblog.com/facebooks-oversight-board-bylaws-once-moving-slowly. Acesso em: 11 mar. 2021.

DOUEK, Evelyn. How Much Power Did Facebook Give Its Oversight Board. *Lawfare*, [s. l.], 25 set. 2019. Disponível em: https://www.lawfareblog.com/how-much-power-did-facebook-give-its-oversight-board. Acesso em: 18 mar. 2021.

DOUEK, Evelyn. Verified Accountability: Self-Regulation of Content Moderation as an Answer to the Special Problems of Speech Regulation. *Aegis Paper Series*, [s. l.], n. 1903, ed. 14, p. n.p., 2019. Disponível em: https://www.lawfareblog.com/verified-accountability-self-regulation-content-moderation-answer-special-problems-speech-0. Acesso em: 19 mar. 2021.

DWORKIN, Ronald. *Uma Questão de Princípio*. Trad. Luís Carlos Borges. 2. ed. São Paulo: Martins Fontes, 2001.

EMPOLI, Giuliano da. *Os engenheiros do caos*. trad. Arnaldo Bloch. 1ª ed. São Paulo, Vestígio, 2020.

FACEBOOK, 'Dangerous Organizations: Terrorism and Organized Hate' (Community Standards Enforcement Report, September 2020) <https://transparency.facebook.com/community-standards-enforcement#dangerous-organizations>. Acesso em 20 de dezembro de 2020.

FACEBOOK. Hate Speech (Community Standards Enforcement Report, September 2020) <https://transparency.facebook.com/community-standards-enforcement#hate-speech>. Acesso em 20 de dezembro de 2020.

FENSTER, Mark. The opacity of transparency. *Iowa Law Review*, Iowa, v. 91, 2006. Disponível em: <http://scholarship.law.ufl.edu/cgi/viewcontent.cgi?article=1059&context=facultypub/>. Acesso em: 13 mar. 2021.

FIGUEIRA, Á. OLIVEIRA, L. The current state of fake news: challenges and opportunities (2017). *Procedia Comput. Sci.*, 818.

FIGUEIRAS, Fernando; ALMEIDA, Virgílio. *Governance for the digital world*: neither more state nor more market. Palgrave Macmillan, 2021.

FISHER, M.; COX, J. W.; HERMANN, P. Pizzagate: From rumor, to hashtag, to gunfire in D.C. *The Washington Post*. Disponível em: <https://www.washingtonpost.com/local/pizzagatefrom-rumor-to-hashtag-to-gunfire-in-dc/2016/12/06/4c7def50--bbd4-11e6-94ac3d324840106c_story.html>. Acesso em: 17 mar. 2021.

FOLHA S. PAULO. 90% dos eleitores de Bolsonaro acreditaram em fake news, diz estudo. Folha S. Paulo, nov. 2018. Disponível em <https://www1.folha.uol.com.br/poder/2018/11/90-dos-eleitores-de-bolsonaro-acreditaram-em-fake-news-diz--estudo.shtml>. Acesso em: 10 mar. 2021.

FRENKEL, S., ISAAC, M., KANG, C., & Dance, G. J. X, Facebook employees stage virtual walkout to protest Trump posts. *The New York Times* (New York, 2020) <https://www.nytimes.com/2020/06/01/technology/facebook-employee-protest-trump.html>. Acesso em 20 de dezembro de 2020.

GILLESPIE, Tarleton. *Custodians of the Internet*: Platforms, content moderation, and the hidden decisions that shape social media [edição eletrônica]. New Haven, CT: Yale University Press, 2018.

GRIMMELMANN, James. The virtues of moderation. *Yale Journal of Law & Technology*, v. 17, 2015. Disponível em: <https://digitalcommons.law.yale.edu/cgi/viewcontent.cgi?article=1110&context=yjolt>. Acesso: em 12 mar. 2021.

HÄBERLE, Peter. *La sociedad abierta de los intérpretes constitucionales*. Contextos es una publicación del Seminario de Derecho Público de la Defensoría del Pueblo de la Ciudad Autónoma de Buenos Aires, Número 05, Abril 2013, 1° Edición.

HABERMAS, Jürgen. *Facticidad y validez*: sobre el derecho y el Estado democrático de derecho en términos de teoría del discurso. Trad. Manuel Jimenez Redondo. 4ª ed. Madrid: Trotta, 2005.

HANBURY, Mary. Facebook is the most popular social network for governments spreading fake news and propaganda. *Insider*, [S. l.], p. n.p., 21 set. 2019. Disponível em: https://www.businessinsider.com/facebook-disinformation-campaigns--new-oxford-study-2019-9?r=US&IR=T. Acesso em: 11 mar. 2021

HAO, Karen. How Facebook got addicted to spreading misinformation. MIT Technology Review, 11 de março de 2021. Disponível em: <https://www.technologyreview.com/2021/03/11/1020600/facebook-responsible-ai-misinformation/amp/?utm_medium=tr_social&utm_campaign=site_visitor.unpaid.engagement&utm_source=Twitter&__twitter_impression=true>. Acesso em 12 de março de 2021.

HEINS, Marjorie. The Brave New World of Social Media Censorship. *Harvard Law Review Forum*, v. 127, 2014.

ITS, Rio. *Comentário Público do ITS Rio*: Caso 2021-001-FB-FBR do Oversight Board. Rio de Janeiro: ITS Brasil, 2021. Disponível em: https://itsrio.org/pt/publicacoes/comentario-publico-ao-oversight-board-caso-trump/. Acesso em: 21 mar. 2021.

JILL, Koyama; BRIAN, Kania. When transparency obscures: the political spectacle of accountability. *Journal for Critical Education Policy Studies*, v. 12, n. 1, 2014.

JOSEPH, Chanté. Instagram's murky 'shadow bans' just serve to censor marginalised communities. *The Guardian*, Londres, 8 nov. 2019. Disponível em: https://www.theguardian.com/commentisfree/2019/nov/08/instagram-shadow-bans-marginalised-communities-queer-plus-sized-bodies-sexually-suggestive. Acesso em: 13 mar. 2021.

KADRI, Thomas; KLONICK, Kate. Facebook v. Sullivan: Public Figures and Newsworthiness in Online Speech (2019). *Southern California Law Review*, 93, <https://ssrn.com/abstract=3332530>. Acesso em 20 de dezembro de 2020.

KLONICK, Kate. The New Governors: the people, rules, and processes governing online speech. *Harvard Law Review*, v. 131, p. 1598-1670, 2018, p. 1635.

KNIGHT FIRST AMENDMENT INSTITUTE. *Case 2021-001-FB-FBR*, 2021. Disponível em: <https://knightcolumbia.org/documents/39b35525d0>. Acesso em 10 de dezembro de 2020.

KNIGHT FOUND. & GALLUP, INC. *American Views 2020:* Trust, Media and Democracy: A Deepening Divide. v. 5, ed. 9, 2020. Disponível em: <https://knightfoundation.org/wpcontent/uploads/2020/08/American-Views-2020-Trust-Media-and-Democracy.pdf>. Acesso em: 12 mar. 2021.

KREISS, Daniel; MCGREGOR, Shannon C. The "Arbiters of What Our Voters See": Facebook and Google's Struggle with Policy, Process, and Enforcement around Political Advertising. *Political Communication*, v. 34, ed. 4, 2019.

LAUB, Zachary. Hate Speech on Social Media: Global Comparisons. *Council on Foreign Relations*, Estados Unidos, p. n.p., 12 abr. 2019. Disponível em: https://www.cfr.org/backgrounder/hate-speech-social-media-global-comparisons. Acesso em: 20 mar. 2021.

LEMOS, Ronaldo. Caso Cambridge Analytica é alerta para governos com bases de dados cada vez maiores. *Folha de São Paulo*, São Paulo, p. n.p., 26 mar. 2018. Disponível em: https://www1.folha.uol.com.br/colunas/ronaldolemos/2018/03/caso-cambridge-analytica-e-alerta-para-governos-com-bases-de-dados-cada-vez-maiores.shtml. Acesso em: 18 mar. 2021.

LEMOS, Ronaldo. *Direito, tecnologia e cultura*. Rio de Janeiro: FGV, 2005.

LERO, Cecília. Eleições nas Filipinas: Entre as similaridades de Duterte e Bolsonaro, uma lição para o Brasil. *Fórum*, [S. l.], p. n.p., 8 maio 2019. Disponível em: https://revistaforum.com.br/debates/eleicoes-nas-filipinas-entre-as-similaridades-de-duterte-e-bolsonaro-uma-licao-para-o-brasil/. Acesso em: 12 mar. 2021.

MAYER-SCHÖNBERGER, Viktor; CUKIER, Kenneth. *Big Data*. 2. ed. Boston/Nova York, 2014.

MENDES, Gilmar Ferreira; OLIVEIRA FERNANDES, Victor. Constitucionalismo digital e jurisdição constitucional: uma agenda de pesquisa para o caso brasileiro. *Revista Brasileira de Direito, Passo Fundo*, v. 16, n. 1, out. 2020. ISSN 2238-0604. Disponível em: https://seer.imed.edu.br/index.php/revistadedireito/article/view/4103. Acesso em: 20 mar. 2021. doi: https://doi.org/10.18256/2238-0604.2020.v16i1.4103.

MENDES, Laura Schertel; MATTIUZZO, Marcela. Discriminação Algorítmica: conceito, fundamento legal e tipologia. *Revista Direito Público*, v. 16, n. 90, 2019.

MIROWSKI, Philip. This is Water, or Is It the Neoliberal Thought Collective? *Institute for New Economic Thinking*, 25.05.2016. Disponível em: <https://www.ineteconomics.org/perspectives/blog/this-is-water-or-is-it-neoliberalism>. Data de acesso: 09.05.2020.

MORAES, Anderson Júnio Leal. *Audiências públicas como instrumento de legitimação da jurisdição constitucional*. Belo Horizonte: UFMG, 2011 (dissertação de mestrado).

MOROZOV, Evgeny. *Big Tech*: a ascensão dos dados e a morte da política. São Paulo: Ubu Editora, 2018.

MOZUR, Paul. A Genocide Incited on Facebook, With Posts From Myanmar's Military' *The New York Times* (New York, 15 October 2018) <https://www.nytimes.com/2018/10/15/technology/myanmar-facebook-genocide.html>. Acesso em 20 de dezembro de 2020.

NUNES, Dierle; BAHIA, Alexandre; PEDRON, Flávio. *Teoria Geral do Processo: com comentários da virada tecnológica do direito processual*. Salvador: Juspodivm. 2020.

NUNES, Dierle; TEIXEIRA, Ludmila. *Acesso à justiça democrático*. 1ª ed. Brasília, DF: Gazeta Jurídica, 2013.

ONU – Organização das Nações Unidas. *Report of the Special Rapporteur on the promotion and protection of the right to freedom of opinion and expression*. Symbol A/HRC/38/35. 6 abr. 2018. Disponível em: https://ap.ohchr.org/documents/dpage_e.aspx?si=A/HRC/38/35 Acesso em: 16 mar. 2021.

PAPPALARDO, Massimiliano. *Fake news: a new political ingredient*. (Padova, 2018), Università degli Studi di Padova, 2018. Tesi di Laurea <http://tesi.cab.unipd.it/61813/1/Massimiliano_Pappalardo_2018.pdf>. Acesso em 20 de dezembro de 2020.

PARISER, Eli. *O filtro invisível*: o que a internet está escondendo de você. Rio de Janeiro: Zahar, 2012.

PASQUALE, Frank. A esfera pública automatizada. *Revista Líbero*, São Paulo, Ano 20, n. 39, 2017.

PASQUALE, Frank. *The black box society*: The secret algorithms behind money and information. Cambridge, MA: Harvard University Press, 2015.

PLAUGIC, Lizzie. France Wants to Make Google and Facebook Accountable for Hate Speech. *The Verge (Jan. 27, 2015)*. Disponível em: <https://www.theverge.com/2015/1/27/7921463/google-facebookaccountable-for-hate-speech-france>. Acesso em 10 de dezembro de 2020.

POLIDO, Fabrício P. B. Inteligência artificial entre estratégias nacionais e a corrida regulatória global: rotas analíticas para uma releitura internacionalista e comparada – DOI: 10.12818/P.0304-2340.2020v76p229. *Revista da Faculdade de Direito da UFMG*, [S.l.], n. 76, jan. 2020. ISSN 1984-1841. Disponível em: <https://www.direito.ufmg.br/revista/index.php/revista/article/view/2067>. Acesso em: 15 mar. 2020.

POZEN, David. Authoritarian Constitutionalism in Facebookland', *KNIGHT FIRST AMEND. INST. COLUM. U.* (Oct. 30, 2018). Disponível em: <https://knightcolumbia.org/content/authoritarian-constitutionalism-facebookland>. Acesso em 2 de janeiro de 2021.

PUBLIC POLICE POLLING. *Trump Remains Unpopular*; Voters Prefer Obama on SCOTUS Pick. Raleigh, 09 dez. 2016. Disponível em: <http://www.publicpolicypolling.com/main/2016/12/trump-remains-unpopular-voters-prefer-obama-on-scotus-pick.html.>. Acesso em: 08 mar 2021.

PUDDEPHATT, Andrew. As revoluções árabes e a comunicação digital. Tradução de Paula Zimbres. *Política Externa*, São Paulo, v. 20, n. 1, jun/ago. 2011.

REED, Chris. Why Judges Need Jurisprudence in Cyberspace. *Legal Studies*, v. 38, ed. 263, 2018.

ROBERTS, Sarah T. Behind the Screen: Content Moderation in the Shadows of Social Media. New Haven and London: Yale University Press, 2019.

ROBERTS, Sarah T. Digital Detritus: 'Error' and the Logic of Opacity in Social Media Content Moderation, *FIRST MONDAY* (Mar. 5, 2018). Disponível em: <https://journals.uic.edu/ojs/index.php/fm/article/view/8283/6649>. Acesso em 10 de dezembro de 2020.

ROBERTS, Sarah T. Digital Refuse: Canadian Garbage, Commercial Content Moderation and the Global Circulation of Social Media's Waste' [2016] 1(14). *Media Studies Publications* <https://ir.lib.uwo.ca/commpub/14/>. Acesso em 28 de dezembro de 2020.

ROMM, Tony. Republicans Accused Facebook, Google and Twitter of Bias. Democrats Called the Hearing 'Dumb.', *Wash. Post* (Jul. 17, 2018), <https://bityli.com/lFBc5>. Acesso em 10 de dezembro de 2020.

ROMM, Tony. Tech giants led by Amazon, Facebook and Google spent nearly half a billion on lobbying over the past decade, new data shows. *The Washington Post*, 22.01.2020. Disponível em: <https://www.washingtonpost.com/technology/2020/01/22/amazon-facebook-google-lobbying-2019/>. Data de acesso: 11.05.2020.

SAMPLES, John. Who Should Moderate Content at Facebook? Cato Institute, December 18, 2018. Disponível em: <https://www.cato.org/blog/who-shouldmoderate-content-facebook>; Acesso em 3 de janeiro de 2021.

SARTOR, Giovanni. Human Rights and Information Technologies. In: BROWNSWORD, Roger; SCOTFORD, Eloise; YEUNG, Karen (Eds.). *The Oxford Handbook of Law, Regulation and Technology*. Oxford: Oxford University Press, 2017.

SOMBRA, Thiago Luis Santos. Supremo Tribunal Federal representativo? O impacto das audiências públicas na deliberação. *Revista de Direito GV*, São Paulo, v.13, n.1, p. 236-273, Jan.-abr./2017.

STATISTA. Most popular social networks worldwide as of ranked by number of active users. (Statista, 2020). Disponível em: <https://www.statista.com/statistics/272014/global-social-networks-ranked-by-number-of-users/>. Acesso em 20 de dezembro de 2020.

STRECK, Lenio Luiz; RAATZ, Igor. O dever de fundamentação das decisões judiciais sob o olhar da Crítica Hermenêutica do Direito. Revista Opinião Jurídica, Fortaleza, ano 15, n. 20, p.160-179, jan./jun. 2017. Disponível em: <https://periodicos.unichristus.edu.br/opiniaojuridica/article/view/1400>. Acesso em 20 de março de 2021.

SUZOR, Nicolas P. *et al.* What do We mean when We talk about transparency? Toward meaningful transparency in commercial content moderation. International Journal of Communication, vol 13, 2019. Disponível em: <https://ijoc.org/index.php/ijoc/article/view/9736>. Acesso em 19 mar. 2021.

TEUBNER, Gunther. Autoconstitucionalização de corporações transnacionais? Sobre a conexão entre os códigos de conduta corporativos (Corporate Codes of Conduct) privados e estatais. In: SCHWARTZ, Germano. *Juridicização das esferas sociais e fragmentação do direito na sociedade contemporânea*. Porto Alegre: Livraria do Advogado, 2012.

TEUBNER, Gunther. Horizontal Effects of Constitutional Rights in the Internet: A Legal Case on the Digital Constitution. *Italian Law Journal*, v. 3, n. 2, 2017.

TUFEKCI, Zeynep. Facebook's Surveillance Machine. *The New York Times*. New York. Disponível em: <https://www.nytimes.com/2018/03/19/opinion/facebook-cambridge-analytica.html>. Acesso em: 16 mar. 2021.

TUFEKCI, Zeynep. The road from Tahrir to Trump. *MIT Technology review*, vol. 121. n. 05, set/out 2018.

VAIDHYANATHAN, Siva. *Antisocial Media: How Facebook Disconnects Us And Undermines Democracy*. 1ª ed. Oxford University Press, 2018.

VALENTE, Jonas. *Tecnologia, informação e poder*: das plataformas online aos monopólios digitais. Tese (Doutorado em Sociologia). Universidade de Brasília, Brasília, 2019.

VERMEULE, Adrian. *Mechanisms of Democracy*: institutional design writ small. Oxford University Press, 2007.

VESTENA, Carolina Alves. *Participação ou formalismo?* O impacto das audiências públicas no supremo tribunal federal brasileiro. Rio de Janeiro: FGV, 2010 (dissertação de mestrado).

WEST, Sarah Myers. Censored, suspended, shadowbanned: User interpretations of content moderation on social media platforms. *New media & society*, 2018, Vol. 20(11) 4366–4383.

YALOYAN, Marina. Aftenposten versus Facebook: uma polêmica esclarecedora. *UNESCO*, [S. l.], p. n.p., 1 dez. 2017. Disponível em: https://pt.unesco.org/courier/julho-setembro-2017/aftenposten-versus-facebook-uma-polemica-esclarecedora. Acesso em: 18 mar. 2021.

ZUBOFF, Shoshana. *Age of Surveillance Capitalism:* The Fight for a Human Future at the New Frontier of Power. New York: Public Affairs, 2019.

ZUCKERBERG, Mark. A Blueprint for Content Governance and Enforcement, *FACEBOOK* (Nov. 15, 2018). Disponível em: <https://cutt.ly/UjuXGI6>. Acesso em 20 de dezembro de 2020.

ZUCKERBERG, Mark. *Facebook's Commitment to the Oversight Board*. FACEBOOK. Disponível em: <https://about.fb.com/wp-content/uploads/2019/09/letter-from-mark-zuckerberg-on-oversight-board-charter.pdf>. Acesso em 20 de dezembro de 2020.

# 2

## Juiz-robô e *Machine Learning*: qual o papel da lei e do juiz na era da inteligência artificial?

**Alexandre Bahia**[1]

**Diogo Bacha e Silva**[2]

**Sumário:** 1. Introdução. 2. Princípios da Legalidade e da Reserva Legal. 3. Competência para o Exercício da Jurisdição, Devido Processo Legal e Juiz Natural. 4. Reflexões em torno do papel do juiz no Estado Democrático de Direito: a interpretação é atividade meramente cognitiva?



### 1. INTRODUÇÃO

Iniciamos esse breve texto com a pergunta: o estabelecimento de inteligência artificial nos Tribunais que signifique a substituição do juiz por um robô pode ser feito sem lei prévia?

Vale inicialmente lembrar que a competência dos tribunais é definida pela Constituição (*Marbury vs. Madison*, 1803), que permite especificações através da Lei de Organização Judiciária (LOJ). Esta pode estabelecer algumas questões específicas de funcionamento dos Tribunais, mas não pode alterar sua competência ou delegá-la a outrem.

Diz a Constituição que as leis federal (art. 48, IX) e estadual (art. 125, §1º) irão definir a organização judiciária e administrativa das Justiças da União e dos Estados, respectivamente. Ademais, é de iniciativa privativa do STF o envio de Projetos de Lei que digam respeito ao "Estatuto da Magistratura" – atualmente regulamentado pela LC. 35/1979 (LOMAN).

---

1 Doutor em Direito (UFMG). Pós-doutor (Universidade do Porto). Bolsista de Produtividade do CNPq. Professor Associado da UFOP e Titular no IBMEC-BH.

2 Doutor em Direito (UFRJ), Pós-doutor (UFMG). Professor da Faculdade de São Lourenço.

Há algum tempo que Tribunais como o STJ vêm implementando mecanismos de inteligência artificial para o auxílio na gestão de processos. Um bom exemplo é o Sócrates 2.0 do STJ, um meio inteligente de triagem de Recursos Especiais[3]. Outro exemplo, é o projeto batizado de VICTOR[4] – em homenagem a Victor Nunes Leal, o responsável pela ideia de criação de súmulas[5] e pelo pré-questionamento – no âmbito do Supremo Tribunal Federal. O Victor é responsável pela análise de todos os Recursos Extraordinários que sobem ao Supremo Tribunal Federal para identificar quais estariam vinculados a quais temas em repercussão geral. Na verdade, a inteligência artificial, neste caso, é responsável pela antecipação do juízo de admissibilidade. A motivação para sua implantação, naturalmente, seria a possibilidade de redução do acervo no número de processo.

Não é objeto de análise aqui o uso de inteligência artificial como um todo – embora essa questão surja como questão a ser explorada – vamos nos ater à questão específica da substituição de julgadores por robôs na prolação de decisões. Contudo, há que se pensar se um órgão administrativo poderia dispor sobre a criação de mecanismos como o citado Sócrates 2.0 já que se trata de questão de procedimento sobre a qual incide reserva legal (art. 24, XI – CR/88), nos termos do que será elaborado no presente.

O que é nos parece problemática é a substituição de um juiz físico por uma máquina (um robô) **se se pretende que isso seja feito também por regulamentação administrativa, sem passar pelo legislador**, uma vez que, em nome da celeridade e/ou da uniformidade de decisões, podem estar sendo sacrificados princípios constitucionais do processo essenciais para a própria ideia de jurisdição.

Para entendermos melhor a questão é importante retomarmos os princípios da legalidade e da reserva legal.

---

3 https://youtu.be/63jqbr-PORs.

4 http://www.stf.jus.br/portal/cms/verNoticiaDetalhe.asp?idConteudo=380038.

5 Sobre sua ideia original, ver: NUNES LEAL, Victor. Passado e futuro da Súmula do S.T.F. **Revista da Ajuris**, Porto Alegre, v. 25, p. 46-67, jul. 1982, Ver também: BACHA E SILVA, Diogo. A valorização dos precedentes e o distanciamento entre os sistemas *civil law* e *common law*. *In*: WAMBIER, Teresa Arruda Alvim, MARINONI, Luiz Guilherme, MENDES, Aluisio Gonçalves de Castro (orgs.). **Direito jurisprudencial**. Vol. II. São Paulo: Editora Revista dos Tribunais, 2014. BACHA E SILVA, Diogo. BAHIA, Alexandre Gustavo Melo Franco. O novo CPC e a sistemática dos precedentes: para um viés crítico das reformas processuais. **Direito, Estado e Sociedade**, n. 46, p. 38-71 jan./jun. 2015.

## 2. PRINCÍPIOS DA LEGALIDADE E DA RESERVA LEGAL

O **princípio da legalidade** é tratado na Constituição como legalidade ampla (art. 5º, II) e restrita (art. 37, *caput*). Ambos visam proteger o cidadão contra interferências indevidas do Estado – em qualquer de suas funções. Assim, para o particular, vale a regra segundo a qual a ausência de norma se configura como critério de liberdade de agir e de não agir. A legalidade desta forma vem consagrada desde as declarações liberais de direitos dos séculos XVII e XVIII, como um contraponto aos Estados Absolutistas e, pois, garantia de não intervenção do Poder Público sobre a esfera de privacidade dos cidadãos: se não há lei, o cidadão tem segurança jurídica para saber como agir (ou não agir) e prever as consequências de tal. De forma complementar, a legalidade estrita, aplicável aos órgãos do Estado – notadamente a Administração Pública, mas também ao Judiciário – significa que estes estão proibidos de atuar quando não houver lei;[6] e mais, que, ao mesmo tempo, havendo lei estão obrigados a agir nos termos por ela determinados (poder-dever).

A legalidade é o núcleo duro – se poderíamos dizer assim – da noção de Estado de Direito. Utilizamos, aqui, o termo Estado de Direito em um sentido muito específico. É conhecido que a origem terminológica do termo foi empregada por R. von Mohl em 1832 com a publicação do volume inicial de sua obra, *Die Poliziewissenschaft den Grundsaetzen des Rechstaates* (*A ciência política baseada no Estado de Direito*).[7] Embora em contextos políticos muito diversos, *Rule of Law*, *Rechstaat* e *État légal* têm em comum alicerçarem uma ideia de juridicidade estatal. Neste

6 "[O] princípio da legalidade tem como finalidade precípua limitar o poder do Estado impedindo sua utilização de forma arbitrária (impedimento do arbítrio a partir da noção de legalidade). Nesse sentido, a Constituição estabelece que caberá ao Poder Legislativo (órgão de representação popular) a função precípua de elaborar as leis em nosso ordenamento. (...) Com isso, temos segundo a doutrina que o princípio da legalidade pode ser observado e analisado sob um duplo enfoque: • Se apresenta como uma garantia ao particular contra os possíveis desmandos do Executivo e do próprio Judiciário; • Se apresenta como base do Estado de Direito, visando conformar os comportamentos às normas jurídicas das quais as leis são máxima expressão" (FERNANDES, Bernardo G. **Curso de Direito Constitucional**. 9ª ed. rev., ampl. e atual. Salvador. Juspodivm, 2017, p. 562).

7 HORTA, José Luiz Borges. *História do Estado de Direito*. São Paulo: Alameda, 2011. p. 34. É oportuno lembrar, aqui, que alguns autores creditam a expressão *Rechtszustand* utilizada por Hegel na Fenomenologia do Espírito de 1807 como Estado de Direito (SALGADO, Joaquim Carlos. O aparecimento do Estado na "Fenomenologia do Espírito" de Hegel. **Revista da Faculdade de Direito**, Belo Horizonte, a. 24, n. 17, out. 1976).

ponto, é que se apresenta toda sua complexidade e sua polissemia. O que é juridicidade?

Recorremos a Michel Miaille para explicar a complexidade e ambiguidade da expressão. O termo se refere a Estado e Direito, por isso que essa adição complexifica a noção empregada. Nesse sentido, até quase óbvio, significa que o Estado é definido pela lei e, portanto, vinculado pela lei. Essa postura poderia acomodar, por certo, uma postura positivista que entende que o conjunto de técnicas normativas e o Estado encontra relação direta com elas, pois seria o próprio Estado que institui, organiza e garante o funcionamento das normas jurídicas. Naturalmente, essa posição é insuficiente pois significaria aceitar que qualquer Estado, desde que produzisse direito, seria classificado como Estado de Direito e, ainda, que pudesse existir Direito dentro do Estado.[8]

Portanto, se abre à definição de uma outra concepção de Estado de Direito, que tem relação não apenas formal, mas substancial na relação entre Direito e Estado e daí sua complexidade.[9]

A clássica noção, empregada dentre outros, por Jacques Chevallier de que o objetivo do Estado de Direito é limitar o poder do Estado pelo Direito[10] é uma constante que indica, por um lado, a exigência de que a governança pública pelo Estado seja predicada clareza, consistência, estabilidade e prospectividade de suas normas, em um aspecto formal.[11] Em um emprego substancial, o Estado de Direito representa uma abertura a aspectos substanciais nos quais há uma relação intrínseca entre Estado de Direito e Estado Democrático. Dessa forma, o Estado de Direito significa uma observância do Estado pela legalidade e por valores democráticos consubstanciados nos direitos humanos ou fundamentais. Por isso, se deve falar em um Estado Constitucional Democrático de Direito como expressão para designar o fenômeno moderno de compreensão de

8 Nessa perspectiva, as pesquisas do movimento do direito alternativo implicaram em relevantes contribuições para o entendimento do próprio sentido do Direito. Por todos, ver: WOLKMER, Antonio Carlos. **Pluralismo jurídico**: fundamentos de uma nova cultura política do direito. 3ª ed. São Paulo: Alfa Ômega, 2001.

9 MIAILLE, Michel. L'Etat de droit comme paradigme. **Annuaire de l'Afrique du Nord**, tome XXXIV, 1995, CNRS Éditions. Disponível em: http://aan.mmsh.univ-aix.fr/volumes/1995/Pages/AAN-1995-34_46.aspx, acesso em 05 de março de 2021.

10 CHEVALLIER, Jean-Jacques. **L´Etat de droit**. Paris: Montchrestien,1992, p12.

11 FULLER, Lon. **The Morality of Law**. Edição revisada. New Haven: Yale University Press, 1964.

uma relação entre a atuação do Estado e os limites impostos pela ordem jurídica-substancial.[12]

Não é nossa intenção, aqui, fazermos uma reconstrução de Teoria do Direito para estabelecermos o próprio conceito do que é o Direito ou o que o Direito é. Apenas justificar que a legalidade, aqui entendida a abertura do próprio Direito para as noções de regras e princípios, constitui um aspecto essencial do Estado Democrático de Direito.[13] Mas a legalidade não se resume apenas ao dado, mas advém como um processo de legitimidade.[14] Por isso, não é demais falar que legalidade, dentro do Estado Democrático de Direito, é uma regra, princípio e procedimento, como manifestação de um ideal e de um processo que depende do próprio conceito de Direito ou daquilo que se compreende o que é o Direito.[15]

Essa própria concepção da legalidade se abre para além da compreensão de que o Direito é aquilo que é estabelecido, positivado, pelo Poder Legislativo, enquanto instituição de representação do povo ou da nação. Essa concepção, própria do Estado Liberal de Direito, do *État Gendarme*, cede lugar a uma noção substancial de que o direito é o estabelecido a partir de um procedimento de deliberação e participação dos seus próprios afetados.[16] Implicado em seu próprio conceito, a legalidade se manifesta também na chamada reserva legal.

É certo que houve mudanças de concepção e alcance do que se entende por reserva legal desde que esse princípio passou a fazer parte do cerne do que é Estado de Direito até hoje. Assim é que, a partir do



12 CANOTILHO, J.J. Gomes. **Direito Constitucional e Teoria da Constituição**. 7ª ed. Coimbra: Almedina, 2003.

13 É importante salientar um aspecto importante de um teórico importante do positivismo jurídico, Joseph Raz, que enfatiza que o próprio direito cria um grande perigo para o exercício arbitrário do poder. O Estado de Direito deve minimizar o perigo criado pelo próprio direito (RAZ, Joseph. The Rule of Law and its Virtue. *In*: **The Authority of Law: Essays on Law and Morality**. New York: Oxford University Press, 2009, p. 214).

14 HABERMAS, Jürgen. **Era das Transições**. Rio de Janeiro: Tempo Brasileiro, 2003.

15 WALDRON, Jeremy. Waldron, Jeremy. The Concept and the Rule of Law. **Sibley Lecture Series**, 29, 2008. Disponível em: https://digitalcommons.law.uga.edu/cgi/viewcontent.cgi?article=1028&context=lectures_pre_arch_lectures_sibley, acesso em 05 de março de 2021.

16 HABERMAS, Jürgen. **Facticidad y Validez**: sobre el derecho y el Estado democrático de derecho em términos de teoría del discurso. 6ª ed. Madrid: Trotta, 2010; ver também: HABERMAS, Jürgen. Soberania popular como procedimento: um conceito normativo de espaço público. **Novos Estudos Cebrap**, n. 26, março de 1990, p. 100-113.

momento em que os Direitos Fundamentais, previstos na Constituição e no Direito Internacional dos Direitos Humanos, são "sindicáveis" perante o Judiciário, a reserva legal não pode mais significar um poder absoluto dado ao legislador para escolher quando e como irá dar efetividade àqueles através de regulamentação – por isso a Constituição de 1988 dispõe que os direitos e garantias fundamentais têm aplicação imediata (art. 5º, §1º) e, para tanto, cria o Mandado de Injunção (art. 5º, LXXI) e a Ação Direta de Inconstitucionalidade por Omissão (art. 102).

A atividade legislativa, apesar de central, não pode, por outro lado, ser empecilho para o pleno usufruto dos direitos fundamentais. Isso vale para a omissão e também para a ação, isto é, normas que, direta ou indiretamente, restrinjam direitos fundamentais apenas poderão existir quando a Constituição permita tais limitações – ou seja, sobre o legislador incide o que a doutrina alemã chama de "limites dos limites", expresso no art. 19, 1 da Lei Fundamental de Bonn.[17] Apesar da Constituição do Brasil não tratar expressamente do tema, ideia similar é decorrência do próprio sentido do que pretende uma Constituição, sendo reconhecidos tais "limites dos limites" pela doutrina pátria.[18]

Noutro giro, como mostra Bernardo G. Fernandes,[19] **o princípio da reserva legal** é mais restritivo que o da legalidade, isso porque enquanto essa (mais ampla) estabelece apenas que as ações do Estado devem se pautar em uma norma, dentre quaisquer espécies normativas, o princípio da reserva legal exige que determinadas questões apenas possam ser tratadas pelo legislador, isso de forma absoluta – isto é, quando a Constituição estabelece que apenas norma produzida pelo legislador regulamente a matéria – ou relativa – quando a lei deve fixar apenas a orientação geral, podendo os detalhes serem complementados por ato supralegal.

---

17 Art. 19. "(1) Na medida em que, segundo esta Lei Fundamental, um direito fundamental possa ser restringido por lei ou em virtude de lei, essa lei tem de ser genérica e não limitada a um caso particular. Além disso, a lei terá de citar o direito fundamental em questão, indicando o artigo correspondente".

18 Ver, *e.g.*: "Se fosse reservado ao legislador o poder de concretizar as reservas legais conforme seu entendimento e avaliação política, os direitos fundamentais abstratamente garantidos poderiam perder qualquer significado prático. A garantia constitucional restaria, em última instância, inócua, abandonando-se, na prática, o princípio da supremacia constitucional" (DIMOULIS, Dimitri; MARTINS, Leonardo. Teoria geral dos direitos fundamentais. SP: Revista dos Tribunais, 2007, p.167).

19 FERNANDES, Bernardo G. **Curso de Direito Constitucional**. *cit.*, p. 563.

Voltando à questão da possibilidade de restrição dos direitos fundamentais, sobre eles incide aquela reserva de lei absoluta, é dizer, apenas poderão sofrer contenções naquilo que estiver conforme a Constituição e desde que advindo de norma em sentido estrito – ato emanado do Legislador ou, eventualmente e de forma limitada, do Executivo na forma de Lei Delegada ou Medida Provisória.[20]

Dessa forma, será possível que uma Resolução (ou ato infralegal similar) do CNJ ou de algum Tribunal possa substituir um juiz no julgamento de um caso por um robô? Entendo que não, pois que mais do que mera questão de legalidade estrita, aqui se tem um problema de reserva legal absoluta, ou, no mínimo, relativa – cf. textos constitucionais já citados (**arts. 24, XI, 48, IX e 125, §1º**), além do **art. 22, I**: se no caso do legislador se fala em *limites dos limites*, no caso de atos administrativos há que se falar em total vedação, pois que se trata da competência de um Poder (lembremos que o art. 2º da Constituição é um dos Princípios Fundamentais) e também porque se trata no mínimo de limitar direitos fundamentais como juiz natural, devido processo legal, etc. – no limite, talvez, até se trate de medida "tendente a abolir" nos exatos termos do §4º do art. 60.

Falando sobre a Lei Fundamental de Bonn, Luís Greco argumenta que na Alemanha não poderia haver a instituição do juiz-robô sem lei em sentido estrito. O autor também cita o princípio da reserva da lei que igualmente é previsto na Lei Fundamental (art. 20, III), o que impediria tal criação por ato administrativo de um Tribunal ou de órgão similar ao CNJ[21].



20 Jane Pereira entende que atos de natureza administrativa não podem restringir direitos fundamentais sem que estejam executando comandos legais ou constitucionais (PEREIRA, Jane Reis G. **Interpretação constitucional e direitos fundamentais**: uma contribuição ao estudo das restrições aos direitos fundamentais na perspectiva da teoria dos princípios. RJ: Renovar, 2006).

21 GRECO, Luís. **Poder de Julgar sem Responsabilidade de Julgador**: a impossibilidade jurídica do juiz robô. SP: Marcial Pons, 2020, p. 40. Discordo, no entanto, do exemplo dado pelo autor para falar que no Brasil a instituição do juiz-robô poderia acabar acontecendo via Judiciário tendo em mira o julgamento, pelo STF, da ADO. n. 26 e MI. n. 4733 sobre a criminalização da homotransfobia. Isso porque a analogia peca de princípio: no exemplo dado pelo autor há a resolução de um caso – pode-se discordar da decisão, mas se trata de uma decisão judicial, fundada, inclusive, em *ratio decidendi* firmada mais de 10 anos antes (HC. n. 82.424) e que nunca sofreu a mesma crítica. Isso é totalmente diferente do CNJ, em sua função administrativa (não jurisdicional) "legislar" sobre jurisdição criando o juiz-robô sem o amparo de lei. Cf. BAHIA, Alexandre; SILVA, Diogo Bacha e. Necessidade

Além do argumento de que a instituição de um juízo utilize, exclusivamente, de Inteligência Artificial para proferir as decisões jurisdicionais tem um grave problema de legitimidade que, no fundo, também ofende a legalidade.

Desde o encontro de Dartmouth em 1956 e o esforço científico para a instituição de uma *machine learning*, a compreensão da operacionalização do aprendizado da máquina parte de instruções prévias alocadas por um agente externo. Mesmo admitindo a possibilidade jurídica, em tese, da instituição de que inteligências artificiais pudessem desenvolver a atividade jurisdicional, deveríamos nos perguntar: qual o melhor modelo? O método é adequado? Os algoritmos são eficazes? Quem determina o melhor modelo? Os pesquisadores? Os juristas? Para além disso, qual será o conceito de Direito empregado pela Inteligência Artificial? Um modelo positivista? Não-positivista? Um jusnaturalista? Como encontrará os princípios subjacentes aos casos?

Por mais que se possa falar em uma inteligência artificial com base em *deep learning* com enfoque em um aprendizado não supervisionado ou, quando muito, o aprendizado supervisionado com parâmetros básicos definidos – como por exemplo poder-se-ia apenas estabelecer um prévio algoritmo com explicitação de uma determinada concepção de Direito – a questão a ser definida é como relacionar a própria atividade jurisdicional robótica com a legitimidade inerente a esta atividade em um Estado Democrático de Direito. Por óbvio, não que a legitimidade esteja bem definida quando são as mãos humanas que exercem a atividade jurisdicional. É que, em se tratando de algoritmos previamente informados, quem será o responsável pela informação? O próprio Tribunal? Pesquisadores da área de tecnologia nos parecem ser os agentes mais capacitados para informar os algoritmos adequados para a atividade decisória da Inteligência Artificial. No entanto, não deve a ciência mesma ser aberta à opinião pública e à política? Neste ponto, a crítica de Herbert Marcuse parece-nos atual. A lógica da racionalidade tecnológica esconde uma determinada concepção política, isto é, um projeto de mundo determinado pelo interesse de classe e pela sua situação histórica.[22] Apenas

de Criminalizar a Homofobia no Brasil: porvir democrático e inclusão das minorias. **Revista da Faculdade de Direito da UFPR**, vol. 60, n. 2, maio/ago. 2015, p. 177-207. Disponível em: https://revistas.ufpr.br/direito/article/view/38641.

22 MARCUSE, Herbert. **A ideologia da sociedade industrial**. 4ª ed. Rio de Janeiro: Zahar, 1973.

um agir comunicativo poderia abrandar a dominação pela racionalidade da ação orientada para fins. Neste contexto, a abertura para o *médium* da interação linguisticamente mediada, através do desbloqueio da comunicação, permitiria, então, a aquisição de racionalização possível:

> A racionalização do quadro institucional pode ser operada apenas no médium da interação linguisticamente mediada; ou seja, através do desbloqueio da comunicação. Uma discussão pública, sem entraves e livre de dominação acerca da adequação e desejabilidade dos princípios e normas que orientam a ação, à luz dos efeitos socioculturais dos progressos dos subsistemas de ação racional com respeito a fins – uma comunicação desse tipo, em todos os âmbitos políticos (e repolitizados) dos processos de formação da vontade, é o único médium no qual algo como uma racionalização é possível.[23]

Poder-se-ia objetar que a própria tradição jurídica, coletivamente compartilhada, poderia fornecer os limites linguísticos e, no fim, os cânones de legitimidade democrática para o fornecimento dos algoritmos pelos pesquisadores da área de tecnologia que seriam os responsáveis por informar a inteligência artificial. De outro lado, um outro argumento de objeção também poderia ser feito: deve uma lei, enquanto ato do poder competente pelos discursos de justificação, estabelecer os critérios para a informação dos algoritmos e, ainda, estabelecer os agentes competentes?

Seguramente, a legitimidade que estamos aqui referindo é ainda mais profunda. Significa tratar o Direito como um empreendimento coletivo que considera os cidadãos como membros de uma comunidade política de agentes livres e iguais. A própria noção de um Direito como empreendimento humano coletivo seria rompido pela instituição de um mecanismo decisório de Inteligência Artificial. Admitir a existência de um juiz-robô significaria inserirmos no abandono de uma concepção de Direito do Estado Democrático de Direito para entrarmos em um outro paradigma, ainda desconhecido, da própria concepção daquilo que o Direito é. Portanto, não é apenas uma questão de forma-legalidade, mas de própria ilegitimidade da atividade decisória da Inteligência Artificial dentro de um paradigma de Estado Democrático de Direito.

23 HABERMAS, Jürgen. **Técnica e ciência como "ideologia"**. São Paulo: Unesp, 2014. p. 127.

## 3. COMPETÊNCIA PARA O EXERCÍCIO DA JURISDIÇÃO, DEVIDO PROCESSO LEGAL E JUIZ NATURAL

É muito significativo que o primeiro caso de *judicial review*, aliás, o caso através do qual o próprio controle de constitucionalidade foi "inventado" tenha sido na discussão sobre uma lei que modificou competência de Tribunal. Em *Marbury vs. Madison*, julgado pela Suprema Corte dos EUA em 1803, afirmou-se a supremacia da Constituição e, ao mesmo tempo, o poder-dever de qualquer juiz como um juiz constitucional e tudo isso pela discussão de uma lei federal que havia ampliado a competência daquela mesma Suprema Corte, o que apenas poderia ser feito via Emenda à Constituição.[24]

Ora, se a "mera" ampliação de competências de um Tribunal não pôde ser feita por lei, o que dizer da retirada do juiz natural de suas funções para substituí-lo por uma máquina sendo implementada por decisão administrativa? Tenho dúvidas até sobre se isso poderia ser feito sem uma Emenda à Constituição que pudesse prever essa novel forma de "prestação" jurisdicional, pois que importa em modificação de competência ainda mais grave que a do caso *Marbury*: nele a mudança se deu de um grau de jurisdição para outro – ambos previstos na Constituição; aqui, ao contrário, se trata de criar um "juiz" totalmente novo.

Essa discussão se torna mais concreta em nossos termos quando se lembra do que a Constituição estabelece acerca do Devido Processo Legal (art. 5º, LIV) e da vedação do Juízo ou Tribunal de Exceção ou "princípio do juiz natural" (art. 5º, XXXVII e LIII).[25]

O Devido Processo Legal, um princípio senão mais importante, mas certamente básico para se pensar a jurisdição desde a Magna Carta de 1215, implica, em sua vertente adjetiva e vertical, que a função jurisdicional deve ser precedida de lei (Constituição e lei em sentido estrito) que institua aquele juízo e regule a conduta objeto da ação.

Vale lembrar que o citado princípio da reserva legal se conjuga também com o do juízo natural, logo, "[s]endo o procedimento estritamente

---

24 Para uma revisitação do caso ver, *e.g.*: BAHIA, Alexandre; DINIZ, Vinícius. Controle de constitucionalidade concreto: defesa da constituição e mudanças com o sistema de precedentes. **Juris Plenum**, v. 15, n. 89, set./out. 2019, p. 45-64.

25 Para uma discussão sobre o sentido e a função dos princípios processual-constitucionais ver: NUNES, Dierle; BAHIA, Alexandre; Pedron, Flávio Quinaud. **Teoria Geral do Processo**. Salvador: Juspodivm, 2020.

subordinado à reserva legal, todos os atos internos a ele – de sua instauração ao seu término, com ou sem decisão de mérito – se mostra dependente de expressa previsão legal".[26]

Viola, pois, não só a reserva legal, mas também o devido processo legal e o juiz natural, a possibilidade de um robô tomar decisões (mesmo que seja "apenas" de admissibilidade de recursos extraordinário e especial) sem que isso esteja disciplinado em lei (e acrescento, lei aprovada após Emenda à Constituição).

O que se teria aqui é muito mais do que um "juiz sem rosto",[27] mas a ausência mesmo de um magistrado, aderindo ao que argumenta Luís Greco,[28] no sentido de que um robô não pode ser considerado "juiz" para efeito de regularidade de oferta de jurisdição. A referência do autor é à Lei Fundamental de Bonn, cujo art. 101 é em tudo análogo ao nosso art. 5º, XXXVII.

Concordamos, ademais, à crítica de Greco no sentido de que a instituição do juiz-robô nada mais é do que uma "reedição do sonho racionalista do *juiz como máquina de subsunção*"[29]. Acrescentamos que, na verdade, a quimera de tentar resolver, seja o excesso de ações, seja a divergência de julgamentos, com o aprisionamento do processo de conhecimento-interpretação-aplicação do direito já vem sendo tentada no Brasil desde que as reformas processuais do final do século passado começaram a apostar no (ou melhor numa versão brasileira do) sistema de precedentes: toda uma "Nova Escola da Exegese" surgiu e tem se tornado *mainstream* no país, com poucas vozes críticas. Nesse sentido vieram as Súmulas obstativas de recursos, Súmulas Vinculantes, Transcendência no Recurso de Revista, Repercussão Geral em Recurso Extraordinário,

26 FERNANDES, Bernardo G. **Curso de Direito Constitucional**. *cit.*, p. 520.

27 Fazemos referência à crítica que alguns fazem a respeito da Lei 12.694/2012 que cria a figura do juízo colegiado para julgamento de certos crimes. Sobre isso ver: ROSA, Alexandre M. da; CONOLLY, Ricardo. Democracia e juiz sem rosto: Problemas da Lei nº 12.694/2012. **Revista Libertas UFOP**, v. 1, n. 1, jan./jun. 2013. Disponível em: https://periodicos.ufop.br:8082/pp/index.php/libertas/article/view/251/225.

28 GRECO, Luís. **Poder de Julgar sem Responsabilidade de Julgador**. *cit.*, p. 41 e ss.

29 GRECO, Luís. **Poder de Julgar sem Responsabilidade de Julgador**. *cit.*, p. 43. A ideia desse juiz "neutro", *simples canal pelo qual a lei fala*, está presente em autores clássicos como Montesquieu, lembrado por Calamandrei: "*O juiz não tem sequer necessidade de ter olhos para ver: ele é um mecanismo inanimado, uma espécie de porta-voz através do qual a lei fala por si, a 'bouche de la loi'*" (CALAMANDREI, Piero. **Eles, os juízes, vistos por um advogado**. SP: Martins Fontes, 1997, p. 244).

recursos Extraordinário e Especial Repetitivos, etc. No entanto se trata de uma luta vã, pois que, "do outro lado" está o ser humano que julga.[30]

O próximo passo nessa tentativa de estandardizar, a fórceps, o processo de compreensão-interpretação-aplicação do direito é, então, eliminar este "outro lado", substituindo-o por um algoritmo previamente preso à programação. Certamente a utopia de qualquer exegeta: se o homem tem, em si, o "problema" da interpretação, elimina-se o homem e, com ele, as garantias constitucionais acima citadas, trocadas pela racionalidade cartesiano-matemática do *software*.

> O robô não presta contas de sua decisão, muito menos de suas razões. Ele não pode olhar nos olhos de quem é afetado pelo seu exercício de poder, não pode com ele travar qualquer diálogo humano, nem compreendê-lo (...), mas unicamente simular todas essas atitudes, a black box (...) não é apenas opaca, e sim *vazia*.[31]

Se é assim, o que resta à defesa daquele que teve uma decisão desfavorável? Como discutir com uma (pseudo) ciência exata? O que se poderá argumentar em um eventual recurso? Discutir a programação do *software*? Questionar a idoneidade do algoritmo? O que resta **do Direito** para os Tribunais?

## 4. REFLEXÕES EM TORNO DO PAPEL DO JUIZ NO ESTADO DEMOCRÁTICO DE DIREITO: A INTERPRETAÇÃO É ATIVIDADE MERAMENTE COGNITIVA?

No fundo, discutimos a instituição de uma Inteligência Artificial que realizaria as atividades decisórias a partir da informação de algoritmos

30 TARUFFO, Michele. La jurisprudencia entre casuística y uniformidad. **Revista de Derecho**, vol. XXVII, n. 2, Dec. 2014, p. 9-19. Disponível em: http://www.scielo.cl/pdf/revider/v27n2/art01.pdf; BAHIA, Alexandre. As súmulas vinculantes e a nova Escola da Exegese. **Revista de Processo**, n. 206, ano 37, p. 359-379, 2012; BAHIA, Alexandre; Silva, Diogo Bacha e. Transcendentalização dos Precedentes no Novo CPC: equívocos acerca do efeito vinculante. **Nomos**, v. 36, p. 101-118, 2016. Sobre o processo de aplicação do direito como tarefa que envolve, ao mesmo tempo, sempre, também a compreensão e a interpretação, ver BAHIA, Alexandre. A Interpretação Jurídica no Estado Democrático de Direito: contribuição a partir da teoria do discurso de Jürgen Habermas. *In*: CATTONI, Marcelo (org.). **Jurisdição e Hermenêutica Constitucional**. Belo Horizonte: Mandamentos, 2004, p. 301-357. Disponível em: http://abre.ai/bx6x.

31 GRECO, Luís. **Poder de Julgar sem Responsabilidade de Julgador**. *cit.*, p. 45-46. O autor também levanta questão importante quanto à ideia de que apenas pessoas (reais) podem cumprir o requisito constitucional de "juiz natural".

por uma autoridade administrativa. Por mais que, a longo prazo, pudermos pensar (mero exercício de utopia) em um *deep learning* que pudesse quase abandonar, por completo, a intervenção humana e pudesse criar inferências a partir de dados simples e básicos, há uma reflexão profunda que deve ser feita em relação à própria função ou ao papel da decisão judicial em um Estado Democrático de Direito.

Se essas utopias são próprias de obras cinematográficas e romances ficcionais, tal como "Eu, Robô" que deu origem à película estrelada por Wiil Smith, podem bem servir como postulados para pensarmos qual a verdadeira atividade humana no processo de compreensão-interpretação-aplicação do Direito.

Como já dito, a utopia de que a decisão judicial sirva como mera aplicação mecânica-eletrônica-artificial do Direito aos fatos serve mais como uma forma de manutenção de um determinado modelo de Estado e de Direito.

A aplicação mecânica do Direito, nestes moldes, serviria como cerne para a implantação do neoliberalismo. Efetivamente, investidores estrangeiros exigem, para sua lógica econômica, uma espécie de segurança entendida como o fato de que o Estado não intervirá nas suas relações sociais tendentes à maximização dos lucros. Dessa forma, quanto mais mecânica a aplicação do direito, mais poderia criar o ambiente favorável para a liberalização dos mercados e a concentração na distribuição de renda. Convém lembrarmos, aqui, que essa era a tônica das reformas judiciais que o "Consenso de Washington" impunha aos países latino-americanos para a concessão de empréstimos por parte do FMI – Fundo Monetário Internacional.[32] O que ocorre é a transformação do Direito em uma análise metódica quantitativa que mais serve para esconder e camuflar objetivos que pouco ou nada têm a ver com uma compreensão democrática.[33] Sabe-se que, ao menos desde Kelsen, a interpretação-

32 Para uma análise do "Consenso de Washington": WINTENBERGER, Jörg M., MARKTANNER, Marcus. Consenso de Washington x 37 Economia Social de Mercado O papel do Estado no desenvolvimento. **Cadernos Adenauer**, ano X, n. 3, 2009, p. 37-65. Sua relação com o Poder Judiciário, ver: NUNES, Dierle; BAHIA, Alexandre. Por um novo paradigma processual. **Revista da Faculdade Direito do Sul de Minas**, n. 26, p. 79-98, jan./jun. 2008; NUNES, Dierle. **Processo jurisdicional democrático**: uma análise crítica das reformas processuais. Curitiba: Juruá, 2008.

33 PEDRON, Flavio Quinaud; SILVA, Diogo Bacha; BAHIA, Alexandre. Uma (re)construção jurídico-política do direito processual civil brasileiro: o Código de Processo Civil de 2015

-aplicação do direito não se reduz a uma atividade de mera cognição. Na *Teoria Pura do Direito*, em vista de seu propósito teórico, a solução encontrada por Kelsen foi a de reduzir a atividade interpretativa-aplicativa do Direito a um ato de vontade do julgador e, assim, podemos dizer, um ato de mero de poder do julgador.[34]

No entanto, com as conquistas da psicologia comportamental e a neurociência que são, agora, integradas ao Direito,[35] podemos ver que o ato de compreensão- interpretação-aplicação do direito envolve uma complexa dinâmica neuronal que não pode ser reduzido a um ato de mera vontade-liberdade do intérprete. Assim, por exemplo, conforme explica Daniel Kahnemann nossa forma de pensar não é produto apenas de um raciocínio reflexivo. Há uma dimensão neuronal que trabalha em um sistema automatizado de informações. Esse sistema automatizado fornece as primeiras impressões que temos sobre tudo. A partir de intuições, de crenças pré-formuladas, o sistema automatizado traduz essas impressões exteriores para a formulação de juízos complexos.[36]

Embora, a decisão judicial trabalhe especialmente no contexto de justificação dada a necessidade de fundamentação das decisões, não há dúvidas de que o contexto da descoberta[37] é um momento importante para os juízos valorativos próprios da decisão jurisdicional.[38] Assim, não é possível cindir as duas operações mentais, do sistema automatizado feita no contexto da descoberta e do sistema reflexivo no contexto da justificação, como se fossem operações autônomas e estanques entre si.

---

como superação de certa tradição autoritária do processo. **Revista de Processo**, v. 271, p. 49-69, n. 2017.

34 KELSEN, Hans. **Teoria pura do direito**. 8ª ed. São Paulo: WMF Martins Fontes, 2011.

35 Cf. NUNES, Dierle; LUD, Natanael; PEDRON, Flávio. **Desconfiando da (im)parcialidade dos sujeitos processuais**: um estudo sobre os vieses cognitivos, a mitigação de seus efeitos e o *debiasing*. Salvador, Juspodivm, 2018; BARTH, Rochelle Cardoso. **Neurociência e Direito:** liberdade, racionalidade e responsabilidade. RJ: Lumen Juris, 2019.

36 KAHNEMANN, Daniel. **Rápido e devagar**: duas formas de pensar. Rio de Janeiro: Objetiva, 2012.

37 Com efeito, cientistas dizem que o contexto da descoberta trabalha em uma dinâmica que extrapola a lógica: REICHENBACH, Hans. **The rise of scientific philosophy**. Berkeley-Los Angeles, University of California Press, 1968.

38 ATIENZA, Manuel. **As razões do direito**. 3ª ed. São Paulo: Landy, 2003. Conferir também: SHECAIRA, Fábio P.; STRUCHINER, Noel. **Teoria da argumentação jurídica**. Rio de Janeiro: Contraponto, 2016.

O que é relevante destacar, assim, é que o sistema automatizado joga um papel importantíssimo para compreendermos o papel do julgador em um Estado Democrático de Direito. É a partir dele que as emoções passam a fazer parte da decisão judicial. No entanto, poder-se-ia objetar que um julgador não deve julgar com base em emoções, algo extremamente subjetivo e discricionário. A questão, como iremos explicar, é que a emoção não é o fundamento para a decisão, mas ela é capaz de abrir o horizonte da empatia, da alteridade, da exterioridade, fazendo com que se possibilite uma compreensão-interpretação-aplicação do Direito que esteja para além da dinâmica do *status quo*.

É a partir dela que somos levados à fé no Outro ou na palavra do Outro. Em primeiro lugar, Feuerbach, a partir de sua crítica a Hegel, afirma que pensar o homem como só razão é esquecer que o homem é feito a partir de sua carne, de seu ser sensível, é não se abrir às condições de possibilidade da existência. Como a existência de algo é apenas percebida e não pensada, o homem só existe em comunidade com outro homem.[39]

O último Schelling, o da obra *Filosofia da Revelação*, entende que só há revelação verdadeira enquanto fé, isto é, que a fé na revelação é condição de possibilidade para o conhecimento e é a mais suprema fonte de conhecimento. Contudo, essa revelação (essa fé) é aquela que nos permite ir além da totalidade, tal como nos fala Lévinas em *Totalidade e Infinito*. É a *revelação* do Outro que se faz no cara-a-cara, isto é, desde sua subjetividade que não é a manifestação dos entes do meu mundo, que nos permite ir além do *lógos*, o *aná-lógos*.[40]

A analogia *verbis* é requisito essencial para uma decisão judicial que corresponda a um Direito que se pretenda transformador. Quando na epifania da revelação do outro, no cara a cara, não há como se inferir um significado preciso. No momento em que o Outro nos interpela e diz: "Tenho fome!" a "fome" teria o mesmo significado no mundo do interpelante e do interpelado? Portanto, nos movemos para entender o "mundo" do outro a partir da fé, da "confiança" da palavra do Outro, da



39 DUSSEL, Enrique. La analogia de la palabra (el método analéctico y la filosofía latinoamericana). **Revista de Filosofía**, ano X, 1996, n. 1, p. 29-60. p. 33.

40 DUSSEL, Enrique. La analogia de la palabra. *cit.*, p. 35-39.

analogia *fidei*.[41] A partir dessa fé é que se abre a fusão de horizontes no sentido gadameriano. O significado de "fome" vai sendo construído a partir de uma distinção e semelhança analógica do termo nos mundos do interpelante e interpelado. Esse diálogo, certamente, acrescentará e multiplicará o conhecimento do próprio conceito. A interpelação inicial, "tenho fome", pode significar, ao final, que "fome" seja uma sede por justiça ou por um pão, ou até mesmo que o interpelante possa ser desonesto com o interpelado para auferir algum lucro. De qualquer sorte, como não há evidências ou provas do significado que o interpelante utilizou no momento da abordagem, apenas a fé, a empatia, no Outro como ser humano é que possibilita a abertura para a compreensão, interpretação e aplicação de uma ação.[42]

Ora, entendermos o Direito como mecanismo de transformação social é compreender que ele deve ir além da totalidade ontológica que nos mantém ligados a uma lógica da identidade/diferença. O ideal que mantém o Direito preso à conservação do *status quo* é aquele que propõe entender que o Direito é um instrumento para aplicação de uma lógica formal, mecanicista entre identidade/diferença.

Em um Estado Democrático de Direito onde a Constituição coloca como objetivos questões que envolvem a superação da lógica de dominação reinante, de forma a se construir uma ordem justa e legítima, somente a revelação, a fé, a emoção, a empatia com o Outro são capazes de mover o julgador a conhecer do caso por suas especificidades e nuances (a partir do que produzido pelas partes em contraditório) e, então, julgar.

Assim, para além das barreiras "técnicas" expostas quanto à reserva legal, adicionamos: como entra a inteligência artificial nessas questões se não é capaz de sentir? Se não é capaz de ter fé? Se não é capaz de se emocionar? Sendo resposta negativa para todas, então estamos longe de, legitimamente, substituirmos a carne pela máquina na função de receber as partes, estudar o caso e "dizer o Direito".

41 DUSSEL, Enrique. La analogia de la palabra. *cit.*

42 DUSSEL, Enrique. La analogia de la palabra. *cit.*

# 3

# "Quis custodiet ipsos custodes?" Ou da necessária análise concreta humana supervisionada sobre o processo de automação judicial

***Flávio Pedron***[1]

***João Sérgio dos Santos Soares Pereira***[2]

**Sumário:** 1. Considerações Iniciais. 2. O processo de ampla automação do processo civil brasileiro. 3. A análise humana supervisionada: a necessidade de prévia conscientização quanto às aplicações tecnológicas. 4. Hipóteses de aplicação. 5. Considerações Finais. 6. Referências Bibliográficas.

## 1. CONSIDERAÇÕES INICIAIS

Esta pesquisa tem como objetivo investigar a necessidade da *promoção* da análise concreta humana supervisionada sobre o processo de automação judicial que vem se alastrando no cenário contemporâneo tecnológico brasileiro.

1 Doutor em Direito pela Universidade Federal de Minas Gerais (UFMG). Professor Adjunto da Pontifícia Universidade Católica de Minas Gerais (PUC-MG). Advogado e sócio da Pedron Advogados. E-Mail: flavio@pedronadvogados.com.br.

2 Doutando em Direito pela Universidade de Brasília (UnB), com ênfase em Processo e Novas Tecnologias. Mestre em Direito Constitucional pelo Instituto Brasiliense de Direito Público (IDP-Brasília). Especialista em Direito Público e Privado pela Escola da Magistratura do Estado do Rio de Janeiro (EMERJ), em Direito Processual Civil Aplicado pela Escola Brasileira de Direito (EBRADI/IBDP) e Direito e Advocacia Pública pela Universidade do Estado do Rio de Janeiro (UERJ) e Procuradoria Geral do Estado do Rio de Janeiro (PGE-RJ); Especialista em Neurociência aplicada ao Direito e ao comportamento humano pela Escola da Magistratura Federal do Paraná (ESMAFE-PR); em Segurança Digital, Governança e Gestão de Dados pela Pontifícia Universidade Católica do Rio Grande do Sul (PUCRS) e MBA em Inteligência Artificial e Negócios pela Faculdade Exame. Professor da Escola Superior do Ministério Público da União. Assessor de Órgão Julgador do Tribunal de Justiça do Estado do Rio de Janeiro, TJERJ. E-mail: josh.sergio@uol.com.br.

Por isso mesmo, oportuna a *provocação* para uma reflexão já no nosso título: *Quis custodiet ipsos custodes?* Se trata de uma frase em latim do poeta romano *Juvenal*,[3] traduzida muitas vezes como "*Quem vigia os vigias?*" ou qualquer coisa similar e aparece na obra *As Sátiras;* contudo, seu uso moderno está muito associado com a preocupação de que aqueles que tomam as decisões – e aqui dizemos máquinas ou humanos – devem poder ter sua atividade decisória passível de fiscalização.

Para tanto, necessário discutir, primeiramente, como se tem realizado o avanço de tal processo de automação decisória, ainda que não de forma exauriente – dado os limites óbvios da própria proposta desse texto –, mas atual, a fim de que se possa perquirir como as aplicações tecnológicas vêm se desenvolvendo em um cenário de maior interação e facilidade na obtenção de dados.

Em seguida, pontuamos que a importância de *(re)conhecer* o novo panorama e de lidar com ele é uma forma de colocar a tecnologia *a serviço* da humanidade, que é o que se busca, até mesmo porque o ordenamento jurídico é centrado na pessoa humana (artigo 1º, III da CRFB/88).[4]

As aplicações de IA devem permanecer sob o controle humano e serem usadas para propósitos de benefício social. As interrelações entre humanos e máquinas são viáveis enquanto o humano é o sujeito da mudança, e nunca o seu objeto. O protagonismo exercido pelos seres humanos deve se desenvolver de forma regrada, responsável e eficaz, o que inclui todos os campos, inclusive este que estamos analisando.

---

3 Muitas vezes a mesma frase é atribuída à *Platão*, pela apresentação de seu ideal de organização política da sociedade a partir de uma divisão entre três classes: *lavradores, guardiões* e *reis-filósofos*. Mas vez de Juvenal, como típico poeta satírico, a crítica à proposta platônica.

4 Não é escopo nosso aqui desenvolver maiores aclarações sobre o que é o sentido normativo do dispositivo constitucional, mas não podemos deixar de marcar uma discordância sobre como o tema vem sendo tratado pela doutrina tradicional, que diante da ausência de um consenso de fundo – até de uma autolocalização paradigmática – mescla-se a partir de um sincretismo de metodologias e teoria de matriz jusnaturalista (sim, ainda!) com posições suportadas por uma criticável axiologia comunitarista. Para uma maior reflexão, nos remetemos a outros textos nossos: (1) OMMATI, José Emílio Medauar; QUINAUD PEDRON, Flávio Barbosa. De que maneira a Administração Pública se vincula ao princípio da dignidade da pessoa humana? A resposta de um "ouriço" sob os pressupostos do pensamento de Ronald Dworkin. In: OMMATI, José Emílio Medauar (org.). *Ronald Dworkin e o Direito Brasileiro*. 2 ed. Rio de Janeiro: Lumen Juris, 2021; e (2) PEDRON, Flávio. Reflexões sobre as concepções de personalidade e de dignidade humana: as teses de Robert Spaemann e de Ronald Dworkin. In: QUEIROZ, Mônica *et al.* (org.). Direito Civil em Debate: Reflexões Críticas sobre Temas Atuais. Belo Horizonte: Editora D'Plácido, 2016.

A partir daí, investigamos *se* e *como* a tecnologia, hoje espelhada em automações e técnicas de aprendizado de máquina (*machine learning*), podem auxiliar na seara processual/jurisdicional.[5]

Formulamos, assim, *três hipóteses* que requereram (ou *ainda* requerem) a necessidade de promoção da análise concreta humana supervisionada para que se possa obter benefícios em suas aplicações, diante da necessidade do alcance do devido processo legal (constitucionalizado),[6] em sua perspectiva substancial do contraditório[7] dinâmico e ampliado.

O estudo é justificado pois a realidade da transformação digital já chegou (há um bom tempo) e os Tribunais vêm aplicando técnicas de automações e Inteligência Artificial (IA) para diversas funcionalidades.[8] A metodologia utilizada é a *hipotético-dedutiva*, a partir de revisão bibliográfica e documental.

## 2. O PROCESSO DE AMPLA AUTOMAÇÃO DO PROCESSO CIVIL BRASILEIRO

Diante de tantos dissensos, que são legitimados em uma democracia constitucional plural, é significativa a expansão da judicialização das mais diversas questões (políticas, sociais, econômicas), como reflexo

5 Vale lembrar que no momento original de redação do presente texto estávamos longe do desenvolvimento de tecnologias de IA generativa, como o caso do Chat GPT, que implementaram alterações cruciais quando nos permitiu um maior desenvolvimento nas atividades de automomação. Não obstante, ainda que tratemos de evoluções no campo da Inteligência Artificial, como na fase das IAs generativas, embasadas em grandes modelos de processamento de linguagem natural, continua alvo de preocupações a questão explicitada neste artigo no sentido de que a conferência, verificação e análise das respostas postas pela tecnologia hão de ser realizadas por especialistas humanos. Mais sobre as IAs generativas, vide o artigo seminar de 2017 intitulado "Attention is all you need": VASWANI, Ashish *et al*. Attention Is All You Need. *31 st Conference on Neural Information Processing Systems (NIPS 2017)*, Long Beach, CA, USA. Acessível em: https://arxiv.org/abs/1706.03762 Acesso em 02 out. 2023.

6 Conceito este tratado em pormenores em NUNES, Dierle; BAHIA, Alexandre; PEDRON, Flávio. *Teoria Geral do Processo*. Salvador: Juspodivm, 2020.

7 Sobre essa nova concepção de contraditório ver: (1) NUNES, Dierle. *Processo jurisdicional democrático*. Curitiba: Juruá, 2008; e (2) THEODORO JR., Humberto, NUNES, Dierle; BAHIA, Alexandre; PEDRON, Flávio. *Novo CPC: Fundamentos e sistematização*. 3. ed. RJ: Forense, 2016.

8 MORAIS DA ROSA, Alexandre. A questão digital. *Revista de Direito da Faculdade Guanambi*, v. 6, n. 02, p. e259, 26 set. 2019.

direto do nível de complexidades[9], advindas da *modernidade tardia* (nos dizeres de Luhmann[10] e/ou de Habermas[11]).[12]

O Poder Público[13] vem, a cada dia, buscando promover novas tecnologias para canalizar trocas cognitivas com a sociedade, as quais, por certo, deverão incluir, os interesses da coletividade, espelhados na representatividade dos órgãos públicos, em permanente diálogo com os mais diversos atores sociais (empresas, sociedade civil, entidades de classes). O Poder Judiciário, igualmente, implementa meios tecnológicos que possam vir a efetivar tal comunicação, com vistas a melhorar o seu desempenho, inclusive perante os cidadãos que buscam a tutela jurídica institucional, diante do mundo digital que vivemos, onde permanecemos, a todo o tempo, *on-line*.

Sob essa perspectiva, o contexto processual não é mais o mesmo de décadas atrás. As inovações bateram as portas do Poder Judiciário, assim como vêm permeando todos os campos sociais, o que comina com um movimento que pode ser batizado como *virada tecnológica no Direito*.[14]

Não buscamos neste subitem remontar, historicamente, todas as alterações que vieram sendo promovidas no cenário processual tecnológico

9 "A organização da sociedade ao longo da história sempre se baseou na diferenciação e não na semelhança, bem como também marchou para o aumento da complexidade, o que gera consequências estruturais adaptativas" (DUARTE NETO, João Carneiro. *Política e direito:* disfuncionalidades sistêmicas. Rio de Janeiro: Lumen Juris, 2019, p.11). Igualmente, em: CAMPILONGO, Celso. *O direito na sociedade complexa.* 2. ed. São Paulo: Saraiva, 2011, p. 159-160.

10 LUHMANN, Niklas. *El Derecho de la Sociedade*. Trad. Javier Torres Nafarrate. México: Universidad IberoAmericana, 2002. (Colección Teoria Social).

11 HABERMAS, Jürgen. *Faktzität und Geltung*. Frankfurt: Suhrkamp, 1994.

12 Em parte, isso pode ser explicado em Habermas com a passagem do Direito, que deixa de ocupar a posição de sistema social, para se inserir em componente do chamado *mundo da vida* (*Lebenswelt*), passando a compor o pano de fundo das práticas e jogos de linguagem da sociedade. Ver, especialmente o cap. 01 da obra HABERMAS, Jürgen. *Faktzität und Geltung*. Frankfurt: Suhrkamp, 1994.

13 Diversas são as acepções da palavra "Poder Público" ou "Administração Pública". Pondera Carlos Ari Sundfeld: "A diversidade e a complexidade crescentes do direito administrativo – e mesmo suas oposições internas – vêm do fato de a Administração Pública ter, pouco a pouco, se expandido para todos os lados [...] O direito administrativo, reflexo da Administração, é tão multifacetado quanto ela" (SUNDFELD, Carlos Ari. *Direito administrativo para céticos.* 2. ed. São Paulo: Malheiros, 2014, p. 35). Embora o termo seja plurissignificativo, entendemos que se refere às pessoas jurídicas de direito público ou de direito privado que exerçam atividades de interesse público ou operacionalizem políticas públicas. Dessa forma, o Poder Judiciário pertence a tal categorização.

14 KATSH, Ethan; RABINOVICH-EINY, Orna. *Digital Justice*: Technology and the Internet of Disputes. Oxford, University Press, 2017.

nos últimos anos, mas visualizar que elas não são de hoje, embora estejam em ritmo bastante acelerado na atualidade.

As automações de atividades e atos processuais, sem grandes demandas cognitivas, estiveram presentes no sistema processual brasileiro, há décadas. Sistemas que possibilitam o bloqueio de bens pelo Sistema Financeiro, Bacenjud, por exemplo, foram significantes para as execuções fiscais que, desde a década de 1980, se tornavam um dos maiores desafios para o Poder Judiciário pela sua quantidade, até que, no mesmo ano de criação do referido sistema, 2006, editou-se a Lei n. 11.419, que disciplina o processo eletrônico. Em sua atual versão, o PJe congrega característica de uma plataforma de micros serviços, com arquiteturas e funcionalidades colaborativas.[15]

A legislação supracitada é reconhecida como um marco na interligação entre o Judiciário e a tecnologia, nos aspectos da digitalização/virtualização e automação dos autos, com a identificação de problemas de atuação dos servidores em determinadas etapas do processo, abrindo-se caminhos para a edição de leis posteriores que possibilitaram, por exemplo, que atos processuais como o interrogatório, em sede penal, pudessem ser realizados por videoconferência (Lei n. 11.900/2009) e, mais recentemente, diante da Pandemia que assolara o mundo[16], a ampliação dos sistemas virtualizados para a efetivação das audiências e sessões de julgamento em, praticamente, todos os Tribunais do País. O caminho trilhado por décadas permitiu que chegássemos até as inovações mais recentes.



15 Segundo o Justiça em Números, 2023, por sua vez, durante o ano de 2022, apenas 1% do total de processos novos ingressaram fisicamente, em apenas um ano, entraram 31 milhões de casos novos eletrônicos. A expansão dos sistemas eletrônicos na justiça é uma realidade inexorável (BRASIL, Conselho Nacional de Justiça. *Justiça em Números 2023*. Brasília: CNJ, 2023, p. 177).

16 "Essa é a natureza das emergências: elas aceleram processos históricos. Decisões que em tempos normais demandariam anos de deliberação são aprovadas em questão de horas. Tecnologias incipientes e até perigosas são ativadas, pois o risco de não fazer nada são maiores. Países inteiros assumem o papel de cobaia em experimentos sociais de larga escala. O que acontece quando todo mundo trabalha de casa e se comunica apenas à distância? O que acontece quando escolas e universidades inteiras passam a operar *on-line*? Em tempos normais, governos, empresas e autoridades jamais concordariam em conduzir tais experimentos" (HARARI, Yuval Noah. *Notas sobre a pandemia e breves lições para o mundo pós-coronavírus* – artigos e entrevistas. Tradução Odorico Legal. São Paulo: Companhia das Letras, 2020, p.29-30).

Um dos caminhos chama a atenção, perante a automação do mundo da vida: a utilização da Inteligência Artificial para os mais diversos fins, no âmbito processual.

Diversas são as conceituações dadas a expressão "Inteligência Artificial".[17] Até mesmo na seara técnica, da ciência de dados, há diversas acepções e técnicas, subdividindo-se em diversos subcampos, tais como *natural language systems, machine learning, simulation of senses, neural networks, computer gamer, expert systems* e *robotics.*[18]

É preciso apontar que os Tribunais brasileiros, inicialmente, trilharam uma corrida para a utilização dessas aplicações, supostamente de Inteligência Artificial. Mas, na realidade, muitas delas não passavam de modelos de sistemas de TI, conforme informado por estudo desenvolvido pela Fundação Getulio Vargas,[19] no ano de 2020, formalmente divulgado em 2021. Citaremos algumas dessas aplicações no último subitem deste trabalho, a fim de que percebamos a expansão de tais inventos.

A dificuldade de identificação de quais modelos operam por automação e outros que se utilizam de técnicas de Inteligência Artificial (IA) é comum na seara jurídica, por ausência de conhecimento de seus conceitos. Enquanto a automação opera a partir de elementos que não se caracterizam pela capacidade de aprendizagem, revelando-se como

17 A expressão "Inteligência Artificial" (IA) possui diversas acepções e conceitos. Para fins deste trabalho, a Inteligência artificial se refere ao processamento de dados em grande volume, a fim de resolver tarefas especialistas.

18 CERKA, Paulius; GRIGIENÈ, Jurgita; SIRBIKYTÈ, Gintarè. Liability for damages caused by Artificial Intelligence. *Computer law & Security Review*, Elsevier, v. 31, n. 3, p. 376-389, jun, 2015, p. 377.

19 "Em junho de 2020, os resultados preliminares indicavam a presença de 72 projetos de IA no Poder Judiciário brasileiro. A continuidade do levantamento de dados trouxe uma atualização desse número para 64 projetos em 47 Tribunais, além da Plataforma Sinapses do CNJ. A redução se deve ao contato com outros tribunais que nos permitiram reconsiderar algumas iniciativas indicadas como IA para sistema de TI". (BRASIL. Fundação Getulio Vargas. *Inteligência Artificial:* tecnologia aplicada à gestão dos conflitos no âmbito do Poder Judiciário brasileiro. Coordenação de Luis Felipe Salomão. Rio de Janeiro/São Paulo: FGV Conhecimento, 2020, p. 26. Disponível em: https://ciapj.fgv.br/sites/ciapj.fgv.br/files/estudos_e_pesquisas_ia_1afase.pdf. Acesso em 27 fev. 2021). A segunda fase da referida pesquisa, publicada em 2023, ampliou o levantamento das tecnologias utilizadas, as quais passaram a englobar a Inteligência Computacional/Inteligência Artificial e Analytics/Business Intelligence. Foram mapeados o STF, o STJ, o TST, os TRTs, os TRFs e os TJs. Praticamente em todos eles há algum sistema especialista em desenvolvimento (BRASIL. Fundação Getulio Vargas. *Inteligência Artificial:* tecnologia aplicada à gestão dos conflitos no âmbito do Poder Judiciário brasileiro. 2ª fase. Coordenação de Luis Felipe Salomão. Rio de Janeiro/São Paulo: FGV Conhecimento, 2022, p. 255)..

hipótese de simplicidade minorada, os modelos de IA operam por meio de *machine learning.*[20]

O aprendizado de máquina como técnica que congrega o acúmulo de experiências, a partir de uma base de dados previamente fornecida ou alcançada pela referida técnica, capaz de decidir e se orientar pela experiência acumulada, com resultados que podem ser imprevistos por seus desenvolvedores, conduz à necessidade de reflexão quanto a suas operações e consequências.

A tecnologia, como instrumento de gestão processual, classificação de ações, peças, *clusterização* (agrupamento por meio de mineração de dados ou categorização de informações), captação de informações para promover a prevenção de litígios e estudos para extirpar determinados "tempos mortos" do processo, é proveitosa e aliada nos Tribunais. Entretanto, quando passamos por transformações que refundam o processo enquanto palco deliberativo democrático, envolvimento modelos de IA que possuem a capacidade de criação pelo acúmulo de experiências e a extração de uma solução por meio de dados (padrões) e de seu aprendizado contínuo, há de se perquirir a que título sua utilização é legítima.

É o aprendizado de máquina que entusiasma a aplicação de IA nos mais diversos campos sociais contemporâneos, permitindo que o algoritmo se autonomize, treine a si próprio. Porém, em um modelo que tende a aprender por si, os cuidados devem ser redobrados.



20 Conforme afirma Juarez Freitas e Thomas Bellini Freitas: "A IA, na abordagem proposta, é distinta da automação e da operação simbólica incapaz de aprendizagem. A automação envolve máquinas operadas sem qualquer autonomia, como exemplo, os braços robóticos que montam produtos numa fábrica. De fato, a automação não inclui a capacidade de aprendizagem, uma das características nucleares da IA. Trata-se de processo estritamente mecânico, ao passo que a IA, no sentido adotado, alberga aspectos que a aproximam da inteligência humana. [...] O ponto crítico é que os algoritmos de aprendizagem na IA são organizados com maior complexidade do que na automação, pois não apenas seguem regras como também tomam decisões, aprendendo sozinhos sobre os dados coligidos. Implica dizer que, no âmbito da IA, a máquina é um sistema dotado de relativa autonomia. Grife-se: a IA toma decisões. Tal fenômeno não pode ser ignorado. [...] Não se confunde, por certo, com a rica intencionalidade compartilhada, descrita por Michael Tomasello, no processo evolutivo biológico. Ainda assim, no âmbito da IA, aparece o risco de a máquina, por si, 'intencionar' resultados lesivos à condição humana [...]" (FREITAS, Juarez; FREITAS, Thomas Bellini. *Direito e Inteligência Artificial em Defesa do Humano.* Belo Horizonte: Fórum, 2020, p. 27-29). Igualmente, vale a leitura, citada pelos referidos autores: SIMANOWSKI, Roberto. *On the ethics of algorithmic intelligence.* Social Research, v.82, n.2, p. 323-447, Summer, 2019).

Se não é verdadeira a crença em um sistema racional absoluto imparcial, uma vez que os algoritmos de IA necessitam da programação inicial para a utilização dos dados de entrada e saída necessários para o desenvolvimento de soluções específicas, parece-nos que a fase inicial de pesquisa, desenvolvimento e testes, é essencial para viabilizar o funcionamento de qualquer modelo de IA[21] evitando-se os erros de procedimento *heurístico* propostos na programação ou execução da tarefa projetada.[22] Explicitar os equívocos funciona como um bom referencial, nesse aspecto. Supervisão humana programada, auditável e inteligível à comunidade de trabalho envolvida nos procedimentos é o mínimo que se espera em um Estado Democrático de Direito.

## 3. A ANÁLISE HUMANA SUPERVISIONADA: A NECESSIDADE DE PRÉVIA CONSCIENTIZAÇÃO QUANTO ÀS APLICAÇÕES TECNOLÓGICAS

As aplicações tecnológicas inseridas no mundo da vida estão cada vez mais no nosso dia a dia, a ponto de não conseguirmos nos desligar do cenário *on-line*, como já afirmado no subitem anterior.

Em locais de aplicação onde os espaços físico-digital-biológico se interrelacionam e entrelaçam intensamente, há um *a priori* a ser reconhecido: a necessidade da conscientização dos atores sociais de que as máquinas estão à disposição do homem, enquanto fomento de desenvolvimento das potencialidades dele. Os benefícios, externalidade e riscos de tais aplicações devem ser sempre sopesadas pela sociedade.

Para tanto, o monitoramento contínuo, a supervisão humana, é apontada como uma das premissas para as atividades que envolvam maiores riscos em suas aplicações. Mencionaremos algumas delas no próximo subitem.

No momento, queremos ressaltar que, embora a assertiva de que tal supervisão humana concreta, de fato, é necessária antes, durante e após

21 SURDEN, Harry. Machine learning and law. *Washington Law Review*, vol.89, n. 1, 2014. Disponível em: <https://scholar.law.colorado.edu/cgi/viewcontent.cgi?article=1088&context=articles>. Acesso em: 02 out. 2023.

22 NUNES, Dierle; LUD, Natanael; PEDRON, Flávio. *(Des)Confiando da imparcialidade dos sujeitos processuais*. 2 ed. Salvador: Juspodivm, 2020.

(para verificar os resultados advindos do processamento da máquina), é preciso mais: formar, reafirmar e naturalizar a conscientização coletiva prudencial que não se baseie, apenas, no aspecto economicista cego de que as referidas aplicações tecnológicas são neutras, irrefletidas, sempre corretas e sem necessidade de escrutínios.

Não se trata de inviabilizar as importantes inovações que a tecnologia vem promovendo à humanidade. Ao revés. Potencializá-las[23] a partir do fomento responsável da maximização de realizações legítimas das pretensões humanas e das análises de impactos de suas aplicações são medidas necessárias.

A legitimidade das condutas humanas só deve ser reconhecida se concordes às pretensões normativas, democraticamente acertadas pela comunidade que pertencemos, em um determinado espaço de tempo (historicidade). Se assim é em relação aos seres humanos, não poderia ser diverso em relação às soluções tecnológicos, seus resultados, potencialidades e benefícios. Principalmente no que concerne aos comandos que se utilizam de modelos de Inteligência Artificial pela técnica da *machine learning*, no subcampo *deep learning*, ainda permanecemos nos questionando quanto à explicabilidade e inteligibilidade necessárias para sua aplicação em áreas sensíveis como a jurídica,[24] no momento.

Parece-nos que o questionamento principal é definir os valores do uso e dos campos de aplicação de técnicas que envolvam modelos mais avançados de Inteligência Artificial, ainda que em seu modelo "fraco" ou especialista, como os atuais existentes.[25] Afinal, os ganhos devem ser igual-



23 RUSSELL, Stuart. *Human capabilities*. Artificial intelligence and the problem of control. New York: Viking, 2019. O autor já expunha seu entendimento em artigo anterior, de 1991, denominado, em tradução livre "Conhecimento prévio e aprendizagem autônoma", de que há uma relação direta entre as percepções do agente e o feedback de desempenho na aprendizagem autônoma de máquinas. Vide: RUSSELL, Stuart. Prior knowledge and autonomous learning. Berkeley, CA, *Robotics and Autonomous Systems* 8 (1991) 145-159.

24 Não obstante, não se desconhece estudos que apontam a possibilidade de discussão sobre dilemas éticos da mente humana reportados à sistemas de decisões automatizadas, como as decorrentes do chamado *moral machine*, pertinentes aos veículos autônomos que acabam por envolver o desenvolvimento de um sistema jurídico próprio de responsabilização. Vide: ABELIUK, Andrés; KIM, Richard; KLEIMAN-WEINER, Max; TENENBAUM, Josh; RAHWAN, Iyad. *A computational model of commonsense moral decision making*. Cambridge: Massachusetts Institute of Technology, 2018.

25 "A afirmação de que as máquinas poderiam agir de forma inteligente (ou, talvez melhor, agir como se fossem inteligentes) é chamada de hipótese de 'IA fraca' pelos filósofos, e a afirmação de que as máquinas que agem de forma inteligente estão realmente pensando

mente considerados para os jurisdicionados, destinatários das respostas que são promovidas pelo Poder Judiciário, enquanto *locus* institucional de debates democráticos comparticipativos entre os sujeitos processuais.

Para tanto, é primordial observar os campos de escolhas a serem debatidos por essa comunidade de trabalho na aplicação das tecnologias, haja vista que, em nosso País, sobrelevam as litigiosidades de interesse público por não estarem asseguradas políticas públicas adequadas para a obtenção dos direitos fundamentais, acarretando que diversas pessoas proponham demandas similares em face, normalmente, do Poder Público, a exemplo do que ocorre no campo da saúde e previdência.

Igualmente importante em casos que envolvam sub-representação de grupos afetados, por divergência de interesses, quando se trate de procedimentos coletivos que envolvem direitos difusos, individuais homogêneos, patrocinados por legitimados extraordinários.

Mas, em todas as aplicações, não se faz possível, afastar, até o momento, a supervisão humana. Toda a estrutura tecnológica, seja ela qual for, deve ser trabalhada a partir do elemento humano. Sob esse aspecto, tal elemento é essencial a fim de conferir o mínimo de tratamento ético às aplicações tecnológicas mais avançadas que se utilizam da técnica de aprendizado de máquina.

Russel, Dewey e Tegmark, reconhecem a inclusão de etapas éticas para a verificação, validação, segurança e controle de mecanismos que operem com decisões automatizadas. A *demanda ética*, no sentido tratado pelos autores, não se relaciona à moralismos ou pessoalidades, mas sim deve etapa objetivas de desenvolvimento das técnicas inerentes à tecnologia, a ser verificada e validada por protocolos de segurança, com controle humano (a menos em uma fase de transição entre a atuação robótica autônoma e a observação humana).[26]

---

(ao contrário de simular o pensamento) é chamada de hipótese de "IA forte" (tradução nossa do trecho: "The assertion that machines could possibly act intelligently –or, perhaps better, act as if they were inteligente- is called the 'weak AI' hypothesis by philosophers, and the assertion that machines that do so are actually thinking (as opposed to simulating thinking) is called the 'strong AI' hypothesis." (RUSSELL, Stuart J; NORVIG, Peter. *Artificial intelligence*: A Modern Approach (2nd ed.), Upper Saddle River, New Jersey: Prentice Hall. 2003, p.947).

26 RUSSEL, Stuart; DEWEY, Daniel; TEGMARK, Max. Research Priorities for Robust and Beneficial Artificial Intelligence. Cornell University. *AI Magazine*, 26, n. 4, 2015. Disponível em: <https://arxiv.org/pdf/1602.03506.pdf>. Acesso em: 28 fev. 2021.

Nessa perspectiva, a ética demanda a centralidade do ser humano no processo de comando dos sistema inteligentes artificiais, tanto que são alvo de suas preocupações: a redução do controle humano (sistemas autônomos devem ter pelo menos supervisão humana, para corrigir eventuais erros ou danos); a remoção da responsabilidade humana (dificuldade de responsabilização de pessoas por falhas específicas da IA devido à complexa cadeia de *designers*, fornecedores e usos automatizados que essas tecnologias envolvem); a desvalorização de competências humanas (a IA pode gerar escassez de especialistas humanos); a erosão da autodeterminação humana (a IA tende a induzir mudanças não planejadas e indesejadas nos comportamentos humanos para acomodar rotinas que facilitam a automação).[27]

Não é possível imaginar qualquer sistema aplicativo de tecnologia que não valorize o ser humano em sua perspectiva plural, cultural e policontextual. No Canadá, por exemplo, a declaração de Montreal para o desenvolvimento de IA responsável assenta que o uso do sistema não deve contribuir para o enfraquecimento da pessoa, sendo certo que, qualquer decisão que afete a sua vida, a palavra final não pode ser tomada pela máquina. Além disso, essa decisão última humana deve ser livre e informada.[28]

Em outubro de 2020, o Parlamento Europeu, por sua vez, adotou três relatórios que definem a melhor forma de a UE regular a IA para impulsionar a inovação, as normas éticas e a confiança na tecnologia.

O primeiro desses três relatórios se relaciona, exatamente, à formulação de um código ético para a IA conferindo grande importância ao antropocentrismo e antropogenismo (ou seja, uma IA centrada *no*, e produzida *pelo*, ser humano), além de garantir a supervisão humana a qualquer momento e, se uma funcionalidade utilizada puder constituir um sério compromisso de riscos, tornando-se perigosa, a capacidade de autoaprendizagem deve ser suspensa e retomado o total controle humano.[29]



27 DONEDA, Danilo; MENDES, Laura Schertel; SOUZA, Carlos Affonso Pereira de Souza e ANDRADE, Norberto Nuno Gomes. Considerações iniciais sobre inteligência artificial, ética e autonomia pessoal. *Pensar*, Fortaleza, v.23, n.4, p. 1-17, out./dez. 2018.

28 CANADÁ. *Montreal Declaration for a reponsible development of artificial intelligence*, 2018. Disponível em: <https://www.canasean.com/the-montreal-declaration-for-the-responsible-development-of-artificial intelligence-launched/>. Acesso em: 25 fev. 2021.

29 "O Parlamento Europeu (PE) está entre as primeiras instituições a apresentar recomendações sobre o que as regras da inteligência artificial (IA) devem incluir em matéria de ética, responsabilidade e direitos de propriedade intelectual. Estas recomendações abrem ca-

Um modelo cooperativo e democrático de processo exige que tais noções sejam incorporadas à rotina. Não bastam aplicações tecnológicas de *machine learning* implementadas, mas assegurar que a máquina tenha a possibilidade de se ajustar às mudanças inerentes ao campo social intercambiante.

A supervisão humana concreta e necessária sobre as operações tecnológicas, ao menos à nível de conhecimento de sua implantação e finalidade, sejam elas menos sofisticadas, automações, como naquelas em que há maior dificuldade de identificação das camadas de tomada de decisão (*deep learning*) equivale, no campo processual, à promoção da garantia de influência efetiva dos interessados perante as soluções alcançadas. É uma exigência básica do contraditório dinâmico, policêntrico[30], sem hierarquização entre os sujeitos processuais.

A garantia da auditabilidade e supervisão humana resguardam o mínimo de *accountability* das aplicações. A atualização dos modelos tecnológicos que são promovidos naturalmente quando se trata de técnicas *de machine learning* (em que o próprio modelo, a partir de novas interações com os dados vão sendo alimentados ou identificados a partir do uso e experimentos) deve ser, periodicamente, levada a conhecimento dos atores sociais interessados, no que, mais uma vez, a criação de mecanismos que considerem o potencial de uso duplo de IA (benéfico e maléfico) é essencial.

## 4. HIPÓTESES DE APLICAÇÃO

A análise concreta humana supervisionada sobre o processo de automação judicial possui diversas hipóteses de aplicação. Citaremos, nesse subitem, três.

A primeira se relaciona à uma das ações que mais impactam o Judiciário brasileiro. Referimo-nos à ação de Execução Fiscal[31]. Diante de

---

minho para que a UE se torne líder mundial no desenvolvimento da IA." (NOTÍCIA veiculada no site do Parlamento Europeu: Parlamento na vanguarda das normas europeias sobre inteligência artificial. *Parlamento Europeu*, 21 out. 2020. Disponível em: https://www.europarl.europa.eu/news/pt/press-room/20201016IPR89544/parliament-leads-the-way-on-first-set-of-eu-rules-for-artificial-intelligence. Acesso em: 02 out. 2023).

30 PICARDI, Nicola. *Manuale del processo civile*. Milão: Giuffrè, 2006, p. 207-212.

31 Os processos de execução são um dos grandes desafios a serem solucionados. Segundo o item 4.3.1 do Justiça em Números 2023: "Os processos de execução fiscal representam, aproximadamente, 34% do total de casos pendentes e 64% das execuções pendentes no

inúmeras demandas desse tipo, propostas por Procuradorias Federais, Estaduais e Municipais, há de se citar como bons exemplos o Tribunal de Justiça do Estado de Pernambuco, o do Rio de Janeiro e o do Distrito Federal e dos Territórios – TJDFT.

O primeiro, TJ-PE, desenvolveu o programa *Elis*,[32] que consiste em um projeto de automação das atividades identificadas nas ações de Execução Fiscal que tramitam no PJe. A IA é utilizada na triagem inicial dos processos, classificando-os quanto aos seguintes aspectos: inconsistências existentes entre os dados dos documentos contidos na petição inicial, na CDA e no sistema PJe, competência diversa e prescrição. Além da iniciativa inicial de utilizar o programa para desafogar as execuções fiscais, o próximo passo se refere a elaboração e sugestão de subsídios aos magistrados na elaboração de decisões, com a aferição de teses e jurisprudência atualizada sobre os temas. Mas, em nenhum momento, a análise supervisionada concreta humana é descartada.

Já no Estado do Rio de Janeiro, as execuções fiscais permaneciam como um desafio para o Tribunal de Justiça, uma vez que existiam no ano de 2019, mais de 6 milhões de casos não concluídos. Juiz de Direito do referido Tribunal, Fábio Ribeiro Porto, ofertou interessante estudo à comunidade acadêmica: analisou o impacto da IA nos processos de Executivo Fiscal que, segundo a publicação do CNJ, "Justiça em Números", se destaca pelo impacto negativo no alto volume processual e alta taxa de congestionamento[33]. Assim, foi desenvolvido o sistema Victoria que automatizou o trâmite processual de tais ações de massa.

O estudo em questão traça o caminhar do desenvolvimento da modernização do Poder Judiciário (do processo físico ao eletrônico, da automação por meio de programas de computador até a *PoC – Proof of Concept*, usada como aplicação de IA nos executivos fiscais), a partir da sociedade da informação, ressaltando que a tecnologia deixa de ser exclusivamente objeto de estudo das universidades e centros científicos,



Poder Judiciário, com taxa de congestionamento de 88%. Ou seja, de cada cem processos de execução fiscal que tramitaram no ano de 2022, apenas 12 foram baixados" (BRASIL. Conselho Nacional de Justiça. *Justiça em Números 2023*. Brasília: CNJ, 2023, p. 150).

32 https://www.tjpe.jus.br/noticias/-/asset_publisher/ubhL04hQXv5n/content/id/2079372.

33 Basta verificar os relatórios que se encontram disponíveis, na Internet em: https://www.cnj.jus.br/pesquisas-judiciarias/cnj-em-numeros/ Acesso em: 02 out. 2023.

passando a fazer parte do cotidiano dos indivíduos, pelo aumento do acesso aos computadores e disseminação do uso da informática.

O autor visualiza a possível aplicação de Inteligência Artificial em diversos campos, entre eles, o auxílio ao Magistrado na elaboração do relatório do processo, filtrando as etapas relevantes, sintetizando-as, bem como na avaliação da jurisprudência aplicada ao caso para fins de realização de minutas de despachos, decisões e sentenças. Porém, também afirma que esse último caso é de maior dificuldade de aplicação, a curto prazo, sendo certo que a IA funciona bem, no primeiro momento, nas situações menos complexas (no que utiliza a expressão *easy cases*), mas que demonstram impacto na prestação jurisdicional, sem embargo da evolução natural da plena transformação digital que vem sendo desenvolvida a cada mês pelo Judiciário.[34]

A segunda hipótese de aplicação também se iniciou por estudos no Estado do Rio de Janeiro. A supervisão humana inicial foi intensa e objeto de debates por grupos especializados e multidisciplinares. Trata-se do processo de recuperação judicial da empresa OI S/A.

A resolução tomada nesse caso indica que a jurisdição e as instituições convencionais, por vezes, não conseguem responder aos questionamentos e complexidades contemporâneas, devendo-se pensar as litigâncias de forma diversificada. Afinal, a hipótese envolvia alto volume de recursos financeiros e mais de 65.000 credores.

Restou necessário realizar adaptações procedimentais, com a introdução no processo de uma etapa informatizada inteligente prévia de solução consensual *(online dispute resolution)* que acabou permitindo o acesso ao processo judicial dos diversos interessados, suas habilitações, negociações e satisfação dos seus créditos de forma efetiva, demonstrando-nos que as formas de abordagem dos conflitos merecem ser repensadas.[35]

---

34 PORTO, Fabio Ribeiro. O impacto da utilização da Inteligência Artificial no Executivo Fiscal. Estudo de caso do Tribunal de Justiça do Rio de Janeiro. *Revista Direito em movimento*, Rio de Janeiro, v.17 – n. 1, p. 142-199, 1° sem.2019, p. 178-182.

35 CURY, Cesar. Um modelo transdisciplinar de solução de conflitos: Direito e tecnologia no processo de recuperação judicial no *leading case* OI S/A. *In:* NUNES, Dierle; LUCON, Paulo Henrique dos Santos; WOLKART, Erik Navarro. *Inteligência artificial e direito processual:* os impactos da virada tecnológica no direito processual. Salvador: Juspodivm, 2020, p. 83-104.

Interessante pontuar que o caso OI S/A foi exitoso, abrindo caminhos para que, diante de um cenário de adequação procedimental, fossem fomentadas novas formas de solução dos conflitos pela criação de uma fase prévia tecnológica de conciliação e mediação (respeitados os artigos 194, 198 e 199 do CPC). Nesse campo, foram promovidas mudanças na Lei de Recuperação Judicial e Falências (LRJF) pela Lei n. 14.112, de 24 de dezembro de 2020, que autorizaram o funcionamento paralelo *on-line* e físico de tal técnica, na seara processual, conforme se observa dos atuais artigos 20-A, B, C e D da Lei 11.101, de 09 de fevereiro de 2005 (LRJF).

O terceiro e último caso que citamos é refere ao campo dos provimentos vinculantes. A área é fértil para congregar a tecnologia, uma vez que, quando se trata de matérias repetitivas, são formados padrões que serão aplicados para demandas futuras.

As atenções devem ser redobradas, pois, a tendência de automatismos e aceites dos resultados alcançados pelas máquinas, sem maiores reflexões, é aumentada e seduz os responsáveis pela aplicação da tecnologia.

Devemos aqui chamar a atenção para o denominado "Sócrates 2.0", a ser operado no Superior Tribunal de Justiça (STJ). A Assessoria de Inteligência Artificial, atuante na Presidência do Órgão, vem desenvolvendo soluções diversas de trabalho, com ênfase na gestão processual, por meio de triagem, classificação, identificação de casos similares para a formação e/ou aplicação de precedentes qualificados. Operam a leitura automática de peças processuais, comparando os textos.

Especificamente, o *software* citado busca uma otimização ainda maior no acervo do STJ, por meio de ações como a identificação das controvérsias idênticas ou com abrangência delimitada para análise e afetação à sistemática de recursos repetitivos; fomento de novas formas de triagem para potencializar o julgamento de mais processos em menos tempo, seja pelo impacto no Gabinete, nas Turmas ou nas Seções respectivas, bem como na Corte Especial; identificação dos casos com potencial de inadmissão para registro à Presidência e o subsídio à Escola Corporativa do STJ nas definições de captação que melhor atendam à compreensão das matérias pendentes de julgamento.[36]

36 BRASIL. Fundação Getulio Vargas. *Inteligência Artificial ... op.cit*, 2020, p.29-30.

Os sistemas, entretanto, já operam (ou pretendem operar) com a metodologia de leitura de temas e peças para promoção da inadmissibilidade recursal automática. A importância da análise humana concreta supervisionada é evidente para essas aplicações, no presente momento em que ainda estamos obtendo maiores informações sobre as operações que vêm sendo realizadas no âmbito procedimental tecnológico.

São identificadas as palavras mais relevantes no recurso especial e no agravo em recurso especial (recursos que são responsáveis pela maioria da demanda no Órgão), apresentando-as ao servidor *cyber* que, de forma mais célere, conseguirá identificar o conteúdo da peça recursal. O protótipo ainda sugere as controvérsias jurídicas potencialmente presentes no recurso, realizando correspondência às controvérsias afetadas ao rito dos recursos repetitivos. Se validada, é emitida a minuta do relatório, pressupondo-se que o usuário do sistema possa vir a propor correções que serão retroalimentadas no sistema, em um aperfeiçoamento contínuo.[37]

Essa última hipótese de aplicação congrega o processamento de linguagem natural (*PLN*), conduzido por softwares auxiliares. A conscientização quanto a tal aplicação deve estar sempre presente, haja vista que, nesse caso, a decisão a ser tomada por algoritmos e máquinas, é mais difícil de ser revertida, considerando a existência dos vieses humanos, quando o resultado é editado por elas (*machine e confirmation bias*), embora a resposta a ser dada seja passível de posterior verificação por serventuários.

## 5. CONSIDERAÇÕES FINAIS

A pretensão do presente estudo é sinalizar que a ampla automação do processo civil brasileiro não pode descurar, em curto e médio prazo, da análise humana supervisionada. Tal se dá, pois, ainda estamos em fases de implementação das soluções tecnológicas nessa área.

37 Sobre as soluções tecnológicas promovidas no Superior Tribunal de Justiça, vide a reportagem: REVOLUÇÃO tecnológica e desafios da pandemia marcaram gestão do ministro Noronha na presidência do STJ. Brasília: 23 ago. 2020. Disponível em: <http://www.stj.jus.br/sites/portalp/Paginas/Comunicacao/Noticias/23082020-Revolucao-tecnologica-e-desafios-da-pandemia-marcaram-gestao-do-ministro-Noronha-na-presidencia-do-STJ.aspx>. Acesso em: 02 out. 2023.

O contexto de virtualização da sociedade fez surgir o desenvolvimento de sistemas inteligentes que aprendem sozinhos a realizar suas atividades, numa interação persistente com diversos dispositivos conectados, transformando qualquer informação em códigos numéricos que são gerados em grande quantidade, em um pequeno espaço de tempo. Não é por acaso que as grandes potências mundiais se preocupam com o avanço tecnológico desenfreado e o desenvolvimento de um chamado "direito robótico".

As novas tecnologias estão se desenvolvendo em uma velocidade incalculável, exponencial, ofertando desafios disruptivos e sem precedentes. Ainda que diversos setores venham a se beneficiar das técnicas de Inteligência Artificial, incluindo o Poder Público, principalmente quanto tratamos de decisões automatizadas, os riscos associados acarretam o aumento proporcional de complexidade, de modo que se faz necessária a reflexão de como se compatibilizar as inovações com os direitos dos indivíduos de obter a resposta constitucionalmente adequada às suas pretensões, que não descure do devido processo legal substancial.

A tecnologia não é boa ou ruim em si mesma, mas sim os usos que damos a ela. Em um Estado Democrático de Direito, tais usos não podem se dar sem informações, conhecimentos, possibilidade de reação humana às propostas formuladas pelas máquinas e aplicações de *machine learning*. O mínimo que se espera é que, desculpem a redundância, mas que se promova um diálogo efetivamente democrático em um País que erigiu a democracia como fonte de legitimidade de Poder. Que cada vez mais consigamos alcançar tal desiderato, seja no campo analógico ou digital.

## 6. REFERÊNCIAS BIBLIOGRÁFICAS

ABELIUK, Andrés; KIM, Richard; KLEIMAN-WEINER, Max; TENENBAUM, Josh; RAHWAN, Iyad. *A computational model of commonsense moral decision making*. Cambridge: Massachusetts Institute of Technology, 2018.

BRASIL. Fundação Getulio Vargas. *Inteligência Artificial*: tecnologia aplicada à gestão dos conflitos no âmbito do Poder Judiciário brasileiro. Coordenação de Luis Felipe Salomão. Rio de Janeiro/São Paulo: FGV Conhecimento, 2020. Disponível em: <https://ciapj.fgv.br/sites/ciapj.fgv.br/files/estudos_e_pesquisas_ia_1afase.pdf>.

BRASIL. Fundação Getulio Vargas. *Inteligência Artificial:* tecnologia aplicada à gestão dos conflitos no âmbito do Poder Judiciário brasileiro. 2ª fase. Coordenação de Luis Felipe Salomão. Rio de Janeiro/São Paulo: FGV Conhecimento, 2022.

BRASIL, Conselho Nacional de Justiça. *Justiça em Números 2023*. Brasília: CNJ, 2023.

BRASIL. Superior Tribunal de Justiça. Revolução tecnológica e desafios da pandemia marcaram gestão do ministro Noronha na presidência do STJ. Brasília: 23 ago. 2020. Disponível em: <http://www.stj.jus.br/sites/portalp/Paginas/Comunicacao/Noticias/23082020-Revolucao-tecnologica-e-desafios-da-pandemia-marcaram--gestao-do-ministro-Noronha-na-presidencia-do-STJ.aspx>. Acesso em: 02 fev. 2021.

CERKA, Paulius; GRIGIENÈ, Jurgita; SIRBIKYTÈ, Gintarè. Liability for damages caused by Artificial Intelligence. *Computer law & Security Review*, Elsevier, v. 31, n. 3, p. 376-389, jun, 2015.

CAMPILONGO, Celso. *O direito na sociedade complexa*. 2. ed. São Paulo: Saraiva, 2011.

CANADÁ. *Montreal Declaration for a reponsible development of artificial intelligence*, 2018. Disponível em: https://www.canasean.com/the-montreal-declaration--for-the-responsible-development-of-artificial intelligence-launched/ Acesso em: 25 fev. 2021.

CURY, Cesar. Um modelo transdisciplinar de solução de conflitos: Direito e tecnologia no processo de recuperação judicial no leading case OI S/A. In: NUNES, Dierle; LUCON, Paulo Henrique dos Santos; WOLKART, Erik Navarro. *Inteligência artificial e direito processual*: os impactos da virada tecnológica no direito processual. Salvador: Juspodivm, 2020.

DONEDA, Danilo; MENDES, Laura Schertel; SOUZA, Carlos Affonso Pereira de Souza e ANDRADE, Norberto Nuno Gomes. Considerações iniciais sobre inteligência artificial, ética e autonomia pessoal. *Pensar*, Fortaleza, v.23, n.4, p. 1-17, out./dez. 2018.

DUARTE NETO, João Carneiro. *Política e direito:* disfuncionalidades sistêmicas. Rio de Janeiro: Lumen Juris, 2019.

FREITAS, Juarez; FREITAS, Thomas Bellini. *Direito e Inteligência Artificial em Defesa do Humano*. Belo Horizonte: Fórum, 2020.

HABERMAS, Jürgen. *Faktzität und Geltung*. Frankfurt: Suhrkamp, 1994.

HARARI, Yuval Noah. *Notas sobre a pandemia e breves lições para o mundo pós--coronavírus* – artigos e entrevistas. Tradução Odorico Legal. São Paulo: Companhia das Letras, 2020.

KATSH, Ethan; RABINOVICH-EINY, Orna. *Digital Justice*: Technology and the Internet of Disputes. Oxford, University Press, 2017.

LUHMANN, Niklas. *El Derecho de la Sociedad*. Trad. Javier Torres Nafarrate. México: Universidad IberoAmericana, 2002. (Colección Teoria Social).

MONCADA, Luiz S. Cabral de. *O Estado pós-moderno:* para um novo paradigma de compreensão das actuais relações entre o Estado, o Direito e a Sociedade Civil. Lisboa: Quid Juris sociedade editora, 2018.

MORAIS DA ROSA, Alexandre. A questão digital. *Revista de Direito da Faculdade Guanambi*, v. 6, n. 02, p. e259, 26 set. 2019.

NUNES, Dierle; BAHIA, Alexandre; PEDRON, Flávio. *Teoria Geral do Processo*. Salvador: Juspodivm, 2020.

NUNES, Dierle; LUD, Natanael; PEDRON, Flávio. *(Des)Confiando da imparcialidade dos sujeitos processuais*. 2 ed. Salvador: Juspodivm, 2020.

NUNES, Dierle. *Processo jurisdicional democrático*. Curitiba: Juruá, 2008.

OMMATI, José Emílio Medauar; QUINAUD PEDRON, Flávio Barbosa. De que maneira a Administração Pública se vincula ao princípio da dignidade da pessoa humana? A resposta de um "ouriço" sob os pressupostos do pensamento de Ronald Dworkin. *In*: OMMATI, José Emílio Medauar (org.). *Ronald Dworkin e o Direito Brasileiro*. 2 ed. Rio de Janeiro: Lumen Juris, 2021.

PEDRON, Flávio. Reflexões sobre as concepções de personalidade e de dignidade humana: as teses de Robert Spaemann e de Ronald Dworkin. In: QUEIROZ, Mônica *et al.* (org.). *Direito Civil em Debate*: Reflexões Críticas sobre Temas Atuais. Belo Horizonte: Editora D'Plácido, 2016.

PEDRON, Flávio. Apontamentos sobre a interpretação construtiva do direito em Ronald Dworkin. *Revista de Direito da Faculdade Guanambi*, v. 2, n. 01, p. 157-182, 12 ago. 2016.

PICARDI, Nicola. *Manuale del processo civile*. Milão: Giuffrè, 2006, p. 207-212.

PORTO, Fabio Ribeiro. O impacto da utilização da Inteligência Artificial no Executivo Fiscal. Estudo de caso do Tribunal de Justiça do Rio de Janeiro. *Revista Direito em movimento*, Rio de Janeiro, v.17 – n. 1, p. 142-199, 1° sem.2019, p. 178-182.

RUSSEL, Stuart; DEWEY, Daniel; TEGMARK, Max. Research Priorities for Robust and Beneficial Artificial Intelligence. Cornell University. *AI Magazine*, 26, n. 4, 2015. Disponível em: <https://arxiv.org/pdf/1602.03506.pdf>. Acesso em: 28 fev. 2021.

RUSSELL, Stuart. *Human capabilities*. Artificial intelligence and the problem of control. New York: Viking, 2019.

RUSSELL, Stuart J; NORVIG, Peter. *Artificial intelligence*: A Modern Approach (2nd ed.), Upper Saddle River, New Jersey: Prentice Hall. 2003.

RUSSELL, Stuart. Prior knowledge and autonomous learning. Berkeley, CA, *Robotics and Autonomous Systems 8* (1991) 145-159.

SIMANOWSKI, Roberto. *On the ethics of algorithmic intelligence*. Social Research, v.82, n.2, p. 323-447, Summer, 2019.

SUNDFELD, Carlos Ari. *Direito administrativo para céticos*. 2. ed. São Paulo: Malheiros, 2014.

THEODORO JR., Humberto, NUNES, Dierle; BAHIA, Alexandre; PEDRON, Flávio. *Novo CPC: Fundamentos e sistematização*. 3. ed. RJ: Forense, 2016.

VASWANI, Ashish *et al.* Attention Is All You Need. 31 st *Conference on Neural Information Processing Systems* (NIPS 2017), Long Beach, CA, USA. Acessível em: https://arxiv.org/abs/1706.03762 Acesso em 02 out. 2023.

# 4

# Eficientismo, novas tecnologias e o (fim do) consenso. Isto pode parecer (ser) um manifesto

***Jose Luis Bolzan de Morais***[1]

Vivemos um tempo de falsificações consentidas, de **transparências simuladas**. Dentro deste contexto, a democracia aparece como uma espécie de identidade social publicitada. De abstrata, a democracia, vai se tornando figurativa, expressão encenada de uma participação simulada. [...] (WARAT, Luis Alberto. Incidentes de ternura: breve prelúdio para um discurso sobre o ensino jurídico, os direitos humanos e a democracia nos tempos do pós-totalitarismo).

**Sumário:** 1. Advertências inaugurais. 2. Tecnoneoliberalismo e a colonização dos sistemas político-jurídicos. A "cegueira deliberada" dos juristas: 2.1. A nova razão (neoliberal) do mundo, a lógica da concorrência e o modelo gerencial de Estado. 2.2. O neoliberalismo e a afirmação do metavalor da eficiência no pensamento jurídico contemporâneo. 3. A trama do senso comum teórico dos juristas (*Warat*) e o apelo do/ao novo. 4. Há espaços para a transgressão?. 5. Autores que nos acompanham.

1 Doutor em Direito do Estado (UFSC/Universitè de Montpellier I – France). Mestre em Ciências Jurídicas (PUC-Rio). Estágio pós-doutoral em Direito Constitucional (Universidade de Coimbra – Portugal). Professor do PPGD da Faculdade de Direito de Vitória e da Universidade de Itaúna. Pesquisador Produtividade em Direito e Tecnologia/CNPQ. Professor convidado UNIFI-IT, ROMA I, ROMA Tre, Universidad de Sevilla. Coordenador do Grupo de Pesquisa CNPQ Estado & Constituição (GEPE&C) e da Rede de Pesquisa Estado & Constituição (REPE&C). Coordenador do CYBER LEVIATHAN – Observatório do Mundo em Rede e da REDITECH – Rede Direito e Tecnologia. Procurador do Estado do Rio Grande do Sul junto aos Tribunais Superiores. Contato: bolzan@hotmail.com. Lattes: http://lattes.cnpq.br/4650999047027866; ORCID: 0000-0002-0959-0954.

## 1. ADVERTÊNCIAS INAUGURAIS

Desde logo, alguns esclarecimentos são necessários para que nosso leitor possa "navegar" - em águas rasas, como advertia Saramago - por este texto, sabendo o que vai encontrar, quais os caminhos seguidos, bem como a orientação que subjaz a ele.

A começar pelo título, é preciso dizer que, na sua escolha, fomos informados por um pequeno trabalho de Hardt e Negri - "Declaração. Isto não é um manifesto" –, e, assim, pretendemos interrogar o objeto deste trabalho a partir de um olhar crítico-reflexivo que se preocupa em pôr a nu algumas das nossas inquietações referentes às questões que envolvem os sistemas de tratamento de conflitos em sua condição de meios tecnológicos para enfrentar algo que é constitutivo das sociedades humanas - o conflito –, confrontando-o com as crises do Estado, com a transformação dos Sistemas de Justiça - pela reintrodução do consenso - e, mais recentemente, pela incorporação da tecnologia em seu ambiente, buscando traçar conexões e disfuncionalidades eventualmente experimentadas.

Aproveitando o gentil convite formulado pelos organizadores desta coletânea de textos - de toda qualificada pelas diversas análises aportadas - optamos, bom que se saiba, por retomar neste escrito o que podemos identificar como uma "contrametodologia" waratiana - parafraseando sua tradicional "contradogmáticas" - para repercutir algumas preocupações no entorno da adoção, muitas vezes acrítica e respaldada no "senso comum teórico dos juristas" - conceito forjado por Luis Alberto Warat –, do uso e impactos da incorporação de novas tecnologias nos modelos consensuais de tratamento de conflitos, nomeados como ADRs - *Alternative Dispute Resolution* –, agora transformados em ODRs - *Online Dispute Resolution*.

Isso significa que buscamos adotar uma forma de escrita que vai de encontro aos modelos cartesianos de produção do conhecimento, peculiares à ciência moderna em sua tentativa de construir um conhecimento neutro em face de um objeto. Tal postura objetiva tornar este texto compatível com a leitura waratiana em torno ao conhecimento jurídico e à mediação, em particular, conectando-o, agora, com o uso da tecnologia como meio "facilitador" de suas práticas, tendo como eixo o conceito de "senso comum teórico dos juristas" formulado Warat.

Tal método - como "contramétodo" - buscará chamar a atenção para esta leitura dogmática - assentada no senso comum teórico - acerca da incorporação das novas tecnologias nas práticas consensuais de tratamento de conflitos, para, assim, não ficar inebriado com as possibilidades aparentes de "maior" ou "melhor(?)" fluxo da comunicação e da gestão dos conflitos que, como dito, são constitutivos da vida em sociedade e não, como muitas vezes entendidos no campo da dogmática jurídica, uma patologia social que contrasta com uma aparente e suposta harmonia que seria peculiar ao modelo de sociedade que adotamos – lembremo-nos das origens do Estado como forma político-jurídica da modernidade, o qual se inaugura como modelo de autoridade que objetiva governar o conflito por meio da regulação da vida dos cidadãos e de suas relações em suas diversas e múltiplas dimensões.

Portanto, como um potencial "manifesto", buscamos apontar alguns argumentos, a partir de um conjunto de autores, visíveis ou subentendidos, que nos acompanham, os quais provêm da Teoria do Estado Constitucional, da Filosofia Política, da Filosofia do Direito, da Teoria do Processo, entre outros, para, com isso, pormos em evidência a necessidade de uma postura crítica em torno da adoção dessas estratégias, sem, contudo, veicularmos um posicionamento que, em outro trabalho, identificamos como *net-apocalíptica*, mas sim, aquela nomeada *net-cética* ou *net-crítica*.

Com isso, pretendemos contribuir para uma análise reflexiva acerca das tais ODRs e seu papel em um contexto de crise dos sistemas de justiça e de sua transformação eficientista, na esteira da crise do Estado, como tal, colonizados por um discurso de gestão e governança do cotidiano, que parece exponencializado pela técnica desta *era digital*.

Por fim, com esta opção, o leitor não deve esperar encontrar ao longo do texto o seguimento estrito – longe disso – das normas tradicionais para a publicação de artigos científicos, em especial quanto a citações, sem que isso reflita o desrespeito às ideias que compartilhamos, cujos trabalhos vêm mencionados ao final.

## 2. TECNONEOLIBERALISMO E A COLONIZAÇÃO DOS SISTEMAS POLÍTICO-JURÍDICOS. A "CEGUEIRA DELIBERADA" DOS JURISTAS

> Da construção do mercado à concorrência como norma dessa construção, da concorrência como norma da atividade dos agentes econômicos à concorrência como norma da construção do Estado e de sua ação e, por fim, da concorrência como norma

> da conduta do Estado-empresa à concorrência como norma da conduta do sujeito-empresa, essas são as etapas pelas quais se realiza a extensão da racionalidade mercantil a todas as esferas da existência humana e que fazem da razão neoliberal uma verdadeira razão-mundo. (DARDOT, Pierre. LAVAL, Christian. A nova razão do mundo: ensaio sobre a sociedade neoliberal.)

Tomando emprestado um conhecimento que vimos produzindo, há algum tempo, ainda quando vinculados ao Programa de Pós-Graduação em Direito da UNISINOS, em especial com os então orientandos Marcelo Moura e Fernando Hoffmam, no particular quanto à incorporação do discurso neoliberal para pensar e atuar no âmbito das práticas jurídicas, a questão da racionalidade neoliberal precisa ser inserida, aqui e agora, para ampliarmos o cenário de compreensão em torno à incorporação e uso das novas tecnologias nos e pelos sistemas de justiça, em especial, no caso brasileiro, com a importação do modelo multiportas pelo Código de Processo Civil de 2015, na esteira de uma retomada legislativa que remonta à Lei nº 9307/96 (Lei de Arbitragem), já antecipada pela legislação dos então nomeados Juizados de Pequenas Causas, depois Juizados Especiais, que informaram a atuação do Direito com o consenso como meio de tratamento de conflitos.

## 2.1. A nova razão (neoliberal) do mundo, a lógica da concorrência e o modelo gerencial de Estado[2]

Há muito, temos seguido aquilo que Dardot e Laval, na introdução à edição inglesa de sua obra, lançada no Brasil sob o título "A Nova Razão do Mundo: ensaio sobre a sociedade neoliberal", afirmam em relação

---

2 Este tópico adota a temática posta, exemplificativamente, em: HOFFMAM, Fernando; BOLZAN DE MORAIS, Jose Luis; ROMAGUERA, DANIEL Carneiro Leão. Direitos humanos na sociedade contemporânea: neoliberalismo e (pós)modernidade. REVISTA DIREITO E PRÁXIS, v. 10, p. 250-273, 2019. COPELLI, Giancarlo M.; BOLZAN DE MORAIS, Jose Luis. A necessidade de novos discursos teóricos frente à crise do Estado Social. Direito, Estado e Sociedade, v. 58, p. 1-18, 2020. BOLZAN DE MORAIS, Jose Luis; HOFFMAM, Fernando. A PRÁTICA DOS JUIZADOS ESPECIAIS FEDERAIS ENTRE PRAGMATISMO E RESPOSTAS CORRETAS. REVISTA ELETRÔNICA DIREITO E POLÍTICA, v. 13, p. 416, 2018. BOLZAN DE MORAIS, Jose Luis; MOURA, Marcelo Oliveira. O neoliberalismo – eficientista – e as transformações da jurisdição. REVISTA BRASILEIRA DE DIREITO IMED, v. 13, p. 177-195, 2017. HOFFMAM, Fernando; BOLZAN DE MORAIS, Jose Luis. O Processo Civil Contemporâneo Face À Neoliberalização do Sistema de Justiça. NOMOS (FORTALEZA), v. 36, p. 205-221, 2016.

à postura adotada em face do projeto neoliberal. Sustentam os autores que muitos dos movimentos de resistência ao neoliberalismo incorreram em um erro de diagnóstico que se inaugura com o obscurecimento da dimensão regulatória ou governamental, no sentido dado por Michel Foucault, que lhe é inerente, se fixando em uma percepção de que a ideologia neoliberal, fundada na fé fanática na naturalidade do mercado, se materializaria, tão-só, como um programa anti-intervencionista, de políticas de desconstrução das regulamentações e instituições, revitalizando as perspectivas liberais clássicas e o minimalismo estatal, reduzindo a complexidade do processo de globalização (neoliberal) contemporâneo, o que é compartilhado por amplos setores da ciência jurídica, e repercutindo nas reflexões sobre o conjunto de transformações do Estado e do Direito, impedindo de alcançar sua radicalidade – no sentido de ir à raiz do problema. Ou, dito de outro modo, essa leitura limitada do fenômeno do neoliberalismo enviesou a compreensão do seu real significado e implicações ou, pelo menos de seu aspecto mais fundamental, para além dos meios e mecanismos de que lança mão.

O neoliberalismo, em sua complexidade, não foca apenas na desconstrução das fórmulas político-jurídicas do próprio liberalismo – que, na sua história, foi sendo compelido a adotar um feitio mais interventivo, com práticas prestacionais, inerentes à fórmula do Estado Liberal Social de Direito e, mais recentemente, ao seu desenho como Estado Liberal Democrático de Direito –, se dotando de uma dimensão prescritiva, a qual constitui o que Dardot e Laval anunciam como uma "nova" racionalidade – um conjunto de discursos, práticas e dispositivos – que faz da lógica do mercado uma lógica normativa integral, regulando desde o Estado até o mais íntimo da subjetividade humana, adotando a generalização da concorrência como norma de conduta e a empresa como modelo de subjetivação, como uma razão constitutiva da existência humana: uma nova razão do mundo – uma nova racionalidade, voltada à *transformação da ação pública.*

É por conta dessa nova racionalidade, que o neoliberalismo promove uma mutação empresarial nas instituições político-jurídicas, com a imposição das normas do mercado e a subversão radical da democracia dos modernos, o que pode ser sintetizado com a incorporação do *princípio da eficiência* como pauta de orientação da Administração Pública e, mais do que isso, de gestão – outra característica desta racionalidade – que coloniza as instituições político-jurídicas e as próprias subjetividades contemporâneas.

O "Estado neoliberal", como nova máscara do Estado Capitalista (Avelãs Nunes) – e sua racionalidade – é, assim, "governamentalizado", no sentido de que os novos dispositivos institucionais que o distinguem criam situações de concorrência, introduzindo lógicas de escolha, desenvolvendo medidas de desempenho eficiente, transformando os indivíduos-cidadãos em consumidores e empreendedores e os setores públicos e seus atores, em gestores desta "nova razão do mundo", o que é dinamizado por mudanças profundas na estrutura do Estado de Direito, especialmente, em sua característica de supremacia da lei no cenário da regulação, princípio fundante da estrutura de governo *per legis e sub legis,* naquilo que Benoit Frydman, em seu "O fim do Estado de Direito: governar por *standards e indicadores*", demonstra, com a lógica empresarial e suas normas técnicas se substituindo ou sobrepondo às regras do Direito, inclusive no campo do processo, para cumprir os objetivos de racionalização eficientista da atividade estatal, em todas as suas dimensões, conformando aquilo que indica como "governança-*management*", na qual, em um plano de concorrência regulatória, promove-se a potencialização da força normativa das normas de gestão em competição com as regras jurídicas[3], o que, em outros termos, no campo da teoria da constituição, é nomeado por Canotilho como Estado Garantidor.

Nessa esteira, a *eficiência* neoliberal vem contribuindo para uma redefinição, inclusive, dos sistemas de justiça, que têm se tornado um produto dessa "imensa empresa de serviços" na qual estão se transformando o Estado e suas instituições, desde um "modelo de compreensão" alicerçado nessa "nova" racionalidade, podendo-se dizer que tal racionalidade neoliberal projeta substituir, como já antecipou Garapon, os princípios

3 *Le management n'est pas, en dépit du modeste costume dans lequel il s'est présenté souvent jusqu'ici, une simple technique, une collection de recettes. C'est une nouvelle logique, un ensemble organisé de dispositifs stratégiques, qui a la vocation et peut-être la puissance de réguler l'ensemble des comportements, par le recours à des normes et à des instruments radicalement différents des règles et des procédures juridiques. En d'autres termes, le management pourrait constituer un « équivalent fonctionnel » du droit pour reprendre en l'élargissant un concept des comparatistes.* Ver: FRYDMAN. Benoit. Le management comme alternative à la procédure. Disponível em: <https://www.google.com.br/#q=Le+management+comme+alternative+%C3%A0+la+proc%C3%A9dure>. Acesso em 20 de março de 2021.

da justiça clássica pelo da eficiência com suas pretensas vantagens comparativas e segurança, suportada em sua perspectiva metamoral, tendo o princípio do interesse ou da utilidade como princípio normativo supremo, natural e, pretensamente, evidente, (re)valorando as instituições a partir de uma racionalidade que lhe é totalmente estranha – a concorrência e o empreendimento.

Em síntese, podemos ver esse fenômeno a partir de um quadro de critérios que orientam, em termos axiológicos, o mundo das relações sociais e as subjetividades contemporâneas, assim como as próprias instituições político-jurídicas: competitividade, eficiência, racionalização e funcionalização dos processos institucionais e técnicos. Tais são, ao fim e ao cabo, os valores da ética do mercado que marcam uma racionalidade reduzida à dimensão econômica, amplamente adaptada às suas novas características, em um capitalismo que se refunda com a viragem tecnológica promovida pela passagem do analógico para o digital, do capitalismo de produção para o financeiro e, agora, para aquele de plataformas, de dados, em tudo distinto, embora não se diferencie em termos de processo de acumulação financeira e gestão de pessoas e bens.

Nesse contexto, todas as instituições são mecanismos de funcionamento por aperfeiçoar, para além da empresa, do Estado, da família, da Igreja, etc. Os próprios indivíduos, sua subjetividade e suas relações, devem ser reconstruídos e adaptados pela esta nova racionalidade, a fim de adequarem-se a esta nova era. Afora um Estado Gestor, um indivíduo cuja subjetividade é aquela forjada pelas novas dinâmicas, em muito resultantes das fórmulas peculiares às novas mídias, às novas tecnologias da informação e da comunicação, que molda essa "civilização do peixinho vermelho", como sugere Bruno Patino, e um indivíduo tirano, nos termos de Éric Sadin, conexos a esse projeto de racionalidade neoliberal.



## 2.2. O neoliberalismo e a afirmação do metavalor da eficiência no pensamento jurídico contemporâneo

O discurso neoliberal e sua racionalidade vão contaminar o pensamento jurídico, especialmente, desde a recepção contemporânea, em especial, das propostas do movimento *Law and Economics* e do seu viés metodológico e pragmático para pensar o Direito e as instituições, propugnando uma revisão paradigmática da cientificidade deste de acordo com os princípios, categorias e métodos do pensamento econômico, muito conectado com a racionalidade neoliberal, como apontam Alexandre Rosa e Aroso Linhares, para quem, tal movimento propõe um olhar sobre o Direito em duas perspectivas: a primeira (positiva), levando em conta "os impactos das normas jurídicas no comportamento dos agentes econômicos, aferidos em face de suas decisões e "bem estar", cujo critério é o da "maximização de riquezas" e, a segunda (normativa), relativa "as vantagens (ganhos) das normas jurídicas em face do "bem estar social".

As reflexões do referido movimento envolvem, em síntese, dois questionamentos: a) quais os impactos das normas legais no comportamento dos sujeitos e das instituições? e, b) quais as melhores normas?

Assim, desde uma compreensão de que os sistemas jurídico e de justiça não podem ser obstáculos para o desenvolvimento econômico dos países, o Movimento *Law and Economics* faz eco à demanda neoliberal que propõe um ajuste estrutural e um realinhamento dos países à nova ordem mundial e à uma nova racionalidade – como sugerido acima –, consagrando a eficiência, entendida como melhor alocação dos recursos na lógica do mercado (custo/benefício), como característico do neoliberalismo, como critério para a avaliação das instituições estatais e, em particular, do Sistema de Justiça, em sintonia com uma "teoria da justiça eficientista" de Richard Posner, onde a "eficiência", é fundacional do Direito, aparecendo como um critério ético decisivo.

O estabelecimento do critério da eficiência na avaliação do Estado e de seu Sistema de Justiça, a partir desse parâmetro, abarca dupla perspectiva: uma perspectiva macro – da organização e administração da justiça – mais especificamente, no plano legislativo e organizacional do ordenamento jurídico; e, uma micro, da decisão judicial em sua especificidade, tendo-se, de um lado, a recomendação adequações estruturais no Poder Judiciário, incluindo, dentre outras estratégias, a retomada consistente das ditas "formas alternativas de tratamento de conflitos" e, de outro, a partir do *pragmatic turn*, a proposição de uma nova teoria da decisão judicial pautada pelo sentido de maximização da riqueza por eles atribuído.

Para além de muito do que já se produziu em torno dessa discussão, parece que, agora, ganha novas dimensões com a recente transição paradigmática promovida pelas novas tecnologias e a ultrapassagem de uma sociedade analógica para esta, projetada, digital, disruptiva, alicerçada no uso das suas potencialidades tecnológicas, em desconexão, de regra, com um enfrentamento e compreensão crítico-reflexiva acerca dos efeitos e riscos presentes no uso indiscriminado de novos meios tecnológicos.

Se, de um lado, o Estado Liberal de Direito padece com o impacto da Revolução da Internet, de outro vê emergir um projeto de "estado de direitos" alicerçado neste mesmo conhecimento aleteico – peculiar nesta "era da quantificação" – que sustenta a emergência de um tecnoliberalismo, na proposição de Éric Sadin, com a substituição da regulação jurídica – baseada na *política* – pela regulação técnica – alicerçada no *poder* da "razão matemática" em um ambiente de profunda desconexão entre poder e política, como indicado por Bauman e Bordoni. A passagem da "era do acesso" para a "era da quantificação", como sugere, se viabiliza por fatores contingentes da transformação tecnológica experimentada ultimamente.

A grande novidade que se inaugura com a interconexão planetária promovida pelas *novas tecnologias* e de uma economia capitalista de novo tipo, a qual se reconhece como "capitalismo de serviços baseado em plataformas", "capitalismo de dados", "capitalismo digital" que, para além de aparecer como uma forma econômica, uma nova versão da economia liberal, contribui para a construção desta "era da quantificação" caracterizada pela composição de três aspectos, a saber: 1)a exponencialização do volume de dados produzidos e disponibilizados; 2)a sofisticação das técnicas de estocagem desses mesmos dados e; 3)a capacidade de tratamento desses dados, gerando dados sobre dados (os metadados), tudo isso transformado e quantificado (*big data*), produzindo um conhecimento algorítmico funcional-utilitarista, como nomeia Éric Sadin.

Essa nova arquitetura social permite que se desenvolvam novas práticas de gestão do cotidiano, das subjetividades e das próprias instituições, inclusive aquelas orientadas ao futuro, veiculando, até mesmo, a possibilidade de predição de condutas e, com isso, de perfis de sujeitos sociais, com um distanciamento espacial e temporal antecipador.

Ainda, o desenvolvimento da inteligência artificial (IA), com a utilização dos metadados que viabilizam esse *big data,* produz três consequências: 1) a possibilidade de *incitamento* de condutas – e.g. por meio de assistentes digitais pessoais; 2) *prescrição* de "desejos" – como a concessão de acessos bancários a partir de análise de dados cadastrais(dos) e; 3) *coerção* – quando dita condutas, como no campo do trabalho, fazendo surgir o que Éric Sadin nomeia como uma "mão invisível automatizada" e uma sociedade baseada nos dados (*data driven society*) que permite que todo o real possa ser analisado e passe a ser monetizado e/ou utilizado utilitaristicamente.

Por outro lado, essa estrutura arquitetural acaba por afetar elementos estruturantes do Estado (Liberal) de Direito, para além da *privacy*, como a igualdade, com a possibilidade de, com base nesse conhecimento numérico, promover uma espécie de *social sorting* ou, por outro viés, de *digital discrimination*, o que leva a uma desvantagem cumulativa, pois, se, de um lado, o Estado Liberal de Direito é subvertido e corrompido e, de outro, redesenhado, agora ele é desfigurado, pois, diante de tais possibilidades - mais, evidências - tem-se uma completa afetação da liberdade e da igualdade formal.

Mas, para o que aqui importa, tudo isso parece dialogar, na esteira deste "tecnoneoliberalismo" (Éric Sadin), com a maximização das condições para a realização daquela nova racionalidade que o caracteriza, o que pode, de fato, impactar o uso destas tecnologias no âmbito dos sistemas de justiça, em especial quando pensamos o consenso tenta produzir por meio delas.

Por isso, imprescindível ter presente que tal incorporação não se pode fazer desde um ponto de partida alicerçado naquilo que Warat nomeou "senso comum teórico dos juristas", como se verá na sequência.

## 3. A TRAMA DO SENSO COMUM TEÓRICO DOS JURISTAS (WARAT) E O APELO DO/AO NOVO

> O ensino do direito tem que se reconhecer comprometido com as transformações da linguagem, aceitar-se como prática genuinamente transgressora da discursividade instituída, como exercício de resistência a todas as formas de violência simbólica, isto é, como uma prática política dos direitos do homem à sua própria existência. (WARAT, Luis Alberto. Epistemologia e ensino do direito.)

Aparentemente sem dar-se conta das transformações impostas aos modelos jurídicos da modernidade, seja pela incorporação de novos conteúdos, seja pela insuficiência dos instrumentos clássicos para apropriar a faticidade do Direito atual, em particular pela transformação dos *loci* e das formas de produção e realização do Direito, bem como pela incidência da "nova" racionalidade neoliberal, maximizada pelo "tecnoneoliberalismo" efcientista, o pensamento jurídico parece continuar operando a partir de *fantasias perfeitas*, como sugere Warat, de um *pensamento idealista das verdades que retomam constantemente suas frustrações para preservar o fracasso de um programa autônomo de vida [...]* ancorado em um *juridicismo* como *[...] um grande caldeirão de sonoridades que determinam condições alienadas de passividade: uma overdose de crenças, verdades reveladas, valores banalizados, sentidos de posse que destroem os esforços de instauração de uma sociedade autônoma*, pensando esses hábitos semiológicos como ciência e pretendendo, com isso, a uniformidade dos pontos de vista em nome da verdade. Uma verdade construída em luta contra as representações costumeiras e que, no entanto, volta como um grau diferente dessas mesmas representações, como dito em seu "Saber Crítico e Senso Comum Teórico dos Juristas".

Para retomar esse caminho waratiano, mesmo longa, merece transcrição, para relembrar o significado e o sentido do *senso comum teórico* dos juristas, por ele desenhado:

> (...)Para concluir, faremos um pequeno exercício didático, tentando fixar algumas das principais regiões do senso comum teórico dos juristas, articuláveis entre si. Temos, primeiramente, uma região que podemos denominá-la de "**região das crenças ideológicas**". Estaríamos aqui falando das concepções do mundo que possuem os cientistas, ou seja, das – 57 – ideias que ajustam o indivíduo às condições de existência. Certamente, não se trata, neste caso, das condições específicas da produção teórica, e, sim dos elementos representativos da realidade, que, independentemente da vontade dos cientistas, dominam suas consciências, influindo na formação do capital cultural da prática teórica. Em seguida, temos a "**região das opiniões éticas**", que no processo de formação do espírito científico forçam critérios de racionalidade, pelos quais a desrazão surge como um desajuste em relação aos padrões morais vigentes. A partir dessa situação, explora-se uma identificação falaciosa entre a razão e a ética; com isso os juristas conseguem legitimar os sistemas de decisões legais como expressão estereotipada de uma racionalidade eticamente determinada. Em terceiro lugar, podemos apontar a "**região das crenças epistemológicas**" que dizem respeito às evidências fornecidas pela prática institucional dos cientistas. Assim, poderia-

> mos falar dos hábitos intelectuais, que regulam as condições de produção do conhecimento, como também, das interpretações vulgarizantes dos conceitos, fruto de suas desvinculações dos marcos teóricos sistemáticos em que foram produzidos (como se os conceitos tivessem uma força explicativa intrínseca). Também, poder-se-ia falar das grandes verdades elementares, dos reconhecimentos metafóricos do real e das propostas reificantes das ideias como fundamento da produção do conhecimento. E, também, por que não, da crença na eficiência do método para produzir a objetividade e a verdade. Finalmente, há a "**região dos conhecimentos vulgares**", que traduzem necessidades em ideias. Trata-se da atividade intelectual do homem comum, resultante da percepção imediata e da utilidade do saber. Em outras palavras, são as imagens cotidianas que criam a ilusão de uma realidade composta de dados claros, transparentes, que podem ser interpretados, com segurança, mediante uma razão comandada pela intuição. Todas essas regiões influem, consciente ou inconscientemente, na formação do espírito jurídico; num saber que provocando conotativamente a opacidade das relações sociais, afasta os juristas da compreensão do papel do direito e do seu conhecimento na sociedade.

Dito de outra forma e mais suscintamente, por ele mesmo:

> O sentido comum teórico estaria, assim, constituído uma racionalidade subjacente que não deixa de ser uma fala adaptada a preconceitos, hábitos metafísicos, visões normalizadoras das relações de poder, princípios de autoridade, ilusões de transparência, noções apoiadas em opiniões, assinalações religiosas mitológicas etc.

Ou seja, do que queremos chamar a atenção, retomando esse conceito central da obra waratiana, é da necessidade de pensarmos a utilização das novas tecnologias no campo do Direito e de suas práticas, especialmente quando pensamos acerca das nomeadas ODRs, desde uma perspectiva que se afaste desse senso comum teórico, para ver suas imbricações, suas possibilidades e suas contradições.

Quando observamos uma tentativa de incorporação por *net-utópicos* de tecnologias que, aparentemente, permitiriam a adoção de práticas de "justiça consensual", em particular, com o uso de meios de "aproximação" dos sujeitos baseados em plataformas digitais, somos tomados por uma angústia que nos fez recuperar esse conceito waratiano, na tentativa de resgatar não um discurso negacionista, mas uma postura que leve em consideração aquilo que, desde há muito, foi denunciado por este jusfilósofo argentino (nunca deixou de ser um argentino, portenho) – brasileiro (naturalizado e culturalmente).

O quadro ilustrativo constante no texto de Tainá Aguiar Junquilho – Resolução *On-Line* de conflitos: limites, eficácia e panorama de aplicação no Brasil –, do livro *Inteligência Artificial e Direito Processual*, dá um bom exemplo dessa experiência, evidenciando que, as tais *lawtechs* e *legaltechs* elencadas (pp. 268/270), nada diferenciam ou indicam algum tipo de percepção para além deste senso comum, expresso no uso de meios tecnológicos sem nenhum tipo de compreensão do seu significado ou implicação.

É preciso que todo esse cenário seja posto em suas circunstâncias, sob pena de não conseguirmos "navegar" nestas novas águas da Revolução da Internet.

## 4. HÁ ESPAÇOS PARA A TRANSGRESSÃO?

> Pour sortir du Pot au noir, il faut s'adapter aux sautes de vents, se laisser porter quand les vents son favorables, mais aussi louvoyer face aux vents contraires, survivre au calme plat et résister aux coups de vent." (DELMAS-MARTY, Mireille. Aux Quatre Vents du Monde)

Tendo presente tal leitura que, como dito por Saramago, mesmo navegando à beira da costa, falar em uma advocacia 4.0, como sugere Pedro Petiz Viana – Plataformas Jurídicas em linha – o início da advocacia 4.0? – exigiria, no mínimo uma compreensão que dialogasse com seu contraponto crítico, sem se resumir a uma descrição de práticas que vão ao encontro de interesses olimpicamente desconhecidos ou encobertos por este senso comum teórico dos juristas.

Pensar hoje alguns temas no campo do Direito – intimidade, informação, transparência, democracia, liberdade, igualdade etc. –, além deste que nos move aqui e agora – ODRs – precisa-se levar em consideração essa transição paradigmática para que não fiquemos presos a percepções que se assemelham aos rostos vazios da exposição pornográfica dos corpos, característica desta transparência positivada.

Como diria Warat, em seu Utopias, Conceitos e Cumplicidades na Interpretação da Lei, chama a atenção:

> Os sujeitos de ofício jurídico vivem imersos numa temperatura interpretativa que sublima, numa discursividade teológica, variadas práticas de exclusão social. Os ecos solenes da palavra legal sempre falam de uma falta, falam de que o Direito não pode dar segredos que se enunciam numa aparente transparência: no fundo enfeita pretensões conservadoras. Uma galante discursividade que se aproveita dos efeitos performativos das palavras para dissimular as perversões de uma forma social opressiva.

Em uma viagem de trabalho-estudos, nos deparamos, ao fazer uma "cata literária" em uma livraria "sevillana", com alguns textos de Byung-Chul Han, um coreano que estudou na Alemanha e hoje é professor da Universidade de Artes de Berlin, que, na época, bem antes de sua tradução brasileira, nos chamaram a atenção. Na sequência da leitura dos textos, algumas percepções foram emergindo, em especial sua conexão com o pensamento waratiano, já expresso em décadas anteriores.

Inauguralmente, como dito, nos atraiu uma proximidade com a obra waratiana – do nosso argentino-brasileiro Luis Alberto Warat –, destacadamente o estilo da escrita, as referências bibliográficas, as percepções quanto às circunstâncias da sociedade contemporânea.

A leitura de seu *Transparenzgessellschaft*, publicado em 2012, nos fez rememorar conversas e leituras com e de Warat, reportando-nos aos anos 1980 e 1990 e às discussões com esse mestre-amigo que, nestas terras, antecipava aquilo que este autor, agora, trazia. Nesse texto, o autor coreano trata de diversas facetas daquilo que daria forma e conteúdo ao que nomina "sociedade da transparência", inaugurada com uma mudança de paradigma – aquele que promove a passagem de uma "sociedade da negatividade" àquela da "positividade", aquela na qual onde as ações se tornam transparentes, quando se tornam operacionais se submetendo aos processos de cálculo, direção e controle. Uma sociedade de "peixinhos vermelhos", de homens tiranos, de juristas de senso comum.

Ou seja, o autor chama a atenção, em especial para aqueles que veem na transparência um meio de gestão do cotidiano para fazê-lo operacional e acelerado (eficiente), o que leva a uma sociedade, poderíamos traduzir, *uniformizada* e, portanto, com expressivos vieses totalitários.

A partir daí, podemos seguir os passos do autor e percorrer sua obra, para chegarmos, ao final, no que nomeia como "sociedade do controle", quando enfrenta o fim do panóptico benthaminiano – como, tal qual J. Baudrillard, pensamos, pois não vemos como adaptar o panóptico à técnica de *surveillance* contemporânea – para pensá-lo fora do modelo perspectivista próprio à vigilância disciplinar, desde um centro e até os limites do olhar do "inspetor". Agora, o mundo inteiro se torna em um grande panóptico, sem nada ou ninguém fora dele, onde cada um se entrega voluntariamente ao seu olhar.

No trajeto, pode-se ir percebendo, na "desconstrução" promovida por Byung-Chul Han, como muito do "senso comum teórico dos juristas" tem ingenuamente (?) tomado emprestado a ideia da transparência sem dar-se conta de sua conformação em uma "sociedade positiva", conforme sugerido pelo autor.

Para Warat:

> Na pós-modernidade a dissimulação do caos é trocada pelo simulacro de uma realidade que se impõe como substituto extasiado de si mesma, como **transparência obscena**. O deserto como simulacro da experiência semiológica do abismo, das dissimulações instituídas do caos. Acredito que o único caminho possível para resistir a este viés auto-aniquilador da condição humana passa por um trabalho de significação que permite aceitar o fato de que a instituição da sociedade é auto-instituição autônoma, ou seja, autocriação baseada no processo de amadurecimento emocional dos indivíduos. Dito de outra maneira, não construiremos um futuro melhor substituindo as respostas heterônomas ao caos, por respostas que ignorem o valor instituinte da significação. Respostas que impõem uma versão do mundo sustentada na fabricação de simulacros que ignoram o caos e que impossibilitam ao homem situar-se frente ao enigma e seus limites.

Mais uma vez, parece, ficamos órfãos da filosofia. E, com isso, repetimos, acriticamente, um discurso que, para usar das afirmações do autor, pode ser tido como "pós-hermenêutico", baseado em um contágio – para usar um termo comum nestes dias de pandemia – peculiar em uma sociedade do espetáculo.

O consenso, em especial na mediação, apreende o conflito de forma construtiva, em seu potencial construtivo, não destrutivo, como o comum dos juristas ao percebê-lo como uma patologia e não como peculiar à genética da sociedade moderna.

O conflito, assim compreendido, existe para alcançar, no sentido waratiano, a "reserva selvagem" que reside em cada um, compreendida como uma ideia que remete aos componentes afetivos que são ignorados nas relações. Por isso, em O amor nas noites sem amor, Warat diz:

> Falar da alteridade é dizer muito mais coisas que fazer referência a um procedimento cooperativo, solidário, de mútua composição. Estamos falando de uma possibilidade de transformar o conflito e de nos transformarmos no conflito, tudo graças à possibilidade assistida de poder nos olharmos a partir do olhar do outro, e colocarmo-nos no lugar do outro para entendê-lo e a nós mesmos.

Portanto, a mediação, como expressão maior das fórmulas consensuais, não pode ser vista, nem pensados, apenas como um espaço de ajuda aos sistemas de justiça voltados ao racionalismo eficientista neoliberal, voltados à redução de processos e à produção massiva de decisões, voltado à redução da litigiosidade, sem haver preocupação com a conflituosidade inerente ao campo social.

Mesmo que a conflituosidade contemporânea tenha incorporado conteúdos antes inimaginados, ela não pode ser tratada de forma reducionista, pensando o conflito e a situação da vida que o faz surgir no mundo como se fossem um mal em si mesmo a ser tratado estatisticamente.

O conflito não é um mal em si, mas sim, a possibilidade democrático-plural de instituição da – de uma – comunidade simbiótica de valores – humano-existenciais – sobretudo no contesto de uma sociedade mercadológico-neoliberal, posto que, como já dito antes, constitutivo da própria sociedade e não uma sua patologia.

O contencioso jurídico é, para além da juridicidade que o reveste, um evento da sociabilidade que se materializa no plano jurisdicional. Não é possível separar o conteúdo social do conflito de sua expressão jurídica, de modo a criar respostas legais apenas com a intenção de um pretenso apaziguamento da situação conflituosa e de um eficientismo tecnoneoliberal. O conflito compreendido em sua esfera soci(ológica) al ressocializa o espaço da comunidade humana de desejos – e não de gozo/para o gozo.

Para que se constitua uma ordem consensuada de tratamento dos conflitos, numa prática de diálogo que possibilite a reconstrução do próprio conflito e das subjetividades e dos seus laços alteritários rompidos no momento de surgimento e tentativa de eliminação do evento conflituoso enquanto "mal" à organização político-social, impõe uma contraposição ao modelo eficientista neoliberal, em especial quando maximizado pela aproximação tecnológica, sem uma forma impositiva estatal via jurisdição - clássica -, mas jurisconstruída, em um movimento de aproximação e emancipação no retorno do "eu" ao "outro", que viabiliza o "eu" como "outro", bem assim, a projeção do "outro" no "eu", como condição instituidora das diferenças, o que parece inalcançável em um ambiente digital.

Salienta Warat que se deve intentar o caminho da cooperatividade materializado num devir que instaura a precariedade do sujeito mundano, do sujeito subalternizado, do sujeito desprovido de singularidade no assujeitamento do seu ser face ao estado de anomia significativa produzido pelo mercado. Rompe-se, assim, com as ficcionalidades produzidas pelo paradigma moderno, que totalizou as singularidades identitárias num emaranhado de normalizações, as quais decompõem as humanidades e reduz a condição humana à mercadológica.

Para isso, é preciso fazer surgir o espaço-tempo da mediação, o espaço-tempo das singularidades rearticuladas no ambiente social visto como um bio-ambiente, o que delimita uma ambiência de construção do sujeito no sujeito a partir da força propulsora dessa ambiência humana formada na emergência de movimentos e devires minoritários, como sugerido por Warat.

Por isso mesmo, o consenso mediado, funda-se em um contexto de reinvenção biográfica dos sujeitos na emergência da contingencialidade da vida em sociedade e na percepção de novos modos de ser-no-mundo, que extrapolam as figuras normalizadas concebidas pelo movimento moderno de construção do (s) sujeito(s), interrogando a forma moderna de se pensar a conflituosidade, ou seja, adstrita à atividade do Estado por meio da esfera processo-jurisdicional, limitando o acontecer do conflito aos limites estreitos da estatalidade e de suas instituições.

A mediação, para (re)nascer como forma consensual de tratamento de conflitos precisa, democraticamente, instituir as diferenças e refazer as humanidades numa perspectiva de devir das biografias humanas (re) construídas nas diferenças agregadoras e emancipadoras da condição humana, o que parece não se conformar aos limites de fórmulas de gestão eficientista dos conflitos, sobretudo se maximizadas por algoritmos de gestão dos mesmos.

Numa sociedade que se reinventa de maneira multifacetada e propicia o eterno aflorar de uma multiplicidade cultural efervescente não limitada aos desenhos institucionais clássicos, os meios de resolução de conflitos não podem ficar presos ao ente jurídico-estatal, muito menos à sua colonização pela razão neoliberal.

Muito embora na jurisdição tradicional haja uma impossibilidade latente de aparecimento do "outro" no "eu" que se corporifica de forma assujeitadora das identidades e vivacidades do sujeito num confrontamento com a criação de laços alteritários de convívio humano, quando não realiza uma relação "eu-outro", mas sim, constitui uma relação confrontadora e opressiva "eu-eu" que reduz o conflito à relação perdedor-ganhador, desconstrutora das capacidades humanas de relacionamento enquadrada com a sistematicidade hipermoderna-neoliberal de produção de sentidos – e decisões, a sua ultrapassagem, com o uso de novas tecnologias precisa ser confrontada com os papeis que estas desempenham.

Um processo verdadeiramente democrático – que englobe a mediação num espectro de produção de sentidos coordenado pelos falantes em potencial, ou seja, os sujeitos sociais – implica um movimento cotidiano de tratamento dos conflitos no seio da conflituosidade e, não, a normalização desses conflitos por práticas assujeitadoras dos falantes. Os conflitos nessa perspectiva, materializam a possibilidade de emancipação das práticas jurídicos-sociais em relação ao Estado – modernidade – e ao mercado – pós-modernidade, num movimento de reconciliação alteritária das humanidades em conflito.

Nessa linha, é que o estabelecimento de uma ordem democrático-plural-cidadã necessita de vidas para o desejo pulsional autonômico, que permita a deflagração do antiprocesso de castração orientado pelo Estado – na modernidade – e/ou pelo mercado – na contemporaneidade como instância capacitadora para a pulsão e orientadora de uma prática discursiva polifônica, que institui sociologicamente o Direito como espaço-tempo humano-democrático-conflitivo.

É o retorno do Direito para o mundo do desejo e deste para o mundo do Direito. É o acontecer do encontro das "reservas selvagens" sociojurídicas, preconizando uma espacialidade comum de tratamento dos conflitos, constituindo-se como um movimento que os recupera e reorganiza em um ambiente, como ambiência de tratamento dos conflitos, bem como de reconhecimento e respeito da integridade do "outro", – no "eu" –, o que permite o acontecimento das relações alteritárias, não englobadas em um paradigma de dominação autoritária e de normalização das diferenças.

As alteridades desconsideradas pelo Estado ou desfeitas pelo mercado, reconstroem-se na *outridade* (Warat) como condição de possibilidade para o pertencimento do "outro" no "eu" e do "eu" no "outro", numa relação de contato e diálogo constituidora de uma relação intersubjetivo-alteritária emancipatória de reconhecimento.

Nesse passo, aparece a mediação como atividade integradora do social e do jurídico numa postura de inovação e de acontecimento do(s) direito(s) para além da passividade da normatividade posta, legislativamente, pelo Estado e pelos demais agentes de regulação.

Trata-se de um movimento integrativo direito-sociedade, que possibilita a construção de um *locus* de resistência às práticas desinstitucionalizadoras do mercado, devendo a mediação ser pensada como um "processo" de busca pela autonomização da sociedade na autonomia dos sujeitos-cidadãos envolvidos no processo de democratização do espaço vital e institucional.

Essa ambiência transcende a espacialidade técnico-burocrática eficientista – tecnoneoliberal – e assume um conteúdo transformador da sociabilidade inserida num complexo jogo de mutabilidade, desconstrução e reconstrução do espaço do conflito, enquanto espaço democrático de fala.

Desse modo, a anomia totalizadora empreendida pelas significâncias ultraliberais é desfeita e revertida em heteronomia plural-conflitante dos sujeitos na condição de fala efetivada no ambiente de tratamento dos conflitos promovido pela mediação, engendrando um campo de reconstrução das biografias e cartografias humanas como real/simbólico instituidor de práticas conflitivas substanciais no que concerne ao ser-estar democrático, em um espaço-tempo compartilhado pelas pluralidades (re)ordenadas.

A mediação deve ser (re)vista como o lugar da *outridade* no sentido mais waratiano possível, como um espaço entre um e outro da relação conflitivo-afetuosa constituidora da espacialidade transmundana para a realização ético-cidadã do Direito, ou seja, é um (re)pensar eticamente a alteridade como lugar da diferença – do outro consigo mesmo. É uma realização que se dá no encontro dos desejos humano-existenciais, para um além das formas alienantes de gozo, propostas pelo mercado.

Assim, a mediação se apresenta como condição de possibilidade para a reinstituição do Direito como prática autônoma na busca por direitos, bem como rearticulando o ambiente conflitivo como capacitador da articulação da sociabilidade, no espaço-tempo da mediação, enquanto espaço-tempo substantivo do e para o conflito em toda a sua potencialidade transformadora. A mediação, constituindo-se em um movimento de consolidação da sociabilidade nos espaços de interação e mudança do político, do jurídico e do social.

Dessa maneira, pode-se vislumbrar a mediação – enquanto ambiente do, no e para o consenso – como condição de possibilidade para uma nova visão do mundo processo-jurisdicional segundo classicamente compreendido. Uma visão que capta o ambiente resolutório de conflitos, como esfera coexistencial de tratamento dos mesmos – conflitos – a partir do movimento emancipatório do diálogo para o consenso.

A jurisdição tradicional, nesse passo, trabalha com existencialidades conflitantes que necessitam de um movimento de apaziguamento e controle de suas vontades por uma vontade maior – de Estado ou de mercado. Já a mediação opera em uma lógica de coexistencialidades, que se relacionam num devir ético-alteritário de emancipação das vontades e de maneira libertária e construtora de uma resposta consensualmente pensada pelos atores conflitivo-processuais, que transcende a espacialidade tradicional do processo, como sugerido por Warat.

O fenômeno da mediação é condição de possibilidade para a ruptura do monopólio técnico-burocrático-normalizante desenvolvido, num primeiro momento, pela instituição do Estado e, contemporaneamente, abarcado pelo mercado, enquanto instituição perversa e dogmatizante dos viveres e das práticas eminentemente sociais, num processo de amputação das humanidades. A mediação, como espaço do conflito, e o conflito, como espaço da novidade oxigenadora dos procedimentos e movimentos democráticos de diálogo e consenso que pautam – ou devem pautar – o acontecer da vida seja institucional, ou propriamente social, na contemporaneidade, nascem como ambienta de reconstrução emancipatória dos laços alteritários.

## 5. AUTORES QUE NOS ACOMPANHAM

ANDREOLI, Vittotino. Il rumore dele parole. Milano: Rizzoli, 2019.

BARTLETT, Jamie. The People vs. Tech. How the internet is killing democracy (and how we save it). New York: Penguin Randon House Group, 2018.

BOLZAN DE MORAIS, José Luís. O Estado de Direito "confrontado" pela "revolução da internet"! Revista Eletrônica do Curso de Direito da UFSM, v. 13, n. 3/2018 p.876-903.

BOLZAN DE MORAIS, Jose Luis; HOFFMAM, Fernando. A prática dos juizados especiais federais entre pragmatismo e respostas corretas. Revista Eletrônica Direito e Política, v. 13, p. 416, 2018. BOLZAN DE MORAIS, Jose Luis; MOURA, Marcelo Oliveira. O neoliberalismo – eficientista – e as transformações da jurisdição. Revista Brasileira de Direito IMED, v. 13, p. 177-195, 2017.

COPELLI, Giancarlo M.; BOLZAN DE MORAIS, Jose Luis. A necessidade de novos discursos teóricos frente à crise do Estado Social. Direito, Estado e Sociedade, v. 58, p. 1-18, 2020.

DARDOT, Pierre; LAVAL, Christian. Neoliberalismo e subjetividade capitalista. Revista O Olho da História, n. 22, abril de 2016.

GARAPON, Antoine. O guardador de promessas: justiça e democracia. Lisboa: Instituto Piaget, 1996.

HAN, Byung-Chul. No enxame: perspectivas do digital. Petrópolis: Editora Vozes, 2019.

HAN, Byung-Chul. Psicopolítica – O neoliberalismo e as novas técnicas de poder. Belo Horizonte: Âyné, 2018.

HIKELAMMERT, Franz. Lo indispensable es inútil: hacia una espiritualidad de la liberación. San José: Editorial Arlekín, 2012.

HOFFMAM, Fernando; BOLZAN DE MORAIS, Jose Luis; ROMAGUERA, DANIEL Carneiro Leão. Direitos humanos na sociedade contemporânea: neoliberalismo e (pós) modernidade. Revista Direito e Práxis, v. 10, p. 250-273, 2019.

HOFFMAM, Fernando; BOLZAN DE MORAIS, Jose Luis. O Processo Civil Contemporâneo Face À Neoliberalização do Sistema de Justiça. NOMOS (Fortaleza), v. 36, p. 205-221, 2016.

NICHOLS, Tom. A morte da competência, Lisboa: Quental, 2018.

NUNES, Dierle; LUCON, Paulo Henrique dos Santos; WOLKART, Eric Navarro. Inteligência Artificial e Direito Processual. Os impactos da virada tecnológica no direito processual. 2ª ed. Salvador: Juspodivm. 2021.

PATINO, Bruno. La Civilisation du Poison Rouge. Petit traité sur le marché de l'attention. Paris: Bernard Grasset. 2019.

QUINTÁS, Alfonso Lópes. La palavra manipulada. Madrid: Ediciones RIALP, 2015.

RIFKIN, Jeremy. The zero marginal cost society: the internet of things, the collaborative commons and the eclipse of capitalism. Palgrave MacMillan. 2014.

ROCHA, Leonel Severo. Sens commun théorique des juristes. In: ARNAUD, André-Jean. (Org.) Dictionnaire Encyclopédique de Théorie et de Sociologie du Droit. Paris: LGDJ/UNB, 1990, p.372 e segs.

ROSA, Alexandre Morais da; LINHARES, José Manuel Aroso. Diálogos com a Law e Economics. 2. ed. Rio de Janeiro: Editora Lúmen Júris, 2011.

SADIN, Éric. La Vie Algorithmique. Critique de la raison numérique. Paris: Échappée. 2015.

SADIN, Éric. L'Intelligence artificielle ou l'enjeu du siècle. Anatomie d'un antihumanisme radical. Paris: Échappé. 2018.

SADIN, Éric. L'Ère de l'Individu Tyran. La fin d'um monde commun. Paris: Bernard Grasset. 2020.

TIMMS, Henry; HEIMANS, Jeremy. O Novo Poder: como disseminar ideias, engajar pessoas e estar sempre um passo à frente em um mundo hiperconectado. 1st ed. Rio de Janeiro: Intrínseca, 2018.

TURKLE, Sherry. Em defensa de la conversación: El poder de la conversación em la era digital. Barcelona: Ática Los Libros, 2019.

WARAT, Luis Alberto. Introdução Geral ao Direito. Vols. I, II e III. Porto Alegre: Sergio Antonio Fabris, 1997.

# 5

# Relações entre inteligência artificial e direito

## *Relations between artificial intelligence and law*

**Juliano Maranhão**[1]
**Juliana Abrusio**[2]
**Marco Almada**[3]





## 1. INTRODUÇÃO

A inteligência artificial (IA) é um tema cada vez mais presente nos debates jurídicos brasileiros.[4] Tal popularização não é meramente um

1 Professor da Faculdade de Direito da USP e Pesquisador Associado do Centro de IA da USP (C4AI/USP).

2 Professora da Universidade Presbiteriana Mackenzie.

3 Cientista da Computação (UNICAMP) e Doutorando em Direito pelo Instituto Universitário Europeu.

4 Uma pesquisa realizada em 25 de março de 2021 no Google Acadêmico (https://scholar.google.com) com as palavras-chave "inteligência artificial" + direito retornou cerca de 24 mil artigos, dos quais aproximadamente metade foi publicada a partir de 2017. O número é consideravelmente maior para a mesma pesquisa realizada em língua inglesa: "artificial

exercício especulativo, inspirado por séries de ficção científica como *Black Mirror*, mas reflete os desenvolvimentos tecnológicos dos últimos anos. Em alguns casos, o engajamento com sistemas de inteligência artificial é mais diretamente visível – por exemplo, a proliferação de *chatbots* e assistentes pessoais em celulares –, enquanto em outros a tecnologia opera nos bastidores, como ocorre no crescente uso de tecnologias de automação pelo judiciário brasileiro. Mas, de formas visíveis ou invisíveis, a inteligência artificial já afeta as vidas de milhões de brasileiros, suscitando perguntas a respeito de como o Direito deve lidar com estas novas tecnologias.

No presente artigo, analisamos a relevância da inteligência artificial para o direito a partir de duas perspectivas distintas, mas complementares.

A primeira perspectiva parte da crescente adoção de sistemas inteligentes em várias aplicações, tanto na tomada de decisões nos setores públicos e privados quanto na construção de sistemas voltados ao consumidor e assistentes pessoais para as mais diversas tarefas cotidianas. Tal proliferação de inteligências artificiais significa seu envolvimento ubíquo em diversas relações sociais e econômicas tuteladas pelo Direito. Neste cenário, podemos falar de um *Direito da Inteligência Artificial*, ou seja, da disciplina jurídica dos agentes digitais e das implicações de seu envolvimento em relações jurídicas e conflitos delas decorrentes.

A segunda decorre do fato da inteligência artificial ser não apenas um objeto externo sujeito à disciplina jurídica, mas também uma ferramenta cada vez mais utilizada por operadores do Direito. Apesar do emprego de aprendizado de máquina ter apresentado resultados extremamente úteis para advogados e para tribunais, especialmente com análise preditiva, arguiremos aqui que as correlações empíricas utilizadas por estes sistemas enfrentam limitações em sua capacidade explicativa, o que compromete aplicações no domínio jurídico, no qual há exigência de justificação normativa das decisões. Acreditamos que a próxima geração de inteligência artificial aplicada ao Direito deverá incorporar modelos de representação de conhecimento jurídico às ferramentas de aprendizado de máquina.

intelligence" + law retorna pouco menos de um milhão de publicações, das quais 110 mil foram realizadas nos últimos quatro anos.

De forma a lastrear e contextualizar as afirmações apresentadas acima, o presente artigo efetua uma revisão não-sistemática da literatura jurídica a respeito da inteligência artificial. Esta revisão tem enfoque na apresentação do estado da arte do debate internacional, e é articulada em torno de dois eixos: os debates regulatórios em torno da inteligência artificial e os avanços e limites da aplicação de técnicas de inteligência artificial em domínios jurídicos. Tal mapa, por sua vez, serve de base para a contextualização do recente crescimento nas publicações e ferramentas desenvolvidas no Brasil, em face dos dados empíricos existentes a respeito da adoção de IA no país, bem como para a análise das futuras direções de desenvolvimento das aplicações de inteligência artificial ao Direito e dos problemas legais e regulatórios associados ao desenvolvimento destas tecnologias.

Na próxima seção, apresentaremos os principais desafios envolvidos na regulação da inteligência artificial, cujas consequências jurídicas serão exploradas na Seção 3. Estas duas perspectivas estão relacionadas entre si, já que a disciplina jurídica da inteligência artificial influenciará os sistemas construídos para finalidades jurídicas, bem como a tecnologia pode tornar viáveis novas abordagens regulatórias, e a Seção 4 explora algumas possibilidades futuras de integração entre o direito da inteligência artificial e a inteligência artificial aplicada ao direito. Portanto, a atuação interdisciplinar entre os profissionais do Direito, da Engenharia e da Computação pode ser benéfica para todas estas áreas, contribuindo para o funcionamento do sistema jurídico e para que as aplicações de inteligência artificial não lesionem, ou até mesmo promovam, os direitos e interesses protegidos pelo Direito.

## 2. A REGULAÇÃO DE SISTEMAS INTELIGENTES

Um algoritmo é qualquer procedimento de computador bem definido que possua algum valor agregado na qualidade de suas entradas (*input*), gerando outros valores na saída (*output*), de forma que pode ser considerado uma ferramenta para resolver um problema (CORMEN *et al.*, 2009, pp. 5–6). Os algoritmos são empregados em programas de computador por diversas organizações para a tomada de decisões e alocação de recursos a partir de grandes conjuntos de dados. Dentre estes algoritmos, adquiriram particular relevo nos últimos anos os chamados algoritmos de *inteligência artificial*, que utilizam técnicas específicas para a construção de sistemas capazes de agir racionalmente diante de situações específicas (RUSSELL; NORVIG, 2010, pp. 4-5).[5]

Combinando cálculo, processamento e raciocínio, os sistemas que implementam algoritmos de inteligência artificial podem ser excepcionalmente complexos, codificando milhares de variáveis em milhões de pontos de dados (CAPLAN *et al.*, 2018). Desse modo, decisões importantes sobre a vida das pessoas, como processos seletivos de empresas e concessão de crédito, são cada vez mais ocasionadas por sistemas ditos inteligentes. Surge, portanto, a preocupação a respeito de como programas de computador que utilizam técnicas de inteligência artificial podem limitar oportunidades e, principalmente colocar em risco direitos fundamentais dos cidadãos.

Dentre os empregos de sistemas de inteligência artificial, um dos principais focos de atenção para o Direito está na coleta e tratamento de dados pessoais para perfilamento.[6] Determinar o perfil do indivíduo pode valer muito a anunciantes, a seguradoras, e ao próprio Estado. A China, por exemplo, tem utilizado uma combinação de vigilância por meio de inteligência artificial com uso de enorme quantidade de dados pessoais para monitorar a vida e o comportamento das pessoas em detalhes minuciosos. (GOMES, 2017, p. 50-51; LARSON, 2018; ONG, 2011, pp. 172–179). Neste sentido, surge na literatura acadêmica e na sociedade civil uma preocupação a respeito dos limites da chamada *governança*

5 Nem todo algoritmo é uma manifestação de inteligência artificial. Por exemplo, o método que se aprende no Ensino Fundamental para a divisão de dois números inteiros é um algoritmo, que recebe como *inputs* o divisor e o dividendo e fornece como *outputs* o resultado da divisão e o resto (que pode ser zero), mas uma máquina que apenas execute esse algoritmo dificilmente será considerada inteligente. Contudo, boa parte dos métodos que hoje conhecemos para a produção de sistemas que manifestem inteligência artificial – ainda que em um sentido amplo de inteligência que não equivale à inteligência humana (BRYSON; THEODOROU, 2019) – envolvem algoritmos sofisticados que são implementados e executados em computadores digitais.

6 Segundo o artigo 4(4) do Regulamento Geral de Proteção de Dados da União Europeia (GDPR, na sigla em inglês), perfilização é qualquer forma de tratamento automatizado de dados pessoais que consista em utilizar esses dados pessoais para avaliar certos aspectos pessoais de uma pessoa singular, nomeadamente para analisar ou prever aspectos relacionados com o seu desempenho profissional, a sua situação econômica, saúde, preferências pessoais, interesses, fiabilidade, comportamento, localização ou deslocações. No Brasil, a LGPD não define o que entende por perfis, mas faz uso do conceito em dois dispositivos: no artigo 12 (dados anonimizados) e no artigo 20 (decisões automatizadas).

*algorítmica* (MACHADO, 2018) e de seus impactos no Estado de Direito (BAYAMLIOGLU; LEENES, 2018).

De um ponto de vista jurídico, esta preocupação conecta-se com o desafio de como contestar e revisar decisões lastreadas em inteligência artificial, principalmente quando baseadas em técnicas computacionais opacas (*black box*).[7] A contestabilidade e possibilidade de revisão pressupõem inteligibilidade, em termos humanos, ou seja, a existência de um conjunto de critérios determinantes que fundamentem determinada decisão. A existência de tais critérios, por sua vez, é essencial para que indivíduos e grupos possam identificar eventuais efeitos adversos do uso da inteligência artificial e buscar os remédios cabíveis, seja pela via judicial ou por outros caminhos lícitos.[8] Passaremos, portanto, ao exame das formas como sistemas de inteligência artificiais podem ser opacos aos observadores externos.

## 2.1. Opacidade de sistemas computacionais

A opacidade de sistemas de aprendizado de máquina é uma das maiores fontes de atenção e preocupação na atualidade, principalmente no que diz respeito à possibilidade de contestação, mas também em relação ao risco de incorporação de vieses que resultem em construção de perfis ou tomadas de decisão discriminatórias, ou ainda da possibilidade de tomadas de decisão que ignorem valores humanos ou desrespeitem direitos fundamentais e a dignidade humana.[9]

Três fatores contribuem, em variados graus, para que um sistema seja opaco: a complexidade dos modelos matemáticos envolvidos, a dificuldade de entender as operações envolvidas no processamento de dados em larga escala e a falta de clareza no contexto institucional de

7 Jatinder Singh *et al.* (2016, p.7) destacam a dificuldade em manter o controle sobre sistemas opacos.

8 Para um tratamento do direito à contestação de decisões judiciais no âmbito da automação de decisões, ver Claudio Sarra (2020).

9 O tema da discriminação algorítmica é, por si só, objeto de uma vasta literatura acadêmica, cuja síntese foge ao escopo deste artigo. Recente pesquisa efetuada por Letícia Simões-Gomes *et al.* (2020) mostra que há uma escassez de produção sobre o tema em línguas portuguesa e espanhola, que se manifesta em vagueza conceitual e produção primariamente ensaística no cunho das humanidades. Há, contudo, um incipiente corpo de estudos lusófonos que abordam o tema de forma mais sistemática, como a tipologia proposta por Laura Schertel Mendes e Marcela Mattiuzzo (2020).

uso destes sistemas (BURRELL, 2016). A lógica de funcionamento de sistemas de inteligência artificial envolve modelos computacionais de variados graus de complexidade, que servem de ponto de partida para o desenvolvimento de programas de computador para realizar uma determinada tarefa (LEHR; OHM, 2017). Entender estes sistemas é, portanto, uma tarefa que exige conhecimento especializado (BURRELL, 2016, p. 4), mas até mesmo especialistas podem ter dificuldades para compreender todas as variáveis e fatores envolvidos no tratamento de dados em escala de *big data* (BURRELL, 2016, pp. 4-5), em especial quando se leva em conta a presença de segredos industriais e comerciais, ou mesmo de Estado, que podem dificultar o acesso aos algoritmos por trás de sistemas computacionais ou das ferramentas usadas para sua implementação (BURRELL, 2016, pp. 3-4).

A presença de um ou mais destes fatores pode dificultar a identificação de lesões ou ameaças a direitos e interesses, sejam eles individuais ou coletivos, que surjam em decorrência do uso da inteligência artificial. Esta dificuldade pode, inclusive, servir de instrumento para que empresas e outros controladores de dados, ao manter suas operações opacas, evitem ou confundam os esforços regulatórios (BURRELL, 2016, pp. 3-4; PASQUALE, 2015, p. 2). Como alerta o jurista americano Frank Pasquale (2015, p. 3), as diversas formas de opacidade que cercam os algoritmos fazem com que estejamos no escuro em relação a decisões cruciais.

Para Pasquale, deve haver menor esforço de concentração em tentar controlar a coleta de dados, e mais esforço em regular o uso desses dados – como as empresas e os governos estão realmente implantando regras para tomar decisões, com emprego de inteligências artificiais (PASQUALE, 2015, p. 141). É em relação a esses riscos que se direcionam esforços não só jurídicos, como também de incorporação de critérios éticos no desenvolvimento de sistemas.

## 2.2. Princípios éticos e iniciativas regulatórias

Nos últimos anos, diversos órgãos governamentais, associações de pesquisa e organizações privadas produziram documentos em resposta às preocupações acerca do emprego de sistemas de inteligência artificial, propondo parâmetros éticos para o desenvolvimento e aplicação de sistemas de IA. De acordo com um estudo de Anna Jobin, Marcello Ienca e

Effy Vayena (2019), há ao menos 84 documentos contendo princípios ou diretrizes para a inteligência artificial. Estes documentos são publicados por governos, organizações internacionais, empresas e organizações do terceiro setor, que por vezes adotam princípios distintos uns dos outros ou dão ênfases diferentes aos princípios escolhidos.

Nos diversos documentos, há alguma convergência em torno dos princípios de transparência (deve estar claro para o usuário que interagem com sistema artificial), explicabilidade (divulgação de informações ao interessado que permitam ao usuário entender os critérios para tomada de decisão), não-discriminação (evitar que os sistemas incorporem vieses que possam ofender direitos fundamentais), não-maleficência (sistemas de IA não podem prejudicar humanos), responsabilidade e privacidade/proteção de dados, muito embora haja divergências sobre p significado e a forma de implementação destes princípios (JOBIN; IENCA; VAYENA, 2019).

Um dos atores mais ativos no campo de propostas éticas para a inteligência artificial é a União Europeia, que atua por meio de suas diversas instâncias, articuladas por um plano coordenado (COMISSÃO EUROPEIA, 2018). Iniciativas neste sentido podem ser vistas na atuação da autoridade de proteção de dados da União Europeia,[10] do Parlamento Europeu,[11] e da Comissão Europeia.[12] Já no Brasil, o Ministério da Ciên-

10 Em dezembro de 2015, o *European Data Protection Supervisor* criou um *Ethics Advisory Group* voltado às dimensões éticas da proteção de dados no atual contexto digital. Em 2018, este grupo produziu um relatório em que sustenta que a nova ética digital tem como fundação o direito fundamental à privacidade e à proteção de dados pessoais, entendendo crucial essa observância ética para a proteção da dignidade humana, que é o cerne da Carta de Direitos Fundamentais da União Europeia. (BURGESS *et al.*, 2018).

11 Dentre outros, ver Koene *et al.* (2019). Este relatório desenvolve e propõe opções de regulações para a governança da transparência algorítmica e de sua responsabilização, a partir da análise dos aspectos sociais, técnicos e regulatórios.

12 No documento **A definition of AI: Main capabilities and scientific disciplines**, o *High-Level Expert Group* (AI HLEG) nomeado pela Comissão Europeia propôs uma definição operacional de inteligência artificial – "Artificial intelligence (AI) refers to systems that display intelligent behaviour by analysing their environment and taking actions – with some degree of autonomy – to achieve specific goals." e descreveu conceitos relacionados, como *machine learning* e robótica. O AI HLEG também apresentou as **Ethics Guidelines on Artificial Intelligence**, que apresentam sete requisitos para uma inteligência artificial centrada em humanos. Por fim, a Comissão Europeia propriamente dita publicou, em 2020, o *white paper* **On Artificial Intelligence – A European Approach to excellence and trust**, no qual aponta para a regulação, principalmente naquelas áreas consideradas de risco como: áreas de saúde, transporte, energia e parte dos serviços públicos, além daquelas

cia, Tecnologia e Inovação abriu no final de 2019 uma consulta pública a respeito da elaboração de uma Estratégia Nacional de Inteligência Artificial, que tem entre seus pilares o estabelecimento de diretrizes éticas para sistemas inteligentes,[13] ao passo que o Conselho Nacional de Justiça (CNJ) emitiu a Resolução 332/2020, estabelecendo requisitos éticos, de transparência e de governança que devem ser observados no uso de sistemas inteligentes em contextos judiciais.

O estabelecimento de princípios éticos para guiar o desenvolvimento da inteligência artificial é necessário para conduzir a aplicação da inteligência artificial para finalidades socialmente positivas, mas envolve alguns riscos. Uma primeira dificuldade está relacionada ao nível adequado de uso da inteligência artificial. De um lado, há a possibilidade de sobreutilização, com o emprego de sistemas inteligentes em situações que podem trazer impacto negativos aos seres humanos; de outro, o temor desta possibilidade pode levar à subutilização da inteligência artificial, impedindo a sociedade de aproveitar os benefícios que podem ser extraídos destas tecnologias (FLORIDI *et al.*, 2018).

Outra dificuldade está no fato de que os princípios são formulados em discussões *"top-down"* e pretensão de universalidade, o que torna seu conteúdo demasiadamente genérico e abstrato, tornando-os de difícil aplicação. Por um lado, a definição de regras gerais em vez de uma regulação rígida é favorável ao desenvolvimento tecnológico e permite que a sociedade se familiarize com os sistemas inteligentes antes de decidir como eles devem ser regulados. Por outro, ela pode contribuir para o que a literatura sobre regulação de inteligência artificial chama de *ethics-washing*: o uso de princípios vagos como um substituto para regras que

aplicações que afetem direitos de trabalhadores e identificação biométrica remota (reconhecimento facial). Não há propriamente uma sugestão de regulação ou proibição de metodologias, mas a indicação da conveniência de adoção, pelos desenvolvedores de IA, de transparência interna: obrigatoriedade de documentação de todo o processo decisório de desenvolvimento do software (concepção, treinamento, lançamento, monitoramento), bem como a inclusão de relatórios que avaliem o agregado de outputs, que sejam de fácil acesso em auditorias.

13 Para o anúncio da consulta pública, ver https://www.mctic.gov.br/mctic/opencms/salaImprensa/noticias/arquivos/2019/12/MCTIC_lanca_consulta_publica_para_a_Estrategia_Brasileira_de_Inteligencia_Artificial.html. Até o momento da publicação deste artigo, o Ministério ainda não havia divulgado uma resposta pública ou uma compilação das contribuições. Todavia, a chamada contou com a participação de grande número de cidadãos e organizações da sociedade civil.

efetivamente protegeriam os direitos e interesses individuais e coletivos que poderiam ser afetados pelo uso de sistemas inteligentes.[14]

Assim, um dos grandes desafios na regulação da inteligência artificial consiste em identificar não só os princípios cabíveis, mas os momentos em que estes princípios devem ser implementados por regras jurídicas, bem como os instrumentos legais mais adequados para esta regulação.[15] Entendemos que o melhor caminho para discussões éticas que pretendam aplicabilidade seja por meio da análise *"bottom-up"*, buscando equilíbrio reflexivo entre princípios gerais e casos concretos em setores específicos.[16] Ou seja, trata-se de discutir não os princípios universais da ética computacional ou algorítmica, mas de desenhar princípios específicos para diferentes setores de aplicação: ética algorítmica no campo da medicina, no campo jurídico, no âmbito comercial, etc. Refletindo as prioridades existentes em cada domínio de aplicação, será possível construir sistemas inteligentes que sejam centrados nas demandas humanas (COMISSÃO EUROPEIA, 2018; BRYSON; THEODOROU, 2019).

O equilíbrio ideal dependerá não só das capacidades tecnológicas dos sistemas inteligentes, mas também das peculiaridades de cada domínio de aplicação e das exigências da lei. Neste sentido, é salutar o desenvolvimento de uma literatura acadêmica brasileira sobre o tema que, em diálogo com o estado da arte da pesquisa global, busca enfrentar problemas no contexto brasileiro e dentro das condições do ordenamento pátrio, sem, contudo, perder de vista que muitos destes desafios também se fazem presentes em outros países.[17]



14 Para um mapeamento do fenômeno de *ethics-washing*, ver Bem Wagner (2018). Elettra Bietti (2020) oferece uma visão alternativa, que busca encontrar um papel para a ética da tecnologia enquanto evita sua captura por interesses de evasão regulatória.

15 Sobre a busca pelo equilíbrio adequado, ver Juliano Maranhão e Diogo Coutinho (2019). Para um exemplo concreto dos riscos envolvidos na regulação de tecnologia ver Gus Swanda (2016).

16 Como discutido por, dentre outros, Juliano Maranhão e Marco Almada (2021).

17 Uma primeira coletânea nacional a respeito do tema foi organizada por Ana Frazão e Caitlin Mulholland (2019). No tratamento sistêmico das implicações da inteligência artificial para o direito, Juliana Abrusio (2020) analisa as implicações da "cultura do algoritmo" para o regime de proteção de dados no Brasil e no mundo – tema também enfrentado por, dentre outros, Danilo Doneda *et al.* (2018). A respeito das implicações destas considerações sistemáticas para temas jurídicos, ver, dentre outros, Enrico Roberto (2020) em relação à responsabilidade civil, Maranhão e Almada (2021) no campo da saúde, e Luiz Fux; Henrique Ávila; e Trícia Navarro Xavier Cabral (2021) a respeito do impacto da tecnologia

No caso da inteligência artificial aplicada ao Direito, por exemplo, um desafio compartilhado e particularmente forte é aquele posto pelo problema da *"black box"* discutido acima, já que as decisões judiciais estão sujeitas a uma série de requisitos que ultrapassam a mera acurácia preditiva, como a necessidade de que o conteúdo da decisão possa ser justificado racionalmente. A seguir, exploraremos em mais detalhes os usos jurídicos da inteligência artificial e o estado da arte em relação ao problema de tornar explicáveis as decisões destes sistemas.

## 3. A APLICAÇÃO DA INTELIGÊNCIA ARTIFICIAL AO DIREITO

Sistemas de inteligência artificial são usados, como vimos acima, para automatizar várias tarefas cuja realização exigiria a inteligência humana. Dentre estas tarefas, é particularmente relevante o uso de sistemas inteligentes para tentar prever o comportamento de indivíduos – o que engloba objetivos diversos, como a identificação das preferências de consumo de alguém e a determinação da probabilidade de inadimplência em um financiamento[18] –, bem como o uso de dados para a tomada de decisão sem a participação humana.

Estes modelos, como discutidos acima, podem ser opacos ao entendimento humano, o que pode ser resultado de três fontes principais: a complexidade dos modelos matemáticos envolvidos, a dificuldade de entender as operações envolvidas no processamento de dados em larga escala e a falta de clareza no contexto institucional de uso destes sistemas. Como as atividades jurídicas – seja na esfera judicial, seja na esfera administrativa, seja em outros métodos de solução de controvérsias – estão em geral conectadas a situações que podem produzir impactos significativos para pessoas físicas e jurídicas, o ordenamento jurídico impõe uma série de restrições que devem ser seguidas para o uso lícito da inteligência artificial como ferramenta de apoio ou de automação.

Uma primeira fonte destas restrições, como comentado acima, é o regramento jurídico da privacidade e da proteção de dados pessoais: os princípios éticos mencionados acima, bem como as leis inspiradas por

---

no acesso à justiça, bem como diversos dos capítulos da já mencionada obra de Frazão e Mulholland (2019).

18 Para uma descrição das possibilidades neste sentido, ver Gomes (2017).

eles, também se aplicam aos usos jurídicos da inteligência artificial. Em particular, a Lei Geral de Proteção de Dados (LGPD, Lei 13.709/2018), cuja entrada em vigor está prevista para agosto de 2020, tem dispositivos relevantes para aplicações, como a geração automática de contratos ou a busca automatizada por jurisprudência, que estejam ligadas a questões jurídicas.[19]

A estas preocupações gerais, lidas à luz da discussão da seção anterior, somam-se as questões específicas do âmbito jurídico. Um exemplo é a exigência de que as decisões judiciais sejam fundamentadas na análise das questões de fato e de direito presentes no processo.[20] Diante deste requisito, um sistema inteligente que se proponha a automatizar uma decisão judicial - ou, de forma mais realista para a tecnologia atual, a fornecer aportes para um juiz humano - deve ser capaz de fornecer a fundamentação exigida por lei. Porém, a opacidade envolvida no uso e construção dos sistemas inteligentes pode dificultar, ou mesmo tornar inviável, a produção desse tipo de fundamentação.

A LGPD - assim como sua contraparte da União Europeia, o Regulamento Geral de Proteção de Dados (RGPD, ou GDPR na sigla inglesa) - inclui uma forma do chamado *direito à explicação*.[21] Segundo a LGPD, em seu artigo 20, § 1º, o controlador de sistemas que tomam decisões amparadas unicamente no tratamento automatizado de dados pessoais deve fornecer informações a respeito dos critérios e procedimentos utilizados para a decisão automatizada. Esta formulação da lei se aproxima do paradigma de sistemas baseados em conhecimento, que fazem uso de representações pré-definidas do conhecimento disponível a respeito do problema que pretendem resolver (RUSSELL; NORVIG, 2010, p. 234).

Contudo, muitas das aplicações de inteligência artificial que hoje assumem papel de destaque no imaginário popular seguem outro

19 A LGPD estabelece, em seu artigo 7°, VI, o exercício regular de direitos em processo judicial, administrativo ou arbitral como uma das hipóteses para o tratamento lícito de dados pessoais. O capítulo IV desta lei (artigos 23 a 32) dispõe sobre o tratamento de dados automatizados no poder público, o que abrange o judiciário e o ministério público, bem como as instâncias processuais administrativas.

20 Vide, *e. g.*, a exigência da fundamentação como elemento essencial da sentença pelo Código de Processo Civil, artigo 489, *caput*.

21 Para um panorama da discussão a respeito dos limites do direito à explicação na regulação da União Europeia, ver Kaminski (2019). Para uma discussão dos limites de viabilidade da explicação em face das possibilidades tecnológicas, ver Almada (2019).

paradigma técnico: os sistemas de dados. Esta abordagem, nos últimos anos, foi usada para a construção de sistemas de busca por divergências em acórdãos do Supremo Tribunal Federal (OLIVEIRA, 2017), predição de decisões da Corte Europeia de Direitos Humanos (MEDVEDEVA; VOLS; WIELLING, 2019), e a aplicação de testes de propósito principal na tributação internacional (KUZNIACKI, 2018), dentre outras aplicações.

Sistemas de dados não são construídos a partir de representações pré-definidas do problema que pretendem responder. Em vez disso, eles lançam mão do aprendizado de máquina (HAYKIN, 2008, p. 34): antes de serem usadas para sua aplicação, estes sistemas são expostos a dados sobre o problema a resolver, e por meio de processos estatísticos de treinamento,[22] extraem da base de dados padrões e correlações que serão generalizados para resolver problemas futuros.

Esses métodos de predição são empíricos, ou seja, extraem os resultados de uma série de decisões judiciais e as correlacionam com fatores como o tipo de demanda, valor envolvido, e o tribunal em que a demanda é julgada. Como sua estrutura é definida a partir das propriedades detectáveis a partir dos dados, os sistemas de aprendizado de máquina não levam em consideração qualquer justificação normativa sobre como deve ser a decisão a partir das características e argumentos do caso.

Além disso, a complexidade matemática dos modelos empregados para extrair as propriedades dos dados torna inviável, mesmo para o observador técnico, o detalhamento minucioso de como estes sistemas operam. Quando estas técnicas são aplicadas em cenários de *big data*,[23] a escala das operações envolvidas torna o cenário ainda mais complexo, dificultando a exposição das decisões tomadas pelo sistema em forma

22 O processo de treinamento pode ser supervisionado, em que o sistema aprende a associar determinados valores dos dados de entrada com rótulos fornecidos para seu treinamento; de reforço, quando as respostas do sistema são treinadas através do fornecimento de recompensas por respostas corretas; ou não-supervisionado, em que o treinamento busca alinhar o sistema inteligente com uma métrica que reflete propriedades dos dados e não um resultado desejado. (Haykin, 2008, pp. 34–35)

23 Parte da popularização deste paradigma da inteligência artificial nos últimos dados está ligado ao chamado big data, isto é, a formação de vastas bases de dados e as subsequentes possibilidades de extração de informação a partir destes dados. Sobre o tema, ver Gomes (2017).

compreensível para humanos, com premissas, critérios acessíveis, argumentos e conclusões.[24]

Nesta seção, discutiremos os êxitos e limitações de ambos os paradigmas do aprendizado de máquina. De um lado, os sistemas baseados em conhecimento conseguem representar uma vasta gama de aplicações jurídicas, bem como produzir respostas inteligíveis, mas sua construção e uso exige um esforço que muitas vezes dificulta aplicações práticas. Já os sistemas de aprendizado de máquina conseguem extrair correlações estatísticas com menos estrutura do que a exigida pelos sistemas que lançam mão de formalizações do conhecimento jurídico, mas suas soluções não são explicáveis em um nível compatível com as exigências jurídicas nem se beneficiam do conhecimento jurídico. Por fim, defenderemos a combinação entre técnicas de conhecimento jurídico e técnicas de aprendizado de máquina, aproveitando os pontos positivos de ambas as abordagens para a construção de sistemas mais adequados às peculiaridades das predições jurídicas, de natureza normativa.

### 3.1. Sistemas baseados em conhecimento jurídico

Sistemas baseados em conhecimento são sistemas inteligentes que realizam inferências a partir de representações internas de conhecimento (RUSSELL; NORVIG, 2010, p. 234). Estas representações do conhecimento são construídas de antemão, durante o projeto de um sistema computacional, mas uma vez que elas sejam feitas, o sistema pode atualizar sua base de conhecimento a partir das informações que adquire do ambiente, aplicando as mesmas regras de inferência para lidar com situações percebidas.

No âmbito jurídico, este raciocínio opera através da estrutura formal, que pode ser construída a partir de diferentes lógicas, como lógicas deônticas (HILPINEN; MCNAMARA, 2013), que lidam com conceitos como obrigações, proibições e permissões – seja por operadores modais, seja por meio de representações de conjuntos de normas, constitutivas, obrigatórias ou permissivas, como nas lógicas *input/output* – ou ainda lógicas de argumentação derrotável.

Lógicas de argumentação derrotável encontraram ampla aplicação em representação de conhecimento jurídico, a partir de duas

24 Sobre ambas as questões deste parágrafo, ver Burrell (2016).

abordagens principais: o raciocínio a partir de precedentes (*case based reasoning*) e o raciocínio a partir de regras (*rule based reasoning*). Essas lógicas modelam o raciocínio como inferências a partir de argumentos a favor ou contra determinada tese, incluindo informação sobre a força relativa destes argumentos. Um argumento pode ser uma estrutura inferencial complexa, que liga suas premissas a conclusões por meio de passos intermediários detalhados.[25] Estes argumentos, por sua vez, podem ser atacados em diferentes junções e de diversas formas, e uma conclusão pode ser derivada se for possível construir um argumento a favor da conclusão que seja defensável contra todos os argumentos que o atacam.

Tal estrutura de argumentos, contra-argumentos, refutações e presunções alinha-se de forma direta com o raciocínio jurídico, tendo em vista que decisões judiciais são tomadas a partir da avaliação de argumentos das partes em oposição. Com isso, as lógicas de argumentação foram aplicadas com sucesso para representar vários aspectos do raciocínio jurídico. Dentre as aplicações bem-sucedidas das lógicas de argumentação jurídica na inteligência artificial, temos modelos de raciocínio sobre argumentação oral em cortes (BENCH-CAPON; PRAKKEN, 2010), evidências processuais (BEX *et al*, 2003; VERHEIJ, 2016; dentre outros) e raciocínio com precedentes judiciais (BENCH-CAPON, 2002; PRAKKEN; SARTOR, 1996; dentre outros). Em particular, mais recentemente, modelos lógicos de argumentação foram desenvolvidos nos quais ocorre o balanço de múltiplas considerações prós e contras – fatores do caso, razões, princípios e valores (HAGE, 2005; SARTOR, 2013; PRAKKEN *et al.*, 2013; HORTY, 2011; dentre outros). Além disso, alguns modelos formulam princípios racionais sobre o desenvolvimento dos precedentes no tempo e sobre a dinâmica de construção e alteração de conceitos em interpretações de leis e precedentes judiciais (dentre os quais, MARANHÃO; SARTOR, 2019; HORTY; BENCH-CAPON, 2012).

Boa parte dos avanços de IA & Direito sobre a interpretação de conceitos gira em torno da noção de "fator", que surgiu em dois programas

25 De um ponto de vista técnico, tanto os passos intermediários quanto a conclusão final devem ser autorizados por operações de uma lógica dedutiva ou derrotável (não-monotônica).

de computador pioneiros em IA & Direito: o sistema HYPO (ASHLEY, 1990) e o sistema CATO (ALEVEN, 2003). Fatores são abstrações ou estereótipos da descrição de um caso, que podem favorecer (fatores favoráveis) ou prejudicar (fatores contrários) uma conclusão legal. Por exemplo, o fator "gravidez resultante de estupro" é um fator favorável, no direito brasileiro, à decisão de permitir ou não punir o aborto. Já o fator "procedimento não realizado por médico" é um fator que leva à proibição do aborto.

A atenção dada ao papel dos valores e propósitos levou a abordagens sobre a interpretação jurídica como um problema de decisão, ou seja, como uma escolha entre interpretações alternativas considerando a probabilidade daquela interpretação ou de decisões baseadas naquela interpretação, ou ainda, de consequências possíveis daquela interpretação em termos de promoção ou demoção dos valores relevantes. Naquelas abordagens, a escolha de uma interpretação é pautada nos efeitos positivos e negativos que as potenciais decisões podem ter em relação a valores ou objetivos que sejam tomados como relevantes, considerando as preferências relativas entre esses valores ou objetivos, e, em alguns modelos, também considerando a extensão na qual esses valores ou objetivos são alcançados ou impactados. Há também ligações entre essas abordagens e teorias da decisão qualitativas (KEENEY; RAIFFA, 1976), recentemente exploradas por Giovanni Sartor (2010; 2013).

Sistemas computacionais mais recentes, como o VJAP (GRABMAIR, 2017), desenvolvido para aplicação em temas de concorrência desleal, em particular sobre violação de segredo de indústria (*trade secret law*) procuram incorporar valores e propósitos perseguidos na construção de justificações para decisões judiciais. Com isso, o sistema faz predição do resultado do caso, ou seja, da provável decisão judicial, por meio de uma medida de confiança derivada dos grafos argumentativos, e gera textos com argumentos que justifiquem a predição fornecida.

Em todas estas abordagens, é possível reconstruir a lógica que o sistema utilizou para construir suas predições, o que fornece uma justificação racional para as decisões tomadas. Contudo, não só a construção destes sistemas exige o emprego de muito conhecimento específico sobre o tema, como também há a necessidade de se extrair manualmente a informação que os algoritmos usarão, o que exige, na prática, um trabalho substancial de pré-processamento para a construção e uso desses sistemas. Por isso, os sistemas baseados em conhecimento não são, hoje, tão aplicados quanto a sua sofisticação teórica poderia sugerir.

## 3.2. Aplicações jurídicas do aprendizado de máquina

Nos últimos anos, técnicas de aprendizado de máquina foram empregadas para prever resultados de decisões judiciais a partir de textos jurídicos. Um exemplo é o modelo construído por Nikolaos Aletras *et al.* (2016), que atingiu 79% de acurácia ao avaliar se a Corte Europeia de Direitos Humanos decidiria pela existência de uma violação de direitos em um determinado técnico. Em aplicações jurídicas, abordagens de Máquinas de Vetores-Suporte (SVM) têm obtido os melhores resultados, embora abordagens de *deep learning* venham ganhando espaço (CONTISSA *et al.*, 2018).

De forma geral, estes modelos derivam suas predições de elementos textuais (*features*) que revelam padrões para as decisões. A construção de um modelo de aprendizado de máquina para o processamento de linguagem natural – o que inclui o processamento de textos jurídicos – envolve, em geral, quatro passos: (1) a *compilação* de um *corpus* de textos relevantes para o domínio da aplicação; (2) o *pré-processamento* dos textos desse *corpus*, para deixá-los em um formato que os algoritmos de processamento de linguagens naturais possam consumir; (3) a *anotação* destes textos, por meios automáticos ou manuais, para atribuir rótulos adequados (por exemplo, para dizer se um recurso foi provido); e (4) o *treinamento* do modelo que realizará as previsões desejadas (ECHKHART DE CASTILHO, 2018). Todas estas etapas podem se beneficiar do uso de conhecimentos específicos do domínio de aplicação como uma forma de melhorar o tratamento computacional dos textos analisados, como fazem sistemas como CLAUDETTE, desenvolvido na Universidade de Bologna, que detecta cláusulas abusivas em documentos que descrevem ou pedem concordância com as políticas de privacidade de sites (CONTISSA *et al.*, 2018).

Mesmo com o auxílio de conhecimento especialista, todavia, os padrões encontrados por um sistema inteligente muitas vezes são aqueles que um humano observaria ao desempenhar a mesma tarefa. Isso porque a predição normativa, típica do jurista, não é fundamentada na correlação empírica entre eventos, mas na apreciação dos fatores (características) do caso à luz das normas jurídicas aplicáveis, ou dos argumentos a favor ou contra determinada pretensão. Portanto, difícil é difícil para o jurista humano entender quais são os eventos empíricos que o sistema julgou como relevantes e as correlações utilizadas que resultam no *output* do sistema.

Exemplo nesse sentido pode ser encontrado no trabalho de Verma *et al.* (2017), que desenvolveu um sistema com cerca de 75% de acurácia para predizer quando juízes das cortes de apelação norte-americanas divergiriam. A hipótese seria que a divergência seria determinada por diferenças de natureza ideológica, porém, os fatores que mais correlacionaram na determinação do resultado foram: (i) a posição em que os juízes se sentavam no julgamento; (ii) o tamanho dos votos e (iii) o número de citações de precedentes. Obviamente, na análise jurídica, fatores como esses são absolutamente irrelevantes. A predição jurídica de divergência liga-se à avaliação de convicções sobre teses jurídicas e princípios aceitos pelos juízes sob análise.

Assim, a pesquisa em inteligência artificial tem buscado o desenvolvimento de sistemas de inteligência artificial inteligíveis (*Explainable Artificial Intelligence*: xAI), tanto por meio da produção de sistemas capazes de explicar de forma mais simples o funcionamento de outros sistemas quanto pela construção de sistemas capazes de atingir bom desempenho a partir de mecanismos internos que incorporem representação de conhecimento jurídico.

## 3.3. Inteligência artificial no Direito brasileiro

Nos últimos anos, diversas empresas brasileiras, bem como empresas internacionais com atuação no mercado brasileiro, têm comercializado produtos tecnológicos voltados ao setor jurídico.[26] De forma geral, estas empresas não costumam divulgar ao público as tecnologias que utilizam para suas soluções, mas pesquisas recentes (como TREVELIN *et*

26 O site da Associação Brasileira de Lawtechs e LegalTechs (AB2L, https://ab2l.org.br/radar-lawtechs/) revela que, em março de 2021, mais de 100 empresas do setor jurídico ofereciam produtos ou soluções voltadas ao público jurídico em sentido amplo. Embora nem todas essas empresas façam uso de inteligência artificial, algumas delas são dedicadas explicitamente a este tipo de aplicação, por exemplo como fornecedores de tecnologias inteligentes para o setor público ou como provedores de *analytics* (análise de dados) e jurimetria.

*al.*, 2020) apontam para uma popularização do uso de técnicas baseadas em aprendizado de máquina, fator que é motivado ao menos em parte pela política de acesso aberto a dados judiciais.

Tendo em vista a importância do acesso a dados para o desenvolvimento do aprendizado de máquina, como descrito *supra*, o Conselho Nacional de Justiça (CNJ) estabeleceu, por meio da Resolução 334/2020, o Comitê Consultivo de Dados Abertos e Proteção de Dados no âmbito do Poder Judiciário. Este comitê tem por objetivo auxiliar o CNJ na construção de políticas de acesso a dados que equilibrem as demandas de transparência e desenvolvimento tecnológico, de um lado, e, de outro, a necessidade de proteção dos dados das pessoas eventualmente mencionadas no âmbito de documentos judiciais. Tais políticas não determinam o uso – ou não-uso – de tecnologias em específico, mas, ao estabelecer padrões e medidas técnicas e administrativas para o adequado tratamento de dados judiciais, fornecem segurança jurídica para o desenvolvimento tecnológico no setor privado.

Em paralelo, o CNJ também atua no sentido de coordenar e amparar as diversas iniciativas de inteligência artificial desenvolvidas pelos próprios tribunais. Com base nos problemas identificados por cada corte e nas capacidades técnicas existentes em suas equipes de tecnologia, diversos tribunais desenvolveram sistemas internos para tarefas como a automação de tarefas identificadas como gargalos na operação dos tribunais, para a triagem de peças processuais, ou a sumarização de textos (FGV, 2020). Uma vez que tais iniciativas tiveram origem nos próprios tribunais, estes sistemas por vezes fazem uso de tecnologias e representações de dados distintas, o que dificulta o reaproveitamento de sistemas bem-sucedidos em outros contextos.

Diante deste obstáculo, que pode levar tribunais a despender esforços para resolver problemas já resolvidos alhures, a atuação recente do CNJ tem buscado fomentar a interoperabilidade e o compartilhamento do conhecimento entre os tribunais. Neste sentido, destacam-se a adoção da Plataforma Sinapses (CNJ, 2019), originada no Tribunal de Justiça de Rondônia e adotada na Portaria 271/2020 do CNJ como plataforma de inteligência artificial do Poder Judiciário. Com a adoção de uma plataforma comum, os tribunais poderão se beneficiar de uma infraestrutura técnica compartilhada, dedicando assim seus esforços tecnológicos à construção de modelos que tragam benefícios às operações dos tribunais.

# 4. PERSPECTIVAS DA INTELIGÊNCIA ARTIFICIAL APLICADA AO DIREITO

## 4.1. Abordagens híbridas e o problema da explicação das decisões

Apesar de seus êxitos, ambos os paradigmas de inteligência artificial encontram limites à sua aplicação em questões jurídicas. No caso dos sistemas de conhecimento jurídico, o principal obstáculo consiste na dificuldade envolvida na codificação dos dados de um caso para que eles tenham uma forma que o sistema possa entender e processar, trabalho que hoje é majoritariamente feito por humanos. Para sanar esta dificuldade, há linhas prósperas de pesquisa voltadas ao desenvolvimento de sistemas para identificação automática de fatores juridicamente relevantes em textos jurídicos, com o uso de emprego de modelos de espaços vetoriais (ASHLEY; FALAKMASIR, 2017), e de detecção automática e estruturação de argumentos (PALAU; MOENS, 2019; PATHAK; GOYAL; BHOMWICK, 2016). Embora estas tecnologias ainda precisem atingir maior grau de maturação, elas já contribuem para reduzir o trabalho humano necessário para a adoção de sistemas baseados em conhecimento jurídico.

Da mesma forma que o uso de técnicas de aprendizado de máquina pode servir para viabilizar o uso prático de sistemas baseados em conhecimento, as representações do domínio que estes proporcionam podem ser úteis para explicar como a inteligência artificial jurídica chega às suas conclusões. No campo do Direito, a IA inteligível é de particular importância, uma vez que qualquer ato ou decisão judicial ou administrativa somente é juridicamente válido na medida em que possa ser juridicamente justificada.[27] Nesse domínio, o processo e conteúdo de justificação é tão relevante quanto o resultado.



27 No ordenamento jurídico brasileiro, o Código de Processo Civil (artigo 489, II) impõe a apresentação da fundamentação como elemento essencial da sentença. Na Europa, a Corte Europeia de Direitos Humanos reconhece a presença de uma justificação como essencial para a possibilidade de recurso (*Fomin v. Moldova* (2011), No.36755/06, § 31) e para que as partes possam ter suas reclamações ouvidas, sendo assim parte das garantias de um processo justo (*Suominen v. Finland* (2003) No.37801/97, § 37). Sobre o papel das razões judiciais como mecanismos de controle de sistemas automatizados, ver Strandburg (2019).

Como exemplos de projetos que buscam fornecer explicações para decisões automatizadas no âmbito jurídico, temos o projeto *NWO Forensic Science*,[28] coordenado por Bart Verheij, que busca desenvolver sistemas para gerar explicações sobre redes bayesianas e modelos probabilísticos de análise de evidências processuais, por meio de cenários e argumentos de forma que os modelos se tornem compreensíveis para juristas (VERHEIJ *et al.*, 2016; VLEK, 2014).

A necessidade de explicação não é apenas um requisito para que os sistemas inteligentes possam ser utilizados em aplicações jurídicas, mas é também um requisito para que as predições da inteligência artificial sejam eficazes. Posto que uma decisão judicial muitas vezes não é uma consequência imediata do "estímulo dos fatos" (ALETRAS *et al.*, 2016) que possam ser detectados diretamente a partir do texto, uma predição de decisões judiciais não deve se limitar aos aspectos empíricos, mas também levar em conta as dinâmicas argumentativas que devem ser reconstruídas para que um sistema possa fazer uma predição adequada. Desta forma, a incorporação de técnicas computacionais de tratamento da argumentação jurídica às técnicas já existentes de processamento de linguagem jurídica permitirá que os sistemas consigam identificar os argumentos presentes em um documento jurídico e, a partir disso, prever o resultado de uma forma ao mesmo tempo mais precisa e passível de explicação para os observadores humanos.

O caminho para a integração de modelos de predição é, de um lado, o desenvolvimento de programas capazes de identificar fatores relevantes ou argumentos em documentos jurídicos de tal modo que possam gerar premissas para sistemas computacionais que empreguem lógicas jurídicas e de argumentação. E, de outro, o desenvolvimento e refinamento dos sistemas de argumentação e construção de justificações com base em fatores e argumentos de modo a que possam processar argumentos e fatores extraídos automaticamente (por aprendizado de máquina) de textos e documentos jurídicos. Com isso, é possível desenvolver modelos de argumentação que possam, a partir de textos jurídicos com pouco ou nenhum tratamento especial, oferecer não só predições empíricas, obtidas a partir de correlações estatísticas, como também predições normativas, extraídas da força argumentativa do caso em

28 http://www.ai.rug.nl/~verheij/nwofs/

relação a precedentes, bem como a construção de justificações jurídicas a partir de argumentos inteligíveis.

### 4.2. Direito computável

Outra linha de desenvolvimento da inteligência artificial jurídica consiste em tornar computáveis as normas existentes. Dada a ubiquidade dos sistemas de IA, passa a ser inviável a impossibilidade de fiscalização humana de todas as possíveis tomadas de decisão e ações por agentes digitais inteligentes, mesmo nos casos em que estas decisões são adequadamente explicadas. Então, torna-se imperativo que os sistemas inteligentes, em especial aqueles empregados nas aplicações juridicamente mais sensíveis, sejam capazes de ajustar suas ações em função das leis.

Uma primeira solução para este problema consiste na adoção de técnicas de projeto para sistemas computacionais que assegurem que estes operem de forma compatível com a lei. É o caso de abordagens de proteção de dados *by design*[29] e de técnicas por elas inspiradas, como *contestability by design* (ALMADA, 2019; BAYAMLIOGLU, 2018; HILDEBRANDT, 2019) ou *ethics by design* (DIGNUM *et al.*, 2018; ALMADA; ATTUX, 2018). Estas abordagens, em particular aquelas voltadas à proteção da privacidade, já são adotadas com variados graus de sucesso, mas enfrentam duas dificuldades principais: a possibilidade de conflitos entre os valores que estas abordagens tentam implementar (ALMADA; ATTUX, 2018; WARDMAN; LOFSTEDT, 2018; FEENBERG, 1992; VAN DE POEL, 2020) e a falta de recursos conceituais e técnicos para antecipar problemas que podem ter impacto real (BREY, 2012; FLORIDI; STRAIT, 2020).

Em resposta a tais dificuldades, atualmente explora-se o desenvolvimento de sistemas inteligentes capazes de processar computacionalmente normas jurídicas ou morais.[30] Como os sistemas de IA adaptam

29 O artigo 25 do GDPR estabelece a necessidade de que sistemas adotem, por padrão e já desde o momento de sua concepção, medidas para a proteção de dados pessoais de seus usuários. No Brasil, este dispositivo encontra eco na LGPD (artigo 46, § 2°). Há ampla literatura sobre o tema, da qual destacamos as diretrizes da autoridade europeia de proteção de dados, ver nesse sentido European Data Protection Board, 2019.

30 Ver, nesse sentido, o projeto europeu CompuLaw: https://cordis.europa.eu/project/id/833647. A partir de 2019, a Faculdade de Direito da Universidade de São Paulo passou a oferecer disciplinas de pós-graduação relativas ao direito computável.

seu comportamento às circunstâncias, tal processamento não pode ser feito somente por programação regimental, mas exige a construção de representações formais das normas éticas ou jurídicas relevantes para um determinado domínio de aplicação. A partir destas representações, os sistemas inteligentes poderão raciocinar e aplicar regras éticas e legais no momento de escolha sobre seu curso de ação, considerando peculiaridades do contexto em vez de se limitar a determinações *ex ante*.

## 5. CONCLUSÃO

A difusão do uso de sistemas inteligentes tem o potencial de transformar a prática do Direito, não só por trazer novas questões a serem consideradas as profissões jurídicas, mas também pela automação de atividades jurídicas, começando por aquelas que envolvem trabalho repetitivo e posteriormente se sofisticando. Estas mudanças exigirão uma mudança no perfil do profissional jurídico, que precisará estar apto a lidar com o novo cenário social e com as novas tecnologias.

Em relação às aplicações da inteligência artificial ao direito, este processo de adaptação envolve tanto o uso das ferramentas de inteligência artificial pelos profissionais do Direito quanto o aproveitamento de seu conhecimento para a construção de sistemas computacionais que sejam capazes de realizar suas atividades de tratamento de dados de formas compatíveis com a lei. Portanto, a popularização da inteligência artificial exigirá profissionais capazes de lidar com as transformações tecnológicas e de operar em equipes interdisciplinares, que aproveitem as competências de juristas, cientistas da computação e outros profissionais para a construção de sistemas inteligentes que tenham efeitos positivos e protejam os direitos e interesses juridicamente tutelados em jogo.

## REFERÊNCIAS

ABRUSIO, Juliana. **Proteção de Dados na Cultura do Algoritmo**. São Paulo: Editora D'Plácido, 2020.

ALETRAS, Nikolaos *et al*. Predicting judicial decisions of the European Court of Human Rights: a Natural Language Processing perspective. **PeerJ Computer Science**, v. 2, e93, 2016.

ALEVEN, Vincent. Using background knowledge in case-based legal reasoning: a com-putational model and an intelligent learning environment. **Artificial Intelligence**, n. 150, 2003.

ALMADA, Marco. Human intervention in automated decision-making: Toward the construction of contestable systems. In: **Proceedings of the Seventeenth International Conference on Artificial Intelligence and Law** (ICAIL 2019), Montreal. Nova York: ACM Press, 2019.

ALMADA, Marco; ATTUX, Romis. Ethical design of social simulations. **Anais do 3° Workshop sobre Aspectos Sociais, Humanos e Econômicos de Software** (WASHES 2018). Porto Alegre: SBC, 2018.

ASHLEY, Kevin D. **Modeling Legal Argument:** Reasoning with Cases and Hypotheticals. Cambridge: MIT Press, 1990.

ASHLEY, Kevin; FALAKMASIR, Mohammad Hassan. Utilizing Vector Space Models for identifying legal factors from text. **Proceedings of Jurix Conference**, 2017.

BAYAMLIOGLU, Emre. Contesting Automated Decisions. **European Data Protection Law Review (EDPL),** v. 4, p. 433–446, 2018.

BAYAMLIOĞLU, Emre; LEENES, Ronald. The 'rule of law' implications of data-driven decision-making: a techno-regulatory perspective. **Law, Innovation and Technology**, v. 10, n. 2, p. 295–313, 2018.

BENCH-CAPON, Trevor J. M. The missing link revisited: the role of teleology in representing legal argument. **Artificial Intelligence and Law**, v. 10, p. 79–94, 2002.

BENCH-CAPON, Trevor J.M.; PRAKKEN, Henry. Using argument schemes for hypothetical reasoning in law. **Artificial Intelligence and Law**, v. 18, p. 153–174, 2010.

BEX, Floris J. *et al.* Towards a formal account of reasoning about evidence: argumentation schemes and generalisations. **Artificial Intelligence and Law**, v. 11, p. 125–165, 2003.

BIETTI, Elettra. From ethics washing to ethics bashing: a view on tech ethics from within moral philosophy. In: **Proceedings of the 2020 Conference on Fairness, Accountability, and Transparency.** Barcelona, Spain: Association for Computing Machinery, 2020, p. 210–219.

BREY, Philip A. E. Anticipatory Ethics for Emerging Technologies. **NanoEthics**, v. 6, n. 1, p. 1–13, 2012.

BRYSON, Joanna J.; THEODOROU, Andreas. How Society Can Maintain Human-Centric Artificial Intelligence. In: TOIVONEN, Marja; SAARI, Eveliina (Orgs.). **Human--Centered Digitalization and Services**. Singapore: Springer Singapore, 2019, p. 305–323.

BURGESS, Peter; FLORIDI, Luciano; POLS, Aurélie; van den HOVEN, Jeroen. **Towards a digital ethics**. Bruxelas: Ethics Advisory Group, 2018.

BURRELL, Jenna. How the machine 'thinks': Understanding opacity in machine learning algorithms. **Big Data & Society**, v. 3, n. 1, p. 1–12, 2016.

CAPLAN, Robyn; DONOVAN, Joan; HANSON, Lauren; MATTHEWS, Jeanna. **Algorithmic accountability**: a primer. Data & Society, 2018. Disponível em: <https://datasociety.net/output/algorithmic-accountability-a-primer/>. Acesso em: 26 ago. 2018.

CNJ. **Inteligência artificial na Justiça**. Brasília: Conselho Nacional de Justiça, 2019.

COMISSÃO EUROPEIA. **COM(2018) 795**. Bruxelas, 2018.

CONTISSA, Giuseppe *et al.* **CLAUDETTE meets GDPR:** automating the evaluation of privacy policies using Artificial Intelligence. Relatório Técnico para BEUC, 2018.

CORMEN, Thomas H.; LEISERSON, Charles E.; RIVEST, Ronald L., STEIN, Clifford. **Introduction to algorithms**. 3.ed. Cambridge: The MIT Press, 2009, p. 5–6.

DIGNUM, Virginia; BALDONI, Matteo; BAROGLIO, Cristina; *et al.* Ethics by Design: Necessity or Curse? **Proceedings of the 2018 AAAI/ACM Conference on AI, Ethics, and Society**. Nova Orleans: ACM, 2018, p. 60–66.

DONEDA, Danilo Cesar Maganhoto; MENDES, Laura Schertel; SOUZA, Carlos Affonso Pereira de; *et al.* Considerações iniciais sobre inteligência artificial, ética e autonomia pessoal. **Pensar – Revista de Ciências Jurídicas**, v. 23, n. 04, p. 1–17, 2018.

ECKHART DE CASTILHO, Richard. **A Legal Perspective on Training Models for Natural Language Processing**. LREC 2018, Miyazaki, Japão, 2018.

FEENBERG, Andrew. Subversive rationalization: Technology, power, and democracy. **Inquiry,** v. 35, n. 3–4, p. 301–322, 1992.

FGV. **Tecnologia aplicada à gestão dos conflitos no âmbito do Poder Judiciário brasileiro**. Rio de Janeiro: Centro de Inovação, Administração e Pesquisa do Judiciário da Fundação Getulio Vargas, 2020.

FLORIDI, Luciano, *et al.* AI4People—An Ethical Framework for a Good AI Society: Opportunities, Risks, Principles, and Recommendations. **Minds and Machines**, v. 28, 2018.

FLORIDI, Luciano; STRAIT, Andrew. Ethical Foresight Analysis: What it is and Why it is Needed? **Minds and Machines**, v. 30, n. 1, p. 77–97, 2020.

FRAZÃO, Ana; MULHOLLAND, Caitlin (Orgs.). **Inteligência Artificial e Direito: Ética, Regulação e Responsabilidade**. 1. ed. São Paulo: Thomson Reuters Brasil, 2019.

FUX, Luiz; ÁVILA, Henrique; CABRAL, Trícia Navarro Xavier (Orgs.). **Tecnologia e Justiça Multiportas: Teoria e prática**. Indaiatuba: Editora Foco, 2021.

GOMES, Rodrigo Dias de Pinho. **Big Data**: desafios à tutela da pessoa humana na sociedade da informação. Rio de Janeiro: Lumen Juris, 2017.

GRABMAIR, Matthias. Predicting trade secret case outcomes using argument schemes and learned quantitative value effect tradeoffs. **Proceedings of the 16th edition of the International Conference on Artificial Intelligence and Law** (ICAIL 2017), Londres, 2017, p. 89–98.

HAGE, Jaap C. Comparing alternatives in the law. **Artificial Intelligence and Law**, v. 12, p. 181–225, 2005.

HAYKIN, Simon. **Neural Networks and Learning Machines**. Prentice Hall, 2008, p. 34.

HILDEBRANDT, Mireille. Privacy as Protection of the Incomputable Self: From Agnostic to Agonistic Machine Learning. **Theoretical Inquiries in Law**, v. 20, n. 1, 2019.

HILPINEN, Risto and MCNAMARA, Paul. Deontic Logic: a historical survey and introduction. In: GABBAY, Dov *et al.* (orgs.). **Handbook of Deontic Logic and Normative Systems**. Londres: College Publications, 2013.

HORTY, John F. Rules and reasons in the theory of precedente. **Legal Theory**, v. 17, 2011.

HORTY, John F.; BENCH-CAPON, Trevor J. A factor-based definition of precedential constraint. **Artificial Intelligence and Law**, v. 20, p. 181–214, 2012.

JOBIN, Anna; IENCA, Marcello; VAYENA, Effy. The global landscape of AI ethics guidelines. **Nature Machine Intelligence**, v. 1, p. 389–399, 2019.

KAMINSKI, Margot. The Right to Explanation, Explained. **Berkeley Technology Law Journal**, v. 34, n. 1, 2019.

KEENEY, Ralph L.; RAIFFA, Howard. **Decisions with Multiple Objectives**. New York: Wiley, 1976.

KOENE, Ansgar, *et al.* **A governance framework for algorithmic accountability and transparency**. Bruxelas: Parlamento Europeu, 2019.

KUZNIACKI, Blazej. The Artificial Intelligence Tax Treaty Assistant: Decoding the Principal Purpose Test. **Bulletin for International Taxation**, v. 72, n. 9, 2018.

LARSON, Christina. **Who needs democracy when you have data?** MIT Technology Review, 20 de agosto de 2018.

LEHR, David; OHM, Paul. Playing with the Data: What Legal Scholars Should Learn About Machine Learning. **University of California Davis Law Review**, v. 51, p. 653–717, 2017.

LÖFSTEDT, Ragnar. Anticipating or Accommodating to Public Concern? Risk Amplification and the Politics of Precaution Reexamined. **Risk Analysis**, v. 38, n. 9, p. 1802–1819, 2018.

MACHADO, Henrique Felix de Souza. Algoritmos, regulação e governança: uma revisão de literatura. **Journal of Law and Regulation**, v. 4, n. 1, p. 39–62, 2018.

MARANHÃO, Juliano; ALMADA, Marco. Inteligência Artificial no Setor de Saúde: Ética e Proteção de Dados. *In*: DALLARI, Analluza Bolivar; MONACO, Gustavo Ferraz de Campos (Orgs.). **LGPD na Saúde**. 1ª edição. São Paulo: Thomson Reuters Brasil, 2021.

MARANHÃO, Juliano; COUTINHO, Diogo R. **Melhor investir do que regular**. Correio Braziliense, 25 de março de 2019.

MARANHÃO, Juliano; SARTOR, Giovanni. Value Assessment and Revision in Legal Interpretation. **Proceedings of the 17th edition of the International Conference on Artificial Intelligence and Law** (ICAIL 2019), Montreal, Canadá. Nova York: ACM Press, 2019.

MENDES, Laura Schertel; MATTIUZZO, Marcela. Discriminação Algorítmica: Conceito, Fundamento Legal e Tipologia. **Direito Público**, v. 16, n. 90, pp. 26 ss., 2019.

MEDVEDEVA, Masha; VOLS, Michel; WIELING, Martijn. Using machine learning to predict decisions of the European Court of Human Rights. **Artificial Intelligence and Law**, 2019.

OLIVEIRA, Rafael Brito de. **Utilização de Ontologias para Busca em Base de Dados de Acórdãos do STF**. Dissertação (Mestrado em Ciências da Computação). São Paulo: Universidade de São Paulo, 2017.

ONG, Rebecca. Recognition of the right to privacy on the Internet in China. **International Data Privacy Law,** v.1, n. 3, 2011.

PALAU, Raquel Mochales; MOENS, Marie-Francine. **Argumentation Mining: the detection, classification and structuring of Arguments in text**. Proceedings of ICAIL 2009, Barcelona, 2009.

PASQUALE, Frank. **The Black Box Society**: the secret algorithms that control money and information. Cambridge: Harvard University Press, 2015.

PATHAK, Arkanath; GOYAL, Pawan; BHOWMICK, Plaban. A two-phase approach towards identifying argument structure in Natural Language. **Proceedings of the 3rd Workshop on Natural Language Processing Techniques for Educational Aplications**, Osaka, 2016.

PRAKKEN, Henry, *et al.* A formalisation of argumentation schemes for legal case--based reasoning in ASPIC+" **Journal of Logic and Computation**, 2013.

PRAKKEN, Henry; SARTOR, Giovanni. A dialectical model of assessing conflicting arguments in legal reasoning. **Artificial Intelligence and Law**, v. 4, p. 331–368, 1996.

RUSSELL, Stuart J.; NORVIG, Peter. **Artificial Intelligence:** a modern approach, 3ª edição. Upper Saddle River: Prentice Hall, 2010, p. 234.

SARRA, Claudio. Put Dialectics into the Machine: Protection against Automatic-decision-making through a Deeper Understanding of Contestability by Design. **Global Jurist**, v. 20, n. 3, 2020.

SARTOR, Giovanni. The logic of proportionality: reasoning with non-numerical magnitudes. **German Law Journal**, v. 14, 2013.

SARTOR, Giovanni. Fundamental legal concepts: A formal and teleological characterisation. **Artificial Intelligence and Law**, v. 21, pp. 101–142, 2010.

SIMÕES-GOMES, Letícia; ROBERTO, Enrico; MENDONÇA, Jônatas. Viés algorítmico – um balanço provisório. **Estudos de Sociologia**, v. 25, n. 48, 2020.

SINGH, Jatinder; WALDEN, Ian; CROWCROFT, Jon; BACON, Jean. **Responsibility and machine learning: part of a process**. SSRN, 2016, p. 7.

STRANDBURG, Katherine J. Rulemaking and Inscrutable Automated Decision Tools. **Columbia Law Review**, v. 119, n. 7, p. 1851–1886, 2019.

SWANDA, Gus. The Deficiencies of a Westphalian Model for Cyberspace: A Case Study of South Korean Cyber Security. **International Journal of Korean Unification Studies**, v. 25, n. 2, 2016.

TREVELIN, Bruna; ALMADA, Marco; PONTES DE MIRANDA, Carlos Eduardo S.; *et al.* **Acesso a Dados de Processos Judiciais no Brasil**. São Paulo: Lawgorithm, 2020.

VAN DE POEL, Ibo. Core Values and Value Conflicts in Cybersecurity: Beyond Privacy Versus Security. In: CHRISTEN, Markus; GORDIJN, Bert; LOI, Michele (Orgs.). **The Ethics of Cybersecurity. Cham**: Springer International Publishing, 2020, p. 45–71. (The International Library of Ethics, Law and Technology)

VERHEIJ, Bart *et al.* Arguments, Scenarios and Probabilities: Connections Between Three Normative Frameworks for Evidential Reasoning. **Law, Probability & Risk**, v. 15, p. 35–70, 2016.

VERHEIJ, Bart. Dialectical argumentation with argumentation schemes: an approach to legal logic. **Artificial Intelligence and Law**, v. 11, p. 167–195, 2003.

VERMA, S., PARTHASARATHY, A., CHEN, D. **The Genealogy of ideology: predicting agreements and Persuasive memes in the U.S. Courts of Appeals**. Proceedings of the Sixteenth International Conference on Artificial Intelligence and Law (ICAIL 2017), Londres. Nova York: ACM Press, 2017.

VLEK, Charlotte S. Building Bayesian Networks for Legal Evidence with Narratives: a Case Study Evaluation". **Artificial Intelligence and Law**, v. 22, n. 4, p. 375–421, 2014.

WAGNER, Ben. Ethics as an Escape from Regulation: From ethics-washing to ethics-shopping? In HILDEBRANDT, Mireille (ed.). **Being Profiled:** Cogitas ergo sum. Amsterdam: Amsterdam University Press, 2018.

# 6

# Os riscos da utilização de algoritmos não programados na tomada de decisões

***Isabella Fonseca Alves***[1]

**Sumário:** I. Introdução. II. Dos algoritmos que empregam *machine learning*. III. Da falta de transparência algorítmica: dos vieses algorítmicos e da opacidade. IV. Três diretrizes relacionadas à transparência algorítmica: "FAIR", "FACT" e a Declaração da USACM. V. Conclusão. Referências.



## I. INTRODUÇÃO

A sociedade é cada vez mais impulsionada por sistemas inteligentes e pelo processamento automático de grandes quantidades de dados. A mediação da vida por meio da computação significa que previsões, classificações e decisões podem ser feitas sobre as pessoas, com base em modelos algorítmicos treinados em grandes conjuntos de dados de tendências históricas.[2]

A abundância de dados disponíveis e o custo decrescente da capacidade de computação levam à a automação e o emprego de algoritmos na tomada de decisões dos setores público e privado. As áreas de

---

1 Mestre em Direito Processual pelo Programa de Pós-Graduação em Direito da PUC MINAS, Coordenadora da Pós Graduação de Inteligência Artificial e novas tecnologias da Verbo Jurídico, membra do Instituto Brasileiro de Direito Processual, Membra da ACADEPRO, coordenadora dos livros Inteligência Artificial e Processo, e Advocacia 5.0.

2 DRUMMOND, Marcílio. Inteligência Artificial e Processo. ALVES, Isabella Fonseca. [Orgs.] – Belo Horizonte: Editora D'Plácido, 2019. p. 220.

aplicação no governo abrangem desde gerenciamento de tráfego, orçamento do setor público, monitoramento de segurança de alimentos até segurança cibernética.[3]

Por sua vez, o setor privado também adotou o algoritmo[4], com uso desde aplicativos do comércio eletrônico à logística.[5] Há ainda alguns algoritmos usados tanto no setor público quanto no privado, como por exemplo sistemas de criação de perfis de pessoas.[6]

As plataformas personalizadas criam perfis detalhados dos atributos e comportamento de seus usuários, que determinam o conteúdo que visualizam, os produtos que veem e os resultados de pesquisa que recebem.[7]

Nesse contexto, onde os mutuários já foram avaliados para empréstimos financeiros em uma estreita faixa de fatores históricos e qualitativos, agora podem enfrentar avaliações opacas e sem transparência, com base em uma ampla variedade de atributos aparentemente não relacionados.[8]

Os credores on-line, por exemplo, observam comportamentos que se correlacionam com a capacidade de crédito, como a velocidade com que os potenciais tomadores de empréstimo percorrem seu site ou ainda se usam letras maiúsculas corretamente no preenchimento de formulários.[9]

---

3 Janssen, M., Charalabidis, Y., & Zuiderwijk, A. 2012. Benefits, adoption barriers and myths of open data and open government. Information Systems Management (pp. 258–268). Disponível em: <https://www.tandfonline.com/doi/abs/10.1080/10580530.2012.716740>. Acesso em 23 jan. 2021.

4 Algoritmo é uma expressão textual das etapas da resolução de algum problema, ou seja, é uma sequência de comandos, construídos por meio de uma ou mais linguagens de programação existentes.

5 Chen, H., Chiang, R., & Storey, V. 2012. Business intelligence and analytics: From Big data to Big impact. MIS Quarterly (pp. 1165–1188). Disponível em:<https://www.jstor.org/stable/41703503?seq=1>. Acesso em 24 jan. 2021.

6 Hildebrandt, M. 2006. Profiling: From data to knowledge. Datenschutz Und Datensicherheit-DuD. 548–552. Disponível em: <https://link.springer.com/article/10.1007/s11623-006-0140-3>. Acesso em 25 jan. 2021.

7 Tufekci, Z.. Engineering the public: big data, surveillance and computational politics. First Monday. Disponível em: <https://journals.uic.edu/ojs/index.php/fm/article/view/4901>. Acesso em 25 jmarço. 2021.

8 Deville, J. "Leaky Data: How Wonga Makes Lending Decisions." Charisma: Consumer Market Studies. Disponível em: <https://www.charisma-network.net/finance/leaky-data-how-wonga-makes-lending-decisions>. Acesso em 25 março 2021.

9 Lobosco, K. "Facebook Friends Could Change Your Credit Score." *CNNMoney*. Disponível em: <https://money.cnn.com/2013/08/26/technology/social/facebook-credit-score/index.html>. Acesso em 25 jan. 2020.

Outro exemplo, se relaciona aos empregadores, que podem usar sistemas semelhantes para escolher seus funcionários, monitorando suas atividades para mantê-los produtivos e saudáveis e até mesmo prever probabilidades de fracasso, sucesso, renúncia ou até suicídio, para que medidas iniciais possam ser tomadas para mitigar os riscos.[10]

O rápido desenvolvimento e a disseminação da ciência de dados estabeleceram grandes expectativas, com o desenvolvimento de modelos preditivos altamente precisos, que em geral servem para identificar padrões e mostrar o que pode acontecer de acordo com os dados analisados.[11]

A verdade é que esses algoritmos têm um potencial considerável para solucionar alguns dos problemas mais importantes da nossa sociedade, como migração em massa e mudanças climáticas, por exemplo.[12]

É nesse contexto que as decisões que afetam a vida de milhões de pessoas são cada vez mais sustentadas por evidências criadas com algoritmos. Em alguns casos, esses algoritmos podem ter mais peso do que os tomadores de decisão humanos ou substituir completamente a tomada de decisão humana.

Do ponto de vista organizacional, big data e ciência de dados são percebidas como técnicas que podem ajudar a reduzir custos e reduzir a burocracia, com isso permitindo que as organizações tomem decisões mais eficazes.[13]

Todos esses sistemas exemplificativos são "algorítmicos", no sentido em que recebem determinadas entradas de informações *(input)*



10 Kim, E. "Workday Helps You Predict When Your Best Employees Will Leave." *Business Insider*. Disponível em: <https://www.businessinsider.com/workday-talent-insights-can-predict-when-employees-will-leave-2015-4?r=UK>. Acesso em 26 março 2021.

11 TAURION,. César. Computerworld. Você sabe o que é um modelo preditivo? Disponível em: <https://computerworld.com.br/2014/12/16/voce-sabe-o-que-e-um-modelo-preditivo/>. Acesso em 20 março 2021.

12 ridi, L., & Taddeo, M. What is data ethics? Philosophical Transactions of the Royal Soc-Ciety A: Mathematical, Physical and Engineering Sciences. 374. Disponível em: <https://royalsocietypublishing.org/doi/full/10.1098/rsta.2016.0360>. Acesso em 25 março 2021.

13 Janssen, M., & Kuk, G. 2016. The challenges and limits of big data algorithms in technocratic governance. Government Information Quarterly. 371–377. Disponível em: <https://www.sciencedirect.com/science/article/pii/S0740624X16301599>. Acesso em 25 jan. 2021.

e produzem determinadas saídas de conteúdos *(output)* por meios computacionais. Alguns deles, já mais antigos, envolvem etapas explicitamente programadas, nas quais o conhecimento existente sobre o mundo é formalmente representado, permitindo que os agentes de software façam inferências e raciocinem com base nesse conhecimento.[14] Por outro lado, outros são baseados no *'machine learning'* (aprendizado de máquina) são os algoritmos que trabalham com a Inteligência Artificial.[15]

O termo Inteligência Artificial é utilizado desde 1956, e envolve a performance de máquinas que conseguem realizar tarefas que se aproximam da inteligência humana. Ela abrange toda a ciência que visa tornar os dispositivos capazes de simular a capacidade humana, realizando atividades inteligentes por meio de programas e algoritmos[16].

A inteligência artificial é o subcampo da ciência da computação conhecido como aprendizado das máquinas (*machine learning*). O *machine learning* opera de forma probabilística e seus algoritmos são autoprogramáveis, isto é, "aprendem" por conta própria, sem a necessidade de programação prévia e explícita[17].

O contexto do Direito segue igualmente influenciado pelos algoritmos. A área jurídica está vivenciando um período de grandes mudanças causadas por novas tecnologias, muitas delas implementadas por startups jurídicas (*Law Techs*), utilizando-se sobretudo das inovações da Indústria 4.0, como a inteligência artificial, a Internet das Coisas e o *Blockchain.*[18]

---

14 Shadbolt, N., Motta, E., & Rouge, A. (1993). Constructing knowledge-based systems. IEEE Software, (pp. 34–38). Disponível em: <https://ieeexplore.ieee.org/document/241964>. Acesso em 26 jan. 2021.

15 Russel, S., & Norvig, P. 1995. "Artificial Intelligence: A Modern Approach". EUA: Prentice Hall. Disponível em: <https://www.cin.ufpe.br/~tfl2/artificial-intelligence-modern-approach.9780131038059.25368.pdf>. Acesso em 26 jan. 2021.

16 Insights sobre inteligência artificial. Disponível em: <https://www.sas.com/pt_br/insights/artificial-intelligence.html>. Acesso 05 de maio de 2021.

17 FERRARI, Isabela; BECKER, Daniel. Algoritmo e Preconceito. JOTA. Disponível em: <https://www.jota.info/opiniao-e-analise/artigos/algoritmo-e-preconceito-12122017>. Acesso em 16 de março de 2021.

18 DRUMMOND, Marcílio. Inteligência Artificial e Processo. ALVES, Isabella Fonseca. [Orgs.] – Belo Horizonte: Editora D'Plácido, 2019. P.220,

É nesse cenário, que surge a necessidade de refletirmos sobre os riscos da utilização dos algoritmos decisórios na tomada de decisões, haja vista a possibilidade de os algoritmos estarem enviesados e trabalharem com padrões deturpados da realidade.[19] Exatamente por isso, que o presente artigo passará pela análise:

(i) Dos vieses algorítmicos e o reflexo na área jurídica de algoritmos que irão trabalhar com *data sets* viciados.

(ii) A falácia da falta de transparência algorítmica sob a ótica da impossibilidade de acesso ao condigo fonte.

(iii) A falta de transparência algorítmica devido a opacidade inerente a operação de algoritmos, decorrente da lacuna entre a atividade do programador e o comportamento de algoritmos, que trabalham com *machine learning* e criam a sua própria programação.[20]

Assim, nos aprofundaremos no mundo dos algoritmos e sua respectiva classificação entre algoritmos que trabalham com a Inteligência Artificial, para analisarmos os riscos desses algoritmos decisórios na tomada de decisões.

## II. DOS ALGORITMOS QUE EMPREGAM *MACHINE LEARNING*

Sendo o algoritmo uma sequência de instruções que diz a um computador o que fazer[21], é necessário compreendermos a diferença entre a classificação dos algoritmos, para efetivamente analisarmos quais algoritmos trabalham com a técnica de *machine learning*, e quais os riscos da utilização desses algoritmos na tomada de decisões.

19 NUNES, Dierle; MARQUES, Ana Luíza Coelho. Inteligência artificial e direito processual: vieses algorítmicos e os riscos de atribuição de função decisória às máquinas.

20 FERRARI, Isabela. Justiça Digital. Instituto New Law e Isabela Ferrari, cordenadorescoordenadores – 1. Ed – São Paulo: Thomson Reuters Brasil, 2020, p. 76-77. Justiça Digital. Instituto New Law e Isabela Ferrari, cordenadorescoordenadores – 1. Ed – São Paulo: Thomson Reuters Brasil, 2020, p. 76-77.

21 DOMINGOS, Pedro. The master algorithm: how the quest for the ultimate machine learning will remake our world. Nova York: Basic Books, 2015.

Conforme explica a autora Isabela Ferrari[22], os algoritmos podem ser classificados como:

(i) Algoritmos programados – seguem as operações ("o caminho") definidas pelo programador. Assim, a informação "entra" no sistema, o algoritmo atua sobre ela, e o resultado (*output*) "sai" do sistema. O programador domina, portanto, todas as etapas operativas do algoritmo.[23]

(ii) Algoritmos não programados – são aqueles que usam a técnica que ficou conhecida como aprendizagem de máquinas, ou *machine learning*. Esses algoritmos, escrevem a própria programação, de forma de que humanos não tenham que fazê-lo. Eles criam outros algoritmos, sendo que os dados e o resultado desejado são carregados no sistema *(input)*, que produz o algoritmo (*output*) que transforma um no outro.[24]

Os algoritmos não programados que empregam machine learning podem ser classificados em: (i) algoritmos supervisionados; (ii) algoritmos não supervisionados; (iii) algoritmos de reforço.[25]

Os algoritmos supervisionados "são aqueles na qual o sistema é alimentado com dados lapidados e previamente escolhidos por seres humanos."[26] Nesse caso, o conjunto de dados rotulados e a saída desejada são carregados no sistema. Enquanto é treinado, o modelo ajusta as suas variáveis para mapear as entradas para a saída correspondente.

Um bom exemplo dos algoritmos supervisionados, são os que os bancos utilizam para conceder ou negar empréstimo, porque nesse caso

22 FERRARI, Isabela. Accountability de Algoritmos: a falácia do acesso ao código e caminhos para uma explicabilidade efetiva. Disponível em: <https://itsrio.org/wp-content/uploads/2019/03/Isabela-Ferrari.pdf>. Acesso em 15 de março de 2021.

23 FERRARI, Isabela. Accountability de Algoritmos: a falácia do acesso ao código e caminhos para uma explicabilidade efetiva. Disponível em: <https://itsrio.org/wp-content/uploads/2019/03/Isabela-Ferrari.pdf>. Acesso em 15 de março de 2021.

24 FERRARI, Isabela. Accountability de Algoritmos: a falácia do acesso ao código e caminhos para uma explicabilidade efetiva. Disponível em: <https://itsrio.org/wp-content/uploads/2019/03/Isabela-Ferrari.pdf>. Acesso em 15 de março de 2021.

25 FERRARI, Isabela. Justiça Digital. Instituto New Law e Isabela Ferrari, coordenadores – 1. Ed – São Paulo: Thomson Reuters Brasil, 2020, p. 76-77. Justiça Digital. Instituto New Law e Isabela Ferrari, coordenadores – 1. Ed – São Paulo: Thomson Reuters Brasil, 2020, p. 76-77.

26 FERRARI, Isabela. op. cit.

> os dados analisados serão referentes ao histórico de crédito do cliente, e as informações utilizadas para treinar o sistema são dados já rotulados como positivos ou negativos para a concessão de crédito. Uma espécie de estruturação algorítmica que funciona de forma supervisionada são as redes neurais artificiais (com *back propagation*). Inspiradas no cérebro humano, têm modelo de aprendizagem baseada em erros e acertos, com identificação paulatina dos caminhos e decisões mais corretas para atingir determinados objetivos. Nesses casos, o sistema é carregado com um objetivo (output), e vários inputs. Os inputs são testados em vários caminhos. Quando se chega ao resultado desejado, o caminho mais assertivo recebe um peso maior na conta matemática. Assim, as camadas neurais internas (*hidden layers*) mais assertivas passam a dominar a tarefa, e a entregar resultados mais precisos na medida em que o algoritmo confere um peso maior às conexões que apresentem resultados mais próximos dos desejados.[27]
>
> Já os algoritmos não supervisionados, que são conhecidos como *"Deep Learning"*, "os dados que alimentam o sistema não são rotulados, deixando o algoritmo de aprendizagem encontrar estrutura nas entradas fornecidas por conta própria".[28] Eles são muito utilizados para reconhecimento facial, construção de carros e drones autônomos.

E como uma terceira categoria de algoritmos não programados, destacam-se os algoritmos de reforço que são treinados para tomar decisões. Nesses casos, existe um *feedback* sobre o sucesso ou erro do *output*, que será utilizado para aprimorar o algoritmo, porque

diferentemente dos algoritmos supervisionados e não supervisionados, os de reforço não estão direcionados a gerar outputs "corretos", mas enfocam a questão da performance, comportando-se de forma muito semelhante aos seres humanos, que aprendem com base em consequências positivas ou negativas, como uma criança que coloca o dedo na tomada e logo percebe que essa não é uma ação inteligente. Esse tipo de algoritmo

27 FERRARI, Isabela. Accountability de Algoritmos: a falácia do acesso ao código e caminhos para uma explicabilidade efetiva. Disponível em: <https://itsrio.org/wp-content/uploads/2019/03/Isabela-Ferrari.pdf>. Acesso em 15 de março de 2021.

28 FERRARI, Isabela. Accountability de Algoritmos: a falácia do acesso ao código e caminhos para uma explicabilidade efetiva. Disponível em: <https://itsrio.org/wp-content/uploads/2019/03/Isabela-Ferrari.pdf>. Acesso em 15 de março de 2021.

é corriqueiramente utilizado em jogos, e a pontuação maior ou menor que eles atingem no processo funciona como recompensa.[29]

> No que tange a análise dos riscos da aplicação dos algoritmos na tomada de decisões, destaca-se os algoritmos não programados que são os que efetivamente trabalham com a Inteligência Artificial.

Isso porque, a tomada de decisões por esses algoritmos vai resultar na perda da compressão humana sobre pelo menos, uma parte do processo decisório do algoritmo, inviabilizando a compreensibilidade de como a operação chegou aquela decisão.[30]

Por isso a importância de refletirmos nesse cenário, sobre a falta de transparência algorítmica, que pode advir da falta de acesso ao código fonte de softwares que trabalham com *machine learning*, mas principalmente da falta de compreensibilidade do intérprete, advinda da opacidade inerente a programação, conforme será dissertado no próximo tópico.

## III. DA FALTA DE TRANSPARÊNCIA ALGORÍTMICA: DOS VIESES ALGORÍTMICOS E DA OPACIDADE

Para que possamos entender os riscos do uso de algoritmos não programados na tomada de decisões, é necessário conhecer o caso do Eric Loomis nos EUA e o uso por juízes do *software* privado COMPAS (*Correctional Offender Management Profiling for Alternative Sanctions*) nos EUA.[31]

Em 2013, nos EUA, Eric Loomis foi preso em flagrante após furtar um veículo, evadir-se de um agente de trânsito e se envolver em um tiroteio. Levado à presença de um juiz, determinou-se, inicialmente, que

29 FERRARI, Isabela. Accountability de Algoritmos: a falácia do acesso ao código e caminhos para uma explicabilidade efetiva. Disponível em: <https://itsrio.org/wp-content/uploads/2019/03/Isabela-Ferrari.pdf>. Acesso em 15 de março de 2021.

30 FERRARI, Isabela. Justiça Digital. Instituto New Law e Isabela Ferrari, cordenadorescoordenadores – 1. Ed – São Paulo: Thomson Reuters Brasil, 2020, p. 76-77. Justiça Digital. Instituto New Law e Isabela Ferrari, cordenadorescoordenadores – 1. Ed – São Paulo: Thomson Reuters Brasil, 2020, p. 76.

31 ALVES, Isabella Fonseca. Os impactos da inteligência Artificial na Advocacia. Advocacia 5.0. 1 Ed. Belo Horizonte, 2020. P. 101.

respondesse ao processo em liberdade. Em seu julgamento, foi condenado a seis anos de prisão.[32]

O destaque nesse caso foi porque tanto a negativa da liberdade provisória, quanto o patamar aumentado da pena foram definidos a partir da avaliação de que Loomis apresentaria alto risco de violência, reincidência e evasão, avaliação essa feita por um *software*, à qual aderiu o juiz sem adicionar qualquer análise própria.[33]

O grande problema é que o referido programa, denominado COMPAS, é um *software* privado, que funciona a partir de um algoritmo secreto, ao qual nem os juízes que o utilizam têm acesso.[34]

Diante dessa situação absurda, Loomis recorreu à Suprema Corte de Winsconsin, requerendo o acesso aos critérios que levaram o software a classificá-lo como uma pessoa de alto risco. O Procurador-Geral do Estado foi contra. Ele defendeu que, como o uso de algoritmos para a tomada de decisões é muito recente, a questão ainda não estaria madura para julgamento, sustentando que Loomis estaria livre para questionar o resultado da sua avaliação e possíveis falhas, mas que não poderia acessar o código-fonte do algoritmo.[35]

Os representantes legais da *Northpointe Inc.*, desenvolvedora do COMPAS, defenderam que a forma de operação do sistema estaria protegida por segredo industrial e que não dariam acesso ao Loomis. Mas os dados mais impressionantes que foram levantados durante o julgamento foram trazidos pelo relatório da ONG *ProPublica*, sobre o enviesamento do Compas contra afro-americanos.[36]

32 ISRANI, Ellora. Algorithmic due process: mistaken accountability and attribution in State v. Loomis. JOLTdigest. Disponível em: <https://jolt.law.harvard.edu/digest/algorithmic-due-process-mistaken-accountability-and-attribution-in>. Acesso em: 10 de março de 2021.

33 ISRANI, Ellora. Algorithmic due process: mistaken accountability and attribution in State v. Loomis. JOLTdigest. Disponível em: <https://jolt.law.harvard.edu/digest/algorithmic-due-process-mistaken-accountability-and-attribution-in>. Acesso em: 10 de março de 2021.

34 ISRANI, Ellora. Algorithmic due process: mistaken accountability and attribution in State v. Loomis. JOLTdigest. Disponível em: <https://jolt.law.harvard.edu/digest/algorithmic-due-process-mistaken-accountability-and-attribution-in>. Acesso em: 20 de março de 2021.

35 ISRANI, Ellora. Algorithmic due process: mistaken accountability and attribution in State v. Loomis. JOLTdigest. Disponível em: <https://jolt.law.harvard.edu/digest/algorithmic-due-process-mistaken-accountability-and-attribution-in>. Acesso em: 20 de março de 2021.

36 ANGWIN, Julia *et al.* Machine Bias. Pro Publica. Disponível em: <https://www.propublica.org/article/machine-bias-risk-assessments-in-criminal-sentencing>. Acesso em: 20 de março de 2021.

Apesar disso, a Suprema Corte de Winsconsin negou o pleito de Loomis, afirmando que ele teria recebido a mesma sentença a partir de uma análise humana dos fatores usuais: seu crime e seus antecedentes. Loomis recorreu à Suprema Corte Americana, que negou o *writ of certiorari*, algo semelhante a um pedido de admissão para julgamento, por ele apresentado. Loomis permaneceu preso até 2019.[37]

Duas questões muito importantes chamam atenção no caso do Loomis, a primeira é o fato dele não ter acesso ao código de fonte de algoritmo advindo de um software privado que foi utilizado para aumentar sua pena. A segunda é questão trazida pela ONG ProPublica, sobre o enviesamento do Compas contra afro-americanos.[38]

No que tange a questão do enviesamento de *softwares*, inegavelmente nos remete a preocupação "*quanto as possíveis práticas em que se pretenda que as conclusões obtidas pelo uso de tecnologias tenham atribuído algum caráter ou efeito decisório absoluto*"[39] vez que mesmo no âmbito privado ainda há dúvidas quanto aos riscos de se confiar por completo em decisões algorítmicas que podem ser eivadas de premissas incorretas e reproduzir padrões deturpados e de preconceito sob uma aura de neutralidade que foge da preocupação dos programadores[40].

Dierle Nunes *et al* alerta sobre a dificuldade de se poder aferir que um sistema está enviesado e da sua dificuldade de correção vez que

> o enviesamento em sistemas computacionais pode ser difícil de ser percebido, e ainda mais difícil de se corrigir. Tal Fato está relacionado ao baixo custo dos sistemas computacionais, se comparado à mão-de-obra humana, o que faz com que se espalhem rapidamente – ou inequívoca, mas direcionada a um determinado fim. Se o sistema se torna um padrão em seu ramo de atuação,

37 ISRANI, Ellora. Algorithmic due process: mistaken accountability and attribution in State v. Loomis. JOLTdigest. Disponível em: [<https://jolt.law.harvard.edu/digest/algorithmic-due-process-mistaken-accountability-and-attribution-in>. Acesso em: 20 de março de 2021.

38 ANGWIN, Julia *et al.* Machine Bias. Pro Publica. Disponível em: <https://www.propublica.org/article/machine-bias-risk-assessments-in-criminal-sentencing>. Acesso em: 20 de maio de 2020.

39 MARQUES, Ricardo Dalmaso. Inteligência artificial e Direito: o uso da tecnologia na gestão do processo no sistema brasileiro de precedentes. Revista de Direito e as novas tecnologias. p. 6.

40 NUNES, Dierle; MARQUES, Ana Luíza Coelho. Inteligência artificial e direito processual: vieses algorítmicos e os riscos de atribuição de função decisória às máquinas. p. 440.

> o enviesamento se torna penetrante. Se o sistema é complexo, os vieses permanecem escondidos no código algorítmico, dificilmente identificáveis e com completa opacidade. Além disso, é importante considerar que um sistema enviesado é mais perigoso que um indivíduo enviesado. Com o indivíduo há a possibilidade de argumentação, interpretação e convencimento, o que não ocorre em relação aos sistemas computacionais[41].

Diante do comprovado enviesamento algorítmico é inegável a necessidade de um que se tenha "*um elevado grau de transparência algorítmica, a fim de possibilitar que os afetados pelo modelo saibam o que determina o resultado alcançado pelo sistema de I.A*[42]".

Nesse ponto, a questão dos vieses algorítmicos pode ser analisada diante de duas perspectivas: (i) *data sets* viciados; e o efeito discriminatório sem que exista *data sets* viciados.[43]

*Data Sets* viciados podem sem compreendidos quando se entende que se o "algoritmo aprendi a partir de dados, ele vai reaplicar aquele erro, aquela incompletude, e isso pode gerar efeitos discriminatórios".[44] É o que acontece claramente com os softwares de predição de crimes que sugerem aonde devem ser alocados os policiais na cidade de acordo com os crimes que foram cometidos.

Agora os vieses algorítmicos advindos de efeitos discriminatórios puros e simples ocorre "em casos que o algoritmo introjeta e reproduz preconceitos já existentes na sociedade".[45]



41 NUNES, Dierle; LUD, Natanael, PEDRON, Flávio Quinaud. **Desconfiando da imparcialidade dos sujeitos processuais:** um estudo sobre os vieses cognitivos, a mitigação de seus efeitos e o debiasing. p. 140.

42 NUNES, Dierle; MARQUES, Ana Luíza Coelho. **Inteligência artificial e direito processual:** vieses algorítmicos e os riscos de atribuição de função decisória às máquinas. p.440.

43 FERRARI, Isabela. Justiça Digital. Instituto New Law e Isabela Ferrari, coordenadores – 1. Ed – São Paulo: Thomson Reuters Brasil, 2020, p. 76-77. Justiça Digital. Instituto New Law e Isabela Ferrari, coordenadores – 1. Ed – São Paulo: Thomson Reuters Brasil, 2020, p. 88.

44 FERRARI, Isabela. Justiça Digital. Instituto New Law e Isabela Ferrari, coordenadores – 1. Ed – São Paulo: Thomson Reuters Brasil, 2020, p. 76-77. Justiça Digital. Instituto New Law e Isabela Ferrari, coordenadores – 1. Ed – São Paulo: Thomson Reuters Brasil, 2020, p. 88.

45 FERRARI, Isabela. Justiça Digital. Instituto New Law e Isabela Ferrari, coordenadores – 1. Ed – São Paulo: Thomson Reuters Brasil, 2020, p. 76-77. Justiça Digital. Instituto New Law e Isabela Ferrari, coordenadores – 1. Ed – São Paulo: Thomson Reuters Brasil, 2020, p. 90.

Contudo, como muito bem alertado pela professora Isabela Ferrari o problema é maior do que os vieses algoritmos e sua respectiva falta de transparência, quando refletimos sobre a opacidade:

> que a maior preocupação relativa ao emprego dos learners em processos decisórios não se refere a problemas associados aos data sets utilizados para treiná-los, nem a eventual efeito discriminatório que possam gerar, por piores que possam ser essas situações e seus efeitos. O que mais chama a nossa atenção é a opacidade inerente à sua operação, decorrente da já referida lacuna entre a atividade do programador e o comportamento dessa espécie de algoritmo, que cria a própria programação. Vimos que o algoritmo modifica de forma autônoma sua estrutura enquanto opera, de acordo com os dados, lapidados ou não, que recebe. Assim, pela complexidade de sua operação, a mera observação do output por um ser humano – ainda que seu próprio programador – dificilmente poderia conduzir a alguma conclusão sobre os processos internos que conduziram os inputs até lá, tornando o algoritmo uma verdadeira caixa-preta[46].

Então, por mais que a questão dos vieses algoritmos seja uma grande preocupação para a área jurídica (como é o caso do software Compas utilizado nos EUA), é necessário entender que o problema da opacidade pode ser ainda mais perverso. Isso porque, mesmo que seja dado acesso ao código fonte, devido a lacuna entre a atividade do programador e o comportamento dessa espécie de algoritmo, que cria a própria programação não existe uma compreensibilidade dos processos internos.

Por isso a resposta à preocupação sobre o *accountability* de algoritmos se encaminha no sentido de uma defesa do acesso ao código fonte. Contudo, estaria eivada de uma falsa transparência algorítmica[47].

Isso porque o pretenso conflito entre o atendimento a um dever de transparência em relação ao algoritmo, que implicaria a abertura de seu código fonte, e a noção de sigilo industrial não é o principal problema.

46 FERRARI, Isabela. Accountability de Algoritmos: a falácia do acesso ao código e caminhos para uma explicabilidade efetiva. Disponível em: <https://itsrio.org/wp-content/uploads/2019/03/Isabela-Ferrari.pdf>. Acesso 05 de maio de 2020.

47 FERRARI, Isabela. Accountability de Algoritmos: a falácia do acesso ao código e caminhos para uma explicabilidade efetiva. Disponível em: <https://itsrio.org/wp-content/uploads/2019/03/Isabela-Ferrari.pdf>. Acesso 05 de maio de 2020.

Se entendermos que a transparência deve ser entendida sob dois aspectos fundamentais: acessibilidade e compreensibilidade, poderemos entender que o grande problema está na questão da compreensibilidade[48].

A questão da compreensibilidade está relacionada a estrutura cada vez mais complexa dos algoritmos que empregam *machine learning*, e por isso não irá adiantar a mera abertura do código-fonte. Isso porque a abertura não vai trazer a compreensão da forma como operam, já que o referido código só expõe o método de aprendizado de máquinas usado, e não a regra de decisão, que emerge automaticamente a partir dos dados específicos sob análise[49]. Conforme destaca Isabela Ferrari:

> Como salienta Burrell, a opacidade dos learners é consequência da alta dimensionalidade de dados, da complexidade de código e da variabilidade da lógica de tomada de decisões. Por empregarem centenas ou milhares de regras, por suas predições estarem combinadas probabilisticamente de formas complexas, pela velocidade no processamento das informações, e pela multiplicidade de variáveis operacionais, parece estar além das capacidades humanas apreender boa parte – senão todas – as estruturas decisórias que empreguem a técnica de machine learning. Assim, o mero acesso ao código comunica muito pouco, remanescendo a dificuldade de compreender o processo decisório[50].

A doutrina ainda não de despertou para importância da temática da transparência algorítmica e de que ela não abarca somente a acessibilidade, mas também a compreensibilidade e esse é o ponto crucial. Afinal de pouco adianta ter acesso ao código fonte se não é possível compreender a multiplicidade de variáveis operacionais de determinados algoritmos.

A questão da transparência algorítmica é importante em suas duas dimensões. A primeira no sentido de acesso ao código fonte, o que foi impossibilitado a um jurisdicionado nos EUA ao se utilizar do *software*

48 FERRARI, Isabela. Accountability de Algoritmos: a falácia do acesso ao código e caminhos para uma explicabilidade efetiva. Disponível em: <https://itsrio.org/wp-content/uploads/2019/03/Isabela-Ferrari.pdf>. Acesso 05 de maio de 2020.

49 FERRARI, Isabela. Accountability de Algoritmos: a falácia do acesso ao código e caminhos para uma explicabilidade efetiva. Disponível em: <https://itsrio.org/wp-content/uploads/2019/03/Isabela-Ferrari.pdf>. Acesso 05 de maio de 2020.

50 FERRARI, Isabela. Accountability de Algoritmos: a falácia do acesso ao código e caminhos para uma explicabilidade efetiva. Disponível em: <https://itsrio.org/wp-content/uploads/2019/03/Isabela-Ferrari.pdf>. Acesso 05 de maio de 2020.

privado em seu processo para aumentar sua pena, que foi o caso do Eric Loomis e o Compas.

A segunda e ainda mais complexa é a dimensão da compreensibilidade, porque a mera abertura do código fonte não vai trazer a compreensão da forma como operam os algoritmos, já que o referido código só expõe o método de aprendizado de máquinas usado, e não a regra de decisão.

Como uma possível solução a explicabilidade dos algoritmos, tem-se alguns mecanismos aptos a garantirem o que denominam com regularidade procedimental.

São ferramentas que, embora não garantam que o resultado derivado do emprego do algoritmo seja justo, atestam que não houve, por exemplo, uma falha no procedimento adotado, ou que a mesma política decisória foi adotada em casos diferentes[51]. Por meio desses instrumentos busca-se garantir um certo nível de *accountability*, ainda que aspectos do funcionamento do algoritmo sejam mantidos em sigilo. São eles:

a) verificação de software – a verificação de software é dinâmica, e examina o programa enquanto ele opera. Essa análise garante que, ao operar, o sistema sempre apresentará certas propriedades, denominadas invariantes.

b) acordos criptográficos – equivalentes digitais a um documento selado por uma terceira parte, ou à manutenção de um documento em local seguro. Os acordos criptográficos asseguram que o programa não foi alterado nem revelado, e são muito utilizados para programas que devem ser mantidos em sigilo por determinado tempo.

c) *zero-knowledge proofs*, ferramentas criptográficas que permitem que de pronto se prove que a política decisória utilizada apresenta certa propriedade, sem revelar como se sabe disso ou que política decisória é.

d) *as fair random choices* são estratégias aptas a garantir que, quando o sistema possuir algum nível de aleatoriedade, esta será justa, e não poderá haver intromissão indevida de agentes internos na aleatoriedade do sistema. É mecanismo cuja aplicação Kroll *et al.*

51 FERRARI, Isabela. Accountability de Algoritmos: a falácia do acesso ao código e caminhos para uma explicabilidade efetiva. Disponível em: <https://itsrio.org/wp-content/uploads/2019/03/Isabela-Ferrari.pdf>. Acesso 05 de maio de 2020.

defendem no sistema de loteria de vistos americanos, que, segundo alguns programadores, não é exatamente segura, podendo ser fraudada (internamente), ainda que hipoteticamente[52].

Portanto, os profissionais da área jurídica precisam ficar extremamente atentos as discussões sobre o uso da inteligência artificial na tomada de decisões, devido ao grande problema que enfrentamos hoje na perspectiva de falta de transparência algorítmica devido a questão da opacidade.

## IV. TRÊS DIRETRIZES RELACIONADAS À TRANSPARÊNCIA ALGORÍTMICA: "FAIR", "FACT" E A DECLARAÇÃO DA USACM

Apesar do grande aumento sem precedentes dos desafios relacionados ao uso de algoritmos, a necessidade de transparência em si não é nova. Exemplos de algoritmos enviesados e o uso inadequado de evidências produzidas por algoritmos na tomada de decisões organizacionais são múltiplos, e não são apenas visualizados na área jurídica.

O exemplo inicial mais notável é dos algoritmos do *Google Trends* – Google tendências - que previu, erroneamente, mais que o dobro da proporção de consultas médicas para doenças semelhantes à gripe influenza.[53]

Outros casos anteriores de grande relevância incluem o incidente de inundação do Rio Vermelho – *Red River* – nos Estados Unidos, no qual a interpretação incorreta dos resultados fornecidos pelos algoritmos levou o governo norte-americano a assumir erroneamente que os diques eram altos o suficiente[54] e, mais recentemente, os erros no processo de licita-

52 FERRARI, Isabela. Accountability de Algoritmos: a falácia do acesso ao código e caminhos para uma explicabilidade efetiva. Disponível em: <https://itsrio.org/wp-content/uploads/2019/03/Isabela-Ferrari.pdf>. Acesso 05 de maio de 2020.

53 Lazer, D., Kennedy, R., King, G., & Vespignani, A. 2014. The parable of Google Flu: Traps in Big Data Analysis David. Policy Forum, (pp1203–1205). Disponível em: <https://dash.harvard.edu/bitstream/handle/1/12016836/The%20Parable%20of%20Google%20Flu%20%28WP-Final%29.pdf?sequence=1>. Acesso em 21 jan. 2021.

54 Pielke, R. A. .1999. Who decides? Forecasts and Responsibilities in the 1997 Red River Flood. Applied Behavioral Science Review, (pp 83–101). Disponível em: <https://sciencepolicy.colorado.edu/admin/publication_files/resource-81-1999.16.pdf>. Acesso em 21 jan. 2021

ção da costa oeste do Reino Unido, o que levou ao cancelamento do que havia sido contratado.

Estes e outros diversos problemas relacionados às falhas dos algoritmos despertam o interesse dos formuladores de políticas e inspiram a criação de diretrizes para o desenvolvimento responsável do uso de algoritmos.

A título de exemplo, o governo Britânico publicou uma revisão de todos os algoritmos de decisões governamentais que informam a formulação de políticas públicas na Inglaterra.[55] O que este relatório enfatiza é a importância da garantia de uma qualidade proporcional aos benefícios garantidos por essa análise automatizada, afirmando ainda que os algoritmos devem ser adequados à finalidade para a qual foram criados.

Porém, é importante frisar que essas diretrizes sobre o uso adequado de algoritmos já existem há algum tempo, o que demonstra que as diretrizes por si só não são necessariamente eficazes na prevenção de problemas algorítmicos.

O interesse sobre a responsabilidade algorítmica teve um recente crescimento, o que gerou por todo mundo uma nova onda de estudos sobre diretrizes para o gerenciamento adequado de dados e o uso responsável de modelos algorítmicos. Embora não possa ser visto como um campo integrado de investigação, o recente surgimento dessas ideias é chamado de *Responsible Data Science* – ciência de dados responsável'.[56]

Entre as diretrizes existentes, é interessante mencionar a *"FAIR"*[57], acrônimo em inglês para *"Findable, Accessible, Interoperable, and Reusable"* – em português, Localizável, Acessível, Interoperável e Reutilizável.

A *"FAIR"* está relacionada à academia de produção científica, área em que a rápida digitalização da sociedade foi impactada profundamente

55 Macpherson, N. 2013. Review of quality assurance of government models. London: HM Treasury. Disponível em: <https://www.gov.uk/government/publications/review-of-quality-assurance-of-government-models>. Acesso em 21 jan. 2021.

56 Stoyanovich, J., Howe, B., Abiteboul, S., Miklau, G., Sahuguet, A., & Weikum, G. (2017). Fides: Towards a platform for responsible data science. International Conference on Scientific and Statistical Database Management, Chicago. Disponível em: <https://hal.inria.fr/hal-01522418/document> Acesso em 21 jan. 2020.

57 Wilkinson, M. D. 2016. The FAIR guiding principles for scientific data management and stewardship. Scientific Data. Disponível em: <https://www.nature.com/articles/sdata201618.pdf?origin=ppub>. Acesso em 21 jan. 2021.

em seu cotidiano. Nesse contexto, plataformas on-line para colaborações, mecanismos de recomendação de literatura, sites de pré-publicação e métricas em tempo real são alguns exemplos de novas ferramentas que impactam a pesquisa acadêmica. Ao mesmo tempo, o rápido aumento da quantidade de dados disponíveis e a crescente complexidade dos métodos usados para armazenar, analisar e modelar esses dados apresentam desafios para o processo de pesquisa acadêmica.[58]

Neste contexto, foram criados os princípios orientadores da *"FAIR"* para gerenciamento e administração de dados científicos.

Veja que apesar desses princípios orientadores girarem em torno do gerenciamento de dados na academia, seu impacto se estende muito além do âmbito das universidades, órgãos financiadores e editores, por isso é importante ser mencionado aqui.

Os princípios talhados na *"FAIR"* foram originados em um workshop realizado no Centro Lorentz, na cidade de Leiden, na Holanda.[59]

O que as discussões por lá demonstraram foi que existia um amplo consenso para o desenvolvimento de princípios orientadores mínimos para o gerenciamento de dados de pesquisa, o que resultou na definição dos princípios da *"FAIR"*.

Assim, os princípios orientadores da *"FAIR"* possuem o objetivo de publicar dados em um formato Localizável, Acessível, Interoperável e Reutilizável por máquinas e usuários humanos, ou de forma mais detalhada:

> Localizável – os dados devem ser identificados usando identificadores globalmente únicos, resolvíveis e persistentes e devem incluir informações contextuais acionáveis por máquina que podem ser indexadas para apoiar a descoberta humana e por máquina desses dados;



58 Wilkinson, M. D., Verborgh, R., Bonino da Silva Santos, L. O., Clark, T., Swertz, M. A., Kelpin, F. D. L., Dumontier, M. 2017. Interoperability and FAIRness through a novel combination of Web technologies. PeerJ Computer Science. Disponível em: <https://peerj.com/articles/cs-110/?utm_source=TrendMD&utm_campaign=PeerJ_TrendMD_1&utm_medium=TrendMD>. Acesso em 22 jan. 2021.

59 Wilkinson, M. D., Verborgh, R., Bonino da Silva Santos, L. O., Clark, T., Swertz, M. A., Kelpin, F. D. L., Dumontier, M. 2017. Interoperability and FAIRness through a novel combination of Web technologies. PeerJ Computer Science. Disponível em: <https://peerj.com/articles/cs-110/?utm_source=TrendMD&utm_campaign=PeerJ_TrendMD_1&utm_medium=TrendMD>. Acesso em 22 jan. 2021.

> Acessível – os dados identificados devem estar acessíveis, de maneira ideal tanto por humanos quanto por máquinas, usando um protocolo claramente definido e, se necessário, com regras claramente definidas para autorização / autenticação;
>
> Interoperável – os dados se tornam interoperáveis quando acionáveis por máquina, usando vocabulários e / ou ontologias compartilhadas, dentro de um formato acessível por máquina, sintática e semanticamente;
>
> Reutilizáveis – os dados reutilizáveis primeiro serão compatíveis com os princípios F, A e I, mas ainda serão suficientemente bem descritos com, por exemplo, informações contextuais, para que possam ser vinculados ou integrados com precisão, de maneira semelhante, com outras fontes de dados. Além disso, deve haver informações de proveniência suficientemente ricas para que os dados reutilizados possam ser adequadamente citados.[60]

Neste ponto é muito interessante observar que esses quatro princípios da *"FAIR"* são válidos igualmente para humanos e máquinas. Apesar dos princípios da *"FAIR"* terem uma utilidade norteadora também fora da academia, sua principal preocupação é melhorar o gerenciamento de dados para empreendimentos acadêmicos.

Nesse contexto, outros pensadores apresentaram princípios orientadores para o armazenamento, análise e modelagem de dados em uma perspectiva mais ampla, com a criação do *"FACT"*[61], acrônimo para *Fairness, Accuracy, Confidentiality, and Transparency* – em português, Equidade/Justiça, Precisão, Confidencialidade e Transparência.

Os princípios do *"FACT"* foram posicionados como uma antítese aos quatro "Vs" - Volume, Variedade, Velocidade e Veracidade - do *Big Data* amplamente utilizados na área da tecnologia.

O que os defensores do *"FACT"* argumentam é que os desafios enfrentados pela ciência de dados não são, por si só, novos. Isso porque, em estatística e economia, os vieses cognitivos das pessoas (por exemplo,

60 Wilkinson, M. D., Verborgh, R., Bonino da Silva Santos, L. O., Clark, T., Swertz, M. A., Kelpin, F. D. L., Dumontier, M. 2017. Interoperability and FAIRness through a novel combination of Web technologies. PeerJ Computer Science. p.3. Disponível em: <https://peerj.com/articles/cs-110/?utm_source=TrendMD&utm_campaign=PeerJ_TrendMD_1&utm_medium=TrendMD>. Acesso em 22 jan. 2021.

61 Responsible Data Science Initiative. 2016. Responsible data science. Disponível em: < http://www.responsibledatascience.org/.>. Acesso em 21 jan. 2021.

viés de confirmação) e vieses analíticos (por exemplo, viés de seleção) têm sido objeto de investigação por muitas décadas e são relativamente bem compreendidos.[62]

Assim, os autores do *"FACT"* sugerem que o *big data* e a ciência de dados, no entanto, trazem algo novo ao domínio da estatística, sobretudo maior amplitude e assertividade, o que exige o desenvolvimento de novas diretrizes[63]. Nesse contexto, a Transparência do "FACT" pode ser assim descrito:

> *Transparência – a ciência de dados deve fornecer transparência. Como esclarecer as respostas de tal maneira que se tornem indiscutíveis? A ciência de dados só pode ser eficaz se as pessoas confiarem nos resultados e conseguirem inferir e interpretar corretamente os resultados. A ciência de dados não deve, portanto, ser vista como uma caixa preta que magicamente transforma dados em valor. Muitas opções de design precisam ser feitas em um 'pipeline de ciência de dados' típico. A jornada de dados brutos para conclusões significativas envolve várias etapas e atores; portanto, responsabilidade e compreensibilidade são fundamentais para a transparência.*[64]

É importante ressaltar ainda que os princípios do *"FACT"* devem ser aplicados não apenas ao uso de algoritmos, mas também são importantes na fase de projeto, desenvolvimento, modelagem e implementação deles.

Como mais um elemento para essa temática é interessante mencionar que o Conselho de Políticas Públicas dos EUA da *Association for Computing Machinery* (USACM) emitiu, em janeiro de 2017, uma declaração e uma lista de sete princípios sobre transparência e responsabilidade algorítmica.[65]



62 Tversky, A., & Kahneman, D. .1974. Judgment under uncertainty: Heuristics and biases. Science, 185, (pp 1124–1131). Disponível em: <https://apps.dtic.mil/dtic/tr/fulltext/u2/767426.pdf>. Acesso em 23 jan. 2021.

63 Aalst, W. M. P., Bichler, M., & Heinzl, A. 2017. Responsible data science. Business & Infor-mMation Systems Engineering, (pp 2–4). Disponível em: <https://link.springer.com/article/10.1007/s12599-017-0487-z>. Acesso em 24 jan. 2021.

64 Responsible Data Science Initiative. 2016. Responsible data science. Disponível em: < http://www.responsibledatascience.org/.>. Acesso em 21 jan. 2021.

65 Association for Computing Machinery US Public Policy Council (USACM). 2017. Statement on Algorithmic Transparency and Accountability. Disponível em: <https://www.acm.org/

A declaração do USACM fornece um contexto para o que são os algoritmos, como eles tomam decisões, bem como os desafios e oportunidades técnicas para lidar com tendências potencialmente prejudiciais nos sistemas algorítmicos. O USACM acredita que esse conjunto de princípios, consistente no Código de Ética da ACM - *Association for Computing Machinery* -, deve ser implementado durante todas as fases do desenvolvimento para mitigar possíveis danos.[66]

Os sete princípios são: (1) conscientização, (2) acesso e reparação, (3) prestação de contas, (4) explicação, (5) proveniência de dados, (6) auditoria e (7) validação e teste. São assim explicados:

> 1. Consciência: Proprietários, designers, construtores, usuários e outras partes interessadas dos sistemas analíticos devem ser ciente dos possíveis vieses envolvidos em seu design, implementação e uso e os possíveis danos que preconceitos podem causar aos indivíduos e à sociedade.
>
> 2. Acesso e reparação: Os reguladores devem incentivar a adoção de mecanismos que permitam questionamento e reparação para indivíduos e grupos afetados adversamente por algoritmos decisões informadas.
>
> 3. Responsabilização: as instituições devem ser responsabilizadas pelas decisões tomadas pelos algoritmos que eles mesmo que não seja viável explicar em detalhes como os algoritmos produzem seus resultados.
>
> 4. Explicação: Sistemas e instituições que usam a tomada de decisão algorítmica são incentivados a produzir explicações sobre os procedimentos seguidos pelo algoritmo e as especificidades decisões que são tomadas. Isso é particularmente importante em contextos de políticas públicas
>
> 5. Proveniência dos Dados: Uma descrição da maneira pela qual os dados de treinamento foram coletados deve ser mantida pelos criadores dos algoritmos, acompanhada de uma exploração dos possíveis vieses induzida pelo processo humano ou algorít-

binaries/content/assets/public-policy/2017_usacm_statement_algorithms.pdf>. Acesso em 20 jan. 2021.

66 Association for Computing Machinery US Public Policy Council (USACM). 2017. Statement on Algorithmic Transparency and Accountability. Disponível em: <https://www.acm.org/binaries/content/assets/public-policy/2017_usacm_statement_algorithms.pdf>. Acesso em 20 jan. 2021.

mico de coleta de dados. O escrutínio público dos dados fornece oportunidade máxima para correções. No entanto, preocupações com privacidade, proteção de segredos comerciais ou revelação de análises que podem permitir que atores mal-intencionados joguem no sistema pode justificar a restrição de acesso a indivíduos qualificados e autorizados.

6. Auditabilidade: Modelos, algoritmos, dados e decisões devem ser registrados para que possam ser auditados nos casos em que há suspeita de dano.

7. Validação e Teste: As instituições devem usar métodos rigorosos para validar seus modelos e documentar esses métodos e resultados. Em particular, eles devem realizar rotineiramente testes para avaliar e determinar se o modelo gera danos discriminatórios. Instituições são incentivadas a fazer resultados de tais testes públicos (tradução livre).[67]

A apresentação aqui, destas três diretrizes relacionadas à transparência algorítmica, quais sejam, "FAIR", "FACT" e a Declaração da USACM possui o objetivo de demonstrar caminhos principiológicos a serem incorporados pelo Direito Brasileiro neste percurso sem volta que é o uso cada vez maior de algoritmos na tomada de decisões.

## V. CONCLUSÃO

Conforme destacado, o entendimento de que a substituição de tomadores de decisão humanos por sistemas que trabalham com Inteligência Artificial tem o potencial de reduzir o viés humano, parte de premissa falaciosa, porque as formas de tomada de decisão algorítmica baseadas no conhecimento e no aprendizado de máquina (*machine learning)* também têm o potencial de incorporar valores e reproduzir vieses.

Para sistemas de tomada de decisão algorítmica derivados do aprendizado de máquina, existe outra fonte potencial de discriminação. Ora, um algoritmo é treinado em dados tendenciosos ou que refletem desigualdades estruturais injustas de gênero, raça ou outros atributos

67 Association for Computing Machinery US Public Policy Council (USACM). 2017. Statement on Algorithmic Transparency and Accountability. Disponível em: <https://www.acm.org/binaries/content/assets/public-policy/2017_usacm_statement_algorithms.pdf>. Acesso em 20 jan. 2021.

sensíveis, ele pode "aprender" a discriminar usando esses atributos. Dessa forma, decisões baseadas em algoritmos de aprendizado de máquina podem acabar reforçando as desigualdades sociais subjacentes.

Por isso torna-se conclusivo que os sistemas algorítmicos de tomada de decisão se referem necessariamente a reivindicações epistemológicas contestáveis que podem precisar de justificativa e sobre as quais as pessoas possam discordar razoavelmente.

Nesse prisma, os algoritmos tomadores de decisão (não programados) incorporam suposições epistêmicas e normativas. Como a responsabilidade e a transparência algorítmica é necessário fornecer razões, explicações e justificativas para suas decisões, é importante que essas informações sejam claras para se for o caso possam ser impugnadas.

Por isso a transparência pode ser entendida como a compreensibilidade de um modelo específico e é vista como um requisito para a responsabilização algorítmica e que não podemos abrir mão.

Com o crescimento e desenvolvimento do uso de algoritmos na área jurídica surge a necessidade de que sejam efetivamente implementadas as três importantes diretrizes relacionadas à transparência algorítmica, quais sejam, "FAIR", "FACT" e a Declaração da USACM.

A questão da transparência algorítmica é importante em suas duas dimensões. A primeira no sentido de acesso ao código fonte, principalmente devido a existência dos vieses algorítmicos e a segunda, e ainda mais complexa é a dimensão da compreensibilidade, porque a mera abertura do código fonte não vai trazer a compreensão da forma como operam os algoritmos, já que o referido código só expõe o método de aprendizado de máquinas usado, e não a regra de decisão.

## REFERÊNCIAS

ANGWIN, Julia *et al.* Machine Bias. Pro Publica. Disponível em: [https://www.propublica.org/article/machine-bias-risk-assessments-incriminalsentencing]. Acesso em: 10 de março de 2021.

ALVES, Isabella Fonseca. Inteligência Artificial e processo. 1ª ed., 3 reimp., Belo Horizonte: D´Plácido, 2020.

ALVES, Isabella Fonseca. Advocacia 5.0. 1 ed., Belo Horizonte: D'Plácido, 2020.

CHEN, H., CHIANG, R., & STOREY, V. 2012. Business intelligence and analytics: From Big data to Big impact. MIS Quarterly (pp. 1165–1188). Disponível em:<https://www.jstor.org/stable/41703503?seq=1>. Acesso em 24 jan. 2021.

DATTA, Anupam *et al.* Algorithmic transparency via quantitative input influence. Proceedings of 37th IEEE Symposium on Security and Privacy, San Jose, USA. Disponível em: <http://www.ieee-security.org/TC/SP2016/papers/0824a598.pdf>. Acesso em: 20 de janeiro de 2021.

DOMINGOS, Pedro. The master algorithm: how the quest for the ultimate machine learning will remake our world. Nova York: Basic Books, 2015.

FERRARI, Isabela. Accountability de Algoritmos: a falácia do acesso ao código e caminhos para uma explicabilidade efetiva. Disponível em: <https://itsrio.org/wp-content/uploads/2019/03/Isabela-Ferrari.pdf>. Acesso em 15 de março de 2021.

FERRARI, Isabela; BECKER, Daniel. Algoritmo e Preconceito. JOTA. Disponível em: <https://www.jota.info/opiniao-e-analise/artigos/algoritmo-e-preconceito-12122017>. Acesso em 16 de março de 2021.

FERRARI, Isabela. Justiça Digital. Instituto New Law e Isabela Ferrari, coordenadores – 1. Ed – São Paulo: Thomson Reuters Brasil, 2020, p. 76-77. Justiça Digital. Instituto New Law e Isabela Ferrari, coordenadores – 1. Ed – São Paulo: Thomson Reuters Brasil, 2020, p. 76-77.

JANSSEN, M., Charalabidis, Y., & Zuiderwijk, A. 2012. Benefits, adoption barriers and myths of open data and open government. Information Systems Management (pp. 258–268). Disponível em: <https://www.tandfonline.com/doi/abs/10.1080/10580530.2012.716740>. Acesso em 23 jan. 2021.

JANSSEN, M., & Kuk, G. 2016. The challenges and limits of big data algorithms in technocratic governance. Government Information Quarterly. 371–377. Disponível em: <https://www.sciencedirect.com/science/article/pii/S0740624X16301599>. Acesso em 25 jan. 2021.

JAPKOWICZ, N., & Shah, M. (2011). Evaluating learning algorithms: a classification perspective. UK: Cambridge University Press. Disponível em: <https://pdfs.semanticscholar.org/fdd3/ff90a0a200aaa99089583abbf44bd8ae6811.pdf>. Acesso em 20 jan. 2021.

KATSH, E. and Rabinovich-Einy, O. 2017. Digital Justice, Technology and the Internet of Disputes. Oxford University Press, Oxford.

KIM, E. 2015. "Workday Helps You Predict When Your Best Employees Will Leave." *Business Insider*. Disponível em: <https://www.businessinsider.com/workday-talent-insights-can-predict-when-employees-will-leave-2015-4?r=UK>. Acesso em 26 jan. 2021.

KLEINBERG, J., Ludwig, J., Mullainathan, S., & Obermeyer, Z. 2015. Prediction policy problems. The American Economic Review, (pp 491–495). Disponível em: <https://www.ncbi.nlm.nih.gov/pmc/articles/PMC4869349/>. Acesso em 23. jan. 2021.

LATHROP, D., & Ruma, L. (2010). Open government: Collaboration, transparency, and participation in practice. Sebastopol, CA: O'Reilly Media. Disponível em: <https://archive.org/stream/OpenGovernment/open_government_djvu.txt>. Acesso em 20 jan. 2021.

LAZER, D., Kennedy, R., King, G., & Vespignani, A. 2014. The parable of Google Flu: Traps in Big Data Analysis David. Policy Forum, (pp1203–1205). Disponível em: <https://dash.harvard.edu/bitstream/handle/1/12016836/The%20Parable%20of%20Google%20Flu%20%28WP-Final%29.pdf?sequence=1>. Acesso em 21 jan. 2021.

LEPRI, B., Oliver, N., Letouzé, E., Pentland, A., & Vinck, P. .2017. Fair, transparent, and accountable algorithmic decision-making processes the premise, the proposed solutions, and the open challenges. Philosophy and Technology.p.9. Disponível em: <https://dspace.mit.edu/bitstream/handle/1721.1/122933/13347_2017_279_ReferencePDF.pdf?sequence=2&isAllowed=y>. Acesso em 24 jan. 2021.

LOBOSCO, K. 2013. "Facebook Friends Could Change Your Credit Score." *CNNMoney*. Disponível em: <https://money.cnn.com/2013/08/26/technology/social/facebook-credit-score/index.html>. Acesso em 25 jan. 2021.

MACPHERSON, N. 2013. Review of quality assurance of government models. London: HM Treasury. Disponível em: <https://www.gov.uk/government/publications/review-of-quality-assurance-of-government-models>. Acesso em 21 jan. 2020.

MCKINLAY, S. T. 2017. "Evidence, Explanation and Predictive Data Modelling." Philosophy & Technology, January. Springer Netherlands, 1–13. Disponível em: <https://link.springer.com/article/10.1007/s13347-016-0248-9>. Acesso em 23. Jan. 2020.

MILLER, H. G., & Mork, P. 2013. From data to decisions: A value chain for big data. IT Professional, (pp 57–59). Disponível em <https://cic.unb.br/~alchieri/disciplinas/posgraduacao/agi/DataCenter/Decisions.pdf>. Acesso em 21 jan. 2021.

NUNES, Dierle; VIANA, Aurélio. Deslocar função estritamente decisória para máquinas é muito perigoso. Conjur, 2018. Disponível em: <https://www.conjur.com.br/2018-jan-22/opiniao-deslocar-funcao-decisoria-maquinas-perigoso>.

NUNES, Dierle; LUD, Natanael, PEDRON, Flávio Quinaud. Desconfiando da imparcialidade dos sujeitos processuais: um estudo sobre os vieses cognitivos, a mitigação de seus efeitos e o debiasing. Salvador: Juspodivm, 2018.

NUNES, Dierle; MARQUES, Ana Luíza Coelho. Inteligência artificial e direito processual: vieses algorítmicos e os riscos de atribuição de função decisória às máquinas. Revista de Processo, vol. 258/2018, p. 421-447, nov. 2018.

NUNES, Marcelo Guedes. Jurimetria: como a estatística pode reinventar o Direito. São Paulo: Editora Revista dos Tribunais, 2016.

PEDRESCHI, D., Ruggieri, S., & Turini, F. 2009. Measuring Discrimination in Socially-Sensitive Decision Records. In Proceedings of the 2009 SIAM International.

PENG, G., Ritchey, N. A., Casey, K. S., Kearns, E. J., Privette, J. L., Saunders, D., & Ansari, S. 2016. Scientific stewardship in the open data and big data era – roles and responsibilities of stewards and other major product stakeholders. D-Lib Magazine. Disponível em: <https://repository.library.noaa.gov/view/noaa/15749/noaa_15749_DS1.pdf>. Acesso em 21 jan. 2020.

PIELKE, R. A. .1999. Who decides? Forecasts and Responsibilities in the 1997 Red River Flood. Applied Behavioral Science Review, (pp 83–101). Disponível em: <https://sciencepolicy.colorado.edu/admin/publication_files/resource-81-1999.16.pdf>. Acesso em 21 jan. 2020.

PETISCO, W. 2016. The causal nature of modeling with big data. Philosophy & Technology. Springer Netherlands), 137–171. Disponível em: <http://www.wolfgang-pietsch.de/pietsch-dataint_causality-f.pdf> Acesso em 23. Jan. 2020.

RESPONSIBLE Data Science Initiative. 2016. Responsible data science. Disponível em: <http://www.responsibledatascience.org/>. Acesso em 21 jan. 2020.

RIDI, L., & Taddeo, M. 2016. What is data ethics? Philosophical Transactions of the Royal Society A: Mathematical, Physical and Engineering Sciences. 374. Disponível em: <https://royalsocietypublishing.org/doi/full/10.1098/rsta.2016.0360>. Acesso em 25 jan. 2020.

ROSA, Camila da. Spaler, Mayara. Revista Jurídica da Escola Superior de Advocacia da OAB-PR. Experiências Privadas de ODR no Brasil. Disponível em:<http://revistajuridica.esa.oabpr.org.br/wpcontent/uploads/2018/12/revista_esa_8_10.pdf>. Acesso em 23 jan. 2021.

RUSSEL, S., & Norvig, P. 1995. "Artificial Intelligence: A Modern Approach". EUA: Prentice Hall. Disponível em: <https://www.cin.ufpe.br/~tfl2/artificial-intelligence-modern-approach.9780131038059.25368.pdf>. Acesso em 26 jan. 2020.

SAGIROGLU, S., & Sinanc, D. 2013. Big data: A review. International conference on collaboration technologies and systems (CTS), San Diego, CA (pp. 42–47). IEEE. Disponível em: <https://ieeexplore.ieee.org/abstract/document/6567202>. Acesso em 24 jan. 2021.

SHADBOLT, N., Motta, E., & Rouge, A. (1993). Constructing knowledge-based systems. IEEE Software, (pp. 34–38). Disponível em: <https://ieeexplore.ieee.org/document/241964>. Acesso em 26 jan. 2020.

STOYANOVICH, J., Howe, B., Abiteboul, S., Miklau, G., Sahuguet, A., & Weikum, G. (2017). Fides: Towards a platform for responsible data science. International Conference on Scientific and Statistical Database Management, Chicago. Disponível em: <https://hal.inria.fr/hal-01522418/document>. Acesso em 21 jan. 2020.

TAURION, César. Computerworld. Você sabe o que é um modelo preditivo? Disponível em: <https://computerworld.com.br/2014/12/16/voce-sabe-o-que-e-um-modelo-preditivo/.>. Acesso em 20 jan. 2020.

TVERSKY, A., & Kahneman, D. .1974. Judgment under uncertainty: Heuristics and biases. Science, 185, (pp 1124–1131). Disponível em: <https://apps.dtic.mil/dtic/tr/fulltext/u2/767426.pdf>. Acesso em 23 jan. 2020.

TUFEKCI, Z. 2014. Engineering the public: big data, surveillance and computational politics. First Monday. Disponível em: <https://journals.uic.edu/ojs/index.php/fm/article/view/4901>. Acesso em 25 jan. 2020.

WILKINSON, M. D. 2016. The FAIR guiding principles for scientific data management and stewardship. Scientific Data. Disponível em; <https://www.nature.com/articles/sdata201618.pdf?origin=ppub>. Acesso em 21 jan. 2020.

WILKINSON, M. D., Verborgh, R., Bonino da Silva Santos, L. O., Clark, T., Swertz, M. A., Kelpin, F. D. L., Dumontier, M. 2017. Interoperability and FAIRness through a novel combination of Web technologies. PeerJ Computer Science. Disponível em: <https://peerj.com/articles/cs-110/?utm_source=TrendMD&utm_campaign=PeerJ_TrendMD_1&utm_medium=TrendMD>. Acesso em 22 jan. 2021.

WILKINSON, M. D., Verborgh, R., Bonino da Silva Santos, L. O., Clark, T., Swertz, M. A., Kelpin, F. D. L., Dumontier, M. 2017. Interoperability and FAIRness through a novel combination of Web technologies. PeerJ Computer Science. p.3. Disponível em: <https://peerj.com/articles/cs-110/?utm_source=TrendMD&utm_campaign=PeerJ_TrendMD_1&utm_medium=TrendMD>. Acesso em 22 jan. 2020.

ZARSKY, T. 2016. The trouble with algorithmic decisions: an analytic road map to examine efficiency and fairness in automated and opaque decision making. Science, Technology & Human Values. SAGE Publications Sage CA: Los Angeles, CA), (pp 118–132). Disponível em: <https://journals.sagepub.com/doi/10.1177/0162243915605575>. Acesso em 26 jan. 2020.

ZELEZNIKOV, J., Nevas, J. 2009. Using BATNAs and WATNAs'. In ODR Francisco Andrade, Paulo Novais, Davide Carniero, Vol. 6284 Lecture Notes in Computer Science, Springer, Berlin. Disponível em: <https://core.ac.uk/download/pdf/55619486.pdf>. Acesso em 24 jan. 2020.

# CAPÍTULO 3

# DIREITO PROBATÓRIO, *BLOCKCHAIN*, JURIMETRIA E CONTRATOS INTELIGENTES

# 1

# Paradoxos da tecnologia: *smart contracts*, negócios jurídicos processuais, execução artificialmente inteligente e seus desafios no processualismo constitucional democrático[1]

**Antônio Aurélio de Souza Viana**[2]

**Camilla Paolinelli**[3]





---

1 Este texto é resultado do grupo de pesquisa "Processualismo Constitucional democrático e reformas processuais", vinculado à Pontifícia Universidade Católica de Minas Gerais e Universidade Federal de Minas Gerais e cadastrado no Diretório Nacional de Grupos de Pesquisa do CNPQ (http://dgp.cnpq.br/dgp/espelhogrupo/3844899706730420). O grupo é membro fundador da "ProcNet – Rede Internacional de Pesquisa sobre Justiça Civil e Processo contemporâneo" (http://laprocon.ufes.br/grupos-de-pesquisa-integrantes-da-rede).

2 Doutorando em Direito Processual pela Puc PUC Minas, com bolsa da Coordenação de Aperfeiçoamento de Pessoal de Nível Superior (CAPES). Mestre e especialista em Direito Processual pela PUC Minas. Presidente da Comissão de Direito, Tecnologia e Inovação da OAB/Contagem. Membro do IDEA. Advogado e professor. e-mail: aureliosviana@hotmail.com.

3 Doutoranda e mestre em Direito Processual pela PUC Minas. Coordenadora do curso de direito da PUC Minas – Serro, professora de cursos de graduação e especialização da mesma instituição. Membra da Comissão de Processo Civil da OAB/MG. Advogada. E-mail: camillamattos@hotmail.com.

## 1. CONSIDERAÇÕES INICIAIS

No ano de 1979, durante entrevista concedida à TV Britânica, quando perguntada sobre ter "menos compaixão ou menos cuidado" com as pessoas pobres do que em relação ao mercado ou às questões econômicas, Margareth Thatcher, então primeira-ministra do Reino Unido, respondeu: "O fato é que não se pode cuidar dos pobres, a menos que você crie riqueza suficiente para fazer isso. (...) Alguém tem que gerar o dinheiro antes, para que você realmente tenha o suficiente para ajudar os menos privilegiados da sociedade. Boas intenções não são o bastante. Você realmente precisa de dinheiro (...)[4]."

Em sentido semelhante Milton Friedmam, um dos maiores ideólogos da escola de Chicago, afirmou: "A liberdade exige que os indivíduos sejam livres para usar seus próprios recursos à sua maneira, e a sociedade moderna requer cooperação (...). A única maneira que já foi descoberta de ter muitas pessoas cooperando juntas voluntariamente é através do mercado livre. E é por isso que é tão essencial preservar a liberdade individual e a propriedade privada[5]."

Em ambas as afirmações, teóricos do neoliberalismo econômico sustentam que o bem-estar humano deve ser promovido a partir do fortalecimento das liberdades e das capacidades empreendedoras individuais e que estas só podem ser desenvolvidas se houver garantia de "sólidos direitos à propriedade privada, livres mercados e livre comércio"[6]. Portanto, o papel do Estado seria o de "criar e preservar uma estrutura institucional apropriada a essas práticas; o Estado tem de garantir, por exemplo, a qualidade e a integridade do dinheiro. (...) estabelecer as estruturas e funções militares, de defesa, da polícia e legais requeridas para garantir direitos de propriedade individuais (...)[7]".

As passagens ilustram agendas do neoliberalismo econômico que, desde o fim da década de 1970, tornou-se pensamento hegemônico nos países ocidentais e orienta a organização de políticas amparadas no forte

4 Disponível em: <Entrevista com Margaret Thatcher – MercadoComum>. Acesso em: 08 mar.2021.

5 FRIEDMAN, Milton. **On Freedom and Free Markets.** Disponível em: <Commanding Heights: Milton Friedman | on PBS>. Acesso em: 08 mar. 2021.

6 HARVEY, David. **O neoliberalismo: história e implicações.** São Paulo: Loyola, 2008, p.12.

7 HARVEY, *op.cit.*, p.12.

discurso individualista, na defesa do estado mínimo / estado-defesa, na financeirização do capital, no fortalecimento da propriedade privada e no decréscimo de pautas do Estado de bem-estar social. Colocando-se contrário às organizações coletivas que destroem a liberdade dos sujeitos[8] e sustentando que o mercado é a única instituição que respeita a primazia do indivíduo, o ideário neoliberal se tornou política de governança e tem direcionado os Estados (especialmente os latino-americanos), desde então, na estruturação de políticas organizacionais que intencionam criar ambientes favoráveis ao mercado.

Nos últimos tempos, a este cenário foram acrescidas as disrupções operadas pelas tecnologias computacionais. Estas, por sua vez, agiram (e continuam a agir) produzindo novas subjetividades: "há uma captura da existência humana pela máquina. Os "neossujeitos", sobreviventes das sociedades de controle – na era do capitalismo financeiro e de vigilância –, necessitam rentabilizar radicalmente o seu tempo de vida, para produzir em cem por cento do tempo. Afinal, são empreendedores ansiosos por sucesso e realização "pessoal".[9]

Mas, como isso se relaciona com o direito processual? Como este contexto de neoliberalismo (como política de governança) incrementado pelas novas tecnologias computacionais (capitalismo de vigilância) impacta nos procedimentos jurisdicionais e na condução do sistema de justiça brasileiro? Como o neoliberalismo, na cena da virada tecnológica, atua forjando pautas de eficiência, metas de produtividade e celeridade processuais, sobretudo no tocante à execução civil? As estratégias ofertadas pela tecnologia na execução civil são compatíveis com a defesa de uma estrutura processual / de justiça democrática, com foco no cidadão e na proteção dos seus direitos fundamentais?

São estas as perguntas que a presente investigação tentará responder. Objetivando relevar os paradoxos ocultados pela agenda de transformação tecnológica da execução civil, o presente artigo investigará, criticamente,



8 SOUZA, Thaís Godoi de; LARA, Ângela Mara de Barros. Os fundamentos teórico-metodológicos das escolas neoliberais do século XX: implicações nas políticas educacionais. **IX ANPED SUL – Seminário de pesquisa da Região Sul**, 2012. Disponível em: <107 (ucs.br)>. Acesso em 08 mar. 2021.

9 PAOLINELLI, Camilla Mattos; CASPAR, Rafael Chiari. Reflexões sobre Direito, tecnologia e a utilização de ferramentas *Online Dispute Resolution* em demandas trabalhistas. *In* ALVES, Isabella Fonseca (coord). **Inteligência Artificial e Processo**. Belo Horizonte: D'Plácido, 2019.

contrapondo neoliberalismo processual e processualismo constitucional democrático, como os *smart contracts* e as possibilidades de negociação processual para a execução apoiada por tecnologia podem se revelar úteis e eficientes para o sistema de justiça; e, ao mesmo tempo, também podem ser direcionados para atendimento de fins que estão muito mais preocupados com a garantia de condições de estabilidade para o mercado, que propriamente com a implementação de direitos dos cidadãos.

A pesquisa se valerá de metodologia jurídico-teórica, partindo de uma perspectiva macro para microanalítica. Analisar-se-á, primeiramente, a ideia de neoliberalismo processual com o incremento das novas tecnologias para, então, passar-se ao exame dos *smart contracts*, da execução artificialmente inteligente, da possibilidade de negociação processual, refletindo, ao final, sobre os seus riscos e desafios.

## 2. NEOLIBERALISMO PROCESSUAL INCREMENTADO PELAS NOVAS TECNOLOGIAS COMPUTACIONAIS E ALGUNS CUIDADOS

Para que não haja incompreensões ao longo deste texto, mostra-se importante esclarecer os contornos da expressão neoliberalismo processual. Isso porque, embora se trate de uma decorrência do neoliberalismo[10], com ele não se confunde, ainda que seja possível verificar um movimento de contínua retroalimentação, de forma que os caracteres de um auxiliam na compreensão do outro, afinal, o Direito desempenha papel marcante no neoliberalismo.

Outra advertência: também não há coincidência entre liberalismo e neoliberalismo. De modo mais objetivo – mas confessadamente não exauriente[11] – enquanto o liberalismo, forjado no século XVIII, tem por característica a elaboração da questão dos limites do governo, com uma espécie de obsessão por leis (naturais e econômicas)[12], o neoliberalismo

10 Não é possível enquadrar o neoliberalismo como algo do tipo econômico, político, filosófico etc., exatamente por se tratar de um conjunto – talvez se possa dizer paradigma – que reúne variados aspectos que convergem entre si.

11 Como aponta Wendy Brown, "o neoliberalismo não tem uma definição estabelecida". BROWN, Wendy. **Nas ruínas do neoliberalismo:** a ascensão da política antidemocrática no Ocidente. São Paulo: Editora Filosófica Politeia, 2019, p. 28.

12 DARDOT, Pierre; LAVAL, Christian. **A nova razão do mundo:** ensaio sobre a sociedade neoliberal. 1. ed. São Paulo: Boitempo, 2016, p. 33.

marca a ruptura com aquele modelo anterior. Segundo Dardot e Laval, "o neoliberalismo, portanto, não é o herdeiro natural do primeiro liberalismo, assim como não é seu extravio nem sua traição"[13]. Logo, não se trata de uma degenerescência do liberalismo. Como se extrai da análise de Wendy Brown:

> O termo foi cunhado no Colóquio Walter Lippmann, em 1938 e depois ganhou força com a Sociedade Mont Pèrelin. O neoliberalismo é mais comumente associado a um conjunto de políticas que privatizam a propriedade e os serviços públicos, reduzem radicalmente o Estado Social, amordaçam o trabalho, desregulam o capital e produzem um clima de impostos e tarifas amigável para investidores estrangeiros[14].

O neoliberalismo é marcado pela eficiência e pela privatização de empresas públicas e os países desejosos de empréstimos e auxílios necessitam cumprir recomendações de uma "nova ordem mundial", como disciplina orçamentária e fiscal, liberalização comercial, privatização da economia, desregulamentação, dentre outros[15]. Para além disso, trata-se de um sistema capaz de assegurar a si mesmo um arcabouço jurídico propício à implementação das suas necessidades, estável na maioria das vezes, maleável se for necessário[16]. Veja-se que a maleabilidade jurídica é indescartável para dar conta desse cenário "movediço" neoliberal. Portanto, a segurança jurídica só constitui valor se for, em alguns casos, adaptada circunstancialmente às necessidades do mercado. Além do mais, o neoliberalismo é fortemente marcado pelo individualismo e pela instituição da "empresa de si mesmo", em que as pressões e as coerções externas sobre os trabalhadores são substituídas por coerção e autocobrança internas, imperando



13 DARDOT, Pierre; LAVAL, Christian. **A nova razão do mundo:** ensaio sobre a sociedade neoliberal. 1. ed. São Paulo: Boitempo, 2016, p. 34.

14 BROWN, Wendy. **Nas ruínas do neoliberalismo:** a ascensão da política antidemocrática no Ocidente. São Paulo: Editora Filosófica Politeia, 2019, p. 28-29.

15 DARDOT, Pierre; LAVAL, Christian. **A nova razão do mundo:** ensaio sobre a sociedade neoliberal. 1. ed. São Paulo: Boitempo, 2016, p. 197.

16 DARDOT, Pierre; LAVAL, Christian. **A nova razão do mundo:** ensaio sobre a sociedade neoliberal. 1. ed. São Paulo: Boitempo, 2016, p. 94-96. Em outro trecho, os autores afirmam: "O chamado 'mercado mundial' é um vasto entrelaçamento movediço de coalizões entre entidades privadas e públicas que se valem de todos os meios e os registros (financeiros, diplomáticos, históricos, culturais, linguísticos etc.) para promover os interesses misturados dos poderes estatais e econômicos". DARDOT, Pierre; LAVAL, Christian. **A nova razão do mundo:** ensaio sobre a sociedade neoliberal. 1. ed. São Paulo: Boitempo, 2016, p. 286.

> um regime de autodisciplina e autogoverno, com a consequente manipulação das instâncias psíquicas do desejo e da culpa[17].

A reboque daquele movimento mais amplo, o neoliberalismo processual esboça uma dinâmica processual que não ofereça riscos ao mercado, que conduza o cidadão a um papel clientelístico e fortemente marcado por uma busca desenfreada por eficiência e produtividade. Assim, o neoliberalismo processual faz uma apropriação do discurso socializante, desnaturando-o[18]. Fértil na produção de reformas legislativas, o neoliberalismo processual transforma o processo numa espécie de instrumento a serviço do mercado[19], que sirva para propiciar segurança jurídica aos investidores.

Apesar de se tratar de tema complexo, importa notar uma aparente indissociabilidade entre as novas tecnologias computacionais e o neoliberalismo[20], pois os novos dispositivos tecnológicos e o novo modo de trabalho exacerbam o individualismo e potencializam a "empresa de si mesmo". Mas não é só isso.

Se, antes, o coletivismo, a ausência de liberdade e a planificação constituíam algo abominável aos liberais e neoliberais[21], o (neo)liberalismo digital carrega uma contradição, pois institui um programa de

---

17 DARDOT, Pierre; LAVAL, Christian. **A nova razão do mundo:** ensaio sobre a sociedade neoliberal. 1. ed. São Paulo: Boitempo, 2016, p. 228-229. Como podemos extrair de Byung-Chul Han, o sujeito neoliberal é empresário de si mesmo, explora-se voluntariamente e há diversos workshops, seminários, finais de semana motivacionais para combater os "bloqueios" produtivos/de eficiência. O ser humano é descoberto e tornado objeto de exploração. Ademais, a biopolítica está fundamentalmente associada ao biológico e, por outro lado, o neoliberalismo descobre a psique como força produtiva. O homo sacer não são os excluídos do sistema, mas os incluídos. HAN, Byung-Chul. **Psicopolítica:** o neoliberalismo e as novas técnicas de poder. Belo Horizonte: Âyiné, 2018, p. 39.

18 NUNES, Dierle José Coelho. **Processo jurisdicional democrático:** uma análise crítica das reformas processuais. Curitiba: Juruá, 2008, p. 159-165.

19 MORAIS, Jose Luiz Bolzan de; HOFFMAM, Fernando. **Por um direito processual hermenêutico-constitucionalmente adequado.** Quaestio Iuris (Impresso), v. 9, p. 886-910, 2016, p. 894.

20 Esclareça-se que se adota a expressão novas tecnologias computacionais para evitar qualquer mal-entendido, afinal, as novas tecnologias não podem ser consideradas como uma marca da era dos computadores. Somente a título de ilustração, André Lalande associa a tecnologia com a técnica, sendo a última compreendida como "conjunto dos procedimentos bem definidos e transmissíveis, destinados a produzir certos resultados úteis". LALANDE, André. **Vocabulário técnico e crítico da filosofia.** São Paulo: Martins Fontes, 1993, p. 1109-1111.

21 HAYEK, Friedrich A. **O caminho da servidão.** Porto Alegre: Editora Globo, 1977, p. 27-43.

organização automatizada do mundo por meio de sistemas algorítmicos e reintroduz de forma discreta e quase imperceptível novas e potentes formas de autoridade e de poder[22]. Realmente, é quase imperceptível, mas os indivíduos são transformados em massas de dados algoritmicamente manipuláveis, num cenário em que, paradoxalmente, as individualidades são exploradas coletivamente, com profundos impactos na economia, cultura e até no sistema democrático, agora forjado por algoritmos e *fake news*[23].

Numa era sem papel[24], marcada pelo uso massivo da tecnologia, opera-se uma mudança comportamental nos mais variados segmentos da sociedade e são formados novos modelos contratuais[25].

Essa *new life* também induz uma transformação no sistema justiça[26], na medida em que a atividade jurisdicional tem que dar conta dos novos tipos de litigiosidade, se possível, com uma velocidade tão impressionante quanto aquela típica do ambiente digital. A pauta neoliberal é bem sintetizada por Dierle Nunes e Tatiane Andrade:

> A criação de técnicas de julgamento de ações repetitivas, a introdução de meios "alternativos" de resolução de conflitos e o insistente incentivo à conciliação são exemplos de medidas

22 SADIN, Éric. **La silicolonización del mundo. La irresistible expansión del liberalismo digital.** Buenos Aires: Caja negra, 2018, p. 126-129. Harari afirma acertadamente: "Em breve a autoridade pode mudar novamente – dos humanos para os algoritmos". HARARI, Yuval Noah. **21 lições para o século 21.** 1ª ed. São Paulo: Companhia das Letras, 2018, p. 72.

23 Segundo Harari: "Se quisermos evitar a concentração de toda a riqueza e de todo o poder nas mãos de uma pequena elite, a chave é regulamentar a propriedade dos dados. [...] No século XXI, os dados vão suplantar tanto a terra quanto a maquinaria como o ativo mais importante, e a política será o esforço por controlar o fluxo de dados. Se os dados se concentrarem em muito poucas mãos – o gênero humano se dividirá em espécies diferentes". HARARI, Yuval Noah. **21 liçoeslições para o século 21.** 1ª ed. São Paulo: Companhia das Letras, 2018, p. 107; 116-117.

24 PINHEIRO, Patrícia Peck; WEBER, Sandra Tomazi; NETO, Antônio Alves de Oliveira. **Fundamentos dos negócios e contratos digitais.** São Paulo: Thomson Reuters Brasil, 2019, p.17.

25 PINHEIRO; WEBER, *ibidem*, p. 11.

26 Não é possível aprofundar na temática nesta sede, mas, em poucas palavras, visualiza-se uma tendência mundial de reformulação da atividade jurisdicional, com a criação de Tribunais *on-line* (sem espaços físicos, sem prédios etcetc.), além do possível aproveitamento das ODR's (Online Dispute Resolution). Conferir: NUNES, Dierle; LUCON, Paulo Henrique dos Santos; WOLKART, Erik Navarro. (Coordenadores). **Inteligência Artificial e Direito Processual:** Os impactos da Virada Tecnológica no Direito Processual. 2ª ed. Salvador: Editora Juspodivm, 2021; SUSSKIND, Richard. **Online courts and the future of Justice.** Oxford: Oxford University Press, 2019.

> adotadas na legislação processual brasileira para atender às determinações das instituições fomentadoras do neoliberalismo. Trata-se do que há muito vimos chamando de "neoliberalismo processual" ou "pseudossocialização". [...] Na esteira desse pensamento, reforçado pelos escopos neoliberais, assiste-se hoje a um fortalecimento da ideia de flexibilização de procedimentos jurisdicionais, com base em novos estudos sobre o formalismo processual, voltada a conferir maior dinamicidade aos procedimentos, tornando-os menos rígidos para melhor adaptá-los ao direito material em debate. Isso vem se concretizando, principalmente, por meio da crescente utilização de cláusulas gerais e conceitos jurídicos indeterminados na legislação processual, propiciando uma maior abertura interpretativa das normas pelos sujeitos processuais. Soma-se a isso a equivocada aposta feita no aumento do protagonismo dos magistrados, relegando ao julgador o papel de corrigir as mazelas sociais, quando, em verdade, representa mais um agente de reforço da política neoliberal adotada[27].

Nesse cenário neoliberal e com foco específico na execução civil, que constitui um dos grandes gargalos da atividade jurisdicional e impede sua plena eficiência[28], vê-se que a tecnologia permite não só um aperfeiçoamento racional de atos executivos e uma sofisticação na busca patrimonial, mas abre espaço, também, para uma transformação radical no modo como a execução é enxergada. Cogita-se uma espécie de esvaziamento da execução, planejando-se seu total deslocamento para a esfera extrajudicial, o que seria viável a partir da desjudicialização dos atos executivos, bem como do seu entrelaçamento com a Internet das Coisas e os *smart contracts*, algo que se cogita pela adoção de sistemas autoexecutáveis, conforme se verá.

E é exatamente diante de novos modelos contratuais e das novas tendências na fase de execução que se percebe a potencialidade de um arrojo no neoliberalismo processual. O perigo reside no enxugamento da procedimentalidade, na substituição do exercício do modelo constitucional

27 NUNES, Dierle; ANDRADE, Tatiane Costa de. **Tecnologia a serviço da efetividade na execução: uma alternativa aos dilemas do art. 139, IV, CPC. Iniciando a discussão.** Revista de Processo | vol. 303/2020 | p. 423 – 448 | Maio / 2020, p. 2 (versão eletrônica).

28 A autora do PL 6.204/19 menciona, em sua justificação, que 54,2% de todo o acervo do Judiciário é constituído por processos de execução fiscal, civil e em fase de cumprimento de sentença, portanto, algo em torno de 42 milhões de demandas.

de processo, na deturpação da formidável "virada tecnológica"[29], transformando-a num pano de fundo de enfraquecimento da verdadeira finalidade do processo: consistente na fiscalização do exercício do poder e na promoção da efetiva possibilidade de participação das partes na construção das decisões.

Nos últimos anos, a doutrina começou a tratar do tema e já há vozes defendendo a inexistência de empecilhos para a prática de atividades executivas automatizadas, isto é, aquelas desempenhadas por máquinas.[30] Nesse momento de tanta incerteza e sabidamente incipiente quanto ao uso de tecnologias computacionais no Direito, traçar um prognóstico se revela arriscado e as previsões têm grandes chances de serem aniquiladas pelo fluxo do porvir. Previsões dessa natureza só poderiam ser feitas por gênios, mesmo assim há o risco de equívocos[31]. Por isso mesmo a discussão se resume, aqui, no debate sobre a temática e na tentativa de estabelecimento de certas balizas normativas que não podem ser desprezadas pelo empreendedorismo tecnológico.

## 3. PERSPECTIVAS SOBRE O USO DE NOVAS TECNOLOGIAS NA FASE DE EXECUÇÃO CIVIL

Quando o assunto é execução, o projeto de Lei 6.204/19 é um prenúncio concreto das mudanças que estão por vir. Apesar de não se tratar de uma proposta de implementação de novas tecnologias, tal projeto tenta promover o deslocamento dos atos executivos para fora do Judiciário, no caso, para o Tabelião de Protesto, que se tornaria um agente de execução, encarregado de conduzir a execução extrajudicial e de praticar atos de citação do executado, efetivação de penhora e outros atos de expropriação[32].

29 NUNES, Dierle José Coelho. **Virada tecnológica no direito processual (da automação à transformação):** seria possível adaptar o procedimento pela tecnologia? *In*: NUNES, Dierle; LUCON, Paulo Henrique dos Santos; WOLKART, Erik Navarro. (Coordenadores). **Inteligência Artificial e Direito Processual:** Os impactos da Virada Tecnológica no Direito Processual. 2ª ed. Salvador: Editora Juspodivm, 2021, p. 17-54.

30 YARSHELL, Flávio Luiz; RODRIGUES, Viviane Siqueira. Contratos inteligentes e execução civil: um diálogo possível e útil? In: FUX, Luiz; ÁVILA, Henrique; CABRAL, Trícia Navarro Xavier (Coordenadores). **Tecnologia e Justiça Multiportas.** Indaiatuba: Editora Foco, 2021, p. 424.

31 São comuns as previsões sobre os avanços tecnológicos. Até Alan Turing chegou a fazer uma previsão sobre quando uma máquina poderia passar no "teste de Turing" (jogo da imitação). Cf.: <encurtador.com.br/kEW89>

32 Conforme os arts. 3° e 4° do PL 6.204/19.

Seria mais um passo em direção à desjudicialização e à consolidação de uma justiça multiportas. Fala-se em apenas mais um passo pois o sistema brasileiro já é rico em exemplos ilustrativos do processo de desjudicialização, como já tivemos oportunidade de abordar[33].

Retomando o exame dos impactos das novas tecnologias na execução, é preciso perceber, inicialmente, que o grande desafio colocado aos juristas da contemporaneidade diz respeito à reflexão sobre modelos de execução e adimplemento para formatos de contratação que podem ainda nem existir[34], ou que, atualmente, estejam sendo germinados. Isso ficará mais claro quando do exame dos *smart contracts*. De todo modo, a tecnologia pode reduzir drasticamente os casos de ineficiência da execução, portanto, uma empreitada mais modesta, digamos.

### 3.1. Pesquisa inteligente de bens

Tradicionalmente, um dos grandes entraves à efetividade da execução diz respeito à dificuldade de localização de bens e informações sobre o executado. A tecnologia pode desempenhar papel de destaque, pois permite a substituição da "mão humana" com custo reduzido. A propósito, sabe-se que uma das vantagens da criação de sistemas de Inteligência Artificial é que estes propiciam a automação e consequentemente a aceleração no desempenho de tarefas repetitivas, que demandariam incontáveis horas de trabalho se realizadas por um humano. Recorde-se que uma das metas da Inteligência Artificial é se comportar racionalmente, de forma que seja capaz de praticar atividades exercidas pelos humanos[35].

33 "As técnicas já implantadas são numerosas: a) divórcio, inventário e usucapião extrajudiciais; b) procedimento de execução extrajudicial de retomada e leilão de imóveis, como previsto na Lei 9.514/97; c) incentivo às técnicas alternativas de resolução de conflito, como a mediação privada ou arbitragem; d) procedimento de regularização fundiária, que permite a titulação coletiva de centenas e até milhares de imóveis de uma só vez, independentemente do ajuizamento de inúmeras ações de usucapião que, não raras vezes, tramitam por aproximadamente uma década." (VIANA, Antônio Aurélio de Souza; PAOLINELLI, Camilla Mattos. O acesso à Justiça sem justiça. **Consultor Jurídico** (São Paulo. *On-line*) v. 05112020, p. 1-5, 2020.).

34 "Vitalik Buterin, criador da Ethereum, asseverou que, muito provavelmente, as principais aplicações que serão desenvolvidas no Ethereum ainda sequer foram pensadas e surgirão no futuro". SILVA, Amanda Gabrielle Lima da. Blockchain e smart contracts: maior segurança, menor risco. In: MALDONADO, Viviane Nóbrega; FEIGELSON, Bruno (Coordenadores). **Advocacia 4.0.** São Paulo: Thomson Reuters Brasil, 2019, p. 108.

35 Embora inexista uniformidade em sua conceituação, pode-se afirmar, com certa tranquilidade, que a Inteligência Artificial está relacionada ao desenvolvimento de algoritmos ou

Foi exatamente o que ocorreu no Tribunal de Justiça do Rio de Janeiro, ao criar o sistema Victoria, responsável pela redução drástica no tempo de feitura de atos executivos, pois, em três dias, bloqueou bens de devedores em 6.619 execuções, trabalho esse que, se fosse feito por humanos, levaria dois anos e meio para ser concluído. Outro exemplo é o sistema Elis, do Tribunal de Justiça de Pernambuco, que fez, em 15 dias, uma triagem de 70 mil processos, algo que exigiria aproximadamente 18 meses de trabalho dos servidores humanos[36].

Perceba-se que esse tipo de resultado promissor indica que a corriqueira frustração nas execuções não decorre necessariamente da ausência de patrimônio do devedor, mas, sim, da letargia do Judiciário e até do exequente, pois, não raras vezes, não são praticados os atos necessários à efetivação do crédito. Sem dúvidas, a automação e a consequente padronização de atos dessa natureza podem fazer com que as execuções frustradas fiquem no passado, pelo menos em muitos casos.

Dierle Nunes e Tatiane Andrade garimpam diversas possibilidades de uso de novas tecnologias para investigação patrimonial, o que ampara as pretensões do exequente e potencializa a eficácia do processo executivo, dentre elas: a) o BACENJUD, atualmente denominado SISBAJUD, que é um sistema que interliga o Judiciário ao Banco Central e às instituições financeiras; b) o Cadastro de Clientes do Sistema Financeiro Nacional, que registra a relação de instituições financeiras e demais entidades autorizadas pelo Banco Central com as quais o cliente possui algum relacionamento; c) o INFOJUD, o Dossiê integrado da Receita Federal e a SPED, importantes ferramentas de pesquisa patrimonial; d) o RENAJUD, que conecta o Judiciário ao Departamento Nacional de Trânsito e permite o lançamento de restrições nos veículos; e) o SACI, Sistema Integrado de Informações da Aviação Civil, que reúne informações sobre



agentes inteligentes. Inteligente é o algoritmo capaz de pensar ou agir como um humano. Em outra perspectiva, mas que auxilia à compreensão, deve-se desconsiderar que a meta da IA seja a imitação do pensamento ou do comportamento humano, o que importa, para outros, é que o algoritmo faça a coisa certa. RUSSELL, Stuart J; NORVIG, Peter. **Inteligência Artificial.** Rio de Janeiro: Elsevier, 2013, p. 3-7.

36 MORAIS DA ROSA, Alexandre; GUASQUE, Bárbara. O avanço da disrupção nos tribunais brasileiros. In: NUNES, Dierle; LUCON, Paulo Henrique dos Santos; WOLKART, Erik Navarro. (Coordenadores). **Inteligência Artificial e Direito Processual:** Os impactos da Virada Tecnológica no Direito Processual. 2ª ed. Salvador: Editora Juspodivm, 2021, p. 99-103.

aeronaves; f) o COAF, Conselho de Controle de Atividades Financeiras; g) o SIMBA, que eventualmente pode ser utilizado para a quebra eletrônica do sigilo bancário do devedor, embora se trate de ferramenta voltada às investigações sobre crimes de corrupção e de lavagem de dinheiro; h) o CENSEC, Sistema do Colégio Notarial do Brasil para gerenciar bancos de dados com informações acerca de testamentos, procurações e escrituras públicas de qualquer natureza lavradas em todos os cartórios do Brasil; i) o SREI, que é uma ferramenta criada para facilitar o intercâmbio de informações entre os ofícios de registro de imóveis, o Poder Judiciário, a administração pública e o público em geral; j) a CNIB, Central Nacional de Indisponibilidade de Bens, que torna o ato de indisponibilidade mais célere[37].

Em outro importante texto, Nunes e Andrade sugerem a criação de três plataformas eletrônicas para imprimir maior agilidade ao procedimento executivo, quais sejam: 1) programa para oferta de memória de cálculo padrão[38]; 2) algoritmo para criação de um Sistema Nacional Integrado de Bens (SNIB) e; 3) a plataforma unificada de leilões judiciais[39-40].

A ideia de que a Inteligência Artificial tem por escopo a imitação do comportamento inteligente humano é bastante pertinente para situações como essa. Sem esquecer da eventual necessidade de alteração da legislação em vigor, veja-se que poderia ser criado um algoritmo para realizar, numa sequência lógico-jurídica, todos os atos de pesquisa de bens, como se humano fosse. Assim, o algoritmo executaria um *script* automático, com diversos atos até a integral localização e indisponibilidade de bens do devedor, sem necessidade de qualquer intervenção humana. Com a

---

37 NUNES, Dierle; ANDRADE, Tatiane Costa de. **Tecnologia a serviço da efetividade na execução: uma alternativa aos dilemas do art. 139, IV, CPC. Iniciando a discussão.** Revista de Processo | vol. 303/2020 | p. 423 – 448 | Maio / 2020, (versão eletrônica); NUNES, Dierle; ANDRADE, Tatiane Costa de. **Tecnologia a serviço da efetividade na execução: uma alternativa aos dilemas do art. 139, IV, CPC: Mais um passo na discussão – PT 2.** Revista de Processo | vol. 304/2020 | p. 339 – 361 | Jun / 2020, (versão eletrônica).

38 Como são comuns as divergências entre as partes sobre os valores devidos, o algoritmo seria responsável por ofertar a memória de cálculo ao credor.

39 Tal sistema impulsionaria a alienação judicial eletrônica dos bens do devedor.

40 Os detalhes das propostas podem ser consultados diretamente no texto dos autores: NUNES, Dierle José Coelho; ANDRADE, Tatiane Costa. Execução e tecnologia: novas perspectivas. *In*: NUNES, Dierle; LUCON, Paulo Henrique dos Santos; WOLKART, Erik Navarro. (Coordenadores). **Inteligência Artificial e Direito Processual:** Os impactos da Virada Tecnológica no Direito Processual. 2ª ed. Salvador: Editora Juspodivm, 2021, p. 906-912.

tendência de virtualização de inúmeras dimensões das vidas das pessoas, o modelo algorítmico poderia, em poucos minutos, fazer uma varredura completa e altamente eficiente.

Os modelos algorítmicos também poderiam ser utilizados para cruzamento de informações disponibilizadas publicamente pelos devedores, tais como aquelas contidas em redes sociais e que possam indicar uma capacidade de cumprimento de obrigações pecuniárias e outra possibilidade seria o treinamento do algoritmo para que faça uma varredura em todos os sistemas dos tribunais pátrios, em busca de processos judiciais que estejam em curso e que o devedor-executado possa ser financeiramente beneficiado.

Todos estes exemplos ilustrativos elucidam que a implementação de modelos algorítmicos nos procedimentos executivos pode conduzir a resultados pretensamente mais eficientes, céleres e com potencial para promover a satisfação do credor. Todavia, ao lado de tais hipóteses figuram outras mais arrojadas, que se valem da tecnologia não para estruturar estratégias de agilização da atividade executiva no judiciário. Trabalham com um lócus diferente: a ideia é de se retirar no sistema público de justiça a responsabilidade pela condução do *enforcement*. É o que se verá.

### 3.2. Execução civil e contratos executáveis (*smart contracts*)

Os *smart contracts* ou contratos inteligentes são "contratos" digitais autoexecutáveis e inadulteráveis que se valem de códigos de programação para definir as regras da relação contratual[41].

O curioso do *smart contract* é que, a rigor, não se trata propriamente de um contrato ou, pelo menos, não constitui uma modalidade genuína e independente. Explica-se a partir de um singelo exemplo: no caso das máquinas de refrigerante[42], que constituem o tipo mais emblemático de

41 VIANA, Antônio Aurélio de Souza; PAOLINELLI, Camilla Mattos. Acesso à justiça sem Justiça: os paradoxos do movimento de desjudicialização. *In* OMMATI, José Emílio Medauar; KAITEL, Cristiane da Silva (coords.). **Pensando o direito**, v. 3. Belo Horizonte: Editora Conhecimento, 2021 (no prelo).

42 A cláusula deste contrato é escrita da seguinte forma: *button_pressed== "Coca Cola" and money_inserted>=1.75: release ("Coca Cola") return_chance (money_inserted-1.75) else if button_pressed == "Aquafina Water" and money_inserted>=1.25: release ("Aquafina Water") return_change (money_inserted – 1.25)"end.* PINHEIRO, Patrícia Peck; WEBER,

*smart contracts*, não se cria um novo tipo contratual[43], pois, em exame de sua natureza jurídica, seria apenas um contrato de compra e venda, de origem romanística[44], embora autoexecutável. Aliás, para alguns, os *smart contracts* são apenas programas de computador, nada mais[45].

A noção de *smart contract* surgiu com Nick Szabo, na década de 90[46]. São criados a partir de uma forma de programação computacional condicional do tipo "se a, então b"[47], ou seja, se realizada determinada condição, implementa-se, de forma automática, a consequência prevista. A *blockchain*[48] desempenha papel relevantíssimo no contexto dos contratos inteligentes, pois é responsável por gerar segurança a partir da noção de imutabilidade. Fato é que os *smart contracts* automatizam a execução de regras e seu cumprimento é independente da intervenção

---

Sandra Tomazi; Neto, Antônio Alves de Oliveira. **Fundamentos dos negócios e contratos digitais**. São Paulo: Thomson Reuters Brasil, 2019, p. 119.

43 Contratos típicos são os que têm previsibilidade legal, tais como a compra e venda, locação etc. Conferir: GAGLIANO, Pablo Stolze; PAMPLONA FILHO, Rodolfo. **Novo curso de direito civil, volume 4:** contratos. 2. ed. unificada. São Paulo: Saraiva, 2019, p. 184.

44 MARKY, Thomas. **Curso elementar de direito romano.** 8. ed. São Paulo: Saraiva, 1995, p. 125-127.

45 DONEDA, Bruno Nunes; FLÔRES, Henrique Pinhatti. **Contratos inteligentes na blockchain:** o futuro dos negócios jurídicos celebrados em códigos de programação. In: FEIGELSON, Bruno; BECKER, Daniel; RAVAGNANI, Giovani. (Coordenadores). O advogado do amanhã: estudos em homenagem ao professor Richard Susskind. São Paulo: Thomson Reuters Brasil, 2019, p. 193.

46 DONEDA; FLÔRES, *ibidem*, p. 194.

47 MORAES, Bernardo Bissoto Queiroz de; MELLO, Gustavo Marchi de Souza. **Smart legal contracts carregam consigo incontáveis benefícios.** Consultor Jurídico (São Paulo. *On-line*) v. 29082018.

48 "O blockchain é uma tecnologia relativamente recente, cuja concepção é atribuída ao autor ou grupo de autores que publicou, sob o pseudônimo de Satoshi Nakamoto, o conceito original de um registro de transações descentralizado, aberto e sem interferência de intermediários. [...] além de criar uma rede descentralizada, o blockchain visa a permitir a realização de transações sem a necessidade de um intermediário (por exemplo, um banco) para atuar como garantidor da integridade dos registros. [...] O blockchain faz uso de funções hash para atestar a validade de um novo bloco de transações. O hash é, de forma resumida, o resultado de uma função matemática capaz de gerar um código único, que pode ser número de caracteres pré-determinado, a partir de um conjunto de informações. Assim, o hash funciona como uma assinatura digital, sendo único e imutável para qualquer conjunto de informações que seja fornecido". SILVA, Alexandre Couto; SILVA, Ricardo Villela Mafra Alves da. **O blockchain como ferramenta de governança corporativa para redução de custos de agência em sociedades anônimas.** *In:* PARENTONI, Leonardo (Coordenador). GONTIJO, Bruno Miranda; LIMA, Henrique Cunha Souza. (Orgs.). Direito, tecnologia e inovação. Vol. 1. Belo Horizonte: Editora D'Plácido, 2018, p. 698-699.

humana e, com isso, o monitoramento e execução dos seus termos são facilitados[49].

Dois aspectos nos interessam de perto. O primeiro diz respeito às potencialidades do uso de *smart contracts*. E, o segundo, refere-se aos impactos da sua utilização na atividade jurisdicional.

Perceba-se que essa *new life* tecnológica permite a aplicação das tecnologias de um modo bastante fértil. Em primeiro lugar, cumpre destacar que são várias as aplicações pensadas para os *smart contracts*, que vão desde serviços de crédito – nos quais a auto execução e a segurança oferecidas por este modelo podem ser particularmente úteis –, passando pela prestação de serviços, comércio eletrônico, até o mercado imobiliário, principalmente se pensarmos no avanço de *smart cities* e prédios inteligentes.[50]

Em transações imobiliárias envolvendo locação, os *smart contracts* poderiam controlar a adimplência de locatários, impondo sanções automáticas no caso de inadimplemento. Ao invés da determinação de despejo, advinda de uma decisão proferida pelo Judiciário, o contrato inteligente poderia bloquear a entrada do inquilino do imóvel alugado, seguindo à risca as instruções inseridas em sua programação. Tudo isso, sem intermediários[51]. Sem a necessidade de se delegar ao judiciário ou a



49 DONEDA; FLÔRES, *op.cit.*, p. 195.

50 A noção de *smart cities* é um pouco controvertida, mas, no geral, diz respeito ao uso de dados para monitoramento da cidade. Veja-se: "A ideia de cidade inteligente envolve a utilização de diversos sensores eletrônicos para a coleta de dados de diferentes segmentos de uma cidade: trânsito, acidentes, aglomeração de pessoas, segurança pública, sanitário, lazer, turismo, transporte público, dentre outras inúmeras possibilidades. Esses sensores eletrônicos estão conectados à Internet ("Internet of Things" ou IoT) e tem como função a coleta e transferência em tempo real desses dados para uma ou mais centrais de controle, que irão processar esses dados e tomar as medidas cabíveis em tempo real". CHIAVASSA, Marcelo M. P. L.; KIM, Stela He Jin. **A Importância das Bases de Dados Abertas para a construção de Cidades Inteligentes.** *In:* Lilian Regina Gabriel Moreira Pires. (Org.). Cidades Inteligentes, Humanas e Sustentáveis. 1. ed. Belo Horizonte: Arraes Editores 2020, p. 19. É preciso indicar, portanto, uma diferença entre smart cities e prédios ou casas inteligentes. Claro que tendem a convergir, mas, quando se fala em prédios inteligentes, impera a dimensão privada, enquanto que, ao se mencionar smart cities, o seu núcleo diz respeito emprego de tecnologia e tratamento de dados pessoais dos cidadãos, através de inúmeros sensores. Por fim, de se dizer que a noção de smart cities não se confunde com a Edge City, como pensada por Joel Garreau, pois a questão do tratamento de dados desempenha importante marco de distinção. Conferir: CASTELLS, Manuel. **A sociedade em rede.** 8. ed. total. rev. e ampl. São Paulo: Paz e Terra, 2005, p. 488-489.

51 WOLKART, Erick Navarro. **Análise econômica e comportamental do processo civil:** como promover a cooperação para enfrentar a tragédia da Justiça no processo civil brasileiro. Rio de Janeiro: UERJ, 2018 (tese de doutoramento), p.713.

qualquer outra pessoa o encargo de remediar as coisas, caso algo dê errado, numa nova roupagem automatizada de uma autotutela revigorada.

Tal pode se dar igualmente no caso de atraso no pagamento de parcelas de financiamento para aquisição de veículos, em que o bem é eletronicamente "bloqueado" e deixa de funcionar até que haja o pagamento da prestação inadimplida[52]. Fala-se, num sentido mais amplo, em *technocontrol*, que integra o controle técnico por *design*[53].

A execução das consequências acordadas é o que torna os contratos inteligentes poderosos[54] e, a princípio, pode-se pensar que este fato traz apenas vantagens: redução de custos, precisão, transparência, agilidade, eficiência, confiabilidade, ausência de conflitos.

Mas é preciso deixar muito claro que a aproximação entre execução e contratos executáveis não é tão simples. Possuem pressupostos distintos e dinâmicas que em nada se assemelham. Enquanto o *smart contract* é autoexecutável e estruturado em modelos algorítmicos, a execução forçada consiste em medidas voltadas à satisfação de direitos acertados pelas sentenças ou por títulos extrajudiciais[55]. Mas os institutos se aproximam pela tecnologia, notadamente num contexto de desjudicialização.

A MRV, maior construtora da América Latina, diz ter feito uma incorporação imobiliária por meio de *blockchain*[56]. Talvez seja um aviso do mercado, aos cartórios, de que as empresas estão fartas de burocracia e de que as serventias notariais devem ceder ante às novas tecnologias.

---

52 Outro exemplo fornecido por Antônio do Passo Cabral é bem elucidativo: "Imagine que Antonio quiera vender su carro. Él estaciona el carro en un garaje con un candado electrónico inteligente e inserta los datos del contrato en internet. Si el comprador transfiriere la cuantía de dinero deseado (precio) a su cuenta, el computador automáticamente transfiere el código para destrabar el candado (permitiendo el retiro del automóvil del garaje) y remite a los registros de vehículos la transacción para que quede registrado el nombre del nuevo propietario". (CABRAL, Antônio. Proceso y tecnología: nuevas tendencias. **Civil Procedure Review**. v.10, n.1: jan.-abr., 2019, p. 125.).

53 HOFFMANN-RIEM, Wolfgang. **Teoria geral do direito digital:** transformação digital: desafios para o direito. Rio de Janeiro: Forense, 2021, p. 70.

54 SONG, Jimmy. **The Truth about Smart Contracts**. Disponível em: <https://medium.com/@jimmysong/the-truth-about-smart-contracts-ae825271811f.> Acesso em 25 out.2020.

55 Cf.: LEAL, Rosemiro Pereira. **Teoria geral do processo:** primeiros estudos. 14. ed. Belo Horizonte: Fórum, 2018, p. 239-240; ALVIM, José Eduardo Carreira. **Teoria geral do processo.** 20. ed. rev. e atual. Rio de Janeiro: Forense, 2017, p. 357.

56 Disponível em: <https://www.mrv.com.br/institucional/pt/relacionamentos/releases/mrv-realiza-primeira-incorporacao-imobiliaria-com-blockchain>. Acesso em: 22 de fev. 2021.

Faremos o comparativo de duas situações de inadimplência em caso de atraso no pagamento de prestações de financiamento imobiliário, com cláusula de alienação fiduciária, conforme Lei 9.514/97.

No primeiro cenário, indicar-se-á a execução sem o uso de novas tecnologias, ainda que eventualmente alguns atos possam ser praticados com o seu apoio, tal como a lavratura de uma escritura pública em ambiente digital. No segundo cenário, indicar-se-á o possível procedimento de "execução" com amplo apoio tecnológico. Nos dois cenários, parte-se do pressuposto que não haverá qualquer colaboração ou acordo com o devedor (antigo ocupante do imóvel).

Pois bem. Retomando-se a análise do primeiro cenário, uma vez que acusado o atraso no pagamento das parcelas, o credor fiduciário envia comunicado ao Cartório de Registro de Imóveis. Este, por sua vez, encaminha notificação extrajudicial ao devedor, para que purgue a mora no prazo de 15 dias. Não quitada a dívida e recolhido o imposto de transmissão de bens imóveis, ocorre a chamada consolidação da propriedade em nome do credor (normalmente, o banco). Após a consolidação, faz-se um ou dois leilões, na tentativa de alienação do imóvel a terceiros. Se o leilão for infrutífero – o que é chamado de "leilão negativo" – o credor normalmente faz a chamada venda direta. O imóvel é alienado, mas, para que o adquirente ingresse nele, é comum ter que ajuizar uma ação de imissão na posse, pois nem todos os devedores desocupam o imóvel voluntariamente. Perceba-se que já se trata de um procedimento bem mais enxuto e que independe de atuação judicial.

No segundo cenário, contemplado pelo uso de tecnologias, poderíamos ter o seguinte *scritp*: uma vez que ocorra o atraso no pagamento das parcelas, haverá a imediata transferência da propriedade imobiliária por meio de *blockchain*. Portanto, o devedor fiduciário deixaria de constar como proprietário. Além disso, em se tratando de imóvel compatível, este seria "bloqueado", com um dispositivo *locker*, comandado também por *blockchain*, de modo que só seria possível abrir as portas por dentro, de forma a impedir ou dificultar o acesso do devedor ao interior do imóvel depois que de lá saísse. Tudo isso poderia ser convencionado por cláusula, de natureza obrigacional e processual: negócio jurídico processual, conforme detalharemos a seguir. Ademais, quanto aos bens móveis de propriedade do devedor fiduciante, poderia haver uma cláusula que instituísse algo como um penhor ou depósito.

Esquematicamente, teríamos:

*1 Cenário de execução sem o uso de tecnologia*

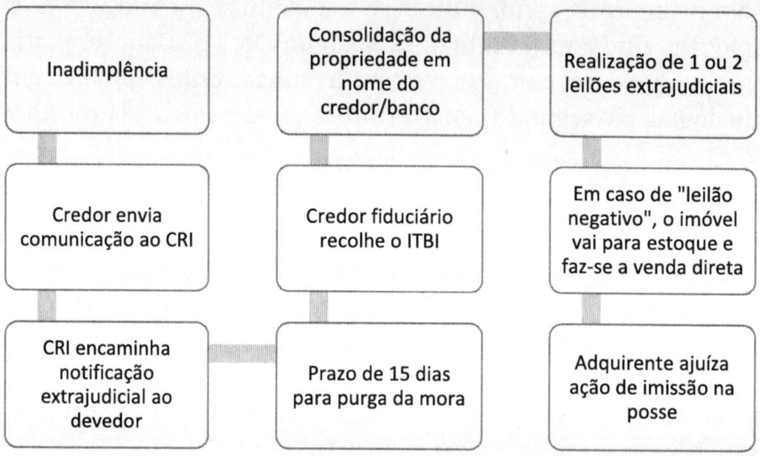


*2 Cenário de execução com o uso de tecnologias (smart contracts, blockchain e dispositivo locker)*

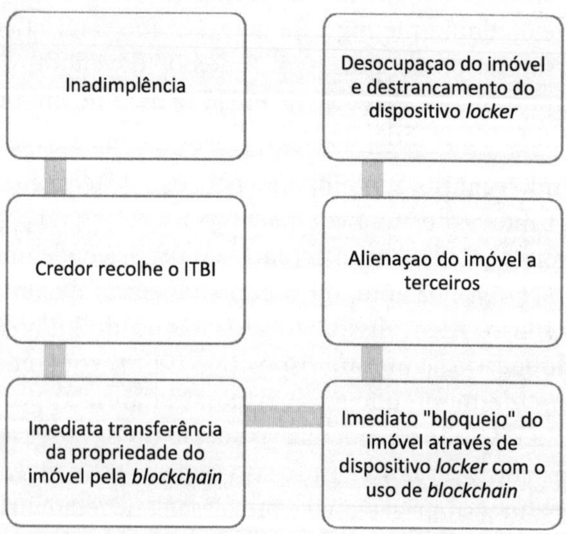


Nem seria necessário dizer que, muito mais do que um enxugamento de etapas, o uso da tecnologia representaria uma menor intervenção do Judiciário na gestão do inadimplemento e a construção negocial de uma autotutela para viabilizar as etapas de execução. Sem contar também que uma ordem de imissão na posse pode levar alguns meses para ser cumprida, considerando-se o excesso de trabalho de muitos magistrados, pois não é incomum que um mero despacho inicial leve mais de três meses para ocorrer.

Note-se, contudo, que apesar da espetacular facilidade do segundo cenário, os *smart contracts*, autoexecutáveis, coroam uma noção de plena autonomia privada dos contratantes e, numa espécie de resgate do individualismo que marca as propostas (neo)liberais, conferem aos sujeitos de direito o poder de zelar pelo próprio contrato e decidir também sobre o futuro da execução. Tudo isso de maneira algorítmica, sem intervenção de terceiros, sem necessitar do Judiciário para nada. Mas, há que se ter certos cuidados quanto a esse tipo de proposta e investigar a viabilidade deste tipo de opção pois, por meio dela, os contratantes estabelecem verdadeira convenção processual que, pelo menos a princípio, retira do judiciário o poder de condução do *enforcement*. Seria isto viável?

## 3.3 Convenções Processuais sobre execução inteligente

Na linha de orientação do modelo comparticipativo[57] de processo, o CPC/15, em seu artigo 190, estatuiu uma espécie de cláusula geral de negociação (convencionalidade) que permite às partes estipularem mudanças no procedimento, para ajustá-lo às especificidades da causa, convencionando sobre seus ônus, poderes, faculdades e deveres processuais, antes ou durante o processo.

A negociação sobre as regras processuais, orientada pelo princípio do autorregramento[58] da vontade e pelo dever de cooperação dos sujeitos que participam do procedimento, tem por finalidade viabilizar uma adaptação das regras do jogo às especificidades dos direitos materiais em discussão e aos interesses das partes. Isso para que o procedimento possa ficar mais próximo à realidade do caso, moldando-se às dificuldades,

57 NUNES, Dierle José Coelho. **Processo jurisdicional democrático:** uma análise crítica das reformas processuais. Curitiba: Juruá, 2012.

58 BRAGA, Paula Sarno. Primeiras reflexões sobre uma teoria do fato jurídico processual: plano da existência. **Revista de Processo**. São Paulo: RT, n°148, jun. 2007.

facilidades, entraves, intercorrências e vontades dos envolvidos, além das características das pretensões em discussão.

Nogueira e Didier situam o negócio processual como uma espécie de fato jurídico voluntário, "em cujo suporte fático se reconhece ao sujeito o poder de regular, dentro dos limites fixados no próprio ordenamento jurídico, certas situações jurídicas processuais ou alterar o procedimento[59]". O negócio jurídico passa a ser fonte da norma de direito processual, vinculando o julgador.

A noção de negócio jurídico processual se conecta a uma visão amadurecida de modelo processual que se afasta do hiperpublicismo e se abre às vantagens e conveniências de uma espécie de privatismo mediado, que possui como foco a instituição de formas mais adequadas para tratamento dos conflitos[60]. Vem daí sua relação de proximidade com a noção de comparticipação[61].

As convenções processuais podem ser descritas com espécie do gênero negócios processuais, caracterizando-se pela convergência de vontades dos sujeitos processuais que, consensualmente, deliberam a respeito das regras do procedimento para equacioná-lo à situação litigiosa. Há aí, uma espécie de recomposição geométrica[62] nas relações de poder que estruturarão o procedimento que, a partir das convenções, alinham-se horizontalmente numa perspectiva que consagra a liberdade das partes e o dever processual de cooperação entre todos os sujeitos processuais.

Trata-se de uma vertente de adaptação procedimental que alia consensualidade e convencionalidade, não com vistas à disposição do

---

59 NOGUEIRA, Pedro Henrique Pedrosa; DIDIER JR., Fredie. **Teoria dos Fatos jurídicos processuais.** 2ªedição. Salvador: Juspodivm, 2012, p.59-60. Cf.: CABRAL, Antônio do Passo. **Convenções Processuais:** teoria geral dos negócios processuais. 3ªed. Salvador: Juspodivm, 2020, p.74; DIDIER JR., Fredie. **Curso de Direito Processual Civil:** Introdução ao Direito Processual Civil, parte geral e processo de conhecimento., v.1. 21ed. Salvador: Juspodivm, 2019, p.443.

60 DIDIER Jr., Fredie; GODINHO, Robson Renault. Resenha da obra: Convenções Processuais de Antônio do Passo Cabral. **Revista de processo.** São Paulo: RT, volume 254, abril 2006. Disponível em: <RPro_n.254.27.PDF (mpsp.mp.br)>. Acesso em: 25 fev.2021.

61 Para mais, cf.: FARIA, Guilherme Henrique Lage. **Negócios Jurídicos Processuais no Modelo Constitucional de Processo**. 2ªed. Salvador: Juspodivm, 2019.

62 ARENHART, Sérgio. OSNA, Gustavo. Os "acordos processuais" no projeto do Novo CPC – aproximações preliminares. **Revista Eletrônica – Tribunal Regional do Trabalho do Paraná**, v. 39, 2015. Disponível em: <http://www.mflip.com.br/pub/escolajudicial/index.jsp?ipg=194778>. Acesso em: 20 abr. 2020.

direito material[63] em si, mas direcionada à forma como procedimento será conduzido. Ainda que a convenção não tenha por objeto o direito material discutido, Gabriel e Vidal afirmam que a negociação processual fornece uma espécie de via integrativa, uma nova perspectiva de litigância voltada à gestão do risco processual frente à incerteza e à imprevisão sobre os rumos do processo, sobretudo quando o acordo for anterior à propositura da ação[64].

As convenções ofertam uma espécie de conformação do conteúdo discutido aos efeitos dos atos processuais[65], oportunizando-se a possibilidade de que os interesses privados das partes sejam conjugados dentro do espaço público de discussão que caracteriza o processo, para controle/ fiscalidade do próprio poder do Estado-juiz.

Embora o instituto não seja propriamente uma novidade no sistema brasileiro[66], na prática, a celebração de convenções processuais atípicas ainda tem encontrado certa resistência por parte de advogados e, especialmente, por parte do judiciário[67]. Apesar dos esforços da literatura ju-



63 VIDAL, Ludmilla Camacho Duarte. A importante função das convenções processuais na mudança da cultura do litígio: a interligação entre consensualidade e convencionalidade. REDUnB – **Revista dos Estudantes de Direito da UNB**, 2016, p.281-303.

64 GABRIEL, Anderson de Paiva; VIDAL, Ludmilla Camacho. A contribuição das convenções processuais para a transformação da cultura de litígio e as diretrizes gerais de interpretação e controle, p. 52-53. **Revista Eletrônica de Direito Processual.** Rio de Janeiro, ano 12, volume 19, número 3, set/dez. 2018, p.49-83.

65 CUNHA, Leonardo Carneiro da. Negócios jurídicos processuais no processo civil brasileiro. *In:* **Negócios Processuais – Coleção Grandes Temas do Novo CPC**, DIDIER JR., Fredie; CABRAL, Antonio do Passo; NOGUEIRA, Pedro Henrique (coords.). Salvador: Juspodivm, 2015, p.28.

66 Isso porque o CPC/1973, já trazia em seu artigo 158 uma cláusula aberta de negociação processual, além das hipóteses típicas espalhadas ao longo do código que, no entanto, de acordo com Cabral, em razão o excesso de prestígio que o referido diploma conferia à visão publiscita de processo, as técnicas de negociação caíram em ostracismo e ganharam uma nova tônica a partir do texto de 2015.

67 Recentemente, a Quarta Turma do Superior Tribunal de Justiça, em sessão de julgamento realizada em 23 de fevereiro de 2021, julgou recurso especial a respeito da interpretação do art. 190 do CPC/15. "O REsp 1.810.444/SP, de relatoria do Ministro Luís Felipe Salomão, trazia discussão sobre cláusula contratual que negociava a possibilidade de, em caso de inadimplemento, o juiz conceder medidas liminares contra a parte devedora, independentemente de urgência ou evidência, podendo, inclusive, realizar o bloqueio de bens. O STJ manteve o entendimento do TJSP que havia decidido pela nulidade da cláusula, por quatro fundamentos principais: (i) não se poderia negociar sobre citação, postergando-a, já que é pressuposto de existência do processo; (ii) não se poderia negociar sobre relativização do contraditório; (iii) a cláusula em questão atua sobre o poder o julgador; e (iv) para que se pudesse avaliar a validade do negócio processual, seria necessária a citação

rídica especializada no sentido de estabelecer requisitos autorizadores da validade / eficácia das convenções, a ocorrência e aplicação dessas ainda são bastante tímidas, dando ao apego à concepção tradicional de cogência das normas processuais estatais aliada à garantia de segurança jurídica e de equilíbrio. Concepção que, até hoje, ainda é forte em boa parte dos tribunais, simpáticos à visão estritamente publicista de processo.

Gajardoni aponta a existência de pelo menos seis requisitos de validade e eficácia das convenções processuais atípicas (celebradas com autorização da cláusula geral de negociação do art. 190, CPC/15), indicando que há necessidade de que:

> 1) as partes sejam as titulares da situação jurídica a respeito do qual pretendam dispor, sendo vedada convenção processual que atinja deveres, direitos, ônus e faculdades de terceiros; 2) o objeto da convenção seja lícito, de modo a não se admitir negócios jurídicos processuais que acabem por violar o conteúdo mínimo do processo constitucional (regras constitucionais de competência, o contraditório, a ampla defesa, a publicidade, a motivação, a licitude da prova, etc.); 3) a celebração da convenção seja feita por escrito (especialmente no negócios jurídicos pré-processuais), pois só assim é possível se operacionalizar judicialmente, com o mínimo de segurança e presteza, a alteração da regra legal por convenção das partes; 4) haja preservação da autonomia da vontade do contratantes, devendo o juiz deixar de aplicar a convenção processual nos casos de nulidade (erro, dolo, coação, etc.), inserção abusiva em contrato de adesão ou vulnerabilidade manifesta de um dos celebrantes; 5) as partes sejam civilmente capazes, vedada a celebração de convenção por incapazes, ainda que representados ou assistidos; e 6) o direito objeto da convenção processual seja autocomponível, isto é, esteja na esfera de disponibilidade das partes[68].

---

do réu, com formação da relação jurídica processual. O ministro relator destacou que a cláusula geral de negociação processual atípica prevista no art. 190, apesar de muito positiva e atenta à tempestividade jurisdicional, comporta limites, como a isonomia e as garantias formadoras da tutela justa (o contraditório, no caso concreto). Afirmou, por fim, que a cláusula em questão merecia reprimenda, por transigir sobre atos que são de titularidade judicial." (MUNHOZ, Manoela Virmond. **STJ julga recurso sobre o art. 190, STJ**, em @processualistas. Disponível em: <Processualistas® (@processualistas) • Fotos e vídeos do Instagram>. Acesso em: 08 mar. 2021). Para mais, Cf.: BRASIL. SUPERIOR TRIBUNAL DE JUSTIÇA. **Recurso Especial n°1.810.444/SP. Informativo 686 STJ.** Disponível em: <n. 686: Informativo de jurisprudência de 2021 (stj.jus.br)>. Acesso em: 08.mar.2021.

68 GAJARDONI, Fernando. Convenções processuais atípicas na execução civil. **Artigos Novo CPC – GENJurídico**, 30 out.2017. Disponível em: <Convenções processuais atípicas na execução civil GEN Jurídico (genjuridico.com.br)>. Acesso em: 24 de fev. 2021.

Como se vê, a instituição de critérios para a rigorosa aferição da validade dos negócios processuais, sobretudo mediante a exigência de observância da liberdade e condições de igualdade entre as partes, além da proibição da negociação sobre regras relativas ao conteúdo mínimo do devido processo, confere segurança ao instituto. Além disso, permite vislumbrar um vasto campo para sua utilização, não adstrito apenas à fase de conhecimento de procedimentos já judicializados.

Nos *smart contracts*, as partes celebram convenções processuais.

Como alerta Cabral, a possibilidade de as partes celebrarem ajustes negociais antes do processo e do litígio, inseridos em um contrato (como é o caso dos *smart contracts*), pode não só afetar na condução de procedimentos judicializados (mediante adaptação das regras à vontade das partes) como também apresenta para "o indivíduo alternativas de tutela dos direitos de cariz não jurisdicional"[69]. Trata-se de uma espécie de autotutela negocial, fora do ambiente jurisdicional, que se adapta à realidade do caso e às vontades dos envolvidos.

Nesse cenário:

> Os *smart contracts* não são apenas contratos celebrados por meio digital; são, na verdade, negócios jurídicos eletrônicos, que têm regras para supervisão do adimplemento que se desenrolam automaticamente a partir de um acontecimento relevante (evento-gatilho) que indica o cumprimento da prestação da contraparte. Esses contratos baseiam-se na ideia de *embedded legal knowledge*, de que produtos e serviços sejam desenhados de maneira a assegurar confiança e transparência das ofertas e evitar o inadimplemento (e com isso, prevenir a necessidade do uso do Judicário para fazê-los cumprir). Operam, por assim dizer, uma autoexecutoriedade das prestações contratuais[70].

A celebração de pactos inteligentes permite que, nos *smart contracts*, sejam inseridos dados bancários, de cartões de crédito para que, descumprida determinada prestação, possa haver "adimplemento forçado" automático[71]. Os contratos inteligentes permitem, de antemão, a definição do

69 CABRAL, Antônio do Passo. Da instrumentalidade à materialização do processo: as relações contemporâneas entre direito material e processo, p.92. **Civil Procedure Review**, v. 12, n. 2: maio-ago 2021, p.69-102.

70 CABRAL, *ibidem*, p.92-93.

71 CABRAL, *ibidem*, p.92-93.

modo como as obrigações serão cumpridas e, só se abrirá caminho para a sua inexecução, se as partes violarem o código inserido no modelo algorítmico, o que torna o inadimplemento praticamente improvável.

Assim, ainda de acordo com Cabral, "os *smart contracts* permitem rever a lógica da proibição de autotutela porque praticamente eliminam o juízo da execução por relacionarem as partes diretamente (*peer to peer*) como sendo os sujeitos que definem também o *enforcement*, independentemente do Judiciário[72]".

Mas, qual exatamente seria a relação entre a contratação inteligente e a instituição de convenções processuais?

Ora, como destacado, os *smart contracts* se valem de códigos de programação para definir as regras da relação contratual, estipulando as consequências e sanções, e, em caso de descumprimento, asseguram que os acordos firmados sejam cumpridos. Há automatização da execução de regras e cláusulas contratadas, na medida em que as exigências são impostas automaticamente logo que a avença é celebrada e, caso não cumpridas, a aplicação da sanção é resultado que se impõe. Dessa forma, ao definirem o modo como as obrigações serão adimplidas automaticamente, na contratação inteligente, as partes celebram convenção processual de autoexecutoriedade.

Isso significa que, antes da ocorrência do litígio, antes que a controvérsia ecloda, as partes convencionam um modo de evitar a necessidade de judicialização da "execução forçada", uma vez que a contratação inteligente assegura que o resultado pretendido pelas partes seja atendido, evitando o descumprimento ao garantir a prestação desejada. Firma-se, assim, por meio dos *smart contracts*, uma espécie de convenção processual para a desjudicialização da execução. Por meio da convenção processual contida no contrato inteligente, as partes retiram do judiciário a exclusividade para a "execução forçada", na medida em que, como o cumprimento das prestações é automatizado, tornam-se desnecessárias as formas de sub-rogação da vontade do devedor. Simplesmente não existirá espaço para a ocorrência de procedimentos que coajam o devedor ao cumprimento da obrigação, porque a situação de inadimplemento não existirá ou, como nos exemplos fornecidos, – dispositivo de

72 CABRAL, Antônio do Passo. Proceso y Tecnología: nuevas tendencias, p.127. **Civil Procedure Review**, v.10, n.1, jan-abr.2019, p.111-135.

trancamento de veículo ou imóvel –, a solução se dará por outros meios, o que justifica a anterior menção a uma autotutela revigorada.

A convenção de autoexecutoriedade celebrada nos contratos inteligentes vai de encontro à afirmação de que os atos de execução devem ser necessariamente estatais, pois há um direcionamento da atividade executiva para a esfera extrajudicial, no âmbito da autotutela dos direitos pelas partes. A situação ocorre na esteira do movimento de desjudicialização da execução civil que vem sendo defendido no sistema brasileiro. Contudo, existem diferenças.

E a principal delas reside no fato de que os projetos de lei 6.204/2019 e 4.257/2019, que preveem a possibilidade de desjudicialização da execução civil e da execução fiscal, não obstante pretendam retirar a execução forçada do judiciário, não laboram com perspectivas de automatização da execução. Pelo contrário, referidos projetos apenas delegam às serventias notariais a competência para processar atos de *enforcement* com a finalidade de cumprir obrigações contidas tanto em títulos executivos extrajudiciais quanto judiciais. Nas iniciativas de desjudicialização, como já dito, ficaria a cargo dos agentes da execução, a tomada de providências que hoje são realizadas pelo judiciário nos procedimentos executivos, como as citações, penhoras, as avaliações e a expropriação dos bens.

Ainda assim, havendo resistência do devedor (por meio de impugnação ou embargos à execução) ou a necessidade de discussão de questões de mérito, a presença do judiciário seria indispensável nas referidas execuções. Até porque, seria por meio da participação do judiciário, que se asseguraria às partes contraditório, ampla defesa e garantia ampla de debate em torno de questões que ainda dependem de definição.

Nas convenções processuais cogitadas a partir de *smart contracts*, o modelo de *enforcement* é bem distinto disto.

E isso porque simplesmente não há espaço para o inadimplemento. É que, repete-se: uma vez implementada a condição, a consequência prevista é "aplicada" de maneira automática ("se a, então b") seguindo o modelo computacional programado.

Dessa forma, os *smart contracts* revolucionam a sistemática da atividade executiva tradicional porque permitem convenções processuais que simplesmente "dispensam" a necessidade do processo humano, seja ele judicial ou extrajudicial, para a consecução de atos sub-rogatórios para "forçar" o adimplemento.

Portanto, tratam-se de convenções processuais que estabelecem formas de execução absolutamente inteligentes, tendo em vista que a conduta humana é substituída por um código computacional que executará o bloqueio de valores por via dos dados bancários fornecidos ou do cartão de crédito, ou adotará outros meios (como bloqueio de chaves, de acesso) que importarão na obtenção do resultado prático equivalente. Não existe, portanto, inadimplemento que justifique o início de atividade executiva, seja na via jurisdicional ou na via administrativa.

Os acontecimentos eventualmente ocorridos fora do código de programação no qual o *smart contract* foi construído também podem facilmente ser geridos, sem que haja necessidade de acionamento do judiciário. É o que ocorre, por exemplo, quando o *smart contract* inclui a opção de *criptoarbitragem*[73] para os casos de surgimento de controvérsias entre as partes no cumprimento das prestações contratadas.

73 Aline Dias chama de *criptoarbitragem* a atividade de solução de controvérsias realizada por plataformas descentralizadas de resolução de conflitos. De acordo com a autora, tais plataformas são indicadas pelas partes para a resolução de eventuais demandas decorrentes de uma contratação efetuada por *smart contract*. Na contratação inteligente, as partes já programam a possibilidade de acionamento da plataforma, caso haja alguma insatisfação ou controvérsia que justifique a intervenção de um terceiro no vínculo contratual. Referidas plataformas estariam conectadas à rede de *blockchain* e trabalhariam sempre que necessária uma intervenção humana para a inclusão de elemento externo que não se encontra na cadeia de *blockchain*. Cita como principal exemplo de *criptoarbitragem* a plataforma Kleros. A autora destaca que a atividade exercida pela Kleros, ainda que chamada de *criptoarbitragem* não pode ser definida propriamente como arbitragem tradicional, porque se trata de uma espécie de sistema híbrido uma vez que a decisão proferida pelos "árbitros" da Kleros não importará na formação de uma "sentença" com qualificativo de título executivo judicial. Trata-se apenas de um comando de "sim ou não" a ser cumprido pelo *smart contract*. (DIAS, Aline. **Já ouviu falar em criptoarbitragem?** Episódio #44. Podcast direito 4.0. Disponível em: <#44: Já Ouviu Falar em Criptoarbitragem? – Aline Dias – Direito 4.0 – Podcast – Podtail>. Acesso em 10 mar. 2021; DIAS, Aline. Resolução de disputas por criptoarbitragem: caso Kleros, um protocolo para justiça descentralizada. *In* FEIGELSON, Bruno; BECKER, Daniel; RODRIGUES, Marco Antônio (coords.). **Litigation 4.0 [livro eletrônico]: o futuro da justiça e do processo civil vis-à-vos as novas tecnologias**. São Paulo: Thomson Reuters Brasil, 2021). Em sentido semelhante ao destacado pela autora, Cf.: AST, Federico. **Kleros, a Protocol for a Decentralized Justice System:** Building a Judicial System for the Internet Age. Disponível em: <Kleros, a Protocol for a Decentralized Justice System | by Federico Ast | Kleros | Medium>. Acesso em 10 mar.2021; VAN DEN HERIK, H. Jaap; DIMOV, Daniel. Towards Crowdsourced Online Dispute Resolution. **Journal of International Commercial Law and Technology**, sept. 2011. Disponível em: <(PDF) Towards Crowdsourced Online Dispute Resolution (researchgate.net)>. Acesso em 10 mar. 2021.

Explica-se: imagine-se, por exemplo, que um escritório de advocacia brasileiro faça a contratação de um serviço de um *designer* residente na Índia para a confecção de uma plataforma eletrônica. O negócio se deu por meio de um *smart contract*. Podem as partes, quando da contratação, programar o contrato para que, caso o contratante não fique satisfeito com o serviço entregue pelo *designer*, a controvérsia em relação à devolução do dinheiro paga possa ser resolvida por um conjunto de árbitros humanos, aleatoriamente escolhidos pela plataforma *Kleros*:

> Kleros é um aplicativo desenvolvido em cima do Ethereum que funciona como um sistema descentralizado "de terceira parte" que atua na arbitragem de disputas para qualquer tipo de contrato, desde as mais simples às altamente complexas. Kleros se baseia em incentivos da teoria dos jogos para que os jurados julguem os casos corretamente. O resultado é um sistema de resolução de disputas que processa julgamentos finais de forma rápida, econômica, confiável e forma descentralizada (...). Kleros é um protocolo de decisão para um sistema judicial polivalente, capaz de resolver todos os tipos de litígios. É uma organização autônoma Ethereum que funciona como um terceiro descentralizado para arbitrar disputas em todo tipo de contrato, dos mais simples aos mais complexos. Cada etapa do processo de arbitragem (obtenção de provas, seleção de jurados, etc.) é totalmente automatizada[74].
>
> (tradução livre)

A necessidade de um terceiro-árbitro para solucionar determinadas divergências havidas entre as partes ocorre, por vezes, porque os contratos inteligentes "são inteligentes o suficiente para executar automaticamente conforme programado, mas não para realizar julgamentos subjetivos ou incluir elementos de fora do *blockchain*[75]".

Isso acontece, por exemplo, nas situações em que uma das partes não fica satisfeita com o cumprimento da obrigação pela outra. Na hipótese, se o *smart contract* está programado para se conectar a *Kleros*, basta que a parte prejudicada acione o aplicativo, que a plataforma selecionará árbitros especializados no assunto para resolver o litígio em até 90 (noventa) dias. Resolvida a controvérsia (garantido o direito a recurso

---

74 LESAEGE, Clément; AST, Federico; GEORGE, William. **Kleros.** Short Paper v1.0.7, september 2019. Disponível em: <whitepaper.pdf (kleros.io)>. Acesso em: 08 de março de 2021.

75 LESARGE *et alii, ibidem*, p. 01.

com quórum de 2x+1 que o número de árbitros responsáveis pelo julgamento originário), a decisão será automaticamente cumprida pelo *smart contract*. Mais uma vez, inexiste espaço para o inadimplemento, pois o evento passa a ser incorporado na cadeia de *blockchain*[76].

Perceba-se: tanto nos casos em que não existem eventos fora da cadeia, como nas hipóteses em que o *smart contract* é programado para que haja intervenção de um terceiro para resolver a controvérsia, a situação de inadimplemento que motiva a execução é, praticamente, inexistente. Dessa forma, há uma espécie de autotutela executória das prestações convencionadas pela via da tecnologia que permite, com auxílio da internet das coisas e de outros modelos algorítmicos, a substituição da figura do estado-juiz na atividade sub-rogatória ou coercitiva adotada nos procedimentos executivos convencionais. A tecnologia atuaria como quarta parte[77] para impor o cumprimento automático das prestações contratadas.

É curioso notar que, em cenários mais extremos, até o Judiciário poderia se tornar refém das novas tecnologias, na medida em que os atos mandamentais e de sub-rogação poderiam se revelar estéreis diante de códigos autoexecutáveis dotados de irreversibilidade. Além disso, há a possibilidade de ocorrerem falhas (bugs) na programação e a doutrina já cogita a existência de decisões judiciais de impossível cumprimento. Neste caso, a solução seria, no momento de formação contratual, a intervenção de terceiro, escolhido como árbitro, com poderes para garantir a interrupção do algoritmo em caso de violação legal[78].

Mas, as convenções processuais decorrentes da contratação inteligente não são a única forma de negociação para a instituição de negócios

---

76 Para mais sobre o Kleros, cf.: DIAS, Aline. Resolução de disputas por criptoarbitragem: caso Kleros, um protocolo para justiça descentralizada. *In* FEIGELSON, Bruno; BECKER, Daniel; RODRIGUES, Marco Antônio (coords.). **Litigation 4.0 [livro eletrônico]: o futuro da justiça e do processo civil vis-à-vos as novas tecnologias**. São Paulo: Thomson Reuters Brasil, 2021.

77 KATSH, Ethan; RULE, Colin. What We Know and Need to Know About Online Dispute Resolution. **South Carolina Law Review**, vol. 67, p. 329-344, 2016. Disponível em: <https://www.americanbar.org/content/dam/aba/images/office_president/katsh_rule_whitepaper.pdf.>. Acesso: 28 nov. 2020.

78 DONEDA, Bruno Nunes; FLÔRES, Henrique Pinhatti. **Contratos inteligentes na blockchain:** o futuro dos negócios jurídicos celebrados em códigos de programação. *In* FEIGELSON, Bruno; BECKER, Daniel; RAVAGNANI, Giovani. (Coordenadores). O advogado do amanhã: estudos em homenagem ao professor Richard Susskind. São Paulo: Thomson Reuters Brasil, 2019, p. 201-202.

processuais na promoção de atividade executiva inteligente. Existe também a possibilidade de celebração de convenções processuais para adaptação procedimental das execuções civis (judicializadas) mediante tecnologia.

Didier e Cabral sustentam a possibilidade de celebração de convenções processuais na execução, partindo do argumento de que a atividade executiva é permeada pela autonomia das partes e moldada na síntese dos princípios dispositivo e do debate, o que indica uma prevalência de interesses privados sobre interesses públicos que conspiraria a favor da permissibilidade à vontade das partes para conformar atos e formas de execução[79].

A afirmação dos autores é extraída do fato de que na execução existe uma vasta rede de atos negociais como: a possibilidade de desistência do exequente (da execução toda ou de apenas alguns atos da execução), a opção de negociação sobre atos relacionados à oferta de bens, à concorrência pública nos leilões, avaliação, a possibilidade da moratória legal[80], dentre outros atos que afastariam da execução civil a acentuada marca publicista. Nesta perspectiva, também se afastaria da execução, a obrigatoriedade da presença forte do estado, apontando-se para a oportunidade de se reconhecer às partes uma margem de conformação negocial do procedimento. Nesta linha, seria possível se permitir aos litigantes moldarem seus projetos de execução de acordo com suas prioridades e interesses, valorizando a dimensão comparticipativa dos procedimentos e permitindo uma espécie de *enforcement* negociado.

As conclusões dos autores não apenas validam a possibilidade de instituição de convenções processuais por meio dos *smart contracts* (que, verdadeiramente, substituirão a "execução forçada" por uma autoexecução automatizada / inteligente), acima examinada; como também viabiliza a negociação entre as partes, por meio de convenções para a automatização de atos nos processos de execução que tramitam no judiciário.

A possibilidade de negociação ofereceria às partes a opção de adaptabilidade das medidas executivas praticadas dentro do processo às suas

79 CABRAL, Antônio do Passo. DIDIER JR., Fredie. Negócios Jurídicos Processuais Atípicos e Execução, p.140. **Revista do Ministério Público do Rio de Janeiro**, n°67, jan./mar.2018, p. 137-165.

80 CABRAL, Antônio do Brasil. Execution and Enforcement Proceedings in Brazilian Law. **Ritsumeikan Law Review**, n.37, 2019, p. 95-108.

necessidades, com ganho procedimental de efetividade, reduzindo-se a incerteza sobre o resultando e minimizando os riscos[81].

Neste ponto, é possível se visualizar um grande número de situações nos processos de execução que admitiriam negociação. Citam-se os pactos de não-execução (*pacto non exequendo*), as disposições contratuais que atribuem exequibilidade a documentos desprovidos de eficácia executiva (formação de títulos executivos por meio de convenções), os negócios para determinar os tipos de medidas coercitivas que podem ser aplicadas no caso, os negócios sobre a penhorabilidade de bens, os negócios sobre responsabilidade patrimonial, os negócios sobre a ordem de bens a penhorar (pacto de preleção), os negócios para a criação de procedimentos executivos especiais, os acordos sobre as formas de comunicação processual nos procedimentos executivos, os pactos para escolhas de depositário ou avaliador[82], além da possibilidade de calendarização processual. As aplicações são inúmeras.

Nesse caminho, é perfeitamente possível se sustentar a viabilidade de negociação para que a partes não apenas automatizem, por exemplo, as formas de comunicação (intimação e citação) na execução com o auxílio da tecnologia, como também adotem, mediante convenções, outras aplicações para o apoio de tecnologia, na automatização de etapas executivas como a apresentação / verificação dos cálculos do débito executado, a pesquisa de bens ou a realização de expropriação automatizada.

No tocante à comunicação de atos processuais, é possível se cogitar, por exemplo, que as partes, mediante convenção processual, estipulem que citações e intimações sejam feitas eletronicamente apenas ou por meio de aplicativo de mensagens (*whatsapp*). Também é possível se pensar na dispensa de cartas precatórias para penhora e avaliação de bens situados em comarcas distintas da sede do juízo mediante emprego de modelos algorítmicos que, por meio de pesquisa de dados sobre o

---

81 CHALOUB, Luísa Monteiro. O negócio jurídico processual na execução. **Revista da EMERJ**, Rio de Janeiro, v.19, set./dez.2017, p.161-176.

82 Nesse sentido, Cf.: CABRAL, Antônio do Passo. DIDIER JR., Fredie. Negócios Jurídicos Processuais Atípicos e Execução, p.140. **Revista do Ministério Público do Rio de Janeiro**, n°67, jan./mar.2018, p. 137-165; GAJARDONI, Fernando da Fonseca. Convenções Processuais atípicas na Execução Civil. **Revista Eletrônica de Direito Processual – REDP**, Rio de Janeiro, ano 15, volume 22, n.1, jan-abr.2021, p.283-321.

imóvel, agregados aos índices / valores de mercado, atribuam valor aos bens constritos, sem necessidade de intervenção humana.

Como já apontado, em texto propositivo sobre o tema, Nunes e Andrade sugerem, pelo menos, três modelos de plataformas eletrônicas que poderiam, caso criadas ou convencionadas pelas partes, auxiliarem na agilização dos procedimentos executivos: 1) programa para oferta de memória se cálculo padronizado; 2) algoritmo para a criação de um sistema integrado de bens (SINB); 3) plataforma unificada de leilões judiciais; destacando, além disso, sistemas inteligentes que já estão sendo utilizados nas execuções fiscais com resultados primorosos (como Elis do TJPE e Vitória do TJRJ)[83].

A proposta de Nunes e Andrade sugere a implementação dos sistemas inteligentes como algo cogente que favoreceria, em todas as situações, a agilização dos procedimentos, reduzindo os tempos mortos e substituindo atos humanos "desnecessários". Todavia, enquanto a extensão dos sistemas sugeridos não for possível para todas as execuções em curso, nada impede que as partes, mediante convenção, pactuem a aplicação destes modelos, ainda que experimentais. Afinal, esta seria uma forma de adaptação do procedimento que se conformaria aos interesses das partes. É inegável, assim, a existência de vasto campo para aplicação da tecnologia nos procedimentos executivos mediante negociação.

Mas é preciso investigar: existem riscos? Quais são os limites da adaptação? Em que medida a adaptação da atividade executiva mediante tecnologia poderia, de certo modo, atender às diretrizes de eficiência real, sem afetar direitos processuais-fundamentais das partes ou garantias do devido processo? É possível correlacionar as políticas de neoliberalização do processo com a negociação processual para as execuções inteligentes?

É o que se verá.



83 ANDRADE, Tatiane Costa. NUNES, Dierle. Execução e tecnologia: novas perspectivas, p.903-919. *In* NUNES, Dierle; LUCON, Paulo Henrique dos Santos; WOLKART, Erik Navarro (coords.). **Inteligência artificial e direito processual: os impactos da virada tecnológica no direito processual.** 2ªed. Salvador: Juspodivm, 2021.

## 4. EXECUÇÃO INTELIGENTE E SEUS RISCOS

Como se apontou, nos contratos inteligentes, a inteligência artificial que atua na programação produz a possibilidade de cumprimento da obrigação contratada sem concurso de vontade do obrigado ou o recurso a medidas judiciais[84]. A redução das situações de inadimplemento e a possibilidade de cumprimento automático das prestações torna o vínculo mais seguro e a possibilidade do surgimento de litígios é quase que nula.

Há, verdadeiramente, uma negociação processual entre aqueles que participam da contratação inteligente para a resolução extrajudicial das controvérsias, associada à técnica de autotutela, na medida em que se retira do judiciário a possibilidade de intervenção na relação negocial (pelo menos previamente). E, os casos em que ocorre algum evento que não está integrado à rede de *blockchain* na qual se encontra incluído o contrato inteligente, é possível a utilização de um "agente externo (oráculo) que localiza e atesta informações no mundo real[85]" para incluir na rede.

Tudo isso parece oferecer segurança jurídica, previsibilidade e agilidade: um ambiente economicamente estável para o mercado. De fato.

Mas, devem existir limites para este tipo de negociação? A introdução de modelos algorítmicos como ferramentas para exercício da autotutela e consequente desjudicialização (ou desnecessidade) da atividade de execução forçada oferece riscos? Quais são eles?

Isso porque, a princípio, a escolha pela via da contratação inteligente parece importar em renúncia ao controle jurisdicional sobre o cumprimento das obrigações das partes.

Ora, como se destacou, a possibilidade de negociação processual para determinar o cumprimento automatizado das prestações contratadas, assim como ocorre no pacto para implementação de tecnologia do curso de processos de execução deve, obviamente: realizar-se num ambiente de paridade, de adequada isonomia e equilíbrio entre os contratantes, em que haja manifestação livre de vontades.

---

84 YARSHELL; RODRIGUES, *op. cit.*, p.717-725. Apesar da afirmação dos autores, é preciso advertir que nem todo *smart contract* funciona à base de inteligência artificial. Por vezes, trata-se de uma programação bem simplória.

85 YARSHELL; RODRIGUES, *ibidem*, p.719.

Condições negociais que apontem para a presença de vulnerabilidade ou a contratação por meio de "adesão" devem estar afastadas do escopo de negociação, a fim de se assegurar a validade dos pactos. Isso significa que a exigência de igualdade de condições e liberdade na contratação são fatores absolutamente imprescindíveis para que os negócios de autoexecutoriedade inteligente sejam válidos[86].

Além disso, há que se conferir margem para que ocorra, diante de situações de imprevisibilidade ou de alteração de condições de contratação entre as partes, possibilidade de revisão *post factum* da avença, por meio do controle jurisdicional repressivo. Isto é: o apoio da tecnologia não pode inviabilizar o acesso ao sistema público de justiça ou impedir que haja revisão do conteúdo dos contratos, diante de situações de imprevisibilidade, onerosidade excessiva ou que venham a colocar uma das partes em situação de flagrante desvantagem.

A princípio, a execução automatizada nos *smart contracts* ou mesmo conduzida por terceiro fora dos quadros estatais, como ocorre na *criptoarbitragem,* pode até não encontrar obstáculos de índole constitucional: se houver prévio consenso entre as partes, não existirem violações ao direito de revisão jurisdicional das situações jurídicas, houver observância das garantias do devido processo, preservando-se ampla defesa, contraditório[87], isonomia e inasfastabilidade da jurisdição. Também é necessário que a contratação inteligente cuide da preservação da função social dos contratos[88]. Contudo, há que se ter muito cuidado.

Isso porque, ao mesmo tempo em que se percebe a via da desjudicialização ou da autoexecutoridade inteligente como um caminho alternativo / adequado para o excesso de morosidade na tramitação dos procedimentos, a opção por estes modelos por ocultar propósitos que

86 AZEVEDO, João Fábio. **Reflexos do emprego de sistemas de inteligência artificial nos contratos.** Dissertação de mestrado apresentada à Faculdade de Direito da Universidade de São Paulo – USP, São Paulo, 2014.

87 Cf.: SANTOS, Adriana Aparecida Soares de Souza. **A aplicabilidade dos direitos fundamentais nas relações entre os particulares: análise das teorias de eficácia do direito constitucional.** Rio de Janeiro: Escola da Magistratura do Estado do Rio de Janeiro, 2010. Disponível em:<ADRIANA APARECIDA SOARES DE SOUZA SANTOS.pdf (tjrj.jus.br)>. Acesso: 28 fev. 2021; MACIEL JR, João Bosco. **Aplicabilidade do princípio do contraditório nas relações particulares**. São Paulo: Saraiva, 2009.

88 EFING, Antônio Carlos; SANTOS, Adrielly Pinho dos. Análise dos Smart Contracts à luz do princípio da função social dos contratos no direito brasileiro. **Direito & Desenvolvimento**, volume 9, número 2, ago/dez. 2018, p. 49-64.

estão comprometidos tão somente com a lógica neoliberal; ou que não guardam compromisso com a preservação de direitos fundamentais e se centram numa perspectiva de retorno ao individualismo exacerbado, como se alertou na primeira seção deste artigo.

O movimento de desjudicialização da execução e de "autotutela" por meio de execuções inteligentes pode sim caminhar ao encontro da consolidação de um "sistema multiportas", dedicado a encontrar diferentes formas de tratamento adequado dos conflitos. No entanto, pode também ser impulsionado tão somente por argumentos de "crise", de "explosão de litígios". Argumentos estes que percebem os dados referentes a milhões de demandas em tramitação no sistema de justiça brasileiro como um quadro patológico, cuja recuperação exige como remédio a eliminação do processo de garantias processuais-fundamentais.

Para essa agenda da desjudicialização: muitas vezes, não importa se as questões que serão retiradas do judiciário são de grande importância como alienação fiduciária, despejos ou expropriação de bens; ou se tocam direitos fundamentais como o direito à moradia e à garantia de dignidade. Não importa se o conteúdo de um contrato inteligente se apresenta contrário ao sentido normativo da função social dos contratos. O que importa é que criados mecanismos procedimentais amigáveis ao mercado.

A tônica de pacificação ofertada por esta pauta de propostas de desjudicialização vende a promessa de que, com a delegação de tarefas a agentes fora do estado e a impossibilidade de que fatores externos alterem a lógica de contratos digitais estabelecidos em plataformas inteligentes, haverá um ambiente favorável a investimentos e à circulação do capital. Mas, a que preço?

A lógica mercadológica que se orienta pela redução dos custos e pelas métricas de eficiência (retórica), por vezes, não se preocupa com o desequilíbrio contratual, com a onerosidade excessiva, com a desigualdade material ou jurídica ou com os fatores de ordem social (como o desemprego) que podem estar por detrás de uma situação de inadimplência. Em muitas ocasiões, não se atenta para a necessidade de se assegurar um espaço discursivo adequado para que os litigantes em contraditório possam exercer ampla defesa como ampla argumentação, em condições de igualdade, em busca de influenciar na construção de uma decisão que seja argumentativamente justa para o caso. Afinal, para o mercado, conflito é sinônimo de custo e mais custos importam em redução dos lucros, num cenário refratário a novos investimentos.

O que importa, muitas vezes, às iniciativas de desjudicialização é que conflitos sejam eliminados: as soluções devem ser econômicas, precisas e eficientes. O acesso à justiça substancial passa a ser sinônimo de resultados rápidos alcançados às custas da supressão do devido processo e da intervenção estatal.

E, por isso, talvez o nosso maior desafio seja o de encontrar caminhos que possam: promover a conformação da autotutela executória decorrente dos contratos inteligentes ou mesmo das propostas de desjudicialização da execução civil mediante emprego de tecnologia ao processualismo constitucional democrático.

Deve-se trabalhar por um uso virtuoso da tecnologia na execução que, de fato, encontre as melhores vias para alcance de eficiência real e reduza o tempo de tramitação dos procedimentos. Mas também é necessário se pensar em resultados justos, equânimes e que levem em consideração direitos fundamentais dos envolvidos.

Para tanto, é importante entender os riscos do uso da tecnologia (e das tentativas de desjudicialização), compreender seus benefícios e trabalhar para a estruturação de procedimentos executivos (com autotutela inteligente, desjudicializados ou judicializados com automação) que possam ter foco no cidadão.

## 5. CONSIDERAÇÕES FINAIS

O movimento em direção à neoliberalização processual passa a ocupar o lugar da percepção do processo como garantia, a partir do momento em que encaminha pautas de gestão do sistema público de justiça comprometidas tão somente com diretrizes de eficiência (retórica) e alta produtividade. Neste cenário, a tendência é de que o modelo constitucional e democrático de processo, compreendido como instituição viabilizadora do compromisso de promoção da participação, da fiscalização e do controle incessantes do povo (destinatário e construtor normativo) nos atos de poder estatal em todas as esferas seja relegada a segundo plano.

Nas propostas de desjudicialização e de apoio de tecnologia na execução civil, as garantias processuais-fundamentais do contraditório na acepção dinâmica de influência e não surpresa, isonomia, ampla defesa como ampla argumentação e dever de fundamentação racional e legítima das decisões, essenciais à implementação de direitos, especialmente os fundamentais, deveriam ditar as regras do jogo. No entanto, percebe-se que, nem sempre, estas são consideradas como pautas prioritárias.

É fato que a introdução de sistemas inteligentes na atividade executiva conduzida pelo judiciário, seja através de negociação processual, ou não; ou mesmo por meio da celebração de convenções processuais autoexecutórias nos *smart contracts,* pode trazer agilidade na satisfação dos créditos e, especialmente no último caso, maior segurança, confiabilidade, economia de custos e melhor gestão dos riscos envolvendo o adimplemento.

Todavia, também é fato que o cenário de cláusulas autoexecutáveis decorrentes da contratação inteligente tem acentuada nota individualista, típica dos discursos (neo)liberais, que conferem aos sujeitos "empreendedores de si mesmos" o poder de zelar pelo próprio contrato. Tudo com o auxílio de modelos algorítmicos, a princípio, sem qualquer intervenção de terceiros humanos, sem necessitar do Judiciário.

Há uma espécie de ressurgimento da autotutela de direitos que, para que se compatibilize com as exigências no processualismo constitucional democrático, deve passar por rigoroso controle de equidade nas condições de contratação e, de forma alguma, deve afastar a possibilidade de controle repressivo do judiciário, nos casos que justificam revisão contratual (onerosidade excessiva, descumprimento de função social, vulnerabilidade, desequilíbrio contratual). Há se garantir às partes a oportunidade de levarem seus problemas ao sistema público de justiça, assegurando-se àquelas o poder de rediscutirem suas pretensões em contraditório, com exercício de ampla defesa, isonomia e com direito à participação de advogado.

Assim, ao se pensar em alternativas que possam viabilizar a implementação de tecnologia na execução civil, é preciso não apenas em transferir o problema de lugar, ou limitar o acesso ao judiciário como resposta para contingenciar o problema da "explosão de litígios".

De se advertir, ademais, que algumas soluções inovadoras, tais como o mecanismo *locker* de bloqueio de imóveis em caso de alienação fiduciária ou locação de imóveis, não possuem amparo no ordenamento jurídico atual e eventual legislação permissiva seria de duvidosa constitucionalidade.

É necessário compreender os benefícios ofertados pela tecnologia, entendendo seus riscos e desafios para, então, traçar limites à aposta no individualismo excessivo e nas exigências de mercado, na tentativa de se definir o único escopo para o emprego de tecnologia que é compatível com um sistema de justiça que se quer democrático: a realização de direitos do cidadão.

## REFERÊNCIAS BIBLIOGRÁFICAS


ARENHART, Sérgio. OSNA, Gustavo. Os "acordos processuais" no projeto do Novo CPC – aproximações preliminares. **Revista Eletrônica – Tribunal Regional do Trabalho do Paraná**, v. 39, 2015. Disponível em: <http://www.mflip.com.br/pub/escolajudicial/index.jsp?ipg=194778>. Acesso em: 20 abr. 2020.

AST, Federico. **Kleros, a Protocol for a Decentralized Justice System:** Building a Judicial System for the Internet Age. Disponível em: <Kleros, a Protocol for a Decentralized Justice System | by Federico Ast | Kleros | Medium>. Acesso em 10 mar.2021.

AZEVEDO, João Fábio. **Reflexos do emprego de sistemas de inteligência artificial nos contratos.** Dissertação de mestrado apresentada à Faculdade de Direito da Universidade de São Paulo – USP, São Paulo, 2014.

BRAGA, Paula Sarno. Primeiras reflexões sobre uma teoria do fato jurídico processual: plano da existência. **Revista de Processo**. São Paulo: RT, n°148, jun.2007.

BRASIL. SUPERIOR TRIBUNAL DE JUSTIÇA. **Recurso Especial n°1.810.444/SP. Informativo 686 STJ.** Disponível em: <n. 686: Informativo de jurisprudência de 2021 (stj.jus.br)>. Acesso em: 08.mar.2021.

BROWN, Wendy. **Nas ruínas do neoliberalismo:** a ascensão da política antidemocrática no Ocidente. São Paulo: Editora Filosófica Politeia, 2019.

CABRAL, Antônio do Passo. **Convenções Processuais:** teoria geral dos negócios processuais. 3ªed. Salvador: Juspodivm, 2020.

CABRAL, Antônio do Passo. Da instrumentalidade à materialização do processo: as relações contemporâneas entre direito material e processo. **Civil Procedure Review**, v. 12, n. 2: maio-ago 2021, p.69-102.

CABRAL, Antônio do Brasil. Execution and Enforcement Proceedings in Brazilian Law. **Ritsumeikan Law Review**, n.37, 2019, p. 95-108.

CABRAL, Antônio. Proceso y tecnología: nuevas tendencias. **Civil Procedure Review**. v.10, n.1: jan.-abr., 2019.

CABRAL, Antônio do Passo. DIDIER JR., Fredie. Negócios Jurídicos Processuais Atípicos e Execução, p.140. **Revista do Ministério Público do Rio de Janeiro**, n°67, jan./mar.2018, p. 137-165.


*Parte I • Panorama Nacional*

CASTELLS, Manuel. **A sociedade em rede.** 8. ed. total. rev. e ampl. São Paulo: Paz e Terra, 2005.

CHALOUB, Luísa Monteiro. O negócio jurídico processual na execução. **Revista da EMERJ**, Rio de Janeiro, v.19, set./dez.2017, p.161-176.

CHIAVASSA, Marcelo M. P. L.; KIM, Stela He Jin. **A Importância das Bases de Dados Abertas para a construção de Cidades Inteligentes**. *In:* Lilian Regina Gabriel Moreira Pires. (Org.). Cidades Inteligentes, Humanas e Sustentáveis. 1ed.Belo Horizonte: Arraes Editores 2020, p. 19-30.

CUNHA, Leonardo Carneiro da. Negócios jurídicos processuais no processo civil brasileiro. *In:* **Negócios Processuais – Coleção Grandes Temas do Novo CPC**. DIDIER JR., Fredie; CABRAL, Antonio do Passo; NOGUEIRA, Pedro Henrique (coords.). Salvador: Juspodivm, 2015.

DARDOT, Pierre; LAVAL, Christian. **A nova razão do mundo:** ensaio sobre a sociedade neoliberal. 1. ed. São Paulo: Boitempo, 2016.

DIAS, Aline**. Já ouviu falar em criptoarbitragem?** Episódio #44. Podcast direito 4.0. Disponível em: <#44: Já Ouviu Falar em Criptoarbitragem? – Aline Dias – Direito 4.0 – Podcast – Podtail>. Acesso em 10 mar. 2021.

DIAS, Aline. Resolução de disputas por *criptoarbitragem*: caso Kleros, um protocolo para justiça descentralizada. *In* FEIGELSON, Bruno; BECKER, Daniel; RODRIGUES, Marco Antônio (coords.). **Litigation 4.0 [livro eletrônico]: o futuro da justiça e do processo civil vis-à-vis as novas tecnologias**. São Paulo: Thomson Reuters Brasil, 2021.

DIDIER JR., Fredie. **Curso de Direito Processual Civil:** Introdução ao Direito Processual Civil, parte geral e processo de conhecimento., v.1. 21ed. Salvador: Juspodivm, 2019.

DIDIER Jr., Fredie; GODINHO, Robson Renault. Resenha da obra: Convenções Processuais de Antônio do Passo Cabral. **Revista de processo.** São Paulo: RT, volume 254, abril 2006. Disponível em: <RPro_n.254.27.PDF (mpsp.mp.br)>. Acesso em: 25 fev.2021.

DONEDA, Bruno Nunes; FLÔRES, Henrique Pinhatti. **Contratos inteligentes na blockchain:** o futuro dos negócios jurídicos celebrados em códigos de programação. *In*: FEIGELSON, Bruno; BECKER, Daniel; RAVAGNANI, Giovani. (Coordenadores). O advogado do amanhã: estudos em homenagem ao professor Richard Susskind. São Paulo: Thomson Reuters Brasil, 2019.

EFING, Antônio Carlos; SANTOS, Adrielly Pinho dos. Análise dos *Smart Contracts* à luz do princípio da função social dos contratos no direito brasileiro. **Direito & Desenvolvimento**, volume 9, número 2, ago/dez. 2018, p. 49-64.

FARIA, Guilherme Henrique Lage. **Negócios Jurídicos Processuais no Modelo Constitucional de Processo**. 2ªed. Salvador: Juspodivm, 2019.

FRIEDMAN, Milton. **On Freedom and Free Markets.** Disponível em: <Commanding Heights: Milton Friedman | on PBS>. Acesso em: 08 mar. 2021.

GABRIEL, Anderson de Paiva; VIDAL, Ludmilla Camacho. A contribuição das convenções processuais para a transformação da cultura de litígio e as diretrizes gerais de interpretação e controle, p. 52-53. **Revista Eletrônica de Direito Processual.** Rio de Janeiro, ano 12, volume 19, número 3, set/dez. 2018, p.49-83.

GAGLIANO, Pablo Stolze; PAMPLONA FILHO, Rodolfo. **Novo curso de direito civil, volume 4:** contratos. 2. ed. unificada. São Paulo: Saraiva, 2019.

GAJARDONI, Fernando. Convenções processuais atípicas na execução civil. **Artigos Novo CPC – GEN Jurídico**, 30 out.2017. Disponível em: <Convenções processuais atípicas na execução civil GEN Jurídico (genjuridico.com.br)>. Acesso em: 24 de fev. 2021.

GAJARDONI, Fernando da Fonseca. Convenções Processuais atípicas na Execução Civil. **Revista Eletrônica de Direito Processual – REDP**, Rio de Janeiro, ano 15, volume 22, n.1, jan-abr.2021, p.283-321.

HAN, Byung-Chul. **Psicopolítica:** o neoliberalismo e as novas técnicas de poder. Belo Horizonte: Âyiné, 2018.

HARARI, Yuval Noah. **21 lições para o século 21.** 1ª ed. São Paulo: Companhia das Letras, 2018.

HARVEY, David. **O neoliberalismo: história e implicações.** São Paulo: Loyola, 2008.

HAYEK, Friedrich A. **O caminho da servidão.** Porto Alegre: Editora Globo, 1977.

HOFFMANN-RIEM, Wolfgang. **Teoria geral do direito digital:** transformação digital: desafios para o direito. Rio de Janeiro: Forense, 2021.

KATSH, Ethan; RULE, Colin. What We Know and Need to Know About Online Dispute Resolution. **South Carolina Law Review**, vol. 67, p. 329-344, 2016. Disponível em: <https://www.americanbar.org/content/dam/aba/images/office_president/katsh_rule_whitepaper.pdf.>. Acesso: 28 nov. 2020.

LALANDE, André. **Vocabulário técnico e crítico da filosofia.** São Paulo: Martins Fontes, 1993.

LEAL, Rosemiro Pereira. **Teoria geral do processo:** primeiros estudos. 14. ed. Belo Horizonte: Fórum, 2018, p. 239-240; ALVIM, José Eduardo Carreira. **Teoria geral do processo.** 20. ed. rev. e atual. Rio de Janeiro: Forense, 2017.

LESAEGE, Clément; AST, Federico; GEORGE, William. **Kleros.** Short Paper v1.0.7, september 2019. Disponível em: <whitepaper.pdf (kleros.io)>. Acesso em: 08 de março de 2021.

MACIEL JR, João Bosco. **Aplicabilidade do princípio do contraditório nas relações particulares**. São Paulo: Saraiva, 2009.

MARKY, Thomas. **Curso elementar de direito romano.** 8. ed. São Paulo: Saraiva, 1995.

MORAES, Bernardo Bissoto Queiroz de; MELLO, Gustavo Marchi de Souza. **Smart legal contracts carregam consigo incontáveis benefícios.** Consultor Jurídico (São Paulo. *On-line*) v. 29082018.

MORAIS, Jose Luiz Bolzan de; HOFFMAM, Fernando. **Por um direito processual hermenêutico-constitucionalmente adequado.** Quaestio Iuris (Impresso), v. 9, p. 886-910, 2016.

MORAIS DA ROSA, Alexandre; GUASQUE, Bárbara. O avanço da disrupção nos tribunais brasileiros. In: NUNES, Dierle; LUCON, Paulo Henrique dos Santos; WOLKART, Erik Navarro. (Coords.). **Inteligência Artificial e Direito Processual:** Os impactos da Virada Tecnológica no Direito Processual. 2ª ed. Salvador: Editora Juspodivm, 2021.

NOGUEIRA, Pedro Henrique Pedrosa; DIDIER JR., Fredie. **Teoria dos Fatos jurídicos processuais.** 2ªedição. Salvador: Juspodivm, 2012.

NUNES, Dierle José Coelho. **Processo jurisdicional democrático:** uma análise crítica das reformas processuais. Curitiba: Juruá, 2012.

NUNES, Dierle; ANDRADE, Tatiane Costa de. Tecnologia a serviço da efetividade na execução: uma alternativa aos dilemas do art. 139, IV, CPC. Iniciando a discussão. **Revista de Processo** | vol. 303/2020 | p. 423 – 448 | Maio / 2020, (versão eletrônica).

NUNES, Dierle; ANDRADE, Tatiane Costa de. Tecnologia a serviço da efetividade na execução: uma alternativa aos dilemas do art. 139, IV, CPC: Mais um passo na discussão – PT 2. **Revista de Processo** | vol. 304/2020 | p. 339 – 361 | Jun / 2020, (versão eletrônica).

NUNES, Dierle José Coelho; ANDRADE, Tatiane Costa. Execução e tecnologia: novas perspectivas. *In*: NUNES, Dierle; LUCON, Paulo Henrique dos Santos; WOLKART, Erik Navarro. (Coords.). **Inteligência Artificial e Direito Processual:** Os impactos da Virada Tecnológica no Direito Processual. 2ª ed. Salvador: Editora Juspodivm, 2021.

SUSSKIND, Richard. **Online courts and the future of Justice.** Oxford: Oxford University Press, 2019.

PAOLINELLI, Camilla Mattos; CASPAR, Rafael Chiari. Reflexões sobre Direito, tecnologia e a utilização de ferramentas *Online Dispute Resolution* em demandas trabalhistas. *In* ALVES, Isabella Fonseca (coord.). **Inteligência Artificial e Processo**. Belo Horizonte: D'Plácido, 2019.

PINHEIRO, Patrícia Peck; WEBER, Sandra Tomazi; NETO, Antônio Alves de Oliveira. **Fundamentos dos negócios e contratos digitais.** São Paulo: Thomson Reuters Brasil, 2019.

SADIN, Éric. **La silicolonización del mundo. La irresistible expansión del liberalismo digital.** Buenos Aires: Caja negra, 2018.

SANTOS, Adriana Aparecida Soares de Souza. **A aplicabilidade dos direitos fundamentais nas relações entre os particulares: análise das teorias de eficácia do direito constitucional**. Rio de Janeiro: Escola da Magistratura do Estado do Rio de Janeiro, 2010. Disponível em:<ADRIANA APARECIDA SOARES DE SOUZA SANTOS. pdf (tjrj.jus.br)>. Acesso: 28 fev. 2021.

SILVA, Amanda Gabrielle Lima da. Blockchain e smart contracts: maior segurança, menor risco. In: MALDONADO, Viviane Nóbrega; FEIGELSON, Bruno (Coordenadores). **Advocacia 4.0.** São Paulo: Thomson Reuters Brasil, 2019.

SILVA, Alexandre Couto; SILVA, Ricardo Villela Mafra Alves da. **O blockchain como ferramenta de governança corporativa para redução de custos de agência em sociedades anônimas.** *In:* PARENTONI, Leonardo (Coord.). GONTIJO, Bruno Miranda; LIMA, Henrique Cunha Souza. (Orgs.). Direito, tecnologia e inovação. Vol. 1. Belo Horizonte: Editora D'Plácido, 2018, p. 698-699.

SONG, Jimmy. **The Truth about Smart Contracts**. Disponível em: <https://medium.com/@jimmysong/the-truth-about-smart-contracts-ae825271811f.> Acesso em 25 out.2020.

RUSSELL, Stuart J; NORVIG, Peter. **Inteligência Artificial**. Rio de Janeiro: Elsevier, 2013.

SOUZA, Thaís Godoi de; LARA, Ângela Mara de Barros. Os fundamentos teórico-metodológicos das escolas neoliberais do século XX: implicações nas políticas educacionais. **IX ANPED SUL – Seminário de pesquisa da Região Sul**, 2012. Disponível em: <107 (ucs.br)>. Acesso em 08 mar. 2021.

VAN DEN HERIK, H. Jaap; DIMOV, Daniel. Towards Crowdsourced Online Dispute Resolution. **Journal of International Commercial Law and Technology**, sept. 2011. Disponível em: <(PDF) Towards Crowdsourced Online Dispute Resolution (researchgate.net)>. Acesso em 10 mar. 2021.

VIDAL, Ludmilla Camacho Duarte. A importante função das convenções processuais na mudança da cultura do litígio: a interligação entre consensualidade e convencionalidade. **REDUnB – Revista dos Estudantes de Direito da UNB**, 2016.

VIANA, Antônio Aurélio de Souza; PAOLINELLI, Camilla Mattos. O acesso à Justiça sem justiça. **Consultor Jurídico** (São Paulo. *On-line*) v. 05112020, p. 1-5, 2020.

VIANA, Antônio Aurélio de Souza; PAOLINELLI, Camilla Mattos. Acesso à justiça sem Justiça: os paradoxos do movimento de desjudicialização. *In* OMMATI, José Emílio Medauar; KAITEL, Cristiane da Silva (coords.). **Pensando o direito**, v. 3. Belo Horizonte: Editora Conhecimento, 2021 (no prelo).

THATCHER, Margareth. **Entrevista concedida à rede britânica BBC News**. Disponível em: <Entrevista com Margaret Thatcher – MercadoComum>. Acesso em: 08 mar.2021.

YARSHELL, Flávio Luiz; RODRIGUES, Viviane Siqueira. Contratos inteligentes e execução civil: um diálogo possível e útil? In: FUX, Luiz; ÁVILA, Henrique; CABRAL, Trícia Navarro Xavier (Coords.). **Tecnologia e Justiça Multiportas**. Indaiatuba: Editora Foco, 2021.

WOLKART, Erick Navarro. **Análise econômica e comportamental do processo civil:** como promover a cooperação para enfrentar a tragédia da Justiça no processo civil brasileiro. Rio de Janeiro: UERJ, 2018 (tese de doutoramento).

# 2

# O uso da Jurimetria nos litígios previdenciários

***Caroline Somesom Tauk***[1]

***Priscilla Pereira Costa Correa***[2]





## INTRODUÇÃO

O Instituto Nacional do Seguro Social (INSS) é o maior demandado em todo o Judiciário brasileiro: são quase 7 mil novas ações por dia ajuizadas contra a autarquia, nas Justiças Federal e Estadual, segundo a Advocacia-Geral da União[3]. Os mecanismos de resolução alternativa de conflitos, como a mediação e a conciliação, têm seu uso muitíssimo abaixo do ideal no Brasil, tanto na esfera judicial quanto na extrajudicial, não ultrapassando a margem de cerca de 10% dos conflitos, conforme dados históricos do Conselho Nacional de Justiça, apesar das constantes campanhas de estímulo ao seu uso. E por que as pessoas não procuram a solução consensual do conflito como a primeira porta de acesso à

1 Juíza Federal. Mestre em Direito Público pela Universidade do Estado do Rio de Janeiro – UERJ. Visiting Scholar em Columbia Law School.

2 Juíza Federal. Coordenadora do Centro de Inteligência da JFRJ. Mestre em Justiça Administrativa pela Universidade Federal Fluminense- UFF. Docente no Mestrado Profissional da ENFAM. Coordenadora do Grupo de Pesquisa Direito Desenvolvimento e Impacto das decisões judiciais, do PPGDP/Enfam. Representante do TRF2 para LGPD no CJF.

3 STF. *Justiça e União promovem ação conjunta para reduzir judicialização de benefícios previdenciários*. 20.08.2019. Disponível em: <http://www.stf.jus.br/portal/cms/verNoticiaDetalhe.asp?idConteudo=420938>. Acesso: 30.10.2023.

justiça? Em geral, não falta conscientização aos litigantes para a conciliação, mas há um enorme incentivo para a litigiosidade no Brasil.

O incentivo para litigar, que não se restringe às demandas previdenciárias, alçou o país ao status de campeão mundial de processos judiciais, com cerca de 80 milhões – quase o triplo da Índia, com cerca de 30 milhões e população muito superior à brasileira. O trunfo, no entanto, é não manter este título. Para isso, é preciso buscar soluções inovadoras para reduzir o número de processos e assegurar o uso adequado e responsável dos serviços do Poder Judiciário, sem diminuir o acesso à justiça.

A ideia de que o Judiciário não é a única porta de acesso à justiça não é nova. O professor norte americano Frank Sander, na década de 70, concebeu o conceito de "*justiça multiportas*", segundo o qual a justiça pode ser prestada dentro e fora das Cortes, como por meio da mediação, conciliação e arbitragem[4].

O elevado número de disputas, em sua maior parte de maneira eletrônica e, portanto, digitalizada, fornece dados que se acumulam de forma desestruturara e se encontram dispersos nos sistemas judiciais dos 91 tribunais brasileiros. O estudo empírico destes dados, feito com base em análises estatísticas, pode ajudar a obter soluções e recomendações voltadas à prevenção de litígios e à criação de incentivos para a desjudicialização. Este tipo de estudo se insere em um ramo de conhecimento chamado de Jurimetria, cuja importância tem crescido, dentre outros fatores, em razão do uso da tecnologia para a gestão e manipulação dos dados.

Atento a isso, o Centro Local de Inteligência da Justiça Federal do Rio de Janeiro (CLIP – JFRJ), produziu a ferramenta de estruturação de dados chamada MonitoraPrev, que extrai dados em tempo real dos processos previdenciários.

Sob esse pano de fundo, aborda-se neste texto a importância e o crescimento do uso de pesquisas empíricas sobre dados do Judiciário. Com

4 SANDER, Frank e CRESPO, Mariana Hernandez. Diálogos entre os professores Frank Sander e Mariana Hernandez Crespo: explorando a evolução do Tribunal Multiportas. In: Investindo no capital social para maximizar o sistema de solução de conflitos no Brasil. ALMEIDA, Rafael Alves de; ALMEIDA, Tania e CRESPO, Maria Hernandez (orgs). Rio de Janeiro: FGV, 2012, p. 31. Disponível em: <https://bibliotecadigital.fgv.br/dspace/bitstream/handle/10438/10361/Tribunal%20Multiportas.pdf>. Acesso: 30.10.2023.

enfoque nos litígios previdenciários, utiliza-se brevemente da escola da Análise Econômica do Direito para justificar porque é uma necessidade premente prevenir e desjudicializar litígios previdenciários e, em seguida, exploram-se os usos da ferramenta MonitoraPrev. Por fim, aborda-se os efeitos da Jurimetria sobre a análise preditiva e a transparência.

## 1. JURIMETRIA: UM OLHAR ESTATÍSTICO SOBRE O DIREITO

Em 1895, Oliver Wendell Holmes Jr, que mais tarde veio a ser juiz da Suprema Corte dos EUA, afirmou que "o homem do futuro é o homem da estatística e o mestre em economia"[5]. A ideia subjacente a esta afirmação era a de que a estatística e a economia são fundamentais para uma previsão do que os juízes farão ao aplicarem a lei ao caso e, segundo o autor, o Direito seria o que os tribunais fazem, de fato, com o caso em julgamento[6]. É por isso que ele afirma, em outra conhecida passagem, que "A vida da lei não tem sido lógica, tem sido experiência"[7], demonstrando sua rejeição ao formalismo jurídico e sua defesa da abertura do Direito à reconsideração em razão da experimentação social. Em suma, Holmes deixou o legado de que o Direito deveria se aproximar do mundo real, buscando nas decisões judiciais o indicativo da realidade jurídica.

Referindo-se à citada frase de Oliver Wendell Holmes Jr., Richard Posner explica que, onde se lê "lógica", deve ler-se "formalismo", e onde se lê "experiência", deve-se ler "empirismo"[8], concluindo que Holmes



5 HOLMES JR., Oliver Wendell. The path of the law. *Boston University Law Review*, v.78, p.699-715, 1998.

6 Segundo Holmes: "*The prophecies of what the courts will do in fact, and nothing more pretentious, are what I mean by the law*". HOLMES JR., Oliver Wendell. The path of the law. *Boston University Law Review*, v.78, n. 699, p.699-715, 1998, p. 701. O autor exemplifica. Imagine que um contrato celebrado por escrito tem como objeto dar uma palestra, sem mencionar quando seria a execução. Uma das partes interpreta a promessa no sentido de que a palestra seja dada logo, dentro de uma semana. Já a outra interpreta como se a palestra devesse ser dada quando ela estiver pronta. O Tribunal, contudo, diz que a promessa significa dentro de um prazo razoável. As partes estão vinculadas pelo contrato como ele é interpretado pelo Tribunal, ainda que nenhuma delas quisesse dizer com o contrato o que o Tribunal veio a decidir (p. 704).

7 HOLMES JR., Oliver Wendell. *The Common Law*. Cambridge: Harvard University Press, 1967, p. 1.

8 POSNER, Richard. A. *Law, Pragmatism and Democracy*, Cambridge: Harvard University Press, 2003, p.57.

possuía uma abordagem fortemente pragmática, que se preocupava com o plano concreto.

Esta brevíssima contextualização demonstra como foi ganhando força o pensamento de que métodos científicos de investigação, como o empirismo, devem ser aplicados ao campo do Direito. Cunha-se, então, o termo "Jurimetria" para designar as atividades que envolvem investigação científica de problemas jurídicos, na definição de Lee Loenviger, de modo semelhante ao que ocorre na econometria, que consiste na abordagem científica dos fenômenos econômicos[9].

Embora Loenviger não forneça uma definição precisa para o termo, entendendo que, como em qualquer disciplina pragmática, a definição será dada pelas atividades de quem a aplica, deixa claro que a Jurimetria se preocupa com questões como a aplicação de métodos quantitativos para problemas jurídicos, o uso da lógica matemática no Direito e a formulação de um cálculo de previsibilidade legal[10]. De uma forma geral, a literatura utiliza o termo Jurimetria para se referir ao estudo empírico do Direito, com o uso de modelos matemáticos, para auxiliar na explicação e predição do comportamento humano. Este estudo empírico inclui a análise de decisões judiciais, mas também pode abranger atos legislativos ou negociais[11].

No Brasil, Luciana Yeung apresenta uma visão similar, enfatizando que se considera trabalho jurimétrico qualquer estudo sobre decisões judiciais que utilize dados coletados empiricamente e que faça uma análise com base em conceitos estatísticos, ainda que muito simples. Nesse sentido:

> "Jurimetria é entendida como um *método* de pesquisa baseado no uso do empirismo, combinado com análises estatísticas, aplicado ao estudo do Direito. Por sua vez, o empirismo é a prática filosófica-científica de se chegar a conclusões investigativas por

9 LOEVINGER, Lee. Jurimetrics: the next step forward. *Minnesota Law Review*, Minneapolis, v.33, p.455-493, abr. 1949.

10 LOEVINGER, Lee. Jurimetrics: the methodology of legal inquiry. *Law and contemporary problems*, p. 5-35, 1963, aqui, p. 8. Disponível em: <https://scholarship.law.duke.edu/cgi/viewcontent.cgi?article=2945&context=lcp>. Acesso: 30.10.2023.

11 DE MULDER, Richard V.; NOORTWIJK, Kees van; COMBRINK-KUILTERS, Lia. Jurimetrics please!. *European Journal of Law and Technology*, v. 1, n. 1, p. 135-165, mar. 2010, aqui, p. 137. Disponível em: <https://www.researchgate.net/publication/44277549_Jurimetrics_please>. Acesso em: 30.10.2023.

> meio da utilização de dados obtidos pela observação da realidade. O empirismo se contrapõe, por exemplo, ao dogmatismo."[12]

Yeung esclarece que o método de pesquisa não precisa ser sofisticado, restrito a especialistas em ciências exatas ou a avançados sistemas de computador. A diversidade de modelos que podem ser escolhidos para a pesquisa empírica permite sua adequação aos propósitos de cada estudo. Por exemplo, se pretende-se fazer uma análise detalhada para obter informações qualitativas de uma amostra restrita de casos, é adequado o uso de simples estudos de caso; por outro lado, se aumenta-se o número da amostra das decisões judiciais e pretende-se identificar, confirmar ou descartar alguma tendência nos julgados, o emprego de estatísticas descritivas seria um bom método puramente quantitativo[13].

De forma diversa do estudo dogmático do Direito, a Jurimetria permite investigar os resultados da aplicação e criação do direito pelos juízes, por meio da análise das decisões com base em modelos estatísticos e probabilísticos e, com isso, "viabiliza a criação de modelos capazes de aproximar os resultados produzidos pela ordem jurídica das expectativas e aspirações da sociedade"[14], o que auxilia o papel do Direito na redução da incerteza das consequências das ações humanas, garantindo maior segurança jurídica.

Além da diversidade de métodos estatísticos e do aumento da influência das metodologias de pesquisa empírica nas ciências sociais, o estudo da jurimetria ganhou importância porque o desenvolvimento tecnológico vem impactando diretamente os trabalhos jurimétricos, seja em relação (i) à forma de acesso às amostras de dados, seja quanto (ii) ao gerenciamento e manuseio deles.

A rapidez das transformações provocadas pela tecnologia nos últimos anos está relacionada a três causas: o surgimento de grandes conjuntos de dados (*big data*[15]), o aumento do poder da computação e a



12 YEUNG, Luciana. Jurimetria ou análise quantitativa de decisões judiciais. *In*: MACHADO, Maira Rocha (org.). *Pesquisar empiricamente o direito*. São Paulo: Rede de Estudos Empíricos em Direito, 2017, p. 249-274, aqui, p. 249.

13 YEUNG, Luciana. *Op, cit*, p. 251-255.

14 NUNES, Marcelo Guedes. *Jurimetria*. São Paulo: Revista dos Tribunais, 2019, capítulo 3 (versão digital).

15 Os conjuntos de dados são considerados "big data" se tiverem um alto grau de três dimensões distintas: volume (a quantidade de dados), velocidade (a rapidez em que os da-

inteligência artificial[16]. A maior quantidade de informações e a melhor qualidade dos dados permitem um melhor resultado pelos sistemas computacionais[17].

No que concerne ao item (i), o volume crescente de dados jurídicos permitido pelo processo judicial eletrônico traz um material rico e diversificado para estudos empíricos, com custos de acesso muito baixos por meio do uso da Internet. No entanto, ainda existem dificuldades decorrentes da forma como o banco de dados eletrônico é construída, o que impactará na seleção das decisões judiciais que irão compor a amostra para análise. Pesquisadores apontam o difícil acesso a uma massa de dados desestruturados e diluídos pelos diversos sistemas de processamento eletrônico dos Tribunais, não havendo entre eles interoperabilidade. Questionam, ainda, se todos os acórdãos são disponibilizados no banco de dados eletrônico do tribunal, qual o fator que determina se os julgados serão ou não disponibilizados publicamente, ou se a amostra disponibilizada corresponde à realidade das decisões proferidas no tribunal ou há um viés de seleção dos casos.

Veja-se um exemplo. Em 2014, uma pesquisa analisou as bases eletrônicas de jurisprudência do Supremo Tribunal Federal e do Superior Tribunal de Justiça e concluiu que, de uma forma geral, sua construção e gestão estão comprometidas com o pleno acesso do público às decisões. No entanto, verificou-se que os bancos de dados não contemplam a totalidade das decisões em seu sistema de busca de jurisprudência, ainda que seja possível o acesso à integralidade dos julgados por meio da busca específica pelo número processual[18].

---

dos são gerados) e variedade (a diversidade de dados). Análise completa em: MAGRANI, Eduardo. *Entre dados e robôs: ética e privacidade na era da hiperconectividade*. Porto Alegre: Arquipélago, 2019.

16 Uma abrangente pesquisa do Centro de Inovação, Administração e Pesquisa do Judiciário da Fundação Getulio Vargas (Ciapj – FGV), concluída em 2020, apontou que há 72 projetos de inteligência artificial nos tribunais do país, em fases de implementação distintas: SALOMÃO, Luis Felipe (Coord.). *Inteligência artificial – Tecnologia aplicada à gestão dos conflitos no âmbito do Poder Judiciário*. FGV: Rio de Janeiro, 2020. Disponível: <https://ciapj.fgv.br/sites/ciapj.fgv.br/files/estudos_e_pesquisas_ia_1afase.pdf>. Acesso: 30.10.2023.

17 RUSSEL, Stuart J. e NORVIG, Peter. *Artificial intelligence: a modern approach*. 3 ed. New Jersey: Pearson Education, 2010, p. 366.

18 VEÇOSO, Fabia Fernandes Carvalho; PEREIRA; Bruno Ramos; PERRUSO, Camila Akemi; MARINHO, Carolina Martins; BABINSKI; Daniel Bernardes de Oliveira; WANG, Daniel Wei Liang; GUERRINI, Estela Waksberg; DE PALMA, Juliana Bonacorsi e SALINAS, Natasha Schmitt Caccia. A pesquisa em direito e as bases eletrônicas de julgados dos tribunais: matri-

O gerenciamento e o manuseio dos dados, por sua vez, têm sido facilitados pelo uso de ferramentas computacionais de pesquisa, alcançando resultados com maior velocidade e assertividade em menor tempo. Com o acesso à base de decisões, o próximo passo é a tabulação dos dados, que pode ser feita manualmente, por meio de programas de computador (como o Excel), ou pelo treinamento de algoritmos em sistemas de inteligência artificial - é esta última forma que representa um novo horizonte para o uso da Jurimetria quando há um grande número de casos para estudo e tende a ser cada vez mais explorada tanto pelos Tribunais quanto pelo setor privado[19].

Por fim, o uso da estatística e da probabilidade permite uma melhor administração da justiça, já que produz efeitos internos - relacionados à gestão dos tribunais e à melhor compreensão da realidade prática pelos juízes, auxiliando a repensar a maneira de o Judiciário gerir e atuar na resolução de determinadas demandas[20] –, assim como externos, relacionados à adoção de estratégias de advocacia e à alteração legal, auxiliando a mensuração da eficácia, eficiência e eventual reformulação de políticas públicas e leis em razão dos efeitos práticos de sua aplicação pelo Judiciário.

Veja-se o exemplo da pesquisa realizada em 2015 pela Associação Brasileira de Jurimetria (ABJ) sobre o sistema de adoção no país, a pedido do CNJ, com base nos dados do Cadastro Nacional de Adoção - CNA, do Cadastro Nacional de Crianças e Adolescentes Acolhidos - CNCA e de entrevistas com profissionais[21]. O trabalho objetivou analisar o tempo dos processos relacionados à adoção e identificar entraves legais, administrativos e judiciais à eficácia destes processos. Com base em estudos empíricos, ressaltou o relatório do trabalho que "a idade da criança está

zes de análise e aplicação no Supremo Tribunal Federal e no Superior Tribunal de Justiça. *Revista de Estudos Empíricos em Direito* – Brazilian Journal of Empirical Legal Studies, vol. 1, n. 1, jan. 2014, p. 105-139.

19 DE MULDER, Richard V.; NOORTWIJK, Kees van; COMBRINK-KUILTERS, Lia. Op. cit, p. 160; YEUNG, Luciana. *Op.cit.*, p. 271.

20 BARBOSA, Cássio Modenesi; MENEZES, Daniel Francisco Nagao. *Jurimetria como método de investigação da eficiência do poder judiciário*: análise do caso das empresas telefônicas. Disponível: <http://www.publicadireito.com.br/artigos/?cod=8c71d6367dc1f7a9>. Acesso: 30.10.2023.

21 NUNES, Coord. Marcelo Guedes [et al.]. *Processos relacionados à adoção no Brasil: uma análise sobre os impactos da atuação do Poder Judiciário*. Brasília: Conselho Nacional de Justiça, 2015. Disponível: <https://abj.org.br/cases/adocao/>. Acesso: 30.10.2023.

relacionada com a sua chance de ser adotada"[22], razão pela qual recomendou-se à Justiça da Infância e da Juventude acelerar as destituições de poder familiar, em especial de menores de 5 anos, para que estejam aptos à adoção. A celeridade dos prazos no decorrer do procedimento de adoção constou na exposição de motivos da Lei 13.509/2017, que alterou o Estatuto da Criança e do Adolescente. Embora não haja referência expressa ao estudo da ABJ, não se pode desconsiderar sua influência na discussão do tema.

Desta forma, ao auxiliar o magistrado a prever as possíveis consequências das suas decisões, o Legislativo e o Executivo a calcularem o impacto das políticas públicas e o advogado a adequar sua estratégia, a Jurimetria propõe uma *virada estatística* no Direito, tendo como objeto de estudo o plano concreto, ou seja, dados coletados empiricamente.

A partir de agora, aplicaremos as considerações acima para o estudo da matéria que selecionamos. Considerando que os assuntos previdenciários são os mais recorrentes na Justiça Federal e que muitos de seus benefícios, como o auxílio-doença, são substitutivos da renda do segurado, é tão necessário quanto relevante pensar como as decisões judiciais nestes litígios podem contribuir para a melhoria no funcionamento do Regime Geral de Previdência Social. No tópico abaixo, identificam-se algumas causas que estimulam esta litigiosidade excessiva e, no seguinte, apresenta-se a ferramenta MonitoraPrev, que pretende auxiliar na busca de medidas voltadas à prevenção e desjudicialização de demandas repetitivas em matéria previdenciária.

## 2. A ESSENCIALIDADE DOS DADOS PARA A REDUÇÃO DA LITIGÂNCIA PREVIDENCIÁRIA

O auxílio da escola da Análise Econômica do Direito (AED) nos ajuda a entender as causas da litigiosidade e porque é uma necessidade premente prevenir e desjudicializar litígios previdenciários. Selecionamos duas causas para análise. Embora a AED seja uma disciplina autônoma e diversa da Jurimetria, a atenção aos dados é comum em ambas.

---

22 *Ibidem*, p. 25.

O relatório Justiça em Números de 2019 aponta que 57% de todos os novos processos propostos na Justiça Federal envolvem o INSS e a tendência é aumentar em decorrência das causas relacionadas à reforma da Previdência e à pandemia do Covid-19[23].

As decisões judiciais possuem capacidade de produção limitada e geram externalidades, na linguagem econômica, pois alcançam diretamente os integrantes da disputa judicial e indiretamente aqueles que estão em situação similar[24]. Por ser de livre acesso, o Poder Judiciário corre o risco de uma utilização exagerada, que provoca aumento do *custo social do litígio*, arcado por toda a sociedade por meio de tributos[25]. Estas são *externalidades negativas* causadas pela *sobreutilização*, que acabam levando a sua *ineficiência.*

Uma importante causa para a litigiosidade excessiva é a assimetria informacional. Para que o litigante seja incentivado à resolução consensual, é preciso que haja uma simetria de informações, ou seja, que ambas as partes em conflito possuam informações sobre todos os elementos necessários para a tomada de decisão, o que lhes permite ter uma visão menos otimista e mais realista do conflito. A troca de informações prévia entre os litigantes reduz a assimetria e estimula o acordo.

Experiências de formas alternativas de resolução de conflitos no âmbito virtual, como a *Online Dispute Resolution*[26], só funcionam porque são ambientes orientados por dados. São exemplos, na iniciativa privada, os sites como a Ebay[27] e Amazon, que usam um sistema de inteligência artificial que informa os consumidores sobre seus direitos, e, na esfera pública, a plataforma *Consumidor.gov*, um serviço público e gratuito que permite a interlocução direta entre consumidores e empresas para



23 CNJ. Relatório Justiça em Número. Brasília: CNJ, 2019, p. 205.

24 SHAVELL, Steven. Suit, settlement, and trial: A theoretical analysis under alternative methods for the allocation of legal costs. *Journal of Legal Studies*, v. 11, no. 1, p. 55-81, jan. 1982.

25 GICO JR, Ivo Teixeira. *A Tragédia do Judiciário: subinvestimento em capital jurídico e sobreutilização do Judiciário*. Tese (doutorado), 2012, Departamento de Economia, Universidade de Brasília, DF, 146 p, p. 117-118.

26 RABINOVICH-EINY, Orna e KATSH, Ethan. Digital Justice. Oxford University Press: Reino Unido, 2019, p. 4 – 14.

27 RULE, Colin; ALED, Davies. *Modria – The Operating System for ODR Mediator – Colin Rule*. Disponível: <https://www.judiciary.uk/wp-content/uploads/2015/02/colin_rule_modria_os_for_odr.pdf>. Acesso: 30.10.2023.

buscar um acordo em conflitos de consumo[28], bem como a futura *plataforma on-line de mediação* do CNJ[29].

No âmbito previdenciário, com acesso aos dados estatísticos compilados pelas ferramentas de monitoramento de processos, por exemplo, os atores da Justiça podem calcular melhor as chances de êxito de um futuro litígio, tempo de tramitação processual, índice de perícias favoráveis para a sua patologia e demais custos de transação, elementos que impactam diretamente na decisão de litigar.

Outra importante causa da litigiosidade excessiva é a ausência de uniformidade nas orientações jurisprudenciais e, no âmbito previdenciário, a recalcitrância dos entes públicos na adoção dos precedentes firmados. A incerteza decorrente deste quadro abre espaço para a presença de um otimismo exagerado, típico da racionalidade humana[30]. As partes tendem a ser excessivamente otimistas em relação aos seus direitos e a ausência de precedentes estáveis dificulta que os advogados tracem um perfil claro do prognóstico da demanda para seu cliente, estimulando a disputa judicial[31] e a chamada "loteria de varas". Assim, a pesquisa empírica com dados judiciais permite uma radiografia do comportamento judicial, criando incentivos para que haja o respeito aos precedentes e a compatibilidade com as decisões anteriores do próprio juiz.

A crescente litigância tem, ainda, um custo alto para toda a sociedade, conforme constatado no Acórdão nº 2.894/2018 do Tribunal de Contas da União[32]. O INSS efetuou, apenas em 2017, o pagamento de R$ 92 bilhões em cumprimento a decisões judiciais, o que equivale a 15%

---

28 Disponíveis em: <www.cnj.jus.br> e <www.consumidor.gov>. Acesso: 30.10.2023.

29 IGNÁCIO, Laura. Empresas poderão realizar mediações on-line com o INSS. *Valor Econômico*. Disponível: <https://www.sopesp.com.br/2020/08/10/empresas-poderao-realizar-mediacoes-on-line-com-o-inss/>. Acesso: 30.10.2023.

30 LOVALLO, Dan; KAHNEMAN, Daniel. Delusions of Success: How Optimism Undermines Executives' Decisions. *Harvard Business Review*, v. 15, n. 7, jul. 2003. Disponível em: <https://hbr.org/2003/07/delusions-of-success-how-optimism-undermines-executives-decisions>. Acesso em: 30.10.2023.

31 TIMM, Luciano Benetti; TRINDADE, Manoel Gustavo Neubarth. As recentes alterações legislativas sobre os recursos aos tribunais superiores: a repercussão geral e os processos repetitivos sob a ótica da *Law and Economics*. *Revista de Processo*. Ano 34, n. 178, dez. 2009, p. 2 e 8.

32 INSS. Relatório de Gestão. Brasília: INSS, 2019, p. 30. Disponível em: <https://www.inss.gov.br/wp-content/uploads/2020/06/INSS-RELAT%C3%93RIO-DE-GEST%C3%83O-2019.pdf>. Acesso: 30.10.2023.

do orçamento do Regime Geral da Previdência Social (RGPS). Some-se a isso os pagamentos judiciais efetuados pelo INSS por meio de precatórios e requisições de pequeno valor (RPV), os quais, em 2018, chegaram a R$ 16 bilhões, cerca de 49% de todo o volume de pagamentos judiciais feito pela União e demais órgãos federais. Finalmente, a manutenção da estrutura administrativa do Poder Judiciário, da Advocacia-Geral da União, da Defensoria-Pública da União e do INSS destinada a administrar as demandas, custa, anualmente, R$ 4,6 bilhões os cofres públicos.

O quadro atual da litigância previdenciária desenhado acima, acompanhado de suas causas, aponta desafios, como a necessidade de correlacionar geograficamente focos de litigiosidade e políticas públicas (ou a falta delas) e desmistificar a ideia de inafastabildade como primazia da jurisdição. A jurisdição não deve ser a primeira, tampouco a única porta de acesso à justiça[33]. Para enfrentar estes desafios é essencial, dentre outras mudanças, a integração da base de dados do Judiciário com órgãos de saúde (DataSus) e previdência (INSS), o incentivo à absorção pelas instâncias administrativas de entendimentos judiciais firmados e ao uso dos meios consensuais de solução e a maior visibilidade da relação direta entre a litigância e o déficit de direitos básicos, como saneamento e atenção à saúde primária, assim como dos custos transferidos ao Judiciário pelo excesso de judicialização.

## 3. OS OBJETIVOS DA AGENDA 2030 E A FERRAMENTA MONITORAPREV

Atento ao cenário da litigância previdenciária traçado acima e à importância de uma gestão orientada por dados estatísticos, o Centro de Inteligência da Justiça Federal do Rio de Janeiro (CLIP – JFRJ) elaborou a *MonitoraPrev*[34], ferramenta que extrai dados dos processos previdenciários e laudos eletrônicos periciais da Seção Judiciária do Rio de Janeiro e exibe, de forma simples e visual, painéis e informações que geram um mapeamento georreferenciado das demandas e a análise comportamental

33 GIL, Renata; TAUK, Caroline Somesom; TAUK, Clarissa Somesom. Tecnologia a favor da justiça multiportas. *Migalhas*. 14 jul 2020. Disponível: <https://migalhas.uol.com.br/depeso/330587/tecnologia-a-favor-da-justica-multiportas>.

34 Integraram o projeto Meta 9 do Centro Local de Inteligência da Seção Judiciária do Rio de Janeiro, além das duas autoras deste texto, a juíza federal Michele Menezes e os servidores Larissa Soldate, Vinicius de Paiva, Pedro Oishi, Claudia Coutinho e Rosângela Olivieri.

dos atores da Justiça, permitindo a mineração e futura predição de dados, com o fim de auxiliar na busca de medidas voltadas à prevenção e desjudicialização de demandas repetitivas em matéria previdenciária[35].

Este monitoramento da judicialização previdenciária em tempo real mapeia os CIDs mais recorrentes nas demandas por localidade, o tempo médio das etapas processuais atinentes às perícias, os percentuais de conciliação e resultados do litígio e, a partir da indexação de indicadores sociodemográficos de desenvolvimento humano, como renda, saúde e escolaridade, ilustra num mapa de calor baseado no CEP do demandante, com recorte etário, de gênero e perfil contextualizado dos autores. Desta forma, dados estruturados são exibidos em painéis dinâmicos e visuais aptos a cruzamentos e extração de informações sobre litígios previdenciários e assistenciais.

O projeto integra a chamada Agenda 2030. A agenda é um compromisso firmado por 193 países para implementação de 17 Objetivos de Desenvolvimento Sustentável (ODS) até 2030, relacionados a desafios econômicos, sociais e ambientais mais urgentes no mundo, como a erradicação da pobreza, acesso à saúde e à educação de qualidade, igualdade de gênero, redução das desigualdades e combate às alterações climáticas. Para analisar o cumprimento destes objetivos e, consequentemente, medir o desempenho dos países, a Agenda 2030 se vale de metas e indicadores gerais e específicos, formulados pelos próprios países, sobretudo em relação a políticas públicas. Como, então, o Poder Judiciário influi na implementação dos Objetivos de Desenvolvimento Sustentável?

Esta foi a pergunta que norteou a edição da Portaria 133/2018 pelo CNJ e tornou Judiciário brasileiro *pioneiro* na adoção da Agenda 2030 e na indexação de sua base de dados com 80 milhões de processos a cada um dos 17 Objetivos de Desenvolvimento Sustentável[36]. A partir da identificação dos temas mais judicializados, com base na Tabela Processual Única (TPU), buscam-se estratégias de atuação orientadas pelas metas e indicadores da Agenda.

Nestes 2 anos de absorção da Agenda 2030, os ODS têm funcionado como importante bússola de priorização para concretização de direitos

35 A ferramenta MonitoraPrev é acessível para consulta pública na página eletrônica do Tribunal Regional Federal da 2ª Região. Disponível em: <https://portaldeestatisticas.trf2.gov.br/Pages/PainelIndicadores/PainelMeta9.aspx>. Acesso: 30.10.2023.

36 Disponível: <https://www.cnj.jus.br/programas-e-acoes/agenda-2030/>.Acesso: 30.10.2023.

humanos no Judiciário, deslocando-o de uma eficiência estritamente quantitativa, para uma abordagem qualitativa com foco na efetividade e concretização de direitos. Por meio do Laboratório de Inovação, Inteligência e Objetivos de Desenvolvimento Sustentável criado no CNJ (LIODS), diversos grupos trabalham em busca de soluções para problemas estruturais e sistêmicos da judicialização, tendo os Centros de Inteligência locais papel central neste fluxo de informações e na capilarização das necessidades e propostas.

A matéria previdenciária é o tema mais demandando na Justiça Federal e se insere não só no ODS 16, "*Paz, Justiça e Instituições Eficazes*", mas também se conecta aos ODS 3 (saúde), 10 (redução de desigualdades) e 17 (parcerias interinstitucionais). A judicialização de benefícios por incapacidade invoca questões afetas à saúde do trabalhador/segurado, e essa judicialização não pode ser vista de forma descontextualizada das políticas públicas dos entes federativos.

Afinal, essa é a lógica do princípio da indivisibilidade dos direitos humanos: nenhum direito humano pode ser integralmente implementado sem que os outros também o sejam. Por isso, os 17 (dezessete) ODS guardam estreita correlação entre si. Essa indivisibilidade, que expressa um todo abrangente e interdependente, impassível de separação sem perda de significado e de sua funcionalidade transversal, reclama iniciativas que conectem dados da judicialização com indicadores de desenvolvimento.

O benefício previdenciário é, não raras vezes, a única fonte de renda do segurado e de sua família e a privação ou a demora indevida na sua concessão demonstra que as instituições não atuaram de forma eficaz, realçando o papel do Judiciário nas dimensões econômica e de inclusão social que alicerçam este compromisso global.

## 4. O MONITORAMENTO ESTATÍSTICO DOS AUXÍLIOS-DOENÇA PREVIDENCIÁRIOS

A ferramenta MonitoraPrev, ao permitir a extração de dados estatísticos mais precisos na Seção Judiciária do Rio de Janeiro, propicia a melhoria do uso das informações processuais e a realização de estudos jurimétricos.

De início, importa destacar uma limitação importante da MonitoraPrev. Embora a ferramenta registre o quantitativo de tipos de laudos periciais (eletrônicos e não eletrônicos) por unidade judicial e por período de tempo em relação aos processos distribuídos por assuntos previdenciários e assistencial, somente os processos com laudos periciais eletrônicos permitem a extração dos dados mais importantes para análise, como o tempo médio em dias para a realização da perícia; total de laudos por especialidade médica do perito, por assunto, por unidade judicial e pelo CID (Classificação Internacional de Doenças e Problemas Relacionados à Saúde); o resultado das perícias (ausência ou não de incapacidade); o tipo de sentença e o tempo médio das etapas do processo desde a autuação até a sentença. A observação é importante porque, conforme consta na tela "laudo pericial" do painel, os eletrônicos representam apenas cerca de 30% do total de laudos.

A consulta ao painel permite ao usuário a seleção de alguns critérios para filtragem de dados. Em razão da limitação acima, concentrou-se a análise na tela "laudo pericial eletrônico", no lapso temporal entre 01/01/2020 e 31/12/2020 e no assunto "auxílio-doença previdenciário". Com base nestes critérios, os gráficos gerados se referem a uma amostra de 6.135 processos.

Com as informações coletadas, investigou-se: (i) quais os resultados das perícias feitas em laudos eletrônicos (sem incapacidade atual, com incapacidade temporária e com incapacidade permanente); (ii) qual a distribuição dos laudos por CID; e (iii) quais os resultados das sentenças após a realização da perícia (procedente, improcedente, procedente em parte, com conciliação, sem resolução do mérito).

Em relação ao resultado das perícias, em 43,27% dos casos (2.650 processos) havia ausência de incapacidade atual do litigante; em 36,74% (2.250 processos), incapacidade temporária e em 19,99% (1.224), incapacidade permanente. Confira-se tela extraída do MonitoraPrev:

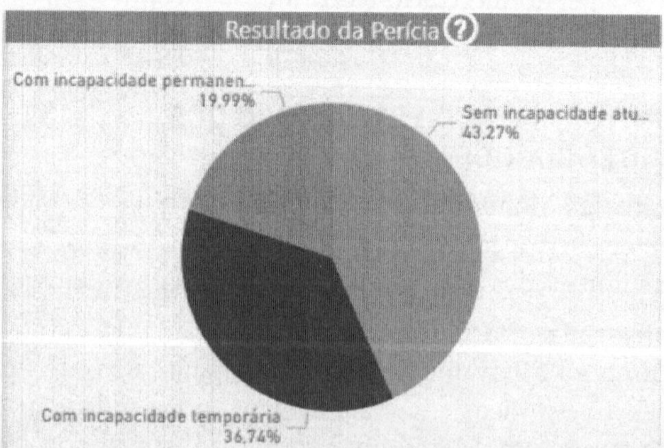

Nas perícias que constataram a ausência de incapacidade atual, as 5 CIDs mais comuns foram: outros transtornos de discos intervertebrais (389 processos), hipertensão essencial primária (244), cegueira de um olho (139), dor lombar baixa (123) e transtornos dos discos cervicais (93). Já nas perícias em que se constatou incapacidade temporária, as 5 CIDs mais comuns foram: outros transtornos de discos intervertebrais (239), transtornos de discos lombares e de outros discos intervertebrais com radiculopatia (187), hipertensão essencial primária (156), dor lombar baixa (111) e síndrome do manguito rotador (104). Finalmente, nas perícias em que se concluiu por incapacidade permanente, as CIDs foram: outros transtornos de discos intervertebrais (100), cegueira de ambos os olhos (94), transtornos de discos lombares e de outros discos intervertebrais com radiculopatia (71), hipertensão essencial primária (66) e esquizofrenia (57). Esclareça-se que o gráfico constante na ferramenta registra cerca de 40 CIDs e não será reproduzido neste texto por ser dinâmico e variar conforme se clica em cada uma das fatias do gráfico acima.

Por fim, em relação ao resultado das sentenças após a realização das perícias, o gráfico da MonitoraPrev mostra que o pedido foi improcedente em 47,1% dos casos (1949 processos); houve conciliação em 19,7% (817); procedência em parte em 18,9% (781), procedência total em 13,6% (562) e sentença sem resolução do mérito, incluindo desistência, em cerca de 0,5% casos (28). Confira-se:

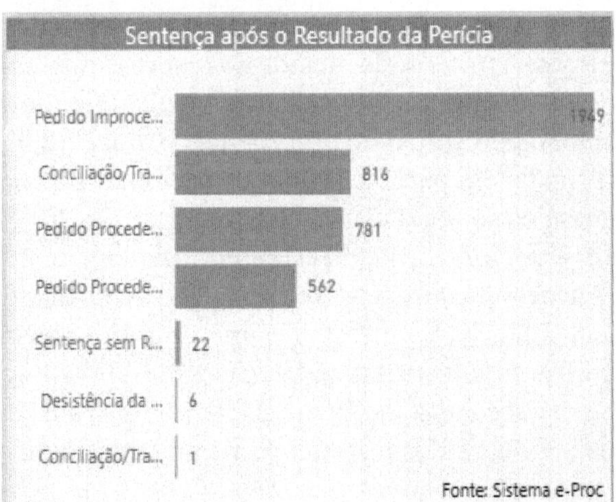


Parte I • Panorama Nacional

A MonitoraPrev permite, ainda, um recorte específico do gráfico dos resultados das perícias, com a adição de uma variável: a interação com os dados dos resultados da sentença, a fim de demonstrar o percentual de cada uma das espécies de sentença que acolheu ou afastou a conclusão pericial. Dentre os processos em que o perito constatou inexistência de incapacidade, em 93,1% (1.749) a sentença foi improcedente. Nas perícias em que se concluiu por incapacidade temporária, em 38,5% (580) houve acordo; em 35% (528) a sentença foi de procedência parcial; em 17,7% (267) a sentença foi de procedência total e 8,2% (123) dos casos resultaram em improcedência. Por último, nos casos em que o perito constatou incapacidade permanente, a sentença foi procedente em 34,3% dos processos (256), houve acordo em 30,9% (231), procedente em parte em 23,2% (173) e improcedente em 10,2% (76).

A simples análise dos gráficos e números apresentados permite algumas conclusões. Em relação às CIDs analisadas no item (ii), os dados demonstram que determinadas doenças são muito comuns nos pedidos de auxílio-doença previdenciário e a mesma CID fundamentou tanto sentenças de improcedência quanto de procedência. Isto demonstra que o diagnóstico de capacidade ou incapacidade laboral, de fato, depende do tipo de trabalho ou atividade habitual do segurado no caso concreto, na forma do art. 59 da Lei 8.213/91, bem como das suas características de idade e qualificação profissional, daí a necessidade de os litigantes explorarem estes elementos fáticos nos autos.

Ainda, infere-se que o Judiciário mantém as conclusões do INSS em sede administrativa em cerca de metade dos processos. Na outra metade, a maior parte se resolveu em conciliação (19,7%), embora tenha sido muito próxima do percentual de procedência parcial (18,9%). Esta conclusão é confirmada em parte pelos dados nacionais do INSS referentes ao resultado das decisões judiciais no ano anterior, em 2019 que, embora não se refiram especificamente ao estado do Rio de Janeiro, revela que, das 1.333.899 ações ajuizadas em face do INSS nas Justiças Federal e Estadual, 701.988 (52,63%) foram favoráveis à autarquia, 465.497 (34.90%) foram desfavoráveis e em apenas 166.414 (12,48%) houve acordo[37]. A divergência que merece destaque é em relação aos acordos, que aparecem com números mais elevados na Seção Judiciária do Rio de Janeiro.

37 INSS. Relatório de Gestão. *Op. cit*, p. 73.

Relacionando os dados dos itens (i) e (iii), percebe-se que, na grande maioria dos pedidos de auxílio-doença em que a perícia judicial concluiu pela ausência de incapacidade do segurado, a sentença acolheu o laudo pericial. De forma similar, nos casos em que a perícia concluiu por incapacidade temporária ou permanente, somente cerca de 10% resultaram em improcedência, o que demonstra uma alta frequência de acolhimento judicial do laudo, permitindo uma abordagem preditiva que poderá ser explorada sobretudo pelo INSS ao efetuar a proposta de acordo.

A MonitoraPrev permite, por fim, o estudo empírico de cada uma das varas e juizados com competência previdenciária, logo, ao ter ciência de quais são as tendências de julgamento, o advogado pode analisar o risco da propositura da demanda, as chances de fazer um acordo e qual o potencial de ter êxito no recurso.

O desenvolvimento futuro do projeto poderá priorizar a incorporação de precedentes, o uso da inteligência artificial a partir da análise comportamental dos atores da Justiça e predição de cenários. Pretende-se que o processamento de dados com o uso da ferramenta resulte não apenas numa melhor gestão dos litígios existentes, mas, também, na prevenção de novos.

## 5. IMPACTOS DO USO DA JURIMETRIA: A TRANSPARÊNCIA E A PREDIÇÃO DE RESULTADOS

Nesse último tópico, pretende-se examinar como a análise estatística e de probabilidade colabora para a transparência na tomada de decisões judiciais, bem como seu impacto sobre a previsão de resultados dos conflitos.

Comecemos pela transparência. O Estado Democrático de Direito é marcado pela possibilidade de controle das escolhas e da atuação do Poder Público pelos cidadãos. Para que o controle possa ser exercido, é essencial a transparência dos atos públicos, um aspecto fundamental da chamada *accountability* das instituições e que está consagrado âmbito legislativo brasileiro, a exemplo da Lei de Acesso à Informação (Lei 12.527/11).

O monitoramento e a auditoria de dados facilitam o exercício do controle pela sociedade em relação ao Poder Público, razão pela qual o trabalho jurimétrico torna-se especialmente útil[38].

38 DE MULDER, Richard V.; NOORTWIJK, Kees van; COMBRINK-KUILTERS, Lia. *Op. cit*, p. 160.

No Brasil, há a tradição do Judiciário de divulgação dos atos processuais a fim de garantir o direito de acesso à informação, nos termos do art. 5º, XXXIII e XXXIV, "*b*" da Constituição. Para ter acesso integral aos autos do processo eletrônico, a Lei 13.793/2019 assegurou a advogados, mesmo sem procuração, o exame e a obtenção de cópias de atos e documentos de processos e de procedimentos eletrônicos findos ou em andamento, quando não estiverem sujeitos a segredo de justiça. Na prática, mesmo antes da Lei 13.793/2019, referido acesso já era permitido, pois não havia motivo razoável para diferenciar o processo eletrônico do físico, para o qual havia autorização prevista no art. 107, I, do CPC/15. No entanto, a lei de 2019 elimina, de forma expressa, a possibilidade de interpretação restritiva que existia em razão da má redação do art. 11, §6º da Lei nº 11.419/2006 (Lei do Processo Eletrônico)[39].

Na era digital, o volume de dados judiciais está em constante expansão e, como vimos, embora a literatura ainda aponte alguns itens para que os bancos de dados sejam aperfeiçoados, estão eles, em sua maior parte, disponíveis em formato *on-line*, fator que, somado aos sofisticados sistemas computacionais, torna o monitoramento e o trabalho jurimétrico opções factíveis realizadas em tempo razoável. Ainda, a estruturação de uma grande quantidade de dados de decisões judiciais e a extração de padrões entre eles, inclusive por meio de ferramentas de inteligência artificial, facilita a análise preditiva[40].

Com efeito, ao fazer estudos empíricos de dados do passado e do presente com o auxílio de modelos matemáticos, a jurimetria auxilia na explicação e predição do comportamento humano, estabelecendo possíveis relações com o estado futuro. É a esta segunda parte que se chama de estatística inferencial, que, na definição de Marcelo Guedes Nunes, é "(...) área que estuda como certas conclusões podem ser logicamente induzidas a partir da análise de um conjunto de dados sujeitos a uma variação aleatória"[41].

39 Art. 11, §6° da Lei n° 11.419/2006, redação original: "§ 6° Os documentos digitalizados juntados em processo eletrônico somente estarão disponíveis para acesso por meio da rede externa *para suas respectivas partes processuais e para o Ministério Público*, respeitado o disposto em lei para as situações de sigilo e de segredo de justiça." (grifo adicionado)

40 MCGINNIS, John e PEARCE, Russel. The great disruption: how machine intelligence will transform the role of lawyers in the delivery of legal services. Fordham Law Review, v. 82, p.3041-3066, 2014, aqui, p. 3052-3053.

41 NUNES, Marcelo Guedes. *Op. cit.*, capítulo 3 (versão digital).

Conforme explica o autor, explorar e sumarizar dados fica a cargo da *estatística descritiva*, que apresenta uma descrição do conjunto de dados por diversas formas, como por meio de distribuição de frequências de cada variável, pela tabulação de resultados ou pela sua visualização de tabelas e gráficos. Realizar inferências decorrentes da amostra de dados, previsões sobre o comportamento futuro e reconhecimento de tendências, associações e correlações nas variáveis são parte da *estatística inferencial*. Aplicando esses conceitos ao Direito, é importante o alerta de Guedes Nunes no sentido de que os dados judiciais estão sujeitos a variáveis aleatórias que evoluem para dois ou mais resultados possíveis, conforme as probabilidades[42], o que afeta diretamente o grau de previsibilidade do resultado futuro. Por exemplo, a análise inferencial permitiria identificar uma tendência decisória de determinado juiz com base em padrões de dados dos casos que decidiu, mas *não há qualquer certeza* quanto ao resultado.

Especificamente em relação à parte da jurimetria que se dedica à predição de resultados, críticas são formuladas em razão do potencial decorrente do uso de máquinas, inclusive as artificialmente inteligentes, realizarem cálculos para auxiliar na previsão da resposta jurisdicional. A análise preditiva permite uma atuação estratégica dos litigantes, indo além dos aconselhamentos com base na sua experiência ou com base em algum juízo de probabilidade calculado por uma pesquisa simples de jurisprudência[43].

Como visto, por um lado, a técnica permite ao litigante e seu advogado escolherem como irão atuar, gera sugestões de propostas ótimas e cria uma janela maior para a conciliação. Por outro, no entanto, pode acentuar a disparidade entre os litigantes, em especial os habituais, trazer manipulação de litígios e eventual aumento de demandas.

Dierle Nunes e Fernanda Duarte trazem o exemplo do uso da análise preditiva por escritórios de advocacia de processos de massa, que, por acumularem uma grande quantidade de dados, utilizam a predição para obterem decisões favoráveis "ou mesmo criarem mecanismos de ODR (*online dispute resolution*), com os dados parametrizados, de modo a obter acordos vantajosos a seus constituintes pelo simples fato de saberem

42 *Ibidem*.

43 DE MULDER, Richard V.; NOORTWIJK, Kees van; COMBRINK-KUILTERS, Lia. Op. cit, p. 159.

os limites ótimos de valores de potenciais futuras sentenças"[44]. Assim agindo, os litigantes habituais minimizam seus prejuízos econômicos e realizam acordos que não são benéficos para a parte, acentuando a assimetria informacional entre eles.

Talvez esta tenha sido uma das razões que levou a França a determinar, na Lei 2019-222, que trata da reforma judiciária, que "os dados de identidade dos magistrados e membros do cartório não podem ser reutilizados com o objetivo ou efeito de avaliar, analisar, comparar ou prever" resultados de processos judiciais[45]. Isto significa, em síntese, a proibição da divulgação de dados estatísticos baseados nas decisões judiciais e sua vinculação aos respectivos juízes. Essa legislação foi mantida pelo Conselho Constitucional Francês[46], concluindo que análises preditivas de decisões feitas a partir de perfis de juízes poderiam gerar pressões ou estratégias de escolha de competência e atentar contra o regular funcionamento do Judiciário francês.

A crítica ao mau uso da Jurimetria, a exemplo da citada por litigantes de maior poder aquisitivo que não buscam resultados positivos para o funcionamento do sistema de justiça, merece muita atenção e exige um estudo específico, inviável nos limites deste texto. No entanto, não se pode desconsiderar que estes litigantes atuam de forma estratégica não apenas pelo uso deste método, mas por tantas outras ferramentas processuais por meio das quais buscam controlar os litígios. A atuação estratégica, portanto, está presente em diversas formas de atuação dos grandes litigantes[47].

---

44 NUENS, Dierle e DUARTE, Fernanda Amaral. Jurimetria e tecnologia: diálogos essenciais com o direito processual. Revista de Processo, vol. 299, p. 407 – 450, jan. 2020, aqui, p. 20.

45 FRANÇA. Lei n° 222 de 2019, de 23.03.2019 – Programmation 2018-2022 et de réforme pour la justice. Disponível:<https://www.legifrance.gouv.fr/eli/loi/2019/3/23/2019-222/jo/article_33>. Acesso em: 31.01.2021. Confira-se a redação original do art.33 da citada Lei: *"Les données d'identité des magistrats et des membres du greffe ne peuvent faire l'objet d'une réutilisation ayant pour objet ou pour effet d'évaluer, d'analyser, de comparer ou de prédire leurs pratiques professionnelles réelles ou supposées. La violation de cette interdiction est punie des peines prévues aux articles 226-18,226-24 et 226-31 du code pénal, sans préjudice des mesures et sanctions prévues par la loi n° 78-17 du 6 janvier 1978 relative à l'informatique, aux fichiers et aux libertés."*

46 Conseil Constitutionnel. *Decisão n° 2019-778 DC, de 21. 03.2019.* Loi de programmation 2018-2022 et de réforme pour la justice. Disponível: <https://www.conseil-constitutionnel.fr/decision/2019/2019778DC.htm>. Acesso: 30.10.2023.

47 NUENS, Dierle e DUARTE, Fernanda Amaral. *Op. cit.*, p. 21. Os autores entendem que o IRDR da Samarco é um exemplo de uso estratégico e descaracterização de ferramentas processuais usado por um grande litigante, que independe do recurso à jurimetria.

## CONCLUSÃO

Não basta querer inovar, é preciso ter metodologia baseada em dados para permitir que a inovação seja adequada e efetiva. É por isso que os dados são a matéria-prima da inovação: eles permitem conhecer onde residem os principais problemas do sistema, a partir daí, realizar o planejamento baseado em informações, determinar onde os esforços devem ser concentrados e, ao final, avaliar a eficiência da medida.

A estruturação de dados espalhados pela infinidade de decisões judiciais, seguida do estudo empírico feito com base em análises estatísticas, torna visualmente perceptível seus impactos e a necessidade de aprimoramento de determinadas políticas públicas, assim como permite a formulação de proposições para mudanças legislativas e no próprio Judiciário. Conflitos que não deveriam estar no Judiciário o estão assoberbando e há temas relevantes que merecem atenção judicial e não chegam às Cortes.

Para enfrentar o quadro de excessiva litigância previdenciária desenhado no texto, acompanhado de suas causas, é essencial, dentre outras mudanças, uma gestão orientada por dados. A ferramenta MonitoraPrev busca dar um primeiro passo nesse sentido na Justiça Federal do Rio de Janeiro, transformando os dados estatísticos de processos judiciais em informações acessíveis a todos, disponibilizadas na página eletrônica do Tribunal.

Monitorar dados dos processos previdenciários e analisar seus resultados concretos é fundamental para orientar uma gestão eficiente e inovadora capaz de aperfeiçoar a prestação jurisdicional. Identificar e eliminar barreiras para assegurar o direito a um benefício previdenciário de caráter alimentar em tempo razoável é implementar direitos humanos e, assim, concretizar os objetivos de desenvolvimento da Agenda 2030.

## REFERÊNCIAS BIBLIOGRÁFICAS

BARBOSA, Cássio Modenesi; MENEZES, Daniel Francisco Nagao. *Jurimetria como método de investigação da eficiência do poder judiciário*: análise do caso das empresas telefônicas. Disponível: <http://www.publicadireito.com.br/artigos/?cod=8c71d6367dc1f7a9>.

CORREA, Priscilla P. Costa. *Direito e desenvolvimento*: aspectos relevantes do Judiciário brasileiro sob a ótica econômica. Brasília, CEJ, 2014.

DE MULDER, Richard V.; NOORTWIJK, Kees van; COMBRINK-KUILTERS, Lia. Jurimetrics please!. *European Journal of Law and Technology*, v. 1, n. 1, p. 135-165, mar. 2010. Disponível em: <https://www.researchgate.net/publication/44277549_Jurimetrics_please>.

FRANÇA. *Lei nº 222 de 2019, de 23.03.2019* – Programmation 2018-2022 et de réforme pour la justice. Disponível: <https://www.legifrance.gouv.fr/eli/loi/2019/3/23/2019-222/jo/article_33>.

GICO JR, Ivo Teixeira. *A Tragédia do Judiciário: subinvestimento em capital jurídico e sobreutilização do Judiciário*. Tese (doutorado), 2012, Departamento de Economia, Universidade de Brasília, DF, 146.

GIL, Renata; TAUK, Caroline Somesom; TAUK, Clarissa Somesom. Tecnologia a favor da justiça multiportas. *Migalhas*. 14 jul 2020. Disponível: <https://migalhas.uol.com.br/depeso/330587/tecnologia-a-favor-da-justica-multiportas>.

HOLMES JR., Oliver Wendell. *The Common Law*. Cambridge: Harvard University Press, 1967.

________. The path of the law. *Boston University Law Review*, v.78, p.699-715, 1998.

IGNÁCIO, Laura. Empresas poderão realizar mediações on-line com o INSS. *Valor Econômico*. Disponível: <https://www.sopesp.com.br/2020/08/10/empresas-poderao-realizar-mediacoes-on-line-com-o-inss/>.

INSS. *Relatório de Gestão*. Brasília: INSS, 2019. Disponível em: <https://www.inss.gov.br/wp-content/uploads/2020/06/INSS-RELAT%C3%93RIO-DE-GEST%C3%83O-2019.pdf>.

LOEVINGER, Lee. Jurimetrics: the next step forward. *Minnesota Law Review*, Minneapolis, v.33, p.455-493, abr. 1949.

_________. Jurimetrics: the methodology of legal inquiry. *Law and contemporary problems*, p. 5-35, 1963. Disponível em: <https://scholarship.law.duke.edu/cgi/viewcontent.cgi?article=2945&context=lcp>.

LOSS, Juliana; BRAGANÇA, Fernanda; DYMA, Maria Fernanda; BRAGA, Renata. Coordenação: SALOMÃO, Luis Felipe. *Inteligência artificial – Tecnologia aplicada à gestão dos conflitos no âmbito do Poder Judiciário*. FGV: Rio de Janeiro, 2020. Disponível: <https://ciapj.fgv.br/sites/ciapj.fgv.br/files/estudos_e_pesquisas_ia_1afase.pdf>.

LOVALLO, Dan; KAHNEMAN, Daniel. Delusions of Success: How Optimism Undermines Executives' Decisions. *Harvard Business Review*, v. 15, n. 7, jul. 2003. Disponível em: <https://hbr.org/2003/07/delusions-of-success-how-optimism-undermines-executives-decisions>.

MAGRANI, Eduardo. *Entre dados e robôs: ética e privacidade na era da hiperconectividade*. Porto Alegre: Arquipélago, 2019.

MCGINNIS, John e PEARCE, Russel. The great disruption: how machine intelligence will transform the role of lawyers in the delivery of legal services. *Fordham Law Review*, v. 82, p.3041-3066, 2014.

NUENS, Dierle e DUARTE, Fernanda Amaral. Jurimetria e tecnologia: diálogos essenciais com o direito processual. *Revista de Processo – RT*, vol. 299, p. 407 – 450, jan. 2020.

NUNES, Marcelo Guedes. *Jurimetria*. São Paulo: Revista dos Tribunais, 2019.

NUNES, Marcelo Guedes [et al.]. *Processos relacionados à adoção no Brasil: uma análise sobre os impactos da atuação do Poder Judiciário*. Brasília: Conselho Nacional de Justiça, 2015. Disponível: <https://abj.org.br/cases/adocao/>.

POSNER, Richard. A. *Law, Pragmatism and Democracy*, Cambridge: Harvard University Press, 2003.

RABINOVICH-EINY, Orna e KATSH, Ethan. *Digital Justice*. Oxford University Press: Reino Unido, 2019.

RULE, Colin; ALED, Davies. *Modria – The Operating System for ODR Mediator – Colin Rule*. Disponível: <https://www.judiciary.uk/wp-content/uploads/2015/02/colin_rule_modria_os_for_odr.pdf>.

RUSSEL, Stuart J. e NORVIG, Peter. Artificial intelligence: a modern approach. 3 ed. New Jersey: Pearson Education, 2010.

SANDER, Frank e CRESPO, Mariana Hernandez. Diálogos entre os professores Frank Sander e Mariana Hernandez Crespo: explorando a evolução do Tribunal Multiportas. In: *Investindo no capital social para maximizar o sistema de solução de conflitos no Brasil*. ALMEIDA, Rafael Alves de; ALMEIDA, Tania e CRESPO, Maria Hernandez (orgs). Rio de Janeiro: FGV, 2012. Disponível: <https://bibliotecadigital.fgv.br/dspace/bitstream/handle/10438/10361/Tribunal%20Multiportas.pdf>.

SHAVELL, Steven. Suit, settlement, and trial: A theoretical analysis under alternative methods for the allocation of legal costs. *Journal of Legal Studies*, v. 11, no. 1, p. 55-81, jan. 1982.

TIMM, Luciano Benetti; TRINDADE, Manoel Gustavo Neubarth. As recentes alterações legislativas sobre os recursos aos tribunais superiores: a repercussão geral e os processos repetitivos sob a ótica da *Law and Economics*. *Revista de Processo*. Ano 34, n. 178, dez. 2009.

VEÇOSO, Fabia Fernandes Carvalho; PEREIRA; Bruno Ramos; PERRUSO, Camila Akemi; MARINHO, Carolina Martins; BABINSKI; Daniel Bernardes de Oliveira; WANG, Daniel Wei Liang; GUERRINI, Estela Waksberg; DE PALMA, Juliana Bonacorsi e SALINAS, Natasha Schmitt Caccia. A pesquisa em direito e as bases eletrônicas de julgados dos tribunais: matrizes de análise e aplicação no Supremo Tribunal Federal e no Superior Tribunal de Justiça. *Revista de Estudos Empíricos em Direito* – Brazilian Journal of Empirical Legal Studies, vol. 1, n. 1, jan. 2014, p. 105-139.

YEUNG, Luciana. Jurimetria ou análise quantitativa de decisões judiciais. *In*: MACHADO, Maira Rocha (org.). *Pesquisar empiricamente o direito*. São Paulo: Rede de Estudos Empíricos em Direito, 2017, p. 249-274.

# CAPÍTULO 4

# RECURSOS, PRECEDENTES E TECNOLOGIA

# 1

# Inteligência artificial e o juízo de admissibilidade dos recursos

***Paulo Henrique dos Santos Lucon***[1]

**Sumário:** 1. Introdução. 2. Inteligência artificial e o direito: noções preliminares. 3. Pontos positivos e negativos da inteligência artificial. 4. Interpretação e aplicação do direito e a inteligência artificial. 5. Inteligência artificial e o juízo de admissibilidade dos recursos. 6. Encerramento. Referências bibliográficas.



## 1. INTRODUÇÃO

Em um momento histórico marcado por diversas incertezas, crises humanitárias relativas à saúde e às mudanças climáticas, e com um desenvolvimento tecnológico em constante ritmo de crescimento, não há escolha para os indivíduos e para as instituições a não ser se adaptar a essa nova realidade, sob o risco de não se enquadrarem socialmente ou se tornarem obsoletas. Nesse sentido, os aportes oferecidos pelas novas tecnologias, em especial pela inteligência artificial, não podem ser ignorados ou desprezados pelo direito. Para o direito processual em particular, esse instrumental é indispensável para que ele consiga cumprir,

---

1 Professor Associado de Direito Processual Civil nos Cursos de Graduação e Pós-Graduação da Faculdade de Direito da Universidade de São Paulo, instituição na qual se graduou e obteve os títulos de Mestre, Doutor e Livre Docente. Vice-Presidente do Conselho do Instituto Brasileiro de Direito Processual – IBDP, instituição da qual foi Presidente de 2016 a 2022. Conselheiro do Instituto dos Advogados de São Paulo-IASP, instituição da qual foi Vice-Presidente. Vice-Presidente e Membro do Instituto Ibero-Americano de Direito Processual Civil. Membro da International Association of Procedural Law. Integrou a Comissão Especial do Código de Processo Civil de 2015 da Câmara dos Deputados. Membro da Comissão de Direito Eleitoral da Ordem dos Advogados do Brasil – Seção de São Paulo. Especializou-se em Direito Processual Civil na Faculdade de Direito da Universidade Estatal de Milão. Foi Juiz do Tribunal Regional Eleitoral de São Paulo de 2004 a 2011 na Classe Jurista (substituto e efetivo). Conselheiro (2018-2021) e Presidente (2019-2020) da Comissão de Ética da Presidência da República. Sócio do Escritório de Lucon Advogados. Advogado inscrito em São Paulo e Brasília.

nesses novos tempos, sua missão de estabelecer métodos adequados para a resolução das mais diversas controvérsias jurídicas.

Tendo isso em mente, no presente ensaio procura-se analisar, a partir de uma específica perspectiva, uma possível forma de contribuição da inteligência artificial para o melhor e mais adequado funcionamento da atividade jurisdicional. Como se sabe, uma das maiores críticas ao sistema de justiça do país está relacionada com a sua capacidade de fornecer de maneira célere uma solução definitiva para os litígios e essa crítica é costumeiramente associada ao sistema de recursos vigente em nosso ordenamento. Independentemente de qualquer juízo de valor a respeito do mérito dessas críticas, em atenção aos limites desse estudo, procura-se avaliar aqui de que modo as novas tecnologias podem contribuir para um mais eficaz processamento dos recursos, em especial no que diz respeito ao seu juízo de admissibilidade. Para cumprir esse objetivo, inicialmente, serão apresentadas algumas considerações de ordem geral sobre a inteligência artificial, seu potencial de contribuição para a ciência do direito e as implicações éticas aí envolvidas. Feito isso, na sequência, passa-se, então, a específica análise do tema que dá título a esse ensaio.

## 2. INTELIGÊNCIA ARTIFICIAL E O DIREITO: NOÇÕES PRELIMINARES

Conforme lição do filósofo grego Heráclito de Éfeso, um homem nunca se banha duas vezes no mesmo rio, pois nem o rio, ou o homem são os mesmos após seu primeiro encontro. Com tal pensamento, não se pode negar que a única constante da vida é a mudança. Assim também ocorre com o direito. Instrumentos como os Códigos legislativos não existiam como os conhecemos hoje antes do movimento pandectista e a concepção atual sobre o positivismo não é a mesma da primeira metade do século XX, quando foi publicada a principal obra a respeito do tema. Do mesmo modo nos encontramos no momento atual, porém com uma particular diferença: nos dias de hoje, a velocidade das mudanças não para de crescer. O desenvolvimento das redes de comunicação, o advento da tecnologia digital e a integração dos meios de transferência de dados abreviam os períodos de mudanças e isso não seria diferente com o direito.

Tradicionalmente, o direito assumia um papel de protagonismo na regulação das relações sociais e pouco valorizava ou estava suscetível a receber os aportes que outras áreas do conhecimento poderiam fornecer à sua aplicação. Contudo, no atual contexto histórico e social, em que as inovações tecnológicas determinam o modo de ser e o desenvolvimento de uma sociedade, isso não tem mais razão de ser. Para ilustrar o que se acabou de dizer, basta recorrer a alguns números que permitem realizar um diagnóstico a respeito do funcionamento do sistema de justiça no país. Conforme o relatório do Conselho Nacional de Justiça (CNJ), *Justiça em números*, a quantidade de processos pendentes na Justiça brasileira em 2021 foi de 77,3 milhões, considerando 1º e 2º graus, Juizados Especiais, Tribunais Superiores, Turmas Recursais e Turmas Regionais de Uniformização. Houve uma gradativa redução no número de processos nos anos de 2016, 2017, 2018, 2019 e 2020;[2] em 2021, houve um aumento do número de processos, que o CNJ atribui à *"retomada de parte dos serviços presenciais em decorrência da pandemia causada pela covid-19"*. Ainda que a diferença, ano a ano, não seja significante, os números absolutos continuam sendo astronômicos. Também é importante evidenciar a quantidade de casos novos registrados também em 2021: 27,7 milhões, o que equivale a 35,83% do total de processos pendentes. Ou seja, diante desses números, seria ingenuidade concluir que esse contexto poderia ser enfrentado por magistrados e seus assessores isolados em seus gabinetes sem o auxílio de ferramentas que permitiriam automatizar pelo menos parcela de suas atividades.

A partir de tal situação, é preciso buscar ferramentas que possibilitem a superação dessa perene situação de crise. Disso surge o questionamento: por que e em que medida a inteligência artificial pode contribuir com a aplicação do direito e o funcionamento da justiça, tornando-a mais eficaz? A resposta a essa pergunta passa pela compreensão da capacidade de aprendizado e automação dos mecanismos de inteligência artificial para a execução de diversas tarefas. De acordo com artigo publicado na *Harvard Business Review*,[3] esses mecanismos são capazes de

2 Os números são: em 2016, 79,9 milhões de processos; em 2017, 79,5 milhões de processos; em 2018, 78,6 milhões de processos; em 2019, 77,4 milhões de processos; e em 2020, 75,9 milhões de processos. Disponível em: <https://www.cnj.jus.br/wp-content/uploads/2022/09/justica-em-numeros-2022-1.pdf>. Acesso em 20/03/2023.

3 WELLERS, Dan; ELLIOTT, Timo; NOGA, Markus. *8 Ways Machine Learning Is Improving Companies' Work Processes*. Harvard Business Review, 2017. Disponível em: <https://hbr.

personalizar serviços, individualizar processos e singularidades, bem como elementos que se repetem em uma diversidade de casos.

Para o direito, por exemplo, isso significa que essas ferramentas podem auxiliar na previsão de resultados, comparando uma pretensão individual com as decisões judiciais já proferidas a respeito do tema, o que tanto estimula a autocomposição,[4] quanto justifica o não processamento de um recurso, se a decisão impugnada estiver de acordo com a orientação do tribunal competente para o seu julgamento. Além disso, esses mesmos mecanismos de inteligência podem identificar a existência de uma diversidade de soluções para um mesmo tema, o que autorizaria, portanto, a adoção dos mecanismos de uniformização de jurisprudência. Nesse sentido, para avançar nessa análise, no item a seguir são destacadas outras vantagens além de alguns riscos que envolvem a aplicação da inteligência artificial ao direito.

## 3. PONTOS POSITIVOS E NEGATIVOS DA INTELIGÊNCIA ARTIFICIAL

Em um estudo realizado em 2018,[5] a *lawtech LawGeex*, empresa especializada no uso de inteligência artificial em análise de contratos, comparou o desempenho de uma equipe de vinte advogados de alto escalão, treinados com décadas de experiência, com o mecanismo de inteligência artificial da empresa em uma análise de cinco acordos de não divulgação. A média de precisão em revisão das cláusulas foi de 94% pela IA e 85% pelos advogados. Com relação ao tempo despendido para a realização da análise dos acordos, enquanto o tempo médio utilizado pelos

org/2017/05/8-ways-machine-learning-is-improving-companies-work-processes>. Acesso em 26/02/2021.

4 Sistemas de ODR (*Online Dispute Resolution*) como a Modria e a plataforma *consumidor.gov* são exemplos de utilização da tecnologia e da inteligência artificial no direito, com enfoque na resolução consensual dos conflitos. Esses mecanismos auxiliam na superação do litígio com a utilização de algoritmos para colocar em contato as partes, se necessário um terceiro, e propor alternativas de solução com base em seu banco de dados. Sobre a plataforma Modria, com experiência exitosa perante o Procon – Rio Grande do Sul, ver: https://proconrs.modria.com/. Já a plataforma "consumidor.gov.br", mantida pelo Ministério da Justiça, reporta uma taxa de resolução de 80% dos casos em prazo médio de 7 dias.

5 Disponível em: <https://www.lawgeex.com/resources/whitepapers/aivslawyer/>. Acesso em 26/02/2021.

profissionais foi de 92 minutos, o mecanismo de inteligência artificial da empresa precisou de apenas 26 segundos para emitir seu parecer.

Ou seja, essa pesquisa revela que a capacidade de processamento de dados por programas e de identificação de padrões por meio dos algoritmos são as principais vantagens da inteligência artificial. Por meio de tais habilidades, a interface também consegue aprender e desenvolver novos padrões de análise dos dados; esse é o conceito do *machine learning*. Logo, é possível a contabilização e padronização de um enorme banco de dados de maneira independente da interferência humana, a não ser em seu período inicial, justamente para a criação da amostra de dados que servirá como *input* para o trabalho desenvolvido por esses mecanismos de inteligência artificial. Nesse ponto, contudo, é preciso ter atenção no que diz respeito à utilização dos mecanismos de inteligência artificial como ferramenta de auxílio do magistrado em seu processo de tomada de decisão. Quando se realiza a inserção de dados como *inputs* para que tenha início o processo de aprendizado da inteligência artificial, esse ato deve ser realizado de maneira idônea, com controle e sem vieses, uma vez que constituirá a base para os primeiros padrões a serem criados pelas máquinas. As ferramentas de inteligência artificial, em outras palavras, atuam como filtros de informações para a apreciação do julgador, sendo assim, se esse filtro for tendencioso, as informações fornecidas pela tecnologia serão comprometidas, e isso pode infirmar as garantias constitucionais que devem sempre ser observadas nos processes de aplicação do direito.

Em paralelo a isso, ressalvada a necessidade de proteção contra-ataques cibernéticos e tentativas de alterações que visem à deformação dos códigos-fonte, o acesso ao banco de dados dos mecanismos de inteligência artificial deve ser transparente, justamente para permitir o seu controle. Negar acesso a esses códigos, cujas conclusões contribuirão para a tomada de decisões, tem o mesmo significado de se fazer menoscabo da importância da fundamentação das decisões judiciais. Como corolário do contraditório, as partes têm o direito de conhecer e exercer controle sobre todos os elementos que contribuem para a tomada de uma decisão judicial e isso não seria diferente com os mecanismos de inteligência artificial. Isso é ainda mais relevante, quanto se toma consciência de que quanto maior a complexidade do sistema de informação, menor é a possibilidade de compreender o seu funcionamento e de prever suas decisões. Sobre isso, explica muito bem Juan Gustavo Corvalán: *"en los sistemas más avanzados de IA, no hay una forma técnica para determinar el paso a paso (la trazabilidad) acerca de cómo los algoritmos arriban al resultado, decisión o predicción"*.[6]

Vale dizer, quanto maior o avanço e a complexidade dos mecanismos de inteligência artificial, maior a necessidade de preservar a transparência do acesso aos seus códigos para que o controle social sobre essas tecnologias possa ser exercido adequadamente. Feitas essas considerações e ressalvas, é possível prosseguir com a análise sobre a utilização da inteligência artificial no direito e no direito processual em particular desta vez com enfoque sobre os processos de interpretação e aplicação das normas, o que se passa a fazer no próximo item.

## 4. INTERPRETAÇÃO E APLICAÇÃO DO DIREITO E A INTELIGÊNCIA ARTIFICIAL

Avaliar em caráter exaustivo todo o potencial de utilização da inteligência artificial nos processos de interpretação e aplicação do direito exigiria a construção de um discurso de maior fôlego, em uma obra que ultrapassaria os estreitos limites desse ensaio. Contudo, para os fins que se busca aqui alcançar, avaliar de que maneira os mecanismos de inteligência artificial podem contribuir com um mais eficaz juízo de admissibilidade dos recursos, é possível recorrer a algumas técnicas tradicionais de interpretação do direito e que são comumente aplicadas nesse tipo de julgamento para a partir daí avaliar de que modo a inteligência artificial pode contribuir com a sua aplicação.

Como destaca a doutrina, no processo de interpretação e aplicação do direito, é preciso atribuir um significado aos termos presentes nos dispositivos para a partir daí extrair uma norma que estatua uma prescrição (uma proibição ou uma permissão) ou que atribua uma determinada competência.[7] Para atribuição desse significado, em primeiro lugar, recorre-se a uma interpretação linguística. Conforme destaca

---

6 CORVALÁN, Juan Gustavo. *Inteligencia artificial: retos, desafios y oportunidades – Prometea: la primera inteligencia artificial de Latinoamérica al servicio de la Justicia*. Revista de Investigações Constitucionais, Curitiba, vol. 5, n. 1, jan./abr. 2018, p.311.

7 SILVA, Virgílio Afonso da. *Direito Constitucional Brasileiro*. 1. Ed., São Paulo, Editora da Universidade de São Paulo, 2021, p. 55.

Virgílio Afonso da Silva, *"se é verdade que a simples análise linguística pode ser insuficiente, também é verdade que, embora insuficiente, ela estabelece uma primeira restrição à atividade interpretativa: não é possível ignorar as palavras e seus significados."*[8]. No mesmo sentido, a lição de Humberto Ávila: *"a constatação de que os sentidos são construídos pelo intérprete no processo de interpretação não deve levar à conclusão de que não há significado algum antes do término desse processo de interpretação. Afirmar que o significado depende do uso não é o mesmo que sustentar que ele só surja com o uso específico e individual. Isso porque há traços de significado mínimos incorporados ao uso ordinário ou técnico da linguagem".*[9]

Em síntese, na construção de uma norma não se pode desprezar os sentidos já pré-existentes a respeito de alguns termos e esses sentidos, porque já consolidados, são suscetíveis a serem transformados em códigos-fonte que podem ser utilizados pelos mecanismos de inteligência artificial. Na medida em que a linguagem é um código, assim como a língua portuguesa, inglesa ou *Python* e *JavaScript*, a linguagem jurídica também o é e quando inconteste pode ser transformada em um padrão a ser utilizado pelos mecanismos de inteligência artificial para que a partir daí se obtenham resultados com maior celeridade e menor margem de erro. No âmbito recursal, por exemplo, há uma ampla margem para essa experimentação. Como se verá no item a seguir, o juízo de admissibilidade dos recursos envolve principalmente a avaliação sobre a presença de requisitos objetivos e com significados precisos e bem determinados, de modo que esse julgamento pode ser confiado aos mecanismos de inteligência artificial, que têm condições de realizar essa avaliação com maior precisão e celeridade. Por exemplo, à luz do Código de Processo Civil de 2015 e da jurisprudência consolidada a seu respeito, não há grandes dúvidas quanto ao significado dos termos "agravo de instrumento" ou "apelação", tampouco maiores questionamentos sobre as hipóteses em que tais recursos seriam cabíveis, portanto, viável seria contar com o auxílio da inteligência artificial na realização dessa tarefa de se avaliar a adequação de um recurso.

Além da interpretação linguística, é preciso destacar também a importância da interpretação sistemática no processo de intepretação do

8 SILVA, Virgílio Afonso da. *Direito Constitucional Brasileiro.* 1. Ed., São Paulo, Editora da Universidade de São Paulo, 2021, p. 55.

9 ÁVILA, Humberto. *Teoria dos princípios*, 10ª Ed., São Paulo, Malheiros, 2010, p; 32.

direito e construção das normas jurídicas. A relevância dessa técnica decorre não apenas da necessidade de se manter uma coerência entre os diversos dispositivos de lei, especialmente em um contexto de hiperinflação legislativa, mas também da obrigatoriedade de se manter uma relação de correspondência com as normas jurisprudenciais a respeito do tema que também constituem fonte de direito. A partir desse prisma é que se denota a contribuição que os mecanismos de inteligência artificial podem fornecer para a aplicação dessa técnica. Na medida em que se busca coerência e organicidade entre as diversas fontes de direito, só é possível realizar isso a partir de uma visão macroscópica de todas elas. Nesse sentido, a partir da identificação de parâmetros e do processamento de dados, os mecanismos de inteligência artificial dispõem de melhores condições para realizar isso. Compare-se, por exemplo, o tempo que um advogado teria de gastar para identificar uma divergência entre tribunais a respeito da aplicação de um determinado dispositivo, com o tempo que uma máquina precisaria para realizar isso. Muito provavelmente, nesse segundo caso, o tempo seria muito menor, tal como ocorreu com a pesquisa antes citada.

Por isso, em matéria recursal, nos casos em que se recorre à aplicação dessa técnica de interpretação, quer seja para identificar a existência de uma divergência jurisprudencial a justificar a admissão de um recurso especial, quer seja para avaliar a existência de múltiplas demandas com o propósito de autorizar a adoção da sistemática dos recursos repetitivos, é possível e recomendável delegar essa tarefa aos mecanismos de inteligência artificial, porque, em função da sua capacidade de comparação e processamento de dados, eles tendem a fazer isso de maneira mais precisa e em um menor intervalo de tempo. Com efeito, como já destacado, no tocante à comparação de dados a inteligência artificial é capaz de realizar essa tarefa em um intervalo de tempo muito menor em comparação àquele que seria despendido por humanos.[10] O próprio Superior Tribunal de Justiça identifica a importância e a eficiência da tecnologia na triagem e classificação processual,

10 Como exemplo é possível citar o caso do robô utilizado pelo Superior Tribunal de Justiça, nomeado Sócrates que é capaz de organizar em grupos de processos similares, um total de aproximadamente 100 mil processos em tempo inferior a 15 minutos. Tal atuação e de outros tribunais nacionais, bem como a utilização da inteligência artificial no poder judiciário, pode ser encontrada no artigo "*Inteligência Artificial (I.A.) aplicada no Poder Judiciário*", pela Revista de Direito e Novas Tecnologias, vol. 9/2020, out. – dez. 2020.

em especial com o já referido Projeto Sócrates, que atualmente se encontra em sua segunda fase, com o objetivo de tornar a ferramenta "capaz de apontar, de forma automática, o permissivo constitucional invocado para a interposição do recurso, os dispositivos de lei descritos como violados ou objeto de divergência jurisprudencial e os paradigmas citados para justificar a divergência".[11]

Na sequência é preciso destacar outras técnicas interpretativas também aplicadas ao juízo de admissibilidade dos recursos, as quais, porém, não são tão afetas, pelo menos em caráter *prima facie*, aos mecanismos de inteligência artificial. Esses são aqueles juízos que procuram levar em consideração aspectos como a finalidade que seria buscada com a instituição de uma determinada norma, ou que privilegiam a realização de um juízo consequencialista a respeito da tomada ou não de uma determinada decisão. Diz-se que a princípio esses julgamentos não poderiam ser realizados pelas ferramentas de inteligência artificial, porque eles pressupõem avaliações que não podem ser facilmente traduzidas em códigos-fonte. Embora, em algumas ocasiões, as ferramentas de inteligência artificial podem justificar a admissibilidade de um recurso aos tribunais superiores em função das consequências jurídicas que a decisão a ser tomada pode reproduzir em outros processos, em uma outra série de casos essa avaliação apenas pode ser realizada pelo julgador individualmente considerado, segundo as específicas características de um caso concreto. Com efeito, muitas vezes a atuação dos tribunais superiores justifica-se, por exemplo, em função da relevância social ou política a respeito de uma determinada questão e para essas ocasiões as ferramentas de inteligência artificial podem não ser as mais adequadas à avaliação a respeito do juízo de admissibilidade dos recursos.

Com base nessa perspectiva de coexistência entre as novas tecnologias e a avaliação individual dos magistrados, no item a seguir destacam-se as implicações que as considerações desenvolvidas até aqui podem ter sobre a compreensão e o modo de ser do funcionamento do juízo de admissibilidade dos recursos no direito brasileiro.



11 Disponível em: <https://www.stj.jus.br/sites/portalp/Paginas/Comunicacao/Noticias/23082020-Revolucao-tecnologica-e-desafios-da-pandemia-marcaram-gestao-do-ministro-Noronha-na-presidencia-do-STJ.aspx>. Acesso em 20/03/2023.

## 5. INTELIGÊNCIA ARTIFICIAL E O JUÍZO DE ADMISSIBILIDADE DOS RECURSOS

No item anterior, já se destacou em algumas passagens de que modo os mecanismos de inteligência artificial podem contribuir com a realização de um juízo de admissibilidade mais célere e preciso dos recursos. Ainda que isso não tenha sido manifestado expressamente, não é difícil inferir que aquilo que se defende aqui não é uma mera e automática delegação de atribuição aos mecanismos de inteligência artificial para que eles, por si só, realizem a avaliação sobre a admissibilidade ou não de um recurso. Pelo contrário, o que se está aqui a reconhecer é que o julgamento sobre a admissibilidade de um recurso envolve em sua grande maioria uma série de avaliações sobre a presença ou não de requisitos formais em um recurso que pode ser mais bem realizada pelas máquinas do que pelos magistrados em si, permitindo que eles, por seu turno, tenham melhores condições de avaliar aqueles requisitos de admissibilidade que só eles são capazes de julgar. Vejamos isso com mais vagar, tanto com relação aos requisitos genéricos, quanto em relação a aqueles impostos a apenas alguns recursos.

Conforme lição de José Carlos Barbosa Moreira, *"os requisitos de admissibilidade dos recursos podem classificar-se em dois grupos: requisitos intrínsecos (concernentes à própria existência do poder de recorrer) e requisitos extrínsecos (relativos ao modo de exercê-lo). Alinham-se no primeiro grupo: o cabimento, a legitimação para recorrer, o interesse em recorrer e a inexistência de fato impeditivo ou extintivo do poder de recorrer. O segundo grupo compreende: a tempestividade, a regularidade formal e o preparo"*.[12] Em primeiro lugar, o caráter cumulativo desses recursos é um campo fértil para aplicação dos mecanismos de inteligência artificial, pois, se um algoritmo, por exemplo, constatar que um dos requisitos que ele deveria avaliar não está presente, desde logo ele pode obstar o processamento desse recurso. Sem prejuízo disso, esses requisitos também podem ser facilmente traduzidos em códigos-fonte. Com efeito, com o devido *input* das hipóteses de cabimento de um recurso, segundo a legislação e a jurisprudência, é logicamente viável para um software indicar se o recurso interposto contra uma determinada decisão é adequado ou

---

12 BARBOSA MOREIRA. José Carlos, Comentários ao Código de Processo Civil, vol. V, 17ª ed., Rio de Janeiro, Forense, 2013, p. 263.

não. O mesmo ocorre com a legitimidade e o interesse recursal. Comparando o responsável pela interposição de um recurso com aquele que foi vencido na decisão recorrida, um software consegue identificar facilmente a necessidade ou não de prosseguimento de um recurso. Em complementação, requisitos como a tempestividade, a regularidade formal e o preparo são ainda mais facilmente aptos a serem objeto de julgamento pelos mecanismos de inteligência artificial por serem objetivos e não passíveis de flexibilização.

Confiando o julgamento desses requisitos aos mecanismos de inteligência artificial, os magistrados, além de, por certo, controlarem eventuais desvios em que podem vir a incorrer as máquinas, disporão de melhores condições para avaliar aqueles requisitos que eles têm melhor aptidão para julgar do que os *softwares*. Cite-se, por exemplo, a avaliação a respeito do princípio da dialeticidade recursal. Tradicionalmente se reconhece que, para um recurso ser admissível, ele precisa impugnar especificamente os fundamentos da decisão recorrida, demonstrando, com isso, porque ela deve ser substituída. Na prática, contudo, esse requisito não é devidamente observado e não raro os fundamentos de um recurso não são mais do que mera reprodução de alegações já manifestadas em petições anteriores. Pelos seus conhecimentos próprios e individuais, os magistrados são aqueles que possuem as melhores condições de avaliar o cumprimento ou não desse requisito e a viabilidade da argumentação presente em recurso capaz de justificar o seu processamento. Como consequência disso, na medida em que esse requisito passar a ser mais valorizado, dois cenários passam a se delinear: ou isso serve como um desestímulo para a interposição de recursos infundados que são mera reprodução de outros atos já praticados, ou isso resultará na interposição de recursos mais bem fundamentados, o que contribuirá para a atuação dos tribunais e para o desenvolvimento da jurisprudência no país.

Esse mesmo raciocínio também se aplica para alguns recursos específicos. Destaque-se, nesse sentido, o caso do recurso especial. Como se sabe, enquanto os tribunais de revisão que compõem as instâncias ordinárias se prestam a assegurar um novo julgamento para aquilo que foi decidido em primeira instância, as Cortes Supremas têm a função institucional de criar padrões decisórios não casuísticos que possam servir de parâmetro de orientação para casos futuros. Ou seja, em virtude da posição ocupada por essas Cortes na estrutura organizacional do Poder

Judiciário, elas devem atuar como verdadeiras Cortes de Precedentes que não se limitam apenas a analisar eventual violação à legislação federal, mas se dedicam também a estabelecer parâmetros interpretativos que deverão ser observados no julgamento de casos futuros. Essa função prospectiva que reconhece a normatividade do direito jurisprudencial implica, dentre outras mudanças de perspectiva, uma nova concepção a respeito dos requisitos de admissibilidade dos recursos endereçados às Cortes Supremas. Por conta disso é que se justificaria uma maior restrição ao acesso a essas Cortes por meio da criação de filtros, como a repercussão geral, por exemplo, que permitem apenas a devolução de causas com reconhecida relevância jurídica e social.

O acesso a esses tribunais, portanto, não consiste em um direito subjetivo dos litigantes, mas atende acima de tudo ao interesse público de que essas Cortes possam desempenhar a função que delas se espera enquanto última voz no processo de concretização do direito.[13] Justamente por conta disso, o juízo de admissibilidade dos recursos que são endereçados a essas Cortes não se limita à análise de requisitos formais relativos à tutela dos interesses individuais dos litigantes, mas atine, em particular, ao seu interesse institucional. Com base nessas premissas, Danilo Knijnik, por exemplo, propõe o seguinte modelo de interpretação para avaliação a respeito da admissibilidade de um recurso especial: "*não se conhecerá do Recurso Especial tendo por objeto questões preponderantemente fáticas. As questões mistas, entretanto, poderão ou não ser revisadas 'in jure', desde que certos requisitos se façam presentes, quais sejam, (1) a existência de dúvida quanto à observância da margem de decisão e (2) a possibilidade, ao ensejo de revisá-la, de proceder-se a um desenvolvimento posterior do direito, circunscrevendo seu âmbito de aplicação. Nessa definição, poderá o intérprete servir-se de critérios indicadores alternativos – efeito exemplificativo, repetibilidade, transcendência e relevância*".[14] O que foi dito antes também se aplica aqui. Quanto mais se confiar no julgamento dos mecanismos de inteligência artificial para análise de requisitos formais e daqueles de natureza substancial

13 TARUFFO, Michele. *Il vertice ambiguo. Saggi sulla Cassazione Civile*. Bologna: Il Mulino, 1991. TARUFFO, Michele, "Dimensioni del precedente giudiziario", in *Rivista trimestrale di diritto e procedura civile*. Milão, a. 48, n. 2, jun. 1994, p. 411-430.

14 KNIJNIK, Danilo. *O Recurso especial e a revisão da questão de fato pelo Superior Tribunal de Justiça*. Rio de Janeiro: Forense, 2005, p. 280 e ss.

que eles também podem resolver, como as questões relativas à repetibilidade e à transcendência da questão veiculada em um determinado recurso, melhores as condições de os magistrados avaliarem aqueles requisitos que apenas eles podem julgar adequadamente, como por exemplo, a avaliação de que a partir do processamento de um recurso se pode contribuir com a evolução de uma determinada orientação jurisprudencial, o que também justifica a admissibilidade de um recurso.

Em síntese e a título de conclusão, o que se quer destacar é o seguinte: os aportes oferecidos pelas novas tecnologias e pelos mecanismos de inteligência artificial não podem ser desprezados pelo direito. No âmbito do direito processual, há uma série de campos em que essas novas tecnologias podem atuar como aliadas dos magistrados em prol de um melhor funcionamento da jurisdição. Em se tratando do juízo de admissibilidade dos recursos, por exemplo, isso é plenamente viável. A realização desse julgamento envolve a efetivação de diversas operações de raciocínio lógico-formal que podem ser mais bem realizadas por softwares de inteligência artificial do que por magistrados isolados. Como consequência disso, confere-se aos magistrados melhores condições para apreciarem aqueles requisitos que, em contrapartida, têm melhor aptidão para julgar do que as máquinas. Dessa relação de cooperação, o que tende a resultar é um melhor funcionamento de todo o sistema de justiça.

## 6. ENCERRAMENTO

Procurou-se suscitar nos itens anteriores a importância da utilização da inteligência artificial aplicada ao direito, de modo a possibilitar um controle e manuseio mais eficiente dos dados presentes e disponíveis. Dos pontos positivos e negativos do uso da inteligência artificial, é importante lembrar a capacidade de análise de dados e o aprendizado independente, bem como a efetivação do princípio da segurança jurídica através da previsibilidade dos resultados. Uma vez que se compreende o padrão adotado pela interface, também é necessário o compromisso ético para a composição do banco de dados, de forma a evitar desvios e o surgimento de padrões indesejados.

Diante da possibilidade de compenetração e colaboração entre as atividades de interpretação e aplicação do direito realizadas pelos magistrados com aquelas que podem vir a ser efetuadas pelas ferramentas de inteligência artificial, vislumbra-se um amplo espectro de aplicação dessas novas tecnologias ao direito e ao direito processual em particular. Nos estreitos limites desse ensaio, procurou-se provocar uma reflexão a respeito da possibilidade de se confiar grande parcela do julgamento a respeito da admissibilidade dos recursos a essas novas tecnologias, na medida em que, em seu maior aspecto, essa atividade é permeada por raciocínios lógicos-formais que poderiam muito bem ser traduzidos em códigos-fonte e realizados por softwares, o que tornaria mais célere e preciso esse julgamento, além de possibilitar aos magistrados melhores condições de avaliação a respeito daqueles requisitos de admissibilidade sobre os quais eles são mais aptos a se manifestar do que as máquinas.

## REFERÊNCIAS BIBLIOGRÁFICAS

ÁVILA, Humberto. *Teoria dos princípios*, 10ª Ed., São Paulo, Malheiros, 2010.

BARBOSA MOREIRA. José Carlos, Comentários ao Código de Processo Civil, vol. V, 17ª ed., Rio de Janeiro, Forense, 2013.

CONSELHO NACIONAL DE JUSTIÇA, *Justiça em Números*. Disponível em: <https://paineis.cnj.jus.br/QvAJAXZfc/opendoc.htm?document=qvw_l%2FPainelCNJ.qvw&host=QVS%40neodimio03&anonymous=true&sheet=shResumoDespFT>. Acesso em 26/02/2021.

CORVALÁN, Juan Gustavo. *Inteligencia artificial: retos, desafios y oportunidades – Prometea: la primera inteligencia artificial de Latinoamérica al servicio de la Justicia*. Revista de Investigações Constitucionais, Curitiba, vol. 5, n. 1, jan./abr. 2018, p.311.

KNIJNIK, Danilo. *O Recurso especial e a revisão da questão de fato pelo Superior Tribunal de Justiça*. Rio de Janeiro: Forense, 2005.

LAWGEEX, *AI VS. Lawyers: The Ultimate Showdown*. Disponível em: <https://www.lawgeex.com/resources/whitepapers/aivslawyer/>. Acesso em 26/02/2021.

MARTINS, Patrícia Helena Marta; KILMAR, Sofia Gavião; SIMÕES, Vitória Nishikawa. *Inteligência Artificial (I.A.) aplicada no Poder Judiciário*, pela Revista de Direito e Novas Tecnologias, vol. 9/2020, out. – dez. 2020.

SILVA, Virgílio Afonso da. *Direito Constitucional Brasileiro*. 1. Ed., São Paulo, Editora da Universidade de São Paulo, 2021.

TARUFFO, Michele. *Il vertice ambiguo. Saggi sulla Cassazione Civile*. Bologna: Il Mulino, 1991.

TARUFFO, Michele, "Dimensioni del precedente giudiziario", in *Rivista trimestrale di diritto e procedura civile*. Milão, a. 48, n. 2, jun. 1994, p. 411-430.

WELLERS, Dan; ELLIOTT, Timo; NOGA, Markus. *8 Ways Machine Learning Is Improving Companies' Work Processes*. Harvard Business Review, 2017. Disponível em: <https://hbr.org/2017/05/8-ways-machine-learning-is-improving-companies-work-processes>. Acesso em 26/02/2021.

ZABALA, Filipe Jaeger; SILVEIRA, Fabiano Feijó. *Jurimetria: estatística aplicada ao direito*. Revista Direito e Liberdade, Natal, v.16, n. 1, p. 87-103, jan.- abr. 2014.

# 2

# As missões de uma corte constitucional digital

***Pedro Felipe de Oliveira Santos***[1]

***Sophia Guimarães***[2]

**Sumário:** I. Introdução. II. A missão de governança e os projetos estratégicos de tecnologia. III. As soluções de tecnologia em favor da missão institucional do Supremo Tribunal Federal. IV. Conclusão. Referências.



## I. INTRODUÇÃO

Inglaterra, dezembro de 2018. O Primeiro Fórum Internacional sobre Cortes *On-line* se iniciava com a introdução do *Lord Chief Justice of England and Wales*[3]. Duas passagens sintetizam o tom daquele discurso: *"A tecnologia será a nossa serva, e não o nosso mestre, e possibilitará às Cortes resolver litígios de forma mais rápida e menos onerosa". "Nós precisamos, portanto, aprender com o desenvolvimento de tecnologias e uns com outros –* [aprender] *com aquilo que funciona e com o que não funciona. Precisamos estar preparados para uma mudança radical. A mudança radical de hoje rapidamente se torna a norma de amanhã"*[4].

---

1 Doutorando em Direito pela Universidade de Oxford. Master of Laws pela Universidade de Harvard. Secretário-Geral do Supremo Tribunal Federal. Juiz Federal do Tribunal Regional Federal da 1ª Região.

2 Graduada em Direito pela Universidade de Brasília. Assessora Especial da Presidência do Supremo Tribunal Federal.

3 LORD BURNETT OF MALDON. **International Forum on Online Courts:** the Cutting Edge of Digital Reform, 1., 2018, London. Disponível em: <https://www.judiciary.uk/wp-content/uploads/2018/12/speech-lcj-online-court-2.pdf>. Acesso em 1° abr. 2021.

4 Tradução livre. *"Technology will be our servant, not our master and provides scope for our courts to resolve disputes more quickly less expensively". "We need therefore to learn from technological developments, from each other – from what works and what does*

Brasil, outubro de 2020. O Supremo Tribunal Federal promovia o *webinar* Cortes Supremas, Governança e Democracia. Na conferência de abertura, o Presidente, Ministro Luiz Fux, anunciou um novo projeto, contextualizando-o:

> Queremos um Judiciário 100% digital, capacitado a atender com celeridade aos anseios da sociedade, tendo por norte os mandamentos de nossa Constituição Cidadã (...). Em linhas gerais, competirá ao Inova STF modernizar o processo judicial do Supremo Tribunal Federal. As iniciativas conduzidas pelo laboratório terão como principal diretriz **a construção de soluções inovadoras e de baixo custo, que visem ao aumento do desempenho e da eficiência dos processos de trabalho dentro do Tribunal.** Os projetos executados pelo Inova STF serão conduzidos a partir de um fluxo de trabalho criativo, com foco na identificação dos problemas; no desenho das **soluções disruptivas, a partir do *design thinking* e do *lean startup*;** e no acompanhamento microgerencial das principais tarefas de execução. Com essa iniciativa, o Supremo Tribunal Federal caminha para se tornar a primeira Corte 100% digital do planeta, **com perfeita integração entre inteligência artificial e inteligência humana**, para **o oferecimento *online* de todos os seus serviços.**[5]

Ambos os pronunciamentos pertencem a membros do Poder Judiciário investidos no comando da Suprema Corte local e foram direcionados a público espectador de evento sobre o *futuro* da atividade jurisdicional. Entretanto, nos quase dois anos que separam as falas, a situação mundial foi dramaticamente afetada pela pandemia de Covid-19.

Desde março de 2020[6], repartições públicas, indústrias e estabelecimentos comerciais têm sido conclamados a reduzir a circulação de pessoas e, quando possível, a deslocar a jornada de trabalho para a

---

*not. We need to be prepared for what might appear to be radical change. Today's radical change very quickly becomes tomorrow's norm".*

5 MINISTRO LUIZ FUX. **Cortes Supremas, Governança e Democracia**, 1., 2020, Brasília. Versão escrita disponível em http://www.stf.jus.br/arquivo/cms/noticiaNoticiaStf/anexo/PronunciamentoWebinarCortesSupremasDemocraciaeGovernanc807a.pdf. Acesso em 1° abr. 2021.

6 A declaração do Diretor-Geral da OMS sobre o *status* de pandemia da COVID-19 foi publicada em 11 de março de 2020. Ver https://www.who.int/director-general/speeches/detail/who-director-general-s-opening-remarks-at-the-media-briefing-on-covid-19---11-march-2020.

modalidade remota. Não foi diferente para as Cortes Constitucionais ao redor do globo.

Na esteira do raciocínio do *Lord Burnett of Maldon*, o distanciamento social imposto pela pandemia fez com que a mudança tecnológica mais radical, programada para o *amanhã*, tivesse de ser realizada o mais rápido possível, para viabilizar a tutela dos direitos fundamentais *hoje*.

Analisando em retrospecto, o ano de 2018 também foi um marco para o processo de modernização da Suprema Corte brasileira. Em agosto daquele ano, ao final da gestão da Ministra Cármen Lúcia, as operações do Projeto VICTOR - mecanismo pioneiro de inteligência artificial (IA) - iniciaram-se[7]. Daí em diante, o STF incorporou a tecnologia noutras searas além da tramitação dos processos em suporte eletrônico, que representa o *mínimo esperado*[8].

A *missão institucional* do Supremo Tribunal Federal diz respeito à *racionalização* das competências que lhe são conferidas pelo artigo 102 da Constituição Federal de 1988 (CF/88). Que fique claro: não se trata de expandir nem de retrair as responsabilidades jurisdicionais. Trata-se de adequar o funcionamento da Corte, a partir de duas variáveis: a divisão interna das atribuições (i.e., *quem* coordena, *quem* executa e *quem* decide) e o desenho deliberativo.

Tal racionalização das competências a nível interno precisa ser acompanhada da compreensão definitiva do Supremo como *Corte Constitucional de Precedentes*. Rendendo as devidas homenagens ao processualista Luiz Guilherme Marinoni, que lapidou o conceito de Corte de Precedentes para a jurisdição do Superior Tribunal de Justiça, o seguinte argumento também vale para o STF: "[p]ara se constituir em Corte Suprema ou em Corte de Precedentes, terá que ter em conta, antes e acima de tudo, a imprescindibilidade da sua atuação para garantir o

7 Vide "Ministra Cármen Lúcia anuncia início de funcionamento do Projeto VICTOR, de Inteligência Artificial". **Notícias STF**, 30 ago. 2018. Disponível em: <http://www.stf.jus.br/portal/cms/verNoticiaDetalhe.asp?idConteudo=388443>. Acesso em 1° abr. 2020.

8 Consultar CONSELHO NACIONAL DE JUSTIÇA. Resolução n° 185, de 18 de dezembro de 2013. [Institui o Sistema Processo Judicial Eletrônico – PJe como sistema de processamento de informações e prática de atos processuais e estabelece os parâmetros para sua implementação e funcionamento]. **Diário Judicial Eletrônico (DJE/CNJ)**, n° 241, 18 mar. 2013, p. 2.

desenvolvimento do direito, a igualdade perante as decisões judiciais, a segurança jurídica e a coerência do direito" (MARINONI, 2017)[9].

A *missão de governança* do Supremo Tribunal Federal se realiza nas interfaces de comunicação com os jurisdicionados; nos sistemas operacionais e de armazenamento de dados; nas atualizações de ambientes de decisão; nos protocolos de segurança da informação e em todo o mais que corrobora para o modelo de Corte Constitucional Digital.

O presente artigo perquire (i) se a missão institucional e a missão de governança são complementares ou conflitantes, eis que concorrem para a execução dos mesmos recursos orçamentários (escassos por natureza), e (ii) se existem mecanismos de reforço *("feedback")* entre elas.

## II. A MISSÃO DE GOVERNANÇA E OS PROJETOS ESTRATÉGICOS DE TECNOLOGIA

Antes de mais nada, faz-se necessário delimitar o que significa 'governança' para os fins deste trabalho.

A governança – enquanto técnica de interação com o mercado e com a sociedade civil – teria acompanhado a passagem do Estado Provedor para o Estado Gerencial. Sob este último paradigma, a Administração Pública se desincumbiria da prestação direta de certos serviços, abrindo margem aos efeitos da concorrência (regulação pela rivalidade entre agentes econômicos), da confiança (na celebração parcerias público-privadas) e da solidariedade (com a participação do Terceiro Setor)[10]. Essa,

9 Vide MARINONI, Luiz Guilherme. **O STJ enquanto Corte de Precedentes**: recompreensão do sistema processual de Corte Suprema [livro eletrônico]. 2ª ed. (e-book); 3ª ed. impressa. São Paulo: Editora Revista dos Tribunais, 2017.

10 Nesse sentido, a proposta conceitual de Leo Kissler e Francisco Heidemann (2006), em estudo de caso sobre a Alemanha. "Os fundamentos normativos da governança pública se estabelecem por um novo entendimento do Estado como **agente de governança.** Em outras palavras, eles resultam da resposta à pergunta: que significado tem o Estado nas estruturas de governança? Ou, dito de outra forma: o que distingue governança de governo? A resposta a essa pergunta permite identificar três fases no debate sobre a transição do Estado convencional para um novo modelo de Estado. Assim, conceitualmente, o Estado tradicional vem se transformando: (i) de um Estado de serviço, produtor do bem público, em um Estado que serve de garantia à produção do bem público; (ii) de um Estado ativo, provedor solitário do bem público, em um **Estado ativador, que aciona e coordena outros atores a produzir com ele**; e (iii) de um Estado dirigente ou gestor em um **Estado cooperativo, que produz o bem público em conjunto com outros atores**" (grifos acrescidos). Ver

a concepção mais ampla do termo, parece inadequada ao enquadramento das pretensões de um único Tribunal[11].

A concepção mais restrita de governança é bem esclarecida por Luiz Carlos Bresser-Pereira. Ao descrever os pilares da reforma da Administração Pública brasileira entre os anos 1990 e 2000, o economista observou:

> Além do aspecto organizacional, o modelo estrutural de governança pública que estou discutindo tem um aspecto especificamente gerencial. O objetivo é tornar a administração mais flexível e os administradores, mais motivados. A maior parte das ideias teve origem nas práticas gerenciais desenvolvidas durante o século XX pelas organizações privadas. O aspecto gerencial enfatiza a ação orientada para o **'cliente-cidadão'** e dois de seus três mecanismos específicos de responsabilização – **administração por objetivos** e **competição administrada visando à excelência** – foram emprestados da administração de empresas. Isso não deve ser mal interpretado. Os princípios que orientam a gestão pública continuam a fluir da teoria política e da ciência política, e não da administração de empresas. O objetivo é o **interesse público**, não o lucro; **o sistema de coordenação é administrativo e legal**, não realizado pelo mercado. E o terceiro mecanismo específico de responsabilização – a responsabilidade social desempenhada pelas organizações de defesa de interesses políticos – é exclusivo da esfera pública (2008, pp. 399-400, grifos acrescidos)[12].

A governança como esse conjunto de incentivos a condutas proativas e flexíveis – para dizer com Bresser-Pereira (2008), o aspecto gerencial e



---

KISSLER, Leo; HEIDEMANN, Francisco. Governança pública: novo modelo regulatório para as relações entre Estado, mercado e sociedade? **Revista Administração Pública**, Rio de Janeiro, v. 40, n. 3, jun. 2006, pp. 479-499. Disponível em: <http://dx.doi.org/10.1590/S0034-76122006000300008>. Acesso em 1° abr. 2021.

11 Observa-se, entretanto, maior a afinidade entre o Módulo de Jurisdição Extraordinária (MJE) – tratado nas páginas 10 a 12 deste artigo – e o caráter político-estrutural de governança. Existem, pelo menos, duas razões para essa aproximação. A um, o STF avocou para si as responsabilidades de custear integralmente e de acompanhar o desenvolvimento de uma solução de tecnologia a ser implementada em todo o Poder Judiciário (paradigma da "Administração Gerencial"). A dois, a criação do MJE foi viabilizada por contrato de encomenda tecnológica celebrado com a Fundação CERTI, vinculada à Universidade Federal de Santa Catarina.

12 Vide BRESSER-PEREIRA, Luiz Carlos. O modelo estrutural de gerência pública. In: **Revista de Administração Pública**, Rio de Janeiro, v. 42, n. 2, abr. 2008, pp. 391-410. Disponível em: <https://doi.org/10.1590/S0034-76122008000200009>. Acesso em 1° abr. 2021.

seus princípios – é mais consentânea com os objetivos a curto e a médio prazo do Supremo Tribunal Federal. Prova disso é a aproximação entre o formato anunciado pelo Exmo. Sr. Presidente para o Inova STF e os mecanismos de responsabilização supramencionados, a "administração por objetivos" e a "competição administrada visando à excelência". No discurso, percebe-se que o Laboratório de Inovação guardará semelhança com o modelo privado de *startup*, onde apenas as ideias mais promissoras logram continuidade[13].

Partindo desse conceito e do recorte temporal 2018-2021, selecionaram-se *cinco* iniciativas da Administração do STF. A descrição destas conterá *(a)* o enfoque do incremento tecnológico e/ou da ação humana coordenada; *(b)* o funcionamento da ferramenta ou da unidade administrativa; *(c)* as bases normativas que formalizam a prática – normas internas das espécies Ato Regulamentar, Emenda Regimental, Portaria, Procedimento Judiciário e Resolução; e *(d)* a geração de valor para a cadeia processual.

A primeira iniciativa tem por enfoque a implementação de plataforma única para a prática de todos os atos processuais – do momento em que o feito é recebido pela Secretaria Judiciária (SEJ, passando pelo Gabinete do Ministro ao qual foi distribuído, até o fim da instrução, com a liberação do feito para julgamento.

Trata-se do STF Digital, a nova infraestrutura de suporte ao processo judicial no âmbito da Corte. Sua criação não adveio de determinação normativa específica, porém esteve inserida no projeto guarda-chuva "Plano de Transformação Digital", da gestão do Ministro Dias Toffoli[14].

Para além de *layout* que congrega a visualização das peças, a consulta processual interna unificada e a pesquisa dos textos de decisões, o STF Digital facilitou a produção das decisões monocráticas aos recursos que se encontram nos acervos dos Gabinetes. A um, devido à automação do juízo de admissibilidade; a dois, devido às funcionalidades auxiliam na apreciação do mérito[15].

---

13 Conferir transcrição nas páginas 1-2 deste artigo.

14 Vide SUPREMO TRIBUNAL FEDERAL. Secretaria-Geral da Presidência. **Relatório da Gestão 2018-2020**. Brasília, 2020. Disponível em: <http://www.stf.jus.br/arquivo/cms/noticiaNoticiaStf/anexo/relatorioGestao2020.pdf>. Acesso em 1° abr. 2021.

15 Cf. Relatório da Gestão 2018-2020, pp. 28-30.

Apesar de a solução estar em execução, ainda existem oportunidades para a adequação do rito em si à realidade digital[16], eis que não mais ocorrem os tradicionais deslocamentos dos autos. Antes, fazia-se necessário constar em andamento específico que os autos passaram de uma unidade do Tribunal à outra; hoje, todos os servidores envolvidos no processamento têm o acesso aos autos com um *click*[17].

A segunda iniciativa tem por enfoque a otimização do trabalho dos servidores da Secretaria Judiciária (SEJ) e dos Gabinetes de Ministros quanto à competência recursal (controle difuso – RE/ARE), através do *machine learning*[18]. As tarefas de separação das peças, fornecendo uma espécie de índice para volumes extensos de autos eletrônicos; de cotejo entre as razões recursais e o banco de Teses, para indicar o provável enquadramento da situação a Temas de RG pacificados; e de conversão das páginas de peças eletrônicas em texto editável são as utilidades do celebrado Projeto VICTOR[19].

Atualmente, a ferramenta realiza a "varredura" dos autos e consegue identificar se o caso comporta a aplicação de trinta temas de Repercussão Geral. Vale ressaltar que, no momento de concepção do projeto, os processos similares a estes precedentes qualificados representavam cerca de 50% do acervo do STF[20].

16 Nesse particular, a previsão do art. 6° da Resolução n° 693, de 17 de junho de 2020, última norma regulamentadora do processo judicial eletrônico: "Art. 6°. A STI implantará, de forma gradual, a alteração do modelo atual de atribuição de responsabilidade por deslocamento, próprio do processo físico, para a tramitação orientada por atribuição de tarefas, conforme regulamentado em ato próprio".

17 Cf. Relatório da Gestão 2018-2020, pp. 163-165.

18 Os aspectos técnicos do VICTOR estão descritos em trabalho publicado pelos integrantes do AI.LAB, do departamento de Engenharia da UnB. Ver SILVA, Nilton Correia da *et al.* Aplicação da Inteligência Artificial no sistema jurídico brasileiro: VICTOR e ALEI. In: **Revista de Administración Pública del GLAP**, v. 3, n. 5, 2019, pp. 45-55.

19 Conforme narram Silva *et al.* (2019): "O principal objetivo do projeto foi o de aplicar métodos de AM para resolver um problema de classificação de textos de processos judiciais que chegam ao STF. A tarefa envolve a classificação (vinculação) de processos em temas de RG [...]. Ao longo do trabalho de investigação sobre classificação de processos em temas de RG, identificou-se que a prática de separação de peças dentro de um processo seria de grande valor para o objetivo final de classificação dos feitos dessa natureza. Esta constatação veio da observação do trabalho dos analistas judiciários. Esses servidores realizavam leituras personalizadas em peças específicas do processo, para em seguida concluir qual tema de RG tal processo estaria relacionado".

20 Os temas de Repercussão Geral *aprendidos* pelo VICTOR são [Tema] 5, 6, 26, 33, 139 163, 232, 313, 339, 350, 406, 409, 424, 555, 589, 597, 634, 660, 695, 729, 766, 773, 793, 800, 810, 852, 895, 951 e 975. Cf. SILVA *et al.*, 2019, pp. 40-42.

A terceira iniciativa tem por enfoque a "desburocratização" dos julgamentos colegiados, por meio da expansão das sessões virtuais[21]. Dada a natureza estrutural da discussão, o ponto de partida para essa alteração no *espaço* e no *modo* de prolatar acórdãos foram as Emendas Regimentais (ER) 52/2019[22]e 53/2020[23].

A adesão de classes processuais e de matérias ao ambiente virtual foi feita por etapas. Em 2019, a Corte reunida em sessão administrativa aprovou o acréscimo do art. 21-B ao Regimento Interno.

A partir da redação original desse dispositivo, os Relatores poderiam inserir em ambiente virtual os recursos interpostos perante decisões do próprio STF (agravos e embargos); as medidas cautelares e tutelas provisórias em ações originárias, inclusive de controle concentrado; e o mérito de REs e AREs, incluindo os paradigmáticos de RG, *desde que* o mérito pudesse ser solucionado com base em jurisprudência dominante. Por outro lado, o inciso V, do parágrafo único, do art. 21-B representava uma espécie de *cláusula aberta*. Isso porque permitia a inclusão "[das] *demais* classes processuais *cuja matéria discutida tenha jurisprudência dominante no âmbito do STF*". Conclui-se: os *julgamentos virtuais de mérito* se iniciaram com a indicação de processos respaldados pela jurisprudência.

Na última sessão administrativa realizada presencialmente (18/3/2020), o colegiado aprovou outra alteração regimental, para modificar o art. 21-B do RISTF e para institucionalizar novas regras para sustentação oral, a exemplo da participação do advogado via ingresso na videoconferência.

---

21 Para opinião acadêmica otimista em relação à maior frequência das sessões virtuais, confira-se PETER, Christine. "Supremo Tribunal Virtual aproxima presente do futuro". Coluna "Observatório Constitucional". **Consultor Jurídico**, 4 jul. 2020. Disponível em: <https://www.conjur.com.br/2020-jul-04/observatorio-constitucional-supremo-tribunal-virtual-aproxima-presente-futuro>. Acesso em 1° abr. 2021.

22 SUPREMO TRIBUNAL FEDERAL. Presidência. Emenda Regimental n° 52, de 14 de junho de 2019. [Acrescenta dispositivo ao Regimento Interno do Supremo Tribunal Federal para ampliar as hipóteses de julgamento por meio eletrônico]. **Diário de Justiça Eletrônico (DJE/STF)**, n. 134, 19 jun. 2019, p. 1.

23 *Ibid.* Emenda Regimental n° 53, de 18 de março de 2020. [Altera dispositivo do Regimento Interno do Supremo Tribunal Federal para ampliar as hipóteses de julgamento por meio eletrônico e prever a realização de sustentação oral em ambiente virtual]. **Diário de Justiça Eletrônico (DJE/STF)**, n. 66, 20 mar. 2020, p. 1.

A *nova* orientação do art. 21-B do Regimento Interno foi articulada para um contexto de aplicação imediata. Não à toa, adicionaram-se à norma parágrafos sobre as sustentações orais, sobre o destino dos processos após o pedido de destaque e sobre a convocação extraordinária[24]. Esse detalhamento *per si* demonstra o intuito de tornar as sessões virtuais mais previsíveis.

Nada obstante, a mudança mais sensível veiculada pela ER 53/2020 ocorreu no *caput* e no § 1º, do art. 21-B:

> "Art. 21-B. **Todos os processos de competência do Tribunal** poderão, a critério do relator ou do **ministro vistor** com a concordância do relator, ser submetidos a julgamento em listas de processos em ambiente presencial ou eletrônico, observadas as respectivas competências das Turmas ou do Plenário.
>
> § 1° Serão julgados **preferencialmente** em ambiente eletrônico os seguintes processos:
>
> I – agravos internos, agravos regimentais e embargos de declaração;
>
> II – medidas cautelares em ações de controle concentrado;
>
> III – referendo de medidas cautelares e de tutelas provisórias;
>
> IV – demais classes processuais, inclusive recursos com repercussão geral reconhecida, cuja matéria discutida tenha jurisprudência dominante no âmbito do STF" (grifos acrescidos).

A interpretação desse dispositivo revela duas consequências. A um, o julgamento virtual foi estendido à decisão de *mérito* de *todos* os casos

24 Cf. Emenda Regimental 53/2020. "Art. 1°. O art. 21-B passa a vigorar com as seguintes alterações:
(...)
§2°. Nas hipóteses de cabimento de sustentação oral previstas neste regimento interno, fica facultado à Procuradoria-Geral da República, à Advocacia-Geral da União, à Defensoria Pública da União, aos advogados e demais habilitados nos autos encaminhar as respectivas sustentações por meio eletrônico após a publicação da pauta e até 48 horas antes de iniciado o julgamento em ambiente virtual.
§3°. No caso de pedido de destaque feito por qualquer ministro, o relator encaminhará o processo ao órgão colegiado competente para julgamento presencial, com publicação de nova pauta.
§4°. Em caso de excepcional urgência, o Presidente do Supremo Tribunal Federal e os Presidentes das Turmas poderão convocar sessão virtual extraordinária, com prazos fixados no respectivo ato convocatório".

submetidos à apreciação do STF, independentemente do respaldo em jurisprudência. A dois, possibilitou-se a devolução dos pedidos de vistas em sessão virtual, com a apresentação do voto-vista e com a conclusão do julgamento (mesmo se a vista foi solicitada em sessão presencial).

Não é mera coincidência que essa aposta institucional tenha ocorrido em março de 2020. Por um lado, cuidou-se do aparelhamento dos órgãos colegiados para contornar a impossibilidade de reunião física dos Ministros; por outro lado, a resposta é condizente com medidas tomadas noutro contexto, motivadas pela necessidade de agilizar a resolução das demandas sob a competência das Turmas e do Plenário.

Note-se: o instrumento de regulamentação das sessões virtuais é de 2019, mais precisamente a Resolução nº 642, de 14 de junho de 2019[25]. De março a julho de 2020, o procedimento foi alterado em alguns aspectos, para fortalecer os atributos de transparência e acesso, em prol dos usuários-jurisdicionados, e os princípios do livre convencimento e da colegialidade, em favor do devido processo legal no STF.

Nessa linha, a Resolução nº 669, de 19 de março de 2020[26], traduziu as novidades da ER 53/2020 para o regulamento procedimental. Dois exemplos: (i) o pedido de sustentação oral deixou de ser hipótese de destaque, logo não mais impunha a migração do julgamento para sessão presencial[27]; e (ii) quando o Ministro Vistor, mediante anuência do Relator, devolve a vista no ambiente virtual, todos os demais Ministros têm a oportunidade de votar novamente, inclusive em sentido contrário à manifestação já proferida[28].

A Resolução nº 675, de 22 de abril de 2020[29], aperfeiçoou o acompanhamento das sessões virtuais. Tal normativa determinou a disponibilização do relatório e dos votos, à medida que fossem juntados ao longo da sessão; tornou públicos os arquivos eletrônicos de sustentação oral e possibilitou aos advogados o peticionamento de esclarecimento de questões de fato, sendo que tais razões seriam anexadas ao sistema de votação dos Ministros. Para viabilizar o cumprimento dessa dinâmica, a

25 In: **Diário de Justiça Eletrônico (DJE/STF)**, n. 131, 17 jun. 2019, pp. 1-2.

26 In: **Diário de Justiça Eletrônico (DJE/STF)**, n. 67, ed. extra, 20 mar. 2020, pp. 1-2.

27 Redação atual do art. 4° da Resolução STF 642/2019.

28 Redação atual do art. 5° da Resolução STF 642/2019.

29 In: **Diário de Justiça Eletrônico (DJE/STF)**, n. 98, 23 abr. 2020, p. 1.

Resolução nº 684, de 21 de maio 2020[30], aumentou em 1 dia útil o tempo de duração dos julgamentos em ambiente virtual, que passou ao total de 6 dias úteis.

Por fim, vale comentar a Resolução nº 690, de 1º de julho de 2020[31]. A norma pôs fim a qualquer diferenciação entre os ambientes presencial e virtual, no que diz respeito à formação de quórum e de maioria. Pela atual sistemática, a não apresentação de voto no sistema eletrônico é considerada ausência do Ministro, consignada em ata. Assim, nos casos em que o quórum de votação não é alcançado ou quando ocorre empate, o julgamento é considerado suspenso. Outra consequência é a *imediata* inclusão daquele processo na pauta da próxima sessão virtual[32].

Essa ressalva é importante para afastar regras e formas *superadas*[33]. Na primeira experiência com sistema eletrônico de votação, o Plenário Virtual (PV) destinado única e exclusivamente a decidir sobre a existência ou não de Repercussão Geral do tema versado em dado RE, a ausência de manifestação de um ou mais Ministros considerava esses julgadores "presentes" e presumia sua opinião *favorável* à repercussão geral[34]. Essa compreensão foi perpetuada pelo art. 324 do Regimento Interno por muito tempo – desde 2007 até 2020, com a Emenda Regimental 54/2020[35].

A ampliação qualitativa e quantitativa das sessões virtuais, colocada sob a perspectiva de *abertura à inovação*, ocasiona benefícios ao Tribunal.



30 In: **Diário de Justiça Eletrônico (DJE/STF)**, n. 128, 25 mai. 2020, p. 1.

31 In: **Diário de Justiça Eletrônico (DJE/STF)**, n. 168, 3 jul. 2020, p. 2.

32 A exceção à regra é o empate no julgamento virtual de mérito de *habeas corpus* (HC) ou de recurso em *habeas corpus* (RHC). Nessas situações, não há necessidade de pautar novamente o processo, pois o resultado mais favorável ao paciente é proclamado desde logo. Cf. Resolução STF 690/2020, art. 2° c/c Resolução STF 642/2019, art. 2°, §6°.

33 Sobre as diferentes nomenclaturas e configurações da jurisdição prestada em reunião não-presencial dos Ministros, são elucidativos os infográficos produzidos pelo próprio STF, veiculados em edição recente do Informativo. Vide SUPREMO TRIBUNAL FEDERAL. Coordenadoria de Difusão da Informação (CODI). **Informativo n° 1.008**. Brasília, 12 mar. 2021. Disponível em: <http://www.stf.jus.br/arquivo/cms/informativoSTF/anexo/Informativo_PDF/Informativo_stf_1008.pdf>. Acesso em 1° abr. 2021.

34 Confira-se a disposição pretérita do art. 324 do Regimento Interno: "**Decorrido o prazo sem manifestações suficientes para recusa do recurso, reputar-se-á existente a repercussão geral**" (parágrafo único do art. 324, na redação dada pela Emenda Regimental 21/2007; renumerado como o §1° do art. 324, pela Emenda Regimental 31/2009).

35 Atualmente, o §1° do art. 324 dispõe: "§1°. Somente será analisada a repercussão geral da questão se a maioria absoluta dos ministros reconhecerem a existência de matéria constitucional (Redação dada pela Emenda Regimental n. 54, de 1° de julho de 2020)".

Em termos orçamentários, observa-se a redução de custos operacionais, pois, por mais que a infraestrutura física já exista, os custos marginais de sua manutenção não são desprezíveis e correm às expensas da Corte.

Quanto à *ressignificação* do princípio jurídico-institucional da colegialidade, as sessões virtuais possibilitam a maior participação dos demais Ministros na construção da pauta – em contraposição às sessões presenciais, onde a pauta é prerrogativa do Presidente; e a maior interatividade entre os votos. Isso porque, como visto, a sessão virtual dura seis dias, e os Ministros podem mudar os votos ao longo desse prazo.

Richard Susskind é um dos autores mais referenciados sobre a migração da Justiça a plataformas *inteiramente* digitais[36]. O excerto a seguir ilustra o que o autor denomina "julgamento virtual da primeira geração de Cortes online":

> Na primeira geração das Cortes online, o julgamento virtual é conduzido por julgadores humanos 'de carne e osso', cujas decisões possuem a mesma autoridade daquelas tomadas se eles estivessem reunidos num espaço físico. A diferença está em processo deliberativo se tornar mais assincrônico do que sincrônico. A atividade jurisdicional 'tradicional' é sincrônica, no sentido de que os participantes precisam se reunir, seja em uma sala do Tribunal, seja em uma sala de videoconferência *("virtual hearing")*, na mesma hora previamente marcada, de modo que os atos ocorrem em tempo real e em sequência. É uma *performance* ao vivo. Em contrapartida, a atividade jurisdicional de uma Corte online ocorre assincronicamente, o que significa que os julgadores não precisam estar disponíveis em hora marcada. Tal como responder a uma cadeia de *e-mails*, os participantes podem acrescentar suas contribuições no momento mais oportuno. Não há necessidade de coincidência de agenda. Os julgadores não precisam estar em frente aos seus *laptops* quando as partes apresentam documentos. Nessa primeira geração de Cortes online, não há qualquer pretensão de que o processo decisório humano seja substituído por Inteligência Artificial (SUSSKIND, 2019, p. 143)[37].

---

36 Ver SUSSKIND, Richard. Online Courts and the Future of Justice. New York: Oxford University Press, 2019.

37 Tradução livre. "In the first generation of online courts, online judging is undertaken by fully fledged, living and breathing human judges, whose decisions are every bit as authoritative as when they sit in physical courts. The underlying process becomes asynchronous rather than synchronous. Traditional court work is synchronous in the sense that the participants must gather (whether in a courtroom or virtual hearing) at the same appointed

Assim, os investimentos feitos pelo STF para o desenvolvimento de um ambiente virtual de julgamentos seguro, transparente e eficaz colocam o Brasil em posição de experienciar tendências globais de vanguarda sobre os cenários do Sistema de Justiça[38].

A quarta iniciativa tem por enfoque conhecer e influenciar o padrão de recebimento das demandas, a partir da coleta e da análise de dados. Nessa chave, o Supremo Tribunal Federal tem privilegiado *(a)* um componente eminentemente tecnológico, a ser implementado a nível nacional; e *(b)* um componente organizacional interno. Em outras palavras, pode-se dizer que a quarta iniciativa está voltada à estruturação tecnológica e administrativa do gerenciamento de precedentes.

O componente tecnológico é o Módulo de Jurisdição Extraordinária (MJE). O caráter inovador se verificou já na concepção, pois este foi o primeiro contrato de encomenda tecnológica firmado pelo STF, nos moldes do Marco Legal da Ciência, Tecnologia e Inovação ("CT&I", vide Lei 13.243/2016 e Decreto 9.283/2018). Nesse esquema, o STF custeia, acompanha e coordena as entregas, ao passo que a execução está delegada à Fundação CERTI, vinculada à Universidade Federal de Santa Catarina (UFSC).

O Módulo de Jurisdição Extraordinária, em fase final de construção e prestes a iniciar os testes, será a plataforma única para o peticionamento dos Recursos Extraordinários (RE) e dos Recursos Especiais (REsp). As partes interessadas, em qualquer canto do País, terão uma única via (eletrônica) de acesso direto às duas Cortes Superiores – o que, por si só, afasta a interposição de razões físicas.

Sob a óptica dos Tribunais de Justiça (TJs) e dos Tribunais Regionais Federais (TRFs), o Módulo de Jurisdição Extraordinária funcionará



hour and the proceedings unfold in real time. It is a live performance. In contrast, online court activity is undertaken asynchronously, which means there is no need for everyone to be available at the same time. Like using email, participants can make their contributions whenever suits them. Diaries do not need to be aligned. And judges do not need to be sitting at their laptops when parties submit their documents. There is no suggestion, for the first generation of online courts, to stress again, that the decision-making processes of judges will be replaced by artificial intelligence (AI)".

38 Em "Online Courts and the Future of Justice", Susskind (2019, op. cit.) narra qual seria o modelo ideal de funcionamento de um Tribunal sem qualquer suporte em estrutura física e explica como os primeiros passos nesse sentido estão sendo encampados no Reino Unido.

como uma "camada" extra de tecnologia para auxiliar o trabalho do órgão da Presidência ou da Vice-Presidência no juízo de admissibilidade[39]. À semelhança do ambiente implementado no STF Digital, o Tribunal *a quo* poderá decidir pelo seguimento ou não dos apelos de forma automatizada, através do preenchimento de questionários[40].

De acordo com as metas inscritas na Portaria STF nº 461/2020, o MJE propiciará o cadastramento automático dos feitos nos sistemas do STF e do STJ, poupando esforços das respectivas Secretarias Judiciárias; e o exame automatizado dos requisitos objetivos de cabimento (e.g., tempestividade e preparo). Ambas as Cortes Superiores se beneficiarão de ambiente padronizado para as etapas do segundo juízo de admissibilidade (questionários) e, quando for o caso, para a decisão sobre o mérito do recurso[41].

O MJE é, dentre as ações aqui citadas, a que mais se aproxima de *política judiciária*, visando ao acesso à Justiça. Quando a plataforma estiver em pleno funcionamento, o resultado esperado é "*extinguir as limitações tecnológicas atualmente existentes para o tráfego de informações e peças processuais entre as instâncias ordinárias e extraordinárias*" (nos exatos termos do art. 3º, V, da Portaria STF 461/2020).

Sob outra perspectiva, o espaço unificado de peticionamento funcionará como uma central de inteligência do Poder Judiciário. Ao receber e processar centenas de recursos por dia, a plataforma assume o potencial de banco de dados. Isso porque os metadados individuais e

---

39 As instituições idealizadoras do projeto são o STF, o STJ e o CNJ. Os órgãos parceiros, que declararam seu interesse em aderir ao MJE, incluem o TRF-1, o TRF-3, o TJSP, o TJPR, o TJSC e o TJMS.

40 De forma convergente, cita-se o diagnóstico de três importantes atores institucionais da gestão do Ministro Dias Toffoli – coautora a então Secretaria-Geral, Dra. Daiane Lira – em sede de artigo acadêmico: "O Módulo de Jurisdição Extraordinária (MJe) tem a missão audaciosa de **servir de ferramenta aos tribunais de origem para a análise racional e célere dos recursos extraordinários e especiais neles interpostos. A** medida é importante não só porque permite a **qualificação do primeiro juízo de admissibilidade** e traz celeridade ao julgamento, o que implica a redução de recursos, mas também porque auxilia o reconhecimento pelo Supremo Tribunal Federal das demandas com potencial de replicação em massa". Ver LIRA, Daiane Nogueira; SANTOS, Lucilene Rodrigues; MIRANDA, Raulino Palha de. Juízo de Admissibilidade no Supremo Tribunal Federal – Projeto #100% ARE. Consultor Jurídico, 09 set. 2020. Disponível em: <https://www.conjur.com.br/dl/artigo-lira-santos-miranda.pdf>. Acesso em 1° abr. 2020.

41 SUPREMO TRIBUNAL FEDERAL. Presidência. Portaria n° 461, de 09 de novembro de 2020. [Constitui Grupo de Trabalho para acompanhar o desenvolvimento do Módulo de Jurisdição Extraordinária]. **Diário de Justiça Eletrônico (DJE/STF)**, n. 266, 10 nov. 2020, p. 1.

agregados dos processos são indicadores essenciais ao monitoramento de causas repetitivas.

Em paralelo às expectativas sobre a gestão de *big data* no bojo do MJE, o Supremo Tribunal Federal antecipou sua política de gerenciamento de precedentes através de componente organizacional. Cuida-se da recente estruturação da Secretaria de Gestão de Precedentes (SPR), vinculada à Secretaria-Geral da Presidência.

A SPR, criada pelo Ato Regulamentar nº 23, de 23 de setembro de 2020[42], concentra as tarefas do (segundo) juízo de admissibilidade de todos os recursos recebidos, dialoga com os demais Tribunais sobre a rotina de aplicação dos precedentes do Supremo[43], mapeia as questões constitucionais impugnadas com maior frequência e sugere a afetação de Temas de Repercussão Geral[44].

Em relação à modernização do processo judicial eletrônico, a Secretaria de Gestão de Precedentes soma forças à SEJ, para exercer função coordenadora. Esse papel se tornou fundamental a partir de janeiro de 2021, quando entrou em vigor a política mais rígida do Tribunal sobre o recebimento *exclusivo*[45].

Consoante as designações acrescidas pela Resolução nº 712, de 04 de dezembro de 2020[46], a Secretaria de Gestão de Precedentes deve mo-

---

42 SUPREMO TRIBUNAL FEDERAL. Presidência. Ato Regulamentar n° 23, de 30 de setembro de 2020. [Altera dispositivos do Regulamento da Secretaria]. Diário de Justiça Eletrônico (DJE/STF), n. 240, 1° out. 2020, pp. 1-4.

43 A exemplo do Projeto "Sextas Inteligentes". Vide "Suprema Corte aprimora fluxo de informações sobre precedentes com outros tribunais". **Notícias STF,** 02 out. 2020. Disponível em: <http://portal.stf.jus.br/noticias/verNoticiaDetalhe.asp?idConteudo=452780&ori=1>. Acesso em 1° abr. 2021.

44 Destaca-se o caput do art. 16-A do Regulamento da Secretaria (Resolução STF 623/2018): "Art. 16-A. A Secretaria de Gestão de Precedentes (SPR) tem por finalidade desenvolver as atividades de recebimento, classificação e triagem dos recursos extraordinários e recursos extraordinários com agravo, de ampla e específica publicidade dos precedentes vinculantes e da jurisprudência da Corte e de integração administrativa com os gabinetes, secretarias, assessorias, tribunais e juízos diretamente vinculados ao STF e com os agentes responsáveis pelas funções essenciais à justiça".

45 Nesse sentido, confiram-se as exigências do arts. 22 a 29 da Resolução STF 693/2020, algumas condicionadas à *vacatio* de seis meses, na forma do art. 32. Conferir SUPREMO TRIBUNAL FEDERAL. Presidência. Resolução n° 693, de 17 de junho de 2020. [Regulamenta o processo judicial eletrônico no âmbito do Supremo Tribunal Federal e dá outras providências]. **Diário de Justiça Eletrônico (DJE/STF)**, n. 182, 22 jul. 2020, pp. 1-3.

46 SUPREMO TRIBUNAL FEDERAL. Presidência. Resolução n° 712, de 04 de dezembro de 2020. [Altera a Resolução n° 693, de 17 de junho de 2020]. **Diário de Justiça Eletrônico (DJE/STF)**, n. 290, 11 dez. 2020, p. 1.

nitorar a *conformidade* dos Tribunais *a quo* (i) quanto à obrigação de indicar as peças relevantes nos autos eletrônicos remetidos[47] e (ii) quanto à juntada e à formatação correta dos arquivos[48]; e deve analisar se houve o devido esgotamento de instância no STJ[49]. Em todas essas hipóteses e na verificação de processos duplicados, a *desconformidade* suscita a competência da SPR para devolver os autos à origem.

Ademais, a norma regulamentadora do processo eletrônico no STF conferiu autonomia à referida Secretaria para a digitalização de todos os processos tramitando em suporte físico[50]. Essa prerrogativa impulsionou os trabalhos, pois, em março de 2021, a SPR concluiu a digitalização dos autos dos mais de 400 recursos em acervo[51]. No desempenho de função instrutiva[52], a unidade disponibilizou o "Portal da Integração"[53], canal de atendimento aos órgãos jurisdicionais, para esclarecer as dúvidas e firmar parceiras para a remessa dos autos eletrônicos.

Não bastassem essas atribuições que *barram* a distribuição de recursos incorretamente instruídos ou manifestamente inadmissíveis, a SPR se coloca como *unidade de inteligência* para o gerenciamento dos precedentes.

A atual dinâmica de monitoramento parte da rotina de verificação dos metadados processuais dos recursos recebidos. Quando se percebe um padrão, os processos são agrupados, para a análise sobre a possível repetição de causa – aí entra a inteligência humana. O estudo resultante é remetido à Presidência, à qual incumbe afetar a matéria repetitiva à sistemática de repercussão geral ou tomar outras providências (e.g., oficiar aos Tribunais de segunda instância).

---

47 Resolução STF 693/2020, art. 23, V c/c art. 25, I.

48 Resolução STF 693/2020, art. 25, II e III.

49 Resolução STF 693/2020, art. 25, V.

50 Resolução STF 693/2020, art. 30.

51 Vide "Digitalização de processos avança no STF e atinge marco histórico". **Notícias STF,** 04 mar. 2021. Disponível em: <http://www.stf.jus.br/portal/cms/verNoticiaDetalhe.asp?idConteudo=461673>. Acesso em 1° abr. 2021.

52 Resolução STF 693/2020, art. 33.

53 SECRETARIA DE GESTÃO DE PRECEDENTES. Integração ao STF. Portal do Supremo Tribunal Federal, 28 jan. 2021. Disponível em: <http://portal.stf.jus.br/textos/verTexto.asp?servico=processoIntegracaoComoIntegrar&pagina=integracao_STF>. Acesso em 1° abr. 2021.

A Secretaria começou a coleta de informações com os RE e AREs recebidos em 2020 e segue alimentando a sua base de dados[54]. Apesar do curto intervalo de tempo de operações, esse monitoramento já produziu um *case* de sucesso. Uma vez mapeados mais de 700 recursos aguardando o primeiro juízo de admissibilidade e a remessa pelo Tribunal de Justiça do Rio Grande do Sul (TJRS), constatou-se que todos esses feitos compartilhavam a mesma questão de fundo: a data revisão geral anual dos vencimentos dos servidores do Município de São Leopoldo/RS.

A SPR, então, sugeriu a afetação da matéria à Repercussão Geral. A Presidência acatou o pedido. O ARE 1.306.014 foi selecionado como o *leading* case, criando-se o Tema 1.129. Ocorre que, no mérito, o Relator, Min. Presidente, sugeriu a fixação de Tese no sentido de que *não há Repercussão Geral para a controvérsia, por possuir natureza infraconstitucional.*

A articulação dessa solução – ao fim e ao cabo, para impedir o ingresso massivo de recursos inadmissíveis – somente é possível com base em outra alteração recente do Regimento Interno. Desde a Emenda Regimental 54/2020, o §2º, do art. 324, do RISTF prevê que "[A] decisão da maioria absoluta dos ministros no sentido da natureza infraconstitucional da matéria *terá os mesmos efeitos da ausência de repercussão geral, autorizando a negativa de seguimento* aos recursos extraordinários"[55].

A soma da atividade de monitoramento com a instrumentalização da RG para decidir uniformemente e a uma só vez sobre o descabimento do apelo extraordinário (efeito multiplicador atribuído ao juízo negativo de admissibilidade) é uma combinação promissora para a racionalização do controle difuso.

A última iniciativa remete ao discurso do Exmo. Sr. Presidente com o qual se iniciou a presente investigação. A quinta iniciativa tem por enfoque a criação de espaços institucionais de experimentação, almejando o aprimoramento contínuo dos canais eletrônicos de acesso à Corte.

54 Tal como divulgado pelo Portal da Corte: "Análise quanto à inexistência de repercussão geral em recurso impede subida de 700 novos casos ao STF". **Notícias STF,** 23 de fev. 2021. Disponível em: <http://www.stf.jus.br/portal/cms/verNoticiaDetalhe.asp?idConteudo=460932>. Acesso em 1° abr. 2021.

55 SUPREMO TRIBUNAL FEDERAL. Presidência. Emenda Regimental n° 54, de 1° de julho de 2020. [Dá nova redação a dispositivos do Regimento Interno do Supremo Tribunal Federal, e acresce artigo]. Diário de Justiça Eletrônico (DJE/STF), n. 168, 3 jul. 2020, pp. 1-2.

Trata-se do Laboratório de Inovação do Supremo Tribunal Federal (Inova STF), investimento no ramo de pesquisa e desenvolvimento (P&D), idealizado pela Resolução nº 708, de 23 de outubro de 2020[56]. O Inova STF terá a multidisciplinariedade como princípio norteador, vez que cada Projeto reunirá *sempre* (i) membros da Alta Administração (o Secretário-Geral da Presidência e o Diretor-Geral, bem como representantes negociais indicados por essas autoridades), (ii) desenvolvedores computacionais (designados pela Coordenadoria de Soluções Judiciais – CSJU, unidade vinculada à Secretaria de Tecnologia da Informação – STI) e (iii) gerentes de projetos (advindos da Secretaria de Gestão Estratégica – SGE); e (iv) um *grupo variável* de servidores de demais áreas do Tribunal, a depender do local onde a inovação será implementada[57].

Apesar de as parcerias com departamentos e entidades vinculadas às Universidades Federais terem sido exitosas[58], a criação de espaço análogo a uma *incubadora*[59] no organograma da Corte representa chances para a inclusão e a capacitação dos servidores. Por essa razão, o Inova STF será a primeira unidade do Tribunal sob a gestão *compartilhada* da Secretaria Judiciária e da Secretaria-Geral da Presidência[60].

A composição dos Grupos de Trabalho dentre os quadros de pessoal do Tribunal implica aprendizado direto entre os servidores-beneficiários da solução de tecnologia e os atores-idealizadores. Em um segundo momento, essa troca é determinante para que a própria instituição seja

56 In: **Diário Judiciário Eletrônico (DJE/STF)**, n. 258, 27 out. 2020, pp. 1-2.

57 Resolução STF 708/2020, artigos 2° e 3°.

58 Rememora-se: o projeto VICTOR foi desenvolvido em parceria com os departamentos de Engenharia e de Direito da Universidade de Brasília (UnB); e o Módulo de Jurisdição Extraordinária (MJE) está sendo construído em parceira com a Fundação CERTI, vinculada à Universidade Federal de Santa Catarina (UFSC).

59 A expressão advém do Marco Legal de Ciência, Tecnologia e Inovação (CT&I), complexo de normas formado pelas Leis 10.973/2004 e 13.243/2016 e pelo Decreto 9.283/2018. Consoante o art. 2°, III-A, da Lei 10.973/2004: "III-A – incubadora de empresas: organização ou estrutura que objetiva estimular ou prestar **apoio logístico, gerencial e tecnológico ao empreendedorismo inovador e intensivo em conhecimento, com o objetivo de facilitar a criação e o desenvolvimento de empresas** que tenham como diferencial a realização de atividades voltadas à inovação (Incluído pela Lei n° 13.243, de 2016)". A grande diferença – além, é claro, da exclusão de qualquer finalidade mercadológica – consiste em o Inova STF ser uma incubadora para ideias a serem implementadas no próprio Tribunal, e não inovações que fundam estruturas independentes.

60 Resolução STF 708/2020, art. 1°.

capaz de apontar e de corrigir as falhas e os fatores de ineficiência que *venham a surgir* na rotina de execução.

A implementação do Inova STF pode ser um diferencial para equacionar um dos principais entraves para mudanças mais radicais na estrutura do Poder Judiciário: a impossibilidade de suspender os serviços para focar apenas em pesquisa e desenvolvimento, assumindo os riscos do processo *tentativa-e-erro*[61]. Nesse particular, as inovações introduzidas na prestação jurisdicional tendem a ser incrementais, para ganhos pontuais de produtividade (redução dos custos marginais, por exemplo); e não disruptivas, que verdadeiramente respondam às novas demandas dos usuários[62].

Somente o futuro poderá mostrar se o Inova STF, enquanto estrutura pensada *pelo* Judiciário e *para o* Judiciário, conseguirá impulsionar inovações genuinamente disruptivas. Desde já, o que se verifica é a cuidadosa estruturação do Laboratório, calcada na segmentação clara das fases de um Projeto (desenho, construção e lançamento) e na cultura de entregas parciais[63].



61 Nesse sentido, "Court systems around the world face the same challenge. Wideranging technological change has to be brought about without interrupting the existing daily services (...). In the language of Chapter 3, this invariably means that the technology automates rather than transforms – the systems streamline and optimize traditional working practices rather than enabling entirely different ways of working and of meeting the outcomes that users seek. The end result – marginal process improvement rather than comprehensive transformation – tends to be a disappointment for everyone involved. The promise of radical change is unfulfilled" (Vide SUSSKIND, Richard. **"The challenge of change"**. In: Online Courts and the Future of Justice. New York: Oxford University Press, 2019, p. 112).

62 Joseph Bower e Clayton Christensen popularizaram essa distinção dos dois *tipos* de inovação, em artigo de opinião publicado na *Harvard Business Review*, em 1995. Para os autores, as *inovações disruptivas* seriam os produtos ou as plataformas que deixam de atender às necessidades óbvias e imediatas dos consumidores, usuários ou clientes; para inaugurar formas de suprir uma necessidade até então não endereçada. No contexto de mercado, a disrupção seria a chave para compreender por que as empresas outrora pioneiras não são capazes de permanecerem dominantes por longos períodos. A resposta giraria em torno da observação de que as Companhias com maior poder de mercado tendem a investir em *inovações incrementais* – aprimoramentos para os bens que já estão disponibilizados. Ver BOWER, Joseph; CHRISTENSEN, Clayton. Disruptive Technologies: Catching the Wave. **Harvard Business Review**, v. 73, n. 1, p. 43-53, jan./fev. 1995.

63 Resolução STF 708/2020, arts. 4° a 8°.

## III. AS SOLUÇÕES DE TECNOLOGIA EM FAVOR DA MISSÃO INSTITUCIONAL DO SUPREMO TRIBUNAL FEDERAL

Como se sabe, a diversificação das competências atribuídas ao Supremo pelo art. 102 da CF/88 é fruto da intenção do Poder Constituinte Originário em conferir dúplice função ao *judicial review* brasileiro[64].

Por sua vez, a Vocação Constitucional do Supremo reside no julgamento de demandas complexas. *Complexas,* seja pela dificuldade de equacionar os princípios, valores ou interesses em jogo; seja pela amplitude dos efeitos. Exemplificativamente, cabe à Corte Constitucional decidir controvérsias constitucionais sobre divergências morais relevantes[65] e sobre a aplicação de regras que modelam o desenvolvimento econômico nacional[66].

---

64 Como bem narrado pelos cientistas políticos Rogério Arantes e Fábio Kerche (1999, p. 36): "Na verdade, a Constituinte de 1987-88 se viu diante de um **dilema**: de um lado, como parte importante do processo de liberalização, era preciso restaurar a **independência e autonomia do Judiciário** – nesse sentido, **reafirmar o princípio difuso**, permitindo a todo e qualquer juiz exercer o controle constitucional, era um dos pontos mais importantes –, e, de outro, a experiência vinha demonstrando que **a crescente concentração da competência de controle constitucional num órgão especial**, embora associada ao autoritarismo, era **adequada à maior eficácia e estabilidade do sistema político** (...). Ou seja, entre optar pela criação de uma corte constitucional (com monopólio da função) e retroceder no processo de concentração do controle constitucional no STF (realizado pelos militares), a Constituição de 1988 terminou por conciliar as duas coisas, consagrando um **sistema híbrido** de controle da constitucionalidade das leis" (grifos acrescidos). Ver ARANTES, Rogério; KERCHE, Fábio. Judiciário e Democracia no Brasil. In: **Novos Estudos CEBRAP**, n. 54, jul. 1999, pp. 27-41.

65 Jeremy Waldron (1999, p. 231) expõe como visões morais distintas – não raro, completamente opostas – são confrontadas, no processo de interpretação dos direitos: "(...) [i]t is very important to bear in mind, first, that issues of rights are by all accounts (especially *our* accounts) complicated, and secondly, that they are issues on which there is disagreement even among those who understand the complication and even in the most propitious circumstances for thought and unlimited deliberation among the best intellects in our society. If we bear all that in mind, we will be better equipped to deal with the **institutional question**, 'Who shall decide what rights we have when we all disagree?'". Vide WALDRON, Jeremy. **Law and Disagreement**. New York: Oxford University Press, 1999.

66 O desafio interpretativo das Cortes Constitucionais decorre, dentre outros fatores, da dificuldade de mensurar consequências. Richard Posner (2009, pp. 422-423) destaca o papel das consequências na atividade jurisdicional, mantendo-se fiel à abordagem pragmática: "As consequências importantes para o pragmatista são tanto as de **longo** quanto as de **curto prazo**; são tanto as **sistêmicas** quanto as **individuais**; a importância tanto da **estabilidade** e da **previsibilidade** quanto da **justiça às partes individuais**; a importância tanto de **preservar a linguagem** como um método confiável de comunicação quanto de interpretar as leis e as cláusulas constitucionais com **flexibilidade para fazer com que respondam inteligentemente a circunstâncias não vislumbradas por seus idealizadores**" (grifos acres-

Os esforços continuados em prol da *transformação digital* possibilitaram à instituição continuar exercendo sua Vocação Constitucional sem interrupções, durante esse primeiro ano de enfrentamento da pandemia[67]. Algumas estatísticas sobre o período merecem destaque.

Ao final de novembro de 2020, o acervo de processos originários superou o acervo de processos recursais pela primeira vez nos 130 anos de História do Tribunal[68]. Segundo o Relatório de Atividades 2020[69], os processos recursais representaram 66,3% do volume de demandas recebidas pelo Supremo no período (*versus* 33,7% de ações originárias no recebimento total)[70]. A despeito de os recursos terem *ingressado em maior número*, o acervo foi mantido em quantidade baixa o suficiente para permanecer aquém do acervo das ações originárias. Sem a pretensão de estabelecer relação de causalidade forte, verificam-se *evidências* para duas tendências: o aprimoramento da sistemática de processamento dos recursos e/ou a redução do tempo de tramitação.

No que tange à atuação do Plenário, a prontidão das respostas relacionadas à pandemia, atendendo a critério qualitativo, não foi o único avanço[71]. A fim de *quantificar* o desempenho, computam-se, aqui, as sessões presenciais "clássicas", de janeiro a março; as sessões presenciais por videoconferência[72] e as sessões virtuais. Não são contabilizadas,



---

cidos). Vide POSNER, Richard. **Para além do Direito.** Tradução de Evandro Ferreira e Silva. São Paulo: WMF Martins Fontes, 2009. Título original: Overcoming Law (1995).

67 A coordenação do processo se deu graças ao Modelo Diferenciado de Gestão de Atividades ("MGA"). Recentemente, esse regime organizacional foi revogado, para a entrada em vigor do Modelo de Gestão Integrado das Atividades (*ex vi* Resolução n° 728, de 29 de março de 2021). Para o início da cadeia normativa, conferir Resolução n° 677, de 29 de abril de 2020. [Estabelece medidas de médio prazo para gestão das atividades do Tribunal]. **Diário de Justiça Eletrônico (DJE/STF)**, n. 106, 30 abr. 2020, pp. 1-2.

68 Vide "STF reduz acervo de recursos a número menor que o de ações originárias". **Notícias STF**, 27 nov. 2020. Disponível em http://stf.jus.br/portal/cms/verNoticiaDetalhe.asp?idConteudo=456175. Acesso em 24 mar. 2021.

69 SUPREMO TRIBUNAL FEDERAL. Secretaria-Geral da Presidência. **Relatório de Atividades 2020** [recurso eletrônico]. Brasília, 2021. Disponível em: <http://www.stf.jus.br/arquivo/cms/publicacaoCatalogoProdutoConteudoTextual/anexo/RelatorioAtividadesSTF2020.pdf>. Acesso em 1° abr. 2021.

70 Cf. Relatório de Atividades 2020, p. 22.

71 Confira-se SUPREMO TRIBUNAL FEDERAL. Secretaria de Altos Estudos, Pesquisas e Gestão da Informação (SAE). **Case Law Compilation: Covid-19.** Brasília, 2020. ISBN 978-65-87125-23-7.

72 A realização de sessões dos órgãos colegiados por videoconferência foi outra medida tomada pela primeira vez, em virtude da pandemia. Vide Resolução n° 672, de 26 de março

porém, as manifestações do Plenário Virtual de afetação dos temas à Repercussão Geral ('antigo' PV, nos moldes do art. 323 do Regimento Interno - RISTF, após a Emenda Regimental 21/2007)[73]. Seguindo essa metodologia, o resultado é o aumento de 48,6% de acórdãos prolatados pelo Plenário em 2020, em comparação com o ano anterior[74].

O exame mais detalhado da composição dos julgamentos por classe processual revela que, em 2020, 65% das decisões do Plenário foram tomadas em classes recursais. Esse percentual é mais de cinco vezes maior do que a representatividade do concentrado (12,7% do total, 741 processos)[75].

Em contrapartida: cada vez mais, os entendimentos firmados em RE se afastam da feição subjetiva, alçados ao *status* de precedentes qualificados[76]. Nesse ponto, os dados de 2020 surpreendem positivamente. O Tribunal fixou 125 novas Teses, possibilitando a liberação de quase 190 mil processos sobrestados nas instâncias ordinárias. Em perspectiva comparativa, o número de julgamentos de *leading cases* (com Repercussão Geral reconhecida) aumentou 430%, em relação a 2019[77].

---

de 2020. [Permite o uso de videoconferência nas sessões de julgamento presencial do Plenário e das Turmas]. **Diário de Justiça Eletrônico (DJE/STF)**, n. 75, 27 mar. 2020, p. 1.

73 SUPREMO TRIBUNAL FEDERAL. Secretaria de Altos Estudos, Pesquisas e Gestão da Informação. **Regimento Interno:** atualizado até a Emenda 57/2020 [recurso eletrônico]. Brasília, 2020. Dispositivo do RISTF:
"Art. 323. Quando não for caso de inadmissibilidade do recurso por outra razão, o(a) Relator(a) submeterá, por meio eletrônico, aos demais ministros, cópia de sua manifestação sobre a existência, ou não, de repercussão geral.
§1°. Tal procedimento não terá lugar, quando o recurso versar questão cuja repercussão já houver sido reconhecida pelo Tribunal, ou quando impugnar decisão contrária a súmula ou a jurisprudência dominante, casos em que se presume a existência de repercussão geral.
§2°. Mediante decisão irrecorrível, poderá o(a) Relator(a) admitir de ofício ou a requerimento, em prazo que fixar, a manifestação de terceiros, subscrita por procurador habilitado, sobre a questão da repercussão geral".

74 Cf. Relatório de Atividades 2020, p. 40.

75 *Ibid.*, p. 41.

76 De forma convergente, o magistério de Gilmar Mendes (2018, p. 105): "No contexto das mudanças, não há como deixar de destacar a função decisiva do instituto da repercussão geral para a racionalização das competências constitucionais da Corte. Esse novo modelo processualconstitucional traduz, sem dúvida, avanço na concepção vetusta que caracteriza o recurso extraordinário entre nós. O recurso extraordinário deixa de ter caráter marcadamente subjetivo ou de defesa de interesse das partes para assumir, de forma decisiva, a função de defesa da ordem constitucional objetiva. Podese falar, mesmo, em processo de objetivação do recurso extraordinário" (grifos acrescidos). Vide MENDES, Gilmar Ferreira. **Estado de Direito e Jurisdição Constitucional**. São Paulo: Saraiva Educação, 2018.

77 Cf. Relatório de Atividades 2020, p. 82.

Mais do que um retrato da resiliência institucional, o breve panorama sobre a jurisdição constitucional em 2020 ratifica o bom andamento da atuação estratégica do STF. Tais resultados são permeados pelas iniciativas de tecnologia e podem ser agrupados em torno de três pontos da *Visão de Futuro* de uma Corte Constitucional Digital.

O primeiro, é a eficiência na análise dos recursos – a qual tem se estendido à etapa anterior à tramitação, visando ao maior controle do recebimento dos apelos extraordinários. O segundo, a adesão às sessões virtuais de órgãos colegiados, inovando quanto ao modo de acompanhar os julgamentos, à medida que incrementa a dinamicidade da pauta. O terceiro, o enfrentamento do mérito de um "estoque" de Temas com Repercussão Geral reconhecida, o que requer aguçada visão sistêmica dos efeitos.

Os três pontos são *pontos de contato* entre a missão institucional e a missão de governança, ambas assumidas pelo Supremo, a fim de aperfeiçoar o controle de constitucionalidade, em paralelo à vigilância e à revisão de atos perpetrados com abuso de poder pelos agentes políticos[78]; e a fim de difundir boas práticas aos demais órgãos do Poder Judiciário.

É o atual grau de amadurecimento institucional do STF – em constante evolução para *encontrar seu espaço* no regime democrático pós-1988 – que lhe coloca em condição para se reorganizar, para se modernizar e para alocar as capacidades tecnológicas e humanas conforme a complexidade de cada tarefa.

A automatização de etapas e eventos processuais não-decisórios contribui para a tramitação célere dos feitos. Processos subjetivos receberão respostas mais rápida, de forma a atender à preocupação precípua dos recorrentes, qual seja, a tutela definitiva de sua situação jurídica à luz da Constituição. Em futuro próximo, os andamentos processuais serão

78 Acerca da tensão entre os Poderes de Estado em uma Federação democrática, remanescem atuais as advertências Alexander Hamilton: "If there are such things as **political axioms**, the propriety of the judicial power of a government being coextensive with its legislative, may be ranked among the number. **The mere necessity of uniformity in the interpretation of the national laws, decides the question**. Thirteen independent courts of final jurisdiction over the same causes, arising upon the same laws, is a **hydra in government**, from which nothing but contradiction and confusion can proceed". Vide HAMILTON, Alexander. Federalist Paper n. 80: A further view of the judicial department, in relation to the extent of its powers. In: HAMILTON, Alexander; JAY, John; MADISON, James. **The Federalist – a collection**. "The Gideon editon". Liberty Fund, 2001, p. 412.

unificados, o que facilitará o acompanhamento dos andamentos processuais pelos jurisdicionados[79].

O funcionamento do VICTOR é poderoso aliado à coerência interna dos julgados da Corte e à cultura de respeito aos precedentes. As sugestões de vinculação à jurisprudência *condicionam* o órgão julgador a raciocinar em torno do histórico de decisões pretéritas.

O gerenciamento de precedentes, na conjugação das forças tecnológica e humana, permite a redução do recebimento de recursos manifestamente inadmissíveis, bem como a análise ágil da admissibilidade dos recursos em acervo, com o auxílio de questionários eletrônicos. Com isso, os Gabinetes de Ministros podem direcionar mais esforços às questões constitucionais complexas.

## IV. CONCLUSÃO

Como visto, as políticas de gestão têm priorizado avanços nas áreas (i) de automatização de atos processuais não-decisórios; (ii) de funcionalidades, comandos e padrões dos sistemas de redação das minutas; (iii) de *machine learning* voltado à pesquisa e à sugestão de jurisprudência; (iv) de fácil acesso e acompanhamento simultâneo às sessões colegiadas virtuais; (v) de aplicação dos precedentes pelas instâncias ordinárias, aliado ao monitoramento das causas mais recorrentes nesses Tribunais parceiros; e (vi) de abordagem multidisciplinar aos gargalos ainda verificados na disponibilidade dos serviços *on-line*, preferencialmente através de respostas que não sejam viáveis apenas para o STF, mas para todo o Poder Judiciário.

Quanto mais essas condições facilitadoras da prestação jurisdicional se concretizam, maior é a capacidade do Supremo Tribunal Federal para propor uma pauta de julgamentos com ampla repercussão social, econômica e/ou política, dedicando-se à análise minuciosa dos parâmetros de constitucionalidade (interpretação dos artigos da Constituição Federal). O Tribunal torna-se gestor de seu acervo, e não refém do volume de demandas.

---

79 Esse trabalho está curso, sob a Responsabilidade do Comitê de Uniformização de Dados e Procedimentos Judicias do Supremo Tribunal Federal. Consultar Resolução n° 637, de 16 de maio de 2019. **Diário de Justiça Eletrônico (DJE/STF),** n. 105, 21 mai. 2019, p. 1.

Tendo em conta as experiências da Corte nos últimos anos, os custos e os riscos incorridos para a aplicação transversal da tecnologia são menores - portanto, compensados - do que os benefícios gerados em termos de produtividade. Para que essa relação custo-efetividade se preserve (em cenário ideal, inclusive, amplie-se), o Supremo precisa reforçar a cultura do planejamento estratégico.

Nesse cenário monitorado de práticas inovadoras, a tendência é de alcance da missão institucional, com a tramitação célere e a resolução prioritária dos feitos nos quais os direitos fundamentais estão em xeque, independentemente da classe processual.

Não obstante, cabe uma última conclusão: a inteligência humana é insubstituível. Embora pareça óbvia, a afirmação tem dois propósitos – o propósito de rechaçar a posição de reticência absoluta à interposição de tecnologia em atividades outrora realizadas "manualmente" e o propósito de levantar o alerta sobre os limites dessa nova forma de execução das competências jurisdicionais.

O Supremo Tribunal Federal, como Corte Constitucional de Precedentes e como Guardião dos Direitos Fundamentais, tem o dever de contrabalancear a aplicação massiva de precedentes com a sensibilidade para afastar o entendimento, com base nas peculiaridades de um caso concreto *("distinguishment")*, e para revisitar e atualizar seus julgados de observância obrigatória *("overruling")*.



## REFERÊNCIAS


ARANTES, Rogério; KERCHE, Fábio. Judiciário e Democracia no Brasil. In: **Novos Estudos CEBRAP**, n. 54, jul. 1999, pp. 27-41.

BOWER, Joseph; CHRISTENSEN, Clayton. Disruptive Technologies: Catching the Wave. **Harvard Business Review**, v. 73, n. 1, p. 43-53, jan./fev. 1995.

BRESSER-PEREIRA, Luiz Carlos. O modelo estrutural de gerência pública. In: **Revista de Administração Pública**, Rio de Janeiro, v. 42, n. 2, abr. 2008, pp. 391-410.

HAMILTON, Alexander. Federalist Paper n. 80: A further view of the judicial department, in relation to the extent of its powers. In: HAMILTON, Alexander; JAY, John; MADISON, James. **The Federalist – a collection**. "The Gideon editon". Liberty Fund, 2001.

HIRSCHL, Ran. The new constitutionalism and the judicialization of pure politics worldwide. Fordham Law Review, New York, v. 75, n. 2, 2006.

KISSLER, Leo; HEIDEMANN, Francisco. Governança pública: novo modelo regulatório para as relações entre Estado, mercado e sociedade? **Revista Administração Pública,** Rio de Janeiro, v. 40, n. 3, jun. 2006, pp. 479-499. Disponível em: <http://dx.doi.org/10.1590/S0034-76122006000300008>. Acesso em 1° abr. 2021.

LIRA, Daiane Nogueira; SANTOS, Lucilene Rodrigues; MIRANDA, Raulino Palha de. Juízo de Admissibilidade no Supremo Tribunal Federal – Projeto #100% ARE. **Consultor Jurídico,** 09 set. 2020. Disponível em: <https://www.conjur.com.br/dl/artigo-lira-santos-miranda.pdf>. Acesso em 1° abr. 2020.

MARINONI, Luiz Guilherme. **O STJ enquanto Corte de Precedentes:** recompreensão do sistema processual de Corte Suprema [livro eletrônico]. 2ª ed. (e-book); 3ª ed. impressa. São Paulo: Editora Revista dos Tribunais, 2017.

MENDES, Gilmar Ferreira. **Estado de Direito e Jurisdição Constitucional**. São Paulo: Saraiva Educação, 2018.

POSNER, Richard. **Para além do Direito.** Tradução de Evandro Ferreira e Silva. São Paulo: WMF Martins Fontes, 2009. Título Original: Overcoming Law (1995).

SILVA, Nilton Correia da *et al.* Aplicação da Inteligência Artificial no sistema jurídico brasileiro: VICTOR e ALEI. In: Revista de Administración Pública del GLAP, v. 3, n. 5, 2019, pp. 45-55.

SUPREMO TRIBUNAL FEDERAL. Presidência. Ato Regulamentar n° 23, de 30 de setembro de 2020. [Altera dispositivos do Regulamento da Secretaria]. **Diário de Justiça Eletrônico (DJE/STF)**, n. 240, 1° out. 2020, pp. 1-4.

________. Emenda Regimental n° 52, de 14 de junho de 2019. [Acrescenta dispositivo ao Regimento Interno do Supremo Tribunal Federal para ampliar as hipóteses de julgamento por meio eletrônico]. **Diário de Justiça Eletrônico (DJE/STF)**, n. 134, 19 jun. 2019, p. 1.

________. Emenda Regimental n° 53, de 18 de março de 2020. [Altera dispositivo do Regimento Interno do Supremo Tribunal Federal para ampliar as hipóteses de julgamento por meio eletrônico e prever a realização de sustentação oral em ambiente virtual]. **Diário de Justiça Eletrônico (DJE/STF)**, n. 66, 20 mar. 2020, p. 1.

________. Emenda Regimental n° 54, de 1° de julho de 2020. [Dá nova redação a dispositivos do Regimento Interno do Supremo Tribunal Federal, e acresce artigo]. **Diário de Justiça Eletrônico (DJE/STF)**, n. 168, 3 jul. 2020, pp. 1-2.

________. Portaria n° 461, de 09 de novembro de 2020. [Constitui Grupo de Trabalho para acompanhar o desenvolvimento do Módulo de Jurisdição Extraordinária]. **Diário de Justiça Eletrônico (DJE/STF)**, n. 266, 10 nov. 2020, p. 1.

________. Resolução n° 612, de 23 de abril de 2018. [Dispõe sobre a Política Corporativa de Segurança da Informação (PCSI/STF)]. **Diário de Justiça Eletrônico (DJE/STF)**, n. 80, 25 abr. 2018, p. 3-5.

________. Resolução nº 637, de 16 de maio de 2019. [Institui e disciplina o funcionamento do Comitê de Uniformização de Dados e Procedimentos Judiciais do Supremo Tribunal Federal e dá outras providências]. **Diário de Justiça Eletrônico (DJE/STF)**, n. 105, 21 mai. 2019, p. 1.

________. Resolução nº 638, de 10 de junho de 2019. [Institui a Política de Gestão da Estratégia, a Política de Gestão de Processos de Trabalho, a Política de Gestão de Riscos e a Política de Gestão de Programas e Projetos do Supremo Tribunal Federal (STF)]. **Diário de Justiça Eletrônico (DJE/STF)**, n. 126, 11 jun. 2019, pp. 1-14.

________. Resolução nº 642, de 14 de junho de 2019. [Dispõe sobre o julgamento de processos em lista nas sessões presenciais e virtuais do Supremo Tribunal Federal]. **Diário de Justiça Eletrônico (DJE/STF),** n. 131, 17 jun. 2019, pp. 1-2.

________. Resolução nº 669, de 19 de março de 2020. [Altera a Resolução nº 642, de 14 de junho de 2019 e dá outras providências]. **Diário de Justiça Eletrônico (DJE/STF)**, n. 67, ed. extra, 20 mar. 2020, pp. 1-2.

________. Resolução nº 672, de 26 de março de 2020. [Permite o uso de videoconferência nas sessões de julgamento presencial do Plenário e das Turmas]. Diário de Justiça Eletrônico (DJE/STF), n. 75, 27 mar. 2020, p. 1.

________. Resolução nº 675, de 22 de abril de 2020. [Altera a Resolução nº 642, de 14 de junho de 2019, e dá outras providências]. **Diário de Justiça Eletrônico (DJE/STF),** n. 98, 23 abr. 2020, p. 1.

________. Resolução nº 684, de 21 de maio de 2020. [Dá nova redação ao § 1º do art. 2º da Resolução nº 642, de 14 de junho de 2019]. **Diário de Justiça Eletrônico (DJE/STF)**, n. 128, 25 mai. 2020, p. 1.

________. Resolução nº 690, de 1º de julho de 2020. [Altera a Resolução nº 642, de 14 de junho de 2019]. **Diário de Justiça Eletrônico (DJE/STF),** n. 168, 03 jul. 2020, p. 2.

________. Resolução nº 693, de 17 de junho de 2020. [Regulamenta o processo judicial eletrônico no âmbito do Supremo Tribunal Federal e dá outras providências]. **Diário de Justiça Eletrônico (DJE/STF)**, n. 182, 22 jul. 2020, pp. 1-3.

________. Resolução nº 708, de 23 de outubro de 2020. [Institui o Laboratório de Inovação do Supremo Tribunal Federal – InovaSTF]. **Diário de Justiça Eletrônico (DJE/STF)**, n. 258, 27 out. 2020, pp. 1-2.

________. Resolução nº 712, de 04 de dezembro de 2020. [Altera a Resolução nº 693, de 17 de junho de 2020]. **Diário de Justiça Eletrônico (DJE/STF)**, n. 290, 11 dez. 2020, p. 1.

SUPREMO TRIBUNAL FEDERAL. Secretaria de Altos Estudos, Pesquisas e Gestão da Informação (SAE). **Case Law Compilation: Covid-19.** Brasília, 2020. ISBN 978-65-87125-23-7.

_______. **Regimento Interno:** atualizado até a Emenda 57/2020 [recurso eletrônico]. Brasília, 2020. ISBN: 978-65-990124-7-1.

SUPREMO TRIBUNAL FEDERAL. Secretaria-Geral da Presidência. Procedimento Judiciário nº 11, de 04 de agosto de 2020. [Regulamenta o § 3º do art. 5º-A da Resolução nº 642, de 14 de junho de 2019, quanto ao envio de arquivos de sustentação oral por meio eletrônico e a Resolução nº 693, de 17 de julho de 2020, quanto ao meio oficial de processamento de peças, tamanho e formato de arquivos de texto e de mídias eletrônicas e dá outras providências]. **Diário de Justiça Eletrônico (DJE/STF)**, n. 195, ed. extra, 5 ago. 2020, pp. 1-11.

_______. **Relatório da Gestão 2018-2020**. Brasília, 2020. Disponível em http://www.stf.jus.br/arquivo/cms/noticiaNoticiaStf/anexo/relatorioGestao2020.pdf. Acesso em 1º abr. 2021.

_______. **Relatório de Atividades 2020.** Brasília, 2021. Disponível em: <http://www.stf.jus.br/arquivo/cms/publicacaoCatalogoProdutoConteudoTextual/anexo/RelatorioAtividadesSTF2020.pdf>. Acesso em 1º abr. 2021.

SUSSKIND, Richard. **Online Courts and the Future of Justice.** New York: Oxford University Press, 2019.

WALDRON, Jeremy. **Law and Disagreement**. New York: Oxford University Press, 1999.

# 3

# A Inteligência Artificial como apoio à decisão no sistema de precedentes

***Fabiano Hartmann Peixoto***[1]

***Debora Bonat***[2]



1 Professor da Faculdade de Direito da Universidade de Brasília – FD/UnB e do Programa de Pós Graduação em Direito da Universidade de Brasília – PPGD/UnB (Capes 7). Doutor em Direito pela Universidade de Brasília (Capes 7), com bolsa Capes. Concluiu estágio pós-doutoral com pesquisa em Direito e IA na (não) redução de desigualdades globais: decisões automatizadas na imigração e sistemas de refugiados, pela FLACSO. Líder do Laboratório de Pesquisa DR.IA – Direito e Inteligência Artificial. Coordenador do Programa de Pós-Graduação em Direito – PPGD-UnB (2019-2021). Docente e pesquisador de Inteligência Artificial e Direito; Argumentação Jurídica; Decisão judicial e justificação. Membro da International Association for Artificial Intelligence and Law – IAAIL. Coordenador acadêmico do Projeto Victor UnB-STF Coordenador Acadêmico do Projeto Mandamus (UnB-TJRR). Membro do Grupo de Trabalho CNJ sobre Ética na produção e uso de inteligência artificial no poder judiciário. Coordenador do Projeto acadêmico Julia (Logística jurisdicional e IA). Coordenador do Projeto acadêmico Confia (Confiança e IA – certificação ética). Pesquisador dos Projetos de IA para o Judiciário: PEDRO, Alei e Sabiá. Membro do Conselho Consultivo do AMB-Lab (Laboratório de Inovação e Inteligência da Associação dos Magistrados Brasileiros). Coordenador acadêmico do Projeto Edu2Tech para aperfeiçoamento da transmissão de conhecimento em IA e Direito.

2 Doutora em Direito pela Universidade de Brasília – UnB (Capes 7). Mestre em Direito pela Universidade Federal de Santa Catarina- UFSC (Capes 6). Graduada pela Faculdade de Direito da Universidade Federal do Paraná- UFPR. Estágio pós-doutoral concluído em Direito pela UnB – (Capes 7), com bolsa pelo CNPq. Coordenadora do Programa de Mestrado Profissional em Direito, Regulação e Políticas Públicas (2020-2022). Professora Adjunto I da Faculdade de Direito da UnB. Professora do Programa de Pós-Graduação em Direito da Faculdade de Direito da UnB. Aprovada em Concurso Público para Docente Adjunto I, do Curso de Graduação em Direito da Universidade Federal de Santa Catarina. Ex-Assessora (CJ4) da Presidência do Supremo Tribunal Federal. Líder do Laboratório de Pesquisa DR.IA – Direito e Inteligência Artificial. Pesquisador dos Projetos de IA para o Judiciário: PEDRO, Alei, Osiris e Sabiá.

## 1. INTRODUÇÃO

Ao escrevermos sobre a Inteligência Artificial (IA) como apoio à decisão no sistema de precedentes volta-nos à cabeça o artigo apresentado por Nita Bhalla (2020) apontando que, em Uganda, médicos estão aplicando um sistema de IA para diminuir a mortalidade materna após o nascimento dos seus bebês. O sistema, relativamente simples, acompanha, monitora e transmite os dados sobre sinais vitais das pacientes a um *dataset*, em que os algoritmos detectam casos associados a um padrão de risco e disparam alertas aos médicos. Em um ambiente de recursos limitados, em que milhares de mulheres morrem de causas evitáveis relacionadas à gravidez e ao parto e que as instalações médicas são deficitárias, isso é extremamente favorável à proteção da vida.

É inegável a contribuição que sistemas de IA relativamente baratos podem fazer com várias questões da vida social. A redução de intervenção humana, muitas vezes burocrática, repetitiva, tardia ou sujeita a erros, pode permitir a realização de outras atividades, mais sensíveis ou estratégicas. Estas características, reunidas no conceito de acurácia podem estar associadas à concretização de direitos, dos mais nobres, como a proteção à saúde, integridade, liberdade, mobilidade, dignidade, a própria proteção da vida, cidadania e democracia. Os cuidados ético-metodológicos permitirão a estruturação de *datasets, arquiteturas de IA e governança de resultados, gerando a dimensão de um objeto tão desejado pelas pesquisas de IA no Direito - a acurácia substancial.*

A tecnologia e - em especial - a IA podem fornecer as bases para um outro relevante conceito: a logística jurisdicional, que busca estruturar e desenvolver um ambiente de apoio ao desempenho pessoal dos diversos atores envolvidos na prestação jurisdicional, de modo a reduzir tempo e otimizar a entrega dentro dos referenciais de justiça.

Tanto o conceito de logística jurisdicional quanto o conceito de acurácia substancial são o fundamento para o desenvolvimento de IA aplicada ao direito de modo a suportar uma demanda de racionalidade no sentido de correção de decisões, estabilidade e segurança sistêmica. Tudo isto bem entendido pelo conceito de IA que se traduz em reprodução de partes das atividades cognitiva humana. Neste sentido, um dos desafios para a pesquisa de aplicação da IA no Direito é justamente compreender as possibilidades para o sistema de precedentes no Brasil.

## 2. CONSIDERAÇÕES SOBRE O SISTEMA DE PRECEDENTES NO BRASIL

Desde o início do novo século, uma discussão foi travada no sistema justiça brasileiro sobre precedentes, sistema da *commom law* e *civil law*, obrigatoriedade e vinculação de decisões judiciais e liberdade e independência dos magistrados.

No sistema processual brasileiro eram usadas as técnicas da subsunção e ponderação na análise à uma norma geral e abstrata. Um preceito normativo deveria atender todas as situações e todas as pessoas, e o intérprete deveria conseguir enquadrar a situação concreta, repleta de situações específicas, a essa normativa.

Na utilização de precedentes, a aplicação ocorre de maneira distinta: busca-se uma solução para a demanda não em normas gerais e abstratas, mas sim na descrição de fatos e razões semelhantes relatados a partir de uma situação específica. E, ainda, avalia-se se a fundamentação jurídica é relevante para a tomada de decisão ou compõe um conjunto de argumentações derivantes, capazes de conceder autoridade ampliada a decisão. Trata-se da clássica distinção entre *ratio decidendi* e *obiter dictum.*

Há, necessariamente, uma alteração lógica na maneira de pensar o Direito, o que não se adquire com simples mudança normativa, mas sim, por exemplo, com alterações curriculares nas escolas de Direito, propiciando uma nova metodologia de ensino voltada a técnicas de interpretação, o que ainda não é vivenciado no Brasil. Aqui a legislação processual atribuiu natureza de precedente a determinadas decisões proferidas por cortes de vértice, baseadas na quantidade de processos impactados e na transcendência das suas alegações.

De maneira clássica, a atribuição de natureza de precedente ocorre pela maturação metodológica de ler e compreender a situação litigiosa, distinguir os aspectos relevantes dos que não são determinantes para aquele julgamento e construir uma fundamentação adequada para a resolução do caso. Na outra ponta, e posteriormente, o juiz posterior, responsável pela criação do precedente em um sistema processual inserido na *common law*, identifica a semelhança entre as situações fáticas e utiliza a argumentação criada pelo juiz anterior.

Assim, o sistema de precedentes é responsável por gerar um acúmulo de conhecimento produzido pelo poder judicante, pois há uma análise pormenorizada do caso e do Direito que constituirá o parecer e a identificação de pertinência para os demais casos. Note-se que, até a inserção de algumas decisões vinculativas no processo brasileiro, os julgados eram utilizados meramente como argumentos de autoridade, sem a preocupação de identificação adequada dos fatos aos casos subsequentes. Havia a indicação do posicionamento do Tribunal por meio da citação da ementa, de maneira a contribuir para a formação de argumentos de autoridade descritos na fundamentação da decisão. Impõem-se as decisões aos juízes para que estes sigam os Tribunais – e não se quer diminuir a importância disso –, sem avaliar se elas foram bem formuladas, racionais e ponderadas. Quando se usam precedentes, em uma modelo clássico, a decisão só ganha essa autoridade se a construção argumentativa contiver todos os elementos suficientes para o enquadramento em uma justificada decisão.

Por isso, o saudoso Michelle Taruffo (2014) nos ensinou que um sistema baseado em precedentes não se confunde com "direito jurisprudencial". A diferença, muito bem colocada pelo autor, consiste na atividade desenvolvida pelo magistrado no momento da decisão: a formação do encadeamento de jurisprudência ocorre com base em decisões semelhantes, formando um conjunto homogêneo, portanto são necessárias diversas decisões dos mais diferentes Tribunais. Há uma aplicação, normalmente, da ementa ou de parcela da decisão. Por outro lado, a aplicação do precedente fornece uma razão universalizável que será aplicada aos casos sucessivos idênticos ou semelhantes, como verdadeiro modelo a ser seguido, gerando uma uniformização das decisões subsequentes.

No Brasil, principalmente após a entrada em vigor do CPC de 2015, não se percebe um direcionamento ao sistema da *common law*, o que não desmerece nosso sistema de precedentes. Isso é ratificado pelo fato de adotarmos um sistema de teses/temas formulados pelas Cortes Superiores e utilizados na construção de decisões pelos magistrados singulares ou desembargadores. Assim, continuamos a indicar de maneira genérica e abstrata a tese construída pelo Tribunal julgador, sobre determinada situação.

Precedente judicial deve ser entendido, no contexto brasileiro atual, como a decisão formulada por um Tribunal de vértice[3] capaz, por autoridade normativa, de vincular o Poder Judiciário em futuras decisões aplicadas em casos semelhantes. Assim, é perceptível a necessidade de uma decisão mais bem construída pelos magistrados, com uma *ratio decidendi* justificada, lógica e preocupada com os fatos relevantes que influenciaram a tomada de decisão.

Em um sistema de precedentes, a *ratio decidendi* corresponde aos fatos selecionados pelo juiz acrescida da conexão com o direito (norma, costume, demais fontes etc.) utilizada para construir o texto decisório, a partir de razões necessárias para o julgamento. Isto é, a *ratio* necessita de dois pontos de crucial importância: fatos e direito, um depende do outro para que o sistema seja construído com bases racionais.

Segundo Neil Duxbury (2008), a regra do *like cases be treated a like* decorre da escolha, em determinado caso concreto, dos fatos relevantes para a tomada de decisão. Isso porque as decisões posteriores deverão conseguir enxergar os mesmos fatos para a criação do precedente. A decisão será rejeitada, contudo, caso o juiz não identifique, no caso sucessivo, fato relevante distintivo da situação anterior. Assim, há dois pontos cruciais nesse pensamento: a importância da escolha dos fatos relevantes para a construção da decisão e a decisão ser aceita pelos demais magistrados como fonte do direito a ser aplicada como precedente. Note-se que, nos termos da *common law*, o precedente só se forma quando o juiz sucessor aplica a decisão anterior, já para nós, a sua formação ocorre no momento em que o Tribunal de vértice julga o caso.

Isso não exime os Tribunais de desenvolverem uma decisão que seja aceita, compreendida e incorporada pela comunidade jurídica, em especial a dos juízes. Para tanto, a justificação das decisões é necessária não só para que o sistema funcione da melhor maneira possível, ou seja, de maneira racional e fundamentada, mas também para contribuir para a continuidade do sistema de precedentes.

Assim, foi construído no Brasil um sistema impositivo de precedentes, no qual Tribunais de vértice são alçados pela legislação processual

3 Deixamos de analisar se o IRDR constitui precedente em nosso ordenamento, pois não é objeto da presente análise.

a ocupar um lugar de standard argumentativo obrigatório e vinculante. Não houve uma mudança de pensamento, de racionalidade, de busca por uma convergência interpretativa para criar maior segurança jurídica e isonomia entre os jurisdicionados. Há uma hierarquia de vinculação, retirando do magistrado a escolha da decisão que, no seu compreender, caberia ao caso.

Por outro lado, o sistema de temas/teses acaba por facilitar o desenvolvimento e utilização de mecanismos de aplicação de IA ao identificar com mais precisão qual tema/tese pode ser usado no caso concreto. Não se trata de substituir, mas de desenvolver um apoio[4] ao magistrado diante da enormidade de trabalho e de temas julgados em sede de precedente.

## 3. IA E APOIO A DECISÃO

Dois elementos conceituais são importantes para fixarmos os parâmetros da pesquisa de IA para apoio a decisão, tendo em vista a complexidade apresentada pelo sistema de precedentes no Brasil e estruturado com vistas a captação do acúmulo de conhecimento produzido pelo poder judicante.

O primeiro deles diz respeito à noção de acurácia substancial, que é tomada pela reunião dos conceitos de acurácia combinada com um enfoque de qualificação jurídica, isto é, refere-se inicialmente à exatidão de um resultado em relação a um parâmetro tomado como referência. A precisão é considerada com referenciais em repetição, ou seja, quanto mais preciso for um resultado, menor será a variabilidade entre todos os resultados obtidos. Para clareza, recorre-se a segunda analogia: em um espaço há 100 animais, sendo 60 gatos e 40 cachorros. Se o objetivo de uma máquina for identificar gatos e essa máquina aponta Gato 1, Gato2 e Gato3 corretamente como gatos e Cachorro1,

4 Trabalhamos em diversos textos esta ideia de IA como apoio e uma função de "self optimization": projeto Victor: relato do desenvolvimento da inteligência artificial na repercussão geral do Supremo Tribunal Federal; Machine learning and the general repercussion on Brazilian Supreme Court; Direito e Inteligência Artificial na (não) redução de desigualdades globais: decisões automatizadas na imigração e sistemas de refugiados; Inteligência Artificial e Direito: convergência ética e estratégica; Direito e Inteligência Artificial: referenciais básicos com comentários à Resolução CNJ 332/2020 (textos referenciados ao final).

Cachorro2 e Cachorro3 corretamente como cachorros, essa máquina está sendo precisa. Mas, por outro lado, ela está deixando de perceber outros 57 gatos, que não foram identificadas como tal. Portanto, dentro do conjunto de dados, o desempenho referencial está sendo preciso, mas com baixa acurácia, porque muito distante do seu problema/objetivo. Mas, como mencionado, acurácia não deve ser vista isoladamente - ao menos na aplicação ao Direito -, mas adjetivada como acurácia substancial, ou seja, com o objetivo de reunir o conceito de desempenho da acurácia com o maximização de realização substancial do Direito, isto é, com uma orientação ética de respeito e robustez, incluindo cuidados metodológicos contra desvios (que sempre podem ocorrer, pois trata-se de uma reprodução da atividade cognitiva humana), com a proteção do desigual, dos vulneráveis e minorias, com a promoção da dignidade, da igualdade substancial e a observação e concretização de direitos fundamentais atingidos, assim, sendo da maneira mais efetiva protegida de vieses.

Com isto, não pode ser objetivo da IA a pura redução de tempo da ação decisória. Ela deve ter acurácia e deve ser compatível com a concretização de direitos fundamentais. É o mesmo raciocínio que se deveria fazer sobre as métricas de avaliação do modelo de decisão judicial, que não deveria privilegiar a quantidade de decisões pura e simplesmente, mas quantidade alinhada com qualidade na concretização de direitos.

O segundo elemento é a percepção do enfrentamento do problema posto à jurisdição, pelo desenvolvimento do conceito de logística jurisdicional. Por logística jurisdicional entende-se o mapeamento diagnóstico e o desenvolvimento de soluções de inteligência artificial para diminuição dos nós que atrapalham o andamento substancialmente célere da prestação jurisdicional, apoiando tarefas humanas sujeitas a demoras e erros, auxiliando na otimização de desempenhos, identificando inconsistências ou incongruências, reunindo padrões, apontando similaridades e criando elementos de planejamento e execução estratégicas.

Neste mesmo caminho está o panorama de relevância dos precedentes e com o reconhecimento de suas potencialidades para o enfrentamento do grave problema posto ao direito de acesso e à concretização de Direito. Assim, precedentes e IA podem ser utilizados estrategicamente, potencializando os efeitos positivos e contribuindo com o aperfeiçoamento do conceito de logística jurisdicional.

De acordo com um modelo de racionalidade em seus contornos contemporâneos, as decisões devem levar em conta a extração de referenciais em casos anteriores. Um modelo que segue precedentes parte da visão de que as regras jurídicas a serem consideradas para um caso se sujeitam às restrições estabelecidas em um precedente e, portanto, devem orientar o processo de decisão (MULLINS, 2020).

A fase atual de desenvolvimento de um sistema de precedentes e a incipiência de sistemas de inteligência artificial impulsionam a observação do que é oportuno e do que pode vir a ser referencial nos parâmetros de sistemas típicos de *common law*. Assim, a análise de aplicações para as etapas de organização da estrutura argumentativa das petições, a delimitação do referencial normativo legislativo, o precedente envolvido e a estrutura argumentativa das decisões judiciais são centrais nesse processo.

A área jurídica geradora de enorme quantidade de dados não estruturados e campo fértil[5] para a busca de apoio em soluções de inteligência artificial apresenta uma característica recorrente: a constante variabilidade de situações que compõem padrões de dados reproduzíveis.

Desta forma, há na prática grande necessidade de permanente formação e atualização de aprendizagem de máquina pela dinâmica de composição de *datasets* e o correspondente sistema de testes e avaliações.

Uma das atuais grandes questões sobre a compatibilização de sistemas de IA com o sistema de precedentes é a possibilidade de apropriação por uma solução de *machine learning* da complexidade dos arranjos processuais jurídicos que se projetam no tempo. Masha Medvedeva, et. al (2019) realizou uma profunda pesquisa sobre predição de decisões para a Corte Europeia de Direitos Humanos. O objetivo principal da referida pesquisa foi demonstrar as possibilidades do processamento de linguagem natural (NLP) para prever automaticamente decisões do Tribunal Europeu de Direitos Humanos (CEDH). Em essência, o trabalho

5 Importante que esta observação não está desconectada da observação teórica, como faz Mozetic (2017) tematizar os sistemas jurídicos inteligentes e o caminho perigoso até a teoria da argumentação de Robert Alexy.

foi feito pela aplicação de uma análise quantitativa com base em palavras e conjuntos de palavras associadas ao uso no CEDH e, com base nessa análise, ensinou-se o computador a prever a decisão. Entretanto, esse caminho não foi fácil.

Após o treinamento SVM (*Support Vector Machine* – classificador linear), um conjunto separado de casos (*dataset* de teste), que não foram usados no treinamento foi utilizado para testes comparativos. O contexto da pesquisa estava circunscrito à decisão judicial do CEDH, que possuía uma estrutura relativamente estável e estava circunscrita a possíveis (não) violações entre 9 artigos. A questão é que habitualmente as demandas de IA são mais complexas, dificultando treinamento e teste. Este o grande desafio atual de modelos de IA para o Direito. Uma possível resposta se dá alinhada ao que se entende *por* racionalidade, que tem impacto também pela variável Tempo. Como se sabe, os interesses que originam a colisão concreta de princípios podem ser identificados e tratados com pesos, no formato teorético de Robert Alexy. Esta formulação de racionalidade, envolve condições 'C' e enunciados de preferência 'P'. Por sua vez, em razão do campo concreto, inegavelmente submetidos também a uma variável de Tempo 'T', pois ao longo dele são possíveis alternâncias ou surgimentos de condições de precedência. Estas condições sob as quais um princípio tem precedência em face de outro constituem o suporte fático (mundo concreto) para uma regra que suportará racionalmente uma decisão. Portanto, a predição, em casos limítrofes, será mais adequada se adaptável como dimensionada algoritmicamente. No trabalho recente de Habiba e Pearlmutter (2020) há a utilização de equações diferenciais neurais, como extensão das ODEs (*ordinary differential equations*), como instrumento de performance para análise de dados temporais. No trabalho é possível ver o desenvolvimento de respostas para questões relevantes à aplicação de modelos de redes neurais recorrentes com potencialidade para aplicações de modelos para demandas do Direito.

## CONCLUSÃO

Buscou-se com o presente texto apresentar alguns elementos na interface entre Direito processual e Tecnologia para auxiliar no debate sobre as possibilidades da IA como apoio à decisão no sistema de precedentes.

Para esta finalidade, estruturou-se uma compreensão sobre o próprio sistema de precedentes no Brasil, destacando suas peculiaridades e formato de aplicação. Por outro lado, o texto procurou registrar a importância de um sistema de IA, para ser efetivo dentro da estruturação de uma racionalidade, ser capaz de captar, com acurácia substancial, contextos complexos e possuir respostas de performance para análises temporais.

Não há dúvida que os desafios estão situados na justa combinação da visão estratégica que se tem da IA aplicada ao Direito como *background* para que os próprios sistemas de IA sejam seguros, viáveis e sustentáveis ao longo dos próximos anos, bem como o permitam o desenvolvimento de sistemas de apoio tecnológico (ambiente de logística jurisdicional) mais afinados às variáveis da racionalidade jurídica, ajustáveis ao tempo e que puderem mais facilmente (menor custo, menor uso de memória, maior estabilidade e maior adaptabilidade, etc.) desempenhar com acurácia substancial se comparados aos modelos tradicionais de captação e predição.

## REFERÊNCIAS

BHALA, Nita. **Ugandan medics deploy AI to stop women dying after childbirth**. Thomson Reuters Foundation. News. Disponível em https://news.trust.org/item/20200131160316-lp5sv/. Último acesso em 01/03/2021.

BONAT, Debora; HARTMANN PEIXOTO, Fabiano; Machine **learning and the general repercussion on Brazilian Supreme Court**: applying the Victor robot to legal texts. The European MIREL. http://ceur-ws.org/Vol-2632/MIREL-19_paper_5.pdf. Último acesso em 24/02/2021.

BONAT, Debora; HARTMANN PEIXOTO, Fabiano; **Inteligência Artificial e Precedentes** Coleção Direito, Racionalidade e Inteligência Artificial. 1a edição. v. 3. 2020. Curitiba: ed. Alteridade. ISBN 978-65-991155-0-9.

CARVALHO, Fernanda Potiguara; CARVALHO, Artur Potiguara; HARTMANN PEIXOTO, Fabiano; **Governança de dados aplicada a Big Data analytics**: a necessidade de gestão dos dados em Big Data para além da LGPD. In: HARTMANN PEIXOTO, Fabiano; ROVER, Aires Jose; PINTO, Danielle Jacon Ayres. Direito, Governança e Novas Tecnologias II. Florianópolis: Conpedi, 2020. ISBN: 978-65-5648-086-2. Último acesso em 24/02/2021.

COLUMBIA UNIVERSITY. **N-Grams and Corpus Linguistics**. Disponível em: <http://www.cs.columbia.edu/~kathy/NLP/ClassSlides/Class3-ngrams09/ngrams.pdf. Último>. Acesso em 24/02/2021.

COUTINHO, Marina de Alencar Araripe; HARTMANN PEIXOTO, Fabiano. **Inteligência Artificial e Regulação**: uma análise do Projeto de Lei 5.051/2019. Revista Em

Tempo. v. 19 n. 1 (2020). https://revista.univem.edu.br/emtempo/issue/view/58. Último acesso em 23/02/2021.

DEZAN, Matheus LOPES; HARTMANN PEIXOTO, Fabiano. **Soluções de inteligência artificial como forma de ampliar a segurança jurídica das decisões jurídicas**. http://buscalegis.ufsc.br/revistas/index.php/observatoriodoegov. Último acesso em 23/02/2021.

DONG, Chengyu; LIU, Liyuan; LI, Zichao, SHANG, Jingbo. **Towards Adaptive Residual Network Training: A Neural-ODE Perspective** *Proceedings of the 37th International Conference on Machine Learning*, PMLR 119:2616-2626, 2020. Disponível em http://proceedings.mlr.press/v119/dong20c.html. Último acesso em 23/02/2021.

DUXBURY, Neil. The nature and authority of precedent. Cambridge: University Printing House, 2008.

HABIBA, Mansura; PEARLMUTTER, Barak. **Neural Ordinary Differential Equation based Recurrent Neural Network Model**. 2020. Disponível em https://www.researchgate.net/publication/341539551_Neural_Ordinary_Differential_Equation_based_Recurrent_Neural_Network_Model. Último acesso em 23/02/2021.

HARTMANN PEIXOTO, Fabiano. **Projeto Victor**: relato do desenvolvimento da inteligência artificial na repercussão geral do Supremo Tribunal Federal. Revista Brasileira de Inteligência Artificial e Direito. Volume 1. 2020. RBDI. AID-IA. 2020. https://rbiad.com.br/index.php/rbiad.

HARTMANN PEIXOTO, Fabiano. **Direito e Inteligência Artificial na (não) redução de desigualdades globais**: decisões automatizadas na imigração e sistemas de refugiados. Revista Direitos Culturais (Qualis B1). v. 15. n. 37. (2020). DOI: https://doi.org/10.20912/rdc.v15i37.222. Último acesso em 24/02/2021.

HARTMANN PEIXOTO, Fabiano. **Inteligência Artificial e Direito**: convergência ética e estratégica. Coleção Direito, Racionalidade e Inteligência Artificial. 1a edição. v. 5. 2020. Curitiba: ed. Alteridade. ISBN 978-65-990587-2-1.

HARTMANN PEIXOTO, Fabiano. **Direito e Inteligência Artificial**: referenciais básicos com comentários à Resolução CNJ 332/2020. Coleção Inteligência Artificial e Jurisdição. 1a edição. DR.IA. 2020. Brasília ISBN 978-65-00-08585-3.

HARTMANN PEIXOTO, Fabiano. **Expressão cognitiva humana, liberdade de expressão e viés de cidadania na era da inteligência Artificial**. In: Inteligência artificial, proteção de dados e cidadania [recurso eletrônico] / organizadores: Angelo Viglianisi Ferraro, Gabriel Henrique Hartmann, Thami Covati Piaia. – Cruz Alta: Ilustração, 2020. v. 1 ISBN 978-65-88362-58-7 DOI 10.46550/978-65-88362-58-7.

JURAFSKY, Daniel; MARTIN, James H. **N-gram Language Models**. Disponível em https://web.stanford.edu/~jurafsky/slp3/3.pdf. Último acesso em 24/02/2021.

LAGE, Fernanda de Carvalho; HARTMANN PEIXOTO, Fabiano. **A Inteligência Artificial nos Tribunais brasileiros**: princípios éticos para o uso de IA nos sistemas judiciais. In: GUEDES, Jefferson Carús; PINTO, Henrique Alves; CÉSAR, Joaquim Portes de Cerqueira. Inteligência artificial aplicada ao processo de tomada de decisões. 1ª Edição – Belo Horizonte, São Paulo: Editora D'Plácido, 2020. ISBN 9786555890945.

LAGE, Fernanda de Carvalho; HARTMANN PEIXOTO, Fabiano. In. FONSECA, Reynaldo Soares da; COSTA, Daniel Castro Gomes. **Direito Regulatório**: desafios e perspectivas para a Administração Pública. Belo Horizonte. Editora Fórum 2020.

MEDVEDEVA, Masha; VOLS, Michel; WIELING, Martijn. **Using machine learning to predict decisions of the European Court of Human Rights**. Disponível em https://www.researchgate.net/publication/334051389_Using_machine_learning_to_predict_decisions_of_the_European_Court_of_Human_Rights. Último acesso em 24/02/2021.

MORAIS, Fausto Santos.; CARINI, Lucas. **Governança Ética para Construção de Confiança em Sistemas de Inteligência Artificial.** PRIM@ FACIE, v. 19, p. 1-26, 2020. DOI: https://doi.org/10.22478/ufpb.1678-2593.2020v19n40.48406. Disponível em https://periodicos.ufpb.br/index.php/primafacie/article/view/48406. Último acesso em 24/02/2021.

MOZETIC, Vinícius Almada. **Os sistemas jurídicos inteligentes e o caminho perigoso até a teoria da argumentação de Robert Alexy**. Revista Brasileira de Direito. IMED. 3, N. 3 (2017). Disponível em https://seer.imed.edu.br/index.php/revistadedireito/article/view/1939/1482. Último acesso em 24/02/2021.

PEREIRA, Thales Alessandro Dias; HARTMANN PEIXOTO, Fabiano. **Inteligência Artificial e Defensoria Pública**: potenciais da Inteligência Artificial nas atividades da Defensoria Pública. Index Law Journal. Revista de Política Judiciária, Gestão e Administração da Justiça. v. 6, n. 1 (2020). Doi 10.26668/IndexLawJournals/2525-9822/2020.v6i1.6413. Último acesso em 24/02/2021.

SCHIEFLER, Eduardo André Carvalho; CRISTÓVAM, José Sérgio da Silva; HARTMANN PEIXOTO, Fabiano **A inteligência artificial aplicada à criação de uma central de jurisprudência administrativa**: o uso das novas tecnologias no âmbito da gestão de informações sobre precedentes em matéria administrativa. Revista do Direito UNISC. v. 3, n. 50 (2020)https://online.unisc.br/seer/index.php/direito/article/view/14981. DOI: http://dx.doi.org/10.17058/rdunisc.v3i50.14981. Último acesso em 24/02/2021.

TARUFFO, Michele. Precedente e jurisprudência. Civilística, ano 3, n. 2, 2014. Disponível em: <http://civilistica.com/>. Último acesso em 24/02/2021.

# 4

# Inteligência artificial para demandas repetitivas e o fenômeno da hipernormatização artificial

***Fausto Santos de Morais***[1]

**Sumário:** 1. Introdução. 2. A jurisprudência brasileira como terreno fértil à utilização da Inteligência Artificial. 3. O uso dos programas Victor e Radar para a consistência jurisprudencial brasileira. 4. A Hipernormatização Artificial. Considerações finais. Referências.

## 1. INTRODUÇÃO

A Inteligência Artificial – IA[2] vem sendo empregada em longa escala no desempenho das tarefas humanas. Isso faz com que diversas áreas do saber acabem incorporando elementos da Inteligência Artificial para auxiliar, melhorar ou substituir, com maior eficiência, as atividades humanas. Exemplo disso é o emprego de sistemas inteligentes para o diagnóstico de doenças de forma mais precisa que o médico humano.

Daí é possível estabelecer diferentes relações entre a Inteligência Artificial e o Direito, delimitando campos de pesquisa próprios. Um

---

1 Doutor e Mestre em Direito Público (UNISINOS). Editor Chefe da Revista Brasileira de Direito – Qualis A1. Editor Chefe e Conselheiro Editorial da Editor Executivo da Revista Brasileira de Inteligência Artificial e Direito – RBIAD. ISSN 2675-3146. Membro fundador da Associação Ibero-Americana de Inteligência Artificial e Direito – AID-IA. Docente da Escola de Direito e do Programa de Pós-Graduação Estrito Senso – Mestrado em Direito, da Faculdade Meridional (IMED/Passo Fundo – RS). Pesquisador com apoio da Fundação Meridional. E-mail: faustosmorais@gmail.com. Lattes: http://lattes.cnpq.br/2028518764749733.

2 Se emprega o termo Inteligência Artificial num sentido amplo, compreendendo programas computacionais capazes de reproduzir alguma das habilidades humanas. Frankish e Ramsey conceituam no seu glossário Inteligência Artificial como "a tentativa de fazer computadores fazerem atividades humanas das mais variadas". FRANKISH, Keith; RAMSEY, William M. (Org.), **The Cambridge Handbook of Artificial Intelligence**, Cambridge: Cambridge University Press, 2014. Nesse sentido, atividades automatizadas e sistemas especialistas também estariam abarcados por esse conceito.

primeiro campo de pesquisa pode ser concebido como o Direito na Inteligência Artificial, no qual o uso da Inteligência Artificial nas mais diversas tarefas humanas exige uma reflexão sobre as suas consequências jurídicas, seja em virtude de uma necessidade de regulamentação, seja pela determinação da forma pela qual o Direito pode fornecer uma resposta jurídica aos problemas como a responsabilidade civil e penal de atos praticados por sistemas inteligentes. Um bom exemplo desse tipo de provocação à reflexão jurídica é a discussão sobre a comercialização de robôs inteligentes com a fisionomia de crianças para fins sexuais. Atualmente tramita no congresso norte-americano um projeto de lei, o *Curbing Realistic Exploitative Electronic Pedophilic Robots - CREEPER Act*, que visa proibir a importação e comercialização desses robôs.

De outro lado, inaugura-se a discussão também sobre o uso da Inteligência Artificial no Direito. Isso implica em pesquisar, desenvolver e refletir sobre a influência que as práticas jurídicas estão sofrendo pelo emprego da Inteligência Artificial. Existe um certo consenso que o emprego dos sistemas inteligentes será direcionado para auxiliar na prática de atos como a pesquisa, a organização, a classificação e a recuperação de dados, sejam elas particulares ou públicos. No Brasil já existem programas responsáveis pela classificação de ações judiciais a determinados temas jurídicos repetitivos, como são os casos do Victor no Supremo Tribunal Federal e do Radar no Tribunal de Justiça de Minas Gerais. Denomina-se essa influência como a Inteligência Artificial no Poder Judiciário.

Para fins do presente trabalho, parte-se do emprego da Inteligência Artificial pelo Poder Judiciário como um fenômeno que repercute sobre a concepção de Direito como um empreendimento argumentativo. Em decorrência disso, sustenta-se que a Teoria do Direito precisa revisar os seus elementos estruturais em virtude da transformação que o uso da IA no judiciário vem produzindo.

Vale esclarecer que as questões sobre a integração da IA na Teoria do Direito exigem um esforço teórico sobre a função do Direito, as suas fontes, os seus atores e a sua forma de legitimação. Esse é o pano de fundo para se colocar a questão da hipernormatização artificial. Para tanto, num primeiro momento, apresentará o contexto brasileiro para o desenvolvimento da IA. Numa segunda etapa, será explicado como funcionam os programas Victor e Radar. Por fim, problematizar-se-á o fenômeno da hipernormatização artificial.

## 2. A JURISPRUDÊNCIA BRASILEIRA COMO TERRENO FÉRTIL À UTILIZAÇÃO DA INTELIGÊNCIA ARTIFICIAL

Como que o Direito é aplicado? Se essa pergunta fosse realizada a um advogado ou juiz, uma possível resposta seria que o jurista deve conhecer as normas vigentes de uma determinada ordem jurídica, sendo essas as premissas a serem verificadas no caso concreto. O raciocínio jurídico envolveria, portanto, conhecer as normas vigentes e relacioná-las ao caso concreto.[3] Essa noção encontra alguma correspondência à definição de Carlos Maximiliano, para quem a aplicação do Direito consiste "no enquadrar um caso concreto em a norma jurídica adequada".[4] Não parece ser diferente também da concepção de Betti sobre aplicação do Direito como "operação intelectiva, voltada a verificar e controlar se recorrem no caso os pressupostos de fato da norma".[5]

Essa ideia tradicional sobre a aplicação do Direito pressupõe um vasto conhecimento sobre o material legislativo e jurisprudencial vigente, com base no qual o jurista deve identificar a premissa jurídica que será utilizada para resolver o problema concreto. Atualmente, entretanto, diante do volume do material jurídico existente é normal que o jurista realize a sua pesquisa através de ferramentas eletrônicas. Só para exemplificar, a identificação e o acesso ao material legislativo podem ser facilmente realizados pela ferramenta de pesquisa eletrônica Google. De forma parecida, a jurisprudência dos tribunais também pode ser conhecida através de ferramentas de pesquisa fornecida pelos próprios sites dos tribunais. É plenamente plausível, portanto, que o jurista utilize tais ferramentas eletrônicas para identificar e conhecer o material jurídico.



3 Robert Alexy escreve o seu livro Teoria da Argumentação Jurídica vislumbrando um aporte teórico para responder quais os requisitos uma decisão judicial deveria atender – mesmo que de forma aproximada – para ser considerada juridicamente legítima. ALEXY, Robert, **Teoria da argumentação jurídica**, 2. ed. São Paulo: Landy Editora, 2005. p. 5.

4 MAXIMILIANO, Carlos. **Hermenêutica e aplicação do direito**. 20. ed. Rio de Janeiro: Forense, 2011, p. 5. Poderia ser objetado que a noção apresentada não mais corresponde a forma de aplicação do Direito por força da virada linguística, em virtude da qual, a unidade da *applicattio* não permitiria o intérprete se esconder atrás de um método de aplicação, no caso, o dedutivo. Embora não se negue a problematização dos métodos na aplicação do Direito, não se pode negar a existência de um sentido usual do texto jurídico.

5 BETTI, Emilio. **Interpretação da lei e dos atos jurídicos**. São Paulo: Martins Fontes, 2007, p.12.

Além do conhecimento sobre o material jurídico, o jurista precisa produzir documentos para formalizar a aplicação do Direito. Isso pode ser feito através de uma petição, um parecer, uma sentença ou um acórdão. Numa idealização, novos casos relacionados à temática deveriam ter como referência aquele documento em que a aplicação do Direito foi formalizada, a menos que o jurista seja organizado o bastante para manter um arquivo sobre as temáticas pesquisadas, o que não é impossível. De qualquer sorte, seria uma questão de eficiência e celeridade recorrer as pesquisas e aos resultados já ocorridos sobre aquela temática. Por que o Poder judiciário não pode agir da mesma maneira?

A ordem jurídica brasileira produz um vasto material legislativo e jurisprudencial. Às vezes é difícil, inclusive, estimar a quantidade de leis vigentes.[6] É claro que esse número considera as leis produzidas em diferentes níveis federativos e normativos (Emenda Constitucional, Leis Ordinárias, Decretos, Instruções Normativas e etc.). Por sua vez, a produção jurisprudencial também possui um volume imponente. Numa pesquisa rápida, o Superior Tribunal de Justiça tem o registro de 641 Súmulas e 1048 temas de Recursos Repetitivos; enquanto o Supremo Tribunal Federal possui 736 Súmulas, 56 Súmulas Vinculantes e 1082 temas de Repercussão Geral. Essa estrutura de jurisprudência sumulada encontra espaço também em tribunais de jurisdição comum e especial, regionais e estaduais. Conclusivamente, a quantidade de texto que serve de material à construção da premissa para o raciocínio jurídico é extravagante.

Colocada essa questão, já é possível apresentar o problema da vinculação jurisprudencial no Brasil. Embora a ordem jurídica brasileira esteja ligada pela sua tradição ao modelo da *Civil Law*, não se pode negar que a jurisprudência se tornou a fonte primordial do Direito.[7] O argu-

6 Esse problema da infração legislativa é retratado, entre outros, por: DIMOULIS, Dimitri. **Manual de Introdução do Estudo do Direito**. 4. ed. São Paulo: Editora Revista dos Tribunais, 2011. p.192.

7 Evidência disso é a previsão feita pelo Código de Processo Civil no artigo 927, na qual devem os juízes e tribunais observarem as decisões do Supremo Tribunal Federal em controle concentrado de constitucionalidade, os enunciados de súmula vinculante, os acórdãos em demandas repetitivas, as súmulas do Supremo Tribunal Federal e Superior Tribunal de Justiça e as orientações do órgão plenário a que estiverem vinculados. BRASIL, **Lei n° 13.105. Código de Processo Civil**, Presidência da República, disponível em: <http://www.planalto.gov.br/ccivil_03/_ato2015-2018/2015/lei/l13105.htm>, acesso em: 5 maio 2020.

mento é simples: advogados e juízes quando se deparam com um caso que até então não lhe era conhecido, iniciam a sua investigação pela jurisprudência. Isso, por si só, não seria um problema.

O problema é que falta racionalidade à aplicação do Direito na ordem jurídica brasileira quando a jurisprudência dos tribunais de cúpula não é observada pelo tribunal inferior ou pelo juiz inicial. O centro da ideia é que o judiciário está atrelado à formalidade da noção de justiça procedimental, conduzida pelo imperativo da igualdade. Ou seja, os casos iguais devem ser tratados de maneia igual e os casos diferentes, tratados de forma diferente, na medida da sua diferença. Primar por esse tratamento igualitário entre diferentes casos seria uma questão de consistência.[8] Aliás, característica essa primordial para uma ideia de racionalidade tanto que veio a ser uma exigência posta pelo Código de Processo Civil Brasileiro de 2015.[9]

Contra esse requerimento de consistência, seria possível argumentar que o juiz é livre para decidir o caso de acordo com as circunstâncias concretas, promovendo a concretude do Direito, inclusive para deixar de reproduzir o entendimento fixado na cúpula do judiciário. Também se poderia argumentar que, mesmo os Recursos Repetitivos, as Repercussões Gerais e as Súmulas Vinculantes terem o *status* jurídico de vinculação,[10] ainda assim, ao julgador haveria a possibilidade de se desviar do posicionamento consolidado.

Diante disso, parece estar cada vez mais presente a concepção decisionista sobre a aplicação do Direito, o que remonta ao modelo kelseniano de norma. Para Kelsen, a norma jurídica é um produto da vontade do julgador.[11] Somente o julgador do caso pode expressar a sua vontade

8 DWORKIN, Ronald. **Taking Rights Seriously**. Cambrdge: Harvard University Press, 1977. p. 122. Em que pese a Teoria do Direito utilizar a expressão "consistência", o Código de Processo Civil Brasileiro adotou a expressão "coerência" ao enunciar o dever das decisões judiciais respeitaram decisões anteriores, especialmente aquelas estabelecidas numa jurisprudência estabilizada por enunciados sumulares.

9 O Código de Processo Civil Brasileiro em diversos momentos faz referência às exigências de estabilidade, integridade e coerência (aqui traduzida por consistência), como se pode ver, por exemplo, no artigo 926.

10 Quando se refere ao *status* jurídico de vinculação procura expressar que o próprio estatuto processual faz a previsão de instrumentos que provocam os juízos a reconhecerem a existência de uma decisão já proferida sobre a matéria, como é o caso do instituto da Reclamação, prevista no artigo 988 do CPC. BRASIL, **Lei n° 13.105**..., on-line.

11 KELSEN, Hans. **Teoria Pura do Direito**. 6. ed. São Paulo: Martins Fontes, 2003. p. 101.

para, através da imputação, atribuir determinada consequência jurídica a um fato.[12] Interessa registrar aqui que a lógica jurídica no molde decisionista demanda uma imputação ao invés de uma derivação deducionista.[13] Ou seja, a decisão jurídica decorre de um ato de vontade do juiz, cabendo-lhe, inclusive, criar uma nova norma ou, até mesmo, deixar de aplicar a existente.[14]

Numa palavra: a aplicação do Direito dependeria do juiz que, numa atividade cognitiva e volitiva, identifica a premissa jurídica, vincula ela ao caso concreto e imputa a consequência jurídica. Essa atividade pode seguir ou não os padrões anteriormente definidos de acordo com a similaridade entre as circunstâncias do caso anterior e o posterior.

Sobre esse contexto, duas seriam as grandes exigências à aplicação do Direito: a primeira, a capacidade de identificar o material jurídico precedente; a segunda, manter o máximo de consistência entre aquilo que já foi decidido e aquilo que precisa ser. Para ambas as exigências, a Inteligência Artificial - IA[15] seria capaz de contribuir.

Kevin Ashley aponta para os avanços da Inteligência Artificial voltada ao Direito, especialmente para auxiliar o jurista no exercício das suas atividades.[16] Conforme ressalta Ashley, a inteligência artificial tem atualmente a capacidade de extrair informações dos textos legais e auxiliar os humanos a resolverem as questões jurídicas.[17] Essa colaboração seria a marca de programas computacionais caracterizados pela

---

12 *Ibidem.* p. 101.

13 Kelsen afirma que a aplicação do Direito não poderia ser algo causal, ordenado pelo campo de lógica. Mas um exercício da vontade do juiz, incontrolável do ponto de vista lógico. KELSEN, **Teoria Pura do Direito**, p. 393.

14 *Ibidem.* p. 393.

15 Se emprega o termo Inteligência Artificial num sentido amplo, compreendendo programas computacionais capazes de reproduzir alguma das habilidades humanas. Frankish e Ramsey conceituam no seu glossário Inteligência Artificial como "a tentativa de fazer computadores fazerem atividades humanas das mais variadas". FRANKISH, Keith; RAMSEY, William M. (Org.), **The Cambridge Handbook of Artificial Intelligence**, Cambridge: Cambridge University Press, 2014. Nesse sentido, atividades automatizadas e sistemas especialistas também estariam abarcados por esse conceito.

16 Ashley sustenta que os programas criados para lidarem com informações decorrentes da modelação baseadas em regras, ou em casos, têm a capacidade de oferecer razões, as quais, serviriam para realizar tarefas como raciocinar, explicar, argumentar e predizer. ASHLEY, Kevin. D, **Artificial Intelligence and Legal Analytics: new tools for law practice in the digital age**, Cambridge: Cambridge University Press, 2017. p. 32.

17 ASHLEY, op. cit., p. 11.

recuperação argumentativa (*Argument Retrieval*) e pela computação cognitiva (*Cognitive Computing*).[18] O funcionamento de programas como esses pressupõe a participação dos juristas numa etapa de modelação do raciocínio jurídico, seja com base na legislação (*Statutory Reasoning*) ou em precedentes (*Cased-Based Reasoning*).

Quando se fala em modelação com base na legislação (*Statutory Reasoning*), o pressuposto está na possibilidade de representação lógica das regras legislativas. Isso permitiria, inclusive, que a complexidade da legislação decorrente do volume legislativo pudesse ser facilitada pela capacidade computacional da IA. Assim, seria possível incluir no sistema uma descrição fática do caso para que o programa retornasse com a regra jurídica aplicável.

Uma determinada regra legislativa específica poderia[19] ser modelada através de proposições lógicas, como ilustra Ashley com o exemplo da formalização proposicional no caso da Seção 354, do *Internal Revenue Code*.[20] Isso resolveria parte da questão de identificação do material jurídico legislativo utilizado como premissa para o raciocínio jurídico.

Havendo a modelação do raciocínio com base na legislação, o material jurídico não pode ser considerado completo sem a integração do direito legislado com o direito jurisprudencial. Aliás, no contexto brasileiro conforme já apresentado, as proposições sumulares desempenham um papel central como fonte do Direito ou elemento principal na compreensão da premissa para uma conclusão jurídica. Portanto, para além da modelação legislativa, deve-se pensar também sobre a modelação da jurisprudência como uma necessidade decorrente da ideia de consistência jurídica para a harmonização jurisprudencial.



18 Seguindo com a ideia de Ashley, a recuperação argumentativa (*Argument Retrieval*) implicaria na pesquisa e identificação dos conceitos legais de forma automática, capazes de contribuir com a solução de um problema jurídico. Com os avanços no processamento da linguagem natural, a recuperação argumentativa seria inclusive capaz de identificar automaticamente os argumentos presentes nos textos jurídicos. Por computação cognitiva (*Cognitive Computing*), Ashley identifica a capacidade de programas em extrair possíveis soluções de um determinado corpo textuais e ranqueá-las de acordo com a sua relevância para o problema. ASHLEY, op. cit., p. 13.

19 Está se considerando aqui o uso de um programa computacional especialista. Ashley esclarece que a especialidade do sistema seria a capacidade de aplicar regras jurídicas a fatos específicos, mediante prévia programação. ASHLEY, op. cit., p.8.

20 ASHLEY, op. cit., p. 42.

Para a modelação da jurisprudência se deve definir qual é o objeto que se pretende representar. A literatura especializada reporta que a modelação da jurisprudência envolveria a capacidade de representar um precedente (*Case-Based Reasoning*), tendo-se aqui em mente um determinado caso concreto decidido pelo judiciário. Isso envolveria conhecer os elementos fáticos considerados para a conclusão jurídica, representando-os como fatores que suportam a comparação entre diferentes casos jurídicos.

Poder-se-ia concluir, de forma apressada, que a integração da modelação da legislação com o precedente seria uma representação correta da estruturação do raciocínio jurídico brasileiro. Objeta-se, entretanto, que a forma de aplicação da jurisprudência no Brasil possui a particularidade própria da criação de proposições sumulares. Ao contrário dos precedentes, nos quais os elementos fáticos são determinantes para a comparação entre casos jurídicos, as proposições sumulares[21] apresentam uma característica estrutural igual à legislação. Dessa maneira, aquela definição jurisprudencial que já foi consolidada num enunciado sumular, deve ser representada nos moldes de um raciocínio estatutário (*Statutory Reasoning*).

Talvez mais importante que a forma de modelação do raciocínio jurídico nos moldes da legislação (*Statutory Reasoning*) e do precedente (*Case-Based Reasoning*), seja o emprego de técnicas de *Machine Learning*, supervisionada ou não, para o processamento de linguagem natural. Essa técnica ajudaria a identificar os padrões jurídicos na legislação, na jurisprudência e nos precedentes, sem requerer o mesmo esforço sobre a modelação do raciocínio jurídico.

A próxima seção apresentará dois programas que possuem a potencialidade de aplicação da Inteligência Artificial para otimizar a consistência jurisprudencial na ordem jurídica brasileira.

## 3. O USO DOS PROGRAMAS VICTOR E RADAR PARA A CONSISTÊNCIA JURISPRUDENCIAL BRASILEIRA

Pelo menos um programa de Inteligência Artificial já funciona no judiciário brasileiro, oferecendo maior celeridade: Victor do STF.

21 E aqui se está referindo a diversidade de enunciados de Súmulas, Súmulas Vinculantes, teses em casos repetitivos e entre outros.

Igualmente funciona o programa RADAR do TJMG, mas sem empregar modelos de IA. Ambos auxiliam na classificação e agrupamento de processos.

Como ficará adianta entendido, os programas apresentados não são utilizados no processo decisório. Não são os programas que definem qual a norma que vai ser aplicada ao caso. Para tanto, eles dependem de um ato decisório do tribunal para definir a norma que resolve a demanda repetitiva. Feito isso, ambos os programas compartilham a característica de classificarem as demandas judiciais aos temas já definidos pelo tribunal. Esse procedimento que permite a identificação e classificação dos temas de demanda não possui o status jurídico de vinculação normativa. Todavia, do ponto de vista fático, consegue fazer uma vinculação tecnológica com o efeito normativo.

O primeiro programa a ser indicado é o Victor no Supremo Tribunal Federal. Vale, preliminarmente, esclarecer o contexto legal processual de funcionamento do programa. De uma forma geral, cabe ao Supremo Tribunal Federal definir os temas de Repercussão Geral ou não, vinculando os recursos apresentados ao tribunal a esses temas. Assim, tem-se três resultados: sem repercussão, com repercussão ou ainda não definido. Quando o tema não possui repercussão, os recursos apresentados sobre aquela temática devem ter a sua admissibilidade negada. Se o tema possui repercussão geral surgem duas possibilidades: já julgado, os recursos apresentados devem reproduzir o mesmo entendimento; ainda não julgado, reúnem-se os recursos sobre a mesma matéria num grupo, aguardando o julgamento pelo caso representativo. No caso de a temática ainda não ter sido definida como de repercussão geral, os recursos sobre o mesmo assunto são reunidos em grupos e ficam aguardando essa definição.

Até hoje foram definidos 1.068 temas de repercussão geral. Desses, em 338 casos foi definido não haver repercussão geral. Nos demais 730 casos em que a repercussão geral foi reconhecida, 419 já tiveram a sua temática julgada definitivamente, havendo 311 temas pendentes de julgamento.[22]

Para lidar com essa realidade, de um grande de volume de recursos sobre o mesmo tema e com a possibilidade de reuni-los em grupo para

22 SUPREMO TRIBUNAL FEDERAL, **Relatório das atividades 2019**, Brasília: [s.n.], 2020.

um julgamento temático, idealizou-se o desenvolvimento de um programa de IA, o que foi realizado através do projeto Victor. Esse projeto teve início no ano de 2018 através de uma parceria entre a Universidade de Brasília (UnB) e o Supremo Tribunal Federal. O projeto tinha como objetivo reconhecer os padrões nos processos jurídicos relativos aos julgamentos de repercussão geral no Supremo Tribunal Federal.[23]

Importante esclarecer que os recursos encaminhados ao Supremo Tribunal Federal formavam um arquivo de documentos digitalizados ou produzidos em formato Word convertido em PDF. Com base nesses documentos, os recursos deveriam ser classificados a um determinado tema de repercussão geral. Essa era a prática humana da secretaria judiciária do tribunal. Estima-se que essas funções de identificação do tipo de tema através dos documentos pelos servidores humanos do tribunal levavam em média entre 30 a 40 minutos. Descobriu-se que a acurácia nessa prática era de 75%. Isso quer dizer que 25% do trabalho realizado deveria ser realizado novamente.

Com o emprego de técnicas de *machine learning*, a pesquisa em julho de 2019 já constituídas por uma base de dados (*dataset*) de 200 mil processos e com a checagem de 14 mil processos através do programa computacional. Para além do volume de processos envolvidos, chama a atenção os resultados obtidos: quanto ao tempo, o programa conseguia realizar a mesma atividade de um servidor humano num lapso temporal entre 4 a 5 segundos; quanto a acurácia, o programa apresentou um êxito de 91% de correção no desempenho das atividades.

Vale registrar que nem todos os 1.068 temas de repercussão geral foram inicialmente objetos de escrutínio pelo programa Victor. Ao longo do tempo, temas estratégicos para a corte foram escolhidos em virtude do volume processual que envolviam. No ano de 2017, os temas escolhidos se relacionavam com a definição dos juros moratórios aplicados às condenações contra o Estado Brasileiro (Tema 810), a diferença salarial específica de 47,11% devida aos servidores federais (Tema 951) e a possibilidade de aplicação do tema constitucional à conversão

23 PEIXOTO, Fabiano Hartmann, Projeto Victor: relato do desenvolvimento da Inteligência Artificial na Repercussão Geral do Supremo Tribunal Federal, **Revista Brasileira de Inteligência Artificial e Direito**, v. 1, n. 1, p. 1–20, 2020.

de licença-prêmio em pecúnia (Tema 975). Para o ano de 2018, os temas escolhidos foram sobre a não incidência de verba previdenciária sobre remuneração extraordinárias dos servidores públicos (Tema 163) e a falta de observação nos tribunais inferiores do julgamento pela maioria dos seus integrantes no caso de reconhecimento de inconstitucionalidade de forma difusa (Tema 739). Por fim, em 2019, os temas estratégicos envolviam questões sobre a violação do contraditória e da ampla defesa pelos tribunais de instância inferior (Tema 660), a necessidade de fundamentação das decisões judiciais (Tema 339), impossibilidade de recurso ao Supremo Tribunal Federal dos recursos decorrentes dos Juizados Especiais Civis (Tema 800).[24]

Para sintetizar o funcionamento do programa Victor, pode-se indicar a prática de duas ações pelo programa: a primeira, com a identificação dos documentos recursais, reunindo-os de acordo com a mesma temática; a segunda, o programa associa os recursos aos temas de Repercussão Geral definidos pelo Supremo Tribunal Federal. Para essa segunda ação, devem os ministros do Supremo Tribunal Federal definirem se o tema é de Repercussão Geral ou não e, também, deliberar como o tema deve ser resolvido. Logo, a definição do tribunal sobre o tema jurídico envolvido segue uma lógica parecida com o funcionamento dos precedentes na *Common Law*. A distinção, todavia, é que ao invés de promover um juízo de analogia entre os casos, o tribunal define uma proposição sumular. Essa seria a premissa normativa jurisprudencial para o funcionamento do programa Victor.

Para fins dessa reflexão, assume-se que a identificação dos recursos em temas agrupados bem como a associação desses grupos aos temas de repercussão geral definidos pelo Supremo Tribunal Federal são atos cognitivos. De outro lado, a definição do resultado deliberativo sobre os temas de repercussão geral, ou seja, qual o resultado jurídico para aquela situação é um ato decisório-valorativo, próprio dos ministros componentes do tribunal.

Com isso parece ser difícil negar que o programa Victor oferece maior agilidade organizacional ao Poder Judiciário, ao mesmo tempo



24 Os temas de Repercussão Geral pode ser conhecidos em: SUPREMO TRIBUNAL FEDERAL, **Teses de Repercussão Geral**, disponível em: <http://www.stf.jus.br/portal/jurisprudenciaRepercussao/abrirTemasComTesesFirmadas.asp>, acesso em: 11 jun. 2020.

em que garante a otimização da consistência jurisprudencial entre os recursos interpostos junto ao STF e os temas de repercussão geral.

O segundo programa é o Radar. Esse sistema foi desenvolvido por servidores da área de tecnologia do Tribunal de Justiça de Minas Gerais - TJMG procurando identificar ações cuja questão controversa apresente um potencial de repetitividade. Quem faz especial uso do Radar é o Núcleo de Gerenciamento de Precedentes - NUGEP. Isso ocorre através da utilização de palavras-chave ou termos encontrados nas peças processuais. Assim, é possível agrupar processos e recursos que tramitam no tribunal com o mesmo objeto jurídico.

Cabe indicar que a base de dados do Radar é constituída com os temas dos recursos com repercussão geral ou repetitivos, respectivamente, no Supremo Tribunal Federal - STF e no Superior Tribunal de Justiça - STJ. Assim, quando um processo é distribuído já seria possível através do sistema associá-lo a um tema existente de repercussão geral ou repetitivo. Adiciona-se a esses as próprias demandas repetitivas inauguradas pelo TJMG.

O magistrado, ao selecionar um processo no sistema Themis, é alertado sobre a similaridade entre o índice de palavras de identificação do processo com o índice proporcionado pela base de dados dos temas de repercussão geral, repetitivos no STJ ou TJMG. De acordo com informações do NUGEP existem indexados ao sistema aproximadamente 1,5 milhões de peças processuais além de 878 temas do STJ, 671 temas do STF e 38 temas do TJMG. O sistema funciona por meio da tecnologia *Elastic Search*, capaz de localizar na base de dados do TJMG ações específicas a partir dos parâmetros de pesquisa alimentados pelo usuário, tendo um tempo de pesquisa de milissegundos.

As duas iniciativas mencionadas correspondendo tecnologicamente as duas principais atividades do jurista na aplicação do Direito. Os programas conseguem, primeiro, identificar e processar os textos jurídicos estabelecendo uma consistência entre as informações processadas. No segundo estágio, os programas seriam capazes de identificar se o caso concreto deveria ser categorizado de uma mesma maneira definida ou não.

Aceitar essa ideia seria admitir a automatização do direito brasileiro e a dispensabilidade do jurista ser humano? Embora a dispensabilidade não seja provável, especialmente diante do antropocentrismo jurídico,[25] entende-se que as regras do Código de Processo Civil permitem a adoção de programa de IA capazes de associar casos à temas predefinidos, algo que satisfaz a noção guia de ao prazo razoável de tramitação processual.

Registra-se, ainda, que do ponto de vista teórico os programas que apresentam as características computacionais de programação cognitiva e recuperação argumentativa,[26] seriam capazes de auxiliar o jurista na identificação do material jurídico pertinente e aperfeiçoar a consistência entre as decisões judiciais.

## 4. A HIPERNORMATIZAÇÃO ARTIFICIAL

A *hipernormatização artificial* é o fenômeno que ocorre quando os elementos fáticos ou normativos considerados numa decisão jurídica não são adequadamente formalizados em uma premissa para o uso por um programa de Inteligência Artificial. Por conta disso, a IA passa a operar com uma *premissa jurídica artificial* que é progressivamente hiperestabilizada diante do funcionamento eficaz do programa.

A adjetivação de artificialidade na premissa é pejorativa, apontando para o problema de haver um significado mais amplo que foi artificialmente reduzido para permitir a sua operacionalização. É claro que o ato de formalização da uma decisão exige uma redução de significado e apreensão do seu contexto significativo. Todavia, sustenta-se que no caso da hipernomatização artificial essa redução prejudica a representação computacional do julgado.

A questão da *hipernormatização artificial* ganha relevância para a prática argumentativa jurídica no Brasil visto que, primeiro, vive-se uma fase de implementação de programas de IA responsáveis pela identificação, classificação e vinculação de demandas judiciais aos temas de repercussão geral e de causas repetitivas. Segundo, os tribunais superiores extraem teses dos julgamentos, como se fossem artigos de lei, tomados

25 Argumento pelo qual a prestação jurisdicional somente pode ser prestada pelo ser humano, que, em consideração aos objetivos do trabalho, não será aqui discutido.

26 Kevin Ashley apresenta na sua *Artificial Intelligence And Legal Analytics: New Tools for Law Practice in the Digital Age* diversas aplicações de programas de inteligência artificial no Direito com as finalidades de recuperação da informação jurídica (*conceptual legal information retrieval*) e de computação cognitiva (*cognitive computing*). ASHLEY, op. cit., **Artificial Intelligence and Legal Analytics: new tools for law practice in the digital age**, 2017, p. 11.

atomicamente como precedentes a serem obedecidos. Nesse ponto, a tese estabelecida se descola do seu contexto de aplicação, ganhando uma autonomia significativa e informacional.

De uma forma geral, a decisão jurídica que define as teses aos temas indicados, vem servindo de premissa operacional que conduz o funcionamento da IA. Isso pode ser visto tanto na experiência do Victor no Supremo Tribunal Federal e do Radar pelo Tribunal de Justiça de Minas Gerais.

Se por um lado é evidente que essas IAs são eficientes, de outro, fica a dúvida quanto ao espaço para manifestação do fenômeno da hipernormatização artificial. Isso pode acontecer em decorrência de fatores normativos ou fáticos, como se verá a seguir.

Os *fatores normativos* ocorrem quando se determina uma regra que sofreu modificações interpretativas pelo tribunal ou, até mesmo, o entendimento firmado não encontra mais consenso nas decisões atuais. Portanto, a regra continua sendo aplicada na sua formulação originária, não sendo esta a prática judiciária. Dois exemplos podem ajudar a esclarecer.

Os elementos normativos podem ocorrer quando o tribunal ao longo do tempo modificou a sua interpretação sobre determinado posicionamento registrado num preceito sumular (Súmula ou tema Repercussão Geral) ou, até mesmo, esse entendimento deixou de ser um consenso. Exemplos disso são as Súmulas n° 343 e n° 347 do STF.[27]

A Súmula n° 343 do STF, aprovada em 13 de dezembro de 1963, tem como seu enunciado: "Não cabe ação rescisória por ofensa a literal disposição de lei, quando a decisão rescindenda se tiver baseado em texto legal de interpretação controvertida nos tribunais.". Apesar disso, com o advento da Constituição Federal de 1988, boa parte da doutrina e da jurisprudência passou a admitir a propositura de ação rescisória contra decisões transitadas em julgados no caso de violação literal à constituição.[28] Portanto, o enunciado literal da súmula não poderia simplesmente ser considerado por uma IA sem a devida limitação do seu alcance significativo às violações ao texto constitucional.

27 As Súmulas do Supremo Tribunal Federal podem ser conferidas em: SUPREMO TRIBUNAL FEDERAL, **Súmulas do STF**, disponível em: <http://www.stf.jus.br/portal/cms/verTexto.asp?servico=jurisprudenciaSumula&pagina=sumula_301_400>, acesso em: 11 jun. 2020.

28 CRUZ E TUCCI, José Rogério, **Súmula 343 do STF viabiliza o caminho da ação rescisória**, CONJUR, disponível em: <https://www.conjur.com.br/2014-jun-17/sumula-343-stf-viabiliza-caminho-acao-rescisoria>, acesso em: 11 jun. 2020.

A Súmula nº 347, aprovada em 13 de dezembro de 1963, também apresenta um problema de hipernormatização artificial por elemento normativo. O enunciado aprovado determina que "O Tribunal de Contas, no exercício de suas atribuições, pode apreciar a constitucionalidade das leis e dos atos do Poder Público." Inobstante, o texto parece não gerar dúvidas, a atual jurisprudência no Supremo Tribunal Federal registra decisões contraditórias sobre tal possibilidade, havendo uma falta de consenso na própria corte em relação à temática.

Existem ainda os elementos fáticos. Neste caso, o enunciado formulado pelo tribunal deixa de registrar um elemento fático determinante, o que deturpa o sentido da norma no momento da aplicação em virtude de tal ausência. A Súmula Vinculante nº 11 e a fixação da tese no RE nº 494.601/RS, são exemplos esse problema.

Em 22 de agosto de 2008 o STF publicou o enunciado da Súmula Vinculante nº 11, registrando textualmente que "Só é lícito o uso de algemas em casos de resistência e de fundado receio de fuga ou de perigo à integridade física própria ou alheia, por parte do preso ou de terceiros, justificada a excepcionalidade por escrito (...)".[29] Em referência ao julgamento que deu vazão à súmula, compreende-se que a expressão "justificada a excepcionalidade por escrito" dizia respeito à necessidade da autoridade justificar concretamente, diante das circunstâncias do caso concreto, o uso das algemas por conta da conduta realmente perigosa do preso. Todavia, o STF após a publicação do enunciado legitimou o uso das algemas no RHC 102.962/MG,[30] quando a justificação apresentada pela autoridade foi meramente formal – ficou registrado que o uso foi necessário "para assegurar a integridade física doas agentes de polícia e do próprio acusado". Ou seja, essa mesma justificativa poderia ser utilizada em qualquer outro caso.

A outra situação de hipernormatização fática pode ser observada na fixação da tese no RE nº 494.601/RS,[31] em que se estava em jogo a proibi-

29 SUPREMO TRIBUNAL FEDERAL, **Súmulas Vinculantes**, disponível em: <http://www.stf.jus.br/portal/cms/verTexto.asp?servico=jurisprudenciaSumulaVinculante>, acesso em: 11 jun. 2020.

30 SUPREMO TRIBUNAL FEDERAL, **Uso de algemas (RHC 102.962/MG)**, disponível em: <https://jurisprudencia.stf.jus.br/pages/search/sjur187260/false>, acesso em: 11 jun. 2020.

31 SUPREMO TRIBUNAL FEDERAL, **Sacrifício de animais em rituais religiosos de matriz africana (RE 494.601/RS)**, DJe 19/11/2019, disponível em: <https://jurisprudencia.stf.jus.br/pages/search/sjur414970/false>, acesso em: 11 jun. 2020.

ção do sacrifício de animais em rituais de matriz africana. O julgamento foi precedido de audiências públicas, nas quais diversos especialistas ouvidos informaram duas questões fáticas consideradas pela maioria dos ministros, quais sejam: a) os animais sacrificados não sofriam; b) a carne dos animais era ingerida no ritual. Contudo, no momento de registro da tese esses dois elementos deixaram de contar no texto registrado, como se pode observar: "É constitucional a lei de proteção animal que, a fim de resguardar a liberdade religiosa, permite o sacrifício ritual de animais em cultos de religiões de matriz africana".

Verifica-se, portanto, que a formalização textual sumular deve procurar representar todos os elementos fáticos determinantes para a incidência da regra sob pena de haver uma sobrepadronização significativa.

Identificados os contornos do fenômeno, cabe apresentar a deficiência metodológica na compreensão da jurisprudência como fonte do Direito, com repercussão na forma de modelação computacional da ontologia jurídica, como provável causa para a hipernormatização. Para ser mais claro: o problema da hipernormatização artificial estaria mais centrado na incapacidade de o jurista brasileiro compreender que o caráter normativo da jurisprudência não pode ser aprisionado por um singelo enunciado textual,[32] mas depende de uma reconstrução da decisão nos moldes do seu contexto significado em comparação com as similitudes fáticas de um novo caso. Essa lógica aproximaria a aplicação da jurisprudência com a metodologia dos precedentes da *Common Law*.[33]

Tal condição fica clara quando se verifica que no Brasil há uma cultura própria para a aplicação da jurisprudência como fonte do Direito, especialmente, pela existência de institutos jurídicos tais quais as súmulas dos tribunais, as teses dos recursos repetitivos e da repercussão geral, bem como as súmulas vinculantes do STF. Isso porque, ao contrário do que acontece tradicionalmente na *Common Law* com a fixação de um caso decidido como *holding*, para que na sua contextualidade venha a ser considerado como paradigmático no futuro, no Brasil o tribunal acaba por criar um enunciado textual que é aplicado como se fosse uma regra jurídica.[34] Para

---

32 STRECK, Lenio Luiz, **Jurisdição constitucional e decisão jurídica**. 3. ed. São Paulo: Editora Revista dos Tribunais, 2013.

33 *Ibid.*

34 Cuja característica aplicativa é a subsunção, conforme admite boa parte da comunidade jurídica.

tanto, o enunciado sumular isolado é elevado à premissa inicial normativa para um silogismo com o caso concreto.

Essa metodologia de aplicação do Direito influencia a forma pela qual a modelação computacional da ontologia[35] jurídica deve ser realizada. Como esclarece Ashley, a função da ontologia é prover um vocabulário conceitual para a representação do conhecimento que a IA pode processar.[36]

Existem duas formas de representação do conhecimento jurídico mediante modelagem.

A primeira é o tipo de raciocínio com base em casos (*Case-based Legal Reasoning*). Essa técnica representa o conhecimento sobre os fatos e as similaridades jurídicas entre casos, aproximando-os aos conceitos jurídicos.[37] Criada a ontologia, a IA pode comparar o problema e os fatos, indicando a similaridade entre eles e sugerindo determinada consequência jurídica. A comparação entre os casos e os fatos relevantes reproduzem uma metodologia de aplicação do Direito típica do *Common Law*.

A segundo é o tipo de raciocínio legislativo (*Statutory Reasoning*).[38] Partindo do pressuposto que as regras legislativas podem ser representadas de maneira lógica e que a IA tem a capacidade de deduzir. Seria necessário apenas o *input* do suporte fático no programa para que fosse possível identificar se as condições para a aplicação da regra teriam sido preenchidas.[39]

No caso brasileiro, se poderia pensar equivocadamente que a modelação deveria se conformar ao tipo de raciocínio com base em casos, por se tratar da aplicação da jurisprudência como fonte do Direito. Entretanto, tal impressão está equivocada. Da maneira pela qual os enunciados sumulares concebidos e aplicados, estar-se-ia diante de uma ontologia típica do raciocínio legislativo. Portanto, a IA precisam modelar os enunciados

35 A noção de ontologia é empregada no sentido da explicitação formal e especificação geral de propriedades conceituais e as relações entre as entidades de um dado domínio. Cf. WYNER, Adam, An Ontology in OWL for legal case-based reasoning, **Artificial Intelligence and Law**, v. 16, n. 4, p. 361–387, 2008.

36 ASHLEY, **Artificial Intelligence and Legal Analytics: new tools for law practice in the digital age**. p. 173.

37 *Ibid*. p. 77.

38 *Ibid*. p. 32.

39 *Ibid*. p. 39.

jurisprudenciais como se fossem premissas cujas condições poderiam ser verificadas no caso concreto mediante um raciocino dedutivo.

## CONSIDERAÇÕES FINAIS

A integração da Inteligência Artificial ao Direito exige uma revisão de diversos pressupostos teóricos da Teoria do Direito e da Teoria da Argumentação Jurídica. Como se objetivou neste trabalho, foi apresentado o fenômeno da *hipernormatização artificial* como uma questão decorrente da aplicação de Inteligência Artificial no Direito.

A hipernormatização jurídica pode ser um problema do uso da AI no Direito, exigindo do jurista uma atenção sobre a forma pela qual a programação computacional é realizada com base em decisões jurídicas sumuladas. Essa atenção envolve argumentar sempre privilegiando os fatores jurídicos e fáticos determinantes para a formalização de premissas que serão posteriormente utilizadas para a aplicação de forma automatizada do Direito pela IA.

Há o risco de se sustentar que as causas desse efeito decorrem exclusivamente por questões tecnológicas. Entende-se, todavia, que tal posição é um equívoco. O desenvolvimento da IA no judiciário, especialmente levando em conta os exemplos das IAs indicadas no texto, tem a característica de reproduzir a rotina dos tribunais para identificar e classificar as demandas judiciais, tomando como seu pressuposto uma determinada visão sobre o fenômeno jurídico. Essa visão é um elemento da Teoria do Direito e deve ser compreendida como a causa para a hipernormatização artificial.

Por outro lado, a prevenção sobre uma hipernormatização artificial demanda ações sob as perspectivas jurídica e computacional. No campo jurídico, mostra-se necessário um aprimoramento teórico sobre a jurisprudência como fonte do Direito. Especialmente, de que maneira a construção de teses em demandas repetitivas, como premissas jurídicas ao processamento pela máquina, devem reproduzir os fatores normativos e fáticos mais relevantes dos julgamentos. Sob a perspectiva computacional, mesmo considerando a possibilidade de modelação da ontologia jurídica para orientar atos classificatórios, deve-se investir numa compreensão transdisciplinar na recuperação das informações jurídicas através de uma maior aproximação às teorias e técnicas de representação e gerenciamento do conhecimento.

## REFERÊNCIAS


ALEXY, Robert. **Teoria da argumentação jurídica**. 2. ed. São Paulo: Landy Editora, 2005.

ASHLEY, Kevin. D. **Artificial Intelligence and Legal Analytics: new tools for law practice in the digital age**. Cambridge: Cambridge University Press, 2017.

BRASIL. **Lei nº 13.105. Código de Processo Civil.** Presidência da República. Disponível em: <http://www.planalto.gov.br/ccivil_03/_ato2015-2018/2015/lei/l13105.htm>. Acesso em: 5 maio 2020.

CRUZ E TUCCI, José Rogério. **Súmula 343 do STF viabiliza o caminho da ação rescisória**. CONJUR. Disponível em: <https://www.conjur.com.br/2014-jun-17/sumula-343-stf-viabiliza-caminho-acao-rescisoria>. Acesso em: 11 jun. 2020.

DIMOULIS, Dimitri. **Manual de Introdução do Estudo do Direito**. 4. ed. São Paulo: Editora Revista dos Tribunais, 2011.

DWORKIN, Ronald. **Taking Rights Seriously**. Cambrdge: Harvard University Press, 1977.

FRANKISH, KEITH; RAMSEY, William M. (Org.). **The Cambridge Handbook of Artificial Intelligence**. Cambridge: Cambridge University Press, 2014. Disponível em: <http://choicereviews.org/review/10.5860/CHOICE.187061>.

KELSEN, Hans. **Teoria Pura do Direito**. 6. ed. São Paulo: Martins Fontes, 2003.

PEIXOTO, Fabiano Hartmann. Projeto Victor: relato do desenvolvimento da Inteligência Artificial na Repercussão Geral do Supremo Tribunal Federal. **Revista Brasileira de Inteligência Artificial e Direito**, v. 1, n. 1, p. 1–20, 2020.

STRECK, Lenio Luiz. **Jurisdição constitucional e decisão jurídica**. 3. ed. São Paulo: Editora Revista dos Tribunais, 2013.

STRECK, Lenio Luiz. **Jurisdição Constitucional e Decisão Jurídica**. 3. ed. São Paulo: Editora Revista dos Tribunais, 2013.

SUPREMO TRIBUNAL FEDERAL. **Relatório das atividades 2019**. Brasília: [s.n.], 2020. Disponível em: <http://www.stf.jus.br/arquivo/cms/centralDoCidadaoAcessoInformacaoGestaoEstrategica/anexo/2020_01_24_13.08_RelatoriodeAtividades2019_completo.pdf>.

SUPREMO TRIBUNAL FEDERAL. **Sacrifício de animais em rituais religiosos de matriz africana (RE 494.601/RS)**. DJe 19/11/2019. Disponível em: <https://jurisprudencia.stf.jus.br/pages/search/sjur414970/false>. Acesso em: 11 jun. 2020.

SUPREMO TRIBUNAL FEDERAL. **Súmulas do STF**. Disponível em: <http://www.stf.jus.br/portal/cms/verTexto.asp?servico=jurisprudenciaSumula&pagina=sumula_301_400>. Acesso em: 11 jun. 2020.

SUPREMO TRIBUNAL FEDERAL. **Súmulas Vinculantes**. Disponível em: <http://www.stf.jus.br/portal/cms/verTexto.asp?servico=jurisprudenciaSumulaVinculante>. Acesso em: 11 jun. 2020.

SUPREMO TRIBUNAL FEDERAL. **Teses de Repercussão Geral**. Disponível em: <http://www.stf.jus.br/portal/jurisprudenciaRepercussao/abrirTemasComTesesFirmadas.asp>. Acesso em: 11 jun. 2020.

SUPREMO TRIBUNAL FEDERAL. **Uso de algemas (RHC 102.962/MG)**. Disponível em: <https://jurisprudencia.stf.jus.br/pages/search/sjur187260/false>. Acesso em: 11 jun. 2020.

WYNER, Adam. An Ontology in OWL for legal case-based reasoning. **Artificial Intelligence and Law**, v. 16, n. 4, p. 361–387, 2008.

# 5

## Teoria tecnológica dos precedentes judiciais

***Luís Manoel Borges do Vale***[1]

**Sumário:** 1. Considerações gerais sobre o sistema de precedentes do CPC. 2. Modelos de julgamentos e o problema da extração da *ratio decidendi*. 3. Tecnologias disruptivas e o Direito. 4. Contornos da aplicação tecnológica dos precedentes judiciais e a necessidade de estabelecimento de novos parâmetros teóricos. 5. O devido processo legal tecnológico e os precedentes judiciais. 6. Conclusões. 7. Referências bibliográficas.

### 1. CONSIDERAÇÕES GERAIS SOBRE O SISTEMA DE PRECEDENTES DO CPC

O Código de Processo Civil promoveu verdadeira reformulação, no ordenamento jurídico brasileiro ao consolidar um sistema de precedentes judiciais vinculantes, com o escopo de guarnecer, em maior medida, a isonomia, a segurança jurídica, a razoável duração do processo, dentre outros princípios caros à efetividade do sistema de justiça[2].

A tentativa do legislador, portanto, foi afastar os efeitos da deletéria variabilidade decisória, a qual reduz, sobremaneira, a confiabilidade do cidadão nos pronunciamentos emanados do Poder Judiciário. Afinal de

1 Mestre pela Universidade Federal de Alagoas – UFAL. Professor de Processo Civil da Pós-graduação da Escola Superior da Magistratura do Estado de Alagoas – ESMAL, da UERJ e da Pós-graduação do Centro Universitário Tiradentes. Membro da International Association of Privacy Professionals – IAPP, do IBDP e da ANNEP. Procurador do Estado de Alagoas. Advogado. Consultor Jurídico.

2 Nesse sentido, está lavrado o art. 1°, da Recomendação n° 134, de 09 de setembro de 2022, do Conselho Nacional de Justiça, cujos termos versam sobre o tratamento dos precedentes no Direito brasileiro: "Art. 1° O sistema de precedentes representa uma nova concepção de jurisdição, em que o Poder Judiciário procura não apenas resolver de modo atomizado e repressivamente os conflitos já instaurados, mas se preocupa em fornecer, de modo mais estruturado e geral, respostas às controvérsias atuais, latentes e potenciais, de modo a propiciar a efetiva segurança jurídica."

contas, não raras vezes, jurisdicionados em situações análogas recebem respostas diametralmente opostas dos órgãos julgadores.

Na linha do *stare decisis*[3] (doutrina professada em países tradicionalmente ligados ao *Common Law* e que traduz a necessidade de observância dos precedentes judiciais), optou-se, no Brasil, por referendar uma impositividade das decisões paradigmas, em um nítido esforço de busca pela uniformidade, integridade, coerência e estabilidade das manifestações jurisdicionais, consoante adequadamente dispõe o art. 926 do Código de Processo Civil.

Ocorre que, em países como Inglaterra e Estados Unidos, a ideia de observância dos precedentes judiciais foi fruto de uma construção histórica secular, de tal modo que, no processo de construção decisória, buscam-se, naturalmente, manifestações pretéritas referenciais, para que sirvam de diretrizes ao caso em análise, quando presente similaridade fática substancial.

Ao revés, no sistema brasileiro, a obrigatoriedade de seguir precedentes não decorreu de uma prática judiciária regular, sobremaneira ligada à ideia de integridade decisional[4], mas sim de uma imposição legislativa, ou seja, o legislador interveio para fazer assentar uma nova forma de compreender o Direito[5].

Por isso, ainda são incontáveis os equívocos dos profissionais da área jurídica, no trato do sistema de precedentes judiciais, tais como: a) tomar ementa por precedente; b) não distinguir, de maneira adequada o que é *ratio decidendi/holding* (razão determinante para decidir – parte vinculante do precedente judicial) e o que é *obiter dictum* (dito de passagem – parte não vinculante); c) aplicar o precedente judicial apenas com base no método subsuntivo; d) não levar em consideração os fatos substanciais relevantes para o julgamento do caso (*material facts*); e) inadequada motivação das decisões judiciais; f) realização de distinções inconsistentes, muitas vezes com o intuito de não aplicar o precedente

3 DUXBURY, Neil. *The nature and authority of precedent*. United Kingdom: Cambridge University Press, 2008, p. 12-13.

4 DWORKIN, Ronald. *O império do direito*. 3ª ed. Tradução: Jeferson Luiz Camargo. São Paulo: Martins Fontes, 2014.

5 ABBOUD, Georges. *Do genuíno precedente do stare decisis ao precedente brasileiro: os fatores histórico, hermêutico e democrático que os diferenciam*. DIDIER JR, Fredie *et al* (coord.). Precedentes. Salvador: Juspodivm. Salvador, 2015, p. 399-405.

obrigatório (*inconsistent distinguishing*); g) cultura jurídica não adaptada a lidar com a análise de casos (*cases*); h) modelo decisório dos Tribunais que, muitas vezes, obstaculiza a extração da *ratio decidendi*, em razão da ausência de fundamentos determinantes, dentre outros.

Nessa linha de intelecção, o art. 927 do CPC, lista quais manifestações judiciais deverão ser obrigatoriamente observadas pelos juízes e Tribunais:

> Art. 927. Os juízes e os tribunais observarão:
>
> I – as decisões do Supremo Tribunal Federal em controle concentrado de constitucionalidade;
>
> II – os enunciados de súmula vinculante;
>
> III – os acórdãos em incidente de assunção de competência ou de resolução de demandas repetitivas e em julgamento de recursos extraordinário e especial repetitivos;
>
> IV – os enunciados das súmulas do Supremo Tribunal Federal em matéria constitucional e do Superior Tribunal de Justiça em matéria infraconstitucional;
>
> V – a orientação do plenário ou do órgão especial aos quais estiverem vinculados.

Da leitura do dispositivo é possível depreender, claramente, que nem tudo que está encartado nos incisos pode ser compreendido como precedente judicial, em sentido estrito.

Considera-se precedente judicial a decisão proferida em determinado caso, que ganha foro paradigmático, na medida em que pode se tornar elemento de referência para decisões futuras, haja vista que nela se encontra inserida uma tese jurídica passível de ser universalizável, no bojo de circunstâncias fáticas que embasam a controvérsia[6].

Assim, o precedente judicial é composto pela *ratio decidendi/holding* (fundamentos determinantes), pelo substrato fático e pelos argumentos *obiter dictum* (ditos de passagem ou de forma lateral). Convém destacar, por oportuno, que a parte vinculante do precedente é a que se denomina *ratio decidendi/holding*.

6 VALE, Luís Manoel Borges do. *Precedentes vinculantes no processo civil e a razoável duração do processo*. Rio de Janeiro: GZ, 2019, p. 13.

Lado outro, uma vez esmiuçado o referido conceito, não se pode confundir precedente judicial com súmula, uma vez que esta é apenas o verbete que condensa o posicionamento jurisprudencial dominante.

Em acréscimo, pontue-se que o termo jurisprudência não se traduz como sinônimo de precedente judicial, pois aquela pressupõe um conjunto reiterado de decisões em um mesmo sentido. O precedente, por sua vez, é uma única decisão-modelo, tal como aquela proferida em sede de Incidente de Resolução de Demandas Repetitivas – IRDR, em harmonia com o que vaticina o art. 927, III, do CPC[7].

Por tais razões, ao se referir ao rol do art. 927, é melhor utilizar a expressão padrões decisórios vinculantes, na linha do que preceitua Alexandre Freitas Câmara[8]: "Assim, são padrões decisórios vinculantes os precedentes e os enunciados de súmula que formalmente receberam, por imputação legal, eficácia vinculativa."

Outro ponto digno de nota é que, tradicionalmente, em países afetos à família do *Common Law* os precedentes judiciais são assim considerados segundo uma ótica *a posteriori*, ou seja, somente quando o juiz do caso futuro toma por base uma decisão pretérita, adotando-a como modelo, é que podemos considerá-la um verdadeiro precedente. Desse modo, não é o julgador de determinado caso que consignará, originalmente, que a sua decisão é um precedente judicial, mas sim os juízes de casos futuros, os quais adotarão o paradigma decisório fixado outrora.

A despeito do exposto, a lógica formatada no Brasil é diversa, na medida em que o ordenamento jurídico, *a priori*, já consigna quais padrões decisórios serão considerados vinculantes. Afinando-se no mesmo diapasão, pronunciam-se Teresa Arruda Alvim e Bruno Dantas[9]:

> O NCPC privilegia precedentes proferidos em certas e determinadas situações que justificam sejam eles tidos de antemão como precedentes. Sim, porque há decisões que se tornam, natu-

---

7 MACÊDO, Lucas Buril. Precedentes judiciais e o direito processual civil. 3ª edição. Salvador: Juspodivm, 2019, p. 93.

8 CÂMARA, Alexandre Freitas. *Levando os padrões decisórios a sério: formação e aplicação de precedentes e enunciados de súmula*. São Paulo: Atlas, 2018, p. 1.

9 ALVIM, Teresa Arruda; DANTAS, Bruno. *Recurso especial, recurso extraordinário e a nova função dos tribunais superiores no direito brasileiro*. 4ª edição. São Paulo: Revista dos Tribunais, 2017, p. 278.

> ralmente, precedentes a posteriori: ou seja, são densas, convincentes, com excelentes fundamentos, que passam a ser respeitadas em casos posteriores, idênticos ou semelhantes.
>
> De acordo com a sistemática do CPC de 2015, há decisões que já nascem como precedentes obrigatórios e que devem ser paradigma para as posteriores, em casos normalmente idênticos e às vezes semelhantes.

Malgrado o exposto, a inversão não é de todo criticável, pois, ao ter a noção prévia de que determinada decisão é considerada um padrão decisório vinculante, o órgão jurisdicional adotará as cautelas necessárias no processo formativo do pronunciamento obrigatório, mormente no que concerne à adequada fundamentação e ao destaque do que se entende por *ratio decidendi*[10]. Nesse sentido, está lavrado o art. 984, §2º, do CPC, ao tratar do IRDR: "O conteúdo do acórdão abrangerá a análise de todos os fundamentos suscitados concernentes à tese jurídica discutida, sejam favoráveis ou contrários."

Mesmo diante da estrutura acima delineada, o modelo decisório dos tribunais brasileiros tem dificultado a compreensão do que se deve entender por fundamentos determinantes, de tal sorte que resta prejudicada a aplicabilidade efetiva dos padrões decisórios vinculantes.

Ademais, cumpre registrar que não é possível confundir a ideia de *ratio decidendi/holding* com a "tese/tema" a que aludem os Tribunais brasileiros. Afinal de contas, os fundamentos determinantes dos quais dimanam a razão geral universalizável hábil a ser aplicada em caso correlato não pode se confundir com uma condensação linguística simplificadora que busca reduzir a complexidade do trabalho com precedentes judiciais.

À evidência, seria um retrocesso aduzir que a norma geral do precedente se confunde com o texto contido na motivação do caso alçado à categoria de paradigma ou com um recorte textual que busca se aproximar da *ratio decidendi*. Em vista do exposto, é indispensável que o juiz

10 É salutar, na linha do exposto, a redação do art. 104-A, II, do Regimento Interno do Superior Tribunal de Justiça: Art. 104-A. Os acórdãos proferidos em julgamento de incidente de assunção de competência e de recursos especiais repetitivos deverão, nos termos do § 3° do art. 1.038, c/c art. 984, § 2°, do Código de Processo Civil, conter: (...) II – a definição dos fundamentos determinantes do julgado.

ou Tribunal do caso futuro compulse o teor do que fora aquilatado na fundamentação decisória, a fim de que, a partir do ato interpretativo, extraia a *ratio decidendi* ou norma geral do precedente judicial, atentando-se, primordialmente, para as peculiaridades fáticas substanciais[11].

A tentativa de se utilizar a "tese/tema" como se o texto do seu enunciado fosse bastante em si, como se se cuidasse de enunciado geral e abstrato, a ser aplicado através de deduções e subsunções, por óbvio, não se coaduna com uma sólida teoria dos precedentes judiciais, que impõe a análise pormenorizada dos casos tidos por similares – até para a correta demonstração dessa similitude –, além da situação pessoal e histórica de cada caso, ou seja, faz-se necessária a reconstrução da história do precedente, levando-se em consideração as peculiaridades do caso concreto, o que nem de longe se assemelha a como vem sendo utilizadas as famigeradas "teses/temas", no Brasil.

Mesmo com as salutares reconfigurações promovidas pela mudança do arcabouço normativo, vive-se, atualmente, não um sistema de precedentes judiciais, mas sim um sistema de "teses/temas", cujas premissas se alijam, como se disse, da análise vertical a que se propõe o trabalho com decisões paradigmáticas. Essa tendência, deveras simplista, é fruto sempre de uma preocupação com o aspecto quantitativo, diante do elevado volume de processos que tramita no Poder Judiciário. Porém, deve-se voltar os olhos para a qualidade dos pronunciamentos exarados, a fim de que possamos, de fato, concretizar a efetividade da tutela jurisdicional.

Com isso, não se quer dizer que as "teses" são completamente inservíveis ao peculiar sistema de precedentes judiciais brasileiro. Elas podem ser utilizadas como "*start point*" (ponto de partida), com vistas a orientar o processo intelectivo de elucidação da *ratio decidendi*. É inviável, desta feita, referendar processos de automatização aplicativa dos padrões decisórios vinculantes, valendo-se das teses para tal desiderato, em comparação ao que ocorria com a incidência de enunciados sumulares, os quais, por vezes, eram dissociados dos precedentes que lhes deram origem.

---

11 No mesmo sentido, manifesta-se Teresa Arruda Alvim: "Como dissemos, a *ratio* nem sempre é formulada expressamente na decisão. Mas ela deve ser extraída do caso anterior pelo juízo que vai decidir o caso posterior, e respeitada. Se não se respeita a *ratio*, não se consegue manter a coesão, a harmonia e a coerência do direito. (ALVIM, Teresa Arruda. *Papel criativo da jurisprudência, precedentes e formas de vinculação*. Revista de Processo. Vol. 333. Ano 47. P. 373-405. São Paulo: Ed. RT, novembro de 2022.).

No âmbito doutrinário, tem-se buscado associar a elaboração de "teses" aos procedimentos de formação concentrada de precedentes que envolvam a litigiosidade plúrima ou seriada, demonstrando que tais enunciados serviriam à solução de casos praticamente idênticos e que, portanto, não exigiriam maior esforço de diferenciação da situação fática substancial. A professora Teresa Arruda Alvim, nesse sentido, adverte que: "Uma parte considerável da doutrina sustenta que o que vincula quando o precedente é cunhado com o objetivo de resolver casos específicos de litigância de massa, não é a *ratio*, mas a tese."[12]

Com a devida vênia em relação aos que encampam tal posicionamento, não se pode elevar a tese à condição de elemento vinculativo de padrões decisórios firmados em julgamentos de casos repetitivos, pois, ainda que este reducionismo linguístico busque externalizar os fundamentos primordiais do julgado, com eles não se confundem. Mesmo nessas hipóteses, a *holding* continua a se evidenciar como a parte obrigatória do precedente, tanto que o Regimento Interno do Superior Tribunal de Justiça[13] e o Projeto de Lei nº 4.311/21 (Senado Federal) se preocupam com o acertamento dos fundamentos determinantes do julgado.

A título exemplificativo, veja-se a redação da tese 1.051 (firmada em sede de recurso especial processado segundo a sistemática repetitiva): "Para o fim de submissão aos efeitos da recuperação judicial, considera-se que a existência do crédito é determinada pela data em que ocorreu o seu fato gerador." É notório que não é possível compreender as nuances de aplicabilidade do padrão decisório vinculante, através deste excerto condensado que sequer contém os aspectos fáticos substanciais.

Na situação em análise, estava em jogo crédito decorrente de prestação de serviços que, assim como os oriundos de responsabilidade civil e de relações laborais, dão ensejo a duas interpretações quanto ao momento de sua existência, quais sejam: (i) a existência do crédito depende de provimento judicial que o declare (com trânsito em julgado) e (ii) a constituição do crédito ocorre no momento do fato gerador, pressupondo a

12 ALVIM, Teresa Arruda. *Papel criativo da jurisprudência, precedentes e formas de vinculação*. Revista de Processo. Vol. 333. Ano 47. P. 373-405. São Paulo: Ed. RT, novembro de 2022.

13 Art. 104-A, §1°: Para definição dos fundamentos determinantes do julgado, o processo poderá ter etapas diferentes de deliberação, caso o órgão julgador, mesmo com votos convergentes, tenha adotado fundamentos diversos para a solução da causa.

existência de um vínculo jurídico entre as partes, o qual não depende de decisão judicial que o declare[14].

É a partir desse panorama que são desenvolvidos os fundamentos determinantes do julgado, de tal sorte que a simples leitura da tese não é suficiente para dar supedâneo à atuação do juiz do caso futuro que aplicará o precedente, valendo-se de analogias e contra-analogias, a fim de confrontar os casos parelhos.

Esse é o ponto-chave que se desenvolverá no presente artigo, uma vez que o uso de novas tecnologias, principalmente a inteligência artificial, para fins de aplicação de precedentes obrigatórios, deve ser compreendida à luz das dificuldades operacionais de extração da *ratio decidendi* e de sua consequente incidência em casos análogos ou idênticos.

## 2. MODELOS DE JULGAMENTOS E O PROBLEMA DA EXTRAÇÃO DA *RATIO DECIDENDI*

Passa ao largo da doutrina, em variadas ocasiões, a discussão sobre o processo formativo dos precedentes obrigatórios. Muito se discute sobre a aplicabilidade dos padrões decisórios vinculantes, mas é necessário verticalizar o debate sobre como devem ser confeccionadas as decisões que, segundo dispõe o CPC, são consideradas referenciais cogentes.

No mundo, são reconhecidos dois modelos tradicionais de julgamento, quais sejam: a) *seriatim* e b) *per curiam*. A depender da sistemática adotada, podem surgir problemas quanto à construção e à formação do pronunciamento colegiado.

No modelo de julgamento *seriatim*, o posicionamento adotado pelo Tribunal é externalizado através de um compilado de manifestações individuais. Assim, o acórdão é formado por um conjunto difuso de votos que, por vezes, obstaculiza a compreensão acerca daquilo que, efetivamente, restou decidido pelo órgão jurisdicional.

Esse modelo de julgamento é adotado, em regra, em países nos quais as sessões do Tribunal são públicas[15], de modo que o posicionamento de

14 Recurso Especial nº. 1.843.332/RS, relator Ministro Ricardo Villas Bôas Cueva, Segunda Seção, julgado em 9/12/2020, DJe de 17/12/2020.

15 Sobre os modelos de deliberação – público ou secreto –, bem como as vantagens e desvantagens de cada sistemática de votação, ver CÂMARA, Alexandre Freitas; MARÇAL, Feli-

cada um dos julgadores é revelado a todos, mesmo que não represente a tese vencedora.

A Inglaterra, por exemplo, adota o modelo de julgamento *seriatim*. Como destaca André Rufino do Vale[16], tal modelo corresponde à tradição dos órgãos judiciais colegiados do *Common Law*, cujas sessões deliberativas ficaram caracterizadas pelo "pronunciamento 'em série' (*seriatim*) dos discursos (*speech*) individuais de cada juiz, os quais eram dessa forma consignados nos textos das decisões destinadas à publicação (*published reports*)".

No Brasil, essa é a sistemática adotada. Dessa forma, a manifestação do Supremo Tribunal Federal é geralmente representada por um emaranhado de votos de cada um dos ministros, como se, na prática, existissem 11 (onze) Supremos.

Se, por um lado, o modelo de julgamento *seriatim* é positivo, na medida em que está correlacionado a sessões deliberativas públicas (em prestígio aos arts. 93, IX, da Constituição Federal e 11 do CPC/15), por outro, dificulta o dimensionamento dos exatos termos da decisão judicial, pois nem sempre os fundamentos adotados pelos julgadores são convergentes[17].

A questão ganha contornos relevantes quando se verifica que a falta de uniformidade em relações aos fundamentos determinantes gera um impasse quanto à existência (ou não) de um precedente de observância obrigatória. Diante de um plexo de manifestações difusas, ainda que convirjam na conclusão, é impraticável extrair a *ratio decidendi*.

Como observa Alexandre Freitas Câmara[18], no modelo de deliberação *seriatim* a decisão não é construída em um verdadeiro diálogo entre os integrantes do colegiado. Em regra, os julgadores proferem seus votos sem dialogar com os demais, "fazendo com que o acórdão seja uma 'sucessão de monólogos'". Em sua visão, essa dinâmica

---

pe Barreto. Repensando os dogmas da publicidade e do sigilo na Justiça brasileira. *Revista de Processo*. São Paulo: Revista dos Tribunais, nº 299, jan./2020, p. 43-68.

16 VALE, André Rufino do. *Argumentação constitucional: um estudo sobre a deliberação nos tribunais constitucionais*. São Paulo: Almedina, 2019, p. 149-150.

17 CORNIELLES-HERNÁNDEZ, Jose Angel. ¿Seriatim o per curiam? Modelos de decisiones colegiadas emitidas por las cortes constitucionales. Civil Procedure Review, v. 11, n. 1: jan.-abr. 2020.

18 CÂMARA, Alexandre Freitas. *Levando os padrões decisórios a sério*: formação e aplicação de precedentes e enunciados de súmula. São Paulo: Atlas, 2018, p. 257.

acrescenta "uma camada de confusão desnecessária aos entendimentos do tribunal", dificultando, por exemplo, a identificação dos fundamentos determinantes de um pronunciamento judicial (a fim de determinar se ele é ou não um precedente).

Desse modo, não se pode falar em uma efetiva colegialidade, já que a soma de posições individuais não tem o condão de estabelecer um verdadeiro diálogo institucional.

Sob outro prisma, no modelo *per curiam* (expressão que significa "pelo tribunal"), o pronunciamento emitido pelo Tribunal é externalizado através de um único texto, o qual representa a posição institucional do órgão julgador[19]. Essa forma deliberativa é vinculada, em regra, aos tribunais que possuem sessões fechadas, tal como acontece em países como França, Itália, Alemanha e Espanha. Veja-se, nesse sentido, o art. 276 do Código de Processo Civil Italiano (*Codice di Procedura Civile*): "*La decisione è deliberata in segreto nella camera di consiglio. Ad essa possono partecipare soltanto i giudici che hanno assistito alla discussione*".

Uma das principais vantagens do modelo *per curiam*, em detrimento do modelo *seriatim*, é a facilidade em se compreender, verdadeiramente, aquilo que foi objeto de decisão pelo tribunal, tendo em vista que a manifestação do órgão judicante, enquanto instituição, é traduzida em um texto que expressa aquilo que o colegiado, em essência, deliberou por maioria ou unanimidade.

Não se tem, assim, um emaranhado de votos, mas sim um texto coerente e uno, o que facilita a extração da *ratio decidendi* do precedente judicial.

Mas o modelo *per curiam* também apresenta as suas vicissitudes, mormente em ambientes decisionais que se estruturam sem a necessária publicidade das sessões de julgamento, tal como ocorre na Itália e na França, por exemplo. Da mesma forma, a formulação de um texto único peca pela omissão das opiniões dissidentes, as quais são extremamente relevantes no âmbito de um processo democrático. Por essa razão, países como Alemanha e Espanha, a despeito de adotarem um modelo *per curiam,* publicam, em conjunto com o texto representativo da posição institucional da corte, as manifestações divergentes. Isso também ocorre

19 GARNER, Bryan A. *et al. The law of judicial precedent*. USA: Thomson Reuters, 2016, p. 214.

nos Estados Unidos, em que se publiciza a *opinion of the Court* e as eventuais *separate opinions*[20].

No Brasil, o art. 941, §3º, do CPC dispõe que o voto vencido será necessariamente declarado e considerado parte integrante do acórdão para todos os fins legais, inclusive de pré-questionamento, o que afasta, ao menos no cenário atual, a possibilidade de um modelo *per curiam* puro. De qualquer forma, é fundamental intensificar a preocupação com a formação do precedente judicial (convergência dos fundamentos determinantes), sobretudo para facilitar a extração da *ratio decidendi*.

Por fim, deve-se destacar que o Superior Tribunal de Justiça, com o escopo de evitar a ocorrência de decisões plurais, previu a necessidade de deliberação quanto aos fundamentos determinantes, nos termos do que estabelece o art. 104-A, §1º e §2º, do seu Regimento Interno:

> Art. 104-A. Os acórdãos proferidos em julgamento de incidente de assunção de competência e de recursos especiais repetitivos deverão, nos termos do § 3° do art. 1.038, c/c art. 984, § 2°, do Código de Processo Civil, conter:
>
> (...)
>
> § 1° **Para definição dos fundamentos determinantes do julgado, o processo poderá ter etapas diferentes de deliberação, caso o órgão julgador, mesmo com votos convergentes, tenha adotado fundamentos diversos para a solução da causa**.
>
> § 2° **O Presidente do órgão julgador, identificando que o(s) fundamento(s) determinante(s) para o julgamento da causa não possui(em) a adesão da maioria dos votos dos Ministros, convocará, na mesma sessão de julgamento, nova etapa de deliberação, que contemplará apenas a definição do(s) fundamento(s) determinante(s)**. (Grifos nossos)

Mais do que salutar a postura do STJ, pois evita tradicionais entraves relacionados, como se disse, à adequada compreensão da *ratio decidendi*.

As considerações expendidas nas linhas pretéritas serão relevantes para a compreensão das dificuldades operacionais que surgem em decorrência da aplicação de precedentes judiciais de forma automatizada.

20 VALE, André Rufino do. *Argumentação constitucional*: um estudo sobre a deliberação nos tribunais constitucionais. São Paulo: Almedina, 2019, p. 147.

## 3. TECNOLOGIAS DISRUPTIVAS E O DIREITO

Vivemos uma era disruptiva, a qual tem sido denominada, por alguns autores, de quarta revolução industrial[21], cujo pilar estruturante é profusão de tecnologias paradigmáticas (internet das coisas, *blockchain*, inteligência artificial, dentre outras) capazes de alterar a forma como lidamos com os mundos físico, digital e biológico.

Os traços fundamentais desse novo cenário, sem dúvida, são a velocidade de transformação[22] e a possibilidade de execução de tarefas humanas cognitivas por sistemas computacionais, por via do que se denominou chamar de inteligência artificial.

Nenhuma área ficou imune aos influxos desse contexto, de tal sorte que o Direito foi sobremaneira afetado e, atualmente, é preciso repensar uma série de institutos jurídicos tradicionais à luz, principalmente, das novas tecnologias. Por necessário, citam-se alguns exemplos: a) Com a expansão do uso de veículos autônomos, deve-se prospectar o redesenho da responsabilidade civil[23]. Afinal de contas, em caso de colisão, quem será responsabilizado? O fabricante do automóvel, o dono do automóvel ou o desenvolvedor do *software*?; b) As relações consumeristas precisam ser reanalisadas, pois, hodiernamente, é comum o uso de dados pessoais para, através de ferramentas de inteligência artificial, direcionar a publicidade ou promover filtros para a concessão de créditos por bancos[24]; c) O Direito Notarial sofre os influxos do uso do *blockchain* como ferramenta segura de registro informacional; d) O Direito do Trabalho tem que se readaptar às novas formas de interação entre empregado e empregador, a fim de esquadrinhar os limites do poder diretivo; e) É imperioso debater os contornos dos direitos autorais, quando a produção for gestada por um sistema computacional; f) O Direito Administrativo reavaliará a forma de prestação

---

21 SCHWAB, Klaus. *Aplicando a quarta revolução industrial*. Edipro. São Paulo, 2018.

22 A efetiva consolidação da Lei de Moore, a qual prevê que a capacidade computacional dobra, a cada período de 18 meses a dois anos, contribui para o delineamento de um contexto de extrema velocidade transformacional.

23 NAVARRO, Susana Navas *et al*. *Inteligencia artificial: tecnologia/derecho*. Tirant Lo Blacnch. Valencia, 2017.

24 Nesse sentido, vale a transcrição do art. 20, da Lei Geral de Proteção de Dados (Lei 13.709/2018): Art. 20. O titular dos dados tem direito a solicitar a revisão de decisões tomadas unicamente com base em tratamento automatizado de dados pessoais que afetem seus interesses, incluídas as decisões destinadas a definir o seu perfil pessoal, profissional, de consumo e de crédito ou os aspectos de sua personalidade.

dos serviços públicos, através do uso de sistemas computacionais inteligentes[25]; g) O Direito Processual tem que consolidar modelos de Cortes *on-line* que, de fato, possam efetivar as garantias processuais constitucionais; h) O Direito Penal é instado a tipificar novas condutas delituosas decorrentes do uso das tecnologias disruptivas; e i) O Direito Tributário precisa se valer de novas ferramentas de tributação, em face, por exemplo, da utilização de criptomoedas.

Centrar-se-á a atenção, no presente artigo, na crescente aplicabilidade de ferramentas de inteligência artificial – IA para a prática de atos processuais, uma vez que a referida mudança de postura tem ocasionado problemas de ordem prática que repercutem, diretamente, nos preceitos constitucionais inerentes ao processo.

A princípio, para a adequada compreensão do tema, faz-se necessário estabelecer a base conceitual mínima sobre os aspectos relacionados à inteligência artificial.

O conceito de inteligência artificial foi cunhado por John McCarthy[26], quando da realização, em 1955, de uma conferência para averiguar a possibilidade de máquinas realizarem atividades tipicamente atribuídas a humanos[27]. Nesse sentido, a despeito de algumas controvérsias, pode-se entender a inteligência artificial como a capacidade de sistemas computacionais realizarem ações que exigem esforço cognitivo[28], através do processamento de dados. Nessa linha de intelecção, pronuncia-se Jordi Nieva Fenoll[29]:

> No existe un total consenso sobre lo que significa la expresión <<inteligencia artificial>>, pero sí que podría decirse que de-



25 RAMIÓ, Carles. *Inteligencia artificial y administración pública: robots y humanos compartiendo el servicio público*. Madrid: Catarata, 2019.

26 MACCARTHY, John; *et al*. *A proposal for the Darmouth summer research Project on artificial inteligence*. August 31, 1955, p.2. (http://jmc.stanford.edu/articles/dartmouth/dartmouth.pdf)

27 CAYÓN, José Ignacio Solar. *La inteligencia artificial jurídica: el impacto de la innovación tecnológica em la práctica del Derecho y el mercado de servicios jurídicos*. España: Thomson Reuters, 2019, p. 21.

28 BELLMAN, Richard. *An introduction to Artificial Intelligence: Can Computer Think?* Boyd & Frase, 1978, *apud* RUSSEL, Stuart J.; NORVIG, Peter. *Artificial Intelligence*. A Modern Approach. 3 ed. India: Person Indian Education Services, 2010.

29 FENOLL, Jordi Nieva. *Inteligencia artificial y processo judicial*. Madrid: Marcial Pons, 2018, p. 20.

> scribe la posibilidad de que las máquinas, en alguma medida, <<piensen>>, o más bien imiten el pensamento humano a base de aprender y utilizar las generalizaciones que las personas usamos para tomar nuestras decisiones habituales.

É salutar, no presente contexto, diferenciar o que se tem denominado de inteligência artificial forte ou geral da inteligência artificial fraca ou específica.

Com o avanço dos estudos da inteligência artificial sempre se pensou na construção de uma eventual ferramenta que tivesse a capacidade de compreensão ampla sobre todos os assuntos, tal qual um ser humano. É o que Nick Bostrom[30], por exemplo, denomina de superinteligência e que, a princípio, teria o potencial não apenas de se igualar aos indivíduos, mas de superá-los.

Ocorre que esse tipo de tecnologia, se for possível de ser alcançada, ainda demorará um largo espaço de tempo para se concretizar e, sem dúvida, estará no centro dos mais variados debates, principalmente em torno das questões de natureza ética.

A despeito disso, a inteligência artificial fraca ou específica vem ganhando fôlego e sua expansão não encontra precedentes na história. São inúmeros os demonstrativos de ferramentas direcionadas a determinados setores que desenvolvem, com grau de superioridade inquestionável, atividades antes exclusivas dos humanos. Basta pensar que hoje já existem sistemas computacionais que conseguem realizar diagnósticos médicos com precisão superior a dos profissionais da área de saúde, a exemplo do IBM Watson.

No Direito, não é diferente, pois aplicações de Inteligência Artificial são desenvolvidas, diuturnamente, para viabilizar a tomada de decisões por máquinas, a análise documental e a promoção de análises preditivas de pronunciamentos judiciais.

Tudo isso é possível, pois, como mencionado alhures, a capacidade computacional foi elevada a patamares nunca presenciados e o volume de dados disponíveis nos permite, através de ferramentas automatizadas, promover a leitura profícua de qualquer cenário.

---

30 BOSTROM, Nick. *Superinteligência: caminhos, perigos e estratégias para um novo mundo.* Rio de Janeiro: Darkside Books, 2018.

Tem-se hoje o que se convencionou chamar de *big data*, ou seja, um conjunto de dados de dimensão estratosférica envolto em uma série de complexidades e que somente pode ser adequadamente analisado, por via de sistema com elevada capacidade computacional[31]. Segundo aduz José Ignacio Solar Cayón[32]: "Hoy se estima que en los dos últimos años se ha creado más información que em toda la historia de la humanidade: según IBM cada día se generan 4,7 quintillones bytes de dados."

Nesse sentido, através da mineração de dados (*data mining*) tem se permitido uma análise automatizada desse enorme volume informacional, a fim de transformar dados não estruturados (em estado bruto) em dados estruturados, os quais fornecem padrões relevantes, por exemplo, para a tomada de decisões.

No âmbito judicial, é forçoso destacar que a ampliação do uso do processo eletrônico tem possibilitado um verdadeiro acúmulo de dados, os quais, quando adequadamente tratados servem como recursos para uma série de aplicações envolvendo inteligência artificial[33].

Isso tudo demonstra o quão acertados são os argumentos tecidos por Yuval Noah Harari[34], ao tratar dos dados como o principal ativo da nossa era:

> Contudo, no século XXI, os dados vão suplantar tanto a terra quanto a maquinaria como o ativo mais importante, e a política será o esforço por controlar o fluxo de dados. Se os dados se concentrarem em poucas mãos – o gênero humano se dividirá em espécies diferentes.

Feito esse apanhado sobre os conceitos de inteligência artificial, *big data* e *data mining*, é fundamental delinear como funcionam, em termos

---

31 TAURION, Cezar. *Big data*. Rio de Janeiro: Brasport, 2015, p. 35.

32 CAYÓN, José Ignacio Solar. *La inteligencia artificial jurídica: el impacto de la innovación tecnológica em la práctica del Derecho y el mercado de servicios jurídicos*. España: Thomson Reuters, 2019, p. 29-30.

33 VALE, Luís Manoel Borges do. *A tomada de decisão por máquinas: a proibição, no direito, de utilização de algoritmos não supervisionados*. NUNES, Dierle; LUCON, Paulo Henrique dos Santos; WOLKART, Erik Navarro. *Inteligência Artificial e direito processual: os impactos da virada tecnológica no direito processual*. Salvador: Juspodivm, 2020, p.630.

34 HARARI, Yuval Noah. *21 lições para o século 21*. Tradução: Paulo Geiger. São Paulo: Companhia das Letras, 2018, p. 107.

claros, as aplicações de IA e para isso é indispensável conhecer o conceito-chave de algoritmo.

O algoritmo nada mais é do que o conjunto de instruções que são vertidas a um sistema computacional para que se chegue a determinado resultado. Assim são fornecidas as informações iniciais (*input*), as quais são processadas de acordo com os critérios estabelecidos pelo programador, para que se tenha o produto desejado (*output*). Consoante propugna Fenoll[35]: "La palabra clave em inteligencia artificial es <<algoritmo>>, que sería el esquema ejecutivo de la máquina almacenando todas las opciones de decisión en función de los datos que se vayan conociendo."

A evolução tecnológica atual permite não apenas a utilização de modelos simplórios de automação, mas sim o uso do *machine learning* (aprendizado de máquina - área da inteligência artificial), de tal sorte que o sistema computacional tem condições de se aperfeiçoar, a partir da experiência amealhada com a execução contínua da tarefa. Existem, ademais, técnicas avançadas de *machine learning*, habitualmente conhecidas por *deep learning* (usam-se, nesse caso, redes neurais computacionais), nas quais os algoritmos não necessariamente dependem de dados selecionados, em caráter prévio, pelo programador, ou seja, os sistemas reconhecem padrões e aprendem com informações difusas advindas, por exemplo, da internet[36].

O uso de técnicas de *machine learning*, no Direito, tem sido possível em razão do desenvolvimento de uma outra área da inteligência artificial nominada de processamento de linguagem natural, cujos termos possibilitam a captação e compreensão pelas máquinas dos textos elaborados pelos humanos. Dessa forma, facilita-se, por exemplo, que através da análise de um acervo documental seja possível classificar, automaticamente, peças processuais produzidas.

Para complexificar ainda mais esse cenário, está em plena maturação a cognominada inteligência artificial generativa[37], a qual tem o po-

35 FENOLL, Jordi Nieva. *Inteligencia artificial y processo judicial*. Marcial Pons. Madrid, 2018, p. 21.

36 WOLKART, Erik. *Análise econômica do processo civil: como a economia, o direito e a psicologia podem vencer a tragédia da justiça*. Revista dos Tribunais. São Paulo, 2019, p. 706.

37 FOSTER, David. *Generative Deep Learning: Teaching Machines to Paint, Write, Compose and Play*. EUA: O'Reilly Media, 2019.

tencial de criar textos, imagens e vídeos com a nota da originalidade e com um grau de apuro técnico passível de, em alguns casos, superar as produções humanas.

É o caso do ChatGPT, desenvolvido pela OpenAI, que, através do Processamento de Linguagem Natural, possibilita a construção de textos inéditos, através da interlocução com usuários, que dirigem solicitações ou perguntas ao sistema computacional. Seu lançamento ampliou, sobremaneira, as já preocupantes especulações acerca da possível substituição de diversos profissionais da área jurídica pelas evoluídas ferramentas de inteligência artificial.

Inclusive, já há uma versão mais avançada da referida tecnologia denominada GPT-4 que, para além de outras medidas evolutivas, permite que imagens possam ser utilizadas como *inputs*, no processo de interação com o sistema computacional[38].

Assim, apenas para ficar com o recorte da atividade advocatícia, já se tem notícia da produção de petições, contratos e demais minutas jurídicas pelo ChatGPT, as quais vem acompanhadas de relatos satisfatórios da qualidade dos pronunciamentos arquitetados pela inteligência artificial.

Todavia, o entusiasmo precisa ser revestido de cautela, principalmente em razão das limitações que a ferramenta apresenta, tais como: a) vieses discriminatórios (relato apresentado pela própria OpenAI[39]); b) Limitação da base de dados que, em sua maioria, contempla informações até setembro de 2021; c) alucinações (ocorre quando o sistema computacional apresenta uma resposta confiante sobre dado questionamento, mas que se encontra completamente equivocada); e d) erros de raciocínio.

Nessa linha de intelecção, por mais que o ChatGPT (GPT-4) possa ser utilizado no suporte às atividades desenvolvidas pelos advogados, é

38 https://openai.com/research/gpt-4. Acesso em 14/04/2023.

39 Veja a advertência da própria OpenAI: "O GPT-4 ainda tem muitas limitações conhecidas que estamos trabalhando para resolver, como **preconceitos sociais, alucinações e alertas adversários**. Incentivamos e facilitamos a transparência, a educação do usuário e uma alfabetização mais ampla em IA à medida que a sociedade adota esses modelos. Também pretendemos expandir as possibilidades de contribuição das pessoas para moldar nossos modelos." (https://openai.com/product/gpt-4. Acesso em 14/04/2023)

salutar que as suas construções sejam submetidas à supervisão técnica criteriosa, sob pena de se produzirem manifestações processuais não apenas dissociadas do caso concreto, mas também fundamentadas em premissas jurídicas errôneas, gerando notório prejuízo aos clientes representados. Particularmente quanto ao uso de inteligência artificial generativa pelo Poder Judiciário, devem ser tecidas algumas considerações específicas, tendo em vista as balizas que devem nortear o construto de pronunciamentos jurisdicionais, em especial no que pertine aos critérios de fundamentação analítica.

O Código de Processo Civil vigente, preocupado com a falta de densificação adequada do comando normativo constitucional previsto no art. 93, IX, cujos termos impõem que os atos oriundos do Poder Judiciário sejam substancialmente fundamentados, esmiuçou as situações nas quais as decisões não são consideradas fundamentadas.

Afinal de contas, a fundamentação não tem apenas um precípuo papel endoprocessual, a fim de que as partes envolvidas possam dialogar com as decisões, inclusive para verificar se seus argumentos foram, de fato, levados em consideração[40], mas também possui uma relevante funcionalidade exoprocessual, traduzindo-se em filtro democrático a ensejar o controle de legitimidade da atuação do Poder Judiciário, principalmente diante da possibilidade de se formarem padrões decisórios vinculantes.

Por isso, é que não podem ser admitidas formulações genéricas que se destinariam a justificar qualquer caso, sob pena de transmudar a prestação jurisdicional em mero prospecto de solução adequada de resolução de conflitos. Hão de ser considerados os argumentos vertidos aos autos, ao longo de todo o *iter* procedimental, para que se possa construir um pronunciamento que reflita a comunidade de trabalho espelhada em um modelo comparticipativo de processo[41].

A fundamentação deve se curvar a parâmetros de racionalidade, pois compete ao juiz tracejar um discurso atento, como se disse, ao contexto de desenvolvimento processual e que, em sua estrutura interna, não apresente contradições, possua nexos de implicações adequados e

40 CRISTOFARO, Marco de. *A motivação das decisões judiciais*. ZUFELATO, Camilo (coord.) *et al*. I Colóquio Brasil-Itália de Direito Processual Civil. Salvador: Juspodivm, 2015, p. 69.

41 MITIDIERO, Daniel. *Colaboração no Processo Civil: pressupostos sociais, lógicos e éticos*. 3ª ed. São Paulo: Revista dos Tribunais, 2015.

esteja atento à ordem de prejudicialidade eventualmente existente entre as questões jurídicas que serão solucionadas[42]. É com base em uma fundamentação racional que se permite a escorreita controlabilidade da decisão, conferindo às partes e à sociedade a possibilidade de confrontar equívocos e, principalmente, soluções alheias às premissas do ordenamento jurídico.

Os avanços decorrentes da inteligência artificial generativa, portanto, desafiam-nos a pensar em uma nova moldura da fundamentação judicial, pois sistemas computacionais podem servir como instrumentos de apoio[43] à arquitetura do raciocínio decisório. Agrega-se um elemento externo à fundamentação que precisa ser submetido ao crivo do devido processo legal tecnológico[44].

O ponto de partida para esse debate é destacar que é imprescindível a indicação pelo Poder Judiciário do uso de determinada ferramenta de inteligência artificial, posto que inexiste contraditório efetivo, quando são omissas informações hábeis a interferir na efetividade da tutela jurisdicional[45]. Para além da mera informação do uso de determinado sistema, é necessário aportar o mínimo de explicabilidade quanto ao seu funcionamento, com vistas a autorizar o debate quanto à criteriologia utilizada.

Lado outro, questiona-se, em que medida, o ChatGPT e outras IAs generativas podem tomar em conta as peculiaridades do caso concreto, considerando a diversidade de cenários que existe em determinada



42 TARUFFO, Michele. *A motivação da sentença civil*. Traduzido por Daniel Mitidiero, Rafael Abreu e Vitor de Paula Ramos. São Paulo: Marcial Pons, 2015, p. 230.

43 Como já destacado, nos termos da Resolução n° 332/2020, do Conselho Nacional de Justiça, as ferramentas de Inteligência Artificial não podem substituir a atividade desenvolvida pelo magistrado.

44 Destaca-se, mais uma vez, a necessidade de amadurecimento do tema, visto que um magistrado de uma Corte Colombiana já utilizou o ChatGPT para auxiliar a tomada de decisão. https://www.dw.com/pt-br/juiz-usa-chatgpt-para-proferir-decis%C3%A3o-em-julgamento-na-col%C3%B4mbia/a-64602023. Acesso em 17/04/2023.

45 Relevante, nesse ponto, a ponderação da doutrina italiana sobre o contraditório substancial e a necessidade de um perfil processual dialógico: Ogni provvedimento del giudice presuppone la regolare instaurazione del contradditorio. in altre parole egli – prima di emanare il provvedimento richiesto – deve accertare che sia stato compiuto quanto previsto dalla legge per assicurare la preventiva audizione delle parti. Ciò si traduce in una limitazione all'esercizio dei suoi poteri – nel corso del giudizio – soprattutto per quanto riguarda il materiale probato rio, sul quale verrà fondata la decisione. (PICARDI, Nicola. Codice di Procedura Civile. VII Edizione. Milano: Giuffrè Francis Lefebvre, 2021, p. 806)

demanda, mormente em face do contexto probatório. Basta pensar, nesse sentido, em demandas estruturais sobre a efetivação de políticas públicas e a sua natural complexificação. Corre-se o risco, caso essas ferramentas sejam incorporadas acriticamente, de fomentar, em escala tecnológica, decisões genéricas e desarticuladas, as quais irão se alijar da racionalidade ínsita ao processo decisório.

É preciso, ademais, levar a sério a necessidade de supervisão técnica dos resultados produzidos por esses sistemas computacionais, na medida em que, como se disse, podem conter "alucinações" e vieses discriminatórios. Dessa forma, ao decidir com apoio em uma IA generativa, o magistrado deverá avaliar as argumentações vertidas pela ferramenta, com vistas a promover um controle adequado do conteúdo e dos aspectos basilares de coerência, integridade e logicidade. Assim, é valoroso que se pondere, até mesmo, a viabilidade de utilização da inteligência artificial nos chamados *hard cases*, diante do risco de se produzirem pronunciamentos alheios à realidade fática subjacente[46] e às questões jurídicas de elevada envergadura que se devem considerar em situações de extrema complexidade.

Outro problema que se deve considerar na possível construção de discursos maquínicos, enquanto instrumentos de auxílio à tomada de decisão, é a limitação das suas bases de dados, pois o recorte pode impedir que se considerem, por exemplo, novos precedentes do Supremo Tribunal Federal e do Superior Tribunal de Justiça, o que poderia resultar em descumprimento desses padrões decisórios vinculantes, promovendo-se, assim, um rompimento sistêmico da integridade decisional. Portanto, far-se-ia indispensável uma revisão periódica do *dataset*, de modo a contemplar as constantes atualizações do panorama do sistema de precedentes.

Frente ao exposto, percebe-se o quão desafiador é o novo cenário processual de fundamentação dos pronunciamentos judiciais, em face do

46 Acerca da necessidade de a decisão possuir necessária completude fática, pronuncia-se Rodrigo Ramina de Lucca: "A motivação é completa em relação aos fatos quando expressamente manifesta-se a respeito de todas as circunstâncias fáticas que envolvem o pedido, sejam elas causas de pedir da demanda inicial, fundamentos de um pedido de tutela antecipada ou de produção de determinada prova, razões de defesa etc. Em outras palavras, devem ser definidos quais fatos são 'verdadeiros para o processo, e por quê, e quais fatos não são 'verdadeiros' para o processo, e por quê. As razões dadas devem ser concretas, e não vagas ou lacônicas." (LUCCA, Rodrigo Ramina. *O dever de motivação das decisões judiciais*. Salvador: Juspodivm, 2015, p. 224.)

progresso das IAs generativas. Será imprescindível, desse modo, assentar algumas balizas: a) O sistema computacional apenas poderá ser utilizado como auxílio à tomada de decisão; b) Haverá sempre a necessidade de o Tribunal indicar que se valeu da ferramenta de inteligência artificial generativa; c) Deverão ser evidenciados parâmetros mínimos de explicabilidade da IA; d) O juiz deverá realizar adequada supervisão técnica da ferramenta; e e) A base de dados deve ser revisada periodicamente.

Ressai evidente que estamos diante de um típico processo de refundação do sistema de justiça pelas novas tecnologias, de modo a exigir consciente a tarefa de sempre submeter tais transformações ao crivo dos direitos e garantias processuais fundamentais.

Esquadrinhado esse panorama geral, será possível analisar o atual modelo de aplicação tecnológica dos precedentes judiciais que tem se institucionalizado no Brasil.

## 4. CONTORNOS DA APLICAÇÃO TECNOLÓGICA DOS PRECEDENTES JUDICIAIS E A NECESSIDADE DE ESTABELECIMENTO DE NOVOS PARÂMETROS TEÓRICOS

O Brasil tem vivenciado um movimento de franca expansão do uso da inteligência artificial, no Direito. Nesse contexto, o Poder Judiciário tem se destacado como um grande polo de desenvolvimento de novas aplicações de IA, tanto que, em 19 de fevereiro de 2019, o Conselho Nacional de Justiça – CNJ editou a Portaria nº 25, com o objetivo de criar o Centro de Inteligência Artificial aplicada ao PJE.

Ademais, ainda em 2019, o CNJ publicou um documento intitulado Inteligência Artificial no Poder Judiciário brasileiro[47], no qual destaca a necessidade de aproximação entre o direito e a tecnologia, em um processo que defluirá na estruturação de Cortes *on-line* (*online courts*[48]):

> As áreas do direito e da tecnologia evoluem simbioticamente a cada dia. Para fazer frente à realidade da Era Digital e de uma

47 Inteligência artificial na Justiça / Conselho Nacional de Justiça; Coordenação: José Antônio Dias Toffoli; Bráulio Gabriel Gusmão. – Brasília: CNJ, 2019. Disponível em: <https://www.cnj.jus.br/wp-content/uploads/2020/03/Inteligencia_artificial_no_poder_judiciario_brasileiro_2019-11-22.pdf>.

48 SUSSKIND, Richard. Online courts and the future of justice. Oxford. 2019.

> "sociedade em rede", o Judiciário precisa ser dinâmico, flexível e interativo. Um mundo digital exige uma Justiça digital: célere, dinâmica e também digitalmente conectada. Chegou a hora de a Justiça enfrentar a ideia de aplicar a tecnologia a fim de auxiliar magistrados e servidores.

O cenário de pandemia ocasionado pelo coronavírus acelerou as discussões sobre a necessidade de se aparelhar tecnologicamente os órgãos jurisdicionais, com o fito de operacionalizar Cortes que possam, em sua integralidade, trabalhar de forma *on-line*, em consonância com o que já prevê o art. 193, do CPC: "**Os atos processuais podem ser total ou parcialmente digitais**, de forma a permitir que sejam produzidos, comunicados, armazenados e validados por meio eletrônico, na forma da lei." A título exemplificativo, o Supremo Tribunal Federal, por ducto da Emenda Regimental nº 53, ampliou as hipóteses de julgamento por meio eletrônico e a Lei nº 13.994/2020 alterou a Lei 9.099/1995, a fim de prever a possibilidade de realização da audiência de conciliação/mediação não presencial.

Ocorre que vários projetos de implantação de ferramentas relacionadas à inteligência artificial, no âmbito do Poder Judiciário, já foram deflagrados, tais como: a) O Projeto Victor do Supremo Tribunal Federal; b) Os sistemas Sócrates e Athos do Superior Tribunal de Justiça; c) O sistema PEDRO do Conselho Nacional de Justiça; d) A ferramenta ELIS do Tribunal de Justiça do Estado de Pernambuco e e) O projeto Hércules do Tribunal de Justiça do Estado de Alagoas.

Em linha de convergência, o Conselho Nacional de Justiça, editou uma série de resoluções, as quais retratam o irrefreável avanço em busca da implementação de Cortes *On-line*: 1) Resolução nº 332/2020 (Dispõe sobre a ética, a transparência e a governança na produção e no uso de Inteligência Artificial no Poder Judiciário e dá outras providências); 2) Resolução nº 335/2020 (Institui política pública para a governança e a gestão de processo judicial eletrônico. Integra os tribunais do país com a criação da Plataforma Digital do Poder Judiciário Brasileiro – PDPJ-Br. Mantém o sistema PJe como sistema de Processo Eletrônico prioritário do Conselho Nacional de Justiça.); 3) Resolução nº 345/2020 (Dispõe sobre o "Juízo 100% Digital" e dá outras providências.); 4) Resolução nº 349/2020 (Dispõe sobre a criação do Centro de Inteligência do Poder Judiciário e dá outras providências.); 5)

Resolução nº 354/2020 (Dispõe sobre o cumprimento digital de ato processual e de ordem judicial e dá outras providências.); 6) Resolução nº 372/2021 (Regulamenta a criação de plataforma de videoconferência denominada "Balcão Virtual".); 7) Resolução nº 385/2021 (Dispõe sobre a criação dos "Núcleos de Justiça 4.0"); 8) Resolução nº 446/2022 (Institui a plataforma Codex como ferramenta oficial de extração de dados estruturados e não estruturados dos processos judiciais eletrônicos em tramitação no Poder Judiciário Nacional e dá outras providências.); 9) Resolução nº 508/2023 (Dispõe sobre a instalação de Pontos de Inclusão Digital (PID) pelo Poder Judiciário.

Para explicar, adequadamente, o redesenho do sistema de precedentes, a atenção será voltada para as ferramentas Victor, Sócrates, Athos e PEDRO.

O sistema Victor do Supremo Tribunal Federal foi fruto de uma parceria entre a Corte Constitucional e a Universidade de Brasília e se propõe, em sua fase inicial, a vincular Recursos Extraordinários a teses de repercussão geral. Desse modo, possibilita-se, por exemplo, uma automatização do juízo de admissibilidade, em uníssono com o que destacou o STF[49]:

> Os pesquisadores e o Tribunal esperam que, em breve, todos os tribunais do Brasil poderão fazer uso do VICTOR para pré-processar os recursos extraordinários logo após sua interposição (esses recursos são interpostos contra acórdãos de tribunais), **o que visa antecipar o juízo de admissibilidade quanto à vinculação a temas com repercussão geral**, o primeiro obstáculo para que um recurso chegue ao STF. (Grifos nossos)

Ademais, o STF noticiou, em 25/02/2021, a automatização completa da admissibilidade dos recursos extraordinários, desvelando-se uma nova era da sistemática recursal e dos precedentes: "Com a nova etapa, a Presidência do STF passa a analisar de forma automatizada a admissibilidade de 100% dos recursos extraordinários que ingressam na Corte, abrindo caminho para o uso de inteligência artificial."[50]

49 http://www.stf.jus.br/portal/cms/verNoticiaDetalhe.asp?idConteudo=380038. Acesso em 08/05/2020.

50 https://portal.stf.jus.br/noticias/verNoticiaDetalhe.asp?idConteudo=461131&ori=1. Acesso em 28/02/2021.

Por sua vez, os sistemas Sócrates e Athos do Superior Tribunal de Justiça também prometem automatizar as correlações necessárias entre Recursos Especiais interpostos e eventuais teses firmadas em Recursos Especiais processados sob a sistemática repetitiva. Nessa linha de intelecção, o STJ veiculou, em 06 de maio de 2020, a seguinte notícia[51]:

> Em mais uma iniciativa de aprimoramento tecnológico para elevar a agilidade na tramitação processual, o Superior Tribunal de Justiça (STJ) iniciou neste mês a utilização de uma **ferramenta capaz de identificar, no momento da triagem dos processos que chegam à corte, quais casos estão relacionados a temas submetidos ao rito dos recursos especiais repetitivos**.
>
> Com o novo sistema, **é possível evitar que sejam encaminhados para a análise dos relatores processos que**, de acordo com as normas do Código de Processo Civil de 2015, **deveriam estar suspensos em segunda instância até a decisão final do STJ – no caso de repetitivos ainda não julgados – ou que deveriam ser rejulgados no tribunal de origem para eventual aplicação do entendimento do STJ – nas situações em que a corte superior já tenha firmado a tese**. (Grifos nossos)

Já o sistema computacional PEDRO (Plataforma de Extração e Descoberta de Precedentes dos Tribunais), oriundo de uma atuação coordenada entre o Conselho Nacional de Justiça e a Universidade de Brasília, possibilita a verificação automática de padrões decisórios vinculantes do Supremo Federal e do Superior Tribunal de Justiça, contribuindo, assim, com as atividades desempenhadas pelos magistrados. A partir do texto da petição inicial, identificam-se eventuais precedentes das Cortes Supremas, de modo a viabilizar, por exemplo, o julgamento de improcedência liminar[52].

A iniciativa, portanto, é fator que estimula a observância dos precedentes judiciais, a fim de aplacar a variabilidade decisória, prestingiando-se, por conseguinte, a uniformidade, a integridade, a estabilidade e a coerência do sistema de justiça.

A despeito disso, cumpre asseverar que o PEDRO foi estruturado, a partir de *machine learning* não supervisionado, o que pode dificultar o

---

51 http://www.stj.jus.br/sites/portalp/Paginas/Comunicacao/Noticias/Nova-ferramenta-de-triagem-de-materias-repetitivas-agiliza-o-fluxo-processual.aspx. Acesso em 08/05/2020.

52 https://www.cnj.jus.br/parceria-com-a-unb-desenvolve-modelo-de-ia-de-verificacao-automatica-de-precedentes-qualificados/. Acesso em 30/10/2023.

cumprimento da necessária explicabilidade da ferramenta de inteligência artificial. Além disso, o sistema, para operacionalizar suas correlações, vale-se de "teses/temas", ignorando, como dito em linhas pretéritas, a complexidade ínsita ao sistema de precedentes.

Detalhados os quatro casos paradigmas, percebe-se, logo de início, que há um reducionismo preocupante, no processo aplicativo de precedentes judiciais obrigatórios.

Nos moldes do que fora relatado outrora, há uma dificuldade inconteste no processo de extração da *ratio decidendi/holding*, no Brasil, principalmente em razão do modelo de julgamento adotado em nosso sistema jurídico (*seriatim*), o qual permite que o pronunciamento do Tribunal seja externalizado através de um compilado de votos individuais.

Desse modo, a compreensão do que se pode entender como fundamentos determinantes fica prejudicada, ou seja, não basta uma simples leitura do acórdão. É fundamental analisar, em profundidade, quais os argumentos arquitetados por cada julgador e, consequentemente, o que prevaleceu, no momento da votação.

Afinal de contas, nem todos os Tribunais possuem previsão correlata a do STJ, que impõe, no processo formativo de precedente judicial obrigatório a necessidade de votação não apenas quanto ao resultado, mas também em relação ao fundamento. Uma leitura equivocada, portanto, do que se pode entender por *ratio decidendi* poderá conduzir a uma aplicação inadvertida do precedente judicial obrigatório.

Em acréscimo, deve-se ficar claro que a aplicação do padrão decisório vinculante não se faz de forma automática ou mecanicista, na medida em que se destaca como um ato hermenêutico que envolve a compreensão, como se disse, dos lineamentos da *holding* e de sua possível incidência em determinado caso, consideradas as peculiares circunstâncias fáticas que o envolvem. Na mesma senda do exposto, pronunciam-se Lenio Streck e Georges Abboud[53]:

> A principal é a impossibilidade de se aplicar de forma mecânica os provimentos vinculantes, problemática que, aliás, já de há muito é denunciada pela Crítica Hermenêutica do Direito (CHD), isto

53 STRECK, Lenio; ABBOUD, Georges. *O NCPC e os precedentes – afinal, do que estamos falando?*. DIDIER JR, Fredie *et al* (coord.). Precedentes. Salvador: Juspodivm, 2015, p. 175-182.

> é, nenhum texto jurídico, seja lei, enunciado jurisprudencial ou súmula vinculante ou não, pode ser aplicada de forma dedutiva-subsuntiva-mecânica.

Perlustrando o mesmo caminho, em obra diversa, aponta Lenio Streck[54] que:

> Não se percebe, como Dierle Nunes insiste em falar em todos os lados, que trabalhar com julgados e precedentes torna o Direito mais sofisticado e induz um ônus argumentativo mais consistente dos intérpretes e dos aplicadores. Não pode representar uma mera simplificação metodológica mediante aplicações mecânicas de argumentos para esvaziar escaninhos a qualquer custo. Isso é tão somente lutar contra efetividades quantitativas. (Grifos nossos)

Fica evidente, portanto, que as reduções aplicativas dos precedentes judiciais, através de ferramentas de inteligência artificial, ignoram o natural caminho discursivo para a constitucional incidência da decisão-quadro. Veja-se que, nos exemplos, citados, foi construído um algoritmo para, através de parâmetros pré-estabelecidos, vincular casos supostamente similares aos padrões decisórios vinculantes. Nessa toada, revela-se evidente que o algoritmo nada mais é do que uma opinião embutida em um código[55].

Diante de tal perspectiva, optar entre um determinado fato relevante ou outro, para fins de aplicação do padrão decisório vinculante, pode resultar em equívoco inafastável, cujos efeitos obstarão a concessão de uma efetiva tutela jurisdicional.

Esse tipo de conduta ignora o filtro hermenêutico do processo aplicativo do precedente judicial, resumindo-o a condensações verbais alheias, em regra, às peculiaridades fáticas do caso concreto.

Lado outro, ainda que se admitisse o uso de ferramentas de inteligência artificial calcadas em processamento de linguagem natural para se promover a aplicação de precedentes obrigatórios (é provável que seja

54 STRECK, Lenio Luiz. *Precedentes judiciais e hermenêutica: o sentido da vinculação no CPC/15*. 2ª edição. Salvador: Juspodivm, 2019, p. 68.

55 O'NEIL, Cathy. *Weapons of math destruction: how big data increases inequality and threatens democracy*. New York: Broadway Books, 2016.

um caminho irreversível, diante do volume de processos que tramitam no judiciário brasileiro), no mínimo, dever-se-ia transparecer o algoritmo, ou seja, explicitar os critérios escolhidos para promover a adstrição de um determinado caso a uma decisão-modelo.

Não é mais possível admitir um cenário de opacidade algorítmica. A publicidade das decisões precisa ser ampla, sob pena de subtrair das partes a possibilidade de realizar o controle de sua legitimidade constitucional. O princípio da publicidade, em decorrência do crescente número de ferramentas de inteligência artificial, demanda releitura inconteste, a fim de abranger o conhecimento de todas as etapas necessárias à formação do algoritmo, para que se possam consolidar os imperativos de *accountability*[56].

Caso contrário, inviabiliza-se até mesmo a alegação de *distinguishing* a ser formulada pela parte que teve, a título de exemplo, o seu recurso vinculado, indevidamente, a uma tese de repercussão geral.

Nesse sentido, é salutar a previsão contida no art. 8º, VI, da Resolução nº 332/2020 do CNJ, cujos termos estabelecem que a transparência consiste em: "fornecimento de explicação satisfatória e passível de auditoria por autoridade humana quanto a qualquer proposta de decisão apresentada pelo modelo de Inteligência Artificial, especialmente quando essa for de natureza judicial".

Outrossim, a criação de sistemas computacionais que envolvam aplicações de precedentes obrigatórios deverá, necessariamente, abranger uma série de atores processuais, de tal sorte que deve existir uma construção cooperativa do algoritmo.

Dessa forma, não caberá exclusivamente ao Judiciário, por ducto de sua equipe, formular os termos do algoritmo responsável pela aplicação direta de precedentes judiciais. O viés democrático do processo exige, no mínimo, que o algoritmo seja resultado do amadurecimento das discussões entre aqueles que tiveram a possibilidade de dirigir seus contributos, quando da formação do padrão decisório vinculante[57].

56 NUNES, Dierle; BAHIA, Alexandre; PEDRON, Flávio Quinaud. *Teoria geral do processo: com comentários sobre a virada tecnológica no direito processual*. Salvador: Juspodivm, 2020, 462.

57 VALE, Luís Manoel Borges do. O modelo cooperativo de processo: a necessidade de construção cooperativa do algoritmo para aplicação de precedente obrigatório. Disponível

Enfeixando tais considerações, é forçoso destacar que o ainda incipiente sistema de precedentes obrigatórios brasileiro, cujas bases não foram efetivamente incorporadas em nossa cultura jurídica, já é submetido a um novo processo disruptivo, o qual busca rememorar as ideias deletérias de outrora que reduzem a aplicação do Direito a um mecanicismo ultrapassado.

A pergunta que deve ser destacada é: Queremos o retorno de uma Escola da Exegese[58] tecnológica?

## 5. O DEVIDO PROCESSO LEGAL TECNOLÓGICO E OS PRECEDENTES JUDICIAIS

Os influxos das novas tecnologias, no direito processual, têm exigido um repensar contínuo do devido processo legal, de tal modo que já é possível cogitar a existência de um devido processo legal tecnológico.

A cláusula geral do devido processo legal, portanto, tem que ser adaptada à nova arquitetura processual que, continuamente, passa a incorporar ferramentas ligadas à inteligência artificial.

Nesse sentido, como é possível afirmar a existência de um verdadeiro devido processo legal tecnológico, quando sistemas são utilizados para a automatização de decisões judiciais, sem que exista real transparência sobre a forma como a ferramenta tecnológica opera?

Pressuposto fundamental, para que possam ser utilizadas ferramentas de IA, mormente no Poder Judiciário, é que exista *accountability* e possibilidade de controle do aparato tecnológico, inclusive para fins de responsabilização. Na mesma linha argumentativa, manifesta-se Danielle Keats Citron[59]: "Automated systems must be designed with transparency and accountability as their primary objectives, so as to prevent inadvertent and procedurally defective rulemaking."

---

em: https://www.jota.info/opiniao-e-analise/artigos/o-modelo-cooperativo-de-processo-18032019. Acesso em 08/05/2020.

58 BOBBIO, Norberto. *O positivismo jurídico: lições de filosofia do direito*. São Paulo: Ícone, 2006, p. 83.

59 CITRON, Danielle Keats. *Technological Due Process*. 85 WASH. U. L. REV. 1249 (2008). Disponível em: <https://openscholarship.wustl.edu/law_lawreview/vol85/iss6/2/>. Acesso em 08/05/2020.

Assim, na mesma proporção em que se investe em sistemas computacionais voltados à prática de atos processuais, deve-se investir em mecanismos do controle que, efetivamente, guarneçam o contraditório substancial, a ampla defesa, a isonomia e a publicidade algorítmica.

Não se pode afirmar que o direito de a parte influenciar a construção da decisão judicial é respeitado, quando o precedente incide, em determinado caso, de forma automatizada e simplória, em franco desrespeito ao que impõe o art. 489, §1º, V, do Código de Processo Civil:

> Art. 489. São elementos essenciais da sentença:
>
> § 1º **Não se considera fundamentada qualquer decisão judicial**, seja ela interlocutória, sentença ou acórdão, **que**:
>
> V – **se limitar a invocar precedente ou enunciado de súmula, sem identificar seus fundamentos determinantes nem demonstrar que o caso sob julgamento se ajusta àqueles fundamentos**;

Em acréscimo, como dito em linhas pretéritas, não é viável que a parte se contraponha, adequadamente, à incidência equivocada de um precedente judicial, sem que esteja munida do conhecimento pleno acerca do algoritmo, concretizando-se uma real explicabilidade do processo decisional.

Esses são apenas alguns exemplos para elucidar que a construção de um sistema de aplicação tecnológica dos precedentes judiciais (para os que entendem possível tal solução) jamais poderá ser erguido sem o pilar estruturante do devido processo legal tecnológico. Nesse sentido, pronuncia-se Cândido Rangel Dinamarco[60]: "Também se sabe que só há um processo justo e équo (*giusto processo*) onde se haja deferido às partes o pleno e efetivo gozo das garantias oferecidas pela Constituição e pela lei e onde o próprio juiz haja acatado as limitações inerentes ao *due process.*"

Jamais poderemos nos dissociar, em qualquer cenário que estejamos, da leitura constitucionalmente adequada dos institutos jurídicos.

60 DINAMARCO, Cândido Rangel. *Comentários ao código de processo civil: das normas processuais civis e da função jurisdicional.* Vol. I. São Paulo: Saraiva, 2018, p. 54.

## 6. CONCLUSÕES

Foi possível perceber, ao longo do presente artigo, que o Poder Judiciário tem, cada vez mais, investido em soluções tecnológicas, principalmente com o intuito de dar uma resposta eficiente ao volume estratosférico de processos hoje em tramitação.

Dentre os projetos em desenvolvimento, alguns estão centrados em promover uma aplicação automatizada de precedentes judiciais obrigatórios, através do uso de ferramentas de Inteligência Artificial, tal como os sistemas Victor do STF, Sócrates/Athos do STJ e PEDRO do CJF.

Ocorre que o mecanicismo envolto na incidência de padrões decisórios vinculantes olvida a necessidade de um efetivo processo hermenêutico, para que possa ser extraída a *ratio decidendi* e, consequentemente, aplicada ao caso análogo. Assim, não se vislumbra como viável a simplificação que foi adotada pelos órgãos jurisdicionais, na medida em que é alheia à construção argumentativa que deve existir para a aplicação de uma decisão-quadro.

No entanto, acredita-se que, dificilmente, os Tribunais deixarão de adotar um sistema tecnológico de aplicação dos precedentes judiciais, de tal sorte que é imperiosa a necessidade de sua submissão plena ao devido processo legal tecnológico. Nesse sentido, questões relacionadas à publicidade algorítmica e à cooperação algorítmica são pautas que precisam ser debatidas de forma vertical.

Os tempos são outros e, por isso, uma reengenharia jurídica se faz necessária.

## 7. REFERÊNCIAS BIBLIOGRÁFICAS

ABBOUD, Georges. *Do genuíno precedente do stare decisis ao precedente brasileiro: os fatores histórico, hermenêutico e democrático que os diferenciam*. DIDIER JR, Fredie *et al* (coord.). Precedentes. Salvador: Juspodivm, 2015.

ALVIM, Teresa Arruda. *Papel criativo da jurisprudência, precedentes e formas de vinculação*. Revista de Processo. Vol. 333. Ano 47. P. 373-405. São Paulo: Ed. RT, novembro de 2022.

ALVIM, Teresa Arruda; DANTAS, Bruno. *Recurso especial, recurso extraordinário e a nova função dos tribunais superiores no direito brasileiro*. 4ª edição. São Paulo: Revista dos Tribunais, 2017.

BELLMAN, Richard. *An introduction to Artificial Intelligence: Can Computer Think?* Boyd & Frase, 1978, *apud* RUSSEL, Stuart J.; NORVIG, Peter. Artificial Intelligence. A Modern Approach. 3 ed. India: Person Indian Education Services, 2010.

BOBBIO, Norberto. O positivismo jurídico: lições de filosofia do direito. São Paulo: Ícone, 2006.

BOSTROM, Nick. *Superinteligência: caminhos, perigos e estratégias para um novo mundo*. Rio de Janeiro: Darkside Books, 2018.

CAYÓN, José Ignacio Solar. *La inteligencia artificial jurídica: el impacto de la innovación tecnológica em la práctica del Derecho y el mercado de servicios jurídicos*. España: Thomson Reuters, 2019.

CÂMARA, Alexandre Freitas. *Levando os padrões decisórios a sério: formação e aplicação de precedentes e enunciados de súmula*. São Paulo: Atlas, 2018.

CÂMARA, Alexandre Freitas; MARÇAL, Felipe Barreto. *Repensando os dogmas da publicidade e do sigilo na Justiça brasileira*. Revista de Processo. São Paulo: Revista dos Tribunais, n° 299, jan./2020, p. 43-68.

CITRON, Danielle Keats. *Technological Due Process*. 85 WASH. U. L. REV. 1249 (2008). Disponível em: <https://openscholarship.wustl.edu/law_lawreview/vol85/iss6/2/>. Acesso em 08/05/2020.

CORNIELLES-HERNÁNDEZ, Jose Angel. *¿Seriatim o per curiam? Modelos de decisiones colegiadas emitidas por las cortes constitucionales*. Civil Procedure Review, v. 11, n. 1: jan.-abr. 2020.

CRISTOFARO, Marco de. *A motivação das decisões judiciais*. ZUFELATO, Camilo (coord.) *et al*. I Colóquio Brasil-Itália de Direito Processual Civil. Salvador: Juspodivm, 2015.

DINAMARCO, Cândido Rangel. *Comentários ao código de processo civil: das normas processuais civis e da função jurisdicional*. Vol. I. São Paulo: Saraiva, 2018.

DUXBURY, Neil. *The nature and authority of precedent*. United Kingdom: Cambridge University Press, 2008.

DWORKIN, Ronald. *O império do direito*. 3ª ed. Tradução: Jeferson Luiz Camargo. São Paulo: Martins Fontes, 2014.

FENOLL, Jordi Nieva. *Inteligencia artificial y processo judicial*. Madrid: Marcial Pons, 2018.

FOSTER, David. *Generative Deep Learning: Teaching Machines to Paint, Write, Compose and Play*. EUA: O'Reilly Media, 2019.

GARNER, Bryan A. *et al. The law of judicial precedent*. USA: Thomson Reuters, 2016.

HARARI, Yuval Noah. *21 lições para o século 21*. Tradução: Paulo Geiger. São Paulo: Companhia das Letras, 2018.

LAGE, Fernanda de Carvalho. *Manual de inteligência artificial no direito brasileiro.* Salvador: Juspodivm, 2021, p. 265.

LUCCA, Rodrigo Ramina. *O dever de motivação das decisões judiciais.* Salvador: Juspodivm, 2015.

MACCARTHY, John; *et al. A proposal for the Darmouth summer research Project on artificial inteligence.* August 31, 1955.

MACÊDO, Lucas Buril. *Precedentes judiciais e o direito processual civil.* 3ª edição. Salvador: Juspodivm, 2019.

MARINONI, Luiz Guilherme. *Julgamento nas cortes supremas: precedente e decisão do recurso diante do novo CPC.* São Paulo: Revista dos Tribunais, 2015.

MITIDIERO, Daniel. *Colaboração no Processo Civil: pressupostos sociais, lógicos e éticos.* 3ª ed. São Paulo: Revista dos Tribunais, 2015.

NAVARRO, Susana Navas *et al. Inteligencia artificial: tecnologia/derecho.* Valencia: Tirant Lo Blanch, 2017.

NUNES, Dierle; BAHIA, Alexandre; PEDRON, Flávio Quinaud. *Teoria geral do processo: com comentários sobre a virada tecnológica no direito processual.* Salvador: Juspodivm, 2020.

O'NEIL, Cathy. *Weapons of math destruction: how big data increases inequality and threatens democracy.* New York: Broadway Books, 2016.

PICARDI, Nicola. *Codice di Procedura Civile.* VII Edizione. Milano: Giuffrè Francis Lefebvre, 2021.

RAMIÓ, Carles. *Inteligencia artificial y administración pública: robots y humanos compartiendo el servicio público.* Madrid: Catarata, 2019.

SCHWAB, Klaus. *Aplicando a quarta revolução industrial.* São Paulo: Edipro, 2018.

STRECK, Lenio; ABBOUD, Georges. *O NCPC e os precedentes – afinal, do que estamos falando?* DIDIER JR, Fredie *et al* (coord.). Precedentes. Salvador: Juspodivm, 2015.

STRECK, Lenio Luiz. *Precedentes judiciais e hermenêutica: o sentido da vinculação no CPC/15.* 2ª edição. Salvador: Juspodivm, 2019.

SUSSKIND, Richard. *Online courts and the future of justice.* Oxford. 2019.

TARUFFO, Michele. *A motivação da sentença civil.* Traduzido por Daniel Mitidiero, Rafael Abreu e Vitor de Paula Ramos. São Paulo: Marcial Pons, 2015.

TAURION, Cezar. *Big data.* Rio de Janeiro: Brasport, 2015.

TOFFOLI, José Antônio Dias; GUSMÃO, Bráulio Gabriel (coords.). *Inteligência artificial na Justiça / Conselho Nacional de Justiça.* Brasília: CNJ, 2019.

VALE, André Rufino do. *Argumentação constitucional*: um estudo sobre a deliberação nos tribunais constitucionais. São Paulo: Almedina, 2019.

VALE, Luís Manoel Borges do. *A tomada de decisão por máquinas: a proibição, no direito, de utilização de algoritmos não supervisionados*. NUNES, Dierle; LUCON, Paulo Henrique dos Santos; WOLKART, Erik Navarro. *Inteligência Artificial e direito processual: os impactos da virada tecnológica no direito processual*. Salvador: Juspodivm, 2020.

VALE, Luís Manoel Borges do. O modelo cooperativo de processo: a necessidade de construção cooperativa do algoritmo para aplicação de precedente obrigatório. Disponível em: https://www.jota.info/opiniao-e-analise/artigos/o-modelo-cooperativo-de-processo-18032019. Acesso em 08/05/2020.

VALE, Luís Manoel Borges do. *Precedentes vinculantes no processo civil e a razoável duração do processo*. Rio de Janeiro: GZ, 2019.

VALE, Luís Manoel Borges do; SILVA JÚNIOR, Denarcy Souza e. *Recurso extraordinário e inteligência artificial: novas perspectivas*. Disponível em: https://www.jota.info/opiniao-e-analise/artigos/recurso-extraordinario-e-inteligencia-artificial-novas-perspectivas-07022019. Acesso em 07/05/2020.

VALE, André Rufino. *Argumentação Constitucional: um estudo sobre a deliberação nos tribunais constitucionais*. São Paulo: Almedina, 2019.

WOLKART, Erik. *Análise econômica do processo civil: como a economia, o direito e a psicologia podem vencer a tragédia da justiça*. São Paulo: Revista dos Tribunais, 2019.

# PARTE II

# PANORAMA INTERNACIONAL

# CAPÍTULO 5

# TOMADA DE DECISÃO E TECNOLOGIA

# 1

# A "atuação judicial automatizada" em exame: juiz robô *versus* juiz humano

**Nuria Belloso Martín**[1]

*Tradutores: Giovani Pontes Teodoro*[2]
*e João Victor Assunção*[3]

**Escaneie o código QR para acessar a versão traduzida deste artigo.**

**Scan the QR Code for the English version of this paper.**



---

1 Professora Catedrática de Filosofia do Direito da Universidade de Burgos (Espanha).

2 Bacharel e mestrando em Direito pela UFMG. Advogado na DAJ/UFMG. Agradeço a indispensável e valiosa revisão à tradução feita por Fernanda Alves de Carvalho, amiga na DAJ e no Mestrado.

3 Graduando em Direito pela Universidade Federal de Minas Gerais. Estagiário no escritório Eugênio Pacelli Advocacia e Consultoria. Editor Executivo da Revista do Instituto de Ciências Penais.

## 1. INTRODUÇÃO

Existem diversos estudos sobre os usos da inteligência artificial (doravante IA) em diferentes áreas (trabalhista, sanitária, transportes, industrial, agrária, militar, entre outras). No entanto, o campo do Direito, e especialmente o da Administração da Justiça, embora não tenha sido marcado por estar na vanguarda dos avanços tecnológicos, não permaneceu alheio a eles. Nos últimos anos foi empreendida uma modernização significativa da Administração da Justiça, conforme evidenciado pelo desenvolvimento e implementação do LexNET como uma plataforma de administração eletrônica a ela relacionada. Contudo, o uso da IA no âmbito judicial implica uma atuação muito além da gestão documental ou das bases de dados. Aliás, é abundante a literatura que discute, ainda que como mera possibilidade teórica, a aplicação automatizada do Direito (tomada de decisões judiciais), inclusive chegando à ideia de um "juiz artificial". Isso requer refletir sobre a possibilidade de que, no futuro, os processos de aplicação do Direito possam ser (quase) totalmente automáticos, através de um "juiz robô", questão central que abordarei neste estudo (MARTÍNEZ ZORRILLA, 2019).

Ao longo da história do pensamento jurídico, foi possível verificar a complexidade envolvida na tarefa de julgar. A interpretação dos fatos e das normas aplicáveis realizada pelos juízes em sua atividade jurisdicional exige um conjunto de conhecimentos, operações e ponderações que põe à prova a inteligência humana. Não cabe definir a função de julgar como a aplicação de um mero silogismo. Taruffo adverte que geralmente se parte de uma primeira falsa premissa segundo a qual os juízes, no âmbito da decisão, recorrem ao silogismo judicial. Ele ressalta que nenhum juiz jamais raciocinou por silogismos e que nenhuma motivação pode realmente ser reduzida a um silogismo ou a uma cadeia de silogismos. Questiona-se que o bom juiz seja uma "máquina de silogismos", carente de discricionariedade e, portanto, de criatividade, modelo que nos faria retroceder à descrição que Montesquieu fez da magistratura: como a boca que apenas pronuncia as palavras da lei.

Além da dificuldade intrínseca à interpretação das normas, a interpretação dos fatos também não é uma questão pacífica. O fato em si foi produzido em momento pretérito ao início do processo judicial, de modo que aquilo que integrará o processo não é o fato propriamente dito, mas somente a sua narração. Cada sujeito (partes, testemunhas, operadores do direito), partindo de seus respectivos pontos de vista e da finalidade pretendida, dará lugar a distintas narrativas. Essas narrativas judiciais serão o resultado de diferentes perspectivas, não sendo pré-constituídas ao processo, mas que vão sendo conhecidas à medida que ele se desenvolve. O recurso às noções de senso comum e às máximas da experiência ajuda a conduzir a construção das narrativas, em especial das judiciais, em função do contexto e dos critérios do homem médio. Pode ocorrer o problema apresentado por N. Taleb do "cisne negro", ou seja, aquela situação em que se verifica o absolutamente improvável, embora o usual seja o "cisne branco". Neste caso, a construção de uma narrativa judicial seria difícil, pois teria que conferir credibilidade a uma narrativa diferente daquela presente no senso comum e nas máximas da experiência (TARUFFO, 2020, p. 165 e 169-170).

O modelo de juiz Hércules, proposto por Dworkin, talvez poderia ter enfrentado toda a complexidade que implica a tarefa de julgar, indo além do que preceituam as normas, e lidado com princípios, valores, ponderações, lacunas jurídicas, conceitos jurídicos indeterminados (NUNES, 2021). Poderia também ter tratado da relação entre Direito e moral, da consciência judicial (RODRÍGUEZ LLAMOSÍ, 2021) e, por fim, do critério de justiça, o *iustum*, que poderia ter sido alcançado pelo juiz Hércules. Mas um juiz humano deve enfrentar, todos os dias, "casos difíceis" – como apontado por Herbert Hart – sem renunciar às suas emoções – sem sentimentalismo (GONZÁLEZ LAGIER, 2021). A aplicação da IA aos sistemas judiciais e, principalmente, à decisão judicial, obriga a colocar em contraste a atuação de um juiz robô e a de um juiz humano.

Quando se sugere a implementação da IA no processo judicial, seja pelos jurisdicionados, advogados e sujeitos que intervêm no processo, seja pelos magistrados (NIEVA FENOLL, 2018), indaga-se: "qual será o valor do trabalho desenvolvido pela IA? Isso facilitará minha atuação? E, se assim for, como?". Neste estudo não se examinará a aplicação da inteligência artificial no Direito (PINTO FONTANILLO, 2020; PEGUERA POCH *et. al.*, 2020), tampouco as ferramentas de análise preditiva já conhecidas (*ROSS Intelligence, iManage RAVN, eBrevia, LawGeex, Legaltech, Vlex Analyticis, Jurimetría y Tirant Analytics*, entre outras) que trabalham com a padronização de sentenças e condenações (SOLAR CAYÓN, 2019; PERALTA GUTÍERREZ *et. al.*, 2020) e que têm permitido aos advogados desenhar suas estratégias (tanto de defesa como de ataque) e prever suas possibilidades de êxito. Também não serão examinados os programas já em uso em alguns tribunais ("*Equivant-Compas*" nos Estados Unidos, "*Prometea*" na Argentina, "Victor" e "Sócrates" no Brasil, "*VIOGEN*" na Espanha, para casos de violência de gênero), que sem dúvida simplificam a tramitação dos procedimentos para a administração judiciária, dos quais já tratei em trabalhos anteriores (BELLOSO MARTÍN, 2019; BELLOSO MARTÍN, 2021).

Neste estudo, examinarei apenas um dos campos de utilização da IA no processo judicial: a decisão judicial. Para tanto, tomarei como ponto de partida os usos da IA nos sistemas judiciais, focando somente no campo acima mencionado, que é classificado como de risco. A análise da decisão judicial exigirá o exame tanto das dimensões do julgamento quanto das atividades realizadas pelo juiz para proferir tal decisão. Isso permitirá a adequada comparação entre a decisão judicial robótica (também denominada de decisão automatizada) e a decisão judicial humana[4], a fim de analisar a viabilidade dessa justiça automatizada.

## 2. OS CONTROVERSOS USOS DA INTELIGÊNCIA ARTIFICIAL NOS SISTEMAS JUDICIAIS

A digitalização da justiça faz parte das estratégias da União Europeia para os próximos anos. A Comissão Europeia, através de uma proposta de regulamento do Parlamento Europeu e do Conselho da Europa, estabeleceu o programa "Europa Digital 2021-2027". Tal programa abrange cinco objetivos específicos: uma maior digitalização dos sistemas judiciais dos Estados-Membros pode melhorar o acesso à justiça dos cidadãos e das empresas, assim como aumentar a eficácia e a eficiência dos procedimentos judiciais. Alguns países da UE já começaram a utilizar ferramentas digitais no âmbito judiciário, por exemplo: realização de procedimentos judiciais digitais, comunicação eletrônica entre as partes, transmissão eletrônica de documentos, realização de audiências e conferências *on-line*. Os Estados-Membros devem conferir um uso mais generalizado às ferramentas digitais nos processos judiciais, sempre que não se comprometam princípios fundamentais como a independência e a imparcialidade dos tribunais. Embora essa digitalização seja plenamente

4 Não serão analisadas, aqui, as diferenças entre inteligência artificial e robótica (que não são sinônimos). Para os fins deste trabalho, serão consideradas assimiláveis.

aceita, a implementação da IA nos sistemas judiciais gera maiores dúvidas, que é o tema central deste trabalho.

Em 2020, produziu-se um amplo material relacionado à inteligência artificial no âmbito da União Europeia, abrangendo desde Relatórios a Recomendações e legislação, nos quais se alerta para os perigos da tomada de decisões automatizadas (OLIVA LEÓN, 2021):

- Em 5 de fevereiro de 2020, foi publicada, nos Países Baixos, a primeira sentença no mundo em que foi declarado ilegal o uso de um algoritmo de inteligência artificial projetado para combater fraudes à previdência social. O tribunal distrital de Haia (*Rechtbank Den Haag*) prolatou sentença que estabelece que um sistema algorítmico utilizado pelo Governo dos Países Baixos para avaliar o risco de fraude à previdência social ou à Fazenda Pública não cumpre os requisitos de proporcionalidade e transparência necessários e viola as disposições sobre o respeito à vida privada reconhecidas no artigo 8.º da Convenção Europeia de Direitos Humanos.
- Em 12 de fevereiro de 2020, o Parlamento Europeu aprovou a Resolução "*Artificial intelligence*: *MEPs want* to *ensure* a *fair* and *safe use* for *consumers. Press Releases. Plenary*", pela qual se estabelece a necessidade de garantir a proteção dos consumidores diante de uma inteligência artificial (e a tomada de decisões automatizadas) que não seja justa e segura.
- Em 19 de fevereiro de 2020, a Comissão Europeia publicou seu "Livro Branco sobre Inteligência Artificial" (*White Paper on Artificial Intelligence - A European approach to excellence and trust. Brussels, European Commission. 19.2.2020 COM*), destinado a fomentar um ambiente europeu de excelência e confiança na inteligência artificial, e que também analisou aspectos relacionados à segurança e à responsabilidade. Esse Livro Branco coleta as interrelações existentes para alcançar uma IA confiável[5], ao mesmo

5 Para garantir uma IA confiável na prática: dever-se-á contar com dados de treinamento suficientemente amplos e representativos; conservar os registros e dados utilizados; fornecer informações sobre as capacidades e limitações do sistema de IA; assegurar solidez e exatidão que garantam a reprodutibilidade dos resultados; e contar com a supervisão humana necessária para assegurar a efetividade do resultado do sistema de IA.

tempo que aponta, como um dos pontos críticos do ordenamento jurídico, e como um dos usos críticos, os efeitos jurídicos.

- Em 7 de julho de 2020, foi publicado o Relatório "Inteligência Artificial nos serviços públicos", elaborado pelo *AI Watch* - o setor da Comissão Europeia para monitorar o desenvolvimento, a adoção e o impacto da IA na Europa - que revela o crescente interesse no uso da inteligência artificial por parte dos governos para redesenhar os processos de governança e os mecanismos de formulação de políticas, bem como para melhorar a prestação de serviços públicos. As duas tipologias que aparecem com maior frequência no mapeamento são a interação em tempo real com os usuários da Administração Pública (23%) para a prestação de suporte *on-line* através de *chatbots*, agentes virtuais e sistemas de recomendação; e a exploração dos dados disponíveis através de ferramentas de visualização, simulação e previsão (16%). Os serviços públicos prioritários, pontuados de 1 a 5, para os Estados-Membros - nos quais podem ser empregadas tecnologias como a IA - são a saúde, seguida da educação, segurança e ordem pública, proteção e defesa do meio ambiente e agricultura e transportes. Tal estudo não contempla a Administração da justiça, mas é uma das esferas da Administração Pública que pode ser mais afetada tanto pela digitalização quanto pela implementação da IA.

O uso da inteligência artificial nos sistemas judiciais tem sido objeto de estudo pela Comissão Europeia para a Eficiência da Justiça (CEPEJ)[6] que, em dezembro de 2018, adotou a "Carta Ética Europeia sobre o Uso da Inteligência Artificial nos Sistemas Judiciais e seu ambiente" (*European Ethical Charter on the Use of Artificial Intelligence in Judicial Systems and their environment*) (BIURRUN ABAD, 2018, p. 22)[7]. Em tal Carta são incluídos três tipos de possíveis usos da IA no âmbito da Justiça, classificados segundo o possível risco derivado de sua utilização, advertindo que, junto aos "usos que devem ser fomentados" (busca de jurisprudência, acesso à legislação, criação de ferramentas estratégicas) e de "possíveis usos, que requerem consideráveis precauções metodológicas"

6 A CEPEJ reúne especialistas dos 47 Estados-Membros do Conselho da Europa com o objetivo de melhorar a qualidade e a eficiência dos sistemas judiciais europeus e fortalecer a confiança dos usuários dos tribunais em tais sistemas.

7 Disponível em: <https://rm.coe.int/ethical-charter-en-for...4.../16808f699c>.

(ajuda na elaboração de cálculos em determinados litígios civis, resolução de disputas *on-line*), há outros "usos que podem ser considerados após a realização estudos científicos adicionais" ("perfil dos juízes" e "antecipação das decisões judiciais"). É neste último uso, o da antecipação das decisões judiciais, que se concentrarão as reflexões no momento de sopesar a decisão judicial robótica em face daquela desenvolvida por um ser humano.

A implementação da IA, tanto na Administração da justiça como na teoria da decisão judicial, ainda que em princípio pareça promover a desejada certeza e segurança jurídica, paradoxalmente, provoca o aparecimento de novos riscos e perigos:

- Perigo de que se considere que as eficiências da inteligência artificial sejam a solução aos habituais cortes orçamentários na Administração da Justiça, e se justifique seu uso por razões puramente econômicas, sem avaliar adequadamente sua conveniência;
- Risco de uma excessiva padronização das decisões judiciais com a consequente "uniformidade" das sentenças, até o ponto em que os juízes sejam compelidos a um padrão majoritário sem questionar a idoneidade de tal padrão. Por sua vez, essa padronização levaria a uma motivação mais superficial. Um juiz pode se sentir tentado a seguir, sem se questionar com profundidade, a linha aberta por outros colegas e não a ir na contramão, convertendo-se no corolário do conformismo; ou também porque será mais trabalhosa a constante adaptação da jurisprudência à realidade social e levar a efeito mudanças jurisprudenciais. Essa mesma situação de acomodação também poderia ser verificada nos advogados, uma vez que será mais complexo inovar e buscar uma solução alternativa àquela geralmente seguida.

Surgem, assim, vários questionamentos sobre esse sistema de excessiva padronização: o juiz seria questionado caso se desviasse de suas decisões habituais, de acordo com o seu histórico de sentenças? O juiz que se afasta da decisão comum padronizada deveria dar explicações adicionais para justificar essa mudança de critério em relação à maioria?;

- Risco de que a jurisprudência acabe tendo um papel mais protagonista em detrimento do legislador, que possui maior legitimidade. Por outro lado, o peso dos precedentes em um sistema como o continental europeu segue tendo menor importância do que no sistema jurídico anglo-saxão. E também deve-se ter em mente as mudanças de critérios jurisprudenciais e os votos individuais, que são difíceis de refletir nas estatísticas de um *software*. As mudanças de critérios jurisprudenciais, inclusive os votos individuais de magistrados, principalmente os dos Tribunais Superiores, constituem uma valiosíssima fonte para entender a justificativa para essas variações e seguir o raciocínio que tem levado um magistrado a sustentar uma decisão diferente da dos demais membros do tribunal colegiado. Cabe perguntar se um algoritmo pode chegar a classificar ou avaliar esses critérios jurisprudenciais que, por exemplo, a CEDH vem formando e consolidando ao longo de seus anos de funcionamento, ou como classifica ou interpreta o voto individual de um magistrado.

- Risco de que a produção de resultados padronizados em uma determinada matéria converta esses dados em nova fonte do Direito.
- Possibilidade de se pensar que as normas são estabelecidas de acordo com a tendência majoritária das decisões judiciais. Pode-se, inclusive, questionar o papel e a relevância das decisões emanadas pelos tribunais hierarquicamente superiores caso as decisões judiciais fossem adotadas de maneira uniforme, ordenadas não de acordo com a hierarquia dos tribunais dos quais emanam, mas sim pela quantidade e volume de uma determinada corrente.
- Risco de gerar um desequilíbrio no caso. O uso de ferramentas de inteligência artificial pode afetar o direito a um julgamento justo. Ou seja, se uma grande empresa, por dispor de maiores recursos que um pequeno escritório, pudesse unir dados públicos e privados com maior facilidade e fidelidade, obtendo assim um perfil muito concreto do juiz que deve resolver a matéria, geraria um desequilíbrio.
- Risco de gerar uma desumanização do Direito. As tendências do positivismo, do formalismo, da matemática racionalista e técnica podem encontrar nas decisões automatizadas bons aliados. Mas o Direito, no decorrer da história, foi superando os vínculos com o ser humano que haviam sido rompidos. As propostas têm sido de natureza muito diversas (o mundo da vida de H. Husserl, o espírito do povo de Savigny e outras).

Esse conjunto de novos riscos que emergem da implementação da IA aos sistemas judiciais leva ao sopesamento dos prós e dos contras. As vantagens podem ser resumidas nos tempos de análise e na produção de conteúdo, ou seja, uma maior eficiência. Por outro lado, as desvantagens seriam a falta de controle ou a dificuldade no momento de justificar as decisões adotadas pelas máquinas, assim como a possibilidade de que os servidores judiciais confiem totalmente nos critérios que elas implementam. Por isso, convém contrastar, em seguida, a implementação da IA na função de julgar e também a decisão judicial robótica frente à decisão judicial humana.

## 3. A ATIVIDADE DE JULGAR: A DECISÃO JUDICIAL ROBÓTICA *VERSUS* A DECISÃO JUDICIAL HUMANA

Para uma compreensão adequada das diferenças entre o juiz robótico e o juiz humano, convém partir da análise do que se espera do juiz, quase sempre com base no modelo ideal de juiz que os jurisdicionados têm, o que significa julgar e qual atividade é necessária para tanto. A partir disso, poderão ser valoradas as vantagens e desvantagens do "tribunal eletrônico" ou juiz-robô frente ao juiz-humano, assim como as dificuldades da justiça automatizada ou juiz-robô.

### 3.1. O modelo ideal de juiz e a difícil tarefa de julgar

A busca pelo modelo ideal de juiz tem acompanhado os escritos jurídicos e também a literatura há séculos. Aqui, vou partir de dois modelos de juiz representativos do ideal de objetividade e imparcialidade que têm seu contraponto, por sua vez, em outros perfis de juízes.

O primeiro é aquele que representa o juiz monge. O juiz Surra, na Sicília, projetado pelo escritor Andrea Camilieri. Surra veio do norte da Itália e desconhecia o dialeto siciliano, a forma de atuação da máfia e os modos dos grandes senhores que ali se estabeleceram. Graças ao seu isolamento e por ignorar as conspirações, tenta aplicar de forma objetiva e imparcial a lei.

O segundo é o "tribunal eletrônico", que pode ser encontrado no "Livro negro", de Giovanni Papini. Esse Tribunal eletrônico não necessita da intervenção humana para desempenhar a sua função. Colocado na parede da sala, como um altar, uma vez fornecidos a ele os elementos fáticos do caso, emitia um cartão com a sentença. Tal sentença - que podia ser de vinte e três anos de trabalhos forçados para um jovem - representaria a igualdade, objetividade, imparcialidade, frieza, falta de subjetivismo, de preconceitos, de ideologia, conferindo eficiência e rapidez, que parece ser o que se reclamava dos juízes.

Em oposição ao "juiz monge" cria-se o "juiz constitucionalmente comprometido", fruto da incorporação aos textos constitucionais de novas noções (Justiça constitucional, inconstitucionalidade, direitos fundamentais, interpretação conforme, eficácia horizontal dos direitos constitucionais nas relações entre particulares, limites dos direitos fundamentais etc.), bem como das mudanças ocorridas no sistema de fontes do Direito (incorporação de fontes supranacionais, regionais, *soft law* etc., que deram origem a realidades como "proteção multinível", "diálogos judiciais") (AGUIAR DE LUQUE, 2014). Soma-se a isso o fato de que os juízes também acabaram se convertendo "nos garantidores do bom funcionamento do sistema político e das disfunções que ocasiona o regime democrático ou, como escreveu Antoine Garapon, os juízes são os autênticos 'guardiões das promessas'" (GARAPON, 2017). Um juiz deve conhecer tanto os problemas sociais que afligem seu meio, quanto os valores e aspirações que regem sua comunidade, além das diretrizes das políticas públicas que presidem a sociedade para a qual faz justiça.

Essa contraposição entre dois modelos de juiz humano, antes de adentrar no exame das diferenças entre a ação de julgar humana e a robótica, leva-nos a analisar a que referimos com "julgar". Tomamos como referência um trabalho do Professor Pérez Luño intitulado "O que significa julgar?" (PÉREZ LUÑO, 2019, p. 151-176), no qual explica as dimensões da ação de julgar, para as quais diferencia três aspectos imprescindíveis, tais como os perceptivos, os racionais e os decisórios, que juntos constituem a tarefa de julgar. Essa distinção permitirá entender as dificuldades que um juiz robô teria para replicar essas três dimensões.

Em primeiro lugar, o ato de julgar se apresenta como uma ação de perceber por meio de determinadas expressões sensoriais, como a visual ("inspeção ocular", "*señalamiento de vistas*"[8] etc.), a auditiva (audiência

8 **N. do T.**: instituto previsto na Ley de Enjuiciamiento Civil da Espanha, especialmente nos artigos 182 e seguintes.

pública, oitiva do réu etc.) e oral (julgamento oral, relatório oral, testemunho oral etc.).

Em segundo lugar, o ato de julgar como raciocinar. Pressupõe-se a racionalidade, mas é necessário analisar de qual tipo se trata: se fosse uma racionalidade lógica, por meio da qual se identifica a norma que deve ser aplicada ao caso, a atividade do juiz se reduziria a um silogismo; caso se trate de uma racionalidade prática, então a função de julgar consiste em um processo discursivo que busca e fornece os melhores argumentos para justificar a aplicação de determinada norma para resolver esse processo. Essa tendência logicista em relação à função de julgar tem sido impulsionada pela possibilidade de aplicar a informática ao Direito. Em qualquer caso, a argumentação racional é uma garantia da segurança jurídica dos cidadãos, embora, como assinalou o Tribunal Constitucional (STC 131/1990, FJl), a exigência de argumentação racional não garante o "acerto da decisão judicial", ou seja, a justiça material (PÉREZ LUÑO, 2009, p. 169).

Em terceiro lugar, o ato de julgar como decidir, ou seja, o que se conhece como "a teoria da decisão judicial". O que caracteriza as percepções e raciocínios das duas dimensões anteriores é que se dirigem a obter "consequências juridicamente relevantes". Por isso que os julgamentos ou sentenças judiciais são denominados de decisões. O juiz, após ter tido contato através de seus sentidos com a exposição dos fatos, relatos de testemunhas, exposição de provas, ouvido e visto as partes, e após uma atividade racional para discernir essas informações e sensações, consultando e valorando as normas pertinentes - sem que implique uma necessária inferência dedutiva - tendo em consideração o exposto pelo promotor e advogados das partes, finalmente decide o caso (reconhecendo um direito ou impondo uma obrigação). Pérez Luño conclui ressaltando essas três dimensões do julgar: ele concebe a atividade de "julgar" como a síntese das atividades de percepção, argumentação racional e decisão. A falta de qualquer destas dimensões determinará o caráter incompleto ou defeituoso do julgamento.

Tomar uma decisão já é em si uma tarefa complexa devido a todas as operações prévias que a inteligência humana deve realizar. Caso se restrinja ao âmbito jurídico, é ainda mais difícil, porque não se trata apenas de possuir um compêndio de informações (normas, jurisprudência, doutrina), mas de realizar operações lógicas, racionais, prudenciais, trabalhar com expectativas e outras, para proferir uma decisão. Ao contrário da inteligência humana, a IA foi definida pelo historiador Yuval Noah Harari como "uma inteligência sem consciência, um mecanismo algorítmico com a capacidade de, a partir de dados, tomar decisões autonomamente" (HARARI, 2018, p. 378).

No Direito não se trabalha com leis causais, não há perspectivas neutras ou desinteressadas. O significado da norma só é alcançado através de um processo interpretativo, a partir de práticas sociais, costume, princípios, valores, uso da linguagem, dimensões culturais, éticas, sociais e emocionais, que exercem um papel decisivo. A textura aberta (*open texture*) da linguagem jurídica assim o exige.

### 3.2. A tarefa de julgar: o juiz robô *versus* o juiz humano

Para completar as dimensões da tarefa de julgar, deve-se explicitar as quatro atividades nas quais, de modo geral, projeta-se a tarefa de julgar: primeiro, selecionar o material jurídico relevante; segundo, interpretá-lo e aplicá-lo ao caso; terceiro, determinar os fatos (provas) e as relações causais e, quarto, qualificar juridicamente os fatos provados. A primeira e a segunda podem, provavelmente, ser desenvolvidas por um robô sem muita dificuldade. Mas a terceira e a quarta não podem ser desenvolvidas por um robô. Somente um juiz humano pode apreciar os fatos, em sua valoração dos depoimentos das testemunhas e das provas, e qualificar juridicamente tais fatos provados. Embora ao juiz humano sejam atribuídos traços de subjetivismo (emotividade, preconceitos, ideologia, suas preferências, estado de espírito; sua maior ou menor preparação técnica; capacidade e inteligência) é isso o que lhes permite contextualizar. Ademais, na motivação da sentença poderão ser encontrados o raciocínio e o motivo da adoção da decisão do juiz humano, ao contrário do juiz robótico, em que a insegurança jurídica será dominante, visto que haverá um desconhecimento do processo que leva a cabo o algoritmo, que não apresenta o motivo de suas decisões ("caixa preta"; "*black box*").

A resposta jurídica de um ser humano é diferente daquela dada por um robô. Responder juridicamente requer faculdades especificamente humanas, relacionadas com o bom senso e a prudência. Em vez disso, uma máquina oferece uma resposta automática, o que é insuficiente. Como acertadamente explica Martínez García, a IA "não apenas executa programas: decide. Toda regulamentação jurídica tem a ver com a tomada de decisões. Mas decidir não é o mesmo que executar programas" (MARTÍNEZ GARCÍA, 2019).

Um juiz robô traz algumas vantagens, mas não está isento de alguns inconvenientes bastante notáveis. Como vantagens, pode-se indicar as cinco seguintes: imparcialidade e objetividade (não dependeria de vieses pessoais ou ideológicos do juiz ou de suas próprias circunstâncias); consistência (redução da variabilidade e multiplicidade de critérios); previsibilidade; redução de custos; rapidez da resposta.

Como inconvenientes de um juiz robô, pode-se apontar outros cinco: falta de transparência (caixa preta dos algoritmos); problemas de segurança cibernética e *hacking*; a discutível ética do algoritmo; os vieses com que ele pode trabalhar; e a possível violação dos direitos humanos. Para compreender mais amplamente essas diferenças, a decisão judicial robótica e a decisão judicial humana serão comparadas a seguir.



### *3.2.1. A decisão judicial robótica*

Convém começar pela indagação de quais são as razões pelas quais se recorre a um robô para substituir um juiz e, entre outras, Luciani propõe a hipótese de três respostas: liberar os seres humanos da carga de trabalho; obter prestações de trabalho mais eficientes do que os proporcionados pelos seres humanos; garantir certeza jurídica (LUCIANI, 2018, p. 872). Essas três hipóteses resumem as razões apresentadas com maior frequência para justificar tal substituição. É também necessário definir se é feita referência a uma substituição integral ou parcial do ser humano pela máquina. A substituição parcial se concretiza no auxílio à atividade judicial por diversas atividades robóticas, que está sendo utilizada por alguns tribunais, como já apontado. A substituição integral é a problemática em questão, motivo pelo qual a análise feita em seguida versará sobre essa tipologia.

A partir de algumas das indagações promovidas por Luciani, serão analisados alguns parâmetros que mais comumente estão presentes no processo decisório realizado por um juiz robô:

- O juiz-robô pode fornecer uma decisão mais precisa: a precisão da decisão é o que "poderia legitimamente constituir o objetivo da justiça robótica". Costuma-se assimilar e identificar tal precisão com certeza e segurança.

- A decisão do juiz-robô poderá variar em função de qual elemento jurídico tem mais peso: os principais elementos jurídicos que incidem na decisão são a lei, posições doutrinárias e a jurisprudência. Mas, dependendo de como cada um desses elementos foi programado, uma decisão diferente seria alcançada. Assim, se aplicada a jurisprudência, seria necessário determinar qual jurisprudência, questionando se teria que ser a mais recente e até qual data deveria se remontar. Porque se for a mais antiga, poderia colidir com a mais recente. Por outro lado, isso poderia implicar que se feche a porta à entrada de novas linhas jurisprudenciais, em sintonia com as necessidades sociais, impedindo a evolução.
- O juiz-robô deverá dirimir um conflito entre normas: um problema que se apresentará a ele é o de enfrentar o confronto entre norma e norma. Não se está diante de uma subsunção dos fatos à norma, mas, diante de determinados fatos, há duas normas suscetíveis de aplicação e deve-se proceder a um confronto para decidir qual delas estará fora do campo de aplicação. Pode se tratar de normas de ramo diverso ou de distinta competência, ou pode ser uma questão de inconstitucionalidade de uma lei em face da Constituição. Um ponto especialmente problemático seria "a conceituação da noção de 'dúvida' para o robô", pois questiona-se como ele a resolveria.
- A princípio, o juiz-robô se apresenta como um aliado dos advogados, mas caberia examinar se, na realidade, ele não acaba se convertendo em um inimigo. Poderia dificultar o grau de êxito do advogado, na medida em que seria difícil argumentar contra um algoritmo que sabe tudo (leis, repertórios jurisprudenciais, doutrina). Ainda assim, caso se consiga alterar a decisão e impor seu critério, pode ser consequência de que ou tenha surgido um fato novo que possa incidir sobre o julgamento ou que se tenha produzido um erro informático. Neste caso, poderia entender-se que havia um vício de origem, o que prejudicaria a crença na precisão da decisão robótica.
- Outro problema é se a motivação da sentença robótica é confiável. A razão para se exigir tal motivação e examiná-la com atenção seria a de assegurar o seu controle social, bem como para eliminar/evitar o possível erro informático ou de engenharia.

- A neutralidade das decisões do juiz-robô é uma enteléquia, uma vez que pode ser influenciada pela ideologia dominante ou critérios interpretativos específicos com os quais a IA foi programada, o que fará com que as decisões tenham uma orientação ou outra[9]. É uma falácia que as tecnologias de IA não podem ser discriminatórias. Elas são e há casos em que se indicou manifestamente que foram produzidos resultados com efeitos negativos desproporcionais que deram lugar a um tratamento diferente de uma pessoa ou grupo de pessoas, colocando-as em uma situação de desvantagem em comparação com outras, e isso a partir de motivos como suas características pessoais, sem uma justificação objetiva ou razoável.

Assim, em algumas jurisdições norte-americanas, a imposição de uma pena tem sido mais influenciada pelo risco de reincidência - segundo uma previsibilidade estatística da reiteração da infração - do que pela gravidade da infração. Vieses e discriminações fazem com que a justiça preditiva acabe dando mais força aos preconceitos sociais. Por meio de um teste, essas tecnologias oferecem uma pontuação que deixa o juiz em posição incômoda. O conhecido caso do Sr. Loomis - ao qual foi aplicado a conhecida ferramenta COMPAS - é um bom exemplo[10]. Suponhamos que há uma causa em que o juiz está disposto a deixar em liberdade o acusado em lugar de determinar a prisão preventiva, mas a pontuação identifica um alto risco de reincidência. O juiz deve ir contra o cálculo que avalia o risco feito pelo sistema? E o que acontece se o acusado for colocado em liberdade e comete um crime logo em seguida? Para além do enviesamento, são apreciadas as dificuldades em que se encontraria o juiz, que teria que motivar sua decisão para justificar o porquê de seu critério ser diferente daquele da IA.

### *3.2.2. A decisão judicial humana*

Uma vez estudada a problemática da decisão judicial automatizada, convém focar em algumas das principais contribuições que a decisão

9 A comparação entre as decisões de um programa que trabalhe, por exemplo, na linha de um uso alternativo do Direito e outro programa, de perfil positivista, seria ilustrativa. Pode-se pressupor que as decisões derivadas de ambos, partindo dos mesmos fatos e pressupostos, seriam bastante diferentes.

10 Sentença de 13 de julho de 2016: *State v. Loomis*, 881, N.W.2d 749, 7532 (Wis, 2016).

judicial humana acarreta. Como premissa, deve-se partir do fato de que a faculdade de julgar é uma das mais complexas que a mente humana pode desenvolver. Requer pensar, aplicar inteligência, não se contenta com o universal ou abstrato, mas desce ao concreto, não é mecânica, é uma atividade criativa. "Não consiste em constatar nem demonstrar. Não é descoberta, dedução ou indução. Não é uma atividade meramente reprodutiva". Não se trata de que os juízes "não realizem um raciocínio dedutivo ao fundamentar uma decisão, mas sim que a escolha das premissas e as regras de inferência de seu raciocínio exigem um verdadeiro trabalho criativo" (MARTÍNEZ BAHENA, 2012, p. 836).

O juiz valora a prova, qualifica os fatos, decide qual é a norma relevante para a resolução do litígio, julga sua validade, interpreta a norma, pondera os princípios conflitantes no caso concreto e valora quais meios são os mais aptos para a consecução dos fins do sistema jurídico. O juiz recorre à discricionariedade judicial para sua tomada de decisões, ou seja, à liberdade para escolher entre diferentes opções fáticas, dentro dos limites do ordenamento jurídico. Discricionariedade não é arbitrariedade judicial, que implicaria tomada de decisões pela vontade ou capricho.

Para a caracterização da decisão judicial humana será levado em consideração um conjunto de características: decisão livre; decisão com discricionariedade técnica (e não sintomas de subjetivismo dos juízes); impossibilidade de contextualização pela IA; a argumentação judicial não é estritamente dedutiva, ao contrário do esquema de raciocínio da IA; a decisão judicial é precedida de uma metaconstrução lógica e, por último, uma IA não pode prever as consequências de sua resolução. De forma sintética, podem ser assim resumidas:

- O juiz humano parte da premissa da liberdade para estabelecer as conexões lógicas e mentais necessárias à elaboração de uma decisão. Responde livremente, ao contrário de um juiz-robô, que responde a partir dos programas disponíveis. "Os autômatos reagem, mas não respondem", limitam-se a obedecer a um programa (MARTÍNEZ GARCÍA, 2020, p. 358).
- O juiz decide com discricionariedade técnica. Discricionariedade que não deve ser confundida com arbitrariedade ou subjetivismo por parte do julgador. Diante dos "sintomas de subjetivismo" dos juízes (sua emotividade, seus preconceitos, sua ideologia, suas preferências, seu estado de espírito, seu maior ou menor preparo

técnico, sua capacidade e inteligência e tantos outros) que comprometerão a decisão, surgem os algoritmos, firmes em sua ciência. Não se trata de defender um modelo de juiz "inanimado", mas de juízes com alma - como sustentava Calamandrei - o que implica a consequente redução da previsibilidade do Direito (IRTI, 2016, p. 917).

- O desejo por um juiz puramente neutro não é alcançado sequer por meio da IA. Nenhum sujeito, tampouco nenhum juiz, é neutro a respeito de todos os pré-julgamentos inerentes à decisão sobre a solução de uma controvérsia. Seja pela pré-compreensão do Direito, na linha da hermenêutica jurídica (Kaufmann, Zaccaria), seja pela ideologia, valores pessoais, culturais, éticos, políticos e sociais, na linha do realismo jurídico americano, as decisões no âmbito jurídico não podem ser consideradas objetivamente neutras.
- O juiz do século XXI superou o formalismo e, sem renunciar à segurança jurídica, é um juiz que pondera, que aplica valores, que realiza uma complexa operação racional para fundamentar sua decisão. A transição da Modernidade à contemporaneidade permite detectar algumas mudanças em relação à teoria da decisão judicial. Enquanto o raciocínio judicial tenha se mantido invariável nos ordenamentos positivos, marcado por sua forma silogística (que de forma simplificada se estrutura em duas premissas e uma conclusão: norma, fato e resolução), o papel social do juiz sofreu uma transformação significativa. Nosso Código Civil[11] estabelece o dever inescusável que têm os juízes de resolver as questões "em todo caso" (art. 1.7), incluindo também uma ferramenta formalista como é a própria estrutura da sentença (fatos provados, fundamentos jurídicos e julgamento). Essa estrutura de silogismo judicial contribui para proporcionar uma resposta "mecânica" por parte do juiz, atividade silogística que foi mitificada e que não corresponde à realidade.

A lei envolve algo mais que regras e resultados deterministas: é uma instituição social que está sujeita a fatores políticos, econômicos e socioculturais que influenciam nas concepções do que é justo ou injusto. Muitos conceitos jurídicos são construídos socialmente e não têm

11 **N. do T.**: referência ao Código Civil espanhol.

significados singulares. Os casos raramente têm respostas certas ou erradas que podem ser resolvidas com o código binário de zero e um. Interpretar e contextualizar é uma das tarefas do trabalho judicial que jamais deveria ser automatizada.

- O juiz realiza uma tarefa de contextualização quando interpreta a lei, ao contrário da IA, que não pode contextualizar. A parte essencial do que constitui ser juiz (buscar fatores agravantes ou atenuantes, analisar se há contradição entre o veredito e as intuições éticas da sociedade etc.) não pode ser automatizada. Como bem advertia o Professor Pérez Luño, em sua pioneira obra *Informática y Derecho*, de 1996, as máquinas ainda não podiam compreender "as circunstâncias que concorrem nas condutas humanas" (PÉREZ-LUÑO, 1996). A IA não pode contextualizar, mas há um esforço para fazê-lo, o que é mais preocupante: trata-se de fazer a justiça mais eficiente e justa ou de criar máquinas capazes de substituir o ser humano pelo mero fato de que é possível fazê-lo? O que não significa que não haja autores que convidem a refletir se não serão as máquinas o que poderia restituir a humanidade na tarefa de julgar (PUNZI, 2019).
- A argumentação judicial não é estritamente dedutiva, ao contrário da IA, que funciona por um esquema de raciocínio essencialmente dedutivo. Não há uma única resposta correta e o Direito está aberto a diversas interpretações e possibilidades. Nas palavras de Martínez García: "A resposta não é mera citação de um dado normativo, mas o produto de uma operação decisória. Deve ser 'conforme o direito', 'ajustada ao direito', mas não se limita a copiá-lo. Não é cópia, reiteração, mas uma reprodução. A aplicação do Direito não pertence a uma estática, mas a uma dinâmica produtiva que o recria. Deve-se inventar a decisão, e fazê-lo dentro do marco da legalidade". Nos casos difíceis (*hard cases*), independentemente da disputa sobre os fatos da matéria, há uma disputa entre as partes em relação à orientação legal, sobre quais fatos podem ser provados.

Como explica Romeo, os sistemas de *machine learning* argumentam *a posteriori* (ROMEO, 2020). Neles, a justificação da decisão não é o resultado de um processo argumentativo baseado na linguagem natural, mas sim do cálculo de uma rede configurada e treinada, principalmente, a partir de sentenças judiciais e exemplos jurisprudenciais, e não de normas ou leis. O papel argumentativo do juiz, o papel de sua parte emocional, das representações subjetivas, dos preconceitos, das emoções, não se faz presente em uma IA. A inteligência emocional é o que caracteriza o ser humano e o que falta em uma IA.

- A decisão judicial é precedida por uma metaconstrução lógica. Ou seja, antes de tomar uma decisão, devem ser realizadas algumas operações lógicas, tais como detectar possíveis falácias e resolvê-las, identificar as lacunas e antinomias jurídicas que podem surgir na operação de busca da norma aplicável ao caso, classificá-las e, mediante os modos de resolução a que correspondam, resolvê-las; caso detectado um conflito de princípios, interesses ou direitos, deve-se desenvolver uma cuidadosa ponderação, sopesando no caso concreto qual princípio ou direito deve prevalecer sobre o outro (e motivá-lo); deve-se trabalhar com conceitos jurídicos indeterminados ou conceitos abertos, que figuram tanto no texto constitucional (prazo razoável, honra, tutela jurisdicional efetiva, interesses legítimos etc.), bem como no restante do ordenamento jurídico e em sentenças (proteção do interesse superior do menor, motivação suficiente, justa causa, íntima amizade etc.).
- Um juiz prevê as consequências da decisão, ao contrário de uma IA, que não pode prevê-las. O juiz, no momento de decidir, deve atender a pré-requisitos que se materializam nos princípios da universalidade, consistência e coerência intrínsecos ao sistema jurídico, além da observância de argumentos de índole consequencialista (MACCORMICK, 1978). Em relação a essa última exigência, há razões para entender que os juízes devem levar em consideração e avaliar as consequências das várias possíveis decisões relativas ao caso, dependendo de critérios de justiça e bom senso, mas, sobretudo, tomando por base princípios e valores constitucionais básicos. Não cabe considerar que uma IA esteja programada com a "racionalidade" necessária para valorar as consequências de suas decisões, tampouco podendo se exigir dela um "bom senso". Os argumentos consequencialistas centram-se nos resultados, aos quais cabe presumir levaria a uma ou outra decisão (entre as juridicamente viáveis) no meio social em que opera o Direito, o que de certo modo supõe a negação do caráter autopoiético do sistema

jurídico. No entanto, ambos são elementos essenciais em uma decisão judicial.

- Tem sido objeto de debate e opiniões conflitantes se a justiça deva ser o princípio inspirador das decisões judiciais. Um juiz tem como função a *iuris-dictio*, ou seja, que diga o que é *ius*, mas não está obrigado (legalmente) a dizer *iustitiam* (LUCIANI, 2018, p. 877). Incide, assim, o clássico debate entre Direito e moral, e se é possível positivar a justiça, o que é difícil por se vincular a valores. A esse respeito, Nieto aponta que, na prática, os juízes se atêm fundamentalmente a aplicar a lei e resolvem com critérios de legalidade. Em nenhum caso a lei estabelece que os órgãos da Administração da Justiça devam buscar e declarar a justiça. Basta trazer à colação o livro "A Justiça de Toga", de R. Dworkin, que começa relatando uma célebre anedota atribuída ao juiz Holmes, nos seguintes termos:

> Quando Oliver Wendell Holmes era juiz da Suprema Corte, certa vez ele deu carona ao jovem Learned Hand, quando ia para o trabalho. Ao chegar a seu destino, Hand saltou, acenou para a carruagem que se afastava e gritou alegremente: "Faça justiça, juiz!". Holmes pediu ao condutor que parasse e voltasse, para surpresa de Hand. "Não é esse o meu trabalho!", disse Holmes, debruçado na janela. A carruagem então fez meia-volta e partiu, levando Holmes para o trabalho, que, supostamente, não consistia em fazer justiça (DWORKIN, 2007)[12].
>
> Quando essa anedota é contada, costuma-se acrescentar que Holmes completou sua frase de que seu trabalho não consistia em fazer justiça, especificando que consistia em "aplicar a lei" ("*it is my job to apply the law*").

Parece, portanto, que do juiz pode-se exigir não uma decisão "justa", mas sim uma decisão "exata" (ou seja, ajustada aos fatos e às fontes aplicáveis). Mas não há dúvida de que, caso se faça referência a uma sentença, é necessário vinculá-la à justiça, ou seja, os jurisdicionados demandam uma sentença judicial justa ou correta (conscientes de que as leis

12 **N. do T.**: há edição em língua portuguesa, da editora WMF Martins Fontes, cuja tradução foi feita por Jefferson Luiz Camargo e revisada por Fernando Santos. Acolheu-se, aqui, a tradução constante em tal edição: DWORKIN, Ronald. **A justiça de toga**. São Paulo: WMF Martins Fontes, 2010, p. 3.

são aperfeiçoáveis). A exatidão não se refere a um processo legal e a uma decisão judicial legal, mas sim que, além de baseada na lei, deve ser justa.

No texto constitucional espanhol, a justiça é um valor superior que informa o ordenamento jurídico, juntamente com a liberdade, a igualdade e o pluralismo político. Assim, por ser um valor, pode ser considerada como um princípio que irradia e se projeta sobre todo o ordenamento jurídico. Isso não significa que a positivação da justiça não seja difícil, já que se trata de um valor no qual os demais estão subsumidos, enquanto expressa um campo axiológico. Quando se faz referência a um processo "justo" busca-se dizer algo além de um processo "legal"? Aqui se encontra o debate entre aqueles que exigem a legalidade do processo e aqueles que exigem que seja justo. Sem a orientação conferida pela justiça, a interpretação das normas seria muito difícil. Recupera-se aqui a virtude da prudência aristotélica, cujo significado usual de prudência era o de deliberar de maneira justa. O sentido de prudência, de equilíbrio, de deliberação íntegra não pode ser desenvolvido por um robô. A produção de sentenças automatizadas poderia se encaixar naquilo que Alejandro Nieto qualificou como "a falácia da única solução correta" (NIETO, 2002).

## 4. VIABILIDADE DA "ATUAÇÃO JUDICIAL AUTOMATIZADA": É POSSÍVEL UM JUIZ ROBÔ?

Foram demonstradas as dificuldades que um "juiz robô" acarretaria, o que permite ilustrar com maior nitidez a diferenciação entre os âmbitos ou os assuntos passíveis de decisão artificial e aqueles que devam ser resolvidos por seres humanos.

Assim, as questões que podem ser resolvidas por meio de critérios claros e objetivos (provavelmente a maioria) e que não se refiram a questões de grande implicação moral (como direitos fundamentais, decisões relativas a menores ou a pessoas vulneráveis etc.) seriam objeto de decisão artificial, enquanto outras em que se considere importante contar com a capacidade de julgamento e de deliberação ficariam reservadas a julgadores humanos. Seria possível, inclusive, um modelo misto no qual a intervenção humana se limitaria a revisar as decisões prévias ou as propostas de decisões oferecidas por algoritmos. Em suma, como tem sido a tendência invariável ao longo da história, deixar-se-ia para as máquinas o que elas podem realizar de maneira mais eficiente e se reservaria aos seres humanos o que aquelas não são capazes de fazer ou realizar de maneira satisfatória e que são, de fato, as mais importantes (MARTÍNEZ ZORRILLA, 2019).

Um ponto que se questiona é quais conteúdos ou temas podem ser deixados para o juízo decisório robótico e quais não, e outra, se isso é juridicamente viável. Para elucidar essa questão, irei centrar-me no âmbito da União Europeia em geral e de um país em particular.

O Direito europeu não se opõe à implementação do juiz robô. Por isso, é uma realidade que está se concretizando em cada vez mais países e experiências (GRECO, 2020). No nível legislativo, é conveniente começar pela revisão da viabilidade das decisões individuais automatizadas. A esse respeito:

- O artigo 22 do Regulamento Geral de Proteção de Dados UE 2016/679 sobre "decisões individuais automatizadas, incluindo a definição de perfis", na seção 1 dispõe:

> 1. O titular dos dados tem o direito de não ficar sujeito a nenhuma decisão tomada exclusivamente com base no tratamento automatizado, incluindo a definição de perfis, que produza efeitos na sua esfera jurídica ou que o afete significativamente de forma similar.

Em seguida, porém, na seção 2, esse direito é esvaziado:

> 2. O n.º 1 não se aplica se a decisão:
>
> (...) b) For autorizada pelo direito da União ou do Estado-Membro a que o responsável pelo tratamento estiver sujeito, e na qual estejam igualmente previstas medidas adequadas para salvaguardar os direitos e liberdades e os legítimos interesses do titular dos dados; (...)[13]

Em outras palavras, o Direito europeu não se opõe à introdução do juiz robô, desde que esteja "autorizado pelo Direito... do Estado-Membro".

Um exemplo de Estado-Membro que estabeleceu algumas limitações é a França. O artigo 33 da Lei 2019-222, de 23 de março de 2019, acerca da programação 2018-2022 e reforma pela justiça, estabelece que:

---

13 **N. do T.**: os trechos do Regulamento 679/2016 são aqueles constantes na versão em língua portuguesa (Portugal), disponível no seguinte endereço eletrônico: <https://www.cncs.gov.pt/content/files/regulamento_ue_2016-679_-_protecao_de_dados.pdf>.

> Os dados relativos à identidade dos magistrados e membros da secretaria judicial não podem ser objeto de uma reutilização que tenha por objeto ou efeito avaliar, analisar, comparar ou prever suas práticas profissionais reais ou presumidas.

O descumprimento implica uma repreensão penal, sem prejuízo das sanções administrativas correspondentes, assim como de outras penas complementares.

Tal fato não impediu que o governo francês tenha começado a implementar um projeto de reforma da Justiça (2018-2022), que abordará uma primeira introdução desse tipo de soluções (com alocação inicial de cerca de 500 milhões de euros) destinados à digitalização para, entre outras coisas, automatizar questões nas quais os juízes têm que despender muito tempo. O projeto francês aponta, assim, para a possibilidade de implementar "mecanismos algorítmicos de resolução de conflitos para assuntos judiciais de menor importância", no valor entre 4.000 e 6.000 euros.

Soluções similares já foram estabelecidas em outros países europeus, como na Estônia, onde será iniciado o desenvolvimento de um programa de "juízes robô" no final do ano, especializado em conflitos cujo valor da causa estiver entre 6.000 e 7.000 euros. O projeto no país báltico é o primeiro com uma data já determinada e se concentra em questões relacionadas fundamentalmente a conflitos contratuais: as partes protocolarão a documentação no sistema e o "juiz robô" decidirá. Se as pessoas discordarem da decisão do robô, poderão recorrer a um tribunal humano.

Na verdade, mais que um juiz robô, trata-se de um projeto de ODR-AI (*Online Dispute Resolution*, em português, Resolução *On-line* de Disputas). Tal sistema não implica em uma verdadeira aplicação da IA (ao menos não para resolver a controvérsia), mas sim de uma mera tramitação digital do litígio. Serão aportados documentos digitais para a resolução de conflitos civis de valor inferior a sete mil euros (PERALTA GUTIERREZ *et. al.*, 2020, p. 42). Esses mecanismos de digitalização (ODR) permitem a eliminação de burocracia e papelada, de modo que os objetivos de celeridade e redução de custos são evidentes. No entanto, trata-se de uma aplicação experimental e limitada a questões de tramitação. Segue-se trabalhando para avançar do ODR puro ao ODR com IA (ODRA ou IDR), que se encarregaria não apenas da tramitação procedimental, mas também ofereceria uma solução às partes.

Em relação à Espanha, a "atuação judicial automatizada" foi definida na Lei 18/2011, de 5 de julho, que regulamenta o uso das tecnologias da informação e comunicação na Administração da Justiça, como a:

> Atuação judicial produzida por um sistema de informação devidamente programado sem necessidade da intervenção de uma pessoa física em cada caso singular. Inclui a produção de atos procedimentais ou de resolução de procedimentos, assim como de meros atos de comunicação[14].

Precisamente nesta última lei, em seu artigo 42, é feita menção a uma exigência que não é trivial, como a necessidade de auditar o código fonte (DE LA CUEVA, 2019). Se o algoritmo se incorpora à decisão judicial, não como uma ferramenta, mas como uma categoria capaz de realizar operações lógicas e oferecer um resultado, de forma velada está se convertendo em mais uma fonte do Direito, mas que escapa às exigências e requisitos que as demais fontes cumprem, tais como os princípios da publicidade normativa e da legalidade.

## 5. CONCLUSÕES

Os males que afligem a Administração da Justiça não podem ser amenizados pela substituição do juiz humano por uma "ditadura das máquinas" que, a pretexto de uma pretensa neutralidade e objetividade matemática e que, apresentando-se como campeã da eficiência na Administração da Justiça, com baixos custos e rapidez nas decisões judiciais, apresenta-se como a panaceia. Triste jornada jurídica de séculos fizemos para chegar a um resultado tão pobre. Cuidado especial deve ser tomado para a formação dos aplicadores dessa decisão judicial automatizada, desde a postulação de uma teoria fundamental do Direito digital (CANTARINI, 2020) à formação específica dos magistrados acerca da inteligência artificial – como é feito na Espanha pelo Conselho Geral do Poder Judiciário, através de cursos específicos de formação.

De tudo o que foi exposto neste estudo, podem ser estabelecidas as seguintes conclusões:

14 Registre-se, aqui, que atuação judicial automatizada é mais ampla e genérica que a decisão judicial automatizada.

Primeira. A contextualização, a cultura jurídica, o senso comum dos juristas são elementos que permitem compreender a distinção entre uma decisão judicial não automatizada e uma automatizada. Nesta, as interpretações dominantes nas relações de poder, os erros, preconceitos e discriminações, a impossibilidade de reflexão e de ponderação, confirmam que a decisão judicial robótica está longe dessa neutralidade e exatidão com a qual se apresenta e que não está em condições de garantir a desejada segurança jurídica. O que permite concluir que a hipótese de uma substituição integral de um ser humano por uma máquina, na resolução de casos judiciais, deve ser rechaçada. Distinto é o auxílio parcial, ou seja, a IA como auxílio às atividades desenvolvidas pelos magistrados pode ser viável, mas a decisão final do juiz não pode ser delegada a uma IA.

Possivelmente, um juiz robô, para funções relativas a atividades silogísticas e auxílio para a prova (contraste de laudos periciais, por exemplo) poderia ser útil. Por outro lado, a motivação é tarefa própria de um juiz humano.

Segunda. O Direito do sistema continental europeu, ao contrário do sistema de *common law*, tende a se apoiar mais na norma e menos no caso concreto – como no Direito anglo-saxão – o que pode facilitar a introdução dessas soluções na Espanha, naqueles processos de questões quantificáveis, que obedecem a fórmulas matemáticas, como em relação a processos administrativos (multas, liquidações); descumprimento de contratos (revisão de aluguéis, fixação de valores); aplicação de penalidades; leves infrações de trânsito; litígios trabalhistas (indenizatórios) que estão sujeitos a fórmulas ou operações matemáticas complexas. O juiz robô pode ser muito útil na medida em que permita que um litígio de trezentos euros não freie a investigação de outro de cinco milhões, ou seja, que libere o juiz de dedicar àquele muitas horas de trabalho e possa se dedicar a litígios que não dependem de meras quantificações, operações ou cálculos matemáticos.

Terceira. A decisão judicial não automatizada deve sempre prevalecer sobre outra automatizada. Deve-se rejeitar uma substituição integral de um ser humano por uma máquina na resolução de questões jurídicas. Distinto é o auxílio parcial, ou seja, a IA pode ser viável como auxílio às atividades desenvolvidas por magistrados, mas a decisão final do juiz não pode ser delegada a uma IA.

Tudo aponta que ainda será necessário aguardar uma década para que um algoritmo resolva o caso e que, posteriormente, a um juiz (humano) seja atribuída a tarefa de verificar a decisão e referendá-la. Os recursos para instâncias superiores serão resolvidos pelos tribunais. Enquanto isso, será necessário continuar refletindo sobre questões como: i) se o juiz se afasta da padronização da decisão que uma IA poderia estabelecer, teria ele que justificar e motivar o porquê?; ii) são as pessoas que julgam, qualquer que seja o assunto, porque assim dispõe a Constituição. Para que a palavra final sobre qualquer questão jurídica seja de um robô e não de uma pessoa, seria necessária não apenas uma reforma legal, mas também constitucional. Se a sentença judicial emanasse de um robô, como isso afetaria a tutela jurisdicional efetiva?

Em qualquer caso, deve-se ter atenção para que o juiz robô não se converta em um cavalo de Tróia que promoveria, inevitavelmente, uma progressiva e velada obsolescência do juiz humano (CONTINI, 2021). A progressiva "humanização do juiz robô" (ALONSO, 2021), o transumanismo jurídico (LLANO ALONSO, 2018) e outras vertentes que se abrem a partir da aplicação da IA à decisão judicial vieram para ficar e prevemos que se expandirá rapidamente na próxima década. Deve-se cuidar de quem, como e para quê é construído o juiz-robô, para evitar que se vulnerem direitos fundamentais, garantindo que o princípio da dignidade da pessoa humana seja respeitado e que a segurança jurídica não seja cerceada.

## BIBLIOGRAFIA

AGUIAR DE LUQUE, Luis. ¿Puede el juez ser partícipe de los procesos de cambio social? Del juez monje al juez constitucionalmente comprometido. *In*: LAURENCE BURGORGUE-LARSEN, L.; MAUÉS, A.; SÁNCHEZ MOJICA, B.E. (Coord.). *Derechos humanos y Políticas públicas*. Manual, DHES. Red de Derechos Humanos y Educación Superior, 2014, p. 346-350.

ALONSO, Mario. La progresiva humanización de los jueces robots, Cinco Días. *Diario "El País"*. Acesso em 04 de janeiro de 2021. Disponível em: <https://cincodias.elpais.com/cincodias/2021/01/03/legal/1609698938_129547.html>.

BELLOSO MARTÍN, Nuria. Algoritmos predictivos al servicio de la justicia: ¿una nueva forma de minimizar el riesgo y la incertidumbre? *Revista da Faculdade Mineira de Direito*. (Dossiê 2019 – Edição especial em homenagem aos professores Jorge Eduardo Douglas Price e Raffaele De Giorgi), set. 2019, Programa de Pós-graduação em Direito da Pontifícia Universidade Católica de Minas Gerais (ISSN: 2318-7999). Disponível em: <http://periodicos.pucminas.br/index.php/Direito>.

BELLOSO MARTÍN, Nuria. Los desafíos iusfilosóficos de los usos de la inteligencia artificial en los sistemas judiciales: a propósito de la justicia predictiva. Decisión judicial robótica vs. decisión judicial humana. *In*: Nuria BELLOSO MARTÍN (Diretora); Rafael Mario IORIO FILHO y Adriano MOURA DA FONSECA PINTO (Coordenadores) Navarra, Thomson Reuters Aranzadi, 2021 (no prelo).

BIURRUN ABAD, Fernando José. El Consejo de Europa adopta la primera Carta Ética Europea sobre el uso de inteligencia artificial en los sistemas judiciales. *Actualidad jurídica Aranzadi*, n° 947, 2018. Acesso em 03 de março de 2020. ISSN 1132-0257.

CANTARINI, Paola. *Teoría fundamental do Direito Digital*: uma análise filosófico-constitucional, E.Book, 2020.

CONTINI, Francesco. La inteligencia artificial: ¿un nuevo caballo de Troya que influye indebidamente en el poder judicial? *UNODC*. Acesso em 24 de janeiro de 2021. Disponível em: <https://www.unodc.org/dohadeclaration/es/news/2019/06/artificial-intelligence_-a-new-trojan-horse-for-undue-influence-on-judiciaries.html>.

DE LA CUEVA, Javier. El derecho a no ser gobernados mediante algoritmos secretos. El Notario del siglo XXI. *Revista del Colegio Notarial de Madrid*, número 87, set./out. 2019, p. 6-12. Disponível em: <http://www.elnotario.es/opinion/9636-el-derecho-a-no-ser-gobernados-mediante-algoritmos-secretos>.

DWORKIN, Ronald. *La justicia con toga*. Trad.: M. Iglesias Vila e I. Ortiz de Urbina. Madrid-Barcelona-Buenos Aires: Marcial Pons, 2007. ISBN: 9788497684897.

GARAPON, Antoine. Les enjeux de la justici prédictive. *La semanine juridique, édition générale*, Heddomadaires, n° 1-2, 9 janvier 2017, pp. 1-8. Hal-02563645. Acesso em 15 de novembro de 2020. Disponível em: <hal.archives-ouvertes.fr › hal-02563645› document>.

GONZÁLEZ LAGIER, D. *Emociones sin sentimentalismo*. Sobre las emociones y las decisiones judiciales. Lima: Palestra Editores, 2021. ISBN: 9786123251079.

GRECO, Luís. *Poder de julgar sem responsabilidade de julgador*: a impossibilidade jurídica do juiz-robô. São Paulo: Marcial Pons Editora do Brasil, 2020. ISBN: 978-65-86696-05-9.

HARARI, Yuval. Noah. *21 lições para o Século 21*. São Paulo: Companhia das Letras, 2018. ISBN 978-8535930917.

LUCIANI, Massimo. La decisione giudiziaria robótica. *Rivista della Asociazione Italiana dei constitucionalisti* –AIC-, n° 3, Roma, 2018, pp. 871-893. ISSN 2039-8298 (*On-line*). Acesso em 30 de janeiro de 2021. Disponível em: <https://www.rivista-aic.it/it/rivista/ultimi-contributi-pubblicati/massimo-luciani/la-decisione-giudiziaria-robotica>.

LLANO ALONSO, Fernando Higinio. *Homo excelsior. Los límites jurídicos del transhumanismo.* Valencia: Tirant lo Blanch, 2018. ISBN: 978-84-1313-026-2.

MACCORMICK, Neil. *Legal Reasoning and Legal Theory.* Oxford, Oxford University Press, 1978. ISBN 978-0198763840.

MARTÍNEZ BAHENA, Goretty Carolina. La inteligencia artificial y su aplicación al campo del Derecho. *Alegatos*, n.° 82, México, set./dez. 2012, pp. 827-846. Acesso em 30 de novembro de 2020. ISSN 2007-6916. Disponível em: <http://alegatos.azc.uam.mx/index.php/ra/article/view/205/184ISSN>.

MARTÍNEZ GARCÍA, Jesús Ignacio. Inteligencia y derechos humanos en la sociedad digital. *Cuadernos Electrónicos de Filosofía del Derecho.* 2019, n° 40, p. 168-189. Acesso em 10 de julho de 2020. ISSN-e 1138-9877. Disponível em: <https://ojs.uv.es/index.php/CEFD/article/view/13846/pdf>.

MARTÍNEZ GARCÍA, Jesús Ignacio. La respuesta jurídica. *Anuario de Filosofía del Derecho*, vol. XXXVI, Madrid, BOE, 2020, pp. 347-371. ISSN 0518-0872. Acesso em 2 de dezembro de 2020. Disponível em: <https://www.boe.es/biblioteca_juridica/anuarios_derecho/anuario.php?id=F_ANUARIO_DE_FILOSOF%C3%8DA_DEL_DERECHO&tipo=R&modo=2>.

MARTÍNEZ ZORRILLA, David. El juez artificial: ¿próxima parada? *Oikonomics* [*on-line*]. Nov. 2019, n°. 12, pp. 1-12. ISSN: 2339-9546. DOI: https://doi.org/10.7238/o.n12.1914. Disponível em: <http://comein.uoc.edu/divulgacio/oikonomics/es/numero12/dossier/dmartinez.html>.

NIETO, A. *Balada de la justicia y de la ley.* Madrid, Barcelona, 2002. ISBN: 978-84-8164529-3.

NIEVA FENOLL, Jordi. *Inteligencia artificial y proceso judicial.* Madrid: Marcial Pons, 2018. ISBN 9788491235835.

NUNES, Dierle. Decisão judicial e inteligência artificial: é possível a automação da fundamentação? *In:* NUNES, Dierle; NAVARRO WOLKART, Erik; LUCON, Paulo Henrique dos Santos (Coord.). *Inteligência Artificial e Direito Processual*: Os Impactos da Virada Tecnológica no Direito Processual. Salvador: Juspodivm, 2.ª ed., revisada, atualizada e ampliada, 2021, pp. 703-748. ISBN: 978-65-5680-200-8.

OLIVA LEÓN, Ricardo. Inteligencia artificial y marco ético europeo. *In: Algoritmo Legal.* Publicado em 09 de janeiro de 2021. Acesso em 10 de janeiro de 2021]. Disponível em: <https://www.algoritmolegal.com/tecnologias-disruptivas/inteligencia-artificial-y-marco-etico-europeo/>.

PEGUERA POCH, M.; CERRILLO I MARTÍNEZ, A. *Retos jurídicos de la inteligencia artificial*, Pamplona, Aranzadi, 2020.

PERALTA GUTIÉRREZ, Alfonso; TORRES LÓPEZ, Leopoldo Salvador. "Herramientas de inteligencia artificial en el ámbito jurídico comparado". *In: Cuadernos*

*Digitales de Formación*, n°8, El derecho y la inteligência artificial, año 2021, Consejo General del Poder Judicial-Universidad de Granada, Directores: Alfonso Peralta Gutiérrez; Leopoldo Salvador Torres López, 2021, pp. 17-49. Disponível em: <https://www.poderjudicial.es/cgpj/es/Servicios/Publicaciones/>.

PÉREZ LUÑO, Antonio Enrique. "¿Qué significa juzgar". *DOXA, Cuadernos de Filosofía del Derecho*, n° 32, 2009, pp.151-176. e-*ISSN*: 2386-3978. Acesso em 15 de outubro de 2020]. Disponível em: <http://data.cervantesvirtual.com/manifestation/285106>.

PINTO FONTANILLO, J.A. *El Derecho ante los retos de la inteligencia artificial. Marco ético y jurídico*. Edisofer, 2020.

PUNZI, Antonio. "*Judge in the Machine*. E se fossero le macchine a restituirci l'umanità del giudicare?". *In*: CARLEO, Alessandra. *Decisione robotica*. Bologna: Il Mulino, 2019. ISBN 978-88-15-28393-1.

RODRÍGUEZ LLAMOSÍ, Juan Ramón. *Casos difíciles de conciencia judicial*. Madrid: Dykinson, 2021. ISBN: 978-84-1377-195-3.

RODOTÁ, Stefano. "Democracia y protección de datos". *In*: *Cuadernos de derecho público*, N° 19-20, 2003 (Ejemplar dedicado a: Protección de datos), pp. 15-26. ISSN 1138-2848. Acesso em 25 de fevereiro de 2021. Disponível em: <https://dialnet.unirioja.es/servlet/articulo?codigo=1218233>.

ROMEO, Francesco. "Giustizia e predittività. Un percorso dal machine learning al concetto dei diritto". *Revista di filosofía del diritto*, IX, n° 1, Bologna: Il Mulino, 2020, pp. 107-124. E-ISSN 2612-1034.

SOLAR CAYÓN, José Ignacio. *La Inteligencia Artificial Jurídica. El impacto de la innovación tecnológica en la práctica del Derecho y el mercado de servicios jurídicos*, Cizur Menor (Navarra), Aranzadi, 2019. ISBN: 978-84-1309683-4.

TARUFFO, Michele. *Hacia la decisión justa*. Lima: Editorial CEJI, 2020. ISBN: 978-612-48214-4-8.

## RELATÓRIOS

*AI Wacht Artificial Intelligence in public services. Overview of the use and impact of AI in public services in the EU*. Publications Office of the European Union, 2020. Disponível em: <https://www.esmartcity.es/2020/07/23/informe-inteligencia-artificial-servicios-publicos-revela-interes-uso-gobiernos-europeos>.

*Libro Blanco sobre la inteligencia artificial: un enfoque europeo orientado a la excelencia y la confianza* [COM(2020) 65 final], de 19 fevereiro de 2020. Disponível em: <https://op.europa.eu/es/publication-detail/-/publication/ac957f13-53c6-11ea-aece-01aa75ed71a1>.

*Directrices éticas para una IA fiable*, publicado em 8 de abril de 2019. COMISIÓN EUROPEA Bruselas, 8.4.2019 COM (2019) 168. COM-2019-168-F1-ES-MAIN-PART-Grupo Independente de Especialistas de Ato Nível sobre Inteligência Artificial, criado pela Comissão Europeia em junho de 2018. Disponível em: <ec.europa.eu›COM-2019-168-F1-ES-MAIN-PART-1>.

*European Ethical Charter on the Use of Artificial Intelligence in Judicial Systems and their environment*, 2018. Disponível em: <https://rm.coe.int/ethical-charter--en-for...4.../16808f699c>.

*Artificial intelligence*: *MEPs want* to *ensure* a *fair and safe use* for *consumers*. *Press Releases*. Plenary sesión, de 12 de fevereiro de 2020. Disponível em: <https://www.europarl.europa.eu/news/en/press-room/20200206IPR72015/artificial-intelligence-meps-want-to-ensure-a-fair-and-safe-use-for-consumers>.

*Reglamento General de Protección de Datos UE* (2016) 679. Disponível em: <https://www.privacy-regulation.eu/es/22.htm>.

*La UE y la IA*. Disponível em: <https://ec.europa.eu/info/strategy/priorities-2019-2024/europe-fit-digital-age/excellence-trust-artificial-intelligence_es>.

*Un futuro digital para Europa*. Disponível em: <https://www.consilium.europa.eu/es/policies/a-digital-future-for-europe/>.

*Programa Europa Digital 2021-2027 da Comissão Europeia*. Disponível em: <https://intef.es/Noticias/programa-europa-digital-2021-2027-de-la-comision-europea>.

## JURISPRUDÊNCIA

Sentença do Tribunal Supremo do Estado de *Wisconsin*. 13 de julho de 2016: *State v. Loomis*, 881, N.W.2d 749, 7532 (Wis, 2016).

Sentença do Tribunal do Distrito de La Haya (*Rechtbank Den Haag*), de 5 de fevereiro de 2020. Disponível em: <https://diariolaley.laleynext.es/Content/Documento.aspx?params=H4sIAAAAAAAEAMtMSbH1czUwMDAyNDa3NDJUK0stKs7Mz7M1MjACC6rl5aekhrg425bmpaSm>.

# 2

# Justicia digital e inteligencia artificial: ¿el proceso civil del siglo XXI a la deriva?

**Álvaro Pérez Ragone**[1]

**Sumário:** I. Introducción. II. Tres niveles de cambio tecnológico en la justicia. III. Justicia digital: 1. Requerimientos y precauciones. 2. La necesidad de difundir la cultura digital. IV. Inteligencia artificial y proceso: 1. La aplicación de la IA al servicio de la justicia. 2. ¿Decisión judicial algorítmica?. 3. El derecho a inferencias razonables. V. Inteligencia artificial (IA) en la decisión judicial, la "decisión judicial artifical". VI. Conclusiones. Bibliografía.

## I. INTRODUCCIÓN

Según el diccionario deriva es el "desvío del rumbo de una nave por el viento, el mar o la corriente". Podría pensarse que la expansión de la llamada justicia digital y el uso (actual y potencial) de la inteligencia artificial ponen al proceso civil a "la deriva". Como se verá esto no es así, sino más bien son elementos que tienen – como todo – fortalezas, debilidades y desafíos dentro de un contexto de oportunidades para pensar la prestación del servicio de justicia con otras modalidades. Este aporte aborda los desafíos que el avance tecnológico en general y la inteligencia artificial en particular presentan a la sociedad y del proceso judicial en su conjunto. En los últimos treinta años, la digitalización, semiótica, el creciente uso de la inteligencia artificial se ha convertido en una importante disciplina interdisciplinaria. La inteligencia artificial, extrae sus datos, suposiciones y métodos de la teoría jurídica, filosofía jurídica, lógica, teoría de la argumentación, retórica, lingüística, teoría literaria, filosofía, sociología e inteligencia artificial. Estudiosos de varias tradiciones intentaron explicar las

1 Prof. Titular de Derecho Procesal Civil, Universidad de San Pablo, Tucumán (Argentina), Investigador externo Universidad Católica del Norte, Antofagasta (Chile). LL.M. y Doctor en Derecho (Universidad de Colonia/Alemania), E-mail: alvaro.perez01@ucn.cl.

características estructurales de la toma de decisión legal y la justificación de un juicio lógico emitido con el empleo de la inteligencia artificial[2]. Los nuevos enfoques sobre la aplicación de nuevas tecnologías a la justicia con en las se centrará este artículo son la digitalización y el empleo de la inteligencia artificial. En la primera se explora si hay una factibilidad de facilitar y hacer predecible el procesamiento de información (telemáticamente la serie secuencial puede programarse desde el inicio hasta llegar a una etapa final); en la segunda se agrega la posibilidad de prever con determinado grado de probabilidad elevada cuál y cómo será la decisión judicial en base a programación algorítmica que lo permitiría.

En este artículo se sostiene que tanto en el que se necesita un nuevo derecho de protección de datos, el "derecho a inferencias razonables", para ayudar a cerrar la brecha de responsabilidad que plantean actualmente las "inferencias de alto riesgo", es decir, inferencias extraídas de análisis de *Big Data* que dañan la privacidad o la reputación, o que tienen baja verificabilidad en el sentido de ser predictivo o basado en opiniones mientras se utiliza en decisiones importantes. Este derecho requeriría una justificación ex ante por parte del controlador de datos para establecer si una inferencia es razonable[3]. Esta divulgación abordaría (1) por qué ciertos datos forman una base normativamente aceptable de la cual extraer inferencias; (2) por qué estas inferencias son relevantes y normativamente aceptables para el propósito de procesamiento elegido o el tipo de decisión automatizada; y (3) si los datos y métodos usados para hacer las inferencias son precisos y estadísticamente confiables. La justificación ex ante se ve reforzada por un mecanismo ex post adicional que permite cuestionar inferencias irracionales[4].

Uno de los principales incentivos para el creciente interés en la argumentación legal tiene que ver con el cambio de visión sobre las tareas judiciales. En los sistemas jurídicos modernos, un juez no sólo aplica las reglas y principios jurídicos, sino que también resuelve los problemas

2 Garapon, A. Lassègue, J., *Justice digitale*, Paris, PUF, 2018, p. 239.

3 Pasquale, F., The, The black box society, Cambridge, Harvard University Press, 2015, pp. 1-25.

4 Katz, D. M.; Bommarito II, M. J.; Blackman, J. A, A, *General Approach for Predicting the Behavior of the Supreme Court of the United States*, PLoS ONE, v. 12, n. 4, April 2017. Ver en <https://journals.plos.org/plosone/article?id=10.1371/journal.pone.0174698>. (Visitado 12/12/2019); Comp. Kitchin, R. *The data revolution: big data, open data, data infrastructures & their consequences*, Los Angeles: SAGE Publications Ltd., 2016, pp. 25-50.

de interpretación y justifica que lo haga en una decisión motivada. Uno de los problemas importantes en el estudio de la argumentación legal es la cuestión de qué patrones de solidez la argumentación debe satisfacer. Un segundo problema importante es la cuestión de cómo reconstruir la argumentación de la vida real en las decisiones judiciales, a fin de evaluar la justificación[5]. Por ejemplo, cuando un juez resuelve un problema de interpretación al decidir un caso, puede elegir diferentes tipos de argumentos interpretativos para justificar su decisión. Idealmente, estos argumentos son reconocibles en la justificación de la decisión legal. Pero en la práctica, estos argumentos no siempre se presentan explícitos, claros y bien ordenados. El lector crítico que quiere evaluar la argumentación debe, por lo tanto, resolver varios problemas de reconstrucción para evaluar la argumentación[6]. La teoría de la argumentación jurídica tiene una dimensión descriptiva y normativa. Es descriptiva en el sentido en que da una reconstrucción que parte de argumentos expresados en el discurso jurídico y es normativa porque la reconstrucción está relacionada a un modelo de justificación aceptable[7].

Debe analizarse la incorporación de esas nuevas tecnologías e implicancias para la adaptación en tránsito a un sistema compatible con los Derechos Humanos. ¿Cómo garantizar la autodeterminación humana en la era de los algoritmos inteligentes? ¿Cómo es posible "programar" inteligencia artificial para que incluya un enfoque legal y ético? ¿Es posible hablar de un derecho de acceso a la inteligencia artificial? ¿Cómo hacer que la inteligencia artificial no profundice las desigualdades entre las personas? Las respuestas a estas preguntas exigen un esfuerzo trascendente para repensar e innovar sobre los desafíos de una nueva revolución por la que estamos pasando[8].



5 Raymond, A.,A., Shackelford, S., *Technology, Ethics, and Access to Justice: Should an Algorithm Be Deciding Your Case?*, Michigan Journal of International Law, Vol. 35, 2014, 485, 522-524.

6 Boehme-Neßler, V., *Die Macht der Algorithmen und die Ohnmacht des Rechts: Rechts: wie die Digitalisierung das Recht relativiert*, Neue juristische Wochenschrift70 (2017), 42, 3031-3037.

7 Susskind, R., *Expert*, Expert *Systems in Law: A Jurisprudential Approach to Artificial Intelligence and Legal Reasoning*, Modern Law Review, Vol. 49, No. 2, 1986, 168, 184-194; Poole, D, Mackworth, A., Goebel, R, *Computational Intelligence: A Logical Approach*, 1ª ed., Oxford University Press, New York, 1998, 1-2, 9-10.

8 Shay L. A., Hartzog, W., Nelson J., Conti, G., Do Robots Dream of Electric Laws ?Laws? An Experiment in the Law as Algorithm, in *Robot Law, Law*, R. Calo, A. M. Froomkin, I. Kerr (Dir.), Cheltenham, Edward Elgar, 2016, 288, 295.

El papel de un juez es complejo. Se puede incorporar el activismo, complejas interacciones con las personas, resolución de conflictos, gestión de casos, educación, comentario social público y específico y las funciones de decisión de un proceso que podrían ser realizados con otros jueces o menor frecuencia en algunas jurisdicciones con juicios por jurados[9]. Aunque la evolución en inteligencia artificial judicial están en su infancia, hay señales de que será más relevante y hay desarrollos, aunque un tanto impopular, para introducir al "juez IA" en relación a ciertas categorías de disputas[10].

En términos de estos desarrollos y de aquellos relacionados a la IA, ¿qué significará juzgar en los próximos 10, 20 o 30 años? Más específicamente, existen aspectos de la función judicial que aseguran que la evaluación sigue siendo una actividad humana, al menos en relación a algunas categorías de disputa. Por ejemplo, el cambio a un mayor uso de inteligencia artificial en la forma de codificación y análisis predictivos y aprendizaje automático sugiere que el uso de la ley por el bufete de abogados ya está cambiando la forma en que el material se presenta a jueces y el riesgo del cliente se evalúa[11]. Estos desarrollos no ocurrieron sin ninguna controversia. Es importante notar que muchos de estos desarrollos actuales pueden haber tenido un impacto sobre los jueces, eliminando algunas funciones relacionadas con tareas, pero es improbable que cambien completamente la función o función judicial[12].

Este aporte explora la naturaleza de estos progresos en el contexto del papel adjudicatario de los jueces y considera los problemas que surgen cuando se considera al juez y la IA y problemas particulares surgen se relacionan entre sí. Se inicia con los niveles de tecnología aplicada (II). Continúa con el examen parámetros de la llamada justicia digital

---

9 Raymond, A., Shackelford, Shackelford, S. J., *Technology, Ethics and Access to Justice: Should an Algorithm Be Deciding Your Case?*, Michigan Journal of International Law, Vol. 35, No. XX, 2014, 485.

10 Sela, A., *Can Computers Be Fair? How Automated and Human-Powered Online Dispute Resolution Affect Procedural Justice in Mediation and Arbitration*, Ohio State Journal on Dispute Resolution, 33:1, 2018, 91-148.

11 Borges, G., *Rechtliche Rahmenbedingungen für autonome Systeme*, Neue juristische Wochenschrift 71 (2018), 14, 977-982; Remus, D., *The*, The *Uncertain Promise of Predictive Coding*, 99 IOWA L. REV. 1691, 1714 (2014); Comp. Rühl Giesela, *Digitale Justiz, oder: Zivilverfahren für das 21. Jahrhundert*, in: JuristenZeitung [JZ] 2020, pp. 809-817.

12 McGinnis, J., Pearce, R., *The Great Disruption: How Machine Intelligence Will Transform the Role of Lawyers in the Delivery of Legal Services*, (2014) 82 FORDHAM L. REV., 3041.

(III) luego el análisis de inteligencia artificial aplicada al proceso especialmente desde lo que se llamará derecho a una inferencia razonable (IV); se trata a seguir el detalle de la IA y la decisión judicial (justicia predictiva) (V), para cerrar con las conclusiones (VI).

## II. TRES NIVELES DE CAMBIO TECNOLÓGICO EN LA JUSTICIA

Hay tres maneras principales por las que la tecnología ya está reformulando el sistema de justicia. Primero, y en el nivel más básico, la tecnología está ayudando a informar, apoyar y aconsejar a las personas involucradas en el sistema de justicia (apoyo tecnología). En segundo lugar, la tecnología puede sustituir las funciones y actividades anteriormente realizadas por los seres humanos (tecnologías de sustitución). Finalmente, en un tercer nivel, la tecnología puede cambiar la forma en que los jueces trabajan y proveen muy diferentes formas de justicia (tecnología disruptiva), particularmente cuando los procesos cambian significativamente y el análisis predictivo puede alterar la función adjudicativa. En estos momentos, el segundo y el tercero, los niveles en que surgen los problemas en términos del impacto de la tecnología en el papel y el papel del juez en lo que se refiere a la función adjudicativa[13].

La ley no es inmune a la interrupción por la nueva tecnología. Las herramientas de software están comenzando a afectar diversos aspectos del trabajo de los abogados, incluidas aquellas tareas que históricamente se basaron en el juicio humano experto, como la predicción de los resultados de los tribunales. Estas nuevas herramientas de software presentan nuevos retos y nuevas oportunidades[14]. El rol que comienza a jugar lo que llamo justicia predictiva afecta a los abogados, jueces y justiciables en su desempeño como tales en forma externa, e internamente de emplearse en procesos judiciales un revivir de la prueba y decisión probabilística fundada en la IA toman un nuevo rumbo[15].

13 Sourdin, T.Sourdin, T., *Judge v Robot? Artificial Intelligence and Judicial Decision-Making*, UNSW Law Journal 41 (4), pp. 1114-1133; Markoff, J. "Armies of Expensive Lawyers, Replaced by Cheaper Software," N.Y. TIMES, March 4, 2011, at A1 (available at http://www.nytimes.com/2011/03/05/science/05legal.html).

14 Buchholtz, G.,G., *Legal Tech: Chancen und Risiken der digitalen Rechtsanwendung*, In: Juristische Schulung 57 (2017), 10, 955-960.

15 Katz, D., Bommarito, Bommarito, M., Blackman, J., *A General Approach for Predicting the Behavior of the Supreme Court of the United States*, PLoS ONE 12(4): e0174698 (2017).

Evaluamos los argumentos frecuentemente avanzados de que la automatización pronto reemplazará gran parte del trabajo que actualmente realizan los abogados. Esta evaluación considera ciertos puntos débiles: (i) la falta de compromiso con los detalles técnicos para apreciar las capacidades y los límites del software existente y emergente; (ii) la ausencia de datos sobre cómo los abogados dividen su tiempo entre varias tareas, solo algunas de ellas pueden automatizarse; y (iii) consideración inadecuada de si el desempeño algorítmico de una tarea se ajusta a los valores, ideales y desafíos de la profesión legal[16].

Luego, el enfoque limitado de la literatura existente sobre los efectos en el empleo debe ampliarse para incluir las muchas formas en que las computadoras están cambiando (en lugar de reemplazar) el trabajo de los abogados[17]. El desarrollo asimétrico, en suma, aumenta la complejidad y exige mayores esfuerzos para hacer efectivos los derechos de las personas. En América Latina en general, existen múltiples diferencias entre personas, distritos y áreas vulnerables. Por un lado, debemos considerar la brecha digital que existe entre los ciudadanos que están conectados a Internet y aquellos que no. Por otro lado, la organización y el desarrollo de poderes públicos son asimétricos en términos de infraestructura y desarrollo. Es por eso que hablamos de "cajas negras". El sistema de caja negra se denomina herramienta computacional, en la que se entienden los datos insertados y los resultados, pero no comprende el procedimiento subyacente[18].

Actualmente, utilizando la taxonomía arriba mencionada, la mayor parte de la reforma de la justicia apoyada por la tecnología se concentró en el primer y segundo nivel de innovación tecnológica que puede o no usar formas muy simplificadas de IA. Por ejemplo, los avances tecnológicos más recientes complementan y apoyan el funcionamiento de muchos procesos judiciales. Como resultado de este primer nivel de innovación

16 Staudt, R., *All the Wild Possibilities: Technology That Attacks Barriers to Access to Justice*, 42 LOY. L.A. L. REV. 1128-34 (2009); Wolf, M. *Collaborative Technology Improves Access to Justice*, 15 N.Y.U. J. LEGIS. & PUB. POL'Y 759, 773-85 (2012).

17 Remus, D., *Reconstructing*, Reconstructing *Professionalism* (April 30, 2015), Ver en http://papers.ssrn.com/sol3/papers.cfm?abstract_id=2676094. (Consultado 3/3/2019); Cabral, J. *et al.*, *Using Technology to Enhance Access to Justice*, 26 HARV. J. L. & TECH. 241, 246-56 (2012).

18 Yoon, A., *Cognitive Computing and the Future of the Legal Profession*, 66 *U. Toronto L.J.* 456, 471.

de soporte, muchas personas ahora localizan los servicios de justicia en línea y obtienen información sobre procesos judiciales, opciones y alternativas (incluyendo alternativas legales) a través de sistemas de información basados en la web[19].

Otras tecnologías pueden integrarse en el "tercer nivel" y apoyar el proceso de negociación y judiciales, permitiendo a las personas acceder a "consejo" línea más sofisticada apoyada por AI, o considerar opciones y alternativas o participar en diferentes formularios. Los recientes desarrollos en sistemas jurídicos especializados que se concentran en el análisis predictivo apoyan estos cambios. En contraste con los enfoques tradicionales de toma de decisiones racional, algunos de estos programas tecnológicos más sofisticados están diseñados para estimular el desarrollo y el refinamiento[20]. Es probable que los programas de IA se centran inicialmente en tareas o parte conducidas por jueces función analítica, y por supuesto que la AI ya utilizada en el descubrimiento documento tiene el potencial de transformar el trabajo judicial[21].

En un proceso judicial ya pueden verse en alguna jurisdicciones como la tecnología aborda diversos aspectos o etapas de aquel: (i) la audiencia se vuelve electrónica ya no es necesario el traslado físico del tribunal o las partes ya que la audiencia se realiza por videoconferencia en un espacio virtual[22]; (ii) la jurisprudencia, es universalmente accesible en formato electrónico; esta enorme base de datos ("big data") es procesada por sistemas de inteligencia artificial, que documentan de forma muy precisa y específica a las partes y los jueces las soluciones adoptadas en casos similares y las probabilidades de ganancia. o pérdida del juicio; es justicia predictiva; (iii) la ejecución se desmaterializa, siempre que sea posible; los activos electrónicos son incautados o bloqueados, un sitio web se vuelve inaccesible, un registro en un registro (marcas registradas, "referencia bancaria", ...) se elimina, es una ejecución electrónica; (iv) y en un futuro no muy lejano, la toma de

19 Frese, Y., *Recht im zweiten Maschinenzeitalter*, Neue*Maschinenzeitalter*, Neue juristische Wochenschrift 68 (2015), 29, 2090 – 2092.

20 Hartl, K.,K., *Suchmaschinen, Algorithmen und Meinungsmacht: eine verfassungs- und einfachrechtliche Betrachtung*, Wiesbaden: Springer, 2017, 15-35.

21 Rühl Giesela, *Digitale Justiz, oder: Zivilverfahren für das 21. Jahrhundert*, in: JuristenZeitung [JZ] 2020, pp. 809-817.

22 De Leval, Leval, G., Van Compernolle, J., *Le cinquantième anniversaire du Code judiciaire et sa destinée*, J.T., 2017, 619.

decisiones se automatiza; (v) la autenticidad de los actos son garantizadas por la firma electrónica o digital[23].

## III. JUSTICIA DIGITAL

El desarrollo digital del sector de la justicia debiera estar centrado en el ser humano y debe estar constantemente guiado y alineado con los principios fundamentales de los sistemas judiciales, a saber, la independencia e imparcialidad de los jueces, la garantía de una protección jurídica efectiva, el derecho de audiencia pública y una decisión justa en un plazo razonable. Así es posible el empleo de las tecnologías digitales en los sistemas judiciales para promover el cumplimiento de las normas del estado de derecho con el respeto de los derechos fundamentales[24].

Es importante resaltar que todos los ciudadanos deben beneficiarse de las posibilidades digitales adicionales y deben disfrutar de las mismas oportunidades en cuanto al acceso digital a la justicia y procesos justos, y que, por lo tanto, la participación digital debe garantizarse incondicionalmente a todos los grupos sociales sin discriminación alguna. En particular, deben tenerse en cuenta las necesidades de las personas vulnerables, incluidos los niños y los adultos vulnerables, como las personas mayores y las personas con discapacidad. En cualquier caso, el uso de tecnologías digitales en los sistemas de justicia no debe disminuir las garantías procesales para quienes no tienen acceso a dichas tecnologías[25].

Así la transformación digital ha cambiado profundamente la vida de las personas en las últimas décadas y seguirá haciéndolo. Los sistemas judiciales, como pilar central del Estado de derecho, no son ajenos a ello. Están haciendo frente a estas demandas cambiantes y están poniendo a disposición de los ciudadanos las posibilidades tecnológicas adecuadas. Se puede constatar con la pandemia del 2020/2021 que se disparó la realización de proceso judiciales digitales, la comunicación electrónica

---

23 Gobert, D., *Let's go digital – Le juriste face au numérique / De digitale uitdaging van de jurist*, Bruxelles, Bruylant, 2015, 11; Gobert, D., *Le*, Le *règlement européen du 23 juillet 2014 sur l'identification électronique et les services de confiance (eIDAS): évolution ou révolution ?*, *R.D.T.I.*, 2014, 27 y ss.

24 Prins Corien, *Digital Justice*, Computer Law & Security Review, Vol. 34, 4, 2018, pp. 920-923.

25 Katsh, Ethan Rabinovich-einy, Orna, *Digital Justice Technology And The Internet Of Disputes*, Oxford, Oxford U. Press. 2017, pp. 15-35.

entre partes, tribunales y autoridades, la transmisión electrónica de documentos y el uso de audiencias y conferencias de audio y video ya se han convertido en elementos importantes de la administración judicial eficiente en numerosos países[26]. Ello ya teniendo en cuenta los avances generados a y en distintos niveles de impacto en el ámbito de la justicia en red en la última década, en particular las sucesivas estrategias y planes de acción[27]. Y de futuro puede constatarse una evolución dinámica de las tecnologías digitales en los sectores judicial y jurídico, en la que se formulan cada vez más planes para desarrollar y utilizar nuevas tecnologías, incluidos los sistemas de inteligencia artificial para la justicia.

Las reformas legales de incorporación de justicia digital debedeben considerar la calidad de la participación ciudadana en los procesos judiciales recientemente digitalizados que tienen implicaciones fundamentales para la legitimidad y los resultados sustantivos de los procesos judiciales; y para mejorar los procedimientos democráticos mediante un mejor acceso a la justicia. Aunque las herramientas y los sistemas judiciales digitales ofrecen una gran promesa para mejorar la eficiencia, la participación y la accesibilidad, simultáneamente tienen el potencial de ampliar el alcance de la injusticia y atenuar los principios centrales del sistema legal, incluido, paradójicamente, el acceso a la justicia[28].

Así una mayor digitalización de los sistemas judiciales de los Estados tiene un enorme potencial para seguir facilitando y mejorando el acceso a la justicia de los ciudadanos. Las herramientas digitales pueden ayudar a estructurar mejor los procesos judiciales (que por si son procedimientos traducibles telemáticamente) y a automatizar y acelerar el manejo de tareas estandarizadas y uniformes, aumentando así la eficacia y eficiencia de los procedimientos judiciales / judiciales. Los Estados en este contexto pueden y deben hacer un mayor uso de las herramientas digitales, como los medios seguros de identificación electrónica y los

26 Wachter, Sandra and Mittelstadt, Brent, *A Right to Reasonable Inferences: Re-Thinking Data Protection Law in the Age of Big Data and AI*, Columbia Business Law Review, 2019(2), pp. 1-129.

27 Simmons, R., *Big Data, Machine Judges, and the Legitimacy of the Criminal Justice System*, U.C. Davis Law Review, 52(2), 2018, 1067-1118.

28 Noto-Jaffeux Nelly, LeNelly, Le *traitement des différends par les legaltechs, service innovant ou « braderie du droit » ?*, in Ferrand F., Knetsch J., Zwickel M, Die Digitalisierung des Zivilrechts und der Ziviljustiz in Deutschland und Frankreich, Erlangen, FAU University Press 2020, pp. 161-182.

servicios de confianza como instrumentos muy eficaces para promover un acceso rápido, cómodo, seguro, confiable y generalizado a la sistema de justicia[29].

## 1. Requerimientos y precauciones

Así, en la medida de lo posible, deberían desarrollarse soluciones digitales para todo el curso de los procesos judiciales a fin de permitir mayor celeridad, publicidad, transparencia, seguimiento y seguridad. A ello se suma una mayor factibilidad de cooperación entre los Estados y la generación de protocolos estandarizados e interoperables. En definitiva sigue vigente el objetivo de mejora de la calidad y la transparencia de las decisiones judiciales de conformidad con el estado de derecho mediante el uso de tecnologías digitales[30].

La precaución a tomar debe prestar atención a que el empleo de tecnologías digitales y medios de comunicación electrónica no deben socavar el derecho a un juicio imparcial, en particular el derecho a la igualdad de armas y el derecho a un proceso con la oportunidad de un debido contradictorio, el derecho a un juicio público, incluido en ciertos casos el derecho a una audiencia oral en presencia física del afectado, así como el derecho de recurso[31]. Las oportunidades que ofrece la digitalización para permitir que los ciudadanos y los operadores profesionales del derecho tengan, en la medida en que lo permita la legislación nacional, un acceso completo en todo momento a información jurídica, como legislación y decisiones judiciales, así como a información sobre los avances debe estar abiertamente disponible, interoperable, y al mismo tiempo más fácil de encontrar y comprender, más fácil de usar y más fácil de reutilizar[32].

De por sí ya proporcionar un[33] mejor acceso digital a la justicia y llevar a cabo procesos judiciales digitales puede beneficiar a las personas de áreas remotas y rurales en particular, siempre que se cumplan todos los

29 Ver las conclusiones del Consejo de la UE de octubre del 2020 mailto: https://data.consilium.europa.eu/doc/document/ST-11599-2020-INIT/en/pdf (Visitado 12/12/2020).

30 Idem.

31 *Ibidem.*

32 *Ibidem.*

33 Zwickel, Martin, *Bürgernahe Ziviljustiz: Ideen für ein digitales Bagatellverfahren / Une justice civile de proximité:proximité: perspectives pour une procédure dématérialisée des petits litiges*, in Ferrand F., Knetsch J., Zwickel M, Die Digitalisierung des Zivilrechts

requisitos previos técnicos necesarios, como el acceso a internet. El logro de aquello garantiza una justicia de proximidad digital. Ello siempre con la necesaria progresividad y planificación considerando que deben convivir el modelo digital y el físico. Ello es mantener los procesos tradicionales no digitales para proporcionar a los ciudadanos que aún no pueden participar plenamente en los desarrollos tecnológicos una protección jurídica efectiva y acceso a la justicia. Al mismo tiempo, es necesario proporcionar a los ciudadanos información (cultura de justicia digital) completa en un lenguaje sencillo y accesible sobre cómo utilizar los servicios digitales y cómo hacer valer sus derechos de esta manera[34].

Es importante reconocer que el uso de tecnologías digitales en el sector de la justicia es muy sensible y, por lo tanto, debe cumplir con los estándares más avanzados en materia de seguridad informática y cibernética, resguardo sobre privacidad y protección de datos. Una mayor dependencia de la tecnología digital, y en particular de los procesos automatizados, requiere una supervisión humana cuidadosa de dichos sistemas, incluidos los que utilizan inteligencia artificial (justicia algorítmica), y una mayor transparencia para garantizar la confianza del público[35].

Además del eje de procesos judiciales con controversia, el uso de tecnologías digitales también puede mejorar el acceso a métodos extrajudiciales / judiciales y métodos alternativos de resolución de disputas, respetando el derecho a la protección judicial efectiva en cada caso individual y el derecho a un juicio justo, así como el acceso a herramientas de información sobre derechos y obligaciones de los ciudadanos, que pueden contribuir a evitar controversias[36].

Esta combinación del proceso judicial y métodos complementarios digitalizados aportan justicia más eficaz y eficiente. Los Estados deben redoblar sus esfuerzos para promover y ampliar la digitalización en este



und der Ziviljustiz in Deutschland und Frankreich, Erlangen, FAU University Press 2020, pp. 181-244.

34 Idem.

35 Liu, H.-W., Lin, C.-F., Chen, Chen, Y.-J., Beyond State v Loomis: artificial intelligence, government algorithmization and accountability, International Journal of Law and Information Technology, 2019, 27(2), pp. 122-141; Završnik, A., Criminal justice, artificial intelligence systems, and human rights, ERA Forum, 20(4), 2020, 567-583.

36 Schultz, Thomas, *Online Dispute Resolution: An Overview and Selected Issues*, Economic Commission for Europe, June 7, 2002, En SSRN: https://ssrn.com/abstract=898821 (Visitado 12/12/2020).

sector, con un con miras a garantizar la igualdad de acceso y disponibilidad de los servicios digitales para todos. La crisis del COVID-19 ha confirmado la necesidad de invertir y hacer uso de herramientas digitales en los procesos judiciales en los Estados miembros y en los procesos transfronterizos. Es importante desarrollar canales interoperables adecuados para garantizar que los sistemas judiciales puedan cooperar digitalmente de manera eficiente y segura[37]. Ello a su vez repercute en las políticas públicas de cooperación judicial para evaluar las posibles acciones de los intercambios transfronterizos entre autoridades mediante la digitalización y el uso de tecnologías de la información, como en el contexto de la normativa sobre notificación y recepción de documentos y obtención de pruebas[38].

## 2. La necesidad de difundir la cultura digital

Pero ello no es posible sin una capacitación de los recursos humanos involucrados. Es especialmente necesario que los jueces, fiscales, personal judicial y otros profesionales de la justicia estén suficientemente capacitados para poder aprovechar los beneficios del uso de las tecnologías digitales, incluida la inteligencia artificial, y también para abordar los riesgos asociados con su uso y los requisitos éticos en términos de su propio comportamiento. Para garantizar un uso competente y evitar una dependencia excesiva y una desconfianza infundada de los resultados del software, los usuarios también necesitan una comprensión adecuada de cómo funcionan las herramientas de inteligencia artificial y cuáles son las posibilidades y limitaciones de dichas herramientas, incluidas las suposiciones sobre personas y grupos en el que se basan. La formación judicial también debería centrarse en la protección adecuada de los derechos de las personas en el espacio digital, incluido el derecho a la privacidad y la protección de datos[39].

---

37 Couturier, Nicolas, *Justiciable, contrat et procès: procès: le droit civil et la procédure civile à l'heure de la révolution numérique*, in Ferrand F., Knetsch J., Zwickel M, Die Digitalisierung des Zivilrechts und der Ziviljustiz in Deutschland und Frankreich, Erlangen, FAU University Press 2020, pp. 361-380.

38 Ghio, Emilie, Perlingeiro, Ricardo, *Princípios Gerais da Cooperação Jurídica Internacional: uma abordagem temática e comparativa (General Principles of International Legal Cooperation: a Thematical and Comparative Approach)*, Niterói, Rio de Janeiro: Nupej, 2020, *passim*.

39 Liu, H.-W., Lin, C.-F., Chen, Chen, Y.-J., Beyond State v Loomis: artificial intelligence, government algorithmization and accountability, International Journal of Law and Information Technology, 2019, 27(2), pp. 122-141.

## IV. INTELIGENCIA ARTIFICIAL Y PROCESO

En este sentido, inteligencia artificial "IA" en este contexto se refiere a un campo de la ciencia, la ingeniería y la tecnología que se centra en la creación de máquinas inteligentes y es un término general que abarca muchas ramas de la ciencia y la tecnología y que implicará a menudo la creación de algoritmos complejos para permitir que los resultados se determinen. A partir de la inteligencia humana, se desarrollaron múltiples y diversas innovaciones tecnológicas. Lo que nos interesa aquí tiene que ver con el procesamiento de información para resolver problemas y tomar decisiones de máquinas que operan a través de los llamados algoritmos inteligentes[40].

La inteligencia artificial (de aquí en adelante, también IA) se basa en algoritmos inteligentes o algoritmos de aprendizaje que, entre muchos otros propósitos, se utilizan para identificar tendencias económicas, predecir crímenes, diagnosticar enfermedades, predecir nuestros comportamientos digitales, etc. Un algoritmo se puede definir como un conjunto preciso de instrucciones o reglas, o como una serie metódica de pasos que se pueden utilizar para hacer cálculos, resolver problemas y tomar decisiones. El algoritmo es la fórmula utilizada para hacer un cálculo así que se pueden utilizar para hacer cálculos, resolver problemas y tomar decisiones. El algoritmo es la fórmula utilizada para realizar un cálculo[41].

### 1. La aplicación de la IA al servicio de la justicia

El juez IA utilizado en este contexto se concentra más específicamente en las tareas judiciales, especialmente en la adjudicación[42]. Además, como se ha señalado anteriormente, el uso creciente de IA para realizar funciones complejas puede incluir desarrollos en el procesamiento efectivo que pueden surgir en un futuro próximo. El juez AI o,

40 Sunstein, C., *Legal*, Legal *Reasoning and Artificial Intelligence: How Computers "Think" Like Lawyers*, 8 U. CHI. L. SCH. ROUNDTABLE 1, 19 (2001).

41 Kaplan, J, *Artificial Intelligence: What Everyone Needs To Know*, Oxford, Oxford University Press, 2016, 5-25.

42 Surden, H., Artificial Intelligence and Law: An Overview, Ga. St. UL Rev., 35, 2018, p. 1305.

más específicamente, el impacto que la IA puede tener en el juicio ya está generando preocupación entre algunos comentaristas judiciales[43].

En una entrevista reciente, el juez del Tribunal Supremo John G Roberts Jr. (EEUU) fue preguntado: "Un día que usted predice, cuando máquinas inteligentes, manipuladas con inteligencias artificiales, ayudarán en la determinación de hechos ante el tribunal o, más controvertido, el juez respondió: "Es un día que está aquí y está poniendo una presión significativa sobre cómo el poder judicial está encargado de hacer las cosas"[44] .

Los sistemas de inteligencia artificial en el sector de la justicia pueden ser capaces de realizar tareas cada vez más complejas – dentro del marco legal de un Estado – como analizar, estructurar y preparar información sobre la materia de los casos, transcribiendo automáticamente registros de orales. audiencias, ofreciendo traducción automática, apoyando el análisis y evaluación de documentos legales y sentencias judiciales/judiciales, estimando las posibilidades de éxito de una demanda, anonimizando automáticamente la jurisprudencia y proporcionando información a través de *big datas* jurídicos[45]. Es decir tareas que repercuten en el inicio, prosecución, eventual calificación del caso, exámenes de medios de prueba, probabilidad decisional en base a una línea jurisprudencial determinada, mayor o menor injerencia para remplazar la tarea humana por la previa programación algorítmica[46].

El desarrollo de sistemas de inteligencia artificial, en particular los sistemas de aprendizaje automático, depende de la disponibilidad integral de grandes conjuntos de datos, como archivos y sentencias de tribunales / tribunales anónimos, que sean de alta calidad en relación con los

43 Katz, D. *Quantitative Legal Prediction or How I Learned to Stop Worrying and Start Preparing for the Data-Driven Future of the Legal Services Industry*, 62 EMORY L.J. 909, 936 (2013); Surden, H., *Machine Learning and Law*, 89 UNIV. OF WASH. L. REV. 87, 102-110 (2014).

44 Solum, L. B., *Artificially Intelligent Law* (February 14, 2019). SSRN: https://ssrn.com/abstract=3337696 or http://dx.doi.org/10.2139/ssrn.3337696 (Visitado el 12/3/2019).

45 Liu, H.-W., Lin, C.-F., Chen, Chen, Y.-J., Beyond State v Loomis: artificial intelligence, government algorithmization and accountability, International Journal of Law and Information Technology, 2019, 27(2), pp. 122-141.

46 Morison, John, HarkensJohn, Harkens, Adam, *Re-engineering justice? Robot judges, computerised courts and (semi) automated legal decision-making*, Legal Studies, .2019, 5, pp.1-18.

fines para los que se utilizarán. Ello impone un detallado y previo examen de su intensidad y extensión de aplicación[47]. En efecto no solo las condiciones en las que esta información puede ser legible por máquina, disponible, fiable, reutilizable y analizable, sino también cómo se pueden abordar los sesgos en los conjuntos de datos para evitar resultados discriminatorios[48].

El uso de herramientas de inteligencia artificial tiene el potencial de mejorar el funcionamiento de los sistemas de justicia en beneficio de los ciudadanos y las empresas al ayudar a los jueces y al personal judicial en sus actividades, acelerar los procedimientos judiciales y ayudar a mejorar la comparabilidad, la coherencia y, en última instancia, la calidad de las decisiones judiciales. No obstante, el uso de herramientas de inteligencia artificial no debe interferir con el poder de decisión de los jueces o la independencia judicial. Una decisión judicial siempre debe ser tomada por un ser humano en última instancia y no se puede delegar en una herramienta de inteligencia artificial, afirmación que debiera ser matizada en el contexto del trabajo conjunto ser humano-tecnología de inteligencia artificial[49].

La aplicación de la inteligencia artificial en el sector de la justicia también puede contener el riesgo de perpetuar y posiblemente fortalecer la discriminación existente, incluidos estereotipos, prejuicios o desigualdades estructurales, y de permitir una toma de decisiones distorsionada u opaca y, por lo tanto, puede resultar en el deterioro de la derechos fundamentales como la dignidad humana, el derecho a la libertad, la no discriminación, la privacidad y protección de datos y el derecho a un proceso justo[50]. El análisis de *Big Data* y la inteligencia artificial (IA) extraen inferencias y predicciones no intuitivas y no verificables sobre los



47 Cottin, Marianne, *L'open*Marianne, *L'open data des décisions de justice: un bouleversement de l'espace jurisprudentiel ?*, in Ferrand F., Knetsch J., Zwickel M, Die Digitalisierung des Zivilrechts und der Ziviljustiz in Deutschland und Frankreich, Erlangen, FAU University Press 2020, pp. 293-303.

48 Selbst, A. D., Barocas, Barocas, S., The Intuitive Appeal of Explainable Machines, Fordham Law Review, 87(3), 2018, pp. 1085-1140.

49 McKay, C.,C., Predicting risk in criminal procedure: actuarial tools, algorithms, AI and judicial decision-making, Current Issues in Criminal Justice, 2020. 32(1), pp. 22-39; Thevenot François, *L'open data et justice prédictive*, in Ferrand F., Knetsch, Knetsch J., Zwickel M, Die Digitalisierung des Zivilrechts und der Ziviljustiz in Deutschland und Frankreich, Erlangen, FAU University Press 2020, pp. 321-328.

50 Kroll, J. A., Barocas, S., Felten, E. W., Reidenberg, J. R., Robinson, D. G., y Yu, H., Accountable Algorithms, University of Pennsylvania Law Review, 2016, pp. 165(3), 633-706..

comportamientos, preferencias y vidas privadas de las personas. Estas inferencias se basan en datos muy diversos y ricos en características de valor impredecible y crean nuevas oportunidades para la toma de decisiones discriminatorias, sesgadas e invasivas[51]. Las leyes de protección de datos están destinada a proteger la privacidad, la identidad, la reputación y la autonomía de las personas, pero actualmente no protege a los interesados de los nuevos riesgos de la analítica inferencial de una decisión judicial que emplee aquellos mecanismos. El estatus legal de las inferencias es muy discutido en la erudición legal y está marcado por inconsistencias y contradicciones[52].

En ciertos casos, los resultados de los sistemas de inteligencia artificial basados en el aprendizaje automático no se pueden rastrear, lo que conduce a un efecto de caja negra que impide la responsabilidad adecuada y necesaria y hace imposible verificar cómo se alcanzó el resultado y si cumple con los requisitos pertinentes. Esta falta de transparencia podría socavar la posibilidad de impugnar de manera efectiva las decisiones basadas en tales resultados y, por lo tanto, puede infringir el derecho a un juicio justo y un recurso efectivo, y limita las áreas en las que estos sistemas pueden utilizarse legalmente[53]. Algunas de estas aprensiones están consideradas en el Libro Blanco europeo sobre Inteligencia Artificial de inicios del 2020[54] en tanto en el sector de la justicia es un ámbito en el que los derechos de los ciudadanos pueden verse directamente afectados y por ello es necesario un marco regulatorio comunitario adecuado.

El poder judicial es un sector en el que, dadas las características de las actividades típicamente realizadas es factible hacer aplicación de la inteligencia artificial pero justamente por los riesgos significativos que implica, se necesitan salvaguardias suficientes para garantizar: (i) la protección de los derechos fundamentales, (ii) asegurar un desarrollo y uso

51 Burrell, Jenna, *How the Machine 'Thinks': Understanding Opacity in Machine Learning Algorithms*, BIG DATA & SOC'Y, Jan.–June 2016, p. 1.

52 Brent Daniel Mittelstadt, Patrick Allo, Mariarosaria Taddeo, Sandra Wachter & Luciano Floridi, *The Ethics of Algorithms: Mapping the Debate*, BIG DATA & SOC'Y, July–Dec. 2016, pp.1–10.

53 Wachter Sandra, Mittelstadt Brent & Floridi Luciano, *Why a Right to Explanation of Automated Decision-Making Does Not Exist in the General Data Protection Regulation*, 7 INT'L DATA PRIVACY L. 76 (2017).

54 https://ec.europa.eu/info/sites/info/files/commission-white-paper-artificial-intelligence-feb2020_en.pdf (Visitado 12/12/2020).

responsable, confiable, orientado al interés público y centrado en el ser humano[55].

## 2. ¿Decisión judicial algorítmica?

En los últimos años se ha visto una avalancha de trabajo que aborda la explicabilidad como un medio para lograr la responsabilidad en los sistemas algorítmicos de toma de decisiones[56]. Este trabajo ha tomado de muchas formas, incluidas las solicitudes de regulación, el desarrollo de métodos técnicos de explicación, mecanismos de auditoría, y el establecimiento de estándares para la rendición de cuentas algorítmica en instituciones públicas y privadas. Estas diversas corrientes de trabajo son esenciales en la búsqueda de aumentar la rendición de cuentas de la IA y, afortunadamente, han avanzado mucho en términos legales, éticos, políticos y técnicos. Sin embargo, cada uno todavía está unido por un punto ciego común: se requiere una base legal o ética para justificar las demandas de explicaciones y determinar su contenido requerido[57]. Como resultado, gran parte del trabajo previo sobre métodos, estándares y otros estudios relacionados con las explicaciones son académicamente valiosos, pero no ayudará realmente a los beneficiarios previstos de la responsabilidad algorítmica: las personas afectadas por las decisiones algorítmicas[58].

Desafortunadamente, hay pocas razones para suponer que las organizaciones programadoras ofrecerán voluntariamente explicaciones completas que cubran el proceso, la justificación y la precisión de la toma de decisiones algorítmicas, a menos que estén obligadas a hacerlo. Estos



55 Citron Danielle Keats & Pasquale, Frank, *The Scored Society: Due Process for Automated Predictions*, 89 WASH. L. REV. 1, 2–4 (2014); Grindrod, Peter, *Beyond Privacy and Exposure: Ethical Issues Within Citizen-Facing Analytics*, PHIL. TRANSACTIONS ROYAL SOC'Y A, Dec. 28, 2016, pp. 10–12.

56 Kroll Joshua A. *et al.*, *Accountable Algorithms*, 165 U. PA. L. REV. 633 (2017); Miller, Tim, Tim, *Explanation in Artificial Intelligence: Insights from the Social Sciences*, ARTIFICIAL INTELLIGENCE, Feb. 2019, p. 1.

57 Späth Lisa Maria, *Struktur und Strukturierung von Schriftsätzen und Urteilen als Voraussetzung des computerisierten Zivilprozesses*, in Ferrand F., Knetsch, Knetsch J., Zwickel M, Die Digitalisierung des Zivilrechts und der Ziviljustiz in Deutschland und Frankreich, Erlangen, FAU University Press 2020, pp. 305-316.

58 Oswald, Marion, *Algorithm-Assisted Decision-Making in the Public Sector: Framing the Issues Using Administrative Law Rules Governing Discretionary Power*, PHIL. TRANSACTIONS ROYAL SOC'Y A, Aug. 6, 2018, pp. 1, 3.

sistemas a menudo son muy complejos, involucran datos personales (sensibles) y utilizan métodos y modelos considerados secretos comerciales. Proporcionar explicaciones, por tanto, impone costes y riesgos adicionales para la organización[59].

Cuando no exista una justificación legal o ética general para dar explicaciones de las decisiones algorítmicas, las solicitudes requerirán motivos alternativos para tener éxito. Son justamente esos motivos potenciales (estándares) los que interesan para poder exigir información sobre un proceso automatizado de toma de decisiones como "decisión legal o ética". Tales estándares definen ciertos procedimientos que deben seguirse en procesos de toma de decisiones particulares y pueden estar consagrados en derechos individuales, leyes sectoriales u otros instrumentos regulatorios[60].

## 3. El derecho a inferencias razonables

Los estándares para la toma de decisiones no suelen estar integrados en un derecho absoluto que requeriría la divulgación del procedimiento completo de toma de decisiones; queda, por ejemplo, dentro de la autonomía privada del empleador la toma de decisiones de contratación. Más bien, los estándares para la toma de decisiones proporcionan motivos para exigir explicaciones limitadas que detallen los pasos de un proceso de toma de decisiones necesarios para determinar si se siguieron los procedimientos en cuestión[61].

No obstante, otorgar explicaciones es solo una forma posible de avanzar para hacer responsable la toma de decisiones algorítmicas. Las explicaciones pueden proporcionar un remedio ex-post eficaz, pero una explicación solo se puede dar después de que se haya tomado una decisión. Una explicación puede informar al individuo sobre el resultado o decisión y sobre los supuestos, predicciones o inferencias subyacentes

59 Freitas, Cinthia Obladen de Almendra; BARDDAL, Jean Paul, *Análise preditiva e decisões judiciais: controvérsia ou realidade?* Revista Democracia Digital e Governo Eletrônico, Florianópolis, v. 1, n. 18, 2019, pp. 107-126.

60 Oswald, Marion, *Algorithm-Assisted Decision-Making in the Public Sector: Framing the Issues Using Administrative Law Rules Governing Discretionary Power*, PHIL. TRANSACTIONS ROYAL SOC'Y A, Aug. 6, 2018, pp. 1, 3.

61 Miller Tim, *Explanation in Artificial Intelligence: Insights from the Social Sciences*, ARTIFICIAL INTELLIGENCE, Feb. 2019, p. 1.

que llevaron a ello. Sin embargo, no aseguraría que la decisión, suposición, predicción o inferencia esté justificada. En resumen, las explicaciones de una decisión no equivalen a la justificación de una inferencia o decisión. Por lo tanto, si la justificación de las decisiones algorítmicas está en el centro de las demandas de responsabilidad algorítmica y explicabilidad, se requiere soluciones efectivas tanto ex ante como ex post. Se requieren derechos a nivel individual que otorguen a los interesados la capacidad de administrar cómo se extraen las inferencias invasoras de la privacidad y de buscar reparación contra inferencias irrazonables cuando se crean o se utilizan para tomar decisiones importantes[62].

Así es posible sostener que surge un nuevo y delimitado derecho, el derecho a hacer y exigir inferencias razonables, podría ayudar a cerrar la brecha de responsabilidad que actualmente plantean estas tecnologías en el mundo[63]. Para explicar por qué este nuevo derecho es fundamental, primero es necesario establecer el origen de los riesgos en la analítica de *Big Data* y los sistemas algorítmicos de toma de decisiones. La toma de decisiones automatizada, la elaboración de perfiles y las técnicas de aprendizaje automático relacionadas plantean nuevas oportunidades para la toma de decisiones sesgada, discriminatoria e invasiva de la privacidad basada en el análisis inferencial[64]. El análisis de datos moderno tiene acceso a volúmenes y variedades sin precedentes de datos vinculados para evaluar los comportamientos, las preferencias y la vida privada de los individuos. Las inferencias pueden usarse para empujarnos y manipularnos. La gama de víctimas potenciales de estos daños se diversifica por el enfoque de la analítica de datos moderna en encontrar vínculos pequeños pero significativos entre individuos, y construir perfiles de grupo a partir de datos personales, de terceros y anonimizados[65].

62 Wachter Sandra, Mittelstadt, Brent & Floridi, Luciano, *Why a Right to Explanation of Automated Decision-Making Does Not Exist in the General Data Protection Regulation*, 7 INT'L DATA PRIVACY L. 76 (2017).

63 Wachter Sandra, Mittelstadt, Brent & Russell, Chris, *Counterfactual Explanations Without Opening the Black Box: Automated Decisions and the GDPR*, 31 HARV. J.L. & TECH. 841 (2018).

64 Barocas, Solon & D. Selbst, Andrew, *Big Data's Disparate Impact*, 104 CALIF. L. REV. 671 (2016).

65 Zarsky, Tal Z, *Understanding Discrimination in the Scored Society*, 89 WASH. L. REV. 1375 (2014).

Numerosas aplicaciones de análisis de *Big Data* para extraer inferencias potencialmente preocupantes sobre individuos y grupos[66]. A un nivel general de uso del *big data* la imprevisibilidad de los análisis detrás de la toma de decisiones automatizada y la elaboración de perfiles podría ser perjudicial para las personas. Como se señala en la jurisprudencia del Tribunal Europeo de Derechos Humanos ("ECHR"), el uso de fuentes de datos no tradicionales para hacer inferencias impredecibles y contrarias a la intuición sobre las personas puede afectar la libertad de expresión, el derecho a la privacidad y la identidad, y a uno mismo. – determinación de los individuos[67]. Con mayor razón cabe preguntarse sobre la necesidad de inferencias razonables y justificables en un proceso judicial[68].

La tendencia de las sociedades de la información maduras a crear, compartir, vender y retener datos, perfiles y otra información sobre personas presenta desafíos adicionales. Los registros persistentes se pueden crear a través de análisis inferenciales, que consisten en inferencias impredecibles y potencialmente preocupantes que revelan información y predicciones sobre la vida privada, los comportamientos y las preferencias que de otra manera permanecerían privadas. En comparación con la toma de decisiones burocrática y humana anterior, el cambio preocupante planteado por el despliegue generalizado de la analítica de *Big Data* es que el perfil o la información "en la base de la arquitectura de elección ofrecida" a los individuos no necesita ser retenido y utilizado solo por un tercero para un propósito específico, sino que persiste en el tiempo, viaja con la persona entre sistemas y afecta las oportunidades futuras y el trato a manos de otros[69]. Estas tendencias contribuyen a la solidificación de la identidad y la reputación, socavando el derecho del individuo a "que se le

66 Mittelstadt, Brent, *From Individual to Group Privacy in Big Data Analytics*, 30 PHIL. & TECH. (2017) pp. 475, 476.

67 Council of Europe, *Case Law of the European Court of Human Rights Concerning the Protection of Personal Data*, T-PD(2017)23 (2017), https://rm.coe.int/case-law-on-data-protection/1680766992 [https://perma.cc/H4F2-9WVZ] (Visitado 12/12/2020); ver un desarrollo sobre el tema en Rouvroy, Antoinette, *Privacy, Data Protection, and the Unprecedented Challenges of Ambient Intelligence*, 2 STUD. ETHICS, L., & TECH. (2008), pp. 1, 3–4.

68 Späth Lisa Maria, *Struktur und Strukturierung von Schriftsätzen und Urteilen als Voraussetzung des computerisierten Zivilprozesses*, in Ferrand F., Knetsch, Knetsch J., Zwickel M, Die Digitalisierung des Zivilrechts und der Ziviljustiz in Deutschland und Frankreich, Erlangen, FAU University Press 2020, pp. 305-316.

69 Hildebrandt, Mireille, *Primitives of Legal Protection in the Era of Data-Driven Platforms*, 2 GEO. L. TECH. REV. (2018), pp. 252, 271.

permita experimentar con la propia vida, comenzar de nuevo, sin tener registros que momifiquen la identidad personal de uno para siempre ". La analítica inferencial plantea riesgos reales y novedosos no solo para la identidad, sino también para la reputación y las opciones que ofrecen los servicios basados en datos a un individuo[70].

Si bien los juristas y los responsables políticos han reconocido los posibles daños de las inferencias, las leyes de protección de datos y su enfoque procesal aún no se han puesto al día. Los interesados reciben poca ayuda para aceptar el carácter informativo de los datos que proporcionan a los responsables del tratamiento, que por lo general no están legalmente obligados a divulgar o justificar sus criterios y métodos utilizados para extraer inferencias y tomar decisiones basadas en ellos[71]. El enfoque del aspecto procesal de las leyes de protección de datos personales para proteger la privacidad de las personas es otorgar supervisión y control sobre cómo se recopilan y procesan los datos personales. En otras palabras, la ley de protección de datos se centra principalmente en los mecanismos para gestionar el lado de entrada del procesamiento. Los pocos mecanismos en la leyes de protección de datos que abordan los resultados del procesamiento, incluidos los datos, perfiles y decisiones inferidos y derivados, son mucho más débiles[72].

En la era de la analítica de *Big Data*, es preocupante un enfoque miope en las leyes de protección de datos. Los resultados del procesamiento plantean riesgos a las personas, pero a los interesados se les concede mucho menos control sobre cómo se producen y utilizan estos resultados. Actualmente, no se garantiza que las personas sean conscientes de la toma de decisiones potencialmente problemática y, a menudo, carecen de una base legal para examinar el proceso de toma de decisiones en busca de problemas en primer lugar. Esta situación es el resultado de la situación jurídica incierta de las inferencias y el alcance de los

70 Floridi, Luciano, *Four Challenges for a Theory of Informational Privacy*, 8 ETHICS & INFO. TECH. (2006), pp.109, 112.

71 Grindrod, Peter, *Beyond Privacy and Exposure: Ethical Issues Within Citizen-Facing Analytics*, PHIL. TRANSACTIONS ROYAL SOC'Y A, Dec. 28, 2016, pp. 10–12.

72 Mantelero Alessandro, *From Group Privacy to Collective Privacy: Towards a New Dimension of Privacy and Data Protection in the Big Data Era, in* GROUP PRIVACY: NEW CHALLENGES OF DATA TECHNOLOGIES (Linnet Taylor, Luciano Floridi & Bart van der Sloot eds., 2017) pp. 139, 145.

mecanismos de control aplicables en la ley de protección de datos[73]. Los mecanismos de transparencia y consentimiento diseñados para gestionar los datos de entrada ya no son suficientes; más bien, la difusión del análisis inferencial de *Big Data* requiere una reacción en la ley de protección de datos, mediante la cual se otorga a los interesados un control y una elección significativos sobre las inferencias y los perfiles. Como argumenta elocuentemente el juez Posner, "Un corolario del derecho a tergiversar el carácter de uno es que otros tienen un interés legítimo en desenmascarar el engaño"[74] Este artículo sostiene que la introducción de un derecho a inferencias razonables es precisamente el tipo de reacción requerida.

Habida cuenta de lo anterior, es esencial garantizar los principios de igualdad y de no discriminación cuando se enfrentan a previsiones de inteligencia artificial contra los derechos fundamentales. Por ejemplo, ciertas IA predictivas usadas en los Estados Unidos de América se basan en un código fuente que tiene en cuenta las distinciones de raza, género, entre otras[75].

Vamos a ver los principios[76]:

(i) Prevención/precaución. Estos principios constituyen dos funciones distintas, con un denominador común: la necesidad de actuar antes de la producción del daño. En una síntesis radical, trabajan en diferentes tipos de riesgos.

(ii) Autodeterminación algorítmica. La autodeterminación es un derecho fundamental que deriva de la dignidad de la persona humana. Se trata de garantizar el "libre desarrollo de la personalidad", a partir del reconocimiento de la autodeterminación informacional que está orientada a garantizar el derecho de elegir.

(iii) Transparencia algorítmica y el principio de la imparcialidad del validador. Cuando se pretende utilizar sistemas de IA en el campo de

---

73 Mittelstadt, Brent, *From Individual to Group Privacy in Big Data Analytics*, 30 PHIL. & TECH. (2017), pp. 475, 476.

74 Posner, Richard A, *The Right of Privacy*, 12 GA. L. REV. (1978), pp. 393, 395.

75 Y esto causa un caso inadmisible de discriminación algorítmica estructural. Por ejemplo, en el caso Corte Suprema de Wisconsin, "Estado de Wisconsin v. Eric L. Loomis ", el 13 de julio de 2016.

76 Giddens, A., *Eine Magna Carta für das digitale Zeitalter*, Soziologie heute (heute (2018), 60, 10-12.

la salud, libertad, justicia, seguridad u otros derechos fundamentales, el diseño, desarrollo y uso de la inteligencia artificial deben garantizar que las "cajas negras" no estén configuradas, o que fallas arquitectura, cara a cara de daños o lesiones que puedan causar.

(iv) Acceso máximo Derecho de acceso a la información algorítmica. Cuando las personas públicas estatales y no estatales, por sí mismas o través de terceros, diseñan, desarrollan o utilizan tecnologías de información o comunicación apoyadas por IA o algoritmos inteligentes, deben garantizar un acceso máximo al sistema de procesamiento de información que dichas tecnologías se ejecutan.

(v) Principio de la no discriminación algorítmica. La concepción y / o la implementación de algoritmos inteligentes deben respetar el principio de no discriminación.

## V. INTELIGENCIA ARTIFICIAL (IA) EN LA DECISIÓN JUDICIAL, LA "DECISIÓN JUDICIAL ARTIFICAL"

El uso de la Inteligencia Artificial (IA) en la toma de decisiones judiciales debe ser abordado desde un punto de vista holístico, explorando los aspectos técnicos de la IA, sus limitaciones prácticas, así como sus implicaciones metodológicas y teóricas para la toma de decisiones en su conjunto. Hay estudios existentes sobre predicción de resultados de decisiones y resulta difícil afirmar que la metodología y suposiciones empleadas puedan usarse para predicciones de resultados ex ante[77]. Cabe también preguntarse si es probable que los modelos de IA, que normalmente se basan en información extraída de datos de entrada anteriores, sigan enfoques "conservadores" y no se adapten para hacer frente a cambios importantes de políticas públicas con el tiempo. No es posible adoptar una actitud deferente ciega hacia la objetividad y la infalibilidad algorítmicas está fuera de lugar y que los modelos de IA podrían perpetuar los sesgos existentes[78]. Así debe discutirse la necesidad de decisiones razonadas que probablemente sean una barrera importante para la

77 Hildebrandt Mireille & Koops, Bert-Jaap,,Jaap, *The Challenges of Ambient Law and Legal Protection in the Profiling Era*, 73 MOD. L. REV. (2010), pp. 428, 448–49.

78 Susskind, Richard, *Tomorrow's Lawyers: An Introduction to your Future*,2d ed., Oxford: Oxford University Press, 2017, pp.2017, pp. 10-35.

toma de decisiones judiciales basada en la IA. Finalmente, al observar las teorías legales existentes sobre la toma de decisiones judiciales, puede concluirse que el uso de IA y su dependencia de inferencias probabilísticas podría constituir un cambio de paradigma significativo[79]. Así la IA afectará sin duda de manera fundamental a la profesión jurídica, incluida la toma de decisiones judiciales, pero sus implicaciones deben considerarse detenidamente[80].

La idea de que los programas impulsados por la IA puedan predecir el resultado de la toma de decisiones parece contraria a la intuición para la mayoría de los abogados. Los abogados creen instintivamente que la toma de decisiones legales requiere procesos cognitivos, como comprender las presentaciones legales de las partes y determinar el resultado correcto a través del razonamiento, que no se pueden lograr mediante programas de computadora[81]. Sin embargo, como se discutió en la sección anterior, los modelos informáticos pueden lograr resultados "inteligentes" que, si los realizan humanos, se cree que requieren procesos cognitivos de alto nivel. Varios estudios pueden respaldar la tesis de que los programas de computadora son mejores que los humanos para predecir el resultado de la toma de decisiones jurídicas[82].

Los procesos de IA, si se aplican en el contexto legal, potencialmente irían en contra la comprensión tradicional silogística puramente lógica de la toma de decisiones judiciales. Algunos modelos computacionales (como los modelos expertos) están basados en reglas, utilizando lógica causal y razonamiento deductivo, ya que aplican reglas preestablecidas

---

79 Späth Lisa Maria, *Struktur und Strukturierung von Schriftsätzen und Urteilen als Voraussetzung des computerisierten Zivilprozesses*, in Ferrand F., Knetsch, Knetsch J., Zwickel M, Die Digitalisierung des Zivilrechts und der Ziviljustiz in Deutschland und Frankreich, Erlangen, FAU University Press 2020, pp. 305-316.

80 Hanke Philip, *Computers with Law Degrees? The Role of Artificial Intelligence in Transnational Dispute Resolution, and Its Implications of the Legal Profession*, 14(2) Transnational Dispute Management (2017), p. 1.

81 Martin Andrew D. *et al.*, *Competing Approaches to Predicting Supreme Court Decision Making*, 2(4) Perspective on Politics(Politics (2004) p. 761.

82 Para estudios sobre la predictibilidad de decisiones en la Corte Suprema de USA puede verse Ruger, Theodore W. *et al.*, *The Supreme Court Forecasting Project: Legal and Political Sciences Approaches to Predicting Supreme Court Decisionmaking*, 104 Colum. L. Rev. (2004), p. 1150; en relación al Tribunal Europeo de Derechos Humanos, puede verse Aletras Nikolaos *et al.*, *Predicting Judicial Decision of the European Court of Human Rights: A Natural Language Processing Perspective*, (2016) J. Computer Science 2.

en el algoritmo a los datos observables[83]. Sin embargo, otros modelos de IA tienen características diferentes. En particular, los modelos de aprendizaje automático, como las redes neutrales, a menudo no tienen reglas predefinidas. El razonamiento deductivo y causal se reemplaza por un enfoque inverso, porque el programa de aprendizaje automático extrae el algoritmo de los datos observables. En lugar de utilizar la lógica, el modelo de IA calcula probabilidades, es decir, la probabilidad de cualquier resultado dado[84].

La aplicación de tales procesos de aprendizaje automático en el contexto de la toma de decisiones jurídica significaría, por lo tanto, aceptar una desviación del entendimiento antes mencionado del razonamiento judicial de acuerdo con las teorías formalistas. Una decisión basada en esos modelos de IA no se basaría en reglas legales predeterminadas, no sería el resultado de la lógica deductiva y no seguiría el silogismo legal descrito anteriormente. Si bien esta situación sería motivo de preocupación para los formalistas legales, podría verse como una reivindicación de otros que han criticado durante mucho tiempo las teorías formalistas[85].

Además, en la medida en que las teorías legales enfatizan la importancia política de la ley, así como el hecho de que los tomadores de decisiones tienen discreción para "completar" estándares generales, como la "buena fe", surge la pregunta de cómo estos principios políticos o morales terminan o no concretándose[86]. Las consideraciones se gestionarían en un modelo de IA. ¿Quién o qué estaría en posición de influir en esas consideraciones políticas o morales? En un modelo de computadora tradicional, uno podría apuntar hacia el programador. Sin embargo, en los modelos avanzados de IA, el algoritmo no lo codifica un programador, sino que se extrae de los datos observables. Por lo tanto, la única base para la decisión, incluso en temas sensibles desde el punto de vista moral o político, serán los datos pasados. Como ya se señaló anteriormente, es



83 Lawlor, Reed C. *What Computers Can Do: Analysis and Prediction of Judicial Decisions*, 49 ABA J. (1963), p. 337.

84 Brunet, Pierre, *Analyse Réaliste du Jugement Juridique*, 147:4 Cahiers Philosophiques (2016), p. 9.

85 MacCormick Neil, *Legal Reasoning and Legal Theory*, Oxford: Oxford Clarendon, 1977, pp. 21-29.

86 Wasserstrom Richard A., *The Judicial Decision*, Stanford*Decision*, Stanford, Stanford University Press, 1961, pp. 5-25; Sharpe, R. J., *Good Judgement: Making Judicial Decisions*, Toronto, ON: University of Toronto Press, 2018, pp. 10-35.

probable que los modelos de IA adopten enfoques conservadores, incluso en un contexto de aprendizaje automático de algoritmos en constante mejora[87].

El uso de estadísticas o probabilidades como marco normativo para la toma de decisiones judiciales también parece problemático por otras razones. Hasta ahora, las probabilidades o las estadísticas no son una base legal aceptada para las decisiones[88]. Los abogados ingleses y otros abogados de derecho anglosajón estarán familiarizados con el término "equilibrio de probabilidades", que establece un estándar de prueba[89]. Sin embargo, es importante que esto se aplique solo a el establecimiento de hechos. Por ejemplo, en *Miller v. The Minister of Pensions*, la Corte Suprema del Reino Unido (entonces Cámara de los Lores) elaboró el concepto de equilibrio de probabilidades, afirmando que si "la evidencia es tal que el tribunal puede decir. Creemos que es más probable que no, 'la carga se descarga, pero si las probabilidades son iguales, entonces no"[90].

Una vez que los hechos se establecen mediante este método, las probabilidades no tienen espacio en la toma de decisiones judiciales. Por ejemplo, no se puede otorgar una reclamación simplemente sobre la base de que existe un 80 por ciento de probabilidad de que los hechos establecidos constituyan una violación del contrato. El ejemplo anterior ilustra bien los problemas concretos con bases probabilísticas para la toma de decisiones. ¿Qué umbral sería apropiado por encima del cual se considera concedida una reclamación? ¿Sería suficiente algo por encima del 50 por ciento? ¿O se requeriría un umbral más alto de, digamos, 80 por ciento? Sin embargo, incluso con un umbral tan alto, uno acepta conscientemente que hay un 20 por ciento de probabilidad de que el caso se resuelva incorrectamente[91].

---

87 Miller, Tim *Explanation in Artificial Intelligence: Insights from the Social Sciences*, 267 Artificial Intelligence 1, (2019) pp. 17-18, 20.

88 Ver la discusión en US Supreme Court case of *McCleskey v. Kemp*, 481 U.S. 279, 287 et seq. (1987).

89 Sherwin, Emily, *A Comparative View of Standards of Proof*, 50 Am. J. Comp. L. (2002), p. 243.

90 House of Lords, [1947] 2 All ER 372 (opinion delivered by Lord Denning).

91 Sherwin, Emily, *A Comparative View of Standards of Proof*, 50 Am. J. Comp. L. (2002), p. 243.

En este contexto, también vale la pena recordar el tema de la vulnerabilidad de datos y los riesgos de sesgo resultantes, discutido anteriormente. Por ejemplo, se podría considerar una situación en la que el Estado X se ha encontrado repetidamente en violación del mecanismo sustantivo de protección de inversiones que se encuentra en los tratados de inversión. ¿Influye esto en la probabilidad de que el Estado X pierda una reclamación de inversión futura presentada por otro inversor?

Las respuestas no pueden ser absolutas, por el contrario, son nuevos interrogantes.

## VI. CONCLUSIONES

Las características técnicas de la IA implican ciertos requisitos para su uso en la toma de decisiones judiciales, al menos al día de hoy. Esto incluye, por ejemplo, la necesidad de suficientes datos de casos no confidenciales y, posiblemente, el requisito de patrones de hechos repetitivos y resultados binarios. A su vez ese manejo de datos sensibles genera nuevos desafíos en su protección por un lado y por otro se puede decir surge el derecho a exigir del afectado que las inferencias que se tomen en base a esos datos sean justificadas y transparentes *ex ante* y *ex post*[92].

Dado que los modelos de IA se basan típicamente en información extraída de datos de entrada previos, incluso en alguna ocasión mejorar los algoritmos de aprendizaje automático: es probable que sigan enfoques "conservadores" y es posible que no se adapten para hacer frente a cambios importantes de política con el tiempo. Además, una actitud deferente ciega hacia la objetividad y la infalibilidad algorítmicas está fuera de lugar.

Cualquier modelo informático basado en datos es tan bueno como los datos de entrada y, por lo tanto, existe el riesgo de que perpetúe los sesgos existentes. Es probable que la necesidad de decisiones razonadas sea una barrera importante para la toma de decisiones legales basada en IA. Al menos en el nivel tecnológico actual, puede ser difícil identificar los factores que han llevado a una determinada predicción de resultados

92 Rühl Giesela, *Digitale Justiz, oder: Zivilverfahren für das 21. Jahrhundert*, in: JuristenZeitung [JZ] 2020, pp. 809-817.

en el caso de modelos de caja negra. Además, incluso si ciertos factores son identificables como causas para una predicción de resultado dada, estos factores podrían no resultar una explicación útil para los destinatarios humanos en un contexto dado.

Estas conclusiones, sin embargo, no deben restar valor al punto más obvio: la IA afectará fundamentalmente a la profesión jurídica y las actividades jurídicas, incluida la toma de decisiones judiciales. Por lo tanto, es importante seguir estudiando cómo utilizar mejor la IA, incluso con las limitaciones, barreras y problemas destacados en este documento. La investigación futura es necesaria para explorar las formas en que los tomadores de decisiones humanos y la IA se pueden combinar mejor para obtener resultados más eficientes. Es posible que no podamos prever cómo será el futuro de los modelos de IA, pero podemos habilitar ese futuro considerando cuidadosamente las implicaciones de la toma de decisiones judiciales con IA.

Así puede confirmarse que el proceso civil no se encuentra a la deriva, sino en etapa de complementación y fortalecimiento con las nuevas tecnologías en su faz de justicia digital (procesamiento) e inteligencia artificial (procesamiento y decisión). Son desafíos a ser tomados con la precaución y adecuada regulación de muchos aspectos interdisciplinares. Así pueda seguir exigiendo y esperando una "justica con rostro humano".

## BIBLIOGRAFÍA

ALETRAS Nikolaos *et al.*, *Predicting Judicial Decision of the European Court of Human Rights: A Natural Language Processing Perspective*, (2016) J. Computer Science 2.

BAROCAS, Solon & D. Selbst, Andrew, *Big Data's Disparate Impact*, 104 CALIF. L. REV. 671 (2016).

BOEHME-NESSLER, V., *Die Macht der Algorithmen und die Ohnmacht des Rechts: wie die Digitalisierung das Recht relativiert*, Neue juristische Wochenschrift70 (2017), 42, 3031-3037.

BORGES, G., *Rechtliche Rahmenbedingungen für autonome Systeme*, Neue juristische Wochenschrift 71 (2018), 14, 977-982.

BRENT Daniel Mittelstadt, Patrick Allo, Mariarosaria Taddeo, Sandra Wachter & Luciano Floridi, *The Ethics of Algorithms: Mapping the Debate*, BIG DATA & SOC'Y, July–Dec. 2016, pp.1–10.

BRUNET, Pierre, *Analyse Réaliste du Jugement Juridique*, 147:4 Cahiers Philosophiques (2016), p. 9.

BUCHHOLTZ, G., *Legal Tech: Chancen und Risiken der digitalen Rechtsanwendung*, In: Juristische Schulung 57 (2017), 10, 955-960.

BURRELL, Jenna, *How the Machine 'Thinks': Understanding Opacity in Machine Learning Algorithms*, BIG DATA & SOC'Y, Jan.–June 2016, p. 1.

CABRAL, J. *et al.*, *Using Technology to Enhance Access to Justice*, 26 HARV. J. L. & TECH. 241, 246-56 (2012).

CITRON Danielle Keats & Pasquale, Frank, *The Scored Society: Due Process for Automated Predictions*, 89 WASH. L. REV. 1, 2–4 (2014).

COTTIN, Marianne, *L'open data des décisions de justice: un bouleversement de l'espace jurisprudentiel ?*, in Ferrand F., Knetsch J., Zwickel M, Die Digitalisierung des Zivilrechts und der Ziviljustiz in Deutschland und Frankreich, Erlangen, FAU University Press 2020, pp. 293-303.

COUTURIER, Nicolas, *Justiciable, contrat et procès: le droit civil et la procédure civile à l'heure de la révolution numérique*, in Ferrand F., Knetsch J., Zwickel M, Die Digitalisierung des Zivilrechts und der Ziviljustiz in Deutschland und Frankreich, Erlangen, FAU University Press 2020, pp. 361-380.

DE LEVAL, G., Van Compernolle, J., *Le cinquantième anniversaire du Code judiciaire et sa destinée*, J.T., 2017, 619.

FLORIDI, Luciano, *Four Challenges for a Theory of Informational Privacy*, 8 ETHICS & INFO. TECH. (2006), pp.109, 112.

FREITAS, Cinthia Obladen de Almendra; BARDDAL, Jean Paul, *Análise preditiva e decisões judiciais: controvérsia ou realidade?* Revista Democracia Digital e Governo Eletrônico, Florianópolis, v. 1, n. 18, 2019, pp. 107-126.

FRESE, Y., *Recht im zweiten Maschinenzeitalter*, Neue juristische Wochenschrift 68 (2015), 29, 2090 – 2092.

GARAPON, A. Lassègue, J., *Justice digitale*, Paris, PUF, 2018.

GHIO, Emilie, Perlingeiro, Ricardo, *Princípios Gerais da Cooperação Jurídica Internacional: uma abordagem temática e comparativa (General Principles of International Legal Cooperation: a Thematical and Comparative Approach)*, Niterói, Rio de Janeiro: Nupej, 2020.

GIDDENS, A., *Eine Magna Carta für das digitale Zeitalter*, Soziologie heute (2018), 60, 10-12.

GOBERT, D., Le *règlement européen du 23 juillet 2014 sur l'identification électronique et les services de confiance (eIDAS): évolution ou révolution ?, R.D.T.I.*, 2014, 27 y ss.

GOBERT, D., *Let's go digital – Le juriste face au numérique / De digitale uitdaging van de jurist*, Bruxelles, Bruylant, 2015, 11.

GRINDROD, Peter, *Beyond Privacy and Exposure: Ethical Issues Within Citizen-Facing Analytics*, PHIL. TRANSACTIONS ROYAL SOC'Y A, Dec. 28, 2016, pp. 10–12.

HANKE Philip, *Computers with Law Degrees? The Role of Artificial Intelligence in Transnational Dispute Resolution, and Its Implications of the Legal Profession*, 14(2) Transnational Dispute Management (2017), p. 1.

HARTL, K., *Suchmaschinen, Algorithmen und Meinungsmacht: eine verfassungs- und einfachrechtliche Betrachtung*, Wiesbaden: Springer, 2017, 15-35.

HILDEBRANDT Mireille & Koops, Bert-Jaap, *The Challenges of Ambient Law and Legal Protection in the Profiling Era*, 73 MOD. L. REV. (2010), pp. 428, 448–49.

HILDEBRANDT, Mireille, *Primitives of Legal Protection in the Era of Data-Driven Platforms*, 2 GEO. L. TECH. REV. (2018), pp. 252, 271.

KAPLAN, J, *Artificial Intelligence: What Everyone Needs To Know*, Oxford, Oxford University Press, 2016, 5-25.

KATSH, Ethan Rabinovich-einy, Orna, *Digital Justice Technology And The Internet Of Disputes*, Oxford, Oxford U. Press. 2017.

KATZ, D. M.; Bommarito II, M. J.; Blackman, J. A, *General Approach for Predicting the Behavior of the Supreme Court of the United States*, PLoS ONE, v. 12, n. 4, April 2017. Ver en <https://journals.plos.org/plosone/article?id=10.1371/journal.pone.0174698>. (Visitado 12/12/2019)

KATZ, D. *Quantitative Legal Prediction or How I Learned to Stop Worrying and Start Preparing for the Data-Driven Future of the Legal Services Industry*, 62 EMORY L.J. 909, 936 (2013).

KATZ, D., Bommarito, M., Blackman, J., *A General Approach for Predicting the Behavior of the Supreme Court of the United States*, PLoS ONE 12(4): e0174698 (2017).

KITCHIN, R. *The data revolution: big data, open data, data infrastructures & their consequences*, Los Angeles: SAGE Publications Ltd., 2016.

KROLL, J. A., Barocas, S., Felten, E. W., Reidenberg, J. R., Robinson, D. G., y Yu, H., *Accountable Algorithms*, University of Pennsylvania Law Review, 2016, pp. 165(3), 633-706.

LAWLOR, Reed C. *What Computers Can Do: Analysis and Prediction of Judicial Decisions*, 49 ABA J. (1963), p. 337.

LIU, H.-W., Lin, C.-F., Chen, Y.-J., *Beyond State v Loomis: artificial intelligence, government algorithmization and accountability*, International Journal of Law and Information Technology, 2019, 27(2), pp. 122-141.

MACCORMICK Neil, *Legal Reasoning and Legal Theory*, Oxford: Oxford Clarendon, 1977, pp. 21-29.

MANTELERO Alessandro, *From Group Privacy to Collective Privacy: Towards a New Dimension of Privacy and Data Protection in the Big Data Era, in* GROUP PRIVACY: NEW CHALLENGES OF DATA TECHNOLOGIES (Linnet Taylor, Luciano Floridi & Bart van der Sloot eds., 2017) pp. 139, 145.

MARKOFF, J. "Armies of Expensive Lawyers, Replaced by Cheaper Software," N.Y. TIMES, March 4, 2011, at A1 (available at http://www.nytimes.com/2011/03/05/science/05legal.html).

MARTIN Andrew D. *et al., Competing Approaches to Predicting Supreme Court Decision Making,* 2(4) Perspective on Politics (2004) p. 761.

MCGINNIS, J., Pearce, R., *The Great Disruption: How Machine Intelligence Will Transform the Role of Lawyers in the Delivery of Legal Services*, (2014) 82 FORDHAM L. REV., 3041.

MCKAY, C., *Predicting risk in criminal procedure: actuarial tools, algorithms, AI and judicial decision-making*, Current Issues in Criminal Justice, 2020. 32(1), pp. 22-39.

MILLER Tim, *Explanation in Artificial Intelligence: Insights from the Social Sciences*, ARTIFICIAL INTELLIGENCE, Feb. 2019, p. 1.

MITTELSTADT, Brent, *From Individual to Group Privacy in Big Data Analytics*, 30 PHIL. & TECH. (2017), pp. 475, 476.

MORISON, John, Harkens Adam, *Re-engineering justice? Robot judges, computerised courts and (semi) automated legal decision-making*, Legal Studies, .2019, 5, pp.1-18.

NOTO-Jaffeux Nelly, Le *traitement des différends par les legaltechs, service innovant ou « braderie du droit »* ?, in Ferrand F., Knetsch J., Zwickel M, Die Digitalisierung des Zivilrechts und der Ziviljustiz in Deutschland und Frankreich, Erlangen, FAU University Press 2020, pp. 161-182.

OSWALD, Marion, *Algorithm-Assisted Decision-Making in the Public Sector: Framing the Issues Using Administrative Law Rules Governing Discretionary Power*, PHIL. TRANSACTIONS ROYAL SOC'Y A, Aug. 6, 2018, pp. 1, 3.

PASQUALE, F., *The black box society*, Cambridge, Harvard University Press, 2015.

POOLE, D, Mackworth, A., Goebel, R, *Computational Intelligence: A Logical Approach*, 1ª ed., Oxford University Press, New York, 1998, 1-2, 9-10.

POSNER, Richard A, *The Right of Privacy*, 12 GA. L. REV. (1978), pp. 393, 395.

PRINS Corien, *Digital Justice*, Computer Law & Security Review, Vol. 34, 4, 2018, pp. 920-923.

RAYMOND, A., Shackelford, S., *Technology, Ethics, and Access to Justice: Should an Algorithm Be Deciding Your Case?*, Michigan Journal of International Law, Vol. 35, 2014, 485, 522-524.

REMUS, D., *Reconstructing Professionalism* (April 30, 2015), Ver en http://papers.ssrn.com/sol3/papers.cfm?abstract_id=2676094. (Consultado 3/3/2019)

REMUS, D., *The Uncertain Promise of Predictive Coding*, 99 IOWA L. REV. 1691, 1714 (2014).

ROUVROY, Antoinette, *Privacy, Data Protection, and the Unprecedented Challenges of Ambient Intelligence*, 2 STUD. ETHICS, L., & TECH. (2008), pp. 1, 3–4.

RUGER, Theodore W. *et al.*, *The Supreme Court Forecasting Project: Legal and Political Sciences Approaches to Predicting Supreme Court Decisionmaking*, 104 Colum. L. Rev. (2004), p. 1150.

RÜHL Giesela, *Digitale Justiz, oder: Zivilverfahren für das 21. Jahrhundert*, in: JuristenZeitung [JZ] 2020, pp. 809-817.

SCHULTZ, Thomas, *Online Dispute Resolution: An Overview and Selected Issues*, Economic Commission for Europe, June 7, 2002, En SSRN: https://ssrn.com/abstract=898821 (Visitado 12/12/2020).

SELA, A., *Can Computers Be Fair? How Automated and Human-Powered Online Dispute Resolution Affect Procedural Justice in Mediation and Arbitration*, Ohio State Journal on Dispute Resolution, 33:1, 2018, 91-148.

SELBST, A. D., Barocas, S., *The Intuitive Appeal of Explainable Machines*, Fordham Law Review, 87(3), 2018, pp. 1085-1140.

SHARPE, R. J., *Good Judgement: Making Judicial Decisions*, Toronto, ON: University of Toronto Press, 2018, pp. 10-35.

SHAY L. A., Hartzog, W., Nelson J., Conti, G., Do Robots Dream of Electric Laws? An Experiment in the Law as Algorithm, in *Robot Law*, R. Calo, A. M. Froomkin, I. Kerr (Dir.), Cheltenham, Edward Elgar, 2016, 288, 295.

SHERWIN, Emily, *A Comparative View of Standards of Proof*, 50 Am. J. Comp. L. (2002), p. 243.

SIMMONS, R., *Big Data, Machine Judges, and the Legitimacy of the Criminal Justice System*, U.C. Davis Law Review, 52(2), 2018, 1067-1118.

SOLUM, L. B., *Artificially Intelligent Law* (February 14, 2019). SSRN: https://ssrn.com/abstract=3337696 or http://dx.doi.org/10.2139/ssrn.3337696 (Visitado el 12/3/2019).

SOURDIN, T., *Judge v Robot? Artificial Intelligence and Judicial Decision-Making*, UNSW Law Journal 41 (4), pp. 1114-1133.

SPÄTH Lisa Maria, *Struktur und Strukturierung von Schriftsätzen und Urteilen als Voraussetzung des computerisierten Zivilprozesses*, in Ferrand F., Knetsch J., Zwickel M, Die Digitalisierung des Zivilrechts und der Ziviljustiz in Deutschland und Frankreich, Erlangen, FAU University Press 2020, pp. 305-316.

SPÄTH Lisa Maria, *Struktur und Strukturierung von Schriftsätzen und Urteilen als Voraussetzung des computerisierten Zivilprozesses*, in Ferrand F., Knetsch J., Zwickel M, Die Digitalisierung des Zivilrechts und der Ziviljustiz in Deutschland und Frankreich, Erlangen, FAU University Press 2020, pp. 305-316.

SPÄTH Lisa Maria, *Struktur und Strukturierung von Schriftsätzen und Urteilen als Voraussetzung des computerisierten Zivilprozesses*, in Ferrand F., Knetsch J., Zwickel M, Die Digitalisierung des Zivilrechts und der Ziviljustiz in Deutschland und Frankreich, Erlangen, FAU University Press 2020, pp. 305-316.

STAUDT, R., *All the Wild Possibilities: Technology That Attacks Barriers to Access to Justice*, 42 LOY. L.A. L. REV. 1128-34 (2009).

SUNSTEIN, C., *Legal Reasoning and Artificial Intelligence: How Computers "Think" Like Lawyers*, 8 U. CHI. L. SCH. ROUNDTABLE 1, 19 (2001).

SURDEN, H., *Machine Learning and Law*, 89 UNIV. OF WASH. L. REV. 87, 102-110 (2014).

SURDEN, H., *Artificial Intelligence and Law: An Overview*, Ga. St. UL Rev., 35, 2018, p. 1305.

SUSSKIND, R., *Expert Systems in Law: A Jurisprudential Approach to Artificial Intelligence and Legal Reasoning*, Modern Law Review, Vol. 49, No. 2, 1986, 168, 184-194.

SUSSKIND, Richard, *Tomorrow's Lawyers: An Introduction to your Future*,2d ed., Oxford: Oxford University Press, 2017, pp. 10-35.

THEVENOT François, *L'open data et justice prédictive*, in Ferrand F., Knetsch J., Zwickel M, Die Digitalisierung des Zivilrechts und der Ziviljustiz in Deutschland und Frankreich, Erlangen, FAU University Press 2020, pp. 321-328.

WACHTER Sandra, Mittelstadt Brent & Floridi Luciano, *Why a Right to Explanation of Automated Decision-Making Does Not Exist in the General Data Protection Regulation*, 7 INT'L DATA PRIVACY L. 76 (2017).

WACHTER Sandra, Mittelstadt, Brent & Floridi, Luciano, *Why a Right to Explanation of Automated Decision-Making Does Not Exist in the General Data Protection Regulation*, 7 INT'L DATA PRIVACY L. 76 (2017).

WACHTER Sandra, Mittelstadt, Brent & Russell, Chris, *Counterfactual Explanations Without Opening the Black Box: Automated Decisions and the GDPR*, 31 HARV. J.L. & TECH. 841 (2018).

WACHTER, Sandra and Mittelstadt, Brent, *A Right to Reasonable Inferences: Re--Thinking Data Protection Law in the Age of Big Data and AI*, Columbia Business Law Review, 2019(2), pp. 1-129.

WASSERSTROM Richard A., *The Judicial Decision*, Stanford, Stanford University Press, 1961, pp. 5-25.

WOLF, M. *Collaborative Technology Improves Access to Justice*, 15 N.Y.U. J. LEGIS. & PUB. POL'Y 759, 773-85 (2012).

YOON, A., *Cognitive Computing and the Future of the Legal Profession*, 66 *U. Toronto* L.J. 456, 471.

ZARSKY, Tal Z, *Understanding Discrimination in the Scored Society*, 89 WASH. L. REV. 1375 (2014).

ZAVRŠNIK, A., *Criminal justice, artificial intelligence systems, and human rights*, ERA Forum, 20(4), 2020, 567-583.

ZWICKEL, Martin, *Bürgernahe Ziviljustiz: Ideen für ein digitales Bagatellverfahren / Une justice civile de proximité: perspectives pour une procédure dématérialisée des petits litiges*, in Ferrand F., Knetsch J., Zwickel M, Die Digitalisierung des Zivilrechts und der Ziviljustiz in Deutschland und Frankreich, Erlangen, FAU University Press 2020, pp. 181-244.

# CAPÍTULO 6

# DIREITO PROBATÓRIO, *BLOCKCHAIN* E CONTRATOS INTELIGENTES

# 1

# Tornando contratos inteligentes "mais inteligentes" com arbitragem[1-2]

**Amy J. Schmitz**[3]

*Tradutora: Júlia Rosa Torres*[4]

**Sumário:** Introdução. 1. O papel do *blockchain* em contratos inteligentes. 2. Contenção de disputas. 3. A necessidade de arbitragem embutida no *blockchain*. 4. Conclusão.

## INTRODUÇÃO

O mundo dos negócios está cada vez mais dependente da tecnologia. O campo jurídico, por sua vez, a passos mais lentos, tenta seguir o mesmo exemplo para se manter relevante e atual na esteira da revolução digital[5]. Essa realidade ficou ainda mais acentuada durante a pandemia de Covid-19, com todos os processos tramitando eletronicamente devido às restrições impostas. Contratantes não dependem mais de "apertos

1 Artigo originalmente publicado no site da *American Arbitration Association*, com autorizações para republicação e tradução concedidas pela instituição e pela autora.

2 Este artigo, em sua versão original, pode ser baixado gratuitamente no *Social Sciences Research Network Eletronic Papel Colletion* em: http://ssrn.com/abstract=3647573.

3 Amy J. Schmitz é professora na *University of Missouri School of Law*.

4 Graduanda em Direito pela Universidade Federal de Minas Gerais. Estagiária no escritório Marx Colombarolli Advogados.

5 *Cf.* SUSSKIND, Richard. **Tomorrow's lawyers: an introduction to your future**. Oxford University Press, 2013.

de mãos" e tinta no papel. Na verdade, a tecnologia está revolucionando a arte de fazer negócios[6]. Espera-se, agora, que a maioria das compras seja feita *on-line* por meio de contratos eletrônicos ("*e-contracts*"), selada com um clique no botão "aceitar"[7]. Grandes líderes corporativos agora usam e-mails e mensagens para negociar acordos, que eventualmente são assinados eletronicamente por meio de serviços como o *Docusign*[8].

Apesar de termos mais familiaridade com esse tipo de contratação *on-line*, uma categoria especial, qual seja, a de "contratos inteligentes" armazenados em *blockchain*, traz certos desafios para a era digital. Estes, diferentemente dos contratos eletrônicos comuns, traduzem-se em um conjunto de regras (chamado de contrato inteligente), que é armazenado no *blockchain* e é executado automaticamente[9]. De forma mais específica, esses contratos inteligentes são feitos de "nós" que consistem em algoritmos processados em um *hardware* descentralizado[10]. Nesse sentido, ficam registrados em códigos gravados em diversos computadores, e não localizados em um único computador ou banco de dados[11]. Essa arquitetura descentralizada ajuda a tornar os contratos inteligentes quase impossíveis de *hackear*. De forma semelhante, os *hardwares* descentralizados são imutáveis, o que significa que o código geralmente não pode ser alterado. Em outras palavras, a maioria dos dados distribuídos é apenas "anexada", de modo que as partes podem incluir, mas não alterar ou deletar informações presentes.

Essa imutabilidade e descentralização promovem a segurança dos dados, de modo que as empresas podem armazenar dados no *blockchain*

---

6 SCHMITZ, Amy J. Schimtz. RULE, Colin. **The new handshake: online dispute resolution and the future of consumer protection.** 2017.

7 Idem.

8 **Companies Using Verisign.** IDATALABS, 2017. Disponível em: https://idatalabs .com/tech/products/verisign.

9 ZASLOWSKY, David. **What to Expect When Litigating Smart Contract Disputes**. Law360, 04/04/2018. Disponível em: https://www.law360.com/articles/1028009/what-to-expect-when-litigating-smart-contract-disputes.

10 SZCZERBOWSKI, Jakub J. **Place of Smart Contracts in Civil Law.** A Few Comments on Form and Interpretation. SSRN 333, 08/01/2018. Disponível em: https://ssrn.com/abstract=3095933.

11 Para uma explicação simples sobre contratos inteligentes, consultar: HARIS, Adil. **Smart Contracts – A Simple yet Comprehensive Explanation in Pictures**. Disponível em: https://hackernoon.com/smart-contracts-a-simple-yet-comprehensive-explanation-in- pictures – bc21c7ab89.

ou em outro tipo de *hardware* para gerenciar o risco. Ademais, gera eficiência e resolve problemas tradicionais de confiança nas transações. A ideia é a de com isso, possa-se eliminar em grande parte a necessidade de cartas de crédito, títulos e acordos de segurança, os quais são complexos e caros, por meio da execução automática digitalizada, ou do pagamento codificado. Em essência, os contratos inteligentes codificam ações do tipo "se" – "então", que podem transladar condições baseadas a partir de um acordo anterior, ou, simplesmente, realizar o pagamento ou execução com base em acontecimentos objetivamente delineados[12]. A título de exemplo, um código poderia ser criado para executar a seguinte ação "se/então" mencionada – "Se chover, X ganha um guarda-chuva" ou "Se a mercadoria chegar à porta A, B será pago".

Por se tratar de uma reunião de códigos (ou um conjunto de regras, como já dito), o que ocorre é que pessoas que não tem qualquer familiaridade com a linguagem da programação, não conseguem interpretar tais contratos em sua forma mais "crua"[13], em seu nascedouro. Pode-se afirmar, inclusive, que os contratos inteligentes não são nem necessariamente inteligentes, muito menos contratos, em si. Outro problema é que a programação, por mais sofisticada que seja, não irá eliminar conflitos. Um oráculo, ou sistema de verificação de fatos de terceiros, pode detectar incorretamente a chuva, o código pode estar falho, pode haver disputas sobre o que se qualifica como "chuva" (névoa, nevoeiro, granizo), etc. Igualmente, as partes podem discutir a entrega de bens com defeitos, não deixando escolha senão o litígio para discutir as perdas e danos[14]. Além de reconfigurar – ou seja, desligar – todo o sistema "se / então", esses tipos de disputas apresentam um desafio para arquiteturas de *blockchain* imutáveis[15]. Consequentemente, as partes devem planejar com antecedência e incluir a arbitragem em seus contratos inteligentes, a fim de ter um plano de resolução de disputas caso os contratos deem errado. Este artigo analisar as questões relacionadas e sugere um "plano".

12 Cf. SCHMITZ, Amy J. Schimtz. RULE, Colin. Online Dispute Resolution for Smart Contracts. *In*: **Journal Of Dispute Resolution**, n. 103, 2019; SCHMITZ, Amy. Blockchain, Smart Contracts e ODR. *In*: **Cyberweek 2019.** Disponível em: YouTube.

13 Idem.

14 KOULO, Riikka. MARKKANEN, Kalle. Conflict Management for Regulation-Averse Blockchains? *In:* **Regulating Industrial Internet Through IPR, Data Protection And Competition Law**. (RM Ballardini, O. Pitkänen, & P. Kuoppamäki eds., a publicar).

15 Idem.

## 1. O PAPEL DO *BLOCKCHAIN* EM CONTRATOS INTELIGENTES

Uma das principais tecnologias por trás dos contratos inteligentes é o *blockchain*, ou outro tipo de *hardware*. Trata-se essencialmente de um banco de dados distribuído, com dados espalhados pela internet em diversos computadores. Ele permite que as informações sejam inseridas no sistema e armazenadas em locais diferentes em todo o mundo. Quando um documento é arquivado no *blockchain*, ele é replicado em todos as cadeias de arquivamento, mantendo os dados disponíveis, por exemplo, mesmo se metade dos computadores ficar inativa. Imagine que você tenha uma agenda em que tudo o que você escreveu esteja duplicado em outros blocos de notas ao redor do mundo; e que cada reaplicação incluía as novas informações adicionadas. Como consequência, mesmo se você perder a agenda original, todas as informações ainda serão preservadas nas réplicas, resguardando-se, assim, todo o conteúdo.

Ainda, imagine se houvessem "regras" de segurança sobre quais informações podem ser adicionadas a esta agenda. Nesse sentido, se alguém tentasse escrever algo que não seguisse as mencionadas regras, todos os outros blocos de notas o rejeitariam. Restaria claro que a regra não estava sendo seguida, o que levantaria uma "bandeira vermelha". Este é outro recurso do *blockchain*: se alguém fornece uma atualização que não segue as regras da rede, os outros "nós" que agrupam as informações avaliarão a contribuição e determinarão que a atualização não está de acordo, e, consequentemente, não a adicionarão ao *hardware* definitivo. Isso torna a falsificação extremamente difícil, senão impossível. De fato, geralmente é necessário um "supercomputador" para tentar desvendar os desafios para "hackear" o *blockchain*.

Isso torna os contratos inteligentes construídos nos *blockchain* extraordinariamente poderosos. Conforme observado, os contratos inteligentes, que são autoexecutáveis, se tornam mais seguros quando os armazenados em *blockchain*. Com isso, elimina-se a necessidade de documentos em papel, de assinaturas com tinta e, na maioria dos casos, de tribunais e advogados. Afinal, os contratos caminharão em direção à autoexecução, não à juízes ou tribunais[16].

16 DELL'ERBA, Marco. **Demystifying Technology. Do Smart Contracts Require a New Legal Framework? Regulatory Fragmentation, Self-Regulation, Public Regulation.** 20/08/2018. Disponível em: https://ssrn.com/abstract=3228445.

Embora afirme-se que o *blockchain* também oferece mais segurança por fornecer criptografia com chaves públicas e privadas, que são sequências numéricas gerados pela rede[17], na realidade, ele não é completamente impenetrável. Mesmo sendo mais seguro do que os sistemas tradicionais de arquitetura em nuvem, pode ser "hackeado" e tem seus próprios riscos[18]. Por exemplo, os *hackers* podem manipular a tecnologia usando um "*hard fork*" para criar uma cópia do *blockchain,* permitindo que indivíduos manipulem os dados e "roubem" informações. Na verdade, um "hard fork" bem executado poderia até mesmo tornar um *blockchain* vulnerável à corrupção e ao colapso[19].

Ao mesmo tempo, o *blockchain* está evoluindo e indo muito além de suas origens em criptomoedas como o *Bitcoin.* O objetivo central do *blockchain* era criar uma rede de autorregulação que permitisse a transferência de propriedade entre pares sem a supervisão de terceiros, nomeadamente os tribunais e reguladores[20]. No entanto, o sistema original foi aprimorado em plataformas mais novas como o *Ethereum*, e redes privadas estão sendo desenvolvidas para permitir eficiência e segurança em diversos setores[21].

Há um crescimento nas ofertas iniciais de moedas (em inglês, "ICOs"), que agora são reconhecidas pela "Securities and Exchange Commission" e regulamentadas como títulos[22]. Além disso, os contratos inteligentes ganharam preponderância no mercado financeiro, de



17 Cf. SCHMITZ, Amy J. Schimtz. RULE, Colin. Online Dispute Resolution for Smart Contracts. *In*: **Journal Of Dispute Resolution**, n. 103, 2019; SCHMITZ, Amy. Blockchain, Smart Contracts e ODR. *In*: **Cyberweek 2019.** Disponível em: YouTube.

18 WALCH, Angela. **Blockchain's Treacherous Vocabulary: One More Challenge for Regulators**. 2017. Disponível em: https://papers.ssrn.com/sol3/papers.cfm? abstract_id=3019328.

19 SCHMITZ, Amy J. Schimtz. RULE, Colin. **The new handshake: online dispute resolution and the future of consumer protection.** 2017. E SZCZERBOWSKI, Jakub J. Place of Smart Contracts in Civil Law. A Few Comments on Form and Interpretation. SSRN 333, 08/01/2018. Disponível em: https://ssrn.com/abstract=3095933.Em vez de alegar que a tecnologia é "à prova de violação", alguns proponentes agora a chamam de "resistente à violação".

20 Cf. WALCH, Angela. **Blockchain's Treacherous Vocabulary: One More Challenge for Regulators**. 2017. Disponível em: https://papers.ssrn.com/sol3/papers.cfm? abstract_id=3019328.

21 CRASON, Brant *et al.* **Blockchain Beyond the Hype: What is the Strategic Business Value**? MCKinsey Digital, 06/2018. Disponível em: https://www.mckinsey.com/business-functions/digital-mckinsey/our-insights/blockchain-beyond-the hype-what-is-the-strategic-business-value.

22 Idem.

seguros, entre outros, ao mesmo passo em que escritórios de advocacia também estão construindo departamentos focados em questões envolvendo *blockchain*[23] – considerando que inúmeros clientes têm experimentado o *blockchain* por meio de projetos como o consórcio "Accord Project"[24], por exemplo. Enquanto isso, grandes empresas de tecnologia, como a IBM, e grupos como o IEEE, têm trabalhado para definir diretrizes comuns e padrões de desempenho para contratos inteligentes, pontos cruciais para a sua ampla aceitação[25]. Ainda, 90% dos bancos australianos, europeus e norte-americanos estão experimentando o uso de *blockchain* para verificar e transferir dados e ativos financeiros[26]. Somado a isso, 25 governos ao redor do mundo estão testando plataformas de *blockchain* desde 2018[27].

Atualmente, os contratos de *blockchain* são utilizados em vários setores que ultrapassam o ramo das criptomoedas. Por exemplo, indústrias especializadas, como a de videogames, estão utilizando *blockchain*[28]. Além disso, a gigante da tecnologia *Microsoft* fez parceria com uma empresa chamada EY para expandir o seu uso de contratos inteligentes armazenados em *blockchain* a fim de coletar direitos de jogo e *royalties* dos criadores de conteúdo[29]. Se antes eram necessários até 45 dias para a Microsoft calcular os *royalties*, atualmente, utilizando-se da mencionada tecnologia, a empresa consegue calcular os *royalties* em tempo real. Da mesma forma, no setor de seguros, as corporações e aproveitando dos contratos inteligentes de *blockchain* da IBM para aumentar a segurança

---

23 AITKEN, Roger. Accord Project's Consortium Launching First Legal 'Smart Contracts' with Hyperledger. *In*: **FORBES**. 26/07/2017. Disponível em: https://www.forbes.com/sites/rogeraitken/2017/07/26/accord-projects –consortium-launching-first- legal-smart-owne.

24 Idem.

25 **Accord Project's Consortium Launching First Legal 'Smart Contracts' with Hyperledger.** 28/06/2018. Disponível em: https://www.artificiallawyer.com/2018/06/28/ibm-joins-accord-project-smart-contract-consortium.

26 CRASON, Brant *et al.* **Blockchain Beyond the Hype: What is the Strategic Business Value?** MCKinsey Digital, 06/2018. Disponível em: https://www.mckinsey.com/business-functions/digital-mckinsey/our-insights/blockchain-beyond-the-hype-what-is-the-strategic-business-value.

27 Idem.

28 ARROWSMITH, Ranica. EY and Microsoft Expand Xbox Blockchain Smart Contract Platform. *In*: **Accounting Today.** 06/01/2021. Disponível em: https://www.accountingtoday.com/news/ey-and-microsoft-expand-xbox-blockchain-smart-contract-platform.

29 Idem.

e a eficiência[30]. Por exemplo, uma empresa chamada *Thai Reinsurance Public Co. Ltd.* está usando *blockchain* para criar registros históricos de documentos de seguro[31]. Aparentemente, levará algum tempo para que a indústria amadureça e se desenvolva e não se sabe se ela continuará a expandir ou manterá o foco em áreas especializadas. A despeito disso, a impressão é a de que o *blockchain* continuará a se expandir e que os contratos inteligentes se tornarão a regra em muitos setores. Consequentemente, pode-se esperar também um maior número de conflitos e de partes que buscarão meios para resolvê-los e obter soluções.

## 2. CONTENÇÃO DE DISPUTAS

Pindar Wong, presidente da *VeriFi Ltd* (Hong Kong) e cofundador do primeiro provedor de serviços de Internet licenciado em Hong Kong em 1993, afirmou que os contratos inteligentes mais sofisticados poderiam diminuir o impacto das guerras comerciais entre países[32]. Nesse sentido, ele asseverou que:

> Os guerreiros comerciais estão lutando as batalhas de ontem. Em vez de colocar sua chaminé, fábricas do século 20 e exércitos de trabalhadores uns contra os outros, os governos deveriam aplicar a abordagem "Não Confie, Verifique" da *blockchain* para acordos comerciais, usando-a para reduzir o atrito e melhorar as relações entre países para o avanço de suas sociedades[33].

Os contratos inteligentes, por estarem acomodados em um *hardware* descentralizado, podem garantir que as partes evitem custos e disputas territoriais. Da mesma forma, o seu cumprimento e pagamento também encontram maior segurança, por estarem esses dois fatores traduzidos e

30 DOTSON, Kyt. **Thai Re Launches Reinsurance Platform Powered by IBM Blockchain and Smart Contracts.** Disponível em: https://siliconangle.com/2021/01/07/thai-re-launches-reinsurance-platform-powered-ibm-blockchain-smart-contracts/. Acesso em: 07/01/2021.

31 Idem.

32 WONG, Pindar. **Blockchain's Killer App? Making Trade Wars Obsolete**. COINDESK, 21/05/2018.

33 Idem.

protegidos por códigos imutáveis. Além disso, o sistema é transparente, permitindo que as partes rastreiem remessas, pagamentos e outras ocorrências de transações em cada etapa do processo – sem a necessidade de depender de governos ou mesmo de humanos (assumindo, claro, que os códigos em questão estão corretos). Por fim, a confiança acaba sendo inerente ao processo, o que é uma consequência da transparência e da autoexecução.

Não obstante, como já dito, todo esse arcabouço robusto não é capaz de evitar por completo os conflitos, que poderão se desenvolver, gerando, no contexto em questão, também um novo tipo de "guerra comercial". Conforme notado alhures, não se exclui completamente a possibilidade de erros de programação, ou disputas sobre a veracidade e interpretação do código. Existe até mesmo o risco de que dados falsos acionem indevidamente, ou deixem de acionar, cláusulas contratuais inteligentes. Os programadores podem ser responsabilizados por suas condutas negligentes, ao mesmo tempo em que os *hackers* podem tentar manipular dados em benefício de uma parte ou de outra[34]. As partes envolvidas podem discutir se o código memoriza com precisão o seu acordo e, até mesmo, os programadores podem contestar a "interpretação" desse mesmo código[35].

Ainda, pode haver dúvidas sobre a legalidade dos contratos inteligentes em algumas jurisdições. Como cada nó de um *hardware* do *blockchain* pode estar localizado em uma parte diferente do mundo, estes não têm uma localização ou jurisdição identificada para cada transação. É possível que as partes "codifiquem" a escolha de jurisdição em seus contratos inteligentes, mas mesmo isso pode estar sujeito à legislação específica e contestação dentro dos tribunais nacionais. Mesmo se as partes escolherem jurisdições com leis que exijam a aplicação de contratos inteligentes, os tribunais podem não ter competência ou *expertise* para decidir as disputas, o que pode frustrar os benefícios dos contratos inteligentes.

---

34 Idem.

35 KENEDY, Duncan. From the Will Theory to the Principle of Private Autonomy: Lon Fuller "Consideration and Form". *In:* **100 Columbia Law Review 94.** 2000; FULLER, Lon L., Consideration and Form. *In:* **41 Columbia Law Review 799**, 800-01. 1941.

Além dessas questões, surgem outros pleitos envolvendo a responsabilidade e prestação de contas dentro do *blockchain* ou outros sistemas descentralizados. Pela natureza do *blockchain*, não existe um único proprietário do sistema. Com isso, não resta claro quem deve ser responsabilizado por qualquer imperfeição ou falha. O próprio *ethos* é libertário no sentido de que a "lei" comum e os entendimentos compartilhados devem governar as operações, o que gera incerteza.

A imutabilidade do *blockchain* também levanta questões de proteção de dados, o que pode criar ainda mais debates em torno das informações. As plataformas *cross-border* de *blockchain* são exemplos de redes públicas capazes de manipular dados pessoais. Será difícil equilibrar o direito de um indivíduo à privacidade em uma rede aberta, especialmente considerando que muitas redes *blockchain* têm pouco controle sobre para onde os dados serão transferidos e quem tem acesso a esses dados. Considerando que, por sua natureza, o *blockchain* é transparente e privado, deveria importar quem tem acesso aos dados? Isso cria questões especialmente espinhosas à luz do GDPR e de outras legislações de dados em várias jurisdições.

Em suma, surgirão disputas anunciadas e outras inesperadas em relação à programação e à execução de contratos inteligentes. Consequentemente, as partes devem se antecipar e construir um plano de resolução em sua estratégia de *blockchain*, antes mesmo do surgimento dessas disputas. Algumas delas são inevitáveis, como acontece com qualquer forma de contrato (inteligente ou não), e essa previsão só pode ir até certo ponto, visto que sempre haverá falta informação e incerteza quanto ao comportamento humano, que é, por natureza, imprevisível[36]. Contudo, não se pode esquecer que, uma visão mais tradicional, focada nos contratos "comuns", falhará em atender às necessidades dos contratos inteligentes; e não apresentará soluções que se encaixem na arquitetura do *blockchain*. Tribunais e processos tradicionais simplesmente não funcionarão para resolver muitas disputas acerca de contratos inteligentes.



36 Cf. SCHMITZ, Amy J. Schimtz. RULE, Colin. Online Dispute Resolution for Smart Contracts. *In*: **Journal Of Dispute Resolution**, n. 103, 2019; SCHMITZ, Amy. Blockchain, Smart Contracts e ODR. *In*: **Cyberweek 2019.** Disponível em: YouTube.

## 3. A NECESSIDADE DE ARBITRAGEM EMBUTIDA NO *BLOCKCHAIN*

Atualmente, o principal meio de regular os contratos inteligentes parece ser o de "reiniciar" o sistema para evitar mais danos. Mas isso não fornece decisões reais sobre as disputas ou soluções para os sujeitos prejudicados. Em outros termos, essa é uma medida para "estancar o sangramento" e não para resolver o problema.

Dito isso, há um movimento em direção a um novo modo resolução de disputas *on-line*: *crowdsourced online dispute resolution*. Nesse contexto, companhias como a Kleros, permitem essa modalidade de *crowdsourced* ODR por meio de *token holders*, que são membros de um júri, os quais, utilizando-se da tecnologia *blockchain*, garantem a segurança de uma arbitragem totalmente *on-line*. Estes jurados, que podem ser qualquer pessoa que adquira *tokens* nativos do projeto, votarão na parte que eles acham que deve "vencer" uma determinada disputa. Esses titulares de *tokens*, que não precisam de nenhum histórico especial e permanecem anônimos durante o processo, são "pares" porque entendem e trabalham com *hardwares* (pelo menos o suficiente para serem detentores de *tokens)*. Ao final, o polo com mais *tokens* vence e os detentores que escolheram esse lado podem pegar de volta suas "fichas" junto com as fichas daqueles que escolherem o lado "perdedor". A ideia baseia-se em um modelo de teoria dos jogos. A Kleros implementou outras medidas para evitar fraudes. A questão, entretanto, é se esse ODR *crowdsourced* é produto de um bom projeto de sistema. Também é discutível se o lado "vencedor" é necessariamente a resolução "justa" ou "correta" no tocante à resolução da questão controvertida.

O design de disputas vai além da consideração da lei, em si, perpassando também por objetivos, partes interessadas, contexto,. cultura, processos, estruturas, recursos, e outras questões. Isso nos permite pensar sobre o sistema de resolução de disputas de uma forma muito mais contextualizada, respondendo às necessidades e expectativas únicas de uma cultura em particular. Os contratantes envolvidos em contratos inteligentes geralmente se esforçam para proteger a privacidade em torno de suas transações e promover a eficiência, sendo estes objetivos importantes por trás dessa negociação. Da mesma forma, o acesso a *experts* em tecnologia seria vital para disputas envolvendo esse novo modelo de contratar. Afinal, um dos maiores temores em torno das disputas de contrato inteligente é que os juízes e jurados, de forma geral, não entendam as questões tecnológicas complexas que muitas vezes permeiam as discussões envolvendo contratuais inteligentes.

Consequentemente, desejável seria que as partes estabelecessem, nos próprios contratos, os melhores meios para resolver essas disputas. Os legisladores que aprovaram leis declarando que os contratos inteligentes são aplicáveis, geralmente não entendem o que são contratos inteligentes, muito menos os melhores meios para resolver as disputas correspondentes. Mesmo o ODR *tokenizado* – com os seus problemas e riscos – está mais em sintonia com o design do sistema de disputa do que o "padrão *reset*" que simplesmente estanca o sangramento quando um contrato inteligente dá errado, sem resolver a questão por completo.

Como exemplo disso, os contratantes podem acionar a arbitragem para promover a eficiência, proteger a privacidade e garantir um terceiro especializado no campo em discussão. Mais que isso, podem querer definir esse método em sua modalidade virtual, aumentando, assim, a eficiência, especialmente dada a natureza transnacional da maioria dos contratos inteligentes, afinal, a resolução de disputas de contratos inteligente deve honrar a eficiência dos próprios contratos inteligentes. Por fim, os contratantes podem também colocar os fundos disputados sob custódia enquanto a arbitragem ocorre para ajudar a garantir a confiança e o cumprimento das decisões.

## 4. CONCLUSÃO

Em um mundo ideal, uma arbitragem *on-line* bem construída e planejada seria capaz de promover uma adequada resolução das disputas envolvendo contratos inteligentes, garantindo uma solução para além dos limites legais e políticos dos tribunais. Uma arbitragem *on-line*, fundada em *blockchain*, promoveria resoluções fora dos limites de qualquer política legislativa ou cortes. Para uma discussão mais aprofundada do assunto, consulte o texto de Amy J. Schmitz and Colin Rule, intitulado *Online Dispute Resolution for Smart Contracts,* de 2019, no *Journal Of Dispute Resolution*, p. 103-125, de 2019.

# 2

# *Blockchain* e a inevitabilidade das disputas: o papel da resolução de disputas *on-line*[1]

**Orna Rabinovich-Einy[2] e Ethan Katsh[3]**

*Traduzido por Felipe Delle Diatczuk[4]*

"Amo a Internet. Mas, 25 anos depois, vejo as palavras "a blockchain é a nova internet" no Twitter e quero sacudir meu feed de notícias pelo colarinho e esbravejar: Vocês não aprenderam nada?!"[5]



Parte II • Panorama Internacional

---

1 Artigo originalmente publicado no *Journal of Dispute Resolution*, em 2019, com tradução e publicação autorizada pelos autores e pela revista.

2 Professora Associada da Faculdade de Direito da *Bar Ilan University*, coautora da obra *Digital Justice: Technology and the Internet of Disputes*, Oxford University Press, 2017.

3 Diretor do Centro Nacional de Tecnologia e Resolução de Disputas e Professor Emérito de Estudos Jurídicos na University of Massachusetts Amherst. Coautor da obra *Digital Justice: Technology and the Internet of Disputes*, Oxford University Press, 2017. Os autores agradecem à Israel Internet Association e à Universidade de Haifa – Cyber Center for Law and Policy por seu generoso apoio a este projeto. Agradecemos também a Noy Vaida, Bar Lerrer e Tal Tamshas por sua excelente assistência de pesquisa e a Inbar Cohen por suas edições. Por fim, agradecemos aos editores da revista por seu trabalho.

4 Acadêmico de Direito na Universidade Federal do Paraná (UFPR). Membro dos grupos de pesquisa "Meios Adequados de Solução Heterônoma de Conflitos, dentro e fora do Estado" (UFPR) e "Transformações nas Estruturas Fundamentais do Processo" (UERJ), ambos, vinculados à Rede Internacional de Pesquisa – Justiça Civil e Processo Contemporâneo – ProcNet.

5 Andrew Leonard, The Blockchain Is a Reminder of the Internet's Failure, ONE ZERO (Dez 5, 2018), https://medium.com/s/love-hate/the-blockchain-is-a-reminder-of-the-internets--failure- b16c58d70413.

## I. INTRODUÇÃO

O *Blockchain* parece estar em toda parte hoje em dia. Ele é apresentado como a nova tecnologia inevitável, que pode ser usada para tudo, desde criptomoedas até registros de imóveis, carteiras de identidade e registros de saúde.[6] Os entusiastas previram que isso traria mudanças profundas, garantindo a segurança dos dados e a autenticação de identidade, ao passo que eliminaria os meios tradicionais para o tratamento de dados.[7]

Com o *blockchain*, fomos informados de que ele seria a "nova internet"[8], uma ferramenta que mudaria a forma como fazemos transações – fortalecendo compromissos e garantindo uma execução sem falhas.[9] Ao mesmo tempo, e com uma frequência alarmante, ouvimos falar dos grandes esquemas fraudulentos que atacam as corretoras de criptomoedas, resultando na perda de muitos milhões de dólares.[10] Além da fraude, outros problemas surgem, como os mal-entendidos entre as partes da transação, a perda de senhas e os riscos de privacidade, isso apenas para citar alguns dos problemas.[11]

A lacuna entre a promessa de um ambiente infalível e sem conflitos com a realidade inevitável de ter que lidar com as controvérsias no cenário do *blockchain* está no cerne deste artigo. Nesse sentido, afirmamos

---

6 Daniel J. Neally & Maria L. Hodge, *Blockchain in the Courts*, 5 CTR. FOR L., SCI. & INNOVATION 1 (2018).

7 Aaron Wright & Primavera De Filippi, *Decentralized Blockchain Technology and the Rise of Lex Cryptographia* 1, 48-49 (2015), disponível em: https://papers.ssrn.com/sol3/papers.cfm?abstract_id=258 0664.

8 *Mark Fenwick, Wulf A. Kaal & Erik P.M. Vermeulen*, LEGAL Education in the Blockchain Revolution, *20 VAND. J. ENT. & TECH. L. 351 (2017); Rich Daly*, Blockchain: Wall Street's Most Game- Changing Technology Advance Since the Internet, *FORBES (Jul. 11, 2016), disponível em: https://w ww.forbes.com/sites/richdaly/2016/07/11/blockchain-wall-streets--most-game-changing-technology-ad- vance-since-the-internet/#4810e88f4d87.*

9 Jean Bacon *et al.*, *Blockchain Demystified*, 10 (2017), disponível em: https://papers.ssrn.com/sol3/pa pers.cfm?abstract_id=3091218 (Fev. 28, 2019).

10 Michael Matthews, *List of Bitcoin Hacks (2012-2016)*, STEEMIT, available at: https://steemit.com/bitcoin/@michaelmatthews/list-of-bitcoin-hacks-2012-2016 (last visited Apr. 14, 2019); Anna Irrera, *More Than 10 Percent of $3.7 Billion Raised in ICOs Has Been Stolen: Ernst & Young*, REUTERS (Jan. 22, 2018), disponível em: https://www.reuters.com/article/ico-ernstyoung/more-than-10-percent-of-3-7-bln-raised-in-icos-has-been-stolen-ernst--young-id; Nathaniel Popper, *As Bitcoin Bubble Loses Air, Frauds and Flaws Rise to Surface*, N.Y. TIMES (Fev. 5, 2018), disponível em: https://ww w.nytimes.com/2018/02/05/technology/virtual-currency-regulation.html.

11 Bacon *et al.*, supra nota 5, p. 16-49.

que é impossível desfrutar de altos níveis de interação e de influência humana sem gerar conflito.[12] A inevitabilidade dos conflitos é reforçada se considerado em um ambiente potencialmente lucrativo de inovação e de complexidade, como o *blockchain*.[13] Em tais ambientes, acontecimentos inesperados tendem a ocorrer, e as expectativas das partes provavelmente serão diferentes. Na verdade, essa foi a nossa experiência com a Internet da década de 1990, quando o cenário do comércio eletrônico começou a florescer. Inicialmente, os conflitos não eram o foco de atenção e as vias de reparação eram difíceis de encontrar.[14] Com o tempo, ficou claro que, para o comércio eletrônico evoluir, seria necessária a confiança dos usuários, e que, para essa confiança ser sustentada, as plataformas de comércio eletrônico deveriam implementar maneiras para abordar e prevenir os litígios.[15] Esses processos ficaram conhecidos como "resolução de disputas on-line" ou em inglês "online dispute resolution" (ou ODR).[16] Os aprendizados com a evolução do ODR estão lentamente penetrando na arena do *blockchain*, dado que algumas entidades estão desenvolvendo ferramentas e procedimentos para o uso no ODR que são adaptados para esse ambiente.[17] Ao mesmo tempo, para que o ODR seja adotado e utilizado, algumas das suposições contidas que orientam o design e a adoção da tecnologia do *blockchain* necessitam ser afrouxadas, pois estão tensão com as premissas do projeto de sistema de conflitos: reconhecer a inevitabilidade do conflito, compreender a confiança como construção humana e atribuir peso às necessidades individuais ao lado da ideologia de grupo.[18]

Este artigo estabelece suas principais teses na seguinte ordem. A Parte II fornece informações básicas sobre a história e a evolução do *blockchain*, destacando suas principais aplicações e características. Discutimos a administração e a confiança do *blockchain*, descobrindo que, apesar de uma retórica de desintermediação e distribuição de poder,

12 Ethan Katsh & Orna Rabinovich-Einy, Digital Justice: Technology And The Internet Of Disputes (2017).

13 Kevin Werbach, *Trust, But Verify: Why the Blockchain Needs the Law*, 33 BERKELEY TECH. L.J. 489, 496-97 (2018).

14 Wright & De Filippi, *supra* nota 5, p. 47.

15 *Id.* p. 48-50.

16 ETHAN KATSH & JANET RIFKIN, ONLINE DISPUTE RESOLUTION: RESOLVING CONFLICTS IN CYBE RSPACE (2001).

17 Ver *infra* Parte III.

18 Id.

ainda existem alguns participantes que desfrutam de mais poder do que outros na configuração do *blockchain*. Além disso, destacamos as opções de administração que podem definir até que ponto o poder é concentrado, a responsabilidade é estabelecida e quais os meios de reparação disponíveis. Na Parte III, discutimos brevemente a história do ODR e descrevemos os principais sistemas de ODR que surgiram para a configuração do *blockchain*, iluminando semelhanças e distinções entre eles. Apesar do crescente interesse em ODR para o *blockchain*, o uso dessas iniciativas ainda não se difundiu. Assim, na Parte IV, exploramos as várias barreiras que obstam o ODR de impulsionar o *blockchain*.

## II. *BLOCKCHAIN*: ALGUNS ANTECEDENTES

### A. História e Evolução

Na breve história do *blockchain*, sua evolução, assim como a própria tecnologia, pode ser descrita em diversas etapas de composição em cadeia. O primeiro estágio no desenvolvimento do *blockchain* se relaciona com o desenvolvimento do bitcoin há uma década. Apesar de seu surgimento recente, o bitcoin é baseado em trabalhos anteriores, desenvolvidos já na década de 1990. Um desses trabalhos é o "Protocolo Paxos", que se baseou no modelo legislativo empregado na Grécia antiga, como inspiração para um banco de dados distribuído.[19] A ideia era acabar com os tradicionais "terceiros intermediários" e criar estruturas alternativas com a finalidade de garantir a credibilidade da informação.[20]

O conceito de cadeia de dados em blocos foi desenvolvido ao longo do tempo, mas levou vários anos até que um conceito maduro se concretizasse. Além da necessidade de tecnologia para avançar e amadurecer, o impulso para o desenvolvimento do bitcoin foi, em grande medida, a recessão de 2008 e a crescente desconfiança das instituições financeiras e outros intermediários.[21] Posteriormente, em 2009, Satoshi Nakamoto, um indivíduo cuja identidade ainda não foi divulgada, escreveu um

---

19 Leslie Lamport, *The Part-Time Parliament*, 16 ACM TRANSACTIONS ON COMPUT. SYS. 133, 135- 37 (1998).

20 *Id.* p. 155-57.

21 Kurt Fanning & David P. Centers, *Blockchain and Its Coming Impact on Financial Services*, 27 J. CORP. ACCT. & FIN. 53, 54 (2016).

ensaio sobre o bitcoin.[22] O ensaio tratou de uma moeda descentralizada em um ambiente globalizado, o qual constrói confiança independentemente de instituições tradicionais para garanti-la.[23]

O principal desafio de projeto para o bitcoin era como criar um banco de dados distribuído e descentralizado, no qual qualquer pessoa pudesse acessar os dados, adicioná-los e transmiti-los, ao mesmo tempo, de modo a garantir a precisão do banco de dados e a autenticidade da identidade dos usuários[24]. Esses desafios foram enfrentados com a criação de um "ledger" com o registro das transações financeiras anteriores que é público e aberto, mas protegido contra o acesso não autorizado, erros e abusos, funcionando por meio da criptografia e de uma arquitetura de incentivos e exigências complexas.

Os usuários que desejam adicionar transações aos registros eletrônicos utilizam a criptografia através da chave de acesso para autenticar sua identidade e permitir a autorização de transações.[25] Os mineradores verificam a transação por meio da identidade digital do usuário que efetivou a transação, o que é realizado via resolução do "hash puzzle" (uma função do algoritmo criptográfico).[26] O "hash puzzle" serve como protocolo para garantir aos usuários que aquela transação foi analisada, sendo utilizado como "proof of work" (POW).[27] Enquanto os mineradores analisam a transação, os blocos aguardam a confirmação por dez minutos. Durante este tempo, os blocos contendo informações sobre todas as transações pendentes são transmitidos a todos os mineradores. Para cada bloco, um minerador resolve o "hash-puzzle". Isso serve a dois objetivos. Em primeiro lugar, os mineradores são incentivados a trabalhar sendo pagos em bitcoin para resolver o "hash-puzzle".[28] Como resol-

22 Satoshi Nakamoto, *Bitcoin: A Peer-to-Peer Electronic Cash System* (2009), disponível em: https://bi tcoin.org/bitcoin.pdf (visualizado em Fev. 28, 2019).

23 *Id.* p. 1-2.

24 *Id.* p. 8.

25 Werbach, *supra* note 11, at 503-04; J. H. Witte, *The Blockchain: A Gentle Four Page Introduction*, CORNELL U. LIBR. 2 (Dez. 6, 2016), disponível em: http://arxiv.org/pdf/1612.06244.

26 Werbach, *supra* nota 11, p. 504-05.

27 *Id.*

28 *Id.* p. 506; Nakamoto, *supra* nota 20, p. 4, 8. Os fundadores do bitcoin criaram um limite, no valor de 21 milhões de bitcoins, para a quantidade das criptomoedas que podem ser emitidas como pagamento aos mineradores. Ver *Important Bitcoin Basics and How it All Works: Things You Need to Know*, BITCOIN.COM, disponível em: https://ww w.bitcoin.com/you-need-to-know (last visited Apr. 14, 2019).

ver o quebra-cabeças é computacionalmente caro, ele também serve para impedir o abuso pelos mineradores.[29] Além disso, como a verificação via "hash values" torna possível descobrir se os dados foram adulterados, o "hash puzzle" promove um segundo objetivo, o de garantir a autenticidade dos dados.[30] Depois que o quebra-cabeça é resolvido, outros mineradores verificam o POW e, se aprovado, o bloco é adicionado à cadeia e mantido pelos "nodes": computadores nos quais uma cópia do registro eletrônico do livro de transações é mantida.[31] Como há vários computadores "nodes" recebendo informações sobre transações de diferentes mineradores de forma assíncrona, são necessárias medidas para garantir que as transações sejam registradas consistentemente por todos os "nodes". Para esse fim, os blocos são carimbados com a hora e, em caso de transações conflitantes, a transação anterior prevalece e a cadeia mais longa vence (aquela com a maior análise dos POW's).[32] Um protocolo de consenso serve para garantir que os computadores "nodes" sejam consistentes ao escolher a cadeia mais longa.[33] Os "blocos órfãos" ("Tio" em Ethereum), que não aparecem na cadeia correta, são descartados por aqueles "nodes" que escolheram a cadeia "errada". Os blocos órfãos retornam ao ambiente de transações aguardando para serem processados.[34]

Ao lado dos mineradores e dos computadores "nodes", os desenvolvedores também são atores essenciais, porque criam o protocolo e mantêm o *blockchain*. Além disso, também promovem implementações adicionais e, assim, impactam toda a comunidade. Tais desenvolvedores são incentivados pela ampliação da popularidade de seu trabalho, bem como pelo crescimento da comunidade e, consequentemente, de sua participação. Contudo, no geral, deve haver um sistema melhor de incentivos para o desenvolvimento de protocolos a longo prazo.[35]

---

29 *Id.* p. 8.

30 Werbach, *supra* nota 11, p. 491-493.

31 Bacon *et al.*, *supra* nota 7, p. 12; Nakamoto, *supra* nota 20, p. 3.

32 *Id.* p. 16.

33 *Id.* p. 13, 21-24; Joshua A.T. Fairfield, *Smart Contracts, Bitcoin Bots, and Consumer Protection*, 71 WASH. & LEE L. REV. ONLINE 35 (2014).

34 Jack Frankenfield, *Orphan Block (Cryptocurrency)*, INVESTOPEDIA (Abr. 11, 2018), disponível em: https://www.investopedia.com/terms/o/orphan-block-cryptocurrency.asp.

35 *Difference Between On-Chain and Off-Chain Governance*, MEDIUM.COM (Jun. 5, 2018), disponível em: https://medium.com/@BLMPNetwork/difference-between-on-chain-and-off-chain-governance-c881cd3e6374; Bacon *et al.*, *supra* nota 7, p. 89.

Até o momento, o bitcoin é o caso de maior sucesso no uso da tecnologia do *blockchain* e representa o estágio mais significativo de sua evolução, resultando na disseminação de criptomoedas.[36] Ao mesmo tempo, as limitações do bitcoin tornaram-se cada vez mais aparentes ao longo dos anos, na medida em que o poder de mineração passou a se concentrar em poucas mãos e que alguns membros da comunidade demonstraram que bitcoin não é de configuração imutável, conforme fora prometido; isso foi comprovado quando alguns membros instituíram mudanças no código chamadas de "hard forks" e, assim, separaram-se para criar sua própria criptomoeda concorrente.[37] As limitações do bitcoin ajudaram a impulsionar o segundo marco importante na evolução do *blockchain* – a expansão do uso do *blockchain* e de aplicações para além das criptomoedas. Esse desenvolvimento é mais comumente associado ao estabelecimento do Ethereum em 2015.[38] O Ethereum surgiu seis anos depois que o bitcoin e seu fundador, Vitalik Buterin, então com 19 anos, procurou expandir o uso do *blockchain* para além das criptomoedas (embora o Ethereum tenha introduzido sua própria moeda "Ether")[39] para o campo dos "contratos inteligentes"[40] ou "organizações autônomas descentralizadas" (DAOs) – entidades que operam por meio de contratos inteligentes.[41] Assim, o Ethereum estabeleceu uma ampla comunidade de usuários e processou um alto nível de transações diárias.[42] Nesse sentido, estima-se que foram realizadas, entre 2013-2017, aproximadamente 200 milhões de transações (excluindo transações feitas em *blockchains* privadas), transferindo valor de aproximadamente US$ 100,000 (cem mil dólares) por dia.[43] Ethereum parecia incorporar algumas das lições da experiência do bitcoin ao



36 Massimo Bartoletti & Livio Pompianu, *An Empirical Analysis of Smart Contracts: Platforms, Applications, and Design Patterns*, CORNELL U. (Mar. 18, 2017), atdisponível em: https://arxiv.org/pdf/170 3.06322.pdf.

37 Bacon *et al.*, *supra* nota 7, p. 21, 34.

38 Vitalik Buterin, *A Next Generation Smart Contract & Decentralized Application Platform*, ETHEREUM WHITE PAPER (2015), disponível em: http://blockchainlab.com/pdf/Ethereum_white_paper-a_next_generation_smart_contract_and_decentralized_application_platform-vitalik-buterin.pdf.

39 *Id.* p. 13.

40 *Id.* p. 1.

41 *Id.* p. 23-24.

42 Bartoletti & Pompianu, *supra* nota 34, p. 6.

43 *Id.*

expandir além das moedas e adotar uma estrutura mais centralizada do que o bitcoin através de seu grupo central de desenvolvedores.[44] Assim, milhões de dólares foram levantados por meio de "ofertas iniciais de moedas" (ICOs) em Ethereum e, em maio de 2016, as organizações autônomas descentralizadas (DAO) foram introduzidas. Essa plataforma permitiria a qualquer um divulgar uma ideia e receber financiamento da plataforma, democratizando assim o acesso a investimentos para os indivíduos.[45] Pouco tempo depois, em junho de 2017, um hacker encontrou uma brecha na codificação que lhe permitiu roubar US$ 70 milhões (setenta milhões de dólares) dentro de horas.[46] Em uma tentativa de resolver essa vulnerabilidade, o sistema executou um "rollback" (meio de encerrar transações descartando todas as alterações realizadas na transação), que procurou apagar o ataque e suas consequências, de modo que sinalizou, acima de tudo, que a imutabilidade das transações no *blockchain* não era uma máxima absoluta.[47] Desse modo, houve a implementação de "hard fork" a fim de criar um novo ambiente para as transações das criptomoedas, resultando na nova Ethereum Classic (ETC).[48] Agravando ainda mais a situação para o "DAO", a Comissão de Valores Mobiliários e Câmbio proferiu decisão em 2017 definindo que a oferta de "organização autônoma descentralizada" estava sujeita às leis e aos regulamentos que tratam das regras de oferta pública inicial (IPO's rules) ao mercado e que, por isso, o "DAO" e seus investidores poderiam ter violado leis federais.[49] Como consequência, o "DAO" foi extinto, mas continua a impactar o uso do *blockchain*.[50]

---

44 Buterin, *supra* nota 36, p. 13, 27-28.

45 Adam J. Sulkowski, *Blockchain, Law, and Business Supply Chains: The Need for Governance and Legal Frameworks to Achieve Sustainability*, SSRN 9 (Mar 13, 2018), disponível em: https://pa- pers.ssrn.com/sol3/papers.cfm?abstract_id=3205452.

46 Samuel Falkon, *The Story of the DAO – Its History and Consequences*, THE STARTUP (Dec. 24, 2017), disponível em: https://medium.com/swlh/the-story-of-the-dao-its-history-and--consequences-71e6 a8a551ee.

47 *Id.*

48 Bacon *et al.*, *supra* nota 7, p. 34-35. Ethereum classic, like Ethereum from which it split, is a public blockchain. Ver https://ethereumclassic.org/ (visualizado em Abril 19, 2019).

49 Report of Investigation Pursuant to Section 21(a) of the Securities Exchange Act of 1934: The DAO (Jul. 25, 2017), disponível em: https://www.sec.gov/litigation/investreport/34-81207.pdf; Jay Clayton, *Statement on Cryptocurrencies and Initial Coin Offerings*, U.S. SEC. & EXCH. COMM'N (Dez. 11, 2017), disponível em: https://www.sec.gov/news/public-statement/statement-clayton-2017-12-11.

50 Falkon, *supra* nota 44.

Na mesma época, também começamos a ver um interesse crescente em uso de tecnologia do *blockchain* por entidades públicas.[51] Estônia e Suécia, por exemplo, lideraram esforços para introduzir a tecnologia do *blockchain* na infraestrutura estadual, experimentando os registros de dados organizados em *blockchain*, registros imobiliários e moedas eletrônicas oficiais (dentre outros).[52]

Uma nova geração de entidades de *blockchain* privadas também surgiu nos últimos anos, prometendo remediar os problemas de escalabilidade e ritmo que estavam associados a transações em Bitcoin e Ethereum.[53] Isso inclui o NEO, EOS e IOTA, para citar alguns.[54] Ainda temos que aguardar para analisar sua performance, mas alguns deles já estão exibindo uma abordagem mais madura em relação às limitações e falibilidade do *blockchain* e, consequentemente, estão se aproximando da necessidade de pensar sistematicamente sobre a resolução de disputas *on-line*.[55]

## B. Características Principais

O *Blockchain* tem como premissa várias características essenciais, que trabalham em conjunto a fim de permitir a criação coordenada e

51 Isso não deve ser confundido com a questão de o *blockchain* ser em si público ou privado (que nada tem a ver com o fato de a entidade que a estabelece ser pública ou privada). Em um *blockchain* público, qualquer pessoa pode acessar e propor transações, qualquer pessoa pode contribuir com sua capacidade computacional e transmitir dados de rede de transmissão e todas as transações que são divulgadas. Por outro lado, no *blockchain* privado, somente os participantes que estão na lista de segurança podem ingressar na rede, contribuir com a capacidade computacional e contribuir com os dados. Ver Bacon *et al.*, *supra* nota 7, p. 25-26; Vitalik Buterin, *On Public and Private Blockchains*, ETHEREUM: BLOG (Ago. 6, 2015), disponível em: https://blog.ethereum.org/2015/08/07/on-public-and--private-block- chains/.

52 Neally & Hodge, *supra* nota 4, p. 5-7.

53 Buterin, *On Public and Private Blockchains*, *supra* nota 49. Buterin afirma em seu blog: "Diante de todo exposto, parece que os blockchain privados são, sem dúvida, uma escolha melhor para as instituições". *Id.* Ver também Marc Pilkington, *Blockchain Technology: Principles and Applications*, *in* RESEARCH HANDBOOK ON DIGITAL TRANSFORMATIONS 225, 225-26 (F. Xavier Olleros & Majlinda Zhegu eds., 2016); MANAV GUPTA, BLOCKCHAIN FOR DUMMIES 14, 17 (2d ed., 2018); Scott A. McKinney *et al.*, *Smart Contracts, Blockchain, and the Next Frontier of Transaction Law*, 13 WASH. J.L. TECH. & ARTS 313 (2018).

54 Sulkowski, *supra* nota 43; Simon Boehme & Amy Wan, Summary of Proposed EOS Dispute Resolution Services (Dec. 2018) (artigo ainda não publicado).

55 Amy Wan, *EOS Shows Transparency is Essential in Resolving Smart Contract Disputes*, MEDIUM (Jun. 22, 2018), disponível em: https://medium.com/sagewise/eos-shows-transparency-is-essential-in-resolving-smart-contract-disputes-6755b19312d1.

descentralizada de um banco de dados de transações seguro e anônimo. Para atingir esse objetivo, a tecnologia do *blockchain* tem como premissa as seguintes características: é descentralizada, imutável e anônima.[56] Embora, como descrevemos a seguir, essas características sejam tipicamente vistas como essenciais para o *blockchain*, na realidade, o grau em que elas se apresentam é variado. Abaixo, elaboramos essas questões abordando as seguintes questões: Como cada uma dessas características contribui para a natureza do *blockchain*? Como essas características interagem umas com as outras? E em que grau essas características são inerentes ao *blockchain*?

## 1. Descentralização

O *Blockchain* tem como premissa a ideia de remover o intermediário e permitir que as transações sejam executadas e documentadas de forma descentralizada e distribuída.[57] Isso é alcançado por meio da distribuição das funções, que eram desempenhadas no passado por uma única entidade, como um banco, para vários atores (v.g., usuários, "nodes" e mineradores), e pela permissão de que os usuários desempenhem cada uma dessas funções (se eles tiverem as ferramentas tecnológicas e o hardware necessários).[58] Especificamente, em transações monetárias padronizadas, é nosso banco que verifica nossa identidade e o fato de que temos os recursos que nos comprometemos a transferir, e também é o banco que documenta a ocorrência da transferência. Em uma transação de bitcoin, por outro lado, são os esforços conjuntos de mineradores e computadores "nodes" que garantem que o indivíduo que está transferindo os fundos de fato os tenha, que a pessoa correta receba os fundos e que a transação seja registrada e documentada para que o registro mantido em todos os computadores seja idêntico.[59]

Ao distribuir poder e autoridade entre milhões de computadores, a tecnologia do *blockchain* pressupõe que não haja uma entidade que

---

56 GUPTA, *supra* nota 5, p. 18-19; Valentina Gatteschi *et al.*, *Blockchain and Smart Contracts for Insurance: Is the Technology Mature Enough?*, FUTURE INTERNET (2018); Wright & De Filippi, *supra* nota 5, p. 2, 13, 20.

57 *Id.* p. 2.

58 Gatteschi *et al.*, *supra* nota 54, p. 2-3.

59 *Id.* at 3; Richard M. Weber, An Advisor's Introduction to Blockchain, 72 J. FIN. SERV. PROF'LS 49, 50 (2018); Pilkington, supra note 51.

possa ser corrompida ou atacada.[60] Essas características também protegem contra a negligência ou incompetência dos intermediários no desempenho de suas funções, garantindo a precisão das transações.[61] Por ter várias cópias dos registros eletrônicos, *i.e.*, do "ledger", salvadas em vários computadores, não há uma fonte dos registros que possa ser atacada ou revisada.[62] Além disso, a verificação das transações por mineradores, que devem ser diligentes em resolver o "hash puzzle" e submeter a solução à revisão de outros mineradores, garante a precisão das transações.[63] O protocolo de consenso serve para assegurar que várias cópias distribuídas dos registros eletrônicos do "ledger" resultem em um único "ledger" oficial, documentando as transações, que são transparentes e disponíveis ao público, de modo a permitir um amplo monitoramento dos registros eletrônicos.[64]

## 2. Imutabilidade

Os livros-razão do *Blockchain* são considerados imutáveis; uma vez que os blocos são aprovados, a cadeia de dados é reunida e se torna irreversível.[65] Enquanto outros tipos de bancos de dados podem ser alterados ou manipulados, aqui, afirma-se que o registro criado é estável e imutável.[66]

Nos casos em que "contratos inteligentes" são celebrados, a imutabilidade também está relacionada com a execução das transações, uma vez que os convênios ou acordos que são normalmente sujeitos à interpretação e à discrição são documentados em código e resultam em execução automática e não discricionária.[67] A execução normalmente resulta na transferência de ativos, dados ou fundos e é registrada, tornando-se

60 Wright & De Filippi, *supra* note 5, p. 5-6.

61 McKinney *et al.*, *supra* note 51, p. 316-17.

62 MIT Technology Review Editors, *A Glossary of Blockchain Jargon*, MIT TECH. REV. (Apr. 23, 2018), disponível em: https://www.technologyreview.com/s/610885/a-glossary-of-blockchain-jargon/.

63 Wright & De Filippi, *supra* note 5, p. 7, 21-22.

64 Gatteschi *et al.*, *supra* note 54, p. 3.

65 Weber, *supra* note 57, p. 50.

66 *Id.* p. 51.

67 Gatteschi *et al.*, *supra* note 54, p. 4-5.

parte dos registros eletrônicos do "ledger" imutável.[68] O resultado inequívoco promete garantir o desempenho e eliminar a incerteza.[69] Na verdade, essa qualidade, que está associada ao *blockchain*, é parte do que torna esta configuração "confiável"; isso pois permite que indivíduos que não se conhecem, frequentemente partes anônimas ou pseudônimas, envolvam-se e façam transações e transfiram recursos, com todas essas interações sendo documentadas de forma imutável.[70]

## 3. Anonimato

O *blockchain* permite transações anônimas e pseudônimas. Isso é possível ao mesmo tempo em que garante a segurança e a integridade dos dados por meio da criptografia da chave de acesso privada.[71] Essa criptografia permite a verificação da identidade da pessoa envolvida. Embora o anonimato seja frequentemente criticado por permitir a ocorrência de atividades ilegais,[72] o sigilo de identidade é significativo no *blockchain* por várias razões.

Em primeiro lugar, o anonimato garante que os mineradores e os "nodes" não identifiquem as partes no momento da verificação do bloco objeto da transação.[73] Em segundo lugar, se a identidade for divulgada via *blockchain* pública, os dados que podem ser acumulados sobre qualquer indivíduo usando o *blockchain* podem ser sensíveis e confidenciais. Como o *blockchain* é imutável, o dano potencial à privacidade individual é substancial.[74] Finalmente, como os governos estão cada vez mais dispensando os pagamentos em dinheiro, o ambiente das criptomoedas pode fornecer um espaço no qual os indivíduos gastem seu dinheiro sem revelar sua identidade e sem incorrer no sacrifício de sua privacidade individual.[75] Aqueles a favor do anonimato reconhecem as implicações problemáticas

---

68 *Id.*

69 McKinney *et al.*, *supra* nota 51, p. 316.

70 Alan Cohn, Travis West & Chelsea Parker, *Smart After All: Blockchain, Smart Contracts, Para- metric Insurance, and Smart Energy Grids*, 1 GEO. L. TECH. REV. 273, 279 (2017).

71 Pilkington, *supra* nota 51, p. 229-31.

72 Werbach, *supra* nota 11, p. 491, 526; Witte, *supra* nota 23, p. 4.

73 Pilkington, *supra* nota 51, p. 229-30; McKinney *et al.*, *supra* nota 51, p. 319-20.

74 GUPTA, *supra* nota 51, p. 20; Gatteschi *et al.*, *supra* nota 54, p. 8; Werbach, *supra* nota 11, p. 531.

75 Weber, *supra* nota 57, p. 51; *see also* Witte, *supra* nota 23.

da atividade criminosa, mas acreditam que os benefícios se sobrepõem aos desafios e defendem que o crime seja tratado por meio de medidas que não sejam a eliminação da possibilidade de fazer transações privadas por meio do *blockchain*.[76]

Essas três qualidades básicas do *blockchain* – descentralização, imutabilidade e anonimato – trabalham todas juntas e se reforçam mutuamente para criar o equilíbrio que permite a dispensa dos intermediários. A confiança em entidades e indivíduos é substituída por processos fixos, criptografia complexa e documentação imutável.[77] Ao mesmo tempo, um olhar mais atento sobre as entidades *blockchain* que já estão em operação revela que essas qualidades são menos absolutas do que tipicamente descrito e a realidade é mais complexa do que parece à primeira vista.

### A. Administração e resolução de disputas

O *Blockchain* se tornou sinônimo de uma estrutura descentralizada para a documentação imutável de informações coletadas em transações anônimas (ou pseudônimas). Simultaneamente, a estrutura administrativa por trás das entidades do *blockchain* geralmente revela que essas qualidades são menos divulgadas do que deveriam ser. Por um lado, a administração do *blockchain* pode ser mais centralizada, de modo a fornecer um papel fundamental para os principais desenvolvedores e mineradores, com menos voz para os usuários.[78] Esta abordagem pode de fato fazer sentido em um ambiente em que há rápido avanço e desenvolvimento tecnológico, e em que a compreensão das questões em jogo requer conhecimento tecnológico considerável, que os usuários podem não ter.[79] Essa estrutura de administração, associada entre outras com o Bitcoin, é denominada "*off chain governance*" porque questões relacionadas à administração (por exemplo, remuneração para mineradores ou atualizações de software) são resolvidas fora do *blockchain* com

76 Werbach, *supra* note 11, at 526; Gatteschi *et al.*, *supra* note 54, p. 13.

77 Id., at 10; Wright & De Filippi, *supra* note 5, p. 12.

78 McKinney *et al.*, *supra* nota 51, p. 320.

79 Avital Mentovich, J.J. Prescott & Orna Rabinovich-Einy, Is Implicit Bias Inevitable? Courts, Technology and the Future of Impartiality 19-20 (unpublished manuscript) (on file with authors).

transparência limitada para os usuários, que normalmente estão menos envolvidos com esses tipos de questões.[80]

Algumas das decisões tomadas como parte da administração do *blockchain* têm a ver com "*forking*" (bifurcação). A ideia por trás da bifurcação é que, quando o protocolo de consenso não resolve as contradições entre os blocos registrados em diferentes "nodes", alguns "nodes" podem quebrar a cadeia e iniciar seus próprios registros eletrônicos em "ledger" separado.[81] Eles compartilhariam o mesmo histórico até o ponto de ruptura, mas depois disso continuam em caminhos diferentes. Isso é chamado de "*hard fork*" (bifurcação rígida). Vários casos de alto perfil destacaram as maneiras pelas quais a bifurcação pode prejudicar as reivindicações da *blockchain* em relação à descentralização e à imutabilidade, contudo, ao mesmo tempo, pode ter fornecido um caminho necessário de reparação a um ambiente que se orgulha de não ter ninguém no controle.[82] Um incidente bem conhecido é o hackeamento do Ethereum mencionado acima, no qual um erro de codificação permitiu a um hacker roubar US$ 70 milhões dos fundos do DAO. Em resposta, o software da Ethereum foi atualizado para evitar que o hacker sacasse os valores. Como isso foi feito com o apoio do criador do Ethereum, a maioria dos usuários concordou com a mudança e atualizou o software.[83] No entanto, uma minoria se recusou a sacrificar a natureza imutável do código e se separou para criar outra criptomoeda, o "Ethereum Classic".[84]

A bifurcação é usada como mecanismo de prevenção e de resolução de conflitos. Em termos de prevenção de disputas, a bifurcação e o protocolo de consenso são usados como parte da operação do *blockchain* para concordar sobre quais blocos serão adicionados à cadeia.[85] Normalmente isso funciona, e os "nodes" são capazes de se conformar a um registro idêntico.[86] Se um hacker colocar em risco a integridade do regis-

80 Bacon *et al.*, *supra* nota 7, p. 24-25, 29, 103.

81 Weber, *supra* nota 57, p. 52.

82 Sulkowski, *supra* nota 43, p. 9.

83 Jakub J. Szczerbowski, *Transaction Costs of Blockchain Smart* Contracts, 16 L. & FORENSIC SCI. 1, 3 (2018); McKinney *et al.*, *supra* nota 51, p. 321-23; Bartoletti & Pompianu, *supra* nota 34; Bacon *et al.*, *supra* nota 7, p. 32.

84 Bacon *et al.*, *supra* nota 7, p. 35, 102.

85 *Id.* p. 20-21.

86 *Id.* p. 12.

tro, poderá ser usada uma bifurcação rígida para "desfazer" a transação e fornecer a reparação aos usuários que foram prejudicados pelo hacker. Mas isso resulta em um novo impasse sobre os meios para resolver o conflito, incluindo as consequências mais profundas, de como os problemas são tratados no ambiente do *blockchain*: quem pode decidir e quais são as opções para resolver esses problemas.

Outro tipo de problema que pode surgir com relação à integridade e imutabilidade do registro é a falta de distribuição do poder computacional. No Bitcoin, por exemplo, todo o poder computacional está concentrado entre um pequeno número de entidades.[87] Isso cria o risco de um "ataque em 51%", o que significa que aqueles que controlam mais da metade do poder computacional podem decidir aprovar sua própria linha de operações e transações, o que irá se sobrepor às demais linhas. O ataque é possível porque aqueles com mais poder computacional terão mais POW e, por isso, prevalecerão de acordo com o protocolo de consenso.[88] Embora isso fosse considerado um risco teórico no passado, esses ataques se tornaram mais frequentes, especialmente em relação a moedas pequenas que atraíram menos mineradores, em que o poder computacional é mais fácil de controlar. Foram propostas soluções tecnológicas para resolver esse problema,[89] mas a mensagem por detrás dele parece ser mais complexa. Tanto pela bifurcação, quanto pelos incidentes de 51%, vemos que a imutabilidade é uma escolha de projeto que tem um custo; em alguns casos, reverter transações pode realmente aumentar a confiança no sistema, como foi o caso do hackeamento do Ethereum.[90] Além disso, o ataque dos 51% demonstra que todos os sistemas são vulneráveis. Mesmo com a possibilidade de detectar essas vulnerabilidades e com o tempo resolvê-las, uma nova vulnerabilidade acabará por vir à tona. Muitas vezes, essas falhas surgem através de conflitos, de modo que a existência de meios de resolução de conflitos permite auxiliar não apenas na abordagem



87 Bartoletti & Pompianu, *supra* nota 34, p. 4.

88 Bacon *et al.*, *supra* nota 4, p. 46 (showing that this concern just materialized recently). *See also* Mike Orcutt, *Once Hailed as Unhackable, Blockchains Are Now Getting Hacked*, MIT TECH. REV. (Feb. 19, 2019), disponível em: https://www.technologyreview.com/s/612974/once-hailed-as-unhackable-block-chains-are-now-getting-hacked/.

89 *See, e.g.*, Alyssa Hertig, *Blockchain's Once-Feared 51% Attack Is Now Becoming Regular*, COINDESK (June 8, 2018), disponível em: https://www.coindesk.com/blockchains-feared-51-attack-now- becoming-regular.

90 Werbach, *supra* nota 11, p. 550-51.

de conflitos particulares, como também na prevenção do surgimento de problemas futuros, como meio de solução sistêmica.

A administração "*on-chain*" significa que as decisões sobre como executar o *blockchain* são alcançadas por meio de votação *on-line*, representando uma versão moderna da democracia direta.[91] O "EOS" é um exemplo dessa estrutura administrativa, em que os resultados da votação são controlados por software e automaticamente executados.[92] O desenvolvimento da administração "*on-chain*" foi, em grande medida, uma resposta aos problemas e soluções do tipo bifurcação que desencadearam no ambiente do *blockchain* nos últimos anos.[93] Embora essas novas estruturas tenham sido acompanhadas por problemas próprios, elas reconheceram também a necessidade de resolução de litígios por meio da constituição de um órgão arbitral.[94] O órgão arbitral reunido pela EOS chegou a uma decisão que chamou muita atenção ao determinar congelar uma operação suspeita de fraude e devolver os recursos. Esta decisão foi criticada, dentre outras razões, pela falta de transparência da função do árbitro e seu papel centralizado, ambos desafiando a legitimidade do órgão arbitral.[95]

Além das questões relacionadas à governança, outros problemas podem surgir (e surgem) entre as próprias partes da transação em relação à execução e interpretação de contratos inteligentes, ou entre os usuários e suas "carteiras", que são os novos intermediários que operam neste ambiente com o objetivo de fornecer aos usuários serviços de armazenamento para sua criptomoeda.[96] As partes podem, por exemplo, contestar a quantidade de dinheiro que têm em sua carteira ou, como costuma acontecer, perder sua senha e não conseguir acessar sua "carteira eletrônica" (e-wallet).[97] Ainda, há questões complexas relacionadas à capacidade de herdar criptomoedas, que surgem quando os membros da família

91 *Id.*; Gatteschi *et al.*, *supra* nota 54, p. 9.

92 *ECAF Rules of Dispute Resolution*, ECAF, https://eoscorearbitration.io/home/governance/ (last visited Feb. 25, 2019) [doravante *ECAF Rules of Dispute Resolution*].

93 *See* Werbach, *supra* nota 11, p. 548-49.

94 *Id.* p. 547-48.

95 Wan, *supra* nota 53.

96 Orna Rabinovich-Einy & Ethan Katsh, *The New Courts*, 67 AM. U. L. REV. 165, 176 (2017); Orna Rabinovich-Einy & Avital Mentovich, *Right of Access and Access to Justice in the Courts of the 21st Century* 4, 7-8 (forthcoming 2019).

97 Witte, *supra* nota 23, p. 2-3.

não têm acesso à senha do falecido.[98] Todos esses problemas precisam ser tratados de forma sistemática e estruturada, fornecendo meios de resolução dos conflitos. Na verdade, o sistema de arbitragem da EOS foi inundado com muitos desses tipos de litígios, contudo ainda não houve uma efetiva reparação para as partes.[99] Na seção a seguir, descrevemos o surgimento dos mecanismos de resolução de conflitos *on-line* há cerca de vinte anos no ambiente de comércio eletrônico e as tentativas mais recentes de introduzir tais processos no cenário do *blockchain*.

## I. *ONLINE DISPUTE RESOLUTION* PARA *BLOCKCHAIN*

### A. ODR, alguns antecedentes

Os processos de resolução de disputas *on-line* (ODR) surgiram em grande escala na década de 90. Isso porque houve a proposta de proibição da atividade comercial na Internet e, ainda, o aumento exponencial de usuários e o número de conflitos cresceu.[100] A Internet foi inventada em 1969, mas, por mais de vinte anos, os usuários eram poucos e estavam localizados em universidades ou nas forças armadas. Os domínios dos sites, que não valiam nada no início da década de 1990, tornaram-se, em 2000, valiosos e objeto de um número crescente de disputas.

O rápido crescimento das disputas de comércio eletrônico *on-line* pode ser atribuído a vários fatores. Por um lado, as transações ocorreram entre estranhos, muitas vezes de diferentes países e culturas, que tiveram que superar as diferenças linguísticas, culturais e jurídicas.[101] Ademais, o ritmo acelerado da comunicação na Internet e a natureza escassa da interação e comunicação eram muitas vezes terreno fértil para mal-entendidos e reclamações.[102] Por fim, complexidade e inovação inevitavelmente geram problemas, de modo que o ambiente *on-line* naquela época era dotado de ambas as características, inovador e complexo.[103]



98 Gatteschi *et al.*, *supra* nota 54, p. 3-4.

99 TELEGRAM, https://t.me/eosarb (visualizado em Abr. 16, 2019) (publicado no chat de discussão sobre "EOS Blockchain system").

100 Rabinovich-Einy & Katsh, *supra* nota 94, p. 187-88; também ver, Rabinovich-Einy & Mentovich, *supra* nota 94, p. 9, 11-12.

101 Rabinovich-Einy & Katsh, *supra* nota 94, p. 187-88.

102 *Id.* p. 169; Rabinovich-Einy & Mentovich, *supra* nota 94, p. 19-20.

103 Rabinovich-Einy & Katsh, *supra* nota 94, p. 167-69, 171. Ver também, Rabinovich-Einy & Mentovich, *supra* nota 94, p. 9-10, 16, 19, 21-22.

Dada a natureza dessas disputas, as vias tradicionais de resolução de disputas – os tribunais e suas alternativas –, os quais exigiam a presença física, não eram uma solução viável para a grande maioria das disputas *on-line*. Estas eram disputas sobre pequenas quantias de dinheiro em que as partes estavam fisicamente distantes umas das outras e não podiam ser resolvidas presencialmente. No entanto, descobriu-se que a própria tecnologia que tornava os processos tradicionais de resolução de disputas inacessíveis também poderia fornecer a base para o desenvolvimento de novas, inovadoras e acessíveis vias de reparação. Esses processos eram o que agora chamamos de ODR, uma vez que inicialmente o *on-line* era equivalente ao tradicional mecanismos alternativos de resolução de conflitos (ADR), como negociação, mediação e arbitragem.[104]

Com o tempo, os elaboradores dos ODR passaram a apreciar as oportunidades embutidas no novo meio e alteraram sua orientação, da tentativa de imitar processos tradicionais do ambiente *off-line* para desenvolver novos procedimentos que apresentavam novas possibilidades para lidar com os conflitos. Essas novas possibilidades surgiram das qualidades únicas do ODR: era oferecido por meio *on-line*, confiava na inteligência da máquina (a "quarta parte") e criava um registro digital das atividades.[105] Essas características tornavam o ODR muito mais acessível e eficiente e, estando livre das limitações da capacidade humana e dos encontros presenciais, permitiu que os processos de ODR tratassem de um número extremamente grande de disputas. Na verdade, o Sistema de ODR do eBay é capaz de lidar com 60 milhões de disputas por ano.[106]

Mas, além da eficiência e capacidade adicionais, a mudança para o ODR também abriu oportunidades para aumentar a equidade e a justiça. Assim, por meio de um ambiente apropriado e do atento estudo dos dados de resolução de disputas, os processos podem se tornar mais acessíveis e compreensíveis pelas partes pertencentes a grupos tradicionalmente destituídos de orientação, oferecendo-lhes linguagem estruturada

104 Rabinovich-Einy & Katsh, *supra* nota 94, p. 176-78, 181, 212; ver Rabinovich-Einy & Mentovich, *supra* nota 94, p. 3-4, 6.

105 Rabinovich-Einy & Katsh, *supra* nota 94, p. 168-69; Rabinovich-Einy & Mentovich, *supra* nota 94, p. 15-16.

106 Rabinovich-Einy & Katsh, *supra* nota 94, p. 168-69, 187, 201; Rabinovich-Einy & Mentovich, *supra* nota 94, p. 15-16.

e menus com opções pré-determinadas, bem como dando-lhes tempo para formular suas respostas e consultar um especialista.[107] O resultado, *i.e.*, se essas novas oportunidades resultarão em mais voz e resultados justos ainda está para ser visto, mas há alguma indicação de que o projeto apropriado e monitoramento contínuo poderiam ajudar a superar alguns dos tradicionais problemas enraizados no contexto das resoluções de disputas.[108] Também são interessantes as novas oportunidades de usar os dados das resoluções de disputas que são capturados automaticamente no ODR para aprender sobre as fontes de disputas repetitivas e se envolver em atividades de prevenção de disputas destinadas a evitar que tais problemas se repitam sem esperar por uma reclamação da parte prejudicada. Uma abordagem proativa para a prevenção de disputas poderia, portanto, ser uma reparação para as partes que não reclamam, que são muitas vezes aquelas pertencentes a grupos sociais mais afetados por barreiras financeiras e outros problemas que impedem a defesa de seus interesses nas disputas.[109]

Durante as últimas décadas, o alcance do ODR se estendeu além do comércio eletrônico e das disputas geradas *on-line* em interações em plataformas privadas para alcançar o setor público e disputas que surgem no contexto presencial de conflitos. O ODR não é mais um último recurso, usado para disputas de baixo valor entre estranhos nos quais os tribunais e as ADR são inviáveis, mas, na realidade é frequentemente a primeira escolha para aqueles indivíduos cujas vidas estão cada vez mais no ambiente *on-line* em uma ampla gama de configurações, em seus conflitos com indivíduos, empresas e entidades públicas.[110]

Não deve ser surpresa que a configuração do *blockchain*, usada mais comumente para transações de criptomoedas, tornar-se-ia um candidato para o uso do ODR. Na seção a seguir, descrevemos algumas das principais empresas que desenvolvem ODR para o *blockchain* e contratos inteligentes destacando as semelhanças entre as várias plataformas, bem como alguns dos recursos distintos de cada uma dessas entidades.

107 Rabinovich-Einy & Katsh, *supra* nota 94, p. 203; Rabinovich-Einy & Mentovich, *supra* nota 94, p. 17, 21-22.

108 Rabinovich-Einy & Mentovich, *supra* nota 94, p. 17, 21-22.

109 *Id.* p. 17-18; Rabinovich-Einy & Katsh, *supra* nota 94, p. 209.

110 Rabinovich-Einy & Mentovich, *supra* nota 94, p. 10, 12, 17-19.

## B. Mecanismos de Emergência do ODR para *Blockchain*

Apesar das promessas iniciais de um ambiente sem disputas em que as transações são irreversíveis e executadas automaticamente, eventualmente começou a ser questionado "e quanto à resolução de disputas?"[111] A experiência com empreendimentos baseados em *blockchain* nos últimos anos mostrou que o *blockchain*, como qualquer área que há participação humana em cenário complexo e de rápida evolução, está fadado a gerar mal-entendidos, conflitos e circunstâncias imprevisíveis. Em poucos anos, os empreendedores começaram a ver o potencial do ODR para o ambiente do *blockchain*, isso porque o ODR é conduzido por meio *on-line* de longe e permite um design flexível e alcance global. Abaixo está uma descrição de alguns dos principais sistemas e procedimentos que surgiram nos últimos anos para a resolução de disputas do *blockchain*.[112]

### 1. *Kleros*

O sistema de "arbitragem" Kleros é destinado a resolver disputas relacionadas a contratos inteligentes.[113] O procedimento Kleros pode ser ativado assim que surgir uma disputa na execução de um contrato inteligente, congelando as transferências de recursos sob autorização do contrato inteligente até que o conflito seja resolvido.[114] Para que isso ocorra, as partes devem pré-selecionar o Kleros como um provedor de resolução de disputas em seu contrato inteligente e concordar com alguns termos padrões deste procedimento de resolução: o sub-tribunal de Kleros em que a disputa será tratada, o número de jurados, etc.[115]

O design do sistema de resolução de disputas desenvolvido no Kleros emula algumas das características do design do ambiente do *blockchain*. O Kleros tem como premissa o "crowdsourcing" – usando a sabedoria

111 *10 Things Blockchain Isn't*, CRYPTO BEGINNERS, https://www.cryptobeginners.info/blog/10- things-blockchain-isnt/ (visualizado em Feb. 28, 2019).

112 As descrições são baseadas principalmente em informações contidas nos artigos, sites da Web e, em alguns casos, em entrevistas realizadas com os fundadores dessas empresas.

113 *The Blockchain Dispute Resolution Layer*, KLEROS, https://kleros.io/ (visualizado em Abr. 16, 2019).

114 *Id.*

115 Federico Ast, *Kleros, A Protocol for a Decentralized Justice System*, MEDIUM (Set. 11, 2017), https://medium.com/kleros/kleros-a-decentralized-justice-protocol-for-the-internet-38d596a6300d.

das multidões – e a teoria dos jogos.[116] A própria resolução é alcançada por meio da votação do júri.[117] Os membros do júri são incentivados a participar e votar junto com a maioria por meio de um mecanismo semelhante ao "Schelling Token".[118] Para o início do procedimento, deve-se depositar os recursos para cobrir o pagamento dos jurados. As partes precisam concordar sobre quem arcará com os custos; o sistema é indiferente se uma das partes, todas as partes ou um terceiro custeia o procedimento.[119] Se uma parte acredita que o contrato foi violado, ele ou ela precisa acionar o Kleros e enviar todas as evidências (protegidas por chave pública criptografada).

Os membros do júri são anônimos e se autoproclamam. Desse modo, os incentivos precisam ser colocados em prática para garantir que tais jurados anônimos resolvam a disputa de maneira justa e honesta. Esse objetivo é realizado por meio do uso de tokens de um processo de seleção aleatória do júri.[120] Na medida em que os jurados se inscrevem, eles iniciam no tribunal geral e, em sequência, são designados aos sub-tribunais específicos (por exemplo, comércio eletrônico, seguro, transporte) com base em suas credenciais.[121] Cada sub-tribunal específico tem suas próprias regras e requisitos relativos a custos, número de jurados e exigência de número de tokens ativos.[122] Cada proprietário de token pode se inscrever no máximo em um sub-tribunal específico no qual ele tem um token ativado e, desta forma, eles são incentivados a se inscrever no sub-tribunal que trata das questões nas quais eles têm mais experiência.[123] Cada jurado é pago por seu trabalho e, portanto, tem interesse econômico em servir como jurado. Para poder votar, o jurado deve depositar um token denominado "PNK".[124] Quanto mais tokens um jurado



116 KLEROS, *supra* nota 111.

117 *Id.*; Ast, *supra* nota 113.

118 Clement Lesaege & Federico Ast, *Teaching with Technology White Paper* 1 (2018), https://kleros.io/assets/whitepaper.pdf.

119 *Id.* p. 7-8.

120 *Id.* p. 5.

121 *Id.* p. 10.

122 *Id.*

123 *Id.* Exigir que os jurados escolham entre sub-tribunais, os incentiva a selecionar os sub-tribunais para os quais eles são mais qualificados. Se eles fossem capazes de escolher quaisquer sub-tribunais, haveria a preocupação de que alguns escolhessem todos eles para maximizar suas honorários de árbitro a partir de seus tokens.

124 Lesaege & Ast, *supra* nota 116, p. 4.

depositar, maior será a probabilidade de ser selecionado como jurado.[125] O número de vezes que um jurado foi selecionado determina o número de votos que o jurado receberá, bem como o número de tokens que ele ganhará ou perderá com a redistribuição de tokens após a votação dos jurados (ganhar e perder é determinado via o voto, se o jurado votou com a maioria dos jurados ou não).[126] Visto que os jurados inativos não depositam tokens, eles não podem ser selecionados. Além disso, os tokens desempenham um papel crucial na prevenção de fraudes e tentativas de influenciar o resultado do caso.[127]

Cada contrato detalha as opções de voto para os jurados, bem como quais seriam as consequências operacionais do voto para cada uma das opções (transferência de fundos, etc.).[128] Os jurados recebem a evidência, avaliam e tomam uma decisão de acordo com as regras do tribunal específico em que o caso está sendo decidido (parâmetros como tempo para resolução, opções de voto e possibilidades de comunicação com as partes variam entre os tribunais).[129] Após avaliar as evidências, os jurados se comprometem a votar em uma das partes e devem justificar sua decisão. A votação é realizada por meio de um "*hash*" que contém o voto, "*salt*" (uma figura que aumenta a aleatoriedade) e um endereço Ethereum do jurado de modo a tornar o voto de cada jurado único e evitar fraudes entre eles.[130] Uma vez que os jurados tenham proferido uma decisão, eles não podem alterar seu voto; contudo a decisão deles, neste momento, ainda permanece oculta aos outros jurados. Depois que a votação termina, cada jurado revela seu voto e "*salt*", de modo que um contrato inteligente da Kleros verifica se isso realmente corresponde à maneira do voto daquele jurado.[131] Os jurados que não revelam seu voto

---

125 *Id.* p. 4, 9. Teoricamente, é possível que o mesmo jurado seja selecionado duas vezes para uma única disputa, mas tal cenário é altamente improvável.

126 *Id.* p. 5.

127 *Id.* at 8. As moedas protegem o sistema contra-ataques maliciosos e fornecem incentivos adequados para os jurados. Se os jurados fossem simplesmente sorteados aleatoriamente, uma parte maliciosa poderia criar um grande número de endereços a serem sorteados várias vezes por cada disputa. Além disso, o *pinakion* proporciona aos jurados um incentivo para votar honestamente, fazendo com que jurados incoerentes paguem parte de seu depósito de tokens a jurados coerentes.

128 *Id.* at 4.

129 Ast, *supra* nota 113.

130 Lesaege & Ast, *supra* nota 116, p. 6-7.

131 *Id.* p. 7.

são punidos duas vezes mais do que seriam por votar incoerentemente.[132] Somente depois que todos os jurados proferirem seus votos e sua votação for verificada é que os votos se tornarão transparentes para que os jurados não influenciem ou sejam influenciados por decisões de outros jurados.[133] Todos os votos são contados e o contrato inteligente será executado de acordo com a decisão que represente o maior número de votos.[134] Os tokens serão redistribuídos entre os jurados dependendo se eles votaram com a maioria ou não. O pressuposto é que quem não votou com a maioria inscreveu-se em um tribunal em que não tem experiência suficiente, uma vez que não avaliou as provas de maneira adequada ou não tentou chegar a uma decisão precisa (foi subornado).[135]

As partes podem apelar da decisão (várias vezes!); e cada vez o número de jurados será dobrado adicionado mais um. A parte que está apelando da decisão precisará depositar os recursos para cobrir a apelação. Uma vez que os custos crescem exponencialmente com o aumento no número de jurados, espera-se que isso iniba as partes de apelar repetidamente.[136] A decisão final é executada automaticamente como parte do contrato inteligente, assim como o pagamento do custo da arbitragem (pago pela parte perdedora).[137]

O Kleros oferece um procedimento de resolução de disputas baseado em direitos, que resulta em uma resolução binária e dicotômica a favor de uma parte contra a outra. O processo pelo qual tal resolução é alcançada é aquele que agrega os votos de uma grande multidão de jurados, que estão operando dentro de uma estrutura que visa garantir a integridade do processo de votação por meio de uma estrutura de incentivos simbólica e medidas adicionais. Como veremos, esses princípios moldam vários dos empreendimentos na esfera do ODR do



132 *Id.* p. 8-9.

133 Ast, *supra* note 113.

134 *Id.*

135 Veja em geral Lesaege & Ast, *supra* nota 116.

136 Além disso, há incentivos para que os jurados forneçam decisões fundamentadas de modo a inibir recursos. Ver *Id.* p. 8 (afirmando que "Se um veredicto for apelado, os jurados do nível apelado não são pagos (mas eles ainda são afetados pela disputa devido à redistribuição simbólica). Isto incentiva os jurados a darem explicações sobre suas decisões. Quando são dadas explicações adequadas, as partes têm menos chances de recorrer, pois têm mais chance de se convencer de que uma decisão é justa").

137 *Id.*

*blockchain*, isso porque – talvez – os elementos subjacentes a esta abordagem se assemelham a algumas das noções básicas que deram origem à tecnologia do *blockchain* – o desejo de uma tomada de decisão mais democrática e descentralizada, bem como a execução automática das decisões proferidas.

## 2. *Juris*

O Juris oferece um sistema de resolução de disputas de código aberto usando *blockchain* e tokens Juris (JRS).[138] O *framework* do Juris opera onde as partes adotaram o código Juris em seu contrato inteligente. Quando surge um conflito, as partes podem congelar o contrato e acessar o sistema através do painel Juris. As partes são encaminhadas a um processo de resolução de disputas de várias etapas, começando com "*SELF Mediation*": uma seleção de ferramentas, incluindo mediação, que pode ajudar as partes a chegar a um acordo consensual.[139]

Se as partes não conseguirem resolver a disputa por meio de processos consensuais, podem recorrer a um julgamento "SNAP" (Grupo de Árbitros Neutros Simples).[140] O SNAP é um procedimento através do qual as partes recebem um julgamento por jurados neutros que, de forma anônima, votam o caso.[141] O grupo de jurados também fornece uma breve opinião sobre o caso.[142] Após receber a decisão dos jurados, as partes podem retornar ao estágio SELF e chegar a um acordo consensual.[143] Durante essa fase, as partes têm um prazo para fornecer os detalhes necessários sobre o caso, após o qual o resumo do caso é enviado aos jurados com os tokens do JRS, para revisão.[144] Como parte de sua votação, os jurados devem fornecer uma de três justificativas, bem como um breve raciocínio de sua escolha.[145] Todos os julgamentos permanecem

138 *Teaching with Technology White Paper 27White Paper Version 2.0*, JURIS 3 (Sept. 18, 2018), disponível em: https://drive.google.com/file/d/1318klGEYL4g02VudL-C-BCnvpKujTnbF/view.

139 *Id.* p. 16-17.

140 *Id.* p. 17.

141 *Id.*

142 *Id.*

143 *Id.*

144 JURIS, *supra* nota 136, p. 30.

145 *Id.* p. 31.

ocultos até o prazo para apresentação. Após este período, as informações tornam-se públicas e se prossegue com uma discussão entre os jurados do SNAP e especialistas jurídicos, os quais participam ativamente fazendo perguntas, fornecendo informações e justificativas relevantes ao caso.[146] Após esta fase, outra votação ocorre, com os jurados justificando seus votos e apresentando seus argumentos.[147] Em sequência à votação, os especialistas jurídicos são designados a um grupo de consenso e cada grupo forma uma espécie de "opinião final". Essas opiniões são repassadas às partes, que podem se valer dela no retorno das ferramentas consensuais.[148]

Finalmente, a fase de julgamento do PANEL (Acordo de Preferência para Litígio de Peritos Neutros) vinculativa é destinada a disputas complexas que requerem a contribuição dos jurados mais experientes (Juristas importantes) ou para aquelas disputas em que as partes gostariam de chegar a uma decisão legalmente vinculativa sob a Convenção de N.Y.[149] Embora esta via seja mais onerosa do que o SNAP, ela pode fornecer às partes uma sentença que não só é legalmente vinculativa, mas que também pode ser executada em todo o mundo. Todos os materiais da fase SNAP estarão disponíveis para os juristas nesta fase e os julgadores podem solicitar informações adicionais antes de proferir sua decisão. A decisão deve ser tomada no prazo de trinta dias e, uma vez proferida, o contrato inteligente entre as partes será rescindido e a sentença será executada de forma automática.[150]

O sistema envolve jurados de três níveis – juristas importantes, juristas com boa reputação e juristas novatos.[151] Os juristas importantes são árbitros profissionais com experiência na plataforma. Eles decidem os casos mais longos, que são os mais gratificantes. Os juristas com boa reputação são aqueles que contribuem como jurados nas plataformas e podem votar em casos SNAP. Eles podem avançar para o posto de jurista importante ao obter avaliações mais altas. Os juristas novatos são usuários novos que podem participar de discussões e avaliar o SNAP, mas

146 *Id.*
147 *Id.*
148 *Id.* p. 16-17.
149 *Id.* p. 33.
150 JURIS, *supra* nota 136, p. 34.
151 *Id.* p. 18.

não podem decidir casos. A Juris possui um sistema de reputação para jurados, que avalia a qualidade de sua tomada de decisão.[152]

O Juris, como podemos ver, emprega o voto simbólico do jurado, mas também deixa espaço para ferramentas consensuais de resolução de disputas entre partes, de modo a estruturar um sistema de resolução escalonado que resulta, em última análise, em uma sentença juridicamente vinculativa e executável.

## *3. Jur*

O mecanismo de resolução de disputas do Jur tem como premissa a criação de um sistema de votação descentralizado que se baseia na sabedoria popular e na simbologia. Os usuários utilizam tokens para votar e são encorajados a alinhar seus votos com o que eles preveem que será a maioria dos votos.[153] Existem diferentes tipos de contratos inteligentes que podem ser usados, estruturando de forma diferente quem pode votar e como esse voto é estruturado.[154] A tecnologia do *blockchain* é usada para processar os votos e os tokens são usados para incentivar os eleitores a votarem de acordo com o que eles preveem que constituirá o voto majoritário.[155]

Assim, existem dois modos de votação para resolver disputas: votação aberta e fechada. Os votos abertos são empregados quando nenhum conhecimento é necessário. Em tal votação, todos os usuários portadores de tokens podem avaliar o caso e votar.[156] Os eleitores que votaram cedo o suficiente para gerar uma votação majoritária e os que votaram de acordo com essa opção majoritária receberão os tokens dos eleitores que estavam em minoria.[157] Os eleitores minoritários são sancionados ao perder seus tokens para os eleitores que previram a direção em que a maioria dos votos oscilaria.[158]

Como podemos ver, a estrutura de incentivos é tal que os eleitores racionais devem votar apenas quando seu nível de confiança em

152 *Id.* p. 41.
153 *Id.*
154 *Id.* p. 16.
155 *Id.* p. 8-9.
156 JURIS, *supra* nota 136, p. 15.
157 *Id.* p. 44.
158 *Id.*

sua capacidade de prever a maioria dos votos ultrapassar cinquenta por cento.[159] A votação é transparente e o Jur emprega vários mecanismos para garantir que tal transparência não frustre a estrutura de incentivos, como colocar um limite à diferença entre os votos da maioria e da minoria (em função da porcentagem de votos expressos).[160] Uma vez que os eleitores gostariam de ganhar tokens e evitar uma perda, espera-se que naqueles casos em que seja necessária expertise, apenas os eleitores que possuam tal experiência participem da votação.[161] Esta camada de votação não exige nenhuma taxa, mas o reclamante deve apresentar uma participação de um por cento ou mais do valor do contrato quando apresentar sua proposta de resolução.[162] Se o reclamante receber a maioria dos votos, a aposta será devolvida a ele (ou ela), que receberá um prêmio.[163] Se, por outro lado, o reclamante estiver em minoria, então sua participação na votação será perdida e repassada para a maioria dos eleitores.[164] Assim, presume-se que a estrutura de incentivos motive os eleitores a dar seu voto para promover uma resolução justa e razoável a custo zero.[165]

Os casos que são resolvidos em votação fechada ("close hub") são aqueles que exigem experiência e envolvem uma questão jurídica.[166] O "hub" é um ambiente fechado no qual apenas os detentores de tokens JUR com conhecimentos ou qualificações especiais podem votar.[167] Um administrador configura o "hub" e determina o processo de votação preciso, incluindo o necessário número de votos.[168] Qualquer usuário pode criar um hub, no entanto é prerrogativa do reclamante usar a camada aberta ou um "hub" fechado para a resolução de sua disputa.[169] Somente eleitores com tokens armazenados em carteiras anexadas ao "hub" podem participar de uma votação em ambiente fechado.[170] A natureza fecha-

159 *Id.*
160 Id. p. 45.
161 Id. p. 60-61.
162 JURIS, *supra* nota 136, p. 45.
163 *Id.*
164 *Id.*
165 *Id.* p. 53.
166 *Id.* p. 21.
167 *Id.* p. 48.
168 JURIS, *supra* nota 136, p. 44.
169 *Id.* p. 48.
170 *Id.* p. 49.

da da configuração do "hub" e o menor número de participantes tornam os "hubs" mais vulneráveis à fraude, à manipulação ou à influência do poder concentrado do administrador. Desse modo, ele pode determinar um número máximo de tokens por participante e o número máximo de tokens de cada eleitor não pode exceder uma porção máxima do número total de tokens no hub.[171] Além disso, as regras colocam um limite ao valor do montante disputado em relação ao número de tokens que participam da votação, com a finalidade de garantir que o risco associado ao voto não exceda o valor do prêmio.[172]

Em resumo, por meio de sua confiança nas duas opções de votação simbólica adotadas pelas partes na disputa por meio de contratos inteligentes, o Jur acredita ser capaz de criar um "sistema de votação indestrutível,"[173] um sistema que é descentralizado, cujo resultado pode ser executado automaticamente sem a necessidade de recorrer aos tribunais.

### *4. Aragon*

O Aragon é pautado em mecanismos de resolução de disputas como meio de governança consensual de um aplicativo descentralizado. Os tokens ANT's do Aragon permitem que seus detentores votem no desenvolvimento do futuro do aplicativo, de modo a tornar a operação e a instalação de um Sistema descentralizado mais simples e harmonioso no *blockchain*.[174]

A ideia é que as partes depositem garantias para a execução do contrato e criem mecanismos para a resolução de litígios na forma de adjudicação digital.[175] O tribunal no ambiente do Aragon, assim como os tribunais nacionais, terá jurisdição sobre essas organizações que firmaram contratos inteligentes na plataforma Aragon.[176] As decisões anteriores serão inseridas em um arquivo e a expectativa é que, com o tempo, os

171 *Id.* p. 48.
172 *Id.*
173 *Id.* at 8.
174 ARAGON, https://aragon.org/ (visualizado em Abr. 16, 2019).
175 Ver JURIS, *supra* notea136.
176 *Id.*

jurados ganharão crédito por sua reputação e suas decisões se tornarão mais consistentes.[177]

Para se tornar um jurado, é necessário concordar com um código de conduta, que se refere às instâncias em que uma ou ambas as partes tentam influenciar o processo de votação.[178] Ao propor uma ação, os honorários a serem pagos pelo reclamante são arbitrados em função dos jurados que votam no caso.[179] O procedimento começa com as partes apresentando declarações e provas. Há uma fase em que a reclamação pode ser rejeitada imediatamente, ou em que os jurados podem decidir que o contrato deve ser atualizado, ou que a garantia deve ser realocada entre as partes, ou que a reclamação deve ser sinalizada para revisão posterior por uma ou mais das partes.[180] Estas decisões são alcançadas pela maioria dos votos dos jurados.[181] Caso pelo menos um jurado escolha a última opção, os jurados selecionados no tribunal de revisão analisarão a conduta dos jurados que não conduziram o caso a fim de verificar se houve alguma infração, verificando se os jurados falharam em denunciar uma ou mais das partes, ao contrário de suas obrigações.[182] O resultado da revisão pode ser uma conclusão de que o caso foi dirigido incorretamente, que o caso foi dirigido corretamente ou a reclamação foi rejeitada porque ambas as partes tentaram subornar os jurados, ou porque o caso foi corretamente conduzido e o caso será decidido em favor da parte que não tentou subornar os jurados.[183] Se os jurados não indicarem as partes que tentaram suborná-los, eles perderão sua reputação.[184] As partes podem recorrer, mas, para cada recurso, o peso geral da reputação dos jurados deverá ser duplicado.[185]

Aqui, como em outros casos, os jurados votam em um sistema com diversos tokens que incorporam várias estruturas de incentivo para garantir que o processo de votação seja justo. O Aragon também envia uma

177 *Id.*
178 *Id.*
179 *Id.*
180 *Id.*
181 JURIS, *supra* nota 136.
182 *Id.*
183 *Id.*
184 *Id.*
185 *Id.*

mensagem clara aos jurados sobre o que se espera diante do código de conduta com o qual se comprometeram. Um mecanismo de execução que se baseia no dilema do prisioneiro atua junto ao código para levar os jurados a relatar tentativas de suborno pelas partes.

## 5. *Sagewise*

A Sagewise oferece uma infraestrutura tecnológica para lidar com disputas relacionadas a contratos inteligentes. A plataforma baseia-se na tecnologia *blockchain*, resolução de disputas e criptomoedas para oferecer um produto que impede a execução de um contrato inteligente com falhas (por exemplo, erro de codificação, problemas de segurança, um contrato que não reflete os desejos das partes) e permite o espaço para o procedimento de resolução de disputas.[186] O aplicativo pode ser utilizado em uma ampla variedade de contratos inteligentes, incluindo contratos de fornecimento, contratos financeiros, contratos relativos a ativos digitalizados e contratos de consumo.[187]

O mecanismo pelo qual o Sagewise é empregado é bastante direto. As partes são obrigadas a incluir em seu contrato inteligente o "SDK do Sagewise", uma cláusula contratual codificada que é equivalente à tradicional cláusula de resolução de disputas.[188] O SDK do Sagewise executa três funções importantes – ativa o processo de resolução de disputa, suspende a execução do contrato inteligente e, em última análise, permite a aplicação de qualquer resolução alcançada por meio da ferramenta de atualização do contrato.[189]

O Sagewise atua como um facilitador através do SDK, permitindo um atraso no contrato inteligente em torno de certas funções, bem como oportunizando que as partes se comuniquem por texto ou via e-mail para garantir que suas expectativas sejam atendidas.[190] Quando o contrato

---

186 James Sower, *Sagewise Pioneers Dispute Resolution for Smart Contracts*, ICO CROWD (Jul. 21, 2018), http://icocrowd.com/sagewise-pioneers-dispute-resolution-for-smart-contracts/.

187 JD Alois, *Sagewise Pitches Dispute Digital Resolution Protocol for Blockchain Based Smart Contracts*, CROWDFUND INSIDER (Fev. 19, 2018), https://www.crowdfundinsider.com/2018/02/128595-sagewise-pitches-dispute-digital-resolution-protocol-blockchain-based-smart-contracts/.

188 JURIS, *supra* nota 136, p. 3.

189 *Id.*

190 *Id.*

é gerado, podem ser criados períodos bloqueadores por tempo (às vezes chamados de "caminho de solavancos"), que são elaborados através de atividades-chave ("pontos-chave do código"), de modo a permitir que as partes verifiquem o código e seu impacto.[191] Uma camada adicional de proteção é oferecida para os casos em que surge uma disputa inesperada em relação a erro de codificação ou algum outro imprevisto e permite suspender contrato inteligente.[192] Uma combinação de suspensão do contrato, bloqueios de tempo e alertas que notificam os usuários da execução contínua do contrato permite que as partes impeçam sua execução antes da ocorrência iminente de inadimplemento.[193]

Além de suspender o contrato inteligente, o Sagewise permite que as partes alterem o contrato e resolvam a disputa por meio de um processo de resolução conduzido por meio de um contrato inteligente. Ao pressionar o botão SDK no aplicativo móvel, as partes podem ativar um processo de resolução de disputas.[194] Como primeiro passo, as partes têm a oportunidade de resolver a disputa por conta própria, alterando o código, os termos do contrato e demais elementos. Essa interação ocorre enquanto a execução do contrato inteligente for colocada em espera e, se eles forem bem-sucedidos, podem alterar o contrato e prosseguir com sua execução.[195] Caso contrário, o contrato inteligente passará para a próxima fase envolvendo um facilitador humano enquanto terceiro especializado a fim de proceder na escolha de um meio de resolução de disputas entre os oferecidos pelo Sagewise.[196] Esta fase envolve o pagamento com tokens Sagewise pelo reclamante. A Sagewise não fornece serviços de resolução de disputas, servindo como um portal para o que será no futuro um mercado de provedores de ODR.[197] As partes podem concordar com antecedência sobre um provedor específico, e também podem alterar sua seleção inicial, para exemplo, caso tal provedor não esteja mais ativo. O



191 *ConsenSys/Smart-Contract-Best-Practices*, GITHUB, github.com/ConsenSys/smart-contract-best practices/search?utf8=%E2%9C%93&q=speed%2Bbumps&type= (visualizado em Fev. 24, 2019).

192 JURIS, *supra* nota 136, p. 13.

193 *Legal Business Infrastructure for Blockchain & Smart Contracts (All Verticals)*, SAGEWISE, https://www.sagewise.io/use-cases/ (visualizado em Abr. 16, 2019).

194 JURIS, *supra* nota 136, p. 4.

195 *Id.* p. 12.

196 *Id.* p. 20.

197 *Id.* p. 2.

provedor de resolução de disputas também pode rejeitar a propositura de determinada disputa sob certas circunstâncias. Caso aceite a disputa, esse provedor recebe o controle total sobre o contrato inteligente e, por consequência, a resolução é alcançada por meio do provedor, que pode ser otimizada e perfeitamente aplicada por meio da criação de um novo contrato inteligente.[198] Para desfrutar de acesso contínuo e controle sobre os contratos inteligentes no Sagewise, os provedores de resolução de conflitos deverão efetivar o depósito de tokens na plataforma Sagewise.[199]

As várias etapas para resolução de disputas podem ser definidas pelos parâmetros no SDK, senão o padrão do site prevalecerá. Esses parâmetros incluem "Resolution-ServiceID", que define o provedor utilizado para a resolução do conflito, escolhe a lei aplicável ao caso, o procedimento, o idioma e assim por diante.[200] O "Self Dispute Resolution Enabled" afirma que as partes podem resolver o conflito por conta própria no âmbito do contrato.[201] O parâmetro "Argument Voting Time out" determina o período de tempo após o qual uma parte será considerada omissa em relação à decisão.[202] E, por fim, o parâmetro "Count Activation Threshold" define os critérios para ativar a função de resolução de disputas.[203]

Em conclusão, o Sagewise reconheceu a necessidade de efetiva resolução e prevenção de disputas no cenário do *blockchain*, ao passo que desenvolveu a infraestrutura técnica para atingir esse objetivo. Em seu artigo, Sagewise prevê um futuro no qual poderá ocorrer a expansão além de fornecer instrumentos para a resolução de disputas ao domínio da regulamentação, de modo que orientará a comunidade de criptomoedas na estruturação de suas transações financeiras.

## *6. Mattereum*

Mattereum é uma empresa de contratos inteligentes cuja missão é permitir que esses contratos cubram ativos físicos ao colocar "ativos do

198 *Id.* p. 22.
199 *Id.*
200 JURIS, *supra* nota 136, p. 15.
201 *Id.*
202 *Id.*
203 *Id.*

mundo real na cadeia".[204] Para esse fim, a Mattereum desenvolveu a ferramenta de "custódia automatizada" – o proprietário e registrador legal de um ativo no mundo real.[205] A empresa também incorpora um processo de resolução de disputas com base no uso da arbitragem fora da cadeia, uma vez que conta com o auxílio de árbitros externos independentes.[206] A Mattereum cria uma variedade de contratos legais e correspondentes aos contratos inteligentes, de modo a facilitar transações jurídicas comuns, como a venda, o leilão e o arrendamento de propriedade física, bem como o licenciamento de propriedade intelectual.[207] As partes criam um "contrato ricardiano", que permite a análise e performance digital pela máquina e usa criptografia para registrar as evidências do acordo contratual.[208]

Se surgir uma disputa, as partes podem recorrer à arbitragem, que é conduzida por um órgão externo independente.[209] As partes podem escolher os árbitros entre as opções fornecidas a eles ou, se não concordarem, um será atribuído a eles.[210] Os custos da arbitragem estão incluídos na taxa paga como parte da auditoria dos contratos da Mattereum, que é realizada para localizar falhas, áreas de ambiguidade e outros problemas potenciais.[211] Nesse sentido, a Mattereum não oferece apenas serviços de resolução de conflitos *ex-post*, mas também se envolve em esforços ativos *ex-ante* na prevenção de disputas.

Por vários motivos o escopo de operação do Mattereum é diferente de outras entidades que operam no domínio envolvendo *blockchain* e ODR. Primeiro, ela tenta usar o *blockchain* para ativos fora da cadeia, uma tarefa ambiciosa que expande o escopo de disputas que poderiam ser tratadas através de ODR para o *blockchain*, da mesma forma que a distinção *off-line-on-line* se tornou menos relevante para ODR em outros contextos. Em segundo lugar, a Mattereum opta pela arbitragem

204 Vinay Gupta *et al.*, *Smart Contracts. Real Property.* 2-3 (Mattereum, Working Paper), https://mat- tereum.com/upload/iblock/af8/mattereum_workingpaper.pdf.

205 *Id.* p. 2.

206 *Id.* p. 20.

207 *Id.* p. 16.

208 *Id.* p. 9.

209 *Id.* p. 20.

210 Gupta *et al.*, *supra* nota 202, p. 20.

211 *Id.* p. 39.

tradicional em oposição à votação do júri coletiva. Embora essa escolha possa ter suas vantagens, ela também abre questões sobre a capacidade de dimensionar e lidar com disputas em massa no futuro.

## *7. RHUbarb*

O RHUbarb usa contratos inteligentes e tokens RHY para melhorar o acesso à justiça e novas formas democráticas de resolução de disputas.[212] O RHUbarb tem experiência na área de resolução de disputas por meio de seu envolvimento com PeopleClaim, um grande provedor de ODR que se concentra no uso de tecnologia para melhorar a operação dos mecanismos de resolução de disputas e aumentar o acesso à justiça.[213] O PeopleClaim tem uma grande comunidade de usuários, permitindo que as pessoas enviem reivindicações e façam com que a comunidade as resolva com base no conhecimento popular.[214] O processo é público e as partes podem convidar especialistas (por exemplo, advogados, médicos) da comunidade para oferecer feedback sobre o caso.[215]

O mecanismo RHUbarb possui várias camadas. Uma possibilidade é conduzir "veredictos das pesquisas".[216] A realização de pesquisas é um meio rápido, barato e democrático de se chegar a decisões baseadas em um amplo consenso. Os jurados cujo voto foi minoritário perderão seus tokens.[217] Os resultados da votação podem servir como uma decisão arbitral vinculativa, se as partes escolheram esta opção com antecedência.[218] Senão, os resultados da votação podem ajudar nos esforços de negociação ou mediação entre as partes, ou ser submetido à opinião de especialista no tribunal ou na arbitragem.[219] Existem também "processos

212 "*Our Story*", RHUBARB, https://www.rhucoin.com/our-story.aspx (visualizado em Abr. 16, 2019).

213 *Id.*

214 *Id.*

215 PeopleClaim já ajudou mais de 60.000 empresas e consumidores a resolver disputas *on-line* com o envolvimento de vários milhares de profissionais do direito, especialistas do setor e consumidores que ajudam a resolver disputas em seu site. *Id.*

216 *Rhubarb Fund ICO—Pre-Sale White Paper*, ICO CROWD 2, 8 (2018), https://www.rhucoin.co m/Rhubarb-Fund-ICO-Overview.pdf.

217 *Id.*

218 *Id.* p. 9.

219 *Id.*

de autofinanciamento" em que os jurados são recompensados por propor uma solução que as partes não conceberam, mas aderiram ao final.[220]

Conforme acima exposto, o empreendimento se beneficia de seu relacionamento com a PeopleClaim, que tem experiência na administração de uma plataforma de ODR e na resolução de disputas *on-line*. Assim, com a introdução de RHY no People Claim, os incentivos são aprimorados para que os jurados colaborem e inovem ao propor soluções criativas.[221] O RHUbarb é interessante porque se conecta a processos ODR fora do ambiente do *blockchain* e examina as maneiras pelas quais a tecnologia do *blockchain* pode aprimorar os esforços nestas resoluções que já estão ocorrendo via *on-line* em vários contextos, haja vista sua capacidade de atrair jurados e de fornecer incentivos para uma votação justa por meio de tokens e outros meios. Como Sagewise e outros, também se reconhece a necessidade de procedimentos consensuais para operar junto aos tradicionais, baseados em decisões, para além do potencial voto dos jurados, de modo que auxilia na geração de resultados criativos que se estendam para além do paradigma "ganhar ou perder".

## *8. Júri Online*

O Júri Online é uma plataforma que é especializada em ofertas iniciais de moedas (ICOs), reunindo projetos e investidores e lhes permitindo realizar transações por meio de contratos inteligentes.[222] Cada projeto contém um roteiro detalhado com etapas e cronogramas definidos. Os fundos de investimento e os tokens são mantidos em custódia e são liberados para as partes quando as etapas são cumpridas.[223] Após cada etapa ser concluída, há um período de três dias durante o qual as partes podem alegar existir uma disputa em relação a tal etapa.[224] Se uma disputa surgir quanto à transação, cada parte pode recorrer a um árbitro que seja um especialista na área e é selecionado um terceiro aleatoriamente para resolverem seu mal-entendido.[225]



220 *Id.*

221 *Id.* p. 12.

222 JURY.ONLINE 2 (2019), https://about.jury.online/images/jury_online_yellow_paper.pdf.

223 *Id.* p. 12.

224 *Id.* p. 3-4.

225 *Id.* p. 5.

Existem algumas regras que orientam esse processo. Primeiro, apenas um investidor com tokens do Júri Online pode iniciar uma reclamação. Essa reclamação só pode ser proposta durante o período de tempo criado – o período de três dias após ser concluída a etapa. A primeira disputa é resolvida gratuitamente para o investidor.[226] Para a resolução adicional de disputa, há uma taxa que pode ser paga usando os tokens depositados antecipadamente com a finalidade de cobrir esses custos.[227] Caso uma disputa não surja, os fundos são devolvidos na consumação da transação.[228]

Diante do arquivamento de uma disputa, as partes têm algum tempo para fazer reivindicações e assim os materiais são enviados anonimamente a um grupo de árbitros aleatórios, que decidem o caso por maioria de votos dentro de um determinado período de tempo.[229] As partes podem substituir o grupo desconhecido de aleatórios jurados pela seleção de um único árbitro.[230] Todas as decisões estão sujeitas a recurso.[231]

Cada um dos árbitros profere uma decisão a favor do operador ou do investidor, sem ser exposto às decisões dos demais árbitros (para não ser influenciado pela maioria), e a criptografia é utilizada para evitar o conluio dos árbitros.[232] Há a avaliação de cada decisão proferida pelos árbitros.[233]

Aqui, como em alguns dos outros projetos, o ODR *blockchain* é usado no contexto do *blockchain*, nesse caso, ICO's. O método de resolução de disputas se pauta pelos jurados que se comunicam de forma coletiva ou pela arbitragem tradicional por escolha das partes. A plataforma emprega uma combinação de incentivos e ferramentas estruturais destinadas a garantir a integridade da votação dos jurados e a implementação das soluções sem perturbações.

---

226 *Id.* p. 7.

227 *Id.*

228 JURY.ONLINE, *supra* nota 220, p. 7.

229 *Id.* p. 6.

230 *Id.*

231 *Id.* p. 2.

232 *Id.* p. 3.

233 *Id.* p. 6 (afirmando que "uma vez que os juízes são avaliados nos julgamentos que proferem e são recompensados por suas ações, o componente econômico e de avaliação motiva e força os juízes a investigar e a resolver disputas de forma justa e correta, em vez de proferir seus veredictos de forma aleatória").

## *9. ECAF*

A ECAF significa fórum de resolução de disputas e arbitragem sobre EOS, que é um protocolo do *blockchain* operado pela criptomoeda EOS.[234] O fórum foi criado como um serviço interno de resolução de disputas para a comunidade. Qualquer membro da comunidade pode enviar uma reclamação por meio de uma mensagem eletrônica.[235] As reclamações podem estar relacionadas aos bugs no contrato inteligente, a invasão de um contrato ricardiano ou a qualquer outro golpe.[236] O reclamante também deve especificar qual a solução desejada, como a suspensão do contrato ou a suspensão da conta ou cancelar os tokens EOS.[237] A parte pode solicitar uma medida emergencial de proteção durante a arbitragem.[238]

Em termos de árbitros, a prática padrão é a nomeação de um único árbitro por caso.[239] Os Recursos e casos principais são ouvidos por um painel de três árbitros.[240] Eles devem ser independentes e sem conflito de interesses. Quando o conflito de interesse surge durante a tramitação do caso, o árbitro deve se retirar. Eles também são obrigados a equilibrar o poder entre as partes, permitir que cada lado apresente seus argumentos e responda à contraparte, bem como a conduzir um processo justo e eficiente e a documentar todas as comunicações no caso.[241] Dentro desses parâmetros, o árbitro tem poderes significativos para decidir sobre a estrutura da arbitragem. Em certos casos, como quando a disputa envolve uma parte que não faz parte da comunidade ou está envolvida no contrato, a autoridade de um tribunal externo é considerada.[242] As partes são encorajadas a não serem representadas durante o procedimento.[243] As regras determinam quais informações relativas ao caso devem se tornar públicas, contudo, há exceções, principalmente ao se



234 *Dispute Resolution & Arbitration*, EOS ALL., https://eosalliance.io/dispute-resolution-arbitration/ (visualizado em Abr. 16, 2019).

235 *ECAF Rules of Dispute Resolution*, *supra* nota 90.

236 *Id.*

237 *Id.*

238 *Id.*

239 *Id.*

240 *Id.*

241 *Id.*

242 *Id.*

243 *Id.*

considerar a privacidade do usuário.[244] A decisão inclui várias soluções como o cancelamento dos tokens, a suspensão de uma conta, a remoção temporária ou definitiva da comunidade, a apresentação de relatórios a órgãos externos, dentre outros.[245] A decisão é final, mas em alguns casos extremos é possível recorrer.[246]

A importância do sistema de arbitragem EOS deriva do fato de ser um fórum interno de ODR que conseguiu atrair um número impressionante de reclamações. No entanto, no momento em que este artigo foi escrito, o futuro do ECAF parecia incerto. Nos últimos meses, a ECAF enfrentou desafios significativos em relação à sua legitimidade.[247] Esta crise surgiu devido a várias decisões tomadas por árbitros voluntários da ECAF a fim de evitar a transferência de criptomoedas no EOS.[248] Uma vez que os árbitros emitiram essas decisões sem raciocínio, toda a operação do órgão arbitral foi considerada não transparente e ilegítima.[249] Em uma tentativa de reconquistar a legitimidade, um dos líderes da EOS abordou Amy Wan, cofundadora da Sagewise, para projetar um sistema alternativo.[250] Wan criou um grupo de trabalho diversificado, que incluía Colin Rule (fundador do sistema eBay ODR) e outros que propuseram um esquema de resolução de disputas que seria compatível com os valores liberais atribuídos aos membros da comunidade EOS.[251] Infelizmente, até o momento, não houve nenhum compromisso de financiar tal projeto e há atualmente um movimento dentro da comunidade EOS para acabar com o ECAF por completo.[252] Resta saber se a ECAF consegue recuperar a legitimidade e manter o seu papel como órgão interno de resolução de litígios da EOS.

## *10. Resumo provisório*

Os projetos de ODR baseados em *blockchain* que foram desenvolvidos nos últimos dois anos reconhecem a necessidade de vias de

244 *Id.*

245 *Id.*

246 *ECAF Rules of Dispute Resolution*, *supra* nota 90.

247 Amy Wan Lecture, Blockchain and Dispute Resolution, University of Haifa (via Videoconferência), Abril 3, 2019.

248 *Id.*

249 *Id.*

250 *Id.*

251 *Id.*

252 *Id.* Ver também https://eosauthority.com/polls_details?proposal=decaf_20190111&lnc=en (visualizado em Abril 19, 2019).

resolução de disputas no *blockchain*, bem como o potencial do ambiente do *blockchain* para servir exclusivamente aos valores e aos objetivos de resolução de disputas, como a tomada de decisão democrática e a execução automática das decisões. Muitas dessas soluções são baseadas em percepções da teoria dos jogos e em uma suposição de racionalidade, as quais devemos ainda verificar como se traduzem no ambiente de resolução de disputas, que é repleto de vieses cognitivos e heurísticos. Além disso, muitos desses projetos exigem adoção no contrato inteligente de forma ativa, pois regem as transações das partes antes do advento de um conflito. Surge então a questão: quem motivará as partes a adotar tais contratos, e quem são os intermediários no ambiente do *blockchain* descentralizado, que poderiam promover essas etapas? Uma solução é a adotada pela EOS por meio da criação de um sistema interno. Mas e aqueles que oferecem ODR externamente?

Outras questões estão relacionadas à natureza dos serviços de resolução de disputas previstos. A maioria desses projetos de ODR depende da votação dos jurados e, em alguns casos, da tradicional arbitragem humana. Até que ponto esses jurados e árbitros estarão disponíveis? Como esses esforços serão dimensionados, na medida em que há a expansão das transações via *blockchain*? O uso da "quarta parte" na forma de processos automatizados é atualmente bastante limitado, o que se tem certeza ao se comparar com projetos ODR em outros contextos.

A amplitude dos processos de resolução de disputas cobertos no *blockchain* também parece limitada, com poucos processos consensuais de resolução de disputa sendo empregados. Enquanto alguns empreendimentos, como Sagewise e Juris, oferecem um espectro mais amplo de procedimentos, desde os consensuais baseados em interesses até os processos judiciais pautados em direitos, a maioria dos projetos de ODR do *blockchain* não oferece.

## I. BARREIRAS DO *DISPUTE RESOLUTION* NO *BLOCKCHAIN*

O ODR foi bem-sucedido quando seu projeto atendeu a níveis adequados de confiança, experiência, conveniência e eficiência.[253] Caso um desses elementos não esteja presente, o sistema não será usado. O *Blockchain*

253 KATSH & RIFKIN, *supra* nota 14.

pode ter experiência embutida no software, mas, conforme indicado abaixo, no momento não há nada conveniente em usar o *blockchain*, e as promessas de proteções integradas e absolutas provaram ser falsas. Na verdade, enquanto este artigo estava em vias de conclusão, a última manchete de notícias sobre o *blockchain* afirmava que "uma vez saudados como impossível de hackear, os *blockchains* agora estão sendo hackeados."[254] Apesar da necessidade de abordar as disputas de forma sistemática neste contexto, a necessidade da ODR ainda não foi amplamente reconhecida e implementada. Nas seções a seguir, exploraremos alguns dos motivos pelos quais a disseminação do ODR no ambiente do *blockchain* foi atrasada.

### A. Barreiras Culturais

O *Blockchain* foi concebido em uma cultura que celebrava a desintermediação em nome da democratização e da dispersão do poder. Nesse ambiente, o foco está no grupo e não no indivíduo, conforme evidenciado pelos custos de hacks repetitivos e perdas de senhas; assim, ao promover o interesse e os ideais do grupo, é possível justificar o sacrifício de direitos e interesses individuais. Ademais, o fator humano e a noção de confiança são substituídos por uma forte crença na imutabilidade da tecnologia e no seu poder de prevenir problemas e disputas. A cultura da disputa no *blockchain* está, portanto, em tensão direta com os princípios do modelo de sistemas de disputa.

O modelo dos sistemas de disputa é a principal estrutura para analisar a cultura existente de resolução de conflitos em um determinado ambiente, bem como para pensar sobre as maneiras pelas quais os modelos alternativos poderiam criar diferentes culturas para tratar e prevenir conflitos. A uma, o pensamento atual sobre resolução de disputas é que o conflito é inevitável e uma parte integrante de qualquer interação humana.[255] Como vimos, o ambiente do *blockchain* apregoa a natureza imutável das transações eletrônicas conduzidas naquele espaço e tem como premissa a presunção de que os resultados são previsíveis e, por consequência, podem ser tratados com antecedência através de uma programação inteligente. Uma abordagem de modelo de sistemas de

---

254 Orcutt, *supra* nota 86.

255 Werbach, *supra* nota 11, p. 494.

disputa perceberia a crença dos entusiastas do *blockchain* na capacidade de superar conflitos por meio de tecnologia apropriada, entretanto mal-orientada. Em seu lugar, é necessário compreender que os problemas nunca podem ser totalmente evitados, uma vez que a realidade é complexa e os seres humanos são conectados por seus desentendimentos.

No cerne da resolução de disputas está o conceito de legitimidade, que tem como premissa a confiança - confiança no sistema, confiança no processo e confiança em sua justiça - e, desse modo, uma disposição para cumprir os resultados. No contexto do *blockchain*, por outro lado, existe a crença de que a confiança é gerada através da tecnologia, que estabelece um ambiente seguro o suficiente para que confiar em qualquer outra coisa, à exceção do próprio *blockchain*, seja desnecessário. Isso cria um problema quando a tecnologia falha no fornecimento, como o fez, de modo que a confiança é quebrada, mas nenhum mecanismo para restabelecê-la está disponível.

Para que processos de resolução de disputas sejam adotados, no entanto, é necessário que haja uma autoridade central que inicie sua adoção, acompanhe sua implementação e garanta que tais processos operem de maneira justa e eficaz.[256] Contudo, como vimos, a autoridade central é tipicamente desaprovada em um ambiente que aclama a descentralização e a queda dos intermediários nas transações.

Finalmente, na resolução de disputas, conhecer a identidade das partes em disputa é frequentemente importante para estabelecer confiança, para compreender o contexto da disputa e suas raízes, para conceber uma resolução apropriada e para assegurar uma execução eficaz. Ao mesmo tempo, o *blockchain* é atraente para muitos por causa da capacidade de permanecer anônimo enquanto garante a transação. Embora este não seja um desafio insuperável, ainda assim se apresenta como um desafio para o desenho de sistemas eficazes de resolução de disputas.

Essas tensões podem parecer inerentes, mas, como vimos na descrição da evolução do *blockchain*, existem de fato intermediários que podem tomar decisões de governança e administração, pois, entre eles, essas decisões têm a ver com esforços de resolução de disputas (desenvolvedores Bitcoin e Ethereum, carteiras e outros). Com o objetivo de



---

256 Aarni Heiskanen, *The Technology of Trust: How the Internet of Things and Blockchain Could Usher in a New Era of Construction Productivity*, 8 CONSTR. RES. & INNOVATION 66 (2017).

garantir a justiça e a eficácia de tais ações, eles devem ser guiados pelos princípios do modelo dos sistemas de disputa - garantindo a participação das partes interessadas, o avanço de diversos valores procedimentais conjuntamente à justiça substantiva e um compromisso com o aprendizado contínuo e com a melhoria do sistema de resolução de disputas.

## B. Barreiras Legais

Outro conjunto de barreiras diz respeito à esfera jurídica. Como um ambiente distribuído de rápida evolução que opera além das fronteiras nacionais, a configuração do *blockchain* provou ser um desafio para regular, assim como outras esferas de atividade *on-line* no passado. O Bitcoin e outras criptomoedas desafiaram, junto com ICOs, os reguladores nacionais, com respostas que vão desde tentativas de suplantar essas atividades até de usar tais ferramentas pelos próprios reguladores. Isso é ainda mais complicado pela natureza anônima e pseudônima de muitas dessas transações.

Em termos de resolução de conflitos, isso significa que a lei é ilusória, que os tribunais são inacessíveis e que, mesmo onde um tribunal estivesse disponível, não apenas os custos seriam proibitivos, mas a execução poderia ser uma causa perdida. Para a resolução alternativa de disputas, o estado nebuloso da lei neste domínio também apresenta um desafio, porque tais processos normalmente ocorrem à "sombra da lei" e muitas vezes dependem do sistema judicial para a aplicação das soluções alcançadas.

Anteriormente, com a regulamentação *on-line*, a experiência tem nos mostrado que, embora tais desenvolvimentos representem desafios significativos para a lei, é comum que os reguladores encontrem uma maneira de fazê-la quando desejarem. A decisão da SEC no caso da Ethereum é um exemplo no contexto do *blockchain*. Podemos esperar que a sofisticação dos reguladores nessa área aumente, pois à medida que a sombra da lei se torna mais branda, essa clareza servirá para aprimorar os esforços de introduzir ODR no *blockchain*. A ODR irá fornecer um meio mais acessível para lidar com disputas que os tribunais, mas poderá, em última instância, operar na sua sombra.

## C. Barreiras tecnológicas: estamos na década de 1990 novamente?

Em muitos aspectos, a história da Internet na década de 1990 se assemelha aos desenvolvimentos no ambiente do *blockchain* nos dias atuais. Ambos os contextos exibem forte desconfiança em relação à regulamentação e uma crença de que o novo ambiente será livre de disputas e fora do alcance do Estado e da Lei. Como afirmava um artigo amplamente divulgado, em 1996,

O ciberespaço mina radicalmente a relação entre fenômenos legalmente significativos (*on-line*) e a localização física. A ascensão da rede global de computadores está destruindo o vínculo entre a localização geográfica e: (1) o poder dos governos locais de exercer controle sobre o comportamento *on-line*; (2) os efeitos do comportamento *on-line* em indivíduos ou coisas; (3) a legitimidade dos esforços de um soberano local para fazer cumprir as regras aplicáveis aos fenômenos globais; e (4) a capacidade da localização física para notificar quais conjuntos de regras se aplicam. A Internet, destarte, subverte-se radicalmente a um sistema de criação de regras pautado em fronteiras entre espaços físicos, pelo menos no que diz respeito à alegação de que o ciberespaço deveria ser naturalmente governado por regras definidas territorialmente.[257]

Uma reivindicação recente, igualmente ambiciosa para o *blockchain*, afirmou que "a tecnologia *blockchain* está sendo percebida, pelos especialistas, como a próxima grande revolução depois da Internet. Além disso, é muito maior e magnífico que a própria internet. Tanto em termos das complexidades da tecnologia quanto da magnificência na mudança que ela promete trazer à forma como trabalhamos, vivemos e pensamos".[258]

Apesar dessas afirmações paralelas, existem diferenças claras entre o desenvolvimento da internet e o do *blockchain*. A internet foi inventada em 1969 e por mais de duas décadas teve um número limitado de usuários. Era necessário uma habilidade especial para dominar algo como e-mail e o público praticamente não sabia disso. Tal cenário mudou drasticamente no início da década de 1990, quando a combinação da rede mundial de computadores com os navegadores da Internet tornou o uso da Internet conveniente. Os provedores de serviços de Internet em meados da década de 1990 expandiram o acesso a qualquer pessoa e o

257 David. R. Johnson & David Post, *Law and Borders – The Rise of Law in Cyberspace*, FIRST MOND AY (2006), https://firstmonday.org/ojs/index.php/fm/article/view/1310/1230.

258 Apurba Chakraborty, *How Blockchain Promises to Heal Mankind's Chronic Pains*, MEDIUM (Dez. 25, 2018), https://medium.com/altcoin-magazine/how-blockchain-promises-to-fix-the-trust-defi-cit-in-todays-internet-economy-b210d931f163.

levantamento da proibição da atividade comercial *on-line* abriu a internet para a população em geral.

O uso do *blockchain* está sendo muito prejudicado pela falta de confiança e conveniência. Além dos inúmeros roubos, a linguagem usada para descrever o *blockchain* é, para não especialistas, difícil de entender. Há uma curva de aprendizado que obstam os usuários, empregando termos como *fork, nodes, proof of work, on-chain and off-chain, hash*, DAO, contratos inteligentes e até criptomoedas. Em outras palavras, o que permitiu é que a Internet, depois de 25 anos iniciais, expandisse-se rapidamente, está faltando em grande parte no ambiente do *blockchain*. Se isso for verdade, o *blockchain*, em 2019, é menos a internet dos anos 1990 e mais a internet dos anos 1970 e 1980.

Os desafios enfrentados pelo *blockchain* são, quase com certeza, solucionáveis. E há problemas a serem resolvidos. Existem muitas áreas em que o uso de registros e de segurança são ruins. Por exemplo, registros eletrônicos de saúde agora são amplamente usados, mas os erros estão frequentemente presentes.[259] Rastrear a fonte de alimentos contaminados ou a propagação de doenças geralmente é muitas vezes difícil.

Ora, ao vermos o *blockchain* do futuro como um banco de dados avançado e confiável que emprega as formas avançadas e confiáveis de resolução de disputas *on-line*, é provável que ocorra o crescimento acelerado da ferramenta.

259 Ethan Katsh *et al.*, *Is There an App for That? Electronic Health Records (EHRs) and a New Environment of Conflict Prevention and Resolution*, 74 L. & CONTEMP. PROBS 31 (2011).

# 3

# Aspectos probatórios do *Judicial Review* na Era do Estado Digital[1]

**Joe Tomlinson[2], Katy Sheridan[3] e Adam Harkens[4]**

*Traduzido por Clarice Souza Zaidan[5]*



## 1. INTRODUÇÃO

Pode-se pensar que o uso crescente da automação na administração pública contém as sementes de dois futuros distintos[6]. Um futuro é um estado mais eficiente, ágil e integrado, no qual os arranjos para a busca do interesse público, a garantia de direitos individuais e a proteção de direitos são otimizados. Outro futuro é aquele em que a automação

1 O artigo, originalmente escrito em inglês, foi publicado no *Public Law Journal*, com republicação e tradução autorizadas.

2 Professor titular de Direito Público, Universidade de York; Diretor de Pesquisa, Public Law Project. Somos particularmente gratos a Swee Leng Harris, Tom de la Mare QC, Jeremias Prassl, Paul Bowen QC, Bijan Hoshi, Jennifer Cobbe, Anne Carter, Crofton Black, Christopher Knight, Jack Maxwell e Lawrence McNamara por várias discussões úteis sobre diferentes elementos deste artigo. Também expressamos nosso agradecimento ao Instituto Bonavero de Direitos Humanos por apoiar um programa que auxiliou no desenvolvimento deste trabalho.

3 Parceira de pesquisa do Instituto Bonavero, Public Law Project (2018).

4 Pesquisador Associado, Escola de Direito de Birmingham, Universidade de Birmingham.

5 Mestranda em Direito pela Universidade Federal de Minas Gerais. Membro do grupo Observatório do Judiciário da Universidade Federal de Minas Gerais. Advogada. zaidanclarice@gmail.com.

6 SALES, Lord. Algorithms, Artificial Intelligence and the Law. Londres: The Sir Henry Brooke Lecture, 2019.

reproduz, fortalece e perpetua problemas sociais existentes, tais como a discriminação e a desigualdade – subtraindo ainda mais as esferas de privacidade dos indivíduos e correndo-se o risco de que a "inovação" produza uma forma de governo menos humana. A realidade é, obviamente, muito mais confusa do que dois caminhos divergentes. A administração digital, assim como com a administração em geral, envolve compensações complexas[7]. As políticas e motivações que enquadram o desenvolvimento rumo à automatização são importantes, mas também são relevantes os aspectos mais rotineiros e técnicos da forma de implementar essa automação. A administração automatizada está rapidamente se tornando uma realidade complexa em muitos Estados, incluindo o Reino Unido, e as primeiras evidências estão fazendo soar alarmes de que os contrapontos encontrados são problemáticos. Em um relatório recente, o Relator Especial da ONU sobre Pobreza Extrema, Professor Philip Alston, observou que, apesar das "irresistíveis atrações para os governos" usarem as tecnologias automatizadas, há "um grave risco de se tropeçar como um zumbi em uma distopia de bem-estar digital"[8].

Esses acontecimentos forçam os advogados públicos a entrar em ação[9]. Embora exista uma ampla gama de questões que requerem a análise do direito público neste contexto, a questão fundamental está em saber se os mecanismos para fazer cumprir as normas de direito público – que desempenham a função essencial de alocar e restringir o poder – continuarão a ser eficazes na era do estado digital. Este artigo considera uma fundamental manifestação institucional dessa questão: como os erros de direito público em sistemas de tomada de decisão automatizada são provados no procedimento do *judicial review*. O avanço do conhecimento e das análises nessa área que, aparentemente, pertence a um nicho, vai ao cerne do desafio de

7 Mashaw, Jerry L. Bureaucratic Justice: Managing Social Security Disability Claims. New Haven: Yale University Press, 1983.

8 ORGANIZAÇÃO DAS NAÇÕES UNIDAS. Relatório do Relator Especial em pobreza extrema e direitos humanos. 2019. Disponível em: https://undocs.org/pdf?symbol=en/A/74/493 Acesso em: 11 mar. 2021.

9 TOMLINSON, Joe. Justice in the Digital State: Assessing the Next Revolution in Administrative Justice. Bristol: Bristol University Press, 2019. Na administração digital em geral, ver: HOOD, Christopher. MARGETTS, Helen. The Tools of Government in the Digital Age. Londres: Palgrave Macmillan, 2007; DUNLEAVY, Patrick. MARGETTS, Helen. BASTOW, Simon. *et al.* Digital Era Governance: It Corporations, the State, and e-Government. Oxforde: Oxford University Press, 2008; NOVECK, Beth Simone. Wiki Government: How Technology Can Make Government Better. Washington: Brookings Institute Press, 2009.

garantir que as normas de direito público mantenham sua força em sistemas de tomada de decisão automatizada: sem uma exposição sólida, partes desses sistemas automatizados poderiam ser praticamente imunes ao *judicial review* devido à ausência de mecanismos efetivos para sua aplicação[10].

Nossa análise do papel das provas nos desafios envolvendo a automatização da tomada de decisões - com base no modo pelo qual esses sistemas operam e na nossa compreensão de como as provas funcionam em casos convencionais do *judicial review* - sugere que esta nova forma de tomada de decisão administrativa terá uma série de impactos no que diz respeito às provas no *judicial review* contemporâneo. Identificamos sete desses impactos: (1) os desafios da tomada de decisão automatizada darão maior ênfase a algumas provas, principalmente aquelas relacionadas ao próprio *design* do processo; (2) os litigantes recorrerão a novas técnicas de apuração dos fatos; (3) os litigantes também serão forçados a confiar mais fortemente nas vias legais, contidas, principalmente, na Lei de Proteção de Dados, para obter acesso às informações sobre os sistemas de tomada de decisão automatizada; (4) a capacidade dos princípios convencionais de direito público para forçar a divulgação de dados sobre a operação dos sistemas tomada de decisão automatizada será testada; (5) haverá maior dependência dos especialistas (por exemplo, especialistas em dados e ciência da computação), juntamente com a democratização do conhecimento técnico básico dentro da comunidade jurídica;

10 Litígios como esses passaram a ser observados ao redor do mundo. Sobre o tema, ver, por exemplo: RICHARDSON, Rashida. SHULTZ, Jason M. SOUTHERLAND, Vincent M. Litigating Algorithms 2019 US Report: New Challenges to Government Use of Algorithmic Decision Systems. Nova York: AI Now, 2019. Disponível em: <https://ainowinstitute.org/litigatingalgorithms-2019-us.pdf>. Acesso em: 13 mar. 2021. Ainda: ZALNIERIUTE, Monika. MOSES, Lyria B. WILLIAMS, George. The Rule of Law and Automation of Government Decision⊠Making. 3ª ed. v. 82. Londres: Modern Law Review, 2019. Há uma crescente literatura sobre as relações entre automatização e direito público. Sobre o tema, ver, por exemplo: SUEUR, Andrew Le. Robot government: automated decision-making and its implications for parliament. In. SUEUR, Andrew Le. HORNE, Alexander. Parliament: Legislation and Accountability. Oxforde: Hart Publishing, 2016; COGLIANESE, Cary. LEHR, David. Regulating by robot: administrative decision making in the machine-learning era. Georgetown Law Journal, Washington, v. 105, 1147, 2017; OSWALD, Marion. Algorithm-assisted decision-making in the public sector: framing the issues using administrative law rules governing discretionary power. Philosophical Transactions of the Royal Society, Londres, v. 376, 2128, 2018; COBE, Jennifer. Administrative Law and the Machines of Government: Judicial Review of Automated Public-Sector Decision-Making. Legal Studies, Birmingham, v. 636, 2019; e HARLOW, Carol. RAWLINGS, Richard. Proceduralism and Automation: Challenges to the Values of Administrative Law. In. FISHER, Elizabeth. KING, Jeff. YOUNG, Alison. (org.) The Foundations and Future of Public Law. Oxforde: Oxford University Press, 2020.

(6) a definição do ônus e do padrão probatório relevante para os sistemas de tomada de decisão automatizada exigirá maior elaboração, e há bons argumentos para entender que uma abordagem personalizada deve ser desenvolvida nesse contexto; e (7) é improvável que alguns elementos do procedimento do *judicial review*, sem emenda ou flexibilização, terão aplicação prática em um contexto de tomada de decisão automatizada, o que significa que crescem as chances de uma revisão mais ampla do próprio procedimento legal do *judicial review*.

Essas conclusões, e nossa exploração do papel da prova no contexto dos desafios da tomada de decisão automatizada de maneira geral, também servem para revelar como o pensamento jurídico, atualmente, está operando de modo deficiente em relação ao papel das provas. O papel convencional das provas no *judicial review*, encontrado tanto na literatura acadêmica quanto em textos práticos, não é mais confiável. A necessidade de responder à tomada de decisão automatizada, portanto, é um excelente exemplo do motivo pelo qual existe uma demanda – muito similar àquela há muito reconhecida pelos estudiosos que se preocupam com o direito penal e outras áreas que possuem significativa atividade contenciosa – para desenvolver um campo geral relacionado com o direito, a prática e os princípios probatórios no *judicial review*. Nesse sentido, nossa análise mostra como os avanços digitais continuam a expor as fragilidades e limitações de nosso atual entendimento jurídico sobre o tema.

A discussão neste artigo é apresentada em três partes. A primeira parte explica por que os sistemas de tomada de decisão automatizada apresentam dificuldades particulares em termos de comprovação de erros, diferenciando os tipos de opacidade observados em tais sistemas. A segunda parte examina o entendimento atual do papel da prova no *judicial review* e considera que esses estudos se encontram em condição insatisfatória, desconectados da realidade do litígio e da atividade contenciosa. A parte final do artigo identifica os sete impactos principais da tomada de decisão automatizada no que diz respeito ao atual papel das provas na atividade do *judicial review*.

É importante, primeiramente, explicar o importante papel do *judicial review* no contexto mais amplo da "regulamentação algorítmica"[11].

11 YEUNG, Karen. LODGE, Martins (orgs). Algorithmic Regulation. Oxforde: Oxford University Press, 2019.

Muito do debate atual sobre o uso da tomada de decisão automatizada, tanto no setor público como em outros contextos, concentra-se no *design* de processos de tomada de decisão automatizada que sejam justos, sem considerar esses desenhos no ambiente contencioso ou em outros sistemas de reparação[12]. Isso é totalmente apropriado. O litígio, apesar de suas virtudes, figura como o último recurso e possui muitas limitações conhecidas[13]. O *judicial review* não é, geralmente, configurado para ser um espaço de formulação de políticas, mas serve, sim, para julgar disputas[14]. Comparativamente, é mais desejável acertar os *designs* administrativos e as decisões do ponto de vista legal do que levar aos Tribunais as disputas envolvendo algum aspecto da tomada de decisão automatizada.

No entanto, a relação entre o *judicial review* e a tomada de decisão automatizada continua tendo grande importância, até porque o *judicial review* serve como um guarda-costas da legalidade e, sem dúvida, aparecerão erros com alguma frequência, especialmente durante um período de inovação digital. O *judicial review* não serve como solução mágica para os problemas que a tomada de decisão gera, mas será um elemento essencial da eficaz regulamentação de novas tecnologias no setor público.

## 2. O PROBLEMA DAS PROVAS NOS PROCEDIMENTOS DE *JUDICIAL REVIEW* ENVOLVENDO OS SISTEMAS DE TOMADA DE DECISÃO AUTOMATIZADA

Por que as provas no *judicial review* envolvendo os sistemas de tomada de decisão automatizada são dignas de atenção por parte dos advogados? A resposta a esta questão reside na dificuldade em evidenciar erros de direito em sistemas de tomada de decisão automatizada, que, por sua vez, são mais opacos do que os processos tradicionais de tomada de decisão administrativa. Em um processo tradicional de tomada de decisão administrativa, um funcionário realiza uma atividade cognitiva,

12 Veja, por exemplo, a proeminente abordagem: FAT-ML. Fairness, Accountability, and Transparency in Machine Learning. Disponível em: https://www.fatml.org/ Acesso em: 14 mar. 2021.

13 LAHAV, Alexandra. In Praise of Litigation. Oxforde: Oxford University Press, 2017; KING, Jeff. Judging Social Rights. Cambridge: Cambridge University Press, 2012. Capítulo 3.

14 SHAUER, Frederick. ZECKHAUSER, Richard. The Trouble with Cases. In. KESSLER, Daniel. (org.) Regulation versus Litigation. Perspectives from economics and law. Chicago: University of Chicago Press, 2011.

relacionando os fatos e a norma aplicável para chegar a uma decisão[15]. Frequentemente, os motivos de sua decisão são registrados na forma de um relatório escrito. Em um sistema de tomada de decisão automatizada, ocorre a inserção de dados em um sistema (talvez por um funcionário, um requerente ou, ainda, extraídos de bancos de dados existentes) que passam a ser processados por um algoritmo, que, então, produz automaticamente uma saída que pode imediatamente se tornar uma decisão ou pode ser usada para auxiliar na tomada de decisão de um funcionário público. A mente e o raciocínio do funcionário, que são bases de evidências significativas para uma decisão tradicional de direito público, são efetivamente substituídos por um algoritmo em que a decisão tomada é totalmente automatizada. Mesmo quando um oficial tem liberdade de ação para substituir ou ignorar a saída de um sistema de tomada de decisão automatizada, a lógica desse sistema ainda pode ter influência na decisão – foi demonstrado repetidamente, por exemplo, que os humanos são tendenciosos a acatar o "resultado" das saídas computadorizadas[16]. É inteiramente possível que o uso da tomada de decisão automatizada no contexto das decisões administrativas possa, em alguns casos, representar um progresso, tornando o raciocínio oficial mais transparente e acessível – afinal, é potencialmente possível examinar um algoritmo, embora seja essencialmente impossível perscrutar as mentes de funcionários humanos. No entanto, a natureza da opacidade é, de várias maneiras significativas, distinta e mais complexa em sistemas de tomada de decisão automatizada, especialmente quando se considera como essa opacidade interage com procedimentos de direito público existentes e com os requisitos probatórios projetados para um mundo não digital.

Existem três razões principais pelas quais os sistemas de tomada de decisão automatizada podem ser opacos[17]. O primeiro é a opacidade in-

15 Nas últimas décadas, tem surgido uma base crescente de evidências teóricas e empíricas sobre como funciona a tomada de decisão oficial, consulte, por exemplo: LIPSKY, Michael. Street Level Bureaucracy: Dilemmas of the Individual in Public Services. Nova York: Russell Sage, 1980; ZACKA, Bernardo. When the State Meets Street. Cambridge: Harvard University Press, 2017.

16 DZINDOLET, Mary. T., PETERSON, Scott. A., POMRANKY, Regina A., *et al.* The role of trust in automation reliance. International Journal of Human-Computer Studies, Londres, vol. 58(6), 2003.

17 BURRELL, Jenna. How the machine "thinks": understanding opacity in machine learning algorithms. Big Data & Society, 2016. Ver também: EDWARDS, Lilian. VEALE, Michael. Slave to the Algorithm? Why a 'Right to an Explanation' Is Probably Not the Remedy You Are

tencional, onde o funcionamento do sistema é deliberadamente escondido para proteger seu conteúdo. Em alguns contextos, isso pode acontecer para manter uma vantagem comercial competitiva[18] (empresas privadas são frequentemente contratadas pelo governo para a implementação de soluções de tecnologia)[19], mas também pode ocorrer para impedir que um algoritmo seja "manipulado" pelos usuários de um sistema[20]. A segunda razão é a opacidade analfabeta, em que um sistema só é compreensível para aqueles que possuem habilidade técnica específica para ler e escrever códigos. Há uma variedade de linguagens desses códigos e sua formulação requer exatidão e habilidades técnicas especiais. Ler códigos continua sendo uma habilidade detida por poucas pessoas. Isso significa que a compreensão de algoritmos para fins de análise jurídica frequentemente envolverá um processo de tradução técnica entre comunidades profissionais com diferentes especialidades. A terceira razão é a opacidade intrínseca que ocorre quando o próprio processo de tomada de decisão automatizada é complexo para que qualquer ser humano seja capaz de entendê-lo. Essa dificuldade pode se estender a pessoas que estão trabalhando "dentro" do sistema e, igualmente, a situações em que um tomador de decisão público mantém o poder de substituir ou ignorar a saída de um sistema de tomada de decisão automatizada[21]. Mais de um dos três tipos de opacidade pode estar presente no mesmo sistema.

O resultado da opacidade é que um sistema de tomada de decisão automatizada pode ser difícil de ser compreendido e potencialmente



Looking For. ed. 16. Duke Law & Technology Review, Durham, vol. 18, 2017. Disponível em: <https://ssrn.com/abstract=2972855>. Acesso em: 14 mar. 2021.

18 PASQUALE, Frank. Black Box Society: The Secret Algorithms That Control Money and Information. Cambridge: Harvard University Press, 2016.

19 Para um relatório recente sobre terceirização neste contexto, consulte: BLACK, Crofton. SAFAK, Cansu. Government Data Systems: The Bureau Investigates. Londres, 2019. Disponível em: <https://assets.documentcloud.org/documents/5993565/2019-05-08-TBIJ-Government-Data-Systems-Published.pdf>. Acesso em: 14 mar. 2021.

20 SANDVIG, Christian. HAMILTON, Kevin. KARAHALIOS, Karrie. *et al.* Auditing Algorithms: Research Methods for Detecting Discrimination on Internet Platforms. Seattle: "Data and Discrimination: Converting Critical Concerns into Productive Inquiry,", 2014. Disponível em: <http://www-personal.umich.edu/~csandvig/research/Auditing%20Algorithms%20--%20Sandvig%20--%20ICA%202014%20Data%20and%20Discrimination%20Preconference.pdf>. Acesso em: 14 mar. 2021.

21 Sobre aqueles que estão dentro e fora do ciclo de tomada de decisão, consulte: COLETTA, Claudio. KITCHIN, Rob. Algorhythmic governance: Regulating the 'heartbeat' of a city using the Internet of Things. Big Data & Society, 2017.

impossível de ser avaliado, mesmo para *designers* de sistemas experientes com acesso total a um dado sistema. Como o acesso total ao funcionamento interno dos sistemas é raro na prática, a principal maneira de compreender os tipos de opacidade em sistemas automatizados é identificando o que pode ser compreendido por parte de um observador externo, por exemplo, por parte de um cidadão que está sujeito a uma decisão tomada de maneira automatizada. Nick Diakopoulos propôs um ponto de partida a este respeito, fazendo referência a dois cenários idealizados de "caixa preta" (ou seja, quando o algoritmo não é conhecido), nos quais cada cenário "representa um extremo em um espectro da observação de entradas e saídas para o algoritmo"[22]. O primeiro cenário (Figura 1) é aquele no qual é possível observar completamente todas as entradas e saídas de um algoritmo. O segundo cenário (Figura 2) apresenta uma situação em que apenas os produtos (saídas) são acessíveis. Imaginar um espectro entre esses cenários é uma ferramenta útil para diferenciar os tipos de opacidade.

*Figura 1: Entrada e saída podem ser visualizadas*

*Figura 2: Apenas a saída pode ser visualizada*

É importante lembrar que esses modelos são tipos ideais e questões relacionadas à extensão do que pode ser visualizado surgem naturalmente

22 DIAKOPOULOS, Nicholas. Algorithmic Accountability: Journalistic Investigation of Computational Power Structures. Digital Journalism, vol. 3, 2015.

quando os sistemas são considerados em um contexto aplicado. Com relação à extensão do que é observável acerca das entradas e saídas de qualquer sistema de tomada de decisão automatizada, existem algumas possibilidades principais: sistemas onde todas as entradas e saídas são conhecidas; sistemas totalmente opacos; sistemas onde as entradas são conhecidas, mas não as saídas; e sistemas onde alguma quantidade de entrada é conhecida junto com alguma quantidade de saída. A extensão dos dados observáveis que podem ser compreendidos e avaliados, em última análise, determina até que ponto - e a facilidade com que - uma base de provas pode ser estabelecida para uma ação de *judicial review*.

Alguns exemplos são úteis para demonstrar esses problemas de opacidade. Acerca do "European Union Settlement Scheme" - um esquema criado para permitir que os cidadãos da União Europeia permaneçam residentes no Reino Unido após o Brexit - os candidatos devem primeiro verificar sua identidade através do aplicativo "EU Exit: ID Document Check". Isto inclui o seu nome, dados de contato, um documento de identidade (um passaporte para cidadãos da União Europeia ou um cartão de identificação biométrico para familiares não cidadãos da UE) e uma fotografia do rosto, para efeitos de verificação. Depois disso, eles devem fazer o login no site "GOV.UK" para concluir o seu pedido. As verificações automatizadas são então realizadas enviando três campos de dados (o nome do requerente, data de nascimento e número do seguro nacional) para o "DWP"[23] e "HMRC"[24], onde são examinados usando uma "camada de correspondência do cidadão" para busca de informações relevantes. Os dados coletados são então enviados de volta ao "Home Office", onde sua "lógica de negócios" (ou seja, o algoritmo) é usada para analisar as informações recebidas, com o objetivo mais específico de estabelecer um período contínuo de residência no Reino Unido. Depois de concluir a inscrição, e concluídas as verificações automáticas, o candidato é então apresentado a uma das seguintes decisões: aprovação, aprovação parcial ou reprovação. Quando o requerente não recebe um passe imediato, exige-se que sejam apresentadas outras provas perante um assistente social humano. Embora uma lista de evidências esteja disponível *on-line*, as verificações automatizadas não são



23 Departamento de Trabalho e Pensões do Reino Unido (Department for Work and Pensions) (N.T).

24 Administração fiscal e aduaneira do Reino Unido (HM Revenue & Customs) (N.T).

retidas pelo "Home Office", o que significa que não podem ser auditadas para discernir como a decisão foi tomada. O ônus, portanto, recai sobre o requerente que deve fornecer mais provas, apesar de não terem sido fornecidas a ele informações sobre a produção específica da "camada de correspondência do cidadão" usada pelo "DWP" e "HMRC" ou do "algoritmo de lógica de negócios" do "Home Office". Assim, embora o requerente tenha conhecimento do que será avaliado para efeitos de uma decisão do "EU Settlement Scheme", será muito mais difícil determinar como a sua decisão foi tomada.

Outro exemplo pode ser visto em como os sistemas de tomada de decisão automatizada estão sendo usados em toda a Inglaterra e País de Gales para ajudar a apoiar a prestação de serviços públicos pelas autoridades locais. A pesquisa investigativa realizada pelo "Data Justice Lab" em 2018, cobriu seis desses estudos de caso e descobriu que não havia "práticas padrão ou abordagens comuns com relação a como os dados são ou deveriam ser compartilhados e usados pelas autoridades locais e agências parceiras"[25]. Isso foi confirmado por pesquisas adicionais que identificaram o uso de análise preditiva por 53 Conselhos na Inglaterra e no País de Gales, novamente sem práticas de implementação comuns além do objetivo de desenvolver uma "visão de ouro"' dos cidadãos (referindo-se a um maior volume de dados, com maior riqueza de detalhes)[26]. Esses sistemas podem ser usados para uma variedade de finalidades, incluindo a identificação de uso fraudulento de serviços locais (por exemplo, aproveitamento incorreto de vagas escolares e benefícios de transporte local, quando o indivíduo vive fora da "área de cobertura" desse benefício)[27], identificação de crianças vulneráveis e de famílias que precisam de apoio[28], monitoramento da saúde pública[29] e policiamento preditivo para fins de alocação de recursos[30]. Nenhum desses sistemas depende do envolvimento do reclamante no estágio de entrada. O primeiro ponto em que um indivíduo entrará em contato direto com tal

25 DENCIK, Lina. HINTZ, Arne. REDDEN, Joanna. *et al.* Data Scores as Governance: Investigating uses of citizen scoring in public services. Data Justice Lab, 2018. p. 3.

26 *Ibid*, p. 11.

27 *Ibid*, p. 12.

28 *Ibid*, p. 3.

29 *Ibid*, p. 37.

30 *Ibid*, p. 74.

sistema será após, no estágio de saída, momento em que provavelmente receberão poucas informações sobre o real processo de tomada de decisão utilizado.

Um outro exemplo pode ser encontrado no contexto da justiça criminal, no qual a "Matriz de Gangues do Serviço de Polícia Metropolitana"[31] é usada para "complementar a ação de repressão contra a violência nas ruas"[32] por meio da manutenção de um banco de dados inteligente da Polícia que identifica e compartilha informações sobre indivíduos considerados membros de gangues, associados a atividades de gangues ou vítimas de violência de gangues[33]. Os indivíduos incluídos na "Matriz de Gangues" são categorizados pelas cores vermelho, âmbar ou verde, com a intenção de refletir a "extensão em que aquele indivíduo representa um risco para os outros, e não a extensão em que o indivíduo é considerada um risco"[34]. Sua categoria é determinada por meio da combinação de um relatório pontuado de seus dados no "Crime Report Information System" (CRIS)[35], aparições no banco de dados do "Criminal Inteligence" (CRIMINT)[36] e as avaliações de risco de quaisquer organizações parceiras (por exemplo, o "Youth Offending Service"). A Matriz de Gangues é usada principalmente para identificar membros de gangues em potencial, o que significa que, na prática, é usada, principalmente, para informar as decisões da polícia sobre onde e como usar os poderes de intervenção, incluindo detenção e busca. Essas informações também são compartilhadas com terceiros, incluindo conselhos locais (com os quais existe um



31 Gangs Matrix of the Metropolitan Police Service (N.T).

32 MAYOR'S OFFICE FOR POLICING AND CRIME. Review of the Metropolitan Police Service Gangs Matrix. 2018. Disponível em: <https://www.london.gov.uk/sites/default/files/gangs_matrix_review_-_final.pdf>. Acesso em: 14 mar. 2021.

33 AMNESTY INTERNATIONAL. Trapped in the matrix: Secrecy, stigma, and bias in the Met's gang's database. 2018. Disponível em: <https://www.amnesty.org.uk/files/reports/Trapped%20in%20the%20Matrix%20Amnesty%20report.pdf>. Acesso em: 14 mar. 2021; INFORMATION COMMISSIONER. Enforcement notice addressed to The Commissioner of the Police of the Metropolis. 2018.

34 MAYOR'S OFFICE FOR POLICING AND CRIME. Review of the Metropolitan Police Service Gangs Matrix. 2018. Disponível em: <https://www.london.gov.uk/sites/default/files/gangs_matrix_review_-_final.pdf>. Acesso em: 14 mar. 2021. p. 20.

35 A pontuação é feita com base na gravidade da ofensa, tempo decorrido desde a ocorrência da ofensa e se o indivíduo era suspeito ou acusado (nenhuma condenação é exigida), ver: *Ibid*, p.20.

36 *Ibid*, p. 101.

acordo de compartilhamento de dados)[37]. Em nenhum momento o indivíduo avaliado está envolvido no processo de entrada, assim como não é informado sobre o uso da ferramenta, a menos que tenha conhecimento de seu uso enquanto experimenta seus efeitos potencialmente intrusivos.

Antes de passarmos a considerar os impactos da opacidade de sistemas de tomada de decisão automatizada como o ora apresentado nas provas utilizadas no *judicial review*, devemos, primeiramente, considerar como as provas são atualmente entendidas no contexto das revisões judiciais. Esse tema, como ficará claro, não é simples.

## 3. AS PROVAS NO *JUDICIAL REVIEW*

Em contraste com a famosa história e o uso contínuo e difundido do Brandeis Brief[38] no Direito Constitucional dos Estados Unidos da América[39], os estudiosos do direito na Inglaterra e no País de Gales, muitas vezes, deixaram as funções de avaliação das provas pelo juiz no *judicial review* em outro plano[40]. As provas no campo do direito público mal são

37 METROPOLITAN POLICE SERVICE. Data Protection Impact Assessment relating to MPS Gang Violence Matrix. 2020. p. 8.

38 Termo cunhado após Louis D. Brandeis (advogado), no ano de 1908, introduzir evidências de cunho social e econômico para complementar os argumentos apresentados perante a Suprema Corte americana no caso "Muller v. Oregon". (N.T).

39 ESTADOS UNIDOS DA AMÉRICA. U. S. Supreme Court. 208 U.S. 412. Curt Muller v. Oregon. 23 de fevereiro de 1908. Para relatos conflitantes acerca da origem do instituto, em que todos concordam sobre a importância deste dispositivo, consulte: HORWITZ, Morton J. The Transformation of American Law, 1870-1960: The Crisis of Legal Orthodoxy. Nova York: Oxford University Press, 1992. p. 209; BERNSTEIN, David E. Brandeis Brief Myths. Green Bag, vol. 15, 2011. Disponível em: <http://www.greenbag.org/v15n1/v15n1_articles_bernstein.pdf>. Acesso em: 15 mar. 2021; LEVINE-MORAG, Noga. Facts, Formalism, and the Brandeis Brief: The Origins of a Myth. University of Illinois Law Review, Urbana, vol. 59, 2013. Disponível em: <https://core.ac.uk/download/pdf/228477756.pdf>. Acesso em: 15 mar. 2021.

40 Existem algumas exceções notáveis, ver, por exemplo: YOWELL, Paul. Constitutional Rights and Constitutional Design Moral and Empirical Reasoning. Judicial Review. Oxforde: Hart Publishing, 2018; YOWELL, Paul. Empirical Research in Rights-Based Judicial Review of Legislation. In. ZIEGLER, Katja S. HUBER, Peter M. Current Problems in the Protection of Human Rights Perspectives from Germany and the UK. Oxforde: Hart Publishing, 2013. Talvez o trabalho mais avançado sobre este tópico no contexto do Reino Unido seja o trabalho de Liz Fisher sobre legislação e administração ambiental, ver, por exemplo: FISHER, Elizabeth. PASCUAL, Pasky. WAGNER, Wendy. Understanding Environmental Models in Their Legal and Regulatory Context. Journal of Enviromental Law, Nova York, vol. 251, 2010; FISHER, Elizabeth. PASCUAL, Pasky. WAGNER, Wendy. Rethinking Judicial Review of Expert Agencies. Texas Law Review, Austin, vol. 93, 2015. Existem também algumas con-

discutidas nos principais livros didáticos e não são ensinadas nas Faculdades de Direito. No "Administrative Court´s Judicial Review Guide" há poucas referências ao tratamento das provas. Isso dá a impressão de que essas provas são meramente periféricas no contexto do *judicial review*.

Nossa opinião é que a prova deve ser vista como um aspecto importante do *judicial review* contemporâneo – além de ser uma fase do procedimento, a avaliação das provas também é um objetivo cada vez mais importante do *judicial review*. No entanto, isso nos deixa em uma posição difícil, na qual não possuímos um relato sofisticado e empiricamente preciso do papel das provas no *judicial review* contemporâneo para abordar as questões de tomada de decisão automatizada. Diante disso, precisamos redesenhar os contornos convencionais das práticas mais comuns no que diz respeito às provas. Nesta seção, exploramos as questões fundamentais acerca da razão pela qual as provas são necessárias no *judicial review* e a razão pela qual elas são relevantes. Também apresentamos o entendimento atual da estrutura básica do direito probatório e da prática no *judicial review*, na qual a versão prevalente parece ser enganosa e, ainda, por qual razão é necessário desenvolver um corpo de conhecimento acerca do tema. O objetivo principal dessa discussão é estabelecer as bases para uma discussão das provas nas revisões judiciais envolvendo a tomada de decisão automatizada, que constitui a terceira parte deste artigo. Ao mesmo tempo, porém, mostramos que há uma necessidade de atenção geral e sistemática à lei e à prática probatória no que se refere ao *judicial review*[41].



---

tribuições históricas famosas para este tópico, com destaque para: DAVIS, Kenneth Culp. An Approach to Problems of Evidence in the Administrative Process. Harvard Law Review, Cambridge, vol. 55, 1942. Outras jurisdições, notadamente os Estados Unidos da América, tiveram debates mais profundos sobre este assunto, para uma visão geral: FAIGMAN, David L. Constitutional Fictions: A Unified Theory of Constitutional Facts. Oxforde: Oxford University Press, 2008.

41 O ponto de referência óbvio é o direito probatório no campo criminal, mas outros campos têm demonstrado amplo interesse nesta dimensão da prática jurídica e do julgamento, ver, por exemplo: ALSTON, Philip. KNUCKEY, Sarah. The Transformation of Human Rights Fact-Finding. Oxforde: Oxford University Press, 2015; LEACH, Philip. PARASKEVA, Costas. UZELAC, Gordana. Human Rights Fact-finding – the European Court of Human Rights at a Crossroads. Netherlands Quarterly of Human Rights, Londres, vol. 28, 2010; DEVANEY, James G. Fact-finding before the International Court of Justice. Cambridge: Cambridge University Press, 2016.

### 3.1 Por que as provas são necessárias no *judicial review*?

O ponto de partida lógico para considerar o papel da prova no *judicial review* consiste em perguntar, primeiramente, por qual razão essas provas são necessárias. A resposta é simples: a necessidade das provas deriva da natureza dos princípios a serem aplicados. Embora o *judicial review* não seja rotineiramente usado para determinar questões de fato, muitas violações dos princípios do direito público são comprovadas a partir de provas "fáticas". O princípio da proporcionalidade é um exemplo disso. É um princípio "genérico" de direito público em muitas jurisdições[42]. No Reino Unido, por sua vez, há uma variedade de definições (contestadas) desse princípio[43], mas, de maneira geral, sua aplicação depende das seguintes constatações: se o objetivo de uma medida é suficientemente importante para justificar a limitação de um direito fundamental; se uma medida está racionalmente conectada ao objetivo; se uma medida menos intrusiva poderia ter sido adotada; e se, levando em consideração questões anteriores e a gravidade das consequências, um equilíbrio justo foi alcançado entre os direitos do indivíduo e os interesses da comunidade[44]. É claro, como Anne Carter observou, que "avaliações judiciais de proporcionalidade muitas vezes dependem de questões empíricas complexas que são difíceis de determinar com certeza"[45]. Mattias Kumm explicou como as questões de adequação e de necessidade envolvem reivindicações empíricas, uma vez que "expressam a exigência de que os princípios sejam realizados na maior medida possível em relação ao que é faticamente viável"[46]. Da mesma forma, Aharon Barak observou que: "com o objetivo de responder adequadamente se uma alternativa – que limita o direito em menor medida – se adequa à finalidade pensada pelo legislador, é necessário compreender o propósito buscado e a probabilidade de que este seja atingido. Uma

42 LAW, David S. Generic Constitutional Law. Minnesota Law Review, Minneapolis, vol. 89, 2005.

43 Para uma visão geral, conferir: DAVIES, A. C. L. WILLIAMS, J. R. Proportionality in English Law. In. RANCHORDÁS, Sofia. WAARD, Boudewijin de. The Judge and the Proportionate Use of Discretion: A Comparative Study. Londres: Routledge, 2016.

44 REINO UNIDO. U. K. Supreme Court. [2013] UKSC 38 & [2013] UKSC 39. Bank Mellat v. Her Majesty's Treasury. 19 de junho de 2013.

45 CARTER, Anne. Constitutional Convergence? Some Lessons from Proportionality. In. ELLIOTT, Mark. VARUHAS, Jason. STARK, Shona W. (orgs). The Unity of Public Law. Oxforde: Hart Bloomsbury, 2018.

46 KUMM, Mattias. Political Liberalism and the Structure of Rights: On the Place and Limits of the Proportionality Requirement. In. PAVLAKOS, George. (org.) Law, Rights and Discourse: The Legal Philosophy of Robert Alexy. Oxforde: Hart Publishing, 2007. p. 137.

estimativa é insuficiente; a compreensão deve ser dos dados fáticos concretos, bem como das probabilidades e riscos envolvidos"[47]. Muitos outros autores possuem pontos semelhantes[48]. Os tribunais também reconheceram o aspecto empírico de seu papel sob o princípio da proporcionalidade. Por exemplo, em "Wilson v. First County Trust Ltd", foi dito por Lord Hobhouse que:

> As questões de justificação e proporcionalidade envolvem uma avaliação sociológica – uma avaliação de quais são as necessidades da sociedade. Em parte, isso envolve um exame jurídico do conteúdo e do efeito jurídico da disposição pertinente. Mas também envolve a consideração de quais são os males, o mal social, o perigo, etc., com os quais foi projetado para lidar. Frequentemente, essas questões já podem ser do conhecimento do tribunal. Mas, igualmente, quase sempre haverá outro material valioso e relevante que poderá ser apresentado como prova no Tribunal, como relatórios que foram feitos, estatísticas que foram coletadas e assim por diante. As testemunhas orais também podem ser fonte de provas importantes[49].

Embora tenha recebido alguma consideração por parte da academia, a questão de como os fatos são estabelecidos sob a análise da proporcionalidade não foi amplamente discutida no Reino Unido[50].

A necessidade de provas também não pode ser evitada atribuindo-se a essas questões o princípio específico da proporcionalidade. O padrão tradicional de Wednesbury[51], que muitas vezes é contrastado com a proporcionalidade por ser um teste mais reverente, também é recheado de fatos[52]. Nesse teste pergunta-se, na famosa formulação de Lord Di-

47 AHARON, Barak. Proportionality: Constitutional Rights and Their Limitations. Cambridge: Cambridge University Press, 2012. p. 321.

48 Ver, por exemplo: ALEXY, R. A Theory of Constitutional Rights. Oxforde: Oxford University Press, 2002. p. 67.

49 REINO UNIDO. House of Lords. [2003] UKHL 40 [142]. Wilson and others v. Secretary of State for Trade and Industry. 10 de junho de 2013.

50 Ver, por exemplo: ENDICOTT, T. Proportionality and Incommensurability. In. HUSCROFT, Grant. MILLER, Bradley. WEBBER, Gregoire. (orgs.). Proportionality and the Rule of Law: Rights, Justification, Reasoning. Cambridge: Cambridge University Press, 2014.

51 REINO UNIDO. Court of Appeal. [1948] 1 KB 223. Associated Provincial Picture Houses Ltd v. Wednesbury Corporation. 10 de novembro de 1947.

52 Para uma análise geral do tema, ver: CRAIG, Paul. Administrative Law. 7ª ed. Londres: Sweet & Maxwell, 2012.

plock, se uma medida é tão "ultrajante à lógica ou aos padrões morais aceitos que nenhuma pessoa sensata que tivesse aplicado sua mente à questão a ser decidida poderia ter chegado a ela"[53]. Referido teste, como Paul Craig demonstrou de forma convincente, ainda requer uma consideração cuidadosa dos fatos[54]. Isso foi agora reconhecido pela Suprema Corte, com o juiz Lord Mance que, no caso Kennedy v. The Charity Commission, declarou que tanto "a revisão baseada na razoabilidade quanto aquela baseada na proporcionalidade envolvem considerações de peso e equilíbrio, que demandam detalhado escrutínio por parte do julgador"[55]. Mesmo os casos de interpretação legal – que é o tema da grande maioria das revisões judiciais no Reino Unido e das tarefas judiciais mais rotineiras[56] – exigem uma análise cuidadosa dos fatos.

### 3.2 A crescente importância das provas

A avaliação das provas não é apenas uma parte essencial dos "fundamentos tradicionais" do *judicial review*, mas também cresceu em proporção com a mudança do próprio papel do *judicial review*. Os fundamentos jurídicos do procedimento do *judicial review* se multiplicaram e se adaptaram nas últimas décadas. Legislações como a "Human Rights Act" de 1998 e a "Equality Act" de 2010 exigem, rotineiramente, que os tribunais analisem os fatos de perto[57]. Casos de interesse público – ou seja, casos relacionados a supostas falhas que vão além de uma ação administrativa individualmente relevante – também oferecem espaço para

53 REINO UNIDO. Judicial functions of the House of Lords. [1984] UKHL 9. Council of Civil Service Unions v. Minister for the Civil Service. Tem surgido discussão judicial recente sobre a natureza e formulação deste teste na Suprema Corte do Reino Unido, para uma visão geral, consulte: RYLATT, J. TOMLINSON, J. Something New in Substantive Review: Keyu v. Secretary of State for Foreign and Commonwealth Affairs. Judicial Review, vol. 204, 2016.

54 CRAIG, Paul. The Nature of Reasonableness Review. Current Legal Problems. Oxforde: Oxford University Press, 2013. Disponível em: https://papers.ssrn.com/sol3/papers.cfm?abstract_id=2298612# Acesso em: 17 mar. 2021.

55 REINO UNIDO. U.K. Supreme Court. [2014] UKSC 20 [54]. Kennedy v. The Charity Commission. 26 de março de 2014.

56 Ver a análise empírica em: NASON, Sarah. Reconstructing Judicial Review. Oxforde: Bloomsbury Hart, 2016.

57 Sobre o "Human Rights Act", ver, por exemplo: BOWMAN, J. Review of the Crown Office List. Londres, 2000; BRACKEN, Jonathan. The impact of the Human Rights Act 1998 on evidence and disclosure in judicial review proceedings. Amicus Curiae, Londres, vol. 36, 2001.

disputas probatórias cada vez mais complexas[58]. A prova no curso de tais reivindicações vai além das circunstâncias restritas de uma única decisão. Essa dinâmica tem sido particularmente visível na jurisprudência recente relativa ao "structural procedural review"[59]. Os tribunais detalharam o "teste legal" para verificar a injustiça estrutural na decisão histórica proferida na "Detention Action", na qual Lord Dyson resumiu os princípios derivados dessa análise:

> (i) ao considerar se um sistema é justo, deve-se olhar para toda a série de casos que passam pelo sistema; (ii) um desafio bem-sucedido para detectar a injustiça de um sistema deve mostrar mais do que a possibilidade de decisões aberrantes e injustas em casos individuais; (iii) um sistema só será ilegal no sentido de injusto se a injustiça for inerente ao próprio sistema; (iv) o limite para demonstrar a injustiça é alto; (v) a questão central é se o sistema tem a capacidade de reagir apropriadamente para garantir a justiça (...); e (vi) se o mínimo irredutível de justiça é respeitado pelo sistema e, portanto, a legalidade é, em última análise, um problema para os tribunais.[60]

Fica claro diante de tais princípios que uma base sólida envolvendo as provas será necessária para fundamentar uma reivindicação desse tipo. Casos recentes de interesse público, sejam com base nos princípios da "Detention Action" ou em outros motivos, mostraram a necessidade de provas robustas para o sucesso de mudanças sistêmicas[61]. Como Adams-Prassl e Adams-Prassl colocaram, "combinados com o alto limite necessário para ter sucesso no acesso sistêmico à justiça, esses requisitos



58 Para uma análise que considera a natureza variável do *judicial review*, incluindo a natureza dos casos de interesse público, consulte: RAWLINGS, R. Modelling Judicial Review. Current Legal Problems, Oxford, vol. 61, 2008.

59 Este é um "meio de contestar regimes jurídicos ou administrativos que são injustos de modo inerente (...) [ele] investiga as regras que regem a tomada de decisões administrativas, em oposição às ações ou intenções das pessoas encarregadas de decretá-las", ver: POWELL, Frederick. Structural Procedural Review: An Emerging Trend in Public Law. Judicial Review, Oxforde, 2017.

60 REINO UNIDO. Court of Appeal. [2015] EWCA Civ 840. The Lord Chancellor v. Detention Action. 29 de julho de 2015. O teste foi reforçado pela Corte de Apelação em: REINO UNIDO. Court of Appeal. [2016] EWCA Civ 464 [16]. IS v. Director of Legal Aid Casework. 20 de maio de 2016.

61 Ver: ADAMS-PRASSL, Abi. ADAMS-PRASSL, Jeremias. Systemic Unfairness, Access to Justice, and Futility: A Framework. Oxford Journal of Legal Studies, Oxforde, vol. 40, 2020.

probatórios e empíricos parecem representar desafios formidáveis para os requerentes"[62].

O julgamento da Suprema Corte no caso "UNISON"[63] é um exemplo disso. Esse julgamento entendeu que uma determinada taxa para acessar os tribunais trabalhistas era ilegal. Os dados quantitativos sobre os efeitos dessas custas foram usados no litígio e foram uma parte fundamental da decisão final[64]. A UNISON também se utilizou de evidências hipotéticas. Quando a UNISON estava na "Division Court", a posição ortodoxa foi mantida: as provas "não podiam ser fornecidas por referência apenas aos casos de indivíduos fictícios (...). A UNISON deveria ter apresentado evidências de potenciais requerentes que seriam incapazes de pagar as taxas"[65]. No entanto, esta posição foi reformada na Corte de Apelação e na Suprema Corte, nas quais se considerou que não há "nenhuma razão em princípio para que casos bem elaborados de indivíduos fictícios não pudessem ser usados para ajudar a provar que as taxas seriam realisticamente inacessíveis para pelo menos alguns requerentes típicos"[66]. As provas foram de importância semelhante no caso "RF"[67]. Nesse caso, a prova apresentada pelo "Department for Work and Pensions", qual seja, uma análise de regressão usada para justificar uma política, estavam sob escrutínio. Em resposta a esse teste de política pública proposto pelo Departamento, o juiz Mostyn J. decidiu que, se "uma distinção com um efeito tão dramático [como nessa política] deve ser traçada, então a justiça elementar certamente requer que a pesquisa

---

62 *Ibid.*

63 REINO UNIDO. U.K. Supreme Court. [2017] UKSC 51. R (UNISON) v. Lord Chancellor. 26 de julho de 2017. Para saber mais sobre o contexto e sua análise: FORD, Michael. Employment Tribunal Fees and the Rule of Law: R (Unison) v Lord Chancellor in the Supreme Court. Industrial Law Journal, vol. 47, 2018.

64 Essa evidência também foi apresentada e analisada em: ADAMS, Abi. PRASSL, Jeremias. Vexatious Claims: Challenging the Case for Employment Tribunal Fees. Modern Law Review, Londres, vol. 80, 2017. Da mesma forma, em reivindicações improcedentes por motivos semelhantes, as deficiências de prova foram significativas, ver, por exemplo: REINO UNIDO. High Court of Justice. [2020] EWHC 336. R (Leighton) v. The Lord Chancellor. Julgado em 19 de fevereiro de 2020.

65 REINO UNIDO. High Court of Justice. [2014] EWHC 4198 (Admin) [60-62] (Elias LJ), [96-98] (Foskett J). R (Unison) v. Lord Chancellor. 17 de dezembro de 2014.

66 REINO UNIDO. Court of Appeal. [2015] EWCA Civ 935 [69] (Underhill LJ). R (Unison) v. Lord Chancellor. Julgado em 26 de agosto de 2015.

67 REINO UNIDO. High Court of Justice. [2017] EWHC 3375 (Admin). RF v. Secretary of State for Work and Pensions. Julgado em 21 de dezembro de 2017.

empírica seja encomendada". Na ausência de qualquer pesquisa empírica, a visão não é mais do que uma opinião subjetiva ou hipótese"[68].

O judiciário reconheceu a importância das provas no *judicial review*, conforme descrito aqui, mas está mantendo duas linhas sobre a relação entre o *judicial review* e as provas, que podem parecer tensas[69]. Por um lado, os julgamentos do *judicial review* no Reino Unido estão repletos de alegações da centralidade dos fatos e do contexto: "contexto é tudo"[70]. Tais alegações podem parecer confortáveis ao lado de alegações igualmente comuns de que "a necessidade de resolver disputas [fáticas] nem sempre surge, devido à natureza da maioria dos procedimentos de *judicial review*. Mas, quando surge, isso também não cria nenhum problema conceitual ou processual específico"[71]. Ao mesmo tempo, há muitas ocasiões em que os juízes, normalmente em uma tentativa de manter uma distinção entre mérito e revisão de legalidade, reivindicam que o *judicial review* "não é adequado para a determinação de questões fáticas objeto de controvérsia entre as partes"[72].

Frequentemente, as provas não são apenas uma parte importante do processo do *judicial review*, como também, eventualmente, irradiam consequências no sistema. Após o caso da UNISON, o acesso aos tribunais trabalhistas foi reformado para muitos que, de outra forma, não poderiam comparecer ao tribunal. O Governo estimou o custo total do reembolso de taxas decorrentes da decisão em 33 milhões de libras[73]. O



68 *Ibid.*

69 FISHER, Elizabeth. PASCUAL, Pasky. WAGNER, Wendy. Understanding Environmental Models in Their Legal and Regulatory Context. Journal of Environmental Law, Oxford, vol. 22, 2010. Observando no contexto do *judicial review* ambiental que "embora os juízes tendam a enfatizar sua falta de competência e a importância da deferência ao arbítrio dos especialistas, eles tendem a considerar os argumentos sobre modelos".

70 REINO UNIDO. House of Lords. [2001] UKHL 26, [2001] AC 523 [28]. R v. Secretary of State for the Home Department, ex p Daly. 23 de maio de 2001. REINO UNIDO. U.K. Supreme Court. [2011] UKSC 4 [170] (Lord Reed). AXA General Insurance Ltd v. HM Advocate. 12 de outubro de 2011. Ver ainda: FORDHAM, Michael. Judicial Review Handbook. 6ª ed. Portland: Hart Publishing, 2012. p. 351. (Fazendo uma ampla pesquisa das autoridades que fazem essa afirmação).

71 REINO UNIDO. Court of Appeal. [2010] EWCA Civ 1446 [24]. Trim v. North Dorset District Council. 20 de dezembro de 2010.

72 REINO UNIDO. U.K. Supreme Court. [2009] UKSC 8 [33]. R(A) v Croydon London Borough Council. 26 de novembro de 2009.

73 PYPER, Douglas. McGUINNESS, Feargal. Employment tribunals after R (Unison) v. Lord Chancellor. Commons Library Briefing. N. 8296. Londres: House of Commons Library, 2018.

governo também foi obrigado a contratar novos juízes para lidar com a nova demanda no tribunal[74]. Após a decisão proferida no caso RF v. Secretary of State for Working and Pensions, o governo decidiu não apelar e, no lugar disso, anunciou sua intenção de realizar uma revisão de aproximadamente 1,6 milhão de benefícios, com cerca de 220.000 pessoas que deverão receber mais dinheiro[75]. Ambos os casos se basearam principalmente no escrutínio de provas detalhadas. Tais avaliações de provas podem reivindicar sua significância normativa e funcional, da mesma forma que os princípios gerais do *judicial review*, que foram amplamente analisados, podem. Muitas das questões clássicas no cerne do direito público – quem tem autoridade para decidir, como as questões devem ser determinadas, padrão de revisão etc. – surgem em relação à avaliação das provas.

### 3.3 Desafiando o panorama ortodoxo das provas no *judicial review*

Não houve nenhum estudo empírico sobre o papel da prova no *judicial review*. No entanto, a ortodoxia prevalente do direito público nos diz que as provas no *judicial review* têm algumas características-chave particulares. Três delas são particularmente dignas de nota, pois caracterizam o presente entendimento. Em primeiro lugar, o *judicial review* depende fortemente de provas escritas. O Tribunal Administrativo tem o poder de ouvir as provas orais das testemunhas[76]. No entanto, esse poder é usado apenas em casos ocasionais em que é necessário garantir que uma reclamação seja tratada de forma justa e legal o que, na prática, é excepcionalmente raro[77]. Todas as declarações de testemunhas de-

---

74 *Ibid.*

75 MOORE, James. The DWP are reviewing all PIP payments – we all knew this day would come, so why did it take them so long? Independent. 08 de fevereiro de 2018. Disponível em: <https://www.independent.co.uk/voices/pip-payments-dwp-review-personal-independence-mental-health-disability-benefits-why-so-long-a8200476.html>. Acesso em: 22 mar. 2021. Para uma avaliação detalhada do impacto deste caso, consulte: VANHALA, Lisa. KINGHAN, Jacqui. Using the law to address unfair systems: A case study of the Personal Independence Payments legal challenge. Londres: The Baring Foundation and Lankelly Chase, 2019. Disponível em: <https://cdn.baringfoundation.org.uk/wp-content/uploads/Using-the-law-to-address-unfair-systems.pdf>. Acesso em: 22 mar. 2021.

76 REINO UNIDO. High Court of Justice. [2002] A.C.D. 48 [20-21] (Munby J.). R. (PG) v. London Borough of Ealing. 28 de fevereiro de 2002.

77 REINO UNIDO. High Court of Justice. [2012] EWHC 2115 [14]. R (Bancoult) v. Secretary of State for Foreign and Commonwealth Affairs. 25 de julho de 2012. Um exemplo de permis-

vem cumprir os requisitos estabelecidos no Código de Processo Civil[78]. A prova especializada é permitida apenas quando for razoavelmente necessária para determinar questões relevantes[79]. Quando estão envolvidos, os especialistas têm um dever primordial para com o Tribunal e sua função é auxiliar o Tribunal, e não qualquer parte em particular[80]. O Tribunal também pode receber provas e argumentos de qualquer outra pessoa no caso, ou seja, dos interessados[81]. Os fatos podem ser, e geralmente são, acordados entre as partes antes de uma audiência.

Em segundo lugar, o ponto de partida geral no *judicial review* é que a prova relevante é aquela que estava perante o tomador de decisão e, ainda, qualquer informação relativa ao processo pelo qual essa decisão foi tomada. A discussão acerca da admissibilidade de provas externas pode ser analisada no caso Powis[82]. As categorias identificadas nesse caso podem ser resumidas da seguinte forma: provas mostrando qual material estava disponível para o tomador de decisão; provas relevantes para a determinação de uma questão de fato da qual dependia a jurisdição do tomador de decisão; provas relevantes para determinar se um procedimento adequado foi seguido; e provas utilizadas para provar uma alegação de parcialidade ou outra má conduta por parte do tomador de decisão. Embora essas categorias estejam agora bem estabelecidas, elas não são finais nem exaustivas e os tribunais estão dispostos a ir além delas[83].

Em terceiro lugar, muitas vezes pensa-se que o litígio de direito público é de natureza distinta porque, em vez de o tribunal forçar e garantir



são concedida pode ser visto em: REINO UNIDO. High Court of Justice. [2015] EWCA Civ 1232. R. (Jedwell) v. Denbighshire CC. 10 de março de 2016. A Corte de Apelação reafirmou que isso deve ser visto como uma exceção, consulte: REINO UNIDO. Court of Appeal. [2018] EWCA Civ 841 [2] (Hallett LJ), [54] (Underhill LJ). R (Talpada) v. Secretary of State for the Home Department. 24 de abril de 2018.

78 REINO UNIDO. Civil Procedure Rules. Parte 32. 17-25.

79 REINO UNIDO. Civil Procedure Rules. Parte 35.1. Ver também: Civil Procedure Rules. Parte 54.16.8. Para obter orientação sobre as circunstâncias em que as provas periciais podem ser admissíveis em uma ação de *judicial review*.

80 REINO UNIDO. Civil Procedure Rules. Parte 35.3.

81 REINO UNIDO. Civil Procedure Rules. Parte 54.17 (1).

82 REINO UNIDO. [1981] 1 WLR 584, 595 (Dunn LJ). R v. Secretary of State for the Environment, ex parte Powis. 1981.

83 REINO UNIDO. High Court of Justice. [2003] EWHC 2987 (Admin) (Collins J). R (Lynch) v. General Dental Council. 10 de dezembro de 2003. REINO UNIDO. High Court of Justice. [2018] EWHC 2094 (Admin). R (Law Society) v. Lord Chancellor. 03 de agosto de 2018.

a divulgação de provas entre as partes, normalmente confia-se no dever de "honestidade"[84]. Isso exige que as autoridades públicas, enquanto rés, "cooperem e ... divulguem com franqueza por meio de [declaração de testemunha] os fatos relevantes e (na medida em que não sejam evidentes em documentos contemporâneos que foram divulgados) o raciocínio por trás da decisão contestada"[85]. Em outras palavras, a autoridade pública ré deve fornecer ao tribunal explicações completas de todos os fatos relevantes para as questões que o tribunal deve decidir[86]. O fundamento lógico é que o objetivo não deve ser o sucesso, mas a garantia da legalidade. O dever "dura do início ao fim do processo"[87]. Os reclamantes também têm o dever, ao longo do curso de uma reclamação, de divulgar integralmente todos os fatos relevantes de que têm conhecimento e todos os fatos que teriam sido conhecidos se as investigações apropriadas fossem feitas[88].

Por trás desse panorama ortodoxo, a realidade contemporânea das provas no *judicial review* é uma questão muito mais complexa e confusa – na verdade, muitas vezes, acaba sendo também totalmente diferente. É claro, analisando os julgamentos, que o *judicial review* envolve uma ampla gama de provas[89]. É cada vez mais comum, por exemplo, ver estatísti-

---

84 Uma visão geral dos princípios-chave foi estabelecida em: REINO UNIDO. High Court of Justice. [2018] EWHC 1508 (Admin). R. (Hoareau) v. Secretary of State for Foreign and Commonwealth Affairs. 16 de maio de 2018. Ver também: REINO UNIDO. [1986] 2 All ER 941, p. 945. R v. Lancashire County Council, ex parte Huddleston. 1986. REINO UNIDO. High Court of Justice. [2009] EWHC 2387 (Admin). R (Al-Sweady) v. Secretary of State for Defence (No 2). 02 de outubro de 2009.

85 REINO UNIDO. Privy Council. [2004] UKPC 6 [86]. Belize Alliance of Conservation Non-Government Organisations v. Department of the Environment. 29 de janeiro de 2004.

86 REINO UNIDO. Court of Appeal. [2002] EWCA Civ 1409 [50]. R (Quark Fishing Ltd) v. SSFCA. 30 de outubro de 2002.

87 REINO UNIDO. Upper Tribunal (Immigration and Asylum Chamber). [2014] UKUT 439 [23]. R (Bilal Mahmood) v. Secretary of State for the Home Department. 23 de setembro de 2014. Ver também: TREASURY SOLICITOR'S DEPARTMENT. Guidance on discharging the duty of candour and disclosure in judicial review proceedings (January 2010). Disponível em: <https://assets.publishing.service.gov.uk/government/uploads/system/uploads/attachment_data/file/285368/Tsol_discharging_1_.pdf>. Acesso em: 22 mar. 2021.

88 REINO UNIDO. House of Lords. [1983] 2 AC 286, p.294G. Cocks v Thanet DC. Julgado em 25 de novembro de 1981; REINO UNIDO. Court of Appeal. [2016] EWCA Civ 416 [35-37], [71]. R (Khan) v Secretary of State for the Home Department. 08 de março de 2016.

89 Os julgamentos também oferecem apenas um vislumbre da base de provas da tomada de decisão no *judicial review* – muitas das evidências usadas na argumentação não serão apresentadas no texto da decisão.

cas quantitativas[90], pesquisas qualitativas[91] e provas técnicas produzidas por especialistas sendo citadas em julgamentos[92]. Os documentos políticos e administrativos são típicos em casos de *judicial review*. Estes podem assumir várias formas, incluindo: estratégias, revisões, relatórios, planos de entrega, orientação, manuais, planos de ação, circulares, estruturas, listas de verificação de implementação, códigos estatutários de prática, orientação de prática profissional, padrões de serviço, guias de operação, atas de reuniões interdepartamentais e governamentais locais, folhetos e treinamento distribuídos ao tomador de decisões e declarações ministeriais. As avaliações de impacto, incluindo avaliações de impacto de equidade, são agora ferramentas relativamente rotineiras do litígio – muitas vezes apresentam uma estrutura conveniente para o direito público cada vez mais preocupado com os objetivos das políticas, os impactos da ação governamental e a relação entre os dois[93]. Materiais de todas as fases da consulta pública também são comuns[94]. Da mesma forma, as evidências legislativas – incluindo projetos de lei, documentos de instrução parlamentar, evidências colhidas pelo do Comitê Parlamentar (por exemplo, recomendações, evidências citadas, relatórios), recomendações do governo[95] e notas explicativas – são amplamente citadas nos julgamentos[96], assim como ma-

90 Ver, por exemplo: REINO UNIDO. High Court of Justice. [2017] EWHC 59 (Admin). R (TN (Vietnam) & US (Pakistan)) v Secretary of State for the Home Department & Anor (Rev 1). 20 de janeiro de 2017. REINO UNIDO. High Court of Justice. [2016] EWHC 1781 (Admin). R (Sathanantham & Ors) v The Secretary of State for the Home Department & Anor. 21 de julho de 2016. REINO UNIDO. High Court of Justice. [2015] EWHC 2375 (Admin). R (HA) v London Borough of Ealing. 07 de agosto de 2015.

91 Ver, por exemplo: REINO UNIDO. Court of Appeal. [2017] EWHC 2447 (Admin). R (Conway) v The Secretary of State for Justice (Rev 1). 27 de junho de 2018.

92 Ver, por exemplo: REINO UNIDO. High Court of Justice. [2015] EWHC 990 (Admin). R (JK) v The Secretary of State for the Home Department & Anor. 20 de abril de 2015. REINO UNIDO. High Court of Justice. [2015] EWHC 3585 (Admin). Speed Medical Examination Services Ltd v Secretary of State for Justice. 11 de dezembro de 2015.

93 Ver, por exemplo: REINO UNIDO. High Court of Justice. [2017] EWHC 1446 (Admin). R (DA & Ors) v Secretary of State for Work and Pensions. 22 de junho de 2017. REINO UNIDO. High Court of Justice. [2016] EWHC 844 (Admin). R (Hudson Contract Services Ltd) v The Secretary of State for Business, Innovation and Skills. 18 de abril de 2016.

94 Ver, por exemplo: REINO UNIDO. High Court of Justice. [2015] EWHC 295 (Admin). R (The London Criminal Courts Solicitors Association & Ors) v The Lord Chancellor (Rev 1). 18 de fevereiro de 2015. REINO UNIDO. High Court of Justice. [2017] EWHC 1787 (Admin). Public and Commercial Services Union & Ors v Minister for the Cabinet Office. 18 de julho de 2017.

95 No original: "Hansard, Green and White Papers". Para detalhes, ver: https://www.parliament.uk/about/how/publications/government/ Acesso em: 23 mar. 2021. (N.T)

96 Ver, por exemplo: REINO UNIDO. High Court of Justice. [2017] EWHC 2309 (Admin). The Royal Society for the Protection of Birds Friends of the Earth Ltd & Anor v Secretary of

teriais de outras legislaturas[97] e organizações internacionais[98]. Evidências hipotéticas também são cada vez mais usadas[99].

Junto com a diversidade de provas, a realidade do processo contencioso não se alinha estritamente com o ideal. Por exemplo, o dever de "honestidade" parece estar sob tensão nos últimos anos. "Citizens UK" é talvez o exemplo recente mais conhecido disso[100]. Esse caso envolveu uma ONG que contesta, no Tribunal de Apelação, uma decisão que sustenta a legalidade de um célere processo adotado pelo Secretário de Estado para avaliar a elegibilidade de crianças desacompanhadas e requerentes de asilo para serem transferidas da França para o Reino Unido. As provas divulgadas ao Tribunal de Apelação não foram previamente divulgadas ao Tribunal Superior. O Tribunal de Apelação concluiu que a ausência de provas no Tribunal Superior significava que a juíza, Soole J., foi efetivamente induzida em erro em três questões materiais: que as crianças apenas receberam as razões escritas apresentadas pelas autoridades francesas; que a tentativa das autoridades francesas de obter razões mais detalhadas foi recusada pelas autoridades nacionais "pelo menos em parte com o fundamento de que isso daria origem ao risco de ações judiciais"; e o fato de que o governo francês solicitou uma revisão dos pedidos em questão. Singh LJ descobriu que essa falha, embora não

---

State for Justice the Lord Chancellor. 15 de setembro de 2017. REINO UNIDO. High Court of Justice. [2016] EWHC 2338 (Admin). R (Justice for Health Ltd) v The Secretary of State for Health. 28 de setembro de 2016. REINO UNIDO. High Court of Justice. [2016] EWHC 957 (Admin). Shindler & Anor v Chancellor of the Duchy of Lancaster & Anor. 28 de abril de 2016. REINO UNIDO. High Court of Justice. [2015] EWHC 3382 (Admin). Hurley & Ors v Secretary of State for Work and Pensions. 26 de novembro de 2015. REINO UNIDO. High Court of Justice. [2017] EWHC 2447 (Admin). R (Conway) v The Secretary of State for Justice (Rev 1). 27 de junho de 2018.

97 Ver, por exemplo: REINO UNIDO. High Court of Justice. [2016] EWHC 1169 (Admin). R (British American Tobacco (UK) Ltd & Ors) v Secretary of State for Health. 19 de maio de 2016.

98 Ver, por exemplo: REINO UNIDO. High Court of Justice. [2015] EWHC 1641 (Admin). Dudaev & Ors v The Secretary of State for the Home Department. 12 de junho de 2015. REINO UNIDO. High Court of Justice. [2015] EWHC 2092 (Admin). R (Davis & Ors) v Secretary of State for the Home Department & Ors. 17 de julho de 2015.

99 Ver, por exemplo: REINO UNIDO. High Court of Justice. [2015] EWHC 2183 (Admin). Child Soldiers International v The Secretary of State for Defence. 24 de julho de 2015. REINO UNIDO. High Court of Justice. [2017] EWHC 2589 (Admin). R. (AT) v Secretary of State for the Home Department. 18 de outubro de 2017. REINO UNIDO. High Court of Justice. [2016] EWHC 844 (Admin). R (Hudson Contract Services Ltd) v The Secretary of State for Business, Innovation and Skills. 18 de abril de 2016.

100 REINO UNIDO. Court of Appeal. [2018] EWCA 1812. R (Citizens UK) v Secretary of State for the Home Department. 31 de julho de 2018.

fosse necessariamente de má-fé, constituiu "uma violação grave do dever de honestidade e cooperação"[101]. Não temos evidências empíricas sistemáticas sobre o dever de honestidade e, portanto, é difícil dizer como o dever é implementado na prática em toda a gama de casos. No entanto, evidências recentes sobre o *judicial review*, particularmente no contexto de disputas de imigração, sugerem que a conduta das partes em litígio não é, necessariamente, sempre no espírito de colaboração e pode dar origem ao questionamento do bom julgamento que se faz acerca do dever de "autopoliciamento"[102].

Outro exemplo de uma lacuna crescente entre a prática e a abordagem ortodoxa é o uso de provas especializadas. A presença dos especialistas parece ser muito mais comum nas Cortes Administrativas do que sugere o quadro jurídico estritamente definido em torno deles. Da mesma forma, considerando a estreita aplicação do "dever de revelar" (*disclosure*) no *judicial review*[103], os requerentes muitas vezes têm que realizar (às vezes extenso) trabalho de coleta de evidências para se fornecerem as provas necessárias para fazer uma reclamação[104]. Frequentemente, isso pode assumir a forma de solicitações da "Lei de Liberdade de Informação"[105] de 2000 ou solicitações de acesso à informação[106].

O quadro geral ainda não está claro. O que está claro, entretanto, é que o *judicial review* é um campo no qual uma gama de provas diversas

101 *Ibid.*

102 Sobre o tema em geral, ver: THOMAS, Robert. TOMLINSON, Joe. Immigration Judicial Reviews: An Empirical Study. Londres: Nuffield Foundation, 2019.

103 O tribunal pode ordenar a divulgação dos dados antes da ação em procedimentos de *judicial review* de acordo com o CPR r.31.16 (3), embora tais pedidos sejam frequentemente mal-sucedidos, consulte: REINO UNIDO. Court of Appeal. [2014] EWHC 43 (Admin). British Union for the Abolition of Vivisection (BUAV) v Secretary of State for the Home Department. 30 de julho de 2008. Ver também: HARE, Ivan. DONNELLY, Catherine. WOOLF, Hon. *et al.* de Smith's Judicial Review. 8ª ed. Londres: Sweet & Maxwell, 2018.

104 Por exemplo, veja a extensa pesquisa que sustenta a bem-sucedida ação de *judicial review* apresentada pela Children's Society contra a exclusão de crianças separadas e migrantes da assistência jurídica: CONNOLLY, Helen. Cut Off from Justice: The impact of excluding separated migrant children from legal aid. University of Bedfordshire. 2015. Disponível em: <https://miclu.org/assets/uploads/2017/04/2CutOffFromJustice_Theimpactofexcludingseparatedmigrantchildrenfromlegalaid_TheChildrenSociety_July2015.pdf>. Acesso em: 24 mar. 2021.

105 "Freedom of Information Act 2000", no original. (N.T)

106 Para uma visão geral das principais vias de coleta de evidências, consulte: HARE, Ivan. DONNELLY, Catherine. WOOLF, Hon. *et al.* de Smith's Judicial Review. 8ª ed. Londres: Sweet & Maxwell, 2018.

é usada de forma criativa, que o modo como essas evidências são tratadas pelas partes e pelos tribunais parece estar mudando e que o uso das provas pode ter consequências importantes nos resultados obtidos. Ainda assim, carecemos de um corpo de conhecimento desenvolvido e sistematizado sobre o tema e é bastante claro que existe uma diferença entre a compreensão acadêmica e a prática cotidiana acerca da questão probatória. Isso precisa ser corrigido: uma lacuna crescente entre teoria, lei, procedimento e prática deveria ser, no mínimo, um motivo para reflexão. Isso exige que os advogados públicos enfrentem dois desafios. O primeiro desafio é desenvolver uma compreensão empírica da prática contemporânea. Há duas questões centrais aqui: quais provas estão sendo usadas nos procedimentos de *judicial review*; e como os tribunais estão determinando questões probatórias no *judicial review*? É necessário que essas questões sejam respondidas, o quanto antes, de forma empiricamente rigorosa: grande parte da análise disponível sobre o manuseio das provas pelos tribunais é prejudicada, ironicamente, pelo fato de que os autores elaboram suas críticas em uma base de provas escassa e estudos de caso seletivos[107]. O segundo desafio é analisar o direito e as práticas modernas e perguntar como podem ser otimizados – para litigantes, para representantes, para juízes, institucionalmente e constitucionalmente. Estudos normativos que abordam esta questão em outras jurisdições, principalmente nos Estados Unidos, sugerem que há uma série de questões espinhosas a serem exploradas, incluindo a relação entre a ciência (social e outras) e a lei[108], os riscos e recompensas dos tribunais que dependem das ciências sociais em casos de direito público[109],

107 TOMLINSON, Joe. Review: Constitutional Rights and Constitutional Design: Moral and Empirical Reasoning in Judicial Review. Vol. 388. Public Law, 2020.

108 FELDMAN, Robin. The Role of Science in Law. Oxforde: Oxford University Press, 2009; LEMPERT, Richard. Between Cup and Lip": Social Science Influence on Law and Policy. Vol. 10. Law & Policy. Denver: The Denver Publishing Institute, 1988; MONAHAN, John. WALKER, Laurens. Social Authority: Obtaining, Evaluating, and Establishing Social Science in Law. Vol. 134. University of Pennsylvania Law Review. Filadélfia: Penn Press, 1986; KRITZER, Herbert. The Arts of Persuasion in Science and Law: Conflicting Norms in the Courtroom. Vol. 72. Law and Contemporary Problems. Durham: Duke University, 2009; HAACK, Susan. Irreconcilable Differences? The Troubled Marriage of Science and Law. Vol. 72. Law and Contemporary Problems. Durham: Duke University, 2009; FAIGMAN, David. To Have and Have Not: Assessing the Value of Social Science to the Law as Science and Policy. Vol. 38. Emory Law Journal. Atlanta: Emory University School of Law, 1989.

109 MOHANAN, John. WALKER, Laurens. Judicial Use of Social Science Research. Law and Human Behavior, vol. 15, 1991; BERSOFF, Donald. GLASS, David. The Not-So Weisman: The Supreme Court's Continuing Misuse of Social Science Research. The University of Chicago

o efeito da pesquisa que está sendo desenvolvida no bojo do litígio[110], como as "formas de saber" nos tribunais se relacionam com as formas de conhecimento científico e administrativo[111], o que é considerado conhecimento fático aceito[112] e o padrão pelo qual os tribunais devem avaliar as evidências. Este artigo não é o lugar para oferecer respostas completas a tais questões, mas nosso foco na tomada de decisão automatizada nos força a confrontar a importância deste trabalho a partir da ausência de outros trabalhos sobre o tema: resta-nos abordar a tarefa de compreender as provas na era digital sem um campo desenvolvido que trate do direito probatório no ramo do direito público.

## 4. AS PROVAS NO *JUDICIAL REVIEW* E OS SISTEMAS DE TOMADA DE DECISÃO AUTOMATIZADA

Com os desafios que a opacidade nos sistemas de tomada de decisão automatizada apresentados, passamos agora a abordar diretamente a questão das implicações da tomada de decisão automatizada: que impacto esses sistemas terão nas provas utilizadas no *judicial review*?[113] Nossa opinião é de que provar os erros de direito público em tais sistemas apresenta uma série de desafios que exigirão não apenas inovação por parte dos requerentes, mas também uma reforma mais ampla dos



Law School Roundtable, Chicago, vol. 2, n. 1, 1995; MODY, Sanjay. Brown Footnote Eleven in Historical Context: Social Science and the Supreme Court's Quest for Legitimacy. Stanford Law Review, Palo Alto, vol. 54, 2002; MORGAN, Julie M. PULLIN, Diana. Social Science and the Courts: Challenges and Strategies for Bridging Gaps Between Law and Research. Education Researcher, vol. 39, 2010; DOYLE, William E. Can Social Science Data Be Used in Judicial Decision Making. Journal of Law & Education, vol. 6, 1977; GRUNWALD, Ben. Suboptimal Social Science and Judicial Precedent. University of Pennsylvania Law Review, Filadélfia, vol. 161, 2013; HASHIMOTO, Dean. Science as Mythology in Constitutional Law. Oregon Law Review, Eugene, vol. 76, 1997.

110 HAACK, Susan. What's Wrong with Litigation-Driven Science? An Essay in Legal Epistemology. Seton Hall Law Review, Newark, vol. 38, 2008.

111 LEE, Maria. NATARAJAN, Lucy. LOCK, Simon. *et al.* Techniques of Knowing in Administration: Co-production, Models, and Conservation Law. Journal of Law and Society, Cardiff, vol. 45, n. 3, 2018; MORAN, Rachel. What Counts as Knowledge?: A Reflection on Race, Social Science, and the Law. Law and Society Review, Los Angeles, vol. 44, 2010.

112 BURNS, Kylie. Judges, 'common sense' and judicial cognition. Griffith Law Review, Brisbane, vol. 25, 2016; WALKER, Laurens. MOHANAN, John. Social Facts: Scientific Methodology as Legal Precedent. California Law Review, Sacramento, vol. 76, n. 4, 1988.

113 Estamos assumindo aqui, de forma ampla, para os fins desta análise, que as normas de direito público existentes serão aplicadas aos sistemas de tomada de decisão automatizada. Não comentamos aqui se este é o caminho ideal.

princípios e dos procedimentos judiciais. Com base em nossa análise de como os sistemas de tomada de decisão automatizada funcionam e como eles irão interagir com nossa compreensão dos procedimentos, princípios e práticas do *judicial review*, sugerimos que haverá sete efeitos importantes.

Em primeiro lugar, os desafios da tomada de decisão automatizada colocarão maior ênfase em certos tipos de provas. Todos os tipos de prova identificados acima como sendo usados no *judicial review* continuarão a ser usados no contexto da tomada de decisão automatizada. No entanto, a ênfase das provas provavelmente recairá sobre documentos produzidos durante o desenvolvimento de sistemas automatizados, como avaliações de impacto de proteção de dados[114] e acordos de compartilhamento de dados entre departamentos[115]. Os sistemas com base digital também costumam vir acompanhados da necessidade de manuais oficiais de treinamento e mecanismos de suporte digital. Isso gera a necessidade de se ter a documentação que explique a operação do sistema em linguagem clara e que contenha, frequentemente, as orientações passo a passo de seu funcionamento. A pesquisa, particularmente a pesquisa de usuário, também é comum no desenvolvimento de sistemas digitais[116]. Este processo de *design* pode criar outro fluxo de provas. É provável que documentos oficiais amplamente aplicáveis que definem padrões digitais – como o "The Digital Service Standard", que é um conjunto de 18 princípios e padrões de *design* que se aplicam a projetos digitais do Governo Central com o objetivo de "ajudar equipes a criar e executar bons serviços públicos que atendam ao "Padrão de Serviço" – também se tornarão comumente

114 HARRIS, Swee Leng. Data Protection Impact Assessments as Rule of Law Governance Mechanisms. Data & Policy, Cambridge, vol. 2, 2020.

115 Para obter um exemplo do Esquema de Liquidação da União Europeia, consulte: Memorandum of Understanding (Process) between HMRC (Data Directorate) and Home Office (2019). Disponível em: <https://assets.publishing.service.gov.uk/government/uploads/system/uploads/attachment_data/file/790661/Home_Office_-_HMRC_API_EU_Exit_MoU.PDF>. Acesso em: 28 mar. 2021.

116 TOMLINSON, Joe. Justice in the Digital State: Assessing the Next Revolution in Administrative Justice. Bristol: Bristol University Press, 2019, cap. 4; CLARKE, Amanda. CRAFT, Jonathan. The Twin Faces of Public Sector Design. Governance, New Jersey, vol. 32, n. 1, 2018; CLARKE, Amanda. CRAFT, Jonathan. The Vestiges and Vanguards of Policy Design in a Digital Context. Canadian Public Administration, Toronto, vol. 60, n. 4, 2017. ANTHOPOULOS, Leo. SIOZOS, Panagiotis. TSOUKALAS, Ioannis. Applying participatory design and collaboration in digital public services for discovering and re-designing e-Government services. Government Information Quarterly, vol. 24, 2007.

utilizados[117]. Essas provas podem ajudar a fornecer um conjunto probatório básico para o ajuizamento das revisões judiciais, representando uma facilidade quando comparado à busca por provas primárias que tratem dos impactos dos sistemas de tomada de decisão automatizada. Contudo, a ilegalidade desses sistemas muitas vezes surge no contexto de sistemas efetivamente "fictícios", nos quais muito é prometido de um determinado esquema, mas a promessa não é cumprida, ou é entregue de modo falho na prática. Em tal contexto, no entanto, os materiais de *design* e suporte do sistema são úteis apenas na medida em que dizem respeito à intenção oficial declarada e não à realidade do sistema.

Em segundo lugar, para estabelecer uma base probatória sobre a operação e o impacto de um sistema de tomada de decisão automatizada, os litigantes terão que recorrer a novas técnicas de apuração dos fatos. Estudiosos do jornalismo e da comunicação estão liderando o desenvolvimento de métodos úteis para explorar algoritmos e sistemas de tomada de decisão automatizada. Por exemplo, Sandvig et al propuseram vários modos de auditoria de algoritmo[118]. Um exemplo é uma "auditoria de raspagem", na qual "um pesquisador pode emitir consultas repetidas para uma plataforma e observar os resultados"[119]. Outro é uma "auditoria de fantoches de meia", na qual "ao invés de contratar atores para representar posições diferentes em uma manipulação aleatória como "testadores", os pesquisadores usariam programas de computador para se passar por usuários, provavelmente criando contas de usuário falsas ou um tráfego construído de forma programada"[120]. A viabilidade dessas



117 Esse manual em si inclui uma diretiva para "operar um serviço confiável" e as equipes de serviço são incentivadas a, por exemplo, realizar regularmente testes de garantia de qualidade, testar o serviço em um ambiente que seja o mais semelhante ao "real" possível e ter monitoramento adequado em vigor, juntamente com um plano proporcional e sustentável para responder aos problemas identificados pelo monitoramento.

118 SANDVIG, Christian. HAMILTON, Kevin. KARAHALIOS, Karrie. *et al.* Auditing Algorithms: Research Methods for Detecting Discrimination on Internet Platforms. Seattle: "Data and Discrimination: Converting Critical Concerns into Productive Inquiry,", 2014. Disponível em: <http://www-personal.umich.edu/~csandvig/research/Auditing%20Algorithms%20--%20Sandvig%20--%20ICA%202014%20Data%20and%20Discrimination%20Preconference.pdf>. Acesso em: 14 mar. 2021. Ver também: RIEKE, Aaron. BOGEN, Miranda. ROBINSON, David G. Public Scrutiny of Automated Decisions: Early Lessons and Emerging Methods. 2018. Disponível em: <https://omidyar.com/wp-content/uploads/2020/09/Public-Scrutiny-of-Automated-Decisions.pdf>. Acesso em: 28 mar. 2021.

119 *Ibid*, p. 12.

120 *Ibid*, p. 13.

técnicas depende muito do contexto – incluindo as estruturas éticas e jurídicas relevantes nas quais os litigantes estão operando – e do acesso à experiência.

Juntamente com as novas técnicas de apuração de fatos, os litigantes serão forçados a confiar mais nas vias legais para obter acesso às informações. Por exemplo, nos locais onde a tomada de decisão automatizada depende de dados pessoais (que estarão na maioria dos sistemas usados na administração pública para tomar decisões sobre indivíduos), o Regulamento Geral de Proteção de Dados e a Lei de Proteção de Dados de 2018 exigem a uma variedade de informações para que os dados sejam exibidos[121]. Isso inclui o direito de fornecer informações sobre os dados pessoais do reclamante que foram coletados e as finalidades para fazê-lo[122], o direito de ser informado sobre a existência de tomada de decisão exclusivamente automatizada e, em certos casos, "informações significativas sobre a lógica envolvida, bem como a importância e as consequências previstas de tal processamento para o titular dos dados"[123]. No entanto, permanece vivo um debate significativo sobre as limitações dessas proteções e se é possível obter uma explicação completa de um sistema de tomada de decisão automatizada que pode incorporar uma visão sobre o motivo de uma decisão individual específica ter sido tomada de uma certa forma e a lógica do modelo geral[124].

Em quarto lugar, a capacidade dos princípios convencionais do direito público de forçar a divulgação dos sistemas de tomada de decisão automatizada será testada. Já existem várias circunstâncias em que os tribunais começaram a aplicar princípios públicos a tipos de tomada de

121 Regulamento (UE) 2016/679 do "European Parliament and of the Council", de 27 de abril de 2016, relativo à proteção das pessoas naturais no que diz respeito ao tratamento de dados pessoais e à livre circulação desses dados, e que revoga a Diretiva 95/46/CE ("GDPR").

122 *Ibid.* Art. 13(1).

123 *Ibid.* Art. 15(1)(h).

124 WACHTER, Sandra. MITTELSTADT, Brent. FLORIDI, Luciano. Why a right to explanation of automated decision-making does not exist in the General Data Protection Regulation. International Data Privacy Law, Oxforde, vol. 7, n. 2, 2017; SELBST, Andrew. POWLES, Julia. Meaningful information and the right to explanation. International Data Privacy Law, Oxforde, vol. 7, n. 4, 2017; MALGIERI, Gianclaudio. COMANDÉ, Giovanni. Why a right to legibility of automated decision-making exists in the General Data Protection Regulation. International Data Privacy Law, Oxforde, vol. 7, n. 4, 2017; EDWARDS, Lilian. VEALE, Michael. Slave to the algorithm? Why a "right to an explanation" is probably not the remedy you are looking for. Duke Law & Technology Review, Durham, vol. 17, 2017.

decisão automatizada ou sistemas comparáveis. No caso "Ames", o reclamante buscou o *judicial review* da oferta da Agência de Assistência Jurídica em relação aos honorários advocatícios de sua defesa criminal[125]. A Agência recusou-se a divulgar a "calculadora" usada para determinar o nível das taxas oferecidas. O Tribunal Superior considerou que esta recusa era "insustentável" e tornou a oferta da Agência inválida. A calculadora foi considerada "uma parte muito importante" do processo de tomada de decisão e a "Legal Aid Agency" "claramente deve um dever de transparência e clareza" em relação a ela[126]. No caso "Eisai", o réu recusou-se a fornecer ao requerente uma versão totalmente executável do modelo usado para avaliar a relação custo-eficácia dos medicamentos do requerente[127]. A Corte de Apelação considerou que se tratava de uma negativa de "justiça processual", pelo que rejeitou as alegações do réu de que a divulgação dessas informações prejudicaria a confidencialidade ou seria excessivamente onerosa. Richards LJ sustentou que "o tribunal deve, na minha opinião, ser mais cauteloso para permitir que considerações administrativas deste tipo se interponham no caminho de sua liberação[128]". Da mesma forma, no caso "Savva", a Corte de Apelação considerou que uma autoridade local era obrigada a publicar e explicar sua ferramenta matemática para calcular orçamentos pessoais de cuidados comunitários, como parte de um dever comum de prestar informações[129]. A Corte reconheceu que o ônus de prestar informações "não seria insignificante, mas é o que a simples justiça exige"[130]. Essas decisões – e decisões de outras jurisdições[131] – demonstram que os tribunais estão dispostos a adaptar o direito administrativo para proteger seus princípios, mas os limites de tais princípios para efetivamente forçar a transparência



125 REINO UNIDO. High Court of Justice. [2018] EWHC 2250 (Admin). R (Ames) v Lord Chancellor. 23 de agosto de 2018.

126 *Ibid.*

127 REINO UNIDO. Court of Appeal. [2008] EWCA Civ 438. R (Eisai Ltd) v National Institute for Health and Clinical Excellence. 1° de maio de 2008.

128 *Ibid.* Ver a aplicação adicional desta decisão pelo "Competition Appeal Tribunal" em: REINO UNIDO. United Kindom Competition Appeals. [2014] CAT 11. Appeal Tribunal in HCA International Limited v Competition and Markets Authority. 25 de julho de 2014.

129 REINO UNIDO. Court of Appeal. [2010] EWCA Civ 1209. R (Savva) v Kensington and Chelsea RLBC. 28 de outubro de 2010.

130 *Ibid.*

131 CANADÁ. Supreme Court Judgments. [2018] 2 SCR 165. Ewert v Canada. 13 de junho de 2018. NOVA ZELÂNDIA. District Court of the Hague. C-09-550982-HA ZA 18-388. NJCM v The Netherlands. 05 de fevereiro de 2020.

provavelmente serão testados ainda mais no contexto dos sistemas de tomada de decisão automatizada, especialmente nos locais onde os sistemas são implantados em uma escala significativa ou onde empresas privadas estão envolvidas nesse processo.

Em quinto lugar, os sistemas de tomada de decisão automatizada podem levar a uma maior dependência de provas produzidas por especialistas, a fim de traduzir questões tecnológicas complexas para o público jurídico. A relação entre a prova pericial e o *judicial review* já é confusa. Em geral, a posição atual é que a prova pericial não deve ser admitida, a menos que o tribunal a exija para compreender o contexto técnico relevante[132]. Nos casos em que é admitida, a prova pericial deve estar de acordo com as regras do Código de Processo – Parte 35[133]. Recentemente, essa posição parece ter evoluído ainda mais, tanto com a prova pericial se tornando mais comum[134], quanto com a revisitação do arcabouço legal[135]. No caso "The Law Society", a Corte Administrativa reiterou o ponto de partida convencional: "isso decorre da própria natureza de um pedido do *judicial review*, em que a prova pericial raramente é razoavelmente necessária para resolvê-la Isso porque, não é função do tribunal, ao decidir sobre o pedido, avaliar o mérito da decisão cuja revisão judicial é pedida"[136]. No entanto, o Tribunal também sugeriu que um dos casos em que as provas periciais podem ser relevantes é aquele em que "se alega que a decisão impugnada foi alcançada por meio de um processo de raciocínio que envolveu um grave erro técnico"[137]. Em vista do avanço dos sistemas de tomada de decisão automatizada, o uso de provas periciais pode ser necessário e certamente se enquadra nos procedimentos já existentes. Como parte disso, pode ser

---

132 REINO UNIDO. High Court of Justice. [2003] EWHC 2987 (Admin) (Collins J). R (Lynch) v. General Dental Council. 10 de dezembro de 2003. Ver também: REINO UNIDO. (1998) 1 CCLR 168, 180E–G. R v Haringey BC ex p. Norton. REINO UNIDO. Court of Appeal. [2016] EWCA Civ 564, [2016] 1 WLR 4338 at [69-75]. R (Mott) v Environment Agency. 17 de junho de 2016.

133 REINO UNIDO. Court of Appeal. [2016] EWCA Civ 1182, [2018] QB 149. R (British American Tobacco UK Ltd) v Secretary of State for Health. 30 de novembro de 2016.

134 Muitos casos agora envolvem várias evidências de especialistas, consulte, por exemplo: REINO UNIDO. High Court of Justice. [2015] EWHC 1723 (Admin). R. (on the application of British Academy of Songwriters, Composers and Authors) v Secretary of State for Business, Innovation and Skills. 19 de junho de 2015.

135 Para análise, ver: BLUNDELL, David. Of Evidence and Experts: Recent Developments in Fact-finding and Expert Evidence in Judicial Review. Judicial Review, vol. 243, 2019.

136 REINO UNIDO. High Court of Justice. [2018] EWHC 2094 (Admin). R (Law Society) v. Lord Chancellor. 03 de agosto de 2018.

137 *Ibid.*

que sistemas fictícios e outras provas de simulação semelhantes – que são úteis para explicar como sistemas digitais complexos funcionam – também sejam mais comuns. No entanto, os princípios básicos da tomada de decisão automatizada não estão além do alcance dos profissionais do direito de hoje mais do que as complexidades de, por exemplo, modelos ambientais[138]. Por esse motivo, outra parte do quadro aqui desenhado provavelmente será o desenvolvimento inevitável de profissionais do direito público – consultores, advogados, juízes e outros – tornando-se amplamente familiarizados com os fundamentos dos sistemas automatizados, os riscos que eles apresentam e como contestá-los.

Em sexto lugar, a definição do ônus e do padrão da prova que os tribunais exigem para estabelecer um erro de direito público em sistemas de tomada de decisão automatizada exigirá maior elaboração, e há bons argumentos de que uma abordagem personalizada deve ser desenvolvida nesse contexto. Dado que os sistemas automatizados se baseiam em uma única lógica central, uma questão importante é saber se o *judicial review* de tal sistema exigirá prova de que todo o sistema está falho. Se isso for necessário, isso representaria uma batalha muito mais substancial para os requerentes em um terreno já difícil, ao mesmo tempo em que proporcionaria à administração outro forte escudo. Uma possibilidade aqui é que os tribunais ajustem o padrão dependendo da natureza e da extensão da opacidade em um sistema específico. De modo similar, os tribunais poderiam explorar em que ponto o dever de explicar o funcionamento do sistema automatizado é transferido para o governo[139]. Por exemplo, nos casos em que as preocupações sobre os processos de tomada de decisão automatizada têm como premissa os riscos apresentados pelo algoritmo, então a prestação de informações poderia se dar no "estilo Tameside" (o que requer que um tomador de decisão adote "medidas razoáveis para familiarizar-se com as informações relevantes" que lhe permitam responder às questões formuladas)"[140]. Em princípio,

138 Ver, por exemplo: FISHER, Elizabeth. PASCUAL, Pasky. WAGNER, Wendy. Understanding Environmental Models in Their Legal and Regulatory Context. Journal of Environmental Law, Nova York, vol. 251, 2010.

139 DEEKS, Ashley. The Judicial Demand for Explainable Artificial Intelligence. Columbia Law Review, Nova York, vol. 119, n. 7, 2019.

140 REINO UNIDO. House of Lords. [1977] AC 1014, 1065. Secretary of State for Education and Science v Tameside MBC. 21 de outubro de 1976. Ver também: KNIGHT, Christopher. Automated Decision-making and Judicial Review. Judicial Review, vol. 25, 2020.

um dos benefícios prometidos com o avanço dos sistemas automatizados é a capacidade do próprio sistema de tomada de decisão de reunir provas sobre seu funcionamento de forma automática e, portanto, de maneira mais eficiente. Os argumentos para que o governo aproveite e compartilhe a vantagem de seu acesso relativamente fácil a tais dados – obtido por meio do uso do sistema automatizado – têm muita força.

Finalmente, alguns elementos do procedimento do *judicial review* são, sem emenda ou aplicação flexível, provavelmente inviáveis na prática – ou, pelo menos, geram problemas – em um contexto de tomada de decisão automatizada. Como resultado, podem aumentar os casos que exijam uma revisão e reforma do procedimento. Um exemplo claro é o prazo de prescrição de uma reclamação. Um pedido de permissão para requerer o *judicial review* deve ser feito prontamente e dentro de três meses a partir da data em que os fundamentos para o pedido surgiram pela primeira vez[141]. Em um sistema opaco, construir um conjunto probatório nesse período pode ser muito difícil, senão impossível. Deixando de lado as complexidades dos possíveis argumentos relacionados ao tempo[142], está sendo cada vez mais reconhecido que essa é uma barreira significativa para a revisão judicial da tomada de decisão automatizada[143]. Outro exemplo de reforma processual em potencial foi recentemente levantado por Lord Sales[144]. Considerando a necessidade de prova pericial que "será cara e demorada, de maneira que pareça estranha no contexto do *judicial review*", o autor levantou a possibilidade de criar "algum sistema pelo qual o tribunal possa encaminhar o caso para avaliação pericial neutra, feita por uma comissão de algoritmo ou um especialista nomeado

141 REINO UNIDO. Civil Procedure Rules. Parte 54.5(1). Limites de tempo mais curtos são especificados pelo CPR em 54.5 (5) e (6), que estabelece que um formulário de reclamação para certos *planning judicial review* deve ser apresentado dentro de seis semanas e dentro de 30 dias para certos casos de aquisição.

142 O tribunal pode prorrogar o prazo de apresentação do pedido, nos termos do CPR (Civil Procedure Rules) 3.1 (2) (a)), se houver boas razões para o fazer.

143 COBBE, Jennifer. Administrative Law and the Machines of Government: Judicial Review of Automated Public-Sector Decision-Making. Legal Studies, Legal Studies, Cambridge, vol. 636, 2019. p. 541: "Devido à complexidade dos sistemas de aprendizado de máquina e as quantidades de dados envolvidos no sistema de tomada de decisão automatizada, três meses podem não ser suficientes para um reclamante em potencial obter os dados e outras informações necessárias para avaliar uma decisão, assim como pode ser insuficiente para fazer a avaliação a ser efetivamente realizada".

144 LORD SALES. Algorithms, Artificial Intelligence and the Law. The Sir Henry Brooke Lecture, 2019.

independentemente, e que deve retornar um relatório com informações para o tribunal"[145]. Tais pressões e propostas irão, sem alteração ou aplicação flexível do procedimento atual, adicionar peso à reforma do procedimento geral do *judicial review* em algum momento no futuro.

## 5. CONCLUSÃO

Há um risco real de que a implantação de sistemas de tomada de decisão automatizada dentro da administração, devido à sua opacidade, crie barreiras para que o *judicial review* seja efetivo. Este artigo explorou a complexidade envolvida nos aspectos probatórios de tais casos. Nossa análise sugere que esse modo emergente de administração pode ter uma série de impactos nas práticas contemporâneas relativas às provas no *judicial review*. Nossa exploração também revela como os estudos atuais estão operando de modo deficiente em relação ao papel das provas de casos de direito público. Nossa conclusão é, portanto, que os advogados públicos devem avançar no sentido de estabelecer um subcampo preocupado com as provas no direito público que seja capaz de lidar com os desafios multifacetados que o rápido avanço do "governo digital" apresenta, assim como com uma série de outras questões probatórias que foram, por muito tempo, deixadas sem atenção.



145 *Ibid.*

# 4

## Reinventando os acordos com o *Multi-Party Computation*[1]

**Alyson Carrel**[2-3]

*Traduzido por Pedro Henrique Leite de Castro*[4]

**Sumário:** 1. Depósito de Informações para Infratores Reincidentes. 2. Depósito de informações para organizações e locais de trabalho que defendem os infratores (mesmo que seja um único ato). 3. Relatando a totalidade dos atos.

Nas últimas quatro décadas, acadêmicos já têm debatido de modo mais amplo o impacto das negociações privadas no interesse público[5]. No entanto, o avanço da tecnologia do *Multi-Party Computation* (MPC) apresenta um novo caminho para reinventar a maneira como as partes concretizam essas negociações. Como se verá, o debate evoluiu de uma discussão centrada em a escolha entre os interesses público e

1 A versão em inglês do artigo foi publicada pelo *Journal of Technology and Intellectual Property*, aqui publicada e traduzida com autorização.

2 Alyson Carrel é professora associada na *Northwestern Pritzker School of Law* (EUA) e co-diretora no *Center on Negotiation and Mediation*.

3 Agradeço à Lynn Cohn, Leonard Riskin, Daniel Gandert, Annalise Buth, Deborah Tuerkheimer, Xiao Wang, and Peter Chan pelo apoio e comentários perspicazes sobre os rascunhos anteriores. Também à Noam Ebner por sua liderança e colaboração no estudo do papel da tecnologia na resolução de disputas. Uma versão anterior deste artigo foi apresentada na série de palestras da *Northwestern CS + Law Faculty*, organizada pelos Professores Daniel Linna e Kristian Hammond, e na conferência de *University of Oregon's Experimental ADR*, organizada pelo Professor Jen Reynolds, e agradeço a todos os participantes pelos comentários e sugestões.

4 Pedro Henrique Leite de Castro é advogado e graduado em direito na Universidade Federal de Minas Gerais.

5 *Ver*, Owen M. Fiss, *Against Settlement*, 93 The Yale L.J. 1073 (1984); Carrie Menkel-Meadow, *Whose Dispute Is It Anyway? A Philosophical and Democratic Defense of Settlement (In Some Cases)*, 83 Geo L.J. 2663 (1995).

privado, para um sistema de opções plurais, no qual as partes possuem a escolha de fazer acordos com variados graus de elementos públicos e privados, sendo desnecessário escolher um em detrimento do outro. Este artigo, utilizando os casos contra *Harvey Weinstein* e as recentes divulgações dos acordos de confidencialidade (em inglês, *non-disclosure agreements - NDA*) que ocultaram reiterados casos de assédio sexual, busca demonstrar como o mecanismo de negociação feito no MPC pode apresentar um conjunto de opções plurais, que não resultam na difícil escolha entre priorizar os interesses privados dos indivíduos e as necessidades da sociedade.[6]

Para começar, o debate sobre o impacto de negociações privadas no interesse público não é novidade. Em 1976, o Professor Frank Sander discursou na segunda *Global Pound Conference* e defendeu o argumento de que os tribunais eram demasiadamente lentos, tinham grandes custos, e poderiam ser inacessíveis aos litigantes que mais precisavam[7]. Ele propôs que os tribunais adotassem uma abordagem multiportas, que garantisse meios para a resolução de conflitos, incluindo arbitragem, mediação e negociação[8]. Argumentou-se que isso não apenas aliviaria o acervo de processos judiciais, mas também que os acordos privados forneceriam benefícios significativos de justiça social aos indivíduos[9]. Esses benefícios incluiriam i) a autonomia individual e a autodeterminação sobre o resultado dos seus casos[10], ii) a confidencialidade para a total liberdade da palavra durante as negociações, protegendo-os de potenciais danos à imagem e reputação[11], iii) a criatividade e a liberdade para o desenvolvi-

6 Este artigo aborda o problema de um ponto de vista centrado na vítima, mas reconhece que o acordo só é eficaz se os réus também encontrarem valor no acordo.

7 Frank E.A. Sander, Varieties of Dispute Processing, Address Delivered na National Conference on the Causes of Popular Dissatisfaction with the Administration of Justice, 70 F.R.D. 79, 111 (1976). Para a história da Global Pound Conferences, ver Traum, Lara and Farkas, Brian, The History and Legacy of the Pound Conferences, 18 Cardozo J. Conf. Resol 677 (2017).

8 *Id.* (Usualmente referido como "multi-door courthouse").

9 Menkel-Meadow, *supra* note 5, p. 2669-70.

10 Ver, e.g., Nancy Welsh, The Thinning Vision of Self-Determination in Court-Connected Mediation: The Inevitable Price of Institutionalization? 6 Harv. Negot. L. Rev. 1, 15-16 (2001). Mas ver, e.g., Nancy Welsh, Do You Believe in Magic?: Self-Determination and Procedural Justice Meet Inequality in Court-Connected Mediation, 70 SMU L. Rev. 721, 721(2017).

11 A confidencialidade agora é protegida em vários graus por vários regimentos de tribunais e leis. Ver, e.g.,Unif. Mediation Act § 8 (2001). But see, e.g.,Christopher Honeyman, Confi-

mento das soluções[12], iv) o potencial para melhorar relacionamentos[13], e v) a capacidade de se expressar, especialmente para aqueles que não conseguem custear um acesso ao poder judiciário efetivo[14]. Entretanto, essa pressão por alternativas fora dos tribunais gerou críticas de que a expansão do uso de negociações privadas prejudicaria desproporcionalmente a sociedade, porquanto impediria que os tribunais atuassem como protetores do bem comum[15]. A transferência da resolução dos conflitos dos tribunais para o ambiente privado distorce a percepção social dos problemas, e de um modo geral, colocou muita ênfase na resolução individual e não o suficiente na sociedade e no impacto sistêmico inerente a uma disputa. O debate resultante tornou-se essencialmente aquele sobre quais interesses priorizar: as partes, ou o bem público afetado pelas repercussões estruturais que o assunto representava[16].

As recentes acusações de assédio e agressão sexual e escondidas por Harvey Weinstein e outros indivíduos conhecidos, conduzidas em negociações privadas e acordos de confidencialidade, aponta exatamente para este debate. Diversas mulheres foram a público denunciar os casos – até então protegidos pela confidencialidade – de assédio e agressão sexual, começando pelo artigo de Ronan Farrow no New Yorker[17]. As vítimas nomearam os agressores e exigiram uma prestação de contas (tanto deles

dential, More or Less: The Reality, and Importance, of Confidentiality is Often Oversold by Mediators and the Profession, Disp. Resol. Mag., Winter 1998, p. 12.

12 Ver, e.g., Carrie Menkel-Meadow, Aha? Is Creativity Possible in Legal Problem Solving and Teachable in Legal Education?, 6 Harv. Negot. L. Rev. 97, 97-144 (2001).

13 Ver, e.g., Deborah Thompson Eisenberg, What We Know and Need to Know About Court-Annexed Dispute Resolution, 67 S.C. L. Rev. 245, 248 (2016).

14 Ver, e.g., Nancy, Nancy A. Welsh, Making Deals in Court-Connected Mediation: What's Justice Got To Do With It?, 79 Wash. U. L.Q. 787, 791 (2001); ver, Nancy A. Welsh, Stepping Back Through the Looking Glass: Real Conversations with Real Disputants About Institutionalized Mediation and Its Value, 19 Ohio St. J. on Disp. Resol. 573 (2004).

15 Ver, e.g., Fiss, supra note 2, at 1075; Laura Nader, Commentary, in THE POUND CONFERENCE: PERSPECTIVES ON JUSTICE IN THE FUTURE 114, 115-19 (A. Leo Levin & Russell R. Wheeler eds., 1979); Harry T. Edwards, Alternative Dispute Resolution: Panacea or Anathema?, 99 Harv. L. Rev. 668, 668-69 (1986); Trina Grillo, The Mediation Alternative: Process Dangers for Women, 100 Yale L.J. 1545, 1561 (1991); David Luban, Settlements and the Erosion of the Public Realm, 83 Geo. L.J. 2619, 2622-26 (1995).

16 *Ver*, Menkel-Meadow, *supra* note 5, p. 2663-71.

17 Ronan Farrow, From Aggressive Overtures to Sexual Assault: Harvey Weinstein's Accusers Tell Their Stories, The New Yorker (Oct. 10, 2017), https://www.newyorker.com/news/news-desk/from-aggressive-overtures-to-sexual-assault-harvey-weinsteins-accusers-tell-their-stories.

quanto das organizações e indústrias que os apoiavam). Essa foi a primeira oportunidade na qual essas mulheres falaram abertamente do assédio e da agressão; algumas nunca haviam sequer denunciado o episódio, enquanto outras denunciaram, mas concordaram com uma negociação privada, que escondia o assédio por meio de um NDA[18]. As previsões dos críticos das negociações privadas se provaram precisas: houve um impedimento da responsabilização individual, não se verificaram mudanças de comportamentos, nem a proteção de outras pessoas de sofrerem os mesmos danos, impedindo, ainda, uma compreensão social das questões sistêmicas mais amplas e da prevalência do assédio sexual na sociedade. Sem as denúncias e o conhecimento dessas ações, os tribunais não poderiam cumprir seu dever de prevenção, nem refletir ou fazer cumprir as normas sociais e morais da sociedade[19]. Neste novo contexto, novamente, os críticos combateram as negociações privadas, requerendo a proibição do uso de NDAs em casos de assédio e agressão sexual aos estados e organizações[20]. Com base nas recentes revelações, o argumento utilizado foi de que os estados deveriam priorizar o interesse público de proteger o bem comum, acima de qualquer interesse privado, com a proibição do uso de NDAs neste tipo de litígio[21]. O objetivo seria garantir que essas reprováveis condutas não pudessem ser escondidas por meio de negociações privadas, a fim de proteger terceiros de sofrer o mesmo dano[22].

Nesse sentido, o estado da Califórnia aprovou uma lei proibindo os NDAs[23]. Outros estados, incluindo Maryland, aprovaram leis que tornaram NDAs, em matéria de assédio ou agressão sexual, inexequíveis, nulos ou ineficazes, a depender do caso[24]. Alguns empresários e representantes de companhias, como a *Conde Nast*, decidiram declarar voluntariamente que não usariam NDAs em disputas de assédio sexual[25].

18 *Id.*

19 Ver Fiss, *supra note* 2, p. 1085-87; Luban, *supra note* 12.

20 Ver Prasad Vasundhara, If Anyone Is Listening, #Metoo: Breaking the Culture of Silence Around Sexual Abuse Through Regulating Non-Disclosure Agreements and Secret Settlements, 59 B.C. L. Rev. 2507, 2520-23 (2018).

21 *Id.*

22 *Id.*

23 S.B. 820, Cal. 2017-2018 Reg. Sess., 2017 CA S.B. 820(NS), ch.953 (Cal. 2018), https://leginfo.legislature.ca.gov/faces/billNavClient.xhtml?bill_id=201720180SB820.

24 H.B. 1596, 2018 Reg. Sess. ch.738 (Md. 2018).

25 Katie Robertson, *Condé Nast to Limit the Use of NDAs*, The New York Times (Feb. 21, 2020), https://www.nytimes.com/2020/02/21/business/media/conde-nast-nda.html.

Embora essas novas leis e políticas tenham limitado o direito de um indivíduo de escolher um acordo privado, elas o fizeram para garantir que os malfeitores não pudessem mais ocultar seu comportamento.

Apesar de bem-intencionadas, as desvantagens dessas proibições de NDAs persistem. Conforme o debate, existem benefícios de justiça social pela negociação privada[26]. Para alguns indivíduos, é imprescindível ter autonomia para dirimir uma reclamação sem ter que arcar com os custos e riscos de ir a um tribunal. As vítimas de assédio sexual geralmente querem lidar com o assunto rapidamente e seguir em frente. Elas não querem que esta experiência as acompanhe em suas carreiras e potencialmente arruínem a sua reputação profissional ou pessoal. Por essa razão, essas pessoas costumam usar a confidencialidade como alavanca durante as negociações do eventual acordo, funcionando quase que como moeda de troca com os criminosos que também precisam de privacidade. Existe uma cruel ironia, tendo em vista que a proteção de futuras vítimas tem como base a proibição de NDAs, que pode prejudicar aquelas pessoas que já sofreram o episódio. Por isso, diversos estados, reconhecendo essa ironia, limitaram a proibição aos acusados, com a criação de uma exceção de permissão dos NDAs, desde que solicitado pela vítima[27].

Muitas vítimas de assédio sexual não denunciam o episódio[28], especialmente pelo medo do descrédito ou de sofrerem retaliação. Por essa razão, algumas mulheres têm confiado em mecanismos informais ou extralegais, para reportar situações de assédio e agressões sexuais, tais como a "rede de sussurros internacionais,"[29] onde compartilham a informação com várias pessoas em situação semelhante sem nunca preencher uma reclamação formal. Novos mecanismos também foram desenvolvidos, como por exemplo, fóruns públicos *on-line,* em que cada pessoa pode elaborar um post sobre a sua experiência de maneira anônima (alguns indicam o nome do agressor, enquanto outros não),



---

26 Ver, Menkel-Meadow, *supra note* 2.

27 *Ver, e.g.*, Or. Rev. Stat. § 659A.370 (2019).

28 *Select Task Force on the Study of Harassment in the Workplace: Report of Co-Chairs Chai R. Feldblum & Victoria A. Lipnic*, U.S. Equal Emp. Opportunity Comm'n (Jun. 2016), https://www.eeoc.gov/eeoc/task_force/harassment/report.cfm.

29 Deborah Tuerkheimer, *Beyond #MeToo*, 94 N.Y.U. L. Rev. 1146, 1168-74 (2019) (descrevendo uma nova taxonomia para denúncias não oficiais de assédio sexual).

e fóruns privados, seja *on-line* ou *off-line*, em que as vítimas até se revelam, mas com a proteção de um fórum fechado[30]. Esses mecanismos extralegais, no entanto, têm limitações. Por não serem oficiais, podem não levar à responsabilização do agressor. Em um segundo lugar, se a identidade do acusado se tornar pública, ele pode ameaçar processar o denunciante por calúnia ou difamação, o que pode prejudicar, novamente, a vítima, independentemente do resultado. Além disso, os indivíduos acusados de assédio sexual nesses mecanismos extralegais expressam preocupação com a injustiça inerente a tais sites, que, vale dizer, não são regulamentados e carecem de um processo pelo qual tais acusados possam se defender ou garantir que sua reputação não seja injustamente danificada[31].

Nenhuma das soluções mencionadas acima, seja judicial ou extrajudicial, permite às vítimas, simultaneamente, manter a privacidade e assegurar que a sociedade está devidamente informada dos perigos e danos causados. Mas estes danos são reais, assim como a necessidade imediata de soluções que não apenas protegem os indivíduos, mas também toda a sociedade. As tentativas descritas para desenvolver novos mecanismos, abordando a necessidade de garantir que NDAs não estão ocultando assédio e agressão sexual, demonstram a necessidade de um sistema plural, que permita que os indivíduos que demandam privacidade tenham conforto ao reportar em relatar, e ao mesmo tempo, que a sociedade seja informada sobre os danos. O avanço da tecnologia, notadamente a MPC, concebe a possibilidade de desenhar esse cenário de opções plurais e reinventar as negociações.

O MPC é um método pelo qual as partes podem avaliar informações secretas e criptografadas para calcular os resultados sem nunca saberem ou revelarem os dados subjacentes[32]. Os "donos" dos dados nunca renunciam ao controle dessas informações, mesmo que sejam usadas na computação[33]. Estudiosos dessa tecnologia costumam explicar o conceito usando um exemplo simples chamado o "problema dos

30 *Ver* Tuerkheimer, *supra* note 28, p. 1167-74.

31 *Id*, p. 1188-91.

32 Xiao Wang *et al.*, *Revisiting Square-Root ORAM*, 2016 IEEE Symposium on Security and Privacy, https://ieeexplore.ieee.org/stamp/stamp.jsp?arnumber=7546504.

33 *Id.*

milionários de Yao"[34]. Nesse exemplo, dois milionários querem saber qual deles tem maior patrimônio, porém sem revelar um ao outro o valor de sua riqueza. Utilizando o MPC, uma máquina pode computar os dados criptografados e revelar quem tem mais, sem nunca revelar, ou mesmo "saber", o valor do patrimônio de cada milionário. No contexto de casos de assédio e agressão sexuais, a questão de Yao - "quem tem maior riqueza?" - pode ser traduzida por "essa pessoa já negociou uma reclamação de assédio sexual antes e, em caso afirmativo, quantas vezes?". O MPC abre a possibilidade para as partes negociarem de maneira privada e acreditarem na confidencialidade, sem prejuízo da permissão dos tribunais, estados, organizações e sociedades de usarem os dados para calcular informações específicas, de proteção ao bem comum, já que a máquina acessa um conjunto de dados criptografados, assegurando a manutenção da privacidade, sem prejuízo de divulgação do resultado desejado. Evidentemente, essa é uma simplificação para demonstrar como o MPC funciona.

Vale dizer que não é a computação que é extraordinária, mas a capacidade de manter as informações subjacentes seguras. Por exemplo, se no lugar do MPC, utiliza-se um sujeito alheio à relação, um terceiro, para guardar essa informação, isso poderia acarretar inúmeros riscos de violações ou vazamentos de dados. Por outro lado, no caso do MPC, considerando a existência de dados criptografados, a proteção de informações privadas detém um nível muito maior de segurança.

Uma versão adaptada do MPC foi utilizada como teste em um *campus* de faculdade para oferecer às vítimas de assédio sexual um mecanismo para denúncias com garantia de privacidade[35]. Esse mecanismo permite às vítimas denunciarem o abuso sem o risco imediato do descrédito, das retaliações, ou danos à reputação que podem ser um resultado da publicização dos fatos. Também permite um senso de solidariedade, assegurando uma maior proteção das vítimas temerosas de relatar publicamente o ato, permitindo-lhes relatar, inicialmente, de forma privada até que tenham um aliado com o qual apresentá-lo publicamente.



34 Andrew Yao, *Protocols for Secure Computations*, *in* Conference Proceedings of the 23th IEEE Symposium on Foundations of Computer Science 160, 160-64 (1982).

35 Anjana Rajan *et al.*, *Callisto: A Cryptographic Approach to Detect Serial Predators of Sexual Misconduct*, Callisto 1, 1 (Nov. 14, 2018), https://www.projectcallisto.org/callisto-cryptographic-approach.pdf. [back].

Os estudiosos propuseram uma abordagem semelhante para acordos de assédio sexual que permite que os indivíduos entrem em acordos privados, com NDAs, se esses acordos forem "depositados em uma custódia de informações que seria liberada para investigação pelo EEOC se outra reclamação for recebida em relação ao mesmo agressor."[36] Em outras palavras, os indivíduos mantêm a sua autonomia para escolher um mecanismo de denúncia privado, que apenas prioriza o bem comum, caso haja indícios que o ofensor repetiu o comportamento.

Todavia, apesar de essas propostas aliviarem a tradicional dicotomia entre o "público" e o "privado", elas continuam problemáticas. Ian Ayers aponta que esses sistemas podem criar uma "vantagem do primeiro ato", basicamente concedendo aos agressores um passe-livre inaugural[37]. Ao mesmo tempo, tais medidas focam exclusivamente em reincidentes. Limitar a denúncia a agressores que cometem mais de uma vez o mesmo ato reforça a problemática noção de que, para acreditar em uma vítima de assédio ou agressão sexual, deve haver várias outras alegações. Este sistema faz pouco para informar a sociedade sobre a extensão em que o assédio e a agressão sexual estão ocorrendo, porque se limita apenas a relatos repetidos.

Em substituição a essa ideia, o MPC apresenta a possibilidade de criar um sistema muito mais amplo de denúncias, não se limitando apenas a computar as correspondências dos denunciados. Poder-se-ia adotar, por exemplo, uma política exigindo que todos as negociações privadas sejam mantidas e criptografadas para análise computacional, o que abre a oportunidade de alavancar as respostas a novas questões, tais como: esta organização já acertou uma reclamação de assédio sexual antes e, em caso afirmativo, quantas vezes? Ou "quantas negociações privadas tiveram como objeto assédio sexual ano passado?" Ou "quantos litígios de assédio sexual envolvem agressão?". As possibilidades são infinitas. No trabalho "Beyond #MeToo," a professora Deborah Tuerkheimer argumenta que as vítimas precisam de uma "ampla gama de caminhos" para denunciar o assédio sexual, e não uma via única[38]. O MPC é uma dessas vias, ao passo que apresenta a oportunidade para desenvolver outras frentes, utilizando mais

---

36 Ian Ayres, *Targeting Repeat Offender NDAs*, Stanford L. Rev. Online (2018), https://review.law.stanford.edu/wp-content/uploads/sites/3/2018/06/71-Stan.-L.-Rev.-Online-Ayres-1.pdf.

37 *Id.*

38 *Ver* Tuerkheimer, *supra* note 28, p. 119.

do que apenas um caminho de negociações privadas e computando mais que apenas informações de correspondência.

Por exemplo, em vez de se proibir NDAs, as partes podem incluir informações criptografadas sobre a negociação privada no mecanismo do MPC para um tribunal fazer cumprir o acordado, se necessário for. Isso mantém a autonomia das partes e o direito de escolher o acordo, mas garante que a sociedade pode, em vários graus, avaliar esses acordos para garantir que o bem público seja protegido.

Inovações promovem mais questionamentos do que respostas, e um sistema de negociação baseado no MPC não é diferente. Poderiam as partes decidir quais elementos do acordo poderiam ser reportados, ou o acordo inteiro deveria ser incluído? Os empregadores verão um sistema de denúncias baseado no MPC como um aprimoramento sobre as leis recentes que proíbem NDAs? Como pode esse sistema refletir aquelas negociações privadas em que os tribunais nunca decidiram contra os empregadores, mas onde a empresa gostaria de economizar recursos? Qual será o limite para evitar que as pessoas usem o mecanismo para espalhar boatos formalizados? As vítimas perderão vantagens na negociação se o outro lado souber que o acordo final deverá ser incluído neste sistema e algum elemento dele será potencialmente tornado público? As partes deverão ir a juízo antes de acessar as informações do sistema MPC? Pode um sistema de negociação baseado no MPC mudar a visão da sociedade sobre o assédio sexual? A lista continua. Esse artigo não tem todas as respostas, mas apenas pretende pontuar que a tecnologia existe, hoje, para reinventar as negociações e acordos.

Está além do escopo deste trabalho a identificação da inteira matriz disponível, mas aqui está uma breve lista de algumas utilizações amplas do MPC. Em cada exemplo, as vítimas mantêm autonomia para lidar com os danos da maneira que elas escolherem, incluindo acordos privados, sem esconder o impacto desses danos na sociedade.

## 1. DEPÓSITO DE INFORMAÇÕES PARA INFRATORES REINCIDENTES

Conforme dissertado, o MPC funciona como um depósito de informações, em que as partes podem fazer um acordo em particular e sigiloso, salvo se uma vítima subsequente apresenta um acordo com o mesmo infrator. MPC pode fornecer notificação ao requerente em um acordo posterior, informando que justamente aquela pessoa resolveu uma reivindicação semelhante anteriormente, sem revelar o nome do acusador ou dos termos do acordo realizado no momento anterior. Isso exemplifica a proteção do direito de privacidade do indivíduo, mas também a preservação da informação a futuros terceiros sobre o acordo e, portanto, o comportamento do ofensor.

## 2. DEPÓSITO DE INFORMAÇÕES PARA ORGANIZAÇÕES E LOCAIS DE TRABALHO QUE DEFENDEM OS INFRATORES (MESMO QUE SEJA UM ÚNICO ATO)

O MPC também consiste em uma maneira de depósito de informações que informa ao reclamante de uma negociação futura que o local de trabalho ou organização em que ocorreu o assédio já resolveu uma reclamação por um comportamento semelhante, ainda que em relação a diferentes pessoas. Esse uso expande o valor das informações, deixando de limitar às situações em que haja uma repetição, como tratado anteriormente, e incorpora também situações em que uma organização pode estar abrigando ou ocultando o comportamento.

## 3. RELATANDO A TOTALIDADE DOS ATOS

Um sistema de acordos pautado pelo MPC pode também capturar informações que conscientizem a sociedade sobre este comportamento, seja ele de um indivíduo reincidente ou não. Em vez de calcular as correspondências, o sistema pode analisar os dados agregados para determinar a extensão do problema na sociedade e quais são os seus potenciais impactos quando se fala em interesse público. O MPC pode assegurar a agregação automática de dados, entre diferentes jurisdições, possibilitando *insights* sobre as tendências em diferentes setores. Dessa forma, não só se permite um controle sobre esses acordos, incluindo-se o levantamento de ofensores reincidentes, mas também o fornecimento de dados amplos – e anonimizados – capazes de informar os membros da sociedade e aumentar a conscientização sobre o comportamento generalizado, sem necessariamente revelar os dados subjacentes sobre o acusador ou o acusado.

A recente revelação de indivíduos utilizando os NDAs para ocultar o assédio e a agressão sexuais desenfreados demonstra o debate em curso sobre o impacto do acordo privado na prevalência do interesse público na publicidade dessas informações. As insatisfatórias soluções atuais são limitadas à escolha entre a priorização do interesse individual de privacidade ou da necessidade pública de informação. O MPC apresenta a oportunidade de reinventar os acordos, afastando a velha dicotomia entre o público e o privado, a um novo conjunto de opções plurais que permitem a conciliação das duas esferas: não apenas porque o MPC permite abordar o uso e abuso dos NDAs no ambiente de assédio sexual, mas também porque apresenta uma oportunidade de reimaginar como a lei interage com o acordo. Como os críticos do acordo privado analisaram, qualquer disputa entre indivíduos pode, em última análise, representar um problema sistêmico, que a sociedade tem interesse de compreender e proteger outras pessoas de passar pela mesma experiência. Porém, essa necessidade não pode ocorrer às custas do potencial interesse do indivíduo na privacidade. O MPC pode permitir a coleta de dados sobre vários casos e executar análises para garantir que a sociedade tenha uma compreensão mais precisa sobre o limite de certos comportamentos, estipulando quando eles passam a prejudicar o bem público mais amplo. Com o avanço da tecnologia como o MPC, a lei deve reexaminar os pressupostos em que se baseia e começar a reimaginar o que é possível, porque é.

# CAPÍTULO 7

# CORTES *ON-LINE* E RESOLUÇÃO *ON-LINE* DE CONFLITOS

# 1

## *e-Nudging Justice*: o papel da arquitetura de escolhas digital nas cortes *on-line*[1]

**Ayelet Sela**[2]

*Traduzido por Lívia Losso Andreatini*[3]





## INTRODUÇÃO

Sistemas de justiça em todo o mundo estão lançando cortes e tribunais *on-line* como meio de incrementar sua eficiência, aumentar o acesso à justiça e melhorar a qualidade dos procedimentos.[4] Esses tribunais

---

1 Artigo originalmente publicado em 2019, no Journal of Dispute Resolution, com republicação e tradução autorizadas pela autora e pela revista.

2 Professora assistente (conferencista) da Faculdade de Direito da Universidade Bar Ilan. Agradeço Hili Eilam, Adi Lubotzki, Or Cohen e Uriel Itzhakov por sua excelente assistência na pesquisa deste projeto.

3 Mestranda em Direito Processual Civil pela Universidade de São Paulo (USP). Bacharel em Direito pela Universidade Federal do Paraná (UFPR). Advogada.

4 Para uma revisão dos sistemas de amostra, v. Joint Tech. Comm., *Case studies in ODR for courts: a view fromthe frontlines* (2017), http://www.ncsc.org/~/media/Files/PDF/About%20

*on-line* são sistemas de resolução de disputas judiciais *on-line* (ODR) administrados publicamente, os quais permitem que litigantes, advogados, juízes e funcionários do tribunal desenvolvam todas as atividades relacionadas ao litígio, desde a instrução até o arquivamento, em uma plataforma digital específica. Os tribunais *on-line* são vistos como uma resposta promissora a muitos desafios que os sistemas de justiça civil enfrentam, incluindo aqueles decorrentes do volume de processos, complexidade processual, acessibilidade limitada, altos custos, celebração de acordos em massa e ações que não chegam a ser julgadas.[5] A premissa que orienta os sistemas judiciais de ODR é de que a tecnologia da informação (TI) e o *design* inovador de procedimentos podem ampliar a acessibilidade, a eficiência e a eficácia dos tribunais.[6] Especificamente, a maioria dos tribunais *on-line* é projetada para melhorar o acesso à justiça para litigantes que representam a si mesmos (*self-represented litigants* – SRLs), ou seja, que acessam os tribunais sem a assistência de advogados.[7] Desse modo, tais cortes *on-line* atendem a reivindicações de redesenhar os tribunais para litigantes e processos específicos,[8] e, notadamente, para as habilidades e as necessidades dos SRLs.[9]

---

Us/Committees/JTC /JTC%20Resource%20Bulletins/2017-12-18%20ODR%20for%20 courts%20v2%20final.ashx [doravante "Estudo de casos sobre ODR para Cortes de Justiça"].

5 Ver Ethan Katsh e Orna Rabinovich-Einy, *Digital justice: technology and the internet of disputes* 178 (2017) ("Os tribunais e outras entidades públicas inevitavelmente adotarão mais ODR. A frustração com o processo adversarial continua a crescer, o volume de processos continua a representar um problema e os custos associados a advogados e aos litígios continuam a ser muito altos – altos demais para um número significativo de pessoas.")

6 Ver, p.ex., "Online Disp. Resol. Advisory Grp.", *Online Dispute Resolution For Low Value Civil Claims, Civ. Just. Council* 20 (fev. de 2015), https://www.judiciary.uk/wp-content/up--loads/2015/02/Online-Dispute-Resolution-Final-Web-Version1.pdf [doravante "Comitê Consultivo sobre ODR"]; v. também "Case Studies in ODR For Courts", nota *supra* 1, p. 18; Maurits Barendrecht *et al.*, *ODR and the Courts: The Promise of 100% Access to Justice?* 97 (2016), https://www.hiil.org/wp-content/up-loads/2018/09/Online-Dispute-Resolution--Trend-Report.pdf.

7 Comitê Consultivo sobre ODR, *supra* nota 3, p. 3; Estudo de casos sobre ODR para Cortes de Justiça, nota *supra* 1, p. 1; Barendrecht *et al.*, nota *supra* 3, p. 3.

8 Ver, p.ex., Brooke D. Coleman, "One Percent Procedure", 91 *Wash. L. Rev.* 1005, 1012 (2016); Barry Edwards, "Renovating the Multi-Door Courthouse: Designing Trial Court Dispute Resolution Systems to Improve Results and Control Costs", 18 *Harv. Negot. L. Rev* 281, 345 (2013).

9 Ver Jessica K. "Steinberg, Demand Side Reform in the Poor People's Court", 47 *Conn. L. Rev. 741* (2015); Benjamin H. Barton & Stephanosbibas, "Rebooting Justice: More Technology, Fewer Lawyers, And The Futureof Law" (2017) (defendendo a simplificação dos processos judiciais para que a representação legal seja menos necessária em muitos tipos de pro-

Consequentemente, os tribunais *on-line* são projetados para serem utilizados por litigantes "*one-shotter*" (*i.e.*, litigantes eventuais) que têm conhecimento jurídico limitado, recursos escassos e nenhuma familiaridade com os tribunais.[10] Para ajudar os SRLs a navegar e a concluir os processos sem o conselho ou a orientação de um advogado, os tribunais *on-line* contam com procedimentos agilizados e simplificados que são fornecidos por meio da interface digital do tribunal. Tais tribunais então aproveitam as ferramentas de TI, o *design* da interface do usuário (IU) e as técnicas de experiência do usuário (UX)[11] para oferecer aos SRLs um sistema bastante intuitivo que os guia durante todo o processo, capacitando-os a tomar decisões procedimentais e materiais, assim como a adotar as medidas judiciais cabíveis.[12] Este último atributo dos tribunais *on-line* é o foco do presente artigo.

Apresento uma análise das cortes *on-line* como ambientes de escolha digital. Exploro como as interfaces *on-line* dos tribunais criam arquiteturas de escolhas que moldam as decisões e as ações dos SRLs. Seja proposital ou inadvertidamente, o *design* de ambientes digitais muitas vezes orienta o comportamento de seus usuários, levando-os a fazer certas escolhas e influenciando seus *inputs* e ações. Em geral, esse direcionamento não é transparente e pode ser manipulador. Assim, a concepção de tribunais *on-line* como ambientes de escolha digital merece cuidadosa consideração, para verificar se não confronta valores fundamentais da



---

cessos, especialmente os de baixa complexidade, e argumentando que a tecnologia pode desempenhar um papel fundamental para atingir este objetivo). Terminologias alternativas para SRLs incluem "litigantes *pro se*" e "litigantes em pessoa" ou LiPs.

10 No contexto do litígio, o termo "one-shotters" descreve litigantes que têm familiaridade limitada (ou nenhuma) com o sistema judicial e com a lei, um risco relativamente alto de perda, recursos inferiores e nenhum conhecimento relevante ou "inteligência avançada." Marc Galanter, "Why the "Haves" Come Out Ahead: Speculations on the Limits of Legal Change", 9 *L. & Soc'y Rev.* 95, 97-103 (1974).

11 O termo UX refere-se a "percepções e respostas de pessoas resultantes do uso e /ou uso antecipado de um produto, sistema ou serviço" (Organização Internacional para Padronização, "Ergonomics of Human-System Interaction Part 210: Human-Centred Design for Interactive Systems", *Int'lorg. For Standardization*: §2.15 da ISO 9241-210: 2010 (afirmando que a experiência do usuário se refere às "percepções e respostas de uma pessoa resultantes do uso e/ou uso antecipado de um produto, sistema ou serviço").

12 Os críticos apontam que, para melhorar o acesso à justiça para as pessoas de grupos marginalizados que enfrentam impedimentos educacionais e materiais (como o analfabetismo) de acesso a recursos legais, as soluções tecnológicas devem ser integradas à assistência humana. V., p. ex., Rostain, "Techno-Optimism & Access to the Legal System", 148. *Daedalus* 93, 96 (2019).

jurisdição, como a imparcialidade e o devido processo legal, bem como se não infringe a autonomia dos SRLs e sua autodeterminação. Dado que os litigantes têm interesses e preferências variados, os tribunais *on-line* devem evitar direcioná-los a escolhas específicas. Ao invés, defendo que o objetivo dos *designers* de cortes *on-line* deve ser criar arquiteturas de escolha que encorajem o envolvimento dos SRLs na tomada de decisão informada e voluntária, ajudando-os a identificar e a considerar seus interesses e opções, assim como os auxiliando a avançar no curso das ações que optaram por ajuizar.

Para tanto, descrevo caraterísticas da arquitetura de escolhas digital que tiveram efeito em outros contextos. Posteriormente, examino sua operação no contexto das atuais implementações de tribunais *on-line* e traço recomendações preliminares para a arquitetura de escolha digital apropriada neste cenário. Por fim, defendo que os *designers* de tribunais *on-line* devem obedecer a elevados padrões éticos e profissionais, especialmente ao projetar ambientes de escolha digital para SRLs. Nesse sentido, proponho uma estrutura para avaliar e orientar o *design* de tribunais *on-line*, o que auxiliaria a garantir que não prejudiquem seus valores fundamentais.

O conceito de arquitetura de escolha tem como premissa a ideia de que uma escolha pode ser apresentada de várias maneiras e que a forma especificamente empregada influencia a escolha daquele que deve tomá-la.[13] Thaler e Sunstein popularizaram a ideia de que os arquitetos de escolha (*designers* de ambientes de escolha) podem guiar as pessoas a escolher uma opção particular moldando o contexto no qual a decisão é tomada, tornando a arquitetura de escolha um instrumento útil à política de *design* e de regulação.[14] Arquitetos de escolha baseiam-se em pesquisas sobre psicologia cognitiva e economia comportamental sobre tomada sistemática de decisões por humanos (incluindo preconceitos, heurísticas e raciocínio), para conceber estratégias que guiem as pessoas (*nudging*) a fazerem certas escolhas. Simultaneamente, uma vez que mesmo pequenas variações no contexto podem impactar significativamente a tomada de decisões, ambientes de escolha nunca são neutros e tendem

13 Richard H. Thaler & Cass R. Sunstein, *Nudge: Improving Decisions About Health, Wealth, And Happiness* 85 (2009).

14 *Id.* p.11.

a moldar as escolhas das pessoas, mesmo que não tenham sido deliberadamente projetados para atingir um efeito específico.[15] Exemplos de recursos de arquitetura de escolha incluem alterar o número ou a ordem das opções apresentadas, o enquadramento das opções (por exemplo, em termos de ganho ou de perda), e a seleção de uma opção padrão.[16]

Recentemente, pesquisadores começaram a explorar os distintos atributos das interfaces digitais como ambientes de escolha. Combinando pesquisa em psicologia, interação humano-computador e sistemas de informação, estudiosos analisam como os elementos de UX/UI de interfaces digitais influenciam as escolhas e ações do usuário.[17] Eles também consideram de forma mais ampla como as pessoas se comportam em ambientes *on-line*, muitas vezes encontrando diferenças em comparação com seu comportamento em contextos *off-line*.[18] Por exemplo, as escolhas do usuário podem ser influenciadas pela alteração do *design* dos botões de opção e das fontes, ou pelo ajuste das cores da interface e da organização do conteúdo na tela.[19] Uma importante característica dos ambientes de escolha digital é que eles operam no momento da tomada de decisão e, portanto, são propícios a influenciar os usuários.[20]

A arquitetura de escolhas digital é uma estrutura analítica particularmente relevante para os tribunais *on-line* (e, na realidade, qualquer sistema de ODR), enquanto interfaces que organizam o contexto no qual SRLs tomam decisões relacionadas a litígios. Tais decisões são do tipo



15 Evan Selinger e Kyle Whyte, "Is There a Right Way to Nudge? The Practice and Ethics of Choice Architecture", 5 *Soc. Compass* 923 (2011).

16 Thaler e Sunstein, nota *supra* 12, p. 6.

17 Ver, p. ex., Anthony Jameson *et al.*, *Choice Architecture for Human-Computer Interaction, 7 Founds. & trends human-computer interaction* 1 (2014); Shlomo benartzi e Jonah Lehrer, *The smarter screen: surprising ways to influence and improve online behavior* (2015); Christoph Schneider, Markus Weinmann e Jan vom Brocke, "Digital Nudging: Guiding Online User Choices Through Interface Design", *61 Comm. of the ACM* 67 (2018). Notadamente, a ideia de que as interfaces digitais podem ser usadas para persuadir seus usuários a agir de certas maneiras, mudando suas atitudes e o comportamento, é muito anterior à noção da arquitetura de escolha digital. Ver, p. ex., B.J. *Fogg, persuasive technology: using computers to change what we think and do* (2003); B. J. Fogg, Gregory Cuellar & David Danielson, Motivating, "Influencing, and Persuading Users", in *The Human-Computer Interaction Handbook: Fundamentals, Evolving Technologies, And Emerging Applications* 133-46 (Andrew Sears e Julie A. Jacko eds., 2007).

18 Benartzi e Lehrer, nota *supra* 14.

19 Ver discussão na Seção II, b.

20 Ver Schneider, Weinmann e vom Brocke, nota *supra* 14.

que Thaler e Sunstein consideram mais propensas ao *nudging*: "decisões que são difíceis e raras, para as quais eles [*que tomarão a escolha*] não recebem *feedback* imediato, e quando têm dificuldade para traduzir aspectos da situação em termos que podem ser facilmente compreendidos."[21] Dada a importância institucional dos tribunais, os efeitos amplamente reconhecidos da arquitetura de escolha, a centralidade da tomada de decisões legais por SRLs leigos para o funcionamento dos tribunais *on-line* e a elevada influência exercida por *nudges* sobre usuários juridicamente leigos, é essencial que melhoremos nossa compreensão dos tribunais *on-line* como ambientes de escolha digital.

Este artigo contribui para preencher tal lacuna no conhecimento. Apresento uma estrutura inicial para considerar e avaliar a arquitetura de escolha digital em tribunais *on-line* projetados para SRLs, pautada na literatura sobre resolução de litígios, psicologia comportamental, comunicação mediada por computador, sistemas de informação e justiça processual. Demonstro como procedimentos autoguiados empregados em tribunais *on-line* criam poderosas arquiteturas de escolha digital que influenciam as decisões e ações jurídicas dos SRLs. Defendo que os *designers* de tribunais *on-line* devem levar esses efeitos em consideração e proponho um conjunto inicial de recomendações para reduzir vieses comportamentais e encorajar a tomada de decisão informada e consciente. A discussão estabelece a base para trabalhos futuros que meçam o impacto da arquitetura de escolha digital nos tribunais. Este conjunto de ideias deve ser incorporado na concepção e na avaliação de cortes *on-line*, bem como outros sistemas ODR e serviços jurídicos *on-line*.

As implicações desta pesquisa não são teóricas; na verdade, são oportunas e práticas. Os tribunais *on-line* estão ganhando força e atendendo a um número cada vez maior de litigantes. Desenvolvimento proeminente nesse sentido é o lançamento do "*Online Solutions Court*" (OSC) na Inglaterra e na Grã-Bretanha, como parte de uma reforma abrangente de £ 1,2 bilhão de cortes e tribunais. A reforma implementa as recomendações da "Revisão da Estrutura dos Tribunais Civis"[22] de

21 Thaler e Sunstein, nota *supra* 10, p. 72.

22 Lord Justice Briggs, *Civil Courts Structure Review: Final Report, Judiciary of Eng. e Wales* (July 2016), https://www.judiciary.gov.uk/wp-content/uploads/2016/07/civil-courts-structure-review-final-report-jul-16-final-1.pdf [doravante "Relatório Final de Briggs"]. As recomendações respeitantes às cortes *on-line* já foram descritas no relatório interno de

Lord Justice Briggs, de usar TI para melhorar a eficiência dessas estruturas judiciais e incrementar o acesso à justiça, especialmente para SRLs. Assim, desde 2018, o *English Courts and Tribunals Service* (HMCTS) tem implementado gradualmente uma série de procedimentos judiciais de ODR, marca registrada do que é o OSC. Ele foi projetado com o objetivo específico de tornar ações de cobranças de até £ 25.000[23] mais "navegáveis" para SRLs.[24] A expectativa é de que "até 2022 a maioria das disputas civis na Inglaterra e no País de Gales seja resolvida por meio de um tribunal *online*."[25]

O artigo desenvolve-se da seguinte maneira. Na Seção I, analiso as tendências que motivaram e moldaram a criação de tribunais *on-line* e apresento exemplos de sistemas judiciais atuais de ODR. Na Seção II, apresento brevemente o discurso sobre tomada de decisão, ambientes de escolha e incentivos (*nudges*) e, a seguir, foco nos ambientes de escolha digital e em seu impacto nas escolhas do usuário. Na Seção III, baseio-me em pesquisas em outros contextos digitais para avaliar como certos elementos de UX/UI acabam por moldar as escolhas dos SRLs em tribunais *on-line*, usando exemplos de plataformas atuais. Na Seção IV, proponho medidas comportamentais, de atitude, bem como metodologias para avaliar tribunais *on-line* como ambientes de escolha digital. A Seção V conclui com algumas observações sobre a arquitetura de escolha digital ética em cortes *on-line*.



---

Lord Briggs, "Civil Courts Structure Review: Interim Report", *Judiciary of Eng. & Wales* (Dec. 2015), https://www.judici- ary.gov.uk/wp-content/uploads/2016/01/ccsr-interim-report-dec-15-final1.pdf [doravante "Relatório Interno de Briggs"]. As recomendações de dois relatórios foram adotadas em Cortes e Tribunais de Justiça. "Courts Structure Review: Joint Statement from the Lord Chief Justice and the Master of the Rolls", *Cts. e Tribunals Judiciary* (6 de jan. de 2017), https://www.judiciary.uk/announcements/civil-courts-structure-review-joint-statement-from-the-lord-chief-justice-and-the-master-of-the-rolls. Para um exame detalhado do OSC, ver Seção I, b.

23 Em seu lançamento, o OSC tinha como limite 10,000 GBP. Relatório Final de Briggs, nota *supra* 19, pp. 118-20.

24 *Id.* em 45.

25 Joshua Rozenberg, "The Online Court: Will IT Work?", *Legal Educ. Found.*, https://longreads.thelegaleducationfoundation.org/ (última atualização em fev. 2019); ver também Relatório Final de Briggs, nota *supra* 19, p. 46, 115-16. Rozenberg apontam que o HMCTS permanece comprometido com tal prazo, a despeito de o relatório da National Audit Office sugerir que "o portfólio provará que é impossível realiza-lo no tempo de que dispõem." *Comptroller & Auditor General, Early Progress in Transforming Courts and Tribunals, Hm Cts. & Tribunals Serv.* (9 de maio de 2018), https://www.nao.org.uk/wp-content/up-loads/2018/05/Early-progess-in-transforming-courts-and-tribunals.pdf.

## I. CORTES *ON-LINE* E A PROMESSA DE ACESSO À JUSTIÇA

### A. ODR e acesso à justiça

O recente lançamento de diversos tribunais *on-line*, cortes e outros sistemas de ODR judiciais públicos baseia-se em duas décadas de experiência com ODR em outros contextos. O termo ODR descreve uma gama de procedimentos *on-line* e de ferramentas tecnológicas de que litigantes e terceiros se utilizam para resolver disputas.[26] Inicialmente, os sistemas de ODR foram instituídos principalmente para litígios em *e-commerce*, *e-services* e comunidades virtuais,[27] uma vez que, por uma série de razões práticas, econômicas e jurídicas, não era viável resolvê-los pessoalmente (por adjudicação ou ADR).[28] Posteriormente, provedores de serviços públicos e privados começaram a integrar sistemas de ODR para resolver disputas que surgiam tanto *on-line* quanto *off-line*, em uma ampla gama de áreas jurídicas.[29] Finalmente, nos últimos anos, diversas cortes, tribunais e outros órgãos judiciais implementaram procedimentos *on-line*.[30]

A incorporação de processos de ODR nos tribunais é objeto de debates. Estudiosos de ODR há muito argumentam que a tecnologia pode tornar os processos de resolução de disputas menos onerosos, mais acessíveis e eficientes, e que pode promover maior responsabilidade pelos resultados, justiça e igualdade aos processos.[31] No contexto específico das

---

26 Ethan Katsh e Janet Rifkin, *Online Dispute Resolution: Resolving Conflicts In Cyberspace* (2001).

27 Um exemplo paradigmático é o "Centro de Resolução" do eBay: como é um grande mercado *on-line*, o eBay enfrenta um número anual de casos de mais de sessenta milhões de disputas, normalmente de valor relativamente baixo e entre compradores e vendedores que estão geograficamente distantes um do outro. Era virtualmente impossível resolver essas disputas por meio de tribunais tradicionais ou processos de ADR. V. Colin Rule, "Making Peace on eBay: Resolving Disputes in the World's Largest Marketplace", *Acresolution* 8 (2008).

28 Ayelet Sela, "The Effect of Online Technologies on Dispute Resolution System Design: Antecedents, Current Trends and Future Directions", 21 *Lewis & Clark L. Rev.* 633, 635-37 (2017); Ethan Katsh, "ODR: A Look at History– A Few Thoughts About the Present and Some Speculation About the Future", in *Online Dispute Resolution: Theory And Practice* 9 (Mohamed S. Abdel Wahab, Ethan Katsh e Daniel Rainey eds., 2012).

29 Para uma revisão do tema, v. nota *supra* 25, pp. 640-41.

30 Estudo de casos sobre ODR para Cortes de Justiça, nota *supra* 1, p. 1 e revisão na Seção I.b. deste artigo.

31 V. David Allen Larson, "Technology Mediated Dispute Resolution (TDMR): A New Paradigm for ADR", p. 21, *Ohio St. J. On Disp. Resol.* 629 (2006); Jelle van Veenen, "From :-(

cortes, acadêmicos reconheceram o potencial da comunicação *on-line*, das técnicas de personalização e das tecnologias de gestão da informação para expandir o acesso a soluções, aumentar a qualidade dos processos e melhorar a experiência e o desempenho das partes interessadas.[32]

Simultaneamente, existem preocupações respeitantes à possibilidade de processos de resolução de disputas serem conduzidos adequadamente *on-line*, sem infringir direitos das partes e importantes princípios processuais. Especificamente, sugere-se que a incorporação de ODR nos tribunais dissuadirá alguns litigantes a ajuizarem ações e afetará negativamente sua capacidade de participar efetivamente dos processos.[33] A principal preocupação é de que as limitações que o ambiente *on-line* impõe à comunicação humana, privacidade, confidencialidade e neutralidade distorçam o processo ou seus resultados.[34] Argumenta-se que os procedimentos *on-line* obstruirão a apuração dos fatos e impedirão uma avaliação precisa de credibilidade e de comportamento, reduzindo assim a capacidade de os juízes alcançarem um julgamento correto.[35] Além disso, sugere-se que os tribunais *on-line* prejudicam importantes funções públicas das audiências,[36] e que podem alterar os tipos de casos que as pessoas pleiteiam judicialmente. Finalmente, como todas as plataformas

to :-) Using Online Communication to Improve Dispute Resolution (TISCO Working Paper No. 2/2010)", http://pa- pers.ssrn.com/sol3/papers.cfm?abstract_id=1618719; Ethan Katsh e Orna Rabinovich-Einy, "Technology and the Future of Dispute Systems Design", 17 *Harv. Negot. L. Rev.* 151 (2012).

32 Ayelet Sela, "Streamlining Justice: How Online Courts Can Resolve the Challenges of Pro Se Litigation", 26 *Cornell J.L. & Pub. Pol'y* 331 (2016); Orna Rabinovich-Einy e Ethan Katsh, "The New New Courts", 67 *Am. U. L. Rev. 165* (2017); J.J. Prescott, "Improving Access to Justice in State Courts with Platform Technology", 70 *Vand. L. Rev.* 1993 (2017); Amy J. Schmitz, "Expanding Access to Remedies Through E-Court Initiatives", 67 *Buff. L. Rev.* 89 (2019).

33 V. Natlie Byrom, "Developing the Detail: Evaluating the Impact of Court Reform in England and Wales on Access to Justice", *Legal Educ. Found.* 18 (2019), https://research.thelegaleducationfounda- tion.org/wp-content/uploads/2019/02/Developing-the-Detail-Evaluating-the-Impact-of-Court-Reform-in-England-and-Wales-on-Access-to-Justice-FINAL.pdf.

34 V. Rabeea Assy, "Briggs's Online Court and the Need for a Paradigm Shift", 36 *Civ. Just. Q.* 93 (2017); Joel B. Eisen, "Are We Ready for Mediation in Cyberspace?", 1998, *Byu L. Rev.* 1305, pp. 1308–09 (1998); Joseph B. Stulberg, "Mediation Democracy, and Cyberspace", 15 *Ohio St. J. On Disp. Resol.*, pp. 619-641 (2000).

35 V. Assy, nota *supra* 31; Byrom, nota *supra* 30, pp. 23-25 (revisando a literatura sobre os efeitos negativos das audiências por videoconferência).

36 V. Judith Resnik, "A2J/A2K: Access to Justice, Access to Knowledge, and Economic Inequalities in Open Courts and Arbitrations", 96 *N.C. L. Rev.* 102 (2018).

digitais, os tribunais *on-line* implicam riscos inerentes à segurança da informação, à proteção de privacidade e à autenticação de identidade.

Enquanto o debate se desenrola, vários sistemas jurídicos abraçaram a visão das cortes *on-line* como uma resposta política eficaz às necessidades prementes dos tribunais e dos litigantes.[37] A premissa norteadora é de que a TI pode introduzir maior eficiência a tribunais sobrecarregados que processam grandes volumes de disputas, bem como mitigar óbices financeiras, físicas e de conhecimento ao acesso dos litigantes à justiça e, principalmente, melhorar o envolvimento dos SRLs com os tribunais.[38] Essa premissa motivou os *designers* de tribunais *on-line* a adotar uma abordagem centrada no usuário, moldando as plataformas de ODR para consumidores privados e a ancorando na confiança em procedimentos autoguiados.

As plataformas de ODR para o consumidor são projetadas para guiar consumidores leigos, inexperientes em disputas judiciais, durante todo o processo de resolução do litígio. Tais plataformas empregam recursos personalizados de UX/UI e automação para ajudar os usuários a concluir o processo de forma independente, sem treinamento, conhecimento ou assistência prévia. Um exemplo paradigmático é o Centro de Resolução do eBay, que orienta compradores e vendedores em disputa por meio de um processo de ODR estruturado e automatizado, que resolve cerca de 90% das disputas sem envolvimento humano por parte do eBay.[39] Tais arranjos agora inspiram *designers* de tribunais *on-line*[40] *a agilizar o processo e a encorajar acordos independentes. Especificamente, os tribunais on-line* fornecem informações, orientação e suporte no próprio site aos SRLs para ajudá-los a evitar erros

37 Comitê Consultivo sobre ODR, nota *supra* 3; Estudo de casos sobre ODR para Cortes de Justiça, nota *supra* 1; Barendrecht *et al.*, nota *supra* 3; Relatório Final de Briggs, nota *supra* 19; Relatório Interno de Briggs, nota *supra* 19.

38 V. Shannon Salter, "Online Dispute Resolution and Justice System Integration: British Columbia's Civil Resolution Tribunal", 34 *Windsor* Y.B. Access Just. 112 (2017); Maximilian A. Bulinski e J.J. Prescott, "Online Case Resolution Systems: Enhancing Access, Fairness, Accuracy, and Efficiency", 21 Mich. J. *Race* & L. 205, 221 (2016); Relatório Final de Briggs, nota *supra* 19; Relatório Final de Briggs, nota *supra* 19; Sela, nota *supra* 29.

39 Amy J. Schmitz e Colin Rule, *The New Handshake: Online Dispute Resolution And The Future Of Consumer Protection* 53 (2017) ("a plataforma de ODR do eBay é exitosa porque a taxa de resolução de disputas alcançou 90%. Isso significa que mais de 90% de 60 milhões de disputas são resolvidas apenas pelo software..."); Rule, nota *supra* 24, pp. 8-10.

40 V., p.ex., Comitê Consultivo sobre ODR, nota *supra* 3.

processuais e materiais, bem como para capacitá-los a participar dos processos sem um advogado.[41]

Cortes *on-line* também abrem caminho para oferecer aos litigantes a oportunidade de otimizar suas preferências processuais. A maioria dos modelos de tribunais *on-line* segue um processo de *design* escalonado que inclui negociação com suporte tecnológico com a contraparte, a opção de contar com um terceiro facilitador (mediador, facilitador ou juiz) e a opção de participar de uma vídeo-audiência ou de uma audiência presencial.[42] Ao facilitar a troca de informações, a comunicação e o fornecimento de opções de acordo, os tribunais *on-line* são capazes de ajudar as partes a resolver suas disputas. Essa abordagem processual está em consonância com a cultura da pacificação que caracteriza a jurisdição civil em muitos sistemas de *common law.*[43]

Nos subitens a seguir, explico como os tribunais *on-line* criam ambientes elaborados de escolha digital, norteando a atuação dos SRLs por meio de procedimentos autoguiados, os quais demandam que os usuários selecionem uma dentre as opções de procedimentos disponíveis, manifestem-se e tomem decisões sobre sua disputa legal, incluindo, eventualmente, a definição dos termos de acordo.

## B. Exemplos de cortes *on-line*

A última década testemunhou crescimento significativo na área de ODR no âmbito judicial, a exemplo da instituição de várias cortes *on-line*, tribunais e outros processos judiciais ao redor do mundo. Para



41 V. Sela, nota *supra* 29; Relatório Final de Briggs, nota *supra* 19.

42 V. Seção I.b.

43 Ayelet Sela & Sigal Ressler-Zakai, "Court 2.0: Institutionalizing Online Court Proceedings in Israel", *Bar Ilan Legal Stud. (forthcoming)* [Hebrew] (Analisando as cortes online em um contexto mais amplo no sistema legal, incluindo a cultura do acordo); Ayelet Sela, Nourit Zimerman e Michal Alberstein, "Judges as Gatekeepers and the Dismaying Shadow of the Law: Courtroom Observations of Judicial Settlement Practices" 24 *Harv. Negot. L. Rev.* 83, 83 (2018) ("adjudicação em tribunais e exame do mérito são raros em cortes civis. Uma forte cultura do acordo caracteriza a litigância cível: acordos são "o resultado exemplar em casos cíveis", os tribunais têm promovido o acordo e eles têm se tornado parte essencial da atividade jurisdicional", v. nas páginas 89-92). Para uma revisão adicional sobre os sistemas de ODR, v. Rabinovich-Einy & Katsh, nota *supra* 29; Barendrecht *et al.*, nota *supra* 3; Estudo de casos sobre ODR para Cortes de Justiça, nota *supra* 1; Comitê Consultivo sobre ODR, nota supra 3.

demonstrar a natureza dos tribunais *on-line* como ambientes de escolha digital, este subitem descreve brevemente alguns notáveis exemplos.[44] Inicialmente, vale pontuar que muitos tribunais *on-line* usam um modelo escalonado, que combina vários tipos de processos e de tecnologias de ODR. A abundância de tecnologias e de *designs* de processos de ODR pode ser dividida em três categorias. *Processos de ODR transpostos* simplesmente deslocam a interação de um local físico (como uma sala de tribunal) para um espaço *on-line* (como uma mensagem de texto ou interface de vídeo).[45] *Processos de ODR reestruturados* facilitam o processo de resolução de disputas ao simplificar, estruturar e agilizar a coleta, a troca e o gerenciamento de informações (por exemplo, por meio de formulários da *web* ou questionários estruturados).[46] Por fim, *processos de ODR automatizados* baseiam-se em processos algorítmicos que aprimoram o desempenho das partes, de terceiros ou que automatizam o trabalho destes terceiros.[47]

Na Inglaterra e na Grã-Bretanha, o *Traffic Penalty Tribunal*[48] *(TPT)*[49] *fornece aos apelantes um questionário de diagnóstico automatizado para auxiliar a identificar se os recorrentes atendem aos requisitos processuais para interpor o recurso. Posteriormente, os apelantes e as autoridades responsáveis usam um painel on-line* para protocolar petições, fazer *upload* e comentar evidências, além de acompanhar o andamento do processo até a decisão final. Em 2017, 37.432 recursos foram interpostos no TPT.[50] De acordo com o relatório de 2016, a maioria dos recursos interpostos no TPT exige apenas uma decisão eletrônica por

---

44 Para uma revisão adicional sobre sistemas de ODR, v. Rabinovich-Einy & Katsh, nota *supra* 29; Barendrecht *et al.*, nota *supra* 3; Estudo de casos sobre ODR para Cortes de Justiça, supra note 1; Comitê Consultivo sobre ODR, nota *supra* 3.

45 Sela, nota *supra* 25, pp. 650-53.

46 *Ibidem*, pp. 653-59.

47 *Ibidem*, pp. 659-66. Refiro-me, aqui, a uma categoria mais ampla de *novos* processos de ODR, que incluem modelos adicionais de resolução de disputas que são atualmente irrelevantes em tribunais, como ODR *crowdsourced*.

48 "Impartial, Independent Adjudicators", *Traffic Penalty Tribunal Eng. & Wales*, https://www.trafficpenaltytribunal.gov.uk/ (acesso em 22 de abril de 2019).

49 V. "See I Want to Appeal", *Traffic Penalty Tribunal Eng. & Wales*, http://www.trafficpenaltytri- bunal.gov.uk/want-to-appeal (acesso em 22 de abril de 2019) (para uma lista de todas as condenações das quais se pode apelar no TPT).

50 "Annual Statistics Report 2016/17", *Traffic Penalty Tribunal Eng. & Wales 18*, https://www.trafficpenaltytribunal.gov.uk/docs/TPT_Annual_Statistics_Report_16_17.pdf (acesso em 22 de abril de 2019).

escrito (76%); em 16% há audiências por telefone e em 8% há audiências presenciais.[51]

No Canadá, o *Civil Resolution Tribunal* (CRT)[52] utiliza um processo escalonado projetado para ajudar os SRLs a lidar com pequenas causas de até 5.000 dólares canadenses e determinadas disputas condominiais.[53] A partir de abril de 2019, a CRT terá competência também para julgar certos tipos de demandas indenizatórias sobre acidentes de automóvel, assim como disputas envolvendo sociedades sem fins lucrativos e cooperativas.[54] O processo no CRT inicia com um "Explorador de Soluções",[55] um assistente *on-line* dinâmico e automatizado que auxilia litigantes em potencial a diagnosticar os problemas que enfrentam e lhes apresenta informações jurídicas relevantes e possíveis cursos de ação. Posteriormente, os litigantes podem manejar um processo perante o CRT e negociar de forma assíncrona por meio de livres mensagens de texto, parte-a-parte, celebrando acordos na plataforma.[56] Caso necessário, as partes podem participar de um processo de facilitação realizado por um mediador da equipe.[57] Se um acordo não for alcançado, as partes procedem com a adjudicação, conduzida por um membro do tribunal.[58] No CRT, a facilitação e o julgamento podem envolver comunicação por vídeo ou áudio, e audiências pessoais podem ser realizadas a critério do juiz. De acordo com o relatório estatístico do CRT de dezembro de 2018, desde

51 "Annual Statistics Report 2015/16", *Traffic Penalty Tribunal Eng. & Wales 4*, https://www.trafficpenaltytribunal.gov.uk/docs/TPT_Stats-Report_15-16_V12.pdf (acesso em 22 de abril de 2019).

52 *Civ. Resol. Tribunal*, https://civilresolutionbc.ca/ (acesso em 22 de abril de 2019) (O Tribunal foi institucionalidade pelo *Civil Resolution Tribunal Act*, S.B.C. 2012, c 25 (Can.)).

53 "CRT Statistics Snapshot: October 2018", *Civ. Resol. Tribunal* (nov. 19, 2018), https://civilres- olutionbc.ca/crt-statistics-snapshot-september-2018-2/. Para uma descrição do CRT, v. a Seção X deste artigo.

54 *Civil Resolution Tribunal Amendment Act*, S.B.C. 2018, c17 (Can.). Para uma revisão detalhada, v. "Province of BC Expands Civil Resolution Tribunal's Jurisdiction", *Civ. Resol. Tribunal*, https://civil-resolutionbc.ca/province-bc-expands-civil-resolution-tribunals-jurisdiction/ (acesso em 22 de abril de 2019).

55 Cada tipo de caso tem seu próprio "explorador de soluções", v. p.ex., "Small Claims", *Civ. Resol. Tribunal*, https://civilresolutionbc.ca/how-the-crt-works/getting-started/small-claims-solution-explorer/ (acesso em 22 de abril de 2019) [doravante "Explorador de Soluções do CRT"].

56 "The CRT Process", *Civ. Resol. Tribunal*, https://civilresolutionbc.ca/how-the-crt-works/tribu-nal-process/ (acesso em 22 de abril de 2019).

57 *Id.*

58 *Id.*

o seu lançamento, o "Explorador de Soluções" foi usado mais de 50.000 vezes e processou quase 9.000 disputas.[59]

Nos Estados Unidos, tribunais de vários estados, incluindo Michigan, Ohio, Arkanas e Utah, usam a plataforma *Matterhorn* para gerenciar processos judiciais *on-line* voluntários respeitantes a mandados pendentes de expedição, violações de tráfego, pequenas ações e disputas familiares.[60] Acessível de computadores e de dispositivos móveis, "Matterhorn apresenta ao litigante questões com múltiplas escolhas",[61] que permitem "interagir com promotores e juízes *on-line* com o objetivo de alcançar um resultado mutuamente satisfatório"[62] (como uma decisão ou acordo). A plataforma fornece ao usuário informações, instruções e documentos relevantes, além de coletar as manifestações e respostas do litigante a perguntas pré-especificadas que são necessárias para instruir o caso.[63] Propostas de acordo ou decisões são comunicadas por meio da plataforma. No caso de infrações civis, a recomendação feita por um procurador ou por um promotor municipal é revisada pelo juiz antes de ser enviada ao litigante. Em casos relacionados a mandados não cumpridos, os litigantes podem apresentar um pedido *on-line* para elaborar um plano de pagamento ou para realizar uma audiência.[64]

O último exemplo é o OSC em fase de implementação gradual na Inglaterra e na Grã-Bretanha. Seu processo é projetado para iniciar com uma fase de triagem automatizada que ajudará os SRLs a resolver seus problemas ainda no estágio inicial. Com base nas respostas dos SRLs a uma série de perguntas, o sistema fornecerá informações sobre a validade da reclamação, ajudando os usuários a identificar e a articular sua reclamação (ou defesa), apresentando ainda cursos alternativos de ação.[65] Essa fase inicial de triagem está programada para ser implementada por último, momento em que as informações fornecidas podem ser utilizadas para enviar um formulário de solicitação. Atualmente, o HMCTS

59 "CRT Statistics Snapshot – December 2018", *Civ. Resol. Tribunal*, https://civilresolutionbc.ca/crt-statistics-snapshot-december-2018/ (acesso em 22 de abril de 2019).

60 V. revisão em Rabinovich-Einy & Katsh, nota *supra* 29, p. 197.

61 Prescott, nota *supra* 29, p. 2022.

62 *Id.*

63 *Id.*

64 *Ibidem*, pp. 2022-23; Rabinovich-Einy & Katsh, nota *supra* 29, pp. 197-98.

65 Relatório Final de Briggs, nota *supra* 19, pp. 58-59.

lançou um sistema de arquivamento e processamento de casos que, com auxílio de um assistente virtual, ajuda os SRLs a formular e a instruir suas reivindicações e defesas, carregar provas para o sistema, trocar propostas de acordo e negociar uma solução.[66] Subsequentemente, *case officers*, uma nova posição criada para o OSC, podem gerenciar o caso e conciliar por meio de comunicação *on-line*, por telefone ou pessoalmente, realizando mediação ou uma prévia avaliação neutra.[67] Finalmente, se o processo não for encerrado, o juiz julga o mérito, seja com base nos documentos e nas provas que foram juntados na plataforma, seja por telefone, videoconferência ou audiência presencial.[68] Enquanto o HMCTS está em fase de teste-piloto das audiências de videoconferência,[69] seu diretor executivo observou que recentemente há maior incentivo judicial para um modelo de "exclusão" em vez de "inclusão" para mediação em causas menores; como tais casos são mais propensos a um acordo, "espera-se que haja menos casos em que as audiências de vídeo sejam necessárias ... [ou que] cheguem a uma audiência de qualquer tipo."[70] Desde o seu lançamento em março de 2018 até fevereiro de 2019, mais de 51.000 reclamações foram feitas usando o serviço *on-line* de demandas de cobrança da OSC para valores abaixo de £ 10.000.[71]

## C. Cortes *on-line* como ambientes de escolhas digitais

Os tribunais *on-line* "marcam um afastamento radical dos tribunais tradicionais".[72] Em primeiro lugar, o processo passa a tramitar de um



66 Para um vídeo de demonstração dessa fase da plataforma OSC, que atualmente está funcionando em sua fase beta, v. HMCTSgovuk, *HMCTS Reform Online Event 15 October 2018: Civil Reform*, disponível em https://www.youtube.com/watch?v=WmfO093W3s4 (acesso em 31 de outubro de 2018).

67 Relatório Final de Briggs, nota *supra* 19, p. 59.

68 *Id.*, p. 38.

69 Meredith Rossner & Martha McCurdy, "Implementing Video Hearings (Party-to-State): A Process Evaluation", *Ministry Just.* (13 de setembro de 2018), disponível em https://assets.publishing.service.gov.uk/government/up-loads/system/uploads/attachment_data/file/740275/Implementing_Video_Hearings web_.pdf.

70 Susan Acland-Hood, "How Do We Work Out When to Stick, and When to Twist?", *Inside Hmcts* (28 de fevereiro de 2019), https://insidehmcts.blog.gov.uk/2019/02/28/how-do-we--work-out-when-to-stick-and- when-to-twist/.

71 *Id.* Especificamente, o número mencionado refere-se à quantidade de queixas realizadas, não ao número de processos encerrados.

72 Relatório Final de Briggs, nota *supra* 19, p. 78.

tribunal físico para um tribunal digital que ampara todas as atividades relacionadas aos litígios. Em segundo lugar, os tribunais *on-line* são desenhados desde sua concepção para fomentar a resolução independente das disputas, acordos ou outras formas de encerramento antecipado dos casos. A concepção subjacente de sua abordagem escalonada é de que um processo completo de julgamento (ou apelação), seguido por uma decisão de mérito, constitui um último e pouco frequente recurso. A expectativa é de que a maioria dos casos seja encerrada por decisão dos próprios litigantes, de acordo com os termos formulados por eles mesmos. Por fim, os tribunais *on-line* são projetados para atender aos SRLs e para permitir que tais usuários realizem de forma independente todas as ações processuais e materiais necessárias. Para atingir tal fim, empregam regras processuais simplificadas, que são implementadas por meio de esquemas de procedimentos autoguiados, que devem ser compreensíveis, navegáveis e permitir a ação independente dos usuários, sem o auxílio de advogados.

Na prática, esses procedimentos autoguiados compreendem uma série de pequenas etapas nas quais os litigantes são obrigados a fornecer informações, fazer escolhas e tomar ações concretas para levar sua demanda adiante. O fornecimento de informações, escolhas e ações aos litigantes é conduzido por meio da interface do tribunal *on-line*, com vários elementos de UX/UI e ferramentas de TI, como assistentes virtuais (questionários *on-line*), formulários da *web*, botões de ajuda e textos informativos.[73] Esses recursos tendem a influenciar a maneira com que os litigantes, e especialmente os SRLs leigos, interagem com os tribunais *on-line*. Especificamente, tais recursos moldam como os SRLs identificam problemas, fornecem informações, entendem as opções legais, fazem escolhas, tomam medidas, propõem ou aceitam ofertas de acordo e concluem seu caso. É neste contexto que proponho considerar os tribunais *on-line* como ambientes de escolha digital e avaliar criticamente as características da arquitetura de escolha digital.

A estrutura conceitual da arquitetura de escolhas digital considera como os *designers* de interfaces *on-line* moldam o contexto no qual as pessoas tomam decisões, orientando-as assim a fazer (ou a evitar)

73 Adicionalmente, cortes *on-line* comumente baseiam-se na aplicação automática de normas jurídicas incorporadas ao código de *software*, questão que não discuto neste artigo.

escolhas específicas e a se comportar de certas maneiras. A esse respeito, os tribunais *on-line* não são diferentes dos ambientes de escolha digital que já foram estudados: eles enfrentam o risco inerente de introduzir vieses, manipular o comportamento dos litigantes e afetar negativamente a qualidade de seu engajamento no processo. Simultaneamente, os tribunais *on-line* prometem aprimorar seu *design* para incrementar a qualidade do engajamento do litigante, bem como apoiar a deliberação e a tomada de decisão informada. Institucionalmente, o *design* mal orientado de UX/UI pode infringir valores essenciais do sistema de justiça civil, incluindo sua neutralidade, seu compromisso com a justiça processual e material. Depreende-se que, se os tribunais *on-line* visam a atingir seus objetivos políticos, notadamente a ampliação do acesso à justiça e, ao mesmo tempo, garantir a justiça processual e a autodeterminação dos litigantes, é fundamental entender como seu projeto afeta as decisões e as ações do usuário.

Desse modo, o núcleo do meu argumento é de que a estrutura analítica e os resultados empíricos sobre a arquitetura de escolha digital devem pautar o *design* de tribunais *on-line*, considerando que os objetivos da arquitetura de escolha em tribunais *on-line* são substancialmente diferentes dos objetivos comuns de arquitetura de escolha digital em contextos comerciais. Caso contrário, as mesmas características que embasam a promessa dos tribunais *on-line* de ampliar o acesso à justiça podem acabar por prejudicá-la. Os tribunais *on-line* são substancialmente diferentes de outros ambientes de escolha digital. Enquanto em contextos comerciais os arquitetos de escolha digital normalmente visam a impulsionar os usuários a agir de uma maneira particular (como gastar mais tempo ou dinheiro em um site), o objetivo dos *designers* de tribunais *on-line* deveria ser diferente: ajudar os litigantes a fazer decisões *informadas* e *independentes*, que promovam sua autodeterminação e atendam a seus *próprios* interesses. Além disso, enquanto a literatura sobre *sites* jurídicos enfatiza a importância da facilidade de uso, da acessibilidade ao usuário e da simplificação na conclusão de andamentos,[74] a literatu-

74 Para revisão de literatura sobreo tema, v. Margaret Hagan, "The User Experience of the Internet as a Legal Help Service: Defining Standards for the Next Generation of User-Friendly Online Legal Services", 20 *Va. J.L. & Tech.* 395 (2016). Hagan expõe "diversos *insights* sobre o que serviços legais online simplificados aos usuários devem ou não fazer", incluindo recursos como "informações segmentadas e escalonadas, com versões curtas colocadas em destaque na frente... apresentação de marcadores claros de confiabilidade e de valor

ra sobre arquitetura de escolhas digital, conforme exposto na Seção III, sugere que esses mesmos atributos podem impedir a capacidade de os SRLs tomar decisões informadas e independentes.

Uma vez que nenhum ambiente de escolha é neutro, o objetivo deve ser projetar tribunais *on-line* que respeitem os valores e funções essenciais do sistema jurisdicional, bem como que encorajem os usuários a se envolverem na tomada de decisões informadas e independentes, introduzindo o mínimo de viés possível enquanto aprimoram (ou ao menos preservam) a autodeterminação dos litigantes. A esta altura, devo esclarecer que, em contextos de resolução de disputas, o conceito de autodeterminação não se limita ao livre arbítrio e ao consentimento informado. Ao revés, abrange noções mais amplas de que o litigante "controle o processo e o resultado",[75] ao qual Nancy Welsh se refere em termos de "indícios de empoderamento das partes",[76] que incluem "participação ativa e direta... identificação e seleção de... interesses... criação de potenciais propostas de acordos; e o controle das partes sobre o resultado final"[77] (mais tipicamente, a celebração de um acordo).

O primeiro passo é entender os mecanismos psicológicos que atuam na tomada de decisões e considerar seu funcionamento no contexto específico dos tribunais *on-line*. Para tanto, a Seção II (a) faz uma breve revisão de literatura sobre a tomada de decisão humana e sobre as estratégias da arquitetura de escolha que a influenciam. A seção II (b) enfoca na discussão sobre a arquitetura de escolha digital, explicando como os recursos de UX/UI e atributos inerentes da esfera *on-line* podem afetar a tomada de decisão em interfaces digitais. A Seção II (c) descortina o cenário para a análise da arquitetura de escolha digital em ODR e, especificamente, nos tribunais, por meio de uma breve revisão da pesquisa sobre o impacto da tecnologia na resolução de disputas. Posteriormente, a Seção III debruça-se sobre pesquisas em outros domínios, a fim de

---

que engajem o visitante, tornando-o um usuário... oferecer uma navegação amigável, simplificada... dar indicações claras sobre o que pode ser mais apropriado para o usuário e por quê...". *Id.*, pp. 421-422.

75 Lisa B. Bingham, "Self-Determination in Dispute System Design and Employment Arbitration", 56 *U. Miami L. Rev.* 873, 881 (2002).

76 Nancy A. Welsh, "The Thinning Vision of Self-Determination in Court-Connected Mediation: The Inevitable Price of Institutionalization?", 6 *Harv. Negot. L. Rev.* 1, 80 (2001).

77 *Id.*

ponderar sobre como recursos específicos da arquitetura de escolha digital podem funcionar no contexto das cortes *on-line*.

## II. ARQUITETURA DE ESCOLHAS E O IMPACTO DA TECNOLOGIA

Processos judiciais *on-line* são projetados como procedimentos guiados nos quais os SRLs passam por uma série de escolhas em nível micro e decisões legais em nível macro.[78] Analisar os tribunais *on-line* como ambientes de escolha digital demanda tanto compreensão sobre psicologia da escolha, quanto da tomada de decisão (como as pessoas fazem escolhas), além de estratégias para auxiliar a escolha em ambientes digitais (como aprimorar interfaces digitais para ajudar as pessoas a fazer escolhas que lhes sejam melhores).[79]

### A. Processo decisório e arquitetura de escolhas

Uma teoria da psicologia social amplamente aceita aponta que os indivíduos utilizam dois distintos sistemas cognitivos para avaliar informações enquanto tomam decisões: um sistema "automático" e um sistema "reflexivo".[80] O sistema 1 é rápido, automático, incomplexo e emocionalmente carregado. As pessoas utilizam o Sistema 1 ao tomar decisões que reputam intuitivas – por exemplo, quando devem decidir rapidamente, quando são tomadas por sentimentos ou quando não têm informações suficientes, experiência ou conhecimento adequados. O sistema 2, por outro lado, baseia-se na razão e é, portanto, mais lento, complexo, calculista e deliberadamente controlado. Seu funcionamento reflexivo requer mais tempo e recursos cognitivos.[81] Como uma necessidade evo-

78 Em seu livro sobre tecnologia persuasiva, Fogg distingue entre a persuasão no *nível macro* em sistemas projetados para persuadir pessoas a agir de certo modo (como utilizar energia de maneira eficiente) e a persuasão no *nível micro*, que é inerente a qualquer sistema interativo, quando o usuário está sendo persuadido a praticar uma ação em particular. V. FOGG, nota *supra* 14. Cortes *on-line* também envolvem tanto os níveis macro e quanto micro na tomada de decisões legais.

79 Ver também Jameson *et al.*, nota *supra* 14, pp. 3-4. Discuto a difícil questão sobre o que constitui a melhor escolha ao litigante nas seções IV e V.

80 Daniel Kahneman, *Thinking, Fast And Slow* (2011); Keith E. Stanovich & Richard F. West, "Individual Differences in Reasoning: Implications for the Rationality Debate?", 23 *Behav. & Brain Sci.* 645 (2000).

81 Stanovich & West, nota *supra* 77, p. 659.

lutiva, a tomada de decisão cotidiana é comandada principalmente pelo Sistema 1, que é propenso a heurística, vieses cognitivos[82] e suscetível à influência de fatores contextuais do ambiente de escolha.[83] Igualmente, a tomada de decisão baseada na razão, que é governada pelo Sistema 2, também é afetada por fatores contextuais que influenciam a qualidade da deliberação.[84]

Várias décadas de pesquisa desenvolvidas por psicólogos sociais e economistas comportamentais indicam que mesmo variações aparentemente pequenas no contexto decisório podem desencadear heurísticas, vieses cognitivos e outros mecanismos que afetam as decisões das pessoas.[85] Notadamente, alguns mecanismos identificados em tais pesquisas parcialmente se contradizem ou se sobrepõem. Isso porque diferentes tipos de escolhas, contextos e tomadores de decisão podem incitar distintos mecanismos de tomada de decisão e idiossincrasias. Assim, é importante identificar se tais circunstâncias específicas operam no processo decisório e, em caso positivo, como operam.

Por exemplo, o efeito de *enquadramento* ocorre quando uma decisão é apresentada de modo que a concepção do tomador de decisão sobre os atos, resultados e contingências está associada a uma escolha em particular.[86] Para ilustrar esse efeito, considere o impacto sobre a decisão das pessoas de consumir um produto alimentício quando está classificado como "noventa por cento sem gordura" ou como "contendo dez por cento de gordura". Um efeito de *armadilha* ocorre quando um arquiteto

82 *Id.*; ver também Daniel Kahneman, "Maps of Bounded Rationality: Psychology for Behavioral Eco- nomics", 93 *Am. Econ. Rev.* 1449 (2003).

83 *The Construction Of Preference* (Sarah Lichtenstein & Paul Slovic eds., 2006) (Uma coletânea de estudos de diversos autores que demonstram que a tomada de decisões é uma forma contingente de processamento de informações, a qual é sensível aos fatores contextuais como a complexidade da questão, pressão exercida pelo tempo, forma de resposta, abordagem e pontos de referência).

84 Para exemplos, ver Christine Jolls & Cass R. Sunstein, "Debiasing Through Law", 35 J. *Legal Stud.* 199 (2006) (discutindo a revelação de informações relevantes ou como tornar as informações mais relevantes, sem vieses); Ian Ayres, *Carrots And Sticks: Unlock The Power Of Incentives To Get Things Done* (2011) (utilizando estratégias de pré-autorização por meio das quais as pessoas concordam adiantadamente com um curso de conduta em particular).

85 Thaler & Sunstein, nota *supra* 10.

86 Daniel Kahneman & Amos Tversky, "The Simulation Heuristic", in *Judgment Under Uncer Tainty: Heuristics And Biases* 201 (Daniel Kahneman, Paul Slovic & Amos Tversky eds., 1982).

de escolha aumenta a atratividade de uma opção ao apresentá-la ao lado de uma opção pouco atraente, que ninguém razoavelmente escolheria (o engodo ou armadilha).[87] O *viés do status quo* constitui a tendência de os indivíduos permaneceram no estado atual de coisas, uma vez que as desvantagens em o abandonar seriam maiores que as vantagens de eventual mudança.[88] Um emprego comum do viés do *status quo* é apresentar àquele que deve tomar a decisão uma opção *padrão*.

Um efeito de *ancoragem e ajuste* opera quando os tomadores de decisão carecem de informações sobre as opções e, portanto, tornam-se inclinados a acatar quaisquer valores inicialmente dados (especialmente quando tais valores são apresentados dentro da margem de possibilidade da decisão).[89] Por conseguinte, quando as pessoas são apresentadas a diferentes possibilidades de pontos de partida (âncoras), desenvolvem diferentes estimativas de valor.[90] Um efeito *primário* configura a influência exercida pela introdução de tópicos, tons, questões ou informações específicas àquele que tomará a decisão antes de fazê-lo, aumentando assim a probabilidade de que opte por uma decisão em particular.[91] Outro relevante fator de viés decorre da *aversão à perda*, à tendência de perdas e ao fato de as desvantagens terem maior impacto nas preferências das pessoas do que eventuais ganhos e vantagens.[92] Um viés relacionado é o *efeito de escassez*, que retrata a tendência de os indivíduos perceberem objetos escassos como mais atraentes ou desejáveis.[93]



---

87 Eric J. Johnson *et al.*, "Beyond Nudges: Tools of a Choice Architecture", 23 *Mktg. Letters* 487 (2012).

88 Daniel Kahneman, Jack L. Knetsch & Richard H. Thaler, "Anomalies: The Endowment Effect, Loss Aversion, and Status Quo Bias", 5 *J. Econ. Persp.* 193, 198 (1991).

89 Daniel Kahneman & Amos Tversky, "Judgment Under Uncertainty: Heuristics and Biases" 185 *Sci Ence* 1124, 1128 (1974).

90 *Id.*

91 Russell H. Fazio, David M. Sanbonmatsu & Frank L. Kardes, "On the Automatic Activation of Attitudes" 50 *J. Person. & Soc. Psych.* 229 (1986).

92 Kahneman, Knetsch & Thaler, nota *supra* 85; ver Eyal Zamir, *Law, Psychology, And Mor Ality: The Role Of Loss Aversion* (2014) (para uma discussão sobre aversão à perda no contexto legal, bem como sua relação com outros mecanismos como viés de *status quo* e efeito do ambiente).

93 Howard L. Fromkin & C. R. Snyder, "The Search for Uniqueness and Valuation of Scarcity", in *So Cial Exchange: Advances In Theory And Research* 57 (Kenneth J. Gergen, Martin S. Greenberg & Richard H. Willis eds., 1980).

Um importante grupo de pesquisadores estuda o impacto de vieses e heurísticas na resolução de disputas,[94] embora a ideia de incentivar esses mecanismos psicológicos em um projeto de resolução de conflitos não tenha recebido muita atenção.[95] No contexto de sistemas de ODR, especialmente de tribunais *on-line*, a influência de tais vieses na resolução de disputas torna-se crítica e pode ser analisada a partir da arquitetura de escolhas estruturada por Thaler e Sunstein.

Thaler e Sunstein se basearam em um vasto conjunto de trabalhos teóricos e empíricos sobre a tomada de decisão e os fatores que a influenciam para propor a ideia de *nudging*. O termo refere-se a influenciar a tomada de decisão das pessoas, fomentando vieses, heurísticas e influências psicológicas na percepção, processamento cognitivo e raciocínio. Um *nudge* é definido como "qualquer aspecto da arquitetura de escolha que altera o comportamento dos indivíduos de uma forma previsível, sem proibir quaisquer opções ou alterar significativamente seus incentivos econômicos".[96] *Designers* de ambientes decisórios são considerados arquitetos de escolha porque moldam a maneira pela qual as escolhas são apresentadas, influenciando desse modo, intencionalmente ou não, as escolhas que as pessoas fazem.[97] Um ponto fulcral é que os ambientes de escolha nunca são neutros porque "tanto os *nudges* quanto a arquitetura de escolhas são inevitáveis".[98] A arquitetura de escolhas constitui uma impactante ferramenta porque mesmo pequenas mudanças no ambiente de escolha podem guiar aqueles que devem tomar a decisão a escolher opções específicas. Um exemplo clássico de *nudge* é apresentar as opções

---

94 Ver Andrea Caputo, "A Literature Review of Cognitive Biases in Negotiation Processes", 24 *Int'l J. Conflict Mgmt.* 374 (2013). Um exemplo recente deste tipo de discurso está presente no trabalho de Lee Ross e seus colaboradores, como Lee Ross & Constance Stillinger, "Barriers to Conflict Resolution", 7 *Negot. J.* 389, 392-93 (1991) (discutindo os efeitos do viés de "aversão à perda" nas negociações) e Lee Ross & Andrew Ward, "Psychological Barriers to Dispute Resolution", 27 *Advances Experimental Soc. Psychol.* 255 (1995).

95 Especificamente, a literatura tem discutido o potencial de utilizar o *design* do sistema para contornar os vieses nos processos de resolução de disputas. Ver, p.ex., Lisa Blomgren Amsler *et al.*, "Dispute System Design and Bias in Dispute Resolution", 70 *Smu L. Rev.* 913 (2017).

96 Thaler & Sunstein, nota *supra* 10, p. 6.

97 Johnson *et al.*, nota *supra* 84.

98 Cass R. Sunstein," The Ethics of Nudging", 32 *Yale J. On Reg. 413, 415* (2015). Ver também Daniel M. Hausman & Brynn Welch, "Debate: To Nudge or Not to Nudge", 18 J. *Pol. Phil.*123 (2010) (sugerindo que a arquitetura de escolhas é inevitável e que, por isso, não pode ser moralmente problemática em si mesma).

de alimentos em uma cafeteria de modo que os mais saudáveis sejam posicionados ao nível dos olhos dos clientes, tornando-os mais visíveis e mais fáceis de visualizar em comparação a opções não saudáveis, sem eliminar a possibilidade de o cliente escolher alimentos não saudáveis.[99]

Thaler e Sunstein afirmam que *nudges* são uma ferramenta do paternalismo libertário, pois podem ser utilizadas para ajudar as pessoas a tomarem decisões mais consentâneas com seus próprios interesses,[100] ao mesmo tempo em que preservam a liberdade de escolha individual.[101] Ainda assim, o uso de *nudges* gera preocupações éticas fundamentais, especialmente o uso de *nudges* que parecem manipulativos. Discuto tais preocupações no contexto dos tribunais *on-line* na Seção IV.

## B. *Nudging* digital

Devido à presença constante de *smartphones*, computadores e *tablets*, nos dias de hoje as pessoas comumente tomam decisões – algumas das quais importantes – em dispositivos digitais. Por conseguinte, os *designers* de UX/UI criam muitos dos ambientes de escolha que existem atualmente,[102] em domínios tão diversos que abarcam decisões pessoais, sociais, financeiras, médicas e de negócios. De forma semelhante aos cenários *off-line*, os ambientes de escolha digital não apresentam opções de maneira neutra, de modo que as escolhas das pessoas podem ser influenciadas por *nudges*.[103] O termo *nudging* digital refere-se ao "uso de elementos de *design* na interface do usuário para guiar o comportamento das pessoas em ambientes de escolha digital,"[104] controlando atributos vi-

99 Thaler & Sunstein, nota *supra* 10.

100 Isto é, decisões que promovam seu bem-estar, de acordo com a própria pessoa responsável por decidir. *Id*, p. 5.

101 De acordo com Thaler & Sunstein, "para ser considerada um simples *nudge*, a intervenção deve ser fácil e barata de se evitar". *Id*. P. 6. Especificamente, críticos contestam a alegação de que *nudges* preservam a liberdade de escolha. Ver, p.ex., Selinger & Whyte, nota *supra* 12, p. 928 ("Alguém que valoriza sua liberdade de escolha estaria de acordo com a ideia de que seu comportamento está sendo modificado por meios dos quais não está ciente? Embora haja a noção de que aqueles sujeitos aos *nudges* tenham as mesmas possibilidades de escolhas, talvez isso não seja aceitável àqueles que se preocupam particularmente com seu grau de liberdade na sociedade").

102 Johnson *et al.*, nota *supra* 84.

103 Benartzi & Lehrer, nota *supra* 14.

104 Markus Weinmann, Christoph Schneider & Jan vom Brocke, "Digital Nudging", 58 *Bus. & Info. Sys. Eng'g* 433, 433 (2016).

suais[105] e "deliberadamente apresentando escolhas ou organizando fluxos de trabalho"[106] a fim de influenciar *inputs* e decisões dos usuários. Assim, a UX/UI de ambientes de escolha digital cria novos modos de influenciar decisões.[107] Como em configurações *off-line*, a seleção de uma estratégia de *nudging* digital eficaz e apropriada é determinada pelo tipo de decisão a ser feita, bem como pelas heurísticas e vieses específicos que estão em causa.[108]

O *nudging* digital funciona alterando *o que* é apresentado (o conteúdo da opção) ou *como* é apresentado (a visualização da opção na interface digital).[109] Por exemplo, se um aplicativo de pagamento móvel apresenta uma opção de gorjeta enquanto padrão, de forma que os usuários que preferem não dar gorjeta devem selecionar "sem gorjeta" ou desmarcar a opção "gorjeta", provavelmente tal aplicativo baseia-se no viés do *status quo* para incitar as pessoas (*nudging*) a dar gorjetas.[110] Outro exemplo é quando mercados *on-line* indicam que um certo número de usuários está visualizando o mesmo produto no momento, o que pode levar o usuário a sentir-se pressionado a escolher aquele item porque incitado pelos efeitos psicológicos de normas sociais, da aversão à perda e da escassez.[111] Os atributos visuais das interfaces digitais, como cores, complexidade visual e fontes, também influenciam as decisões.

A arquitetura de escolhas digital pode ser uma poderosa ferramenta. Primeiramente, a arquitetura de escolhas digital opera no momento da tomada de decisão,[112] aumentando assim a probabilidade de que um *nud-*

105 Benartzi & Lehrer, nota *supra* 14.

106 Schneider, Weinmann & vom Brocke, nota *supra* 14, p. 68.

107 Enquanto os ambientes digitais continuam a evoluir e a mudar, novos modos de influenciar comportamentos emergem; ver Weinmann, Schneider & vom Brocke, nota *supra* 14, p. 435 (à medida em que novos dispositivos "emergem com novos elementos de interação e interface em seu *design*, como *kinetics*, realidade virtual e hologramas... *designers* precisão compreender o efeito comportamental dessas novas tecnologias no julgamento das pessoas e em sua tomada de decisões).

108 Schneider, Weinmann & vom Brocke, nota *supra* 14, p. 71.

109 *Id.*, p. 69.

110 *Id.*

111 *Id.*, pp. 69-70; Tobias Mirsch, Christiane Lehrer & Reinhard Jung, "Digital Nudging: Altering User Behavior in Digital Environments", *Proceedings Of The 13th International Conference On Wirt Schaftsinformatik* 634, 641 (2017).

112 Schneider, Weinmann & vom Brocke, nota *supra* 14, p. 69; ver também Linda Miesler, Corinne Scher- rer, Roger Seiler & Angela Bearth, "Informational Nudges as an Effective Ap-

*ge* seja eficaz. Em segundo lugar, os *nudges* digitais são bastante fáceis, rápidos e baratos de implementar. Ademais, a disponibilidade imediata de dados sobre o comportamento do usuário permite testar e otimizar a eficácia dos *nudges* digitais em ciclos interativos.[113]

A Seção III analisa vários *nudges* digitais que foram identificados em outras conjunturas e explica como tais incentivos podem operar no contexto de tribunais *on-line*. Antes de analisarmos isso, situaremos a discussão no contexto do estudo anteriormente mencionado sobre o impacto do ODR nos litigantes, no processo e em seu resultado.

## C. O impacto da tecnologia na ODR

A noção de que as plataformas de ODR moldam o processo de resolução de disputas e o comportamento das partes não é nova. Katsh e Rifkin cunharam a tese de que, na ODR, a plataforma se torna uma influente *quarta parte*:[114] um ator no processo, como os litigantes e o terceiro neutro. Os autores sustentam que a aparência, a estrutura e as funções do sistema estruturam o que é (e o que não é) possível e provável de ocorrer.[115] Outros estudiosos também já expressaram preocupação com os elevados riscos decorrentes do que agora denomina-se de arquitetura de escolhas digital dos sistemas de ODR, bem como com os efeitos potenciais da tecnologia no *design* do sistema de ODR e no acesso à justiça.[116] Larson especificamente questionou o risco de manipulação advindo da interação entre o processo de *design* do sistema de ODR e de *design* de sua interface:

> Quando as partes são instadas a escolher uma opção... como essas opções são determinadas?... [Quando] uma opção padrão está disponível, amparada em quais premissas essa opção pa-

proach in Raising Aware- ness Among Young Adults About the Risk of Future Disability", 16 J. *Consumer Behav.* 15 (2016).

113 Mirsch, Lehrer & Jung, nota *supra* 108, p. 644.

114 Katsh & Rifkin, nota *supra* 23, pp. 93-94.

115 *Id.* Logo, "a quarta parte" é um particular caso do conceito mais amplo de "código é lei". Ver *Lawrence Lessig, Code: And Other Laws Of Cyberspace, Version* 2.0 6 (1999) (sustentando que o *design* de ambientes *on-line* não é neutro e que, ao revés, manifesta valores em particular e afeta os usuários de modos explícitos e implícitos).

116 Orna Rabinovich-Einy & Ethan Katsh, "Lessons from Online Dispute Resolution for Dispute System Design", in *Online Dispute Resolution: Theory And Practice* 39 (Mohamed S. Abdel Wahab *et al.*, eds., 2012); Rabinovich-Einy & Katsh, nota *supra* 28; Katsh & Rabinovich-Einy, nota *supra* 2, pp. 39-56, 149-80.

> drão se baseou? O programa foi elaborado para guiar as partes a um acordo, independentemente de esse ser sua vontade nessas circunstâncias?[117]

Outrossim, no contexto relativo aos serviços jurídicos *on-line*, estudiosos observaram a importância de avaliar a facilidade de uso da interface[118] e as experiências do usuário como "a principal régua para complementar as estatísticas baseadas em resultados... [porque] pode encorajar um maior envolvimento, compreensão e acompanhamento dos serviços jurídicos."[119]

Infelizmente, ainda existem lacunas significativas no conhecimento acerca dessas questões. Apenas alguns estudos empíricos investigam como o *design* de sistemas de ODR impacta o processo de resolução de disputas. Geralmente, tais estudos focam nas *percepções* do usuário (comumente em termos de satisfação ou justiça processual) e não no *comportamento* do usuário em termos de escolhas e ações. Por exemplo, realizei experimentos que mediram o efeito de diferentes *designs* e tecnologias no processo de ODR nas experiências de justiça processual dos litigantes em diferentes contextos.[120] Outros estudos analisaram a satisfação, as experiências e as avaliações dos litigantes em contextos como mediação de divórcio *on-line*[121] *e mediação on-line* em tribunais de peque-

---

117 David Allen Larson, ""Brother, Can You Spare a Dime?" Technology Can Reduce Dispute Resolution Costs When Times Are Tough and Improve Outcomes", 11 *Nev. L.J.* 523, 548-49 (2001). Similarmente, Rafael Morek sugere que "nas ODR, ineficiência, erros ou vieses podem ser escondidos sob uma bem-feita interface de computador baseada na forma com que o programa foi construído". Rafal Morek, "The Regulatory Framework for Online Dispute Resolution: A Critical View", 38 *U. Tol. L. Rev.* 163 (2006).

118 Ver, p.ex., David R. Newman & U. Doherty, "Making the Law Accessible to Non- Lawyers: Effects of Different Kinds of Expertise on Perceived Usability of Online Legal Services", 27 *Behav. & Info. Tech.* 423 (2008).

119 Hagan, nota *supra* 71, pp. 402-03.

120 Ver Sela, nota *supra* 29 (comparando a percepção de justiça processual de usuários de sistemas de ODR que envolvem comunicação assíncrona baseada em textos ou vídeos); Ayelet Sela, "Can Computers Be Fair? How Automated and Human-Powered Online Dispute Resolution Affect Procedural Justice in Mediation and Arbitration", 33 *Ohio St. J. On Disp. Resol.* 91 (2018) (examinando a sensibilidade da percepção de justiça processual de litigantes em processo de ODR de *e-commerce* a variações no método de resolução de disputas (mediação vs. arbitragem) e no agente identificável da plataforma de ODR (se a informação é transmitida por uma terceira parte, neutra, que é uma pessoa ou um *software*)).

121 Martin A. Gramatikov & Laura Klaming, "Getting Divorced Online: Procedural and Outcome Justice in Online Divorce Mediation", 14 *J.L. & Fam. Stud.* 97 (2012) (examinando a per-

nas causas.[122] Atualmente, também há dados disponíveis de pesquisas de satisfação de usuários realizadas nas plataformas judiciais de ODR. Por exemplo, o CRT publica uma pesquisa periódica de satisfação do usuário, que coleta as percepções dos participantes sobre questões como justiça, profissionalismo, facilidade de uso da plataforma e celeridade;[123] e o HMCTS periodicamente informa os resultados de uma pesquisa geral de satisfação do usuário acerca da implementação atual do OSC para demandas de cobrança.[124]

Ao contrário das percepções e das experiências do usuário, os efeitos comportamentais do ODR, inclusive nos tribunais, são pouco estudados. Embora os resultados da pesquisa do CRT apontem para uma experiência positiva,[125] quase um terço dos entrevistados relataram que o processo não foi fácil de entender ou de manejar, e quase um quarto indicou que o CRT não lhes forneceu informações suficientes para que se preparassem para a resolução da disputa.[126] Parte dessa dificuldade provavelmente decorre do conteúdo e do processo de *design*, mas também é provável que a experiência e o desempenho dos SRLs possam ser melhorados alterando elementos de UX/UI com base na pesquisa da arquitetura de escolhas digital. Ainda mais importante, como exponho nas seções a seguir, a arquitetura de escolhas baseada em dados é necessária para garantir a neutralidade dos tribunais, evitar vieses e promover a autonomia dos litigantes.

cepção de homens e de mulheres divorciados sobre a qualidade do procedimento *on-line* e de seu resultado).

122 Marc Mason & Avrom Sherr, "Evaluation of the Small Claims Online Dispute Resolution Pilot" (acesso em setembro de 2008) http://papers.ssrn.com/sol3/papers.cfm?abstract_id=1407631 (avaliando os relatórios dos litigantes sobre facilidade de uso, custo e satisfação com o resultado no projeto-piloto de um processo de mediação vinculado a uma corte).

123 Ver, p.ex., "Participant Satisfaction Survey – April to October 2018", *Civ. Resol. Tribunal*, https://civilresolutionbc.ca/participant-satisfaction-survey-april-october-2018-2/ (último acesso em 23 de abril de 2019) [doravante "Pesquisa de Satisfação dos Participantes do CRT"].

124 Ver Acland-Hood, nota *supra* 67 (relatando, em fevereiro de 2019, a respeito de seu serviço de ações de cobrança, que "nove entre 10 usuários dizem que estão satisfeitos ou muito satisfeitos com o serviço"). Até o momento, HMCTS não publicou os critérios ou questões empregados para mensurar a satisfação do usuário, tornando difícil validar o significado de tais números; ver também Byrom, nota *supra* 30, p. 20.

125 75% dos questionados disseram que recomentariam o CRT a outros; 81% sentiram que foram tratados de forma justa. Pesquisa de Satisfação dos Participantes do CRT, nota *supra* 120.

126 *Id.*

## III. ARQUITETURA DE ESCOLHAS DIGITAL E CORTES *ON-LINE*

Abordar a estrutura da arquitetura de escolhas digital é um útil complemento ao discurso sobre ODR e, especificamente, cortes *on-line*. Tal estrutura é comumente utilizada para examinar o impacto das interfaces digitais no comportamento de usuários leigos (em oposição a usuários profissionais), como consumidores e alunos. A fim de aplicar este conjunto de estudos aos tribunais *on-line*, os conceitos empregados devem ser adaptados e testados no contexto da tomada de decisões relacionadas a litígios. Os tribunais *on-line* orientam os SRLs – que são usuários leigos – por meio de um processo digital, apresentando-lhes informações que até então desconheciam e exigindo que façam escolhas importantes em um ambiente que não lhes é familiar, o que pode comprometer suas demandas e defesas. Aplicar a estrutura da arquitetura de escolhas digital neste contexto apresenta duas vantagens importantes. Primeiro, a arquitetura de escolhas digital preenche a lacuna de conhecimento sobre os efeitos comportamentais no contexto das ODR e, especialmente, dos tribunais *on-line*. Em segundo lugar, mostra-se útil porque considera tanto o impacto do conteúdo, quanto a forma de sua exposição na tomada de decisões dos SRLs. Para esse fim, esta seção explora as características do processo decisório humano em interfaces digitais e os elementos específicos da arquitetura de escolha digital que impactam o comportamento, bem como a tomada de decisão dos SRLs em tribunais *on-line*.

### A. Atenção escassa e atenção seletiva

Estudos consistentemente concluem que decisões tomadas em telas são feitas sob inerentes condições de *escassez de atenção*[127] *e de atenção seletiva*.[128] Desse modo, são particularmente suscetíveis à influência de

127 Estudos descobriram que, em contextos *on-line*, as pessoas demonstram atenção reduzida em comparação a contextos *off-line*. Ver, p.ex., Daniel M. Oppenheimer, Tom Meyvis & Nicolas Davidenko, "Instructional Manipulation Checks: Detecting Satisficing to Increase Statistical Power", 45 *J. Experimental Soc. Psych.* 867 (2009) (indicando que há chances de falhas consideravelmente maiores no filtro de atenção em situações *on-line* do que quando do uso de papel e caneta. O filtro, nesse caso, envolveu a leitura de um único parágrafo de instruções antes do preenchimento de um curto questionário).

128 Benartzi & Lehrer, nota *supra* 14.

vieses e de heurísticas, que podem levar a decisões de baixa qualidade.[129] Por exemplo, pesquisas sobre escolhas acerca de questões financeiras descobriram que as pessoas são particularmente propensas a tomar decisões deficitárias em interfaces de computador,[130] e que tal efeito é acentuado se a decisão for realizada em um *smartphone*.[131] Um dos motivos para tanto é que, em dispositivos digitais, as pessoas tendem a tomar decisões de maneira rápida e automatizada,[132] muitas vezes sem processar informações relevantes para realizar a decisão ideal.[133] Conjectura-se que tal efeito será agudizado em cortes *on-line*, as quais exigem que os SRLs, que não possuem expertise na área jurídica, tomem decisões relacionadas a litígios. Um estudo comparou a capacidade de advogados e de pessoas sem formação jurídica de reter informações de sites jurídicos *on-line*, e descobriu que as pessoas sem formação na área não conseguiam processar informações de forma tão completa quanto os advogados, indicando comprometimento daqueles em sua capacidade de entender e de usar essas informações.[134]

A maior suscetibilidade da tomada de decisão *on-line* à influência de vieses cognitivos e de heurísticas ocorre quando do emprego de múltiplos recursos de UX/UI, que operacionalizam tais vieses de tomada de decisão e heurísticas em ambientes de escolha digital. Se e como esses estímulos digitais (*nudges*) afetam as escolhas e comportamentos do SRL em cortes *on-line* são questões que demandam respostas empíricas. Na Seção IV, discuto possíveis metodologias para a realização de tal investigação. Todavia, o primeiro passo – que segue imediatamente – é identificar os mecanismos relevantes e traçar hipóteses sobre seus efeitos.



129 *Id.* pp. 15-17; 68-70. Esses efeitos adversos são exasperados pelo fato de que ambientes de escolha digitais tendem a gerar sobrecarga de informação, na medida em que usuários são expostos a um fluxo contínuo de informações e de alertas, a uma infinidade de opções e a uma abundância de palavras. *Id.* p. 25 (também citando um estudo no qual se descobriu que ter um e-mail não lido na caixa de entrada é tão distrativo que reduz o QI de uma pessoa em aproximadamente dez pontos).

130 Mirsch, Lehrer & Jung, nota *supra* 108, p. 635.

131 Benartzi & Lehrer, nota *supra* 14, pp. 40-43.

132 *Id.*

133 Mirsch, Lehrer & Jung, nota *supra* 108, p. 635.

134 Ver Newman & Doherty, nota *supra* 115.

## B. Botões, caixas de seleção, menus de escolha, controles laterais e caixas de texto

Recursos como *botões, caixas de seleção, menus de escolha, controles laterais* e *caixas de texto* podem ser utilizados para impelir as pessoas a escolher certas opções.[135] Por exemplo, uma opção apresentada dentre várias outras mais discretas por meio de caixas de seleção, botões ou menus de escolha são formas de induzir a opção por determinada alternativa mediante um padrão de pré-seleção (tendência à manutenção do *status quo*); adicionar uma opção enquanto armadilha (efeito de armadilha); e apresentar uma opção anteriormente (efeito de primazia), mais tarde (efeito de recência) ou no meio (viés da opção intermediária) da lista.[136] Quando uma decisão envolve opções contínuas (v.g., indicando um valor monetário), arquitetos de escolha podem potencializar os efeitos de ancoragem. Por exemplo, ao usar um controle lateral para obter respostas numéricas, os números mais baixo e alto do controle servem como âncoras implícitas (esse último recurso também explora o viés do *status quo*).[137] Destarte, campos de entrada, como caixas de texto, podem ser pré-preenchidos com valores (em relação a quantidades) sujeitos à edição.[138]

Botões, caixas de seleção, controles laterais e caixas de texto são elementos essenciais do ambiente de escolha das cortes *on-line*. Tais recursos estão presentes em formulários da *web* de queixas e de defesas, em questionários, para manejo dos processos e na coleta de informações. Logo, mostra-se importante analisar seu funcionamento no contexto das escolhas e das ações dos SRLs.

A Figura 1 ilustra uma tela de um sistema de ODR judicial da Matterhorn, exemplificando o uso de botões e de caixas de texto. Neste exemplo, a ordem das opções de resposta para a primeira pergunta pode afetar a probabilidade de serem escolhidas. Igualmente, deve-se verificar se as escolhas em relação ao procedimento feitas pelos SRLs

---

135 Para uma útil revisão, ver Schneider, Weinmann & vom Brocke, nota *supra* 14, pp. 70-71.

136 *Id.* Claramente, alguns dos mecanismos descritos se contradizem ou se sobrepõem. Como observado na seção anterior, o impacto de vieses e de heurísticas depende do tipo de decisão, do contexto, daquele que tomará a decisão e, logo, deve ser testado em cada específica circunstância.

137 Schneider, Weinmann & vom Brocke, nota *supra* 14, pp. 70-71.

138 *Id.*

mudam em decorrência das opções indicadas como padrão, a exemplo de uma caixa de seleção pré-marcada ou uma caixa de texto pré-preenchida, que define uma escolha padrão para um tipo de procedimento ou de ação. Podem existir justificativas válidas para o uso de uma opção padrão, mas o emprego deste recurso envolve riscos éticos,[139] que devem ser considerados pelos projetistas dos tribunais *on-line*. Os *designers* de cortes *on-line* também podem adotar medidas para mitigar o risco de eventual influência indevida, reforçando a liberdade de escolha e a autonomia dos litigantes. Exemplos nesse sentido incluem cientificar os usuários da existência de um padrão[140] ou, como sugiro na próxima seção: projetar um ambiente de escolha que incentive os usuários a refletir sobre sua decisão.

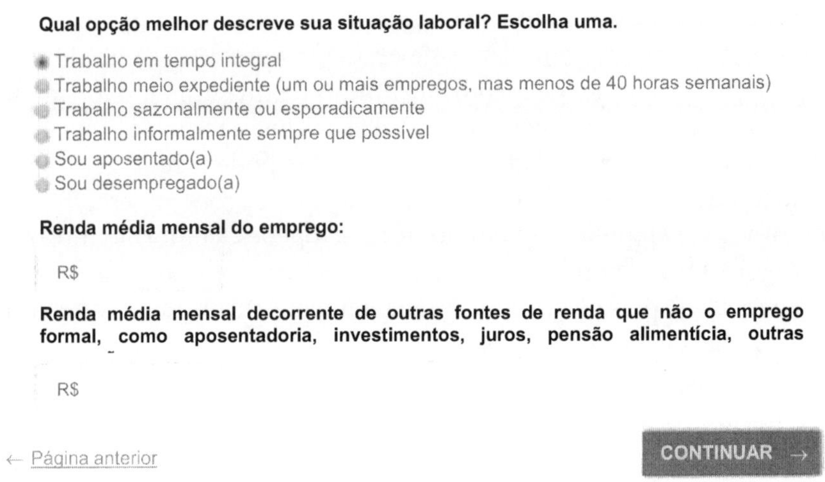


Figura 1: Avaliação da capacidade financeira na plataforma *Matterhorn*[141]

139 Ver N. Craig Smith, Daniel G. Goldstein & Eric J. Johnson, "Choice Without Awareness: Ethical and Policy Implications of Defaults", 32 *J. Pub. Pol'y & Mktg.* 159 (2013).

140 *Johnson et al.*, nota *supra* 84.

141 A captura de tela refere-se a um webinar que Materhom disponibilizou publicamente. "Webinar Materials: Ability-to-Pay Assessment and ODR", *Matterhorn* (May 22, 2018), https://getmatter- horn.com/webinar-materials-ability-to-pay-assessment-and-odr/ (acessado em 22 de abril de 2019).

## C. Excesso de escolhas

Interfaces digitais tornam simples adicionar mais escolhas, bem como mais opções para cada escolha. À primeira vista, aumentar a variedade de opções parece promover a autodeterminação dos usuários, na medida em que amplia a possibilidade de escolher a opção que adequadamente reflita com precisão suas preferências e interesses. Entretanto, como Benartzi e Lehrer observam, "ao mesmo tempo em que poucas opções são sufocantes, ter muitas opções pode ser paralisante; nosso limitado cérebro fica sobrecarregado e acabamos escolhendo mal ou desistindo."[142]

No ambiente *off-line*, descobriu-se que oferecer aos consumidores muitas opções resulta em menos compras.[143] Essa consequência foi observada em decisões muito mais complexas, por exemplo, quando as taxas de participação em planos de aposentadoria 401 (k) diminuíram depois que o conjunto de escolha de fundos de investimento foi ampliado.[144] Um exemplo análogo em ambientes *on-line* é ter muitas opções de configuração de privacidade, que os usuários podem reputar confusas e difíceis de escolher.[145] Além da sobrecarga de opções em escolhas significativas (exemplificada pelo número de opções, conforme mostrado na Figura 1), as interfaces digitais muitas vezes criam uma "sobrecarga de navegação", pois os usuários frequentemente encontram "vasta variedade de barras de menu, botões, janelas de *pop-ups* e ferramentas de pesquisa"[146] que devem manejar.

Estudos experimentais descobriram uma série de estratégias eficazes para melhorar a qualidade da decisão - e a satisfação - em casos de sobrecarga de escolha. Uma dessas estratégias é usar "arquitetura em

142 Benartzi & Lehrer, nota *supra* 14, p. 166.

143 Avni M. Shah & George Wolford, "Buying Behavior as a Function of Parametric Variation of Number of Choices", 18 *Psychol. Sci.* 369 (2007); Sheena S. Iyengar & Mark R. Lepper, "When Choice is Demotivating: Can One Desire Too Much of a Good Thing?", 79 J. *Personality & Soc. Psychol.* 995 (2000).

144 Sheena S. Iyengar, Gur Huberman & Wei Jiang, "How Much Choice is Too Much? Contributions to 401(K) Retirement Plans", in *Pension Design And Structure: New Lessons From Behavioral Finance* 83 (Olivia S. Mitchell & Stephen P. Utkus eds., 2004) (descobrindo que, para cada dez fundos de investimento adicionados, a taxa de participação reduziu cerca de 2%).

145 Jameson *et al.*, nota *supra* 14, p. 49, 12.2.3.

146 Benartzi & Lehrer, nota *supra* 14, pp. 167-68.

torneio sequencial";[147] outra estratégia, que parece ser mais aplicável aos tribunais *on-line*, é organizar as opções em conjuntos, normalmente consistindo em menos de cinco opções. Assim, os usuários podem navegar por uma série de opções dentre conjuntos de opções.[148] A pesquisa mostra ainda que a maneira como um conjunto de opções ou de informações é dividido em grupos (por exemplo, em uma única lista ou dividido em categorias) pode impactar significativamente as escolhas.[149] A dificuldade reside em criar categorias que ajudem os SRLs a localizar e a escolher a opção que melhor atende aos seus interesses. Interfaces digitais oferecem várias estratégias para criar conjuntos gerenciáveis de opções,[150] incluindo a capacidade de categorizar as opções de maneira personalizada com base nas prioridades dos usuários e no que é mais relevante para eles. Em cortes *on-line*, essas estratégias podem ser concebidas e implementadas para classes inteiras de litigantes ou de disputas, ao invés de usuários individuais, com base em estudos preliminares sobre o uso da plataforma.

As estratégias de arquitetura de escolha aplicáveis em tal contexto incluem permitir que os usuários apliquem filtros a listas de opções ou contem com assistentes *on-line* dinâmicos. Cortes *on-line* já utilizam assistentes na fase inicial de triagem, para auxiliar na identificação de problemas e das questões que serão objeto da demanda.[151] Argumenta-se que tais estratégias na arquitetura de escolhas também podem ser



---

147 Ver See Tibor Besedeš *et al.*, "Reducing Choice Overload Without Reducing Choices", 97 *Rev. Econ. & Stat.* 793, 793-94 (2015) (relatando resultados de um experimento que demonstrou que a arquitetura em torneio sequencial levou a um aumento significativo na frequência de escolhas ótimas, em comparação a escolhas simultâneas ou a sequências de eliminação. Os autores explicaram que: "no torneio de arquitetura sequencial, as dezesseis opções são aleatoriamente divididas em quatro conjuntos, contendo quatro opções cada. Na primeira etapa, a pessoa que deve tomar a decisão seleciona uma das opções de cada um dos grupos menores. Na última etapa (a quinta), o participante escolhe dentre as quatro opções anteriormente selecionadas." Em outras palavras, a escolha final é a "vencedora" ao fim de todas as etapas de torneio. Como cada etapa consiste em um grupo gerenciável de considerações, os usuários tornam-se presumivelmente mais aptos a identificar a opção que mais desejam (a opção que melhor atende aos seus interesses).).

148 Jameson *et al.*, nota *supra* 14, pp. 62-63; Benartzi & Lehrer, nota *supra* 14, pp. 167-76.

149 Ver, p.ex., Craig R. Fox, David Bardolet & Daniel Lieb, "Partition Dependence in Decision Analysis, Resource Allocation, and Consumer Choice", in 3 *Experimental Business Research* 229 (Rami Zwick & Amnon Rapoport eds., 2005); Thaler & Sunstein, nota *supra* 10.

150 Ver Jameson *et al.*, nota *supra* 14, pp. 63-70.

151 O Explorador de Soluções do CRT é um exemplo. Ver Explorador de Soluções do CRT, nota *supra* 52.

empregadas no processo de resolução de disputas, para ajudar os SRLs a personalizar as escolhas processuais e materiais em todo o litígio. Finalmente, deve-se atentar para o potencial da personalização automatizada no combate à sobrecarga de escolha, apresentando aos SRLs um conjunto mínimo de opções automaticamente adaptado com base em um esquema de perfil. Todavia, conforme exposto na Seção III, f, o emprego da personalização automatizada em tribunais *on-line* é controverso, pois levanta graves questões normativas e éticas.

## D. *Nudges* induzidos pela exibição: intuição ou deliberação

*Vieses induzidos pela exibição* ocorrem quando as pessoas escolhem uma opção diferente de sua manifesta preferência devido à localização ou à visualização das opções na tela.[152] Como Benartzi e Lehrer explicam, "o sistema visual está moldando nossa decisão muito antes de termos sequer a chance de considerar nossas opções; a mecânica da visão precede às deliberações mentais."[153] Ao mesmo tempo, a pesquisa sugere várias estratégias para exibir opções e texto nas telas de forma a encorajar a reflexão ou a melhorar a probabilidade de os usuários seguirem suas próprias preferências.

### *i. Viés visual em direção ao meio*

A pesquisa de Elena Reutskaja e de seus colegas indica que há um viés visual que direciona para a opção intermediária, de modo que os usuários são influenciados a selecionar qualquer opção que apareça no meio da tela.[154] No experimento, solicitava-se que as pessoas escolhessem um lanche, em tempo cronometrado, dentre as opções de alimentos, que eram apresentadas na tela do computador no formato de quadrantes organizados em uma matriz. Os pesquisadores descobriram que os participantes tinham maior probabilidade de escolher a opção apresentada no meio da tela, mesmo quando não era de sua

152 Benartzi & Lehrer, nota *supra* 14, pp. 167-70.

153 *Id.*, p. 73.

154 Elena Reutskaja *et al.*, "Search Dynamics in Consumer Choice Under Time Pressure: An Eye- Tracking Study", 101 *Am. Econ. Rev.* 900, 917 (2011).

preferência.[155] Os estudiosos então acompanharam o olhar dos participantes, concluindo que se encontrava quase invariavelmente fixado, em um primeiro momento, no centro da tela.[156] Primordialmente, essa tendência de visualizar o centro da tela pode ser utilizada para estimular as pessoas a escolher a opção que melhor atende aos seus interesses. Por exemplo, no experimento descrito, quando a opção de lanche favorita dos participantes era colocada no centro da tela, eles a escolhiam em 91% das vezes.[157] Notadamente, o funcionamento de vieses visuais pode ser diferente a depender do número de opções e da maneira como estão organizadas na tela.[158]

A fim de avaliar a aplicabilidade de tais vieses a SRLs, é necessário testá-los no contexto específico de tribunais *on-line*. Embora os procedimentos judiciais *on-line* normalmente não sejam submetidos à pressão exercida pela limitação do tempo de escolha, seu *design* simplificado incentiva uma navegação bastante rápida por meio de uma série de escolhas entre as opções, às vezes apresentadas em uma matriz de blocos. Por exemplo, o CRT *Solution Explorer* demanda que os usuários selecionem, em uma matriz de blocos, cada um representando uma categoria de questões jurídicas, a categoria que melhor descreve sua disputa (a Figura 2 mostra a primeira das duas linhas de blocos). Neste exemplo, um demandante leigo que deve dinheiro a um cliente que não pagou integralmente por um produto ou serviço pode ser instado a selecionar a opção

155 *Id.* pp. 922-23. Pediu-se aos participantes que classificassem diversos alimentos por preferência e, em seguida, tais itens foram expostos em uma tela por período limitado de tempo, no qual os participantes deveriam indicar qual item gostariam de receber ao fim do experimento. Quando as opções foram apresentadas em matrizes de 3x3, os participantes eram 60% mais propensos a escolher a opção de alimento do meio, independentemente do que era. Surpreendentemente, quando a opção de lanche menos preferida do participante estava no centro da tela, eles foram aptos a encontrar o alimento preferido apenas em 30% das vezes.

156 *Id.* p. 917. (em uma matriz 3x3, o quadrante central; em uma matriz 4x4, nos quatro quadrantes centrais. Os pontos iniciais que os participantes olhavam permaneceu como o mais frequentemente observado também em etapas posteriores).

157 *Id.*, p. 921.

158 *Id.* (declarando que o estudo também testou um modo de exibição sem um centro específico, no que se descobriu que, quando quatro opções eram apresentadas em uma matriz 2x2, os participantes eram mais propensos a olhar primeiro para o quadrante superior esquerdo, consistente com a direção de leitura na língua inglesa. Os resultados poderiam ter sido diferentes se os participantes lessem um idioma cuja direção é da direita para a esquerda, como o Hebraico).

"empréstimo e dívidas", localizada mais centralmente, ao invés da opção mais precisa, "compra e venda de produtos e serviços."

Figura 2: *Solution Explorer* de pequenas causas do CRT[159]

### *ii. Fomentando a reflexão por meio da apresentação horizontal de opções*

*Designers* de tribunais *on-line* podem valer-se de vieses visuais a fim de melhorar a compreensão dos SRLs acerca de cada opção disponível e incentivá-los a refletir cuidadosamente sobre sua escolha, fomentando assim uma tomada de decisão informada e reflexiva. Especificamente, estímulos visuais podem constituir o alicerce da ferramenta mais relevante na tomada de decisões conscientes: o fornecimento eficaz de informações.[160]

Uma estratégia da arquitetura de escolhas visual diz respeito à organização de informações na tela de uma forma que induza à deliberação.[161] Esta estratégia é particularmente útil quando os usuários precisam considerar e comparar opções com vários atributos diferentes.[162] Por exemplo, um estudo examinou o impacto da exibição horizontal e

159 Explorador de Soluções CRT, nota *supra* 52.

160 Ver Karen Yeung, "Nudge as Fudge", 75 *Mod. L. Rev.* 122 (2012).

161 Benartzi & Lehrer, nota *supra* 14, pp. 75-77.

162 Jameson *et al.*, nota *supra* 14, pp. 60-70 (discutindo escolha baseada em atributos e estratégias relevantes de suporte da decisão).

vertical de opções (no caso, diferentes modelos de computador), quando cada opção tinha várias características que eram relevantes à decisão (v.g., tamanho da tela, tipo de processador, preço).[163] O estudo demonstrou que a organização de opções na tela influencia o que as pessoas olham e, como resultado, suas decisões, pois a exibição horizontal de opções induziu os usuários a comparar os diferentes atributos dos produtos, mais do que a exibição vertical.[164]

No contexto de tribunais *on-line*, a organização de informações pode ser relevante quando os SRLs ponderam opções que possuem vários atributos ou envolvem consequências diversas. Exemplos incluem a possibilidade de solicitar uma audiência presencial ou virtual, comparar ofertas de acordo, bem como considerar ou não a celebração de um acordo. Do mesmo modo, conforme mencionado anteriormente, a maneira como as opções (ou atributos) são divididos em grupos pode influenciar significativamente as escolhas.[165] Em cortes *on-line*, seria útil testar, por exemplo, se dividir as opções de procedimentos em categorias ou agrupar as possíveis medidas judiciais influencia as escolhas dos SRLs.

### *iii. Induzindo a reflexão por meio do eficaz uso de fontes*

Os designers de tribunais *on-line* costumam empregar fontes acessíveis (*fluent fonts*), ou seja, fontes claras, de fácil leitura, de tamanho razoável e de cores escuras. Inegavelmente, tais fontes acessíveis são utilizadas pois em tese aumentam a facilidade de uso, a simpatia e a acessibilidade da interface do tribunal digital, como ensina a literatura sobre serviços *on-line* para usuários leigos.[166] No entanto, pesquisas iniciais sugerem que fontes menos acessíveis são mais propensas a estimular o raciocínio cognitivo. Uma fonte é tida como menos acessível (*disfluent fonts*) se seus atributos de *design* dificultam a leitura. Exemplos de fontes menos acessíveis incluem o uso de espaçamento mínimo entre as letras ou letras que não são facilmente diferenciadas, apresentação de

163 Savannah Wei Shi, Michel Wedel & F. G. M. Pieters, "Information Acquisition During Online Decision Making: A Model-Based Exploration Using Eye-Tracking Data", 59 *Mgmt. Sci.* 1009 (2013).

164 *Id.*

165 Ver, p.ex., Fox, Bardolet & Lieb, nota *supra* 146; Thaler & Sunstein, nota *supra* 10.

166 Ver Hagan, nota *supra* 71; Newman & Doherty, nota *supra* 115.

informações em fonte de tamanho menor ou em fontes de cores esmaecidas ou usando fontes que os leitores não estão acostumados a ler.

Por exemplo, um estudo concluiu que fontes menos acessíveis aumentam a retenção das informações lidas, encorajando maior reflexão e processamento cognitivo.[167] Outra pesquisa mensurou o efeito do uso de uma fonte menos acessível no desempenho de participantes em um teste de reflexão cognitiva.[168] O teste exigia que os participantes respondessem a perguntas complexas, que mediram a extensão da importância de atalhos mentais e de respostas instintivas.[169] Os resultados sugerem que participantes que leram as perguntas em uma fonte menos acessível (10% cinza, tamanho 10) eram menos propensos a responder às perguntas incorretamente em comparação àqueles participantes que as leram em uma fonte acessível (cor preta, tamanho 12), uma vez que a leitura mais trabalhosa fez com que prestassem mais atenção à questão e refletissem antes de responder.[170] Apesar do resultado da pesquisa, estudos mais recentes não encontraram evidência de que as fontes menos acessíveis realmente melhoram o raciocínio analítico.[171] Entretan-

---

167 Ver, p.ex., Connor Diemand-Yauman, Daniel M. Oppenheimer & Erikka B. Vaughan, "Fortune Favors the Bold ("and the Italicized"): Effects of Disfluency on Educational Outcomes", 118 *Cognition* 111 (2011) (descobrindo que apresentar a estudantes materiais de leitura sobre uma ampla gama de assuntos e de níveis de dificuldade em fontes menos acessíveis melhorava sua performance em testes subsequentes, em comparação a estudantes que leram os mesmos materiais em fontes acessíveis).

168 Adam L. Alter *et al.*, "Overcoming Intuition: Metacognitive Difficulty Activates Analytic Reasoning", 136 J. *Experimental Psychol.: Gen.* 569 (2007).

169 O teste foi apresentado em: Shane Frederick, "Cognitive Reflection and Decision Making", 19 J. *Econ. Persp.* 25 (2005). Considere a seguinte pergunta como exemplo do teste: "Um taco e uma bola custam $ 1.10. O taco custa $ 1.00 a mais que a bola. Quanto custa a bola? ___ centavos de dólar". *Id.*, p. 26. Como Frederick aponta, a resposta intuitiva é de que a bola custa 10 centavos de dólar, mas após reflexão fica claro que a bola custa 5 centavos de dólar e o taco, $ 1.05. *Id.*, pp. 26-27.

170 Descobrindo que: "enquanto 90% dos participantes que realizaram a leitura na fonte acessível responderam ao menos uma questão incorretamente, apenas 35% do grupo da leitura em fonte menos acessível o fez." Alter *et al.*, nota *supra* 165, p. 570. Os resultados ainda sugerem que fontes mais difíceis de ler fazem com que o participante encare a tarefa como mais difícil e, portanto, reflita mais cuidadosamente e se comprometa mais com o processo analítico, resultando em menos erros.
The findings further suggest that fonts that are more difficult to read prompted subjects to view the task as more difficult, and therefore reflect more carefully and engage in more analytical processing, resulting in their making less mistakes. Id. at 575.

171 Andrew Meyer *et al.* "Disfluent Fonts Don't Help People Solve Math Problems". 144 J. *Exper. Psych.: General, E16 Psych.* (2015) (analisando o resultado de dezessete estudos sobre o efeito de fontes menos acessíveis no raciocínio cognitivo).

to, estes novos estudos descobriram que as pessoas gastam mais tempo respondendo perguntas quando as questões são exibidas em uma fonte menos acessível,[172] possivelmente indicando que tais fontes diminuem o ritmo de conclusão da tarefa, criando assim, pelo menos estruturalmente, mais espaço para reflexão.

A ideia de criar ambientes legais digitais de escolhas que tornem as tarefas um pouco mais exigentes (ou o procedimento um pouco *menos* açodado), como uma forma de encorajar a reflexão e a tomada de decisão informada, ecoa outras sugestões recentes. No contexto do gerenciamento de questões de privacidade *on-line*, Arnout Terpstra e seus colegas apresentam um modelo de *design* que se baseia na "fricção" para estimular o pensamento reflexivo, o conhecimento, a avaliação e a escolha dos usuários.[173] Em se tratando de tribunais *on-line*, Dorcas Quek Anderson frisa a "tensão entre acessibilidade e participação informada", salientando que é "desafiador projetar um sistema judicial de ODR para garantir que as explicações sejam lidas pelos usuários... e também genuinamente compreendidas."[174] Para de fato saber se as fontes menos acessíveis melhoram a capacidade de os SRLs entender e refletir sobre as questões relacionadas aos litígios, é necessário um exame empírico cuidadoso. Nesse ínterim, os *designers* de tribunais *on-line* devem ao menos considerar a possibilidade de que "o melhor *design* não equivale ao mais confortável possível aos olhos. Ao invés disso, trata-se de equilibrar a necessidade de facilitar a atividade cognitiva com os benefícios de uma dificuldade desejável; a premência por velocidade aliada aos benefícios de desacelerar."[175]

Considere, por exemplo, a Figura 3, que é uma tela capturada do novo processo de cobrança *on-line* lançado (em beta) pelos tribunais e serviços de justiça na Inglaterra e na Grã-Bretanha (HMCTS).

172 *Id.*

173 Arnout Terpstra, Alexander P. Schouten, Alwin de Rooij & Ronald E. Leenes, *Improving Privacy Choice through Design: How Designing for Reflection Could Support Privacy Self--Management* (17 de maio de 2019) (manuscrito ainda não publicado).

174 Dorcas Quek Anderson, "Ethical Concerns in Court-Connected Online Dispute Resolution" 1 *Intl. J. Online. Disp. Resol.* 20, 31 (2019).

175 Benartzi & Lehrer, nota *supra* 14, p. 135.

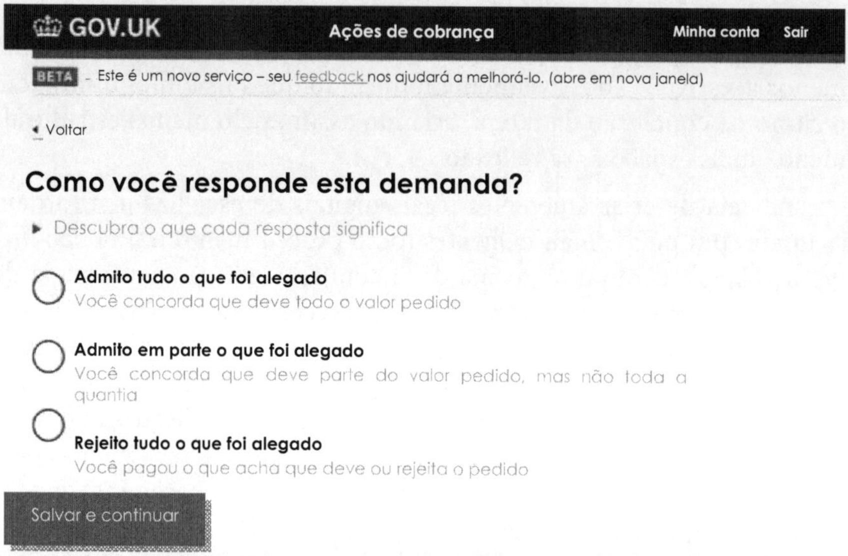


Figura 3: Ações de cobrança no HMCTS (Beta) – Resposta do Réu[176]

Nesta tela, os réus selecionam uma das três opções para responder a uma ação de cobrança movida em seu desfavor. O site usa uma fonte bastante acessível, em preto, cinza claro ou azul, de tamanhos variados, e lista as opções verticalmente. É importante analisar se a probabilidade de os réus selecionarem certas opções é influenciada pela fonte, sua cor ou tamanho, bem como pelo alinhamento ou pela ordem das opções. Especificamente, deve-se perquirir se o uso de uma fonte acessível (preto, negrito) para títulos das questões, em comparação a um texto explicativo em fonte menos acessível (cinza claro, não negrito) e um texto de ajuda azul claro estimula os usuários a pular o processamento dessas informações de apoio à escolha e, assim, tomar decisões menos informadas e deliberadas. Caso tais efeitos fossem constatados, os esforços para agilizar o processo e torná-lo fácil de usar, acessível, informativo e prestativo terão como custo o prejuízo à qualidade das decisões procedimentais e materiais dos SRLs.

Como em qualquer outra técnica de *nudging*, a influência de elementos visuais, como o direcionamento para o centro da tela, a apresentação

176 A Figura 3 foi capturada da plataforma HMCTSgovuk, nota *supra* 63.

horizontal de opções ou o emprego de fontes menos acessíveis, não impactará todos os usuários ou tarefas. Entretanto, haja vista seu potencial para aprimorar a compreensão acerca dos procedimentos judiciais *on-line* e de questões jurídicas relevantes, bem como para incentivar a tomada de decisões informadas e deliberadas, é importante estudar seus efeitos no contexto específico de processos judiciais *on-line*.

### E. Cores e complexidade visual como incentivos à facilidade de uso e à confiança

As primeiras impressões no ambiente *on-line* desempenham um papel crítico na impressão dos usuários sobre qualidade, facilidade de uso e confiabilidade das plataformas digitais.[177] A maior parte das pessoas desenvolve tal impressão em uma fração de segundo, baseadas na percepção da estética do site.[178] Essa impressão é moldada primeiramente pelos *atributos visuais* do website,[179] como as cores e complexidade visual.[180]

O *colorido* da interface digital refere-se ao esquema de cores, bem como à sua intensidade e paleta. Essas características das cores podem impactar significativamente na resposta dos usuários à interface digital, na navegação pela plataforma e em suas escolhas.[181] A *complexidade visual* de uma interface digital é determinada pela quantidade de informações em tela e pela forma como é apresentada.[182] Os usuários geralmente reagem de maneira menos favorável a interfaces digitais visualmente complexas, pois as consideram menos agradáveis.[183] Fatores que criam



177 Ver, p.ex., Gitte Lindgaard *et al.*, "An Exploration of Relations Between Visual Appeal, Trustworthi- ness and Perceived Usability of Homepages", 18 *Acm Transactions On Computer--Human Int Eraction* 1 (2011).

178 Benartzi & Lehrer, nota *supra* 14, pp. 38-39.

179 Lindgaard *et al.*, nota *supra* 174.

180 Ver Katharina Reinecke & Krzysztof Z. Gajos, "Quantifying Visual Preferences Around the World", *Proceedings Of The Sigchi Conference On Human Factors In Computing Systems* 11 (2014).

181 *Id.*; ver, p.ex., Naomi Mandel & Eric J. Johnson, "When Web Pages Influence Choice: Effects of Visual Primes on Experts and Novices", 29 J. *Consumer Res.* 235 (2002); Benartzi & Lehrer, nota *supra* 14, p. 45 (referindo-se a uma conversa com Reinecke). Reinecke mediu a intensidade da cor em termos de quantidade de pixels não-brancos na tela e seu alcance em termos de porcentagens de pixels que eram próximas de dezesseis cores padronizadas da especificação do HTML 4.01.

182 Benartzi & Lehrer, nota *supra* 14, p. 45.

183 *Id.* p. 47.

complexidade visual incluem *design* assimétrico e muitos grupos distintos de texto (especialmente se não estiverem distribuídos sobre o espaço disponível).[184] Afirma-se que a complexidade visual também torna mais difícil receber e processar informações relevantes e que, portanto, não contribui com a tomada de decisão informada e deliberada.

Apesar de essas afirmações parecerem bastante intuitivas, os tribunais *on-line* são distintos em termos de complexidade visual e cores. Por exemplo, a página inicial de *Money Claim Online*, uma plataforma de ODR judicial operada pela HMCTS, dá as boas-vindas aos requerentes com uma página inicial visualmente bastante complexa, conforme denota-se na Figura 4.

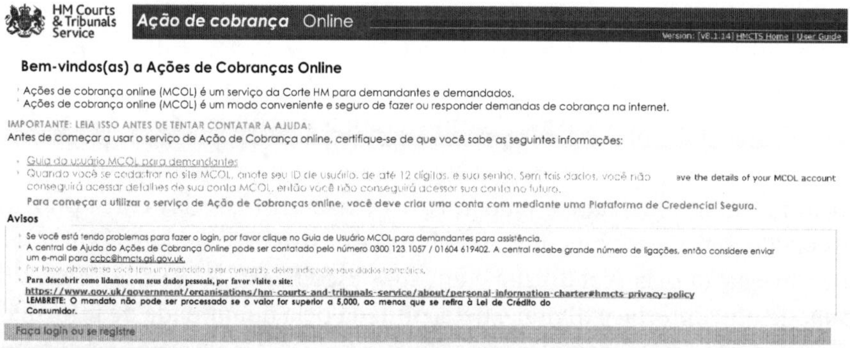


Figura 4 – Página inicial da plataforma "Ação de Cobranças Online"[185]

Em comparação, a Figura 5 ilustra uma página inicial significativamente menos complexa em termos visuais, retirada do portal de cobranças testado em beta do HMCTS.

---

184 *Id.*

185 A Figure 4 foi capturada do site www.moneyclaim.gov.uk/web/mcol/welcome

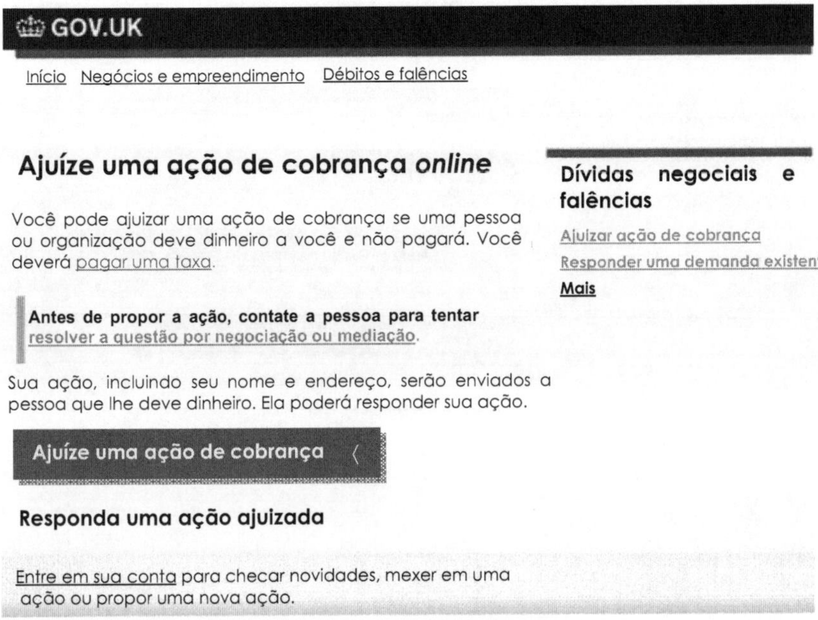


Figura 5 – Ação de cobrança no HMCTS (teste beta)[186]

Observe ainda a interface de usuário de um sistema de ODR obrigatório para pequenas causas, criado pelo *Matterhorn* no Tribunal de Justiça em West Valley City, Utah, conforme mostrado na Figura 6. O sistema organiza as interações dos dois litigantes e do facilitador em uma interface semelhante a um bate-papo, apresentando-as cronologicamente e as diferenciando por cor, empregando tons mais quentes de vermelho e de laranja ao lado do esquema de cores branco e azul, utilizado em muitos sites jurídicos. O UX/UI representado na Figura 6 provavelmente pretende promover discussões informais sobre acordos entre SRLs leigos.



186 A Figura 5 foi capturada da plataforma HMCTSgovuk, nota *supra* 63.

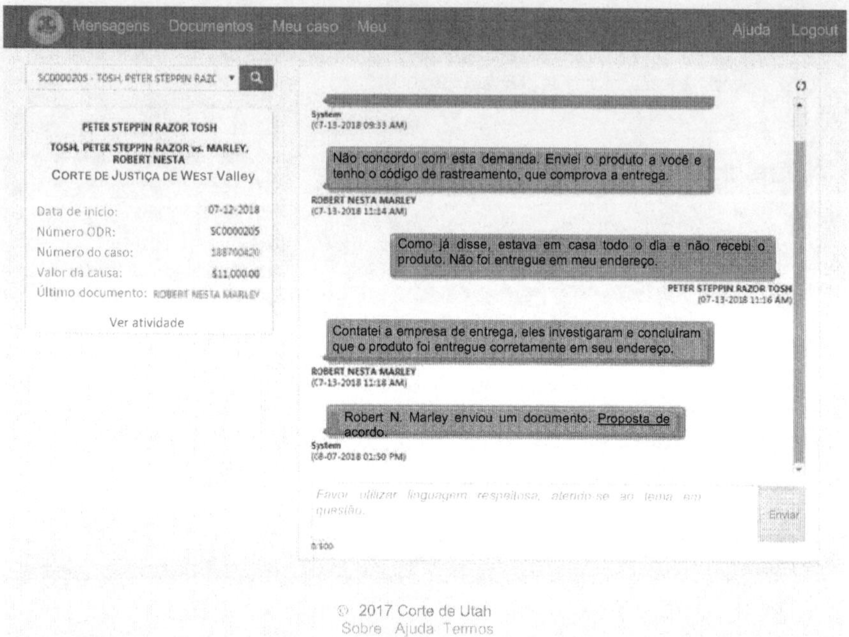


Figura 6 – Mediação de pequenas causas no Tribunal de Utah (*Matterhorn*)[187]

Nos dias de hoje, a tecnologia permite operacionalizar e mensurar a eficiência no emprego das cores, assim como a complexidade visual de sites, por meio de ferramentas algorítmicas automatizadas.[188] Dessa maneira, tribunais *on-line* podem facilmente avaliar os benefícios no emprego da complexidade visual e de cores, examinar se alterá-los melhoraria a experiência e o desempenho do usuário, promoveria a percepção de legitimidade e confiabilidade do tribunal *on-line*, eventualmente reduzindo o desinteresse do usuário no processo. Proponho opções metodológicas para tal objetivo na Seção IV.

Qualquer tentativa de utilizar cores ou de aumentar a complexidade visual de um site deve levar em consideração o fato de que as

187 Bob Ambrogi, "Utah Courts Begin Unique ODR Pilot for Small Claims Cases Tomorrow", *Law Sites* (4 de setembro de 2018), https://www.lawsitesblog.com/2018/09/utah-courts-begin-unique-odr-pilot- small-claims-cases-tomorrow.html.

188 Ver Reinecke & Gajos, nota *supra* 177.

preferências estéticas variam entre os usuários. Especificamente, atributos como nível de educação, idade, sexo e nacionalidade são correlacionados com preferências na variação de graus de cores do site e em sua complexidade visual.[189]

## F. Personalização

As plataformas digitais estão em uma posição privilegiada no tocante à personalização do ambiente de escolha para cada um de seus usuários ou para classes de usuários, agrupadas com base em características identificáveis. Conforme discutido na Seção II, a, as pessoas diferem-se em seus perfis de tomada de decisão e em sua sensibilidade a diferentes tipos de *nudges*, de modo que podem ser afetadas de maneira distinta por um determinado ambiente de escolha. A personalização permite que as plataformas digitais modifiquem de forma dinâmica a arquitetura de escolha (incluindo conteúdo, visualização e procedimento) em tempo real, a fim de aumentar sua eficiência em relação a determinados usuários, conforme suas particularidades.[190] Essa personalização dinâmica aumenta as chances de o ambiente de escolha influenciar as decisões e o comportamento dos usuários em um determinado sentido. Sua atuação

189 Benartzi & Lehrer, nota *supra* 14, pp. 48-49 (referindo-se também ao estudo em larga escala de preferências visuais do website de Reinecke & Gajos, que constatou que participantes mais velhos preferiram websites com bastante texto e distintos grupos de textos, com menos saturação de cores, enquanto participantes mais novos preferiram *websites* mais saturados de cores e com imagens maiores. Aparentemente, participantes com mais de 40 anos de idade reputaram sites visualmente complexos 60% mais atraentes, comparados a participantes com menos de 20 anos de idade; e homens preferiram sites que usam cores primárias em um fundo branco ou cinza, enquanto mulheres preferiram *websites* que utilizam esquemas de cores mais harmônicos e tons pasteis. O estudo também descobriu diferenças baseadas na nacionalidade (por exemplo, participantes da Malásia preferiram websites mais coloridos, em comparação a participantes da Finlândia ou da Alemanha, enquanto participantes do México e do Chile preferiram websites que eram duas vezes mais complexos que os participantes da Rússia).).

190 Ver Ryan M. Calo, "Digital Market Manipulation", 82 *Geo. Wash. L. Rev.* 995, 1002-03, 1017-18 (2013) (explicando que, em um mercado mediado pela tecnologia, empresas podem aproveitar dados do usuário para personalizar todo os aspectos de sua interação transacional com os usuários, de modo que as empresas possam "identificar as específicas formas que levam cada usuário a se desviar da tomada de decisão racional, por mais idiossincrática que seja, utilizando esse viés em benefício da empresa."); ver também John R. Hauser *et al.*, "Website Morphing", 28 *Mktg. Sci.* 202, 202-06 (2009) (descrevendo e testando técnicas de "transformação de website" – alteração dinâmica do *layout* de um website em teste com base no estilo cognitivo pré-testado do participante).

pode tanto contrariar como tirar proveito das características identificáveis que guiam a tomada de decisão.

As plataformas digitais podem aprimorar suas técnicas de personalização coletando e processando informações sobre seus usuários, como dados demográficos, interesses, estado emocional, conhecimento tecnológico e outras características.[191] Especificamente, a personalização baseada em *big data* pode reconfigurar o ambiente de escolha do usuário tanto em resposta ao próprio comportamento pessoal, obtido por seu "perfil de dados em constante expansão", quanto à luz das "tendências globais".[192] A personalização também pode ser feita com base em dados momentâneos, como localização ou movimentação.[193]

Embora a personalização baseada em dados possa aumentar significativamente a eficiência da arquitetura de escolhas e melhorar a qualidade dos serviços, tal recurso também implica riscos éticos significativos, ressalvas sobre a privacidade e desafios normativos.[194] Por razões óbvias, essas preocupações são ampliadas no contexto de tribunais *on-line*, que estão comprometidos com os valores do devido processo, igualdade e neutralidade.[195] Assim, embora tecnologicamente possível, a observância da regulamentação legal e as vantagens de implementar a personalização do processo ou de seu resultado em tribunais *on-line* (ou qualquer ODR ou processo legal, com efeito) é discutível e merece extrema

191 Calo, nota *supra* 187, pp. 1002-03, 1017-18.

192 Ver Karen Yeung, "'Hypernudge': Big Data as a Mode of Regulation by Design", 20 *Info., Comm. & Soc'y* 118, 122 (2017).

193 Schneider, Weinmann & vom Brocke, nota *supra* 14, p. 70.

194 Ver Kirsten E. Martin, "Ethical Issues in the Big Data Industry", 14 *Mis Q. Exec.* 67 (2015) (abordando os riscos, como o desenvolvimento de algoritmos que reflitam preconceitos ou desrespeitosamente objetifiquem pessoas por meio de sua classificação em categorias aparentemente relevantes; Calo, nota *supra* 187, p. 1049 (indicando que, como *nudging* em plataformas digitais é tecnologicamente mediado, levanta desafios específicos. Por exemplo, é difícil torna-lo publicamente conhecido de forma a permitir análise pública); Yeung, nota *supra* 189, pp. 123-28 (discutindo diversos desafios éticos dos "*hipernudges*" desenvolvidos por meio de personalizações big-data, bem como sustentando que não podem substituir alertas específicos ou mecanismos de consentimento).

195 Yeung, nota *supra* 189, p. 122 (a descrição de *nudges* personalizados por meio de big-data indica alguns dos aspectos que seriam inerentemente desafiadores no contexto de personalização de cortes *on-line* por *nudges*, afirmando que "tornam possível que a execução automática tome o lugar dinamicamente, com tanto o critério como a execução sendo continuadamente adaptados e refinados em um ambiente conectado, que permite a alimentação de dados em tempo real, e que, crucialmente, pode ser utilizada para personalizar um algoritmo de resultado").

cautela. Este importante debate está além do escopo deste artigo. Ainda assim, é importante observar que personalizar cortes *on-line* alterando dinamicamente seus aspectos visuais, como cores ou complexidade das interfaces, pode moldar de forma significativa as escolhas e as experiências dos usuários. Resta saber se tal personalização é tida como menos controversa e mais aplicável em comparação à personalização de outras características da corte.

Por exemplo, o exposto nas subseções (d) e (e) indica que pessoas com origens diferentes podem responder de forma diversa ao esquema de cores de um site, ao nível de complexidade visual, às fontes (tipo, cor e tamanho) e a outros atributos visuais. Desse modo, *designers* de tribunais *on-line* podem implementar a personalização de tais características da interface para oferecer melhor suporte aos SRLs ou aumentar a própria legitimidade e confiabilidade da corte. Uma alternativa é oferecer aos usuários a possibilidade de personalizar a interface do tribunal *on-line*. Outra estratégia é aplicar automaticamente essa personalização visual com base em perfis predeterminados.

## G. Resumos e alertas

O processo decisório humano pode ser diferente em ambientes de escolha *on-line* e *off-line*, podendo também variar a depender do dispositivo digital utilizado, como *smartphones* e telas de computador, ou de contextos diversos.[196] Assim, as descobertas e as diretrizes atinentes à arquitetura de escolha em configurações *off-line* não podem ser transferidas diretamente para as interfaces digitais, de modo que a aplicabilidade, aos tribunais *on-line*, das descobertas sobre a arquitetura de escolha digital em contextos de consumo, educacionais ou outros, precisa ser testada. Nesta seção, identificou-se um conjunto inicial de recursos de UX/UI que provavelmente afetarão o comportamento e as escolhas dos SRLs nas cortes *on-line*, demonstrando sua relevância nesse atual momento de implementação de tais tribunais. A existência de algumas conclusões parciais contraditórias indica a importância de testar e de avaliar tais questões no específico contexto dos SRLs em tribunais *on-line*. A próxima seção sugere medidas e metodologias para tal desiderato.

196 Benartzi & Lehrer, nota *supra* 14.

Como nenhuma arquitetura de escolhas é neutra - isto é, qualquer que seja o modo de apresentação da escolha influenciará como o tomador da decisão age - o fracasso em projetar ambientes de escolha consciente é problemático em si mesmo.[197] Seja proposital ou inadvertidamente, qualquer interface de tribunal *on-line* induz os litigantes. Seu ambiente de escolha digital incorpora valores: seus recursos processuais e UX/UI restringem ou encorajam certos comportamentos e decisões de litigantes mais do que outros, podendo levar a experiências e a resultados diferentes. Assim, em tribunais *on-line*, a arquitetura de escolhas digital afeta a forma como os litigantes, e especialmente os SRLs, pleiteiam ou defendem seus direitos, bem como a forma pela qual os tribunais cumprem suas funções. Para mitigar esses riscos e aprimorar a capacidade de os tribunais *on-line* ampliarem o acesso à justiça e a sua adequada administração, as diretrizes sobre a escolha digital devem ser incorporadas no projeto dos tribunais *on-line*. É alarmante que pouco se saiba sobre como tais mecanismos funcionam.

## IV. AVALIANDO A ARQUITETURA DE ESCOLHAS NAS CORTES *ON-LINE*

### A. Arquitetura de escolhas enquanto objeto de consideração do *design*

Os ritos processuais são desenhados sob inerente tensão entre os fins do sistema de justiça civil e a eficiência: criar processos que permitam decisões precisas, justas e adequadas, reduzindo os recursos necessários[198] e equilibrando outros valores concorrentes, como previsibilidade, responsabilidade, igualdade e responsividade.[199] Em ambientes *on-line*, há ainda preocupações adicionais com *design*, como facilidade de uso,[200] experiência[201] e satisfação do usuário.[202] Conforme exposto na seção an-

197 Selinger & Whyte, nota *supra* 12; Michelle N. Meyer, "Ethical Considerations When Companies Study – and Fail to Study – Their Customers", in *The Cambridge Handbook Of Consumer Privacy* 207 (Evan Selinger, Jules Polonetsky & Omer Tene eds., 2018).

198 Ver Judith Resnik, "The Privatization of Process: Requiem for and Celebration of the Federal Rules of Civil Procedure", 162 *U. Penn. L. Rev.* 1793 (2014); Coleman, nota *supra* 5.

199 Susan S. Silbey, "Making Sense of the Lower Courts", 6 *Just. Sys. J.* 13 (1981).

200 Ver, p.ex., Ginnifer L. Mastarone & Susan Feinberg, "Access to Legal Services: Organizing Better Self-Help Systems", *Ieee Int'l Prof. Comm. Conf.* 5 (2007).

201 Ver, p.ex., Hagan, nota *supra* 71.

202 Ver, p.ex., Pesquisa de Satisfação dos Participantes do CRT, nota *supra* 120.

terior, tais considerações sobre ritos processuais devem ser ampliadas para abarcar o impacto do ambiente de escolhas digital sobre a natureza e a qualidade da participação do SRL. Especificamente, os *designers* de cortes *on-line* devem organizar e apresentar informações, opções e possíveis ações de maneira que proporcionem o devido processo legal aos SRLs e sejam consistentes com os objetivos e valores da justiça civil. Tal objetivo exige a criação de um ambiente de escolhas que apoie a tomada de decisão informada e independente dos SRLs, promovendo sua autonomia e autodeterminação, ao mesmo tempo reduzindo enviesamentos.

Haja vista a função pública que os tribunais *on-line* desempenham, seus *designers* devem obedecer a elevados padrões de profissionalismo, responsabilidade e ética.[203] Deve-se ter como premissa a concepção de que intervenções causadas pela arquitetura de escolhas que são cuidadosamente projetadas e testadas empiricamente são mais eficazes em alcançar os objetivos de seus *designers*, assim como normativamente mais adequadas, em comparação a ambientes de escolha que são projetados por tentativa e erro. Para alcançar tal padrão, os *designers* de cortes *on-line* devem se comprometer com o planejamento e com a avaliação, pautados em dados e evidências, de todas as arquiteturas de escolha digital que projetem.[204]

Esta seção detalha um conjunto inicial de medidas e de estratégias metodológicas que auxiliam a compreender como as intervenções da arquitetura de escolhas moldam as ações e as experiências dos SRLs em tribunais *on-line*. Nela, proponho o emprego de medidas comportamentais e de atitudes para assimilar o efeito que recursos específicos de UX/UI causam nas escolhas, ações e experiências de SRLs em cortes *on-line*.

## B. Escolhas, *inputs* e experiências dos SRLs sobre justiça processual

É importante medir o impacto das cortes *on-line* como ambientes de escolha tanto em relação ao comportamento, quanto às experiências dos

203 Ver Selinger & Whyte, nota *supra* 12; Sunstein, nota *supra* 95.

204 Nesse sentido, Amy Schmitz, nota *supra* 29, p. 163, recentemente dirigiu-se aos "formuladores de políticas ao redor do mundo" para "comparar observações baseadas em dados de projetos-piloto para nortear o desenvolvimento posterior de plataformas de ODR públicas, avançando no acesso à justiça." Schmitz frisa a importância de combinar métodos de pesquisa tanto quantitativos quanto qualitativos para esse fim (*id*, pp. 144-146).

SRLs. O impacto comportamental na conduta do SRL pode ser medido com base em suas escolhas, ações e *inputs* na presença ou ausência de uma intervenção de arquitetura de escolha específica. Exemplos disso incluem identificar o tipo e a quantidade de informações jurídicas e materiais de auxílio acessados na plataforma; o tipo, a quantidade e a relevância das informações que os SRLs fornecem (v.g., itens selecionados em um menu ao formular uma reclamação ou informações fornecidas em texto livre); o número, tipo e relevância escolhidas (ou renunciadas) de opções procedimentais; o método de resolução de disputas por meio do qual o processo foi encerrado (v.g., negociação direta, facilitação, adjudicação); a tutela concedida (v.g., pagamento pelos danos, tutela *in natura*, retratação); o modo de disposição (v.g., acordo, desistência da ação, julgamento do mérito, julgamento à revelia); como o acordo foi alcançado, se foi proposto, aceito ou alterado pela SRL; o tempo necessário à conclusão de cada etapa do processo; a taxa e o tipo de erros de procedimento; e, por fim, índices de desistência. Várias outras medidas comportamentais podem ser relevantes, dependendo do contexto e do recurso de escolha digital específico testado. Também pode ser útil comparar o desempenho de SRLs e de litigantes representados por advogados em qualquer um desses índices.

Além dos efeitos comportamentais, a arquitetura de escolhas digital das cortes provavelmente afeta ainda as experiências dos SRLs ao longo do processo. Principalmente, acredita-se que influencia as experiências dos SRLs em relação à justiça processual. A justiça processual constitui o mais bem estabelecido critério de avaliação dos métodos de resolução de disputas e dos sistemas de justiça.[205] Trata-se de conceito que consolida a noção de justiça em processos nos quais são proferidas decisões judiciais, sendo composta pelos seguintes aspectos nucleares: ter a oportunidade de participar efetivamente do processo; tratamento justo e imparcial pelo julgador; tratamento com respeito e dignidade; e disponibilidade de informações e de esclarecimentos sobre o processo e sobre seus fundamentos.[206]

205 Ver Tom R. Tyler, "What Is Procedural Justice?: Criteria Used by Citizens to Assess the Fairness of Legal Procedures", 22 *L. & Soc'y Rev.* 103, 128 (1988); E. Allan Lind *et al.*, "In the Eye of the Beholder: Tort Litigants' Evaluations of Their Experiences in the Civil Justice System", 24 *L. & Soc'y Rev.* 953 (1990); Donna Shestowsky, "The Psychology of Procedural Preference: How Litigants Evaluate Legal Procedures Ex Ante", 99 *Iowa L. Rev.* 637 (2014).

206 Para uma revisão sobre os componentes da justiça processual, ver: John Thibaut & Laurens Walker, *Procedural Justice: A Psychological Analysis* (1975); Jason A. Colquitt, "On

Dada a sua natureza, as experiências de justiça procedimental geralmente são sensíveis às alterações na arquitetura de escolhas.

Aprimorar as experiências de justiça processual é importante porque influencia fortemente a satisfação, a avaliação, a preferência e o efeito sobre os litigantes no tocante aos sistemas de resolução de disputas, incluindo cortes judiciais.[207] A justiça processual também impacta a avaliação e a percepção de legitimidade e de eficácia dessas instituições,[208] bem como o compromisso a longo prazo das partes com os resultados alcançados.[209]

O método mais simples e comumente utilizado para medir a justiça processual é aplicável a SRLs em tribunais *on-line*: responder a um questionário sobre as experiências dos usuários, seja em um ambiente experimental ou em um verdadeiro processo judicial *on-line*. Um instrumento que desenvolvi para mensurar a justiça processual em sistemas de ODR foi empregado com sucesso em outros contextos,[210] e pode ser adaptado para cortes *on-line*.

Os dados sobre a utilização de recursos comportamentais e de atitude podem ser coletados por meio de várias metodologias. Pesquisas *on-line* e ensaios clínicos randomizados em campo (RCTs) poderiam registrar os dois tipos de variáveis. A análise dos conjuntos de dados coletados em tribunais *on-line* (e, potencialmente, também de outros serviços de ODR ou de serviços jurídicos *on-line*) pode ser usada para comparar recursos comportamentais antes e depois de uma específica intervenção na arquitetura de escolhas ter sido empregada. Qualquer que seja a metodologia utilizada, deve-se examinar os efeitos da arquitetura de escolhas em diferentes dados demográficos, incluindo idade e gênero, bem como em relação a diferentes níveis de educação, alfabetização e alfabetização digital.

---

the Dimensionality of Organizational Justice: A Construct Validation of a Measure", 86 J. *Applied Psychol*. 386 (2001); Tyler, nota *supra* 202; Lind *et al*., nota *supra* 202.

207 Thibaut & Walker, nota *supra* 203; E. Allan Lind, "The Psychology of Courtroom Procedure", in *The Psychology Of The Courtroom* 13 (Robert M. Bray & Norbert L. Kerr eds., 1982); Tom R. Tyler, "The Role of Perceived Injustice in Defendants' Evaluations of Their Courtroom Experience", 18 *L. & Soc'y Rev*. 51 (1984).

208 Tyler, nota *supra* 202, p. 111.

209 *Id*. p. 108.

210 Sela, nota *supra* 29.

## C. Metodologias de avaliação

### *i. Experimentos e testes de controle randomizados*

A experimentação constitui uma metodologia útil para estudar o efeito da arquitetura de escolhas digital tanto no comportamento dos SRLs, quanto em sua experiência geral; isso porque permite alterar o ambiente digital para mensurar a influência exercida por recursos específicos de arquitetura de escolha, enquanto variáveis independentes, mantendo constantes outros fatores. De mais a mais, experimentos *on-line*, do mesmo modo que experimentos em laboratório, trazem preocupações com relação à validade externa e ao realismo. Algumas destas preocupações podem ser atenuadas se os experimentos forem realizados em uma plataforma experimental, que seja uma duplicação idêntica à interface de um determinado tribunal *on-line*, ou que tenha grande semelhança com tal ambiente.

Uma estratégia com metodologia análoga, que é indiscutivelmente preferível, é utilizar testes de controle randomizados (RCTs), uma forma de experimento de campo controlada. RCTs constituem uma metodologia recomendada neste contexto não apenas por causa de suas vantagens metodológicas, como detalharei a seguir; mas também porque podem ser integrados, com rigor científico e regulamentação por políticas, enquanto extensão de uma prática que os *designers* de UX/UI já realizam: testes A/B. Especificamente em plataformas *on-line* voltadas ao consumidor, o teste A/B é utilizado para examinar a reação do usuário às mudanças de *design*. Conforme explica um *designer* de UX:

> O teste A/B é um experimento controlado em que você compara duas ou mais versões de uma página ou fluxo para otimizar um determinado resultado ou métrica. Você pode, por exemplo, visar ao aumento do número de inscrições mudando a cor de um botão em um site. A página original (também conhecida como controle ou A) só será vista por parte dos visitantes do seu site, enquanto a página com a modificação (também conhecida como variação ou B) será vista por outra parte. A interação do usuário com cada página é medida e, após algumas semanas, prevalece a versão com os melhores resultados (que é, nesse cenário, aquela com o maior número de inscrições).[211]

211 Rodrigo Maués, "Why UX Designers Should Care More About A/B Testing", *Medium* (26 de junho de 2017), https://medium.com/vivareal-ux-chapter/why-ux-designers-should-care--more-about-a-b-testing- 7ef88eaee3e9.

Os testes clínicos randomizados (RCTs) são uma versão cientificamente rigorosa dos testes A/B. O RCT é um método experimental originalmente desenvolvido para ensaios clínicos médicos e que se tornou cada vez mais popular nas Ciências Sociais e no Direito.[212] No contexto jurídico, os RCTs são conduzidos como estudos de campo nos quais as intervenções ocorrem por meio de um mecanismo de alocação aleatória a casos e atores reais (como litigantes, advogados e juízes).[213] Uma vez que os RCTs ocorrem em campo e são baseados na randomização de tratamento, espera-se que evitem efeitos conflitantes e possuam validade interna e externa.[214]

Os RCTs podem ser utilizados para testar os efeitos de diferentes *nudges* digitais (intervenções) em tribunais *on-line*, atribuindo aleatoriamente aos SRLs uma versão da interface do tribunal *on-line* que possui um recurso específico de UX/UI (tratamento) ou não o possui (controle). Posteriormente, os comportamentos e as ações dos SRLs em cada grupo podem ser comparados. As descobertas então informariam as decisões sobre o *design* da corte *on-line* com base em dados. Uma vez que proeminentes tribunais *on-line* já testam processos específicos ou recursos com usuários, antes de efetivamente implementá-los de forma ampla,[215] RCTs denotam ser uma prática viável, que melhoraria o rigor, o potencial de aprendizagem e a confiabilidade dos projetos-piloto (em relação à arquitetura de escolhas ou a qualquer outro elemento da plataforma).

O emprego de RCTs em processos reais, que tramitam nos tribunais *on-line*, levanta questões éticas, que devem ser analisadas por meio de um conjunto específico de diretrizes. O desenvolvimento de tais diretrizes está além do escopo deste artigo; entretanto, gostaria de ressaltar uma preocupação fundamental, que parece particularmente pertinente



212 D. James Greiner & Andrea Matthews, "Randomized Control Trials in the United States Legal Profession", 12 *Ann. Rev. L. & Soc. Sci.* 295 (2016).

213 Ver *id.*

214 Ver *id.*

215 Que eu saiba, tais testes pilotos e betas não envolvem, ainda, testes de variações na arquitetura de escolhas digital. Ver, p.ex., Acland-Hood, nota *supra* 67 (descrevendo como HMCTS "utiliza ideias de profissionais e de parceiros para desenvolver pilotos que são então cuidadosamente testados em membros do público... [o que] nos permite basear nossos sistemas no que realmente funciona para os usuários antes de lançá-lo mais amplamente); "Open Public Beta Test – Solution Explorer – Motor Vehicle Accidents", *Civ. Resol. Tribunal*, https://civilresolutionbc.ca/open-public-beta-test-solution-explorer-motor-vehicle-acciden ts/ (último acesso em 25 de abril de 2019).

em se tratando de tribunais, que é o fato de os RCTs imporem tratamento desigual aos litigantes. Meyer pontua que "[a] resposta tradicional da ética em pesquisa sobre esta questão é de que randomizar sujeitos para diferentes braços é ético se a comunidade de especialistas relevantes como um todo está em 'equilíbrio' quanto a qual braço, se houver, é superior em relação ao(s) outro(s)."[216] Em outras palavras, geralmente, se não houver forte evidência, *a priori*, ou consenso entre os especialistas, de que uma das arquiteturas de escolha testadas é mais vantajosa (ou desvantajosa) aos interesses dos SRLs, a randomização parece eticamente menos problemática. Outra consideração importante é de que a intervenção da arquitetura de escolhas imporia riscos mínimos aos litigantes e de que os litigantes seriam os que se beneficiariam com seus resultados.[217] Uma vantagem essencial dos RCTs, em comparação às análises de dados observacionais (conforme será discutido a seguir), é de que os primeiros permitem inferências causais sobre os efeitos da prática testada, que alguns consideram uma base mais ética para projetar intervenções de arquitetura de escolhas.[218]

### *ii. Análise de dados observacionais*

As plataformas judiciais de ODR periodicamente realizam mudanças em seu processo de *design* e em seu *design* de UX/UI.[219] Se o momento e a natureza de tais mudanças forem registrados, assim como demais dados relevantes, é possível conduzir uma análise *ex post* para identificar diferenças nas escolhas e no comportamento dos SRLs antes e depois da introdução da mudança. Frisa-se que a viabilidade de qualquer análise de dados *ex post* depende da precisa documentação das mudanças e da capacidade de identificar as intervenções. Logo, cortes *on-line* devem reter os dados relevantes, registrá-los de uma forma que

---

216 Meyer, nota *supra* 194, p. 222 n.65. Meyer também aborda os debates respeitantes ao padrão de "equilíbrio". *Id.*

217 *Id.* p. 230.

218 *Id.* p. 222 n.65.

219 Ver, por exemplo, "New CRT Online Tools", civilresolutionbc.ca/new-crt-online-tools/ ("depois de realizar alguns testes recentes, lançamos uma nova série de recursos *online*, que tonarão mais fácil e rápido para participantes efetuarem as etapas do processo da CRT. Assim como tudo que fazemos na CRT, regularmente revisaremos como tais recursos estão funcionando e o que podemos fazer para melhora-las ao longo do tempo.")

torne tais análises possíveis e, eventualmente, promover alterações de UX/UI de maneira sequencial.

Evidentemente, determinados recursos também podem ser testados por meio de dados de outros serviços de ODR e de serviços jurídicos *on-line* (sejam entidades do governo ou privadas, como *Legalzoom.com* e *Rocketlawyer.com*).[220] Essas plataformas também guiam usuários leigos nos trâmites de processos *on-line* com o objetivo de resolver disputas, tomar medidas legais ou criar documentos para instruir ações judiciais, como registro de incorporação, registro de direitos autorais ou planejamento de propriedade. Tais serviços estão em operação há tempo muito superior ao dos tribunais *on-line* e, portanto, provavelmente produziram dados mais ricos sobre as intervenções da arquitetura de escolhas digital e seus potenciais impactos no comportamento do usuário. Esses ambientes de escolha digital compartilham muitas similaridades com os tribunais *on-line*, mas, haja vista suas diferenças fundamentais, as conclusões devem ser interpretadas com a devida cautela.

## V. PARA UMA ARQUITETURA DE ESCOLHAS ÉTICA NAS CORTES *ON-LINE*

Passadas duas décadas do século XXI, parece inevitável que as cortes e outras instituições públicas adotem, cada vez mais, a ODR.[221] O desafio que se coloca é avaliar e se certificar de que tais plataformas alcancem seus objetivos, concretizando os valores do sistema jurisdicional, mormente o acesso à justiça,[222] "transparência, integridade, imparcialidade, devido processo legal e justiça substantiva".[223] Este artigo considera um



220 Para uma descrição dos diferentes tipos de serviços jurídicos *on-line*, incluindo sites de informações patrocinados pelo governo e por tribunais, sites de indicação de serviços legais sem fins lucrativos e de informação, sites privados de informações jurídicas, sites de serviços jurídicos e de ferramentas de autoajuda jurídicas, ver Hagan, nota *supra* 71, pp. 411-13.

221 Katsh & Rabinovich-Einy, nota *supra* 2, p. 178.

222 No contexto de avaliação da OSC na Inglaterra e Grã-Bretanha, Byrom refere-se a quatro fatores para mensurar o acesso à justiça: (1) Acesso ao sistema de justiça formal; (2) Acesso a uma efetiva audiência; (3) Acesso a uma decisão conforme ao direito material e (4) Acesso a um recurso. Byrom, nota *supra* note 30, p. 5.

223 Hazel Genn, "Online Courts and the Future of Justice: Birkenhead Lecture" 2017 (Oct. 16, 2017), https://www.ucl.ac.uk/laws/sites/laws/files/birkenhead_lecture_2017_professor_dame_hazel_genn_fi- nal_version.pdf. Genn discute como cortes *on-line* podem afetar

aspecto importante desse desafio: o impacto das cortes *on-line* como ambientes de escolha digital no tocante às decisões, ações e percepções de um grupo particularmente vulnerável de usuários – os SRLs leigos. Com base em resultados de estudos de outras áreas do conhecimento, apresento um conjunto inicial de considerações sobre a arquitetura de escolhas digital que parecem relevantes no contexto de SRLs em tribunais *on-line*. Explico como as plataformas de ODR podem ser utilizadas para melhorar a capacidade de os SRLs tomarem decisões informadas e independentes, minimizando o risco de que os tribunais *on-line* promovam vieses cognitivos. Finalmente, esboço um conjunto preliminar de medidas e de estratégias metodológicas para avaliar a arquitetura de escolhas digital de cortes *on-line*, frisando que o *design* e a avaliação de tais cortes com base em dados constituem pré-requisito para o projeto de um tribunal *on-line* ético.

Em seguida, é necessário desenvolver um conjunto de diretrizes éticas e de práticas profissionais para regular a implementação de *nudges* digitais em tribunais *on-line*. No presente momento, a noção de que os sistemas de ODR exigem a elaboração de "um conjunto apartado de padrões específicos para orientar as TIC [*Tecnologias de Informação e Comunicação*], incluindo seus programadores, *designers* e provedores de serviços"[224] parece amplamente aceita. A criação de diretrizes para a arquitetura de escolhas digital ética é um aspecto importante de tal esforço. Essa complexa empreitada está além do escopo deste artigo, mas, para encerrar, gostaria de fazer algumas observações a respeito do tema.

Os objetivos de *designers* de ambientes digitais comerciais e de cortes *on-line* (e, nesse caso, de qualquer ambiente de ODR) não são análogos. No contexto comercial, os *designs* de UX/UI normalmente têm como objetivo compelir os usuários realizar escolhas ou ações específicas (comumente, atendendo aos interesses do *site*, por exemplo, gastar

valores essenciais do sistema de justiça e as cautelas para que "enquanto debatemos os modos pelos quais se alega que o sistema de justiça agora falha, é importante... assegurar que seus valores e características essenciais sejam importados, o mais fielmente possível, ao sistema do futuro". *Id.* p. 16.

224 Susan Nauss Exon, "Ethics and Online Dispute Resolution: From Evolution to Revolution", 32 *Ohio St. J. On Disp. Resol.* 609, 613 (2017). Ver também: Quek Anderson, nota *supra* 171 (discutindo padrões éticos para ODR conectada a cortes).

mais dinheiro, aumentar a exposição a anúncios e o número de cliques neles, ou assinar um serviço). Em contraposição, os objetivos da arquitetura de escolhas em tribunais *on-line* devem ser reduzir o enviesamento e empoderar os litigantes para fazerem escolhas informadas e deliberadas, que melhor atendam aos seus próprios interesses e promovam sua autodeterminação (enquanto minimizam enviesamentos e mantêm a imparcialidade dos tribunais). Além disso, em ambientes públicos, como tribunais, espera-se que os *designers* das arquiteturas de escolhas sejam transparentes e estejam sujeitos ao escrutínio público.[225]

A compreensão de que os ambientes de escolha digital nunca são neutros cria um dever ético para os *designers* de tribunais, no sentido de comprometerem-se a planejar e a avaliar os ambientes de escolha digital que projetam com base em dados. Este comprometimento não deve ser considerado um luxo; deve ser integrado como elemento essencial do processo de *design* dos tribunais *on-line* (com efeito, de qualquer ambiente de escolha digital respeitante a serviços legais). Essa posição está em consonância com o entendimento de que a ética no engajamento das plataformas *on-line* com seus usuários é determinada não apenas pelos "riscos e benefícios esperados de se estudar algo, mas também [pelos] riscos e benefícios esperados de não se estudar tal objeto."[226]

Deve-se ainda indicar que o uso de *nudges* por instituições públicas cria uma série de questões éticas por si só.[227] Uma crítica comum aponta para o risco de "uma falha em respeitar, uma falha em reconhecer a autoridade que as pessoas têm de exigir, dentro de certos limites, que lhes seja permitido fazer suas próprias escolhas".[228] Em defesa da ética dos *nudges*, Cass Sunstein sustenta que, para alguns tipos de *nudges*, "as objeções éticas são muito fracas e podem muito bem se dissipar".[229] Nesta categoria, ele enumera os *nudges* que "têm como objetivo aumentar a navegabilidade - de tornar mais fácil para as pessoas chegarem ao seu destino selecionado", bem como "*nudges* educativos... [que visam a]

225 Sunstein, nota *supra* 95, p. 428. Sunstein geralmente alega que "uma avaliação ética deve depender do contexto e das funções dos arquitetos de escolha relevantes." *Id.* p. 445.

226 Meyer, nota *supra* 194, p. 228.

227 Para uma útil revisão sobre objeções éticas aos *nudges*, ver Sunstein, nota *supra* 95.

228 Stephen Darwall, "The Value of Autonomy and Autonomy of the Will", 116 *Ethics* 263, 268 (2006).

229 Sunstein, nota *supra* 95, p. 426.

aumentar os próprios poderes de gerência das pessoas."[230] Além disso, Sunstein argumenta que *nudges* que objetivam "acionar ou se beneficiar de vieses comportamentais tendem a ser mais controversos, em termos éticos, do que recursos que apelam para as capacidades deliberativas".[231]

A revisão realizada na Seção III aponta para alguns dos efeitos surpreendentes dos ambientes de escolha digital. Sugere-se que, mesmo que aceitemos a posição de Sunstein – e certamente há críticos que não a aceitam –, devemos examinar nossas concepções sobre o que promove a capacidade de os usuários *on-line* processar informações, deliberar e fazer escolhas que atendam aos seus interesses (ou a suas manifestas preferências). Uma ilustração deste ponto está na subseção (d), acerca de dados conflitantes sobre *nudges* induzidos pela exibição. Nela, sublinho a possibilidade de que haja efeitos potencialmente contraintuitivos que precisam ser testados. Exemplo disso é que o aumento da qualidade na participação dos SRLs em cortes *on-line* - medido pela tomada decisões informadas e deliberadas, bem como pelas experiências de justiça processual - pode exigir que as interfaces dos tribunais *on-line* sejam menos simplificadas. Em outras palavras, projetar tribunais *on-line* com procedimentos guiados "amigáveis", que os SRLs podem concluir sem esforço, implica maior risco de violar o acesso à justiça, a justiça processual, a autodeterminação dos litigantes e os valores fundamentais do sistema jurisdicional.

É importante desenvolver diretrizes para implementar *nudges* digitais éticos em tribunais *on-line*, com base em dados sobre sua efetiva operação. Este artigo colmata parte dessa lacuna de conhecimento e minha expectativa é de que, em breve, dite os rumos para a concretização empírica e rigorosa de tal esforço.

230 *Id.* pp. 426-27.
231 *Id.* pp. 427-28.

# 2

# Bits, Bytes e Apps – Meu deus! Coisas assustadoras na Floresta das ODRs

**_Daniel Rainey_**[1]

**_Larry Bridgesmith_**[2]

*Tradutora: Júlia Rosa Torres*[3]



## 1. INTRODUÇÃO

Em 1939, Dorothy, o Homem de Lata e o Espantalho estavam descendo a Estrada dos Tijolos Amarelos, temendo o que havia na floresta, entoando "*leões, tigres e ursos, meu Deus!*" O que descobriram no desenrolar da aventura foi que o leão que temiam era um gatinho e se tornou

1 Daniel Rainey é diretor da *Holistic Solutions Inc.*, membro do *National Center for Technology and Dispute Resolution* (NCTDR), membro fundador do *International Council for Online Dispute Resolution* (ICODR), Editor- Chefe do *International Journal of Online Dispute Resolution (IJODR)* e Membro do *Self-Represented Litigants Committee of the Access to Justice Commission of the Virginia Supreme Court.*

2 Larry Bridgesmith é advogado, professor de direito na *Vanderbilt Law School*, cofundador do *Program on Law & Innovation*, membro da *International Association of Mediators*, cofundador da *Legal Alignment LLC*, *Accelerate Insite LLC* e *Lifefilz Inc.*, cofundador do *International Institute of Legal Project Managemente* e membro da *Tennessee Supreme Court Alternative Dispute Resolution Commission.*

3 Graduanda em Direito pela Universidade Federal de Minas Gerais. Estagiária no escritório Marx Colombarolli Advogados.

um grande amigo, e que, na verdade, havia outras coisas na floresta que deveriam preocupá-los.

Em 2019, os sistemas judiciários em todo o mundo estavam bem encaminhados em sua própria Estrada de Tijolos Amarelos, integrando as tecnologias de informação e comunicação (TICs) aos sistemas e processos judiciais. Alguns presumiram que a tecnologia seria um gatinho e se tornaria um grande amigo dos tribunais, mas alguns ecoaram os temores de Dorothy e seus companheiros: leões e tigres e ursos tornaram-se *bits, bytes* e *apps*. No início de 2020, o surgimento da pandemia COVID-19 funcionou como um *big bang* para o desenvolvimento e uso da ODR. Agora, em 2021, estamos no caminho certo para a integração total da tecnologia aos tribunais e a todos os outros tipos de sistemas de resolução de disputas no mundo.

O que se esconde na floresta de tecnologia em torno dos tribunais? Existem gatinhos e amigos, ou existem perigos? Sugerimos que a resposta seja sim tanto para amigos quanto para perigos. Seria impossível listar, quanto mais discutir, todas as questões sobre as quais devemos estar cientes à medida que as TIC avançam cada vez mais para os tribunais. Neste capítulo, queremos destacar três questões, ou três áreas, que achamos que têm o potencial de ser amigos da corte – gatinhos, se preferir –, mas que podem oferecer um pouco de perigo se não forem bem administradas.

Começaremos examinando o impacto que as TIC têm em nossa definição e concepção de Acesso à Justiça (A2J). Após, discutiremos o fato e a percepção das divisões digitais. Por fim, discutiremos o papel que a inteligência artificial (IA) e os algoritmos podem desempenhar no sistema de justiça. Como o que os cidadãos da Louisiana nos Estados Unidos chamariam de *lagniappe* (um pouco mais), terminaremos com algumas reflexões sobre para onde estão indo os sistemas de justiças associados a ODR.

Como uma nota final antes de iniciarmos, esclarece-se o que queremos dizer quando usamos o termo ODR em relação a tribunais e sistemas de justiça formal. Existem muitas definições aceitáveis, dependendo da área em que se está trabalhando. Para nossa discussão sobre ODR e sistema de justiça, podemos ser guiados, com ressalvas, pela definição sugerida pelo National Center for State Courts (NCSC) nos Estados Unidos:

> A Resolução de Disputas Online (ODR) relacionada aos tribunais é uma solução digital voltada ao público no qual as partes podem

> se reunir para resolver sua disputa ou caso. Três componentes essenciais diferenciam a ODR relacionada a tribunais de outras formas de resolução de disputas com suporte de tecnologia: o primeiro é que o programa opera exclusivamente online; o segundo é que o programa é explicitamente projetado para auxiliar os litigantes na resolução de sua disputa ou caso, ao invés de uma plataforma de tecnologia para apoiar a tomada de decisões judiciais ou de funcionários do tribunal; e, o terceiro, o programa é hospedado ou apoiado pelo Poder Judiciário.[4]

A ressalva é que definir ODR, mesmo aquela conectada aos tribunais, como um processo "totalmente on-line" sem interação face a face é muito limitado para ser tomado como a palavra final. É o caso que a tecnologia da informação e comunicação (TIC) integrada em uma ampla variedade de sistemas de resolução de disputas, incluindo tribunais, de forma que a tecnologia ou complementa ou é incorporada em processos que incluem o trabalho *on-line* e o trabalho presencial. Outra definição mais abrangente de ODR é:

> A ODR não é apenas o desenvolvimento de sistemas automatizados para disputas inteiramente online. ODR, em um sentido mais amplo, é simplesmente a aplicação inteligente de tecnologia de informação e comunicação a qualquer processo que envolve um conflito.[5]

Todavia, de volta à definição do NCSC, a primeira linha da definição enfatiza a ideia de um espaço digital "voltado para o público". Isso sinaliza uma grande mudança na atitude e abordagem da tecnologia relacionada aos tribunais nos últimos anos. A partir do início dos anos 2000, escritórios de advocacia e tribunais tiveram acesso à tecnologia, o que que facilitou a vida de advogados, juízes e funcionários judiciais. *Software* de gerenciamento de casos, *software* de montagem de documentos, bancos de dados jurídicos e, eventualmente, esquemas de arquivamento eletrônico eram voltados para dentro. Eles auxiliavam e ajudavam advogados e tribunais a lidar com informações e casos de forma mais

4 National Center for State Courts. ***What is ODR?***. Disponível em: https://www.ncsc.org/odr/guidance-and-tools. Acesso em: 01/2021.

5 RAINEY, Daniel. *Conflict Engagement and ICT: Evolution and Revolution*. *In*: ***The International Journal of Online Dispute Resolution***. 2016, p. 81.

eficiente, mas eram praticamente invisíveis para os clientes e partes que interagiam com o sistema de justiça. Contudo, começando anteriormente a pandemia, sendo acelerado pelos eventos de 2020, o foco da tecnologia ODR relacionada aos tribunais tornou-se cada vez mais voltado para o exterior.[6]

A mudança de enfoque da orientação interna para a externa tem implicações significativas na forma como o sistema de justiça interage com os cidadãos e, de fato, afeta a maneira como pensamos sobre a própria definição de acesso à justiça. Adicionar a frase "aplicação inteligente de tecnologia de comunicação" à definição essencial de ODR, aumenta o real potencial da Inteligência Artificial de se tornar um parceiro na resolução de disputas *on-line*. Essas são as questões que abordaremos mais adiante neste capítulo.

## 2. ACESSO À JUSTIÇA

Tornou-se axiomático na comunidade ODR e na comunidade judiciária em geral que o aumento do uso de tecnologia no sistema judiciário aumentará, muito, o acesso à justiça.

A concepção ou definição de acesso à justiça, A2J, que é mais frequentemente usada está diretamente ligada à facilidade de acesso aos sistemas de justiça formais – os tribunais – e à equidade desses sistemas de justiça formais a que se tem acesso. Em seu *Rule of Law Index*, o *World Justice Project* usa quatro fatores para definir a adesão ao Estado de Direito e, pode-se argumentar, o acesso à justiça: (1) Restrições ao Poder do Governo, (2) Ausência de Corrupção, (3) Governo Aberto e (4) Direitos Fundamentais[7]. Outra medida, usada pela *Legal Services Corporation*, nos Estados Unidos, baseia-se no número de casos potenciais que surgem e quantos deles são, de alguma forma, servidos pelo sistema de justiça.[8]

---

6 Sistemas externos de ODR disponíveis comercialmente incluem plataformas como o Modria (https://www.tylertech.com/resources/videos-and-webinars/online-dispute-resolution-modria-in-action), Matterhorn (https://getmatterhorn.com/), and ImageSoft (https://imagesoftinc.com/courts/online-dispute-resolution/).

7 World Justice Project, Rule of Law Index 2020, pp. 12-13. Accessed at: https://worldjusticeproject.org/sites/default/files/documents/WJP-ROLI-2020-Online_0.pdf. Last accessed in January 2021.

8 Veja: *Legal Services Corporation*, 2019 Annual Report. Disponível em: https://lsc-live.app.box.com/s/boo2b9zitjdmhmh964t25ne2540flg0r. Acesso em: 01/2021.

Em seu relatório de 2017, a LSC declarou que "... *86% dos problemas jurídicos civis relatados por americanos de baixa renda receberam ajuda jurídica inadequada ou sequer a receberam*"[9]. O *Rule of Law Index* de 2020 do *World Justice Project* listou os Estados Unidos como o 21º entre 128 países, ainda no primeiro nível, mas bem abaixo da lista de acesso à justiça. Claramente, há trabalho a ser feito na A2J nos EUA e em todo o mundo, mas os juristas estão otimistas sobre o impacto das TIC na A2J. Richard Susskind argumenta:

> O ODR oferece a promessa de resolução de disputas robusta, mas radicalmente menos dispendiosa. E embora ainda possa parecer estranho para alguns advogados, formuladores de políticas e formadores de opinião de hoje, poucos dos céticos pertencem à geração da Internet. As gerações futuras, para quem trabalhar e socializar on-line é uma segunda natureza, podem considerar o ODR uma instalação inteiramente natural, muito mais do que os tribunais convencionais.[10]

Embutidos no comentário de Susskind estão algumas chaves para saber se o uso de TIC no sistema de justiça irá de fato aumentar o acesso à justiça de forma explosiva.

Uma chave é se os novos caminhos disponíveis para o sistema de justiça mudarão a percepção do sistema de justiça entre os usuários em potencial, que tradicionalmente tiveram o acesso negado ou optaram por o evitar. Trabalhando com um músico na África Ocidental para explicar como proteger os direitos de propriedade intelectual em um mercado internacional, nos deparamos com esta declaração: "Os tribunais são exatamente o que caras ricos usam para enganar caras pobres". Se a tecnologia vai aumentar o A2J, os tribunais terão que encontrar uma maneira de convencer gerações de partes em potencial – que se sentiam excluídas e indesejadas – de que a tecnologia oferece um novo dia.

Um colega nosso cresceu em uma pequena cidade no sul dos Estados Unidos. Quando era um jovem negro, ele passou por uma lavanderia no centro da cidade com uma placa na janela que dizia: "Somente brancos".



9 Legal Services Corporation. ***Justice Gap Report***. 2017. Disponível em: https://www.lsc.gov/media-center/publications/2017-justice-gap-report. Acesso em: 01/2021.

10 SUSSKIND, Richard Susskind, Forward, in ODR Theory and Practice, 2nd Edition, Eleven International Publishers, 2021, forthcoming.

Ele deixou a pequena cidade, tornou-se um empresário de muito sucesso e, muito mais tarde, ao visitar sua cidade natal, passou pela mesma lavanderia e notou que a placa havia sumido. Seu comentário foi: "Tirar a placa não adianta muito. Eu não vou lá só porque posso. Eles precisam me avisar que eu sou bem vindo em entrar lá." Enfrentamos praticamente a mesma situação com o ODR e os tribunais. A tecnologia pode significar que todos *podem* entrar, mas não significa que todos entrarão, a menos que tomemos medidas para mudar a percepção do sistema judiciário – percepção que ele mereceu ao longo das décadas.

Outra chave está na própria definição de "justiça". Como observamos, as definições tradicionais de acesso à justiça giram em torno do acesso aos tribunais. Susskind defendeu que, em um mundo de ODR, a justiça pode significar – e significará – mais do que "tribunais convencionais". No Fórum Mundial da Justiça, em 2019, foi apresentado o argumento de que a definição fundamental de acesso à justiça deveria ser ampliada para além do acesso aos tribunais.

> Uma reconsideração básica dos elementos básicos do acesso à justiça... acrescentaria pelo menos três direitos humanos básicos... o direito de existir... o direito de controlar a própria identidade... [e] o direito de acesso a oportunidade...[11]

Se Susskind e outros estiverem corretos, o acesso à justiça passará a significar acesso a tratamento justo, acesso à solução de problemas e acesso à informação, além do acesso aos tribunais. Uma descoberta interessante na revisão do projeto piloto ODR do estado de Utah é que os cidadãos que têm um problema que pode envolver a lei não veem os tribunais como uma fonte de "resolução de disputas".[12] Portanto, a resolução de disputas *on-line*, pelo seu próprio nome, está um pouco desconectada na mente do público do que acontece no sistema judicial. É claro que, além do trabalho óbvio que precisa ser feito para integrar a

11 RAINEY, Daniel. COOPER, Scott. RAWLINS, Donald. YASUDA, Kristina. AL-RJULA, Tey. NIJJAR, Manreet. *Ditital Identity for Refugees and Disenfranchised Populations*. In: ***The International Journal of Online Dispugte Resolution.*** Vol. 6, 2019, Issue 1, p. 22.

12 BUTLER, Stacy. MAUET, Sarah. GRIFFIN JR., Christopher L., e PISH, Mackenzie S. ***The Utah Online Dispute Resolution Platform: A Useability Evaluation and Report***. 08/09/2020. Disponível em: https://law.arizona.edu/utah-online-dispute-resolution-platform-usability-evaluation-and-report. Acesso em 01/2021.

tecnologia ao sistema de justiça, teremos que trabalhar muito com educação, fazendo com que todos se sintam bem-vindos para passar por uma porta recém-aberta.

Nos Estados Unidos, a partir da década de 1990, começou um impulso para se usar abordagens de resolução alternativa de disputas (ADR), principalmente a mediação, em vez de depender de tribunais e do sistema de justiça formal para lidar com todas as disputas. Começando com a Lei de Resolução de Disputas Administrativas de 1990, passando pela Lei de Resolução Alternativa de Disputas de 1998, o governo federal dos EUA integrou o ADR ao ecossistema de acesso à justiça.[13] O estatuto de 1998 exigia que os tribunais federais tornassem os programas de ADR disponíveis aos litigantes. Tribunais estaduais e locais seguiram o exemplo.

Inicialmente, o uso de ADR era pós-protocolado e a parte era encaminhada a um mediador ou conciliador após o ajuizamento do processo e encaminhado ao ADR por um juiz. Mesmo antes da explosão do ODR, após 2019, era cada vez mais comum ver ADR usado como pré-arquivamento, como um precursor de litígios ou arbitragem. O aumento do uso de plataformas ODR tornou mais fácil acessar ADR, bem como os tribunais, e a tendência atual, exemplificada nos EUA por plataformas como Modria[14] e Matterhorn,[15] encoraja potenciais litigantes a entrar em programas de ODR como uma primeira etapa, sendo o litígio ou a arbitragem um último recurso. Colin Rule sugeriu, ao falar de ODR e do futuro da justiça, que uma abordagem DNMEA para o acesso à justiça deveria ser a norma: Diagnóstico-Negociação-Mediação-Avaliação-Apelação.

O diagnóstico ocorre quando as partes interagem privadamente com os sistemas ODR acionados por algoritmos e IA; a negociação é facilitada por sistemas *on-line* que trabalham com as partes principais; a mediação traz IA ou mediadores humanos para a cena; e avaliação e apelação movem as partes para um ambiente legal tradicional, embora *on-line*.[16] À medida em que avançamos em direção ao uso de ODR para

13 Para uma revisão sobre o status atual de sistema ADR nos Estados Unidos, conferir: ADR.gov. Disponível em: https://www.adr.gov/adrguide/04-statutes.html. Acesso em: 01/2021.

14 Disponível em: https://www.tylertech.com/products/modria

15 Disponível em: https://getmatterhorn.com/

16 Cf. RULE, Colin. ***Online Dispute Resolution and the Future of Justice***, Disponível em: http://www.colinrule.com/writing/future.pdf. Acesso em 01/2021.

gerenciar disputas, o futuro do acesso à justiça parece depender menos de julgamentos por um tribunal ou por um árbitro, e mais pela interação guiada entre as partes principais. Em um mundo com ODR, o acesso à justiça não é mais o mesmo do seu avô ou do seu pai.

## 3. DIVISÃO DIGITAL

Existe uma "divisão digital", ou seja, uma carência de acesso à Internet que exclui alguns indivíduos de usar os recursos disponíveis para aqueles que têm acesso regular a conexões robustas de Internet? A má notícia é que, sim, existe uma exclusão digital, mesmo nos países mais avançados tecnologicamente. E isto é, na verdade, um dos leões, tigres e ursos da floresta ODR. Na verdade, a forte dependência de conexões de Internet para aprendizagem *on-line* durante a pandemia COVID ressaltou o problema da exclusão digital, mesmo para as famílias de baixa renda que têm acesso frágil à Internet por meio de telefones celulares. A boa notícia é que, embora exista a exclusão digital, o impacto no acesso à justiça pode ser exagerado. Ou, mais precisamente, seu impacto pode ser exagerado.

Os números permitem visualizar um aspecto da exclusão digital. Mundialmente, o número de indivíduos, de qualquer idade ou localidade, que acessam a Internet, utilizando qualquer dispositivo, aumentou de 40,7% em 2014 para uma projeção de 53,7% em 2021.[17] Essa previsão sugere que, durante 2021, mais da metade das pessoas no mundo irão *logar* na Internet pelo menos uma vez por mês. O ano de 2014 também é marcante porque é aquele em que mais americanos usaram dispositivos móveis para acessar a Internet do que desktops ou laptops. Outros países alcançaram esse marco mais cedo.

A exclusão digital, definida pela capacidade de acesso à Internet, obviamente é mais estreita nas nações desenvolvidas. A América do Norte tem a maior porcentagem de penetração (mais de 90%) e a Ásia a mais baixa (quase 60%). Portanto, pode-se argumentar, com razão, que o acesso à tecnologia e a exclusão digital são problemas reais. Mas as porcentagens não contam toda a história.

17 CLEMENTE, J. ***Worldwide Internet User Penetration***. 23/07/2019. Disponível em: https://www.statista.com/statistics/325706/global-internet-user-penetration/. Acesso em 01/2021.

Mesmo em um país com 90% de penetração da Internet, muitas pessoas se encontram do lado errado da divisão. Uma porcentagem significativa de indivíduos que vivem em áreas remotas, ou que dependem de conexões potencialmente caras por meio de telefones celulares (se é que possuem um telefone), ou que não têm recursos financeiros para pagar um dispositivo com acesso à Internet, têm dificuldade de acessar as portas recentemente abertas para a justiça. Mesmo aqueles que podem, teoricamente, usar conexões de Internet disponíveis publicamente em bibliotecas ou outros locais podem viver em áreas onde o acesso a transporte ou o custo do transporte os impede de reduzir a exclusão.

Mas o impacto da exclusão digital pode ser mais difícil de perceber. Por exemplo, em Camarões, a penetração da Internet em 2020 atingiu 30% – apenas 3 em cada 10 conseguiram acessar a Internet.[18] Em uma sessão de *brainstorming* do ODR, representantes de Camarões argumentaram que, embora o número de 30% provavelmente fosse verdade, eles sabiam que praticamente todos em Camarões tinham algum acesso a um *smartphone* compatível com Internet (mesmo que fosse um dispositivo compartilhado ou emprestado), então eles criaram um projeto ODR usando smartphones e o aplicativo *WhatsApp* (comumente usado para se comunicar em Camarões), de modo que o sistema estaria disponível para praticamente todos no país.

A exclusão digital é real e é algo que deve ser abordado à medida que o sistema de justiça se torna cada vez mais dependente da tecnologia ODR. Design inteligente, foco em tecnologia móvel, estender o acesso à Internet a comunidades de baixa renda e outras abordagens de design para plataformas de ODR podem reduzir o impacto da exclusão digital. É um leão, tigre ou urso? Sim, mas pensamos que, a longo prazo, é uma besta que pode ser pelo menos parcialmente domesticada.

As outras "divisões", no entanto, podem ser mais difíceis de transpor. Já discutimos a divisão que existe entre aqueles que confiam e irão abordar o sistema de justiça e aqueles que não confiam ou não entendem o sistema de justiça. Essa divisão é indiscutivelmente muito mais ampla do que a divisão digital.

18 Digital 2020 Cameroon. Disponível em: https://datareportal.com/reports/digital-2020-cameroon. Acesso em 01/2021.

Uma divisão ainda mais insidiosa e difícil de transpor envolve viés e preconceito, cuja existência foi amplamente reconhecida. O *National Center for Sate Courts* (NCSC) dedica uma seção inteira de seu site a recursos que discutem como entender e lidar com preconceitos de vários tipos.[19]

A integração da tecnologia de ODR nos tribunais era comumente considerada uma forma de reduzir o preconceito e fechar a lacuna entre a forma como as populações minoritárias e majoritárias eram tratadas no sistema judiciário. Há algumas evidências de que o ODR pode trabalhar para fazer exatamente isso.

O estado de Nova Jersey (EUA) desenvolveu uma tecnologia para avaliar o risco de libertar indivíduos acusados sem fiança, em vez de encarcerá-los antes do julgamento. Na época em que o programa foi iniciado, aproximadamente 40% da população carcerária do estado era composta por acusados que não podiam pagar fiança. Esse número caiu significativamente, assim como a taxa geral de crimes, depois que o sistema entrou em uso.[20]

Outros esforços para acabar com a divisão não foram tão bem-sucedidos. Em Kentucky, uma abordagem de tecnologia semelhante para fiança em dinheiro foi implementada como resultado de uma lei de 2011. Os resultados não refletiram os resultados de Nova Jersey.

> Antes de a lei de 2011 entrar em vigor, havia pouca diferença entre a proporção de réus negros e brancos que receberam liberdade para aguardar julgamento em casa sem fiança em dinheiro. Depois de serem obrigados a considerar uma pontuação prevendo o risco de uma pessoa reincidir ou pular o tribunal, os juízes do estado começaram a oferecer liberdade sem fiança para

---

19 NCSC Gender and Racial Fairness Resource Guide. Disponível em: https://www.ncsc.org/topics/access-and-fairness/gender-and-racial-fairness/resource-guide. Acesso em: 01/2021.

20 Cf. DEBRUZZO, Diana. ***New Jersey Set Out to Reform its Cash Bail System. Now the Results are In.*** Disponível em: https://www.arnoldventures.org/stories/new-jersey-set-out-to-reform-its-cash-bail-system-now-the-results-are-in. Acesso em: 01/2021; e REIMEL, David J. ***Algorithms and Instruments: The Effective Elimination of New Jersey's Cash Bail System and Its Replacement.*** Penn State Law Review. Vol. 124. No. 1. 12/11/2019, p. 195-216. Disponível em: https://www.pennstatelawreview.org/print-issues/algorithms-instruments-the-effective-elimination-of-new-jerseys-cash-bail-system-and-its-replacement/. Acesso em 01/2021.

> réus brancos com muito mais frequência do que para negros. A proporção de réus negros liberados sem fiança aumentou apenas ligeiramente, para um pouco mais de 25%. A taxa para brancos saltou para mais de 35 por cento.[21]

Uma revisão recente de um programa de condenação da Virgínia revelou problemas com o preconceito "embutido", assim como uma revisão inicial do COMPAS, amplamente usado nos tribunais dos EUA, rendeu acusações semelhantes.[22]

Em resumo, a divisão digital é provavelmente mais temida do que o necessário e pode ser superada por meio de uma variedade de abordagens. As outras divisões são mais profundas e mais difíceis de transpor. O que fazemos com elas? Essa é em grande parte uma questão relacionada ao uso de algoritmos e inteligência artificial.

## 4. INTELIGÊNCIA ARTIFICIAL

Uma consequência inesperada da pandemia global de 2020 foi o aumento exponencial de dados digitais gerados diariamente pela explosão de trabalhadores remotos que dependiam de ferramentas de tecnologia hospedadas na nuvem.[23] O setor jurídico não é diferente de qualquer outro a este respeito.

À medida que o crescimento dos dados digitais transforma a tecnologia e seus usos comerciais, também servirá para transformar a economia, as normas sociais e as relações jurídicas:

> Agora, estamos prevendo a ruptura tecnológica mais rápida, profunda e com mais consequências da história e, com ela, um mo-

---

21 SIMONITE, Tom. ***Algorithms Should've Made Courts More Fair. What Went Wrong?***.05/09/2019. Disponível em: https://www.wired.com/story/algorithms-shouldve-made-courts-more-fair-what-went-wrong/. Acesso em 01/2021.

22 Cf. STEVENSON, Megan T. DOLEAC, Jennifer L. ***Algorithmic Risk Assessment in the Hands of Humans***. Disponível em: https://papers.ssrn.com/sol3/papers.cfm?abstract_id=3489440. Acesso: 01/2021. WOOD, Alex Chohlas. ***Understanding Risk Assessment Instruments in Criminal Justice***. Disponível em: https://www.brookings.edu/research/understanding-risk-assessment-instruments-in-criminal-justice/. Acesso em: 01/2021.

23 SEBA, Tony. ARIB, James. ***We are approaching the fastest, deepest, most consequential technological disruption in history***. 05/10/2020. Disponível em: www.fastcompany.com/90559711/we-are-approaching-the-fastest-deepest-most-consequential-technological-disruption-in-history. Acesso em: 01/2021.

> mento que a civilização nunca encontrou antes. Nos próximos 10 anos, as principais tecnologias convergirão para modificar completamente os cinco setores fundamentais – informação, energia, alimentos, transporte e materiais – que sustentam nossa economia global e, com eles, todas as grandes indústrias do mundo hoje. Os custos vão cair 10 vezes ou mais, enquanto os processos de produção se tornam mais eficientes (10x), usando 90% menos recursos naturais e produzindo 10 a 100 vezes menos resíduos.
>
> Essas rupturas tecnológicas estão virando de cabeça para baixo a extração e exploração prevalecentes, a escassez e o modelo de controle central da produção, impulsionando um novo modelo de criação localizada a partir de blocos de construção onipresentes e ilimitados – um mundo construído não em carvão, petróleo, aço, gado e concreto, mas em fótons, elétrons, DNA, moléculas e bits.[24]

A transformação digital irá modificar a forma como a maioria dos setores da indústria evolui, incluindo a prática do direito e a formação de advogados. Embora não sem desafios significativos, os avanços da tecnologia irão alterar a natureza da justiça e da educação, bem como modificaram o modo como elas são realizadas.[25]

O crescimento dos dados digitais convida ao desenvolvimento avançado da tecnologia de IA, projetada para converter enormes quantidades de dígitos binários em valor econômico e eficiência. Os dados digitais foram denominados "o novo petróleo": subterrâneo, profundo e inacessível para a maioria.[26] Os tesouros a serem encontrados neste recurso requerem refino e distribuição ao consumidor. A complexa interseção de leis internacionais é um exemplo-chave de um caso de uso para aplicativos de IA que perturbará fundamentalmente as práticas jurídicas tradicionais e o papel dos profissionais jurídicos.[27]

Como a prestação de serviços jurídicos evolui radicalmente por meio da transformação digital, os profissionais jurídicos e acadêmicos

24 RESEARCH, Zacks Equity. ***Microsoft (MSFT) Keen on Building Subsea Data Center Network***. 15/09/2020. Disponível em: www.nasdaq.com/articles/microsoft-msft-keen-on-building--subsea-data-center-network-2020-09-15. Acesso em: 01/2021.

25 STERNLIGHT, Jean R. ***Justice in A Brave New World***?. 52 Conn L Rev, 2020, P. 213. Acesso em: 01/2021.

26 ROB, Suzanne. *High Scrutiny of Hi-tech Data Practices*. In: **Legal Week** (*online*). 31/01/2020. Acesso em: 01/2021.

27 DEEKS, Ashley. ***High-Tech International Law.*** 88 Geo Wash L Rev. 2020, P. 274.

devem acompanhar o ritmo em termos de natureza, eficiência e relação custo-benefício dos serviços que prestam. A próxima geração de tecnologia de comunicação foi revelada pela pandemia e pela corrida para o trabalho remoto.[28]

Nosso mundo também está em uma busca desesperada por justiça. O livro "Um conto de duas cidades" de Charles Dickens conta a terrível história do que acontece com indivíduos, comunidades e nações quando reina a injustiça. É uma história de extremos e da destruição causada por tais extremos, como demonstra as famosas linhas de abertura:

> Foi o melhor dos tempos, foi o pior dos tempos, foi uma era da sabedoria, foi uma era da tolice, foi a época de acreditar, foi a época da incredulidade, foi a época da luz, foi a estação das trevas, foi a primavera da esperança, foi o inverno do desespero, tínhamos tudo diante de nós, não tínhamos nada diante de nós, íamos todos direto para o céu, íamos todos direto para o outro lado...[29]

Muitas décadas depois, a tecnologia acelerou o comércio, a interação social e a percepção de injustiça que pode ultrapassar a era sobre a qual Dickens escreveu: a Revolução Francesa. Os avanços da tecnologia podem servir aos interesses da justiça, ajudando a evitar distúrbios civis? A resolução de disputas impulsionada pela IA pode trazer uma gestão de conflitos eficiente e também atender às necessidades mais profundas de justiça em uma cultura impulsionada pela tecnologia? Essas são questões essenciais para a comunidade jurídica, mediadores e outros profissionais de resolução de disputas, incluindo profissionais de ODR.

A fim de preservar o curso das estruturas jurídicas sem perder a base principiológica, padrão e de aplicação prática, é necessária uma ação imediata. Profissionais jurídicos e de ODR devem se unir para apresentar uma frente unida para persuadir seus constituintes (clientes e outros em busca de orientação) de que a IA servirá para salvaguardar os direitos, as responsabilidades e suas soluções.

28 MURRAY, Ethan. ***The Next Generation of Office Communication Tech.*** *In:* Harvard Business Review. 09/10/2020. Acesso em: 01/2021.

29 DICKENS, Charles. ***A Tale of Two Cities***. New York: Bantam Classics, 1989.

## A. O ambiente de colaboração habilitado para tecnologia

A pandemia de 2020 mobilizou a principal fonte de clientes de advogados – o departamento jurídico interno da empresa. Na economia pós-pandemia, mais de 80 empresas jurídicas descreveram seu objetivo operacional número um usando os termos "transformação digital", "estratégia de tecnologia" e "automação".[30] Especificamente, por meio da transformação digital, esses líderes jurídicos corporativos buscam alcançar um trabalho de maior valor e maior eficiência visando:

- reduzir do tempo gasto em tarefas de baixo valor, permitindo que as equipes se concentrem em missões de alto valor agregado;
- otimizar da produtividade orgânica do que será uma força de trabalho cada vez mais remota;
- impulsionar a eficiência e produtividade organizacional e;
- permitir uma melhor avaliação e mitigação de riscos por meio de TI / análise de dados.[31]

Os departamentos jurídicos internos estão muito mais focados na colaboração e nas ferramentas de tecnologia que a facilitam do que seus advogados externos.[32] O aumento do COVID-19 para o advogado interno foi de 305%, em comparação com 43% para o advogado externo. Em um mercado de compradores, as expectativas do cliente não podem ser ignoradas. Os profissionais de LPM serão bem servidos para incorporar as metas de transformação digital dos clientes corporativos que procuram atender, a fim de maximizar seu valor no ecossistema de serviços jurídicos.

O *Gartner Hype Cycle* é uma análise anual detalhada das tendências de tecnologia e seu potencial para impactar os setores que atendem. As tecnologias jurídicas são analisadas em termos de sua capacidade atual de impactar o setor jurídico. No desenvolvimento de aplicativos de tecnologia, o *hype* geralmente prioriza a praticidade em termos de utilidade para o consumidor.

---

30 DANCE, E Leigh, PEDERSEN, Jon. *In-House Leaders Prepare Midyear to Advance on Digital and Operational Goals*. In: **Corporate Counsel** (online). 09/07/2020. Acesso em: 01/2021.

31 *Ibidem*.

32 *In-house Counsel Go Collaboration Crazy*. In: **Corporate Counsel Business Journal blog**. 09/10/2020. Acesso em: 01/2021.

Embora muitos aplicativos de tecnologia legal ainda não cumpram sua promessa, o *Gartner* identifica as quatro tendências emergentes que estão começando a atender às necessidades da indústria jurídica em 2020, conforme encontradas na 'encosta do esclarecimento' e no 'platô da produtividade'. Eles incluem:

- gerenciamento jurídico corporativo (vários aplicativos integrados de tecnologia jurídica escolhidos para atender estrategicamente as necessidades do negócio);
- solicitações de direitos do sujeito (contratos de usuário que aprovam o uso de dados);
- análise preditiva (aplicativos de IA usando dados de negócios para antecipar riscos e oportunidades); e
- automação de processos (painel de controle para o qual os scripts podem ser escritos para automatizar tarefas rotineiras, repetitivas, baseadas em regras e previsíveis).[33]

A prática da lei e a ODR dificilmente podem se dar ao luxo de ser desligados da transformação digital de tudo.

## B. A prática da lei e da ODR está sendo transformada pela IA

A fim de avaliar o grau em que os profissionais jurídicos e de ODR (tanto na prática quanto na academia) estão preparados para auxiliar na manutenção de uma visão e uso equilibrados da IA, é essencial uma maior compreensão e participação no debate global sobre "IA ética". Nós somos bem-informados? Até que ponto estamos preparados para estar?

Como participantes primários na busca por "liberdade e justiça para todos", devemos aumentar nosso envolvimento em todas as coisas relacionadas à IA, compreendida como o ecossistema da existência humana avançando.

Não é surpreendente que a transformação digital que está sendo adotada pelas empresas já esteja impactando a prática do direito. A pandemia,

33 MUELEN, Rob van der. *4 Key Trends in the Gartner Hype Cycle for Legal and Compliance Technologies*. In: **Smarter With Gartner Newsletter**. 21/09/2020. Acesso em: 01/2021.

em combinação com o desenvolvimento de tecnologia emergente, proporcionou um "golpe duplo a profissão, que inevitavelmente a transformará e a remodelará de maneiras que não seriam possíveis anos atrás".[34]

A Inteligência Artificial e seu impacto na profissão jurídica levantam questões éticas que exigem conhecimento, uso e aconselhamento do advogado para estar em conformidade com o *ABA Model Code of Professional Responsibility*. O Comentário 8 à Regra 1.1, que foi adicionado em 2012, expande o conceito de representação competente à luz dos avanços tecnológicos no campo jurídico:

> Para manter o conhecimento e a habilidade necessários, um advogado deve se manter atualizado sobre as mudanças na lei e em sua prática, incluindo os benefícios e riscos associados à tecnologia relevante; participar de estudos e educação continuados; e cumprir todos os requisitos de educação legal continuada para os quais o advogado é objeto.[35]

Globalmente, e não menos nos EUA, o acesso à justiça está diminuindo, em vez de se expandir.

> As Nações Unidas definem o acesso à justiça como 'um princípio básico do Estado de Direito'. As Nações Unidas também explicam o que acarreta o acesso à justiça: 'Na ausência de acesso à justiça, as pessoas não podem ter sua voz ouvida, exercitar seus direitos, desafiar a discriminação ou responsabilizar os tomadores de decisão.[36]

Os aplicativos de IA na prática da lei podem: 1) aumentar o recurso individual a aplicativos de autoajuda, como resolução de disputas *on-line* e "*bots*" legais que orientam uma pessoa através de processos judiciais e 2) "permitir que os advogados trabalhem com mais eficiência, permitindo que eles atendam mais clientes" em menos tempo e com menor custo[37]. O paradoxo ético no uso de IA em serviços jurídicos é que os advogados não

34 ____. ***Disruptive legal technology, covid-19, and resilience in the profession.*** 72 S.C. L. Rev. 393. Acesso em: 01/2021.

35 Estudo em desenvolvimento. 2019/2020. ***Artificial Intelligence in the Legal Field and the Indispensable Human Element Legal Ethics Demands***. Acesso em: 01/2021.

36 *Ibidem*, p. 885.

37 *Ibidem*, p. 886, 887.

podem aceitar os construtos jurídicos de IA sem supervisão e validação. Tampouco a IA pode substituir o aconselhamento jurídico e julgamento humano.[38] Qualquer dos resultados pode constituir a falha de um advogado em supervisionar adequadamente os serviços jurídicos prestados sob sua responsabilidade profissional ou a prática não autorizada da lei.[39]

Nem todos os comentaristas sobre o estado da profissão jurídica que enfrenta uma ruptura tecnológica são alarmistas do tipo "o céu está caindo". Cada vez mais, os observadores estão encontrando mais motivos para os advogados melhorarem seu valor como consultores jurídicos do que temer uma máquina autônoma de assumir sua nobre profissão.

> Em um mundo movido pela tecnologia, os advogados devem se esforçar para permanecer relevantes e tecnologicamente competentes. Compreender até mesmo os aspectos rudimentares dos computadores e smartphones permite que os advogados se relacionem com seus clientes. Mais importante, esse conhecimento permite que um advogado responda às questões jurídicas de um cliente de maneira sensata, imbuído de uma compreensão diferenciada de como seus problemas surgiram. A fim de cumprir suas obrigações para com os clientes, os advogados precisam aceitar que as soluções jurídicas tradicionais não podem mais funcionar no ambiente de alta tecnologia de hoje[40]

As aparentes questões práticas, éticas e econômicas assumidas pelo crescimento da IA na profissão jurídica, levantam a questão: onde se aprenderá a prosperar no mundo digitalmente transformado?

## C. O caminho a seguir para garantir IA ética

Advogados, acadêmicos jurídicos e profissionais de ODR estão empenhados em educar a população humana sobre os riscos e oportunidades da IA. A maioria dos acadêmicos com foco em "IA ética" tendem a ser professores de engenharia ou de políticas públicas. No entanto, quanto mais multidisciplinares essas coalizões se tornam, mais eficazes elas podem ser. O impacto generalizado da transformação digital exige uma

38 *Ibidem*, p. 889.

39 Idem.

40 ***The upgraded lawyer: modern technology and its impact on the legal profession***, 21 UDC-DCSL L. Rev. 27, 28 Acesso em: 01/2021.

abordagem mais ampla para abordar tais questões. Direito, medicina, farmacologia, engenharia, arquitetura, literatura, filosofia, psicologia e neurociência são apenas algumas das áreas de especialização necessárias para criar iniciativas colaborativas para lidar com o amplo impacto da IA em todos os cidadãos e organizações do mundo.

Por exemplo, o *Institute of Electrical Electronic Engineers* (IEEE) dedicou muitos de seus recursos para desenvolver uma base para o estabelecimento de padrões para IA Ética, nomeada de *The IEEE Global Initiative on Ethics of Autonomous and Intelligent Systems*.[41] Sua missão é:

> Garantir que todas as partes interessadas no projeto e desenvolvimento de sistemas autônomos e inteligentes sejam educados, treinados e capacitados para priorizar considerações éticas para que essas tecnologias sejam avançadas para o benefício da humanidade.[42]

Entre os comitês criados para promover esta missão em nome do IEEE e da população global, está o Comitê de Educação. O grupo é composto por educadores e professores de várias disciplinas profissionais, incluindo engenharia, educação, direito, filosofia e políticas públicas.[43] Questões como privacidade de dados, propriedade de dados, preconceito e verificação são questões que todas as profissões, empresas e indivíduos precisam compreender a fim de evitar a exploração e de garantir que os aplicativos de IA sejam os mais benéficos possíveis. Os meios para auditar e marcar os aplicativos de IA como confiáveis não podem ser deixados para aqueles cujo benefício econômico é derivado dos dados gerados e seu valor em um mercado aberto. Assim como a regulação da gasolina sem chumbo, a IA deve estar sujeita a restrições semelhantes que aumentam seu valor e limitam seu potencial de dano.[44]

No início de 2021, a União Europeia publicou os resultados de suas pesquisas e recomendações para o desenvolvimento da IA Ética.[45] Nove

41 ***The IEEE Global Initiative on Ethics of Autonomous and Intelligent Systems***. Acesso em: 01/2021.

42 Idem.

43 Um dos autores é membro do *IEEE Committee*.

44 Um dos autores propôs uma chamada a uma Consultoria de IA apresentada em uma conferência internacional sobre Inteligência Artificial e Lei em 2020. Acesso em: 01/2021.

45 Feasibility Study, AD HOC COMMITTEE ON ARTIFICIAL INTELLIGENCE (CAHAI). Conselho Europeu. Acesso em: 01/2021.

princípios foram pronunciados como os fundamentos da Inteligência Artificial.

- Dignidade humana: os implantadores de IA devem informar às pessoas que estão interagindo com um sistema de inteligência artificial sempre que for possível haver confusão, e os indivíduos devem ter o direito de recusar interação com um sistema de IA sempre que isso possa causar um impacto adverso em sua dignidade.
- Prevenção de danos aos direitos humanos, à democracia e ao Estado de Direito: os sistemas de IA devem ser desenvolvidos e usados de maneira sustentável, assim como os desenvolvedores de IA devem implementar medidas adequadas para minimizar qualquer dano físico ou mental aos indivíduos, à sociedade e ao meio Ambiente.
- Liberdade Humana e Autonomia Humana: Os indivíduos devem ter o direito de efetivamente contestar e recorrer de decisões informadas ou feitas por um sistema de IA, bem como possuem o direito de decidir livremente se devem ser excluídos da manipulação habilitada para IA, de perfis individualizados e suas previsões.
- Não Discriminação, Igualdade de Gênero, Justiça e Diversidade: os Estados Membros devem impor requisitos para combater eficazmente os potenciais efeitos discriminatórios dos sistemas de IA implantados nos setores público e privado visando proteger os indivíduos das consequências negativas dessas tecnologias.
- Princípio de transparência e motivação dos sistemas de IA: os indivíduos devem ter o direito a uma explicação significativa de como funciona um sistema de IA, que lógica de otimização segue, que tipo de dados usa e como isso afeta seus interesses sempre que o sistema gera efeitos jurídicos ou ocasione impactos nas vidas dos indivíduos. A explicação deve ser adaptada ao contexto particular e deve ser fornecida de uma maneira que seja útil e compreensível para o indivíduo.
- Proteção de dados e direito à privacidade: os Estados-Membros devem tomar medidas específicas para proteger efetivamente os indivíduos da vigilância impulsionada por IA, incluindo

biometria remota, tecnologia de reconhecimento e tecnologia de rastreamento, uma vez que tal vigilância não é compatível com as normas do Conselho da Europa em matéria de direitos humanos, democracia e Estado de direito.

- Prestação de contas e responsabilidade: os desenvolvedores de IA devem identificar, documentar e relatar os potenciais impactos negativos dos sistemas de IA sobre os direitos humanos, a democracia e a força da lei, bem como colocar em prática medidas de mitigação adequadas para garantir a responsabilidade e prestação de contas por qualquer dano causado. Os Estados-Membros devem garantir que as autoridades públicas podem auditar sistemas de IA, incluindo aqueles usados por atores privados.
- Democracia: os Estados-Membros devem tomar medidas adequadas para combater o uso indevido de sistemas de IA para interferência ilegal em processos eleitorais, para direcionamento político personalizado sem mecanismos de transparência adequados e, de forma mais geral, para moldar o comportamento político dos eleitores e/ou para manipular a opinião pública.
- Estado de Direito: os Estados-Membros devem garantir que os sistemas de IA usados na justiça e na aplicação da lei estejam em conformidade com os requisitos essenciais do direito a um julgamento justo. Eles devem prestar a devida atenção à necessidade de garantir a qualidade, a explicabilidade e a segurança das decisões judiciais e dados, bem como a transparência, imparcialidade e justiça dos métodos de processamento de dados.[46]

Qual desses princípios não é afetado por uma estrutura legal? Advogados, acadêmicos jurídicos e os especialistas de ODR devem participar dessas iniciativas inovadoras. A academia jurídica deve ser o terreno fértil em que ocorre a pesquisa, a escrita, o ensino e a exploração dos parâmetros da IA. Os praticantes devem trazer sua experiência prática para suportar a estrutura e os tecnólogos de ODR devem compartilhar suas perspectivas. Isso não pode ser feito sozinho em nenhum desses nichos. Deve ser implantado em toda, e em colaboração, com várias disciplinas profissionais.

46 Idem.

## 5. ONDE A JUSTIÇA É DIRIGIDA

Assim, à medida que avançamos no caminho em direção a uma maior integração de informação e comunicação tecnologia em sistemas de justiça, tanto formais quanto informais, o que está por vir?

Em primeiro lugar, parece seguro dizer que, com o passar do tempo, veremos mais e mais integração de tecnologia na forma como lidamos com disputas. Alguns podem ainda estar preocupados com isso, mas na maior parte da nossa experiência da COVID nos ensinou que o que poderia parecer difícil ou impossível é, na verdade, bastante possível. Como um juiz da Suprema Corte disse aos duvidosos em uma reunião discutindo a experiência de seu tribunal com ODR, "a tecnologia veio para ficar – supere isso".[47]

Se estivermos corretos sobre o uso crescente de tecnologia para acessar a justiça, é imperativo que todas as partes interessadas no sistema de justiça tenham voz, visto que as plataformas, algoritmos e IA são integrados. E por todas as partes interessadas queremos dizer não apenas juízes, advogados e mediadores, mas representantes de todos aqueles que perseguem a justiça. Em entrevista aos autores, o codiretor do *National Center for Technology and Dispute Resolution* argumentou que, por exemplo, indivíduos que passaram por um divórcio (*on-line* ou offline) podem ter tido experiências boas ou ruins com mediação ou com os tribunais provavelmente têm muito a dizer aos desenvolvedores sobre como programar aplicativos ODR que funcionem bem para todas as partes.[48] A capacidade das partes interessadas de influenciar o desenvolvimento de aplicativos e plataformas ODR pressupõe duas coisas, mas nenhuma das duas é dada.

Em primeiro lugar, pressupõe que haja alguma maneira de advogados, juízes, mediadores e usuários realmente darem orientação direta aos desenvolvedores e provedores, em vez de esperar até que um aplicativo seja lançado para comentar sobre sua utilidade. Isso é obviamente difícil, mas trabalhar com organizações estabelecidas para desenvolver padrões e normas é uma maneira de começar a influenciar os desenvolvedores – sendo ativo em organizações como o *National Center for*

47 Comentário em Justice Constandinos Himonas em uma roda de discussão em 2019.

48 WING, Leah. Co-Director, NCTDR. Entrevista *on-line* em 26/01/2021.

*Technology and Dispute Resolution* (NCTDR), *The International Council for Online Dispute Resolution* (ICODR), *The International Mediation Institute* (IMI), *The American Bar Association Dispute Resolution Section* (ABA), *The Association for Conflict Resolution* (ACR), IEEE, *TechforJusticee*, entre outros[49]. Especificamente, a *ABA Dispute Resolution Section* em conjunto com a *TechforJustice* lançou, no início de 2021, a iniciativa *Collaborative Coalition for Equal Justice* para, propositalmente, reunir diversas equipes para abordar questões urgentes enfrentadas pela justiça e pelos direitos humanos.[50] Essas equipes de resolução de problemas serão intencionalmente multidisciplinares, trazendo profissionais fora da área jurídica, ODR, acadêmica, engenharia, direitos humanos, ciência de dados, medicina e qualquer outra experiência profissional necessária para exercer influência na cocriação de soluções para beneficiar as partes interessadas/constituintes, especialmente entre os marginalizados.

Em segundo lugar, pressupõe que o processo de desenvolvimento seja transparente. Isso, novamente, não é um dado adquirido. Há algum precedente para os desenvolvedores de algoritmos e plataformas de IA manterem a "caixa preta" sem revelar a programação que recebe os dados e produz recomendações ou decisões. Por exemplo, nos EUA, o muito discutido caso de *Eric Loomis*[51] levanta questões sobre uma "caixa preta técnica" e uma "caixa preta legal" em conexão com a programação por trás do COMPAS e seu impacto em um litigante específico. Basicamente, o tribunal decidiu que os desenvolvedores não precisavam revelar os elementos de programação por trás da IA. As partes interessadas argumentaram que as decisões tomadas pelos programadores e, portanto, o *output* de seu sistema de IA, resultam em preconceito ou dano, mas não era possível examinar as suposições que foram incorporadas ao AI.[52]

A lição aqui é que o *input* após o fato é difícil, se é que é possível, e só é obtido depois que o desenvolvimento está completo e a tecnologia está afetando os litigantes e as partes. A comunidade de resolução de disputas

49 Cf: http://odr.info/, https://icodr.org/, https://imimediation.org/en/, https://www.americanbar.org/, https://acrnet.org/ e https://techforjustice/org. Acesso em: 01/2021.

50 Cf https://www.techforjustice.org/ibo-summit/. Acesso em: 01/2021.

51 Cf Leagle. Disponível em: https://www.courts.ca.gov/documents/BTB24-2L-3.pdf. Acesso em: 01/2021.

52 Cf. GARBER, Megan. *When Algorithms Take the Stand*. In: **The Atlantic**. 30/06/2016. Disponível em: <https://www.theatlantic.com/technology/archive/2016/06/when-algorithms-take-the-stand/489566/>. Acesso em: 01/2021.

*on-line* precisa encontrar maneiras de definir limites e padrões antes do desenvolvimento.

Outra previsão segura é que ADR por meio de ODR continuará a crescer como uma abordagem separada para a justiça fora dos tribunais. Isso já está acontecendo. Como discutimos anteriormente, as abordagens DNMEA para negociação e mediação *on-line* estão se tornando a norma em alguns sistemas judiciais e a capacidade do sistema de ODR funcionar como pontos de entrada na resolução de disputas que são mais baratos e mais rápidos do que o litígio tradicional, como Susskind observou, apenas fará sentido para as gerações vindouras que serão os disputantes e os resolvedores de disputas do futuro. No início de 2021, os tribunais estaduais do Tennessee lançaram um projeto de ODR piloto trabalhando com Matterhorn para lidar com dívidas médicas, despejos e outras disputas de pequenas causas por meio de uma sala de "bate-papo" assíncrona para as partes e seus advogados, que incorpora mediadores e reuniões no Zoom em tempo real para "virtualizar" totalmente essas disputas antes que os tribunais sejam acionados por meio de litígios.

Finalmente, o uso crescente de tecnologia exigirá que advogados, juízes e outros que trabalham na área de resolução de disputas desenvolvam novas habilidades e novas formas de trabalhar. À medida que o uso da tecnologia se torna mais comum, todos nós aprenderemos o que sabemos e o que não sabemos sobre como ter sucesso *on-line*. Existem algumas coisas que podemos prever.

- Profissionais de resolução de disputas não precisarão se tornar programadores, nem precisarão ser especialistas nas várias habilidades que entram no desenvolvimento de aplicativos e plataformas de ODR complexos. Eles, no entanto, precisam ter conhecimento suficiente sobre a tecnologia que usam para entender as implicações de seu uso, bem como para serem capazes de explicar as vantagens e os perigos do uso da tecnologia para seus clientes e terceiros.
- Profissionais de resolução de disputas também terão que entender e aprender como compensar as mudanças no ambiente de comunicação oferecido pelo trabalho em vídeo, áudio e texto. Se tomarmos a comunicação face a face como o "padrão ouro", as mudanças nos elementos verbais, não-verbais e ambientais

da comunicação que surgem com o trabalho *on-line* oferecem novas áreas de estudo para profissionais de todos os tipos.

- Os profissionais de resolução de disputas perceberão que o trabalho bem-sucedido com as partes *on-line* requer um nível mais alto de preparação e monitoramento do que o trabalho presencial. Como disse um de nossos colegas que agora se envolve em arbitragem *on-line*, "isso toma muito mais do meu tempo do que arbitragem presencial".
- Finalmente, os profissionais de resolução de disputas precisam entender que trabalhar *on-line* afeta todos os princípios éticos básicos relacionados à lei e à resolução alternativa de disputas. Como garantimos a autodeterminação? Como garantimos privacidade? Como garantimos, ou mesmo entendemos, os desequilíbrios de poder?

Há muitos gatinhos e amigos na floresta da ODR, mas há algumas coisas que podem ser prejudiciais e, na verdade, algumas já foram. É imperativo que não adotemos apenas a tecnologia: devemos ser devidamente cautelosos com a tecnologia. Como acontece com todos os poderosos motores de mudança, cautela e deliberação podem dar origem a um mundo melhor.

# 3

# *e-Court* – Resolução de disputas *on-line* em ações de cobrança na Holanda: violação da lei ou dádiva disfarçada?[1]

**Willemien Netjes e Arno R. Lodder**[2]

*Traduzido por Otávio Morato de Andrade*[3]

**Resumo:** Em 2017, o *e-Court* da Holanda especializado em resolução alternativa de disputas (ADR) atendeu 20.000 ações de cobrança por meio de um procedimento de arbitragem *on-line*, e esse número deveria dobrar no próximo ano. Em setembro de 2017, o Presidente do Conselho do Judiciário, Frits Bakker, afirmou no Dia do Judiciário que, no futuro, a maioria das ações judiciais poderá ser tratada automaticamente e que um juiz-robô poderia trabalhar de forma rápida, eficiente e barata. No entanto, em janeiro de 2018, Frits Bakker parecia ter mudado de ideia e criticou o *e-Court* por sua falta de imparcialidade, falta de transparência, cerceamento do direito a um Tribunal estadual e por ser um "juiz-robô". Em última análise, todas as críticas se resumiram a uma questão: o direito do réu a um julgamento justo não foi suficientemente protegido no procedimento do *e-Court*. Essa acusação obteve grande repercussão midiática e, como resultado, os tribunais não estavam mais dispostos a referendar as sentenças arbitrais do *e-Court* sem a aprovação da Suprema Corte. Isso forçou o *e-Court* holandês a interromper temporariamente seus serviços. Perguntas como *"a arbitragem é desejável na cobrança de dívidas em massa?"* e *"as convenções de arbitragem como cláusulas-padrão em contratos de consumo são desejáveis?"* são relevantes e importantes, mas inerentemente políticas. Neste artigo, argumentamos que a conclusão do judiciário e da mídia de que o procedimento do *e-Court* viola o direito a um julgamento justo não é fundamentada por argumentos jurídicos convincentes. Nosso objetivo não é avaliar se a arbitragem *on-line* é a



1 Uma versão em inglês do presente texto foi publicada originalmente no International Journal of Online Dispute Resolution. 6, 1, em 2019, e a sua republicação em versão traduzida na presente obra foi autorizada.

2 Docentes na Vrije Universiteit Amsterdam.

3 Bacharel e mestrando em Direito pela Universidade Federal de Minas Gerais.

melhor solução para o congestionamento das ações de cobrança nos tribunais na Holanda, mas sim avaliar o procedimento do *e-Court* à luz do Artigo 6 da Convenção Europeia sobre os Direitos Humanos. A conclusão é que o procedimento do *e-Court* garante suficientemente o direito a um julgamento justo e, portanto, que a crítica expressa foi de natureza política e não jurídica.

**Palavras-chave:** Julgamento justo, Ações de cobrança, Judiciário, Convenção Europeia sobre os Direitos Humanos, Arbitragem

**Sumário:** 

## 1. INTRODUÇÃO

Em maio de 2000, acadêmicos e legisladores da Itália, França, Reino Unido, Bélgica, Noruega e Holanda reuniram-se em Leiden, na Holanda, para discutir o estado atual e também o futuro do suporte de TI (tecnologia da informação) do Judiciário na Europa[4]. À medida que as discussões progrediam, o futuro parecia ser menos promissor. Em abril de 2018, um projeto holandês que visava facilitar a comunicação eletrônica e a troca de documentos do Tribunal foi encerrado sem sucesso, após um gasto de 220 milhões de euros (orçamento original: 7 milhões de euros). Na mesma época, o projeto de *resolução de disputas on-line (ODR) "e-Court"* foi suspenso, pelo menos temporariamente. O *e-Court* foi altamente criticado por violar a lei. Este artigo procura analisar se o procedimento do *e-Court* pode assegurar o direito a um julgamento justo, conforme consagrado no artigo 6 da CEDH (Convenção Europeia sobre os Direitos Humanos).

Uma análise jurídica da iniciativa *e-Court* de ODR à luz dos recentes desenvolvimentos holandeses é interessante por si só. Além disso, no contexto do comércio eletrônico, o item 4 do Regulamento ODR da União Europeia de 2013[5] considera a ausência de um sistema de ODR

4 A.R. Lodder, A. Oskamp & A.H.J. Schmidt (Eds.), *IT support of the Judiciary in Europe*, Den Haag, SDU, 2001.

5 Reg. (EU) No. 524/2013 de 21 de maio 2013 sobre resolução *on-line* para litígios de consumo, *ver* A.R. Lodder, 'Commentary on the Regulation', *in* S. Gijrath *et al.* (Eds.), *Concise*

bem-sucedido como *"uma barreira dentro do mercado interno que mina a confiança dos consumidores e comerciantes nas compras e vendas além fronteiras"*. De maneira mais geral, os estudiosos há anos se perguntam por que a adoção da ODR na prática é tão lenta em relação às expectativas que tínhamos há anos atrás. Este artigo analisa se os argumentos jurídicos usados justificam o encerramento de uma plataforma de ODR que foi bem-sucedida. A resposta é não: os argumentos invocados são de natureza mais política do que jurídica. Talvez a sociedade, em geral, e o judiciário, em particular, ainda não estejam preparados para a ODR[6]. Até mesmo um defensor da ODR como Lord Briggs declarou durante uma conferência sobre o assunto em julho de 2018 em Liverpool que acreditava que a ODR se tornaria um sucesso, mas esperava que fosse depois que ele e sua esposa se aposentassem. Ele obviamente afirmou isso 'piscando um olho', mas a ameaça que alguns enxergam no ODR não deve ser subestimada.

Em 2009, a plataforma de arbitragem *on-line* *'e-Court'* começou a funcionar na Holanda como uma alternativa profissional, mais barata e mais rápida aos Tribunais estaduais[7], sendo apoiada pelo governo[8]. Embora o *e-Court* tratasse originariamente de processos simples, desde cobrança de dívidas a processos trabalhistas, bem como procedimentos de pequenas causas até um máximo de 100.000 euros, desde 2014, assumiu exclusivamente processos de cobrança de dívidas. No início de 2018, um frenesi midiático foi desencadeado e artigos intitulados *"Sentenças à venda"*[9] *e "O comércio no judiciário deve ser interrompido imediatamente"*[10] *foram publicados, argumentando que o procedimento*

*European Data Protection, E-Commerce and IT Law*, 3rd ed., London/Boston, Kluwer Law International.

6 J.C. BetanCourt & E. Zlatanska, 'Online Dispute Resolution (ODR): What is it, and is it the Way Forward?, *International Journal of Arbitration, Mediation and Dispute Management*, Vol. 79, No. 3, 2013.

7 H.W.R. Nakad-Weststrate, H.J. van den Herik, A.W. Jongbloed & A.B. Salem, 'Digitally Produced Judgements in Modern Court Proceedings', *International Journal of Digital Society (IJDS)*, Vol. 6, No. 4, 2015, p. 1102.

8 [Resolução de disputas por *e-Court* pela perspectiva da proteção do consumidor] M.B.M. Loos, 'Geschillenbeslechting door e-Court vanuit consumentenrechtelijk perspectief bezien', *WPNR*, Vol. 145, No. 7003, 2014, pp. 92-98.

9 ["Sentenças à venda"] K. Kuijpers, T. Muntz & T. Staal, 'Vonnis te Koop', *De Groene Amsterdammer*, 18 de Janeiro de 2018, p. 3.

10 A.J. Moerman & B. Houkes. 'Rechtspraak op bestelling?! Stop commerciële rechtspraak', *Sociaal Werk Nederland*, Janeiro de 2018.

*do e-Court* constituía uma violação grave do direito fundamental a um julgamento justo. Os pontos de crítica foram a falta de transparência; a atuação do *e-Court* como "juiz robô", a negativa aos consumidores, por parte do *e-Court*, do direito de acesso a um Tribunal estadual e, por fim, que o *e-Court* não era independente e imparcial[11]. Em última análise, todas as críticas se resumiram a uma questão: *o direito do réu a um julgamento justo não estaria sendo suficientemente protegido no procedimento do e-Court.*

Em sua tese de doutorado de 2008, *Electronic Alternative Dispute Resolution - Increasing Access To Justice Via Procedural Protections* (em português: Resolução alternativa de disputas eletrônicas - Aumentando o acesso à justiça por meio de proteções processuais), Susan Schiavetta analisou a ODR à luz da Convenção Europeia sobre os Direitos Humanos (CEDH) e afirmou que a ODR não satisfaz plenamente o Artigo 6º da CEDH, o que, todavia, não significa afirmar que o processo é injusto. Certas salvaguardas processuais podem ser enfraquecidas,

> desde que isso seja compensado por outros benefícios advindos do uso de e-ADR, como por exemplo uma resolução barata e rápida. A extensão em que as partes aceitam esta corrosão de seus direitos irá variar de litigante para litigante[12].

Portanto, neste artigo não analisaremos se o procedimento do *e-Court* garante todos os direitos consagrados no Artigo 6º (já que o direito a um julgamento público, por exemplo, não será protegido), mas se o direito dos réus a um julgamento justo está suficientemente assegurado.

O artigo 6º da Convenção Europeia sobre os Direitos Humanos consagra o direito a um julgamento justo. A própria Convenção, assim como seus *travaux preparatoires*[13] (trabalhos preparatórios), não faz nenhuma referência à arbitragem. No entanto, a CEDH considerou que o artigo é parcialmente aplicável a procedimentos arbitrais. Quando as partes assinam uma convenção de arbitragem e, assim, submetem sua disputa a um tribunal arbitral, elas "renunciam" parcialmente ao direito a um

---

11 *Ibid.*

12 S. Schiavetta, *Electronic Alternative Dispute Resolution – Increasing Access to Justice via Procedural Protections*, PhD thesis, University of Oslo, 2008.

13 G. Dal *et al.*, *L arbitrage et la Convention européenne des droits de l homme*, Droit et Justice No. 31, Nemesis, 2001, pp. 57-68, at 59.

julgamento justo. A jurisprudência de Estrasburgo nos ensina que uma *"renúncia pode ser permitida em relação a determinados direitos, mas não a outros específicos"*[14]. *Não é possível renunciar, por exemplo, ao direito à uma audiência justa e ao direito a um tribunal independente e imparcial, por se tratar de direitos absolutos. Além disso, o próprio acordo arbitral, ou "a renúncia", deve ter sido estabelecida de forma livre e inequívoca*[15] *e não deve "ir contra qualquer interesse público importante"*[16]. Este artigo apresentará primeiro a história do *e-Court* e do procedimento *on-line*. Posteriormente, analisaremos as três questões centrais do artigo 6º da CEDH: a legitimidade do acordo arbitral do *e-Court*, sua independência e imparcialidade e se ele oferece o direito a um julgamento justo. Terminaremos com uma conclusão sobre se o procedimento do *e-Court* é suficiente para assegurar o direito a um julgamento justo.

## 2. *E-COURT*

### 2.1 História

O *e-Court* começou a oferecer seus serviços em 2009, como uma plataforma de arbitragem *on-line*. Houve uma discussão sobre se o uso dos termos *'Court'* (tribunal) e *'judge'* (juiz) confundiria os usuários. No início dos anos 2000, Colin Rule explicou que o ODR não tem o termo 'alternativa' em seu nome porque os tribunais não funcionam *on-line* e o ODR, portanto, automaticamente diz respeito à resolução alternativa de disputas. No entanto, em 2009, os cidadãos não ficariam surpresos em encontrar tribunais oferecendo processos *on-line* ou, pelo menos, oferecendo a opção de fazer upload e acessar eletronicamente documentos e informações relacionados a casos. Por exemplo, o judiciário na Índia usa um site de *"e-Court"* com essa finalidade[17]. Mesmo assim, o *e-Court* parou de usar o termo 'juízes', mas seu nome permaneceu o mesmo. Pelo menos na Holanda, o uso de um termo em inglês, *e-Court*, não deveria ser confuso.

14 Suovaniemi c.s. v. Finland, No. 31737/96, ECHR 1999, §53.

15 Deweer v. Belgium, No. 6903/75, EHRM 1980.

16 Håkansson and Sturesson v. Sweden, No. 11855/85, ECHR 1990, §66; Dorozhko and Pozharskiy v. Estland, No. 14659/04 and 16855/04, ECHR 2010.

17 www.ecourts.gov.in/eCourts_home/.

O *e-Court* recebeu apoio do governo em seus primeiros dias e se tornou finalista na HiiL 201, uma competição que premia inovações na área jurídica[18]. Quase na mesma época, o Ministério da Justiça anulou processos do *e-Court* nos quais documentos notariais foram usados para assegurar o cumprimento de sentenças arbitrais. Assim, tabeliães e oficiais de cartório foram impedidos de dar suporte aos procedimentos do *e-Court*.

Em 2014, o *e-Court* decidiu focar exclusivamente na resolução de ações de cobrança, cujos números cresceram rapidamente. Em janeiro de 2018, 94% de todas as seguradoras de saúde na Holanda, bem como a gigante da Internet Bol.com, tinham uma cláusula padrão de arbitragem em seus contratos, que acabavam por endereçar suas ações de cobrança aos tribunais eletrônicos. A previsão era que o *e-Court* trataria de mais de 40.000 casos em 2018, mais do que o dobro do número de casos em 2017.

Para que uma sentença arbitral seja obrigatória, um *exequatur* é necessário. Este *exequatur* é concedido por um Tribunal após uma revisão superficial da sentença arbitral. Em janeiro de 2018, um relatório crítico sobre o *e-Court* foi publicado[19] por conselheiros sociais, seguido por uma cobertura tendenciosa da mídia e uma crítica feroz por parte do judiciário. Como consequência de toda essa publicidade negativa, os tribunais não estavam mais dispostos referendar sentenças do *e-Court* e queriam uma decisão sobre a validade desses vereditos, remetendo questões preliminares à Suprema Corte holandesa. No entanto, como o judiciário expressou suas preocupações em relação aos efeitos da concorrência, o uso da digitalização, a possível perda de emprego dentro do judiciário e o medo de que o direito público fosse marginalizado pelo *e-Court*, a imparcialidade do tribunal holandês - e, portanto, a sua competência para decidir sobre esse assunto - é discutível. A acusação de que a Suprema Corte não é independente é uma afirmação ousada, mas o advogado holandês Matthijs Kaaks analisou o interesse financeiro do judiciário em lidar com casos de cobrança de dívidas. Anualmente, existem cerca de 400.000 casos incontestáveis de cobrança de dívidas. Embora os custos de produção de tais decisões sejam de € 12, as custas judiciais variam

18 https://innovatingjustice.com/.

19 [Jurisprudência sob encomenda?! Pare a justiça comercial] Moerman & Houkes, 2018.

entre € 119 e € 476. Ele, portanto, estima que os lucros anuais do judiciário com ações de cobrança são de 200 milhões de euros.[20]

## 2.2 Procedimento do *e-Court*

A cláusula arbitral do *e-Court* geralmente está incluída nos contratos de consumo. A cláusula-modelo do *e-Court* diz:

> As partes têm a possibilidade de que suas controvérsias com relação a este acordo sejam resolvidas por meio de arbitragem via *Stichting e-Court*, doravante denominado "e-Court" (www.e-Court.nl). Se [a empresa] invocar essa disposição, [o consumidor] tem a oportunidade de optar pela Justiça governamental no prazo de um mês. O procedimento no *e-Court* transcorrerá de acordo com as regras processuais publicadas em www.e-Court.nl/juridisch.[21]

Quando uma parte deseja ajuizar uma ação no *e-Court*, deve informar à outra parte por escrito[22], incluindo em sua notificação informações sobre o procedimento e sua data de início.[23] A partir do momento em que o réu recebe a carta, tem um mês para optar pelo Tribunal estadual.[24] De acordo com a lei holandesa, este período de um mês é obrigatório antes do início do processo quando um acordo arbitral é incluído nos termos padrão de um contrato de consumo.[25] Durante este mês, os detalhes de *login* para o procedimento *on-line* são enviados para o e-mail do réu, que é mencionado na carta. Decorridos os 30 dias sem a manifestação do réu, este terá renunciado ao seu direito de submeter o conflito a um Tribunal estadual, e o *e-Court* passou a ter competência para decidir sobre o assunto.

Um mês após o recebimento da carta pelo requerido, a primeira rodada do processo começa na segunda-feira de manhã às 09h00 e vai

20 M. Kaaks, 'Kiloknallers van de r€chtspraak', *Advocatenblad*, No. 3, 2018, p. 7.

21 Procesreglement e-Court [Regras processuais dos e-Court's], anexo: termos padrão da cláusula modelo.

22 Art. 4 (1) Regras processuais dos e-Court's; Art. 3:37 DCC.

23 Art. 4 (2) Regras processuais dos e-Court's.

24 Art. 5 (1) Regras processuais dos e-Court's.

25 Art. 6:236n do Código Civil Holandês (CCH).

até sexta-feira às 17h00.[26] Durante esta semana, o réu pode se defender fazendo upload de documentos. Se uma parte quiser ter uma audiência, ela deve informar o árbitro antes das 17h da quarta-feira. O *e-Court* nomeia o árbitro,[27] mas as partes podem contestá-lo em até três dias após o início do procedimento[28], caso em que o conselho supervisor do *e-Court* decide sobre a impugnação em 24 horas.[29] Se uma parte não respondeu antes das 17h de sexta-feira, a pretensão é concedida, a menos que pareça manifestamente ilegal ou infundada para o árbitro.[30] Esta decisão é chamada de "sentença do robô", mas não há muita tecnologia envolvida desde que o que foi reivindicado foi concedido. Quando o réu responde à reclamação, uma segunda rodada ocorre na semana seguinte, de segunda-feira às 09h00 até sexta-feira às 17h00, durante a qual as partes podem responder às declarações uma da outra.[31] As partes podem fazer isso enviando documentos, bem como escrevendo mensagens diretamente na plataforma. Como regra, essas duas rodadas não são estendidas e um árbitro geralmente decide sobre o caso após a segunda rodada. Somente quando as partes estão discutindo uma solução amigável fora do procedimento do *e-Court*, o árbitro pode conceder prorrogação, 'estacionando' o processo.[32]

Depois de proferida a sentença, o árbitro submete, em nome da parte autora, uma petição de *exequatur* ao Tribunal Distrital competente,[33] que normalmente era o Tribunal Distrital de Almelo. O Tribunal competente investiga "sumariamente" a sentença e geralmente concede o *exequatur*. Apenas em casos excepcionais (rol do artigo 1065 da lei de arbitragem holandesa) a sentença é anulada, por exemplo: pela inexistência de convenção arbitral válida, quando a sentença não é assinada ou carece de motivação; e quando a sentença ou a forma como foi proferida viola a política pública (ou seja, violação do direito de ouvir e ser ouvido, parcialidade dos árbitros, etc.).[34] Uma vez que um *exequatur* tenha sido

26 Art. 9 (1) Regras processuais dos e-Court's.
27 Art. 6 (1) Regras processuais dos e-Court's.
28 Art. 7 (4) Regras processuais dos e-Court's.
29 Art. 8 (1) Regras processuais dos e-Court's.
30 Art. 12 (2) Regras processuais dos e-Court's.
31 Art. 9 (3) Regras processuais dos e-Court's.
32 Art. 10 Regras processuais dos e-Court's.
33 Art. 1063 Rv (Lei Processual Civil).
34 Art. 1065 Rv.

concedido, a decisão do *e-Court* tem o chamado título executivo[35], podendo o requerente executar a sentença.

## 3. LEGITIMIDADE DO ACORDO ARBITRAL

Nesta seção, discutimos se o acordo arbitral do *e-Court*, enquanto "renúncia" parcial do direito a um julgamento justo, seria válido nos termos da Convenção Europeia sobre os Direitos Humanos. Críticas foram feitas em relação à validade do acordo de arbitragem "secretamente oculto" em cláusulas-padrão. Especificamente, foi argumentado que os consumidores geralmente não leem os termos padrão e, portanto, não consentiram conscientemente em desistir de seu direito a um tribunal estadual.[36] Mostramos que o pacto arbitral do *e-Court* é válido e que sua carta de convocação informa adequadamente sobre a opção pela ação judicial. Mesmo quando os consumidores concordam com a cláusula arbitral, eles ainda têm oportunidade suficiente para ter seu caso decidido por um Tribunal estadual.

### 3.1 Todos os requisitos para uma "renúncia" válida são atendidos?

De acordo com o Tribunal Europeu dos Direitos Humanos, um acordo arbitral é uma "renúncia" parcial do direito fundamental a um julgamento justo e está sujeito a certos requisitos. Primeiro, um acordo arbitral deve ter sido feito de maneira inequívoca. O acordo arbitral do *e-Court* está incluído nas cláusulas-padrão, de forma clara.

Em segundo lugar, o acordo arbitral deve ser celebrado na ausência de constrangimento. Não há critérios específicos para determinar o que constitui constrangimento, mas a pressão econômica não significa necessariamente que o acordo foi involuntário, por exemplo, a cláusula arbitral do contrato de trabalho é considerada aceita voluntariamente.[37] O argumento no caso do contrato de trabalho é que o recorrente era "livre" para recusar o trabalho. No entanto, e se essa pessoa realmente

35 Art. 430 Rv.

36 Kuijpers *et al.*, 2018, p. 3.

37 X. v. República Federal da Alemanha, No. 4618/70, Decisão da Comissão de 21 de março de 1972.

precisasse desse trabalho específico e 94% de todos os contratos de trabalho contivessem uma cláusula arbitral? Isso é essencialmente o que está acontecendo com o *e-Court*.[38] Isso ainda se qualificaria como voluntário? Provavelmente não. Além disso, à luz do direito europeu do consumidor, as cláusulas arbitrais nos termos-padrão dos contratos de consumo são consideradas injustas[39]. Especialmente quando os consumidores quase não têm escolha senão aceitar, não se pode dizer que tal acordo arbitral tenha sido celebrado voluntariamente.

No entanto, a cláusula arbitral do *e-Court* é fundamentalmente diferente das convenções de arbitragem padrão: a cláusula-modelo do *e-Court* contém um período de "exclusão" de um mês após o início da disputa, que permite ao réu ir a um Tribunal estadual. Somente após o transcurso dos 30 dias e o réu não tiver feito uso desta oportunidade é que o *e-Court* será competente para decidir sobre um caso. Considerando que uma cláusula arbitral normal remove irreversivelmente a competência de um Tribunal estadual, a cláusula arbitral do *e-Court* não é incontornável, pois o réu ainda terá um mês para mudar de ideia e escolher o caminho judicial. Nessas circunstâncias, não há forma de coação ou constrangimento para submeter uma disputa a um tribunal arbitral. De acordo com a lei holandesa, uma cláusula arbitral incluída em um contrato de consumo é considerada justa, desde que seja concedido um período de '*opt-out*' de um mês.[40] No entanto, ela é considerada válida somente quando as partes aceitaram expressa ou implicitamente a cláusula compromissória.[41] Abaixo, mostramos o que a jurisprudência entende por "aceitação tácita". Um ponto importante é que a renúncia deve ser feita expressamente: o argumento de que "quem cale consente" é muito fraco para sustentar a renúncia a um direito tão importante. Não temos certeza sobre a política do *e-Court* neste ponto, mas se o *e-Court* retomasse seus serviços, eles deveriam incorporar o consentimento explícito para confirmar a via arbitral.

38 94% de todos os provedores de seguro saúde referem-se ao *e-Court*, e contratar seguro saúde é obrigatório sob a lei holandesa, de acordo com consultas parlamentares, ah-tk-20172018-1802, 18 de abril de 2018.

39 Art. 3(3) jo. Anexo, lista 1 (q), da Diretiva 93/13 / CEE do Conselho, de 5 de abril de 1993, relativa às cláusulas abusivas nos contratos de consumo.

40 6:236n CCH.

41 Art. 1021 Rv, 6:227a (1) CCH.

Em 2011, uma parte foi convidada a resolver a disputa por meio do procedimento de arbitragem do *e-Court*. A carta afirmava que, a menos que o réu se manifestasse, dizendo que preferia submeter o caso a um Tribunal estadual, a disputa seria tratada por um *e-Court*. No entanto, anteriormente nenhuma referência havia sido feita à arbitragem no contrato entre as partes, ou em seus termos-padrão. Isso, portanto, não se qualifica como um acordo de arbitragem válido, uma vez que o réu não aceitou intencionalmente o acordo de arbitragem: *"a simples inércia não significa aceitação tácita"*.[42] *Um ano depois, a cláusula arbitral do e-Court* foi inserida nos termos-padrão após o contrato já ter sido assinado. Como o consumidor foi informado dos novos termos-padrão e não se opôs à sua implementação, houve uma ação voluntária. Isso foi qualificado como uma aceitação tácita, e o Tribunal concedeu o *exequatur*.[43] Quando a cláusula arbitral do *e-Court* foi incluída nos termos-padrão das seguradoras de saúde, os consumidores foram informados sobre a alteração nos termos. Assim, tanto a aceitação expressa ou tácita, quanto um período de *'opt-out'* de um mês são necessários para que a cláusula arbitral do *e-Court* seja válida de acordo com a legislação consumerista holandesa. Esses requisitos atendem ao critério de "ausência de constrangimento" da Convenção.

Terceiro, a renúncia deve ser acompanhada de garantias processuais mínimas proporcionais à importância dos direitos renunciados. Isso significa que deve haver "fatores compensatórios" (garantias de um julgamento justo) no procedimento subsequente. O consumidor tem a oportunidade de ser ouvido, impugnar o árbitro se houver um sentimento de parcialidade e comentar os argumentos da outra parte. Analisaremos essas garantias procedimentais em profundidade nas seções seguintes.

Por último, com base nos direitos fundamentais europeus, temos de determinar se a cláusula arbitral não contraria algum interesse público importante. Parece não haver interesse público importante se opondo à arbitragem *on-line*, desde que o procedimento seja justo. Um argumento poderia ser que os casos de cobrança de dívidas em massa devem ser tratados por um Tribunal distrital porque as pessoas endividadas merecem

42 r.o. 2.7, ECLI:NL:RBALM:2011:BT7088; Tradução de: "Stilzitten is nu eenmaal niet gelijk te stellen aan stilzwijgende aanvaarding."

43 r.o. 2.8, ECLI:NL:RBALM:2012:BV8413.

proteção adicional. Não há, no entanto, nenhuma razão para supor que os direitos de um réu sejam mais bem protegidos em litígios normais do que no procedimento do *e-Court*. Em um Tribunal distrital, os casos de cobrança de dívidas em que o réu não aparece são verificados apenas superficialmente, portanto, basicamente carimbados pelo registro do Tribunal. De acordo com o *e-Court*, em seu procedimento a chance de que uma reivindicação inválida seja concedida é provavelmente menor porque os algoritmos são usados para identificar padrões incomuns em vez de serem submetidos a verificações aleatórias em Tribunais distritais.

Se alguém concorda ou não com a lei holandesa que permite cláusulas arbitrais em termos padrão de contratos de consumo é uma opinião política. Legalmente, a cláusula arbitral do *e-Court* atende a todos os critérios de uma "renúncia" válida nos termos da Convenção Europeia sobre os Direitos Humanos e de uma convenção de arbitragem válida nos termos da legislação do consumidor europeia e holandesa; isto é, supondo que o *e-Court* tenha de fato informado adequadamente o consumidor de sua oportunidade de recorrer a um Tribunal estadual. Vamos examinar isso a seguir.

## 3.2 Carta de Convocação

A cláusula-modelo do *e-Court* é um termo justo, devido à oportunidade de um mês de "exclusão", mas isso não significa que o réu esteja necessariamente ciente de tal direito. Se não estiver, a oportunidade torna-se essencialmente sem sentido. Os críticos argumentam que a carta de convocação do *e-Court* não está funcionando corretamente e, portanto, *"engana deliberadamente o réu e nega ilegalmente seu acesso a um tribunal estadual"*.[44] Analisaremos a carta de convocação do *e-Court*.

Alguns argumentam que o nome *'e-Court'* e o tom de voz legal e intimidante não deixam suficientemente claro que o *e-Court* é um tribunal arbitral e não um Tribunal estadual. Em seu artigo, Hartendorp afirma corretamente que *"para os indivíduos, não deve haver ambiguidades sobre a natureza do procedimento do qual participam, nem sobre o status do órgão de resolução de disputas"*.[45] No entanto, a primeira coisa que a

44 Moerman & Houkes, 2018.

45 R.C. Hartendorp, 'e-Court een goed initiatief dat zich op de verkeerde punten onderscheidt', *Rechtsgeleerd Magazijn Themis*, Vol. 2014, No. 3, 2014, pp. 117-122, at 117.

carta diz é "chamada para arbitragem" e a opção de escolher um Tribunal estadual é explicitamente dada no item cinco. O texto é inequívoco e informa claramente o réu de seu direito:

> o réu tem o direito de, no prazo de um mês a partir de hoje, optar por um procedimento no Tribunal distrital em vez de no e-Court Foundation. Se o requerido desejar aproveitar esta oportunidade, deverá comunicá-lo no prazo de um mês à organização holandesa de oficiais de justiça GGN[46], enviando uma carta.

Na prática, o GGN também aceitava quando os réus enviavam e-mails informando sobre a escolha do foro. Alguém poderia argumentar que teria sido melhor ter uma caixa de opção declarando o direito de se abster de arbitragem logo após a "chamada de arbitragem", especialmente porque as pessoas tendem a ser abaladas por tais cartas e talvez nunca cheguem totalmente atentas ao item cinco, onde o direito de ir ao Tribunal é formulado. Isso poderia ser melhorado, mas como está, pelo menos não é claramente errado ou enganoso.

A carta também inclui uma referência ao site e ao regulamento do *e-Court*, explica o procedimento padronizado do *e-Court*, menciona que a taxa do tribunal pode ser evitada se o dinheiro for transferido dentro de duas semanas e que os custos do litígio estadual são maiores do que os do procedimento no *e-Court*. Além disso, a carta contém um roteiro que ilustra a escolha graficamente. Legalmente, o *e-Court* tem a mera obrigação de dar um período de "exclusão" de um mês no qual o réu pode exercer seu direito ao Tribunal, e segue-se logicamente que essa oportunidade deve ser real.[47] A carta informa claramente o réu desta oportunidade de escolher um Tribunal estadual e não é de forma alguma enganosa: o réu foi suficientemente habilitado para exercer seu direito. Deve-se notar, entretanto, que para muitos consumidores o *e-Court* é uma opção mais atraente do que a justiça comum. Para concluir, decorre de nossa análise jurídica que a convenção de arbitragem do *e-Court* é válida de acordo com o artigo 6 da Convenção Europeia sobre os Direitos Humanos.



---

46 A GGN é especializada (consulte ggn.nl) em: a) cobrança de créditos; b) gerenciamento de faturamento e contas a receber; c) administração de crédito; d) execução de atos o ciais; e) procedimentos legais; tudo isso no sentido mais amplo da palavra.

47 Golder *v.* the United Kingdom, No. 4451/70, ECHR 1975.

## 4. INDEPENDÊNCIA E IMPARCIALIDADE

Uma corte arbitral deve, da mesma forma que um Tribunal, ser independente e imparcial. O presidente do Conselho do Judiciário, Frits Bakker, criticou o *e-Court* por sua falta de transparência e chamou-o de "*caixa preta opaca*".[48] Além disso, alguns argumentam que o *e-Court* depende financeiramente das empresas, porque elas incluíram a cláusula arbitral do *e-Court* em seus termos-padrão. Examinamos essas duas alegações a fim de determinar se o direito do réu a um tribunal independente e imparcial está suficientemente garantido.

### 4.1 Transparência

O *e-Court* tem sido criticado por não publicar suas sentenças ou a lista de seus árbitros. No entanto, quando o *e-Court* concede uma pretensão, a sentença é enviada a ambas as partes. Essa é uma prática comum no caso de arbitragem, onde a confidencialidade é um dos princípios fundamentais.[49] Em relação aos árbitros, o site do *e-Court* mostra que seus árbitros eram profissionais jurídicos com mais de quinze anos de experiência. Além disso, as partes no processo arbitral conheciam a identidade de seu árbitro e tiveram a oportunidade de contestá-lo e substituí-lo. O *e-Court*, como instituto arbitral, não é obrigado a publicar sentenças ou uma lista de seus árbitros. No entanto, para atender às críticas e aumentar a transparência, algumas decisões, bem como uma lista de árbitros do *e-Court*, foram publicadas desde o início de 2018.

Embora a Diretiva Europeia sobre ADR[50] do Consumidor não seja aplicável ao *e-Court*, ela é importante, por estabelecer requisitos para plataformas de ODR. Quando analisamos as informações que as plataformas de ADR são obrigadas a publicar *on-line* de acordo com a Diretiva, parece que o *e-Court* publica todas as informações exigidas, exceto

48 F. Bakker, 'voorzitter van de Raad voor de Rechtspraak', as quoted *in* Kuijpers *et al.*, 2018, p. 3.

49 A. Redfern, *Redfern and Hunter: Law and Practice of International Commercial Arbitration*. Oxford, Oxford University Press, 2015.

50 Diretiva 2013/11 / UE do Parlamento Europeu e do Conselho, de 21 de maio de 2013, relativa à resolução alternativa de litígios em matéria de consumidores e que altera o regulamento (CE) N° 2006/2004 e diretiva 2009/22 / CE (Diretiva sobre ADR do consumidor).

os relatórios anuais de atividades.[51] Pretendia-se, no entanto, iniciar a publicação das contas anuais a partir de 2018, uma vez que nos anos anteriores o *e-Court* ainda se encontrava em fase inaugural.[52]

## 4.2 Independência

Existem vários critérios para avaliar a independência, incluindo a forma de nomeação dos membros de um órgão, a duração da nomeação e as garantias contra pressões externas.[53] Em primeiro lugar, as partes não indicam os árbitros, nem exercem qualquer influência sobre a duração do mandato dos árbitros. Colegas de arbitragem ou o presidente do *e-Court* não influenciam um árbitro quando ele toma uma decisão, pois os árbitros trabalham independentemente de seu próprio escritório, enquanto o presidente executa uma função gerencial e organizacional, estritamente separada das funções judiciais. Da mesma forma, o *e-Court* não emprega árbitros que estejam em posição subordinada em relação à uma empresa, pois isso também afetaria seriamente sua independência.[54] Ao incorporar essas salvaguardas processuais, o *e-Court* cumpre os requisitos de imparcialidade conforme estabelecido na nova Diretiva ADR.[55] No entanto, um tribunal não deve apenas ser formalmente independente, mas também demonstrar uma aparência de independência.

Os críticos argumentam que a mera inclusão da cláusula arbitral do *e-Court* pelas empresas em seus contratos gera uma relação de dependência. No entanto, isso implicaria que as empresas nunca poderiam ter uma cláusula arbitral com referência a uma instituição arbitral, significando efetivamente que apenas a arbitragem *ad hoc* seria permitida. Só porque uma empresa escolheu o foro, isso não significa que esse foro não seja independente. Além disso, o Tribunal decidiu no caso *Oleksandr Volkov v Ucrânia* que quaisquer vícios relativos à

51 *Ibid.*, Art. 7.

52 Entrevista e-Court, 29 de maio de 2018, Amsterdam.

53 Conselho da Europa / Tribunal Europeu dos Direitos Humanos, Guia do Artigo 6 da Convenção Europeia dos Direitos Humanos – Direito a um julgamento justo (processo civil), 17 de dezembro de 2017, p. 38.

54 Sramek *v.* Austria, No. 8790/79, ECHR 1984, §42.

55 Diretiva 2013/11/EU, Art. 6.

independência podem ser corrigidos nas fases subsequentes do processo.[56] O período de "exclusão" de um mês é um bom exemplo de uma garantia processual subsequente: se o *e-Court* não tivesse incutido uma aparência de independência no réu, este poderia optar por levar o litígio à via judicial. Se o réu não fizer uso dessa oportunidade, a *collateral estoppel*[57] impede o réu de reclamar de falta de independência posteriormente.

No entanto, embora a opinião do réu seja importante,[58] o decisivo é se um "observador objetivo" vê algum motivo de preocupação em relação à independência nas circunstâncias específicas.[59] A American Bar Association (ABA) recomendou as melhores práticas para provedores de serviços de ODR[60], que se baseiam principalmente na divulgação e transparência. A ABA, à semelhança da União Europeia, também vê uma ligação entre o aumento da transparência e (aparência de) independência. Eles sugerem que os provedores de ODR divulguem, entre outras coisas, informações organizacionais, os termos e condições, uma explicação do serviço prestado e uma confirmação de que o procedimento atenderá aos padrões básicos do devido processo. O site do *e-Court* inclui todas as divulgações mencionadas nas Diretrizes da ABA. Mais especificamente, no que diz respeito à independência, as diretrizes recomendam que as plataformas de ODR divulguem se os serviços de ODR são fornecidos sob uma relação contratual com outras organizações, como comerciantes ou associações comerciais, e se a plataforma de ODR oferece qualquer compensação pelas recomendações (taxas de indicação, descontos, comissões, etc.).[61] O *e-Court* explica que nenhum dos exemplos anteriores é aplicável uma vez que não têm qualquer relação contratual com as empresas, nem recebem qualquer compensação pelas indicações.[62] Não

56 Oleksandr Volkov v. Ukraine, No. 21722/11, ECHR 2013, §§103, 118, 123, 131.

57 R. Gordon, 'Only One Kick at the Cat: A Contextual Rubric for Evaluating Res Judicata and Collateral Estoppel in International Commercial Arbitration', *Fla. J. Int'l. L.*, Vol. 18, 2006, p. 549.

58 Sacilor Lormines v. France, No. 65411/01, ECHR 2006, §63.

59 Clarke v. the United Kingdom (dec. 2017; unpublished).

60 Força-Tarefa da American Bar Association sobre e-Commerce e ADR: *"Recommended Best Practices for Online Dispute Resolution Service Providers"*.

61 *Ibid.*, p. 6, V1. Imparcialidade.

62 Entrevista e-Court, 29 de Maio de 2018, Amsterdam.

decorre das diretrizes da ABA ou da Diretiva ADR que haja uma obrigação de divulgar relações e acordos que *não* existem.

O que decorre das Diretrizes ABA, bem como da Diretiva ADR, é que as divulgações e, portanto, a transparência, também são importantes para parecer independentes e criar confiança nos usuários. No entanto, isso não significa que todos os detalhes exijam divulgação. Como já foi dito, a sentença arbitral exige um *exequatur* antes de ser executada, e por cada *exequatur* deve ser paga uma taxa judiciária de € 124.[63] O *e-Court* repetidamente tentou combinar todos os casos do mesmo requerente em um caso de processo de dívida, para evitar o pagamento de custas judiciais individuais para cada *exequatur*.[64] No entanto, em 2013, o Tribunal Distrital confirmou que, embora o credor fosse o mesmo em todos os casos, estes ainda eram considerados julgamentos separados e, portanto, exigiam *exequaturs* separados.[65] Tem havido controvérsia na mídia porque não está claro como o *e-Court* pode cobrir esses custos de € 124 se suas custas judiciais são de apenas € 85. O *e-Court* explica que este aspecto do procedimento é uma informação confidencial. Isso é um pouco estranho, também porque não há outra explicação do que os contratantes aos quais eles oferecem seus serviços (como as seguradoras) cobrirão as diferenças, e provavelmente até mais do que isso. Dito isso, as Diretrizes ABA mencionam que as divulgações devem ser feitas sobre custos e financiamento, mas uma plataforma ODR não precisa tornar públicas informações sobre seu modelo de negócios. Portanto, seria suficiente mencionar quais os custos do processo, qual fração do custo cada parte deve pagar e quais as condições de pagamento.[66] Da mesma forma, a Diretiva ADR não exige que uma plataforma divulgue essas informações, apenas *"os custos, se houver, a serem suportados pelas partes, incluindo quaisquer regras sobre a atribuição de custos no final do procedimento"*.[67] *Como o e-Court* atende a todos esses critérios, podemos concluir que o *e-Court* tem salvaguardas institucionais adequadas em vigor e divulga



63 Art. 1072a Rv jo. Art. 261 Rv jo. Art 3(2), (4) Wgbz jo. Art. 22 (1) Wgbz.

64 ECLI:NL:RBALM:2011:BT7623 Ik zou wel compleet verwijzen (ook volgende noot).

65 r.o. 2.10, ECLI:NL:RBOVE:2013:2138.

66 Força-Tarefa da American Bar Association sobre e-Commerce e ADR: *"Recommended Best Practices for Online Dispute Resolution Service Providers, p. 5, under V. Costs and Funding"*.

67 Diretiva 2013/11/EU, Art. 7 (1) l.

informações suficientes. Aos olhos de um observador objetivo, o *e-Court* também parece suficientemente independente.

### 4.3 Imparcialidade

No que diz respeito à imparcialidade, o Tribunal Europeu dos Direitos Humanos (TEDH) adotou um duplo teste de imparcialidade: os árbitros devem ser, ao mesmo tempo, pessoalmente (ou *subjetivamente*) e *objetivamente* imparciais. Como vimos, sentenças-padrão são o único resultado de um procedimento automatizado. Nesses casos, o computador é o árbitro e, devido à simplicidade da decisão (conceder ou denegar a pretensão), a parcialidade não é muito provável. Além disso, o algoritmo do *e-Court* detecta reivindicações desproporcionalmente altas e outros desvios e, assim, visa assegurar a imparcialidade. Quando um réu responde a uma pretensão, um árbitro analisa o caso e deve *"executar a tarefa de forma independente, imparcial e com suas melhores habilidades. Ao fazer isso, ele está sujeito ao (i) Código de conduta, (ii) regulamentação do e-Court e (iii) à lei."*[68] *Subjetivamente, um árbitro não deve ter nenhum conflito de interesses em relação a um determinado caso. Não houve nenhuma evidência apontando nessa direção e, além disso, os casos são relativamente simples: os procedimentos de cobrança de dívidas não requerem interpretação extensa e não se prestam bem a árbitros tendenciosos. O TEDH sustenta sistematicamente que "a imparcialidade pessoal de um juiz deve ser presumida até que haja prova em contrário".*[69]

*O teste de imparcialidade objetivo relaciona-se à capacidade do e--Court* oferecer garantias suficientes para excluir qualquer dúvida legítima a respeito de sua imparcialidade. Em primeiro lugar, o *e-Court* só emprega profissionais jurídicos com um diploma universitário em direito, 15 anos de experiência relevante, de preferência no ramo contencioso, e conhecimento suficiente do direito processual civil holandês. Em segundo lugar, se houver dúvidas quanto à imparcialidade do *e-Court*, há um período de "opção de exclusão" de um mês durante o qual o réu pode escolher outro foro. Por fim, se houver dúvidas quanto à independência ou

---

68 Art. 6 (4) Regras processuais dos e-Court's.

69 Le Compte, Van Leuven and De Meyere v. Belgium, no. 6878/75, Court Judgment, §58; Micallef v. Malta, no. 17056/06, [GC], ECHR 2009, §94.

imparcialidade do árbitro durante o procedimento, há a oportunidade de contestar e substituir o árbitro.[70] Ao implementar esses mecanismos de segurança, o *e-Court* cumpre todas as melhores práticas recomendadas pela ABA.[71] O *e-Court* atende aos critérios de imparcialidade objetivos e subjetivos.

## 5. AUDIÊNCIA JUSTA

O direito a uma audiência justa é sem dúvida o direito mais importante nos termos do Artigo 6 e, portanto, merece proteção. Examinaremos se o *e-Court* garante suficientemente o direito a uma audiência justa, analisando todos os aspectos do procedimento. Em primeiro lugar, o procedimento automatizado prejudica de alguma forma o direito a uma audiência justa? E, em segundo lugar, o procedimento *on-line* do *e-Court* é suficientemente acessível, contraditório e oferece um equilíbrio justo entre as partes?

### 5.1 Juiz Robô

Como as sentenças-padrão do *e-Court* são inteiramente proferidas por um computador, o tribunal *on-line* é criticado por ser um "juiz robô". É importante notar que apenas as sentenças-padrão do *e-Court* são processadas automaticamente; quando um réu responde à uma pretensão, um árbitro humano examina o caso. O procedimento do *e-Court* é, portanto, totalmente automatizado apenas quando um réu não responde, e este processo consiste em sete etapas:

1. Identificação das partes;
2. Fixação da competência do *e-Court*;
3. Estabelecer a correta aplicação das leis processuais do *e-Court*;
4. Seleção do modelo correto;
5. Decisão sobre o veredito correto;

70 Art. 7 (1) Regras processuais dos e-Court's.

71 Força-Tarefa da American Bar Association sobre e-Commerce e ADR: "*Recommended Best Practices for Online Dispute Resolution Service Providers, p.6 under V1. Impartiality*".

6. Produzir a sentença original (com a assinatura digital correta); e
7. Determinar que o pleito não é injusto ou ilícito.[72]

Todas essas são tarefas relativamente simples e, de fato, o *e-Court* faz um uso muito limitado das técnicas de inteligência artificial (IA) disponíveis na tomada de decisões jurídicas, como, por exemplo, os estágios 1 a 3 são executados por um software administrativo simples. Quando um réu não responde a uma reclamação e todos os requisitos foram cumpridos positivamente, a sentença é proferida por meio desse procedimento de sete etapas, ou, em outras palavras, por um algoritmo. Com uma visão compreensível, argumenta-se que sem um juiz humano real olhando para a reclamação, a qualidade da justiça não pode ser garantida e, além disso, que não há base legal para tal *"julgamento do robô"*.[73]

*Este procedimento automatizado prejudica o direito do réu a uma audiência justa? Em primeiro lugar, o e-Court* avalia a sua competência como qualquer outro tribunal arbitral e verifica *ex officio* se o contrato do consumidor está em conformidade com o direito europeu do consumidor, tal como os tribunais holandeses são obrigados a fazer.[74] Esta revisão dos termos-padrão e da cláusula arbitral é feita por um árbitro humano *"para estabelecer um nível de confiança e (...) estar convencido da integridade e da boa-fé do Requerente"*.[75] Assim, uma vez que um árbitro humano tenha verificado se há de fato uma cláusula arbitral válida que se refere ao *e-Court* nos termos padrão e se a reclamação foi formulada com clareza suficiente, o computador pode analisar as reclamações subsequentes. A avaliação da sua competência e do cumprimento do direito europeu do consumidor não é, portanto, decidida automaticamente, mas sim por árbitros humanos.

Em segundo lugar, é importante distinguir os casos-padrão dos casos em que o réu responde à reivindicação. Atualmente, a IA não é avançada o suficiente para decidir sobre casos complicados e realmente

72 Nakad-Weststrate *et al.*, 2015, p. 1107.

73 Alguém poderia argumentar que o Art. 22 (1) da GDPR impede o *e-Court* de decidir automaticamente. As exceções do art. 22 (2) sobre consentimento explícito e execução do contrato podem ou não ser aplicáveis. Este é um assunto interessante que merece mais atenção.

74 ECLI:NL:HR:2013:691. Suprema Corte, 13 de setembro de 2013.

75 Nakad-Weststrate *et al.*, 2015, p.1107.

equilibrar e pesar os argumentos.[76] Portanto, quando um réu contesta a ação, um árbitro humano examina o caso, avalia se novas provas são permitidas e decide.[77] Assim, onde há uma questão de complexidade legal ou factual e a decisão efetiva é necessária, um árbitro humano decide.

Além disso, o risco de uma empresa entrar com uma ação injusta é menor no procedimento do *e-Court* do que no litígio tradicional. O oficial de justiça tem a obrigação legal[78] de convocar o réu e verificar se a reclamação é real e correta. Semelhante ao funcionamento de um Tribunal Distrital, uma reclamação é considerada correta até prova em contrário. No entanto, enquanto um Tribunal distrital faz isso verificando aleatoriamente as reivindicações, nas quais há um elemento de acaso e arbitrariedade, o algoritmo de computador usado pelo *e-Court* detecta qualquer desvio anormal. Por exemplo, pretensões antigas, pretensões excessivamente altas, bem como muitas pretensões muito baixas que sugerem custos de arquivamento impróprios, etc., são descobertas. Bart Houkes, conselheiro social e coautor do relatório crítico 'Rechtspraak op Bestelling?!'[79], defende que deve haver uma revisão mais completa das sentenças-padrão: *"agora é feito apenas por um computador, isso não garante qualidade da justiça suficiente."*[80] *No entanto, até agora não houve um único caso em que demonstrou-se que os cálculos do e-Court* estavam errados, embora tenha havido exemplos de erro humano como resultado do processo manual de cópia de todos os dados.[81] O procedimento digital do *e-Court* não é apenas mais rápido do que o litígio tradicional, mas também é objetivo e funciona sem erros de cálculo[82]. Consequentemente, não prejudica, mas melhora o direito do réu a uma audiência justa.

No entanto, um procedimento arbitral não pode garantir o direito a uma audiência justa se não tiver fundamento legal. O Ministro da Justiça declarou em relação ao julgamento automatizado do *e-Court* que *"a digitalização é uma ferramenta cada vez mais importante na resolução de litígios moderna. No entanto, a tomada de decisão totalmente automatizada*

Parte II • Panorama Internacional

76 *Ibid.*
77 Art. 9 (3) Regras processuais dos e-Court's.
78 Art. 2 Gerechtsdeurwaarderswet.
79 Moerman & Houkes, 2018.
80 Entrevista com Bart Houkes, Quarta-feira, 25 de Abril de 2018.
81 Nakad-Weststrate *et al.*, 2015, p. 1108.
82 *Ibid.*

*sem qualquer intervenção de um juiz é uma preocupação.*"[83] *O fundador do e-Court*, Nakad, aborda esta complicação: "*A legislação holandesa não prevê a possibilidade de um juiz digital (...) e sua incorporação nas leis e regulamentos não é esperada em breve.*"[84] Na verdade, a lei holandesa estabelece que um árbitro é qualquer pessoa física com capacidade jurídica.[85]

Para resolver esse requisito de ter um árbitro humano, o *e-Court*, portanto, processa a sentença automatizada em nome do árbitro, que não faz nada mais do que verificações aleatórias. Esta parece ser uma solução adequada, visto que uma prática semelhante ocorre nos Tribunais distritais. Um juiz não calcula nenhuma reinvindicação; tudo isso é feito pelo computador do registro; o juiz apenas assina. Da mesma forma, ordens da Agência Central de Arrecadação Judicial são geradas por um processo totalmente digitalizado, sem qualquer intervenção humana.[86] Embora o uso de IA em processos judiciais seja um tema muito interessante que, sem dúvida, requer uma investigação mais aprofundada, parece estranho contestar a base jurídica do *e-Court* quando não há diferença fundamental em comparação com os processos judiciais e seu procedimento é ainda mais preciso.

## 5.2 Acessibilidade

A grande maioria dos procedimentos de cobrança de dívidas em um Tribunal distrital é julgada à revelia e, consequentemente, os réus não participam totalmente desse processo de litígio. Da mesma forma, no procedimento do *e-Court*, apenas 12% de todos os réus respondem à pretensão.[87] Apesar de poucos réus quererem responder a uma pretensão, tal resposta não deve ser difícil de ser feita. Em outras palavras, o procedimento deve ser acessível. Uma vez que o procedimento do *e-Court* ocorre em um ambiente inteiramente *on-line*, o acesso à Internet e algumas habilidades digitais são necessários.

83 Documentos Parlamentares ah-tk-20172018-1802.

84 Nakad-Weststrate *et al.*, 2015, p. 1108.

85 Art. 1023 Rv.

86 M. Hildebrandt, 'Data-gestuurde intelligentie in het strafrecht', *Preadvies NJV*, 2016.

87 R. van Etten, 'Droom of werkelijkheid: digitale rechtspraak leidt tot meer betalingen en minder zaken voor rechter', 27 de Março de 2018, www.ggn.nl/actueel/2018/~/link.aspx?_id=248979438BAD43049933CEFD06195281&_z=z.

André Moerman, conselheiro social e autor do relatório crítico 'Rechtspraak op Bestelling?!'[88], afirmou em entrevista que *"especialmente os clientes que procuram ajuda dos conselheiros sociais, não são capazes de proceder digitalmente"*.[89] O procedimento do *e-Court* exige um conjunto avançado de habilidades digitais? Seu site usa linguagem e imagens fáceis para orientar o réu durante o processo, o *e-Court* envia e-mails para lembrar ao réu quando seus prazos de resposta estão quase no fim[90] e os réus podem responder a uma reclamação em holandês ou inglês. Para um usuário médio da Internet, este processo não deve causar nenhuma dificuldade. Isso nos leva a uma questão importante: quando uma lei ou procedimento é considerado suficientemente acessível? Quando todos entenderem? Sempre haverá analfabetos ou pessoas indefesas para as quais qualquer forma de procedimento é incompreensível. Essas são as pessoas de quem Moerman está falando, e elas obviamente merecem proteção, mas é muito duvidoso que essas mesmas pessoas entendam os processos judiciais. Muito provavelmente, mais pessoas encontrarão dificuldades para entender os procedimentos do tribunal do que o procedimento do *e-Court*.

Para a maioria das pessoas, o procedimento do *e-Court* é facilmente acessível. Em primeiro lugar, a maioria das pessoas assinou seu contrato de seguro saúde *on-line*, razão pela qual sentido resolver qualquer disputa decorrente desse contrato também no ambiente *on-line*. Em segundo lugar, entre 33.000 procedimentos, apenas cinco pessoas reclamaram que não entenderam o processo.[91] Em terceiro lugar, a GGN demonstrou que os réus se comunicam mais cedo com eles em procedimentos judiciais eletrônicos do que em procedimentos judiciais tradicionais e que três vezes mais acordos de pagamento foram feitos. Além disso, à luz da nova Diretiva ADR, a responsabilidade do *e-Court* relativamente à acessibilidade do procedimento significa que o *e-Court* deve

> manter um website atualizado que facilite o acesso das partes às informações relativas ao procedimento de ADR e que permita

88 Moerman & Houkes, 2018.

89 André Moerman, conforme citado em um episódio de Nieuwsuur: 'Robotrechter e-Court is een groot en niet transparant zwart gat', 17 de janeiro de 2018.

90 Art. 3 (4) Regras processuais dos e-Court's.

91 van Etten, 2018.

aos consumidores apresentarem queixas e documentação comprobatória necessária online.[92]

O *e-Court* cumpre facilmente esses requisitos; portanto, o procedimento do *e-Court* é suficientemente acessível e até parece promover a comunicação. Além disso, caso o réu não tenha acesso à Internet de forma alguma, é possível proceder *offline*. Nesse caso, solicitações, respostas e outras declarações podem ser enviadas por correio normal.[93] Por fim, ir ao Tribunal é, também para os não alfabetizados digitais, provavelmente mais complicado do que, talvez com alguma ajuda, passar pelo processo *on-line* via *e-Court*.

## 5.3 Contraditório

Uma vez iniciado o procedimento, os réus têm cinco dias para responder a uma reclamação. Este prazo é suficiente para a aplicação de um princípio tão fundamental como o direito ao contraditório? O Tribunal decidiu no processo Nideröst-Huber v. Suíça que o desejo de economizar tempo e acelerar o processo nunca justifica o desrespeito do princípio do contraditório.[94] Devemos ter em mente que os casos dizem respeito a ações de cobrança e, portanto, não requerem extensa investigação de fatos ou debate jurídico. No entanto, mesmo nesses casos simples, é importante dar às partes o direito de fazer declarações, bem como de serem ouvidas. Isso também implica que o tribunal deve "considerar devidamente" os argumentos do réu.[95] Embora tenha de fato cinco dias para responder, a partir de segunda-feira das 09h00 até sexta-feira às 17h00, o réu é informado por carta sobre o procedimento um mês antes do seu início. Isso é fundamental, pois nesse período o réu já pode entrar em contato com a GGN e, caso seja feito um acordo de pagamento, até mesmo evitar a cobrança da taxa do *e-Court*. Portanto, na prática, o réu tem um mês e cinco dias para responder a uma reclamação.

Compare isso com uma carta de um Tribunal distrital em que um réu é informado uma semana antes da audiência e em que uma ação é

92 Diretriz 2013/11/EU, Art. 5(2) a.

93 Art. 3(7) Regras processuais dos e-Court's.

94 Nideröst-Huber v. Switzerland, No. 18990/91, Julgamento do tribunal 1997, §30.

95 Donadze v. Georgia, No. 74644/01, ECHR 2006, §35.

geralmente concedida à revelia. A seguradora de saúde CZ afirma que, em comparação com o litígio tradicional, o método do *e-Court* era muito amigável ao cliente.[96] A prática, portanto, revela que os réus encontram prontamente sua maneira de se comunicar e que o princípio do contraditório está suficientemente presente no procedimento do *e-Court*.

## 5.4 Paridade

O *e-Court* deve também garantir a "igualdade de armas", ou paridade, a fim de resguardar o direito a um julgamento justo. Este princípio está intimamente ligado ao princípio do contraditório e serve para manter um "equilíbrio justo" entre as partes. Isso é importante, pois o autor terá mais experiência com o sistema *on-line*, uma vez que resolve todas as suas disputas de cobrança de dívidas através do *e-Court*. A princípio, as partes no processo eram, portanto, desiguais. No entanto, isso não significa necessariamente que não haja mais um equilíbrio justo entre as partes. Uma avaliação dos procedimentos é determinada examinando-os em sua totalidade,[97] e deficiências de equidade podem ser corrigidas em uma fase posterior.[98] De acordo com o regulamento do *e-Court*, um árbitro deve tratar as partes em pé de igualdade.[99] Em termos mais concretos, isso significa que o réu deve ter a possibilidade de fazer declarações e ter uma chance real de comentar as respostas, em condições que não coloquem o réu em desvantagem substancial em relação ao autor.[100]

Além disso, no procedimento do *e-Court*, o requerente deve assegurar que o réu tenha oportunidade suficiente para responder a quaisquer novas declarações. Com essa finalidade, o árbitro poderá emitir instruções adicionais quanto ao prazo de entrega da resposta ou indeferir alegações por atraso. Na prática, um árbitro considera a declaração do requerente intempestiva quando ela é escrita na quinta ou sexta-feira.[101] Assim, o autor, ou de outra maneira, o árbitro, possibilitarão que o réu



96 Comunicado à imprensa CZ de 16 de fevereiro de 2018: "CZ zoekt voor verzekerden naar alternatief voor laagdrempelige en betaalbare arbitrage na wegvallen e-Court."

97 Ankerl *v.* Switzerland, No. 17748/91, Court Judgment 1996, §38; Centro Europa 7 S.r.l. and Di Stefano *v.* Italy, No. 38433/09, [GC], ECHR 2012, §197.

98 *See, e.g.* Helle *v.* Finland, No. 20772/92, Julgamento do tribunal 1997, §54.

99 Art. 6 (5) Regras processuais dos e-Court's.

100 (*Regner v. the Czech Republic* [GC], § 146; *Dombo Beheer B.V. v. the Netherlands*, § 33).

101 Entrevista e-Court, 29 de maio de 2018, Amsterdam.

tenha tempo suficiente para comentar uma alegação. Embora as partes não sejam, a princípio, "iguais", o *e-Court* oferece proteção extra ao réu, a fim de compensar e, assim, efetivamente tratá-las com paridade.

## 6. O PROCESSO DO *E-COURT* É JUSTO?

Alegações sobre falta de transparência, falta de independência, restrições ao acesso à justiça comum e *e-Court* sendo um "juiz robô" foram generalizadas na mídia. Em última análise, as críticas resumiram-se ao fato de que o direito do réu a um julgamento justo não foi garantido nenhum procedimento do *e-Court*.

Com base nos argumentos anteriormente expostos, defendemos que o procedimento do *e-Court* garante suficiente o direito a um julgamento justo, respeitando o artigo 6 da CEDH. O acordo arbitral do *e-Court* é concluído na forma exigida pela Convenção, constituindo, portanto, uma "renúncia" válida. Além disso, o *e-Court* oferece garantias suficientes e publicou as informações necessárias em seu website. Por meio dessas divulgações, ele atende às melhores práticas para plataformas ODR, conforme descrito pela ABA, bem como os requisitos para plataformas ODR, conforme consagrado na Diretiva ADR. A transparência necessária também ajuda o *e-Court* a garantir o direito a um tribunal independente e imparcial.

O procedimento do *e-Court* oferece ao réu a oportunidade de se manifestar e ser ouvido, além de proteção adicional para oferecer um tratamento paritário a partes que, a princípio, eram desiguais. Seu processo *on-line* é direto, claro e suficientemente acessível para um usuário digital médio. Ao assegurar um processo contraditório, com igualdade de armas e um procedimento acessível, o *e-Court* também garante o direito à audiência justa. A comunicação aprimorada e o maior número de acordos de pagamento revelam que esses princípios não existem apenas no papel: réus respondem bem às demandas do *e-Court* e, portanto, muitas vezes são capazes de evitar a taxa do tribunal. Na medida em que a CEDH é aplicável a um tribunal arbitral, o *e-Court* garante ao réu o direito a um julgamento justo.

Um ponto no qual o *e-Court* precisa mudar sua política é que o réu é informado por meio de um mandado e, posteriormente, cobrado por isso. Apesar da intimação ser permitida, não há base jurídica para imputar esses custos ao réu.[102] O Ministro da Justiça holandesa, Sander Dekker, informou à *Royal Professional Organization of Judicial Officers in The Netherlands* - (KBvG)[103], o órgão responsável pelos oficiais judiciais do país, de que não existe base jurídica para tal cobrança.[104]

## 7. CONCLUSÃO

Quando lemos o relatório feito por Moerman & Houkes em 2018 sobre o *e-Court*, concordamos amplamente com suas conclusões e consideramos o *e-Court* uma iniciativa com sérias lacunas. No entanto, após a análise jurídica empreendida neste artigo, concluímos que a maioria das críticas não são jurídicas; parecem ser políticas ou originadas de uma perspectiva protecionista. Por exemplo, uma cláusula arbitral incluída nos termos-padrão é simplesmente algo que as pessoas não *gostam*; uma carta que seja suficientemente informativa, mas não inclua notícias positivas, está fadada a receber críticas; e os tribunais de arbitragem que não publicam uma lista de seus árbitros e suas sentenças são considerados não-confiáveis. No entanto, essas críticas são todas *políticas*: juridicamente, não há base convincente para qualquer um desses argumentos. Da mesma forma, a crença fundamental de que a resolução de disputas é inerentemente uma responsabilidade do Estado é política. Afirmar que *"a arbitragem é uma solução indesejável para procedimentos de cobrança de dívidas em massa"*[105] *é uma afirmação potencialmente interessante, mas não está vinculada a uma discussão jurídica. A arbitragem é explicitamente permitida pela CEDH e o e-Court* cumpre todos os requisitos.

Outras críticas, como a de que os direitos do réu não estão protegidos, que uma sentença automatizada não é válida e dúvidas quanto à profundidade da revisão da sentença arbitral, originaram-se do Conselho da Magistratura. Esses argumentos são igualmente infundados do ponto de vista jurídico e parecem ter sua origem no protecionismo.

102 Resposta do Ministro da Proteção Legal às Consultas Parlamentares sobre o e-Court (18 de abril de 2018): ah-tk-20172018-1802.

103 Koninklijke Beroepsorganisatie van Gerechtsdeurwaarders.

104 Carta do Ministro da Proteção Legal ao Presidente do Parlamento holandês (16 de abril de 2018): kst-29279-423.

105 Moerman & Houkes, 2018.

Embora o *e-Court* devesse lidar com 40.000 casos em 2018, o frenesi da mídia levou o LOVCK[106] a abster-se de conceder *exequaturs* às sentenças do *e-Court* até que o Supremo Tribunal respondesse a várias objeções sobre a plataforma. Isso provavelmente incluirá a legalidade de um processo de inadimplência automatizado, a validade de uma cláusula arbitral nos termos gerais de um contrato de consumo, a motivação de sentenças e a forma de revisão de sentenças arbitrais. Enquanto se aguarda uma decisão, o *e-Court* não está operando. No entanto, como o judiciário na Holanda expressou suas preocupações em relação aos efeitos da concorrência, possível perda de empregos e uso da digitalização, o *e-Court* argumenta corretamente que um tribunal holandês não é imparcial e, portanto, não é competente para se pronunciar sobre esta questão. As questões judiciais preliminares deveriam, portanto, ser submetidas ao Tribunal Europeu de Justiça, ou o caso poderia ser levado ao Supremo Tribunal e, posteriormente, à Corte Europeia de Direitos Humanos.

Quando olhamos para as críticas feitas no frenesi da mídia, parece que as pessoas não estão acostumadas a uma plataforma *on-line* para decidir sobre disputas "judiciais" e acreditam que a resolução de disputas é inerentemente uma tarefa do Estado. Embora os casos de cobrança de dívidas em massa se prestem perfeitamente para arbitragem *on-line* e julgamentos automatizados devido ao seu alto volume e simplicidade, talvez seja necessário mais algum tempo antes que as pessoas confiem na capacidade de resolução de disputas de "um robô". No entanto, o *e-Court* foi realmente bem-sucedido e decidiu milhares de casos em 2017. Então, para ser mais exato, parece que a verdadeira questão é que seria necessário mais algum tempo antes de aceitar que o judiciário holandês compartilhe sua tarefa de resolução de disputas.

106 Em holandês: Landelijk Overleg Vakinhoud Civiel en Kanton [Coordenação Nacional para Assuntos Jurídicos nos Tribunais Iniciais].

# 4

## Princípios éticos para resolução de disputas *on-line*: um dispositivo GPS para o tema[1]

***Leah Wing***[2]

*Traduzido por Pedro Henrique Sancho Saad*[3]





### 1. INTRODUÇÃO

Com a inclusão das Tecnologias da Informação e Comunicação (TICs) em processos de resolução de disputas, e com a rápida adoção de sistemas de resolução *on-line* de disputas (ODR) em diferentes setores da sociedade, vislumbra-se a necessidade de se pensar em uma série de princípios éticos envolvendo a implementação e desenvolvimento dos sistemas de ODR. Inúmeros são os caminhos possíveis para esse objetivo, porém, definir os referidos princípios éticos[4] pode, certamente, re-

---

1 O presente artigo foi originalmente publicado em inglês, no *International Journal of Online Dispute Resolution*, Vol. 3, No. 1, 2016, com republicação e tradução autorizadas pela autora e pela revista.

2 Leah Wing é Codiretora do Centro Nacional de Tecnologia e Resolução de Disputas e Palestrante Sênior do Programa de Estudos Legais do Departamento de Ciência Política na Universidade de Massachusetts em Amherst (EUA).

3 Este texto foi traduzido por Pedro Henrique Sancho Saad, graduando em Direito pela Universidade Federal de Minas Gerais.

4 Os princípios éticos para resolução de disputas *on-line* (ODR) apresentados neste artigo são: acessibilidade, responsabilidade, competência, confidencialidade, empoderamento, igualdade, justiça, honestidade, imparcialidade, participação informada, inovação, inte-

sultar em uma espécie de mapa, um verdadeiro GPS[5] (*Global Positioning System)*, para a jornada em questão, e consequentemente, melhor guiar os operadores do direito nos contextos envolvendo a ODR. Os princípios são pensados para aumentar a qualidade, efetividade e o escopo da resolução de disputas nos quais se aplica a tecnologia[6] e, em conjunto, é esperado que possam promover um guia de melhores práticas, regras e indicações abarcando as diversas práticas e procedimentos que englobam a ODR. A análise que se segue[7] foi baseada em um trabalho anterior sobre princípios e padrões de prática feito pelo Centro Nacional de Tecnologia e Resolução de Disputas, assim como na crescente literatura e nos regulamentos de órgãos profissionais, governamentais e comerciais relativos aos sistemas de ODR e à resolução de disputas em geral.

Não é surpresa alguma que, conforme se alcança a terceira década desenvolvimento da ODR, tem-se observado a necessidade de se analisar os desdobramentos regulatórios e éticos dessa nova forma de resolver disputas.[8] Ao refletir sobre esse impacto, uma infinidade de desa-

---

gração, obrigação legal, neutralidade, proteção contra danos, segurança e transparência. Veja também: L. Wing, 'Ethics and ODR: Ethical Principles for Online Dispute Resolution', National Center for Technology and Dispute Resolution, 2016, disponível em: <http://odr.info/ethics-and-odr/> (acesso em 23 de maio de 2016).

5 A escolha do GPS como uma metáfora é empregada para encorajar a revisão dos "princípios éticos" como uma orientação que (1) nos lembra onde estamos (nossos valores compartilhados) em um mapa utilizado em várias jurisdições (dando coesão à jornada abrangente); (2) fornece orientação para onde queremos ir (ilustrando não apenas um caminho recomendado, mas também a distância entre onde estamos e onde queremos ir ao desenvolver e implementar processos de ODR); (3) lembra-nos que estamos ligados a outros lugares e pessoas (seja através de distâncias temporais ou geográficas – a história e conhecimento de ADR e aqueles em outras jurisdições e culturas que também são partes interessadas em ODR, por exemplo); (4) demonstra que há mais de um caminho para alcançar o destino (permitindo, assim, uma variedade de interpretações como relevantes pela cultura, jurisdição legal, setor da sociedade, etc.) e (5) responde continuamente a um território em mudança (quer sejam inovações tecnológicas, nova legislação, descoberta de novos dilemas éticos ou limitações culturais dos princípios éticos) e ajusta-se para fornecer a melhor orientação para o nosso caminho em frente.

6 A resolução de Disputas *On-line* está incluída em qualquer processo ou intervenção usado para lidar com disputas que empregam tecnologias de informação e comunicação.

7 Esses princípios foram desenhados sob auspícios do National Center for Technology and Dispute Resolution (NCTDR), especificamente com base no conhecimento e experiência dos integrantes do NCTDR e da declaração do Conselho Consultivo do NCTDR2009 sobre princípios e padrões éticos para ODR. Agradecimentos especiais vão para Vikki Rogers, Reitora Assistente de Programas *On-line* na Escola de Direito e Elisabeth Haub na Pace University, por seus comentários sobre este artigo.

8 É ver: Wing, 2016; Advisory Committee, National Center for Technology and Dispute Resolution, Online Dispute Resolution Standards of Practice, 2009, available at: <www.icann.

fios éticos surge: alguns deles mais recentes[9] e outros versões novas de problemas já percebidos nos métodos de resolução de disputas (ADR)[10] –

org/en/system/ files/files/odr-standards-of-practice-en.pdf> (acesso em 23 de maio de 2016); A. Barsky, 'The Ethics of App-Assisted Family Mediation', Conflict Resolution Quarterly, Vol. 34, No. 1, Fall 2016, pp. 31-42; P. Casanovas & J. Zeleznikow, 'Online Dispute Resolution and Models of Relational Law and Justice: A Table of Ethical Principles', in P. Casanovas *et al.* (Eds.), AICOL IV/V 2013, LNAI 8929, Springer-Verlag, Berlin, Heidelberg, 2014, pp. 54-68; J. de Werra, 'ADR in Cyberspace: The Need to Adopt Global Alternative Dispute Resolution Mechanisms for Addressing the Challenges of Massive Online Micro-Justice', Swiss Review of International & European Law, forthcoming; N. Ebner & J. Zeleznikow, 'No Sheriff in Town: Governance for the ODR Field', Negotiation Journal, Vol. 32, No. 4, 2016, pp. 297-323; The European Parliament and the Council of the European Union, 'Regulation of the European Parliament and of the Council on Online Dispute Resolution for Consumer Disputes and Amending (EC) No. 2006/2004 and Directive 2009/22/EC (Regulation on Consumer ODR) ODR Regulation (EU) 524/2013', Official Journal of the European Union, 2013, L 165/63; S. Jani & C. Getz, Mediating from a Distance: Suggested Practice Guidelines for Fam⊠ ily Mediators (2nd ed.), Mediate BC Society, Vancouver, 2012, available at: <www.mediatebc.com/ PDFs/1-14-Family-Mediation---FAQs/Guidelines_Mediating-from--a-Distance-(Second-editi.aspx> (acesso em 06 de outubro de 2016); K.C. Liyanage, 'The Regulation of Online Dispute Resolution: Effectiveness of Online Consumer Protection Guidelines', Deakin Law Review, Vol. 17, No. 2, 2012, pp. 251-282; J. De Mars *et al.*, 'Virtual Virtues: Ethical Considerations for an Online Dispute Resolution Practice', Dispute Resolution Magazine, Vol. 17, No. 1, 2010, pp. 6-10; R. Morek, 'The Regula⊠ tory Framework for Online Dispute Resolution: A Critical View', Toledo Law Review, Vol. 38, No. 1, 2006, pp. 163-192; D. Rainey, 'Third-Party Ethics in the Age of the Fourth Party', International Journal of Online Dispute Resolution, Vol. 1, No. 1, 2014, pp. 37-56; S.J. Shackelford & A.H. Raymond, 'Building the Virtual Courthouse: Ethical Considerations for Design, Implementation, and Regulation in the World of ODR', Wisconsin Law Review, Vol. 3, 2014, pp. 614-657; A.H. Raymond & S.J. Shackelford, 'Technology, Ethics, and Access to Justice: Should an Algorithm Be Deciding Your Case?', Vol. 35, Spring 2014, pp. 485-524; C. Rule, Online Dispute Resolution for Business: B2B, Ecommerce, Consumer, Employment, Insurance, and Other Commercial Conflicts, Jossey-Bass, San Francisco, 2002; M.E. Sole, 'E-mediation: A New Stage of Ethics', 2015, available at: <www.mediate.com/articles/SoleME4.cfm> (acesso em 06 de outubro de 2016); UNCITRAL, Online Working Group III: Online Dispute Resolution, 2016, <www.uncitral.org/uncitral/commission/working_groups/3Online_Dispute_Resolution.html> (acesso em 26 de agosto de 2016); N. Welsh, 'ODR: A Time for Celebration and the Embrace of Procedural Safeguards', Conference presentation at the International Forum for Online Dispute Resolution, The Hague, May 2016, available at: <www. adrhub. com/profiles/blogs/procedural-justice-in-odr> (acesso em 07 de outubro de 2016); and A. Wiener, 'Regulations and Standards for Online Dispute Resolution: A Primer for Policymakers and Stakeholders', 2001, available at: <www.mediate.com/articles/awiener2.cfm> (acesso em 22 de Agosto de 2016).

9 Para uma discussão do papel ético dos algoritmos, indica-se a prevenção, gestão e resolução de disputa, É ver: de Werra, em Morek, 2006. Exploration of some of the ethical challenges for ensuring confidentiality, privacy and security with the use of technology are examined by Barsky, Outono de 2016 em UNCITRAL, 2016.

10 Estes incluem se e como um interventor do conflito deve tentar resolver os desequilíbrios de poder (È ver: D.Kolb *et al.*, When Talk Works: Profiles of Mediators, Jossey Bass Publishers, San Francisco, 1994; e L. Susskind & J. Cruikshank, Romper o impasse: abordagens consensuais para resolver disputas públicas, BasicBooks, New York, 1987); se e como

os quais a tecnologia oferece ferramentas para solucionar.[11] Nesse sentido, ao explorar os desdobramentos éticos da relação entre disputas e tecnologia, estamos também abrindo espaço para oportunidades de melhor tratar os conflitos, bem como aumentar a confiança e a qualidade dos processos correspondentes. Para um conjunto ético de ferramentas e processos, devemos explorar questões como a ética da gestão de dados e comunicação assistida pela tecnologia como parte dos processos de tratamento de disputas.[12] E caberia a nós considerá-los em uma variedade de profissões e setores da sociedade, não apenas na área tradicional da ADR, dado que o ODR está sendo aproveitado em uma mais ambientes do que nunca. Por exemplo, surgem preocupações éticas com o gerenciamento de reclamações nos sistemas de reputação dos compradores e vendedores do comércio eletrônico; preocupações com registros eletrônicos de saúde (dados sensíveis); no desenvolvimento de sistemas de gerenciamento de disputas para empresas e agências governamentais; bem como no emprego de comunicação por e-mail e no uso de calendários eletrônicos, softwares de *brainstorming* e videoconferência na arbitragem e mediação.

---

explicar as diferenças culturais entre as partes em conflito (È ver: R.Cohen, NegotiatingAcrossCultures, US Instituteof Peace Press, Washington, 1991, e MA Trujillo *et al.* (Eds.), Re-centrando a cultura e o conhecimento na prática de resolução de conflitos, Syracuse University Press, Syracuse, 2008); como a institucionalização da resolução de disputas em sistemas existentes, como tribunais e escolas, aumenta o acesso à justiça ou o prejudica e para quais grupos (É ver: R. Delgado *et al.*, 'FairnessandFormality: Minimizing the Risk of Prejudice in Alternative Dispute Resolution', Wisconsin Law Review, 1985, pp. 1359-1404; TSJones & D. Kmitta (Eds.), DoesItWork? TheCaseforConflictResolutionEducation in ourNation's Schools, CREnet, Washington, 2000; and N.A.Welsh, 'The ThinningVision of SelfDetermination in Court-Connected Mediation: The Inevitable Price of Institutionalization?', HarvardNegotiationLawReview, Vol.6,2001, pp.1-96).

11 Para uma discussão de algumas das maneiras que a tecnologia pode ajudar com os dilemas contínuos na ADR, como desequilíbrios de poder, Vejo Barsky, outono de 2016; de Werra, a ser publicado; Morek, 2006; e Rainey, 2014.

12 É ver os seguintes para discussões adicionais sobre o tema: Barsky, Fall 2016; Rainey, 2014; DeMars *et al.*, 2010; C. Menkel-Meadow, 'Are There Systemic Ethics Issues in Dispute System Design? and What We Should [Not] Do About It: Lessons from International and Domestic Fronts', Harvard Negotiation Law Review, Vol. 14, Winter 2009, pp. 195-231; Casanovas & Zeleznikow, 2014. And for a discussion on the relationship between ODR and computational and informational ethics, see P. Casanovas *et al.* (Eds.): AICOL IV/V 2013, LNAI 8929, Springer-Verlag, Berlin, Heidelberg, 2014, pp. 54-68; R. Devanesan & J. Aresty, 'ODR and Justice – An Evaluation of Online Dispute Resolution's Interplay with Traditional Theories of Justice', in M.S. Abdel Wahab, E. Katsh, & D. Rainey (Eds.), Online Dispute Resolution: Theory and Practice, A Treatise On Technology and Dispute Resolution, Eleven International Publishing, The Hague, 2012, pp. 251-293; and Morek, 2006.

A presença da tecnologia em todas as facetas de nossas vidas – trabalho, comércio, política, educação, relacionamentos e lazer – resultou também no seu uso como mecanismo útil na gestão de conflitos. Naturalmente, isso impulsionou discussões sobre as práticas de resolução de disputas e, igualmente, importantes considerações sobre as implicações éticas dessa escolha.[13] Em resposta, há um crescente interesse em avançar nesses debates e adotar medidas para lidar com o impacto da tecnologia. Com essas discussões, há uma afirmação frequente da importância de se aplicar um conjunto já consagrado no campo de ADR de padrões, melhores práticas, normas e princípios, aos métodos *on-line* de resolução de disputas.[14] Para promover esses esforços, este artigo explora os benefícios e desafios de se articular uma estrutura de princípios éticos[15] projetado especificamente para orientar o desenvolvimento ético e implementação de sistemas, tecnologia e atividades no sistema de ODR.

## 2. MOTIVAÇÃO E INSPIRAÇÃO PARA OS PRINCÍPIOS ÉTICOS DE ODR

Discussões doutrinárias já ofereceram ótimas contribuições acerca das questões em discussão, e este artigo busca contribuir ainda mais para o debate. Como já se argumentou, há diversas razões pelas quais o momento atual é o ideal para levantar o debate ético, e elas incluem os argumentos de que (1) uma articulação pública de princípios e *standards* pode contribuir para o aumento da confiança nos sistemas de ODR;[16] (2) se objeto das ODR não realizar isso de forma eficaz, outros agentes

13 Ver, por exemplo, Advisory Committee, National Center for Technology and Dispute Resolution, 2009; Ebner & Zeleznikow, 2016; Internet Corporation for Assigned Names and Numbers (ICANN), ICANN Ombudsman ODR Standards of Practice, available at: <www.icann.org/resources/ pages/odr-standards-of-practice-2012-02-25-en> (acesso em 22 de Agosto de 2016); DeMars *et al.*, 2010; Morek, 2006; Rainey, 2014; Shackelford & Raymond, 2014; Raymond & Shackelford, Spring 2014; Rule, 2002; Wing, 2016; and work by the Ethics Working Group of the International Mediation Institute, <https://imimediation.org/> (acesso em 05 de outubro de 2016).

14 *Id.*

15 Este artigo não busca abordar a questão da regulamentação; ao invés disso, ele examina os benefícios da articulação de princípios compartilhados não baseados em regras sobre os quais a governança, regulamentação e outros modos de responsabilização podem ser posteriormente construídos.

16 É ver: Ebner e Zeleznikow, 2016; Liyanage, 2012; andMorek, 2006.

externos a ele o farão, ou, pior ainda, construirão regulamentos para ODR que podem não refletir os valores desse campo;[17] (3) aqueles construindo e utilizando as plataformas de ODR já enfrentam, diariamente, dilemas éticos, nos quais aqueles com menos acesso e poder são particularmente mais vulneráveis;[18] e (4) já existe uma grande *expertise* entre os agentes envolvidos nos sistemas de ODR, acadêmicos e aqueles que dirigem organizações que oferecem serviços de ODR,[19] que inclui um conjunto articulado de valores compartilhados capaz de fornecer uma base sólida a partir da qual será possível trabalhar.

Portanto, levando-se em conta o crescimento da importância das ODR, e a necessidade de se fornecer serviços éticos e de alta qualidade e, mais importante, sem outras concepções externas ao campo,[20] faz-se necessário ampliar a atenção para os aspectos éticos e a sua integração aos sistemas. Com esse objetivo, os princípios aqui tratados são apresentados como uma contribuição para o desenho e construção de práticas éticas aplicadas ao sistema de ODR. Apesar de um olhar mais robusto e ampliado acerca dos *standards* também ser bem-vindo, os princípios éticos presentes aqui não se prestam a esse fim, ou seja, não são oferecidos como *standards* ou códigos de conduta, mas sim como uma articulação de valores compartilhados. Como tais, eles podem contribuir para a formação de uma base, um ponto de partida, a partir do qual trabalhos futuros para governar o campo poderão se desenvolver.

Ao pensamos neste trabalho, enfrentamos "a tensão da universalidade ou generalidade",[21] um dilema que é central sempre que se refle-

17 É ver: Ebner e Zeleznikow, 2016.

18 É ver: de Werra, forthcoming; Morek, 2006; and Welsh, May 2016.

19 Indiscutivelmente, a vasta literatura e experiência no campo de ADR tem uma riqueza de erudição, especialização e padrões que exigem uma consideração cuidadosa para determinar o que aplicar no todo ou alterar para ser relevante para o ODR. Para uma discussão relacionada, é ver: Rainey, 2014.

20 É ver: Wiener, 2001; The European Parliament and the Council of the European Union, 'Directive 2013/11/EU of the European Parliament and of the Council of 21 May 2013 on Alternative Dispute Resolution for Consumer Disputes and Amending Regulation (EC) No 2006/2004 and Directive 2009/22/EC (Directive on Consumer ADR)', Official Journal of the European Union, 2013, L 165/1-12; The European Parliament and the Council of the European Union, 2013; and UNCITRAL, 2016.

21 É ver a discussão dessa tensão com relação à criação de princípios éticos a serem usados como padrões de responsabilidade para o projeto de sistemas de disputa de ADR em Menkel-Meadow, Winter 2009, p. 212.

te sobre a criação de princípios em uma área tão múltipla como é a da resolução de disputas, com inúmeras partes envolvidas e campos que se cruzam. Tais princípios precisam ser gerais o suficiente para serem aplicáveis em diferentes ambientes, culturas e jurisdições; ao mesmo tempo em que devem oferecer uma espécie de coesão e durabilidade ao longo dos anos[22]. Apelos por valores universalmente compartilhados têm sido utilizados para enquadrar todo e qualquer contexto, e também para ignorar as diferenças culturais e os impactos dos desequilíbrios de poder. Isso apenas nos mostra que os desafios dessa empreitada não podem ser subestimados. Como, então, evitar a repetição desses padrões e garantir um projeto transnacional sustentável que seja significativo e não excludente?[23] Apesar da natureza assustadora desse questionamento, va-

---

22 Para a exploração de desafios no tópico relacionado da regulamentação de sistemas e práticas de resolução de disputas em vários campos, setores da sociedade e jurisdições, É ver: Menkel-Meadow, Winter 2009; C. Menkel-Meadow, 'Ethics Issues in Arbitration and Related Dispute Resolution Processes: What's Happening and What's Not', 56 U. Miami L. Rev. 949, 2002; Ebner & Zeleznikow, 2016. For a related discussion, see K. Bagshaw, 'Principles v Rules', accountancymagazine.com December 2006, p. xxx, available at: <www.icaew.com/-/media/corporate/files/technical/ethics/principles-vs-rules.ashx?la=en> (acesso em 30 de setembro de 2016). For a discussion about the challenges of developing and regulating ethics across legal jurisdictions and within the multidisciplinary field of ADR, see C. Menkle-Meadow, 'Ethics in ADR: The Many "Cs" of Professional Responsibility and Dispute Resolution', Fordham Urban Law Journal, Vol. 28, 2001, pp. 979-990.

23 Considere a recente discussão de ICANN, S. Bachollet, 'CCWG—Accountability Work Stream 2: ICANN Ombuds, Meeting #3, 22 August 2016', ICANN, available at: <www.icann.org/search/#!/? searchText=ombuds> (accessed 22 August 2016); the multiyear effort by the United Nations Commission on International Trade Law, Working Group III (Online Dispute Resolution), 'Online Dispute Resolution for Cross-Border Electronic Commerce Transactions: Technical Notes on Online Dispute Resolution, Note by the Secretariat', V.16-02129 €, A/CN.9/888, 11 April 2016, to create ODR rules; the ongoing work by the International Mediation Institute (IMI) <https://imimediation.org/> (acesso em 26 de outubro de 2016); suggestions outlined in Rule, 2002; the call for ODR standards in Rainey, 2014; the role of regulation outlined by Morek, 2006, and Liyanage, 2012; as well as groups that have already crafted, endorsed, considered or urged the development of ODR-related standards and rules: the National Center for Technology and Dispute Resolution (NCTDR), Committee on Legal Affairs and Human Rights of the Parliamentary Assembly of the Council of Europe, the European Parliament and the Council of the European Union, the Internet Corporation for Assigned Names and Numbers (ICANN) and "the US Federal Trade Commission, The Canadian Working Group on Electronic Commerce and Consumers, The Australian National Alternative Dispute Resolution Advisory Council, The Alliance for Global Business, The Global Business Dialogue on Electronic Commerce, The Transatlantic Consumer Dialogue, Consumers International, The European Consumers' Organisation, The International Chamber of Commerce, and The American Bar Association" (Advisory Committee, National Center for Technology and Dispute Resolution, 2009, p. 1). Para obter uma lista de uma série de iniciativas relacionadas a ODR no campo de ADR, Veja também Wiener, 2001.

mos primeiro considerar o que pode ser perdido se o campo não tentar criar e funcionar de acordo com princípios éticos compartilhados. Por exemplo, Shackelford e Raymond[24] e Wels[25] relembram os abusos que ocorreram e podem ocorrer tanto nas ODR, quanto ADR, quando inexiste a observância da justiça procedimental em um ambiente que não possui garantias que impeçam o triunfo dos chamados litigantes habituais, entre outros.[26] E Ebner e Zeleznikow[27] chamam atenção para o fato de que, se não nos atentarmos para a criação de normas e mecanismos claros para governança da ODR, agentes externos ao campo vão continuar a fazê-lo, haja vista seus investimentos nos resultados que isso pode gerar. Os mesmos autores também lembram a natureza de sobreposição das ODR com outros sistemas públicos e privados que têm suas próprias regras que nem sempre funcionam em harmonia.

Ao nos atentarmos para essa preocupação, focando ainda no acesso à justiça, veremos que existem várias forças que podem perpetuar ou ignorar as barreiras dentro da ADR e ODR, de forma intencional ou não. Considere-se, por exemplo, o fato de que governos estão exigindo o uso de ODR em casos nos quais os mais vulneráveis e marginalizados podem ter suas posições reforçadas ou alteradas pela forma como umo sistema de ODR é estruturado e implementado. Nesse contexto, é preciso resgatar as preocupações que foram levantadas nos últimos 40 anos em relação à ADR., e que podem servir de apoio para evitar a repetição dos mesmos erros. Os desafios permanecem sobre como ADR pode inadvertidamente facilitar ou, pelo menos, não atender às realidades de desequilíbrios de poder e marginalização;[28]como ele "descontextualiza,

24 Shackelford & Raymond, 2014.

25 Galês, maio de 2016.

26 Para sugestões ao campo ODR para prevenir e melhorar tais condições, é ver: Galês, maio de 2016.

27 Ebner e Zeleznikow, 2016.

28 É ver a seguir, para uma discussão mais aprofundada sobre os desequilíbrios de poder em ADR, particularmente no que diz respeito a utilizadores habituais e acesso a recursos: Consumer Financial Protection Bureau, Arbitration Study: Report to Congress, pursuant to Dodd-Frank Wall Street Reform and Consumer Protection Act 1028(a), March 2015; Consumer Financial Protection Bureau, CFPB Considers Proposal to Ban Arbitration Clauses that Allow Companies to Avoid Accountability to Their Customers, <www.consumerfinance.gov/newsroom/cfpb-considers-proposal-to-ban-arbitration-clauses-that-allow-companies-to-avoid-accountability-to-their-customers/> (acesso em 06 de junho de 2016); Welsh, May 2016; S.A. Talesh, 'Forward: Why Marc Galanter's "Haves" Article Is One of the Most Influential Pieces of Legal Scholarship Ever Written', in M. Galanter (Ed.), Why the Haves

desconstrói historicamente, bem como individua os conflitos (Auerbach, 1983; Chene, 2008; Grillo, 1991; Gunning, 1995), criando assim um discurso homogeneizado enquanto conivente para reforçar padrões de desigualdades sociais (Abel, 1982; Auerbach, 1983; Delgado, 1997; Delgado, Dunn, Brown, Lee, & Hubbert, 1985; Fiss, 1984; e Harrington, 1985)";[29] e como a falta de supervisão pública em casos privados pode resultar na reprodução de preconceitos e desigualdades. Essas questões de desigualdade não foram totalmente ou adequadamente tratadas pela ADR cara a cara; e, embora também permaneçam sem solução no ODR, as tentativas de fazê-lo se deparam com o desafio adicional de que "os participantes no estudo estão dispersos geograficamente e estão operando em diferentes sistemas e jurisdições – tornando qualquer organização ou supervisão geral mais desafiadora"[30] na ODR.

Parece de incumbência do campo da ODR e de nós mesmos tentarmos abordar essas críticas de longa data que continuam a ter consequências no mundo real. A criação de um conjunto de princípios éticos poderia servir como um mecanismo que direciona a atenção para as preocupações sobre o acesso à justiça, desequilíbrios de poder, diferenças culturais, marginalização e inclusão na tomada de decisão que ocorre durante o projeto de implementação de sistemas ODR. Portanto, vale a pena imaginar como podemos usar os *insights* sobre as deficiências da ADR – apesar também de suas tremendas realizações – assim como considerar cuidadosamente como podemos tentar não reproduzir os temas que nos esforçamos para prevenir, gerenciar e resolver a explosão de disputas on-line. O mero esforço na busca em campo comum na criação de princípios éticos para a ODR tem grande valor, embora, indiscutivelmente, é insuficiente face à necessidade de práticas de resolução de litígios mais eticamente responsáveis, particularmente no que diz respeito aos desequilíbrios de poder e ao acesso à justiça. É imperativo, então, que os princípios éticos projetados para ODR sejam incluídos no pensamento por trás do desenvolvimento do projeto de sistemas de ODR e práticas, padrões e legislação.



Come Out Ahead: The Classic Essay and New Observations, Quid Pro Books, New Orleans 2014, pp. iii-xii; and Shackelford & Raymond, 2014.

29 L. Wing, 'Intersectionality and Conflict Resolution Pedagogy', in S. Pliner & C. Banks (Eds.), Teaching, Learning, and Intersecting Identities in Higher Education, Peter Lang Publishers, New York, 2012, p. 49.

30 É ver: Ebner & Zeleznikow, 2016.

Os princípios éticos delineados neste artigo são parte das tentativas de contribuir para esse empreendimento. Eles, incluem, por exemplo, referência explícita a diferenças culturais e questões de poder e privilégio potencial de alguns julgadores em processos ODR. Considerando que os princípios éticos enquadrados como valores e não como regras não podem prevenir ou resolver todos esses problemas, usá-los para orientar no desenvolvimento de plataformas, algoritmos, processos, práticas e padrões de ODR pode, espontaneamente, reduzir as chances de marginalização, a negligenciarão da relevância cultural e ajudar a normalizar a atendê-los na estrutura, estratégias e espírito do nosso campo. Na construção desses princípios, foi dada atenção aos desafios descritos acima, bem como à busca para fixar a eles normas fortes e valores compartilhados que já existem no ADR[31] e que foram aplicadas às expectativas para ODR[32]. Eles respondem, também, ao comentário corrente sobre a necessidade de articular as maneiras sob as quais a ODR é semelhante e diferente do ADR[33], trazendo, assim, esses valores compartilhados e atualizados ao tempo e à geografia da resolução de disputas do Século 21, em que a tecnológica não apenas desempenha

31 É ver, por exemplo, American Arbitration Association, American Bar Association, and Association for Conflict Resolution, Model Standards of Conduct for Mediators, 2005; CPR-Georgetown Commission on Ethics and Standards in ADR, Principles for ADR Provider Organizations in Menkel-Meadow, 2002; L. Boulle & H.H. Teh, Mediation: Principles, Process, Practice, Butterworths Asia, Singapore, 2000; JAMS, 'Arbitrators Ethics Guidelines', available at: <www.jamsadr.com/arbitrators-ethics/> (acesso em 6 de outubro de 2016); JAMS, 'Mediators Ethics Guidelines', available at: <www.jamsadr. com/mediators-ethics/> (acesso em 6 de outubro de 2016); Parker-Toulson, 2010; Association for Conflict Resolution, Recommended Standards for School-Based Peer Mediation Programs 2007, Association for Conflict Resolution, Washington, 2007; and B. Warters *et al.*, Institutional and Program Level Guidelines for Conflict Management in Higher Education, Campus Conflict Management, Detroit, 2003; Society of Professionals in Dispute Resolution (SPIDR) Commission on Qualifications, Ensuring Competence and Quality in Dispute Resolution Practice (Draft Report), 1994.

32 É ver, por exemplo, Committee on Legal Affairs and Human Rights and J. Xuclà, Rapporteur, Resolution on Access to Justice and the Internet: Potential and Challenges, Parliamentary Assembly, Council of Europe, Doc. 13918, 10 November 2015; The European Parliament and the Council of the European Union, 2013; Government of Canada, Department of Justice, Dispute Resolution Reference Guide, Online Dispute Resolution; Advisory Committee, National Center for Technology and Dispute Resolution, 2009; Parker-Toulson, 2010; Jani & Getz, 2012; Rainey, 2014; DeMars *et al.*, 2010; Morek, 2006; Rule, 2002; and Sole, 2015.

33 É ver, por exemplo, Barsky, Fall 2016; Rainey, 2014; M.S. Abdel Wahab, E. Katsh & D. Rainey (Eds.), 2006; and E. Katsh & L. Wing, 'Online Dispute Resolution in the Last Decade and the Future', Toledo Law Review, Vol. 38, 2006, pp. 101-126.

um papel central de controle, mas também fornece terreno no qual ela é empreendida.

O campo parece bem equilibrado para explorar outros fundamentos comuns em jurisdições, culturas e setores e é, nesse espírito, que estes Princípios Éticos para Resolução de Disputas *On-line* são oferecidos para contribuir para o desenvolvimento de um dispositivo GPS útil para o tema. Espera-se que eles forneçam uma direção clara o suficiente para orientar a tomada de decisão ética em uma miríade de dilemas e escolhas em uma ampla gama de circunstâncias, que sejam flexíveis o suficiente para serem relevantes em vários terrenos e seja responsáveis em face da nova topografia que inevitavelmente ocorrerá. Eles podem ser tecnológicos – assim como novas paisagens digitais, eles podem ser legais – conforme novas leis e regulamentos são promulgados, e eles podem ser culturais – conforme descobrimos maneiras nas quais os Princípios exigem recalibração para refletir as realidades de nossa jornada global.

## 3. ESCOPO

Assim, em um conjunto amplo, flexível e robusto de princípios éticos parecer parece ser um ponto útil para começar e enquadrá-lo como um dispositivo GPS destinado a ser atualizado à medida que novos desafios são descobertos e seus limites são mais claros é um requisito em face do rápido espaço de inovação da tecnologia. O escopo deste esforço baseia-se no trabalho que ilustrou como a tecnologia já alterou a resolução de problemas e está impactando considerações éticas[34] e procura promover o fortalecimento e a aplicação de princípios éticos para melhor servir as partes interessadas na resolução de conflitos. Espera-se que eles forneçam orientações para o ecossistema de solução de computadores: seus padrões, seus sistemas, processos e práticas. Como observado anteriormente, esses princípios são enquadrados como valores compartilhados e *não como um conjunto de regras*. Em vez disso, as regras ADR, padrões e qualificações que já existem podem ser

34 Para exemplos ilustrativos, é ver see Barsky, Fall 2016; Jani & Getz, 2012; DeMars *et al.*, 2010; Morek, 2006; and Rainey, 2014. See also United Nations Commission on International Trade Law, Working Group III (Online Dispute Resolution): Online Dispute Resolution for Cross-Border Electronic Commerce Transactions: Technical Notes on Online Dispute Resolution, Note by the Secretariat, 11 April 2016.

interpretados e revisados e novos escritos cuidadosa sobre os princípios para ODR. Conforme discutido anteriormente, não houve apenas chamadas para rever as normas ADR à luz da infusão tecnológica, mas também uma série de etapas legislativas e regulamentares que foram realizadas a esse respeito. Ao longo desses esforços, tem havido uma rearticulação consistente de e confiança em valores compartilhados do campo de ADR à medida que são feitas tentativas para abordar as formas como a tecnologia pode impactar, por exemplo, acessibilidade, confidencialidade, igualdade, justiça, imparcialidade, neutralidade, representação, autodeterminação, transparência, voluntariedade e prevenção de conflitos de interesse.[35] Essa continuidade com ADR reforça a relevância contínua de tais valores compartilhados dentro de um conjunto de princípios éticos para ODR.

Simultaneamente com a manutenção da continuidade com normas e valores compartilhados de ADR, a força disruptiva da tecnologia exige atenção a novos desafios e, portanto, os princípios éticos para ODR devem refletir essas condições. Por exemplo, a tecnologia aumentou significativamente a indefinição das fronteiras entre disciplinas e profissões envolvidas no uso e gerenciamento de processos de resolução de disputas[36]. Considerando que isso afeta o design e a entrega dos sistemas de disputa, nem todas as disciplinas e profissões estão respondendo fornecendo novos padrões ou expectativas para seus praticantes e partes interessadas para atender a essa realidade[37]. Com a tecnologia quebrando limites, abrem-se possibilidades para novas oportunidades importantes, não apenas para definir como as disputas são evitadas e gerenciadas, resolvidas e aproveitadas, mas também para reconfigurar como e

35 Comitê Consultivo, Centro Nacional de Tecnologia e Resolução de Disputas, 2009; Comissão dos Assuntos Jurídicos e dos Direitos do Homem e J. Xuclà, relator, 10 de novembro de 2015; O Parlamento Europeu e o Conselho da União Europeia, Regulation on Consumer ODR', 2013; Governo do Canadá, Departamento de Justiça, Guia de Referência de Resolução de Disputas, Resolução de Disputas Online; Internet Corporation for Assigned Names and Numbers (ICANN), Normas de prática de ODR do Ombudsman da ICANN, 2012; DeMars *et al.*, 2010; e Rule, 2002.

36 É ver, O. Rabinovoch-Einy & E. Katsh, 'Digital Justice: Reshaping Boundaries in an Online Dispute Resolution Environment', International Journal of Online Dispute Resolution, Vol. 1, No. 1, 2014, pp. 5-36.

37 Por exemplo, os profissionais de administração médica responsáveis pelo gerenciamento de registros eletrônicos de saúde raramente são treinados em ODR, embora os sistemas que eles selecionam e gerenciam tenham alguns recursos de prevenção, gerenciamento e resolução de disputas (e provavelmente poderiam ter mais se uma lente ODR fosse utilizada).

com quem estamos trabalhando para realizar essas atividades. Como a comunicação foi alterada pela tecnologia, ela criou fronteiras mais porosas entre as instituições nos negócios, o direito, o jornalismo, o entretenimento e outras partes de nosso mundo social. Portanto, a aplicação da tecnologia para tribunais, comércio e plataformas de mídia social na verdade envolve a aplicação de ODR, independentemente de aqueles que estão projetando e operando esses sistemas os considerarem como tal. Isso cria áreas para novas parcerias e aumenta as oportunidades de utilização de expertise em resolução de disputas. Também requer que o design dos sistemas de resolução de disputas seja mais sensível e reflita as condições de uma constelação em constante mudança das partes interessadas – a maioria das quais não pode estar ciente das tradições e padrões de resolução de disputas e, em vez disso, carrega as lentes e padrões e, potencialmente, conjuntos de princípios e práticas éticas fundamentado em outras disciplinas e profissões. Isso é desafiador e emocionante: Como vamos trabalhar efetivamente através de fronteiras anteriormente mais rígidas? Como podemos aprender com os princípios éticos ou regras modelo de outras disciplinas? Como os nossos podem impactar os outros? Por exemplo, considere servir como um mediador em um caso de comércio eletrônico, família ou no local de trabalho em jurisdições legais e fronteiras nacionais. Quais padrões devem ser aplicados? E se assistentes sociais ou outros profissionais estiverem envolvidos no caso e forem sujeitos a padrões diferentes? Ou o que aconteceria se os padrões éticos de suas profissões fossem silenciosos sobre a aplicação da tecnologia às suas práticas? Como poderia haver princípios éticos abrangentes para ODR que poderiam ser compartilhados com os sujeitos, clientes e colegas facilitam o envolvimento em conversas e nos preparativos para o processo? Como eles podem ajudar a alavancar a adoção de outras disciplinas dentro de seus próprios padrões ou para projetar melhores práticas em disciplinas, profissões e instituições, especialmente quando estão se tornando cada vez mais integradas e sobrepostas na arena de tratamento de disputas?

O impacto da tecnologia sobre a resolução de conflitos – tanto dentro quanto fora do campo – oferece maiores riscos e oportunidades, dependendo de como as pessoas e instituições estão posicionadas no cenário. Aqueles com maior acesso ao poder de tomada de decisão e recursos podem encontrar maneiras de usar a tecnologia para aprimorar seus objetivos pessoais e institucionais em relação ao conflito e sua resolução ou continuação. Portanto, é ainda mais crítico que quem está aproveitando a tecnologia como parte das atividades de prevenção e resolução de disputas considere as implicações éticas do design e implementação de seu sistema na prática. Esperançosamente, os princípios articulados aqui provarão ser úteis para mais contemplação, discussão e, mais importante, aplicação.

## 4. OS BENEFÍCIOS DOS PRINCÍPIOS ÉTICOS NÃO BASEADOS EM REGRAS

O valor dos princípios e padrões éticos tem sido debatido em todas as disciplinas e em uma ampla gama de organizações profissionais, iluminando papéis úteis que os princípios não baseados em regras podem desempenhar, especificamente porque fornecem a oportunidade de ser flexível e ainda robusto.[38] Esse conjunto de princípios éticos:

- fornece orientações que podem ser aplicadas às variações infinitas em circunstâncias que surgem na prática;
- pode lidar com mudanças rápidas do ambiente [...] moderno;
- impede o desenvolvimento de uma abordagem mecanicista de "caixa" para a tomada de decisão e o uso de brechas legalistas para evitar o cumprimento das orientações;
- foca o espírito da orientação e incentiva a responsabilidade e o exercício do julgamento profissional, que compartilham elementos chaves das profissões[39].

Os princípios podem definir uma estrutura de nível superior do que as regras podem definir, articulando as expectativas em uma linguagem mais ampla e permitindo a capacidade de resposta a contextos específicos. Os princípios podem definir uma estrutura de nível superior do que as regras podem definir, articulando as expectativas

38 Esta é uma frase útil empregada pela Federação Internacional de Contadores, que usa uma abordagem não baseada em regras para os princípios de seu código de ética. Internacional <www.icaew.com/en/technical/ethics/ethics-in-business/general-ethics/principles-versus-rules-debate> (acesso em 30 de setembro 2016).

39 International Federation of Accountants Code of Ethics, para. 2, (acesso em 30 de setembro de 2016).

em uma linguagem mais ampla e permitindo a capacidade de resposta a contextos específicos. Regras e padrões podem desempenhar papéis inestimáveis na aplicação e responsabilidade para ajudar no fornecimento de sistemas e serviços éticos e de alta qualidade. No entanto, eles podem funcionar bem em conjunto com princípios éticos de nível superior, uma vez que "*mesmo quando uma circunstância específica é abordada por uma regra, a conformidade geralmente está com a letra da regra, não com seu espírito. O que é necessário é uma abordagem baseada em princípios para a tomada de decisões, o que incentiva o julgamento deliberativo e a responsabilidade.*"[40]. Princípios compartilhados não negam a necessidade de regras e padrões pelos quais processos, plataformas, profissionais e suas práticas possam ser responsabilizados. Na verdade, estes últimos são mais fortes quando também são associados ao anterior – princípios que podem definir as expectativas compartilhadas sobre as quais as regras ou padrões podem ser construídos. É no espírito de contribuir para os contornos desses desenvolvimentos que o Centro Nacional de Tecnologia e Resolução de Disputas, seus seguidores e muitos outros no campo têm, por mais de uma década e meia, discutindo ODR e ética por meio de bolsa de estudos e em uma variedade de locais, como os fóruns internacionais de ODR anuais, os fóruns e webinars públicos *on-line* da *Cyberweek* anuais e outras conferências internacionais. No mais recente *ODR FORUM*, em setembro de 2016, foi acordado: "*O momento é propício para a articulação de, e o compromisso com um conjunto de princípios éticos projetados especificamente para desenvolver e conduzir ODR. A adoção de princípios aumentaria ainda mais a confiança no ODR e no ambiente de comércio eletrônico e garantiria a entrega de processos de ODR de alta qualidade.*"[41-42].



---

40 Institute of Chartered Accountants of England and Wales, 'Professional and Business Ethics: An Effective Approach', ICAEW, 2008, <www.icaew.com/-/media/corporate/files/technical/ethics/ icaew-ethics-effectuve-approach.ashx?la=en> (acesso em 30 de setembro de 2016).

41 National Center for Technology and Dispute Resolution and the Shenzhen Institute, University of International Business and Economics, Beijing Consensus, ODR Forum 2016 Beijing, Beijing, China, September 20, 2016, <http://odr.info/odr-forum-2016-beijing-consensus-reached-on- value-of-odr/> (acesso em 23 de setembro de 2016), pg. 3.

42 National Center for Technology and Dispute Resolution and the Shenzhen Institute, University of International Business and Economics, Beijing Consensus, ODR Forum 2016 Beijing, Beijing, China, September 20, 2016, <http://odr.info/odr-forum-2016-beijing-consensus-reached-on- value-of-odr/> (accessed 23 September 2016), p. 3.

## 5. PRINCÍPIOS ÉTICOS PARA RESOLUÇÃO DE DISPUTAS *ON-LINE*[43]

### 5.1. Preâmbulo

Os Princípios Éticos para Resolução de Disputas *On-line* (ODR) são projetados para melhorar a qualidade, eficácia e escopo dos processos de resolução de disputas com componentes tecnológicos. Juntos, eles podem fornecer uma base para melhores práticas, padrões, regras, qualificações e esforços de certificação para resolução de disputas e campos relacionados que abordam processos e práticas de resolução de disputas. Este documento se baseia em trabalhos anteriores do Centro Nacional de Tecnologia e Resolução de Disputas sobre princípios e padrões de prática, bem como no crescente corpo de literatura e nos padrões de numerosos órgãos profissionais, governamentais e comerciais relativos a ODR e resolução de disputas em geral. Não há prioridade a ser implícita pela sequência dos princípios listados em ordem alfabética. Eles devem ser tomados como uma estrutura interligada e interdependente.

Com o rápido crescimento da adoção do ODR em vários setores, é oportuno produzir um documento de princípios éticos essenciais para o projeto, estrutura, práticas e implementação de sistemas de resolução de disputas *on-line*. Portanto, embora o debate provavelmente continue ao longo do tempo sobre a definição e o escopo do ODR e quais práticas e padrões devem ser formalizados, se houver, espera-se que a criação destes Princípios Éticos para Resolução de Disputas *On-line* possa fornecer uma referência para essas discussões e para o desenvolvimento e uso de sistemas e a integração do ODR em instituições existentes.

Com o conhecimento de que existe uma diversidade de perspectivas e práticas, e que haverá uma inovação constante de novas tecnologias impactando as formas como usamos, fomentamos e transformamos o conflito, vale a pena formular e continuar a revisitar princípios éticos para informar, orientar e inspirar melhores práticas. A articulação de um conjunto de princípios compartilhados entre jurisdições simultaneamente requer o reconhecimento de que sua manifestação também será necessariamente fundamentada em requisitos jurídicos jurisdicionais e em formas setoriais e culturalmente específicas.

---

43 É ver, Wing, 2016, pg. 1-22.

Pretende-se que os Princípios Éticos para Resolução de Disputas *On-line* encontrem um público amplo, concedendo mais confiança na integração do ODR em sistemas e instituições à medida que as partes interessadas nos sistemas de ODR se tornam mais expansivas e inclusivas.

Eles são projetados para orientar e promover sistemas e práticas de ODR éticas nas esferas pública e privada. É provável que princípios mais específicos ou adicionais possam ser articulados no futuro a partir de setores e jurisdições particulares. Estes, em vez disso, são oferecidos como valores centrais compartilhados e como um documento que pode responder a novas condições, tecnologias, partes interessadas e conhecimento – para se manter sustentável para adquiri-lo.

## 5.2. Acessibilidade

A concepção e implementação de processos eficientes e eficazes proporcionam a sua utilização, não apenas ao mais amplo leque e número de pessoas, mas também levando em consideração a realidade das diferenças culturais dentro e entre as jurisdições, bem como o acesso diferenciado a recursos e experiências de marginalização que podem dificultar o acesso aos processos de resolução de disputas e justiça, sejam formais ou informais. Os sistemas e processos de ODR facilitam e não limitam efetivamente o direito de representação das partes em processos de resolução de disputas.

## 5.3. Prestação de contas

O desenvolvimento e implementação de sistemas, processos e práticas de ODR são responsáveis perante as instituições, quadros jurídicos e comunidades que servem.

## 5.4. Competência

Os sistemas, processos e profissionais de ODR serão competentes ou fornecerão acesso à competência tecnológica ou humana relevante necessária para a implementação eficaz do processo de resolução de disputas que eles se comprometem a auxiliar. Isso inclui, mas não está limitado à resolução de disputas, conhecimento jurídico e técnico relevante, línguas e cultura.

### 5.5. Confidencialidade

O desenvolvimento e implementação de sistemas, processos e praticantes de ODR mantêm a confidencialidade em conformidade com todas as obrigações legais e de forma consistente, em particular, com os princípios da Obrigação Legal, Participação Informada, Segurança e Transparência.

### 5.6. Fortalecimento

Os sistemas e processos de ODR são concebidos e implementados de forma a permitir o crescimento e uma mudança positiva para os indivíduos, relacionamentos, sistemas e sociedade, aumentando, assim, o acesso à justiça e a melhoria das escolhas e oportunidades eficazes de tomada de decisão.

### 5.7. Igualdade

Os processos de ODR são concebidos e implementados de forma a tratar todos os participantes com respeito e humildade, de forma que a concepção e os processos do sistema permitem que vozes silenciadas ou marginalizadas sejam ouvidas e procuram ativamente garantir que os privilégios e desvantagens não sejam reproduzidos na experiência de participação, que nenhum participante é colocado em um risco maior do que outros e que, portanto, os processos de ODR são projetados para responder efetivamente à realidade de que alguns contextos podem colocar algum risco mais do que outros.

### 5.8. Justiça

Os processos de ODR são projetados e implementados para facilitar e manter o devido processo, sem preconceitos ou benefícios a favor ou contra indivíduos ou grupos, incluindo aqueles baseados em algoritmos. Eles respondem e refletem as comunidades e as partes interessadas que atendem.

### 5.9. Honestidade

Os processos de ODR são projetados e implementados com a intenção de que os dados sejam coletados, gerenciados e apresentados de forma a garantir que não sejam deturpados ou apresentados fora do contexto.

### 5.10. Imparcialidade

Os processos de ODR são planejados e implementados e os profissionais atuam com o compromisso de reduzir o preconceito na entrega. Isso inclui a contabilidade para as condições tecnológicas e outras que podem estruturar padrões de privilégio no processo e no resultado para utilizadores recorrentes, com atenção especial aos princípios de Acessibilidade, Justiça e Transparência.

### 5.11. Participação Informada

No desenvolvimento e implementação de sistemas e processos de ODR o esforço ativo é feito para garantir (1) divulgação explícita aos participantes de todas as informações sobre os riscos e benefícios do processo, (2) a competência dos participantes para avaliar as informações sobre a participação no processo, (3) compreensão pelos participantes da informação, (4) sempre que possível, a aceitação voluntária pelos participantes dos riscos de participação; e sempre que o consentimento voluntário não seja possível devido à natureza obrigatória da participação, torna-se transparente.

### 5.12. Inovação

A resolução de disputas *on-line* continua a inovar para melhorar a entrega de serviços e benefícios de resolução de disputas de forma mais justa, eficaz e eficiente de maneiras que aumentam a paz, a confiança e o acesso à justiça.

### 5.13. Integração

Os processos de ODR são integrados com eficácia tanto internamente em um sistema, quanto externamente com outros sistemas, redes e entidades. A tecnologia atende ao processo de resolução de disputas da maneira mais perfeita possível. A aplicação da tecnologia e da resolução de disputas é projetada e implementada no contexto de suas ligações com outros sistemas e redes existentes e do conhecimento de que novos surgirão. Isso é implementado com especial atenção à integração com entidades públicas para aumentar a inclusão e o acesso à justiça.

### 5.14. Obrigação Legal

A concepção e implementação de sistemas e processos de ODR respeitam as leis das jurisdições relevantes e garantem que estas sejam conhecidas e seguidas no contexto dos princípios de Acessibilidade, Participação Informada e Transparência.

### 5.15. Neutralidade

Os sistemas e profissionais de ODR funcionam com independência das partes em disputa e quaisquer conflitos de interesse são tornados transparentes.

### 5.16. Proteção contra Dano

O projeto e a implementação de ODR procura evitar e minimizar os riscos para aqueles envolvidos em processos de resolução de conflitos, com atenção especial para os mais marginalizados e com menos acesso à justiça.

### 5.17. Segurança

Todos os esforços razoáveis são feitos para garantir que os dados e a comunicação entre as partes e outras entidades vinculadas aos processos de ODR sejam protegidos em toda a extensão da lei, tornando transparentes quaisquer limitações conhecidas.

### 5.18. Transparência

Todos os esforços razoáveis são feitos para tornar transparentes os verdadeiros propósitos, riscos e obrigações legais, incluindo, mas não se limitando a forma e a jurisdição legal dos processos de resolução de disputas, as identidades, afiliações, obrigações e conflitos de interesse das partes, entidades e sistemas e as políticas e sistemas de segurança, confidencialidade e privacidade de dados envolvidos.

## 6. CONCLUSÃO

O estudo de princípios éticos para resolução de disputas on-line compreendidos como um guia, um dispositivo GPS, pode nos ajudar a visualizar e nos localizar, proporcionando uma direção para essa jornada. Utilizando a metáfora, há muitos modos de atravessar o trajeto ainda a serem explorados. A articulação de valores compartilhados, nesse sentido, pode ser de grande ajuda para navegar pelos dilemas esperados e inesperados que estão por vir. Como observado anteriormente, há uma série de desafios que ADR e ODR enfrentaram por mais de uma geração, incluindo acesso desigual a recursos, desequilíbrios de poder, privilégio de usuários repetidos e outras questões de acesso à justiça. O emprego de princípios éticos pode ajudar a encontrar estratégias para lidar com algumas dessas preocupações, especialmente com a ajuda da tecnologia. O princípio da imparcialidade, por exemplo, poderia apontar designers de plataforma para considerações de como os algoritmos poderiam ser utilizados para evitar burla ao sistema para usuários repetidos. Os princípios éticos podem servir como um recurso para o desenvolvimento de melhores práticas para os profissionais em relação às populações vulneráveis que podem estar em maior risco *on-line*. Por exemplo, o princípio Proteção contra danos pode estimular diretrizes sobre a seleção de aplicativos para usar com disputantes que apresentam riscos de perseguição e violência doméstica ou que estão negociando no contexto de outras condições à sombra da violência.[44] Os princípios éticos de Competência, Integração e Obrigação Legal poderiam evidenciar a necessidade de contextualização. Como resultado, os projetistas e provedores de sistemas ODR podem desenvolver um conjunto de protocolos relevantes para seu setor específico, base de clientes e forma de resolução de disputas que podem ser usados para considerar questões importantes de contextualização antes de empregar um recurso tecnológico ou comissionar seu desenvolvimento; isso pode incluir uma ferramenta multilíngue ou um treinamento específico para partes que não estão familiarizadas com certas tecnologias.

Um benefício de enquadrar um conjunto de princípios éticos como interligados e interdependentes é que eles se apoiam mutuamente. Por

44 Ver percepções e exemplos que inspiraram essa discussão em Barsky, outono de 2016, p. 34.

exemplo, considere os princípios de Acessibilidade, Igualdade e Participação Informada: cada um aborda diferentes aspectos da promoção de maior acesso a um processo justo e, juntos, reforçam outros princípios, como Empoderamento e Transparência. Outro exemplo também demonstra como a interdependência dos princípios pode proporcionar uma prática mais ética. Considere um praticante de ODR que reflete sobre seu processo através das lentes de cada um desses princípios. O princípio da Participação Informada pode levá-lo a reexaminar cada etapa do processo em que os disputantes estão se comunicando ou enviando dados (videoconferência, recursos de bate-papo, e-mail, uploads de documentos para uma nuvem, utilização de um aplicativo com recursos de localização, etc.)?[45] O princípio de acessibilidade pode levar a um exame para saber se todas as partes saberão como usar cada recurso tecnológico que possam ter acesso durante o processo. O princípio de qualidade a incentiva a considerar se os riscos são maiores para alguns disputantes com base em suas origens, experiências, recursos e relacionamento com aqueles com quem estão disputando (com base na violência doméstica, finanças ou status de jogador repetido). A tentativa de abordar as questões importantes relativas à Participação Informada, Acessibilidade e Igualdade também pode levar a responder às preocupações que seriam levantadas pela Confidencialidade. No entanto, o inverso não é necessariamente o caso. Por exemplo, se o interventor do ODR tivesse usado apenas o princípio da Confidencialidade ao refletir sobre sua prática, ele pode ter delineado no início do caso os perímetros gerais de confidencialidade e exigido que um contestante concordasse com um clique naquele momento; no entanto, isso pode não ser suficiente para atender às questões éticas que realmente existem em um caso, conforme levantado pelas questões descritas acima. O contencioso pode apenas ter antecipado o uso de e-mail e troca de documentos ao concordar com o processo, mas, posteriormente, quando a videoconferência é proposta, ele pode ter preocupações de que a outra parte possa gravar o encontro para uso em outro lugar. O princípio da Participação Informada poderia ajudar o interventor do conflito a considerar esta possibilidade mais claramente com antecedência e fornecer as informações necessárias sobre as ferramentas tecnológicas a serem utilizadas como parte do consentimento

45 *Op.*

informado para a participação no processo de resolução de disputas. Esses exemplos ilustram alguns dos benefícios de ver os princípios como interdependentes, ao mesmo tempo em que envolve cada um deles para promover as melhores práticas éticas para ODR. O princípio da Participação Informada poderia ajudar o interventor do conflito a considerar esta possibilidade mais claramente com antecedência e fornecer as informações necessárias sobre as ferramentas tecnológicas a serem utilizadas como parte do consentimento informado para a participação no processo de resolução de disputas. Esses exemplos ilustram alguns dos benefícios de ver os princípios como interdependentes, ao mesmo tempo em que envolve cada um deles para promover as melhores práticas éticas para ODR.[46]

Os esforços para construir princípios éticos aplicáveis especificamente a ODR são um trabalho contínuo em andamento, necessário para sustentar um ecossistema saudável de processos de resolução de disputas em um espectro de campos e profissões. Mais bolsa de estudos, prática reflexiva e envolvimento contínuo com um número cada vez maior de partes interessadas, bem como o explícito usar deles necessário para aumentar sua relevância e aplicabilidade. Como Princípios Éticos para Resolução de Disputas *On-line* são utilizados, conforme o campo continua a crescer e as mudanças tecnológicas, nosso envolvimento contínuo é vital para aprimorá-los e fortalecê-los para garantir que forneçam um GPS eficaz para avançar em nossa jornada.



46 Isso também pode resultar em um campo orientado para o profissional / projetista de sistemas. Para uma discussão sobre o valor da prática reflexiva para o campo da mediação, É ver K. Kressel, 'Practice-Relevant Research in Mediation: Toward a Reflective Research Paradigm', *Negotiation Journal*, abril de 1997, pp. 143-160.

# 5

# Medindo o sucesso das Cortes *On-line*: um desafio empírico[1-2]

***Natalie Byrom***[3]

*Tradutor: Frederico Augusto Gomes*[4]





1 O artigo original foi publicado em inglês, com o título "Measuring Success in Online Courts: An Empirical Challenge", em 2018. A autora é grata à Professora Dame Hazel Genn pelos comentários extremamente prestativos sobre a versão inicial deste artigo.

2 Nota do tradutor: As citações e referências bibliográficas deste artigo observam, assim como o texto original, as Normas de Vancouver, que não é habitualmente utilizada em textos jurídicos brasileiros. Entretanto, diante do descompasso entre as informações que constam das referências no sistema de Vancouver com as regras da ABNT, optou-se por manter as citações e referências tal qual no texto original. Portanto, recomenda-se ao leitor que queira buscar para estudo os textos referidos a consulta das Normas de Vancouver.

3 Diretora de Pesquisa d The Legal eduacation Foundation. Incorpora a BBC Expert Women Network, Conselho de Justiça Administrativa e do Grupo de Envolvimento de Litigantes em Pessoas do Conselho de Justiça Civi Britânico. Consultora especialista para os Tribunais e Serviços de Tribunal de Sua Majestade.

4 Mestre em direito processual civil pela Universidade Federal do Paraná (UFPR), membro do Instituto Brasileiro de Processo Civil (IBDP) e do Núcleo de Processo Civil Comparado do Programa de Pós-Graduação em Direito da Universidade Federal do Paraná (PPGD-UFPR).

cumprir o direito substantivo. 1.5.2.2 Avaliar os tribunais *on-line* segundo sua capacidade de dar suporte à aplicação do direito material é necessário para evitar abusos dos litigantes. 1.5.2.3 Coletar e publicar dados sobre os resultados entregues pelos tribunais *on-line* em termos de justiça substantiva é necessário para guiar a deliberação democrática.

## 1.1 INTRODUÇÃO

Os sistemas de justiça em todo o mundo estão aproveitando o potencial da Resolução *On-line* de Disputas (em inglês, a sigla "ODR" – *Online Dispute Resolution*) para fornecer soluções eficientes e com um bom custo-benefício. No Reino Unido, Estados Unidos, Colúmbia Britânica (província do Canadá), Austrália e em alguns países da Europa, plataformas de ODR estão sendo implantadas em diversas jurisdições, com consideráveis diferenças na complexidade do direito material subjacente a cada iniciativa. Os projetos de ODR de iniciativa pública incluem conflitos envolvendo multas de trânsito, benefícios previdenciários, direito imobiliário, direito das obrigações, direito do trabalho, demandas cíveis de pequeno valor em geral, e até mesmo direito de família. Na Inglaterra, no País de Gales e nos Estados Unidos, em particular, membros do Poder Judiciário já estão adotando as cortes *on-line* – uma forma específica de ODR aplicada ao Poder Público –, como uma alternativa ao modelo de tribunais tradicionais.

Em resposta a esses avanços, em maio de 2018, a Faculdade de Direito da *University College London*, a *Nuffield Foundation* e a *The Legal Education Foundation* convocaram um simpósio intitulado "*The Future of Justice: Harnessing the Power of Empirical Research*". O objetivo era explorar os impactos da expansão das plataformas ODR nos sistemas de justiça para os litigantes, profissionais do direito, formuladores de políticas públicas e o público em geral.[5] A discussão na conferência se concentrou em duas questões principais: em primeiro lugar, como se entende o impacto das plataformas ODR no sistema público de justiça no tocante ao acesso à justiça; e também à outros princípios fundamentais,

5 Um relatório dos procedimentos do simpósio está disponível em: https://research.thelegaleducationfoundation.org/research-learning/funded-research/conference-report-the-future-of-justice-harnessing-the-power-of-empirical-research.

como o acesso à informação pública (o termo em inglês, aplicado ao Poder Judiciário, seria *open justice*)[6]. Em segundo lugar, quais dados deveriam ser coletados para facilitar essa avaliação. No simpósio, chegou-se à conclusão de que, à medida em que o número de projetos de tribunais *on-line* se expande, há uma necessidade urgente de se estabelecer métricas comuns para compreender até que ponto eles são bem-sucedidos, a fim de identificar modelos de boas práticas e garantir que novos sistemas cumpram sua promessa de melhorar o acesso à justiça.

## 1.2 TRIBUNAIS *ON-LINE* E ACESSO À JUSTIÇA: ENTENDENDO A REFORMA NA INGLATERRA E NO PAÍS DE GALES

Embora a expansão do uso da plataforma de ODR nos sistemas públicos de justiça possa ser considerada um fenômeno mundial, o projeto de reforma dos tribunais em andamento na Inglaterra e no País de Gales pode ser citado como um dos exemplos mais ambiciosos e abrangentes.[7] O programa, que tem um custo anunciado de um bilhão de libras conforme declaração[8] publicada em 2016 pelo Lord Chancellor, pelo Lord Chief Justice e pelo Senior President of Tribunals, visa o desenvolvimento de um sistema de justiça modernizado em que os casos serão cada vez mais resolvidos virtualmente, em demandas como divórcio e cobranças cíveis. Nesse sistema, audiências físicas e remotas serão reservadas: "apenas para os casos que não possam ser resolvidos de outra forma"[9] e a ambição é criar: "um sistema de tribunais que seja justo, proporcional e acessível a todos"[10].

6 Nota do tradutor: A justiça aberta ("open justice") é um princípio do *commom law* segundo o qual os processos judiciais devem ser acessíveis e transparentes.

7 O notável comentarista jurídico Joshua Rozenberg QC produziu uma revisão excelente e abrangente do progresso até o momento, disponível para acesso gratuito em: https://long-reads.thelegaleducationfoundation.org/.

8 Lord Chancellor, Lord Chief Justice and Senior President of Tribunals, (2016) *Transforming our Justice System: Joint Vision Statement*, September 2016, https://www.gov.uk/government/uploads/system/uploads/attachment_data/file/553261/joint-visionstatement.pdf.

9 Vos, G. (2018) The Foundation for Science and Technology: Debate on how the adoption of new technology can be accelerated to improve the efficiency of the justice system 20 June 2018, pp2 available online at: https://www.judiciary.uk/wp-content/uploads/2018/06/speech-chc-the-foundation-forscience-and-technology.pdf.

10 Lord Chancellor, Lord Chief Justice and Senior President of Tribunals, (2016) *Transforming our Justice System: Joint Vision Statement*, September 2016, pp4. https://www.gov.uk/government/uploads/system/uploads/attachment_data/file/553261/joint-visionstatement.pdf.

Enquanto o programa está sendo confiado ao Serviço dos Tribunais de Sua Majestade (*HMCTS - Her Majesty's Courts and Tribunals Service*),[11] com o orçamento e projeto aprovados pelo Executivo, o acordo alcançado por meio da promulgação do Ato de Reforma Constitucional de 2005 resultou no papel crucial do Judiciário. Lord Thomas, o então *Lord Chief Justice*, afirmou em 2005 que: "a revisão da máquina de justiça a ser entregue nesse momento nunca teria ocorrido sem o Judiciário assumir o seu novo papel de liderança."[12] Em consonância com seu papel proeminente de impulsionar e supervisionar o programa de reforma, o chefe do Judiciário propôs seis critérios segundo os quais os projetos deveriam ser testados e, se bem-sucedidos, implementados. Esses critérios são os seguintes[13]:

1. Garantir que a justiça seja acessível a todos aqueles que dela necessitam, ou seja, para melhorar o acesso à justiça;
2. Projetar sistemas em torno das pessoas que os usam;
3. Criar um sistema que seja financeiramente viável usando uma infraestrutura com melhor custo-benefício, ou seja, melhor Tecnologia da Informação, novas práticas de trabalho e condições dignas;
4. Eliminar as causas mais comuns de atraso;
5. Manter nossa posição nacional e internacional como provedor mundial de serviços jurídicos e na prestação de tutela jurisdicional; e
6. Manter a independência constitucional do judiciário.

Dada a sua condição de *standards* pelos quais o sucesso ou não dos projetos de reforma será medido, esses critérios devem ser analisados sob um viés empírico. No entanto, até o momento, poucas informações foram fornecidas sobre as maneiras como esses princípios serão precisamente operacionalizados, bem como os limites em que

11 Uma agência executiva do Ministério da Justiça responsável perante o Ministério da Justiça e o Judiciário.

12 Thomas, J. (2015) "Check Against Delivery" Speech delivered at: "Judicial Leadership: Conference on the Paradox of Judicial Independence" UCL Constitution Unit, 22 de junho 2015 pp.13 disponível em: https://www.judiciary.uk/wp-content/uploads/2015/06/ucl-judicial-independence-speech-june-2015.pdf.

13 Ver: Ryder, E. (2018) "What's happening in justice? A View from England and Wales" 14 May 2018 pp2, https://www.judiciary.uk/wp-content/uploads/2018/05/speech-ryder-spt-ucl-may-2018.pdf.

um determinado projeto será considerado bem-sucedido. O abandono da legislação para apoiar essas mudanças, o *Prison and Courts Bill* em abril de 2017[14] e a decisão de dividir as disposições contidas neste Projeto (trinta e oito cláusulas e treze tabelas) entre diferentes atos legislativos, em uma mudança que os comentaristas argumentam constituir um "gotejamento legislativo" (Rozenberg, 2018:12) limitou as oportunidades de escrutínio público e deliberação democrática do programa de reforma. Nesse contexto, é vital que as métricas e limites utilizados para avaliar os diferentes elementos do programa de reforma sejam transparentes, teoricamente sólidos e empiricamente refutáveis. Conforme Davis *et al.* escrevendo sobre o valor dos indicadores legais e do sistema de justiça observaram: "a transparência das decisões baseadas em indicadores será ilusória, a menos que o processo de determinação de pontuações nos indicadores também seja transparente" (Davis, 2014:48). Além disso, em resposta a uma recomendação feita pelo Comitê de Contas Públicas que foi aceita pelo Governo, o HMCTS concordou em: "...escrever ao Comitê até janeiro de 2019, estabelecendo como irá identificar e avaliar o impacto das mudanças sobre o acesso das pessoas e a Justiça do sistema de justiça, especialmente em relação àqueles que são vulneráveis."[15] Como tal, pretende-se que as recomendações deste artigo ajudem a:

i) desenvolver as estruturas e abordagens usadas para medir se a introdução de tribunais online aumentou ou manteve o acesso à justiça; e

ii) auxiliar na concepção de avaliações do impacto das mudanças na Justiça do sistema de judiciário, especialmente em relação aos que são vulneráveis.

## 1.3 O QUE QUEREMOS DIZER COM "TRIBUNAIS ON-LINE"?

Ao longo deste artigo, o termo: "tribunal on-line" é usado para se referir a projetos de plataforma de Online Dispute Resolution de "integração total". O Comitê Conjunto de Tecnologia define projetos de

14 Como consequência da convocação de uma eleição geral.

15 HM Treasury (2018) "Treasury Minutes: Government response to the Committee of Public Accounts on the Forty Third to the Fifty Eighth reports from Session 2017-19". Outubro de 2018, CM9702 pp49.

integração total como aqueles projetos em que: "A plataforma ODR é integrada perfeitamente aos processos judiciais e inclui fases para notificação de disponibilidade de plataforma ODR, autodiagnostico de problemas, negociação, possibilidade de revisão pela corte, julgamento e registro de transações" (JTC Bulletin, 2017:10). O projeto "Civil Money Claims", atualmente em andamento na Inglaterra e no País de Gales, é um exemplo de tribunal *on-line*. Internacionalmente, os sistemas públicos de justiça estão experimentando o que Sela (2018) chamou de "Instrumental Online Dispute Resolution" (2018:100). Sela define os sistemas de Online Dispute Resolution Instrumentais como: "um espaço virtual de convocação do processo de resolução de disputas: uma plataforma de comunicação especializada que possibilita a condução do processo *on-line*. Normalmente, os sistemas de plataformas ODR instrumentais fornecem orientação genérica do processo e ajudam as partes a coletar e fornecer informações de maneira construtiva para o processo de resolução de disputas: o planejamento, a interação e a tomada de decisões permanecem no controle das partes humanas que os utilizam. As plataformas ODR instrumentais requerem, portanto, um humano para operá-las e para se comunicar com as partes. Ferramentas de software mais avançadas podem ser usadas no processo, mas elas não têm papel decisivo ou autonomia." (Sela, 2018:100). O "Civil Resolution Tribunal" na Colúmbia Britânica é um exemplo de plataforma ODR Instrumental. As plataformas de ODR instrumentais são diferenciadas por Sela das plataformas de ODR principais, nas quais a inteligência artificial tem um papel proativo na resolução da disputa e: "podem dispensar os disputantes de muitas das necessidades de fornecimento da limitada e custosa mão de obra de especialistas" (Sela, 2018:100). Ainda não se sabe até que ponto o desenvolvimento de plataformas de ODR instrumentais prenuncia a introdução de plataformas de ODR principais, embora nada do gênero esteja atualmente contemplado no programa de reforma em andamento na Inglaterra e no País de Gales.

## 1.4 ACESSO À JUSTIÇA E OS TRIBUNAIS *ON-LINE* – QUE CRITÉRIOS SÃO UTILIZADOS ATUALMENTE?

Uma revisão da literatura sobre tribunais *on-line* revela que as métricas mais comumente utilizas para avaliar seu sucesso em termos de melhoria do acesso à justiça são: (i.) redução de custos (para a Administração Pública e para os litigantes), considerando que o custo do sistema de justiça impede o acesso (ii.) redução na necessidade de audiências, tendo em vista que as audiências são uma das principais causas tanto de custo quanto de atraso (iii.) aumento do percentual de acordos, considerando a solução consensual como sinônimo de justiça (iv.) redução do tempo para a resolução da disputa, (v.) aumento do volume de casos e envolvimento dos litigantes e (vi.) melhores percepções de justiça processual e satisfação do usuário. A discussão a seguir analisa a maneira como essas medidas têm sido usadas para demonstrar o sucesso dos tribunais *on-line* em termos de aumento do acesso à justiça.

### 1.4.1 Redução dos custos

Uma das métricas mais recorrentemente citadas para avaliar o sucesso dos tribunais *on-line* é sua capacidade de reduzir o custo da administração da justiça e os custos incorridos pelos litigantes. Uma revisão do impacto da tecnologia ODR na resolução de disputas no Reino Unido publicada pela Thomson Reuters em 2016 argumentou que a introdução de tribunais *on-line* foi fundamental para impulsionar a redução de gastos com serviços judiciais (Thomson Reuters, 2016:9). Nas últimas décadas na Inglaterra e País de Gales, surgiram preocupações sobre o custo da justiça civil (para litigantes individuais e para o Estado), levando alguns comentaristas acadêmicos a afirmarem que o sistema de justiça civil está em crise (Zuckerman, 1999). O desejo de reduzir o custo do sistema de justiça foi um fator que impulsionou a decisão do governo de investir no programa de reforma atualmente em andamento na Inglaterra e no País de Gales (NAO, 2018:5) e parte do ímpeto por trás do primeiro tribunal *on-line* estabelecido pelos arquitetos do programa de reforma – o projeto "Civil Money Claims". Um relatório publicado pelo Escritório Nacional de Auditoria em 2018 descreveu o processo através do qual se espera que a economia de custos seja realizada ao longo de um período de seis anos (ver Figura 1 abaixo, extraído do NAO, 2018:18).

A sequência dos benefícios esperados conforme as reformas do sistema de justiça são introduzidas. A economia será incrementada conforme os elementos da reforma são implementados.

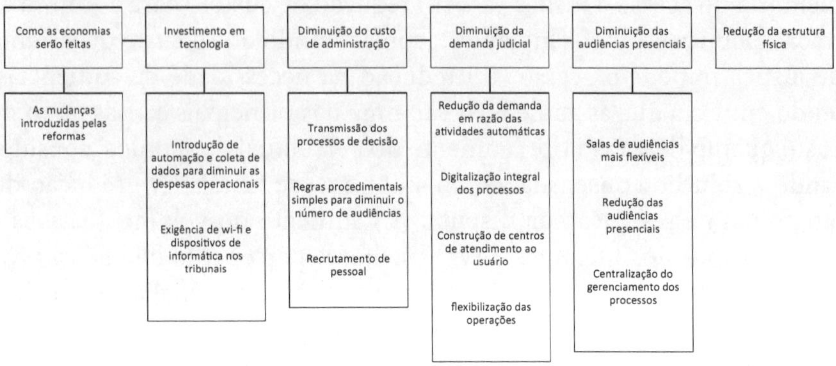


Como pode ser visto na Figura 1 acima, a redução de audiências físicas (por meio da introdução de tribunais *on-line*, como o Civil Money Claims Project), e a substituição de audiências formais para um estágio de facilitação *on-line* (no contexto de Civil Money Claims Projeto, a plataforma sem negociação e acordos pré-concebidos[16]), é um mecanismo fundamental por meio do qual essas economias devem ser realizadas. Como tal, uma medida para o sucesso que será usada na avaliação dos tribunais *on-line* será até que ponto o novo Projeto de Civil Money Claims proporciona economia para os responsáveis pela administração da justiça. As taxas para litigantes para iniciar processos *on-line* são ligeiramente mais baratas do que as cobradas para iniciar demandas pelo correio, mas mantidas no patamar que as taxas atualmente cobradas para iniciar processos *on-line* através do sistema Money Claims Online – como tal, não é certo que qualquer redução de custos será repassada aos litigantes. No contexto do Civil Resolution Tribunal, British Columbia ("CRT"), a Civil Resolution Tribunal Act de 2012 afirma que a missão institucional do CRT é fornecer: "serviços de resolução de disputas acessíveis, rápidos, econômicos, informais e flexíveis para pequenas ações e disputas sobre propriedades em condomínio". Em contraste com a experiência da Inglaterra e do País de Gales, o foco não estava na redução dos custos da administração da justiça, mas na redução dos custos para os litigantes. Uma das maneiras pelas quais se considerou que o CRT poderia reduzir custos para os litigantes foi eliminando a necessidade

16 https://insidehmcts.blog.gov.uk/2017/10/19/transforming-civil-justice-latest-developments-from-civilmoney-claims-testing/ Veja também a atualização de reforma de Susan Acland-Hood.

de representação por advogado, de modo que o CRT foi concebido com esse objetivo em mente. Escrevendo sobre as questões de acesso à justiça no contexto canadense e a forma como a CRT as aborda, o presidente do CRT Shannon Salter afirma que: "Em 2015, o custo médio dos honorários advocatícios para representação em um julgamento civil comum com duração de dois dias no Canadá foi de $ 31.330. Enquanto isso, a família canadense média ganhou uma renda média após os impostos de $ 53.500 em 2013. Não surpreendentemente, 90% das partes no Juizado de Pequenas Causas da Colúmbia Britânica são auto-representadas" (Salter, 2017:118-119). A lei que estabeleceu o Civil Resolution Tribunal, o Civil Resolution Tribunal Act de 2012 contém uma disposição (seção 20) que estabelece que: "salvo disposição em contrário nesta Lei, as partes devem se representar em um processo judicial". Essa disposição aborda as preocupações com relação à igualdade de armas e facilita o objetivo de reduzir o custo de envolvimento com o sistema de justiça para os litigantes, melhorando, portanto, o acesso à justiça.

### 1.4.2 Redução da necessidade de ausências

Outra medida usada para avaliar o sucesso dos tribunais *on-line* é a extensão em que reduzem a necessidade de audiências, ao encorajar os indivíduos a resolverem seus problemas previamente. Como as audiências implicam geração de custos e demora para o sistema de justiça, sua redução é vista como um meio para a melhoria do acesso à justiça. Os resultados de uma revisão do impacto da plataforma Online Dispute Resolution no Reino Unido indicam que vias judiciais assistidas por tecnologia bem projetadas permitiriam: "...resolução mais rápida de disputas de menor importância" (Thomson Reuters, 2016: 21). As propostas para um "Tribunal de Soluções On-line" contidas em um relatório de autoria de Lord Justice Briggs como parte de sua Revisão da Estrutura dos Tribunais Civis (2016) foram inspiradas nas recomendações de um relatório anterior preparado pelo Professor Richard Susskind para o Conselho de Justiça Civil (Susskind, 2015). O relatório de Susskind defendeu um sistema de ponta a ponta que consiste em três fases, (i.) avaliação *on-line*, em que um sistema especializado ajuda os usuários a diagnosticar problemas e entender suas opções, (ii.) facilitação *on-line*, que apoia os indivíduos a mediar e resolver suas reivindicações e (iii.) julgamento *on-line*, em que uma plataforma *on-line* permite a resolução assíncrona e decisões vinculativas em relação aos casos (Susskind, 2015:19-20). Na visão de Susskind, um princípio que orienta o desenvolvimento do Tribunal *On-line* de Sua Majestade deveria ser o de que os juízes são envolvidos apenas como: "um último recurso" (Susskind, 2016:8). No relatório provisório que propôs o "Tribunal de Soluções *On-line*", Lord Justice Briggs argumentou que uma vantagem substancial do novo processo seria que: "abre oportunidades para conciliação de reivindicações, seja... por mediação ou avaliação neutra antecipada bem antes do julgamento." (Briggs, 2015: 77). Como tal, uma característica fundamental da proposta era encorajar a resolução das reivindicações antes de uma audiência. Na Colúmbia Britânica, o CRT é ainda mais explícito ao endossar a resolução previamente a uma audiência como métrica de sucesso: o presidente do CRT Shannon Salter é citado afirmando que: "Não terminar no CRT é sucesso" (Salter, 2017 citado em JTC, 2017:17) e o tribunal publica regularmente dados para demonstrar a baixa proporção de casos que resultam em uma sentença e decisão publicada[17]. Em um artigo sobre o CRT publicado em 2017, Salter e Thompson afirmam que: "Um princípio de design fundamental do processo de CRT é criar oportunidades para resolução antecipada" (Salter e Thompson, 2017:129). O Comitê Conjunto de Tecnologia estabelecido pelo Centro Nacional de Tribunais Estaduais, a Conferência de Administradores de Tribunais Estaduais e a Associação Nacional de Administração de Tribunais argumentou que: "Quantificar o número de problemas identificados e resolvidos antes de se tornarem processos é uma medida de sucesso melhor do que o número de casos que concluem um processo de Online Dispute Resolution" (JTC, 2017:17).

### 1.4.3 Percentual de acordos realizados

Relacionado à adoção da "redução no número de audiências" como métrica do sucesso está o uso do percentual de acordos realizados como um indicador da eficácia dos tribunais *on-line*. A capacidade de um

17 Por exemplo, este tweet publicado em 14 de agosto de 2018 afirmava: Você sabia que o #CRT resolveu 4.046 disputas em 31 de julho de 2018? Nosso foco é a resolução colaborativa de disputas, portanto, apenas cerca de 6% das pequenas causas e 23% das disputas de estratos exigem julgamento e resultam em uma decisão publicada. Leia nossas decisões aqui: https://decisions.civilresolutionbc.ca/crt/en/nav.do https://twitter.com/CivResTr Tribunal/ status/ 1029420362537172993

determinado tribunal *on-line* promover a formalização de um acordo ou uma indenização é frequentemente usada para avaliar sua capacidade de oferecer "acesso à justiça". Em grande parte da literatura sobre tribunais *on-line* e plataforma Online Dispute Resolution de forma mais ampla, o acesso à reparação ou a um acordo é usado sinônimo de acesso à justiça. Escrevendo sobre o efeito das tecnologias *on-line* no design de resolução de disputas em 2017, Ayelet Sela argumenta que: "Uma questão fundamental... é se os sistemas de ODR são (ou deveriam ser) projetados para fornecer Justiça ou reparação... O domínio do 'paradigma da eficiência' em iniciativas de direito e tecnologia e o fato de que, até o momento, a maioria dos sistemas ODR foram projetados por prestadores de serviços privados (mais comumente empresas comerciais) parecem ter inclinado o pêndulo em direção a um conceito de reparação... chegando a uma solução aceitável para uma disputa, sem necessariamente garantir ou promover a Justiça em um sentido mais amplo" (Sela, 2017:681). Nos EUA, o boletim de recursos do Comitê Conjunto de Tecnologia sobre plataformas ODR para tribunais declara que: "as medidas da eficácia das plataformas ODR em resultados jurídicos incluem o tempo despendido, o custo por caso, tanto para os litigantes quanto para os tribunais, e o percentual de acordos obtidos" (JTC: 2017:18) O Civil Resolution Tribunal (sem surpresa, dado o seu nome) está altamente focado em promover a realização de acordos e publica estatísticas sobre "disputas concluídas" por meio da conta do tribunal no Twitter[18] como prova do sucesso do projeto. O relatório do Conselho de Justiça Civil da Inglaterra e País de Gales (Susskind,2015) que propôs a introdução de um tribunal *on-line* para ações civis de baixo valor antecipou a criação de um sistema pelo qual os casos seriam levados a: "conclusões rápidas e justas" (Susskind, 2015:20) por facilitadores, em vez de juízes. Na opinião de Susskind, essas decisões não seriam vinculantes, mas provavelmente seriam aceitas na maioria dos casos. O mesmo relatório citou com aprovação o modelo de facilitadores[19] atuantes na Ouvidoria Fi-

18 https://twitter.com/CivResTribunal/status/1029420362537172993.

19 Nota do tradutor: no original, a palavra utilizada é "adjudicators", substantivo referente a pessoa que resolve de uma disputa, em geral um juiz ou um árbitro, podendo se tratar de uma questão jurídica ou não, como por exemplo, o regulamento de uma competição, de modo que não tem relação com o falso cognato adjudicação, que é o ato pelo qual o exequente ou terceiro interessado toma para si o bem penhorado pelo valor da avaliação. Como, na hipótese do texto, claramente não é uma atividade exercida por um juiz, não há atualmente um equivalente no direito brasileiro, o que inviabiliza uma tradução mais clara, diante da ausência de um instituto simétrico.

nanceira que: "dispõem de 90% da carga horária do Serviço, de forma que apenas 10% dos casos chegam às ouvidorias" (Susskind, 2015:20). Em um relatório de 2016 publicado pelo Hague Institute for Innovation of Law, os autores argumentaram que o potencial da plataforma Online Dispute Resolution para fornecer 100% de acesso à justiça dependia de tribunais que promovessem: "resolução de problemas e acordos em vez da abordagem clássica de decidir sobre pedidos e defesas por meio de um processo mediante contraditório" (Hiil, 2016:2). Como tal, o percentual de acordos obtidos provavelmente continuará a ser um indicador do sucesso dos tribunais *on-line.*

### 1.4.4 Tempo até a resolução

Outra métrica utilizada para avaliar o sucesso dos tribunais *on-line* é a redução do tempo necessário para solucionar um determinado caso. Como observaram acadêmicos como Legg (2016): "Muito da popularidade da plataforma ODR na Europa e em outros lugares deriva de sua velocidade e baixo custo". (Legg, 2016:14). No contexto dos EUA, o Comitê Conjunto de Tecnologia cita o tempo reduzido para resolução do litígio como uma medida fundamental do sucesso (JTC, 2017:18) e relata com aprovação a experiência de um projeto-piloto de plataforma ODR no 14ª Tribunal Distrital do Condado de Washtenaw, em Michigan, que viu: 'o número de dias para o encerramento dos processos cair 65%' (JTC, 2017:18). Ao relatar o progresso alcançado pelo Civil Money Claims Project, atualmente em andamento na Inglaterra e no País de Gales, o Lord Chief Justice declara: "Uma reivindicação foi apresentada *on-line* às 14h02 e paga até as 16h. Esse é o tipo de serviço que devemos prestar ao público" (HMCTS, 2018: 12). O pressuposto de que a velocidade de resolução é um bem intrínseco no contexto dos tribunais *on-line* tem sido relativamente incontestável, como tal, as reduções no tempo desde o início do procedimento até a resolução provavelmente permanecerão como um indicador de sucesso e acesso à justiça.

### 1.4.5 Volume de casos e envolvimento dos litigantes

Ao demonstrar seu sucesso, os projetos judiciais *on-line* atuais citam números sobre o volume de casos e o envolvimento dos participantes. Um dos principais argumentos citados para a adoção da plataforma

ODR pelo sistema público de justiça é a promessa de que os tribunais *on-line* estarão mais bem equipados para lidar com disputas em escala, com fundamento no fato de que a plataforma ODR foi aplicado com sucesso a disputas de grande volume no e-commerce (Katsh e Rule, 2016:332). O Comitê Conjunto de Tecnologia, embora favoreça um modelo de *opt-out*, com limitação das hipóteses dessa opção, em vez de *opt-in* para plataformas ODR em tribunais (JTC, 2017:30), sugere que o aumento no volume de processos pode ser um meio para o sucesso (JTC, 2017:19). O Civil Resolution Tribunal informa sobre o número de processos resolvidos como prova do sucesso do modelo. Além disso, muitos proponentes dos tribunais *on-line* argumentam que eles têm o potencial de aumentar o envolvimento das partes e reduzir os julgamentos à revelia da parte ré, embora os dados sobre isso sejam mistos (o CRT em maio relatou uma taxa de revelia de 60% em ações cíveis[20]). A Chefe Executiva do HMCTS, Susan Acland-Hood, relatando o progresso feito em relação ao projeto Online Civil Money Claims, afirmou que: "as evidências coletadas sugerem que o sistema *on-line* melhorou o acesso à justiça, com o envolvimento dos réus sendo maior do que no nas ações de cobrança tradicionais" (HMCTS, 2018:12), embora nenhum detalhe adicional tenha sido fornecido. Como tal, o volume de casos e o envolvimento de litigantes provavelmente permanecerão como representantes para melhorar o acesso à justiça no âmbito dos tribunais *on-line*.

### 1.4.6 Medidas de justiça processual e satisfação do usuário

Nos trabalhos sobre Online Dispute Resolution até o momento, a literatura acadêmica tem enfatizado a necessidade de explorar as implicações sobre as percepções da justiça processual da adoção, no sistema público de justiça, da resolução de disputas *on-line* (Sela, 2017, Katsh & Rabinovich Einy, 2017:164). Promover a percepção de justiça processual entre os litigantes e outros participantes do sistema de justiça foi considerado importante, pois sucessivos estudos indicaram que: "as pessoas estão mais dispostas a aceitar decisões quando sentem que elas são tomadas por meio de procedimentos que veem como justo" (Tyler, 2000:117). Além disso, constatou-se que as percepções de justiça processual estão ligadas à confiança nas autoridades e instituições públicas,

20 Entrevista com Darin Thompson e Richard Rogers.

incluindo tribunais (Tyler, 2001:216). Como tal, prover justiça processual está intimamente conectado à manutenção do Estado de Direito (Tyler, 2001). A literatura sobre justiça processual é extensa, datando de 1975, e está além do escopo deste artigo revisá-la em detalhes. No entanto, em resumo, é amplamente aceito que quatro fatores são críticos para conformar a avaliação dos indivíduos sobre a justiça processual: "se há oportunidades para participar (voz); se as autoridades são neutras; o grau em que as pessoas confiam nas motivações das autoridades; e se as pessoas são tratadas com dignidade e respeito durante o processo" (Tyler, 2000:117 ver também Tyler, Casper, Fisher, 1989). Instrumentos validados foram produzidos para avaliar essas dimensões da justiça processual e testados em uma ampla gama de ambientes, incluindo trabalhos experimentais e de pesquisa (MacCoun, 2005:171). O Center for Court Innovation nos EUA desenvolveu uma série de ferramentas para avaliar a justiça processual em ambientes judiciais, incluindo medidas subjetivas e objetivas (Gold La Gratta e Jensen, 2015). Ao estudar sistemas ODR de forma mais geral, acadêmicos, incluindo Sela (2018), usaram configurações experimentais para explorar o impacto de diferentes sistemas ODR nas percepções de justiça processual. Nesse estudo, Sela capturou dados sobre quatro dimensões da justiça processual, que ela definiu como: "controle de processo (controle sobre a oportunidade de apresentar evidências), controle de decisão (controle sobre o resultado final), justiça interacional (o tratamento dado pelo tomador de decisão a uma pessoa com educação, dignidade e respeito) e justiça informacional (a disponibilidade de informações e explicações sobre o processo e sua justificativa" (Sela, 2018:106). No entanto, até o momento, apenas um número limitado de estudos explorou as experiências dos disputantes em no modelo de plataformas ODR, e um número ainda menor em projetos de ODR baseados no sistema público de justiça (ver Mason & Sherr, 2008; Bollen & Euwema, 2012; e Gramatikov e Klaming, 2012, citado em Sela 2018:122). Conceitos de justiça processual têm sido empregados na avaliação de tribunais *on-line*, tendendo a ser expressos como medidas de "satisfação do usuário" ou "satisfação processual". O Boletim Conjunto do Comitê de Tecnologia ODR para Tribunais declara que: "Medidas válidas de satisfação processual podem incluir se os indivíduos sentiram que foram tratados com respeito, se sentiram ouvidos, compreenderam as instruções e implicações do processo, se acreditaram que o processo era justo e imparcial e se a tecnologia funcionou bem" (JTC, 2017:18).

No desenvolvimento do modelo do Civil Resolution Tribunal, pesquisas de usuários foram implantadas para explorar questões como a facilidade de utilização da tecnologia, seu funcionamento e a precisão das informações fornecidas (Salter, 2017:124). Na Inglaterra e no País de Gales, o Civil Money Claim Project também tem usado pesquisas com usuários para medir sua eficácia até o momento. Reportando sobre o andamento do projeto, a Chefe do Executivo dos Tribunais de Sua Majestade e Serviço do Tribunal, Susan Acland-Hood, afirmou que: "Mais de 80% dos usuários, incluindo tanto autores e quanto réus, nos disseram que o serviço era muito bom e fácil de usar" (HMCTS, 2018:12).

## 1.5 ACESSO À JUSTIÇA E TRIBUNAIS *ON-LINE*: LACUNAS NA MEDIÇÃO?

A discussão anterior revisou a literatura existente sobre tribunais *on-line* e explorou as medidas que são usadas atualmente para avaliar o sucesso ou não desses projetos. Os indicadores identificados são importantes medidas do sucesso e a mudança cultural em direção ao empirismo e à tomada de decisão baseada em dados que a adoção de tribunais *on-line* pode facilitar está atraindo o interesse de pesquisadores em todo o mundo por esses projetos. No entanto, (e sem surpresa, dado o estado nascente do campo), a literatura sobre a prática atual revela lacunas na forma como essas medidas selecionadas estão sendo implementadas e fornece oportunidades para desenvolver abordagens consistentes e proporcionais para a medição desses conceitos. Ao revisar a literatura sobre a medição do impacto dos tribunais *on-line* no acesso à justiça, surgem várias lacunas:

### 1.5.1 Escassez de informações sobre o impacto das características demográficas dos litigantes no engajamento e na percepção dos Tribunais *On-line*

Apesar dos apelos para a inclusão de dados demográficos nas avaliações de tribunais *on-line* pelos proponentes desses projetos (ver Katsh e Rule, 2016:342, JTC, 2017:35), a literatura revela uma escassez de informações sobre a interação entre as características demográficas com o engajamento, a percepção sobre a justiça processual e satisfação do usuário no âmbito dos tribunais *on-line*. Os projetos de tribunais *on-line* atualmente em operação, como o Civil Resolution Tribunal e o Civil Money Claims Project, não coletam rotineiramente dados sobre as características demográficas dos usuários para fins de monitoramento e avaliação. Ao deixar de analisar os dados coletados sobre a satisfação do usuário e sobre a sua percepção a respeito da justiça processual com referência às características demográficas, uma valiosa oportunidade de compreensão a respeito dos meios mais eficazes de promover a justiça processual e o envolvimento no âmbito dos tribunais *on-line* pode ser perdida, com consequências para a confiabilidade legitimidade desses projetos.

Embora a literatura de justiça processual tenha enfatizado a universalidade do papel das percepções de justiça processual na condução de atitudes em relação ao sistema jurídico[21], pesquisas recentes destacaram diferenças demográficas nos fatores que levam os indivíduos a considerar um processo procedimentalmente justo ou imparcial. Na literatura sobre as características de processos procedimentalmente justos, a "voz" definida como: "a oportunidade para as pessoas expressarem o que é importante para elas" (Welsh, 2017:733 citando Zimmerman e Tyler, 2010) emergiu consistentemente como um fator-chave na condução da percepção sobre justiça processual (Tyler 1997, Welsh, 2017: 733). Essa pesquisa aparentemente indica que, para que os tribunais *on-line* sejam julgados "processualmente justos", eles devem privilegiar o fornecimento de oportunidades para as pessoas apresentarem suas opiniões sobre a disputa (Welsh, 2017:735). No entanto, um conjunto de estudos publicados por Brockner *et al.* (2001) descobriu que o background cultural mediou o impacto da "voz" na percepção sobre a justiça processual, comparando as atitudes em relação à "voz" nos Estados Unidos e na Alemanha com as atitudes em relação à ideia de "voz" na República Popular da China, México e Hong Kong. Nesta pesquisa, Brockner *et al.* confirmaram sua hipótese de que indivíduos em culturas em que há um alto nível de "distância de poder" (culturas onde são legitimados altos níveis de desigualdade entre pessoas em diferentes posições de poder formal, no caso do estudo, República Popular da China, México e Hong Kong (Brockner

21 Ver Zimmerman e Tyler (2010:484): "as pessoas geralmente reagem à sua experiência [dos tribunais] em termos de justiça processual independentemente de seu histórico, sugerindo que focar na justiça processual é uma boa maneira de construir confiança e encorajar o cumprimento, independentemente de quem está usando os tribunais".

*et al.* 2001:302) eram menos propensos a acreditar que deveriam ter voz e, portanto, menos propensos a equiparar a capacidade de exercer a voz com justiça processual. Pesquisa publicada por Tyler (2001) conduzida nos Estados Unidos encontrou diferenças nas maneiras como pessoas de grupos étnicos distintos definem um procedimento justo, com brancos e afro-americanos enfatizando "confiança" e "tratamento com respeito", em contraste com indivíduos de origem hispânica que se concentraram na demonstração de imparcialidade pelo juiz (Tyler, 2001:231). Evidências de que as diferenças culturais e de grupos étnicos impactam nas características dos processos que levam os indivíduos a julgar um sistema como procedimentalmente justo advogam a favor da coleta de dados demográficos no âmbito da concepção e da avaliação de tribunais *on-line*, a fim de que as percepções de justiça processual possam ser maximizadas.

### 1.5.2 Tribunais *On-line* e a capacidade de proferir decisões de acordo com o direito material

O papel constitucional fundamental do sistema de tribunais públicos é fazer cumprir o direito material (Assy, 2017:71 citando Bentham, 1843:6). A capacidade dos tribunais de fazer cumprir o direito substantivo é o meio pelo qual os sistemas públicos de justiça garantem o Estado de direito e fornecem acesso à justiça. Como tal, quando os sistemas públicos de justiça adotam a plataforma ODR para cumprir suas funções, uma métrica chave segundo a qual seu sucesso deve ser avaliado é se o processo no sistema ODR comporta ou não a aplicação do direito material. Surpreendentemente, no entanto, até o momento, poucas pesquisas foram publicadas explorando o impacto dos tribunais *on-line* em resultados substantivos, ou comparando os resultados obtidos por meio de tribunais *on-line* com aqueles entregues pelos processos já existentes. Há uma série de argumentos normativos e pragmáticos poderosos para medir o sucesso em tribunais *on-line* de acordo com a possibilidade ou não de eles facilitarem a aplicação correta da lei substantiva. As justificativas normativas para incluir uma avaliação da extensão em que os tribunais *on-line* promovem a aplicação correta do direito material em qualquer avaliação de seu sucesso podem incluir que: i.) a função constitucional dos tribunais é fazer cumprir a o direito material, ii.) a coleta de dados sobre a capacidade de os tribunais *on-line* proferirem sentenças de acordo com o direito material é vital para proteção do sistema contra o abuso de litigantes e iii.) coletar e publicar esses dados em conjunto com informações sobre custo e velocidade é essencial para orientar a deliberação democrática quanto aos méritos e deméritos desse novo método de justiça.

#### *1.5.2.1 A função constitucional dos Tribunais é fazer cumprir o direito substantivo*

A legitimidade constitucional dos tribunais está intimamente ligada à sua capacidade de demonstrar a aplicação correta do direito material aos fatos de casos individuais (Assy, 2017; Twining, 1993:384 citando Bentham). No direito inglês, como em outras jurisdições de *common law*, o acesso a um tribunal para a solução de litígios foi considerado fundamental para a manutenção do Estado de Direito. Existe um direito constitucional de acesso aos tribunais estabelecido, não como um fim em si, mas para que as disputas possam ser resolvidas de acordo com os direitos prescritos pelo legislador (Bogg, 2018:509). Esse direito pode ser rastreado até a Magna Carta (Ford, 2017) e encontrou expressão nos escritos de juristas, incluindo Jeremy Bentham, Sir Edmund Coke e Sir William Blackstone. A declaração de Lord Diplock em *Bremer v South India Shipping Corporation Ltd (1981) AC 909, 917* é uma articulação frequentemente citada deste argumento – "*Todo sistema civilizado de governo exige que o Estado disponibilize a todos os seus cidadãos um meio para a solução justa e pacífica de controvérsias entre eles quanto aos seus respectivos direitos legais. Os meios disponibilizados são tribunais de justiça aos quais todos os cidadãos têm o direito constitucional de acesso*". Essa abordagem foi confirmada no direito internacional dos direitos humanos, de acordo com o Artigo 6 da Convenção Europeia de Direitos Humanos. Assy, escrevendo sobre propostas para introduzir um tribunal *on-line* na Inglaterra e País de Gales em 2017, afirmou que: "A função constitucional básica de um tribunal é fazer cumprir o direito material" (Assy, 2017:71). A veracidade desta afirmação foi afirmada pela *Supreme Court* do Reino Unido na decisão proferida no processo *R(on application of UNISON) [2017] UKSC 51*. Lord Reed, em um importante julgamento que atraiu a concordância de seus sete colegas juízes, afirmou que:

> "O parlamento existe principalmente para fazer leis para a sociedade neste país. Os procedimentos democráticos existem principalmente para garantir que o parlamento que faz essas leis

> inclua deputados que são escolhidos pelo povo deste país e que são responsáveis perante eles. Os tribunais existem a fim de garantir que os direitos estabelecidos pelo parlamento e a *commom law* criada pelos próprios tribunais sejam aplicados e cumpridos". (Lord Reed, por parágrafo 68).

Se for aceito que a função constitucional dos tribunais é dar cumprimento aos direitos consagrados pelo parlamento, segue-se que qualquer avaliação do sucesso dos tribunais *on-line* deve levar em consideração se eles são capazes de aplicar corretamente o direito material aos fatos de casos individuais. Vários acadêmicos preocupados com as tendências na adoção de plataformas ODR pelos sistemas públicos de justiça destacaram a necessidade de avaliar o sucesso desses projetos em termos de sua capacidade de dar suporte à reivindicação de direitos (ver Schmitz, 2016; Sela, 2017:681), no entanto, ainda não foram desenvolvidas metodologias para enfrentar esse desafio.

#### *1.5.2.2 Avaliar os tribunais on-line segundo sua capacidade de dar suporte à aplicação do direito material é necessário para evitar abusos dos litigantes*

Conforme discutido acima, os proponentes da plataforma Online Dispute Resolution no âmbito da justiça pública enfatizaram a importância de maximizar as medidas subjetivas de justiça processual na avaliação do sucesso dos tribunais *on-line*. Como exposto, existem argumentos pragmáticos e de princípio para a ênfase dada às avaliações de justiça processual. Os argumentos pragmáticos incluem que os indivíduos que percebem um processo como procedimentalmente justo são mais propensos a considerar o julgador como legítimo e cumprir os resultados dos julgamentos (Zimmerman e Tyler 2010:484). Com fundamento em princípios, como observou o cientista político Austin Sarat: "seria estranho, de fato, chamar um sistema jurídico de democrático se seus procedimentos e operações estivessem em grande desacordo com os valores, preferências ou desejos dos cidadãos por um longo período de tempo" (Tyler, 1997:871-2 citando Sarat). No entanto, mesmo os defensores mais estridentes da importância da justiça processual reconhecem que privilegiar medidas de justiça processual acima de outras pode criar potencial para abusos e que, como tal, monitorar os resultados dos procedimentos em termos de sua capacidade de promover a correta aplicação do a lei é essencial.

Aqueles que têm baixos níveis de conhecimento jurídico estão em desvantagem ou estão envolvidos em disputas de importância subjetiva elevada correm o maior risco de sofrer abusos se o único foco da avaliação for baseado em indicadores subjetivos de justiça processual. A ligação entre os baixos níveis de conhecimento jurídico e a tendência de aceitar como justos os resultados que não o são é particularmente preocupante no contexto da Inglaterra e do País de Gales. Nessa jurisdição, sucessivas pesquisas identificaram baixos níveis de conhecimento jurídico e compreensão em toda a população (ver Pleasence & Balmer, 2015 e Franklyn *et al.* 2017:21) e particularmente entre os jovens e aqueles que são afetados por problemas de saúde físicos, mentais ou relacionados ao estresse (Pleasence *et al.* 2015:xiii). Somando-se a isso, cortes generalizados no financiamento público para assessoramento e representação jurídicos tiveram um impacto negativo sobre a disponibilidade de acesso ao apoio jurídico para os indivíduos que dele precisam. A falta de disponibilidade de assessoramento jurídico independente na Inglaterra e no País de Gales teve um impacto desproporcional sobre os grupos desfavorecidos (ver Anthony e Crilly, 2015:91 e Amnistia, 2016:4). Aqueles que estão em desvantagem são menos propensos a possuir conhecimento jurídico e os mais propensos a enfrentar vários problemas de justiciabilidade (Pleasence et al. 2015).

Sucessivas pesquisas identificaram que, quando os indivíduos: "carecem de uma métrica clara para avaliar a justiça do resultado de uma disputa (o que é comum em disputas legais), eles usam sua avaliação do processo como um atalho mental para avaliar o resultado" (Shestowsky, 2016:8 citando Kees van den Bos (2001). As percepções de um determinado procedimento como justo podem distrair os indivíduos de avaliar a justiça do resultado e levar os indivíduos a aceitarem como resultados justos que não o são (ver Tyler (1997) citando Greenberg (1990) e Tyler e McGraw (1986). A pesquisa tem indicado que os indivíduos em desvantagem são particularmente propensos a se concentrar em indicadores de justiça processual como uma heurística para justiça de resultados na avaliação de processos judiciais (Scheingold: 1974 citado em Tyler, 1997:896) e que, como tal, são particularmente vulneráveis à exploração. Por esta razão Wissler, (1995) advertiu contra o uso de percepções subjetivas de justiça procedimental para avaliar o desempenho de um procedimento, afirmando que: "...procedimentos que parecem justos podem não ser justos por padrões mais objetivos (por exemplo, Lind & Tyler 1988; Kressel & Pruitt 1989). Por exemplo, os litigantes podem expressar satisfação com um processo que lhes dá a oportunidade de contar sua história, mesmo que não produza resultados justos (O'Barr & Conley 1985)" (Wissler, 1995:352). Pesquisas posteriores concluíram que essa tendência de confiar nas percepções de justiça processual como um representante da confiabilidade do processo aumenta quando o caso é aquele em que os riscos são altos. Em um estudo recente, Grootelaar e Van Den Bos (2018) concluíram que: "...porque os litigantes em casos de alto risco estão lidando com resultados que são difíceis de interpretar, eles contam com informações de justiça processual" (Grootelaar & Van Den Bos 2018:261) Segue-se que os indivíduos que são hipossuficientes devido às características de status ou da importância subjetiva de seu caso estarão mais propensos a aceitar como legítimos processos que são processualmente justos, independentemente de esses processos produzirem resultados substantivamente justos. É preocupante que esses indivíduos também sejam aqueles para quem as decisões substantivamente injustas provavelmente terão o maior impacto.

Além disso, a natureza dos projetos de tribunal *on-line*, que tendem a enfatizar reduções na complexidade processual, reduções na formalidade (o modelo atual inclui permitir que litigantes participem de audiências remotamente de uma variedade de locais) e oferecem o potencial de desenvolvimento para incorporar tecnologia que se adapte às preferências do indivíduo podem exacerbar, em vez de diminuir, esses problemas. A literatura sobre modelos alternativos de resolução de disputas pode ser instrutiva aqui, revelando que: "a aparente informalidade dos processos alternativos pode replicar as disparidades de poder existentes" (Reynolds, 2014:250). Pesquisa conduzida por Eagly (2015) sobre o impacto da introdução de audiências remotas em ambientes de detenção de imigração impactou negativamente no nível de envolvimento dos litigantes no processo – os litigantes perceberam o processo como menos legítimo e, portanto, não tiraram o máximo proveito das garantias legais disponível para eles. Sela (2018) alertou que a mudança para tribunais *on-line* cria o potencial de adaptar processos para atender às percepções subjetivas de justiça processual, independentemente de sua justiça normativa, afirmando que:

> "Os processos de plataformas ODR principais envolvem um risco inerente de preconceito e compensações entre justiça procedimental objetiva e subjetiva. Alimentados por big-data e recursos de modelagem, os sistemas ODR principais podem adaptar o processo e o resultado ao que um disputante em particular provav-

> elmente perceberá como justo, independentemente dos padrões objetivos. Embora tal tratamento deferente tenha o potencial de maximizar as experiências subjetivas de justiça processual, pode prejudicar os disputantes menos experientes e está em desacordo com os valores fundamentais de tratamento igual e consistente." (Sela, 2017:193-194)

A combinação desses fatores pode indicar a inclusão de medidas de justiça substantiva na avaliação dos tribunais *on-line*.

#### *1.5.2.3 Coletar e publicar dados sobre os resultados entregues pelos tribunais* on-line *em termos de justiça substantiva é necessário para guiar a deliberação democrática*

Em jurisdições ao redor do mundo, incluindo os EUA, Canadá, Austrália e Inglaterra e País de Gales, foram levantadas preocupações em relação ao custo, velocidade e acessibilidade do sistema judiciário. Nas últimas décadas na Inglaterra e no País de Gales, a preocupação se concentrou tanto no custo da justiça civil (para os litigantes individuais e para o Estado) quanto nos atrasos no sistema, levando alguns comentaristas acadêmicos a argumentar que o sistema de justiça civil está "em crise" (Zuckerman, 1999). Tribunais *on-line* têm sido apresentados como uma solução para essa crise, com seus proponentes argumentando que sua introdução pode reduzir custos e melhorar a capacidade do sistema de processar casos em escala, melhorando assim o acesso à justiça. Escrevendo em 2017, Assy argumenta que: "o custo exorbitante de litígios é uma patologia crônica dos tribunais ingleses, obstruindo o exercício de suas funções" (Assy, 2017:72). Tanto Assy (2017) quanto Zuckerman (1994) argumentaram que: "a santificação de julgamentos corretos" (Assy, 2017:70) levou à diminuição da importância dada ao custo e da tempestividade como dimensões da justiça. Assy, em particular, argumentou que qualquer avaliação dos tribunais *on-line* exige uma mudança de paradigma na forma como a justiça é definida: "para que o custo e a tempestividade sejam tratados como componentes da justiça, partes de sua própria definição", em vez de riscos externos (Assy, 2017:70). Se for o caso de que o desenho dos processos do sistema de justiça acarrete uma compensação necessária entre custo, rapidez e correção de decisão, quem deve decidir onde o equilíbrio é alcançado? E uma vez que o limite é decidido, quais são os mecanismos necessários para garantir que o equilíbrio seja mantido? A resposta a essas perguntas deve estar na deliberação e no escrutínio democráticos. Zuckerman, citando Dworkin, afirma que: "temos o direito de esperar procedimentos que se esforcem para fornecer uma medida razoável de proteção de direitos, compatível com os recursos gerais que a comunidade tem e em relação aos outros equipamentos públicos que a comunidade precisa fornecer." (Zuckerman, 1999:8). Esse foi o caminho seguido pelos proponentes do Civil Resolution Tribunal na Colúmbia Britânica, que apresentou uma legislação para apoiar a criação deste novo método de resolver um subconjunto de questões cíveis justiciáveis. Ao discutir o desenvolvimento do Civil Resolution Tribunal como um exemplo paradigmático de um sistema de justiça projetado pelo usuário, Salter e Thompson (2017) afirmam que: "Deve-se encontrar um equilíbrio entre as necessidades de justiça e as necessidades do público. No contexto do nosso sistema de justiça atual, pode ser mais correto dizer que deve haver um reequilíbrio entre a justiça e os usuários do sistema de justiça. Não há uma linha clara entre o que atinge e o que não atinge o equilíbrio certo" (Salter e Thompson, 2017:124). No âmbito da Inglaterra e do País de Gales, nenhuma legislação desse tipo se mostrou próxima – o projeto Civil Money Claim é um exemplo de um tribunal *on-line* que está sendo entregue pelo Serviço de Tribunais e Tribunais de Sua Majestade[22], com o orçamento e o projeto de gestão aprovados pelo Executivo e com o Judiciário adotando um papel de liderança crucial. Nesse contexto, coletar e publicar dados sobre a capacidade dos tribunais *on-line* de fazer cumprir o direito material é vital para promover uma deliberação informada que apoie um consenso quanto ao grau e natureza das concessões a serem atingidas. Os resultados dessa deliberação podem ser surpreendentes. Uma pesquisa nos EUA revelou que "ao contrário do que muitas vezes se acredita, a confiança do público na polícia e nos tribunais não está principalmente ligada a julgamentos sobre custos, atrasos e desempenho". (Tyler, 2001:216). Além disso, estudos revelaram que as percepções sobre a natureza legalista dos processos judiciais podem ter um papel a desempenhar na promoção do apoio difuso aos tribunais: pesquisa publicada por Baird (2001) revelou que a percepção de que os procedimentos judiciais devem ser legalistas leva a apoiar tribunais. Isso está de acordo com a pesquisa sobre as preferências dos litigantes no

22 Uma agência executiva do Ministério da Justiça responsável perante o Ministério da Justiça e o Judiciário.

contexto da mediação, o que demonstra que os litigantes tendem a preferir a formalidade e os processos judiciais aos processos não judiciais (Shestowksy, 2016:832). No entanto, a discussão deve ser informada por evidências sobre o nível de justiça material que os tribunais *on-line* podem oferecer, e a falha em coletar essas evidências é preocupante.

## Notas conclusivas: acesso à justiça e Tribunais *On-line* e as falhas em como o sucesso é medido

A revisão da literatura sobre como os tribunais *on-line* são avaliados revela lacunas nas abordagens metodológicas utilizadas para avaliar o sucesso desses projetos. Por exemplo, há uma falta de comparação ou de estudos controlados randomizados que explorem o impacto da mudança para tribunais *on-line* em relação aos resultados obtidos pelos litigantes, o custo dos processos ou o tempo de tramitação. A maioria das avaliações são de processo ou formativas (como é típico de estudos na área jurídica de forma mais geral – ver Greiner (2016)). A existência de múltiplos canais em que os tribunais *on-line* são desenvolvidos cria, sem dúvida, oportunidades sem precedentes para a aplicação dessas abordagens.

Além disso, as avaliações das percepções de justiça processual realizadas no âmbito dos tribunais *on-line* tendem a ser derivadas das autoavaliações subjetivas dos litigantes. Indiscutivelmente, há uma lacuna em relação à adoção de medidas objetivas para avaliar a justiça processual neste contexto (por exemplo, de um conjunto de ferramentas de medidas objetivas e subjetivas de justiça processual em processos judiciais físicos, ver Gold La Gratta e Jensen, 2015). A pesquisa indicou que os limites dos litigantes para identificar um processo injusto são extremamente altos e que os litigantes rejeitarão um procedimento apenas: "quando houver um suporte social ou factual esmagador para a suposição de que o procedimento é corrupto" (Welsh, 2017:738, Lind e Tyler, 1988:180). Como tal, importante que avaliações objetivas de novos procedimentos sejam realizadas (ver, por exemplo, o modelo de processo de avaliação proposto pelo Center for Court Innovation) e os dados adicionais sejam usados para avaliar o sucesso ou não dos tribunais *on-line*.

# ANOTAÇÕES

# ANOTAÇÕES

# ANOTAÇÕES

# ANOTAÇÕES

# ANOTAÇÕES

EDITORA
JusPODIVM
www.editorajuspodivm.com.br

Impresso por:

Docuprint
CNPJ 01.036.332/0001-99

JUS3257